中国海关通关实务

ZHONGGUO HAIGUAN TONGGUAN SHIWU

海关总署监管司 / 编

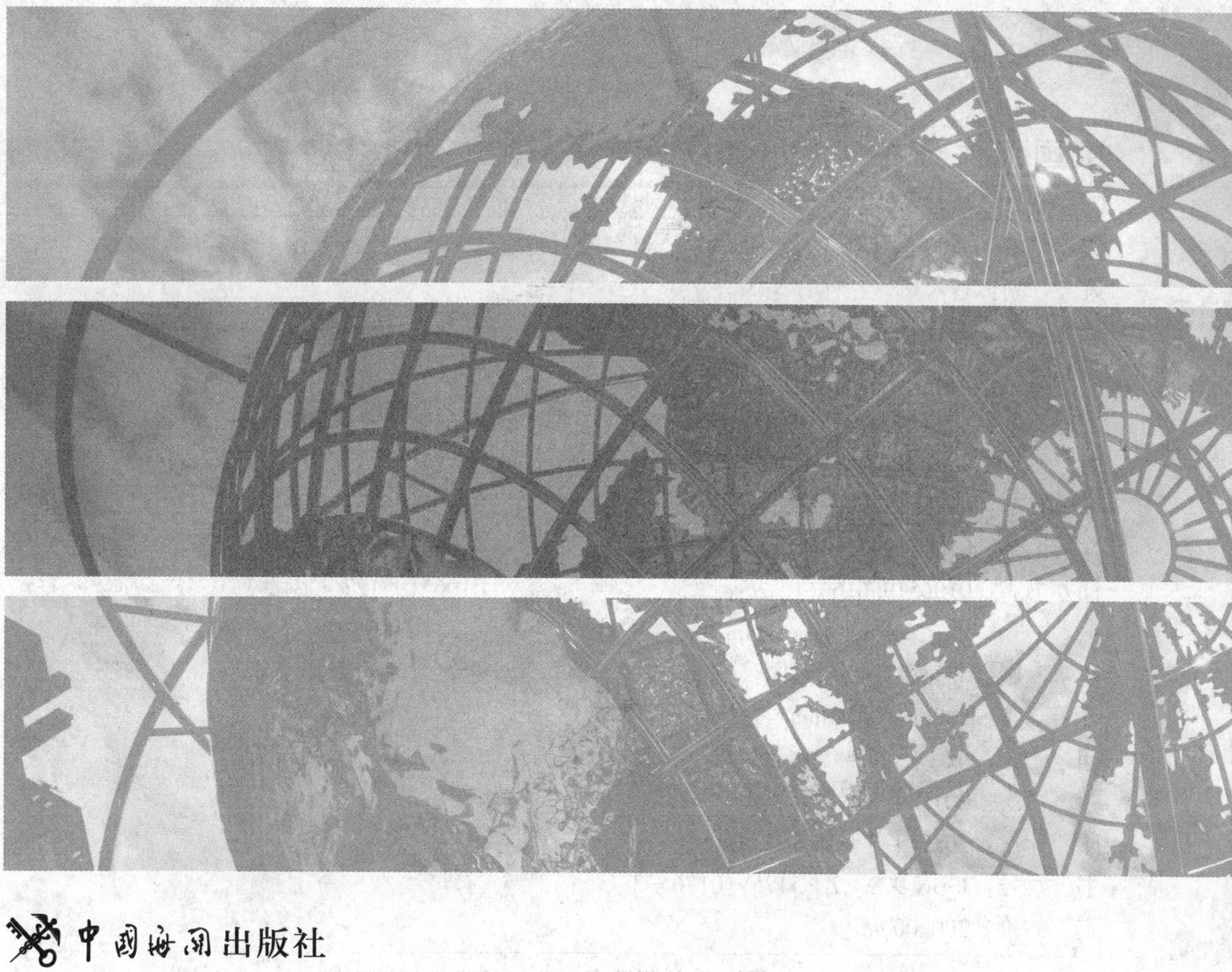

中国海关出版社

图书在版编目（CIP）数据

中国海关通关实务．2017/海关总署监管司编．—北京：
中国海关出版社，2017.3

ISBN 978-7-5175-0176-3

Ⅰ.①中… Ⅱ.①海… Ⅲ.①海关—业务—中国 Ⅳ.①F752.5

中国版本图书馆 CIP 数据核字（2016）第 300350 号

中国海关通关实务（2017）

ZHONGGUO HAIGUAN TONGGUAN SHIWU（2017）

作　　者：海关总署监管司
策　　划：普　娜　左桂月
责任编辑：左桂月　李　多
出版发行：中国海关出版社
社　　址：北京市朝阳区东四环南路甲 1 号　　邮政编码：100023
网　　址：www. hgcbs. com. cn；www. hgbookvip. com
编 辑 部：01065194242-7527（电话）　　01065194231（传真）
发 行 部：01065194221/4238/4246（电话）　　01065194233（传真）
社办书店：01065195616（电话）　　01065195127（传真）
http://store. hgbookvip. com（网址）
印　　刷：北京新华印刷有限公司　　经　　销：新华书店
开　　本：889mm×1194mm　1/16
印　　张：62　　字　　数：2090 千字
版　　次：2017 年 3 月第 1 版
印　　次：2017 年 3 月第 1 次印刷
书　　号：ISBN 978-7-5175-0176-3
定　　价：300.00 元

《中国海关通关实务（2017）》编委会

主　任： 王　炜

副主任： 何晓睿　苗跃学

委　员： 林腾霄　崔新萍　刘苏振　李华东　肖　宇　王　胜　付绍滨　周亚春　武跟平　李　蒳

《中国海关通关实务（2017）》统审组

（按姓氏笔画排序）

丁新雨　于　莉　马　颉　马永飞　马海涛　王振国　王竟羽　王蕾云
历志坚　孔维韬　白晓东　白乾民　朱　菁　任继东　刘笃彦　杨新宇
李　宁　李明华　李佳昱　吴佩健　张　琪　张　辉　陈　莹　陈立国
罗　毅　周亚蕊　赵　通　赵晓玉　侯晓蕾　洪一尘　聂　宁　徐　瑞
曹培义　覃河宁

《中国海关通关实务（2017）》编写组

（按姓氏笔画排序）

王　平　王兴平　石　磊　代　欢　白　楠　白学文　冯　星　朱青峰
刘　正　安　芝　孙　阳　杨奕群　李　志　李建军　陈　多　陈　静
周晓平　赵　磊　赵东占　俞鑫峰　姜海涛　殷　浩　栾　昌　崔大李
梁穗明　颜　卉　魏　庆

前 言

当前，经济全球化和区域经济体一体化深入发展，货物、服务、资本和技术跨境流动规模持续增长；科学技术取得突破性进展，催生着新技术、新思维、新设想，商业模式创新和新型贸易业态不断出现。新形势下，地方政府、社会各界和广大进出口企业，对便捷通关和高效服务的需求越来越高，给海关监管带来冲击和挑战，海关监管正进入一个求新、求变、求效的新时代。

为促进贸易安全与便利，近年来中国海关主动适应经济新常态，以开展全国通关一体化改革为核心，积极创新海关监管制度，对海关传统业务流程和运行模式进行根本性变革，着力提高通关效率、降低通关成本、压缩通关时间，努力为企业打造国际化、法治化、便利化的营商环境。为增加海关监管工作的透明度，促进企业守法便利，同时提升海关执法的公正性和统一性，海关总署监管司组织全国海关监管通关领域业务专家对2014年版《中国海关通关实务》进行了深度修改和完善，更加突出实用性、权威性和时效性，将海关监管所涉及的作业流程、业务要求进行了系统梳理，对有关各项监管法规制度进行了深入阐述和解读。该书涵盖了近年来监管通关领域的重大业务改革内容，解答了当前通关业务中的热点问题，收录了当前通关监管领域的最新法规，是一本介绍进出境货物、物品、运输工具等监管通关流程、实务及相关政策法规的权威工具书。一方面，为从事进出口经营企业及进出境人员提供了一个全面、深入了解海关监管通关业务体系的窗口和渠道；另一方面，为从事海关一线监管通关业务工作的关员提供一册全面系统的业务学习培训材料和工作向导。

本书凝结了众多海关监管业务专家的心血，他们不仅精通各项海关通关监管制度，了解最新的改革措施，而且拥有丰富的业务实践经验。在本书编撰过程中，他们积极了解企业通关需求及现场海关关员在工作中遇到的难点和困惑，将本书打造成了兼具可读性和实用性的精品书。在此，对参与本书策划、编写、编辑、审校的北京、天津、大连、上海、南京、宁波、福州、青岛、武汉、长沙、广州、深圳、黄埔、海口、重庆海关及中国海关管理干部学院的各位领导和同志表示衷心的感谢！

海关业务在不断发展，各项制度在不断完善。由于编写人员的水平所限，书中难免存在不足之处，恳请广大读者批评指正。

编者

2017年3月

目 录

第一篇 通关实务

第二篇 通关问答

第四章 进出口货物征税、查验与放行 …… 303

附 录

第一篇 通关实务

DI-YI PIAN TONGGUAN SHIWU

第一章　海关管理概述

第一节　海关的概念与职能

一、海关的定义

海关是依据本国（或地区）海关法律、行政法规行使进出境监督管理职权的国家行政机关。中国海关是依据《中华人民共和国海关法》（以下简称《海关法》）和有关法律、行政法规，代表国家对进出关境的运输工具、货物、物品等行使监督管理职权的行政执法机关。现行《海关法》规定："中华人民共和国海关是国家的进出关境监督管理机关。海关依照本法和其他有关法律、行政法规，监管进出境的运输工具、货物、行李物品、邮递物品和其他物品，征收关税和其他税、费，查缉走私，并编制海关统计和办理其他海关业务。"

《京都公约》中规定："海关"指负责海关法的实施、税费的征收并负责执行与货物的进口、出口、移动或储存有关的其他法律、法规和规章的政府机构；"海关办公机构"指负责办理海关手续的海关行政单位及为此由主管机构批准开设的办公地点或其他场所。

二、海关的性质

（一）海关是国家行政机关

海关从属于国家行政管理体制，是国家行政机关。海关总署是国务院直属机构。海关的权力来自国家，具有国家权力的基本特点，即主权性和强制性。

（二）海关是国家进出关境监督管理机关

海关是由国家设立，代表国家专门对所有进出关境的运输工具、货物、物品实施监督管理的行政机关。海关依据法律和行政法规赋予的权力，制定具体的海关行政规章和行政措施，对进出关境活动实施监督管理，并对相关违法行为依法实施处罚。

（三）海关是国家行政执法机关

海关是执行国家行政管理有关制度的行政执法机关。海关的监督管理活动包括行政监督、行政处理、行政处罚、行政强制执行等执法行为。海关执法的依据是：现行《海关法》；其他有关法律，即全国人大或者全国人大常委会制定的与海关监督管理相关的法律规范；行政法规，即国务院制定的法律规范。此外，海关总署可以根据法律和国务院的行政法规、决定、命令，制定规章，作为执法依据的补充和细化。

三、海关的职能任务

（一）海关的职能

1. 海关职能的内涵

海关职能属于政府职能，是指海关依法对涉外经济活动进行监督管理所具有的职责和作用。不同类型国家的海关职能各有不同，同一国家不同历史时期的海关职能也会有所不同。监管、征税、缉私、统计是中国海关的传统职能。随着社会发展和国家形势的变化，海关职能逐步发生着变革，尤其是中国加入世界贸易组织以后，海关履行传统职能的任务更加艰巨，维护贸易安全与便利、保护知识产权、履行原产地管理职责，协助解决国际贸易争端、实施贸易救济和贸易保障、参与反恐和防止核扩散、口岸规划管理等非传统职能任务不断加重。

2. 海关职能的特性

海关职能的基本特点主要包括执行性、多样性和动态性。

（1）执行性。海关职能相对于国家权力机关的立法职能而言，具有明显的执行性质。其对内职能的性质被定为贯彻执行国家对外开放和经济体制改革国策及国家有关外贸、关税、外交等进出口政策、法律、法令的重要工具。作为依照特定法规行政的国家机关，海关依照特定的调整特定社会关系的法律法规（《海关法》等），保证国家政策、法规的统一与有效实施。

（2）多样性。海关职能的多样性主要体现在以下方面：实施国际贸易管理、监督执行口岸管理体制和知识产权边境保护制度、维护国际贸易秩序；征收关税，执行反倾销和反补贴税制度、关税配额制度，保证国家财政收入；制止国际贸易中的不正当竞争，惩罚违法犯罪活动，促进国民经济健康发展，保障国家的政治、经济和公共安全；向进出口贸易及其他国际交往提供优质服务，提高国际贸易效率，等等。海关监督管理的运行又有监管、征税、保障、稽查、查私、统计、加工贸易监管、通关管理、海关估价与归类、特定减免税、海关事务担保、结关放行、电子数据交换、电子商务等各种不同内容与层次的具体职能。

（3）动态性。海关职能具有动态性。海关职能是发展变化的，这是由社会经济、政治和文化的不断发展，国家形势和任务的不断变化所决定的。海关监督管理是一个管理过程，是由各种主客观要素构成的动态系统，有些要素及其相互关系的变化是无法事先全部掌握的，因而出现实际与计划不符情况的可能性是存在的。因此，海关职能不是静止不变的，行政环境的变化，国家政治、经济、科学技术的发展，将持续地推动着海关职能的范围、内容、主次关系等发生必然变化。

3. 海关职能的自身特点

（1）“把关”。海关是国家进出境监督管理机关，顾名思义，海关就是一道“关”。从传统意义上说，海关就是以守住关口、征收税款和实施贸易管制为基本职能。因此，海关首先要把好国门。

（2）“服务”。海关管理既要执法把关，还必须为贸易提供便利，通过规范进出口经济秩序，提高通关效率和贸易效率，为提升本国的产业竞争力和企业竞争力服务。

（3）“把关”与“服务”的平衡。海关关徽由金钥匙和商神杖组成，意味着海关既要坚守国家经济大门，又要促进国际贸易的繁荣和发展。“把关”与“服务”的平衡，是提高企业竞争力和国家经济竞争力对海关管理的必然要求。这就是海关职能的自身特性。

（二）海关的职责任务

现行《海关法》第二条规定了海关的基本任务是：“依照本法和其他有关法律、行政法规，监管进出境的运输工具、货物、行李物品、邮递物品和其他物品，征收关税和其他税、费，查缉走私，并编制海关统计和办理其他海关业务。”明确了海关监管、海关征税、海关缉私和海关统计是中国海关的四项基本任务。

海关的基本任务是海关在不同历史时期内，通过长期的监管实践活动逐步形成的，并由国家以法律形式加以认定的。随着国家改革开放的进一步深入、社会经济的快速发展，国家通过其他法律、行政法规赋予海关一些新的职责，如口岸管理、原产地规则协调、知识产权海关保护、对进境固体废物的管制，等等。因此，以海关的四大任务为基础，当前海关职能有了进一步的拓展，主要承担税收征管、查缉走私、通关监管、加工贸易及保税监管、海关统计、海关稽查和口岸管理等七项职责。

其中，通关监管是海关职责任务中最基本、最核心的业务，是海关全部监督管理工作的基础，其他任务均由通关监管派生而来。

（三）海关工作方针和总体要求

1. 海关工作方针

在我国社会主义建设的各个不同历史时期，海关始终根据国家对海关职能作用的不同要求，及时调整并实行不同的海关工作方针。现阶段，我国海关坚持“依法行政，为国把关，服务经济，促进发展”的工作方针。这是现阶段海关工作的指导性原则，是一定时期内海关工作的方向和目标。

2. 海关工作的总体要求

根据我国政治、经济形势发展的需要及党和国家对海关工作提出的要求，海关总署党组提出“当前和今后一个时期，海关工作的总体要求是把好国门、做好服务、防好风险、带好队伍，努力开创海关工作新局面”。“把好国门”是海关职责所在和立足之本，“做好服务”是海关促进科学发展的必然要求，“防好风险”是对海关工作的底线要求，“带好队伍”是海关发展的组织保证。其中，“把好国门”是关键，是对海关工作第一位的要求，无论在任何时候、任何情况下，都要把好国门。

第二节 海关的管理体制与组织机构

一、海关的垂直管理体制

海关实行集中统一垂直领导体制。现行《海关法》第三条规定：“国务院设立海关总署，统一管理全国海关……海关的隶属关系，不受行政区划的限制，海关依法独立行使职权，向海关总署负责。”从而在法律上确立了海关系统集中统一的垂直领导体制。

海关层级管理定位于海关总署、直属海关、隶属海关三级建制，形成国务院直接领导海关总署，海关总署直接领导广东分署、天津特派办、上海特派办、各直属海关、海关院校、在京直属事业单位和社团，各直属海关直接领导其隶属海关的组织结构。

海关系统实施的集中统一、垂直领导体制，使全国海关在海关总署的直接领导下，坚决贯彻执行国家统一的政策、法律、法规，严格依法行政，确保中央政令统一、严肃、畅通，信息反馈快捷、准确。坚持与维护集中统一、垂直领导体制，成为各级海关领导干部必须遵守的组织意识和政治纪律，也是全体海关工作人员必须遵循的基本职业道德规范之一。

二、海关的组织机构

现行《海关法》确定的海关设关原则是：“国家在对外开放的口岸和海关监管业务集中的地点设立海关。海关的隶属关系，不受行政区划的限制。”根据这一设关原则，中国沿海、边境、沿江及内地重镇各开放口岸和进出口业务集中的地方均设立了海关机构。

全国海关在组织结构上分为3个层次：第一层次是海关总署；第二层次包括广东分署，天津、上海2个特派员办事处，42个直属海关；第三层次包括设立在全国的700余个隶属海关和办事处。此外，海关总署管辖2所海关学院，即上海海关学院和中国海关管理干部学院，并在布鲁塞尔、莫斯科、华盛顿等地设有派驻机构。

总体上，中央和地方海关不论级别，均对外统称“中华人民共和国海关”，均代表国家行使对进出境货物、物品和运输工具的监督管理权。但就具体海关业务来说，各个海关机关有其具体事权的分配。其职能事权划分基本为：总署负责决策、监督和调控；直属海关负责监督、监控和协调；隶属海关负责具体执行并从事现场物流监管。海关总署作为国务院正部级直属机构，统一管理全国海关机构和人员编制及其业务。

第三节　海关的主要业务制度

一、监管制度

按照世界海关组织海关术语词汇表中的定义，海关监管是指“为确保海关负责执行的法律、法规的实施而采取的措施”。根据《海关法》的有关规定，海关监管是指海关在实际进出关境的环节上，依据《海关法》和其他有关法律法规的规定，将国家贸易政策主管部门的行政审批、许可、鉴定与进出关境活动当事人或其代理人的申报或申请和实际进出关境的活动三者有机联系起来，进行审核、检查、核对或查验，确定运输工具、货物、物品的进出境活动是否合法或合理，以保障有关当事人的合法权益、维护正常的进出口秩序的行政执法行为或行政执法活动。海关监管旨在维护进出境正常秩序，保证运输工具、货物、物品合法进出，防止违法违规进出境，并为海关征税、统计、缉私工作提供必要和切实可靠的原始单证及资料线索，其根本目的是实施对进出关境活动的宏观控制，维护国家主权和利益，促进对外开放，适应社会主义市场经济的发展需要。

海关监管是一个由前期管理、现场监管、后续管理3个部分构成的紧密联系、协调配合的完整体系，这是通常所说的“大监管”概念；海关监管工作则通常是指现场监管这一部分，由于海关通关监管是现场监管的实体，所以在很大程度上又认定海关通关监管就是海关监管工作，这是“小监管”概念。在海关管理实践中，海关监管的前期管理、现场管理、后续管理是3个相互衔接、紧密联系的阶段。

（一）前期管理阶段的工作内容

1. 通过办理有关进出境业务企业的注册手续，由海关确认其经营或报关资格。例如，办理报关单位的注册登记手续，外商投资企业的注册登记手续，进出境运输企业的注册登记手续等。

2. 通过办理“物”进出境前的备案或审批手续，确认“物”进出境的合法条件和海关监管方式。例如，进出口货物许可证及进出口批文的备案，进口货物减免税审批手续等。

3. 通过受理“物”的进出境预申报，确认分类管理的具体方式。

（二）现场监管阶段的工作内容

1. 办理基本手续。按照先后顺序排列为：受理申报（初审和审单）—选择查验（或检查）—复核放行。几乎所有的“物”在进出境时都必须通过这三个基本环节的监管。

2. 办理特殊手续。其主要包括转关运输手续和担保手续。是否要办理转关运输手续，取决于货物是否需要在指运地或起运地报关并具备海关监管条件；是否要办理担保手续，则要看“物”进出境前的申报情况、担保人的愿望及担保条件等。

（三）后续管理阶段的工作内容

1. 核查，包括定期或不定期地核查有关企业向海关报送的反映进出境业务经营情况的报表，并根据监管需要进一步核查企业会计账册，必要时还可以清查实物的实存数。

2. 监督使用，主要是监督有关“物”在境内的使用是否符合海关限定的条件。

3. 按实际去向办理海关手续，对保税或暂准进出境的“物”在复出（进）口时或者经批准转为正式进出口时，均须办理相应的手续。

4. 核销或监管时限到期结案，对在确定实际去向后须办理相应手续的“物”，必须在办理核销手续后方能解除监管。而对享受关税减免优惠进境的“物”在海关规定的监管年限到期后，也应在办理核销手续后解除海关监管。

前期管理、现场监管、后续管理3个阶段构成了海关监管工作的整体，3个阶段在海关监管工作中前后照应、按序衔接、互为补充，海关监管的所有活动都贯穿其中。

二、关税制度

海关依照《海关法》和相关法律、行政法规，监管进出境的运输工具、货物、行李物品、邮递物品和其他物品，征收关税和其他税、费，查缉走私等。进口货物自进境起到办结海关手续止，出口货物自向海关申报起到出境止，过境、转运和通运货物自进境起到出境止，应接受海关监管。准许进出口的货物，由海关依法征收关税。

《中华人民共和国进出口关税条例》（以下简称《关税条例》）对关税税率的利用、完税价格的审定、税额的缴纳、退补、关税的减免及审批程序，以及申诉程序等做了规定。《中华人民共和国进出口税则》（以下简称《税则》）是《关税条例》的组成部分，具体规定商品的归类原则、商品的税目、税号、商品描述和适用的相关税率。国务院关税税则委员会负责制定或修订《关税条例》、《税则》的方针、政策、原则，审议税则修订草案，制定暂定税率，审定局部调整税率。

三、统计制度

海关统计工作是搜集、整理、分析我国对外贸易进出口货物原始资料，并形成海关统计资料的过程。海关统计资料是反映我国进出口货物情况的数据和资料。

海关统计是依法对进出口货物贸易的统计，是国民经济统计的组成部分。编制海关统计是《海关法》规定的海关4项任务之一，海关总署负责组织管理全国海关统计工作。

海关统计的任务是对进出口货物贸易进行统计调查、统计分析和统计监督，进行进出口监测预警，编制、管理和分布海关统计资料，提供统计服务，为国家制定对外贸易政策，进行宏观经济调控，实施海关严密高效管理提供依据，同时海关统计信息也是研究我国对外贸易经济发展和国际贸易关系的重要资料。

四、缉私制度

为了严厉打击走私违法活动，党中央、国务院决定成立国家缉私警察队伍。在1998年7月中旬召开的全国打私工作会议上，党中央、国务院决定组建由海关和公安双重垂直领导，以海关领导为主的海关缉私警察队伍，实行“联合缉私，统一处理，综合治理”的反走私斗争新体制。缉私警察既是海关的一支专职缉私队伍，又是公安部门的一个警种。国家赋予缉私警察侦查、拘留、逮捕和预审职责，按照海关对缉私工作的统一部署和指挥开展工作，执行任务，从缉私体制和执法权力上解决原来存在的打击走私手段不足和刑事处罚软弱无力的状况。组建缉私警察队伍，不仅是海关执法权限的延伸，反走私斗争的需要，也突出显示了海关镇守国门和作为国家经济安全的钢铁长城的重要地位。

1999 年 1 月，海关总署走私犯罪侦查局在北京成立，海关缉私警察队伍也一同诞生。在中华人民共和国关境内，缉私警察依法查缉走私犯罪案件，对走私犯罪案件进行侦查，对走私犯罪嫌疑人依法进行拘留、逮捕和预审工作。

2003 年 1 月 1 日，全国各海关走私犯罪侦查机构全部更名为“缉私”机构。更名后各级海关缉私警察将在原有的刑事执法职能基础上增加行政执法职能。海关总署走私犯罪侦查局更名为海关总署缉私局，各直属海关走私犯罪侦查（分）局更名为各直属海关缉私局，各隶属海关走私犯罪侦查支局更名为各隶属海关缉私分局。

2013 年，国务院机构改革将缉私局海上缉私队伍和职能划入中华人民共和国海警局。

第四节　海关通关监管制度

海关监管制度是海关为完成对运输工具、货物、物品的进出境活动的监管任务而制定和形成的比较系统、完整、稳定的作业规程和行为规范，包括进出境货物、物品监管，物流监控，进出口贸易管制等具体业务制度。近年来，为服务国家改革和发展大局，促进对外开放，适应社会主义市场经济的发展需要，中国海关不断深化监管业务制度改革，陆续推出了分类通关改革、通关作业无纸化改革、区域通关一体化改革、关检合作“三个一”、优化监管查验机制等改革项目，创新监管模式，营造监管有效、公平公正的通关环境，打造先进的、在国际上最具竞争力的海关监管机制。

一、进出境货物监管制度

（一）口岸报关货物的监管制度

口岸报关货物是指在进出境口岸海关办结海关手续后进入关境内或者运往境外自由流通的进口或者出口货物。口岸报关货物的进出境通关手续如报关、查验、征税、放行等海关手续在口岸海关监管现场办理完毕，并在进出境环节完全缴纳进出口税费，包括关税、进出口环节税、规费或者其他费用。对涉及国家进出境管制措施的进出口货物，海关需验凭有关证件、证书放行。办结海关手续的货物进口或出口后可自由流通，即货物办结海关手续后交由进出口货物收发货人或其代理人自由处置。对在进境环节完全缴纳进口税费，并办结各项海关手续后的进口货物，可以进口至关境内使用、消费。对在出境环节完全缴纳出口税费，并办结各项海关手续运离关境后的出口货物，须运出关境并留在境外使用、消费。

（二）区域一体化货物的监管制度

区域一体化货物是指进出口货物收发货人或其代理人在属地海关办结海关手续后，在进出境口岸海关进入关境或运往境外的进口或出口货物。区域一体化货物的进出境通关手续，如报关、征税、查验、放行等在属地海关现场办理完毕，并完全缴纳进出口税费，包括关税、进出口环节税、规费或者其他费用。对涉及国家进出境管制措施的进出口货物，海关需验凭有关证件、证书放行。区域一体化进口货物需查验的，在收货人信用等级及货物符合相应标准的情况下，可分流至属地海关监管场所实施查验。办结海关手续的进口货物离开进境口岸海关后，可由收货人或其代理人自由处置，在关境内使用、消费；出口货物离开出境口岸海关后，须运出关境并留在境外使用、消费。

（三）转关运输货物的监管制度

所谓“转关运输”，是指进出口货物在海关监管下，从一个海关运至另一个海关办理某项海关手续的行为。海关对进出口货物规定的监管起讫时间，决定了进口货物在进境时已受海关监管，并须在海关监管之下转运到指运地完成进口海关手续；出口货物在起运地海关办理了出口手续，并须在海关监管之下运至出境地，并由出境地海关验放出境。所以，凡是在指运地或起运地办理进出口手续的，必须由两个海关共同完成监管任务，必然要涉及货物在两个海关之间的运输。进出口转关货物监管形式分为进口货物转关监管、出口货物转关监管和境内监管货物转关监管 3 种。

（四）暂时进出境货物的监管制度

暂时进出境货物是指因特定目的暂时进出我国关境，在海关规定的期限内，除因正常使用而产生的折旧或损耗外，应当原状复运出进境的货物。

符合海关有关规定的暂时进出境货物，在进境或者出境时纳税义务人向海关缴纳相当于应纳税款的保证金或者提供其他担保的，可以暂不缴纳关税，并应当自进境或者出境之日起 6 个月内复运出境或者复运进境；需要延长复运出境或者复运进境期限的，纳税义务人应当根据海关总署的规定向海关办理延期手续。

（五）过境、转运、通运货物的监管制度

过境、转运、通运货物都是由境外起运，通过我国境内继续运往境外的货物。这类货物仅在我国境内运输及短暂停留，不做销售、加工、使用及贸易性储存。按照《海关法》第三十六条的规定：“过境、转运和通运货物，运输工具负责人应当向进境地海关如实申报，并应当在规定期限内运输出境。”从这个意义上说，这类货物也具有暂时进境的性质，但我国海关规定这三类货物不属暂准进出口通关制度的适用范围，适用特别通关制度。

（六）知识产权保护货物的监管制度

知识产权海关保护的适用界定为：与进出境货物有关并受中华人民共和国法律、行政法规保护的知识产权，包括商标专用权、著作权和专利权。海关对侵犯受法律、行政法规保护的知识产权的货物，禁止进出口。

（七）保税货物的监管制度

保税货物的监管制度是指经营保税业务的企业按照海关的有关规定，在对保税货物储存加工后复运出口，对不能复运出口的需要重新办理进口纳税手续的海关监管制度，包括保税货物合同的登记备案（保税存储货物免办）、货物进口监管、核查货物储存和加工状况、根据货物实际去向办理海关手续、货物的核销结案等环节。

（八）进出境快件的监管制度

进出境快件是指进出境快件运营人以向客户承诺的快速商业运作方式承揽、承运的进出境货物或物品。根据海关规定，进出境快件分为文件类、个人物品类、低值货物类、其他货物和物品 4 类。海关按照集中管理、分类报关的原则对快件实施监管，对各类快件的监管要求和程序有所不同。

（九）其他特殊进出口货物的监管制度

海关根据进出境监管工作实际，还针对一些特殊进出口货物，如特定减免税进出口货物，进口误卸或溢卸、放弃及超期未报货物，其他未报货物，退运进出口货物，出口退关货物等，分别制定并实施不同的监管制度。

二、 海关物流监控制度

海关物流监控的基本制度包括两大方面：一是对进出境运输工具、海关监管货物、监管场所、

境内运输过程，以及与物流相关的企业如运输企业、仓储企业、报关企业等监管实体的管理制度；二是对以舱单信息为主线的，包括进出境运输工具动态信息、监管场所内物流信息、报关信息、转关运输信息等各项物流信息的申报管理规定。

（一）舱单管理

《中华人民共和国海关进出境运输工具舱单管理办法》（以下简称《舱单管理办法》）于2009年1月1日起实施。《舱单管理办法》对于规范海关对进出境运输工具舱单的管理、促进国际贸易便利、保障国际贸易安全具有重要意义。

舱单是进出境运输工具舱单的简称，是指反映进出境运输工具所载货物、物品及旅客信息的载体，包括原始舱单、预配舱单、装（乘）载舱单。《舱单管理办法》的适用范围是进出境船舶、航空器、铁路列车及公路车辆舱单的管理，涵盖了水（船舶）、陆（公路车辆）、空（航空器）、铁（铁路列车）4种运输方式。

舱单数据传输的主体分为两类，即舱单数据传输人和与舱单相关的数据传输人。舱单数据传输人包括运输工具负责人及代理人。与舱单相关的数据是指国际物流在进出境作业环节所产生的能够反映物流流向，而且能与舱单相互校验、印证的相关数据，包括运抵报告、分拨分流申请、理货报告和结关，其传输人包括运抵报告数据传输人、理货报告数据传输人、装箱清单数据的传输人等等。

海关对舱单及相关数据传输的监管有详细的规定，此部分在第八章进行详述。

（二）进出境运输工具管理

1. 基本概念

进出境运输工具（以下简称运输工具），是指用于载运人员、货物、物品进出境的各种船舶、航空器、铁路列车、公路车辆和驮畜。

运输工具负责人，是指进出境运输工具的所有企业、经营企业，船长、机长、汽车驾驶员、列车长，以及上述企业或者人员授权的代理人。

运输工具服务企业，是指为运输工具供给燃料、物料、生活用品等供应服务的或接收、处理运输工具消耗产生的废旧物品的单位。

2. 备案管理制度

海关对运输工具、运输工具负责人和运输工具服务企业实施备案管理制度。运输工具、运输工具负责人、运输工具服务企业应当在经营业务所在地的直属海关或者经直属海关授权的隶属海关备案。在海关备案的有关内容如果发生改变的，运输工具负责人、运输工具服务企业应当在海关规定的时限内持“备案变更表”和有关文件到备案海关办理变更手续。

3. 相关监管规定

根据运输工具的不同和监管目的的需要，海关制定了不同的监管制度，如国际航行船舶、来往港澳小型船舶、国际运输民用航空器、进出境列车、来往港澳公路货运车辆、国际道路运输车辆的监管制度等。

此外，海关还对境内公路承运海关监管货物的车辆、长江驳运船舶等境内承运海关监管货物的运输企业及其运输工具，以及装载海关监管货物的集装箱和集装箱式货车车厢的管理制定了详细管理制度，这些海关监管制度是海关对运输工具监管的重要依据，在后面的章节里将会具体介绍。

（三）监管场所管理

海关对监管场所的经营管理，归纳起来，主要有以下几个方面：

第一，监管场所的设立，必须依据有关法律法规的规定，经过特定的行政审批程序予以确认，批准的前提之一是，申请设立的监管场所必须符合特定的条件。经营海关监管货物仓储业务的企业，应当经海关注册，并按照海关规定，办理收存、交付手续。

第二，在海关监管区外存放海关监管货物，应当经海关同意，并接受海关监管。

第三，违反前两款规定或者在保管海关监管货物期间造成海关监管货物损毁或者灭失的，除不可抗力外，对海关监管货物负有保管义务的人应当承担相应的纳税义务和法律责任。

（四）监管查验制度

《海关法》规定，“进出口货物应当接受海关查验。海关查验货物时，进口货物的收货人、出口货物的发货人应当到场，并负责搬移货物，开拆和重封货物的包装。海关认为必要时，可以径行开验、复验或者提取货样”。进出口货物查验是指海关为确定进出口货物收发货人向海关申报的内容是否与进出口货物的真实情况相符，或者为确定商品的归类、价格、原产地等，依法对进出口货物进行实际核查的执法行为。

三、 进出境物品监管制度

进出境物品监管制度主要包括行李物品监管、邮递物品监管和其他物品监管制度等基本内容。

（一）行李物品监管制度

行李物品监管制度指进出境旅客向海关申报，海关依法查验行李物品并办理进出境物品征税或免税验放手续，或其他有关监管手续的监管制度。按照进出境旅客的性质可分为：中国籍旅客行李物品、外国籍旅客行李物品、定居旅客安家物品、过境旅客行李物品等监管制度。

（二）寄递物品监管制度

寄递物品监管制度指海关按照有关规定，对以国际邮运、快递方式寄递进出境的物品实施管理的海关监管制度。个人寄递进出境的物品，应当以自用、合理数量为限，并接受海关监管。海关对进出境寄递物品实施监管，根据特定的原则规定物品的限值（限量）和禁止、限制寄递物品的品种。对寄递进出境的物品，海关依法进行查验。海关对个人寄递进境物品实行免税额制度，寄递物品应征税款在免税额范围内的，海关予以免税放行；超出免税额的部分由海关按章征收进口税。

（三）其他物品监管制度

其他物品监管制度包括海关对驻华外交机构及其人员物品的监管、对常驻机构及非居民长期旅客物品的监管、对免税商店及免税品（含外汇免税商店和免税外汇商品）的监管和对印刷品及音像制品的监管等制度。

四、 进出口贸易管制制度

进出口贸易管制制度是一种综合制度，主要由关税制度、对外贸易经营者管理制度、货物进出口许可制度、出入境检验检疫制度及进出口货物收付汇管理制度等组合而成。

贸易管制措施的落实是海关监管工作的重要内容。海关管理规范要准确适用政策，即通过进出口货物的类别，准确认定其所应适用的国家贸易管制政策，对其中属于国家实行许可证件管理的货物，应要求提交相应的许可证件；对涉及其他如国有贸易、限定口岸等特殊管制的，应按照有关规定实施管理；对涉及多项国家贸易管制措施的货物，依据国家对进出口货物的管制措施相对独立的原则，应分别实施管理。

（一）禁止进出口管理

国务院授权商务部会同其他国务院有关部门依法制定、调整并公布禁止进出口货物和技术目录，海关对禁止进出口目录货物和技术实施监督管理。禁止进出口管理也包括国家明令停止进出口的货物。

（二）限制进出口管理

国务院授权有关部门依法制定、调整并公布限制进出口货物和技术目录，海关对限制进出口目录货物和技术实施监督管理。主要包括：

1. 进、出口许可证管理，是指由商务部或其会同国务院有关部门依法对实行数量限制或其他限制的进出口货物签发进口许可证、出口许可证。商务部会同海关总署制定、调整和发布年度《进口许可证管理货物目录》、《出口许可证管理货物目录》。海关依法对进口许可证管理货物、出口许可证管理货物实施监管。

2. 两用物项和技术进出口管理，是指由商务部负责制定两用物项和技术进出口许可证管理办法及规章制度，商务部会同海关总署制定和发布《两用物项和技术进出口许可证管理目录》，海关依法对两用物项和技术进出口实施监督管理。

3. 固体废物进口管理，是指由国务院环境保护行政主管部门根据法律法规对进口固体废物实施分类管理，海关依法对进口废物实施监管。禁止进口列入禁止进口目录的固体废物，进口列入限制进口目录的固体废物，必须取得固体废物进口相关许可证。除另有规定外，对限制进口类可用做原料的固体废物，应当持固体废物进口相关许可证和出入境检验检疫机构出具的“入境货物通关单”等有关单证向海关办理进口验放手续；对非限制进口类可用做原料的固体废物，应当持出入境检验检疫机构出具的“入境货物通关单”等有关单证向海关办理进口验放手续。

4. 药品进出口管理，是指由国家食品药品监督主管部门依法对进口药品实施监督管理，海关依法对药品进出口实施监管。药品进出口的管理范围，包括对一般药品进口、精神药品进出口、麻醉药品进出口及其他药品（包括医疗用毒性药品，如砒石、阿托品等）、放射性药品（如裂变制品、放射性同位素发生器及其配套药盒等）和兴奋剂等进出口的许可证或批件管理。

5. 濒危物种进出口管理，是指由国家濒危物种进出口管理办公室依法对受保护的珍贵、濒危野生动植物及其产品实施进出口管理，海关依法对濒危物种进出口实施监管。《进出口野生动植物种商品目录》由国家濒危物种进出口管理办公室和海关总署共同制定、调整并公布，对列入该目录的物种及其产品实行野生动植物进出口证书管理。

除了上述限制进出口货物和技术以外，国家还对黄金及黄金制品、音像制品、有毒化学品、农药、兽药、民用爆破器材、现钞、文物、人类遗传资源、血液、化石等货物实施限制进出口管理。

（三）自由进出口

根据《中华人民共和国对外贸易法》（以下简称《对外贸易法》）的规定，进出口属于自由进口的货物，不受限制。但对于其中属于自动进口管理的货物和自由进出口的技术，经营者仍须履行相应的自动进口许可或登记手续。

第二章　报关单位

第一节　报关单位的概念及类型

一、 报关单位的概念

报关单位是指依法在海关注册登记的进出口货物收发货人和报关企业。

《海关法》规定："进出口货物收发货人、报关企业办理报关手续，必须依法经海关注册登记。未依法经海关注册登记，不得从事报关业务。"

二、 报关单位的类型

《海关法》将报关单位划分为两种类型，即进出口货物收发货人和报关企业。

（一） 进出口货物收发货人

进出口货物收发货人，是指依法直接进口或者出口货物的中华人民共和国关境内的法人、其他组织或者个人。进出口货物收发货人经向海关注册登记后，只能为本单位进出口货物报关。

（二） 报关企业

报关企业，是指依法经海关准许注册登记，接受进出口货物收发货人的委托，以进出口货物收发货人的名义或者以自己的名义，向海关办理代理报关业务，从事报关服务的中华人民共和国关境内的企业法人。其主要有两类：一类是经营国际货物运输代理业务，兼营进出口货物代理报关业务的国际货物运输代理公司；另一类是主营代理报关业务的报关公司或报关行。

经报关单位向海关备案，专门负责办理所在单位报关业务的人员，为报关人员。

进出口货物收发货人应当通过本单位所属的报关人员办理报关业务，或者委托海关准予注册登记的报关企业，由报关企业所属的报关人员代为办理报关业务。报关单位可以在办理注册登记手续的同时办理所属报关人员备案，报关单位对其所属报关人员的报关行为应当承担相应的法律责任。

第二节　报关单位的注册登记

自 2016 年 5 月 11 日起，已经取得统一社会信用代码的企业，在海关办理报关单位注册登记后，可以使用统一社会信用代码替代海关注册编码，向海关办理进出口货物报关单申报手续。尚未取得统一社会信用代码的企业，继续使用海关注册编码办理进出口申报手续。

一、 进出口货物收发货人的注册登记

（一） 注册登记的程序

进出口货物收发货人应当按照规定到所在地海关办理报关单位注册登记手续。进出口货物收发

货人申请办理注册登记时，应当提交的文件材料包括：

1. “报关单位情况登记表”；

2. 营业执照副本复印件以及组织机构代码证书副本复印件；

3. 对外贸易经营者登记备案表复印件或者外商投资企业（台港澳侨投资企业）批准证书复印件；

4. 其他与注册登记有关的文件材料。

申请材料齐全、符合法定形式的申请人由注册地海关核发“中华人民共和国海关报关单位注册登记证书”，进出口货物收发货人凭以办理报关业务。

进出口货物收发货人“中华人民共和国海关报关单位注册登记证书”长期有效。

（二）注册登记的变更和注销

1. 注册登记的变更

进出口货物收发货人企业名称、企业性质、企业住所、法定代表人（负责人）等海关注册登记内容发生变更的，应当自变更生效之日起30个工作日内，持变更后的营业执照副本或者其他批准文件以及复印件，到注册地海关办理变更手续。

所属报关人员发生变更的，进出口货物收发货人应当在变更事实发生之日起30个工作日内，持变更证明文件等相关材料到注册地海关办理变更手续。

2. 注册登记的注销

进出口货物收发货人有下列情形之一的，应当以书面形式向注册地海关办理注销手续。海关在办结有关手续后，应当依法办理注销注册登记手续。

（1）破产、解散、自行放弃报关权或者分立成两个以上新企业的；

（2）被工商行政管理部门注销登记或者吊销营业执照的；

（3）丧失独立承担责任能力的；

（4）对外贸易经营者备案登记表或者外商投资企业批准证书失效的；

（5）其他依法应当注销注册登记的情形。

进出口货物收发货人未主动办理注销手续的，海关可以在办结有关手续后，依法注销其注册登记。

二、报关企业的注册登记

（一）报关企业的设立条件

报关企业注册登记许可应当具备的条件包括：

1. 具备境内企业法人资格条件；

2. 法定代表人无走私记录；

3. 无因走私违法行为被海关撤销注册登记许可的记录；

4. 有符合从事报关服务所必需的固定经营场所和设施；

5. 海关监管所需要的其他条件。

（二）报关企业注册登记的程序

1. 报关企业注册登记许可申请。申请报关企业注册登记许可的申请人应当到所在地直属海关对外公布受理申请的场所向海关提出申请。提出申请时应提交的材料包括：

（1）“报关单位情况登记表”；

（2）企业法人营业执照副本复印件以及组织机构代码证书副本复印件；

（3）报关服务营业场所所有权证明或者使用权证明；

（4）其他与申请注册登记许可相关的材料。

申请人提交企业法人营业执照副本复印件以及组织机构代码证书副本复印件时，应同时向海关交验原件。

申请人可委托代理人提出注册登记许可申请。申请人委托代理人代为提出申请的，应当出具授权委托书。

2. 海关对申请的处理。对申请人提出的申请，海关应当根据下列情况分别作出处理：

（1）申请人不具备报关企业注册登记许可申请资格的，应当作出不予受理的决定；

（2）申请材料不齐全或者不符合法定形式的，应当当场或者在签收申请材料后5个工作日内一次告知申请人需要补正的全部内容，逾期不告知的，自收到申请材料之日起即为受理；

（3）申请材料仅存在文字性、技术性或者装订等可以当场更正的错误的，应当允许申请人当场更正，并且由申请人对更正内容予以签章确认；

（4）申请材料齐全、符合法定形式，或者申请人按照海关的要求提交全部补正申请材料的，海关应当受理报关企业注册登记许可申请，并作出受理决定。

3. 海关对申请的审查。所在地海关受理申请后，应当根据法定条件和程序进行全面审查，并于受理注册登记许可申请之日起20个工作日内审查完毕。直属海关未授权隶属海关办理注册登记许可的，应当自收到所在地海关报送的审查意见之日起20个工作日内作出决定。直属海关授权隶属海关办理注册登记许可的，隶属海关应当自受理或者收到所在地海关报送的审查意见之日起20个工作日内作出决定。

4. 行政许可的作出。申请人的申请符合法定条件的，海关应当依法作出准予注册登记许可的书面决定，并通知申请人，同时核发“中华人民共和国海关报关单位注册登记证书”。

申请人的申请不符合法定条件的，海关应当依法作出不准予注册登记许可的书面决定，并且告知申请人享有依法申请行政复议或者提出行政诉讼的权利。海关逾期未作出决定的，视为准予许可。

（三）报关企业跨关区分支机构注册登记许可

报关企业如需要在注册登记许可区域外（另一直属海关关区）从事报关服务的，应当依法设立分支机构，并且向分支机构所在地海关备案。

报关企业在取得注册登记许可的直属海关关区内从事报关服务的，可以设立分支机构，并且向分支机构所在地海关备案。

报关企业分支机构可以在备案海关关区内从事报关服务。备案海关为隶属海关的，报关企业分支机构可以在备案海关所属直属海关关区内从事报关服务。

报关企业对其分支机构的行为承担法律责任。

报关企业设立分支机构应当向其分支机构所在地海关提交下列备案材料：

1. “报关单位情况登记表”；

2. 报关企业“中华人民共和国海关报关单位注册登记证书”复印件；

3. 分支机构营业执照副本复印件以及组织机构代码证书副本复印件；

4. 报关服务营业场所所有权证明复印件或者使用权证明复印件；

5. 海关要求提交的其他备案材料。

申请人按照上述规定提交复印件的，应当同时向海关交验原件。

经审查符合备案条件的，海关应当核发“中华人民共和国海关报关单位注册登记证书”。

（四）报关企业注册登记许可期限及分支机构备案有效期

报关企业注册登记许可期限为 2 年。被许可人需要延续注册登记许可有效期的，应当办理注册登记许可延续手续。报关企业分支机构备案有效期为 2 年，报关企业分支机构应当在有效期届满前 30 个工作日到分支机构所在地海关办理换证手续。

（五）报关企业注册登记许可的变更和延续

报关企业注册登记许可中的企业名称、法定代表人发生变更的，应当持“报关单位情况登记表”、“中华人民共和国海关报关单位注册登记证书”、变更后的工商营业执照或者其他批准文件及复印件，以书面形式到注册地海关申请变更注册登记许可。对被许可人提出的变更注册登记许可申请，注册地海关应当参照注册登记许可程序进行审查。经审查符合注册登记许可条件的，应当作出准予变更的决定，同时办理注册信息变更手续。经审查不符合注册登记许可条件的，海关不予变更其注册登记许可。

报关企业分支机构企业名称、企业性质、企业住所、负责人等海关备案内容发生变更的，应当自变更生效之日起 30 个工作日内，持变更后的营业执照副本或者其他批准文件及复印件，到所在地海关办理变更手续。

所属报关人员备案内容发生变更的，报关企业及其分支机构应当在变更事实发生之日起 30 个工作日内，持变更证明文件等相关材料到注册地海关办理变更手续。

报关企业注册登记许可需要进行延续的，应当在有效期届满 40 个工作日前向海关提出延续申请并递交海关规定的材料。海关比照注册登记许可程序在有效期届满前对报关企业的申请予以审查，对符合注册登记许可条件的，依法作出准予延续的决定，延续的有效期为 2 年。对未按照规定申请注册登记许可延续，或者海关不予延长其注册登记许可的报关企业，海关不再接受其办理报关业务。海关应当在注册登记许可有效期届满前作出是否准予延续的决定。有效期届满时仍未作出决定的，视为准予延续，海关应当依法为其办理注册登记许可延续手续。

（六）报关企业注册登记许可的注销

有下列情形之一的，海关应当依法注销其注册登记许可：

1. 有效期届满未申请延续的；
2. 报关企业依法终止的；
3. 注册登记许可依法被撤销、撤回，或者注册登记许可证件依法被吊销的；
4. 由于不可抗力导致注册登记许可事项无法实施的；
5. 法律、行政法规规定的应当注销注册登记许可的其他情形。

海关依据上述规定注销报关企业注册登记许可的，应当同时注销该报关企业设立的所有分支机构的注册登记许可。

第三节　报关单位的报关行为规则

一、进出口货物收发货人的报关行为规则

进出口货物收发货人在海关办理注册登记后，可以在中华人民共和国关境内的各个口岸或者海关监管业务集中的地点办理本单位的报关业务，但不能代理其他单位报关。进出口货物收发货人自行办理报关业务时，应当通过本单位所属的报关人员向海关办理。

进出口货物收发货人可以委托海关准予注册登记的报关企业，由报关企业所属的报关人员代为办理报关业务，但不得委托未取得注册登记许可、未在海关办理注册登记的单位或者个人办理报关业务。

进出口货物收发货人办理报关业务时，向海关递交的纸质进出口货物报关单必须加盖本单位在海关备案的报关专用章。

进出口货物收发货人应对其所属报关人员的报关行为承担相应的法律责任。所属报关人员发生变更的，进出口货物收发货人应当在变更事实发生之日起 30 个工作日内，持变更证明文件等相关材料到注册地海关办理变更手续。

二、报关企业的报关行为规则

（一）报关企业报关服务的地域范围

报关企业可以在依法取得注册登记许可的直属海关关区内各口岸从事报关服务，在取得注册登记许可的直属海关关区外从事报关服务的，应当依法设立分支机构，并且向分支机构所在地海关备案。

报关企业分支机构可以在备案海关关区内从事报关服务。备案海关为隶属海关的，报关企业分支机构可以在备案海关所属直属海关关区内从事报关服务。

报关企业对其分支机构的行为承担法律责任。

（二）报关企业从事报关服务应当履行的义务

1. 遵守法律、行政法规、海关规章的各项规定，依法履行代理人职责，配合海关监管工作，不得违法滥用报关权。

2. 依法建立账簿和营业记录。真实、正确、完整地记录其受委托办理报关业务的所有活动，详细记录进出口时间、收发货单位、报关单号、货值、代理费等内容，完整地保留委托单位提供的各种单证、票据、函电，接受海关稽查。

3. 报关企业应当与委托方签订书面的委托协议，委托协议应当载明受托报关企业名称、地址、委托事项、双方责任、期限、委托人的名称和地址等内容，由双方签章确认。

4. 报关企业接受进出口货物收发货人的委托办理报关手续，应当承担对委托人所提供情况的真实性和完整性进行合理审查的义务。

5. 报关企业办理报关业务时，向海关递交的纸质进出口货物报关单必须加盖本单位在海关备案的报关专用章。报关企业的报关专用章仅限在其标明的口岸地或者海关监管业务集中地使用，每一口岸地或者海关监管业务集中地报关专用章应当只有 1 枚。

6. 报关企业应当对其所属报关员的报关行为承担相应的法律责任。

7. 报关企业不得以任何形式出让其名义，供他人办理报关业务。

8. 对于代理报关的货物涉及走私违规情事时，应当接受或者协助海关进行调查。

第四节　海关对注册登记企业的信用管理

根据海关总署令第 225 号，《中华人民共和国海关企业信用管理暂行办法》于 2014 年 12 月 1 日起施行。海关根据企业信用状况将企业认定为认证企业、一般信用企业和失信企业，按照诚信守法便利、失信违法惩戒原则，分别适用相应的管理措施。认证企业是中国海关经认证的经营者（AEO），中国海关依法开展与其他国家或者地区海关的 AEO 互认，并给予互认 AEO 企业相应通关便利措施。

一、 认证企业应当符合的标准

认证企业应当符合《海关认证企业标准》。《海关认证企业标准》分为一般认证企业标准和高级认证企业标准，详见海关总署2014年第82号公告。

二、 失信企业的认定情形

企业有下列情形之一的，海关认定为失信企业：

（一）有走私犯罪或者走私行为的。

（二）非报关企业1年内违反海关监管规定行为次数超过上年度报关单、进出境备案清单等相关单证总票数千分之一且被海关行政处罚金额超过10万元的违规行为2次以上的，或者被海关行政处罚金额累计超过100万元的。

报关企业1年内违反海关监管规定行为次数超过上年度报关单、进出境备案清单总票数万分之五的，或者被海关行政处罚金额累计超过10万元的。

（三）拖欠应缴税款、应缴罚没款项的。

（四）上一季度报关差错率高于同期全国平均报关差错率1倍以上的。

（五）经过实地查看，确认企业登记的信息失实且无法与企业取得联系的。

（六）被海关依法暂停从事报关业务的。

（七）涉嫌走私、违反海关监管规定拒不配合海关进行调查的。

（八）假借海关或者其他企业名义获取不当利益的。

（九）弄虚作假、伪造企业信用信息的。

（十）其他海关认定为失信企业的情形。

三、 一般信用企业的认定情形

企业有下列情形之一的，海关认定为一般信用企业：

（一）首次注册登记的企业；

（二）认证企业不再符合《中华人民共和国海关企业信用管理暂行办法》第九条规定条件，且未发生《中华人民共和国海关企业信用管理暂行办法》第十条所列情形的；

（三）适用失信企业管理满1年，且未再发生《中华人民共和国海关企业信用管理暂行办法》第十条规定情形的。

四、 认证企业的申请

企业向海关申请成为认证企业的，海关按照《海关认证企业标准》对企业实施认证。海关或者申请企业可以委托具有法定资质的社会中介机构对企业进行认证；中介机构认证结果经海关认可的，可以作为认定企业信用状况的参考依据。海关应当自收到企业书面认证申请之日起90日内作出认证结论。特殊情形下，海关认证时限可以延长30日。企业有下列情形之一的，海关应当终止认证：

（一）发生涉嫌走私或者违反海关监管规定的行为被海关立案侦查或者调查的；

（二）主动撤回认证申请的；

（三）其他应当终止认证的情形。

五、 海关对企业信用状况的认定结果实施动态调整

海关对高级认证企业应当每3年重新认证一次，对一般认证企业不定期重新认证。认证企业未

通过重新认证适用一般信用企业管理的，1年内不得再次申请成为认证企业；高级认证企业未通过重新认证但符合一般认证企业标准的，适用一般认证企业管理。

适用失信企业管理满1年，且未再发生海关认定为失信企业的情形的，海关应当将其调整为一般信用企业管理。

失信企业被调整为一般信用企业满1年的，可以向海关申请成为认证企业。

六、 不同信用类别企业的管理原则和措施

（一）一般认证企业的管理原则和措施

一般认证企业适用下列管理原则和措施：

1. 较低的进出口货物查验率；
2. 简化进出口货物单证审核；
3. 优先办理进出口货物通关手续；
4. 海关总署规定的其他管理原则和措施。

（二）高级认证企业的管理原则和措施

高级认证企业除适用一般认证企业管理原则和措施外，还适用下列管理措施：

1. 在确定进出口货物的商品归类、海关估价、原产地或者办结其他海关手续前先行办理验放手续；
2. 海关为企业设立协调员；
3. 对从事加工贸易的企业，不实行银行保证金台账制度；
4. AEO互认国家或者地区海关提供的通关便利措施。

（三）失信企业适用的管理原则和措施

失信企业适用海关下列管理原则和措施：

1. 较高的进出口货物查验率；
2. 进出口货物单证重点审核；
3. 加工贸易等环节实施重点监管；
4. 海关总署规定的其他管理原则和措施。

高级认证企业适用的管理措施优于一般认证企业。因企业信用状况认定结果不一致导致适用的管理措施相抵触的，海关按照就低原则实施管理。认证企业涉嫌走私被立案侦查或者调查的，海关暂停适用相应管理措施，按照一般信用企业进行管理。

企业名称或者海关注册编码发生变更的，海关对企业信用状况的认定结果和管理措施继续适用。

七、 海关调整企业信用类别的情形

企业有下列情形之一的，按照以下原则作出调整：

（一）企业发生存续分立，分立后的存续企业承继分立前企业的主要权利义务的，适用海关对分立前企业的信用状况认定结果和管理措施，其余的分立企业视为首次注册企业；

（二）企业发生解散分立，分立企业视为首次注册企业；

（三）企业发生吸收合并，合并企业适用海关对合并后存续企业的信用状况认定结果和管理措施；

（四）企业发生新设合并，合并企业视为首次注册企业。

第三章　进出口货物申报

第一节　申报的概念和目的

一、申报的概念

“申报”是指进出口货物的收发货人、受委托的报关企业，依照《海关法》及有关法律、行政法规和规章的要求，在规定的期限，采用电子数据报关单和纸质报关单形式，向海关报告实际进出口货物的情况，并接受海关审核的行为。

二、申报的目的

进出口货物收发货人或其代理人，按海关规定的格式规范要求填写的进出口货物报关单，并随附有关货运商业单据、国家实行进出口管理的许可证件及海关要求的其他单证。就海关而言，海关通过审查货物的进出是否合法，查验货物，确定并办理关税及代征税的征收或减免事宜，编制海关统计。就企业而言，能顺利从海关监管场所提取或发运进出口货物。

第二节　货物申报的期限要求

一、进口货物申报的期限

进口货物的收货人、受委托的报关企业应当自运输工具申报进境之日起 14 日内向海关申报。进口转关运输货物的收货人、受委托的报关企业应当自运输工具申报进境之日起 14 日内，向进境地海关办理转关运输手续，有关货物应当自运抵指运地之日起 14 日内向指运地海关申报。经海关批准，进口货物的收货人、受委托的报关企业可以在进口货物起运后、抵港前向海关提前申报。

超过上述时限未向海关申报的，海关按照《中华人民共和国海关征收进口货物滞报金办法》征收滞报金。具体征收规定为：

（一）征收进口货物滞报金应当按日计征，以自运输工具申报进境之日起第 15 日为起征日，以海关接受申报之日为截止日，起征日和截止日均计入滞报期间，另有规定的除外。

邮运进口货物应当以自邮政企业向海关驻邮局办事机构申报总包之日起第 15 日为起征日。转关运输货物在进境地申报的，应当以自载运进口货物的运输工具申报进境之日起第 15 日为起征日；在指运地申报的，应当以自货物运抵指运地之日起第 15 日为起征日。邮运进口转关运输货物在进境地申报的，应当以自运输工具申报进境之日起第 15 日为起征日；在指运地申报的，应当以自邮政企业向海关驻邮局办事机构申报总包之日起第 15 日为起征日。

（二）滞报金的计算：海关自第 15 日起，向收货人按日以进口货物完税价格的 0.5‰征收滞报金，起征点为人民币50元。

海关征收进口货物滞报金时，应当向收货人出具滞报金缴款通知书。海关收取滞报金，应出具“海关进口货物滞报金专用票据”。

二、 进口滞报特殊管理规定

（一）不予征收滞报金的情形

有下列情形之一的，海关不予征收滞报金：

1. 收货人在运输工具申报进境之日起超过3个月未向海关申报，进口货物被依法变卖处理，余款按《海关法》第三十条规定上缴国库的。

2. 收货人在申报期限内，根据《海关法》有关规定向海关提供担保，并在担保期限内办理有关进口手续的。

3. 收货人申报后依法撤销原报关单电子数据重新申报，因删单重报产生滞报的。

4. 进口货物办理直接退运的。

5. 进口货物应征收滞报金金额不满人民币50元的。

（二）减免滞报金的情形

进口货物属下列情形之一，经审核情况属实的，海关可减免滞报金：

1. 政府主管部门有关贸易管理规定变更，要求收货人补充办理有关手续，或者因政府主管部门延迟签发许可证件，导致进口货物产生滞报的。

2. 产生滞报的进口货物属于政府间或者国际组织无偿援助和捐赠用于救灾、社会公益福利等方面的进口物资或其他特殊货物的。

3. 由于不可抗力导致收货人无法在规定期限内申报，从而产生滞报的。

4. 因海关及相关司法、行政执法部门工作原因致使收货人无法在规定期限内申报，从而产生滞报的。

5. 其他特殊情况经海关批准的。

三、 进口货物超期未报关的处理

进口货物因收货人在运输工具申报进境之日起超过3个月未向海关申报，被海关提取作变卖处理后，收货人申请发还余款的，应当计征滞报金。滞报金的截止日为该3个月期限的最后一日。

四、 出口货物申报的时间规定

出口货物发货人、受委托的报关企业应当在货物运抵海关监管区后、装货的24小时以前向海关申报。

对确因各种客观因素制约，出口货物无法做到“运抵申报”的，可以实行“提前申报、运抵接单”或“提前申报、运抵验放”的通关方式，即在进出口货物的品名、规格、数量等已确定无误的情况下，经批准的企业可以在出口货物运入海关监管场所前3日内，提前向海关办理报关手续，并在货物实际运抵海关监管场所时办理海关接单手续或验放手续。除广东陆路口岸出口货物和从国内出口进入海关特殊监管区域的保税监管货物外，实行“提前申报、运抵接单”的，须经直属海关批准并报海关总署监管司备案；实行“提前申报、运抵验放”的，须报海关总署批准。

出口提前申报货物因故未在海关规定的期限内运抵海关监管场所的，海关撤销原提前申报的报关单。因故运抵海关监管场所的货物与提前申报内容不一致的，出口货物的发货人或其代理人需向海关提交说明材料，有关报关单修改或撤销按照相关规定办理。

第三节　申报的单证要求

申报的单证主要涉及三大类：进出口货物报关单、货运商业单据、国家实行进出口管理的许可证件及法律法规要求的其他单证。凡属于实行进出口许可证管理的商品和其他限制进出口的商品，如进口机电产品、进出口金银产品、精神药物等，需到国家主管部门办理相关证件，这些证件统称为“许可证件”。

一、进出口货物报关单

（一）进口报关单

中华人民共和国海关进口货物报关单

预录入编号：　　　　　　　　　　　　海关编号：

<table>
<tr><td colspan="2">收发货人</td><td>进口口岸</td><td>进口日期</td><td>申报日期</td></tr>
<tr><td colspan="2">消费使用单位</td><td>运输方式</td><td>运输工具名称</td><td>提运单号</td></tr>
<tr><td colspan="2">申报单位</td><td>监管方式</td><td>征免性质</td><td>备案号</td></tr>
<tr><td>贸易国（地区）</td><td colspan="2">起运国（地区）</td><td>装货港</td><td>境内目的地</td></tr>
<tr><td>许可证号</td><td>成交方式</td><td>运费</td><td>保费</td><td>杂费</td></tr>
<tr><td>合同协议号</td><td>件数</td><td>包装种类</td><td>毛重（千克）</td><td>净重（千克）</td></tr>
<tr><td>集装箱号</td><td colspan="4">随附单证</td></tr>
<tr><td colspan="5">标记唛码及备注</td></tr>
<tr><td colspan="5">项号　商品编号　商品名称、规格型号　数量及单位　原产国（地区）　单价　总价　币制　征免</td></tr>
<tr><td>录入员　录入单位</td><td colspan="2">兹申明以上内容承担如实申报、依法纳税之法律责任</td><td colspan="2" rowspan="2">海关批注及签章</td></tr>
<tr><td colspan="3">报关人员
申报单位（签章）</td></tr>
</table>

（二）出口报关单

中华人民共和国海关出口货物报关单

预录入编号：　　　　　　　　　　　　　　　　海关编号：

<table>
<tr><td colspan="2">收发货人</td><td>出口口岸</td><td>出口日期</td><td>申报日期</td></tr>
<tr><td colspan="2">生产销售单位</td><td>运输方式</td><td>运输工具名称</td><td>提运单号</td></tr>
<tr><td colspan="2">申报单位</td><td>监管方式</td><td>征免性质</td><td>备案号</td></tr>
<tr><td>贸易国（地区）</td><td colspan="2">运抵国（地区）</td><td>指运港</td><td>境内货源地</td></tr>
<tr><td>许可证号</td><td>成交方式</td><td>运费</td><td>保费</td><td>杂费</td></tr>
<tr><td>合同协议号</td><td>件数</td><td>包装种类</td><td>毛重（千克）</td><td>净重（千克）</td></tr>
<tr><td>集装箱号</td><td colspan="4">随附单证</td></tr>
<tr><td colspan="5">标记唛码及备注</td></tr>
<tr><td colspan="5">项号　商品编号　商品名称、规格型号　数量及单位　最终目的国（地区）　单价　总价　币制　征免</td></tr>
<tr><td colspan="5"></td></tr>
<tr><td>录入员　录入单位

报关人员</td><td colspan="2">兹申明以上内容承担如实申报、依法纳税之法律责任

申报单位（签章）</td><td colspan="2">海关批注及签章</td></tr>
</table>

（三）报关单的填写

按照《中华人民共和国海关进出口货物报关单填制规范》（海关总署公告 2017 年第 13 号）及其他补充（海关总署公告 2014 年第 15 号、2016 年第 39 号、2016 年第 51 号）、《中华人民共和国海关进出口商品规范申报目录》的有关规定进行填写、申报。

二、 货运商业单据

货运商业单据包括：

（一）合同；

（二）发票；

（三）装箱清单；

（四）载货清单（舱单）；

（五）提（运）单；

（六）其他。

三、 国家实行进出口管理的许可证件及法律法规要求的其他单证

（一）进出口许可证件（包括自动进口许可证、两用物项和技术进出口许可证、精神药物进出口准许证等）；

（二）进出口货物通关单；

（三）代理报关授权委托协议；

（四）原产地证明、加工贸易手册、“进口货物征免税证明”及其他已在海关备案的进出口有关单证；

（五）货物实际进出口前，海关已对该货物作出预归类决定的，应当向海关提交“预归类决定书”；

（六）其他。

第四节　报关单电子数据申报

电子数据报关单申报形式是指进出口货物的收发货人、受委托的报关企业通过计算机系统，按照《中华人民共和国海关进出口货物报关单填制规范》的要求向海关传送报关单电子数据并且备齐随附单证的申报方式。电子数据报关单和纸质报关单均具有法律效力。

进出口货物的收发货人、受委托的报关企业应当以电子数据报关单形式向海关申报，与随附单证一并递交的纸质报关单的内容应当与电子数据报关单一致。特殊情况下经海关同意，允许先采用纸质报关单形式申报，电子数据事后补报，补报的电子数据应当与纸质报关单内容一致。

以电子数据报关单方式申报的，申报日期为海关计算机系统接受申报数据时记录的日期，该日期将反馈给原数据发送单位，或者公布于海关业务现场，或者通过公共信息系统发布。

电子数据报关单经过海关计算机检查被退回的，视为海关不接受申报，进出口货物收发货人、受委托的报关企业应当按照要求修改后重新申报，申报日期为海关接受重新申报的日期。

海关已接受申报的报关单电子数据，人工审核确认需要退回修改的，进出口货物收发货人、受委托的报关企业应当在 10 日内完成修改并且重新发送报关单电子数据，申报日期仍为海关接受原报关单电子数据的日期；超过 10 日的，原报关单无效，进出口货物收发货人、受委托的报关企业

应当另行向海关申报，申报日期为海关再次接受申报的日期。

一、 报关单电子数据的预录入

报关人按海关规定的格式规范要求，以相关货运商业单据、进出口货物许可证件和其他国家管制货物进出口的批准文件为依据，进行报关单电子数据录入。

二、 报关单电子数据的发送

（一）终端发送

报关人委托预录入企业使用连接海关计算机系统的终端发送报关单电子数据。

（二）自行发送

报关人使用EDI/QP方式自行发送报关单电子数据。

（三）委托方式发送

报关人委托预录入企业使用EDI/QP方式发送报关单电子数据。

三、 报关单电子数据的审核

（一）电子审单

电子审单是指在相关职能部门共同支持和参与下，运用通关管理系统的自动审单程序，按照预先设定的风险参数、报关单的状态判断、逻辑检查、风险布控、通道决策及其他控制条件，对电子数据报关单进行规范性、逻辑性审核。

1. 电子数据报关单不能通过规范性、逻辑性审核的，海关不接受申报并退回电子数据报关单，通关管理系统自动对外发布“不接受申报”通知，允许申报人修改后重新申报；通过审核的，海关接受申报，电子审单程序自动记录接受申报时间，完成审单辅助决策审核和电子审单通道判别，同时系统根据风险参数、风险布控及其他控制条件进行风险甄别，确定相应的风险分析结果、最终通道判定、高低风险标记和风险提示内容。

2. 海关接受申报的电子数据报关单，经电子审单完成审核后，分别按预先设定的通道判别参数转往下一作业环节，并自动对外发送相关通知。

（二）专业化审核

专业审单是对通关管理系统转至专业审单环节的电子数据报关单进行人工审核、计征税费和处置。

报关单电子数据经海关通道判别为专业化审核的，计算机按商品分类或专业分工分派至专业化审单岗位，实施人工专业审单。

经专业化审单确定有申报错误的，要求报关人修改报关数据，海关发出修改通知，说明应修改的内容，并可将原报关单电子数据退回（有走私违法嫌疑的不得退回修改），报关人按规定办理报关单电子数据修改等手续。

退单是指接受报关单电子数据申报后，专业审单关员在对报关单电子数据进行审核时，因申报人申报内容不符合海关规定或不满足海关管理需要，将报关单电子数据退回申报人要求进行修改的操作方式。

（三）审结通过

报关单电子数据经海关审核通过的，系统自动完成计征税费程序处理，核销“进口征免税证明”，核扣“加工贸易登记手册”和“进（出）口许可证”等备案数据，同时核注进口舱单或出口运抵报告。

第五节　报关单修改和撤销

一、报关单修改和撤销的情形

（一）海关接受进出口货物申报后，报关单证及其内容不得修改或者撤销；符合规定情形的，可以修改或者撤销；进出口货物报关单的修改或者撤销，应当遵循修改优先原则；确实不能修改的，予以撤销。

（二）有以下情形之一的，当事人可以向原接受申报的海关办理进出口货物报关单修改或者撤销手续，海关另有规定的除外：

1. 出口货物放行后，由于装运、配载等原因造成原申报货物部分或者全部退关、变更运输工具的；

2. 进出口货物在装载、运输、存储过程中发生溢短装，或者由于不可抗力造成灭失、短损等，导致原申报数据与实际货物不符的；

3. 由于办理退补税、海关事务担保等其他海关手续而需要修改或者撤销报关单数据的；

4. 根据贸易惯例先行采用暂时价格成交，实际结算时按商检品质认定或者国际市场实际价格付款方式需要修改申报内容的；

5. 已申报进口货物办理直接退运手续，需要修改或者撤销原进口货物报关单的；

6. 由于计算机、网络系统等技术原因导致电子数据申报错误的。

（三）由于报关人员操作或者书写失误造成申报内容需要修改或者撤销的。

二、报关单修改和撤销的提出

（一）符合上述第一（二）条报关单修改或撤销规定情形的，当事人应当向海关提交“进出口货物报关单修改/撤销表”和下列材料，并确保齐全、有效：

1. 符合第1项情形的，应当提交退关、变更运输工具证明材料；

2. 符合第2项情形的，应当提交商检机构或者相关部门出具的证明材料；

3. 符合第3项情形的，应当提交签注海关意见的相关材料；

4. 符合第4项情形的，应当提交全面反映贸易实际状况的发票、合同、提单、装箱单等单证，并如实提供与货物买卖有关的支付凭证以及证明申报价格真实、准确的其他商业单证、书面资料和电子数据；

5. 符合第5项情形的，应当提交“进口货物直接退运表”或者“责令进口货物直接退运通知书”；

6. 符合第6项情形的，应当提交计算机、网络系统运行管理方出具的说明材料；

7. 其他证明材料。

（二）由于报关人员操作或者书写失误造成申报内容需要修改或者撤销的，当事人应当向海关提交“进出口货物报关单修改/撤销表”和下列材料，并确保齐全、有效：

1. 可以证明进出口货物实际情况的合同、发票、装箱单、提运单或者载货清单等相关单证、证明文书；

2. 详细情况说明；

3. 其他证明材料。

海关未发现报关人员存在逃避海关监管行为的，可以修改或者撤销报关单。不予修改或者撤销的，海关应当及时通知当事人，并且说明理由。

三、 海关对报关单修改和撤销的操作

（一）海关发现进出口货物报关单需要修改或者撤销，可以采取以下方式主动要求当事人修改或者撤销：

1. 将电子数据报关单退回，并详细说明修改的原因和要求，当事人应当按照海关要求进行修改后重新提交，不得对报关单其他内容进行变更；

2. 向当事人制发“进出口货物报关单修改/撤销确认书”，通知当事人要求修改或者撤销的内容，当事人应当在 5 日内对进出口货物报关单修改或者撤销的内容进行确认，确认后海关完成对报关单的修改或者撤销。

（二）除不可抗力外，当事人有以下情形之一的，海关可以直接撤销相应的电子数据报关单：

1. 海关将电子数据报关单退回修改，当事人未在规定期限内重新发送的；

2. 海关审结电子数据报关单后，当事人未在规定期限内递交纸质报关单的；

3. 出口货物申报后未在规定期限内运抵海关监管场所的；

4. 海关总署规定的其他情形。

四、 其他涉及报关单修改和撤销的管理规定

（一）海关已经决定布控、查验，以及涉嫌走私或者违反海关监管规定的进出口货物，在办结相关手续前不得修改或者撤销报关单及其电子数据。

（二）已签发报关单证明联的进出口货物，当事人办理报关单修改或者撤销手续时应当向海关交回报关单证明联。

（三）由于修改或者撤销进出口货物报关单导致需要变更、补办进出口许可证件的，当事人应当向海关提交相应的进出口许可证件。

第六节 特殊申报方式

一、 提前申报

经海关批准，进出口货物的收发货人、受委托的报关企业可以在取得提（运）单或载货清单（舱单）数据后，向海关提前申报。

在进出口货物的品名、规格、数量等已确定无误的情况下，经批准的企业可以在进口货物起运后、抵港前或出口货物运入海关监管场所前 3 日内，提前向海关办理报关手续。

验核提前申报的进出口货物许可证件有效期以海关接受申报之日为准。

提前申报的进口货物，应当适用装载该货物的运输工具申报进境之日实施的税率和汇率；提前申报的进口转关货物，应当适用装载该货物的运输工具抵达指运地之日实施的税率。

提前申报的出口货物，适用海关接受申报之日实施的汇率和税率；提前申报的出口转关货物，应当适用起运地海关接受该货物申报出口之日实施的税率。

二、集中申报

集中申报是指对同一口岸多批次进出口的货物，经海关备案，进出口货物收发货人可以先以清单方式申报办理货物验放手续，再以报关单形式集中办理其他海关手续的一种特殊通关方式。

进出口货物收发货人应当对1个月内以集中申报清单申报的数据进行归并，填制进出口货物报关单，一般贸易货物在次月10日之前、保税货物在次月月底之前到海关办理集中申报手续。一般贸易货物集中申报手续不得跨年度办理。

收发货人有下列情形之一的，停止适用集中申报通关方式：

（一）担保情况发生变更，不能继续提供有效担保的；

（二）涉嫌走私或者违规，正在被海关立案调查的；

（三）进出口侵犯知识产权货物，被海关依法给予行政处罚的；

（四）信用等级为失信企业的。

收发货人可以在备案有效期内主动申请终止适用集中申报通关方式。

三、补充申报

补充申报是指进出口货物的收发货人、受委托的报关企业依照海关有关行政法规和规章的要求，在报关单之外采用补充申报单的形式，向海关进一步申报为确定货物完税价格、商品归类、原产地等所需信息的行为。补充申报应按照《海关总署关于进出口货物补充申报有关问题的公告》（海关总署公告2009年第49号）规定的要求办理。

需要进行补充申报的，海关应当书面通知进出口货物收发货人、报关企业，进出口货物收发货人、报关企业应当在收到海关书面通知之日起5个工作日内向海关办理补充申报手续，海关行政法规和规章另有规定的除外。

进出口货物收发货人、报关企业在规定时限内未能按要求进行补充申报的，海关可根据已掌握的信息，按照有关规定确定进口货物的完税价格、商品编码和原产地。

进出口货物收发货人、报关企业应按要求如实、完整地填写补充申报单，并对补充申报内容的真实性和准确性承担相应的法律责任。补充申报的内容是对报关单申报内容的有效补充，不得与报关单填报的内容相抵触。

四、知识产权状况申报

需要向海关申报知识产权状况的进出口货物收发货人、受委托的报关企业应当按照海关要求向海关如实申报有关知识产权状况，并提供能够证明申报内容真实的证明文件和相关单证。

五、定期申报

经电缆、管道、运输带或者其他特殊运输方式输送进出口货物，经海关同意，企业可以采用定期申报。

第七节　申报状态信息查询

发送报关单电子数据后，无论是在电子审单或是人工专业审单环节，报关人均可以通过海关设置在报关或预录入大厅的显示屏幕和自助终端、手机及 EDI/QP 通关系统等及时查询到海关各作业环节的处理过程及结果，以保证报关人能及时办理通关手续。下面就报关人在申报环节可能获取的通关状态信息进行介绍：

一、 电子审单环节

（一）不接受申报

电子信息系统显示“不接受申报”提示，表示该报关单不符合标准，报关单电子数据流转到“退单通道”，企业应根据电子审单提示信息修正后重新申报。

（二）接受申报

电子信息系统自动记录接受申报时间，表示电子审核通过该报关单，根据海关预先设定的通道判别条件将报关单电子数据流转到以下作业环节：

1. 电子信息系统显示“等待处理”信息，表示该报关单电子数据已流转到海关专业审单环节进行人工审核；

2. 电子信息系统显示“接单交单”信息，表示该报关单电子数据已流转到现场海关接单环节，企业可以到现场海关通关部门办理交单、缴纳税款手续；

3. 电子信息系统显示“放行交单”信息，表示该报关单电子数据已流转到现场海关放行环节，企业可以备齐报关单证到现场海关通关部门办理货物验放手续；

4. 电子信息系统发布“无纸审结”信息，表示该报关单电子数据已流转到现场海关放行环节，企业打印“进出口查验/放行通知书”到现场海关通关部门办理货物验放手续。

二、 人工专业审单环节

（一）不接受申报

电子信息系统对外显示“退回修改”信息，表示该报关单电子数据不符合报关单申报要求予以退单，企业应根据退单原因提示信息修正后重新申报。

（二）接受申报

1. 转现场核查

电子信息系统对外显示“等待处理”信息，表示海关将进一步核查确定报关单的商品归类、价格、原产地等申报内容，专业审单环节可以将报关单电子数据流转到现场进行现场验估。

2. 现场验放

电子信息系统对外显示“接单交单”、“放行交单”、“无纸审结”信息，表示已经专业审单审结该报关单电子数据，企业可以到“现场接单审核/征收税费”环节、“放行交单”环节或“无纸通关”环节办理通关业务。

第四章　进出口货物征税、查验与放行

第一节　进出口货物的税款征收

一、进出口货物征税的概述

进出口货物征税是指海关依据国家有关法律、行政法规和规章的要求，征收进出口货物关税及其他税费、办理退补税的执法行为。

进口货物的收货人、出口货物的发货人、进出境物品的所有人，是关税的纳税义务人。

海关征税的对象是国家准许进出口的货物、进出境物品。

由国务院依法制定《税则》、“中华人民共和国进境物品进口税税率表”（以下简称“进境物品进口税税率表”），规定关税的税目、税则号列和税率。

二、进出口货物税款的计征

（一）税款的种类

进出口货物税款包括进出口关税和进口环节海关代征税。其中，进口关税还包括了国家决定征收的反倾销税、反补贴税、保障措施关税、报复性关税，以及决定实施其他关税措施；进口环节海关代征税主要包括了增值税及消费税。

国务院设立关税税则委员会，负责《税则》和“进境物品进口税税率表”的税目、税则号列和税率的调整和解释，报国务院批准后执行；决定实行暂定税率的货物、税率和期限；决定关税配额税率；决定征收反倾销税、反补贴税、保障措施关税、报复性关税，以及决定实施其他关税措施；决定特殊情况下税率的适用，以及履行国务院规定的其他职责。

（二）税率的确定

1. 进口关税设置最惠国税率、协定税率、特惠税率、普通税率、关税配额税率等税率。对进口货物在一定期限内可以实行暂定税率。

出口关税设置出口税率。对出口货物在一定期限内可以实行暂定税率。

2. 原产于共同适用最惠国待遇条款的世界贸易组织成员的进口货物，原产于与中华人民共和国签订含有相互给予最惠国待遇条款的双边贸易协定的国家或者地区的进口货物，以及原产于中华人民共和国境内的进口货物，适用最惠国税率。

原产于与中华人民共和国签订含有关税优惠条款的区域性贸易协定的国家或者地区的进口货物，适用协定税率。

原产于与中华人民共和国签订含有特殊关税优惠条款的贸易协定的国家或者地区的进口货物，适用特惠税率。

原产于上述所列以外国家或者地区的进口货物，以及原产地不明的进口货物，适用普通税率。

3. 适用最惠国税率的进口货物有暂定税率的，应当适用暂定税率；适用协定税率、特惠税率的进口货物有暂定税率的，应当从低适用税率；适用普通税率的进口货物，不适用暂定税率。

适用出口税率的出口货物有暂定税率的，应当适用暂定税率。

4. 按照国家规定实行关税配额管理的进口货物，关税配额内的，适用关税配额税率；关税配额外的，其税率的适用按照上述的规定执行。

5. 国家按照有关法律、行政法规的规定对进口货物采取反倾销、反补贴、保障措施的货物，其税率的适用按照《中华人民共和国反倾销条例》、《中华人民共和国反补贴条例》和《中华人民共和国保障措施条例》的有关规定执行。

6. 进出口货物适用税率的时间详见下表。

表 4-1　税率、汇率适用情况自查表

类别	货物情况	税率、汇率适用日期
进出口货物	一般进出口货物	海关接受申报进出口之日
	提前申报的进口货物	装载货物的运输工具申报进境之日
	进口转关运输货物	指运地海关接受申报进口之日
	提前申报的进口转关运输货物	装载货物的运输工具抵达指运地之日
	出口转关运输货物	起运地海关接受申报出口之日
	集中申报的进出口货物	每次货物进出口时海关接受申报之日
	超过规定期限未申报而被海关依法拍卖的进口货物	装载该货物的运输工具申报进境之日
	纳税人违反规定而需追征税款的进出口货物	违反规定的行为发生之日
	违规行为不能确定的进出口货物	海关发现该行为之日
已放行保税货物	经批准不复运出境的保税货物	海关接受纳税义务人再次填写报关单申报办理纳税及有关手续之日
	转入国内市场销售的保税仓储货物	
	经批准转让或移作他用的减免税货物	
	经批准不复运出/进境的暂时进出境货物	
	分期缴纳税款的租赁进口货物	

（三）税款的计征

1. 海关根据进出口货物的税则号列、完税价格、原产地、适用的税率和汇率计征税款。

2. 海关按照相关规定，以从价、从量或者国家规定的其他方式对进出口货物征收关税。

3. 进出口货物的价格及有关费用以外币计价的，海关按照该货物适用税率之日所适用的计征汇率折合为人民币计算完税价格。完税价格采用四舍五入法计算至分。

4. 税款主要计征公式如下：

从价计征进口关税的公式：

应纳税额＝完税价格×关税税率

从价计征出口关税的公式：

应纳税额＝［离岸价格÷（1+出口关税税率）］×出口关税税率

从量计征关税的公式：

应纳税额＝货物数量×单位关税税额

计征进口环节增值税的公式：

应纳税额=（完税价格+实征关税税额+实征消费税税额）×增值税税率

从价计征进口环节消费税的公式：

应纳税额=［（完税价格+实征关税税额）/（1-消费税税率）］×消费税税率

从量计征进口环节消费税的公式：

应纳税额=货物数量×单位消费税税额

三、进出口货物税款的退还与补征

（一）税款的退还

1. 海关发现多征税款的，应当立即通知纳税义务人办理退税手续。纳税义务人应当自收到海关通知之日起 3 个月内办理有关退税手续。

2. 纳税义务人发现多缴纳税款的，自缴纳税款之日起 1 年内，可以向海关申请退还多缴的税款并加算银行同期活期存款利息。

已缴纳税款的进口货物，因品质或者规格原因原状退货复运出境的，纳税义务人自缴纳税款之日起 1 年内，可以向海关申请退税。

已缴纳出口关税的出口货物，因品质或者规格原因原状退货复运进境，并已重新缴纳因出口而退还的国内环节有关税收的，纳税义务人自缴纳税款之日起 1 年内，可以向海关申请退税。

已缴纳出口关税的货物，因故未装运出口申报退关的，纳税义务人自缴纳税款之日起 1 年内，可以向海关申请退税。

散装进出口货物发生短装并已征税放行的，如果该货物的发货人、承运人或者保险公司已对短装部分退还或者赔偿相应货款，纳税义务人自缴纳税款之日起 1 年内，可以向海关申请退还进口或者出口短装部分的相应税款。

进出口货物因残损、品质不良、规格不符原因，或者发生其他货物短少的情形，由进出口货物的发货人、承运人或者保险公司赔偿相应货款的，纳税义务人自缴纳税款之日起 1 年内，可以向海关申请退还赔偿货款部分的相应税款。

3. 海关应当自受理退税申请之日起 30 日内查实并通知纳税义务人是否准予办理退税手续。

纳税义务人应当自收到海关准予退税的通知之日起 3 个月内办理有关退税手续。

4. 海关办理退税手续时，应当填发收入退还书。

（二）税款的补征

1. 进出口货物放行后，海关发现少征税款的，应当自缴纳税款之日起 1 年内，向纳税义务人补征税款；海关发现漏征税款的，应当自货物放行之日起 1 年内，向纳税义务人补征税款。

2. 因纳税义务人违反规定造成少征税款的，海关应当自缴纳税款之日起 3 年内追征税款；因纳税义务人违反规定造成漏征税款的，海关应当自货物放行之日起 3 年内追征税款。

海关除依法追征税款外，还应当自缴纳税款或者货物放行之日起至海关发现违规行为之日止按日加收少征或者漏征税款万分之五的滞纳金。

3. 海关补征或者追征税款，应当制发"海关补征税款告知书"。

4. 纳税义务人应当自收到"海关补征税款告知书"之日起 15 日内到海关办理补缴税款的手续。

纳税义务人未在前款规定期限内办理补税手续的，海关应当在规定期限届满之日填发“税款缴款书”。

四、进出口货物税款的减征与免征

（一）税款的减免

1. 下列进出口货物，免征关税：

（1）关税税额在人民币50元以下的一票货物；

（2）无商业价值的广告品和货样；

（3）外国政府、国际组织无偿赠送的物资；

（4）在海关放行前损失的货物；

（5）进出境运输工具装载的途中必需的燃料、物料和饮食用品。

在海关放行前遭受损坏的货物，可以根据海关认定的受损程度减征关税。法律规定的其他免征或者减征关税的货物，海关根据规定予以免征或者减征。

2. 特定地区、特定企业或者有特定用途的进出口货物减征或者免征关税，以及临时减征或者免征关税，按照国务院的有关规定执行。

纳税义务人进出口减免税货物，应当在货物进出口前，向其主管海关办理减免税审批手续。

海关按照有关规定审核纳税义务人的申请，并签发“进出口货物征免税证明”。

特定地区、特定企业或者有特定用途的特定减免税进口货物，应当接受海关监管。

（二）特定减免税进口货物的监管年限

1. 船舶、飞机为8年；

2. 机动车辆为6年；

3. 其他货物为5年。

监管年限自货物进口放行之日起计算。

（三）特定减免税进口货物的监管

1. 在特定减免税进口货物的监管年限内，纳税义务人应当自减免税货物放行之日起每年一次向主管海关报告减免税货物的状况；除经海关批准转让给其他享受同等税收优惠待遇的项目单位外，纳税义务人在补缴税款并办理解除监管手续后，方可转让或者进行其他处置。

2. 特定减免税进口货物监管年限届满时，自动解除海关监管。

纳税义务人需要解除监管证明的，可以自监管年限届满之日起1年内，持有关单证向海关申请领取解除监管证明。

海关应当自接到纳税义务人的申请之日起20日内核实情况，并填发解除监管证明。

五、进出口货物税款担保

（一）有下列情形之一，纳税义务人要求海关先放行货物的，应当按照海关初步确定的应缴税款向海关提供足额税款担保：

1. 海关尚未确定商品归类、完税价格、原产地等征税要件的；

2. 正在海关办理减免税审批手续的；

3. 申请延期缴纳税款的；

4. 暂时进出境的；

5. 进境修理和出境加工的，按保税货物实施管理的除外；

6. 因残损、品质不良或者规格不符，纳税义务人申报进口或者出口无代价抵偿货物时，原进口货物尚未退运出境或者尚未放弃交由海关处理的，或者原出口货物尚未退运进境的；

7. 其他按照有关规定需要提供税款担保的。

（二）除另有规定外，税款担保期限一般不超过6个月，特殊情况经直属海关关长或者其授权人批准可以酌情延长。

税款担保一般应为保证金、银行或者非银行金融机构的保函，但另有规定的除外。

银行或者非银行金融机构的税款保函，其保证方式应当是连带责任保证。

税款保函明确规定保证期间的，保证期间应当不短于海关批准的担保期限。

（三）在海关批准的担保期限内，纳税义务人履行纳税义务的，海关应当自纳税义务人履行纳税义务之日起5个工作日内办结解除税款担保的相关手续。

在海关批准的担保期限内，纳税义务人未履行纳税义务，对收取税款保证金的，海关应当自担保期限届满之日起5个工作日内完成保证金转为税款的相关手续；对银行或者非银行金融机构提供税款保函的，海关应当自担保期限届满之日起6个月内或者在税款保函规定的保证期间内要求担保人履行相应的纳税义务。

第二节 进出口货物的税款缴纳

一、纳税申报

第一，纳税义务人应当按照法律、行政法规和海关规章关于商品归类、审定完税价格和原产地管理的有关规定，如实申报进出口货物的商品名称、税则号列、规格型号、价格、运保费及其他相关费用、原产地、数量等。

第二，纳税义务人应当依法如实地向海关申报，并按照海关的规定提供有关确定完税价格，进行商品归类，确定原产地，以及采取反倾销、反补贴或者保障措施等所需的资料；必要时，海关可以要求纳税义务人补充申报，纳税义务人也可以主动要求进行补充申报。

进出口减免税货物的，纳税义务人还应当提交主管海关签发的“进出口货物征免税证明”。

提供的资料为外文的，海关需要时，纳税义务人应当提供中文译文并对译文内容负责。

第三，纳税义务人有权要求海关对其商业秘密予以保密，海关应当依法为纳税义务人保密。

第四，纳税义务人在货物实际进出口前，可以按照有关规定向海关申请对进出口货物进行商品预归类、价格预审核或者原产地预确定。

第五，海关对申报不实的处理：

经审核，海关发现纳税义务人申报的进出口货物税则号列有误的，应当按照商品归类的有关规则和规定予以重新确定；

经审核，海关发现纳税义务人申报的进出口货物价格不符合成交价格条件，或者成交价格不能确定的，应当按照审定进出口货物完税价格的有关规定另行估价；

经审核，海关发现纳税义务人申报的进出口货物原产地有误的，应当通过审核纳税义务人提供的原产地证明、对货物进行实际查验或者审核其他相关单证等方法，按照海关原产地管理的有关规定予以确定；

经审核，海关发现纳税义务人提交的减免税申请或者所申报的内容不符合有关减免税规定的，应当按照规定计征税款。

纳税义务人违反海关规定，涉嫌伪报、瞒报的，应当按照规定移交海关缉私部门处理。

二、 征税审核

第一，海关为审核确定进出口货物的商品归类、完税价格及原产地等，可以对进出口货物进行查验，组织化验、检验或者对相关企业进行核查。

第二，海关为审查申报价格的真实性和准确性，可以查阅或复制与进出口货物有关的合同、发票、账册、结付汇凭证、单据、业务函电、录音录像制品和其他反映买卖双方关系及交易活动的资料。

第三，海关对纳税义务人申报的价格有怀疑并且所涉关税数额较大的，经直属海关关长或者其授权的隶属海关关长批准，凭海关总署统一格式的协助查询账户通知书及有关工作人员的工作证件，可以查询纳税义务人在银行或者其他金融机构开立的单位账户的资金往来情况，并向银行业监督管理机构通报有关情况。

第四，海关对纳税义务人申报的价格有怀疑的，应当将怀疑的理由书面告知纳税义务人，要求其在规定的期限内书面作出说明，提供有关资料。

纳税义务人在规定的期限内未作说明、未提供有关资料的，或者海关仍有理由怀疑申报价格的真实性和准确性的，海关可以不接受纳税义务人申报的价格，并按照相关规定估定完税价格。

海关审查确定进出口货物的完税价格后，纳税义务人可以以书面形式要求海关就如何确定其进出口货物的完税价格作出书面说明，海关应当向纳税义务人作出书面说明。

三、 税款缴纳

纳税义务人可选择柜台支付或电子支付的方式缴纳税款。

（一）柜台支付方式

纳税义务人选择柜台支付方式缴纳税款的，海关应当在货物实际进境，并完成海关现场接单审核工作之后及时填发税款缴款书。需要通过对货物进行查验确定商品归类、完税价格、原产地的，应当在查验核实之后填发或者更改税款缴款书。

纳税义务人收到税款缴款书后应当办理签收手续。

海关税款缴款书一式六联：第一联（收据）由银行收款签章后交缴款单位或者纳税义务人；第二联（付款凭证）由缴款单位开户银行作为付出凭证；第三联（收款凭证）由收款国库作为收入凭证；第四联（回执）由国库盖章后退回海关财务部门；第五联（报查）国库收款后，关税专用缴款书退回海关，海关代征税专用缴款书送当地税务机关；第六联（存根）由填发单位存查。

纳税义务人应当自海关填发税款缴款书之日起 15 日内向指定银行缴纳税款。逾期缴纳税款的，由海关自缴款期限届满之日起至缴清税款之日止，按日加收滞纳税款万分之五的滞纳金。纳税义务人应当自海关填发滞纳金缴款书之日起 15 日内向指定银行缴纳滞纳金。滞纳金缴款书的格式与税款缴款书相同。

缴款期限届满日遇星期六、星期日等休息日或者法定节假日的，应当顺延至休息日或者法定节假日之后的第一个工作日。国务院临时调整休息日与工作日的，海关应当按照调整后的情况计算缴款期限。

（二）电子支付方式

进出口企业通过电子支付系统可以缴纳进出口关税、反倾销税、反补贴税、进口环节代征税、缓税利息、滞纳金、保证金和滞报金。

纳税义务人选择电子支付方式缴纳税款的，海关应当在完成现场接单审核工作并确认银行预扣税款回执后打印税款缴款书；现场放行后，电子支付系统实扣税款并自动办理核注手续。

税款缴款书由海关与开展电子支付业务的银行办理交接手续。

第三节　进出口货物的验放

一、进出口货物查验概述

进出口货物查验是指根据《海关法》授权，海关为确定进出口货物收发货人向海关申报的内容是否与进出口货物的真实情况相符，或者为确定商品的归类、价格、原产地等，依法对进出口货物进行实际核查的执法行为。

二、进出口货物查验管理规定

（一）查验实施场所

1. 查验应当在海关监管区内实施。

2. 进出口货物运抵海关监管场所后，方可办理查验手续。

3. 因货物易受温度、静电、粉尘等自然因素影响，不宜在海关监管区内实施查验，或者因其他特殊原因，需要在海关监管区外查验的，经进出口货物收发货人或者其代理人书面申请，海关可以派员到海关监管区外实施查验。

（二）查验实施部门

查验应由海关查验部门实施。

（三）查验实施人员

1. 查验应当由 2 名以上海关查验人员共同实施。

2. 查验人员实施查验时，应当着海关制式服装。

（四）查验回避制度

1. 海关查验实行回避制度。

2. 查验关员执行查验任务时，有下列情形之一的，应当回避：

（1）涉及本人利害关系的；

（2）涉及与本人有夫妻关系、直系血亲关系、三代以内旁系血亲关系，以及近姻亲关系的亲属人员的利害关系的；

（3）其他可能影响公正执行公务的。

3. 查验关员有应当回避情形的，本人应当申请回避；利害关系人有权申请查验关员回避。

4. 其他人员可以向海关提供查验关员需要回避的情况。

5. 海关根据查验关员本人或者利害关系人的申请，经审查后作出是否回避的决定，也可以不经申请直接作出回避决定。

（五）实施查验通知

对需查验的货物，现场海关应当在货物运抵海关监管区后、实施查验前，以签发“海关查验通知书”等形式，通知进出口货物收发货人或其代理人到场做好查验准备。

（六）收发货人或其代理人协助海关查验

1. 查验货物时，进出口货物收发货人或者其代理人应当到场，负责按照海关要求搬移货物，开拆和重封货物的包装，并如实回答查验人员的询问及提供必要的资料。

2. 因进出口货物所具有的特殊属性，容易因开启、搬运不当等原因导致货物损毁，需要查验人员在查验过程中予以特别注意的，进出口货物收发货人或者其代理人应当在海关实施查验前声明。

（七）“海关货物查验记录单”的签名

1. “海关货物查验记录单”应当由在场的进出口货物收发货人或者其代理人签名确认。

2. 进出口货物收发货人或者其代理人拒不签名的，查验人员应当在“海关货物查验记录单”中注明情况，并由货物所在监管场所的经营人签名证明。

（八）海关查验不收取费用

1. 海关在监管区内实施查验不收取费用。

2. 根据国务院财政部门相关规定，自 2012 年 2 月 1 日起，取消收取海关施封锁成本费；自 2012 年 10 月 1 日起，取消海关在监管区外查验货物时向进出口货物收发货人或其代理人收取的海关监管区外监管手续费。

3. 因查验而产生的进出口货物搬移、开拆或者重封包装等费用，由进出口货物收发货人承担。

4. 2016 年 4 月 1 日起，政府对进出口环节海关查验没有问题的外贸企业进行免除吊装移位仓储费用试点，免除费用由中央财政负担。试点范围为全国所有海运口岸、内河口岸和陆路边境口岸，进出口货物范围包括集装箱（重箱）货物和箱式货柜车运输货物。

（九）优先查验

对于危险品或者鲜活、易腐、易烂、易失效、易变质等不宜长期保存的货物，以及因其他特殊情况需要紧急验放的货物，经进出口货物收发货人或者其代理人申请，海关可以优先安排查验。

（十）径行查验

1. 有下列情形之一，经主管处级领导批准，海关可以在进出口货物收发货人或者其代理人不在场的情况下，对货物实施径行查验：

（1）进出口货物有违法嫌疑的；

（2）经海关通知查验，进出口货物收发货人或者其代理人届时未到场的。

2. 海关径行查验时，存放货物的海关监管场所经营人、运输工具负责人应当到场协助，并在查验记录上签名确认。

（十一）复验

有下列情形之一的，海关可以对已查验货物进行复验：

1. 经初次查验未能查明货物的真实属性，需要对已查验货物的某些性状作进一步确认的；

2. 涉嫌走私违规，需要重新查验的；

3. 进出口货物收发货人对海关查验结论有异议，提出复验要求并经海关同意的；

4. 其他海关认为必要的情形。

（十二）化验取样

1. 海关对进出口货物的属性、成分、含量、结构、品质、规格等无法确认的，可以依照《中华人民共和国海关化验管理办法》等有关规定办理取样化验。

2. 海关取样化验时，收发货人或其代理人应当按照海关要求及时提供样品的相关单证和技术资料，并对其真实性和有效性负责。

3. 海关取样时，收发货人或其代理人应当到场协助。

4. 对取样有特定要求的，应要求收发货人或其代理人给予专业技术协助。

5. 所取样品应具有代表性，取样方法、取样量应与送验目的相适应。

6. 取样应使用清洁容器或物料包装，在包装容器或样品上贴注标签的同时，需在包装容器的封口处施加经取样关员和收发货人或其代理人双方签字的样品封条，当场封存。

7. 样品一式两份，一份送抵海关化验中心或者委托化验机构，另一份留存海关备查。

8. 海关关员应按规定的格式和要求填写“中华人民共和国海关进出口货物化验取样记录单”，并于备注栏中注明所取两份平行样品的封条完整及封条编号等信息，并与进出口货物的收发货人或其代理人签字确认。

9. 收发货人或其代理人拒不到场或者海关认为必要时，可以径行取样。

10. 海关径行取样时，应通知存放货物的海关监管场所经营人、运输工具负责人到场协助，并在“中华人民共和国海关进出口货物化验取样记录单”上签字确认。

（十三）转关货物、区域通关货物的查验

海关对转关货物的查验，由指运地（进口转关货物运抵报关的地点）或起运地（出口转关货物报关发运的地点）海关实施；进境地（货物进入关境的口岸）或出境地（货物离开关境的口岸）海关认为必要时也可查验或者复验。

采取“属地申报，口岸验放”、“属地申报，属地验放”，以及区域通关一体化模式申报的货物，出口由口岸海关实施查验；进口原则上在口岸海关实施查验，特殊情况不适合口岸海关查验的，经企业申请或海关协商，可由口岸或属地海关实施。

（十四）过境、转运和通运货物的查验

海关认为必要时，可以查验过境、转运和通运货物。

（十五）查验结束后对进出口货物的处理

1. 对查验未发现申报异常的进出口货物，在进出口货物收发货人缴清税款或者提供担保后，办理放行手续。

2. 经查验发现货物申报与实际状况不符的，按规定程序移交海关缉私、法规、审单等相关部门处理。

（十六）查验损坏货物导致的海关行政赔偿

1. 根据《海关法》规定，海关在依法查验进出口货物时，损坏被查验的货物的，应当赔偿当事人的实际损失。

2. 实施查验的海关为赔偿义务机关。

3. 海关应当在货物受损程度确定后，以海关依法审定的完税价格为基数，确定赔偿金额；赔偿的金额，应当根据被损坏的货物或其部件受损耗程度或修理费用确定，必要时，可以凭公证机构出具的鉴定证明确定。

4. 海关人员在查验货物时损坏被查验货物的，应当如实填写“海关查验货物、物品损坏报告书”一式两份，由查验关员和当事人双方签字，一份交当事人，一份留海关存查。

5. 海关依法径行开验、复验或者提取货样时，应当会同有关货物保管人员共同进行。如造成货物损坏，查验人员应当请在场的保管人员作为见证人在“海关查验货物、物品损坏报告书”上签字，并及时通知当事人。

6. 实施查验的海关应当自损坏被查验的货物、物品之日起 2 个月内确定赔偿金额，并填制“海关损坏货物、物品赔偿通知单”送达当事人。

7. 当事人对赔偿有异议的，可以在收到“海关损坏货物、物品赔偿通知单”之日起60日内向作出赔偿决定的海关的上一级海关申请行政复议，对复议决定不服的，可以在收到复议决定之日起15日内向人民法院提起诉讼，也可以自收到“海关损坏货物、物品赔偿通知单”之日起3个月内直接向人民法院提起诉讼。

8. 有下列情形之一的，被查验的货物发生损坏，海关不承担赔偿责任：

（1）海关工作人员与行使职权无关的个人行为；

（2）因公民、法人和其他组织自己的行为致使损害发生的；

（3）因不可抗力造成损害后果的；

（4）由于当事人或其委托的人搬移、开拆、重封包装或保管不善造成的损失；

（5）易腐、易失效货物在海关正常工作程序所需要时间内（含代保管期间）所发生的变质或失效，当事人事先未向海关声明或者海关已采取了适当的措施仍不能避免的；

（6）海关正常检查产生的不可避免的磨损和其他损失；

（7）在海关查验之前所发生的损坏和海关查验之后发生的损坏；

（8）海关为化验、取证等目的而提取的货样；

（9）法律规定的其他情形。

9. 因公民、法人和其他组织的过错致使损失扩大的，海关对扩大部分不承担赔偿责任。

（十七）海关查验人员违反规定行使职权应承担的法律责任

查验人员在查验过程中，违反规定，利用职权为自己或者他人谋取私利，索取、收受贿赂，滥用职权，故意刁难，拖延查验的，按照有关规定，依法给予行政处分；有违法所得的，依法没收违法所得；构成犯罪的，依法追究刑事责任。

（十八）进出口货物收发货人违反海关查验管理规定应承担的法律责任

进出口货物收发货人或其代理人违反海关查验相关管理规定的，海关依照《海关法》、《中华人民共和国海关行政处罚实施条例》（以下简称《海关行政处罚实施条例》等有关规定予以处理。

（十九）海关封志管理

1. 对需实施海关封志管理的海关监管运输工具、货物应严格施封、验封、拆封管理。

2. 在查验工作中，实施海关封志施、验、拆封作业时，应由查验人员负责作业，不得将海关封志交由进出口货物收发货人或其代理人、运输工具负责人、驾驶员等自行施封。

3. 海关封志必须使用在海关监管作业中，严禁超出范围使用。

（二十）海关实施分类查验和查验分流作业相关措施

为落实国务院促进外贸稳增长、调结构决策部署，进一步优化海关监管和服务，实施守法便利和违法惩戒，促进贸易便利化，海关总署决定自2013年8月1日起在全国海关范围内实施创新观念，优化监管查验工作机制。

1. 实施分类查验①

（1）海关对经营单位为AA类且申报单位为B类（含B类）以上企业（以下简称“AA类企业”）的进出口货物，除特殊情况外，实施较低比例的随机抽查；

（2）对抽查中查获AA类企业存在涉嫌违法违规行为被海关立案调查的，海关将对该企业的进

① 根据海关总署令225号，《中华人民共和国海关信用管理暂行办法》于2014年12月1日起施行，原《中华人民共和国海关企业分类管理办法》同时废止。企业管理办法发生调整，相应的监管规定与措施将陆续调整。本书暂采用原有企业管理类别及相应的监管措施。

出口货物实施连续查验；

（3）海关主要通过稽核、核查等方式对 AA 类企业实施后续监管。

2. 实行查验分流

进出海关特殊监管区域的货物，除法律法规另有规定外，不在口岸实施查验，对需查验的货物，均由海关特殊监管区域主管海关在区内实施查验。

（二十一）海关“双随机”作业改革

1. 海关“双随机”内涵

“双随机”包括随机选择布控和随机派员查验。

（1）随机选择布控是指海关在对进出口报关单风险分析的基础上，按照明确的业务参数标准和规范的操作程序，将有关管理要求，加工转化为计算机编码，由计算机自动随机选定需查验的报关单。

（2）随机派员查验是指海关针对需查验的报关单，由计算机系统随机选派查验人员实施查验的作业模式。

“双随机”主要解决进出口通关环节中“查谁”和“谁查”的问题。

2. 海关实施“双随机”的背景

随机抽查起源于 20 世纪 20 年代，其以概率统计理论为基础，通过抽样检查反映样本总体情况，广泛应用于工业产品的质量检验等方面。美国海关在 20 世纪 90 年代开始运用该原理，通过风险管理系统和随机布控系统对货物进行布控查验，提高查验的科学性。1998 年，我国海关在监管执法中采用随机抽查的方法实施查验，并逐步发展形成海关“双随机”机制。2015 年 7 月 29 日，国务院办公厅印发了《关于推广随机抽查规范事中事后监管的通知》（国办发〔2015〕58 号），提出了 4 项具体措施，具体包括：“列清单”，就是制定并公开随机抽查事项清单；“双随机”，就是随机确定检查对象、随机确定检查人员；“适度查”，就是合理确定随机抽查的比例和频次；“用结果”，就是加大对违法行为的惩处力度。这四个方面的措施环环相扣、缺一不可，无论在哪个领域、哪个地方推广随机抽查，这四个“规定动作”都必须做到位。

3. 随机选择布控

随机选择布控包括预定式布控和抽样式布控。

预定式布控，是一种基于风险分析的随机抽查方法。针对进出口报关单，海关将掌握的走私违法规律和总结的管理经验，在风险分析的基础上，按照明确的业务标准和规范的操作程序，将预先设定好的风险规则加工转化为计算机编码，由计算机对全部报关单进行初步筛选，并按照一定比率随机抽取需要查验的报关单，交由现场实施查验。

抽样式布控，是一种无差别的随机抽查方法。为了威慑不法企业，评估进出口企业的整体守法状况，海关通过计算机对全部可查验报关单进行一定比率的抽查，交由现场实施查验。

与此同时，海关将结合全面深化改革的进程，进一步把随机抽查从监管事项向其他执法事项和非执法事项推广、从现场作业环节向管理全过程延伸，努力实现随机抽查在海关管理中的全覆盖，不断提高随机抽查比率同时以全面排除人为干扰为前提，优化随机抽查的方式方法，打造海关“双随机”的升级版，全面提高海关监管服务水平，助推对外贸易稳定健康发展，营造公平竞争的发展环境。

4. 随机派员查验

（1）随机派员查验的发展经历了两个阶段：

2010年以前：为严密监管作业，规范查验操作，积极防范查验执法中的执法风险和廉政风险，海关总署于2005年开发“查验随机自动派单系统”，并在全国海关的部分查验现场开展“随机派员查验”试点。

2010年以来：2010年6月改造升级后的“查验随机自动派单系统”推广到全国海关所有查验现场。2011年，海关总署修订《进出口货物查验操作规程》，进一步明确要求“现场海关应使用查验自动派单系统随机指派实施查验的人员”。

（2）随机派员查验的操作步骤

海关随机派员查验分“建立查验人员数据库”和“随机选派查验人员”两个步骤来开展。“建立查验人员数据库”即在海关计算机作业系统中，建立海关查验执法人员名录库。“随机选派查验人员”即在海关计算机作业系统中，由计算机随机从“查验人员数据库”中选取人员进行查验作业。

5.“双随机”基本作业流程

“双随机”包括规则制定、生成指令、随机抽取、随机派员、现场查验、结果运用6个环节，形成一个闭合循环的作业过程。

（1）规则制定：中国海关引入了大数据、云计算技术，将原先分散的数据汇集使用，遵循市场运行和物流规律，结合海关管理经验，集体分析研判，形成风险规则。

（2）生成指令：确定后的规则通过云计算形成可量化的风险特征，随后被自动转化为计算机编码加载到海关通关作业系统中，生成系统自动执行的布控指令。

（3）随机抽取：在企业向海关递交电子报关数据时，计算机会自动将申报内容与规则进行比对，命中符合规则的报关单，再由计算机按一定比率随机抽取，进入下一步查验环节。

（4）随机派员：收到查验指令后，查验部门通过计算机在已经建立的“查验人员数据库”中，“随机选派查验人员”进行查验作业。

（5）查验作业：海关查验执行双人作业制度。在查验过程中，进出口企业或其代理人全程陪同，并在海关查验记录单上签字确认，查验人员完成查验作业。

（6）结果运用：计算机通过对查验结果的统计分析，提示监控人员需调整的计算机编码和相应的调整比率，以便进行规则优化。此外，计算机自动提取查验结果，对符合企业信用等级调整标准的企业定期进行调整，有关信息提交给国家统一的信用信息共享交换平台。

6.“双随机”抽查结果在海关的应用

“双随机”抽查结果的应用主要体现在以下几个方面：

一是移交立案查处。对于经海关查验有问题的企业，海关将依法依规进行处理。对移交缉私部门立案查处的，海关将依据《海关法》和《海关行政处罚实施条例》的有关规定对企业进行处罚，其中涉嫌走私犯罪的，依法追究刑事责任。

二是支持信用管理。查验结果纳入企业在海关的信用记录，其中涉及走私违法的，将依据海关信用管理的有关规定对企业信用等级进行调整。

三是调整监管措施。对于抽查未发现问题的高资信企业，海关将继续实施较低的随机抽查比率，并给予适当的通关便利措施，最大限度地降低守法企业的通关成本；对有走私违规记录的企业，海关将设置较高的随机抽查比率，实施更为严格的监管措施。

对于在“双随机”抽查结果基础上形成的企业信用记录，海关将及时向其他市场监管部门予以通报。通过信用记录的交换和共享，健全各部门联防联控的执法机制，依托各部门协同监管，最大限度地压缩失信企业的生存空间，让失信者一处违规、处处受限。

（二十二）移动查验单兵作业改革

1. 移动查验单兵作业概念

移动查验单兵作业是指海关查验人员应用移动查验单兵作业系统（以下简称系统）和相应查验设备、装备，对进出口货物、物品、运输工具（以下统称货物）等实施查验，并对查验过程进行全程记录的执法行为。

2. 移动查验单兵作业改革目标

2015 年 4 月，为进一步提升海关监管查验装备现代化和作业信息化水平，切实加强查验监督制约，根据金关工程（二期）整体建设安排，海关总署决定开展移动查验单兵作业改革，预期目标和总体思路为：深入贯彻依法治国理念，依托“金关工程”二期，应用信息化手段，实现人工查验作业的无纸化和信息化，进一步提高海关查验作业效能；开展查验作业过程全程录证，加强查验监控监督，科学规制查验人员的自由裁量权，防范现场查验作业风险；应用现代化查验装备和设备，提高海关查验科技水平，不断开创海关监管查验新局面。

3. 移动查验单兵作业对查验人员的要求

实施查验时，查验人员应着海关制式查验服装，佩戴查验多功能腰带，携带移动查验作业终端、执法记录设备、随身查验工具等必要的查验设备和装备，使用本人账号登陆系统，按照现行查验法规的要求进行作业，并如实记录查验过程。

4. 移动查验单兵作业流程

（1）移动查验单兵作业系统应用

①接收查验信息。

H2010 通关系统查验自动派单后，系统自动将查验报关单信息和查验指令信息等推送至对应的查验人员的移动查验作业终端“待查验列表”项下。

②查验前准备。

查验人员应在开始查验前登陆系统，了解待查验货物申报内容、查验指令要求等信息，初步确定现场查验应当采取的方法和步骤。

实施查验前，查验人员应当检查移动查验作业终端的电池容量等信息，保证移动查验作业终端正常使用。

③现场查验作业。

查验人员应使用移动查验作业终端进行查验作业，在完成查验准备后，点击“开始查验”启动作业。

查验过程中，如遇收发货人或其代理人提供情况说明等必要书面材料，或者需对查验货物进行鉴定的，应将书面材料和鉴定材料进行拍照并上传。

④录入查验记录。

查验完毕后，查验关员应及时在移动查验作业终端录入查验记录和查验处理意见，并经查验人员共同签名确认。查验现场应打印海关货物查验记录单，交收发货人或其代理人签字，并提交带班科长复核。

对于人工转机检查验的，查验关员应当在移动查验作业终端录入人工查验记录和处理意见（待处理），经带班科长复核同意后，转机检查验。

⑤查验记录复核。

查验带班科长对查验记录进行复核，提出审批意见（同意或退回）。对于审批同意的，带班科长应在海关货物查验记录单上签名确认。对于带班科长退回的及查验记录处理意见为“待处理”和“取样送检”且经带班科长审核同意的，系统自动将查验记录流转回查验记录录入关员的移动查验作业终端“待处理列表”。

⑥后续处置。

查验关员应关注系统中待查验、待处理的查验记录，并及时进行处置。

对于经带班科长退回及复核同意后流转回的查验记录，查验关员进行修改的，应由查验人员重新签名并打印海关货物查验记录单，交收发货人或其代理人签字。

对因网络故障等原因导致无法使用系统的，经带班科长同意，查验关员可直接应用系统 PC 端或 H2010 通关系统录入查验记录。带班科长应在带班日志中做好相关登记。

（2）执法记录

查验执法记录是指利用执法录证设备对海关查验作业进行录证的过程。

执法录证设备包括移动查验作业终端和执法记录设备，在具备条件的监管场所还可利用固定的高清摄像头进行拍摄。

①查验前准备。

实施查验前，查验人员应当检查执法记录设备的电池容量、存储空间等信息，保证执法记录设备正常使用。

②现场查验作业。

实施查验时，查验人员应当佩戴、使用执法记录设备，按照《海关总署关于规范人工查验作业的指导意见》的相关规定进行拍照、录证，客观、真实地记录查验情况及相关证据。

③告知相对人。

海关使用执法记录设备记录查验过程时应告知管理相对人。

④查验远程支援。

使用网络版执法记录设备进行查验录证的，指挥中心可呼叫执法记录设备进行视频连线，并实时远程指挥。

查验人员可根据需要主动呼叫后台，寻求支持。

⑤录证资料保存。

使用执法记录仪进行查验录证的，在完成查验后，应及时存储声像资料。原始声像资料保存期限不少于 3 个月。作为重要执法证据使用的声像资料保存期限按相关规定执行。有下列情形的，应当采取刻录光盘、使用移动储存介质等方式，按照报关单存储期限保存：

——管理相对人对查验人员执法有异议或者投诉、上访的；

——管理相对人逃避、拒绝、阻碍查验人员依法执行公务，或者谩骂、侮辱、殴打查验人员的；

——其他需要长期保存的重要情况。

⑥录证中止。

因恶劣天气、设备故障等特殊情况无法使用或者停止使用执法记录设备的，查验关员应当立即向带班科长报告，经查验带班科长批准后，方可不佩戴执法记录设备。当设备故障等情形排除后，查验人员应立即使用执法记录设备进行查验录证。

（二十三）免除查验没有问题的外贸企业吊装移位仓储费用全面试点工作

为进一步落实《国务院关于改进口岸工作支持外贸发展的若干意见》（国发〔2015〕16 号）精神，减轻外贸企业负担，经国务院批准，财政部、海关总署、国家质检总局、国家发展改革委、交通运输部、商务部六部委决定从2016年4月1日起，在全国范围内开展对进出口环节海关查验没有问题的外贸企业免除吊装移位仓储费用试点，免除费用由中央财政负担，同时加大对有问题企业的处罚力度。

1. 试点工作总体要求

试点工作总体要求是切实贯彻落实国发〔2015〕16号文件精神，以有利于减轻外贸企业负担、有利于促进进出口稳定增长为原则，推进国务院相关惠企政策落实到位，同时充分发挥财政资金撬动作用，支持和鼓励外贸企业守法诚信经营，支持外贸稳定发展。

2. 试点范围

（1）口岸范围和进出口货物范围

口岸范围包括全国所有海运口岸、内河口岸和陆路边境口岸。

进出口货物范围包括集装箱（重箱）货物和箱式货柜车运输货物。

（2）免除费用范围

限定于外贸企业在海关查验环节发生的与海关查验工作直接相关的吊装、移位、仓储费用。

吊装费是指外贸企业将海关确定需要查验的集装箱等货物从码头、堆场、货栈等海关监管场所短距离吊运、托运至海关指定查验场地以便海关实施查验作业所产生的费用。移位费是指将海关确定查验的集装箱等货物从海关监管场所短距离运输至海关指定查验场地，并按照海关查验指令要求，将相关货物掏出箱体，以便海关实施查验作业所产生的费用。

仓储费是指对海关确定需要查验的货物，已运至指定地点并开始查验后，按照海关查验工作规程，在一天内不能完成查验作业，且在口岸免费堆存期之外所产生的仓储费用。对集装箱空箱货物和固体废物货物查验所产生的相关费用，不列入免除费用范围。

对发生在企业自用场地由海关提供便利化查验优惠服务及不发生向第三方支付吊装、移位、仓储费用的，不纳入免除费用范围。对于因外贸企业或其代理人未按照海关查验工作规程要求及时到场陪同查验及在海关放行后未及时提取货物产生的吊装、移位、仓储相关费用，不纳入免除费用范围。

（3）查验没有问题的范围

限定于海关查验后正常放行的情形。

（4）查验有问题加大处罚的范围

对货运渠道通关环节查获案件加大行政处罚力度。对查验、审单等通关环节发现的案件，应当根据海关有关规定，按照相应处罚幅度的上限进行处罚；对于从轻、减轻情节的认定，应根据海关总署规定的认定条件，严格审查，从严掌握，不得放宽从轻、减轻的适应条件。

三、进出口货物放行概述

进出口货物放行是指海关接受进出口货物收发货人的申报，完成审单、查验、征税作业，结束进出口货物海关现场作业，准予进出口货物收发货人提取进口货物、装运出口货物的执法行为。

四、进出口货物放行管理规定

进出口货物运抵海关监管场所后，方可办理放行手续。

除海关特准的外，进出口货物在进出口货物收发货人缴清税款或者提供担保后，由海关签印放行。

对无查验布控的且经选择查验岗位关员审核为低风险的进出口货物，由选择查验岗位或放行岗位关员直接办理放行手续。

被查验的进出口货物，现场查验关员完成查验并经带班科长复核后，对查验记录内容清楚准确，查验程序和内容符合查验规程和查验指令要求，查验结果正常的，转选择查验岗位办理放行手续，或根据直属海关授权，直接办理放行手续。

根据相关规定，进出口货物放行时，海关须在正本提、运单上加盖放行章。

第五章　对外贸易管制

第一节　海关贸易管制

一、概述

贸易管制是指一国政府从国家的宏观经济利益、国内外政策需要以及为履行所缔结或加入国际条约的义务出发，为对本国的对外贸易活动实现有效的管理而颁布实行的各种制度以及所设立相应机构及其活动的总称。

海关贸易管制是指海关依据《海关法》赋予的权力，参与国家宏观经济政策制定、微观经济协调，并通过制定相关管理制度和规范在进出境环节落实国家贸易管制政策，对执法效能进行分析和评估的行为。海关通过对进出境货物等的实际监控，确保货物或技术的合法进出口，从而有效实现国家经贸政策目标，并最终达到国家对对外经济贸易活动进行宏观调控的目的。本章贸易管制措施指海关对货物实施禁止进出口、限制进出口和自动进口许可等管理制度。

二、海关贸易管制职责

《海关法》及其他有关规定从法律上赋予了海关实施贸易管制，监管进出口活动的权力与义务。《海关法》第四十条规定：国家对进出境货物、物品有禁止性或限制性规定的，海关依据法律、行政法规、国务院的规定或者国务院有关部门依据法律、行政法规授权作出的规定实施监管。该条款不仅赋予了海关对进出口货物依法实施监督管理的权力，还明确了国家对外贸易管制政策所涉及的法律法规是海关对进出口货物监管工作的法律依据。根据我国行政管理职责分工，与对外贸易管制相关的法律、行政法规、部门规章分别由全国人大常委会，国务院及其所属各部、委（局）负责制定颁发，海关则是贸易管制政策在货物进出口环节的具体执行机关。我国海关作为国家在对外开放口岸和海关监管业务集中地点设立的以进出境管理为其职责的国家行政管理机关，依法对于任何进出我国关境的货物或技术实施具体而有效的监管，以确保进出关境的货物或技术符合国家各项法律制度。国家贸易管制政策正是通过主管部门依法发放各类许可证件，进出口企业持许可证件及其他单证（提单、发票、合同等）向海关报关，海关对实际进出口货物的合法性进行监管来实现。

近年来，海关贸易管制职责逐步从传统性职能向保障贸易安全、维护贸易秩序、反恐、防扩散、环境保护、资源保护、履行国际公约等非传统性职能扩展和转变。

三、制度体系

海关根据法律、行政法规和规章对进出境货物履行监督管理职责，形成了以《海关法》、《对外贸易法》、《中华人民共和国货物进出口管理条例》为主的贸易管制法律体系和以《海关贸易管制工作规程》（试行）为主的海关贸易管制管理体系。

（一）贸易管制法律体系的主要构成

1. 法律，包括：《对外贸易法》、《海关法》等。

2. 行政法规，包括：《中华人民共和国货物进出口管理条例》、《中华人民共和国技术进出口管理条例》（以下简称《技术进出口管理条例》）等。

3. 部门规章及规范性文件，包括：禁止进（出）口货物目录、货物进（出）口许可证管理办法及目录等。

此外，还有部分与贸易管制有关的国际公约，虽然不是海关的直接执法依据，但作为贸易管制法律体系的渊源，应予以关注，如《控制危险废物越境转移及其处置巴塞尔公约》、《关于保护臭氧层的维也纳公约》等。

（二）海关贸易管制管理体系的主要构成

《海关贸易管制工作规程》（试行）等。

四、海关贸易管制工作要求

（一）《海关法》有关规定

1.《海关法》第二十四条规定："进口货物的收货人、出口货物的发货人应当向海关如实申报，交验进出口许可证件和有关单证。国家限制进出口的货物，没有进出口许可证件的，不予放行，具体处理办法由国务院规定。"此项规定，要求进出口货物收发货人在向海关申报货物进出口时，如果所申报的货物属于国家限制进出口的，应当向海关交验有关许可证件。不能提交进出口许可证件的，海关不予放行货物。

对于进出口货物是否属于许可证件管理范围有争议的，由海关总署商主管部门确认后办理相关手续。

2.《海关法》第四十条规定："国家对进出境货物、物品有禁止性或限制性规定的，海关依据法律、行政法规、国务院的规定或者国务院有关部门依据法律、行政法规授权作出的规定实施监管。"该规定一方面明确海关是依据法律、行政法规和部门规章对进出境货物、物品实施禁止或限制措施；另一方面明确了对进出境货物、物品实施禁止或限制规定时，需要经过立法程序对外发布。

3.《海关法》第六十六条规定："国家对进出境货物、物品有限制性规定，应当提供许可证件而不能提供的，以及法律、行政法规规定不得担保的其他情形，海关不得办理担保放行。"

（二）贸易管制工作管理规定

各级贸易管制职能管理及执行部门在执行有关法律、行政法规、部门规章和规范性文件时应遵循以下原则：

1. 法律、行政法规、部门规章有明确规定的，按照规定执行；

2. 没有上述明确规定或特殊情况下，按照海关总署的规范性文件执行；

3. 对海关总署没有会签或转发的国务院其他部门发布的规章，直属海关在请示总署后按照总署意见执行；

4. 在法律、行政法规、部门规章和规范性文件中不明确或有疑问时，应及时报告上级部门，在获得授权的情况下采取处理措施。

为了便于现场执法，海关总署依托信息化管理手段在通关管理系统业务参数库中设置了部分许可证件代码和禁止进出口标志，辅助现场作业。

对于通关管理系统中暂未提示的或理解有差异的，根据《海关贸易管制工作规程》（试行）第九条规定，按照正式文件办理。

（三）海关审核许可证件的要求

《海关审单工作制度》规定，海关应当对进出口货物收发货人提交的单证进行合法性审查，确保单机相符、单单相符、单货相符。其中，包括审查证件的有效性、证件内容与其他单证内容的一致性，以及证件的时效性等。

五、行政处罚

《海关法》第八十二条、第八十三条规定，违反国家有关禁止性、限制性管理规定，采取伪、瞒报等行为，运输、邮寄、携带国家禁止或限制进出境货物、物品的，属于违法行为，海关依法追究当事人的责任。构成走私犯罪的，依法追究刑事责任。

《海关行政处罚实施条例》第七条（二）项、第九条（二）项规定，构成走私行为的，由海关依法没收涉案货物及违法所得，并可处等值的罚款。对于不构成走私行为的，依照该条例第十三条、第十四条、第十五条（三）等规定予以行政处罚。

《对外贸易法》第六十一条规定，违反国家禁限规定，受到海关行政处罚或受到刑事处罚的，自处罚生效之日起3年内，国家对外经贸主管部门或其他部门不予受理违法行为人提出的进出口配额或许可证件的申请，或者禁止违法行为人在1年以上3年以下的期限内从事有关货物或技术的进出口经营活动。

第二节　进出口贸易管制措施海关管理规范

一、禁止进口管理

（一）定义

禁止进口商品是指商务部会同国务院其他有关部门依法制定、调整并公布禁止进口货物目录，以及其他法律、行政法规规定禁止进口的商品，包括国家规定停止进口的商品等。禁止进口货物对应通关系统监管条件代码为“9”，禁止进口旧机电产品对应通关系统监管条件代码为“6”。

（二）适用范围

1. 国家基于下列原因，禁止有关货物、技术进口：

（1）为维护国家安全、社会公共利益或者公共道德，需要禁止进口的；

（2）为保护人的健康或者安全，保护动物、植物，保护环境，需要禁止进口的；

（3）为实施与黄金或者白银进口有关的措施，需要禁止进口的；

（4）依照法律、行政法规的规定，其他需要禁止进口的；

（5）根据我国缔结或者参加的国际条约、协定的规定，其他需要禁止进口的。

2.《禁止进口货物目录》管理的货物如下：

（1）《禁止进口货物目录》（第一批）（外经贸部公告2001年第19号）包括：已脱胶的虎骨（指未经加工或经脱脂等加工的）、未脱胶的虎骨（指未经加工或经脱脂等加工的）、犀牛角、鸦片液汁及浸膏（亦称阿片）、四氯化碳、三氯三氟乙烷（CFC-113）（用于清洗剂）。

（2）《禁止进口货物目录》（第二批）（外经贸部、海关总署、国家质检总局公告2004年第80号）包括以下旧机电产品：装压缩或液化气的钢铁容器，其他装压缩或液化气的钢铁容器，可使用气体燃料的家用炉灶，可使用气体燃料的其他家用器具，非零售装装压缩、液化气体铝容器，蒸发量在900吨/时及以上的发电用锅炉，蒸发量超过45吨/时的其他水管锅炉，蒸发量不超过45吨/时的水管锅炉，未列名蒸汽锅炉（包括混合式锅炉），过热水锅炉，家用型热水锅炉，其他集中供暖用的热水锅炉，蒸汽锅炉和过热水锅炉的辅助设备，集中供暖用锅炉的辅助设备，水蒸气或其他蒸汽动力装置的冷凝器，使用液体燃料的炉用燃烧器，使用天然气的炉用燃烧器，使用其他气体燃料的炉用燃烧器，使用粉状固体燃料的炉用燃烧器，机械加煤机及其机械炉算、机械出灰器等装置，矿砂或金属的焙烧、熔化等热处理用炉及烘箱，炼焦炉，放射性废物焚烧炉，未列名非电热的工业或实验室用炉及烘箱，未列名磁带录音机及其他声音录制设备，未列名视频信号录制或重放设备，心电图记录仪，B型超声波诊断仪，彩色超声波诊断仪，未列名超声波扫描装置，核磁共振成像装置，闪烁摄影装置，病员监护仪，未列名电气诊断装置，紫外线及红外线装置，注射器（不论是否装有针头），管状金属针头，缝合用针，其他针（导管、插管）及类似品，牙钻机（可与其他牙科设备组装在同一底座上），装有牙科设备的牙科用椅，牙科用未列名仪器及器具，眼科用其他仪器及器具，听诊器，血压测量仪器及器具，内窥镜，肾脏透析设备（人工肾），透热疗法设备，输血设备，麻醉设备，其他医疗（外科或兽医）用仪器及器具，X射线断层检查仪，其他牙科用X射线应用设备，其他医疗（外科或兽医）用X射线应用设备，低剂量X射线安全检查设备，未列名X射线的应用设备，医用α（或β、γ）射线的应用设备，其他α（或β，γ）射线的应用设备，X射线管，X射线影像增强器，编号9022所列其他设备及零件，电视电子游戏机，投币式电子游戏机，投币式其他游戏用品，其他电子游戏机，发动机，车类。

（3）《禁止进口货物目录》（第六批）（商务部、海关总署、国家环境保护总局公告2005年第116号）包括：长纤维青石棉、其他青石棉、1,2-二溴乙烷、二溴氯丙烷、艾氏剂、七氯、毒杀芬、多氯联苯、多溴联苯、地乐酚及其盐和酯、二硝酚、狄氏剂、异狄氏剂、氟乙酸钠、2,4,5-涕及其盐和酯、三（2,3-二溴丙基）磷酸酯、联苯胺（4,4'-二氨基联苯）、氟乙酰胺（敌蚜胺）、杀虫脒、二恶英、呋喃。

（4）《禁止进口固体废物目录》（环境保护部、商务部、国家发展和改革委员会、海关总署、国家质检总局公告2014年第80号）包括：废动植物产品，含未经加工的人发（不论是否洗涤）、废人发，猪鬃或猪毛的废料，其他獾毛及其他制刷用兽毛的废料，羽毛或不完整羽毛的粉末及废料，含牛羊成分的骨废料（未经加工或仅经脱脂等加工的），其他骨废料（未经加工或仅经脱脂等加工的），其他兽牙粉末及废料，废马毛（不论是否制成有或无衬垫的毛片），油鞣回收脂（包括加工处理油脂物质及动、植物蜡所剩的残渣）；矿渣、矿灰及残渣，含矿渣、浮渣及类似的工业残渣（不论是否混有25171000所列的材料），沥青碎石，废镁砖，其他主要含锰的冶炼钢铁产生的粒状熔渣，其他冶炼钢铁产生的粒状熔渣（包括熔渣砂），冶炼钢铁所产生的其他熔渣、浮渣及其他废料（冶炼钢铁产生的粒状熔渣除外），含硬锌的矿渣、矿灰及残渣（冶炼钢铁所产生灰、渣的除外），含其他锌的矿渣、矿灰及残渣（冶炼钢铁所产生灰、渣的除外），含铅汽油淤渣及含铅抗震化合物的淤渣，其他主要含铅的矿渣、矿灰及残渣（冶炼钢铁所产生灰、渣的除外），主要含铜的矿渣、矿灰及残渣（冶炼钢铁所产生灰、渣的除外），主要含铝的矿渣、矿灰及残渣（冶炼钢铁所产生灰、渣的除外），含砷、汞、铊及混合物矿渣、矿灰及残渣（用于提取或生产砷、汞、铊及其化合物），含锑、铍、镉、铬及混合物的矿渣、矿灰及残渣，其他主要含钨的矿渣、矿灰及残渣，含铜大于10%的铜冶炼转炉渣，其他铜冶炼渣，含其他金属及化合物的矿渣、矿灰及残渣（冶炼钢铁所产生灰、渣的除外），焚化城市垃圾所产生的灰、渣，海藻灰及其他植物灰（包括稻壳灰），其他矿渣及矿灰，含多氯联苯、多溴联苯的废油（包括含多氯三联苯的废油），其他废油，其他石油等矿物油类的残渣；废药物，含废药物（超过有效保存期等原因而不适于原用途的药品）；杂项化学品废物，含未经浓缩、脱糖或化学处理的木浆残余碱液，城市垃圾，下水道淤泥，医疗废物，废卤化物的有机溶剂，其他废有机溶剂，废的金属酸洗液、液压油及制动油（还包括废的防冻液），主要含有有机成分的化工废物（其他化学工业及相关工业的废物），其他化工废物（其他化学工业及相关工业的废物），其他商品编号未列明化工副产品及废物；废橡胶、皮革，含废轮胎及其切块，硫化橡胶废碎料及下脚料及其粉粒（硬质橡胶的除外）、各种形状的硬质橡胶废碎料，皮革废渣、灰渣、淤渣及粉末；废特种纸，含回收（废碎）墙（壁）纸、涂蜡纸、浸蜡纸、复写纸（包括未分选的废碎品）；废纺织原料及制品，含旧衣物，其他纺织材料制经分拣的碎织物等（包括废线、绳、索、缆及其制品），其他纺织材料制碎织物等（包括废线、绳、索、缆及其制品）；废玻璃，含废碎玻璃；金属和金属化合物的废物，含含有银或银化合物的灰（主要用于回收银），含其他贵金属或贵金属化合物的灰（主要用于回收贵金属），含有金及金化合物的废碎料（但含有其他贵金属除外，主要用于回收金），含有银及银化合物的废碎料（但含有其他贵金属除外，主要用于回收银），含其他贵金属或贵金属化合物废碎料（主要用于回收贵金属），沉积铜（泥铜），铅废碎料、钼废碎料、钴锍废碎料、镉废碎料、锑废碎料、锰废碎料、铍废碎料、铬废碎料、铊废碎料、未锻轧铟废碎料；废电池，含电池废碎料及废电池［指原电池（组）和蓄电池的废碎料，废原电池（组）及废蓄电池］；废弃机电产品和设备及其未经分拣处理的零部件、拆散件、破碎件、砸碎件，国家另有规定的除外，含品目8469~8473所列的废打印机、复印机、传真机、打字机、计算机器、计算机等废自动数据处理设备及其他办公室用电器电子产品，品目8415、8418、8450、8508~8510、8516所列的废空调、冰箱及其他制冷设备、洗衣机、洗盘机、微波炉、电饭锅、真空吸尘器、电热水器、地毯清扫器、电动刀、理发、吹发、刷牙、剃须、按摩器具和其他身体护理器具等废家用电器电子产品和身体护理器具，品目8517、8518所列的废电话机、网络通信设备、传声器、扬声器等废通讯设备，品目8519~8531所列的废录音机、录像机、放像机及激光视盘机、摄像机、摄录一体机及数字相机、收音机、电视机、监视器、显示器、信号装置等废视听产品及广播电视设备和信号装置，品目9504所列的废游戏机，品目8539所列的废荧光灯管、放电管、包括压钠管和金属卤化管及其他照明或用于发射或者控制灯光的设备，品目8532~8534、8540~8542所列的废电容器、印刷电路、热电子管、显像管、阴极射线管或光阴极管、二极管、晶体管等废半导体器件、集成电路等废电子元器件，品目9018~9022所列的废弃医疗器械和射线应用设备，以及第84、85、90章其他废弃机电产品和设备（指海关“商品综合分类表”第84、85、90章下完整的废弃机电产品和设备，及以其他商品名义进口本项下其他废弃机电产品和设备废物的）；其他禁止进口固体废物含废石膏、废石棉（灰尘和纤维），废矿物纤维、矿渣棉、岩石棉及类似矿质棉、陶瓷质纤维等，从居民家中收集的或从生活垃圾中分拣出的已使用过的塑料袋、膜、网，以及已使用过的农用塑料膜和已使用过的农用塑料软管，废渔网，废编织袋和废麻袋，过期或废弃涂料、油漆，竹纤维废料、下脚料，成品型废硅片（即高纯硅表面已经过扩散、氧化、外延、涂层、光刻、封装等处理的表面不是裸硅的报废片或者碎硅片），绒毛浆废物，含硫淤泥（单质硫<80%，含水率≥10%），电子产品拆解产生的回收废荧光粉，含镍的矿渣、矿灰、残渣，含钒废催化剂，废枕木，其他未列名固体废物。

3. 商务部或商务部会同国务院其他有关部门，经国务院批准，在《对外贸易法》第十六条和第十七条规定的范围内，临时决定《禁止进口货物目录》以外禁止进口的特定货物、技术。

4. 其他法律、行政法规禁止进口的野生动物、植物及其产品等。

（1）严禁进口来自疫区的相关动物和动物产品、肉骨粉等动物性饲料和动物源性生物制品。

（2）禁止以任何贸易方式和捐赠方式进口右置方向盘汽车（包括使领馆和外商常驻机构公私用车辆，经批准供研发用的样车除外）。进口右置方向盘研发用样车，进口单位持“自动进口许可证”

（商品用途栏标注“仿制样机或合作制造”；规格型号栏标注“右置方向盘”）向汽车整车进口口岸海关办理报关手续。海关对上述车辆不签发汽车用“货物进口证明书”。

(3) 禁止以任何贸易方式进口仿真枪。

(4) 禁止进口以 CFC-12 为空调制冷工质的汽车及以 CFC-12 为制冷工质的汽车空调压缩机（含汽车空调器）。

(5) 禁止进口以全氯氟烃物质（简称 CFCs）为制冷剂的工业、商业用压缩机。

(6) 禁止进口以氯氟烃物质为制冷剂、发泡剂的家用电器产品和以氯氟烃为制冷工质的家用电器产品用压缩机。

(7) 禁止中华人民共和国境外的固体废物进境倾倒、堆放、处置，禁止进口不能用做原料或者不能以无害化方式利用的固体废物，禁止进口未列入《限制进口类可用作原料的固体废物目录》和《非限制进口类固体废物目录》的固体废物。

(8) 严禁受放射性污染的废旧金属进口。

(9) 对于属于下述情况的，按禁止进口废物管理：

①国家禁止进口的货物因丧失原有利用价值或者虽未丧失利用价值但被抛弃或者放弃，或者其他原因而成为固体废物的；

②《控制危险废物越境转移及其处置巴塞尔公约》认定是危险废物和其他废物（从住家收集的废物）的，以及列入我国《国家危险废物名录》或根据《危险废物鉴别标准》鉴别为危险废物的。

(10) 禁止进口 15 瓦及以上普通照明白炽灯（含从海关特殊监管区域和保税监管场所进口），豁免产品为反射型白炽灯和特殊用途白炽灯（其中，特殊用途白炽灯是指专门用于科研医疗、火车船舶航空器、机动车辆、家用电器等的白炽灯）。

(11) 禁止以任何贸易方式进口旧玻壳、旧显像管、再生显像管、旧电视机。

(12) 禁止进口带有“DARKIE”文字和其他丑化黑人的文字或图形的商品。

(13) 禁止进口《濒危野生动植物种国际贸易公约》禁止以商业贸易为目的进口的濒危野生动植物及其产品，因科学研究、驯养繁殖、人工培育、文化交流等特殊情况，需要进口的，应当经国务院野生动植物主管部门批准，按规定由国务院批准的，应当报经国务院批准。

(14) 国家禁止进口载有下列内容的印刷品及音像制品：

①反对宪法确定的基本原则的；

②危害国家统一、主权和领土完整的；

③危害国家安全或者损害国家荣誉和利益的；

④攻击中国共产党，诋毁中华人民共和国政府的；

⑤煽动民族仇恨、民族歧视，破坏民族团结，或者侵害民族风俗、习惯的；

⑥宣扬邪教、迷信的；

⑦扰乱社会秩序，破坏社会稳定的；

⑧宣扬淫秽、赌博、暴力或者教唆犯罪的；

⑨侮辱或者诽谤他人，侵害他人合法权益的；

⑩危害社会公德或者民族优秀文化传统的；

⑪国家主管部门认定禁止进境的；

⑫有法律、行政法规和国家规定禁止的其他内容的。

(15) 禁止进口下列兽药：

①经风险评估可能对养殖业、人体健康造成危害或者存在潜在风险的；

②疗效不确定、不良反应大的；

③来自疫区可能造成疫病在中国境内传播的兽用生物制品；

④生产条件不符合规定的；

⑤标签和说明书不符合规定的；

⑥被撤销、吊销进口兽药注册证书的；

⑦进口兽药注册证书有效期届满的；

⑧未取得进口兽药通关单的；

⑨农业部禁止生产、经营和使用的。

（16）禁止进口疗效不确定、不良反应大或者其他原因危害人体健康的药品。

（17）禁止进口旧麻袋。

（18）停止进口商品包括：氯酸钾、硝酸铵［按照《国防科工委、海关总署办公厅关于硝酸铵进口有关问题的通知》（委办安〔2005〕209号），海关验核工业和信息化部审批签发的“民用爆炸物品进口审批单”并按规定办理进口验放手续的硝酸铵除外］。

（19）自2009年2月3日起暂停办理来自美国11家企业生产的花生酱及含有花生酱成分的食品的进口手续。

（20）禁止进口标有“二战”时期日本零式战斗机和纳粹德国战斗机标记的货物。

（21）禁止进口不符合电子信息产品有毒、有害物质或元素控制国家标准或行业标准的电子信息产品。

5.《技术进出口管理条例》禁止进口的技术不得进口。禁止进口技术参见《中国禁止进口限制进口技术目录》（外经贸部、国家经贸委令2001年第15号发布，商务部2007年第7号令修订）。

6. 进口货物及其包装上带有违反一个中国原则内容的，不得进口。海关在监管工作中发现进口货物或货物包装上印有“中华民国制造”、“MADE IN ROC”或标有“中华民国”年号的，应要求有关企业涂掉、撕去或改换包装后再予办理进口手续；对无法作消除处理的货物，予以退运。改换下来的上述包装材料应在海关监管下予以销毁或作除标处理。

7. 禁止进口滴滴涕、氯丹、灭蚁灵及六氯苯。

8. 禁止进口莱克多巴胺和盐酸莱克多巴胺。

9. 自2010年7月1日起，除按照有关政府间协定可以免税进境机动车辆的常驻机构和常驻人员、国家专门引进的高层次人才和专家以外，其他常驻机构和常驻人员不得进境旧机动车辆，对其旧机动车辆进境申请，海关不予受理。2010年7月1日以前已按照有关规定向海关申请进境机动车辆的，可不受此规定限制。

10. 禁止侵犯知识产权的货物进口。

11. 禁止进口α-六氯环己烷、β-六氯环己烷、十氯酮、五氯苯、六溴联苯、四溴二苯醚和五溴二苯醚、六溴二苯醚和七溴二苯醚。

禁止林丹、全氟辛基磺酸及其盐类和全氟辛基磺酰氟、硫丹［除特定豁免和可接受用途（详见环境保护部等十二部门公告2014年第21号附表）外］的进口。

12. 禁止任何单位和个人进口纳入《非药用类麻醉药品和精神药品列管办法》附表所列《非药用类麻醉药品和精神药品管制品种增补目录》之“奥芬太尼”等116个列管品种。

13. 根据联合国安理会有关决议规定需执行禁运的商品。

14. 按照有关公告内容禁止自朝鲜进口部分货物［《关于对朝鲜禁运部分矿产品清单公告》（商务部、海关总署公告2016年第11号）、《关于新增对朝鲜禁运部分产品清单公告》（商务部、海关总署公告2016年第81号）、《关于2017年12月31日前暂停进口朝鲜原产煤炭的公告》（商务部、海关总署公告2017年第12号）］。

（三）管理规定

1. 纳入禁止进口管理的商品（包括停止进口商品），任何企业不得进口。

2. 禁止向国内捐赠的医疗器械中夹带列入《禁止进口货物目录》的物品，以及有害环境、公共卫生和社会道德及政治渗透等违禁物品。

3. 国家禁止以任何方式进口列入《禁止进口旧机电产品目录》中的旧机电产品。禁止进口机电产品不得进入海关特殊监管区域和海关保税监管场所。

列入《禁止进口旧机电产品目录》，属中国生产并出口的机电产品，如需进入出口加工区进行售后维修的，需报商务部审核，具体办法另行制定。

二、 禁止出口管理

（一）定义

禁止出口商品是指商务部会同国务院其他有关部门依法制定、调整并公布禁止出口货物目录以及其他法律、行政法规规定禁止出口的商品，包括国家规定停止出口的商品等。禁止出口货物对应通关系统监管条件代码为“8”。

（二）适用范围

1. 国家基于下列原因，可以禁止有关货物、技术出口：

（1）为维护国家安全、社会公共利益或者公共道德，需要禁止出口的；

（2）为保护人的健康或者安全，保护动物、植物，保护环境，需要禁止出口的；

（3）为实施与黄金或者白银出口有关的措施，需要禁止出口的；

（4）国内供应短缺或者为有效保护可能用竭的自然资源，需要禁止出口的；

（5）依照法律、行政法规的规定，其他需要禁止出口的；

（6）根据我国缔结或者参加的国际条约、协定的规定，其他需要禁止出口的；

（7）执行联合国安理会有关决议的。

2.《禁止出口货物目录》管理的货物如下：

（1）《禁止出口货物目录》（第一批）（外经贸部公告 2001 年第 19 号）包括：虎骨、犀牛角、牛黄、麝香、麻黄草、发菜、四氯化碳（用于清洗剂的）、1,1,1-三氯乙烷（甲基氯仿）（用于清洗剂的）、三氯三氟乙烷（CFC-113）（用于清洗剂的）、原木、未锻造或粉末状铂、板（片）状铂。

（2）《禁止出口货物目录》（第二批）（商务部、海关总署、国家林业局公告 2004 年第 40 号）包括：木炭（原料为不含竹子的木材，不包括果壳炭、果核炭、机制炭等不以木材为原料直接烧制的木炭）。

（3）《禁止出口货物目录》（第三批）（商务部、海关总署、国家环保总局公告 2005 年第 116 号）包括：长纤维青石棉、其他青石棉、1,2-二溴乙烷、二溴氯丙烷、艾氏剂、七氯、毒杀芬、多氯联苯、多溴联苯、地乐酚及其盐和酯、二硝酚、狄氏剂、异狄氏剂、氟乙酸钠、2,4,5-涕及其盐和酯、三（2,3-二溴丙基）磷酸酯、联苯胺（4,4'-二氨基联苯）、氟乙酰胺（敌蚜胺）、杀虫脒、二恶英、呋喃。

（4）《禁止出口货物目录》（第四批）（商务部、海关总署公告 2006 年第 16 号、第 87 号）包括：硅砂及石英砂、其他天然砂。其中，经商务部公告符合天然砂出口许可证申领标准的内地出口企业可申领出口许可证，向香港、澳门特别行政区出口天然砂；根据商务部 2008 年第 6 号公告，符合天然砂出口许可证申领标准的 7 家企业可申领出口许可证在本省口岸报关向台湾地区出口天然砂。

（5）《禁止出口货物目录》（第五批）（商务部、海关总署公告2008年第96号）包括：森林凋落物、泥炭（草炭）。

3. 商务部或由商务部会同国务院其他有关部门，经国务院批准，在《对外贸易法》第十六条和第十七条规定的范围内，临时决定对《禁止出口货物目录》以外的特定货物、技术禁止出口。

4. 其他法律、行政法规禁止出口的文物和野生动物、植物及其产品等。

（1）国有文物、非国有文物中的珍贵文物和国家规定禁止出境的其他文物，不得出境，依照《中华人民共和国文物保护法》（以下简称《文物保护法》）规定出境展览或者因特殊需要经国务院批准出境的除外。

（2）《濒危野生动植物种国际贸易公约》禁止以商业贸易为目的出口的濒危野生动植物及其产品。因科学研究、驯养繁殖、人工培育、文化交流等特殊情况，需要出口的，应当经国务院野生动植物主管部门批准，按照有关规定由国务院批准的，应当报经国务院批准。

禁止出口未定名的或者新发现并有重要价值的野生动植物及其产品，以及国务院或者国务院野生动植物主管部门禁止出口的濒危野生动植物及其产品。

（3）禁止野生红豆杉及其部分和产品的商业性出口。

（4）禁止出口劳改产品。

（5）禁止出口以全氯氟烃物质（简称CFCs）为制冷剂的工业、商业用压缩机。

（6）禁止出口原料血浆。

（7）国内生产、经营的中药材天花粉（包括天花粉提取物），不准出口。

（8）白氏贝、企鹅贝和白蝶贝均属我国特有的珍珠贝类，已经列入《我国现阶段不对国外交换的水产种质资源名录》，任何单位和个人不得对外提供这类物种，包括成体、幼苗和卵等。

（9）禁止出口标有“二战”时期日本零式战斗机和纳粹德国战斗机标记的货物。

（10）禁止出口以氯氟烃物质为制冷剂、发泡剂的家用电器产品和以氯氟烃为制冷工质的家用电器产品用压缩机。

（11）国家禁止出口载有下列内容的印刷品及音像制品：

①反对宪法确定的基本原则的；

②危害国家统一、主权和领土完整的；

③泄漏国家秘密、危害国家安全或者损害国家荣誉和利益的；

④攻击中国共产党，诋毁中华人民共和国政府的；

⑤煽动民族仇恨、民族歧视，破坏民族团结，或者侵害民族风俗、习惯的；

⑥宣扬邪教、迷信的；

⑦扰乱社会秩序，破坏社会稳定的；

⑧宣扬淫秽、赌博、暴力或者教唆犯罪的；

⑨侮辱或者诽谤他人，侵害他人合法权益的；

⑩危害社会公德或者民族优秀文化传统的；

⑪国家主管部门认定禁止进境的；

⑫法律、行政法规和国家规定禁止的其他内容的；

⑬涉及国家秘密的；

⑭国家主管部门认定禁止出境的。

（12）禁止出口带有“DARKIE”文字和其他丑化黑人的文字或图形的商品。

5.《技术进出口管理条例》禁止出口的技术不得出口。禁止出口技术详见《中国禁止出口限制出口技术目录》（商务部、科学技术部令2008年第12号）。

6. 出口货物及其包装上带有违反一个中国原则内容的，不得出口。海关在监管工作中发现出口货物或货物包装上印有“中华民国制造”、“MADE IN ROC”或标有“中华民国”年号的，应要求有关企业涂掉、撕去或改换包装后再予办理出口手续。改换下来的上述包装材料应在海关监管下予以销毁或作除标处理。

7. 禁止侵犯知识产权的货物出口。

8. 除加工贸易出口未锻造或粉末状铂、板（片）状铂凭出口许可证验放外，禁止出口未锻造或粉末状铂、板（片）状铂。

9. 禁止出口莱克多巴胺、盐酸莱克多巴胺。

10. 禁止出口滴滴涕、氯丹、灭蚁灵、六氯苯。

11. 禁止出口α-六氯环己烷、β-六氯环己烷、十氯酮、五氯苯、六溴联苯、四溴二苯醚和五溴二苯醚、六溴二苯醚和七溴二苯醚。

禁止林丹、全氟辛基磺酸及其盐类和全氟辛基磺酰氟、硫丹［除特定豁免和可接受用途（详见环境保护部等十二部门公告2014年第21号附表）外］的出口。

12. 禁止任何单位和个人出口纳入《非药用类麻醉药品和精神药品列管办法》附表所列“非药用类麻醉药品和精神药品管制品种增补目录”之“奥芬太尼”等116个列管品种。

13. 禁止向朝鲜出口《关于对朝鲜禁运部分矿产品清单公告》（商务部、海关总署公告2016年第11号）、《商务部 工信部 国家原子能机构 海关总署公布增列禁止向朝鲜出口的两用物项和技术清单》（商务部、工信部、国家原子能机构、海关总署公告2016年第22号）、《关于新增对朝鲜禁运部分产品清单公告》（商务部、海关总署公告2016年第81号）、《商务部、工业和信息化部、国防科工局、国家原子能机构、海关总署公布增列禁止向朝鲜出口的两用物项和技术清单》（商务部、工信部、国防科工局、国家原子能机构、海关总署公告2017年第9号）商品。

（三）管理规定

1. 纳入禁止出口管理的商品（包括停止出口商品），任何企业不得经营出口。

2. 凡列入禁止出口管理货物目录的商品，因添加、混合其他成分，或仅简单加工导致商品编号改变的，须按照原海关商品编号的管理方式进行管理。

“简单加工”是指申报出口商品加工工艺或外观达不到其商品描述的要求。一般适用于同类（指同种材料制成的商品，下同）初级产品有管理但深加工产品没有管理的商品。国家、行业有标准的，以国家标准、行业标准作为判定标准；暂无上述标准的，由商务主管部门会同海关组织专家组协商后认定。

三、进口许可证管理

（一）定义

进口许可证是指商务部及其授权发证机构依法对实行数量限制或其他限制的进口货物颁发准予进口的许可证件。进口许可证监管证件代码为“1”。

（二）适用范围

2017年实行进口许可证管理的商品为消耗臭氧层物质、重点旧机电产品2类139个10位商品编号。商务部配额许可证事务局负责签发重点旧机电产品的进口许可证，商务部授权的地方商务主管部门负责签发消耗臭氧层物质的进口许可证，在京中央管理企业的进口许可证由商务部配额许可证事务局签发。

（三）管理规定

1. 以任何形式进口列入《中国进出口受控消耗臭氧层物质名录》的消耗臭氧层物质，进口单位凭商务主管部门签发的消耗臭氧层物质进口许可证向海关办理通关手续。通过捐赠、货样、广告品、退运等方式将列入该名录的消耗臭氧层物质运入中华人民共和国关境，其他法律法规如有另有规定的，从其规定。

消耗臭氧层物质在海关特殊监管区域、保税监管场所与境外之间进出的，进出口单位应当申领许可证；消耗臭氧层物质在境内的海关特殊监管区域、保税监管场所与境内其他区域之间进出的，不需要申领许可证。

实行进口许可证管理的机电产品进口时，进口单位持进口许可证按海关规定办理通关手续。

对报关进口的列入《重点旧机电产品进口目录》的机电产品，企业应按照进口机电产品的实际状态，填报进口货物报关单，如属《重点旧机电产品进口目录》内的旧机电产品，按照《重点旧机电产品进口管理办法》的规定办理有关进口手续。

境外进入海关特殊监管区域或海关保税监管场所的重点旧机电产品，以及（境内）区外进入海关特殊监管区域后再出区的重点旧机电产品无须验核进口许可证。

2. 进口许可证实行联网核查管理，纸质许可证与许可证电子数据同时作为海关监管依据。

（1）进口许可证纸面证书内容均为计算机打印。

（2）进口许可证一经签发，任何机构和个人不得擅自更改证面内容。因故需要更改、延期时，发证机构应受理经营者在进口许可证有效期内提出的申请。

（3）进口许可证与报关单经营单位及贸易方式栏目掌握以下原则：

①进口货物报关单经营单位应与进口许可证上的进口商或收货人一致。

②由于许可证备注栏电子数据内容暂不能传至海关，海关核销及验放以许可证纸面证书备注栏内容为准；许可证备注栏内不允许手工签注，如有涂改或手写内容，视为无效许可证，并上报海关总署政策法规司。

③报关单上的贸易方式是海关的监管方式，许可证上的贸易方式仅供参考，监管方式按海关有关规定认定。

3. 进口许可证的有效期为发证之日起至当年12月31日，进口许可证应在有效期内使用，逾期自行失效，在有效期内因特殊原因需要变更进口许可证中有关项目内容的，进口单位应当持原进口许可证到原发证机构申请办理变更换证手续；原发证机构应当收回旧证。

4. 对未使用的进口许可证，发证机构在办理更改、延期时，在进口许可证发证系统中删除原证，换发新证。

对已部分使用的进口许可证，发证机构在办理更改、延期时，应核对进口许可证第一联背面的海关验放签注栏中的验讫数据和海关反馈的清关数据，在发证系统中核销已使用数量，按所余数量换发新证。

发证机构在办理进口许可证更改、延期和遗失手续时，应根据情况在新证备注栏注明原证证号和“换证”、“延期换证”、“遗失换证”字样。

5. 进口许可证的延期应在有效期内提出申请，由发证机构收回原证后重新签发进口许可证，并在备注栏中注明延期使用和原证证号。进口许可证只能延期一次，延期最长不超过3个月。

6. 进口许可证实行“一证一关”管理，即进口许可证只能在一个直属海关报关。

7. 一般情况下进口许可证实行“一批一证”管理，实行“非一批一证”管理的，进口许可证备注栏内打印“非一批一证”字样。

（1）“一批一证”指进口许可证在有效期内一次报关使用。

(2)“非一批一证”指进口许可证在有效期内可多次报关使用，但最多不超过12次，海关在许可证背面“海关验放签注栏”内逐批签注，核减进口数量。其中，每次报关数，是指同一运输工具的同批货物，海关可对同批货物加总后在“非一批一证”进口许可证上作一次批注，如此类推12次后，即使该证尚有余量也不可再使用。海关在第12次批注后，进行总量核注，并将纸面许可证（海关留存联）正本随附报关单归档。

(3)消耗臭氧层物质进口许可证实行“一批一证”制。每份进口许可证只能报关使用一次，当年有效，不得跨年度使用。

8. 进口大宗、散装货物溢装数量不得超过进口许可证进口数量的5%。实行“非一批一证”制的大宗、散装货物，每批货物进口时，按其实际进口数量进行核扣，最后一批进口货物进口时，其溢装数量按该许可证实际剩余数量并在规定的溢装上限5%内计算。

9. 进口许可证编号填报在报关单“许可证号”栏目，一份报关单只允许填报一个许可证号。

四、出口许可证管理

(一) 定义

出口许可证是指商务部授权发证机关依法对实行数量限制或其他限制的出口货物签发的准予出口的许可证件。

出口许可证监管证件代码为“4”。加工贸易出口“出口许可证”管理的货物，监管证件代码为“x”。边境小额贸易出口“出口许可证”管理的货物，监管证件代码为“y”。

(二) 适用范围

列入出口许可证管理货物目录的货物分别属于出口配额或出口许可证管理。

1. 属于出口配额管理的货物为：活牛（对港澳出口）、活猪（对港澳出口）、活鸡（对港澳出口）、小麦、小麦粉、玉米、玉米粉、大米、大米粉、甘草及甘草制品、蔺草及蔺草制品、滑石块(粉)、镁砂、锯材、棉花、煤炭、原油、成品油（不含润滑油、润滑脂、润滑油基础油)、锑及锑制品、锡及锡制品、白银、铟及铟制品、磷矿石。

出口上述货物的，需按规定申请取得配额（全球或国别、地区配额)，凭配额证明文件申领出口许可证。其中，出口甘草及甘草制品、蔺草及蔺草制品、镁砂、滑石块（粉）的，需凭配额招标中标证明文件申领出口许可证。

2. 属于出口许可证管理的货物为：活牛（对港澳以外市场)、活猪（对港澳以外市场)、活鸡(对港澳以外市场)、冰鲜牛肉、冻牛肉、冰鲜猪肉、冻猪肉、冰鲜鸡肉、冻鸡肉、矾土、稀土、焦炭、成品油（润滑油、润滑脂、润滑油基础油)、石蜡、钨及钨制品、碳化硅、消耗臭氧层物质、铂金（以加工贸易方式出口)、部分金属及制品、钼、钼制品、天然砂（含标准砂)、柠檬酸、青霉素工业盐、维生素C、硫酸二钠、氟石、摩托车（含全地形车）及其发动机和车架、汽车（包括成套散件）及其底盘等。其中，对向我国港、澳、台地区出口的天然砂实行出口许可证管理，对标准砂实行全球出口许可证管理。

出口矾土、稀土、焦炭、钨及钨制品、碳化硅、锰、钼、柠檬酸、氟石的，凭货物出口合同申领出口许可证。

消耗臭氧层物质的货样、广告品需凭出口许可证出口。

企业以一般贸易、加工贸易、边境贸易和捐赠贸易方式出口汽车、摩托车产品，需申领出口许可证，并符合申领许可证的条件；企业以工程承包方式出口汽车、摩托车产品，需凭中标文件等相关证明材料申领出口许可证；企业以上述贸易方式出口非原产于中国的汽车、摩托车产品，需凭进口海关单据和货物出口合同申领出口许可证；其他贸易方式出口汽车、摩托车产品免于申领出口许可证。

3. 以边境小额贸易方式出口以招标方式分配出口配额的货物和属于出口许可证管理的消耗臭氧层物质、摩托车（含全地形车）及其发动机和车架、汽车（包括成套散件）及其底盘等货物的，需按规定申领出口许可证。以边境小额贸易方式出口属于出口配额管理的货物的，由有关地方商务主管部门（省级）根据商务部下达的边境小额贸易配额和要求签发出口许可证。以边境小额贸易方式出口本款上述以外的列入目录的货物，免于申领出口许可证。

4. 加工贸易出口列入《禁止出口货物目录》（第一批）未锻造或粉末状铂、板（片）状铂，海关验核出口许可证。

（三）管理规定

1. 出口实行许可证管理的货物，海关验核商务部授权发证机关签发的出口许可证。

2. 下列情形免领出口许可证：

（1）大宗、散装货物溢装数量在出口许可证所列出口数量5%以内的。

（2）对外经援项目（监管方式“援助物资”，代码“3511”）出口货物，申报单位持“商务部援外项目任务通知函”向海关办理报关手续。

（3）赴国（境）外参加或者举办展览会所带属于出口许可证管理的非卖展品且展览结束后如数运回的（受控消耗臭氧层物质以及其他国际公约管辖的货物除外）。

（4）运出国（境）外属于出口许可证管理货物的货样或实验用样品，每批货物价值在人民币3万元（含3万元）以下的（消耗臭氧层物质以及其他国际公约管辖的货物除外）。

（5）加工贸易进口原油加工成品油复出口，免领成品油出口许可证［加工贸易项下出口润滑油（脂）、润滑油基础油除外］。

（6）根据国务院《关于边境贸易有关问题的通知》（国发〔1996〕2号）精神，边境小额贸易企业凡出口配额招标的货物、消耗臭氧层物质、汽车（包括成套散件）及其底盘、摩托车（含全地形车）及其发动机和车架，仍按现行有关规定，在商务部授权的发证机构办理出口许可证。

3. 出口许可证实行联网核查管理，纸质许可证与许可证电子数据同时作为海关监管依据。

（1）出口许可证纸面证书内容均为计算机打印。

（2）出口许可证一经签发，不得擅自更改证面内容。如需更改，经营者应当在许可证有效期内提出更改申请，并将许可证交回原发证机构，由原发证机构换发许可证。

（3）出口许可证与报关单经营单位及贸易方式栏目按以下原则掌握：

①出口货物报关单经营单位应与出口许可证上的出口商或发货人一致。还贷或补偿贸易方式下的代理出口企业，代理外资企业出口的外贸企业，出口玉米、大米、棉花、原油、成品油、煤炭、钨类、锑类的企业，报关单填报的经营单位也可以是许可证备注栏内注明的企业。

②由于许可证备注栏电子数据内容暂不能传至海关，海关核销及验放以许可证纸面证书备注栏内容为准。许可证备注栏内不允许手工签注，如有涂改或手写内容，海关均视为无效许可证。

③报关单上的贸易方式即海关的监管方式，许可证上的贸易方式仅供参考，监管方式按海关有关规定认定。

④海关在许可证正本背面规定的签注栏内批注每次验放数量并加盖海关核销章。签注数量应与反馈的核销（放行）数量的电子数据相一致，核销（放行）时使用的计量单位应与许可证使用的计量单位相一致。如海关签注后因签注发生更改，海关在签注栏注明并在更改处加盖海关核销章，同时应对电子数据作相应修改。

4. 指定发证机构发证或指定出口报关口岸的货物。

（1）锑及锑制品指定黄埔海关、北海海关、天津海关为报关口岸。

（2）镁砂项下产品“按重量计含氧化镁70%以上的混合物”（HS编码为3824909200）的出口许可证由特办签发，不再指定报关口岸；镁砂项下其他产品的出口许可证由大连特办签发，指定大连（大窑湾、营口、鲅鱼圈、丹东、大东港）、青岛（莱州海关）、天津（东港、新港）、长春（图们）、满洲里为报关口岸。

（3）甘草指定天津海关、上海海关、大连海关为出口报关口岸，甘草制品指定天津海关、上海海关为出口报关口岸。

（4）稀土出口的报关口岸限定为天津海关、上海海关、青岛海关、黄埔海关、呼和浩特海关、南昌海关、宁波海关、南京海关和厦门海关。

（5）以陆运方式出口的对港澳地区活牛、活猪、活鸡出口许可证由广州特办、深圳特办签发。

（6）进口原木加工锯材复出口方式出口的锯材，按照国家林业局、商务部和海关总署联合发布的《进口原木加工锯材出口试点办法》的规定，由有经营资格的试点企业凭进口原木加工锯材出口证明向下列指定的发证机构申领出口许可证，出口许可证备注栏必须注明“进口原木加工锯材”：

①黑龙江省指定大连、绥芬河为出口报关口岸，指定黑龙江省商务厅签发出口许可证。

②内蒙古自治区指定满洲里、二连浩特、大连、天津、青岛为报关口岸，指定内蒙古自治区商务厅签发出口许可证。

③新疆维吾尔自治区指定阿拉山、天津、上海为出口报关口岸，指定新疆维吾尔自治区外经贸厅签发出口许可证。

④福建省指定福州港、厦门港、莆田港和漳州港为出口报关口岸，由福建省外经贸厅签发出口许可证。

（7）除对港、澳、台出口天然砂实行出口许可证管理外，其他地区禁止出口；广州特办、海南特办负责签发本省企业对台港澳地区天然砂出口许可证，福州特办负责签发本省企业对台天然砂出口许可证，报关口岸限定于企业所在省的海关。天然砂出口许可证实行“一批一证”管理，许可证有效期为30天。

对标准砂实行全球出口许可证管理，标准砂的出口许可证由商务部福州特办签发。

5. 汽车出口许可证适用于一般贸易、加工贸易、边境贸易、捐赠贸易方式出口的产品。企业以工程承包方式出口汽车产品应申领出口许可证，但不受出口资质管理限制。

企业出口非原产于中国的进口汽车，须凭进口海关单据和出口合同申领出口许可证，但不受出口资质管理限制。再出口的进口汽车须按有关规定办理检验检疫手续。

6. 供港粮食及其制粉出口许可证的备注栏内应加注“限于出口至香港，不得转口”字样。出口许可证仅限用于对香港出口，严禁企业以任何形式将上述产品出口至其他国家和地区。

7. 以任何形式出口列入《中国进出口受控消耗臭氧层物质名录》的消耗臭氧层物质，出口单位凭商务主管部门签发的消耗臭氧层物质出口许可证向海关办理通关手续。通过捐赠、货样、广告品、退运等方式将列入该名录的消耗臭氧层物质运出中华人民共和国关境，其他法律法规如有另有规定的，从其规定。

消耗臭氧层物质在海关特殊监管区域、保税监管场所与境外之间进出的，进出口单位应当申领许可证；消耗臭氧层物质在境内的海关特殊监管区域、保税监管场所与境内其他区域之间进出的，不需要申领许可证。

消耗臭氧层物质出口许可证实行“一批一证”制，每份许可证只能报关使用一次，当年有效，不得跨年度使用。

8. 出口许可证的有效期不得超过6个月，且有效期截止时间不得超过当年12月31日。对台湾地区出口天然砂出口许可证实行“一批一证”管理，许可证有效期为30天。

9. 出口许可证一经签发，任何单位和个人不得擅自更改证面内容。因故需要更改、延期时，发证机构应受理经营者在出口许可证有效期内提出的申请。

10. 对未使用的出口许可证，发证机构在办理更改或延期时，在出口许可证发证系统中删除原证，换发新证。

对已部分使用的出口许可证，发证机构在办理更改或延期时，应核对出口许可证第一联背面的海关验放签注栏中的验讫数据和海关反馈的清关数据，在发证系统中核销已使用数量，按所余数量换发新证。

发证机构在办理出口许可证的更改、延期和遗失手续时，应根据情况在新证备注栏中注明原证证号和“换证”、“延期换证”、“遗失换证”字样。

11. 出口许可证实行“一证一关”制，即一个出口许可证只能在一个海关报关。

12. 出口许可证实行“一批一证”和“非一批一证”制。

（1）“一批一证”指出口许可证在有效期内一次报关使用。

（2）“非一批一证”指出口许可证在有效期内可以多次报关使用，但最多不超过12次。

①下列情形实行“非一批一证”制，发证机构在签发出口许可证时应在备注栏内注明“非一批一证”字样：外商投资企业出口货物，加工贸易方式出口货物，补偿贸易项下出口货物。

出口商品为：大米、玉米、小麦、小麦粉、玉米粉、大米粉、活牛、活猪、活鸡、牛肉、猪肉、鸡肉、原油、成品油、煤炭、汽车（包括成套散件）及其底盘、摩托车（含全地形车）及其发动机和车架。

②“非一批一证”出口许可证每次报关数，是指同一航次运输工具运载的同批货物，海关在许可证上作一次批注，如此类推12次后，该证如有余量不可再使用。海关在第12次批注后，进行总量核注，并将纸面许可证海关留存联正本随附报关单归档。

13. 出口大宗、散装货物溢装数量不得超过出口许可证出口数量的5%。“非一批一证”的大宗、散装货物，每批货物出口时，按其实际出口数量进行核扣，最后一批出口货物出口时，其溢装数量按该许可证实际剩余数量并在规定的溢装上限5%内计算。其中，原油、成品油、钢材三种大宗散装货物的溢装货物的溢装数量不得超过出口许可证所列出口数量的3%。

对目前实行出口配额部分出口许可证管理的工业品，溢装数量不得超过出口许可证所列出口数量的3%。其包括甘草及甘草制品、矾土、镁砂、滑石块（粉）稀土、锡及锡制品、锑及锑制品煤炭、焦炭、原油、成品油、石蜡、钨及钨制品碳化硅、白银、铂金（以加工贸易方式出口）、部分稀有金属（包括锆、钽、铌、锗、钒、铋、钨、钼、钛、镓、铟、铼、铌、钴、铍、镍、锰、铬、铂、钯、铑、钌、铱、锇）等。

14. 出口许可证号填报在报关单“许可证号”栏，一份报关单只允许填报一个许可证。

15. 黑龙江省允许将粮食、石化等涉及出口许可证管制类商品的货物纳入有关内贸货物跨境运输的范围。

吉林省开展内贸货物跨境运输试点涉及出口许可证件管理的非集装箱内贸货物跨境运输的商品仅限于煤炭。

16. 2011年6月1日起，在稀土及相关产品出口时，除按《中华人民共和国海关进出口商品规范申报目录》要求的要素填报外，还应在报关单“规格型号”栏，填报商务部、海关总署关于稀土铁合金出口管理事项的公告（2011年第28号）涉及的商品总的稀土元素重量百分比含量，以“〔A〕”表示，具体为：“〔A〕:%”。

五、 两用物项和技术进口许可证管理

（一）定义

两用物项和技术进口许可证是指商务部及其授权发证机关签发的准予进口《两用物项和技术进口许可证管理目录》中商品的许可证件。

两用物项和技术进口许可证监管证件代码为“2”。

（二）适用范围

1. 纳入《两用物项和技术进口许可证管理目录》的两用物项，包括监控化学品、易制毒化学品和放射性同位素三大类。

2. 含有易制毒化学品的混合物：

（1）含甲苯、丙酮、丁酮、硫酸 4 种易制毒化学品之一且比率高于 40%（不含 40%）或含有上述 4 种物项的单一成分含量不超过 40%，但其总含量超过 40% 的混合物、含盐酸比率高于 10%（不含 10%）的混合物；

含甲苯、丙酮、丁酮、硫酸 4 种易制毒化学品之一且比率高于 40% 的货物是指：

①上述 4 种物项的单一成分含量超过 40% 的混合物；

②上述 4 种物项的单一成分含量不超过 40%，但其总含量超过 40% 的混合物。

上述易制毒化学品混合物进口时，商务发证机构按照含量占比最高的物项核发两用物项许可证，许可证“商品名称”和“海关商品编号”栏目均按该物项填报，“规格型号”栏目则填报不同成分的品名简称及其含量。例如，含甲苯 20%、丙酮 30%、丁酮 20% 和硫酸 10% 的混合物办理两用物项许可证时，许可证商品名称栏目填写“丙酮”，海关商品编号栏目填写“2914110000”，规格型号栏目填写“丙 30 甲 20 丁 20 硫 10”。

海关在办理易制毒化学品混合物通关手续时，应要求进口经营者按照货物实际商品名称及相应海关商品编号申报，验核两用物项许可证，并人工核扣许可证进口数量。

（2）含上述 4 种以外的《易制毒化学品进出口管理目录》所列其他易制毒化学品的混合物；

（3）含易制毒化学品的复方药品制剂除外。

3. 实施临时进口管制的两用物项和技术适用《两用物项和技术进出口许可证管理办法》。

（三）管理规定

1. 以任何贸易方式进口及过境、转运、通运《两用物项和技术进口许可证管理目录》列名的两用物项，海关验核商务部授权发证机关签发的两用物项和技术进口许可证。

进口放射性同位素的，须按《放射性同位素与射线装置安全和防护条例》和《两用物项和技术进出口许可证管理办法》有关规定，报国家环保部审批后，在商务部配额许可证事务局申领“两用物项和技术进口许可证”。进口经营者持“两用物项和技术进口许可证”向海关办理进口手续。

2. 两用物项和技术从境外运进海关特殊监管区域、保税场所的，申报单位持“两用物项和技术进口许可证”向海关办理报关手续，此类货物在海关特殊监管区域、保税场所之间进出的，以及从上述区域和场所运往境内，无须办理“两用物项和技术进口许可证”。

3. “两用物项和技术进口许可证”实行联网核查管理，纸质许可证与许可证电子数据同时作为海关监管依据。

（1）“两用物项和技术进口许可证”纸质证书内容均为计算机打印。

（2）“两用物项和技术进口许可证”一经签发，不得擅自更改证面内容。如需更改，经营者应当在许可证有效期内提出更改申请，并将许可证交回原发证机构，由原发证机构换发许可证。

（3）“两用物项和技术进口许可证”与报关单经营单位、收货单位及贸易方式栏目按以下原则掌握：

①“两用物项和技术进口许可证”证面的进口商、收货人应与进口货物报关单的经营单位、收货单位相一致。

②由于许可证备注栏电子数据内容暂不能传至海关，海关核销及验放以许可证纸面证书备注栏内容为准。许可证备注栏内不允许手工签注，如有涂改或手写内容，视为无效许可证。

③报关单上的贸易方式是海关的监管方式，许可证上的贸易方式仅供参考，监管方式按海关有关规定认定。

4. “两用物项和技术进口许可证”有效期为1年，逾期自行失效。

进口许可证当年有效，特殊情况跨年度使用，有效期最长不得超过次年3月31日。

5. “两用物项和技术进口许可证”的延期应在有效期内提出申请，由发证机构收回原证后重新签发进口许可证并在备注栏中注明延期使用和原证号。

“两用物项和技术进口许可证”只能延期一次，延期最长不超过3个月。

6. “两用物项和技术进口许可证”实行“一证一关”管理，即进口许可证只能在一个直属海关报关。

7. “两用物项和技术进口许可证”实行“非一批一证”管理，许可证备注栏内打印“非一批一证”字样。

“非一批一证”指“两用物项和技术进口许可证”在有效期内可多次报关使用，最多不超过12次，海关在许可证背面“海关验放签注栏”内逐批签注核减进口数量。

8. 进口“非一批一证”管理的大宗、散装两用物项，按每批实际进口数量进行核扣，最后一批进口货物进口时，其溢装数量按该“两用物项和技术进口许可证”实际剩余数量并在规定的溢装上限5%内计算。

9. “两用物项和技术进口许可证”号填报在报关单“许可证号”栏目，一份报关单只允许填报一个许可证号。

六、两用物项和技术出口许可证管理

（一）定义

两用物项和技术出口许可证是指商务部授权发证机关准予两用物项和技术出口签发的许可证件。其中，两用物项和技术出口许可证监管证件代码为“3”；向特定国家（地区）出口氯化铵等17种易制毒化学品监管证件代码为“G”。

（二）适用范围

纳入《两用物项和技术出口许可证管理目录》的两用物项和技术包括核、核两用品及相关技术，生物两用品及相关设备和技术，监控化学品，有关化学品及相关设备和技术，导弹及相关物项和技术，易制毒化学品，无人驾驶航空飞行器或无人驾驶飞艇和高性能计算机等两用物项和技术。

1. 实行“两用物项和技术出口许可证”管理的核产品包括：核材料、核反应堆及为其专门设计的设备和部件、核反应堆用非核材料、辐照元件后处理厂以及为其专门设计或制造的设备、用于制造核反应堆燃料元件的工厂和为其专门设计或制造的设备、铀同位素分离厂以及为其专门设计或制造的（除分析仪器外）设备、生产或浓集重水、氘和氘化物的工厂和专门为其设计或制造的设备以及用于燃料元件制造和铀同位素分离的铀和钚转换厂和专门为其设计或制造的设备等。

2. 实行“两用物项和技术出口许可证管理”的核两用品及相关技术包括：工业设备、材料、同位素分离设备和部件、重水生产厂的有关设备、内爆系统研制设备、炸药和有关设备及临时管制物项等。根据《中华人民共和国核两用品及相关技术出口管制条例》第十七条规定，经国务院批准，自2003年4月起对磷酸三丁酯实施临时出口管制，自2006年9月1日起对石墨类相关制品实施临时出口管制措施。

3. 实行“两用物项和技术出口许可证”管理的生物两用品及相关设备和技术包括：人及人畜共患病病原体、植物病原体、动物病原体、毒素及其亚单位、遗传物质和基因修饰生物体、生物双用途设备及相关技术等。

《生物两用品及相关设备和技术出口管制清单》所列物项和技术进口后再出口的，适用《中华人民共和国生物两用品及相关设备和技术出口管制条例》的规定。

4. 实行“两用物项和技术出口许可证”管理的监控化学品包括：可作为化学武器的化学品、化学武器关键前体、化学武器原料等。

5. 实行“两用物项和技术出口许可证”管理的有关化学品及相关设备和技术包括：氟化氢等10种化学品、有关化学品生产设备、专用检测器和毒气监视系统及有关技术等。

6. 实行“两用物项和技术出口许可证”管理的导弹及相关物项和技术包括完整的运载工具、动力系统、制导、材料、电子设备、控制系统、战斗部、地面设备、推进剂、软件、其他部件、组件、设计、试验、生产设施与设备及相关技术，以及临时管制物项之无人驾驶航空飞行器系统等。

7. 实行“两用物项和技术出口许可证”管理的易制毒化学品包括：麻黄碱、羟亚胺、邻氯苯基环戊酮等45种易制毒化学品，以及氯化铵等17种向特定国家（地区）出口时需办理“两用物项和技术出口许可证”的易制毒化学品。

氯化铵等17种易制毒化学品仅在向缅甸、老挝、阿富汗等特定国家（地区）出口时需办理“两用物项和技术出口许可证”（对应监管证件代码“G”）。

8. 实行“两用物项和技术出口许可证”管理的无人驾驶航空飞行器或无人驾驶飞艇及高性能计算机等两用物项和技术。

9. 含有易制毒化学品的混合物：

（1）含甲苯、丙酮、丁酮、硫酸4种易制毒化学品之一且比率高于40%（不含）或含有上述4种物项的单一成分含量不超过40%，但其总含量超过40%的混合物、含盐酸比率高于10%（不含）的混合物；

含甲苯、丙酮、丁酮、硫酸4种易制毒化学品之一且比率高于40%的货物是指：

①上述4种物项的单一成分含量超过40%的混合物；

②上述4种物项的单一成分含量不超过40%，但其总含量超过40%的混合物。

上述易制毒化学品混合物出口时，商务发证机构按照含量占比最高的物项核发两用物项许可证，许可证“商品名称”和“海关商品编号”栏目均按该物项填报，“规格型号”栏目则填报不同成分的品名简称及其含量。例如，含甲苯20%、丙酮30%、丁酮20%和硫酸10%的混合物办理两用物项许可证时，许可证商品名称栏目填写“丙酮”，海关商品编号栏目填写“2914110000”，规格型号栏目填写“丙30甲20丁20硫10”。

海关在办理易制毒化学品混合物通关手续时，应要求出口经营者按照货物实际商品名称及相应海关商品编号申报，验核两用物项许可证，并人工核扣许可证出口数量。

（2）含上述5种以外的《易制毒化学品进出口管理目录》所列其他易制毒化学品的混合物；

（3）含易制毒化学品的复方药品制剂除外。

（三）管理规定

1. 以任何贸易方式出口以过境、转运、通运《两用物项和技术出口许可证管理目录》管理的两用物项和技术，申报单位应持商务部授权发证机关签发的“两用物项和技术出口许可证”向海关办理报关手续。

自2008年8月1日起，将羟亚胺（包括羟亚胺及其盐类）列入《易制毒化学品管理条例》附表品种目录的第一类易制毒化学品。出口羟亚胺的，应按规定申办“两用物项和技术出口许可证”取得出口许可证后方可出口。海关验核出口许可证，并按规定办理通关验放手续。对羟亚胺出口不实行国际核查制度。

自2012年9月15日起，将邻氯苯基环戊酮（商品编码是2914399014）列入《易制毒化学品管理条例》附表品种目录的第一类易制毒化学品。出口邻氯苯基环戊酮的，须按照《易制毒化学品管理条例》规定向国家商务主管部门申请出口许可证，取得许可证后方可进行进口、出口活动。海关验核进出口许可证办理通关手续。

禁止向朝鲜出口商务部、工业和信息化部、海关总署、国家原子能机构2013年59号公告所公布的与大规模杀伤性武器及其运载工具相关的两用物项和技术。

自2014年5月12日起，将1-苯基-2-溴-1-丙酮和3-氧-2-苯基丁腈增列为第一类易制毒化学品管理。

2. 两用物项和技术从海关特殊监管区域、保税监管场所运往境外的，海关验核“两用物项和技术出口许可证”。两用物项和技术从境内运进海关特殊监管区域、保税场所，无须办理“两用物项和技术出口许可证”。

3. “两用物项和技术出口许可证”实行联网核查管理，纸质许可证与许可证电子数据同时作为海关监管依据。

（1）“两用物项和技术出口许可证”纸质证书内容均为计算机打印。

（2）“两用物项和技术出口许可证”一经签发，不得擅自更改证面内容。如需更改，经营者应当在许可证有效期内提出更改申请，并将许可证交回原发证机构，由原发证机构换发许可证。

（3）“两用物项和技术出口许可证”与报关单经营单位、收货单位及贸易方式栏目按以下原则掌握：

①“两用物项和技术出口许可证”证面的出口商、发货人应与出口货物报关单的经营单位、发货单位一致。

②由于许可证备注栏电子数据内容暂不能传至海关，海关核销及验放以许可证纸面证书备注栏内容为准。许可证备注栏内不允许手工签注，如有涂改或手写内容，海关均视为无效许可证。

③报关单上的贸易方式即海关的监管方式，许可证上的贸易方式仅供参考，监管方式按海关有关规定认定。

4. “两用物项和技术出口许可证”有效期为1年，逾期自行失效。

出口许可证当年有效，特殊情况跨年度使用，有效期最长不得超过次年3月31日。

5. “两用物项和技术出口许可证”实行“一证一关”管理，即出口许可证只能在一个直属海关报关。

6. “两用物项和技术出口许可证”实行“一批一证”管理。

（1）“一批一证”是指每证只能报关使用一次。同一合同项下的同一商品如需分批办理出口许可证，出口经营者应在申领时提供相关行政主管部门签发的相应份数的两用物项和技术出口批准文件。同一次申领分批量最多不超过12批。

（2）“一批一证”的大宗、散装两用物项在报关时溢装数量不得超过“两用物项和技术出口许可证”所列出口数量的5%。

7. “两用物项和技术出口许可证”号填报在报关单“许可证号”栏目，一份报关单只允许填报一个许可证号。

8. “两用物项和技术出口许可证”一式四联：第一联为办理海关手续联，第二联为海关留存联，第三联为银行办理结汇联，第四联为发证机构留存联。

9. 海关有权对出口经营者出口的商品是否属于两用物项和技术提出质疑，出口经营者应按规定向相关行政主管部门申请出口许可，或者向商务主管部门申请办理不属于管制范围的相关证明。对出口经营者未能出具“两用物项和技术出口许可证”或者商务部相关证明的，海关不予办理有关手续。

10. 受《中华人民共和国导弹及相关物项和技术出口管制条例》管制、用于民用航空用途的民用航空零部件出口按《民用航空零部件出口分类管理办法》实行许可件分类管理制度。

（1）以“修理物品”（代码1300）、“暂时进出货物”（代码2600）、“保税仓库货物”（代码1233）、“租赁不满一年”（代码1500）和“租赁贸易”（代码1523）出口的民用航空零部件实行“出口许可批件”管理，海关验核商务部签发的“出口许可批件”原件办理民用航空器零部件出口验放手续，并留存“出口许可批件”复印件与报关单一并归档。“出口许可批件”原件退出口经营者或其代理人。

（2）“出口许可批件”应包括载明出口经营者、海关监管方式、进口国（地区）、民用航空零部件名称及海关商品编号（包括所含型号）、批件有效期和报关口岸。出口经营者持“出口许可批件”在批件有效期内可多次办理海关通关手续，报关次数及出口数量不限。出口经营者在“出口许可批件”有效期截止后30日内，将其在该“出口许可批件”项下出口的民用航空零部件的出口时间、型号、数量、贸易方式、进口国（地区）、进口商、最终用户、最终用途和报关口岸等有关情况报商务部。

（3）上述海关监管方式以外的其他方式出口的民用航空零部件，仍按照《两用物项和技术进出口许可证管理办法》的规定实行“两用物项和技术出口许可证”管理。

11. 麻黄素类易制毒化学品出口限定在北京、天津、上海、深圳口岸报关并于同口岸实际离境。其他海关一律不予受理此类产品的出口报关业务。

12. 列入两用物项和技术出口许可证件管理的商品部分在海关通关系统中设置了证件代码，系统可以作审证提示；部分没有设置证件代码，系统无法作审证提示的，业务现场应依据相关管理规定人工控制。

七、自动进口许可证管理

（一）定义

自动进口许可证，是指商务部授权发证机构依法对实行自动进口许可管理的货物颁发的准予进口的许可证件。

自动进口许可证（自动进口许可机电产品除外）监管证件代码为“7”。

机电产品自动进口许可证监管证件代码为“O”。

加工贸易自动进口许可证监管证件代码为“v”，管理商品有原油、成品油。

（二）适用范围

2017年实行自动进口许可管理的货物如下：

1. 非机电类货物包括：牛肉、猪肉及副产品、羊肉、肉鸡、鲜奶、奶粉、木薯、大麦、高粱、大豆、油菜子、植物油、食糖、玉米酒糟、豆粕、烟草、二醋酸纤维丝束、铜精矿、煤、铁矿石、铝土矿、原油、成品油、氧化铝、化肥、钢材等商品。

2. 机电类货物包括：烟草机械、移动通信产品、卫星广播、电视设备及关键部件、汽车产品、飞机、船舶、游戏机、汽轮机、发动机及关键部件、水轮机及其他动力装置、化工装置、食品机械、工程机械、造纸机械、纺织机械、金属冶炼及加工设备、金属加工机床、电气设备、铁路机车、医疗设备等商品。

（三）管理规定

1. 自动进口许可管理货物验核证件。

（1）进口《自动进口许可管理货物目录》非机电类货物的货物，海关验核商务部授权发证机构签发并加盖"自动进口许可证专用章"的自动进口许可证。

（2）进口《自动进口许可管理货物目录》机电类货物，海关验核商务部（机电和科技产业司），各省、自治区、直辖市、计划单列市、沿海开放城市、经济特区商务部门和国务院有关部门机电产品进出口办公室签发并加盖"机电产品自动进口许可证专用章"的自动进口许可证。

（3）自2016年2月1日起，在全国范围实行自动进口许可证通关作业无纸化，各业务现场通过H2010通关管理系统中自动进口许可证联网核查系统验核电子许可证。根据海关相关规定采用无纸方式向海关申报，免于交验纸质自动进口许可证。海关通过自动进口许可证联网核查方式验核电子许可证，不再进行纸面签注。目前实施自动进口许可证通关作业无纸化仅限"一批一证"管理的货物（原油、燃料油除外），且每份进口货物报关单仅适用一份自动进口许可证。

（4）在自贸试验区开展汽车平行进口试点。平行进口汽车试点企业按自动进口许可证管理的相关规定，在进口环节向海关交验自动进口许可证并办理报关手续。

在经批准进行汽车平行进口试点的自贸试验区，允许试点企业在海关特殊监管区域内开展汽车整车保税仓储业务，期限为3个月，不得延期。

平行进口汽车应符合国务院整车进口口岸管理的相关规定，在进口口岸、进口转关、出区进口时按照现行规定办理有关手续，并按照《海关总署关于印发〈海关货物进口证明书管理操作规程〉的通知》（署监发〔2015〕212号）的规定签发证明书。

（5）自2010年4月1日起，商务部授权配额许可证事务局统一承担全国进口阿根廷豆油自动进口许可证的申请受理和发放等工作，各省级商务主管部门不再承担相关工作。地方商务主管部门2010年4月1日前已经签发的自动进口许可证继续有效。

（6）自2013年7月1日起，广东省部分商品自动进口许可管理的实施机关由商务部调整为广东省外经贸厅及地级以上城市、佛山市顺德区外经贸主管部门。

2. 下列方式进口自动许可货物免领自动进口许可证：

（1）加工贸易项下进口并复出口的料件（原油、成品油除外）；

（2）外商投资企业作为投资进口或者投资额内生产自用的；

（3）货样广告品、实验品进口，每批次价值不超过5000元人民币的；

（4）暂时进口的海关监管货物；

（5）大宗、散装货物溢装数量在货物总量5%以内，其中原油、成品油、化肥、钢材溢装数量在货物总量3%以内；

（6）保税区、出口加工区、保税仓库、保税物流中心等海关特殊监管区域、保税监管场所从境外进口自动进口许可管理的货物；

（7）进口后继续用于国际航行的二手船舶油箱内剩余的油料；

（8）进口废船和进口后用于国内航行的二手船舶，从国外航行至我国口岸的船舶内不超过油箱总容量30%的燃料油、从港澳台地区航行至内地口岸的船舶内不超过油箱总容量5%的燃料油。

3. 下列情形进口自动进口许可管理的机电产品，海关验核商务部授权发证机关签发的自动进口许可证：

（1）以一般贸易、易货贸易、租赁贸易、补偿贸易、其他贸易等进口实行自动进口许可管理的机电产品，包括从海关特殊监管区域和海关保税监管场所进入（境内）区外的实行自动进口许可管理的机电产品。

（2）以无偿援助、捐赠或者经济往来赠送等方式进口实行自动进口许可管理的机电产品。

（3）实行自动进口许可管理的加工贸易项下进口作价设备及加工贸易项下进口机电产品；用于内销、内销产品或者留作自用的；加工贸易项下进口的实行自动进口许可管理的不作价设备在海关监管期内，原设备使用单位申请提前解除监管或监管期已满但设备不再由原单位使用的。

（4）我国驻外机构或者境外企业在境外购置实行自动进口许可管理的机电产品运回境内。

（5）外商投资企业进口实行自动进口许可管理的机电产品用于国内销售或加工后在国内销售的；外商投资企业在外商投资数额之外以自有资金进口实行自动进口许可管理的新机电产品及进口实行自动进口许可管理的旧机电产品的；外商投资企业在投资额内进口实行自动进口许可管理的新机电产品，经过使用，未到海关监管年限，企业要求提前解除监管并在境内自用或转内销的。

（6）进口废船和进口后用于国内航行的二手船舶，从国外航行至我国口岸的船舶内超过油箱总容量30%的燃料油、从港澳台地区航行至内地口岸的船舶内超过油箱总容量5%的燃料油。

（7）进口右置方向盘研发用样车，进口单位持自动进口许可证（商品用途栏标注“仿制样机或合作制造”，规格型号栏标注“右置方向盘”）向汽车整车进口口岸海关办理报关手续。海关对上述车辆不签发汽车用“货物进口证明书”。

4. 有下列进口属于进口自动许可管理的机电产品情形之一的，不适用《机电产品进口自动许可实施办法》：

（1）外商投资企业在投资总额内作为投资和自用进口新机电产品的；

（2）加工贸易项下进口的不作价设备监管期满后留在原企业使用的，以及加工贸易项下为复出口而进口的；

（3）从境外进入海关特殊监管区域或海关保税监管场所及海关特殊监管区域或海关保税监管场所之间进出口的；

从（境内）区外进入海关特殊监管区域或海关保税监管场所，供区内（场所内）企业使用和区内（场所内）基础设施建设项目所需的机器设备转出区外（场所外）的；

（4）由海关监管，暂时进口后复出口或暂时出口后复进口的；

（5）进口货样和广告品、实验品，每批次价值不超过5000元人民币的；

（6）其他法律、行政法规另有规定的。

5. 从境外进入出口加工区的免税设备，在其出区时，申报单位持与其入境状态一致的机电产品进口许可证件向海关办理报关手续。其中，入境时已提交机电产品进口许可证件的，申报单位持入境时的机电产品进口许可证件或进境备案清单等相关凭证向海关办理出区手续。

6. 贸易渠道进口无线广播电视发射设备（包括广播电视用发送设备、卫星电视接收用天线、其他无线广播电视用天线、无线广播电视用功率放大器、无线广播电视用激励器），海关验核商务主管部门签发的自动进口许可证及根据《中华人民共和国无线电管理条例》（2016年修订）向海关提交无线电发射设备型号核准证办理通关手续。

加工贸易内销时，企业应按规定办理进口审批手续，海关凭商务主管部门签发的自动进口许可证办理内销补税和核销手续。

7. 通过贸易渠道进口卫星电视广播地面接收设施，海关验核商务主管部门的批准证件。不能提供上述批准证件的，一律不予放行。

卫星电视接收设施加工贸易（包括卫星电视接收用天线、卫星电视接收用高频调谐器、彩色的卫星电视接收机）必须由商务部、工业和信息化部及海关总署审核的卫星电视接收设施加工贸易生产企业生产。未经工业和信息化部批准，列入加工贸易名单的企业不得以一般贸易方式从事卫星电视接收设施进出口业务，也不得将卫星电视接收设施在国内销售。

经工业和信息化部定点的全向型和外向型卫星电视接收设施生产企业在向海关办理加工贸易合同备案时，需向主管海关提供国家颁发的卫星电视接收设施生产许可证件复印件。保税区、出口加工区等海关特殊监管区域内生产企业须报经商务部、工业和信息化部及海关总署联合审批后，方可开展卫星电视接收设施加工贸易业务。

企业以加工贸易方式生产的卫星电视接收设施必须全部出口，对因特殊情况不能出口的（包括残次品），不得内销，保税区、出口加工区等海关特殊监管区域内企业生产的卫星电视接收设施不得出区销往境内，由企业向省级商务主管部门提出销毁申请，省级商务主管部门会同省级信息产业部门、主管海关予以销毁，并联合出具相关书面证明，海关凭此办理核销结案手续。

对企业在生产过程中产生的剩余料件、边角余料等，如现场认定属于集成电路、电子调谐器、低噪声放大管等关键件的，由企业向省级商务主管部门提出销毁申请，省级商务主管部门会同省级信息产业部门、主管海关予以销毁，并出具相关书面证明，海关凭此办理核销结案手续。如属于上述列名以外的非关键件，海关按照加工贸易内销有关规定为企业办理征税手续后予以核销。

8. 自动进口许可证有效期为 6 个月，在公历年度内有效。自动进口许可证需要延期或者变更的，一律在原发证机构重新办理，旧证同时撤销，并在新证备注栏中注明原证号。

9. 自动进口许可证原则上实行“一批一证”管理，部分货物实行“非一批一证”管理。

（1）“一批一证”指同一份自动进口许可证不得分批报关。

（2）“非一批一证”指同一份自动进口许可证在有效期内可以分批次累计报关使用，但累计使用不得超过 6 次。海关在自动进口许可证原件“海关验放签注栏”内批注后留存复印件，最后一次使用后留存正本。

（3）“非一批一证”进口大宗散装商品，每批货物进口时，按其实际进口数量核扣自动进口许可证额度数量，最后一批货物进口时，其溢装数量按该自动进口许可证实际剩余数量并在规定的允许溢装上限内计算。

（4）实行“非一批一证”的自动进口许可证需要延期或者变更，核减原证已报关数量后，按剩余数量发放新证。

10. 自动进口许可证证面内容一律不得更改。

11. 国家对自动进口许可管理货物采取临时禁止进口或者进口数量限制措施的，自临时措施生效之日起，停止签发自动进口许可证。

12. 截至目前，我国共有 19 个整车进口口岸：大连新港、天津新港、上海港、黄埔港、钦州保税港区、满洲里、深圳（皇岗）、新疆阿拉山口口岸、霍尔果斯、福州港江阴港区、张家港保税港区、北京首都国际机场口岸、青岛前湾保税港区、宁波梅山保税港区、重庆铁路口岸、成都铁路口岸、郑州铁路口岸、广州港南沙港区、岳阳城陵矶。自 2014 年 1 月 9 日起，海关总署决定在汽车整车进口口岸之间开展进口汽车整车转关业务。

13. 自动进口许可证在报关单“随附单证”代码栏填报相应的监管证件代码（“7”、“O”、“v”），在编号栏填报自动进口许可证号。

八、 入境货物通关单管理

（一）定义

入境货物通关单是指国家质检总局授权的出入境检验检疫机构依法对列入《出入境检验检疫机构实施检验检疫的进出境商品目录》（简称《检验检疫法检目录》），以及虽未列入《检验检疫法检目录》但国家有关法律、行政法规明确由出入境检验检疫机构实施检验检疫的进境货物及特殊物品等签发的进口货物收货人或其代理人已办理报验手续的证明文书。

入境货物通关单监管证件代码为“A”；监管证件代码“D”专指《金伯利进程国际证书制度》规定的毛坯钻石进出境需提交的入/出境货物通关单。

（二）适用范围

1. 列入《检验检疫法检目录》的进境货物；

2. 进口可用做原料的废物；

3. 进口捐赠的医疗器械；

4. 其他未列入《检验检疫法检目录》，但国家有关法律、行政法规规定由出入境检验检疫机构负责检验检疫的入境货物及特殊物品等。

（三）管理规定

1. 列入《检验检疫法检目录》的进境货物，海关验核国家质检总局授权的出入境检验检疫机构签发的入境货物通关单，并按规定办理通关手续。

2. 进口可再利用的废物原料，海关验核检验检疫机构签发的入境货物通关单，备注栏需注明“经初步检验检疫，未发现不符合国家环境保护控制标准要求的物质”，并按规定办理通关手续。

进口列入非限制进口类固体废物目录的固体废物，必须符合进口可用作原料的固体废物环境保护控制标准或者相关技术规范等强制性要求，并经质量监督检验检疫部门检验合格。经检验检疫，不符合进口可用作原料的固体废物环境保护控制标准或者相关技术规范等强制性要求的固体废物，不得进口。

3. 列入《检验检疫法检目录》的进口旧机电产品，海关验核检验检疫机构签发的入境货物通关单，备注栏注明“旧机电产品”字样，并按规定办理通关手续。

进口旧船舶（包括海上平台、主要船用设备及材料）、旧飞机（包括飞机发动机、机载设备）及其零部件不实施进口旧机电产品检验监督管理，但应按照《中华人民共和国国境卫生检疫法》的规定，向出入境检验检疫机构报检，由出入境检验检疫机构实施卫生检疫处理，签发有关检疫证书及入境货物通关单，海关验核入境货物通关单，并按规定办理通关手续。进口旧船舶由中华人民共和国海事局及其委托机构负责进行检验；进口旧渔船由中国渔业船舶检验局负责进行检验；进口旧飞机由中国民航总局负责进行检验。

4. 进口货物发生短少、残损或其他质量问题需对外索赔时，其赔付的进境货物，海关验核出入境检验检疫机构签发的入境货物通关单和用于索赔的检验证书副本，并按规定办理通关手续。

5. 进口捐赠的医疗器械（不论是否属于《检验检疫法检目录》范围），海关验核检验检疫机构出具的注明“上述物品为捐赠物品”的入境货物通关单，并按规定办理通关手续。

6. 从金伯利进程成员国进口毛坯钻石实行检验检疫管理。

（1）除加工贸易外，一般贸易、易货贸易等正常贸易方式进口毛坯钻石，企业应持检验检疫机构设在上海钻石交易所内的办事机构签发的入境货物通关单，在上海钻石交易所办理进口手续。

（2）加工贸易进口毛坯钻石，海关验核口岸检验检疫机构签发的入境货物通关单，并按规定办理通关手续。

（3）加工贸易深加工结转及经批准转内销等，无须提交入境货物通关单。

7. 进口反刍动物源性物质的培养基，海关验核入境货物通关单，并按规定办理通关手续。

8. 进口以非CFC-12为制冷剂的汽车及汽车空调压缩机，应向入境口岸检验检疫机构提供非CFC-12为制冷工质的汽车空调器压缩机的证明，经入境口岸检验检疫机构审查合格后签发入境货物通关单，并由入境口岸检验检疫机构按规定对进口汽车及汽车空调压缩机实施强制检验。

9. 进口以非CFCs为制冷剂的工业、商业用压缩机时，进口经营者应向检验检疫机构提供产品为以非CFCs为制冷剂的书面保证，海关验核检验检疫机构出具的入境货物通关单，并按规定办理通关手续。

进口以非氯氟烃物质（简称CFCs）为制冷剂、发泡剂的家用电器产品，海关凭检验检疫机构出具的入境货物通关单验放。

10. 进口罂粟籽（商品编号1207910000），海关验核检验检疫机构注明“已经检验检疫机构灭活处理”或“经检验鉴定发芽率0%”的入境货物通关单，并按规定办理进口验放手续。

进口大麻籽（商品编号1207999900），海关验核检验检疫机构签发的入境货物通关单，并按规定办理进口验放手续。

11. 自2013年8月15日起，将2个海关商品编号项下的褐煤产品（2702100000及2702200000）新增为实行进口检验检疫监管商品，进出口货物收发货人或其代理人须持出入境检验检疫机构签发的入境货物通关单向海关办理进口手续。

12. ATA单证册项下暂准进口货物涉及国家公共卫生保健、动植物检疫、濒危动植物种保护等管理措施的，应按规定办理相关检验检疫手续。

13. 出口加工区实行检验检疫管理的货物，在加工区内实施检验检疫，企业应持入境货物通关单办理报关手续。

检验检疫机构需抽取样品送到出口加工区外检验检疫时，海关验核检验检疫机构出具的“中华人民共和国出入境检验检疫抽/采样凭证”并按规定办理通关手续。

14. 出入境检验检疫机构对中亚油气合作项目下出口的施工器械（含配件）和人员自用的办公、生活物资等，免于检验检疫，不出具货物通关单，海关不验核货物通关单。对出口的施工材料（包括安装设备），出入境检验检疫机构按有关规定实施产地检验，无法落实产地检验的，由口岸检验检疫机构落实检验，海关验核货物通关单。出入境检验检疫机构对中亚油气合作项目完工后需返回的物资做好登记。对完工后属从国内运出返回的物资（不得含有食品）免于检验，不出具货物通关单，海关不验核货物通关单。

15. 进口二手船舶油箱内剩余燃料油无须提交入境货物通关单。

16. 人体血液、组织器官进出口审批属卫生计生委行政许可事项，在相关行政制度改革尚未完成前，上述货物进口时，海关验核入境货物通关单办理进口报关手续，不再验核进口药品通关单。军队医疗机构办理人体血液、组织器官进口报关手续的，海关验核军队卫生主管部门出具的相关进口批件，并按照上述要求办理进口报关手续。

17. 对以“保税仓库货物”（监管方式代码：1233）监管方式进境申报，存入航油保税监管仓库并用于国际航班的航空油料，海关不验核入境货物通关单。

18. 自2008年1月1日起，对入境货物通关单实施联网核查，通关单只能有效报关使用一次，纸质单证信息与电子数据必须一致，否则将做退单处理，与报关单相关申报内容也须一致，具体要求为：

（1）报关单的经营单位与通关单的收/发货人一致；

（2）报关单的起运国（或地区）与通关单的输出国家或地区一致；

（3）报关单上法检商品的项数和次序与通关单上货物的项数和次序一致；

（4）报关单上法检商品与通关单上对应商品的商品编号一致；

（5）报关单上每项法检商品的法定第一数量不允许超过通关单上对应商品的数量/重量；

（6）报关单上法检商品的第一计量单位与通关单上货物数量/重量计量单位一致；

（7）申报法检商品必须录入通关单编号，并且一票报关单只允许填报一个通关单编号；

（8）涉及加工贸易手册、电子账册、减免税证明的进口货物，企业选择海关备案数据填制报关单，报关单上法检商品的项号应与通关单项号一致；

（9）报关单涉及法检商品与非法检商品的，必须先录入法检商品，后录入非法检商品；

（10）商品归类以海关认定为准，报关单上法检商品的商品编号经海关确认归类有误的，企业需向出入境检验检疫机构申请修改通关单。

19. 超期未报关进口货物、误卸或者溢卸的进境货物和放弃进口《检验检疫法检目录》范围的货物，海关在变卖前提请出入境检验检疫机构进行检验检疫。

20. 入境货物通关单在报关单“随附单据”代码栏填报监管证件代码“A”或“D”，在编号栏填报入境货物通关单编号。

九、 出境货物通关单管理

（一）定义

出境货物通关单是指国家质检总局授权的出入境检验检疫机构依法对列入《检验检疫法检目录》，以及虽未列入《检验检疫法检目录》，但国家有关法律、行政法规明确由出入境检验检疫机构实施检验检疫的出境货物及特殊物品等签发的出口货物发货人或其代理人已办理检验检疫手续的证明文书。

出境货物通关单监管证件代码为“B”；监管证件代码“D”专指《金伯利进程国际证书制度》规定的毛坯钻石进出境需提交的入/出境货物通关单。

（二）适用范围

1. 列入《检验检疫法检目录》的出境货物；

2. 其他未列入《检验检疫法检目录》，但国家有关法律、行政法规明确由出入境检验检疫机构负责检验检疫的出境货物及特殊物品等。

（三）管理规定

1. 列入《检验检疫法检目录》的出境货物，企业应持出入境检验检疫机构签发的出境货物通关单向海关办理申报手续。

2. 从金伯利进程成员国进口毛坯钻石实行检验检疫管理。

（1）无论何种贸易方式和运输方式，以及保税区、保税仓库、出口加工区和出口监管仓库出境毛坯钻石，海关验核检验检疫机构签发的出境货物通关单，并按规定办理出境手续；

（2）加工贸易深加工结转无须提交出境货物通关单。

3. 出口以非 CFCs 为制冷剂的工业、商业用压缩机时，出口经营者应向检验检疫机构提供产品为以非 CFCs 为制冷剂的书面保证，海关验核检验检疫机构出具的出境货物通关单，并按规定办理通关手续。

出口以氯氟烃物质（简称 CFCs）为制冷剂、发泡剂的家用电器产品，海关验核检验检疫机构出具的出境货物通关单，并按规定办理通关手续。

4. 出口罂粟籽（商品编号 12079100），海关验核检验检疫机构注明“已经检验检疫机构灭活处理”或“经检验鉴定发芽率 0%”的出境货物通关单，并按规定办理出口验放手续。

出口大麻籽（商品编号 12079999），海关验核检验检疫机构签发的出境货物通关单，并按规定办理出口验放手续。

5. 出口牙膏列入进出口商品监督抽查计划，批批检验，海关验核检验检疫机构出具的出境货物通关单，并按规定办理通关手续。

6. 自 2013 年 8 月 15 日起，对 1507 个海关商品编号项下的一般工业制成品不再实行出口商品检验。其中，1420 个海关商品编号项下的商品调出《出入境检验检疫机构实施检验检疫的出境商品目录》，87 个海关商品编号项下的商品需要实施出境动植物检疫，仍保留在《出入境检验检疫机构实施检验检疫的出境商品目录》中。对危险化学品、烟花爆竹、打火机、稀土等工业品继续实行出口商品检验；对出口危险化学品包装及其他危险货物包装继续实行性能和使用检验。

自 2014 年 6 月 15 日起，取消机电产品和食品接触产品出口检验检疫。

自 2016 年 9 月 1 日起，取消玩具、童车、儿童用安全座椅出口检验检疫。

7. 自 2008 年 1 月 1 日起，对出境货物通关单实施联网核查，通关单只能有效报关使用一次，纸质单证信息与电子数据必须一致，否则将做退单处理，与报关单相关申报内容也须一致，具体要求为：

（1）报关单的经营单位与通关单的收/发货人一致；

（2）报关单的运抵国（或地区）和通关单的输往国家（或地区）一致；

（3）报关单上法检商品的项数和次序与通关单上货物的项数和次序一致；

（4）报关单上法检商品与通关单上对应商品的商品编号一致；

（5）报关单上每项法检商品的以法定第一计量单位计量的数量/重量不允许超过通关单上对应商品的数量/重量；

（6）报关单上法检商品的第一计量单位与通关单上货物数量/重量计量单位一致；

（7）出口货物报关单上的“申报日期”必须在出境货物通关单的有效期内；

（8）申报法检商品必须录入通关单编号，并且一票报关单只允许填报一个通关单编号；

（9）涉及加工贸易手册、电子账册的出口货物，企业选择海关备案数据填制报关单，报关单上法检商品的项号应与通关单项号一致；

（10）报关单涉及法检商品与非法检商品的，必须先录入法检商品，后录入非法检商品；

（11）商品归类以海关认定为准，报关单上法检商品的商品编号经海关确认归类有误的，企业需向出入境检验检疫机构申请修改通关单。

8. 出入境检验检疫机构对中亚油气合作项目下出口的施工器械（含配件）和人员自用的办公、生活物资等，免于检验检疫，不出具货物通关单，海关不验核货物通关单。对出口的施工材料（包括安装设备），出入境检验检疫机构按有关规定实施产地检验，无法落实产地检验的，由口岸检验检疫机构落实检验，海关验核货物通关单。出入境检验检疫机构对中亚油气合作项目完工后需返回的物资做好登记。对完工后属从国内运出返回的物资（不得含有食品）免于检验，不出具货物通关单，海关不验核货物通关单。

9. 自 2010 年 7 月 1 日起，对从境内区外进入出口加工区、保税港区、综合保税区、珠澳跨境工业区珠海园区、中哈霍尔果斯国际边境合作中心中方配套区域的货物，海关不验核出境货物通关单。

10. 出境货物通关单在报关单“随附单证”代码栏填报相应的监管证件代码“B”或“D”，在编号栏填报出境货物通关单编号。

十、　野生动植物进口证书管理

（一）定义

野生动植物进口证书是指纳入《进出口野生动植物种商品目录》管理范围的野生动植物及其制品实施进口许可管理，国家濒危物种进出口管理办公室（以下简称国家濒管办）及其授权办事处签发准予进口的许可证件。

野生动植物进口证书包括允许进口证明书和物种证明，监管证件代码为“F”。

允许进口证明书包括濒危野生动植物种国际贸易公约允许进口证明书和中华人民共和国野生动植物允许进口证明书。

物种证明是指非《进出口野生动植物种商品目录》物种证明。

（二）适用范围

1. 通过货运、邮递、快件和旅客携带等方式依法进口野生动植物及其产品的，实行野生动植物进口证书管理。

进口列入《进出口野生动植物种商品目录》中公约限制进口的濒危野生动植物及其产品的，实行允许进口证明书管理。

进口列入《进出口野生动植物种商品目录》中的其他野生动植物及其产品的，实行物种证明管理。

按照《进出口野生动植物种商品目录》的制定原则，物种证明的适用范围一般包括：一是进出口属于《濒危野生动植物种国际贸易公约》规定免管或者豁免的野生动植物及其产品；二是出口人工培植来源的非《濒危野生动植物种国际贸易公约》附录所列，但与国家重点保护同名的野生植物及其产品；三是进口和再出口非《濒危野生动植物种国际贸易公约》附录所列，但与国家重点保护同名的野生动植物及其产品；四是进出口属于未拆分出非濒危物种且带有监管条件的海关商品编号管理的非《濒危野生动植物种国际贸易公约》附录所列、非国家重点保护的野生动植物及其产品。

2. 在境外与保税区、出口加工区等海关特殊监管区域、保税监管场所之间进出野生动植物及其产品的，申请人应当向海关交验允许进出口证明书或者物种证明。

在境内与保税区、出口加工区等海关特殊监管区域、保税监管场所之间进出野生动植物及其产品的，或者在上述海关特殊监管区域、保税监管场所之间进出野生动植物及其产品的，无须办理允许进出口证明书或者物种证明。

3. 公约附录所列野生动植物及其产品需要过境、转运、通运的，无须申请核发野生动植物进出口证书。

4. 纳入《进出口野生动植物种商品目录》（对应监管条件“F”）管理范围的野生动植物种详见国家濒管办、海关总署公告2013年第6号。

（1）《中华人民共和国野生动物保护法》（以下简称《野生动物保护法》）规定保护的野生动物是指珍贵、濒危的陆生、水生野生动物和有益的或者有重要经济、科学研究价值的陆生野生动物；

（2）《中华人民共和国野生植物保护条例》（以下简称《野生植物保护条例》）规定保护的野生植物是指原生地天然生长的珍贵植物和原生地天然生长并具有重要经济、科学研究、文化价值的濒危、稀有植物；

（3）珍贵动物是指列入《国家重点保护野生动物名录》中的国家一级、二级保护野生动物，列入《濒危野生动植物种国际贸易公约》附录一、附录二中的野生动物，以及驯养繁殖的上述物种；

（4）珍稀植物是指列入《国家重点保护野生植物名录》中的国家一级、二级保护野生植物，列入《濒危野生动植物种国际贸易公约》附录一、附录二中的野生植物，以及人工培植的列入《濒危野生动植物种国际贸易公约》附录一、附录二的植物；

（5）含濒危野生动植物成分的药品；

（6）国家重点保护的和我国参加的国际公约所限制进口的野生动物产品，应包括其皮张、羽毛、掌骨、器官等，上述产品进口时，海关均需验核国家濒管办或其授权机构核发的允许进口证明书，并按规定办理通关手续；

（7）列入《进出口野生动植物种商品目录》的动物及其产品，既包括野外来源的，也包括通过人工驯养或人工繁殖获得的。列入《进出口野生动植物种商品目录》属于《濒危野生动植物种国际贸易公约》附录的植物及其产品，既包括野生的，也包括人工培植的。

5. 从不属于任何国家管辖的海域获得的野生动植物及其产品，进入中国领域的，参照《野生动植物进出口证书管理办法》对进口野生动植物及其产品的有关规定管理。

（三）管理规定

1. 进口《进出口野生动植物种商品目录》中的野生动植物及其产品的，应当向海关主动申报并同时提交允许进口证明书或者物种证明，并按照允许进口证明书或者物种证明规定的种类、数量、口岸、期限完成进口活动。

海关在允许进口证明书和物种证明中记载进口野生动植物及其产品的数量，并在办结海关手续后，将允许进口证明书副本返还持证者。

进口《进出口野生动植物种商品目录》中的野生动植物及其产品的，其申报内容与允许进口证明书或者物种证明中记载的事项不符的，由海关依法予以处理。但申报进口的数量未超过允许进口证明书或者物种证明规定，且其他申报事项一致的除外。

2. 对下列事项有疑义的，货物进境所在地直属海关可以征求国家濒管办或其办事处的意见：

（1）允许进口证明书或者物种证明的真实性、有效性；

（2）境外公约管理机构核发的允许出口证明材料的真实性、有效性；

（3）野生动植物物种的种类、数量；

（4）进境货物或者物品是否为濒危野生动植物及其产品或者是否含有濒危野生动植物成分；

（5）海关质疑的其他情况。

国家濒管办或其办事处应当及时回复意见。

3. 进口整批龟鳖（含背甲最大直径小于10厘米的情形），相关人员持国家濒管办及其授权发证机构签发的濒危野生动植物种国际贸易公约允许进出口证明书向海关办理通关手续。

4. 所有红豆杉及其部分和产品（含紫杉醇）实行允许进口证明书管理。

进口喜马拉雅红豆杉（也称云南红豆杉）及其部分和产品（包括加工贸易方式），海关验核“进口公约证明书”并按规定办理通关手续。进口其他种红豆杉及其部分和产品（包括加工贸易方式），海关验核“进口非公约证明书”并按规定办理通关手续。从境外进入保税区、出口加工区、保税仓库等海关特殊监管区域、保税场所时，海关按本条第一款规定验核允许进口证明书，并按规定办理通关手续。

5. 允许进口证明书有效期不能超过签发之日起的6个月。

6. 允许进口证明书实行“一批一证”管理。

7. 进口《进出口野生动植物种商品目录》中适用允许进口证明书管理的《濒危野生动植物种国际贸易公约》附录及国家重点保护野生动植物以外的其他列入《进出口野生动植物种商品目录》

的野生动植物及相关货物或物品，适用物种证明管理。

（1）物种证明分为一次使用和多次使用两种。证面内容不得涂改。一次使用的物种证明有效期自签发之日起不得超过6个月。多次使用的物种证明只适用于同一物种同一货物类型在同一报关口岸多次进（出）的野生动植物。多次使用的物种证明有效期截止至发证当年12月31日。

（2）一次使用的物种证明，海关在正本“海关签注”栏内签注并随报关单存档。对多次使用的物种证明，海关验核正本并将复印件随报关单存档。本年度最后一次使用时，经营者应将正本交由海关随最后一份报关单存档。

（3）被许可人必须按照物种证明规定的口岸、方式、时限、物种、数量和货物类型等进口野生动植物，超越物种证明中任何一项许可范围的申报行为，海关均不予受理。

（4）对进出境货物或物品包装或说明中标注含有商品目录所列野生动植物成分的，经营者应主动、如实向海关申报，海关按实际含有该野生动植物的商品进行监管。含野生动植物成分的纺织品也适用物种证明管理。

（5）对进口非《濒危野生动植物种国际贸易公约》管制的木材物种且申报内容符合《进出口野生动植物种商品目录》所列条件的，国家濒管办各办事处必须核发一次使用的物种证明。

2015年起，取消在物种证明特殊条件栏内加载进口货物对应提单号的统一强制性要求，在濒管办下属云南省、上海和广州办事处辖区有条件地恢复木材进口多次使用物种证明的核发和使用，启用多次使用物种证明海关签注页。

（6）对申报进口的野生动植物及其产品符合《进出口野生动植物种商品目录》所列海关商品编号描述和含义的，凡不属于允许进口证明书管理范畴的，不论所涉及的物种或者监管条件是否纳入动植物附表或者注释表，各办事处应当依法核发物种证明，海关验核物种证明办理报关手续。

（7）各办事处在办理进口野生动植物及其产品的行政许可证件时，要严格依照《进出口野生动植物种商品目录》审查申请人填报的海关商品编号。对不属于允许进口证明书管理范畴，且申报内容与所填报的海关商品编号含义在物种种类、濒危程度或者生物学特性等方面不一致的，一律不予核发物种证明。对确实不需要办理行政许可证件但海关存疑的野生动植物进口申请，各办事处应当依申请人申请及时出具“不予受理行政许可申请通知书”，明确告知不属于允许进口证明书和物种证明管理范畴。海关参考“不予受理行政许可申请通知书”确定9位、10位海关商品编号和商品核验。各海关在查验、放行相关野生动植物及其产品时，对是否属于野生动植物进口证书受理范围存疑的，应当按照《野生动植物进出口证书管理办法》第三十七条的规定，可以征求国家濒管办或者其办事处意见。国家濒管办或者其办事处应当及时回复。

8.《进出口野生动植物种商品目录》“监管条件”栏加有“☆”的商品编号，现场关员应同时查阅对应的附表进行监管。对该商品目录中“物种归类表”栏带有“#”的，如需查阅物种名称，可参考对应的“注释表”。

9. 允许进口证明书在报关单“随附单证”代码栏填报监管证件代码“F”，在编号栏填报相应的允许进口证明书证号。

10. 凡进口列入《进出口野生动植物种商品目录》的野生动植物及相关货物或物品，海关必须验核允许进口证明书或物种证明。国家濒管办及其办事处出具给企业的“不予受理通知书”等类似材料仅供海关判断进口商品是否属于管制范围参考之用，不得作为海关验放依据。

11. 对确实不需要办理行政许可证件但海关存疑的木材进口申请，国家濒管办各办事处为进口企业出具不予受理通知书，明确告知不应纳入《进出口野生动植物种商品目录》特定海关商品编号的理由，并注明进口货物对应的提单号。海关要注意审核，并将其归入正确的商品编号。

12. 自2010年10月1日，“野生动植物允许进出口证明书”和“非《进出口野生动植物种商品目录》物种证明”两项行政许可证书的签署人进行调整。自实施之日起，《关于变更野生动植物允许进出口证明书签署人的通知》（濒办字〔2001〕70号）、《政法司关于转发国家濒管办〈国家濒管办关于变更证书签署人的函〉的通知》（政法函〔2008〕21号）、《关于变更证书签署人的函》（濒办字〔2008〕5号）等文件及《关于更换野生动植物允许进出口证明书的通知》（濒办字〔2000〕20号）、《关于国家濒管办启用行政许可专用章等有关事宜的通知》（濒办字〔2005〕85号）中有关签署人名单及其签字（签章）样式同时废止。

13. 根据濒危野生动植物种国际贸易公约（CITES）秘书处2013年第013号通知，暂停其他国家从几内亚、苏丹和南苏丹进口西非冠鹤，从卢旺达和坦桑尼亚进口东非冠鹤，从伊朗、哈萨克斯坦和俄罗斯进口欧洲鳇，从越南进口管海马，从贝宁和多哥进口将军巨蝎。同时，CITES秘书处发布了2013年第017、018、019、020号通知，暂停几内亚、莱索托、吉布提和阿富汗的全部濒危物种进出口贸易。

调整后暂停贸易的濒危物种名单详见《监管司关于转发CITES秘书处最新暂停贸易濒危物种名单的通知》（署监函〔2013〕159号）附件。

十一、野生动植物出口证书管理

（一）定义

野生动植物出口证书是指对纳入《进出口野生动植物种商品目录》管理范围的野生动植物及其制品实施出口许可管理，国家濒管办及其授权办事处签发准予出口的许可证件。

野生动植物出口证书包括允许出口证明书和物种证明，监管证件代码为“E”。

允许出口证明书包括濒危野生动植物种国际贸易公约允许出口证明书和中华人民共和国野生动植物允许出口证明书。

物种证明是指非《进出口野生动植物种商品目录》物种证明。

（二）适用范围

1. 通过货运、邮递、快件和旅客携带等方式依法出口野生动植物及其产品的，实行野生动植物进口证书管理。

出口列入《进出口野生动植物种商品目录》中公约限制出口的濒危野生动植物及其产品，以及国家重点保护的野生动植物及其产品的，实行允许出口证明书管理。

出口列入《进出口野生动植物种商品目录》中的其他野生动植物及其产品的，实行物种证明管理。

按照《进出口野生动植物种商品目录》的制定原则，物种证明的适用范围一般包括：一是进出口属于《濒危野生动植物种国际贸易公约》规定免管或者豁免的野生动植物及其产品；二是出口人工培植来源的非《濒危野生动植物种国际贸易公约》附录所列，但与国家重点保护同名的野生植物及其产品；三是进口和再出口非《濒危野生动植物种国际贸易公约》附录所列，但与国家重点保护同名的野生动植物及其产品；四是进出口属于未拆分出非濒危物种且带有监管条件的海关商品编号管理的非《濒危野生动植物种国际贸易公约》附录所列、非国家重点保护的野生动植物及其产品。

2. 在境外与保税区、出口加工区等海关特殊监管区域、保税监管场所之间进出野生动植物及其产品的，申请人应当向海关交验允许进出口证明书或者物种证明。

在境内与保税区、出口加工区等海关特殊监管区域、保税监管场所之间进出野生动植物及其产品的，或者在上述海关特殊监管区域、保税监管场所之间进出野生动植物及其产品的，无须办理允许进出口证明书或者物种证明。

3. 公约附录所列野生动植物及其产品需要过境、转运、通运的，无须申请核发野生动植物进出口证书。

4. 纳入《进出口野生动植物种商品目录》（对应监管条件“E”）管理范围的野生动植物种，详见国家濒管办、海关总署公告（2013 年第 6 号）。

（1）《野生动物保护法》规定保护的野生动物是指珍贵、濒危的陆生、水生野生动物和有益的或者有重要经济、科学研究价值的陆生野生动物；

（2）《野生植物保护条例》规定保护的野生植物是指原生地天然生长的珍贵植物和原生地天然生长并具有重要经济、科学研究、文化价值的濒危、稀有植物；

药用野生植物和城市园林、自然保护区、风景名胜区内的野生植物的保护，同时适用有关法律、行政法规。

（3）珍贵动物是指列入《国家重点保护野生动物名录》的国家一级、二级保护野生动物和列入《濒危野生动植物种国际贸易公约》附录一、附录二的野生动物，以及驯养繁殖的上述物种；

（4）珍稀植物是指列入《国家重点保护野生植物名录》的国家一级、二级保护野生植物和列入《濒危野生动植物种国际贸易公约》附录一、附录二的野生植物，以及人工培植的列入《濒危野生动植物种国际贸易公约》附录一、附录二的植物；

（5）出口含有《进出口野生动植物种商品目录》所列野生动植物成分的中成药，《部分含野生动物药材成分的中成药名单》详见《请协助做好含野生动物药材成分中成药出口管理工作的函》（林函护字〔1990〕133 号）附件；

（6）国家重点保护的和我国参加的国际公约限制出口的野生动物产品应包括其皮张、羽毛、掌骨、器官等；

（7）列入《进出口野生动植物种商品目录》的动物及其产品，既包括野外来源的，也包括通过人工驯养或人工繁殖获得的。列入《进出口野生动植物种商品目录》属于《濒危野生动植物种国际贸易公约》附录的植物及其产品，既包括野生的，也包括人工培植的。

（三）管理规定

1. 出口《进出口野生动植物种商品目录》中的野生动植物及其产品的，应当向海关主动申报并同时提交允许出口证明书或者物种证明，并按照允许出口证明书或者物种证明规定的种类、数量、口岸、期限完成出口活动。

海关在允许出口证明书和物种证明中记载出口野生动植物及其产品的数量，并在办结海关手续后，将允许出口证明书副本返还持证者。

出口《进出口野生动植物种商品目录》中的野生动植物及其产品的，其申报内容与允许出口证明书或者物种证明中记载的事项不符的，由海关依法予以处理。但申报出口的数量未超过允许出口证明书或者物种证明规定，且其他申报事项一致的除外。

2. 对下列事项有疑义的，货物出境所在地直属海关可以征求国家濒管办或其办事处的意见：

（1）允许出口证明书或者物种证明的真实性、有效性；

（2）境外公约管理机构核发的允许进口证明材料的真实性、有效性；

（3）野生动植物物种的种类、数量；

（4）出境货物或者物品是否为濒危野生动植物及其产品或者是否含有濒危野生动植物成分；

（5）海关质疑的其他情况。

国家濒管办或其办事处应当及时回复意见。

3. 自 2008 年 8 月 1 日起，对个人携带少量指定兰花品种的人工培植活体标本从广东境内口岸直接赴香港、澳门特别行政区实行标签管理，携带人可持标签按海关现行规定办理海关手续，海关验核标签，按规定办理通关手续。

4. 出口含野生动物药材成分的中成药，必须经当地省级野生动物行政主管部门同意，备函注明出口中成药的品名、数量，所含野生动物药材成分的名称，该药材成分所属野生动物种类（中文名和拉丁学名）、动物来源、获得时间等，报送国务院野生动物行政主管部门。经国务院野生动物行政主管部门或其授权的单位审查批准后，由国家濒管办或其授权的办事处核发允许出口证明书。

5. 出口珍稀野禽、野味（整体或分割部分）及观赏野生动物（含标本），需经林业主管部门批准，由国家濒管办或其授权的办事处核发允许出口证明书。

6. 因科学研究、文化交流等需要出口国家珍贵树种、树苗（含根、茎、叶、花、果实、种子及其产品、制成品等），海关验核允许出口证明书，并按规定办理通关手续。

7. 出口红松子（仁）、松茸，严格按允许出口证明书规定的出口口岸办理验放手续。出口其他松子（仁）也实行允许出口证明书管理。

8. 所有红豆杉及其部分和产品（含紫杉醇）实行允许出口证明书管理。出口喜马拉雅红豆杉（亦称云南红豆杉）及其部分和产品的（包括加工贸易方式），海关验核“出口公约证明书”，并按规定办理有关验放手续；出口其他种红豆杉及其部分和产品的（包括加工贸易方式），海关验核“出口非公约证明书”，并按规定办理有关验放手续。

从保税区、出口加工区、保税仓库、出口监管仓库等海关特殊监管区域或保税场所出境时，海关按本条第一款规定验核允许出口证明书，并按规定办理通关手续。

9. 允许出口证明书有效期不能超过自签发之日起的6个月。

10. 允许出口证明书实行“一批一证”制度。

11. 出口列入《进出口野生动植物种商品目录》中适用允许出口证明书管理的《濒危野生动植物种国际贸易公约》附录及国家重点保护野生动植物以外的其他列入《进出口野生动植物种商品目录》的野生动植物及相关货物或物品，适用物种证明管理。

（1）物种证明分为一次使用和多次使用两种。

①一次使用的物种证明有效期自签发之日起不得超过6个月；

②多次使用的物种证明只适用于同一物种同一货物类型在同一报关口岸多次（进）出的野生动植物。多次使用的物种证明有效期截止至发证当年12月31日。

（2）一次性使用的物种证明，海关应在正本“海关签注”栏内签注并随报关单存档。

多次使用的物种证明，海关验核正本并将复印件随报关单存档。本年度最后一次使用时，经营者应将正本交由海关随最后一份报关单存档。

（3）被许可人必须按照物种证明规定的口岸、方式、时限、物种、数量和货物类型等出口野生动植物，对于超越物种证明中任何一项许可范围的申报行为，海关均不予受理。

（4）对进出境货物或物品包装或说明中标注含有商品目录所列野生动植物成分的，经营者应主动、如实地向海关申报，海关按实际含有该野生动植物的商品进行监管。含野生动植物成分的纺织品也适用物种证明管理。

（5）对申报出口的野生动植物及其产品符合《进出口野生动植物种商品目录》所列海关商品编号描述和含义的，凡不属于允许出口证明书管理范畴的，不论所涉及的物种或者监管条件是否纳入动植物附表或者注释表，各办事处应当依法核发物种证明，海关验核物种证明办理报关手续。

（6）各办事处在办理出口野生动植物及其产品的行政许可证件时，要严格依照《进出口野生动植物种商品目录》审查申请人填报的海关商品编号。对不属于允许出口证明书管理范畴，且申报内容与所填报的海关商品编号含义在物种种类、濒危程度或者生物学特性等方面不一致的，一律不予核发物种证明。对确实不需要办理行政许可证件但海关存疑的野生动植物出口申请，各办事处应当依申请人申请及时出具“不予受理行政许可申请通知书”，明确告知不属于允许出口证明书和物种证明管理范畴。海关参考“不予受理行政许可申请通知书”确定9位、10位海关商品编号和商品核验。各海关在查验放行相关野生动植物及其产品时，对是否属于野生动植物出口证书受理范围存疑的，应当按照《野生动植物进出口证书管理办法》第三十七条的规定，可以征求国家濒管办或者其办事处意见。国家濒管办或者其办事处应当及时回复。

12.《进出口野生动植物种商品目录》“监管条件”栏加有“☆”的商品编号，应查阅说明栏目提示的附表。该商品目录“物种归类表”栏带有“#”的，查阅对应的“注释表”。

13. 允许出口证明书在报关单“随附单证”代码栏填报监管证件代码“E”，在编号栏填报相应的允许出口证明书证号。

14. 凡出口列入《进出口野生动植物种商品目录》的野生动植物及相关货物或物品，海关必须验核允许出口证明书或物种证明。国家濒管办及其办事处出具给企业的“不予受理通知书”等类似材料仅供海关判断出口商品是否属于管制范围参考之用，不作为海关验放依据。

15. 自2010年10月1日起，“野生动植物允许进出口证明书”和“非《进出口野生动植物种商品目录》物种证明”两项行政许可证书的签署人进行调整。自实施之日起，《关于变更野生动植物允许进出口证明书签署人的通知》（濒办字〔2001〕70号）、《政法司关于转发国家濒管办〈国家濒管办关于变更证书签署人的函〉的通知》（政法函〔2008〕21号）、《关于变更证书签署人的函》（濒办字〔2008〕5号）等文件及《关于更换野生动植物允许进出口证明书的通知》（濒办字〔2000〕20号）、《关于国家濒管办启用行政许可专用章等有关事宜的通知》（濒办字〔2005〕85号）中有关签署人名单及其签字（签章）样式同时废止。

16. CITES秘书处发布了2013年第017、018、019、020号通知，暂停几内亚、莱索托、吉布提和阿富汗的全部濒危物种进出口贸易。调整后暂停贸易的濒危物种名单详见《监管司关于转发CITES秘书处最新暂停贸易濒危物种名单的通知》（署监函〔2013〕159号）附件。

十二、进口药品通关单管理

（一）定义

进口药品通关单是指国家食品药品监督管理总局及其授权发证机关依法对进口药品实施监督管理所签发的准予药品进口的许可证件。

进口药品通关单监管证件代码为“Q”。

（二）适用范围

1. 进口药品通关单适用范围

（1）药品指用于预防、治疗、诊断人的疾病，有目的地调节人的生理机能并规定有适应症或者功能主治、用法和用量的物质，包括中药材、中药饮片、中成药、化学原料药及其制剂、抗生素、生化药品、放射性药品、血清、疫苗、血液制品和诊断药品等。

（2）纳入《进口药品目录》管理的进口药品详见国家食品药品监督管理总局、海关总署公告2011年第104号。

（3）从境外进入保税仓库、保税区、出口加工区的药品，免予办理进口备案和口岸检验等进口手续。从保税仓库、出口监管仓库、保税区、出口加工区出库或出区进入境内的药品，海关验核进口药品通关单，并按规定办理通关手续。

2. 进口药品通关单不适用的范围

（1）出口药品因残损、短少、品质不良或者规格不符等原因，原状退货复运进境的药品。

（2）经批准以加工贸易方式进口的原料药、药材，免予办理进口备案和口岸检验等进口手续，其原料药及制成品禁止转为内销。确因特殊情况无法出口的，移交地方药品监督管理部门按规定处理，海关予以核销。

（3）在展览会、技术交流会或类似活动中展示或演示用的进口展览药品属海关监管的暂时进口货物，进口时不需办理药品进口备案和口岸检验手续。货物所有人放弃的展览药品，经海关认可后，由海关移交当地药品监督管理部门监督销毁。

（4）国家食品药品监督管理总局已明确人体血液、组织器官进口不按照进口药品管理。上述货物进口时，海关可不再验核进口药品通关单。

人体血液、组织器官进出口审批属卫生计生委行政许可事项，在相关行政制度改革尚未完成前，上述货物进口时，海关验核入境货物通关单办理进口报关手续。

（三）管理规定

1. 进口列入《进口药品目录》管理的药品（药材除外），海关验核国家食品药品监督管理总局授权部门签发并加盖“×××（授权口岸药品监督管理部门）药品监督管理局药品进口备案专用章”的进口药品通关单，并按规定办理通关手续。“国家食品药品监督管理总局药品进口备案专用章”适用于所有允许药品进口的口岸。

进口列入《进口药品目录》的药材，海关验核国家食品药品监督管理总局授权部门签发并加盖“×××药品监督管理局药品登记备案专用章”的进口药品通关单，并按规定办理通关手续。

进口列入《进口药品目录》的属于食品添加剂和药品合成前体的非药用物品，海关验核口岸药品监督管理部门签发的注明“非药用，不需进行药品口岸检验”的进口药品通关单，并按规定办理通关手续。

2. 进口临床急需药品、捐赠药品、新药研究和药品注册所需样品或者对照药品等，必须经国家食品药品监督管理总局批准，申报单位持国家食品药品监督管理总局核发的进口药品批件，办理进口备案手续，海关验核进口药品通关单，并按规定办理通关手续。

进口暂未列入《进口药品目录》的原料药，应当遵照《药品进口管理办法》的规定，到口岸药品监督管理局办理进口备案手续。

《药品进口管理办法》所称进口备案，是指向允许药品进口的口岸所在地药品监督管理部门（以下简称口岸药品监督管理局）申请办理进口药品通关单的过程。

国家食品药品监督管理总局授权的药品进口口岸所在地食品药品监督管理局负责受理捐赠药品进口的备案申请，办理进口备案的有关事项，通知口岸药品检验所对捐赠药品实施口岸检验。

3. 药品必须经由国务院批准的允许药品进口的口岸进口，进口药品的口岸必须与进口药品通关单核准的口岸一致。

（1）进口药品（包括麻醉药品、精神药品、蛋白同化制剂、肽类激素）口岸：北京市、天津市、上海市、大连市、青岛市、成都市、武汉市、重庆市、厦门市、南京市、杭州市、宁波市、福州市、广州市、深圳市、珠海市、海口市、西安市、南宁市等19个城市内直属海关所辖的所有口岸及苏州工业园区口岸。

（2）中药材进口口岸：黑龙江省黑河、东宁，吉林省集安、长白、图们、三合，内蒙古自治区二连浩特、满洲里，广西壮族自治区凭祥、东兴、龙邦，云南省瑞丽、天保、景洪、河口，新疆维吾尔自治区阿拉山口、霍尔果斯、吐尔尕特、红其拉甫，西藏自治区樟木等共20个边境口岸。

（3）国家食品药品监督管理总局确定的口岸/边境口岸（食品）药品监督管理局，以及口岸/边境口岸（食品）药品监督管理局与口岸/边境口岸的对应关系详见《关于进口药材登记备案等有关事宜的公告》（国食药监注〔2005〕655号）附件1和附件2。

(4)《药品进口管理办法》第十条规定的生物制品、首次在中国境内销售的药品、国务院规定的其他药品，进口口岸限定为北京市、上海市和广州市 3 个城市的口岸。其中，《药品进口管理办法》第十条规定的生物制品为疫苗类、血液制品类及血源筛查用诊断试剂等。《国家食品药品监督管理局规定的生物制品目录》详见国家食品药品监督管理总局、海关总署公告 2003 第 9 号附件 5。

4. 进口药品通关单实行“一批一证”制度，证面内容不得更改，如需更改，须换发新证。

5. 口岸药品监督管理部门不予进口备案、口岸药品检验所不予抽样或抽样检验不符合标准规定的药品，海关根据进口单位的申请，按规定办理退运手续或移交口岸药品监督管理局监督处理。

6. 进口药品通关单在报关单“随附单证”代码栏填报监管证件代码“Q”，在编号栏填报进口药品通关单编号。

十三、 精神药物进出口准许证管理

（一）定义

精神药物进出口准许证是指国家食品药品监督管理总局依法对直接作用于中枢神经系统使之兴奋或抑制，连续使用能产生依赖性的精神药品实施进出口监督管理，签发的准予精神药物进出口的许可证件。

精神药物进口准许证、精神药物出口准许证监管证件代码为“I”。

（二）适用范围

纳入《精神药品品种目录》范围的精神药品详见国家食品药品监督管理总局、海关总署公告 2013 年第 54 号《关于麻醉药品和精神药品海关商品编号的公告》。

（三）管理规定

1. 任何单位以任何贸易方式进出口精神药品（包括精神药品标准品及对照品），海关验核国家食品药品监督管理总局核发并加盖“国家食品药品监督管理总局特殊药品进出口审批专用章”的精神药物进口准许证或精神药物出口准许证（以下简称精神药物进出口准许证），并按规定办理报关验放手续。

2. 精神药物进出口准许证实行“一批一证”制度，证面内容不得自行更改。如需更改，应到国家食品药品监督管理总局办理换证手续。海关验放进出口精神药物，在精神药物进出口准许证的指定位置进行签注并加盖验讫章。

3. 精神药物必须经由国务院批准的允许药品进口的口岸进口，进口精神药物的口岸必须与精神药物进口准许证核准的口岸一致。

(1) 进口精神药物口岸：北京市、天津市、上海市、大连市、青岛市、成都市、武汉市、重庆市、厦门市、南京市、杭州市、宁波市、福州市、广州市、深圳市、珠海市、海口市、西安市、南宁市等 19 个城市内直属海关所辖的所有口岸及苏州工业园区口岸。

(2) 首次在中国境内销售的精神药物，进口口岸限定为北京市、上海市和广州市等 3 个城市的口岸。

4. 医疗机构携带少量自用的精神药品出境，海关验核加盖“国家食品药品监督管理总局药品安全监管司”印章的携带麻醉药品、精神药品证明。

5. 精神药物进出口准许证在报关单“随附单证”代码栏填报监管证件代码“I”，在编号栏填报精神药物进出口准许证编号。

十四、麻醉药品进出口准许证管理

（一）定义

麻醉药品进出口准许证是指国家药品监督管理部门依法对连续使用后易使身体产生依赖性、能成瘾癖的麻醉药品实施进出口监督管理，签发的准予麻醉药品进出口的许可证件。麻醉药品进口准许证、麻醉药品出口准许证监管证件代码为“W”。

（二）适用范围

麻醉药品包括：阿片类、可卡因类、大麻类、合成麻醉药类，以及其他易成瘾癖的药品、药用原植物及其制剂。

纳入《麻醉药品品种目录》范围的麻醉药品详见国家食品药品监督管理总局、海关总署公告2013年第54号《关于麻醉药品和精神品种海关商品编号的公告》。

（三）管理规定

1. 任何单位以任何贸易方式进出口麻醉药品（包括麻醉药品标准品及对照品），海关验核国家食品药品监督管理总局核发并加盖“国家食品药品监督管理总局特殊药品进出口审批专用章”的麻醉药品进口准许证或麻醉药品出口准许证，并按规定办理报关验放手续。

2. 麻醉药品进口准许证、麻醉药品出口准许证实行“一批一证”制度，证面内容不得自行更改。如需更改，应到国家食品药品监督管理总局办理换证手续。

海关验放进出口麻醉药品时，应在麻醉药品进口准许证、麻醉药品出口准许证的指定位置签注盖章。

3. 麻醉药品必须经由国务院批准的允许药品进口的口岸进口，进口麻醉药品的口岸必须与麻醉药品进出口准许证核准的口岸一致。

（1）进口麻醉药品口岸：北京市、天津市、上海市、大连市、青岛市、成都市、武汉市、重庆市、厦门市、南京市、杭州市、宁波市、福州市、广州市、深圳市、珠海市、海口市、西安市、南宁市等19个城市内直属海关所辖的所有口岸及苏州工业园区口岸。

（2）首次在中国境内销售的麻醉药品，进口口岸限定为北京市、上海市和广州市等3个城市的口岸。

4. 医疗机构携带少量自用的麻醉药品出境，海关验核加盖“国家食品药品监督管理总局药品安全监管司”印章的携带麻醉药品、精神药品证明。

5. 麻醉药品进口准许证、麻醉药品出口准许证分别在报关单“随附单证”栏填报监管证件代码“W”，在编号栏填报麻醉药品进（出）口准许证编号。

十五、放射性药品进出口批件管理

（一）定义

放射性药品进出口批件是指国家药品监督管理部门依法对用于临床诊断或者治疗的放射性核素制剂或者其标记药物实施进出口管理，签发的准予进出口的批准文件。放射性药品进出口批件暂未设监管证件代码。

（二）适用范围

放射性药品包括裂变制品、堆照制品、加速器制品、放射性同位素发生器及其配套药盒、放射性免疫分析药盒等。

（三）管理规定

1. 进出口放射性药品，应当报国家食品药品监督管理总局审批同意，海关验核国家食品药品监督管理总局签发的批件，并按规定办理进出口手续。

2. 进口的放射性药品品种，必须符合我国的药品标准或者其他药用要求。

进口放射性药品，必须经中国药品生物制品检定所或国家食品药品监督管理总局授权的药品检验所抽样检验，检验合格后方准进口。

3. 放射性药品进出口批件编号填报在报关单“备注”栏。

十六、药品进出口准许证管理（蛋白同化制剂、肽类激素）

（一）定义

药品进出口准许证是指国家食品药品监督管理部门依法对列入《兴奋剂目录》的蛋白同化制剂、肽类激素等供医疗使用的兴奋剂实施进出口管理，签发的准予进出口的许可证件。药品进（出）口准许证的监管证件代码为“L”。

（二）适用范围

1. 兴奋剂是指《兴奋剂目录》所列的禁用物质，包括蛋白同化制剂品种、肽类激素品种、麻醉药品品种、刺激剂（含精神药品）品种、药品类易制毒化学品品种、医疗用毒性药品品种及其他品种兴奋剂。对《兴奋剂目录》中第七类“其他品种”，海关暂不按照兴奋剂实行管理。

实行药品进（出）口准许证管理的蛋白同化制剂、肽类激素品种详见《兴奋剂目录》。

2.《兴奋剂目录》所列禁用物质属于麻醉药品、精神药品、医疗用毒性药品和易制毒化学品的，其生产、销售、进口、运输和使用，依照《药品管理法》和有关行政法规的规定实行特殊管理。

（三）管理规定

1. 列入《兴奋剂目录》管理的蛋白同化制剂、肽类激素进口时，进口单位应持省、自治区、直辖市食品药品监督管理部门核发的药品进口准许证向允许药品进口的口岸海关申报，海关验核药品进口准许证，并按规定办理通关手续。

允许药品进口的口岸参见本章“十二进口药品通关单管理”。

2. 列入《兴奋剂目录》管理的蛋白同化制剂、肽类激素出口时，出口单位应持省、自治区、直辖市食品药品监督管理部门核发的药品出口准许证向海关办理报关手续，海关验核药品出口准许证，并按规定办理通关手续。

进口的蛋白同化制剂、肽类激素经口岸药品检验所检验不符合标准规定等需退运出境的，发证机构应当在药品出口准许证上注明“原货退回”字样。

3. 进出口单位在办理报关手续时，应多提交一联报关单，并向海关申请签退该联报关单。海关验核药品进口准许证、药品出口准许证，在该联报关单上加盖“验讫章”后退进出口单位。

进出口完成后1个月内，进出口单位应当将药品进口准许证或药品出口准许证的第一联、海关签章的报关单退回发证机关。

4. 药品进口准许证有效期为1年。

药品出口准许证有效期不超过3个月（有效期时限不跨年度）。

5. 药品进口准许证、药品出口准许证实行“一证一关”管理，只能在有效期内一次性使用，证面内容不得更改。因故延期进出口的，可以持原进出口准许证办理一次延期换证手续。

6. 以加工贸易方式进出口蛋白同化制剂、肽类激素的，海关验核药品进口准许证、药品出口准许证，并按规定办理通关手续。确因特殊情况无法出口的，移交货物所在地（食品）药品监督管理部门按规定处理，海关验核有关证明材料，按规定办理核销手续。

7. 海关特殊监管区域和保税监管场所与境外进出，以及海关特殊监管区域、保税监管场所之间进出的蛋白同化制剂、肽类激素，免予办理药品进口准许证、药品出口准许证，由海关实施监管。

从海关特殊监管区域和保税监管场所进入境内区外的蛋白同化制剂、肽类激素，应当办理药品进口准许证。

从境内区外进入海关特殊监管区域和保税监管场所的蛋白同化制剂、肽类激素，应当办理药品出口准许证。

8. 因教学、科研需要而进口的蛋白同化制剂、肽类激素，以及境内企业接受境外企业委托生产而需要进口的蛋白同化制剂、肽类激素，予以免检。对免检的进口蛋白同化制剂、肽类激素，其收货人不免除持药品进口准许证向海关办理手续的义务。

9. 对未列入《兴奋剂目录》的蛋白同化制剂和肽类激素，不需验核药品进（出）口准许证。

10. 进口蛋白同化制剂、肽类激素无须办理进口药品通关单。

11. 个人因医疗需要携带或邮寄进出境自用合理数量范围内的兴奋剂，海关按照卫生主管部门有关处方的管理规定，验核医疗机构处方，并按规定予以验放。

12. 除《蛋白同化制剂和肽类激素进出口管理办法》另有规定外，供医疗使用的蛋白同化制剂、肽类激素的进口、口岸检验、监督管理等方面，参照《药品进口管理办法》有关药品进口的规定执行。

13.《兴奋剂目录》所列禁用物质中，属于麻醉药品、精神药品、医疗用毒性药品和易制毒化学品的，进出口管理规定详见本章的“麻醉药品进出口准许证”、“精神药物进出口准许证”、“医疗用毒性药品进出口批件”、“两用物项和技术进出口许可证”等相关内容。

14. 药品进（出）口准许证在报关单“随附单证”代码栏填报监管证件代码“L”，在编号栏填报药品进（出）口准许证编号。

十七、进口兽药通关单管理

（一）定义

进口兽药通关单是指农业部或兽药进口口岸所在地省级人民政府兽医行政管理部门对列入《进口兽药管理目录》的进口兽药实施监督管理，签发的准予进口的许可证件。进口兽药通关单监管证件代码为“R”。

（二）适用范围

1. 兽药是指用于预防、治疗、诊断动物疾病或者有目的地调节动物生理机能的物质（含药物饲料添加剂），主要包括血清制品、疫苗、诊断制品、微生态制品、中药材、中成药、化学药品、抗生素、生化药品、放射性药品及外用杀虫剂、消毒剂等。

2. 禁止进口下列兽药：

（1）经风险评估可能对养殖业、人体健康造成危害或者存在潜在风险的；

（2）疗效不确定、不良反应大的；

（3）来自疫区可能造成疫病在中国境内传播的兽用生物制品；

（4）生产条件不符合规定的；

（5）标签和说明书不符合规定的；

（6）被撤销、吊销“进口兽药注册证书”的；

（7）“进口兽药注册证书”有效期届满的；

（8）未取得进口兽药通关单的；

（9）农业部禁止生产、经营和使用的。

（三）管理规定

1. 企业进口兽药，应持农业部或省级人民政府兽医行政管理部门签发的进口兽药通关向海关申报，海关按货物进口管理的相关规定办理通关手续。

2. 进口兽药实行目录管理。《进口兽药管理目录》由农业部会同海关总署制定、调整并公布。纳入《进口兽药管理目录》管理的兽药详见农业部、海关总署公告2009年第1312号。

兽药应当从具备检验能力的兽药检验机构所在地口岸进口。兽药检验机构名单由农业部确定并公布。进口兽药通关单实行“一单一关”，在30日有效期内只能一次性使用，内容不得更改，过期应当重新办理。国内急需的兽药，由农业部指定单位进口，并发给进口兽药通关单。

兽药进口单位进口暂未列入《进口兽药管理目录》的兽药时，应如实申报，主动向海关出示进口兽药通关单。进口同时列入《进口药品目录》的兽药，海关免予验核进口兽药通关单。

3. 经批准以加工贸易方式进口兽药的，海关按照有关规定实施监管。进口料件或加工制成品属于兽药且无法出口的，应当按照《兽药进口管理办法》规定办理进口兽药通关单，海关验核进口兽药通关单，并按规定办理内销手续。未取得进口兽药通关单的，由加工贸易企业所在地省级人民政府兽医行政管理部门监督销毁，海关验核有关证明材料并按规定办理核销手续。销毁所需费用由加工贸易企业承担。

4. 从境外进入保税区、出口加工区及其他海关特殊监管区域和保税监管场所的兽药及海关特殊监管区域、保税监管场所之间进出的兽药，免予办理进口兽药通关单，由海关按照有关规定实施监管。从保税区、出口加工区及其他海关特殊监管区域和保税监管场所进入境内区外的兽药，应当办理进口兽药通关单。

5. 以暂时进口方式进口的不在中国境内销售的兽药，不需要办理进口兽药通关单。暂时进口期满后应当全部复运出境，因特殊原因确需进口的，依照《兽药进口管理办法》和相关规定办理进口手续后方可在境内销售。无法复运出境又无法办理进口手续的，经进口单位所在地省级人民政府兽医行政管理部门批准，并商进境地直属海关同意，由所在地省级人民政府兽医行政管理部门监督销毁，海关验核有关证明材料，并按规定办理核销手续。销毁所需费用由进口单位承担。

6. 进口少量科研用兽药，进口注册用兽药样品、对照品、标准品、菌（毒、虫）种、细胞的，应当向农业部申请进口兽药通关单，海关验核进口兽药通关单，并按规定办理通关验放手续。

7. 兽用麻醉药品、精神药品、毒性药品和放射性药品等特殊药品的进口管理，除遵守《兽药进口管理办法》的规定外，还应当遵守国家关于麻醉药品、精神药品、毒性药品和放射性药品的管理规定。兽用麻醉药品、精神药品、毒性药品和放射性药品等特殊药品管理规定详见本章“麻醉药品进出口准许证”、“精神药物进出口准许证”、“医疗用毒性药品进出口批件”和“放射性药品进出口批件”等相关内容。

8. 进口兽药通关单实行电子数据联网核查，农业部、地方兽医行政管理部门将签发的进口兽药通关单电子数据通过“兽药监管证件联网核查系统”传输至海关。自2016年11月1日起，各业务现场通过H2010通关管理系统中进口兽药通关单联网核查系统验核进口兽药通关单电子数据，允许企业采用无纸方式向海关申报，以无纸方式申报的，海关不再收取纸质进口兽药通关单。

9. 海关验核进口兽药通关单电子数据与进口货物报关单填报内容时，应注意以下原则：

（1）一份进口货物报关单只能对应一份进口兽药通关单，进口兽药通关单仅能一次申报使用。

（2）进口货物报关单申报计量单位应与进口兽药通关单计量单位一致。

（3）进口货物报关单“进口口岸”关区代码应与进口兽药通关单“报关口岸”代码对比前两位一致。

（4）进口兽药通关单“收货人”应与进口货物报关单“收发货人”或“消费使用单位”一致。

（5）对进口货物报关单随附进口兽药通关单证号修改时，须修改对应关系表中的进口兽药通关单证号，否则不能修改成功。

（6）删除含有进口兽药通关单的进口货物报关单，已使用的进口兽药通关单自动反核销，进口兽药通关单可以恢复再次使用。

（7）对进口货物报关单进行修改，删除随附单证进口兽药通关单，进口兽药通关单电子数据无法自动反核销再次使用。

10. 因海关和农业部门审核需要、计算机系统故障、其他管理部门需要等原因验凭纸质进口兽药通关单的，为保障正常货物报关手续通畅，可以转为有纸报关作业或者补充提交纸质进口兽药通关单。

11. 进口兽药通关单在报关单“随附单证”代码栏填报监管证件代码“R”，在编号栏填报进口兽药通关单编号。

十八、固体废物进口许可证管理

（一）定义

固体废物进口许可证是指国家环境保护部授权发证机关依法对可用作原料的废物进口实施监督管理，签发的准予进口固体废物的许可证件。

固体废物进口许可证监管证件代码为“P”。

（二）适用范围

1. 固体废物是指在生产、生活和其他活动中产生的丧失原有利用价值或者虽未丧失利用价值但被抛弃或者放弃的固态、半固态、液态和置于容器中的气态的物品、物质，以及法律、法规及规章规定纳入固体废物管理的物品、物质。

固体废物进口，是指将中华人民共和国境外的固体废物运入中华人民共和国境内的活动。固体废物运抵关境即视为进口行为发生。

2. 国家对可以弥补境内资源短缺，且根据国家经济、技术条件能够以无害化方式利用的可用做原料的固体废物，按照其加工利用过程的污染排放强度，实行限制进口和非限制进口分类管理。国务院环境保护行政主管部门会同国务院商务主管部门、国务院经济综合宏观调控部门、海关总署、国务院质量监督检验检疫部门制定、调整并公布禁止进口、限制进口和非限制进口的固体废物目录。

固体废物进口管理包括对以任何方式进口固体废物活动的管理。通过赠送、出口退运进境、提供样品等方式将固体废物运入中华人民共和国境内的，进境修理产生的未复运出境固体废物及出境修理或者出料加工中产生的复运进境固体废物，除另有规定外，也适用《固体废物进口管理办法》。

（1）限制进口类可用作原料的固体废物目录

限制进口类可用作原料的固体废物包括：

含金属废物，包括主要含锰的冶炼钢铁产生的粒状熔渣（包括熔渣砂）（含锰量大于25%），轧钢产生的氧化皮，冶炼钢铁产生的含钒浮渣、熔渣，五氧化二钒含量>20%（冶炼钢铁所产生的粒状熔渣除外）（用于回收钒），其他冶炼钢铁所产生的含钒浮渣、熔渣（冶炼钢铁所产生的粒状熔渣除外），含铁量大于80%的冶炼钢铁产生的渣钢铁，含其他金属及其化合物的矿渣、矿灰及残渣，五氧化二钒>20%（冶炼钢铁所产生的除外），含其他金属及其化合物的矿渣、矿灰及残渣，10%<五氧化二钒≤20%（冶炼钢铁所产生的除外）。塑料废碎料及下脚料，包括乙烯聚合物的废碎料及下脚料，苯乙烯聚合物的废碎料及下脚料，氯乙烯聚合物的废碎料及下脚料，聚对苯二甲酸乙二酯废碎料及下脚料，其他塑料的废碎料及下脚料。回收（废碎）纸及纸板，包括回收（废碎）的未漂白牛皮、瓦楞纸或纸板，回收（废碎）的漂白化学木浆制的纸和纸板（未经本体染色），回收（废碎）的机械木浆制的纸或纸板（例如，废报纸、杂志及类似印刷品），其他回收纸或纸板（包括未分选的废碎品），不包括废墙（壁）纸、涂蜡纸、浸蜡纸、复写纸、无碳复写纸、热敏纸、沥青防潮纸、不干胶纸、浸油纸、使用过的液体包装纸（利乐包）。废纺织原料，包括其他动物细毛的落毛，其他动物细毛废料（包括废纱线，不包括回收纤维），其他动物粗毛废料（包括废纱线，不包括回收纤维），其他动物细毛或粗毛的回收纤维，废棉纱线（包括废棉线），棉的回收纤维，其他废棉，合成纤维废料（包括落绵、废纱及回收纤维），人造纤维废料（包括落绵、废纱及回收纤维），新的或未使用过的纺织材料制经分拣的碎织物等（新的或未使用过的，包括废线、绳、索、缆及其制品），新的或未使用过的纺织材料制其他碎织物等（新的或未使用过的，包括废线、绳、索、缆及其制品）。金属和合金废碎料，包括不锈钢废碎料，钨废碎料，镁废碎料，其他未锻轧铋废碎料，钛废碎料、锆废碎料、未锻轧锗废碎料、未锻轧的钒废碎料、铌废碎料、未锻轧的铪废碎料、未锻轧的稼、铼废碎料、碳化钨废碎料，混合金属废物，包括废汽车压件，以回收钢铁为主的废五金电器，以回收铜为主的废电机等（包括废电机、电线、电缆、五金电器），以回收铝为主的废电线等（包括废电线、电缆、五金电器），供拆卸的船舶及其他浮动结构体。

（2）非限制进口类固体废物目录

非限制进口类固体废物包括：

木及软木废料，包括木屑棒，其他锯末、木废料及碎片，软木废料。金属和金属合金废碎料，包括金的废碎料，包金的废碎料（但含有其他贵金属除外），铂及包铂的废碎料（但含有其他贵金属除外，主要用于回收铂），铸铁废碎料，其他合金钢废碎料，镀锡钢铁废碎料，机械加工中产生的钢铁废料（机械加工指车、刨、铣、磨、锯、锉、剪、冲加工），未列明钢铁废碎料、供再熔的碎料钢铁锭，其他铜废碎料，镍废碎料，其他铝废碎料，锌废碎料，锡废碎料，钽废碎料。

（三）管理规定

1. 进口固体废物一般性规定

（1）进口固体废物应当采取防扬散、防流失、防渗漏或者其他防止污染环境的措施。进口固体废物的装运、申报应当符合海关规定。申请和审批进口固体废物，按照风险最小化原则，实行“就近口岸”报关。

（2）禁止进口列入禁止进口目录的固体废物，进口列入限制进口目录的固体废物，必须取得固体废物进口相关许可证。除另有规定外，对限制进口类可用做原料的固体废物，应当持固体废物进口相关许可证和出入境检验检疫机构出具的“入境货物通关单”等有关单证向海关办理进口验放手续；对非限制进口类可用做原料的固体废物，应当持出入境检验检疫机构出具的“入境货物通关单”等有关单证向海关办理进口验放手续。

（3）加工贸易进口固体废物，应持国家环境保护部签发的固体废物进口许可证向海关办理加工贸易货物备案手续。加工贸易进口料件在加工生产过程中产生的可再利用的边角废料不属于管理范畴，对此类废料内销，海关不验核固体废物进口许可证和入境货物通关单。以加工贸易方式进口的固体废物或者加工成品因故无法出口需内销的，加工贸易企业无须再次申领固体废物进口许可证，未经加工的原进口固体废物仅限留作本企业自用。

（4）废金属、废塑料、废纸进口时实施分类装运管理。上述固体废物不得与其他固体废物及不属于固体废物的货物混合装运于同一集装箱内。以集装箱装载的进口的上述固体废物按应“重点固体废物类别表”的分类要求，对A-K类重点固体废物分开装载，进行压扎、打捆、包装等简单装运前处理，并按规范申报的要求逐项申报。集装箱内夹杂其他类别的上述固体废物的重量占该集装箱货物装载量2%及以下的，不视为混装。

（5）维修产生纳入《限制进口类可用作原料的废物目录》的废弃航材、废钢等，申报单位持固体废物进口许可证向海关办理报关手续。维修产生的非目录管理的，应由维修企业退运出境；无法退运且确需在境内销毁或处置的，应在海关监管下，交由当地环保部门认可的有处理能力的企业或单位进行无害化处置，由维修企业承担有关处理费用。

（6）海关怀疑进口货物的收货人申报的进口货物为固体废物的，可以要求收货人送口岸检验检疫部门进行固体废物属性检验，必要时，海关可以直接送口岸检验检疫部门进行固体废物属性检验，并按照检验结果作相应处理。口岸检验检疫部门应出具检验结果，并注明是否属于固体废物。

海关、质检、环保部门及相关单位及个人可委托中国环境科学研究院固体废物污染控制技术研究所、中国海关化验室和深圳出入境检验检疫局工业品检测技术中心再生原料检验鉴定实验室等3家鉴定机构对进口物品或拟进口物品的固体废物属性进行鉴别。

检验或者鉴别期间，海关不接受企业担保放行的申请，对货物在检验或者鉴别期间产生的相关费用及损失，由进口货物的收货人自行承担。

（7）具备一定条件的进口固体废物“圈区管理”园区内加工利用企业，在经海关总署批准同意后，按照转关运输有关规定开展进口固体废物转关业务。具体规定包括：

①进口固体废物的转关进境地为指定进口固体废物口岸。

②进口固体废物的检验检疫在转关进境地实施。

③进口固体废物的转关指运地为经国家环保部门批准设立，并通过国家环保等部门验收合格的进口固体废物“圈区管理”园区。

④进口固体废物的转关进境地监管场所，以及进口固体废物“圈区管理”园区内的大型集装箱检查设备已安装到位并交付使用。

⑤进口固体废物“圈区管理”园区已实现海关驻点监管，并具备严格执行“三个100%”查验、转关100%验封、机动巡查、视频监控等现场作业监管的条件。

⑥转关至“圈区管理”园区的进口固体废物仅限专供园区内企业加工利用的固体废物。

2. 进口固体废物禁止性规定

（1）禁止中华人民共和国境外的固体废物进境倾倒、堆放、处置。禁止固体废物转口贸易。未取得固体废物进口许可证的进口固体废物不得存入海关特殊监管区域和保税监管场所。海关特殊监管区域和保税监管场内单位不得以转口货物为名存放进口固体废物。除另有规定外，进口固体废物不得办理转关手续（废纸除外）。

（2）禁止进口危险废物。禁止经中华人民共和国过境转移危险废物。禁止进口以热能回收为目的的固体废物、不能用做原料或者不能以无害化方式利用的固体废物、境内产生量或者堆存量大且尚未得到充分利用的固体废物、尚无适用国家环境保护控制标准或者相关技术规范等强制性要求的固体废物、列入禁止进口目录的固体废物。禁止以凭指示交货（TO ORDER）方式承运固体废物入境。

（3）国家禁止或限制进口的废物、对环境造成污染的货物不得声明放弃。

（4）不符合《限制进口类可用作原料的固体废物目录》或非限制进口类固体废物目录相应“其他要求或注释”中规定的进口固体废物，按照禁止进口固体废物管理，口岸检验检疫机构不予签发入境货物通关单，海关不予放行并依法责令进口者或承运人实施退运。

3. 海关特殊监管区域和保税监管场所相关规定

（1）固体废物从境外进入海关特殊监管区域和保税监管场所时，有关单位应当申领固体废物进口许可证，并申请检验检疫。固体废物从海关特殊监管区域和保税监管场所进口到境内区外或者在海关特殊监管区域和保税监管场所之间进出的，无须办理固体废物进口许可证。

（2）海关特殊监管区域和保税监管场所内单位产生的未复运出境的残次品、废品、边角料、受灾货物等，如属于限制进口的固体废物，其在境内与海关特殊监管区域和和保税监管场所之间进出，或者在海关特殊监管区域和保税监管场所之间进出，免予提交固体废物进口许可证，出入境检验检疫机构不实施检验。

（3）海关特殊监管区域和保税监管场所内单位产生的未复运出境的残次品、废品、边角料、受灾货物等，如属于禁止进口的固体废物，需出区进行利用或者处置的，应由产生单位或收集单位向海关特殊监管区域和保税监管场所行政管理部门和所在地设区的市级环境保护行政主管部门提出申请。出入境检验检疫机构凭海关特殊监管区域和保税监管场所行政管理部门和所在地设区的市级环境保护行政主管部门的批准文件办理通关单，并对固体废物免予实施检验。海关凭海关特殊监管区域和保税监管场所行政管理部门和所在地设区的市级环境保护行政主管部门的批准文件按规定办理有关手续。

（4）海关特殊监管区域和保税监管场所内单位产生的固体废物，出区跨省转移、贮存、处置的，须按照《中华人民共和国固体废物污染环境防治法》第二十三条的规定向有关省、自治区、直辖市环境保护行政主管部门提出申请。

海关特殊监管区域和场所内单位产生的固体废物是危险废物或者废弃电器电子产品的，出区时须依法执行危险废物管理或者废弃电器电子产品管理的有关制度。

（5）海关特殊监管区域和保税监管场所内单位不得以转口货物为名存放进口固体废物。

4. 特殊情况的处理

（1）将境外的固体废物进境倾倒、堆放、处置的，进口属于禁止进口的固体废物或者未经许可擅自进口固体废物的，以及检验不合格的进口固体废物，由口岸海关依法责令进口者或者承运人在规定的期限内将有关固体废物原状退运至原出口国（地区），进口者或者承运人承担相应责任和费用，并不免除其办理海关手续的义务，进口者或者承运人不得放弃有关固体废物。收货人无法确认的进境固体废物，由承运人向海关提出退运申请或者可以由海关依法责令承运人退运，承运人承担相应责任和费用，并不免除其办理海关手续的义务。

对当事人拒不退运或者超过3个月不退运出境的固体废物，口岸海关会同口岸出入境检验检疫机构和口岸所在地环境保护行政主管部门对进口者或者承运人采取强制措施予以退运。

（2）对确属无法退运出境或者海关决定不予退运的固体废物，经进口者向口岸海关申请（进口者不明时由承运人或者负有连带责任的第三人申请），参考就近原则，由海关以拍卖或者委托方式移交省、自治区、直辖市环境保护行政主管部门认定的具有无害化利用或者处置能力的单位进行综合利用或者无害化处置，相关滞港费用和处置费用由进口者承担，进口者不明的由承运人承担。对委托综合利用或者无害化处置扣除处理费用后产生的收益，应当由具有无害化利用或者处置能力的单位交由海关上缴国库。

①对于国家禁止进口的固体废物或者无法进行加工、回收处理的固体废物，海关应根据省级环保部门提出的处理意见，及时联系省级环保部门认可的具备相应固体废物无害化处置能力的单位，对固体废物作销毁、焚毁、填埋等处置，海关应在地级以上环保部门的监督下办理有关固体废物的

移交手续。各级海关不得拍卖国家禁止进口的固体废物，特殊情况下需要拍卖的，应报经海关总署财务部门批准。

②对于国家限制进口类可用作原料的固体废物或非限制进口类固体废物，海关应根据省级环保部门提出的处理意见，按规定程序，组织具备固体废物加工、回收、处理能力且取得相应固体废物进口许可证的单位进行公开竞买及拍卖活动；对于流拍的固体废物，海关可商省级环保部门按上述要求另行处理。海关应为地级以上环保部门的监督下与竞买中标单位或接受指定单位办理有关固体废物的移交手续。

5. 固体废物进口许可证联网核查管理

固体废物进口许可证实行电子数据联网核查，审核固体废物进口许可证要求如下：

（1）除进口废纸外，其他固体废物进口口岸应为固体废物进口许可证核准的直属海关关区内进境地口岸。

（2）固体废物进口许可证实行“一证一关”管理。“一证一关”指固体废物进口相关许可证只能在一个海关报关

（3）一份进口货物报关单仅对应一份固体废物进口许可证。

①一般情况下，固体废物进口许可证为“非一批一证”制，如要实行“一批一证”，应当同时在固体废物进口许可证备注栏内打印“一批一证”字样。

“非一批一证”的固体废物进口许可证可用于多次报关，每批废物进口时，海关按其实际进口数量进行纸质单证和电子数据核扣，纸质单证海关签注栏目填满后，不论固体废物进口许可证是否仍有余额，许可证电子数据作手工结案处理。

②每次报关时，海关留存固体废物进口许可证复印件与报关单归档；最后一次报关时，海关收回固体废物进口许可证正本，并与报关单一并归档。

（4）进口废物溢装数量按该固体废物进口许可证实际余额并在规定的溢装上限3%内计算。

（5）进口报关单上申报的计量单位应与固体废物进口许可证证面计量单位一致。

（6）固体废物进口许可证当年有效。固体废物进口许可证应当在有效期内使用，无论是否使用完毕，逾期均自行失效。

固体废物进口许可证因故在有效期内未使用完的，利用企业应在有效期届满30日前向发证机关提出延期申请。发证机关扣除已使用的数量后，重新签发固体废物进口许可证，并在备注栏中注明“延期使用”和原证证号。固体废物进口许可证只能延期一次，延期最长不超过60日。

自2014年1月26日起，国家环境保护部将“圈区管理”园区内企业进口废五金类废物许可证的有效期限自动延期至第二年2月底，具体企业由国家环境保护部确定。上述自动延期固体废物进口许可证的有效期将在纸质证件和电子数据中体现，各海关业务现场验核有效期内的固体废物进口许可证，按现行规定办理相关手续。

（7）固体废物进口许可证上载明的事项发生变化的，利用企业应当按照申请程序重新申请领取固体废物进口许可证，发证机关受理申请后，注销原证，并公告注销的证书编号。

6. 固体废物进口许可证在报关单“随附单证”代码栏填报监管证件代码“P”，在编号栏填报固体废物进口许可证号。

7. 广东省内企业从省内口岸进口固体废物（废纸除外，下同；以下简称废料）实施“就近口岸”报关。

（1）企业原则上应选择其所在地直属海关辖区内的废料进口口岸，也可按照合理运输路线在相邻直属海关辖区内选择1至2个废料进口口岸进口，但废料进口口岸（4位关区代码）总量不超过3个。

（2）环保部门按照“就近口岸”报关原则对企业进口废料的申请进行审批并确定其进口口岸。对于应当列入重点环境风险监管企业名录内的企业，进口口岸一经确定，同一公历年度内不得变更。其他企业在同一公历年度内可变更废料进口口岸1次。对变更废料进口口岸的，环保部门及时将有关企业信息通报海关，环保、海关等部门要加强风险监管。

（3）经海关评定适用高级认证企业管理的利用企业，可在广东省的任意废料进口口岸进口。

（4）企业进口废料时，应在固体废物进口许可证所列的“报关口岸”办理进口报关等海关手续。

8. 对归入39.01-39.14项下的“已制成初级形态的单一的热塑材料废碎料及下脚料”，海关应当验核“商品编码”栏目为39.15项下的固体废物进口许可证，有关联网核查事宜，需进行人工处理并进行纸面证件核扣。应加强39.01-39.14项下进口货物的审核，防止漏核该项下的货物的相关证件。

9. 海关总署对固体废物进口口岸进行了调整并汇编目录，目录内口岸可开展进口固体废物业务。

十九、有毒化学品进出口环境管理放行通知单管理

（一）定义

有毒化学品进出口环境管理放行通知单是指环境保护部门依法对纳入《中国严格限制进出口的有毒化学品目录》管理的化学品实施进出口环境管理，签发的准予有关化学品进出口的许可证件。

有毒化学品进出口环境管理放行通知单监管证件代码为“X”。

（二）适用范围

1. 纳入《中国严格限制进出口的有毒化学品目录》管理的化学品详见环境保护部、海关总署公告2013年第85号。

2. 食品添加剂、医药、兽药、化妆品、放射性物质不列入本管理范围。

3. 纳入《禁止进口货物目录》和《禁止出口货物目录》的有毒化学品详见商务部、海关总署、国家环境保护总局（现环境保护部）公告2005年第116号。

4. 术语含义。

（1）化学品，是指人工制造的或者从自然界取得的化学物质，包括化学物质本身、化学混合物或者化学配制物中的一部分，以及作为工业化学品和农药使用的物质。

（2）禁止的化学品，是指因损害健康和环境而被完全禁止使用的化学品。

（3）严格限制的化学品，是指因损害健康和环境而被禁止使用，但经授权在一些特殊情况下仍可使用的化学品。

（4）有毒化学品，是指进入环境后通过环境蓄积、生物累积、生物转化或化学反应等方式损害健康和环境，或者通过接触对人体具有严重危害和具有潜在危险的化学品。

（5）化学品出口、进口，是指通过中华人民共和国海关办理化学品进出口手续的活动，但不包括过境运输。

（三）管理规定

1. 有毒化学品进出口。

（1）进出口列入《中国严格限制进出口的有毒化学品目录》管理的有毒化学品，海关验核环境保护部签发并加盖“中华人民共和国环境保护部化学品进出口环境管理登记审批章”的有毒化学品进出口环境管理放行通知单。

（2）进出口有毒化学品应以有毒化学品进出口环境管理放行通知单所列数量为限，不允许溢装。

（3）有毒化学品进出口环境管理放行通知单实行“一批一证”制，每份通知单在有效期内只能报关使用一次。海关接受报关后收回正本随报关单存档。

（4）有毒化学品进出口环境管理放行通知单实行电子数据联网核查，一份报关单对应一份通知单。

2. 旅客携带工业、农业用化学品进境应严格按照《化学品首次进口及有毒化学品进出口环境管理规定》办理进口手续。

3. 有毒化学品进出口环境管理放行通知单在报关单“随附单证”代码栏填报监管证件代码“X”，在编号栏填报放行通知单号。

二十、农药进出口登记管理放行通知单管理

（一）定义

农药进出口登记管理放行通知单是指农业部及其授权发证机关依法对纳入《中华人民共和国进出口农药管理名录》范围的进出口农药实施登记管理签发的证明文件。

农药进口登记管理放行通知单、农药出口登记管理放行通知单监管证件代码为“S”。

（二）适用范围

1. 农药是指用于预防、消灭或者控制危害农业、林业的病、虫、草和其他有害生物，以及有目的地调节植物、昆虫生长的化学合成或者来源于生物、其他天然物质的一种物质或者几种物质的混合物及其制剂。

2. 实行进出口农药登记管理的农药详见农业部、海关总署公告第 2203 号附件《中华人民共和国进出口农药管理名录》。进出口农药包括原药、制剂或成品。

（三）管理规定

1. 进出口列入《中华人民共和国进出口农药管理名录》管理的农药，海关分别验核农业部农药检定所签发并加盖“中华人民共和国农业部农药审批专用章”的农药进口登记管理放行通知单或农药出口登记管理放行通知单并办理进出口手续。

2. 农药进出口登记管理放行通知单有效期为 3 个月，实行“一批一证”管理，即进出口一批农药产品，办理一份农药进出口登记管理放行通知单，对应一份海关进出口货物报关单。每份证明在有效期内只能使用一次，证明内容不得更改，如需更改须由签发部门换发新证。

农药进出口登记管理放行通知单可在证面签发的直属海关关区内使用。

农药进出口登记管理放行通知单一式两联，第一联由进出口单位交海关办理通关手续，由海关留存，与报关单一并归档；第二联由农业部留存。

3. 自 2010 年 10 月 18 日起，农药进出口管理电子联网核销系统在全国海关正式联网运行。旧版进出口农药登记证明及非农药登记管理证明统一改为新版农药进出口登记管理放行通知单，并实现电子联网核销功能。同时，停止签发进出口农药登记证明及非农药登记管理证明。

4. 农药进口登记管理放行通知单、农药出口登记管理放行通知单在报关单“随附单证”代码栏填报监管证件代码“S”，在编号栏填报农药进出口登记管理放行通知单编号。

二十一、音像制品进口批件管理

（一）定义

音像制品进口批准文件是指国家新闻出版广播电影电视主管部门依法对进口音像制品、广播电影电视节目、加工贸易项下只读类光盘及赴境外加工光盘类产品并返回境内等实施监督管理，签发的准予音像制品进口的许可证件。

进口音像制品批准单或节目提取单监管证件代码为“Z”，对应的许可证件为音像制品（成品）进口批准单、音像制品（版权引进）批准单、进口广播电影电视节目带（片）提取单加工贸易项下光盘进出口批准证、赴境外加工光盘进口备案证明。

（二）适用范围

1. 音像制品是指载有内容的录音带、录像带、唱片、激光唱盘、激光视盘等（不包括非贸易性的音像制品），具体商品名称及商品编号详见原新闻出版总署、海关总署公告2011年第3号。

2. 广播电台、电视台、有线广播电视台、教育电视台、中国电影集团公司、中国电影资料馆及广播电视节目制作经营机构从国外及我国港、澳、台地区进口录有内容的电影胶片、录音带、录像带、唱片、激光唱片、激光视盘等，具体商品名称及商品编号详见《关于加强广播电视节目电影片进口管理的通知》（广发社字〔2000〕91号）附件1。

3. 国家禁止进口载有下列内容的音像制品：

（1）反对宪法确定的基本原则的；

（2）危害国家统一、主权和领土完整的；

（3）泄露国家秘密、危害国家安全或者损害国家荣誉和利益的；

（4）攻击中国共产党、诋毁中华人民共和国政府的；

（5）煽动民族仇恨、民族歧视，破坏民族团结，或者侵害民族风俗、习惯的；

（6）宣扬邪教、迷信的；

（7）扰乱社会秩序，破坏社会稳定的；

（8）宣扬淫秽、赌博、暴力或者教唆犯罪的；

（9）侮辱或者诽谤他人，侵害他人合法权益的；

（10）危害社会公德或者民族优秀文化传统的。

（11）有法律、行政法规和国家规定禁止的其他内容的。

（三）管理规定

1. 音像制品进口。

（1）申请进口音像制品成品及进口用于出版的音像制品，进口单位应持新闻出版广电总局签发的音像制品（成品）进口批准单、音像制品（版权引进）批准单向海关办理音像制品成品或者母带（母盘）的进口手续。

（2）音像制品成品进口业务由新闻出版广电总局批准的音像制品成品进口单位经营，未经新闻出版广电总局批准，任何单位或者个人不得从事音像制品成品进口业务。图书馆、音像资料馆、科研机构、学校等单位进口供研究、教学参考的音像制品成品，应当委托新闻出版广电总局批准的音像制品成品进口经营单位办理进口审批手续。

（3）进口用于展览、展示的音像制品，由展览、展示活动主办单位提出申请，并将音像制品目录和样片报新闻出版广电总局审查，海关按暂时进口货物管理。

用于展览、展示的进口音像制品确需在境内销售、赠送的，在销售、赠送前，必须依照《音像制品进口管理办法》的规定按成品进口重新办理批准手续。

（4）新闻出版广电总局音像制品（成品）进口批准单、新闻出版广电总局音像制品（版权引进）批准单为“一批一证”，不得多次使用，证面内容不得更改。其中，属于音像制品成品的，音像制品（成品）进口批准单当年有效；属于用于出版的音像制品的，音像制品（版权引进）批准单有效期限为1年。

（5）非经营音像制品性质的单位进口用于本单位宣传、培训及广告等目的的音像制品，应当按照海关的要求交验音像制品（成品）进口批准单、合同、有关报关单证及其他需要提供的文件；数量总计在200盘以下的，可以免领音像制品（成品）进口批准单。

（6）随机器设备同时进口及进口后随机器设备复出口的记录操作系统、设备说明、专用软件等内容的音像制品，免领新闻出版广电总局音像制品（成品）进口批准单、新闻出版广电总局音像制品（版权引进）批准单，海关验核进口单位提供的合同、发票等有效单证，并按规定办理通关手续。

（7）对于个人自用的音像制品，无论是个人携带还是邮寄入境，单碟（盘）每人每次20盘以下的，海关予以免税验放；超过20盘但仍在合理数量以内属于个人自用的，海关对超出规定数量的部分征税后放行；每人每次携带、邮寄单碟（盘）发行的音像制品进境超过100盘或每人每次携带、邮寄成套发行的音像制品进境超过10套的，海关对全部进境音像制品按照进口货物办理相关手续。

2. 广播电影电视节目进口。

（1）不论以何种贸易方式进口广播电影电视节目，海关均验核新闻出版广电总局授权机构核发的进口广播电影电视节目带（片）提取单及其他有关单证，并按规定办理报关验放手续。

（2）电影片进口业务由新闻出版广电总局指定电影进口经营单位经营，未经指定，任何单位或者个人不得经营电影进口业务。

（3）进口广播电影电视节目带（片）提取单为“一批一证”，不得多次使用，证面内容不得修改。进口广播电影电视节目带（片）提取单必须在证面注明的口岸使用，不得转让。

（4）经批准在中国境内举办中外电影展、国际电影节的境外参展电影片，举办者应当持新闻出版广电总局的批准文件到海关办理临时进口手续。

3. 加工贸易进出口只读类光盘。

（1）加工贸易进出口只读类光盘，须经省、自治区、直辖市新闻出版广电行政主管部门审核。申请单位须向所在地省、自治区、直辖市新闻出版广电行政主管部门提出申请并提供样品备案，经批准后，省级新闻出版广电行政主管部门开具“加工贸易项下光盘进出口批准证”，海关验核省级新闻出版广电行政主管部门签发的“加工贸易项下光盘进出口批准证”，并按规定办理只读类光盘的进出口验放手续。

（2）加工贸易项下光盘进出口批准证须一次性报关，不得涂改、转让。

（3）加工贸易进口只读类光盘（包括纯光盘产品和配套光盘产品）如无法出口，不得申请内销，由海关移交新闻出版广电行政主管部门，新闻出版广电行政主管部门予以监督销毁，并向海关出具相关证明，海关凭该证明并按规定办理核销结案手续。

4. 赴境外加工并返回境内的光盘类产品。

境内出版单位出版的音像电子出版物赴境外加工光盘类产品（含黑胶唱片）并返回境内的，须向所在地省级新闻出版广电行政主管部门提供拟入境产品的内容进行备案。备案后，省级新闻出版广电行政主管部门开具“赴境外加工光盘进口备案证明”。出版单位向海关办理赴境外加工并返回国内光盘类产品（商品编码为8523499000或8523801100）进口报关纳税手续时，须交验“赴境外加工光盘进口备案证明”，海关按现行规定办理验放手续。

“赴境外加工光盘进口备案证明”所列申请单位应与进口货物报关单收发货人或消费使用单位一致；所进口光盘“商品名称”、“规格型号”等内容应与进口货物报关单相应内容一致；报关进口数量应当在申请进口数量范围之内。“赴境外加工光盘进口备案证明”实行“一批一证”管理，每份进口货物报关单仅适用一份“赴境外加工光盘进口备案证明”；“赴境外加工光盘进口备案证明”仅限在有效期内一次使用。

5. 新闻出版广电总局音像制品（成品）进口批准单、新闻出版广电总局音像制品（版权引进）批准单、进口广播电影电视节目带（片）提取单、加工贸易项下光盘进出口批准证、赴境外加工光盘进口备案证明在报关单“随附单证”代码栏填报监管证件代码“Z”，编号栏填报上述相关证件编号。

二十二、黄金及其制品进出口准许证管理

（一）定义

黄金及其制品进出口准许证或批件是指中国人民银行总行或其授权的中国人民银行分支机构依法对列入《黄金及黄金制品进出口管理商品目录》的进出口黄金及其制品实施监督管理，并签发的准予进出口的许可证件。

中国人民银行黄金及黄金制品进出口准许证监管证件代码为“J”。

（二）适用范围

1. 黄金及其制品指列入《黄金及黄金制品进出口管理商品目录》的氯化金、氯化金钾（含金40%）等［包括氰化亚金（I）钾（含金68.3%）、氰化亚金（III）钾（含金57%）］，其他金化合物（不论是否已有化学定义），非货币用金粉，非货币用未锻造金（包括镀铂的金），非货币用半制成金（包括镀铂的金），货币用未锻造金（包括镀铂的金），镶嵌钻石的黄金制首饰及其零件（不论是否包、镀其他贵金属），镶嵌濒危物种制品的金首饰及其零件（不论是否包、镀其他贵金属），其他黄金制首饰及零件（不论是否包、镀其他贵金属），其他贵金属制金器及零件（工艺金章、摆件等，不论是否包、镀贵金属），金质铸币（金质贵金属纪念币），黄金表壳（按重量计含金量为80%及以上），黄金表带（按重量计含金量为80%及以上）。

2. 法人、其他组织以下列贸易方式进出口黄金及黄金制品的。应当按照《黄金及黄金制品进出口管理办法》办理中国人民银行黄金及黄金制品进出口准许证：

（1）一般贸易；

（2）加工贸易转内销及境内购置黄金原料以加工贸易方式出口黄金制品的；

（3）海关特殊监管区域、保税监管场所与境内区外之间进出口的。

个人、法人或者其他组织因公益事业捐赠进口黄金及黄金制品的，应当按照《黄金及黄金制品进出口管理办法》办理中国人民银行黄金及黄金制品进出口准许证。

3. 以下列方式进出的黄金及黄金制品免予办理中国人民银行黄金及黄金制品进出口准许证，由海关实施监管：

（1）通过加工贸易方式进出的；

（2）海关特殊监管区域、保税监管场所与境外之间进出的；

（3）海关特殊监管区域、保税监管场所之间进出的；

（4）以维修、退运、暂时进出境方式进出境的。

（三）管理规定

1. 列入《黄金及黄金制品进出口管理商品目录》的黄金及其制品进出口通关时，海关验核中

国人民银行总行或其授权的中国人民银行分支机构签发的中国人民银行黄金及黄金制品进出口准许证，并按规定办理通关验放手续。

2. 海关特殊监管区域、保税监管场所与境外间进出口的黄金及其制品，海关特殊监管区域、保税监管场所之间进出口的黄金及其制品，免予办理中国人民银行黄金及黄金制品进出口准许证，由海关实施监管。

3. 从海关特殊监管区域、保税监管场所进入境内区外的黄金及其制品，应当办理中国人民银行黄金及黄金制品进出口准许证。

从境内区外进入海关特殊监管区域、保税监管场所的黄金及其制品，应当办理中国人民银行黄金及黄金制品进出口准许证。

4. 捐赠进口黄金及其制品，海关验核中国人民银行总行签发的中国人民银行黄金及黄金制品进出口准许证，并按规定办理通关验放手续。

5. 金质铸币（包括金质贵金属纪念币）进出口由中国人民银行指定机构办理。

进出口金币（仅限于硬币或纪念币，不包括具有钱币学收集意义的硬币及纪念币），海关验核中国人民银行授权机构签发的中国人民银行黄金及黄金制品进出口准许证和盖有中国金币总公司印章的进出口货物报关单，并按规定办理通关验放手续。金币的进出境仅限北京、沈阳、上海、广州、深圳、拱北口岸。

6. 中国人民银行黄金及黄金制品进出口准许证实行“一批一证”与“非一批一证”管理。

（1）中国人民银行黄金及黄金制品进出口准许证实行“一批一证”，自签发之日起 40 个工作日内使用。被许可人有正当理由需要延期的，可以在凭证有效期届满 5 个工作日前持原证向发证机构申请办理一次延期手续。

（2）2016 年 6 月起，实行中国人民银行黄金及黄金制品进出口准许证“非一批一证”管理试点。实行中国人民银行黄金及黄金制品进出口准许证“非一批一证”管理试点海关为北京、上海、广州、南京、青岛、深圳海关。其他海关，仍按照现行规定办理。

实行“非一批一证”的中国人民银行黄金及黄金制品进出口准许证可以在有效期内不超过规定数量和批次报关使用。具体做法是，海关在中国人民银行黄金及黄金制品进出口准许证正本背面“海关验放签注栏”内逐笔签注核减进（出）口的数量，报关批次最多不超过 12 次。

“非一批一证”中国人民银行黄金及黄金制品进出口准许证自签发之日起 6 个月内有效，逾期自行失效。

在“非一批一证”中国人民银行黄金及黄金制品进出口准许证允许进（出）口的数量、批次未使用完之前，海关留存每次已签注的“非一批一证”中国人民银行黄金及黄金制品进出口准许证复印件。“非一批一证”中国人民银行黄金及黄金制品进出口准许证允许进（出）口的数量、批次核扣完毕，由海关收存。

7. 加工贸易进出口黄金及其制品，不需要提交中国人民银行黄金及黄金制品进出口准许证。加工贸易进出口黄金及其制品经批准内销时，需验核中国人民银行黄金及黄金制品进出口准许证，并按规定办理内销手续。

境内购置黄金原料以加工贸易方式出口黄金制品的，企业应当在加工贸易手册设立（变更）时向海关申报境内购置黄金情况，并提交中国人民银行黄金及黄金制品进出口准许证。

8. 黄金及黄金制品进出口准许证在报关单“随附单证”代码栏填报监管证件代码“J”，编号栏填报黄金及黄金制品进出口准许证编号。

二十三、 银行调运外币现钞进出境证明文件/人民币现钞进出境许可证管理

（一）定义

银行调运外币现钞进出境证明文件是指国家外汇管理局及其分支局依法对银行经营外汇业务需要调运在流通中使用的外币现钞进出境实施监督管理，签发的准予调运外币现钞进出境的证明文件。

银行调运人民币现钞进出境许可证是指中国人民银行总行及其授权的分支机构依法对银行调运人民币现钞进出境实施监督管理，签发的准予调运人民币进出境的许可证件。

银行调运外币现钞进出境证明文件和银行调运人民币现钞进出境许可证监管证件代码为“T”。

（二）适用范围

银行经营外汇业务需要将外币现钞（包括纸币及硬币）调出境外或从境外调入的，适用《银行调运外币现钞进出境管理规定》。

境内机构进出口外币现钞或硬币用作纪念币等银行日常经营业务之外用途的，不适用《银行调运外币现钞进出境管理规定》。

（三）管理规定

1. 调运进出境的货币现钞是指在流通中使用的外币和人民币，包括各种面额的纸币和硬币。

国家外汇管理局负责印制统一编号的调运外币现钞进出境证明文件，并将调运外币现钞进出境证明文件样式送交海关总署备案。

2. 调运外币现钞进出境，由经办银行办理调运现钞进出境海关手续。

（1）银行可在北京、上海、福州、深圳、乌鲁木齐、拱北、昆明、长春、哈尔滨海关等口岸海关办理外币现钞进出境手续。

如需通过其他直属海关口岸进出境的，首家银行提出申请时，口岸所在地国家外汇管理局分局或管理部（外汇分局）应书面通知当地直属海关，并各自向国家外汇管理局和海关总署备案后办理。

银行在拟调运外币现钞进出境的直属海关所在地未设立分支机构的，可以向本行所在地外汇分局提出申请，由所在地外汇分局转报国家外汇管理局；国家外汇管理局批准时，应抄送海关总署、直属海关和直属海关所在地外汇分局。

银行变更银行签章样本和有权签字人签字样本，应向所在地外汇分局事先备案，所在地外汇分局应负责抄送所在地直属海关。涉及《银行调运外币现钞进出境管理规定》第七条所述异地直属海关的，所在地外汇分局应报送国家外汇管理局，由国家外汇管理局抄送海关总署和异地直属海关。

（2）银行或其委托海关准予注册登记的报关企业办理外币现钞进出境业务报关手续时，应持银行填制的经国家外汇管理局签章的调运外币现钞进出境证明文件。海关在办理相关手续时，若发现问题，当地外汇局应配合解决相关问题。

（3）各海关应于每年一月向海关总署报送上年度调运外币现钞整体监管情况。

（4）银行丢失调运外币现钞进出境证明文件的，应当及时向所在地外汇局和外币现钞进出境直属海关备案。经备案丢失的调运外币现钞进出境证明文件不得再凭以办理外币现钞进出境。

（5）符合条件的其他机构，经批准后，参照《银行调运外币现钞进出境管理规定》办理调运外币现钞进出境业务。

天津渤海通汇货币兑换有限公司、通济隆外币兑换（中国）有限公司、北京联合货币兑换有限公司经批准开展调运外币现钞进出境及外币批发业务。

（6）调运外币现钞进出境证明文件自调运机构有权签字人签发之日起 10 日内有效。

3. 调运人民币现钞进出境，由经办银行办理人民币现钞进出境海关手续。

（1）调运人民币现钞进出境时，海关验核授权银行签发的银行调运人民币现钞进出境许可证，并按规定办理通关验放手续。

（2）银行调运人民币现钞进出境许可证实行“一批一证”，证面内容不得更改，如需更改，应到发证部门换发新证。

4. 调运外币、人民币现钞进出境报关单的填报要求：

（1）监管方式为“其他”（监管方式代码：9900），征免性质为“一般征税”（征免性质代码：101）；

（2）商品名称统一填报“流通中的货币现钞”，商品编码为“98013000”；

（3）数量填报货币现钞的重量，计量单位“千克”（代码：035），总价填报货币总值，单价由计算机自动计算；

（4）其他栏目按《中华人民共和国海关进出口货物报关单填制规范》的有关规定填报。

5. 调运外币现钞进出境证明文件、银行调运人民币现钞进出境许可证分别在报关单“随附单证”代码栏填报监管证件代码“T”，在编号栏填报相应的许可证件编号。

二十四、 民用爆炸物品进/出口审批单管理

（一）定义

民用爆炸物品进/出口审批单是指国家民用爆炸物品行政主管部门依法对民用爆炸物品的进出口实行统一管理，签发的准予进出口的批准文件。

民用爆炸物品进/出口审批单暂未设监管证件代码。

（二）适用范围

1. 民用爆炸物品是指用于非军事目的、列入民用爆炸物品品名表的各类火药、炸药及其制品和雷管、导火索等点火、起爆器材。

2. 民用爆炸物品包括：

（1）工业炸药：硝化甘油炸药、铵梯类炸药等 27 种；

（2）工业雷管：工业火雷管、工业电雷管等 10 种；

（3）工业索类火工品：工业导火索、工业导爆索等 5 种；

（4）其他民用爆炸物品：安全气囊用点火具、其他特殊用途点火具等 5 种；

（5）原材料：梯恩梯（TNT）、硝酸铵等 11 种，以及工业和信息化部、公安部认为需要管理的其他民用爆炸物品。

具体品种参见“民用爆炸物品品名表”（原国防科工委、公安部公告 2006 年第 1 号）。

（三）管理规定

1. 工业和信息化部负责民用爆炸物品进出口的审批。公安机关负责民用爆炸物品境内运输的安全监督管理。海关负责民用爆炸物品进出口环节的管理。

2. 取得“民用爆炸物品生产许可证”的企业可以申请进口用于本企业生产的民用爆炸物品原材料（含半成品），出口本企业生产的民用爆炸物品（含半成品）。取得“民用爆炸物品销售许可证”的企业可以申请进出口其“民用爆炸物品销售许可证”核定品种范围内的民用爆炸物品。

3. 企业进出口民用爆炸物品，应当向工业和信息化部提出申请。进出口企业报关时应当向海关提交两份“民用爆炸物品进/出口审批单”，海关签注实际进出口的商品数量后，由现场海关和企业

分别留存。

“民用爆炸物品进/出口审批单”实行“一批一单”和“一单一关”管理。

4. 民用爆炸物品在海关特殊监管区域或者场所与境外之间进出的，应当办理审批手续，接受监督和管理。民用爆炸物品在海关特殊监管区域或者场所与境内之间进出的，或者在海关特殊监管区域或者场所之间进出的，无需办理“民用爆炸物品进/出口审批单”。

5. 对外经济援助或在境外承包工程项下出口民用爆炸物品、外商承包工程项下进口民用爆炸物品，以及在我国境内的外资企业进口或出口民用爆炸物品，均纳入民用爆炸物品进出口管理，进出口时应向海关提交“民用爆炸物品进/出口审批单”。

6. 海关无法确认进出口物品是否属于民用爆炸物品的，由进出口企业将样品送交具有民用爆炸物品检测资质的机构鉴定，海关根据鉴定意见办理进出口手续。检测机构确认是民用爆炸物品的，需在鉴定报告中说明送检物品的成分、性质等内容，并按照“民用爆炸物品品名表”对送检物品进行判定和归类。

7. “民用爆炸物品进/出口审批单”项下物品未能全部进出口且剩余部分仍需执行的，进出口企业应当提交申请文件和海关签注的原审批单或者报关单，向工业和信息化部申请换领剩余数量的“民用爆炸物品进/出口审批单”。

8. 进出口企业申请退运民用爆炸物品时，应当向工业和信息化部办理进/出口审批手续。工业和信息化部审核通过后核发“民用爆炸物品进/出口审批单”，其中“申请进/出口用途及理由”标明“退运货物”。退运报关时，海关对所退运的货物进行审核验放。

9. 企业出口硝酸铵，应当向注册地省级民用爆炸物品行业主管部门申请办理出口审批手续。

10. 暂停进口氯酸钾。

11. “民用爆炸物品进/出口审批单”编号填报在报关单“备注”栏。

12. “民用爆炸物品进/出口审批单”的有效期为签发之日起6个月。需延期或者变更审批事项的，进出口企业应当向工业和信息化部提交申请文件，并凭原审批单换领新审批单。每单仅限延期一次，延期时间不超过6个月。

二十五、密码产品和含有密码技术设备进口许可证管理

（一）定义

密码产品和含有密码技术设备进口许可证，是指国家密码管理局对列入《密码产品和含有密码技术的设备进口管理目录》的进口密码产品和含有密码技术的设备及暂未列入目录但含有密码技术的商品实施监督管理并签发的准予进口的许可证件。

密码产品和含有密码技术设备进口许可证监管证件代码为“M”。

（二）适用范围

适用于对不涉及国家秘密内容的信息进行加密保护或者安全认证所使用的密码产品和含有密码技术的设备，包括《密码产品和含有密码技术的设备进口管理目录》中所列商品及其他暂未列入目录但含有密码技术的商品。列入《密码产品和含有密码技术的设备进口管理目录》的商品包括：静电感光式多功能一体加密传真机（可与自动数据处理设备或网络连接）、其他多功能一体加密传真机（兼有打印、复印中一种及以上功能的机器）、其他加密传真机（可与自动数据处理设备或网络连接）、无绳加密电话机、其他加密电话机、光通讯加密路由器、非光通讯加密以太网络交换机、非光通讯加密路由器及密码机、密码卡（不包括数字电视智能卡、蓝牙模块和用于知识产权保护的加密狗）。

（三）管理规定

1. 对列入《密码产品和含有密码技术的设备进口管理目录》的商品，以及含有密码技术但暂未列入管理目录的商品办理进口手续时，海关应验核国家密码管理局签发的密码产品和含有密码技术设备进口许可证。

2. 中国公民、法人和其他组织都应当使用国家密码管理局准予销售的商用密码产品，不得使用自行研制的或境外生产的密码产品。

3. 外商投资企业（包括中外合资经营企业、中外合作经营企业、外资企业、外商投资股份有限公司等）确因业务需要，必须使用境外生产的密码产品与境外进行互联互通的，经国家密码管理局批准，可以使用境外生产的密码产品。

外商投资企业申请使用的密码产品需要从境外进口的，应当申请办理密码产品和含有密码技术设备进口许可证。密码产品入境时，外商投资企业应当向海关如实申报并持密码产品和含有密码技术设备进口许可证向海关办理报关手续。

4. 境外组织或个人（外国驻华使馆、领事机构，国际组织驻华代表机构等享有相应特权和豁免权的机构除外）使用的密码产品需要从境外进口的，应当申请办理密码产品和含有密码技术设备进口许可证。密码产品入境时，境外组织或个人应当向海关如实申报并持密码产品和含有密码技术设备进口许可证向海关办理报关手续。

5. 有下列情形之一的，免予提交密码产品和含有密码技术设备进口许可证：

（1）加工贸易项下为复出口而进口《密码产品和含有密码技术的设备进口管理目录》所列商品的；

（2）由海关监管，暂时进口后复出口的；

（3）从境外进入保税区、出口加工区及其他海关特殊监管区域和保税监管场所及在海关特殊监管区域、保税监管场所之间进出《密码产品和含有密码技术的设备进口管理目录》所列商品的。

6. 从海关特殊监管区域、保税监管场所进入境内区外，需交验密码产品和含有密码技术设备进口许可证。

7. 进口单位知道或者应当知道其所进口的商品含有密码技术，但暂未列入《密码产品和含有密码技术的设备进口管理目录》的，也应当申领密码产品和含有密码技术设备进口许可证。进口时，应主动向海关提交密码产品和含有密码技术设备进口许可证。

8. 在进口环节发现应提交而未提交密码产品和含有密码技术设备进口许可证的，海关按有关规定进行处理。

9. 密码产品和含有密码技术设备进口许可证实行电子数据联网核查，国家密码管理局将密码产品和含有密码技术设备进口许可证的电子数据发送海关，海关将许可证核销数据反馈国家密码管理局。

10. 密码产品和含有密码技术设备进口许可证在报关单“随附单证”代码栏填报“M”，在编号栏填报密码产品和含有密码技术设备进口许可证编号。

二十六、合法捕捞产品通关证明管理

（一）定义

合法捕捞产品通关证明是指农业部对纳入《实施合法捕捞证明的水产品清单》范围的进口水产品实施合法捕捞证明制度并签发的准予进口的批准文件。

合法捕捞产品通关证明监管证件代码为“U”。

（二）适用范围

合法捕捞产品通关证明适用于纳入《实施合法捕捞证明的水产品清单》管理的水产品：

1. 包括冻大眼金枪鱼（大眼金枪鱼）、剑鱼、蓝鳍金枪鱼（大西洋蓝鳍金枪鱼）、南极犬牙鱼（银鲈）等4种15个10位商品编码项下水产品，详见农业部、海关总署公告第1696号。

2. 从俄罗斯进口的部分水产品启用合法捕捞产品通关证明（详见农业部、海关总署公告第2146号），包括：红大麻哈鱼、细磷大麻哈鱼、大麻哈鱼（种）、大鳞大麻哈鱼、银大麻哈鱼、马苏大麻哈鱼、玫瑰大麻哈鱼（太平洋鲑属）；狭鳕（明太鱼）；平鲉属；亚洲箭齿鲽；大西洋庸鲽（庸鲽）；马舌鲽；太平洋鲱鱼；鲪鲉属（叶鳍鲉属）；毛蟹、金霸王蟹（帝王蟹）、仿石蟹（仿岩蟹）、堪察加拟石蟹、短足拟石蟹、扁足拟石蟹、雪蟹、日本雪蟹；粗饰蚶；蚬属；刺参，暗色刺参除外；食用海胆纲。

（三）管理规定

1. 对进入我国关境的冻大眼金枪鱼（大眼金枪鱼）、剑鱼、蓝鳍金枪鱼（大西洋蓝鳍金枪鱼）、南极犬牙鱼（银鲈）等4种水产品（包括进境样品、暂时进口、加工贸易进口），有关单位应向农业部申请合法捕捞产品通关证明，并持加盖“农业部渔业渔政管理局合法捕捞产品证明专用章”的合法捕捞产品通关证明向海关办理相关手续。

从俄罗斯进口红大麻哈鱼、食用海胆纲等部分水产品（包括进境样品、暂时进口、加工贸易进口，以及进入海关特殊监管区域和海关保税监管场所等），有关单位应向农业部申请合法捕捞产品通关证明。进境时，有关单位应主动、如实向海关申报，并在农业部授权单位中国远洋渔业协会通知办结合法捕捞产品通关证明后，向海关办理进口相关手续。

2. 上述水产品从境外进入保税区、出口加工区等海关特殊监管区域、保税监管场所的，海关验核合法捕捞产品通关证明。在海关特殊监管区域、保税监管场所之间进出的，以及从上述海关特殊监管区域和保税监管场所运往境内，无须验核合法捕捞产品通关证明。

3. 对我国远洋捕捞船只自捕的上述水产品，海关亦须验核合法捕捞产品通关证明后办理相关手续。

4. 合法捕捞产品通关证明实行“一批一证”管理，仅供一次报关使用。

5. 合法捕捞产品通关证明涂改无效。

6. 合法捕捞产品通关证明实行电子数据联网核查，农业部不再签发纸质版合法捕捞产品通关证明。有关单位向农业部申请合法捕捞产品通关证明，办结后，农业部授权单位中国远洋渔业协会通知申请单位，并实时将合法捕捞产品通关证明电子数据传输至海关，海关凭电子数据接受企业报关。

7. 合法捕捞产品通关证明在报关单“随附单证”代码栏填报监管证件代码“U”，在编号栏填报合法捕捞产品通关证明编号。

二十七、人类遗传资源出口、出境证明管理

（一）定义

人类遗传资源出口、出境证明是指国务院科学技术行政主管部门和卫生行政主管部门依法对人类遗传资源及人类遗传资源信息资料实行出口管理，签发的准许出口、出境的批准文件。人类遗传资源出口、出境证明暂未设监管证件代码。

（二）适用范围

《人类遗传资源管理暂行办法》所称人类遗传资源是指含有人体基因组、基因及其产物的器官、

组织、细胞、血液、制备物、重组脱氧核糖核酸（DNA）构建体等遗传材料及相关的信息资料。

人类遗传资源暂定范围如下。

1. 人类遗传资源材料

（1）器官（包括心、肝、脾、肺、肾、血管、胰、脑、骨髓等）；

（2）组织（包括皮肤、角膜、组织标本、手术样本等）；

（3）细胞（包括各种细胞）；

（4）制备物（包括 DNA、mRNA、基因组 DNA）；

（5）重组 DNA 构建体（如重组 DNA、文库及克隆等）；

（6）血液（包括血细胞及全血样品）。

2. 人类遗传资源信息资料

（1）纸质载体的手稿、印刷品；

（2）以塑料软片为载体的摄影感光片（纸），包括已曝光已冲洗和已曝光未冲洗；

（3）以磁带或其他媒体为载体的，如激光阅读系统的光盘、磁带等。

（三）管理规定

1. 携带、邮寄、运输人类遗传资源出口或出境时，应如实向海关申报，海关验核中国人类遗传资源管理办公室核发的人类遗传资源出口、出境证明，并按规定办理通关手续。

2. 国家对重要遗传家系和特定地区遗传资源实行申报登记制度，发现和持有重要遗传家系和特定地区遗传资源的单位或个人，应及时向有关部门报告。未经许可，任何单位和个人不得擅自采集、收集、买卖、出口、出境或以其他形式对外提供。

3. 人类遗传资源及有关信息、资料，属于国家科学技术秘密的，必须遵守《科学技术保密规定》。

4. 对涉及我国人类遗传资源的出境尸体，海关在验核有关出口证件时加验中国人类遗传资源管理办公室核发的人类遗传资源出口、出境证明。

5. 人类遗传资源出口、出境证明编号填报在报关单“备注”栏。

二十八、 人体血液进出口批件管理

（一）定义

人体血液进出口批件是指卫生行政主管部门依法对人体血液实行进出口管理，签发的准予进出口的批件或证书。

人体血液进出口批件或证书暂未设监管证件代码。

（二）适用范围

人体血液包括全血、血浆等。

但应注意下列问题：

1. 原料血浆禁止出口，参见本节“二、禁止出口管理”相关内容。

2. 人体血液、组织器官进出口审批属卫生计生委行政许可事项，在相关行政制度改革尚未完成前，上述货物进口时，海关验核入境货物通关单办理进口报关手续。

军队医疗机构办理人体血液、组织器官进口报关手续的，海关验核军队卫生主管部门出具的相关进口批件，并按照上述要求办理进口报关手续。

3. 出口血液制品按一般商品办理出口验放手续。

（三）管理规定

1. 国家禁止出口原料血浆。

2. 海关对进出口人体血液验核国家卫计委的批件或证书，按规定办理验放手续。

人体血液进出口没有国家卫计委的批件或证书，任何单位均不得经营，海关不予放行。

3. 人体血液进出口批件或证书编号填报在报关单“备注”栏。

二十九、钟乳石出口批件管理

（一）定义

钟乳石出口批件是指国土资源行政主管部门授权机构依法对具有特殊科学研究和观赏价值的钟乳石实施出口管理，签发的准予出口的批准文件。

钟乳石出口批件暂未设监管证件代码。

（二）适用范围

1. 钟乳石是指碳酸盐岩地区洞穴内在漫长地质历史和特定地质条件下形成的石钟乳、石笋、石柱等不同形态的碳酸钙沉淀物的总称，是在地球演化的漫长地质历史时期，由于各种内外地质动力作用，形成、发展并遗留下来的珍贵的、不可再生的地质自然遗迹。

2. 观赏用钟乳石只经简单切割等工艺，其加工程度没有达到《税则》第六十八章的要求，也没有矿物学意义的应归入商品编号2530909999；有矿物学研究价值、可供收集和珍藏的钟乳石应归入商品编号9705000090。

（三）管理规定

1. 出口钟乳石必须持有省级人民政府国土资源主管部门的批准文件，海关验核省级人民政府国土资源主管部门的批件，并按规定办理监管验放手续。

2. 钟乳石出口批件编号填报在报关单“备注”栏。

三十、军品出口许可证管理

（一）定义

军品出口许可证是指国家军品出口主管部门依法对列入《军品出口管理清单》范围内的军品及纳入军品管理的货物、民用枪支弹药出口实施监督管理而签发的准予出口的许可证件。

军品出口许可证暂未设监管证件代码。

（二）适用范围

1. 军品出口，是指用于军事目的的装备、专用生产设备及其他物资、技术和有关服务的贸易性出口。警用装备的出口适用《军品出口管理条例》。

2. 国家对列入《军品出口管理清单》范围的军品实施统一的军品出口管理制度，包括轻武器，火炮及其他发射装置，弹药、地雷、水雷、炸弹、反坦克导弹及其他爆炸装置，坦克、装甲车辆及其他军用车辆，军事工程装备与设备，军用舰船及其专用装备与设备，军用航空飞行器及其专用装备与设备，火箭、导弹、军用卫星及其辅助设备，军用电子产品及火控、测距、光学、制导与控制装置，火炸药、推进剂、燃烧剂及相关化合物，军事训练设备，核、生、化武器防护装备与设备，后勤装备、物资及其他辅助军事装备，其他产品共十四大类。

3. 出口民用枪支弹药也适用军品出口许可证管理（民用枪支的范围包括运动小口径步枪、气枪、彩弹枪、麻醉枪、霰弹猎枪等。民用枪支所用的弹药也归入此范围管理）。

（三）管理规定

1. 国家对军品出口实行许可制度。军品出口项目，必须由国家军品出口主管部门或者由国家军品出口主管部门会同国务院、中央军事委员会的有关部门审查批准。军品出口项目经批准后，军品贸易公司方可对外签订军品出口合同。军品出口合同签订后，应当向国家军品出口主管部门申请审查批准。

重大的军品出口项目、合同，应当经国家军品出口主管部门会同国务院、中央军事委员会的有关部门审查，报国务院和中央军事委员会批准。

2. 军品贸易公司在军品出口前，应当凭军品出口合同批准文件，向国家军品出口主管部门申请领取军品出口许可证。海关验核加盖“国家国防科技工业局军品出口许可证专用章”的军品出口许可证，并按照国家有关规定验放。

3. 依法取得军品出口经营权，并在核定的经营范围内从事军品出口经营活动的企业法人称为军品贸易公司。

未取得军品出口经营权的任何单位或者组织，不得从事军品出口经营活动。

国家禁止个人从事军品出口经营活动。

4. 海关在监管过程中对货物是否纳入《军品出口管理清单》范围不明确的，可按照职责分工直接委托国防科技工业局和装备发展部进行鉴定，其中涉及军需品鉴定的由解放军装备发展部负责，涉及民用枪支鉴定的由国防科技工业局国际司负责。

5. 出口军需品及后勤装备，纳入军品出口的统一管理渠道，由总后勤部所属中国新兴进出口总公司统一经营。凡中国新兴进出口总公司出口的军需品及后勤装备，无论其最终用户是否为国外武装力量，海关均验核军品出口许可证，并按规定办理验放手续。

6. 禁止以加工贸易方式生产、出口仿真枪支。

7. 对彩弹枪纳入《中华人民共和国枪支管理法》管理范围。禁止开展彩弹发射器（彩弹枪）加工贸易。

8. 为出口生产的猎枪弹具因故不能出口的，未经国务院林业行政主管部门批准，不得在国内销售。

9. 警用装备的贸易性出口适用《军品出口管理条例》。

但对外经济援助项下的警用装备出口不适用《军品出口管理条例》，海关应按照经济援助项下物资出口的有关规定办理相关手续，并免予验核军品出口许可证。

10. 民用枪支弹药出口时，出口经营者持国家国防科技工业局签发的军品出口许可证向海关办理出口手续。

11. 军品出口许可证编号在报关单“备注”栏填报。

三十一、美术品进出口批准文件管理

（一）定义

美术品进出口批准文件是指文化部门为加强美术品进出口经营活动管理准予美术品进出口的批准文件。

美术品进出口批准文件暂未设监管证件代码。

（二）适用范围

1. 美术品是指艺术创作者以线条、色彩或者其他原创方式创作的具有审美意义的造型艺术作品，包括绘画、书法、雕塑、摄影、装置等作品，以及艺术创作者许可并签名的，数量在200件以内的复制品。批量临摹的作品、工业化批量生产的美术品、手工艺品、工艺美术产品、木雕、石雕、根雕、文物等均不纳入美术品进行管理。

2. 美术品进出口经营活动，是指从境外进口或向境外出口美术品的经营活动。

3. 涉外商业性美术品展览活动，是指以销售、商业宣传为目的在境内公共展览场所举办的，有境外艺术创作者或者境外艺术作品参加的各类展示活动。

（三）禁止进出境的美术品

禁止含有下列内容的美术品进出境：

1. 违反宪法确定的基本原则的；

2. 危害国家统一、主权和领土完整的；

3. 泄漏国家秘密、危害国家安全或者损害国家荣誉和利益的；

4. 煽动民族仇恨、民族歧视，破坏民族团结，或者侵害民族风俗习惯的；

5. 宣扬或者传播邪教、迷信的；

6. 扰乱社会秩序，破坏社会稳定的；

7. 宣扬或者传播淫秽、色情、赌博、暴力、恐怖或者教唆犯罪的；

8. 侮辱或者诽谤他人、侵害他人合法权益的；

9. 蓄意篡改历史、严重歪曲历史的；

10. 危害社会公德或者有损民族优秀文化传统的；

11. 法律、行政法规和国家规定禁止的其他内容。

（四）管理规定

1. 文化部将美术品进出口经营活动审批权下放至省级文化行政部门。文化部对各省、自治区、直辖市文化行政部门的审批行为进行监督、指导，并依法承担审批行为的法律责任。

2. 美术品进出口单位应当在美术品进出口前，向美术品进出口口岸所在地省、自治区、直辖市文化行政部门提出申请，文化行政部门批准的，发给批准文件，批准文件中应附美术品详细清单。申报单位持批准文件向海关办理报关手续。

在境内举办涉外商业性美术品展览活动，应当由举办涉外商业性美术品展览活动的单位向展览举办地省、自治区、直辖市文化行政部门提出申请（展品超过120件的，向文化部提出申请），文化行政部门批准的，发给批准文件。申报单位持批准文件向海关办理报关手续。

举办涉外公益性美术品展览，举办单位或者举办单位委托的进出口经营单位，可以持文化部或者受文化部委托具有一定外事审批权限的中国文联的批准文件，到美术品进出境口岸所在地海关办理进出境手续。

任何单位和个人不得销售、展览、展示或者利用其他商业形式传播未经文化行政部门批准进口的美术品。

3. 从中国香港特别行政区、澳门特别行政区和台湾地区进口或者向上述地区出口美术品，应当经文化行政部门批准，海关凭文化部门批准文件办理进出口通关验放手续。

4. 同一批已经批准进口或出口的美术品复出口或复进口，进口单位可持原批准文件正本到原进口或出口口岸海关办理相关手续，文化行政部门不再重复审批。上述复出口或复进口的美术品如与原批准文件内容不符，进出口单位应当到文化行政部门重新办理审批手续。

5. 研究、教学参考、馆藏、公益性展览等非经营性用途的美术品进出境，应当委托美术品进出口单位办理进出口手续。

个人携带、邮寄美术品进出境，应主动向海关申报。超过自用、合理数量的，应当向文化行政部门申请审批，并持文化部门批准文件向海关办理报关手续。

对个人携带、邮寄美术品进出境，进出境海关认为内容性质难以确定时，可要求携带人、收件人将拟进出境美术品的相关材料送美术品进出口口岸所在地省、自治区、直辖市文化行政部门审查，文化行政部门出具审查意见。海关根据审查意见决定是否验放。

6. 美术品进出口批准文件不得更改、增减批准进出口的美术品数量、作品名称和其他资料。如有更改，经文化行政审批部门批准确认后，方可变更。美术品进出口批准文件，不得伪造、涂改，不得出租、出借、出售或者以其他任何形式转让。

7. 美术品进出口批准文件编号在报关单“备注”栏填报。

三十二、 援外项目任务通知函管理

（一）定义

援外项目任务通知函，是指商务部为加强对外援助物资项目（以下简称援外物资项目）的管理准予出口的批准文件。

援外物资项目任务通知函暂未设监管证件代码。

（二）适用范围

援外项目任务通知函适用于援外物资项目下的出口物资。

援外物资项目，是指在中国政府提供的无偿援助、无息或低息贷款和其他专项援助资金项下，主要由中国政府选定实施企业采购一般性生产物资、生活物资、技术性产品或单项设备，必要时承担相应安装、调试、操作指导和培训等配套技术服务任务的援助项目。

（三）管理规定

商务部援外物资项目供应的各种物资，免领出口许可证，口岸海关一律验核援外项目实施企业提交的商务部出具的援外项目任务通知函（原则上不附清单）。

对实行分批出口的援外物资，商务部在援外项目任务通知函上加注“本通知在办理援外物资口岸验放时可分批使用”字样。对未注明的，海关视为一次使用有效，并留存正本。

援外物资监管方式为“援助物资”（监管方式代码：3511）。

利用中国政府的援外优惠贷款方式出口的货物不属“援助物资”规定的范围，海关按照一般贸易方式办理出口手续。

三十三、 技术进出口许可证管理

（一）定义

技术进出口许可证是指国家对外贸易主管部门授权发证机构依法对限制进出口技术实施进出口许可管理，签发的准予进出口的许可证件。技术进口许可证、技术出口许可证暂未设监管证件代码。

（二）适用范围

1.《技术进出口管理条例》所称技术进出口，是指从我国境外向我国境内，或者从我国境内向我国境外，通过贸易、投资或者经济技术合作的方式转移技术的行为，包括专利权转让、专利申请权转让、专利实施许可、技术秘密转让、技术服务和其他方式的技术转移。

2. 技术进出口分为禁止进出口技术、限制进出口技术和自由进出口技术。

（1）禁止进出口的技术，不得进出口。禁止进出口技术详见《中国禁止进口限制进口技术目录》、《中国禁止出口限制出口技术目录》。

（2）限制进口或者出口的技术实行许可证管理，限制进出口技术详见《中国禁止进口限制进口技术目录》、《中国禁止出口限制出口技术目录》。

（3）自由进出口的技术实行合同登记管理。

3. 两用物项及相关技术出口按《两用物项和技术进出口许可证管理办法》进行管理。

4. 军事技术出口按《中华人民共和国军品出口管理条例》（以下简称《军品出口管理条例》）进行管理。

5. 国家秘密技术出口按《国家秘密技术出口审查规定》进行管理。

（三）管理规定

1. 实行限制进口的技术，进口经营者应持技术进口许可证向海关办理进口手续。

2. 实行限制出口的技术，出口经营者应持技术出口许可证向海关办理出口手续。

3. 自由进出口的技术，进出口经营者应持技术进/出口合同登记证向海关办理进/出口手续。

4. 出口列入《中国高新技术产品出口目录》的高新技术产品，可按照国家的相关规定享受国家给予高新技术产品出口的优惠政策。出口商品是否属于《中国高新技术产品出口目录》列名的高新技术产品，由主管部门科技部或商务部进行确认，并由其开具高新技术产品确认证明。

5. 技术进口许可证、技术出口许可证编号填报在报关单“备注”栏，技术进口合同登记证、技术出口合同登记证编号填报在报关单“备注”栏。

第六章　转关、过境、转运、通运货物管理

第一节　转关概述

一、转关概念

转关是指海关监管货物在海关监管下，从一个海关监管场所运至另一个海关监管场所办理海关手续的行为，包括：货物由进境地入境，向海关申请转关，运往另一个设关地点办理进口海关手续；货物在起运地已办理出口海关手续运往出境地，由出境地海关监管放行；已经办理入境手续的海关监管货物从境内一个设关地点运往境内另一个设关地点办理海关手续。

二、转关条件

（一）申请转关应符合的条件

申请转关应符合下列条件：

1. 转关的指运地和起运地必须设有海关；

2. 转关的指运地或起运地应当设有经海关批准的监管场所；

3. 转关承运人应当在海关注册登记，承运运输工具符合海关监管要求，并按海关对转关路线范围和途中运输时间所作的限定将货物运抵指定的场所。

（二）不得申请转关的货物

1. 动物废物、冶炼渣、木制品废料、纺织品废物、贱金属及其制品的废料、各种废旧五金、废电机、废电子产品、废运输设备、废塑料、碎料及下脚料等。

2. 消耗臭氧层物资、化学武器关键前体、可作为化学武器的化学品、化学武器原料、易制毒化学品等。

3. 进口汽车整车，包括整套散件和二类底盘，但暂时进境参展车辆除外。

汽车整车进口口岸之间允许办理进口汽车整车转关业务，但应当符合下列条件：

（1）办理转关运输的进口整车应当具备全程提单；

（2）承运转关进口整车的运输企业及其运输工具应当在海关办理备案登记手续，并安装定位监控装置；

（3）进口整车转关应当采用符合海关监管要求和装卸标准的集装箱装载运输。

4. 国家检验检疫部门规定必须在口岸检验检疫的商品。

三、转关方式

（一）提前报关转关

进口提前报关转关是指，进口货物收货人或其代理人在指运地填制进口货物报关单并自动生成进口转关货物申报单后，进口转关货物申报单电子数据传输至进境地海关办理转关申报手续。

出口提前报关转关是指，出口货物发货人或其代理人在货物未运抵起运地海关监管场所前向起运地海关填报录入出口货物报关单电子数据，起运地海关提前受理电子申报，货物于电子数据申报之日起5日内，运抵起运地海关监管场所，办理转关和验放等手续。

（二）直转转关

进口直转转关是指，进口货物在进境地海关以直接填报进口转关货物申报单的方式办理转关手续，货物运抵指运地海关监管场所后填报进口货物报关单办理申报手续。

出口直转转关是指，出口货物运抵起运地海关监管场所并办理报关单申报手续后，填制出口转关货物申报单办理出口转关手续。

（三）中转转关

进口中转转关是指持有全程提运单需换装境内运输工具的进口中转货物，由收货人或其代理人向指运地海关办理进口申报手续，再由境内承运人或其代理人批量向进境地海关办理转关手续的转关方式。

出口中转转关是指持有全程提运单需换装境内运输工具的出口中转货物，由发货人或其代理人向起运地海关办理出口申报手续，再由境内承运人或其代理人按出境运输工具分列舱单向起运地海关批量办理转关手续，并向出境地海关办理出境手续的转关。

四、有关定义

进境地，指货物进入关境的口岸。

出境地，指货物离开关境的口岸。

指运地，指进口转关货物运抵报关的地点。

起运地，指出口转关货物报关发运的地点。

承运人，指经海关核准，承运转关货物的企业。

第二节 转关管理规定

一、转关运输时限要求

（一）转关申报的期限

直转方式转关的进口货物，应当自运输工具申报进境之日起14日内向进境地海关办理转关手续，在海关限定期限内运抵指运地之日起14日内，向指运地海关办理报关单申报手续。

在进境地办理转关手续逾期的，由进境地海关自运输工具申报进境之日起第15日征收滞报金；在指运地办理报关单申报手续逾期的，由指运地海关自货物运抵指运地之日起第15日征收滞报金。

（二）提前报关方式数据有效期

进口转关货物应于电子数据申报之日起5日内，向进境地海关办理转关手续，超过期限仍未到进境地海关办理转关手续的，提前报关电子数据自动撤销。

出口转关货物应于电子数据申报之日起5日内，运抵起运地海关监管场所，办理出口货物报关单及出口转关货物申报单申报手续，超过期限的，起运地海关撤销提前报关的电子数据。

二、转关运输申报单证法律效力

转关货物申报的电子数据与书面单证具有同等的法律效力。对确有填报或者传输错误的数据，符合进出口货物报关单修改和撤销管理相关规定的，可以进行修改或者撤销。对海关已经决定查验的转关货物，不再允许修改或者撤销申报内容。

广东省内公路运输的“进境汽车载货清单”或者“出境汽车载货清单”视同转关申报书面单证，具有法律效力。

在应用安全智能锁、卡口前端设备、卫星定位装置等物联网设备及卡口控制物联网系统的基础上，海关可对转关方式为提前报关转关、中转转关和直转转关的公路转关货物，实行转关作业无纸化。

三、海关封志管理规定

海关对进出口转关货物施加海关封志，但对内支线船舶中转和铁路承运的转关、过境集装箱货物，在其商业封志完好条件下，海关可不必施加封志，按以下操作：

第一，转关申报单“关锁号”栏目录入商业封志号。

第二，进境地或起运地海关须确定一定的比例，凭船舶舱单或铁路运单，抽查核对货物商业封志是否完好无误；指运地或出境地海关凭转关申报单电子数据和船舶舱单或铁路运单，验核商业封志，办理海关手续；

第三，其余操作仍按《关于转关货物监管办法》的相关规定办理。

对已经海关开箱查验或做换箱运输的转关货物，仍按现行规定，施加海关封志，办理有关转关手续。

第三节　转关流程

一、进口货物转关

（一）提前报关方式

进口货物的收货人或其代理人在进境地海关办理进口货物转关手续前，向指运地海关录入进口货物报关单，自动生成进口转关货物申报单并向进境地海关发送电子数据。

提前报关的转关货物收货人或其代理人应向进境地海关提供进口转关货物申报单预录入编号（可从进口货物报关单“运输工具”栏获取），并提交下列单证办理转关申报手续：

1. 进口转关货物核放单（广东省内公路转关运输的，交验进境汽车载货清单）；
2. 中华人民共和国海关境内汽车载运海关监管货物登记簿（以下简称载货登记簿）或船舶监管簿；
3. 提货单。

提前报关的进口转关货物，进境地海关因故无法调阅进口转关货物申报单电子数据的，可以按直转方式办理转关手续。

（二）直转方式

进口货物的收货人或其代理人在进境地录入进口转关货物申报单电子数据，持下列单证直接办理转关手续：

1. 进口转关货物申报单（广东省内公路运输的，交验进境汽车载货清单）；
2. 载货登记簿或船舶监管簿。

（三）中转方式

具有全程提运单、需换装境内运输工具的中转转关货物，收货人或其代理人向指运地海关办理进口报关手续前，由境内承运人或其代理人批量办理货物转关手续。

中转的转关货物，运输工具代理人应持以下单证向进境地海关办理转关手续：

1. 进口转关货物申报单；
2. 进口货物中转通知书；
3. 进口中转货物的按指运地目的港分列的纸质舱单。

以空运方式进境的中转货物，提交联程运单。

二、出口货物转关

（一）提前报关方式

由货物的发货人或其代理人在货物未运抵起运地海关监管场所前，录入并向起运地海关发送出口货物报关单电子数据，向起运地海关办理报关单审单、接单、查验、放行。

发货人或其代理人应在起运地填报录入出口货物报关单后，自动生成出口转关货物申报单，在起运地海关办理出口通关手续后，办理出口转关手续。

出口货物发货人或其代理人应持下列单证向起运地海关办理出口转关：

1. 出口货物报关单；
2. 载货登记簿或船舶监管簿；
3. 广东省内公路运输的，递交出境汽车载货清单。

货物运抵出境地后，发货人或其代理人应持下列单证向出境地海关办理转关货物出境手续：

1. 起运地海关签发的出口货物报关单；
2. 出口转关货物申报单或出境汽车载货清单；
3. 载货登记簿或船舶登记簿。

（二）直转方式

由发货人或其代理人在货物运抵起运地海关监管场所后，向起运地海关传送出口货物报关单电子数据，在起运地海关办理出口通关手续后，计算机自动生成出口转关货物申报单数据，传送至出境地海关。

发货人或其代理人应持下列单证在起运地海关办理出口转关手续：

1. 出口货物报关单；
2. 出口转关货物申报单（广东省内运输的，递交出境汽车载货清单）；
3. 载货登记簿或船舶登记簿。

直转的出口转关货物到达出境地后，发货人或其代理人应持下列单证向出境地海关办理转关货物的出境手续：

1. 起运地海关签发的出口货物报关单；
2. 出口转关货物申报单或出境汽车载货清单；
3. 载货登记簿或船舶监管簿。

（三）中转方式

具有全程提运单、需换装境内运输工具的出口中转货物，发货人向起运地海关办理出口报关手续后，由承运人或其代理人按出境运输工具分列舱单，批量办理货物转关手续。

出口中转货物，其发货人或代理人向起运地海关办理出口通关手续后，运输工具代理人向起运地海关录入并提交下列单证：

1. 出口转关货物申报单；

2. 按出境运输工具分列的电子或纸质舱单；

3. 载货登记簿或船舶监管簿。

经起运地海关核准后，签发出口货物中转通知书。出境地海关验核上述单证，办理中转货物的出境手续。

三、境内监管货物的转关

境内从一个设关地运往另一个设关地的海关监管货物，除加工贸易深加工结转按有关规定办理外，均应按进口转关方式办理。

提前报关方式的，收货人或其代理人在转入地录入进口货物报关单，系统自动生成进口转关货物申报单并向转出地海关传送电子数据，收货人或其代理人持进口转关货物核放单、载货登记簿或船舶登记簿，向转出地海关提供进口转关货物申报单预录入号，办理监管货物转关手续。

直转方式的，由收货人或其代理人在转出地录入进口转关申报单电子数据，持进口转关申报单、载货登记簿或船舶监管簿，直接向转出地海关办理转关手续。

第四节　过境、转运、通运货物

一、过境、转运、通运货物的概念

（一）过境货物

过境货物是指由境外起运，通过中国境内陆路继续运往境外的货物。

同我国签订过境货物协定的国家的过境货物，或同我国签订铁路联运协定国家收、发货的，按有关协定准予过境；未同我国签订过境协定国家的过境货物，应当经国家经贸、运输主管部门批准并向入境地海关备案后准予过境。

（二）转运货物

转运货物是指由境外起运，在中国境内设立海关的地点换装另一运输工具后，不经过我国境内陆路继续运往其他国家的货物。

（三）通运货物

通运货物是指由船舶、航空器载运进境并由原运输工具载运出境的货物。

二、有关管理规定

过境货物自进境起到出境止属海关监管货物，过境货物进境后、出境前确因实际需要进行换装、储存时应经海关同意，并在海关监管场所进行。

过境货物的经营人是经国家经贸主管部门批准、认可具有国际货物运输代理业务经营权，并拥有过境货物运输代理业务经营范围的企业。过境货物的承运人是经国家运输主管部门批准从事过境货物运输业务的企业。

下列货物禁止过境：

一是来自或运往我国停止或禁止贸易的国家和地区的货物；

二是各种武器、弹药、爆炸物品及军需品；

三是各种烈性毒药、麻醉品和鸦片、吗啡、海洛因、可卡因等毒品；

四是我国法律、法规禁止过境的其他货物、物品。

民用爆炸品、医药用麻醉品等的过境运输，应经海关总署商有关部门批准同意后，方可过境。

经国家主管部门同意，各种武器、弹药、爆炸物品及军需品经军事途径运输通过我国境的，由海关总署另行通知。

过境货物自进境之日起超过3个月未向海关申报的，海关视其为超期未报关进口货物，按《海关法》第三十条、《中华人民共和国海关关于超期未报关进口货物、误卸或者溢卸的进境货物和放弃进口货物的处理办法》（海关总署令第91号）的有关规定处理。

过境货物应当自进境之日起6个月内运输出境，在特殊情况下，经海关同意，可以延期，但延长期不得超过3个月。过境货物在规定时间内不能出境的，海关按《海关行政处罚实施条例》的有关规定处罚。

过境货物进境时，经营人应当向进境地海关申报，并递交以下单证：中华人民共和国海关过境货物报关单、过境货物运输单据（运单、载货清单、装载清单）、海关需要的其他单据（发票、装箱单）。

过境货物出境时，经营人应当向出境地海关申报，并交验进境地海关签发的关封及其他单证。

第七章　运输工具监管

第一节　进出境运输工具

一、概述

（一）定义

进出境运输工具（以下简称运输工具），是指用于载运人员、货物、物品进出境的各种船舶、航空器、铁路列车、公路车辆和驮畜。

运输工具负责人，是指进出境运输工具的所有企业、经营企业，船长、机长、汽车驾驶员、列车长，以及上述企业或者人员授权的代理人。

运输工具服务企业，是指为运输工具供给物料或者接收运输工具（包括工作人员及所载旅客）消耗产生的废、旧物品的单位。

运输工具服务企业，是指为运输工具供给燃料、物料、生活用品等供应服务，或接收、处理运输工具消耗产生的废旧物品的单位。

（二）备案管理

1. 适用范围

（1）运输工具；

（2）运输工具负责人；

（3）运输工具服务企业。

来往香港、澳门小型船舶和公路车辆，另按有关规定办理。

2. 备案

（1）运输工具、运输工具负责人、运输工具服务企业应当在经营业务所在地的直属海关或者经直属海关授权的隶属海关备案。

（2）运输工具备案时，应当提交以下文件：

①运输工具备案表；

②运输工具备案表所列明的材料。

（3）运输工具负责人备案时，应当提交下列材料：

①运输工具负责人备案表；

②运输工具负责人备案表所列明的材料。

（4）运输工具服务企业向海关备案时，应当提交下列材料：

①运输工具服务企业备案表；

②运输工具服务企业备案表所列明的材料。

备案文件中要求提交复印件的，应当同时出示原件供海关验核。

3. 变更

在海关备案的有关内容如果发生改变的，运输工具负责人、运输工具服务企业应当在海关规定的时限内持“备案变更表”和有关文件到备案海关办理变更手续。

备案的运输工具负责人、运输工具服务企业主动申请撤销备案或海关依法应当撤销备案的，海关予以撤销备案。

（三）运输工具海关基础管理

1. 除经国务院或者国务院授权的机关批准外，运输工具应当通过设立海关的地点进境或者出境，在海关监管场所停靠、装卸货物、物品和上下人员。

2. 由于不可抗力原因，运输工具被迫在未设立海关的地点或者在非海关监管场所停靠、降落或者抛掷、起卸货物、物品，以及上下人员的，运输工具负责人应当立即报告附近海关。附近海关应当对运输工具及其所载的货物、物品实施监管。

3. 进境运输工具在进境以后向海关申报以前，出境运输工具在办结海关手续以后出境以前，应当按照交通运输主管机关规定的路线行进，交通运输主管机关没有规定的，由海关指定。

进境运输工具在进境申报以后出境以前，应当按照海关认可的路线行进。

4. 进境的境外运输工具和出境的境内运输工具，未向海关办理手续并缴纳关税，不得转让或者移作他用。

5. 运输工具作为货物以租赁或其他贸易方式进出口的，除办理运输工具进境或者出境手续外，还应当按照有关规定办理运输工具进出口报关手续。

6. 运输工具到达或者驶离设立海关的地点时，运输工具负责人应当采用电子数据和纸质申报单形式向海关申报。

二、 国际航行船舶

（一）定义

国际航行船舶，是指进出我国关境，在国际航线运营的境内船舶和境外船舶。

兼营船舶，是指我国经营国际运输兼营国内运输的船舶和我国经营国内运输兼营国际运输的船舶。

（二）适用范围

国际航行船舶包括：

1. 在中华人民共和国港口行驶的外国籍船舶（我国台湾、香港、澳门地区的船舶，目前海关按“境外船舶”进行监管）和外商租用的中国籍船舶，以及中外合营企业使用的中、外国籍船舶（包括专在港口内行驶的上述船舶）；

2. 在我国（除我国台湾、香港、澳门地区外）注册登记的从事国际运营的中国籍船舶；

3. 进出境的“科学考察船”、“远洋渔船”、“石油勘探专用船”、“海上钻井平台”、“专业公务船”等船舶；

4. 我国经营国际运输兼营国内运输的船舶和我国经营国内运输兼营国际运输的船舶。

国际航行船舶不包括：

1. 来往香港、澳门的小型船舶；

2. 内销远洋船舶；

3. 供拆解的废、旧船舶。

（三）进出境（港）的申报

1. 进出境船舶负责人在下列时限，以电子数据形式向海关申报运输工具动态：

（1）预报动态。载有货物、物品的进出境船舶，应在原始舱单或预配舱单主要数据传输以前；未载有货物、物品的进出境船舶，应在抵、离港之前。

（2）确报动态。进境确报动态应在进境船舶抵港以前，出境确报动态应在出境船舶驶离时。

（3）抵港报。进境船舶抵达锚地或直接靠泊时。

2. 船舶进境时，船舶负责人应当持以下资料向海关申报：

（1）运输工具管理系统的中华人民共和国海关船舶进境（港）申报单电子数据；

（2）符合国际海事组织要求的纸质进境总申报单；

（3）海关监管簿（境外船舶免交）；

（4）转港通知书电子数据（来自境内的境外船舶提交）；

（5）海关所需的其他资料。

3. 进境船舶在向海关申报以前，未经海关同意，不得装卸货物、物品，除引航员、口岸检查机关工作人员外不得上下人员。

4. 进出境船舶从一个设立海关的地点驶往另一个设立海关的地点的，驶离地海关应当办理船舶续驶手续。驶离地海关在办结离港手续时，在进出境运输工具管理系统中发送转港通知书电子数据至目的地海关。中国籍国际航行船舶境内续驶的，驶离地海关应当在海关监管簿的海关签注栏内签章，退交船舶负责人。因系统故障无法发送或接收转港通知书电子数据的，海关可使用纸质关封办理相关业务。

目的地海关在系统中验核转港通知书电子数据无误的，办理续驶抵达手续。船舶负责人在海关办结船舶境内续驶手续后递交改驶书面申请的，经审核同意后，驶离地海关应当按如下方式处理：

（1）对于境外船舶改驶境内其他目的地的，要求船舶负责人发送新目的港的离境信息，向改驶目的地海关发送转港通知书电子数据；

（2）对于境外船舶改驶境外的，在系统中删除相关转港信息；

（3）对于境内船舶改驶的，需重新签注海关监管簿，并退交船舶负责人。

未经驶离地海关同意，船舶不得改驶其他目的地；未办结海关手续的，不得改驶境外。

5. 船舶在境内从一个设立海关的地点驶往另一个设立海关的地点时，海关可以派员随船实施监管，船舶负责人应当为海关人员提供方便。

6. 船舶在境内从一个设立海关的地点驶往另一个设立海关的地点后，应当按照上述第1、2点的有关规定办理抵达手续。

7. 船舶负责人应当在船舶驶离设立海关的地点的2小时以前将驶离时间以电子数据形式通知海关；对临时出境的船舶，船舶负责人可以在其驶离设立海关的地点以前将驶离时间通知海关。

8. 船舶出境时，船舶负责人或其代理人应持以下资料向海关申报：

（1）运输工具管理系统的中华人民共和国海关船舶出境（港）申报单电子数据；

（2）符合国际海事组织要求的纸质出境总申报单；

（3）海关监管簿（境外船舶免交）；

（4）海关所需的其他资料。

9. 出境船舶负责人应当在货物、物品装载完毕或者旅客全部登船以后向海关提交结关申请，海关审核出境船舶负责人提交的结关申请。审核正常的，海关在系统中打印“中华人民共和国海关结关通知书”（以下简称结关通知书），签章交船舶负责人；审核异常的，不予办理结关手续。出境船舶在海关制发结关通知书后方可离境。

10. 海关制发结关通知书以后，非经海关同意，出境运输工具不得装卸货物、上下旅客。

11. 已办结结关手续，有以下情况的，经批准后，海关应当收回结关通知书，在系统中进行“反结关”操作，并按照规定重新办理出境手续：

（1）船舶在办结海关出境手续后的24小时内未能驶离的；

（2）船舶出境后因故返航的；

（3）其他需重新办理出境手续的。

（四）船舶吨税

1. 船舶吨税是对进出我国港口的国际航行船舶征收的一种税，简称吨税。船舶吨税是一种使用税，是就国际航行船舶在我国港口行驶，使用了我国的港口及其助航设备而征收的税。在国外，有的国家以灯塔税的名义征收船舶吨税。

2. 船舶吨税的征收范围：自中华人民共和国境外港口进入境内港口的船舶。

3. 船舶吨税分为优惠税率和普通税率两种。凡与中华人民共和国签订互惠协议的国家或地区适用船舶吨税优惠税率，未签订互惠协议的适用船舶吨税普通税率。适用船舶吨税优惠税率的国家和地区有：阿尔巴尼亚、加纳、刚果（布）、刚果（金）（原扎伊尔）、日本、新西兰、孟加拉国、巴西、马来西亚、塞浦路斯、马耳他、土耳其、格鲁吉亚、俄罗斯、黎巴嫩、印度、加拿大、埃及、南非、印度尼西亚、伊朗、美国、捷克、德国、希腊、法国、意大利、立陶宛、匈牙利、奥地利、葡萄牙、斯洛伐克、瑞典、保加利亚、也门、菲律宾、肯尼亚、中国香港地区、朝鲜、斯里兰卡、巴基斯坦、挪威、阿尔及利亚、阿根廷、泰国、墨西哥、新加坡、蒙古、越南、韩国、克罗地亚、乌克兰、智利、以色列、秘鲁、摩洛哥、古巴、突尼斯、巴哈马、比利时、丹麦、爱沙尼亚、西班牙、拉脱维亚、卢森堡、荷兰、波兰、斯洛文尼亚、芬兰、英国、罗马尼亚、苏丹、埃塞俄比亚、阿曼、中国澳门地区。

4. 船舶吨税分30天期缴纳、90天期缴纳和1年期缴纳3种。缴纳期限由纳税人自行选报。进口船舶应自申报进口之日起征船舶吨税，如所领船舶吨税执照满期后尚未驶离中国，则应自期满之次日起续征吨税。

吨税税目税率表

税目（按船舶净吨位划分）	税率（元/净吨）					
	普通税率（按执照期限划分）			优惠税率（按执照期限划分）		
	1年	90日	30日	1年	90日	30日
不超过2000净吨	12.6	4.2	2.1	9.0	3.0	1.5
超过2000净吨，但不超过10000净吨	24.0	8.0	4.0	17.4	5.8	2.9
超过10000净吨，但不超过50000净吨	27.6	9.2	4.6	19.8	6.6	3.3
超过50000净吨	31.8	10.6	5.3	22.8	7.6	3.8
备注	拖船和非机动驳船分别按相同净吨位船舶税率的50%计征税款					

5. 吨税由海关负责征收。海关征收吨税应当制发缴款凭证。应税船舶负责人缴纳吨税或者提供担保后，海关按照其申领的执照期限填发吨税执照。

6. 应税船舶在进入港口办理入境手续时，应当向海关申报纳税领取吨税执照，或者交验吨税执照。应税船舶在离开港口办理出境手续时，应当交验吨税执照。

应税船舶负责人申领吨税执照时，应当向海关提供下列文件：

（1）船舶国籍证书或者海事部门签发的船舶国籍证书收存证明；

（2）船舶吨位证明。

7. 应税船舶负责人申领吨税执照时应按下列要求办理：

（1）应递交船舶吨税执照申请书、船舶国籍证书或者海事部门签发的船舶国籍证书收存证明、船舶吨位证明。

（2）船舶吨税起征日为应税船舶进入港口的当日。进境后驶达锚地的，自船舶抵达锚地之日起计算；进境后直接靠泊的，自靠泊之日起计算。

（3）缴款期限为自填发“海关船舶吨税专用缴款书”（以下简称缴款书）之日起15日内，缴款期限届满日遇星期六、星期日等休息日或者法定节假日的，应当顺延至休息日或者法定节假日之后的第一个工作日。国务院临时调整休息日与工作日的，海关应当按照调整后的情况计算缴款期限。

未按期缴清税款的，从滞纳税款之日起，按日加收滞纳税款0.5‰的滞纳金。

滞纳金的起征点为50元。

（4）船舶吨税按船舶吨位证书中的净吨位（直接输入计算机自动计征）计征，计税公式为：

吨税=净吨位×税率（元/净吨）（注：净吨位=船舶有效容积×吨/立方米）

（5）船舶负责人或其代理人凭海关打印的缴款书，向银行缴款，并由银行将吨税划至国库。

（6）缴款书一式六联，第一联（收据）由银行收款签章后交缴款单位或者应税船舶负责人，第二联（付款凭证）由缴款单位开户银行作为付出凭证，第三联（收款凭证）由收款国库作为收入凭证，第四联（回执）由国库盖章后退回海关财务部门，第五联（报查）由国库收款后退回海关，第六联（存根）由填发单位存查。

（7）海关应凭加盖有证明银行已收讫税款业务印章的缴款书第一联办理税款核注手续，核注后将其退还给应税船舶负责人或其代理人。

（8）海关船舶监管部门核注后，通过“征管系统”将缴款书电子数据上报海关总署，同时经办部门将国库返回的第五联和第六联归档备查。财务部门凭国库返回的第四联进行核销、统计。

（9）海关应在征收税款或担保后再予签发吨税执照。吨税执照的有效期自应税船舶进入港口之日计算。吨税执照一式两联，第一联交船舶负责人或其代理人，第二联海关留存。

8. 应税船舶到达港口前，经海关核准先行申报并办结出入境手续的或在缴纳吨税前申请先行签发吨税执照的，应税船舶负责人应当向海关提供与其依法履行吨税缴纳义务相适应的担保。

下列财产、权利可以用于担保：

（1）人民币、可自由兑换货币；

（2）汇票、本票、支票、债券、存单；

（3）银行、非银行金融机构的保函；

（4）海关依法认可的其他财产、权利。

除另有规定外，船舶吨税担保期限一般不超过6个月，特殊情况经直属海关关长或者其授权人批准可以酌情延长。

9. 在海关批准的担保期限内，应税船舶负责人或其代理人履行纳税义务的，海关应当自应税船舶负责人或其代理人履行纳税义务之日起5个工作日内办结解除税款担保的相关手续。应税船舶负责人或其代理人未履行纳税义务的，对收取税款保证金的，海关应当自担保期限届满之日起5个工作日内完成保证金转为税款的相关手续；对银行或者非银行金融机构提供税款保函的，海关应当自担保期限届满之日起 6 个月内或者在税款保函规定的保证期间内要求担保人履行相应的纳税义务。

10. 下列船舶免征吨税：

（1）应纳税额在人民币 50 元以下的船舶；

（2）自境外以购买、受赠、继承等方式取得船舶所有权的初次进口到港的空载船舶；

（3）吨税执照期满后 24 小时内不上下客货的船舶；

（4）非机动船舶（不包括非机动驳船）；

（5）捕捞、养殖渔船；

（6）避难、防疫隔离、修理、终止运营或者拆解，并不上下客货的船舶；

（7）军队、武装警察部队专用或者征用的船舶；

（8）依照法律规定应当予以免税的外国驻华使领馆、国际组织驻华代表机构及其有关人员的船舶；

（9）国务院规定的其他船舶；

（10）专营内地与港澳航线的港澳籍船舶和内地船舶，以及专营台湾海峡两岸直航航线的大陆船舶和台湾籍船舶免征吨税。

①专营内地与港澳航线的港澳籍船舶和内地船舶，载重吨 1000 吨以下的应提供各省交通运输厅批准文件，载重吨 1000 吨以上的应提供国家交通运输部批准文件。

②专营台湾海峡两岸直航航线的大陆船舶和台湾籍船舶，需提交国家交通运输部颁发的“台湾海峡两岸间船舶营运证”和“台湾海峡两岸间水路运输许可证”。

符合上述第（5）至（8）点规定的船舶，应当提供海事部门、渔业船舶管理部门或者卫生检疫部门等部门、机构出具的具有法律效力的证明文件或者使用关系证明文件，申明免税的依据和理由。

11. 在吨税执照期限内，应税船舶发生下列情形之一的，海关按照实际发生的天数批注延长吨税执照期限：

（1）避难、防疫隔离、修理，并不上下客货；

（2）军队、武装警察部队征用。

应税船舶因不可抗力在未设立海关地点停泊的，船舶负责人应当立即向附近海关报告，并在不可抗力原因消除后，依照规定向海关申报纳税。

符合上述规定的船舶，应当提供海事部门、卫生检疫部门等部门、机构出具的具有法律效力的证明文件或者使用关系证明文件，申明延长吨税执照期限的依据和理由。

吨税执照有效期的延期由延期事项发生地海关办理。海关在吨税执照电子数据备注栏批注，同时在纸质吨税执照备注栏批注延期。

12. 应税船舶在其吨税执照有效期内有以下情形变化的，吨税执照继续有效：

（1）因税目税率调整导致适用税率变化的；

（2）因船籍变化而导致适用税率变化的；

（3）更名的；

（4）因修理导致吨位变化的。

上述（2）、（3）、（4）情形海关在审核相关证明文件后，应在吨税执照电子数据备注栏批注，同时在纸质吨税执照备注栏批注。

13. 吨税执照在期满前毁损或者遗失的，由原发照地海关办理补发手续。

14. 海关发现少征或者漏征税款的，应当自应税船舶应当缴纳税款之日起 1 年内补征税款。但因应税船舶违反规定造成少征或者漏征税款的，海关可以自应当缴纳税款之日起3年内追征税款，并自应当缴纳税款之日起按日加征少征或者漏征税款0.5‰的滞纳金。

海关发现多征税款的，应当立即通知应税船舶办理退还手续，并加算银行同期活期存款利息。

应税船舶发现多缴税款的，可以自缴纳税款之日起1年内以书面形式要求海关退还多缴的税款并加算银行同期活期存款利息。海关应当自受理退税申请之日起30日内查实并通知应税船舶办理退还手续。

应税船舶应当自收到海关准予退税的通知之日起3个月内办理有关退还手续。超过3个月未办理的，海关不再予以退税。

（五）船舶在港期间海关管理

1. 进出境船舶抵达、驶离海关监管场所时，监管场所经营人应当通知海关。

2. 进出境船舶负责人应当在进出境船舶装卸货物的1小时以前通知海关，航程不足1小时的，可以在装卸货物以前通知海关。船舶到达设立海关的地点及在境内停留期间，海关可以对船舶实施登临检查，包括船舶检查和监装监卸。登临检查发现异常情况的，海关可暂停办理相应船舶进出境手续。

3. 有以下情况的，海关可以通过系统下达船舶登临检查指令：

（1）经风险分析有走私违规嫌疑的；

（2）有举报、情报或线索的；

（3）申报显然不实或不清的；

（4）其他部门要求海关配合检查的；

（5）海关认为有必要进行登临检查的其他情形。

4. 海关应当根据船舶登临检查指令，实施船舶登临检查。船舶登临检查应当由2名以上（含2名）海关人员共同实施。实施船舶登临检查的，海关应当通过系统打印“运输工具检查通知书”。在实施船舶登临检查前，海关应当将“运输工具检查通知书”交予船舶负责人，并要求船舶负责人到场协助海关实施船舶登临检查。

进出境船舶负责人不配合海关实施船舶登临检查的，海关应当停止办理后续相关手续。

5. 海关实施船舶检查可包括以下内容：

（1）要求船舶负责人开启舱室及其他空间，开拆、搬移可疑的货物、物料及物品，并实施检查，必要时，海关可集中船舶工作人员，加封船舶有关部位；

（2）要求船舶工作人员开启行李包件，以及其他储存物品的处所，并实施检查；

（3）对船舶物料和船舶、船舶工作人员所有的货币或者金银等实施检查，并予以加封，如需启封，海关应当收取船舶负责人递交的书面申请；

（4）必要时，可以查阅航海日志、轮机日志、燃油/润滑油记录、维修记录、船舶配载图、原始舱单、货物装卸记录、船用物品耗用记录、免税品销售单据等资料；

（5）必要时，可以要求船舶负责人组织相关人员对船舶相关部位进行开拆，并实施检查；

（6）在检查过程中发现遗留货物、物品的，海关应当要求船舶负责人将其运送至海关指定监管场所；

（7）必要时，可以要求船舶负责人提供必要的办公条件。

船舶检查完毕后，海关应当按照要求填写中华人民共和国海关船舶登临检查记录单，交由在场的船舶负责人签名确认。船舶负责人拒签的，海关可不予办理后续手续。

海关应当在系统中录入船舶检查记录。

6. 海关可采用视频监控、派员实地检查及其他海关认可的方式，在系统中下达船舶监装监卸指令，对船舶实施监装监卸。采用视频监控方式实施监装监卸的，海关保存视频资料时间应当不少于3个月。

7. 采用派员实地检查方式实施监装监卸的，监装监卸工作包括以下内容：

（1）收取反映实际装卸情况的交接记录和单据；

（2）核查舱单列明的货物信息，监管进出口货物是否已完全装卸完毕；

（3）发现有走私违规嫌疑的，应当及时通知相关部门到场；

（4）必要时，可以要求船舶负责人提供必要的办公条件。

采用派员实地检查方式实施监装监卸的，检查完毕后，海关应当按照要求填写中华人民共和国海关船舶登临检查记录单，交由在场的船舶负责人签名确认。船舶负责人拒签的，海关可不予办理后续手续。

海关应当在系统中录入监装监卸记录。

8. 有以下情况，经批准，海关可实施径行船舶检查：

（1）进出境船舶有违法嫌疑的；

（2）经海关通知登临检查，进出境船舶负责人届时未到场的。

海关实施径行船舶检查的，船舶停靠场所的经营人应当到场协助并在船舶检查记录上签注。

9. 船舶装卸货物、物品完毕后，船舶负责人应当向海关递交反映实际装卸情况的交接单据和记录。

10. 船舶在海关监管场所停靠期间更换停靠地点的，船舶负责人应当事先通知海关。

11. 有以下情况的，经批准后，海关可派员对船舶进行值守：

（1）船舶负责人报告海关，因不可抗力或其他特殊原因，船舶需在未设立海关的地点或者非海关监管场所停靠或者抛掷、起卸货物、物品及上下人员的；

（2）发现有走私违规等情事，需等待相关部门到场处置的；

（3）其他海关认为有必要值守的。

海关派员对进出境船舶值守的，进出境船舶装卸货物、物品及上下人员应当征得值守海关人员同意。

12. 船舶负责人应当将进口货物全部交付收货人。经海关核准，同时符合下列条件的扫舱地脚，可以免税放行：

（1）进口货物为散装货物；

（2）进口货物的收货人确认运输工具已经卸空；

（3）重量不足1吨，且不足进口货物重量的0.1%。

符合上述条件的扫舱地脚涉及许可证件管理的，船舶负责人免予提交许可证件。

13. 船舶起卸进口货物、物品完毕后，船舶负责人应当将反映实际起卸情况的交接单据和溢、短、误、损记录在24小时内送交海关。溢卸、短卸和误卸货物经海关确认，由原载船舶负责人或货物所有人从起卸之日起3个月内向海关分别办理退运、进口等手续。必要时，经海关批准，可以延期3个月。逾期不办理手续的，由海关处理。

14. 申报复运出境的垫舱、压舱物料，应当从起卸之日起6个月内运出。不复运出境的垫舱、压舱物料，收货人应当从起卸之日起14日内向海关办理进口手续。

（六）船舶在港期间上、下物料的管理

1. 经船舶负责人申请，海关核准，船舶可以添加、起卸、调拨下列物资：

（1）保障船舶行驶（航行）的轻油、重油等燃料；

（2）供应船舶工作人员和旅客的日常生活用品、食品等；

（3）保障船舶及所载货物运输安全的备件、垫舱物料，以及加固、苫盖用的绳索、篷布、苫网等；

（4）海关核准的其他物品。

2. 进出境船舶需要添加、起卸物料的，物料添加单位或者接受物料起卸单位应当向海关申报，并提交以下单证：

（1）中华人民共和国海关运输工具起卸/添加物料申报单；

（2）添加、起卸物料明细单；

（3）海关认为必要的其他单证。

3. 进出境船舶之间调拨物料的，应当由调出船舶负责人编制清单报请海关核准，并在海关监管下进行，接受物料的进出境船舶负责人应当在物料调拨完毕后向海关提交“运输工具物料调拨清单”。

4. 进出境船舶添加、起卸、调拨物料的，应当接受海关监管。

5. 进出境船舶添加、起卸、调拨的物料，船舶负责人免予提交许可证件，海关予以免税放行；添加、起卸国家限制进出境或者涉及国计民生的物料超出自用合理数量范围的，应当按照进出口货物的有关规定办理海关手续。

6. 除下列情况外，进出境船舶使用过的废弃物料应当复运出境：

（1）船舶负责人声明废弃的物料属于《自动进口类可用作原料的废物目录》和《限制进口类可用作原料的废物目录》列明，且接收单位已经办理进口手续的。

（2）不属于《自动进口类可用作原料的废物目录》和《限制进口类可用作原料的废物目录》范围内的供应物料，以及进出境船舶产生的清舱污油水、垃圾等，且船舶负责人或者接受单位能够自卸下进出境船舶之日起30天内依法作无害化处理的。

上述第（1）、（2）项所列物项未办理合法手续或者未在规定时限内依法作无害化处理的，海关可以责令退运。

7. 船舶备用烟、酒的管理规定：

（1）从进境之日起，在港停留每10天准予船舶外留备用香烟3000支、酒5瓶。海关在清单上签注，并对烟、酒实施加封。船舶负责人有责任为海关加封烟、酒提供方便。

（2）因特殊原因，船员、船舶外留的烟、酒不符合实际需要的，可由船舶负责人向海关提出书面申请，经海关审核批准后，在海关监管下启封及重封，并在船员自用和船舶备用烟、酒加封清单上相应变更封存烟、酒的数量。

（3）船舶之间互相调拨的烟、酒，应当由船舶负责人或其代理人开列清单，报经海关核准后，在海关监管下办理调拨及重封手续，海关在船员自用和船舶备用烟、酒加封清单上签注。

（4）船舶在我国港口免税店购买的烟、酒，应在送货上船前由船舶负责人持免税店发票清单向海关申报，办理加封手续。海关变更船员自用和船舶备用烟、酒加封清单中关于烟、酒的封存数量。

（5）开往我国境内下一个口岸的船舶，其加封的烟、酒不得擅自启封，由本口岸海关将船员自用和船舶备用烟、酒加封清单作关封由船舶负责人负责带交下一口岸海关。由下一口岸海关依照船舶备用烟、酒的管理规定继续监管。直驶境外港口的船舶，结关离境后可自行启封。

8. 供船业务系港口供应服务业务，任何企业不得以一般贸易的出口退税方式进行供船业务，任何加工贸易厂家不得直接从事国际航行船舶供应业务。

（七）船舶工作人员携带物品管理

1. 船舶工作人员携带物品进出境的，应当由船方如实填报“船员物品申报单”，于进境（港）

时向海关递交，并接受监管。

2. 船舶工作人员携带的物品应以服务期间必需和自用合理数量为限。船舶工作人员不得为他人托带物品进境或者出境。

3. 船舶工作人员需携带物品进入境内使用的，海关按进出境旅客通关流程和征免规定办理验放手续。

（八）兼营船舶管理相关规定

1. 我国兼营船舶的船方或其代理人应向船公司所在地海关书面申请并办理兼营船舶登记手续，经海关核准并签发海关监管签证簿（以下简称签证簿）后，才能兼营国际或国内运输。兼营船舶的航行、停泊期间，必须随带签证簿以备海关核查。

2. 国际运输改为国内运输相关规定。

兼营船舶在卸完进口货物和办完船员携带进口自用物品验放手续后，才能申请改为经营国内运输，由海关在签证簿上批注签章。

改为国内运输应提供的申请材料包括：

（1）兼营船舶改营申请书；

（2）签证簿；

（3）船舶进出境（港）海关监管簿；

（4）船员物品申报单；

（5）船用物品申报单；

（6）进口完货证明。

3. 国内运输改为国际运输相关规定。

兼营船舶在卸完国内运输货物后，才能申请改为经营国际运输，由海关在签证簿上批注签章。

改为国际运输应提供的申请材料包括：

（1）兼营船舶改营申请书；

（2）签证簿；

（3）船舶进出境（港）海关监管簿；

（4）船舶空载说明。

4. 兼营船舶自动注销。

连续经营国内运输满 1 年的兼营船舶，视作不再经营国际运输业务，船方或其代理人应在期满后 1 个月内将船舶进出境（港）海关监管簿交原登记海关注销。

5. 兼营船舶在经营国内运输期间使用的进口船舶用物料、燃料、烟、酒，不得享受国际航行船舶的免税优惠。

6. 船方或其代理人应在船舶申报改为经营国内运输的同时，在签证簿内向海关报明留存船上的进口船用物料、燃料、烟、酒的名称，如情况正常、数量合理，经海关核准可免税留船继续使用，对超出自用合理数量部分，海关予以征税。如需调拨或作价出售给其他非国际航行船舶，均应事前书面报经海关核准，并照章补征进口税。

7. 经海关结关改为经营国内运输的船舶，如需再改航国外、经营国际运输时，船方或其代理人应在装出口货物或无货出口结关开航前 24 小时前向海关提出书面申请，并交验签证簿。

8. 兼营船舶船员从国外携带进口的自用物品，按《海关对我国际运输工具服务人员进出境行李物品的管理规定》办理。

9. 兼营船舶在经营国内运输期间，不得擅自驶往国外。

三、 来往港澳小型船舶

（一）定义

1. 来往香港、澳门小型船舶，是指经国家交通部或者其授权部门批准，专门来往于内地和香港、澳门之间，在境内注册从事货物运输的机动或者非机动船舶。

2. 小型船舶海关中途监管站（以下简称中途监管站），是指海关设在珠江口大铲岛、珠海湾仔、珠江口外桂山岛、香港以东大三门岛负责监管小型船舶及所载货物、物品，并办理进出境小型船舶海关舱单确认和关封制作手续的海关监管机构。

3. 通航指令，是指中途监管站对小型船舶发出的直航通过中途监管站、停航办理手续等电子指令。

4. 海关指定区域，是指以中途监管站为中心，一定范围内的航行区域。具体区域范围由有关直属海关对外公布。

（二）中途监管站的管辖范围

小型船舶进出境时，按照航行的目的地和航线等，向指定的小型船舶中途监管站办理舱单确认和关封制作手续。相关水域划分如下：

1. 来往于香港与珠江水域的小型船舶向大铲岛中途监管站办理；

2. 来往于香港、澳门与磨刀门水道的小型船舶向湾仔中途监管站办理；

3. 来往于香港、澳门与珠江口、磨刀门水道以西，广东、广西、海南沿海各港口的小型船舶向桂山岛中途监管站办理；

4. 来往于香港、澳门与珠江口以东，广东、福建及以北沿海各港口的小型船舶向大三门岛中途监管站办理；

5. 来往于香港与深圳赤湾、蛇口、妈湾、盐田港、深圳大铲湾港区的小型船舶，直接在口岸海关办理进出境申报手续。

（三）备案

1. 小型船舶经海关备案后，可以从事进出境货物运输。小型船舶应当由所属的船舶运输企业（以下简称运输企业）向工商注册所在地的直属海关或者其授权的隶属海关办理备案手续。小型船舶不得设置暗格、夹层等可以藏匿货物、物品的处所，船体结构经国家船检部门审定后不得擅自改动。办理备案手续时，运输企业应提交以下文件：

（1）来往港澳小型船舶登记备案表；

（2）交通主管部门的批准文件复印件；

（3）船舶营业运输证复印件；

（4）船舶国籍证书复印件；

（5）船舶船体结构图；

（6）船舶正面和可以显示船舶名称侧面彩色照片各一式三张。

提交上述（2）、（3）、（4）项文件时，还应同时提供原件供海关核对。

海关予以备案的，应在收齐单证之日起 5 个工作日内签发来往港澳小型船舶登记备案证书、来往港澳小型船舶进出境（港）海关监管簿（以下简称海关监管簿）。不予备案的，海关应在收齐单证之日起 3 个工作日内制发来往港澳小型船舶不予备案通知书。

2. 运输企业应向备案海关办理小型船舶年审手续，提交以下单证：

（1）来往港澳小型船舶年审报告书；

（2）备案证书；

（3）海关监管簿。

未办理年审或者年审不符合规定的小型船舶不得继续从事进出境运输业务。

3. 已在海关备案的小型船舶名称、船体结构、经营航线、法定代表人、地址、企业性质等内容发生变更的，运输企业应当持书面申请和有关批准文件到备案海关办理变更手续。

（四）船载收发信装置管理

小型船舶应当安装海关认可的船载收发信装置。以下类型的船舶经主管海关同意可不安装船载收发信装置：

1. 工程船舶、捕捞船舶、拖轮等；

2. 其他经海关同意的船舶。

小型船舶的备案海关负责办理船载收发信装置的变更、暂停、恢复、注销使用等手续。

（五）进境管理

1. 船舶负责人在小型船舶进境起航时，通过船载收发信装置对舱单电子数据进行确认。进境小型船舶经中途监管站办理舱单确认和关封制作手续后，所载进口货物所有人或者其代理人可以提前向海关申报。

2. 中途监管站对进口舱单和航迹等进行风险分析，依据有关规定发出直航通过中途监管站、停航办理手续等通航指令。小型船舶接到停航办理手续指令后，应航行至中途监管站指定的锚地停泊。

3. 船舶到达目的港后，船舶负责人或者其代理人应及时向海关递交海关监管簿、纸质舱单等单据办理手续。在中途监管站停航办理手续的小型船舶应当递交关封。

4. 经海关同意，进口船舶可以卸货。

（六）出境管理

小型船舶出境管理流程为：船方发送数据—起运港海关清关—中途监管站分析舱单、发出通航指令—船舶驶离关境。

1. 舱单传输人在开始装载货物、物品的4小时以前，应当通过与海关联网的公共数据信息平台，向海关传输预配舱单电子数据，并向起运港海关递交纸质舱单、海关监管簿等有关单据、簿册，办理离港手续。

2. 海关监管场所经营人、理货部门应当在小型船舶起航以前，向海关传输理货报告电子数据。

3. 起运港海关在办理小型船舶离港手续时，应根据实际装货情况对船舶负责人提交的出口纸质舱单和电子数据进行核对，在海关监管簿上批注并加盖验讫章，将1份出口舱单签注、盖章后，交船舶负责人，同时在“小船快通系统”中对舱单作“清关锁定”操作。

4. 中途监管站海关审核舱单数据，发出通航指令，船舶确认接收通航指令后驶离中途监管站。［参照本节“（五）进境管理”］

5. 小型船舶出境后自动结束航次，自动生成本航次电子底账。

（七）其他海关管理

1. 小型船舶公用、船员自用物品进出境，应当如实填写来往港澳小型船舶进/出境公用物品申报单及来往港澳小型船舶船员进/出境自用物品申报单向海关申报，海关按照规定办理验放手续。

2. 小型船舶在香港、澳门装配机器零件或者添装船用燃料、物料和公用物品，应当填写来往港澳小型船舶境外添装燃料物料申报单，向海关申报并交验有关购买单据或者发票，办理进口手续。

3. 小型船舶不得同船装载进出口货物与非进出口货物。

4. 经交通部门批准，小型船舶可以兼营境内运输。小型船舶每次由境外运输变更为境内运输或者由境内运输变更为境外运输前，可通过电子方式向备案海关报告，也可直接到备案海关递交书面报告。

对于采用电子报告的，备案海关应及时在系统中进行电子审核。其中，小型船舶第一次由境外运输变更为境内运输时，备案海关还应在海关监管簿上进行签注，以后变更境内外运输时，无需逐次纸本签注，年审时，根据电子审核记录在海关监管簿上进行批量签注。

对于直接到备案海关书面报告的，备案海关应及时在系统中对应更新船舶兼营状态，并在“海关监管簿”上进行签注。

5. 小型船舶由于不可抗力的原因，被迫在未设立海关的地点停泊，抛掷、起卸货物、物品或者上下人员，船舶负责人应当立即报告附近海关。小型船舶因遇到风浪，致使无法在海关中途监管站停泊办理进出境手续的，经海关中途监管站许可，可以直接驶往目的港。

6. 中途监管站可以对进境小型船舶所载货物、舱室施加封志，必要时可以派员随小型船舶监管至目的港，船舶负责人或者其代理人应当提供便利。

7. 海关检查小型船舶时，船舶负责人或者其代理人应当到场，并按照海关要求开启有关处所、集装箱或者货物包装，搬移货物、物料等。海关认为必要时，可以径行开验、复验或者提取货样。

海关检查船员行李物品时，有关船员应当到场，并且开启行李包件和储存物品的处所。

四、进出境航空器

（一）定义

进出境航空器是指用于载运人员、货物、物品进出境的各种航空器。专机、军用航空器进出境的，其负责人凭主管部门的批准文件，按照本办法规定办理海关手续。

（二）适用范围

适用于海关对于经营性进出境国际航空器的监管，对于不以盈利为目的的非经营性航空器，包括从事工业、农业、林业、渔业和建筑业的作业飞行，以及医疗卫生、抢险救灾、气象探测、海洋监测、科学实验、教育训练、文化体育等方面的飞行活动的航空器参照管理。

（三）进出境（港）申报

1. 进出境（港）申报时限

（1）进境“当日飞行计划”在航空器预计抵达境内第一目的港当日零时前，出境“当日飞行计划”在航空器预计驶离出发港当日零时前。

（2）进境航程超过4小时的，“预报动态”在航空器抵达境内第一目的港的4小时以前；进境航程在4小时以内的，“预报动态”在航空器起飞时。

出境“预报动态”在航空器驶离设立海关地点的2小时以前。

（3）进境“确报动态”在航空器抵达境内第一目的港的30分钟以内，出境“确报动态”在航空器驶离设立海关地点后30分钟以内。

（4）中华人民共和国海关航空器进境（港）总申报单在进境航空器抵达境内第一目的港的30分钟以内。

中华人民共和国海关航空器出境（港）总申报单在出境航空器驶离设立海关地点前30分钟以内。

（5）进出境“航班取消”在“当日飞行计划”后，“确报动态”前发送。

2. 进出境（港）申报需提交的资料

（1）航空器进境时，航空器负责人应持下列资料向海关申报：

①运输工具管理系统的中华人民共和国海关航空器进境（港）申报单电子数据；

②符合国际民航组织要求格式的纸质进境总申报单；

③货物申报单（随附纸本载货清单）；

④机组物品申报单（航空器机组人员出入境携带物品纸本清单）；

⑤机组名单；

⑥海关所需的其他资料。

（2）航空器出境时，航空器负责人应持以下资料当向海关申报：

①运输工具管理系统的中华人民共和国海关航空器出境（港）申报单电子数据；

②符合国际民航组织要求格式的纸本出境总申报单；

③货物申报单（随附载货纸质清单）；

④机组物品申报单（纸质）；

⑤机组名单；

⑥海关所需的其他资料。

3. 进出境（港）海关监管相关规定

（1）航空器上下旅客，装卸货物、邮件、行李和其他物品，需经海关许可，并且在海关监管下进行。

（2）航空器在境内从一个设立海关的地点飞往另一个设立海关的地点的，航空器负责人应当办理航空器续驶手续。

未经飞离地海关同意，航空器不得改飞其他目的地；未办结海关手续的，不得改飞境外。

（3）航空器在境内从一个设立海关的地点飞往另一个设立海关的地点时，海关可以派员随机实施监管，航空器负责人应当为海关人员提供方便。

（4）航空器在境内从一个设立海关的地点飞往另一个设立海关的地点后，应当办理续驶抵达手续。

（5）出境航空器在货物、物品装载完毕或者旅客全部登机以后，应当向海关提交结关申请，经海关制发结关通知书后方可离境。

（6）海关制发结关通知书以后，非经海关同意，出境航空器不得装卸货物、上下旅客。

（7）航空器在办结海关出境或者续驶手续后的24小时未能驶离的，航空器负责人应当重新办理有关手续。

（四）航空器停留监管

1. 航空器负责人应向海关报送继续执行国际飞行任务的航空器变更机位的通知。

2. 航空器负责人应向海关报送继续执行国际飞行任务的航空器在港维修通知。

3. 航空器负责人应向海关报送继续执行国际飞行任务的航空器在港待命的通知。

（五）航空器登临检查

1. 航空器到达设立海关的地点及在境内停留期间，海关可以对航空器实施登临检查。

航空器登临检查是海关为确定航空器负责人向海关备案、申报的内容是否与实际情况相符，或者为确定航空器停靠区域及其配载物料、装卸货物物品、上下人员等是否符合规定，依法对航空器进行实地监管、检查的执法行为。

经海关总署批准，对特殊航空器可免予检查。

2. 在实施航空器检查前，航空器负责人应到场，并收取中国海关运输工具检查通知书。

3. 海关实施航空器检查可包括以下内容：

（1）要求航空器负责人开启舱室及其他空间，开拆、搬移可疑的货物、物料及物品，并实施检查，必要时，海关可集中机组人员，加封航空器有关部位；

（2）要求机组人员开启行李包件、储存物品的处所，并实施检查；

（3）可对航空物料和航空器、机组人员所有的货币或者金银等实施检查，并予以加封，如需启封，航空器负责人应向海关递交书面申请；

（4）可查阅飞行任务书、飞行记录、燃油/润滑油记录、维修记录、机舱配载图、原始舱单、货物装卸记录、机上物品耗用记录、免税品销售单据等资料；

（5）可要求航空器负责人组织的相关人员对航空器进行开拆，并实施检查；

（6）在检查过程中发现遗留货物、物品的，航空器负责人应根据海关要求将其运送至海关指定监管场所；

（7）可要求航空器负责人提供必要的办公条件。

4. 航空器登临检查完毕后，航空器负责人应在中华人民共和国海关检查记录（以下简称检查记录）上签字确认。航空器负责人拒签的，海关可不予为其办理后续手续。

5. 海关可采用视频监控、派员实地检查，以及其他海关认可的方式，对航空器实施监装监卸。

海关派员实地检查监装监卸后，航空器负责人应在检查记录上签字确认。航空器负责人拒签的，海关可不予为其办理后续手续。

（六）航空器在港期间上、下物料的管理

1. 经航空器负责人申请，海关核准，航空器可以添加、起卸、调拨下列物资：

（1）保障航空器行驶（航行）的轻油、重油等燃料；

（2）供应航空器工作人员和旅客的日常生活用品、食品等；

（3）保障航空器及所载货物运输安全的备件、垫舱物料，以及加固、苫盖用的绳索、篷布、苫网等；

（4）海关核准的其他物品。

2. 进出境航空器需要添加、起卸物料的，物料添加单位或者接受物料起卸单位应当向海关申报，并提交以下单证：

（1）中华人民共和国海关运输工具起卸/添加物料申报单；

（2）添加、起卸物料明细单；

（3）海关认为必要的其他单证。

3. 进出境航空器之间调拨物料的，除办理相关起卸、添加手续外，航空器服务企业应当递交运输工具物料调拨清单。

4. 海关可以对航空器添加、起卸、调拨物料的装卸作业实施监装监卸。

航空器间调拨物料一般不得跨直属关区实施。有特殊情况经调出、调入地海关协商同意的，应当按照转关运输方式监管。

5. 进出境航空器添加、起卸、调拨的物料，民用航空企业免予提交许可证件，海关予以免税放行；添加、起卸国家限制进出境或者涉及国计民生的物料超出自用合理数量范围的，应当按照进出口货物的有关规定办理海关手续。

6. 除下列情况外，进出境航空器使用过的废弃物料应当复运出境：

（1）民用航空企业声明废弃的物料属于《自动进口类可用作原料的废物目录》和《限制进口类可用作原料的废物目录》列明，且接收单位已经办理进口手续的。

（2）不属于《自动进口类可用作原料的废物目录》和《限制进口类可用作原料的废物目录》范围内的供应物料，以及航空器产生的垃圾等，且民用航空企业或者接受单位能够自卸下航空器之日起 30 天内依法作无害化处理的。

前述第（1）、（2）项所列物项未办理合法手续或者未在规定时限内依法作无害化处理的，海关可以责令退运。

（七）机组人员携带物品管理

1. 机组人员携带物品进出境的，应当由机长如实填报“机组物品申报单”于进境（港）时向海关递交，并接受监管。

2. 机组人员携带的物品应以服务期间必需和自用合理数量为限。机组人员不得为他人托带物品进境或者出境。

3. 机组人员需携带物品进入境内使用的，海关按进出境旅客通关流程和征免规定办理验放手续。

（八）其他海关管理

1. 进、出国境的军用飞机，国家元首和政府首脑乘坐的专机，如果装载有普通客货，有关部门应当通知海关，由海关按照《中华人民共和国海关进出境运输工具监管办法》和其他相关规定进行监管。

2. 进出口货物、物品经海关放行后方准提取或者收运；进、出境旅客及其行李物品，办完海关手续后，才可以出站或者登机。

3. 原机过境的旅客、货物、邮件、行李和其他物品，海关认为必要时，可以进行检查。

4. 旅客的手提物品和机上服务人员的行李物品应当由海关在入境航空港、站和出境航空港、站检查。

5. 凡经中华人民共和国政府批准入出中华人民共和国国境执行商业性任务的外国军用运输机或执行其他一般性任务的外国军用飞机在抵离中国机场口岸时，应根据中国政府有关规定和口岸检查制度办理一切必要手续，接受中国检查机关的检查。

五、 进出境列车

（一）定义

进出境列车是指进出关境的机车、客车、货车、邮政车、行李车、发电车、守车和轨道车等列车。

（二）进出境申报

1. 原始舱单电子数据传输以前，进境车站负责人应当将列车预计抵达车站的时间通知海关。

2. 列车到站以前，车站负责人应当将列车确切的到站时间通知海关。列车到站时，列车长应当向海关进行列车到站申报，也可以在列车进境前由车站提前向海关办理申报手续。

3. 列车进境后，列车长应当立即向海关提交以下文件：

（1）中华人民共和国海关铁路列车进境申报单；

（2）列车编组顺序表；

（3）车辆交接单；

（4）货物交接单；

（5）货物运单及其随附单证；

（6）行李车载运货物或行李、包裹交接单等单证；

（7）海关需要的其他单证。

4. 列车出境前，列车长应当向海关提交以下文件：

（1）中华人民共和国海关铁路列车出境申报单；

（2）列车编组顺序表；

（3）车辆交接单；

（4）货物交接单；

（5）货物运单及其随附单证；

（6）行李车载运货物或行李、包裹交接单等单证；

（7）海关需要的其他单证。

5. 车站负责人应当在列车驶离出境车站的 2 小时以前将驶离时间通知海关。对临时追加的列车，车站负责人应当在列车驶离出境车站以前将驶离时间通知海关。

6. 出境列车在货物、物品装载完毕以后，列车长应当向海关提交结关申请，经海关制发“结关通知书”后方可离境。

7. 海关制发“结关通知书”以后，非经海关同意，出境列车不得装卸货物、上下旅客。

8. 列车在办结海关出境手续后的 24 小时未能驶离的，列车长应当重新办理有关手续。

9. 进境列车在向海关申报以前，未经海关同意，不得装卸货物、物品，除口岸检查机关工作人员和铁路执行职务人员外不得上下人员。

（三）列车在进出境车站停留期间海关管理

1. 进出境列车必须在进出境车站停留，接受海关的监管和检查。进境列车自到达进境车站起到海关检查完毕止，出境列车自海关开始检查起到海关放行止，未经海关许可不得移动、解体（客车改轮除外），或擅自驶离进出境车站。

3. 列车长应当在进出境列车装卸货物的 1 小时以前通知海关；车程不足 1 小时的，可以在装卸货物以前通知海关。海关认为必要时，可以对进出境列车装卸货物实施监装监卸。

4. 列车装卸货物、物品完毕后，列车长应当向海关递交反映实际装卸情况的交接单据和记录。

5. 海关检查进出境列车时，列车长应当到场，并根据海关的要求开启房间、车门；有走私嫌疑的，应当开拆可能藏匿走私货物、物品的部位，搬移货物、物料。

海关检查完毕后，应当按规定制作检查记录。

6. 海关检查列车结束，应及时通知进出境车站。如果在进境旅客列车停留时间内未检查完毕，海关可以派员随车继续检查，由进境车站站长按规定提供至最近前方停车站往返免费乘车证和工作条件。

7. 海关认为必要的，可以派员对进出境列车值守，列车长应当为海关人员提供方便。

海关派员对进出境列车值守的，进出境列车装卸货物、物品及上下人员应当征得值守海关人员同意。

8. 海关查验货物时，进出境车站应当派人按照海关的要求负责开拆车辆封印、开启车门或揭开篷布，货物的收、发货人或其代理人应当搬移或起卸货物，开拆或重封货物的包装。海关认为必要时，可以自行开验、复验或提取货样。海关应对提取货样的名称、数量出具证明。

9. 因不符合我国进口管理规定，海关决定退运境外的货物、物品，车站凭海关书面退运通知办理有关手续，违反国际铁路联运规定的拒收货物，海关凭铁路部门的拒收记录准予退运。

10. 转关运输货物起运之前，海关对有关单证、货物、物品查核无误后，在货物运单上加盖“海关监管货物”戳记，连同关封退还车站凭以起运。海关关封由车站转交列车负责人，连同运单一起带交指运地或出境地海关。

11. 海关监管货物如果变更国内到站或出境站，办理变更的车站应通知海关。变更后的指运站或出境站必须是设有海关的车站。有关车站应当将海关关封转交列车负责人连同运单一起带交变更后的指运地或出境地车站海关。如果指运地车站没有海关，则只有在变更申请人取得指运地车站就近海关同意的情况下，入境地车站才能受理变更。

（四）进出境列车在港期间上、下物料的管理

1. 经列车长申请，海关核准，进出境列车可以添加、起卸、调拨下列物资：

（1）保障列车行驶的轻油、重油等燃料；

（2）供应列车工作人员和旅客的日常生活用品、食品等；

（3）保障列车及所载货物运输安全的备件、垫舱物料，以及加固、苫盖用的绳索、篷布、苫网等；

（4）海关核准的其他物品。

2. 进出境列车需要添加、起卸物料的，物料添加单位或者接受物料起卸单位应当向海关申报，并提交以下单证：

（1）中华人民共和国海关运输工具起卸/添加物料申报单；

（2）添加、起卸物料明细单；

（3）海关认为必要的其他单证。

3. 进出境列车之间调拨物料的，应当由调出列车长编制清单报请海关核准，并在海关监管下进行调拨，接受物料的列车长应当在物料调拨完毕后向海关提交运输工具物料调拨清单。

4. 进出境列车添加、起卸、调拨物料的，应当接受海关监管。

5. 进出境列车添加、起卸、调拨的物料，列车长免予提交许可证件，海关予以免税放行；添加、起卸国家限制进出境或者涉及国计民生的物料超出自用合理数量范围的，应当按照进出口货物的有关规定办理海关手续。

6. 对需要返还的篷布、空容器等，收、发货人或其代理人应当填写收、发货人的篷布或空容器免税返还证明书，送交进出境海关签印发还车站凭以免税返还。

六、　来往港澳公路货运车辆

（一）定义

来往港澳公路货运企业（以下简称货运企业），是指依照规定在海关备案的从事来往港澳公路货物运输业务的企业，包括专业运输企业和生产型企业。

来往港澳公路货运车辆（以下简称货运车辆），是指依照规定在海关备案的来往港澳公路货运车辆，包括专业运输企业的车辆和生产型企业的自用车辆。

来往港澳公路货运车辆驾驶员（以下简称驾驶员），是指依照规定在海关备案的驾驶来往港澳公路货运车辆的驾驶员。

（二）备案管理

1. 货运企业备案

货运企业备案时，应当向进出境地的直属海关或者其授权的隶属海关提交下列文件：

（1）来往香港/澳门货运企业备案申请表；

（2）政府主管部门的批准文件；

（3）工商行政管理部门核发的企业法人营业执照或者营业执照复印件；

（4）技术监督部门核发的“中华人民共和国组织机构代码证”复印件；

（5）专业货运企业提交交通行政管理部门核发的公路运输经营许可证复印件，生产型企业提交海关核发的自理报关企业注册登记证书复印件。

（6）海关认可的担保函或其他担保形式。

提交第（3）、（4）、（5）项文件复印件时，还应当同时出示原件正本供海关核对。

2. 车辆备案

（1）车辆备案时，应当向进出境地的直属海关或者其授权的隶属海关提交下列文件：

①来往香港/澳门货运车辆及驾驶员备案登记表；

②来往香港/澳门货运车辆海关验车记录表（以下简称验车记录表）或者海关认可的公安交通车检部门出具的验车报告；

③公安交通车管部门核发的车辆及驾驶人员进出境批准通知书海关联；

④公安交通车管部门核发的机动车辆行驶证复印件；

⑤符合海关要求的车辆彩色照片4张（其中，2张为车辆左前侧面45度角拍摄并可明显看见油箱和粤港/澳两地车牌，2张为后侧面45度角拍摄并可明显看见粤港/澳两地车牌，照片大小均为4寸×3寸）。

⑥在香港/澳门地区办理车辆登记证明文件的进出境车辆（以下简称港/澳籍车辆），应当同时提交境外有关政府管理机构签发的车辆登记文件复印件、来往香港/澳门车辆备案临时进境验车申报表。

⑦在内地办理车辆登记证明文件的进出境车辆，应当同时提交机动车辆登记证书复印件。

⑧运载危险品的车辆，应当同时提交主管部门的批准文件复印件。

⑨生产型企业的自用车辆，应当同时提交自理报关企业注册登记证书复印件。

提交第④、⑥、⑦、⑨项文件复印件时，还应当同时出示原件正本供海关核对。

（2）货运车辆应当为集装箱式货车或者集装箱牵引车，并应当符合下列条件：

①车辆的类型、牌名、车身颜色、发动机号码、车身号码、车辆牌号等应当与公安交通车管部门核发的证件所列内容相符。

②集装箱式货车的车厢监管标准应当按照《中华人民共和国海关对用于装载海关监管货物的集装箱和集装箱式货车车厢的监管办法》的有关规定执行；如有特殊需要加开侧门的，应当经海关批准，并符合海关监管要求。

③集装箱式货车或者集装箱牵引车应当使用海关的电子关锁，并可以安装符合海关要求的车载收发信装置。

④车辆的油箱和备用轮胎等装备以原车出厂时的配置为准，不得擅自改装或者加装。

（3）经海关批准，散装货车可以作为来往香港/澳门的货运车辆，用于承运不具备施封条件的超大型机械设备或者鲜活水产品等散装货物。

3. 驾驶员（包括后备驾驶员）备案

驾驶员备案时，应当向进出境地的直属海关或者其授权的隶属海关提交下列文件：

（1）来往香港/澳门货运车辆及驾驶员备案登记表；

（2）车辆及驾驶人员进出境批准通知书海关联；

（3）公安交通车管部门核发的机动车辆驾驶员驾驶证复印件；

（4）驾驶员身份证、回乡证或者护照复印件；

（5）符合海关要求的驾驶员彩色近照2张（规格：大1寸、免冠、红底）。

提交（3）、（4）项文件复印件时，还应当同时出示原件正本供海关核对。

4. 发证

（1）经海关备案的货运企业，海关核发来往香港/澳门货运企业备案登记证（以下简称货运企业备案登记证）。

（2）经海关备案的货运车辆、驾驶员，海关核发来往香港/澳门车辆进出境签证簿（以下简称签证簿），以及用于证明驾驶员和载运进出境货物实际情况的通关证件。

（三）年审、变更、注销

1. 货运企业备案登记证、签证簿和通关证件需要更新的，可以凭原件向备案海关申请换发；发生损毁或者灭失的，应当及时向海关报告，经备案海关审核情况属实的，予以补发。

2. 海关对货运企业、车辆、驾驶员实行年审制度。

（1）货运企业年审时需提交下列文件：

①来往香港/澳门货运企业年检报告书；

②货运企业备案登记证原件正本；

③政府主管部门批准企业成立或者延期的批准文件。

（2）货运车辆、驾驶员年审时需提交下列文件：

①来往香港/澳门车辆及驾驶员年检报告书；

②签证簿原件正本；

③验车记录表或者海关认可的公安交通车检部门出具的验车报告；

④公安交通车管部门核发准予延期的批准通知书海关联；

⑤海关核发的通关证件。

3. 车辆需进行车体、厢体改装的，应当向备案海关申请，经海关同意，按照《中华人民共和国海关关于来往香港、澳门公路货运企业及其车辆和驾驶员的管理办法》和《中华人民共和国海关对用于装载海关监管货物的集装箱和集装箱式货车车厢的监管办法》的规定办理。

改装后的车辆经备案海关重新检验认可后，海关收回原车辆的签证簿和通关证件，注销原车辆的备案资料，重新予以核准备案，签发新的签证簿和通关证件。

4. 货运企业出现变更企业名称、通行口岸或者更换车辆、驾驶员等情况的，应当持政府有关主管部门的批准文件及相关资料，到备案海关办理变更备案手续。

5. 货运企业、车辆、驾驶员在备案有效期内暂停或者停止进出境营运业务的，应当向海关报告，海关收回签证簿和通关证件，对有关备案资料作暂停或者注销处理。港/澳籍车辆在办结海关手续并已出境后，海关予以办理暂停或者注销手续。

（四）海关管理

1. 货运车辆应当由在海关备案的驾驶员驾驶，特殊情况下可以由后备驾驶员驾驶。驾驶员应当按照海关指定的路线和规定的时限，将所承运的货物完整地运抵指定的监管场所，并确保承运车辆、海关封志、海关监控设备及装载货物的箱（厢）体完好无损。

2. 货运车辆进出境时，企业或者驾驶员应当按照海关规定如实申报，交验单证，并接受海关监管和检查。承运海关监管货物的车辆从一个设立在海关地点驶往另一个设立海关地点的，企业或者驾驶员应当按照海关监管要求，办理转关手续。海关检查进出境车辆及查验所载货物时，驾驶员应当到场，并根据海关的要求开启车门，搬移货物，开拆和重封货物包装。

3. 货运车辆完成当次运输后，应当由原驾驶员驾驶原车辆复出境。因故需人、车分离出境的，应当经备案地海关或出境地海关同意。港/澳籍进出境车辆进境后，应当在3个月内复出境，特殊情况下，经海关同意，可以在车辆备案有效期内予以适当延期。

4. 已进境的港/澳籍车辆，包括集装箱牵引架、集装箱箱体，未经海关同意并办结报关纳税手续，不得在境内转让或者移作他用。

5. 进出境车辆的备用物料和驾驶员携带的物品，应当限于旅途自用合理数量，超出自用合理数量，应当向海关如实申报。

6. 未经海关许可，任何人不得拆装运输工具上的海关监控设备，包括海关电子关锁、车载收发信装置等。特殊情况需要拆装的，应当报经备案海关同意。监控设备拆装后，应当报请备案海关验核。

7. 货运企业、驾驶员应当妥善保管签证簿和通关证件，不得转借或转让他人，不得涂改或者故意损坏。

8. 集装箱牵引车承运的集装箱应当符合《中华人民共和国海关对用于装载海关监管货物的集装箱及集装箱式货车车厢的监管办法》规定的标准要求。

9. 因特殊原因，车辆在境内运输途中需要更换或者驾驶员需要更换的，驾驶员或者货运企业应当立即报告附近海关，在海关监管下更换。附近海关应当及时将更换情况通知货物进境地和指运地海关或者起运地和出境地海关。

10. 海关监管货物在境内运输途中，发生损坏或者灭失的，驾驶员或者货运企业应当立即向附近海关报告。除不可抗力外，货运企业应当承担相应的税款及其他法律责任。

七、 国际道路运输车辆

（一）定义

国际道路运输车辆（以下简称进出境公路车辆），是指进出我国关境的境内、外公路运输车辆。

（二）适用范围

适用于经营性进出境公路车辆，非经营性进出境公路车辆、承运边民互市商品和承运过境货物的进出境公路车辆比照办理。

（三）进出境申报

1. 进境车辆负责人在进境公路车辆抵达设立海关地点前传输预、确报电子数据，出境车辆负责人在公路车辆出境前传输车辆预、确报电子数据。

2. 进出境公路车辆抵达设立海关的地点时，可由卡口系统自动采集或人工录入抵、离港电子数据。

3. 非经营性进出境公路车辆、承运边民互市商品及承运过境货物的进出境车辆在进出境时，卡口或口岸关员在系统记录进出境车辆抵、离港报信息。

4. 海关可允许进出境车辆在同一口岸或不同口岸进、出境。

5. 车辆仅作为货物进出口时，无须向海关传输运输工具动态数据。

（四）车辆在站期间海关管理

1. 海关接受进境车辆负责人向海关申报的抵港报后，方可允许进境车辆卸载货物、物品及上下人员。

2. 出境车辆驶离设立海关地点前，海关应当审核出境公路货物、物品装载情况及人员登车情况。

3. 进出境车辆到达或者驶离设立海关的地点时，海关可按照有关规定对车辆进行登车检查，包括下列内容：

（1）车辆及所载货物、物品及人员应与申报相符；

（2）车辆应符合海关监管要求及标准；

（3）其他违法违规情形。

检查完毕后，海关应填写中华人民共和国海关检查记录。进出境车辆负责人不配合海关实施车辆登车检查的，海关应当停止办理后续相关手续。

4. 有以下情况，经批准，海关可实施径行车辆检查：

（1）进出境车辆有违法嫌疑的；

（2）经海关通知登临检查，进出境车辆负责人届时未到场的。

海关实施径行车辆检查的，应当通知进出境车辆停靠场所的经营人到场协助并在中华人民共和国海关检查记录上签注。

5. 进出境车辆抵达监管场所时，海关可实施监装监卸。

6. 海关可派员对停留在海关监管场所的车辆进行值守监管。

7. 海关可视情况按照相关规定派员对进出境车辆实施随车监管。

（五）车辆在站期间物料的管理

公路车辆物料和工作人员携带物品应当以当次进出境运输工作期间必需和自用合理数量为限，超出部分按照有关规定办理海关手续。

（六）其他海关管理

1. 因不可抗力，进出境公路车辆被迫在未设立海关的地点或者在非海关监管场所停靠并卸载货物、物品的，车辆负责人应立刻向起运地海关或车辆停靠地附近海关报告，由接受报告的海关对车辆及其所载货物、物品、人员等实施监管，并及时将监管情况书面通知相关海关。

2. 外国籍车辆进入我国境内后，中国籍车辆出境后，应当在备案有效期内且不超过3个月复出、进境；特殊情况下，经海关同意，可以在车辆备案有效期内予以适当延期，延期期限最长不得超过6个月。

被海关、司法机关或其他行政机关依法查扣的车辆可不受本条前款规定限制。

3. 出境后因故不能复进境的中国籍车辆，海关应当按照出口货物有关规定办理海关手续。

4. 进境后逾期滞留我国境内的外国籍车辆，海关应按下列情况分别进行处理：

（1）因不可抗力在我国境内灭失的，可凭事发地行政主管部门出具的证明文件为其办理注销备案等手续；

（2）我国法院判决没收或海关决定收缴的，可凭相关证明文件为其办理注销备案等手续；

（3）因被盗等非不可抗力原因造成灭失的，按照有关规定办结车辆进口手续后，办理注销备案等手续；

（4）海关在案件办结后将涉案车辆退还车主，但因无人认领被海关作变卖、销毁处理的，可凭相关证明文件为其办理注销备案等手续；

（5）涉嫌走私、违规的，按照有关规定通知并移交相关部门处理。

第二节　境内承运海关监管货物的运输企业及其运输工具

一、境内公路承运海关监管货物的车辆

（一）定义

境内公路承运海关监管货物的运输企业及其车辆、驾驶员，是指依据海关总署121号令经海关注册登记或者备案登记，在境内从事海关监管货物运输的企业、车辆、驾驶员。

（二）注册（备案）登记

1. 运输企业

（1）资格条件

①从事货物运输业务1年以上，注册资金不低于200万元人民币；

②按照《海关法》第六十七条、第六十八条规定，有具有履行海关事务担保能力的法人、其他组织或者公民提供的担保；

③企业财务制度和账册管理符合国家有关规定；

④企业资信良好，在从事运输业务中没有违法前科。

（2）注册登记

应向海关提交下列文件：

①承运海关监管货物境内运输企业注册登记申请表；

②工商行政管理部门核发的营业执照复印件；

③交通运输管理部门核发的道路运输经营许可证复印件；

④技术监督部门核发的中华人民共和国组织机构代码证（以下简称组织机构代码证）复印件；

⑤承运海关监管货物车辆的驾驶员名单及备案登记资料，企业更换驾驶员的，应当及时向海关办理驾驶员的变更备案手续。

提交上述第②、③、④项文件时，还应同时出示原件供海关审核。

海关对运输企业的资格条件及递交的有关证件进行审核，合格的颁发境内公路运输企业载运海关监管货物注册登记证书（以下简称注册登记证书）。

2. 车辆

（1）资格条件

承运海关监管货物的车辆应为厢式货车或集装箱拖头车，经海关批准也可以为散装货车。上述车辆应当具备以下条件：

①必须为运输企业的自有车辆，其机动车辆行驶证的车主列名必须与所属运输企业名称一致。

②厢式货车的厢体必须与车架固定为一体，厢体必须为金属结构，无暗格，无隔断，具有施封条件，车厢连接的螺丝均须焊死，车厢两车门之间须以钢板相卡，保证施封后无法开启；有特殊需要，需加开侧门的，须经海关批准，并符合海关监管要求。

③集装箱拖头车必须承运符合国际标准的集装箱。

④散装货车只能承运不具备加封条件的大宗散装货物，如矿砂、粮食及超大型机械设备等。

⑤从事特种货物运输的车辆须递交主管部门的批准证件。

（2）注册登记

应当向海关提交下列文件：

①承运海关监管货物境内运输车辆注册登记申请表；

②公安交通管理部门核发的机动车行驶证复印件；

③运载危险品的车辆需提交加盖“道路危险货物运输专用章”的道路运输经营许可证和道路运输营运证的复印件；

④车辆彩色照片2张（要求：前方左侧面45度角，4寸×3寸；能清楚显示车牌号码；车头及车厢侧面喷写企业名称）。

提交上述②、③项文件时，还应同时出示原件供海关审核。

海关对车辆监管条件及相关文件进行审核，合格的，颁发“中华人民共和国境内汽车载运海关监管货物车辆准载证”（以下简称准载证）、“中华人民共和国海关境内汽车载运海关监管货物载货登记簿”（以下简称汽车载货登记簿）。

3. 驾驶员

（1）备案条件

①具有中华人民共和国居民身份证；

②为运输企业职工；

③没有违法犯罪前科；

④遵守海关的有关管理规定。

（2）备案登记

应当向海关提交以下文件：

①承运海关监管货物境内运输车辆驾驶员备案登记表；

②驾驶员的国内居民身份证、机动车驾驶员驾驶证（复印件）；

③驾驶员彩色近照2张（规格：大1寸、免冠、红底）。

提交上述②项文件时，还应同时出示原件供海关审核。

承运海关监管货物的驾驶员应当了解和熟悉海关相关法规及监管规定，参加海关组织的各种业务培训。

（三）海关管理

1. 运输企业、车辆应于每年5月底前参加海关组织的年审。

2. 对于不再从事海关监管货物运输业务的运输企业、车辆、驾驶员，应向注册地海关交回注册登记证书、汽车载货登记簿、准载证等相关证件，并办理相应手续。

3. 车辆更换（包括更换车辆、更换发动机、更换车辆牌照号码）、改装车体等，应按规定重新办理注册登记手续。

4. 驾驶员在从事海关监管货物运输时，应出示准载证等相关文件，如实填报交验汽车载货登记簿，将承运的海关监管货物完整、及时地运抵指定的监管场所，并确保海关封志完好无缺，未经海关许可，不得开拆。货物运抵目的地后，必须向目的地海关办理汽车载货登记簿的核销手续。

5. 汽车载货登记簿和准载证由车辆固定使用。实施卫星定位管理的车辆，卫星定位管理系统配套使用的身份证（IC）卡与汽车载货登记簿具有同等效力。

6. 运输企业、驾驶员应妥善保管海关核发的有关证、簿，不得转借、涂改、故意损毁。

7. 承运海关监管货物的车辆应按海关指定的路线和要求行驶，并在海关规定的时限内运抵目的地海关，不得擅自改变路线、在中途停留并装卸货物。遇特殊情况，车辆在运输途中出现故障，需换装其他运输工具时，应立即通知附近海关，在海关监管下换装，附近海关负责及时将换装情况通知货物出发地和目的地海关。

8. 海关监管货物在运输途中发生丢失、缺少或损坏等情事的，除不可抗力外，运输企业应当承担相应的纳税义务及其他法律责任。

二、长江驳运船舶

（一）定义

长江驳运船舶是指航行长江驳运进出口转运货物的机动和非机动船舶。

（二）注册登记

1. 经营进出口货物转运业务的驳船，必须有具备海关加封条件的货仓，符合海关监管条件，并由船方或其代理人向船籍港海关申请登记。具体参照《海关总署关于修改〈中华人民共和国海关关于境内公路承运海关监管货物的运输企业及其车辆、驾驶员的管理办法〉的决定》相关内容。

2. 经海关审核批准并签发注册登记证书后，驳船方可在海关同意的港口码头从事转运进出口货物运输业务。

3. 驳船在航行、停泊期间，必须携带注册登记证书，以备海关核查。

（三）海关管理

1. 驳船在口岸过驳前，应将其注册登记证书、关封和有关单证交口岸海关审验，经海关核准后方可装卸货物。除散装大宗等货物并经海关特准的外，如驳船无加封设施，口岸海关不准予转运。其货物应由货物所有人或其代理人（以下简称货主）在入出境地办理报关纳税手续。

2. 驳船装载的出口货物，应由货主向起运地海关交验出口货物报关单。经海关在装货单据上加盖“验讫章”后，驳船方可装船。货物运抵出境地，经海关开拆封志并在装货单上盖印放行后，驳船、货主方可换装运输工具。

3. 出口转运货物，出境地海关认为必要时可对有关出口货物进行复验，货主应根据海关要求，负责搬移货物、开拆和重封货物的包装。

4. 驳船装载的进口货物，应由货主向进境地海关申请办理进口转运手续，经海关审核同意可转运指运地海关。进口货物在换装运输工具时，如发生溢、短、残损等情况，进境地海关应在封入关封内的有关单证上批注说明。

5. 进口货物运达目的地后，驳船负责人应即将关封递交指运地海关，经海关审核同意并开拆封志后方可卸货。

6. 驳船在同一航次中，未经海关同意，不得将海关监管货物与非监管货物同舱混装。驳船在承载海关监管货物期间，未经海关同意，不得在未设海关港口加载、装卸货物。

7. 驳船装载的进出口货物，在运输途中如遇水损或发生意外事故，船方应向到达地海关书面报告。海关在查明情况后，按有关规定处理。

8. 驳船及其工作人员不得为国际航行船舶船员运带未经海关放行的个人物品。

第三节　装载海关监管货物的集装箱和集装箱式货车车厢

一、定义

集装箱和集装箱式货车车厢，是指一种具有足够的强度，可长期反复使用，在一种或多种运输方式下运输时无需中途换装，内容积为1立方米及以上的运输设备。

营运人是指集装箱和集装箱式货车车厢的实际控制使用者，不论其是否为该集装箱或者集装箱式货车车厢的所有人。

承运人是指承载集装箱和集装箱式货车车厢进出境的运输工具的负责人。

申请人是指申请办理海关批准牌照的制造或者维修集装箱和集装箱式货车车厢的工厂。

二、适用范围

第一，承运装载海关监管货物的集装箱，包括境内生产的集装箱、我国营运人购买进口的集装箱、装载货物进出境的集装箱。

第二，承运装载海关监管货物的厢体与车辆不可分隔的厢式货车。

三、海关管理

（一）集装箱和集装箱式货车车厢必须安装海关批准牌照

1. 境内制造的集装箱可以按规定申请我国海关批准牌照，也可以向加入联合国《1972年集装箱关务公约》的境外有关国家当局申请外国海关的批准牌照。

2. 集装箱和集装箱式货车车厢投入运营时，应当安装海关批准牌照。

海关总署授权中国船级社统一办理集装箱海关批准牌照，以及在境内装载海关监管货物的集装箱式货车车厢的海关批准牌照：

（1）境内制造的集装箱申请我国海关批准牌照的，中国船级社对集装箱图纸进行审查，按照规定进行实体检验，检验合格的，核发按定型设计批准证明书或按制成以后批准证明书；

（2）境外制造的集装箱申请我国海关批准牌照的，制造厂或者所有人应当提交集装箱有关图纸，中国船级社审查并现场确认后核发按制成以后批准证明书；

（3）集装箱式货车车厢申请海关批准牌照的，中国船级社对申请海关批准牌照的集装箱式货车车辆的图纸进行审查，并按照规定对集装箱式货车车厢进行实体检验，检验合格的，核发集装箱式货车车厢批准证明书。

3. 经维修后，发生箱（厢）体特征变更的，集装箱和集装箱式货车车厢的所有人或者申请人必须拆除海关批准牌照，同时应当向中国船级社提出书面检验申请，重新办理海关批准牌照。

（二）进出境管理

1. 承载集装箱或者集装箱式货车车厢的运输工具在进出境时，承运人、营运人或者其代理人应按照海关规定向海关传输相关载货清单（舱单）的电子数据。

2. 集装箱和集装箱式货车车厢作为货物进出口时，无论其是否装载货物，有关进出口货物收发货人或者其代理人应当按照进出口货物向海关办理报关手续。

3. 集装箱和集装箱式货车车厢无论是否装载货物，海关准予暂时进境和异地出境的，营运人或者其代理人无须对箱（厢）体单独向海关办理报关手续。

4. 暂时进境的集装箱和集装箱式货车车厢应于入境之日起6个月内复运出境。如因特殊情况不能按期复运出境的，营运人应当向暂时进境地海关提出延期申请，经海关核准后可以延期，但延长期不得超过3个月，逾期应按规定向海关办理进口及纳税手续。

境内生产的集装箱及我国营运人购买进口的集装箱，营运人已向其所在地海关办理登记手续的，进出境时不受暂时进出境期限的限制。

（三）其他海关管理

1. 出口新造集装箱的出口退税管理

出口新造集装箱，生产企业按规定运抵海关指定堆场，办理报关和出口核销手续后，海关签发出口退税专用报关单，报关单不填写运输工具名称、航次和离境日期，仅注明堆场名称。

2. 集装箱境内调拨管理

（1）在境内沿海港口之间调运，班轮公司或者其代理人凭交通主管部门的批准文件和自制的集装箱调运清单向调出地和调入地海关申报。调运清单内容应包括承运集装箱原进境船舶名称、航（班）次号、日期，承运调运空箱的船舶名称、航（班）次号、集装箱号、尺寸、目的口岸、箱体数量等，并向调出地和调入地海关传输相关的电子数据。

（2）其他运输方式在境内调拨或者运输的空集装箱，不需再办理海关手续。

3. 对境内集装箱和购买进口的集装箱实施登记管理

境内生产的集装箱及我国营运人购买进口的集装箱在投入国际运输前，营运人应当向其所在地海关办理登记手续。境内生产的集装箱已经办理出口及国内环节税出口退税手续的，视同境外箱，不得登记。已在海关登记的，予以注销。

4. 厢式货车境内运输管理

用于承运装载海关监管货物的厢体与车辆不可分隔的厢式货车，其营运人或者承运人应按照《中华人民共和国海关关于境内公路承运海关监管货物的运输企业及其车辆、驾驶员的管理办法》的有关规定办理海关备案登记手续。

5. 集装箱报废管理

境内生产的集装箱及我国营运人购买进口的集装箱及厢式货车报废时，营运人凭登记或注册资料向所在地海关办理注销手续。

第八章　舱单管理

第一节　舱单概述

2008 年 3 月 28 日，海关总署制定颁布了《舱单管理办法》，并于 2009 年 1 月 1 日起实施。《舱单管理办法》将舱单传输主体分为舱单传输人（主要包括进出境运输工具负责人、无船承运业务经营人、货运代理企业、船舶代理企业、邮政企业及快件经营人等舱单电子数据传输义务人）和舱单相关电子数据传输人（包括理货部门、监管场所经营人及出口货物发货人）两类；增加了原始舱单、预配舱单和装载舱单等电子数据，以及运抵报告、理货报告、分拨、疏港分流申请等相关电子数据；有效规范了企业舱单数据的传输，为海关风险管理提供可靠的第三方基础数据，进而建立舱单的风险分析体系，提高了监管水平，对提升货物通关时效，推动现代物流发展将起到积极的促进作用，在规范海关对进出境舱单的管理，促进国际贸易便利与安全等方面具有重要意义。

一、 舱单的定义、 基本要件和分类

（一）定义

舱单是进出境运输工具舱单的简称，是指反映进出境运输工具所载货物、物品及旅客信息的载体。

（二）舱单的 4 个基本要件

《舱单管理办法》所称的舱单应当具备 4 个基本要件：第一，必须是一个载体，载体包括电子数据载体、纸质及其他载体，在《舱单管理办法》中所称的舱单主要是指舱单的电子数据；第二，是货物、物品及旅客信息的载体，其他信息的载体不是舱单；第三，必须具有进出境的运输工具载体，如个人通过步行方式进出境携带货物、物品的，不列入《舱单管理办法》中舱单的调整范围；第四，运输工具必须具有进出境的具体行为，不具有进出境行为的不在《舱单管理办法》的调整范围。

（三）舱单的种类

舱单包括原始舱单、预配舱单、装（乘）载舱单。

二、 舱单的适用范围

《舱单管理办法》适用于进出境船舶、航空器、铁路列车及公路车辆舱单的管理。该办法与《海关舱单电子数据传输管理办法》（海关总署令第 70 号）相比，拓宽了适用范围，涵盖了水（船舶）、陆（公路车辆）、空（航空器）、铁（铁路列车）4 种运输方式。

（一）船舶

1. 进出境国际航行船舶。进出境国际航行船舶通常是指进出我国关境在国际运营的境内船舶和境外船舶。

2. 来往港澳小型船舶。来往港澳小型船舶是指经交通运输部或其他授权部门批准，专门来往于内地和香港、澳门之间，在境内注册从事货物运输的机动或者非机动船舶。

（二）航空器

航空器是指国际民航机，一切进出境的民用航空器，国家元首或政府首脑乘坐的专机不包括在内。

来往我国内地与香港、澳门、台湾的民航机适用《舱单管理办法》。

（三）铁路列车

进出境列车是指专门从事运载进出口货物、物品及进出境旅客的列车。

（四）公路车辆

公路车辆包括进出我国国境的用于载运货物、物品及旅客的境内车辆和外籍车辆，以及来往内地与香港、澳门间的车辆。

三、舱单数据传输主体

舱单数据传输的主体分为两类，即舱单数据传输人和与舱单相关的数据传输人。

（一）舱单数据传输人

1. 运输工具负责人

根据《海关法》，运输工具负责人是法定传输义务人，主要包括对运输工具负有责任的运输工具所有人、承租人，以及运输工具最高职务的自然人，即船长、机长、列车长、司机。

2. 运输工具负责人的代理人

这是对运输工具负责人的延伸，运输工具负责人的代理人可以在授权范围内成为舱单数据传输主体。在舱单传输过程中，运输工具负责人的代理人具体包括以下企业：

（1）船舶：无船承运业务经营人、船舶代理企业等能够对外签发提单的企业。

（2）航空器：航空公司的地面代理企业、货运代理企业、快件运营人等能够对外签发航空总提单或分运单的企业。

（3）进出境列车：车站等能够对外签发铁路运单的企业。

（4）公路车辆：公路运输货物代理企业。

（二）与舱单相关的电子数据传输人

与舱单相关的数据是指国际物流在进出境作业环节所产生的能够反映物流流向，而且能与舱单相互校验、印证的相关数据，包括运抵报告、分拨分流申请和理货报告等数据。

1. 运抵报告数据的传输人：海关监管场所经营人。
2. 理货报告数据的传输人：理货部门和海关监管场所经营人。
3. 分拨、分流申请的传输人：监管场所经营人。
4. 装箱清单数据的传输人：出口货物的发货人。

四、海关对舱单及相关数据传输的监管规定

进出境运输工具负责人、无船承运业务经营人、货运代理企业、船舶代理企业、邮政企业及快件经营人等舱单电子数据传输义务人应当按照海关备案的范围在规定时限向海关传输舱单电子数据。

海关监管场所经营人、理货部门、出口货物发货人等舱单相关电子数据传输义务人应当在规定

时限向海关传输舱单相关电子数据。

对未按照《舱单管理办法》规定传输舱单及相关电子数据的，海关可以暂不予办理运输工具进出境申报手续。

因计算机故障等特殊情况无法向海关传输舱单及相关电子数据的，经海关同意，可以采用纸质形式在规定时限向海关递交有关单证。

五、 备案与变更

（一）备案的监管规定

舱单传输人、监管场所经营人、理货部门、出口货物发货人应当向其经营业务所在地直属海关或者经授权的隶属海关备案。

舱单传输人在境内设有分支机构的，分支机构应当将分支机构地址、联系人和联系方式进行备案登记。

海关在接受出口货物发货人首次传输装箱清单时，对出口货物发货人实施自动备案管理。

（二）办理备案的程序

1. 备案申请人向其经营业务所在地直属海关或者经授权的隶属海关申请备案，递交齐全且符合法定形式的备案文件。

2. 海关受理备案申请，经审核通过的，给予办理备案手续。

（三）备案应提交的文件

舱单及相关电子数据传输人办理备案手续时，应该提交相关文件。提交复印件的，应当提供正本供海关验核。

1. 中国进出境航空器负责人备案资料

（1）“备案登记表”（《舱单管理办法》附件1，一式两份）；

（2）“中华人民共和国组织机构代码证”（副本）复印件（已办理加载有统一社会信用代码的营业执照的，凭该营业执照免于提交，下同）；

（3）营业执照（副本）复印件；

（4）“公共航空运输企业经营许可证”复印件；

（5）企业行政印章和业务印章的印模；

（6）海关要求的其他资料。

2. 外国及我国港、澳、台地区进出境航空器负责人备案资料

（1）“备案登记表”（《舱单管理办法》附件1，一式两份）；

（2）“中华人民共和国组织机构代码证”（副本）复印件；

（3）经营许可复印件；

（4）“外国企业常驻代表机构登记证”复印件；

（5）航空运输企业总部法定代表人或者经其书面授权人员签发的申请书；

（6）企业行政印章和业务印章的印模；

（7）海关要求的其他资料。

3. 地面代理企业备案资料

（1）“备案登记表”（《舱单管理办法》附件1，一式两份）；

（2）“中华人民共和国组织机构代码证”（副本）复印件；

（3）营业执照（副本）复印件；
（4）航空公司授权的代理委托书；
（5）企业行政印章和业务印章的印模；
（6）海关要求的其他资料。

4. 货运代理企业备案资料

（1）“备案登记表”（《舱单管理办法》附件1，一式两份）；
（2）“中华人民共和国组织机构代码证”（副本）复印件；
（3）营业执照（副本）复印件；
（4）《国际货运代理企业备案表》复印件；
（5）企业行政印章和业务印章的印模；
（6）海关要求的其他资料。

5. 快件运营人备案资料

（1）“备案登记表”（《舱单管理办法》附件1，一式两份）；
（2）“中华人民共和国组织机构代码证”（副本）复印件；
（3）营业执照（副本）复印件；
（4）行政主管部门核发的许可证件或资格证件的复印件；
（5）企业行政印章和业务印章的印模；
（6）海关要求的其他资料。

6. 监管场所经营人备案资料

（1）“备案登记表”（《舱单管理办法》附件1，一式两份）；
（2）“中华人民共和国组织机构代码证”（副本）复印件；
（3）营业执照（副本）复印件；
（4）“中华人民共和国海关监管场所注册登记证书”复印件；
（5）企业行政印章和业务印章的印模；
（6）海关要求的其他资料。

7. 理货部门备案资料

（1）“备案登记表”（《舱单管理办法》附件1，一式两份）；
（2）“中华人民共和国组织机构代码证”（副本）复印件；
（3）营业执照（副本）复印件；
（4）行政主管部门核发的许可证件或资格证件的复印件；
（5）企业行政印章和业务印章的印模；
（6）海关要求的其他资料。

8. 舱单传输人（境内企业法人）的备案资料

（1）“备案登记表”（《舱单管理办法》附件1，一式两份）；
（2）提（运）单和装货单的样本；
（3）企业印章及相关业务印章的印模；
（4）行政主管部门核发的许可证件或者资格证件的复印件；
（5）“中华人民共和国组织机构代码证”（副本）复印件；
（6）营业执照（副本）复印件；

（7）海关需要的其他文件。

9. 舱单传输人的境内分支机构备案资料

（1）分支机构的“备案登记表”（《舱单管理办法》附件 1，一式两份）；
（2）舱单传输人（总公司）签章同意备案的证明文件；
（3）“中华人民共和国组织机构代码证”（副本）复印件；
（4）营业执照（副本）复印件；
（5）分支机构的企业行政印章和业务印章的印模；
（6）海关需要的其他资料。

海关应当要求已备案的分支机构使用总公司的舱单传输人代码，向海关传输舱单及相关电子数据。

10. 无船承运人备案资料

（1）备案登记表（《舱单管理办法》附件 1，一式两份）；
（2）提（运）单和装货单的样本；
（3）企业印章及相关业务印章的印模；
（4）行政主管部门核发的许可证件或者资格证件的复印件；
（5）“中华人民共和国组织机构代码证”（副本）复印件；
（6）营业执照（副本）复印件；
（7）海关需要的其他资料。

（四）备案变更和注销

1. 经海关备案的舱单传输人及舱单相关数据传输人，备案信息发生改变的，应当在规定的期限内向备案地海关办理备案信息的变更手续。

2. 备案地海关负责受理舱单及相关电子数据传输人备案信息的变更申请。海关办理备案信息的变更手续时应当收取下列资料：

（1）“备案登记表”（一式两份）
（2）用于证明变更真实性的材料；
（3）海关需要的其他资料。

3. 申请取消备案的，海关应当在申请企业所传输的舱单及相关电子数据全部处理完结后，办理取消手续。有分支机构的，海关还应当收取分支机构备案地海关取消分支机构备案的相关证明材料后，方可取消备案。

六、海关对传输时间的确认

海关确认接受舱单传输有两个时间点：
第一，进口舱单电子数据的传输时间是以海关接受原始舱单主要数据传输的时间为准；
第二，出口舱单电子数据的传输时间是以海关接受预配舱单主要数据传输的时间为准。

七、舱单的编号规定及保管期限

舱单中的提（运）单编号 2 年内不得重复。

自海关接受舱单等电子数据之日起 3 年内，舱单传输人、海关监管场所经营人、理货部门应当妥善保管纸质舱单、理货报告、运抵报告及相关账册等资料。

八、 舱单保密的权利与义务

舱单传输人可以书面形式向海关提出为其保守商业秘密的要求，并具体列明需要保密的内容。

海关应当按照国家有关规定承担保密义务，妥善保管舱单传输人及相关义务人提供的涉及商业秘密的资料。

九、 法律责任

违反《舱单管理办法》，构成走私行为、违反海关监管规定行为或者其他违反海关法行为的，由海关依照《海关法》和《海关行政处罚实施条例》的有关规定予以处理；构成犯罪的，依法追究刑事责任。

十、 本章涉及相关用语的含义

原始舱单，是指舱单传输人向海关传输的反映进境运输工具装载货物、物品或者乘载旅客信息的舱单。

预配舱单，是指反映出境运输工具预计装载货物、物品或者乘载旅客信息的舱单。

装（乘）载舱单，是指反映出境运输工具实际配载货物、物品或者载有旅客信息的舱单。

提（运）单，是指用以证明货物、物品运输合同和货物、物品已经由承运人接收或者装载，以及承运人保证据以交付货物、物品的单证。

总提（运）单，是指由运输工具负责人、船舶代理企业所签发的提（运）单。

分提（运）单，是指在总提（运）单项下，由无船承运业务经营人、货运代理人或者快件经营人等企业所签发的提（运）单。

运抵报告，是指进出境货物、物品运抵海关监管场所时，海关监管场所经营人向海关提交的反映货物、物品实际到货情况的记录。

理货报告，是指海关监管场所经营人或者理货部门对进出境运输工具所载货物、物品的实际装卸情况予以核对、确认的记录。

疏港分流，是指为防止货物和物品积压、阻塞港口，根据港口行政管理部门的决定，将相关货物、物品疏散到其他海关监管场所的行为。

分拨，是指海关监管场所经营人将进境货物、物品从一海关监管场所运至另一海关监管场所的行为。

装箱清单，是指反映以集装箱运输的出境货物、物品在装箱以前的实际装载信息的单据。

特别注意的是“以上”、“以下”、“以内”，均包括本数在内。

第二节　空运进出境舱单管理

2008 年，海关总署完成了舱单管理系统空运管理子系统的技术研发工作，并在北京海关开展了模拟运行。2011 年，由北京海关作为第一批试点海关正式启动舱单管理系统（空运功能）试点切换工作，并取得了显著成效。2012 年，大连、广州海关作为第二批试点海关加入切换范围，并取得成功。2014 年，海关总署在全国海关全面开展切换工作。

一、进境舱单管理

（一）原始舱单传输

1. 时限要求

（1）货运原始舱单应按以下时限要求提前向海关传输：

①航程4小时以下的，航空器起飞前；

②航程超过4小时的，航空器抵达境内第一目的港的4小时以前。

（2）旅客原始舱单应按以下时限要求提前向海关传输：

①航程在1小时以下的，航空器抵达境内第一目的港的30分钟以前；

②航程在1小时至2小时的，航空器抵达境内第一目的港的1小时以前；

③航程在2小时以上的，航空器抵达境内第一目的港的2小时以前。

2. 海关审核

海关对接收的原始舱单数据进行审核，包括海关人工审核和系统自动审核。未按时限传输的原始舱单主要数据，海关可进行人工审核。海关人工审核时，可要求舱单传输人提交纸质说明材料，对舱单电子数据的规范性和超过时限传输的合理性进行核实。

3. 海关反馈信息

海关接收原始舱单及相关数据后，以电子数据方式向舱单传输人反馈审核结果。

（1）超过规定时限传输的，舱单系统反馈等待海关人工审核；

（2）舱单系统审核舱单数据格式符合规范的，或者海关人工审核通过的，反馈接受舱单数据传输；

（3）舱单系统审核舱单数据格式不符合规范的，或者海关人工审核不通过的，舱单系统反馈不接受舱单数据传输及原因。

（二）禁卸

海关经舱单风险分析、情报提示或人工抽核，发现原始舱单列有禁止进口货物、物品的，经直属海关批准，应当在航空器抵达前，以电子数据方式告知舱单传输人不准予卸载决定。

无法以电子数据方式通知的，海关应当以传真、电话、当面通知等方式通知并做好记录。

海关认为必要时，可派员实地核实航空器卸货情况。

（三）舱单进境日期

原始舱单的进境时间应当由运输工具管理系统同步写入。运输工具管理系统因故无法与舱单系统联动的，经批准后，海关可根据航空器负责人或其地面代理提交的总申报单进境日期，在舱单系统中手工录入原始舱单的进境时间。

（四）进口理货

监管场所经营人应当在规定时限内，以电子数据方式向海关传输同一航班项下所有卸载货物的理货报告电子数据。

货物被分批运输进口的，监管场所经营人应当根据其分批运输情况向海关传输理货报告电子数据。

原始舱单与理货报告不相符的，舱单及相关电子数据传输人应当在卸载货物、物品完毕后48小时内提交书面说明。海关可派员实地核实相关情况，涉及原始舱单错误的，由舱单传输人办理舱单数据变更手续；涉及理货报告错误的，由原理货报告传输人办理理货报告的删除手续后重新发送正确的理货报告。

原始舱单中未列名的进口货物、物品，海关可责令原航空器负责人直接退运。

（五）空运进口分拨

1. 需从一个空运监管仓库运至另一空运监管仓库并进行总分运单货物拆分作业的，舱单传输人应向海关申请空运进口分拨。海关应当审核下列内容：

（1）分拨业务应在同一直属关区中开展；

（2）分拨目的地监管场所具备开展分拨业务的相关资质；

（3）未正常到货的货物不得分拨；

（4）已放行的货物不得分拨；

（5）因海关规定或国家许可证件管理，须在指定口岸申报并办理验放手续的进口货物不得分拨；

（6）海关允许分拨的其他情形。

海关对接收的分拨申请通过舱单系统进行审核。审核通过的，海关准予分拨操作；审核不通过的，海关以电子数据方式反馈。

2. 分拨运抵与理货

（1）分拨货物、物品运抵海关监管场所时，海关监管场所经营人应当以电子数据方式向海关提交分拨货物、物品运抵报告。

（2）在分拨货物、物品拆分完毕后的 2 小时以内，海关监管场所经营人应当以电子数据方式向海关提交分拨货物、物品理货报告。

（3）分拨货物、物品提交理货报告后，海关即可办理货物、物品的查验、放行手续。

（4）承载分拨货物的运输工具应当具备海关认可的资质，海关应当对其运输过程进行监管。

分拨货物、物品运抵报告异常的，海关应当要求舱单传输人和监管场所经营人查明原因，并可派员实地核实相关情况。

分拨理货异常的，比照原始舱单与理货比对异常情况办理。

（六）空运进口转关

进口转关货物、物品理货正常的，进境地海关可以审核放行进口转关申报单。

总提单项下有分提单的，转关方式为提前报关或直转时，以分提单为单位办理转关手续；转关方式为中转时，以总提单为单位办理转关手续。

进口转关单在进境地海关放行后，舱单系统生成二程舱单。指运地海关负责转关二程舱单的管理。

转关货物因运输途中产生货物短损或查验后确认货物实际件数、重量有误的，指运地海关核实情况后，可以修改二程舱单相关信息，并向进境地海关反馈相关情况。

指运地海关要求转关货物运抵后传输理货报告电子数据的，应当在接受理货报告后，办理查验、放行手续；指运地海关不要求转关货物运抵后传输理货报告电子数据的，按照转关相关规定办理有关手续。

（七）进境旅客及其行李物品的结关

1. 舱单传输人办理结关申请手续时需要提供的资料

舱单传输人应提供实际下客人数、托运行李物品提取数量及未运抵行李物品数量。

2. 海关对旅客及其行李物品结关的监管规定

（1）进境航空器载有旅客的，应当在下客完毕后 3 小时以内向海关提交进境旅客及其行李物品结关申请。

（2）经海关核对原始舱单与结关申请无误的，可以办理结关手续。

（3）经海关核对原始舱单与结关申请不相符的，航空器负责人或者海关监管场所经营人应当在进境运输工具下客完毕后 24 小时以内向海关报告不相符的原因。

（4）航空器负责人或者海关监管场所经营人应当将无人认领的托运行李物品转交海关处理。

（5）进境航空器所载旅客及托运行李物品结关申请数据应由航空运输企业或者海关监管场所经营人向海关传输。旅客及托运行李物品结关申请分为纸质结关申请和电子数据结关申请两种，以海关接收到两种申请中最后到达的申请的时间为准。

二、出境舱单管理

（一）预配舱单传输

1. 传输时限

舱单传输人应在航空器装载出境货物、物品 4 小时前向海关传输空运预配舱单。

出境航空器预计载有旅客的，舱单传输人应当在出境旅客开始办理登机（船、车）手续的 1 小时以前向海关传输预配舱单电子数据。

2. 海关审核

海关对接收的预配舱单数据进行审核，包括海关人工审核和系统自动审核。航空器未在装载货物、物品的 4 小时以前传输预配舱单主要数据的，海关可进行人工审核。

海关人工审核时，可要求舱单传输人提交纸质说明材料，对舱单电子数据的规范性和超过时限传输的合理性进行核实。

3. 海关反馈信息

海关应当以电子数据方式向舱单传输人反馈审核结果，包括下列情况：

（1）超过规定时限传输的，舱单系统反馈等待海关人工审核；

（2）舱单系统审核舱单数据格式符合规范的，或者海关人工审核通过的，反馈接受舱单数据传输；

（3）舱单系统审核舱单数据格式不符合规范的，或者海关人工审核不通过的，反馈不接受舱单数据传输及原因。

（二）运抵报告传输

海关接受分运单报关的，出口分运单货物全部运抵海关监管场所后，监管场所经营人应当按照规定的数据格式，向海关传输分运单运抵报告电子数据。

出口总运单货物全部运抵海关监管场所后，监管场所经营人应当按照规定的数据格式，向海关传输总运单运抵报告电子数据。

海关接受运抵报告电子数据后，与预配舱单进行核对。其中，运抵报告的件数、重量与预配舱单的件数、重量不符的，以运抵报告的件数、重量为准。

运抵报告错误的，海关可派员实地核实相关情况，办理运抵报告电子数据删除手续，并要求监管场所经营人重新发送运抵报告。

（三）装载舱单传输

1. 传输时限

舱单传输人应当在航空器开始装载货物、物品的30分钟以前向海关传输装载舱单电子数据。

2. 海关审核

海关对接收的装载舱单进行审核，包括海关人工审核和舱单系统自动审核。对未按时限传输的，海关进行人工审核。

3. 海关反馈审核信息

审核通过的，海关以电子数据方式向舱单传输人反馈同意装载的指令；审核不通过的，海关以电子数据方式反馈不同意装载信息。

（四）禁装

海关经舱单风险分析、情报提示或人工抽核，发现预配舱单列有禁止出口货物、物品的，经批准，海关应当以电子数据方式告知舱单传输人不准予装载的决定。无法以电子数据方式通知的，海关应当以传真、电话、当面告知等方式通知并做好记录。

海关认为必要时，可派员实地核实航空器装货情况。

海关撤销不准予装载决定的，应当以电子数据方式告知舱单传输人。无法以电子数据方式通知的，应当以传真、电话、当面告知等方式通知并做好记录。

（五）舱单出境时间

预配舱单的出口时间应当由运输工具管理系统同步写入。运输工具管理系统因故无法与舱单系统联动的，经批准后，海关可根据航空器负责人或地面代理企业提交的总申报单，在舱单系统中手工录入预配舱单的出口时间。

（六）出口理货

海关监管场所经营人或者理货部门应当在规定的时限内，以电子数据方式向海关提交理货报告。

海关经核对发现出口理货报告数据有误的，应当要求舱单相关电子数据传输人办理变更手续。

（七）结关

理货结果正常的，海关方予办理对应货物、物品的结关手续。

（八）分批出口

对于分批运输出口的，海关应当接受监管场所经营人、理货部门根据分批运输情况传输的理货报告电子数据。

海关核对理货报告与预配舱单电子数据相符的，并确认其全部出口后，方可办理结关手续。

（九）出口转关

出境地海关接受出口转关货物的舱单及相关电子数据。转关货物全部运抵出境地监管场所后，出境地海关方可办理出口转关核销手续。转关货物提交出口理货报告后，出境地海关方可办理结关手续。

（十）出口落装和落装改配

总运单项下的分运单货物、物品因海关查验等原因无法以总运单为单元同时出口的，海关应当接受企业提交的落装和落装改配申请。海关审核同意后，以分运单为单位办理落装和落装改配手续。

（十一）出境旅客乘载舱单

1. 传输时限

舱单传输人应当在旅客办理登机手续后、上客以前向海关传输乘载舱单电子数据。

2. 海关反馈信息

海关接受乘载舱单电子数据传输后，对乘载舱单电子数据进行审核并向传输人反馈审核结果。

（1）审核未通过的，舱单及相关数据传输人应当及时根据海关的反馈结果进行核实、变更；

（2）审核通过的，海关以电子数据方式向监管场所经营人、舱单传输人反馈同意乘载信息；

（3）对决定不准予上客的，海关以电子数据方式（以总运单为单元）通知舱单传输人，并告知不准予上客的理由；

（4）因故无法以电子数据方式通知的，海关应以传真、电话、当面通知等方式通知舱单传输人，并派员实地监管。

3. 海关对乘载舱单传输的监管规定

航空器所载旅客乘载舱单数据应由航空运输企业或其代理企业向海关传输。

有下列情形的，海关不接受乘载舱单电子数据的传输：

（1）乘载舱单中没有总运单运抵报告电子数据的；

（2）总运单未经海关放行；

（3）乘载舱单未按规定时限传输。

第三节　水运进出境舱单管理

根据海关总署相关要求，全国海关监管的水运口岸现场将陆续切换启用进出境舱单管理系统。水运新舱单系统通过对企业传输的进口原始舱单、出口预配舱单、出口装载舱单、运抵报告、理货报告、分流申请、分拨申请、改配申请、落货申请的串联、印证，实现了进出口货物所有物流环节的全程监管，极大地提高了海关对进出境船舶和货物的有效监控，提升了海关执法的统一，从而降低了海关监管风险。

一、进境舱单管理

（一）货物、物品原始舱单传输

1. 传输时限

进境船舶载有货物、物品的，舱单传输人应当在下列时限向海关传输原始舱单主要数据：

（1）集装箱船舶，在开始装船的24小时以前；经境外港口转运的集装箱货物，在最后一个境外转运港装船的24小时以前。

（2）非集装箱船舶，在抵达境内第一目的港的24小时以前；航程24小时以内的，抵达境内第一目的港前。

（3）同时装载集装箱、非集装箱货物和物品的混装船舶应当按照第（1）、（2）项分别传输。

（4）来往港澳小型船舶在开始装载的2小时以前。

（5）调拨进境的空箱，在船舶抵达目的港以前。

（6）进境地直属海关审核同意的，装载临时计划转运货物、物品的进境船舶在抵达卸货港前。

2. 海关反馈信息

海关接收原始舱单及相关数据后，以电子数据方式向舱单传输人反馈审核结果。

（1）超过规定时限传输的，舱单系统反馈等待海关人工审核；

（2）舱单系统审核舱单数据格式符合规范的，或者海关人工审核通过的，反馈接受舱单数据传输；

（3）舱单系统审核舱单数据格式不符合规范的，或者海关人工审核不通过的，舱单系统反馈不接受舱单数据传输及原因。

3. 禁卸

海关经舱单风险分析、情报提示或人工抽核，发现原始舱单列有禁止进口货物、物品的，经直属海关批准，应当在接受原始舱单电子数据的 24 小时之内，以电子数据方式告知舱单传输人不准予卸载决定。

（1）集装箱船舶的应当在接受原始舱单主要数据的 24 小时之内通知不予装载；如船舶已驶离装货港，应当通知不予卸载。

（2）非集装箱船舶的，应当在船舶抵港前通知不予卸载。

无法以电子数据方式通知的，海关应当以传真、电话、当面通知等方式通知并做好记录。

海关认为必要时，可派员实地核实进境船舶的卸货情况。

海关撤销不准予卸载决定的，应通知舱单传输人。

4. 海关对水运货物、物品原始舱单管理的监管规定

（1）原始舱单同一总提单项下的所有分提单数据应一次性传输。

（2）海关以总提单为单元通知舱单传输人不准予卸载的，该总提单所列货物或该总提单项下所有的分提单所列的货物均不得卸载。

（3）海关发现原始舱单中列有我国禁止进境的货物、物品的，可以通知船舶负责人不得装载进境。

（4）海关接受原始舱单主要数据传输后，收货人、受委托报关企业方可向海关办理货物、物品的申报手续。

5. 进境船舶所载货物、物品舱单传输

（1）临时计划转运货物进境，舱单传输人可以向直属海关申请，经海关审核同意后，在船舶抵港前传输原始舱单；

（2）通运货物，舱单及相关电子数据传输人暂不需传输舱单及相关电子数据；

（3）未载有货物、物品的船舶，不需向海关传输舱单及相关电子数据；

（4）多票货物集（拼）在同一集装箱中的进口货物，舱单传输人应当同时传输该集装箱内的所有分提单舱单电子数据；

（5）同一船舶载有集装箱货物和非集装箱货物进境的，舱单传输人应当按照《舱单管理办法》第九条第（一）项规定的集装箱船舶和非集装箱船舶传输时限分别传输原始舱单数据；

（6）进口转关货物，除装箱清单外，舱单及相关电子数据传输人应当向进境地海关传输舱单及相关电子数据。

需注意的是，境内无法人资格的船舶运输企业，应委托已在海关备案的境内船舶代理企业向海关传输舱单。

6. 舱单进境日期

原始舱单的进境时间应当由运输工具管理系统同步写入。运输工具管理系统因故无法与舱单系统联动的，经批准后，海关可根据船舶负责人或其代理提交的总申报单进境日期，在舱单系统中手工录入原始舱单的进境时间。

（二）旅客原始舱单传输

1. 传输时限

进境船舶载有旅客的，舱单传输人应当在船舶抵达境内第一目的港的 2 小时以前向海关传输原始舱单电子数据。

2. 海关反馈信息

进境船舶载有旅客的，海关接收原始舱单及相关数据后，以电子数据方式向舱单传输人反馈审核结果。

反馈结果包括接受、不接受及原因、不准予上客、待海关人工审核等审核结果。

海关因故无法以电子数据方式通知的，以传真、电话、当面通知等方式通知舱单传输人。

舱单及相关数据传输人应当及时根据海关的反馈结果进行核实、变更。

海关以运单为单位向舱单传输人反馈原始舱单主要数据、其他数据的审核信息。

（三）进境理货报告

1. 提交时限

理货部门或者海关监管场所经营人应当在进境船舶卸载货物、物品完毕后的 6 小时以内以电子数据方式向海关提交理货报告。

需要二次理货的，经海关同意，可以在进境船舶卸载货物、物品完毕后的 24 小时以内以电子数据方式向海关提交理货报告。

2. 海关反馈信息

接受理货报告后，海关将原始舱单与理货报告进行核对，海关以电子数据方式向理货报告传输人、舱单传输人反馈审核结果。

3. 海关对理货报告的监管规定

（1）原始舱单与理货报告不相符的，舱单及相关电子数据传输人应当在卸载货物、物品完毕后 48 小时内提交书面说明，海关可派员实地核实相关情况，涉及原始舱单错误的，由舱单传输人办理舱单数据变更手续；涉及理货报告错误的，由原理货报告传输人办理理货报告的删除手续后重新发送正确的理货报告。

（2）海关接受理货报告后，对原始舱单中未列名的进境货物、物品，可以责令原船舶负责人直接退运。

（3）理货正常的，方予办理货物、物品的查验、放行或分拨、疏港分流手续。

（四）水运分拨

1. 进境货物、物品需要分拨的，舱单传输人应当以电子数据方式向海关提出分拨货物、物品申请，经海关同意后方可分拨。海关审核以下内容：

（1）申请分拨的货物为整箱集装箱货物。

（2）分拨业务只能在同一直属关区中开展。

（3）分拨目的地监管场所具备开展分拨业务的相关资质。

（4）未正常到货的货物不得分拨。

（5）已放行的货物不得分拨。

（6）以下商品须在进口口岸申报并办理验放手续，不得分拨：

①汽车整车（包括整套散件及二类底盘）；

②消耗臭氧层物资、化学武器关键前体、可作为化学武器的化学品、化学武器原料、易制毒化学品等；

③动物废物，冶炼渣，木制品废料，纺织品废物，废纸，贱金属及其制品的废料，各种废旧五金，废电机，废电器产品，废运输设备，废塑料、碎料及下脚料等；

④海关法律、法规规定的不得分拨的其他货物、物品。

海关对接收的分拨申请通过舱单系统进行审核。审核通过的，海关准予分拨操作；审核不通过的，海关以电子数据方式反馈。

2. 分拨运抵与理货

（1）分拨货物、物品运抵海关监管场所时，海关监管场所经营人应当以电子数据方式向海关提交分拨货物、物品运抵报告。

（2）在分拨货物、物品拆分完毕后的 2 小时以内，理货部门或者海关监管场所经营人应当以电子数据方式向海关提交分拨货物、物品理货报告。

（3）分拨货物、物品提交理货报告后，海关即可办理货物、物品的查验、放行手续。

（4）承载分拨货物的运输工具应当具备海关认可的资质，海关应当对其运输过程进行监管。

（5）分拨货物、物品运抵报告异常的，海关应当要求舱单传输人和监管场所经营人查明原因，并可派员实地核实相关情况。

（6）分拨理货异常的，比照原始舱单与理货比对异常情况办理。

（五）疏港分流

1. 货物、物品需要疏港分流的，海关监管场所经营人应当以电子数据方式向海关提出疏港分流申请，经海关同意后方可疏港分流。

2. 疏港分流完毕后，海关监管场所经营人应当以电子数据方式向海关提交疏港分流货物、物品运抵报告。

3. 疏港分流货物、物品提交运抵报告后，海关即可办理货物、物品的查验、放行手续。

4. 进口疏港分流审核：

（1）分流业务只能在同一直属关区中开展；

（2）分流目的地监管场所具备开展分流业务的相关资质；

（3）未正常到货的货物不得分流；

（4）已放行的货物不得分流；

（5）海关允许分流的其他情形。

5. 承载分流货物的运输工具应当具备海关认可的资质，海关应当对其运输过程进行监管。

6. 分流货物、物品运抵报告异常的，海关应当要求舱单传输人和监管场所经营人查明原因，并可派员实地核实相关情况；分流理货异常的，比照原始舱单与理货比对异常情况办理。

（六）进口转关

对于进口转关货物、物品，总提单理货正常的，进境地海关可以审核放行进口转关申报单。

总提单项下有分提单的，转关方式为提前报关或直转时，以分提单为单位办理转关手续；转关方式为中转时，以总提单为单位办理转关手续。

进口转关单在进境地海关放行后，舱单系统生成二程舱单。指运地海关负责转关二程舱单的管理。

转关货物因运输途中产生货物短损或查验后确认货物实际件数、重量有误的，指运地海关核实情况后，可以修改二程舱单相关信息，并向进境地海关反馈相关情况。

指运地海关要求转关货物运抵后传输理货报告电子数据的，应当在接受理货报告后，办理查验、放行手续；指运地海关不要求转关货物运抵后传输理货报告电子数据的，按照转关相关规定办理有关手续。

（七）进境旅客及其行李物品的结关

进境旅客及其行李物品必须按照海关规定办理结关手续，办理结关申请手续时需要提供实际下客人数、托运行李物品提取数量及未运抵行李物品数量。

海关对旅客及其行李物品结关的监管规定如下：

1. 进境船舶载有旅客的，应当在进境船舶下客完毕后 3 小时以内向海关提交进境旅客及其行李物品结关申请。

2. 经海关核对原始舱单与结关申请无误的，可以办理结关手续。

3. 经海关核对原始舱单与结关申请不相符的，船舶负责人或者海关监管场所经营人应当在进境船舶下客完毕后 24 小时以内向海关报告不相符的原因。

4. 船舶负责人或者海关监管场所经营人应当将无人认领的托运行李物品转交海关处理。

二、出境舱单管理

（一）货物、物品预配舱单传输

1. 货物、物品预配舱单传输的时限要求

（1）集装箱船舶装船的 24 小时以前；

（2）非集装箱船舶在开始装载货物、物品的 2 小时以前；

（3）集装箱货物与非集装箱货物混装的，应当按照第（1）、（2）项分别传输；

（4）来往港澳小型船舶在开始装载货物、物品的 4 小时以前；

（5）调拨出境的空箱，在空箱装船的 2 小时以前；

（6）出境地直属海关审核同意后，临时计划转运出境的货物、物品在转运出境装船 2 小时以前。

2. 海关反馈信息

海关应当以电子数据方式向舱单传输人反馈审核结果，包括下列情况：

（1）超过规定时限传输的，舱单系统反馈等待海关人工审核；

（2）舱单系统审核舱单数据格式符合规范的，或者海关人工审核通过的，反馈接受舱单数据传输；

（3）舱单系统审核舱单数据格式不符合规范的，或者海关人工审核不通过的，反馈不接受舱单数据传输及原因。

3. 禁装

海关经舱单风险分析、情报提示或人工抽核，发现预配舱单列有禁止出口货物、物品的，经直属海关或其授权的隶属海关批准，海关应当以电子数据方式告知舱单传输人不准予装载的决定。

无法以电子数据方式通知的，海关应当以传真、电话、当面告知等方式通知并做好记录。

海关认为必要时，可派员实地核实出境船舶的装货情况。

海关撤销不准予装载决定的，应当以电子数据方式告知舱单传输人。无法以电子数据方式通知的，应当以传真、电话、当面告知等方式通知并做好记录。

4. 海关对货物、物品预配舱单传输的监管规定

（1）海关接受预配舱单主要数据传输后，方予办理出口货物、物品的报关手续。

（2）通运货物，舱单及相关电子数据传输人暂不需传输舱单及相关电子数据。

（3）出口转关货物，除装箱清单外，舱单及相关电子数据传输人应当向出境地海关传输舱单及相关电子数据。

（4）未载有货物、物品的船舶，不需向海关传输舱单及相关电子数据。

5. 舱单出境日期

预配舱单的出境时间应当由运输工具管理系统写入。运输工具管理系统因故无法与舱单系统联动的，经批准后，海关可根据船舶负责人或其代理提交的总申报单出境日期，在舱单系统中手工录入预配舱单的出境时间。

（二）旅客预配舱单的传输

1. 传输时限

出境船舶预计载有旅客的，舱单传输人应当在出境旅客开始办理登船手续的 1 小时以前向海关传输预配舱单电子数据。

2. 海关反馈信息

海关接受预配舱单及相关数据后，以电子数据方式向舱单传输人反馈审核结果。反馈结果包括接受、不接受及原因、不准予上客、待海关人工审核等审核结果。

海关因故无法以电子数据方式通知的，以传真、电话、当面通知等方式通知舱单传输人。

3. 海关对出境船舶所载旅客舱单传输的监管规定

船舶未载有旅客的，旅客舱单传输义务人不需传输旅客舱单电子数据。

（三）运抵报告传输

1. 传输时限

出境货物、物品运抵海关监管场所时，海关监管场所经营人应当以电子数据方式向海关提交运抵报告。

2. 海关反馈信息

海关接受运抵报告电子数据后，与预配舱单进行核对。运抵报告电子数据与预配舱单电子数据校验相符的，海关向运抵报告传输人、舱单传输人反馈正常到货信息。

运抵报告电子数据与预配舱单电子数据核对不符的，海关以电子数据方式向运抵报告提交人、舱单传输人反馈不符信息，并应当要求舱单传输人或监管场所经营人提交书面情况说明及相关证明材料。海关可派员实地核实相关情况，预配舱单错误的，按照规定办理删改手续；运抵报告错误的，按照规定办理运抵报告电子数据删除手续，并要求监管场所经营人重新发送运抵报告。

3. 海关对运抵报告的监管规定

（1）对于集装箱货物，海关允许监管场所经营人以集装箱为单位分批传输运抵报告。

（2）海关审核情况正常的，可接受舱单传输人或舱单相关数据传输义务人提出的申请，对相关电子数据进行修改或删除。

（3）监管场所经营人申请出口大宗散装货物边运抵边装船的，海关可派员进行实地验核，并接受运抵报告传输。海关应要求货物在接受运抵报告传输后的3日内装载完毕；3日内未装载完毕的，应当要求监管场所经营人传输原运抵报告的删除申请，海关可派员进行实地验核。

（4）正常到货的，海关方予办理对应货物、物品的查验、放行手续。

（四）装载舱单传输

1. 传输时限

舱单传输人应当在船舶开始装载货物、物品的30分钟以前向海关传输装载舱单电子数据。

2. 海关反馈信息

审核通过的，海关以电子数据方式向舱单传输人反馈同意装载的指令；审核不通过的，海关以电子数据方式反馈不同意装载信息。

3. 海关对装载舱单传输的监管规定

（1）装载舱单中所列货物、物品应当已经被海关放行。

（2）对决定不准予装载货物、物品的，海关以电子数据方式（以总运单为单元）通知舱单传输人，并告知不准予装载的理由，海关因故无法以电子数据方式通知的，应派员实地办理相关手续。

（3）有下列情形的，海关不接受装载舱单电子数据的传输：

①总提单未经海关放行；

②装载舱单重量与总提单放行重量不符且超过允许误差范围的；

③总提单禁止装载的；

④装载舱单中的集装箱号与预配舱单中的集装箱号不一致的；

⑤其他海关审核不通过的情况。

（五）乘载舱单的传输

1. 传输时限

舱单传输人应当在旅客办理登船手续后、船舶上客以前向海关传输乘载舱单电子数据。

2. 海关反馈信息

海关接受乘载舱单电子数据传输后，对乘载舱单电子数据进行审核并向传输人反馈审核结果。反馈结果包括接受、不接受及原因、不准予上客、待海关人工审核等审核结果。

3. 海关对乘载舱单传输的监管规定

（1）对决定不准予上客的，海关以电子数据方式（以总运单为单元）通知舱单传输人，并告知不准予上客的理由，海关因故无法以电子数据方式通知的，应派员实地办理相关手续。

（2）有下列情形的，海关不接受乘载舱单电子数据的传输：

①乘载舱单中没有总运单运抵报告电子数据的；

②总运单未经海关放行；

③乘载舱单未按规定时限传输。

（六）出境理货报告

1. 提交时限

出境船舶驶离装货港的6小时以内，海关监管场所经营人或者理货部门应当以电子数据方式向海关提交理货报告。

2. 海关反馈信息

海关接收理货报告后，对理货报告电子数据与舱单电子数据进行对比审核，将审核结果以电子数据方式向理货报告提交人、舱单传输人反馈。

3. 海关对出境理货报告的监管规定

（1）理货结果正常的，海关方予办理对应货物、物品的结关手续。

（2）理货结果存在溢装、短装、理货异常情况的，海关要求船舶负责人在装载货物、物品完毕后的48小时以内提交书面情况说明及相关证明文件。涉及理货报告错误的，应当随附理货部门、监管场所经营人的书面报告。

（3）未按照装载舱单装船的溢装出口货物、物品，出境地海关应当要求舱单传输人和监管场所经营人提供溢装货物、物品的情况说明，并办理海关相关手续；海关认为有必要的，可要求船舶负责人在海关认可的时限内将溢装货物、物品运回待查。

未按照装载舱单装船的漏装出口货物、物品，出境地海关应当要求舱单传输人和监管场所经营人提供漏装出口货物、物品的相关说明，可实地核实情况，并对相关货物、物品的舱单及相关电子数据、报关数据进行处置。

（4）需接受中途监管站监管的来往港澳小型船舶所载货物、物品，在海关反馈理货正常信息后方可起航。经中途监管站确认船舶离境后，方予办理对应货物、物品的结关手续。

（七）出口集拼业务

符合下列条件的，海关可以允许出口集中拼箱货物放行后装箱出运：

1. 预配舱单为总分单，一票总提单对应一个集装箱，总提单之间不得拼箱；

2. 集中拼箱场所具备海关认可的相关资质；

3. 理货部门在装箱完毕后发送装箱理货报告。

海关审核装箱理货报告通过的，准予放行总提单；审核不通过的，海关应当要求理货部门和集中拼箱场所经营人落实情况并提交相关说明。

（八）出口直接改配

海关放行的出口货物、物品，因故需变更出境船舶、航次，或者同时需变更提单号的，海关接收舱单传输人以总提单为单位传输的出口直接改配申请，审核通过后，以电子数据方式向舱单传输人反馈审核结果。

海关应当收取舱单传输人提交的“舱单变更申请表”，对变更船舶、航次或提单号的情况批注签章。

（九）出口落装和落装改配

出口拼箱货物出现集装箱超载或有未经海关放行的提单，按照下列情形办理：

1. 货物、物品未经海关放行的，海关审核同意舱单传输人的申请，以总（分）提单为单位办理落装手续。已办理落装手续的总（分）提单经海关放行后，方可办理落装改配手续；不再出口的，可办理退关手续。

2. 货物、物品已经海关放行的，海关审核同意舱单传输人的申请，以总（分）提单为单位办理落装改配手续；不再出口的，可办理退关手续。

海关办理落装、落装改配手续时，应当收取舱单传输人提交的“舱单变更申请表”，对变更船舶、航次、提单号或集装箱号的情况批注签章。

（十）出口转关

出境地海关接受出口转关货物的舱单及相关电子数据。

转关货物全部运抵出境地监管场所后，出境地海关方可办理出口转关核销手续。

（十一）结关

理货结果正常的，海关方予办理对应货物、物品的结关手续。

第四节　公路进出境舱单管理

根据我国海关公路舱单管理系统的开发、应用和推广情况，目前公路进出境舱单仅包括进出境车辆货运舱单。公路进出境车辆货运舱单在电子数据提前传输的基础上，实现舱单电子数据与报关单证电子数据的实时联动、货物运抵报告和理货报告的同步比对，建立起贯穿公路跨境物流全过程的公路舱单监管链条。公路进出境车辆货运舱单在充分考虑货物提前报关与货到报关、车辆口岸直通与口岸卸货等公路监管模式的需求上，建立起普遍适用于全国公路口岸海关，“有效监管”与“高效运作”相统一的公路管理模式。

一、进境舱单管理

（一）原始舱单传输

1. 传输时限

公路车辆抵达境内第一目的站的1小时以前，舱单传输人应向海关传输原始舱单。

2. 海关审核

海关对接收的原始舱单数据进行审核，包括海关人工审核和系统自动审核。未按时限传输的原始舱单主要数据，海关可进行人工审核。海关人工审核时，可要求舱单传输人提交纸质说明材料，对舱单电子数据的规范性和超过时限传输的合理性进行核实。

3. 海关反馈信息

海关接收原始舱单及相关数据后，以电子数据方式向舱单传输人反馈审核结果。

（1）超过规定时限传输的，舱单系统反馈等待海关人工审核；

（2）舱单系统审核舱单数据格式符合规范的，或者海关人工审核通过的，反馈接受舱单数据传输；

（3）舱单系统审核舱单数据格式不符合规范的，或者海关人工审核不通过的，舱单系统反馈不接受舱单数据传输及原因。

（二）禁卸

海关经舱单风险分析、情报提示或人工抽核，发现原始舱单列有禁止进口货物、物品的，经直属海关批准，应当在接受原始舱单电子数据的24小时之内，以电子数据方式告知舱单传输人不准予卸载决定。无法以电子数据方式通知的，海关应当以传真、电话、当面通知等方式通知并做好记录。

海关认为必要时，可派员实地核实车辆卸货情况。

海关撤销不准予卸载决定的，应通知舱单传输人。

（三）舱单进境日期

原始舱单的进境时间应当由运输工具管理系统或卡口系统同步写入。运输工具管理系统或卡口系统因故无法与舱单系统联动的，经批准后，海关可在舱单系统中手工录入原始舱单的进境时间。

（四）进口理货

理货部门或监管场所经营人应当在进境车辆卸载货物、物品完毕后的6小时以内，以电子数据方式向海关传输所有卸载货物的理货报告电子数据。

货物被分批运输进口的，理货部门或监管场所经营人应当根据其分批运输情况向海关传输理货报告电子数据。

原始舱单与理货报告不相符的，舱单及相关电子数据传输人应当在卸载货物、物品完毕后48小时内提交书面说明。海关可派员实地核实相关情况，涉及原始舱单错误的，由舱单传输人办理舱单数据变更手续；涉及理货报告错误的，由原理货报告传输人办理理货报告的删除手续后重新发送正确的理货报告。

原始舱单中未列名的进口货物、物品，海关可责令运输企业办理直接退运。

（五）进口分拨

需从一个公路运输监管仓库运至另一公路运输监管仓库的，监管场所经营人应向海关申请进口分拨。

1. 进口分拨海关审核

海关接收舱单传输人的分拨申请时，应当根据下列要求审核相关内容：

（1）分拨业务应在同一直属关区中开展；

（2）分拨目的地监管场所具备开展分拨业务的相关资质；

（3）未正常到货的货物不得分拨；

（4）已放行的货物不得分拨；

（5）因海关规定或国家许可证件管理，须在指定口岸申报并办理验放手续的进口货物不得分拨；

（6）海关允许分拨的其他情形。

海关对接收的分拨申请通过舱单系统进行审核。审核通过的，海关准予分拨操作；审核不通过的，海关以电子数据方式反馈。

2. 分拨车辆管理

承载分拨货物的进出海关监管场所的车辆应当具备海关认可的资质，海关应当对其运输过程进行监管。

3. 分拨运抵与理货异常处理

分拨货物、物品运抵报告异常的，海关应当要求舱单传输人和监管场所经营人查明原因，并可派员实地核实相关情况。

分拨理货异常的，比照原始舱单与理货比对异常情况办理。

（六）进口转关

进口转关货物、物品理货正常的，进境地海关可以审核放行进口转关申报单。

进口转关单在进境地海关放行后，舱单系统生成二程舱单。指运地海关负责转关二程舱单的管理。

转关货物因运输途中产生货物短损或查验后确认货物实际件数、重量有误的，指运地海关核实情况后，可以修改二程舱单相关信息，并向进境地海关反馈相关情况。

指运地海关要求转关货物运抵后传输理货报告电子数据的，应当在接受理货报告后，办理查验、放行手续；指运地海关不要求转关货物运抵后传输理货报告电子数据的，按照转关相关规定办理有关手续。

（七）落装和落装改配

运单项下货物、物品因海关查验等原因无法进口的，海关应当接受企业提交的落装和改配申请。海关审核同意后，以运单为单位办理落装和改配手续。

二、出境舱单管理

（一）预配舱单传输

1. 传输时限

公路车辆开始装载货物、物品的1小时以前，舱单传输人应向海关传输预配舱单。

2. 海关审核

海关对接收的预配舱单数据进行审核，包括海关人工审核和系统自动审核。公路车辆在开始装载货物、物品的1小时以前未传输预配舱单电子数据的，海关可进行人工审核。

海关人工审核时，可要求舱单传输人提交纸质说明材料，对舱单电子数据的规范性和超过时限传输的合理性进行核实。

3. 海关反馈信息

海关应当以电子数据方式向舱单传输人反馈审核结果，包括下列情况：

（1）超过规定时限传输的，舱单系统反馈等待海关人工审核；

（2）舱单系统审核舱单数据格式符合规范的，或者海关人工审核通过的，反馈接受舱单数据传输；

（3）舱单系统审核舱单数据格式不符合规范的，或者海关人工审核不通过的，反馈不接受舱单数据传输及原因。

（二）运抵报告传输

出口货物运抵海关监管场所后，监管场所经营人应当按照规定的数据格式，向海关传输运抵报告电子数据。

海关接收运抵报告电子数据后，与预配舱单进行核对。预配舱单与运抵报告电子数据比对不符的，海关应当要求舱单传输人和监管场所经营人提交书面说明，可派员实地核实相关情况。

（三）装载舱单传输

1. 传输时限

舱单传输人应当在车辆开始装载货物、物品的30分钟以前向海关传输装载舱单电子数据。

2. 海关审核

海关对接收的装载舱单进行计算机审核。

3. 海关反馈审核信息

审核通过的，海关以电子数据方式向舱单传输人反馈同意装载的指令；审核不通过的，海关以电子数据方式反馈不同意装载信息。

（四）禁装

海关经舱单风险分析、情报提示或人工抽核，发现预配舱单列有禁止出口货物、物品的，经直属海关或其授权的隶属海关批准，海关应当以电子数据方式告知舱单传输人不准予装载的决定。无法以电子数据方式通知的，海关应当以传真、电话、当面告知等方式通知并做好记录。

海关认为必要时，可派员实地核实车辆装货情况。

海关撤销不准予装载决定的，应当以电子数据方式告知舱单传输人。无法以电子数据方式通知的，应当以传真、电话、当面告知等方式通知并做好记录。

（五）预配舱单出境时间

预配舱单的出境时间应当由运输工具管理系统或卡口系统同步写入。运输工具管理系统或卡口系统因故无法与舱单系统联动的，经批准后，海关可在舱单系统中手工录入预配舱单的出境时间。

（六）出口理货

出境车辆驶离装货港的6小时以内，监管场所经营人或者理货部门应当以电子数据方式向海关提交理货报告。

海关经核对发现出口理货报告数据有误的，应当要求舱单及相关电子数据传输人在装载货物、物品完毕后48小时内提交书面说明，并按核实的情况处理。

（七）出口转关

出境地海关接受出口转关货物的舱单及相关电子数据。转关货物全部运抵出境地监管场所后，出境地海关方可办理出口转关核销手续。转关货物提交出口理货报告后，出境地海关方可办理结关手续。

（八）落装和改配

运单项下货物、物品因超载、海关查验等原因无法出口的，海关应当接受企业提交的落装和改配申请。海关审核同意后，以运单为单位办理落装和改配手续。

第五节　舱单变更

一、定义

舱单变更指的是对舱单数据进行更改或删除的操作，包括舱单传输人或舱单相关电子数据传输义务人向海关申请更改或删除舱单或相关电子数据，海关审核后更改或删除舱单或相关电子数据。

二、变更的方式

（一）直接准予变更

已经传输的舱单电子数据需要变更的，舱单传输人可以在原始舱单和预配舱单规定的传输时限以前直接予以变更。但是，货物、物品所有人已经向海关办理货物、物品申报手续的除外。

（二）海关审核变更

在原始舱单和预配舱单规定的传输时限后，有下列情形之一的，舱单传输人向海关递交舱单变更书面申请，经海关审核同意后，可以进行变更：

1. 货物、物品因不可抗力灭失、短损，造成舱单电子数据不准确的；

2. 装载舱单中所列的出境货物、物品，因装运、配载等原因造成部分或者全部货物、物品退关或者变更船舶的；

3. 大宗散装货物、集装箱独立箱体内载运的散装货物的溢短装数量在规定范围以内的；

4. 其他客观原因造成传输错误的。

（三）处罚后变更

除直接准予变更和海关审核变更外，舱单及相关电子数据传输不准确的，海关依照《海关法》及相关法规予以处理，处理完成后海关方可办理舱单数据的变更手续。

海关人工审核变更舱单及舱单相关电子数据的，应在舱单系统“审核原因”栏注明修改或删除的原因。

（四）海关直接变更

有下列情形的，海关可直接在舱单系统中变更舱单电子数据：

1. 指运地海关需要修改转关货物二程舱单信息的；

2. 因报关单申报需要拆分舱单数据的；

3. 海关批准的其他情况。

三、 舱单变更应提交的文件

舱单传输人向海关申请变更货物、物品舱单时，应当提交下列文件：

（一）舱单变更申请表；

（二）提（运）单的复印件；

（三）加盖有舱单传输人公章的正确的纸质舱单；变更舱单相关电子数据的，提交加盖有舱单相关电子数据传输人印章的纸质理货报告、运抵报告；

（四）其他能够证明舱单变更合理性的文件。

舱单传输人向海关申请变更旅客舱单时，应当提交上述（一）、（三）、（四）项文件。

提交复印件的，应当同时出示原件供海关验核。

四、 海关对舱单变更的监管规定

第一，预配或原始舱单中总提单的货物重量未被项下分提单核销核尽的，只修改总提单货物重量时，无须反核注对应提单。海关可凭舱单传输人申请人工变更总提单货物重量，修改后的总提单货物重量不得小于已被报关单证核注的重量。除上述情形外，已核注的提单申请更改的，海关应当在反核注提单后，方予办理舱单变更手续。

第二，被报关单证核注的总（分）提单，在对相应提单反核注后，方予办理舱单删除手续。

货物、物品已实际进境的原始舱单电子数据，不得删除；货物、物品已实际装船离境的预配舱单电子数据，不得删除。

第三，对进境船舶、航空器需要更改原始舱单卸货港的，由实际卸货港海关办理舱单更改手续。未向实际卸货港海关申报运输工具动态的，海关不接受舱单传输人的更改申请。

原始舱单已被核注的，在原卸货港海关办理反核注手续后方予办理卸货港更改手续。

更改手续只允许以总运单为单位办理。

第四，空运出口变更总运单号。海关放行的空运出口货物，需变更总运单号的，海关接收舱单及相关电子数据传输人以总运单为单位传输的出口舱单及相关电子数据删除申请，审核通过后，以电子数据方式向舱单及相关电子数据传输人反馈审核结果。

第六节　超期未报、溢卸或误卸货物和进口放弃货物

一、超期未报货物

（一）定义

超期未报货物是指收货人自运输工具申报进境之日起，超过 3 个月未向海关申报的进口货物。

（二）海关对超期未报关货物的处理原则

超过 3 个月未向海关申报的，按下列规定处理：

（1）进口货物由海关提取变卖处理。

（2）进口超期未报关货物如属于危险品或者鲜活、易腐、易烂、易失效、易变质、易贬值等不宜长期保存的货物，由海关根据实际情况，提前变卖处理。

（三）超期未报关货物变卖价款处理规定

1. 所得价款在优先拨付变卖处理的实际支出的费用后，按运输、装卸、存储、进口关税、进口环节代征税、滞报金的顺序扣除相关费用和税款。所得价款不足以支付同一顺序的相关费用的，按照比例支付。

2. 按照规定扣除相关费用和税款后，尚有余款的，自货物依法变卖之日起 1 年内，经进口货物的收货人申请，予以发还。其中属于国家限制进口的，应当提交许可证件，不能提供的，多余价款不予发还。

3. 申请人申请发还余款的，应当提供证明其为该进口货物收货人的相关资料。经海关审核同意后，申请人应当按照海关对进口货物的申报规定，补办进口申报手续，并提交有关进口许可证件和其他有关单证。

4. 不符合进口货物收货人资格，不能证明其对进口货物享有权利的，申请不予受理。逾期无进口货物收货人申请、申请不予受理或者不予发还的，余款上缴国库。不能提交有效许可证件的，由海关按照有关规定处理。

（四）其他监管规定

保税货物、暂时进口货物超过规定的期限 3 个月，未向海关办理复运出境或者其他海关有关手续的，以及过境、转运和通运货物超过规定的期限 3 个月，未运输出境的，由海关提取依法变卖处理。

二、溢卸或误卸货物

（一）定义

1. 进口溢卸货物是指未列入进口载货清单、运单的货物，或者多于进口载货清单、提单或运单所列数量的货物。但是，在国际贸易中按进口合同列明的溢短装条款规定的溢短装比例内所多装进口的货物不包括在内，只有超过合同规定的溢短装条款的比例而多装的货物才属于进口溢卸货物。

2. 进口误卸货物是指将指运境外港口、车站或境内其他港口、车站而在本港（站）卸下的货物。

（二）溢卸或误卸货物的报关手续

1. 进口溢卸货物由原收货人接受的，原收货人或其代理人应填写进口货物报关单向进境地主管

海关申报，并提供相关的溢卸货物证明。如属于国家限制进口商品的，应提供有关的许可证件，海关验核后按规定征税放行货物。

2. 对运输工具负责人或其代理人要求以溢卸货物抵补短卸货物的，应与短卸货物原收货人协商同意，并限于同一运输工具、同一品种的货物。如非同一运输工具或不同航次之间以溢卸货物抵补短卸货物的，只限于同一运输公司、同一发货人、同一品种的进口货物。同时，对上述两种情况都应填报进口货物申报单向海关申报。

3. 进口误卸货物，如属于应运往境外的，运输工具负责人或其代理人要求将误卸货物退运境外时，经海关核实后可退运至境外；如属于运往境内其他口岸的误卸货物，可由原收货人或其代理人就地向进境地海关办理进口申报手续，也可以经进境地海关同意按转关运输管理办法办理转运手续。

4. 对进口溢卸、误卸货物，原收货人不接受或不办理退运手续的，运输工具负责人或其代理人可以要求在国内进行销售，由购货单位向海关办理相应的进口手续。

5. 进口溢卸、误卸货物，经海关审定确实的，由载运该货物的原运输工具负责人，自该运输工具卸货之日起 3 个月内，向海关申请办理退运出境手续，或者由该货物的收发货人，自该运输工具卸货之日起 3 个月内，向海关申请办理退运或者申报进口手续。

经载运该货物的原运输工具负责人或者该货物的收发人申请，海关批准，可以延期 3 个月办理退运出境或者申报进口手续。

6. 溢卸、误卸货物属于危险品或者鲜活、易腐、易烂、易失效、易变质、易贬值等不宜长期保存的货物的，海关可以根据实际情况，依法提前提取变卖处理，变卖所得价款按有关规定作出相应处理。

三、 进口放弃货物

（一）定义

进口放弃货物是指进口货物的收货人或其所有人声明放弃，由海关提取依法变卖处理的货物。

（二）进口放弃货物的处理原则

1. 国家禁止或限制进口的废物、对环境造成污染的货物不得声明放弃。

2. 除符合国家规定并办理申报进口手续准予进口的外，进口放弃货物由海关责令货物的收货人或其所有人、载运该货物进境的运输工具负责人退运出境；无法退运的，由海关责令其在海关和有关主管部门监督下予以销毁或者进行其他妥善处理，销毁和处理的费用由收货人承担。收货人无法确认的，由相关运输工具负责人及承运人承担。

3. 违反国家有关法律、法规的，由海关依法予以处罚；构成犯罪的，依法追究刑事责任。

四、 海关对超期未报、溢卸或误卸货物和进口放弃货物的监管规定

（一）超期未报关进口货物、误卸或溢卸的进境货物和放弃进口货物属于《检验检疫法检目录》范围的，由海关在变卖前提请出入境检验检疫机构进行检验、检疫，检验、检疫的费用与其他变卖处理实际支出的费用从变卖款中支付。

（二）海关提取依法变卖处理的超期未报、误卸或溢卸等货物的所得价款，在优先拨付变卖处理实际支出的费用后，按照下列顺序扣除相关费用和税款：

1. 运输、装卸、储存等费用；

2. 进口关税；

3. 进口环节海关代征税；

4. 滞报金。

所得价款不足以支付同一顺序的相关费用的，按照比例支付。

扣除上述第 2 项进口关税的完税价格按照下列公式计算：

$$完税价格=\frac{变卖所得价款-变卖费用-运储费用}{1+关税率+\dfrac{增值税率+关税率\times 增值税率}{1-消费税率}}$$

实行从量、复合或者其他方式征收税款的货物，按照有关征税的规定计算和扣除税款。

（三）进口货物的收货人自运输工具申报进境之日起 3 个月后、海关决定提取依法变卖处理前申请退运或者进口超期未报进口货物的，应当经海关审核同意，并按照有关规定向海关申报。申报进口的，应按照《中华人民共和国海关征收进口货物滞报金办法》的规定，缴纳滞报金（滞报期间的计算自运输工具申报进境之日的第 15 日起至货物申报进口之日止）。

上述进口货物收货人，指经对外经济贸易主管部门登记或者核准有货物进口经营资格，并经海关报关注册登记的中华人民共和国关境内的法人或者其他组织。

（四）进出境物品所有人声明放弃的物品，在海关规定期限内未办理海关手续，或者无人认领的物品，以及无法投递又无法退回的进境邮递物品，由海关依据《中华人民共和国海关关于超期未报关进口货物、误卸或者溢卸的进境货物和放弃进口货物的处理办法》（海关总署令第 91 号）的第二条、第四条等有关规定处理。

第九章 监管场所

第一节 监管场所概述

一、 监管场所的定义

监管场所是指进出境运输工具或者境内承运海关监管货物的运输工具进出、停靠，以及从事进出境货物装卸、储存、交付、发运等活动，办理海关监管业务，符合海关设置标准的特定区域。

二、 海关管理监管场所的方式

海关对监管场所实行统一编码、计算机联网和分类管理。

三、 监管场所的建设要求

监管场所经营企业或者管理者应当按照《中华人民共和国海关监管场所设置标准》（详见本章第四节）建设监管场所，配备相应设备，并为海关提供查验场地和办公设施。

第二节 监管场所的设立与审批

一、 申请设立监管场所

经营企业申请设立监管场所，以及海关的审查批准，依照海关法和《中华人民共和国海关监管场所管理办法》（海关总署令第 171 号）办理。

（一）申请设立监管场所的企业应当具备的条件

1. 经工商行政管理部门注册登记，具有独立企业法人资格。

2. 具有专门储存货物的营业场所，拥有营业场所的土地使用权；租赁他人土地、场所经营的，租期不得少于 5 年。

3. 经营液/气体化工品、易燃易爆危险品等特殊许可货物仓储的，应当持有特殊经营许可批件。

（二）需要提供的书面材料

1. 中华人民共和国海关监管场所注册登记申请书；

2. 企业法人营业执照复印件；

3. 税务登记证复印件；

4. 法定代表人身份证件复印件；

5. 场地所有权或者使用权证明复印件；

6. 存放液/气体化工品、易燃易爆危险品等特殊许可货物的，应当提供特殊经营许可批件的复印件；

7. 场所平面图和建筑设计图。

提交上述材料复印件的，应当同时提供原件供海关验核。

二、监管场所的审批与验收

（一）海关的受理、审查

直属海关依据《中华人民共和国行政许可法》（以下简称《行政许可法》）和《中华人民共和国海关实施〈中华人民共和国行政许可法〉办法》（以下简称《海关实施〈中华人民共和国行政许可法〉办法》）的有关规定，受理、审查经营监管场所的申请。

申请企业符合法定条件的，直属海关应当制发“中华人民共和国海关批准设立监管场所决定书”（以下简称批准设立决定书）；申请企业不符合法定条件的，直属海关应当制发“中华人民共和国海关不予批准设立监管场所决定书”，并说明理由。

（二）监管场所的验收

申请企业应当自海关制发批准设立决定书之日起1年内向直属海关申请验收，直属海关根据《中华人民共和国海关监管场所设置标准》规定的条件对监管场所进行验收。申请企业无正当理由逾期未申请验收或者经验收不合格的，批准设立决定书自动失效。

三、监管场所的注册、变更、延续与注销

直属海关依据《行政许可法》和《海关实施〈中华人民共和国行政许可法〉办法》的有关规定，办理监管场所的变更、延续与注销手续。

（一）监管场所的注册

监管场所验收合格，经直属海关注册登记并制发“中华人民共和国海关监管场所注册登记证书”（以下简称注册登记证书）后，可以投入运营，注册登记证书自制发之日起有效期为3年。

（二）监管场所的变更

经营企业需要变更企业业务范围、监管场所面积等的，应当填写“中华人民共和国海关监管场所变更申请书”，向直属海关提出申请，并提交有关材料。

（三）监管场所的延续

经营企业需要延续注册登记证书有效期的，应当在注册登记证书有效期届满30日前向直属海关提出延续申请，并提交“中华人民共和国海关监管场所延续申请书”。符合延续条件的，直属海关应当在注册登记证书有效期届满前作出准予延续的决定，延续注册登记证书有效期3年。不符合延续条件的，直属海关应当作出不予延续的决定。

（四）监管场所的注销

经营企业终止经营监管场所的，应当向直属海关提出书面申请，并交回注册登记证书。

经营企业终止监管场所经营或者监管场所被海关注销经营资格的，应当按照海关要求对监管场所内存放的海关监管货物作出处置。

第三节 海关对监管场所的监督管理

一、海关的监管措施

海关采取视频监控、实地核查等方式对进出监管场所的运输工具、货物等实施监管。

二、监管场所必须悬挂标志牌

经营企业应当按照海关规定的样式制作监管场所标志牌，悬挂在监管场所入口处显著位置。

三、监管场所内货物堆存的管理要求

监管场所内只能存放海关监管货物。

监管场所内液/气体化工品、易燃易爆危险品、有毒及放射性货物应当带有明显标志，并不得与其他类货物一起存放。

四、监管场所的查验场地要求

经营企业应当依据海关监管要求设置相对独立的海关查验场地。

五、监管场所的单证、账册管理要求

经营企业应当按照海关要求发送和接收电子数据。海关有权查阅监管场所的货物进出和存储等情况的纸质单证或者电子账册。

六、监管场所卡口的管理

根据海关监管需要，经营企业应当在监管场所出入通道设置卡口，派员值守，并配备相应设备，与海关计算机联网。

对集中在同一个封闭区域内分散经营的监管场所，经营企业可以在进出通道设置统一卡口，并设置独立的海关集中查验场地。

海关认为必要时，可以派员实施卡口监管，核实、放行海关监管运输工具、货物。

七、监管场所货物放行的管理

经营企业应当凭海关纸质放行凭证和电子放行信息放行海关监管的运输工具、货物。

八、配合海关查验的要求

海关检查运输工具或者查验货物时，经营企业应当按照海关要求，将货物移至相应的场地，并应当为海关检查运输工具或者查验货物、提取货样提供条件。

海关径行开验、复验或者提取货样时，经营企业应当派员到场协助，并应当在相关单据上签字。

九、对超期存放货物的管理

经营企业应当及时将监管场所内存放超过 3 个月的货物情况向海关报告，并协助海关办理相关

手续。

十、监管场所经营企业的管理制度

经营企业应当建立健全与海关监管有关的人员管理、单证管理、设备管理、安全保卫和值班等制度。

监管场所应当配备相应管理人员，管理人员应当接受海关业务培训，并熟悉海关规定。

除安全保卫人员和值班人员外，其他人员不得在监管场所内居住。

第四节　监管场所的种类和设置标准

一、海关对监管场所的分类

监管场所分为码头类监管场所、公路转关监管点、陆路边境口岸监管场所、货栈类监管场所、堆场类监管场所、仓库类监管场所、储罐类监管场所、快件类监管场所、边民互市贸易类监管场所、台轮停泊点类监管场所、旅客通关类监管场所、国际邮件类监管场所等12类。

二、监管场所的设置标准

（一）码头类监管场所设置标准

1. 一般型码头设置标准

一般型码头如综合货运码头、集装箱码头、散杂货码头等，其设置标准如下：

（1）具有独立的封闭区域；

（2）设立隔离围网（墙），高度不低于2.5米；

（3）建立通道出入卡口，配置符合海关监管要求的卡口设备（电子栏杆、电子读写设备、电子识别设备、电子监控设备、电子地磅等）并与海关联网；

（4）配备电子计算机管理系统，并与海关电子计算机联网，能按照海关要求的格式实现相关电子数据的传送、交换，海关可进入监管场所电子计算机管理系统查询和统计运输工具、货物的停靠、存储位置及相关处理情况；

（5）安装具有存储功能（存储时间不少于3个月）的视频监控系统，供海关对监管场所进行监控，监管场所灯光及监控系统应当满足海关实施全方位24小时监控需要；

（6）具有专门储存、堆放、装卸海关监管货物的仓库、场地及设施，并设置明显区分标志；

（7）提供满足海关查验货物要求的场地，并配备便于海关实施查验的相关设备；

（8）根据海关需要，提前预留大型集装箱检查设备等所需的场地和设施；

（9）提供存放海关扣留货物的仓库；

（10）为海关提供必要的办公场所，办公场所应具备网络、通讯、取暖、降温、休息和卫生等条件。

2. 专用型码头设置标准

专用型码头如化工品专用码头、粮油专用码头、煤炭专用码头、散装水泥专用码头、散装矿产品专用码头、船舶修理专用码头等，其设置标准如下：

（1）具有独立的封闭区域；

（2）设立隔离围网（墙），高度不低于2.5米；

（3）建立出入通道卡口，配置符合海关监管要求的设备（电子栏杆、电子监控设备、电子地磅等）并与海关联网；

（4）配备电子计算机管理系统，并与海关电子计算机联网，能按照海关要求的格式实现相关电子数据的传送、交换，海关可进入监管场所电子计算机管理系统查询和统计运输工具、货物的停靠、存储位置及相关处理情况；

（5）安装具有存储功能（储存时间不少于3个月）的视频监控系统，供海关对监管场所进行监控，监管场所灯光及监控系统应当满足海关实施全方位24小时监控需要；

（6）具有储存、堆放、装卸海关监管货物的专用设施，并设置明显区分标志；

（7）为海关监管提供相应的安全防护设备；

（8）为海关提供必要的办公场所，办公场所应具备网络、通讯、取暖、降温、休息和卫生等条件。

（二）公路转关监管点设置标准

公路转关监管点主要有陆路口岸车检场、直通式监管点、转关车检场、国际物流中心等，其设置标准如下：

1. 具有独立的封闭区域；

2. 设立隔离围网（墙），高度不低于2.5米；

3. 建立通道出入卡口，配置符合海关监管要求的卡口设备（电子栏杆、电子读写设备、电子识别设备、电子监控设备、电子地磅等）并与海关联网；

4. 配备电子计算机管理系统，并与海关电子计算机联网，能按照海关要求的格式实现相关电子数据的传送、交换，海关可进入监管场所电子计算机管理系统查询和统计运输工具、货物的停靠、存储位置及相关处理情况；

5. 安装具有存储功能（储存时间不少于3个月）的视频监控系统，供海关对监管场所进行监控，监管场所灯光及监控系统应当满足海关实施全方位24小时监控需要；

6. 具有专门储存、堆放、装卸海关监管货物的仓库、场地及设施，并设置明显区分标志；

7. 提供满足海关查验货物要求的场地，并配备便于海关实施查验的相关设备；

8. 提供存放海关扣留货物的仓库；

9. 根据海关需要，提前预留大型集装箱检查设备等所需的场地和设施；

10. 为海关提供必要的办公场所，办公场所应具备网络、通讯、取暖、降温、休息和卫生等条件。

（三）陆路边境口岸监管场所设置标准

陆路边境口岸监管场所主要有陆路边境口岸车检场、陆路边境口岸海关监管点、陆路边境口岸海关查验场等，其设置标准如下：

1. 设立在国家正式批准对外开放的陆路边境口岸海关监管区内，并具有独立的封闭区域；

2. 建立通道出入卡口，配置符合海关监管要求的卡口设备（电子栏杆、电子监控设备、电子地磅等）并与海关联网；

3. 配备电子计算机管理系统，并与海关电子计算机联网，能按照海关要求的格式实现相关电子数据的传送、交换，海关可进入监管场所电子计算机管理系统查询和统计运输工具、货物的停靠、存储位置及相关处理情况；

4. 具有专门储存、堆放、装卸海关监管货物的仓库、场地及设施，并设置明显区分标志；

5. 提供满足海关查验货物要求的场地，并配备便于海关实施查验的相关设备；

6. 根据海关需要，提前预留大型集装箱检查设备等所需的场地和设施；

7. 安装具有存储功能（储存时间不少于 3 个月）的视频监控系统，供海关对监管场所进行监控，监管场所灯光及监控系统应当满足海关实施全方位 24 小时监控需要；

8. 提供存放海关扣留货物的仓库；

9. 为海关提供必要的办公场所，办公场所应具备网络、通讯、取暖、降温、休息和卫生等条件。

（四）货栈类监管场所设置标准

1. 空运货栈设置标准

（1）具有独立的封闭区域；

（2）设立隔离围网（墙），高度不低于 2.5 米；

（3）建立通道出入卡口，配置符合海关监管要求的卡口设备（电子栏杆、电子读写设备、电子识别设备、电子监控设备、电子地磅等）并与海关联网；

（4）配备电子计算机管理系统，并与海关电子计算机联网，能按照海关要求的格式实现相关电子数据的传送、交换，海关可进入监管场所电子计算机管理系统查询和统计运输工具、货物的停靠、存储位置及相关处理情况；

（5）安装具有存储功能（储存时间不少于 3 个月）的视频监控系统，供海关对监管场所进行监控，监管场所灯光及监控系统须满足海关实施全方位 24 小时监控需要；

（6）具有储存、堆放、装卸海关监管货物的仓库、场地及设施，监管货物按照进口、出口、暂扣、特殊库进行分类存放，不同类别货物应当隔离，并设置明显区分标志；

（7）提供满足海关查验货物要求的场地，并配备便于海关实施查验的相关设备；

（8）为海关提供必要的办公场所，办公场所应具备网络、通讯、取暖、降温、休息和卫生等条件。

2. 铁路货栈设置标准

（1）具有独立的封闭区域；

（2）设立隔离围网（墙），高度不低于 2.5 米；

（3）建立通道出入卡口，配置符合海关监管要求的设备（电子栏杆、电子监控设备、电子地磅等）并与海关联网；

（4）配备电子计算机管理系统，并与海关电子计算机联网，能按照海关要求的格式实现相关电子数据的传送、交换，海关可进入监管场所电子计算机管理系统查询和统计运输工具、货物的停靠、存储位置及相关处理情况；

（5）安装具有存储功能（储存时间不少于 3 个月）的视频监控系统，供海关对监管场所进行监控，监管场所灯光及监控系统应当满足海关实施全方位 24 小时监控需要；

（6）具有专门储存、堆放、装卸海关监管货物的仓库、场地及设施，并设置明显区分标志；

（7）提供满足海关查验货物要求的场地，并配备便于海关实施查验的相关设备；

（8）根据海关需要，提前预留大型集装箱检查设备等所需的场地和设施；

（9）提供存放海关扣留货物的仓库；

（10）为海关提供必要的办公场所，办公场所应具备网络、通讯、取暖、降温、休息和卫生等条件。

（五）堆场类监管场所设置标准

1. 综合性货运堆场设置标准

综合性货运堆场如集装箱堆场、散杂货堆场等，其设置标准如下：

（1）具有独立的封闭区域；

（2）设立隔离围网（墙），高度不低于2.5米；

（3）建立通道出入卡口，配置符合海关监管要求的卡口设备（电子栏杆、电子读写设备、电子识别设备、电子监控设备、电子地磅等）并与海关联网；

（4）配备电子计算机管理系统，并与海关电子计算机联网，能按照海关要求的格式实现相关电子数据的传送、交换，海关可进入监管场所电子计算机管理系统查询和统计运输工具、货物的停靠、存储位置及相关处理情况；

（5）安装具有存储功能（储存时间不少于3个月）的视频监控系统，供海关对监管场所进行监控，监管场所灯光及监控系统应当满足海关实施全方位24小时监控需要；

（6）具有专门储存、堆放、装卸海关监管货物的仓库、场地及设施，并设置明显区分标志；

（7）提供满足海关查验货物要求的场地，并配备便于海关实施查验的相关设备；

（8）提供存放海关扣留货物的仓库；

（9）根据海关需要，提前预留大型集装箱检查设备等所需的场地和设施，自行安装的货物检查设备应与海关联网；

（10）为海关提供必要的办公场所，办公场所应具备网络、通讯、取暖、降温、休息和卫生等条件。

2. 新造集装箱专用堆场设置标准

（1）具有独立的封闭区域；

（2）设立隔离围网（墙），高度不低于2.5米；

（3）建立通道出入卡口，配置符合海关监管要求的卡口设备（电子栏杆、电子监控设备等）并与海关联网；

（4）配备电子计算机管理系统，并与海关电子计算机联网，能按照海关要求的格式实现相关电子数据的传送、交换，海关可进入监管场所电子计算机管理系统查询和统计运输工具、货物的停靠、存储位置及相关处理情况；

（5）安装具有存储功能（储存时间不少于3个月）的视频监控系统，供海关对监管场所进行监控，监管场所灯光及监控系统应当满足海关实施全方位24小时监控需要；

（6）为海关提供必要的办公场所，办公场所应具备网络、通讯、取暖、降温、休息和卫生等条件。

（六）仓库类监管场所设置标准

仓库类监管场所主要有综合性仓库、航空食品供应库、进口分拨库、出口拼装库、展览品监管仓库等，其设置标准如下：

1. 具有独立的封闭区域；

2. 建立通道出入卡口，配置符合海关监管要求的卡口设备（电子栏杆、电子读写设备、电子识别设备、电子监控设备、电子地磅等）并与海关联网；

3. 配备电子计算机管理系统，并与海关电子计算机联网，能按照海关要求的格式实现相关电子数据的传送、交换，海关可进入监管场所电子计算机管理系统查询和统计运输工具、货物的停靠、存储位置及相关处理情况；

4. 安装具有存储功能（储存时间不少于 3 个月）的视频监控系统，供海关对监管场所进行监控，监管场所灯光及监控系统应当满足海关实施全方位 24 小时监控需要；

5. 提供满足海关查验货物要求的场地，并配备便于海关实施查验的相关设备；

6. 提供存放海关扣留货物的仓库；

7. 为海关提供必要的办公场所，办公场所应具备网络、通讯、取暖、降温、休息和卫生等条件。

（七）储罐类监管场所设置标准

储罐类监管场所主要有液体专用储罐堆场、气体专用储罐堆场等，其设置标准如下：

1. 具有独立的封闭区域；

2. 建立通道出入卡口，配置符合海关监管要求的卡口设备（电子栏杆、电子监控设备等）并与海关联网；

3. 配备电子计算机管理系统，并与海关电子计算机联网，能按照海关要求的格式实现相关电子数据的传送、交换，海关可进入监管场所电子计算机管理系统查询和统计运输工具、货物的停靠、存储位置及相关处理情况；

4. 安装具有存储功能（储存时间不少于 3 个月）的视频监控系统，供海关对监管场所进行监控，监管场所灯光及监控系统应当满足海关实施全方位 24 小时监控需要；

5. 储罐应当安装符合海关要求的测量仪器，确保采集数据原始、真实、准确，并与海关联网；

6. 为海关监管提供相应的安全防护设备；

7. 为海关提供必要的办公场所，办公场所应具备网络、通讯、取暖、降温、休息和卫生等条件。

（八）快件类监管场所设置标准

1. 具有独立的封闭区域；

2. 建立通道出入卡口，配置符合海关监管要求的设备（电子栏杆、电子读写设备、电子识别设备、电子监控设备、小型电子地磅等）并与海关联网；

3. 配备电子计算机管理系统，并与海关电子计算机联网，能按照海关要求的格式实现相关电子数据的传送、交换，海关可进入监管场所电子计算机管理系统查询和统计运输工具、货物的停靠、存储位置及相关处理情况；

4. 具备自动传输和分拣设备；

5. 安装具有存储功能（储存时间不少于 3 个月）的视频监控系统，供海关对监管场所进行监控，监管场所灯光及监控系统应当满足海关实施全方位 24 小时监控需要；

6. 具有专门储存、堆放、装卸海关监管货物的仓库、场地及设施，并设置明显区分标志；

7. 提供满足海关查验货物要求的场地，并配备便于海关实施查验的相关设备；

8. 根据海关需要，提前预留海关监管设备所需的场地和设施；

9. 提供存放海关扣留货物的仓库；

10. 为海关提供必要的办公场所，办公场所应具备网络、通讯、取暖、降温、休息和卫生等条件。

（九）边民互市贸易类监管场所设置标准

边民互市贸易类监管场所主要有边民互市点、边民互市区、边贸市场等，其设置标准如下：

1. 具有明确的界线，建有隔离围网（墙），高度不低于 2.5 米；

2. 建立通道出入卡口，具备条件时应当配置符合海关监管要求的卡口设备（电子栏杆、电子地磅、电子监控设备等）并与海关联网；

3. 具备条件时应当安装具有存储功能（储存时间不少于 3 个月）的视频监控系统，供海关对监管场所进行监控，监管场所灯光及监控系统应当满足海关实施全方位 24 小时监控需要；

4. 为海关提供适当的办公场所和条件，办公场所应当具备网络、通讯、取暖、降温、休息和卫生等条件。

（十）台轮停泊点类监管场所设置标准

1. 具有独立的封闭区域；

2. 设立隔离围网（墙），高度不低于 2.5 米；

3. 建立通道出入卡口，具备条件时应当配置符合海关监管要求的卡口设备（电子栏杆、电子地磅、电子监控设备等）并与海关联网；

4. 具备条件时应当安装具有存储功能（储存时间不少于 3 个月）的视频监控系统，供海关对监管场所进行监控，监管场所灯光及监控系统应当满足海关实施全方位 24 小时监控需要；

5. 为海关提供相应的办公场所和条件，办公场所应具备网络、通讯、取暖、降温、休息和卫生等条件。

（十一）旅客通关类监管场所设置标准

旅客通关类监管场所主要有出入境旅客陆运、海运、空运港站旅检现场等，其设置标准如下：

1. 具有独立的封闭区域；

2. 在出境或者入境封闭区域建立出入通道，并分别设置“申报通道”、“无申报通道”、“外交礼遇通道”和“工作人员通道”；

3. 各通道之间相互隔离，符合海关监管要求，各通道内应预留必要的电源、网络接口；

4. “申报通道”和“无申报通道”纵向划分为申报区、查验区和处理区；

5. 安装具有存储功能（储存时间不少于 3 个月）的视频监控系统，供海关对监管场所进行监控，监管场所灯光及监控系统应当满足海关实施全方位 24 小时监控需要；

6. 为海关提供旅客行李查验台、海关法规公告栏（包括电子公告屏），安装海关通道标志及现场隔离设施等；

7. 在出港实行开放式布局，配备具有远程判图和操控的行李系统和五级安检系统，建有相应的网络、设备，实时、准确地提供中转旅客电子信息；

8. 为海关提供存放扣留货物、物品的库房；

9. 为海关提供专门开展海关征税、询问、视频监控、毒品检测、印刷品音像制品审查的工作场所及设施，办公场所应当具备网络、通讯、取暖、降温、休息和卫生等条件。

（十二）国际邮件类监管场所设置标准

国际邮件类监管场所主要有国际邮件互换局、国际邮件交换站等，其设置标准如下：

1. 具有独立的封闭区域；

2. 配备电子计算机管理系统，并与海关电子计算机联网，能按照海关要求的格式实现相关电子数据的传送、交换，海关可进入监管场所电子计算机管理系统查询和统计运输工具、货物的停靠、存储位置及相关处理情况；

3. 安装具有存储功能（储存时间不少于 3 个月）的视频监控系统，供海关对监管场所进行监控，监管场所灯光及监控系统应当满足海关实施全方位 24 小时监控需要；

4. 具有专门储存、堆放、装卸海关监管邮件的仓库、场地及设施，并设置明显区分标志；

5. 有满足海关查验邮件要求的场地；

6. 邮件分拣及 X 光机检查设备应当与海关联网；

7. 根据海关需要，提供海关检查设备所需的场地和设施；

8. 为海关提供存放扣留邮件的库房；

9. 为海关提供接受报关、视频监控、毒品检测、印刷品音像制品审查的工作场所，办公场所应当具备网络、通讯、取暖、降温、休息和卫生等条件。

第五节　监管场所内查验场地设置标准

一、 封闭式查验场房设置标准

地面高度适合集装箱或者集装箱厢式货车的对接，对接门的尺寸能满足封闭对接需要，方便搬运叉车上下作业。

建设有车辆停靠区、掏箱区、货检 X 光机检查区，并应当配备相应的装卸设备。

二、 平台式查验场地设置标准

查验平台高度适合集装箱车或者集装箱厢式货车的停靠，方便搬运叉车上下作业。

建设有车辆停靠区、掏箱区、货检 X 光机检查区，并应当配备相应的装卸设备。

第十章　通关便利化改革[①]

近年来，为顺应国际贸易形势变化，适应并满足我国经济发展和社会企业各界对进一步优化海关监管与服务的要求，中国海关一直致力于深化通关模式改革，先后推出一系列新型通关模式和措施，通过制度创新和技术创新，简化海关手续，优化作业流程，提高通关效率，通关便利化水平大幅提升。

第一节　分类通关

一、概述

分类通关是指海关通过科学运用风险管理的理念和方法，以企业守法管理为核心，综合企业类别、商品归类、价格、许可证件、贸易国别、航线、物流信息等各类风险要素，按照风险高低对进出口货物实施分类，在通关过程中采取不同的管理要求和管理程序，实施差别化作业的通关管理模式。

二、改革推行的背景与总体目标

（一）背景

2009 年，为优化海关监管和服务，海关总署党组以科学发展观为指导，全面构建海关大监管体系，深入推进综合治税，针对海关业务量快速增长与人力资源相对不足的突出矛盾，适应经济发展的特点和要求，在全面总结上海海关通关无纸化改革试点工作的基础上，决定在全国海关开展分类通关改革试点工作。

（二）总体目标

按照构建海关大监管体系和现代海关制度第二步发展战略的总体要求，以企业守法管理为基础，以风险管理应用为依托，在通关环节上由以纸质单证审核为基本方式转变为以计算机管理为基本方式，对低风险报关单（货物）实行快速放行，合理调配管理资源，突出海关监管重点，缓解一线监管人员相对不足，与时俱进改革通关模式，向国际通行做法积极靠拢，进一步在严密监管前提下提高通关效率，实现有效监管和高效运作的有机统一。

三、改革推进的历史沿革

（一）启动试点阶段

2009 年，为落实国家领导人关于优化海关监管和服务的重要指示精神，提高我国企业的国际竞

---

① 根据海关总署令第 225 号，《中华人民共和国海关企业信用管理暂行办法》于 2014 年 12 月 1 日起施行，原《中华人民共和国海关企业分类管理办法》同时废止。企业管理办法发生调整，相应的监管规定与措施陆续调整。本书有些地方暂采用原有企业管理类别及相应的监管措施。

争能力，海关总署决定选择部分海关开展进出口货物分类通关改革试点工作。同年6月正式启动试点，试点主要以出口为主，出口货物分类通关改革试点海关包括北京、天津、大连、上海、南京、杭州、宁波、福州、厦门、青岛、广州、深圳、拱北、黄埔、江门海关等15个关区出口的海运和空运货物；进口货物分类通关改革试点海关包括上海和黄埔海关。

（二）深化改革阶段

2010年8月，海关总署决定在出口货物分类通关改革试点的基础上，在全国海关进一步深化分类通关改革工作：将出口货物分类通关改革试点扩大到全国海关范围，进口货物分类通关改革试点扩大至北京、天津、大连、上海、南京、杭州、宁波、福州、厦门、青岛、广州、深圳、拱北、黄埔、江门等15个海关。

（三）深入推进阶段

2011年，在前期改革试点推进的基础上，海关进一步完善相关管理制度，丰富改革内容，扩大试点范围，决定将出口货物分类通关改革试点扩大到全国海关所有业务现场，进口货物分类通关改革试点扩大到全国海关部分业务现场，确保实现“优化监管质量、提高通关效率”的改革预期目标。

（四）全面推开阶段

经过三年多的改革尝试，H2010通关作业系统运行稳定，风险参数设置日趋完善，综合监管质量稳步提升，达到了“优化监管质量、提高通关效率、整合资源配置、缓解关员压力”的预期目标，成效明显。2012年，海关总署党组决定在总结三年试点工作的基础上在全国海关全面推开分类通关改革，并于同年7月制订下发《海关分类通关改革实施方案》，要求在2012年年底前实现分类通关改革全覆盖。

四、 基本作业模式和具体内容

分类通关是以企业守法管理为核心，综合企业类别、商品归类、价格、许可证件、贸易国别、航线、物流信息等各类风险要素，由H2010通关管理系统对报关单电子数据进行实时风险分析，分拨到高风险、未知风险和低风险处理。全国海关各业务现场按风险高低分别实施“低风险快速放行”、“中风险单证审核”和“高风险重点审核”对所有进出口货物实现差别化管理；对高风险报关单实施专业审单，根据专业审单结果、风险布控子系统和选查子系统的风险分析结果，由接单现场实施上述3种作业方式。

现场作业具体流程如下：

（一）低风险快速放行

对经H2010通关管理系统风险分析或经专业审单确定为低风险和未知风险的货物，不涉及许可证件和税费，或仅涉及通关单并且通关单联网比对正常的，计算机系统完成电子审核后，自动放行。业务流程如下：

1. 申报人向海关申报报关单电子数据。

2. H2010通关管理系统完成电子审单后，经风险分析或经专业审单确定为低风险或未知风险且符合快速放行条件的，系统自动放行。

3. H2010通关管理系统向监管场所和申报人发送海关放行信息。对于纸质报关单证，申报人按照规定向海关递交单证，现场海关设置专门岗位抽核部分纸质单证。

在全国范围内，继续推进“报关单证企业暂存”工作。对经海关批准免于现场递交并由企业暂行保管的，不涉及许可证件，不涉及征税、减免税且无须查验的低风险快速放行报关单及随附单证实行单证暂存；对符合条件的无实际货物进出境的报关单适用“报关单证企业暂存”。有关报关单证企业暂存的详细内容请见《海关总署关于开展报关单证企业暂存试点的公告》。

（二）中风险单证审核

对经 H2010 通关管理系统风险分析或经专业审单确定为低风险和未知风险，但涉及许可证件管理或征收税费要求的货物，申报人现场递交纸质单证。现场接单审核岗位关员根据风险提示审核纸质报关单及随附单证（发票、提运单、装箱清单、许可证件等），完成许可证件核注、税费征收及放行作业。业务流程如下：

1. 申报人向海关申报报关单电子数据。

2. H2010 通关管理系统完成电子审单后，经风险分析或经专业审单确定为低风险或未知风险且符合需人工审核纸面单证条件的，H2010 通关管理系统向申报人发送现场交单回执。

3. 海关收取报关单证，按相关审核要求进行审核并征收税费、核注许可证件后直接完成验放作业。对审核过程中有疑问的，可退回企业修改或布控查验核实。

4. H2010 通关管理系统向监管场所和申报人发送海关放行信息。

（三）高风险重点审核

对经 H2010 通关管理系统风险分析或经专业审单确定为高风险的货物，由现场接单审核/选择查验岗位关员根据风险提示或专业审单审核结果对报关单及随附单证进行重点审核，选择高风险货物布控查验。业务流程如下：

1. 申报人向海关申报报关单电子数据。

2. H2010 通关管理系统完成电子审单后，经风险分析或经专业审单确定为高风险的，系统向申报人发送现场交单回执。

3. 海关收取报关单证，根据相关风险提示或专业审单审核结果进行重点审核。对审核有疑问的，进行布控查验；对审核无疑问的，征收税费、核注许可证件后完成验放作业。

4. H2010 通关管理系统向监管场所和申报人发送海关放行信息。

第二节　通关作业无纸化

一、概述

通关作业无纸化是指海关以企业分类管理和风险分析为基础，按照风险等级对进出口货物实施分类，运用信息化技术对企业联网申报的报关单及随附单证的电子数据进行审核、征税、验放的通关作业方式。

二、改革推行的背景与总体目标

（一）背景

通关作业无纸化改革是顺应国际贸易与海关发展的必然趋势的。伴随着全球经济发展和信息技术进步，越来越多的国际贸易、商业交接和国际物流单证正逐步趋向统一标准和电子化，为更好适应形势发展要求，许多发达国家开始加快推进实行通关无纸化的步伐。2009 年 7 月 1 日起，欧盟海关全面实行电子报关，“欧盟统一报关单”以电子方式向海关提交。日本、新加坡等国家通过信息化系统，实现了绝大多数货物的无纸通关。

通关作业无纸化改革是优化海关监管和服务的需要。多年来，对外贸易稳定发展对促进我国经济平稳较快增长，以及进一步优化经济结构、转变经济增长方式发挥着重要作用。但同时，在全球经济尚未走出金融危机阴影的背景下，面对国际贸易摩擦形势趋于复杂、人民币升值压力等众多不利因素，我国对外贸易形势也不容乐观。为落实国家“十二五”规划，如何以科学发展为主题，以加快转变经济发展方式为主线，保持对外贸易稳定增长，支持企业走出去，促进对外贸易基本平衡，进一步优化产业结构，对海关工作提出了新要求。

通关作业无纸化改革是历年通关作业改革的延续。我国海关的通关作业历经了纸质报关、电子和纸质报关、分类通关几个阶段。分类通关改革初步树立了“由企及物”的管理理念，以企业为单元，通过对各项要素进行分析，有效区分货物的高低风险，并根据低风险货物是否涉税涉证情况，区分了低风险单证审核和低风险快速放行两种作业模式。分类通关为从高资信企业和低风险货物开始逐步推进实现全面通关作业无纸化改革奠定了基础。同时，分类通关改革中的“事后交单”和“单证暂存”两种方式，实现了通关作业过程中的无纸化，为通关作业无纸化改革进行了积极的探索。

（二）总体目标

以科学发展观为指导，按照海关工作“四好”总体要求，在进一步强化风险管理运行机制和企业守法管理基础上，加快推进随附单证电子化，完善通关作业无纸化模式与通关流程，逐步推进单证审核依据由以纸质单证为主向以电子数据为主的转变，不断完善通关各环节业务制度，改进海关监管与服务，有效防范执法、廉政、管理风险，努力实现有效监管和高效运作的有机统一，推进适应科学发展要求的现代化海关建设。

三、 改革推进的历史沿革

（一）试点启动阶段

2012 年 7 月，海关总署下发《关于在全国海关试点开展通关作业无纸化改革工作的公告》（海关总署公告 2012 年第 38 号）①，决定自 2012 年 8 月 1 日起在北京、天津、上海、南京、宁波、杭州、福州、青岛、广州、深圳、拱北、黄埔 12 个海关的部分业务范围内启动通关作业无纸化试点。

首批试点业务范围包括北京海关的空运进口货物、天津海关的海运进口货物、上海海关的海运进出口货物、南京海关的特殊监管区域进出口货物、杭州和宁波海关之间的转关进出口货物、福州海关的对台贸易进出口货物、青岛海关的海运出口货物、广州海关的空运出口货物、深圳海关的陆运口岸出口货物、拱北海关的陆运口岸进口货物，以及黄埔海关的陆运转关进出口货物。试点企业范围包括海关管理类别为 AA 类、A 类的进出口企业和报关企业。

（二）深化改革阶段

通关作业无纸化改革试点工作启动以后，系统运行较为平稳，社会各界反响积极。为进一步提高通关效率，提升监管效能，扩大改革成效，2013 年 4 月 11 日，海关总署发布 2013 年第 19 号公告，决定在前期通关作业无纸化改革试点的基础上，在全国海关深化通关作业无纸化改革试点工作。

试点业务范围扩大至首批 12 个海关的关区全部业务现场和所有试点业务，其余 30 个海关则各选取 1 至 2 个业务现场和部分业务开展试点。试点企业范围扩大至海关管理类别为 B 类及以上的企业。同时，“属地申报、口岸验放”模式也纳入通关作业无纸化改革试点中。

---

① 根据海关总署公告 2013 年第 19 号，该公告自 2013 年 5 月 1 日起废止。

(三) 深入推进阶段

为深入推进通关作业无纸化改革，全面扩大改革范围，不断夯实改革基础，2014 年 4 月 1 日，海关总署发布 2014 年第 25 号公告，决定在 2013 年改革试点取得明显成效的基础上，在全国海关推进通关作业无纸化改革工作。

试点业务范围扩大至全国海关的全部通关业务现场，全面推进转关货物和“属地申报、属地放行”货物通关作业无纸化改革，深化区域通关改革无纸化作业，启动快件、邮运货物通关作业无纸化改革试点。

(四) 全面总结阶段

2015 年，海关对改革试点情况进行全面总结评估，进一步完善相关运作机制及系统功能，并在全国海关全面推广实施通关作业无纸化。

四、 基本作业流程和主要内容

(一) 基本作业流程

1. 三方协议签约

企业适用“通关作业无纸化”方式，需通过“通关无纸化签约系统”向全国任一直属海关发送《通关作业无纸化协议》签约申请。

经海关审核准予适用“通关作业无纸化”通关方式的进出口企业需要委托报关企业代理报关的，应当委托经海关审核准予适用“通关作业无纸化”通关方式的报关企业。

2. 企业申报

签约的经营单位可以选择自理报关，也可以委托签约的代理报关企业向海关申报。经营单位或其代理人向海关申报无纸化报关单时，应根据海关要求上传随附单证电子数据。

3. 海关审单

海关 H2010 通关管理系统对报关单电子数据进行规范性、逻辑性审核，并检查报关单是否满足通关无纸化要求，对不能通过的，系统退单。对审核通过的电子数据，系统根据风险甄别结果自动进行分拣操作，并根据分拣结果对报关单进行分类处置。

对分拣结果为“低风险快速放行”的报关单，到货确认（出口货物运抵报告、进口货物理货报告等）的电子信息与 H2010 系统成功对碰后，系统自动完成放行操作；未启用到货确认电子信息的，系统将报关单转入“通关无纸化待审核列表”。对分拣结果为“中风险单证审核”或“高风险重点审核”的报关单，系统将报关单转入“通关无纸化待审核列表”。

对转入“通关无纸化待审核列表”的报关单，现场通关无纸化审核岗位按相关审核要求，对报关单和随附单证电子数据进行审核。审核无误的，完成接单、征税操作，由系统自动放行；审核确定需要查验的，下达布控指令，完成接单操作。

4. 查验与放行

现场查验部门按现有规定办理查验手续。查验正常的，录入查验结果后由系统完成放行操作；查验异常的，按规定移交相关部门处理。

海关完成报关单放行后，向监管场所和申报人发送放行信息。对实施联网的监管场所，监管场所凭海关放行信息为企业办理提货/装运手续。对未实施联网的监管场所，海关确认报关单已放行的，在企业递交的提运单上或放行凭证上签注放行意见并加盖放行章，监管场所凭加盖海关放行章的单证为企业办理提货/装运手续。

5. 结关与理单

报关单放行后，现场海关按规定完成进出口货物报关单结关、证明联签发手续，由 H2010 通关管理系统自动完成理单操作。

（二）主要内容

1. 精简随附单证种类，实现随附单证电子数据传输

企业将随附单证按照海关要求生成电子数据传输至海关计算机系统。海关计算机系统将报关单电子数据与随附单证电子数据关联，海关通关作业各环节均可实时调阅审核。

2. 优化通关作业流程

通关作业方式由原基于纸质单证审核签章和流转交互改为海关审核报关单和随附单证电子数据验放货物，依托网络电子回执实现与企业的信息互通。同时，进一步优化通关作业环节，简化通关操作，厘清专业审单与现场接单审核部门职责，加强海关业务信息共享互通，形成以随附单证电子化为基础，守法企业普遍适用的高效通关作业模式。

3. 建立报关电子单证管理制度

货物放行结关后，将报关单、随附单证、海关作业等电子数据和进出口监管证件电子数据汇总形成报关电子单证档案库。以海关规章或者规范性文件的方式，确认随附单证和海关作业单证电子数据的法律效力。

（三）配套措施

1. 实施差别化管理，拉开不同资信企业的政策落差

对不同类别企业在通关监管、税收征管、保税监管和稽查核查等方面实施差别化作业，拉开高资信企业与低资信企业之间的政策落差，实现真正的“守法便利、违法惩戒”。

2. 加强企业动态分类管理，增强布控查验的指向性

对于高级认证企业实施较低查验比例；对一般认证企业，根据海关查验能力保持正常布控查验率；对失信企业实行较高布控查验比例。

3. 加强物流实际监控，提高整体监管效能

建立严密高效的物流监控体系；大力推进舱单系统推广应用；全面规范监管场所管理，加大海关与监管场所的联网力度；加大查验技术装备的投入，实施查验工作集约化管理。

4. 发挥行业协会职能作用，规范报关行为

代理报关委托书/委托报关协议管理系统交由中国报关协会管理，被委托企业通过该系统向海关提供电子代理报关委托书/委托报关协议。

（四）适用范围及对象

1. 全国海关的全部通关业务现场。

2. 所有向海关提交《通关作业无纸化协议》并经审核通过的企业。

3. 涉及未联网的许可证件或者涉及税费但未选择电子支付的进出口业务暂不适用通关作业无纸化。

（五）电子随附单证的上传要求

对于经海关批准且选择“通关作业无纸化”方式申报的高级认证企业，申报时可不向海关发送随附单证电子数据，通关过程中根据海关要求及时提供，海关放行之日起 10 日内由企业向海关提交，经海关批准符合企业存单（单证暂存）条件的可由企业保管。

对于经海关批准且选择“通关作业无纸化”方式申报的其他管理类别的经营单位，应在货物申报时向海关同时发送报关单和随附单证电子数据。

通关无纸化报关单申报时，以下随附单证电子数据可以不上传：

1. 进口货物

加工贸易及保税类报关单：合同、装箱清单、载货清单（舱单）等随附单证企业在申报时可不向海关提交，海关审核时如需要再提交。

非加工贸易及保税类报关单：装箱清单、载货清单（舱单）等随附单证企业在申报时可不向海关提交，海关审核时如需要再提交。

京津冀海关实施区域通关一体化改革的报关单：合同、装箱清单、载货清单（舱单）等随附单证企业在申报时可不向海关提交，海关审核时如需要再提交。

2. 出口货物

出口货物各类报关单，企业向海关申报时，合同、发票、装箱清单、载货清单（舱单）等随附单证可不提交，海关审核时如需要再提交。

第三节　区域通关一体化

一、概述

区域通关一体化是指区域内对企业、舱单、商品等风险要素进行统一的风险分析和甄别，设立区域审单中心，在风险分析和风险甄别的基础上，各审单分中心区域按照税则分工开展跨关区专业审单；申报人在区域内各口岸办理货物进出口手续时，可自主选择向收发货人注册地或货物实际进出境地海关办理申报、纳税和查验放行手续的海关业务模式。目前，区域通关一体化已覆盖至全国五大区域：

（一）京津冀：北京海关、天津海关、石家庄海关；

（二）长江经济带：上海海关、南京海关、杭州海关、宁波海关、合肥海关、南昌海关、武汉海关、长沙海关、成都海关、重庆海关、贵阳海关、昆明海关；

（三）泛珠四省：福州海关、厦门海关、广州海关、深圳海关、拱北海关、汕头海关、黄埔海关、江门海关、湛江海关、南宁海关、海口海关；

（四）丝绸之路经济带：青岛海关、济南海关、郑州海关、太原海关、西安海关、兰州海关、银川海关、西宁海关、乌鲁木齐海关、拉萨海关；

（五）东北地区：大连海关、沈阳海关、长春海关、哈尔滨海关、呼和浩特海关、满洲里海关。

广义的区域通关一体化包括：口岸清关、转关、一体化通关等通关模式。其中，一体化通关为区域通关一体化改革新增的通关模式，该模式要求报关单运输方式须为水路运输、铁路运输、公路运输、航空运输或邮件运输；如报关单申报口岸与进出口岸跨直属关区，则为“跨关区一体化”；如报关单申报口岸与进出口岸跨隶属关区，则为“关区内一体化”。

二、改革背景

2014 年，习近平总书记提出“推动京津冀协同发展和长江经济带发展”。为了落实京津冀区域协同发展重要国家战略，加快经济紧密联系地区的区域通关一体化改革步伐，为企业创造更加公平、公正的进出口环境，切实提高通关效率，促进贸易便利，海关总署决定自同年7月1日起，启动区域通关一体化改革。

改革率先在北京、天津两地试点，2014年9月22日拓展至石家庄海关。在京津冀试点成功的基础上，长三角地区和广东地区区域通关一体化改革试点一并于同年9月22日启动。2014年12月1日，长三角地区区域通关一体化改革拓展至长江经济带12海关；2015年5月1日，福州、厦门、南宁海关纳入广东地区区域通关一体化改革范围，统称为泛珠四省；并同步启动丝绸之路经济带和东北地区区域通关一体化改革。2015年9月30日，区域通关一体化改革拓展至海关特殊监管区域及保税监管场所。

三、改革目标

以深化通关改革为核心，以优势集成、资源整合、专业分工为导向，打破关区界限，形成监管更严密、通关更便捷、流程更科学、运转更高效，覆盖通关全流程的一体化管理机制和运作模式，在各区域营造“可预见、低成本、高效便利”的通关环境，促进各类要素在区域内自由流通，有效促进区域协同发展。

四、主要内容

第一，实施区域通关一体化改革后，申报人可根据实际需要，自主选择口岸清关、转关、一体化通关等任何一种通关模式。

第二，一体化通关模式下，进出口货物申报人可自主选择向收发货人注册地或货物实际进出境地海关办理申报、纳税和查验放行手续。

第三，取消报关企业跨直属关区分支机构注册登记行政许可限制，允许报关企业在区域内“一地注册、多地报关”。

第四，一体化区域内海关互认商品预归类、价格预审核、原产地预确定和许可证件、归类、价格等专业认定结果；在银行总担保及汇总征税项目的基础上，实现电子保函“一关备案、区域通用”。

第五，一体化区域内报关单审核、税费征收、无纸转有纸、汇总征税试点等操作按现行规定办理。

第六，一体化通关报关单，如货物被布控查验，除属于列明不得分流的货物外，可由申报人根据物流实际需求或特殊货物查验条件需求，申请将货物分流至申报地海关监管场所实施查验。

第七，在现有贸易管制政策框架下，除国家明确实施口岸限制措施的货物（如进口汽车整车、药品等）外，对于进出口报关过程中涉及的各类许可证件（包括监管证件），允许证面签注口岸为区域内任一口岸的货物，在区域内任一海关办理申报验放手续。

第八，一体化区域内海关通过“中国海关网上服务大厅”和“海关12360服务热线”，为企业提供“通关状态查询”“通关疑难咨询”等公共服务。

五、作业流程

（一）进口流程

1. 舱单传输

运输工具进境前，在海关规定的时间内，舱单传输人向口岸海关传输进口原始舱单电子数据。

口岸海关接受舱单数据并确认后，有关舱单内容通过电子口岸公共查询平台公布。

口岸海关对舱单传输人提前传输的进口原始舱单电子数据从安全、环保、准入等方面进行重点风险分析和布控。

2. 电子申报

进口货物的申报人在口岸海关接受进口原始舱单电子数据申报后，除海关另有规定外，可根据实际需求在区域通关一体化的通关模式中择一向海关办理申报手续，申报方式可选择有纸或通关无纸化。

申报人在办理报关手续时，按照收货人注册地、货物进出境地（或直属海关集中报关点）自主选择接单现场，据此确定报关单的申报口岸，应用申报口岸规定的报关单编码规则，根据报关单填制规范录入电子数据报关单、传输随附单据，向海关申报。

3. 电子审单

海关计算机系统对报关单电子数据进行规范性、逻辑性审核，对不能通过规范性审核的电子数据报关单，系统不接受申报；对通过规范性审核的电子数据报关单，根据区域各海关协商确定并统一加载的风险参数、布控指令、通道条件等对报关单进行风险甄别和通道判别，对需人工审单的转入专业审单环节，无须人工审单的由系统自动审结。

4. 专业审单

区域内各审单分中心专业审单岗位按照税则章节分工并结合风险提示对报关单进行人工审核，审核通过的，完成审结操作。

5. 接单审核

接单岗位按现行规定办理报关单审核、税费征收、无纸转有纸、许可证件验核、汇总征税等业务。

接单现场承担区域通关一体化联络职责，可通过综合业务管理平台或各区域商定的联络方式与相关部门联系。

6. 布控查验

申报地海关根据风险分析结果在报关单放行前下达布控指令。

进口一体化通关报关单如需查验的，可在口岸海关或申报地海关实施。如在申报地海关查验的，按查验分流相关规定办理。货物查验完毕后，由查验地海关录入查验结果；查验后续处理及处理结果录入根据各区域协商由申报地海关或查验地海关办理。

7. 货物放行

对于运抵口岸海关监管场所且无查验的货物，由申报地海关办理报关单放行手续。对于查验货物，查验正常的，由查验地海关办理放行手续；查验异常的，由负责查验后续处理的海关办理放行手续。

8. 货物提取

海关完成报关单放行后，向监管场所发送放行指令，申报人凭海关电子或纸质放行凭证到监管场所办理货物提取手续。

9. 后续理单

接单现场负责理单。异地查验的，查验地海关负责原始纸质“查验记录单”的理单归档。

（二）出口流程

1. 电子申报

出口货物的申报人在取得出口订舱数据后，除海关另有规定外，可根据实际需求在区域通关一体化的通关模式中择一向海关办理申报手续，申报方式可选择有纸或通关无纸化。

申报人在办理报关手续时，按照收货人注册地、货物进出境地（或直属海关集中报关点）自主选择接单现场，据此确定报关单的申报口岸，应用申报口岸规定的报关单编码规则，根据报关单填制规范录入电子数据报关单、传输随附单据，向海关申报。

2. 电子审单

海关计算机系统对报关单电子数据进行规范性、逻辑性审核，对不能通过规范性审核的电子数据报关单，系统不接受申报；对通过规范性审核的电子数据报关单，根据区域各海关协商确定并统一加载的风险参数、布控指令、通道条件等对报关单进行风险甄别和通道判别，对需人工审单的转入专业审单环节，无需人工审单的由系统自动审结。

3. 专业审单

区域内各审单分中心专业审单岗位按照税则章节分工并结合风险提示对报关单进行审核，审核通过的，完成审结操作。

4. 接单审核

接单岗位按现行规定办理报关单审核、税费征收、无纸转有纸、许可证件验核、汇总征税等业务。

接单现场承担区域通关一体化联络职责，可通过综合业务管理平台或各区域商定的联络方式与相关部门联系。

5. 布控查验

申报地海关根据风险分析结果在报关单放行前下达布控指令。

出口一体化通关报关单如需查验的，由口岸海关实施。货物查验完毕后，货物查验完毕后，由查验地海关录入查验结果；查验后续处理及处理结果录入根据各区域协商由申报地海关或查验地海关办理。

6. 货物放行

对于运抵口岸海关监管场所且无查验的货物，由申报地海关办理报关单放行手续。对于查验货物，查验正常的，由口岸海关办理放行手续；查验异常的，由负责查验后续处理的海关办理放行手续。

7. 货物装运

海关完成报关单放行后，向监管场所发送放行指令，申报人凭海关电子或纸质放行凭证到监管场所办理货物装运手续。

8. 出口结关

运输工具实际离境后，口岸海关可采用自动结关方式完成出口报关单结关核销操作，或根据各区域协商由申报地海关或口岸海关进行手工结关核销操作。

9. 后续理单

接单现场负责理单。异地查验的，查验地海关负责原始纸质“查验记录单”的理单归档。

第四节 “一次申报、分步处置”通关模式改革

根据《海关总署党组关于印发〈海关全面深化改革总体方案〉的通知》（署党发〔2014〕35号）和《海关总署关于印发〈全国通关一体化改革框架方案〉的通知》（署改发〔2016〕85号）的要求，选取部分直属海关启动全国通关一体化改革试点。全国通关一体化改革是海关全面深化改革的核心任务，其结构支撑是“两中心、三制度”，即建设风险防控中心、税收征管中心，实施“一次申报、分步处置”、改革税收征管方式和优化协同监管。

一、概述

改变以报关单为龙头的监管模式，相对分离安全准入和税收征管作业，第一步由风险防控中心分析验证货物品名、数重量、禁限类别等准入属性，排查准入风险后企业自缴税款或凭担保先放行货物，放行前需要现场验估的，可通过取样、留像等手段存证后放行；第二步由税收征管中心分析验证货物归类、价格、原产地等税收属性，通过批量审核与验估、核查、稽查等，完成货物放行后的税收征管作业。

二、改革背景和总体目标

（一）背景

2016年，为进一步适应经济发展新常态，把握好管得住和通得快的平衡点，贯彻落实《海关全面深化改革总体方案》部署要求，发挥改革的突破性和先导性作用，以通关流程再造和机构重组为主要路径，海关总署决定实施货物通关“一次申报、分步处置”通关模式改革试点，着力突出改革创新，提升把关服务效能。

（二）总体目标

按照践行“四好”和推进“五型”海关建设要求，不断深化改革创新，对进出口货物实施货物准入（出）与税收征管相对分离的海关作业，通过事前、事中、事后监管力量的合理分工和联动互补，进一步提高货物通关效率，降低企业通关成本，从而实现货物安全与税收安全双强化、严密监管与便利贸易相统一，形成集约高效、协调统一的一体化通关管理格局。

三、改革推进的历史沿革

2016年6月1日，上海海关正式启动改革试点。

2016年7月，对上海口岸海运进口部分第84、85、90章商品开展试点，并逐步扩大到上海关区第84、85、90章商品所有海运进口企业。同时，增加北京、宁波关区的相关试点企业。

四、基本作业模式和作业流程

（一）基本作业模式

“一次申报、分步处置”是通关流程再造的核心内容，改变海关接受申报、审单、查验、征税、放行的“串联式”作业流程，由企业完成报关和税款自报自缴，安全准入风险主要在口岸通关现场处置，税收风险主要在货物放行后处置（已缴纳税款或提供有效担保）。在开展安全准入和税收风险防控时充分考虑企业信用。

第一步：风险防控中心分析货物是否存在禁限管制、侵权、品名规格数量伪瞒报等安全准入风险并下达指令，由口岸海关通关监管力量实施查验。通过风险排查，企业根据自身信用等级按照差别化方式完成自缴税款或提供有效担保的，货物即可予以放行；对于存在重大税收风险且放行后难以有效稽（核）查或追补税的，由口岸海关通关监管力量根据验估要求实施放行前验估处置；验估中如果无法当场作出结论的，通过必要的取样、留像等手段存证后放行货物。

第二步：税收征管中心在货物放行后对报关单税收要素实施批量审核，结合企业信用要素等筛选风险目标，通过风险防控中心统筹下达验估、稽（核）查等指令，由口岸海关综合业务岗或验估机构实施放行后验估作业，由属地海关稽查力量实施放行后稽（核）查等作业。

查验、验估、稽（核）查等作业完成后，向"两中心"反馈处置结果，符合走私违规案件移交条件的，移交缉私部门处理。

（二）现场作业具体流程

1. 通关前

（1）风险研判。全面收集整理各类风险信息（包含情报、企业资信等），按照"安全准入"和"税收征管"要求构建风险研判模型，加工风险参数和布控查验指令，按照处置环节统一作用于舱单管理系统和通关作业管理等系统。

（2）担保备案。企业可根据《中华人民共和国海关事务担保条例》的规定，向海关提供担保（保证金、银行保函或第三方担保）并备案。

（3）舱单传输及风险甄别。舱单传输人向海关传输舱单及相关电子数据，由计算机系统进行逻辑检控，海关运用舱单风险作业系统实施舱单风险研判，对高风险舱单开展分析，需要实施运输工具检查的，下达运输工具检查指令；需要查验的，下达舱单布控查验指令。

2. 通关中

（1）报关报税。企业向海关申报报关单及其随附单证电子数据并自主报税。

（2）电子逻辑检控。通关管理系统进行规范性、逻辑性检查，对舱单、许可证件、电子备案信息等进行核注，符合条件的，海关接受申报，发送允许缴税/核扣担保回执；不符合条件的，系统自动退单。

（3）税费支付或担保核扣。企业选择缴纳税款的，可自行向银行缴纳税款；企业选择担保的，系统进行税收担保核扣。

（4）风险甄别。通过报关单风险布控系统、风险分析作业系统选择查验子系统等对报关单进行安全准入及税收征管的风险甄别。按照差别化管理原则，对认证企业实施较低的布控查验率，对失信企业实施100%的布控查验。

（5）安全准入处置

①直接放行。对于风险参数未捕中的，系统予以直接放行。

②无干预放行。对于被税收风险参数捕中需要税收征管中心后续处置的，通关环节不做任何干预，系统对报关单予以标记后直接放行。

③现场验估。对于被安全准入风险参数（H0）、重大税收风险参数（H1）与单证验估风险参数（H2）捕中的报关单，现场验估岗位按照验估要求进行验估处置。对于没有问题的，系统予以放行；对于有问题的，转入异常处置。其中对于无法当场作出结论的，除失信企业外，通过取样、留像等存证手段后，系统予以放行。

④许可证件验核。对于涉及许可证件但未实现电子数据联网或无法自动核扣的，现场综合业务岗位人工校验许可证件或进行核扣，与现行许可证件验核通关作业流程保持一致。

⑤有纸报关单单证处理。对于有纸申报的报关单，现场综合业务岗位验核电子数据与纸质单据是否相符，与现行有纸申报通关作业流程保持一致。

⑥查验或实货验估。现场查验岗位或实货验估岗位，按照查验/验估指令开展查验或实货验估作业。对于没有问题的，系统予以放行；对于有问题的，转入异常处置。其中，对于实货验估无法当场作出结论的，除失信企业外，通过取样、留像等存证手段后，系统予以放行；失信企业须待验估作出结论后方予放行或转异常处置。

⑦实货放行。系统综合判断放行条件，对满足所涉及全部放行条件的，货物可直接放行。海关对安全准入放行后，向监管场所和申报人发送放行信息。进口货物凭运抵报告（抵港信息）办理放行手续。

3. 通关后

（1）税收征管处置。货物放行后，税收征管中心对报关单数据中归类、价格、原产地等税收征管要素进行批量审核，对可能存在税收风险的，要求补充申报、转现场综合业务岗或下达稽查指令，同时优化风险参数或布控指令。对审核发现准入风险的，转风险防控中心处置；对有走私违规嫌疑的，转缉私部门处置。

（2）税收监控。税收征管部门对归类、价格、原产地等税收征管要素进行职能监控。

第十一章　进出境旅客行李物品通关

第一节　进出境旅客通关管理

一、 进出境旅客的概念及分类

旅客，指进出境的居民或非居民。“居民”指出境居留后仍回到境内其通常定居地者，“非居民”指进境居留后仍回到境外其通常定居地者。

进出境旅客按以下几种方式实施分类：

（一）按国籍分为中国籍旅客和外国籍旅客

1. 中国籍旅客，指持中华人民共和国护照等有效旅行证件进出境的旅客，包括公派出境工作、考察、访问、学习和因私出境探亲、访友、旅游、经商、学习等中国籍居民旅客，以及华侨、中国台湾同胞、中国香港、中国澳门同胞等中国籍非居民旅客。

2. 外国籍旅客，指除中国籍旅客以外的所有旅客，包括无国籍人，应约来华访问、洽谈贸易、旅游和从事科技、文化交流及展览等活动的外籍人员，以及外国企业、新闻、贸易等常驻机构的常驻人员及外国专家，外国留学生等。

（二）按居留时间分为短期旅客、长期旅客、定居旅客、过境旅客

1. 短期旅客是指获准进境或出境暂时居留不超过 1 年的旅客。

2. 长期旅客是指获准进境或出境连续居留时间在 1 年以上（含 1 年）的旅客。

3. 定居旅客是指取得中华人民共和国主管部门签发的进境或出境定居证明或批准文件，移居境内或境外的旅客。

4. 过境旅客是指持有效过境签证，从境外某地通过境内前往境外另一地的旅客。

二、 行李物品的概念

行李物品，指旅客为其进出境旅行或者居留的需要而携运进出境的物品（含货币、金银等），包括旅途必需物品、旅行自用物品、安家物品。

旅途必需物品是指旅客本人在本次旅行中必需的自用物品，主要包括旅客本人在旅行中必备的衣着、洗漱等日常生活用品，非本人自用或馈赠他人的物品不属于旅途必需物品。

旅行自用物品是指本次旅行途中海关准予旅客随身携带的暂时免税进境或者复带进境的在境内、外使用的自用物品，包括照相机、便携式收录音机、小型摄影机、手提式摄录机、手提式文字处理机和经海关审核批准的其他物品。

安家物品是指定居旅客或长期旅客携运进出境的本人或家庭在境内外居留期间所需用的日常生活用品。

旅客携带进出境的行李物品，应以自用、合理数量为限，超出自用、合理数量的，视为货物。其中，“自用”指旅客本人自用，馈赠亲友而非为出售或出租。“合理数量”指海关根据旅客的情况、旅行目的和居留时间所确定的正常数量。

三、进出境旅客通关的概念及基本程序

进出境旅客通关，指进出境旅客向海关申报，海关依法查验行李物品并办理进出境物品征税或免税验放手续，或其他有关监管手续之总称。

进出境旅客通关的基本程序为申报、查验、征税、放行。

（一）申报

申报是指进出境旅客为履行中华人民共和国海关法规规定的义务，对其携运进出境的行李物品实际情况依法向海关所作的书面申明。

按规定向海关办理申报手续的进出境旅客通关时，应首先在申报台前向海关递交“中华人民共和国海关进出境旅客行李物品申报单”或海关规定的其他申报单证，如实申报其所携运进出境的行李物品。

进出境旅客对其携运的行李物品以上述以外的其他任何方式或在其他任何时间、地点所做出的申明，海关均不视为申报。

（二）查验

查验是指海关检查旅客携带进出境的物品，核对进出境旅客申报是否属实，有无违禁物品，确定物品征免税、扣留、退运或放行。

（三）征税

征税是指海关按规定对国家规定应予征税或超出免税限量的自用合理数量范围内的物品征收行邮税。

（四）放行

放行是指海关办结申报、查验、征免税等手续后，准予进出境旅客将物品提离海关监管现场。

四、进出境旅客通关的基本规定

进出境旅客行李物品，必须通过设立海关的地点进境或者出境，接受海关监管，按规定向海关办理通关手续。

（一）申报制度

自2008年2月1日起，在全国各对外开放口岸实行新的进出境旅客申报制度。

1. 进出境旅客没有携带应向海关申报物品的，无须填写“中华人民共和国海关进出境旅客行李物品申报单”（以下简称申报单），选择“无申报通道”（又称“绿色通道”）通关。

2. 除海关免予监管的人员以及随同成人旅行的16周岁以下旅客以外，进出境旅客携带有应向海关申报物品的，需填写申报单，向海关书面申报，并选择“申报通道”（又称“红色通道”）通关。

中华人民共和国海关进出境旅客行李物品申报单

正面：

中 华 人 民 共 和 国 海 关
进出境旅客行李物品申报单

请仔细阅读申报单背面的填单须知后填报

姓□ 名□ 男□ 女□

护照（进出境证件） 号码□□□□□□□□□□□□□□

出生日期□□□□年□□月□□日 国籍（地区）□

进境旅客填写	出境旅客填写
来自何地 □	前往何地 □
进境航班号/车次/船名 □	出境航班号/车次/船名 □
进境日期：　年　月　日	出境日期：　年　月　日
携带有下列物品请在“□”划√	携带有下列物品请在“□”划√
□1. 动植物及其产品、微生物、生物制品、人体组织、血液制品 □2. 居民旅客在境外获取总值超过人民币 5000 元的物品 □3. 非居民旅客拟留在境内总值超过 2000 元的物品 □4. 超过 1500 毫升的酒精饮料，或超过 400 支香烟，或超过 100 支雪茄，或超过 500 克烟丝 □5. 超过 20000 元人民币现钞或超过折合美元 5000 元外币现钞 □6. 分离运输行李，货物、货样、广告品 □7. 其他需要向海关申报的物品	□1. 文物、濒危动植物及其制品、生物特种资源、金银等贵重金属 □2. 居民旅客携带需复带进境的单价超过人民币 5000 元的照相机、摄像机、手提电脑等旅行自用物品 □3. 超过 20000 元人民币现钞，或超过折合 5000 美元外币现钞 □4. 货物、货样、广告品 □5. 其他需要向海关申报的物品

携带有上述物品的，请详细填写如下清单

品种/币种	型号	数量	金额	海关批注

我已经阅读本申报单背面所列事项，并保证所有申报属实。

旅客签名：__________

背面：

一、重要提示：

1. 没有携带应向海关申报物品的旅客，无须填写本申报单，可选择“无申报通道”（又称“绿色通道”，标志为“●”）通关。

2. 携带有应向海关申报物品的旅客，应当填写本申报单，向海关当面申报，并选择“申报通道”（又称“红色通道”，标志为“■”）通关。海关免于监管的人员以及随同成人旅行的16周岁以下旅客可不填写申报单。

3. 请妥善保管本申报单，以便在返程时继续使用。

4. 本申报单所称“居民旅客”系指其通常定居地在中国关境内的旅客，“非居民旅客”系指其通常定居地在中国关境外的旅客。

5. 不如实申报的旅客将承担相应的法律责任。

二、中华人民共和国禁止进境物品：

1. 各种武器、仿真武器、弹药及爆炸物品；

2. 伪造的货币及伪造的有价证券；

3. 对中国政治、经济、文化、道德有害的印刷品、胶卷、照片、唱片、影片、录音带、录像带、激光唱盘、激光视盘、计算机存储介质及其他物品；

4. 各种烈性毒药；

5. 鸦片、吗啡、海洛因、大麻以及其他能使人成瘾的麻醉品、精神药物；

6. 新鲜水果、茄科蔬菜、活动物（犬、猫除外）、动物产品、动植物病原体和害虫及其他有害生物、动物尸体、土壤、转基因生物材料、动植物疫情流行的国家和地区的有关动植物及其产品和其他应检物；

7. 有碍人畜健康的、来自疫区的以及其他能传播疾病的食品、药品或其他物品。

三、中华人民共和国禁止出境物品：

1. 列入禁止进境范围的所有物品；

2. 内容涉及国家秘密的手稿、印刷品、胶卷、照片、唱片、影片、录音带、录像带、激光唱盘、激光视盘、计算机存储介质及其他物品；

3. 珍贵文物及其他禁止出境的文物；

4. 濒危的和珍贵的动、植物（均含标本）及其种子和繁殖材料。

3. 进境旅客携带有下列物品的，应在申报单相应栏目内如实填报，并将有关物品交海关验核，办理有关手续：

（1）动、植物及其产品，微生物、生物制品、人体组织、血液制品；

（2）居民旅客在境外获取的总值超过人民币5000元（含5000元，下同）的自用物品；

（3）非居民旅客拟留在中国境内的总值超过2000元的物品；

（4）酒精饮料超过1500毫升（酒精含量12度以上），或香烟超过400支，或雪茄超过100支，或烟丝超过500克；

（5）人民币现钞超过20000元，或外币现钞折合超过5000美元；

（6）分离运输行李、货物、货样、广告品；

（7）其他需要向海关申报的物品。

4. 出境旅客携带有下列物品的，应在申报单相应栏目内如实填报，并将有关物品交海关验核，办理有关手续：

（1）文物、濒危动植物及其制品、生物物种资源、金银等贵重金属；

（2）居民旅客需复带进境的单价超过5000元的照相机、摄像机、手提电脑等旅行自用物品；

（3）人民币现钞超过20000元，或外币现钞折合超过5000美元；

（4）货物、货样、广告品；

（5）其他需要向海关申报的物品。

5. 非居民旅客返程出境时，如需要选择“申报通道”通关，可在其原进境时填写并经海关批注和签章的申报单上出境栏目内填写相关内容，或者另填写一份申报单，向海关办理出境申报手续。

6. 居民旅客回程进境时，如需要选择“申报通道”通关，可在其原出境时填写并经海关批注和签章的申报单上进境栏目内填写相关内容，或者另填写一份申报单，向海关办理进境申报手续。

7. 旅客不明海关规定或不知如何选择通道的，应选择“申报”通道，向海关办理申报手续。

8. 在海关监管场所，海关在通道内设置专用申报台供旅客办理进出境物品的申报手续。在部分半开放格局的空港口岸，海关在托运行李区域和手提行李区域分别设有海关申报台，如旅客托运行李携带有应向海关申报物品的，应在交运行李前前往海关托运行李申报台，办理申报手续。

9. 进出境旅客可以自行办理报关纳税手续，也可以委托他人办理报关纳税手续；接受委托办理报关纳税手续的代理人，应当按照《中华人民共和国海关对进出境旅客行李物品监管办法》（以下简称《海关对进出境旅客行李物品监管办法》）对其委托人的各项规定办理海关手续，承担各项义务和责任。

10. 违反海关规定，逃避海关监管，携带国家禁止、限制进出境或者依法应当缴纳税款的货物、物品进出境的，海关将依据《海关法》和《海关行政处罚实施条例》予以处罚。

（二）查验

查验进出境旅客行李物品的时间和场所，由海关指定。海关查验行李物品时，物品所有人应当到场并负责搬移物品，开拆和重封物品的包装。海关认为必要时，可以单独进行查验。海关对进出境行李物品加施的封志，任何人不得擅自开启或者损毁。

（三）验放标准

1. 进境居民旅客携带在境外获取的个人自用进境物品，总值在5000元人民币以内（含5000元）的；非居民旅客携带拟留在中国境内的个人自用进境物品，总值在2000元人民币以内（含2000元）的，海关予以免税放行。单一品种限自用、合理数量，但烟草制品、酒精制品及国家规定应当征税的20种商品等另按有关规定办理。

国家规定应当征税的20种商品是指：电视机、摄像机、录像机、放像机、音响设备、空调器、电冰箱（电冰柜）、洗衣机、照相机、复印机、程控电话交换机、微型计算机及外设、电话机、无线寻呼系统、传真机、电子计数器、打字机及文字处理机、家具、灯具和餐料。

2. 进境居民旅客携带超出5000元人民币的个人自用进境物品，经海关审核确属自用的；进境非居民旅客携带拟留在中国境内的个人自用进境物品，超出人民币2000元的，海关仅对超出部分的个人自用进境物品征税，对不可分割的单件物品，全额征税。

3. 有关短期内多次来往旅客行李物品征免税规定、验放标准等事项另行规定。

4. 旅客携带物品超出规定免税或规定征税限量的，经海关审核准予征税放行，但对超出部分的征税数量，不得超过规定准予免税或征税的限量。

（四）暂时免税进出境物品

经海关登记准予暂时免税进境或出境的物品，应当由本人复带出境或者复带进境。

经海关核准暂时进出境的旅行自用物品，在旅客行李物品监管时限内，由旅客复带出境或进境。海关依照规定凭担保准予暂时免税放行的其他物品，应由旅客在规定期限内，办结进出境手续或将原物复带出境或进境。

“旅客行李物品监管时限”指非居民本次进境之日始至最近一次出境之日止，或居民本次出境之日始至最近一次进境之日止的时间。

过境旅客未经海关批准，不得将物品留在境内。

（五）以分离运输方式运进的行李物品

旅客以分离运输方式运进行李物品，应当在进境时向海关申报。经海关核准后，自旅客进境之日起6个月内（含6个月）运进。海关办理验放手续时，连同已经放行的行李物品合并计算。以分离运输方式运出的行李物品，应由物品所有人持有效的出境证件在出境前办妥海关手续。

（六）声明放弃的物品及无人认领的物品

进出境物品所有人声明放弃的物品，以及在海关监管区内逾期3个月无人认领的物品，由海关提取依法变卖处理，所得价款在扣除运输、装卸、储存等费用后，上缴国库。自运输工具申报进境之日起逾期3个月（易腐及易失效的物品可提前处理）未办理海关手续的物品，由海关提取依法变卖处理，所得价款在扣除运输、装卸、储存等费用和税款后，尚有余款的，自物品依法变卖之日起1年内，经物品所有人申请，予以发还。其中属于国家对进口有限制性规定，应当提交许可证件而不能提供的，不予发还。逾期无人申请或者不予发还的，上缴国库。

（七）不予放行物品及处理

根据《关于暂不予放行旅客行李物品暂存有关事项的公告》（海关总署公告2016年第14号），旅客携运进出境的行李物品有下列情形之一的，海关暂不予放行：

1. 旅客不能当场缴纳进境物品税款的；
2. 进出境的物品属于许可证件管理的范围，但旅客不能当场提交的；
3. 进出境的物品超出自用合理数量，按规定应当办理货物报关手续或其他海关手续，其尚未办理的；
4. 对进出境物品的属性、内容存疑，需要由有关主管部门进行认定、鉴定、验核的；
5. 按规定暂不予以放行的其他行李物品。

海关暂不予以放行的行李物品，可以暂存。

上述暂不予放行物品不包括依法应当由海关实施扣留的物品。

暂不予放行的行李物品有下列情形之一的，海关可以要求旅客当场办理退运手续，或者移交相关专业机构处理，因此产生的费用由旅客承担。

1. 易燃易爆的；
2. 有毒的；
3. 鲜活、易腐、易失效等不宜长期存放的；
4. 其他无法存放或不宜存放的情形。

对暂不予放行的行李物品办理暂存的，海关应当向旅客出具“中华人民共和国海关暂不予放行旅客行李物品暂存凭单”（以下简称“暂存凭单”），旅客核实无误后签字确认。“暂存凭单”仅限于旅检渠道暂不予放行物品暂存事项，不适用于邮件、快件渠道相关暂存事项。对于依法应当移送缉私部门处理的涉案物品，旅检现场应当开具扣留凭单，不得使用“暂存凭单”。“暂存凭单”一式三联，第一联由海关保管留底备查，第二联随暂存物品入仓库，第三联交给旅客作为提取暂存物品的凭证。旅客办理暂存手续时，现场关员将需要由海关暂存物品的名称、规格和数量（重量）及旅客姓名、国籍、证件类型号码、联系电话等信息填入“暂存凭单”，经旅客和现场经办关员当面核实无误后，由旅客在“暂存凭单”签字确认；旅客拒绝签字的，经办关员应当在“暂存凭单”上注明。“暂存凭单”“批注”一栏用于填写暂存物品鉴定结果、后续处理意见，以及审批流程。对不宜办理暂存手续的物品，在陆路口岸，海关可以要求旅客对有关物品采取即时退运；在空港等无法办理即时退运的口岸，海关可以将相关物品移交相关专业机构进行处理。交由海关暂存的物品有瑕疵、损毁等情况的，海关现场关员应当在“暂存凭单”上予以注明，并应当由旅客签字确认。对于贵重物品或疑似文物等物品，海关可以采用拍照、施封等办法进行确认。

旅客办理物品的提取手续时，应当向海关提交“暂存凭单”原件并出示旅客本人有效的进出境证件。旅客委托他人代为办理物品提取手续的，接受委托的代理人应当向海关提交“暂存凭单”原件、旅客本人出具的书面委托书、旅客有效的进出境证件复印件，并出示代理人本人有效的身份证件。

海关暂不予放行的物品自暂存之日起3个月内，旅客应当办结海关手续。逾期不办的，由海关依法对物品进行处理。需要有关主管部门进行认定、鉴定、验核的时间不计入暂存时间。

（八）免验及礼遇

持有中华人民共和国政府主管部门给予外交、礼遇签证的进出境旅客，通关时应主动向海关出示本人有效证件，海关予以免验礼遇。

海关对我国出国人员进出境免验范围的规定如下：

1. 党和国家领导人率领党、政代表团或全国人民代表大会代表团所乘坐的专机、专车和公私用物品（包括随行人员和专机专车上的服务人员的行李物品），海关分别根据外交部、中联部、全国人大常委会办公厅等部门的通知免予监管。

上述代表团乘坐的专机、专车内，载有上列人员以外的行李物品、货物时，有关组织出访的部门或者运输部门应当事先通知海关，由海关按照规定办理验放手续。

2. 其他出访的代表团、组、人员进出境的行李物品，海关一律验凭其所持的外交护照免予查验。

3. 我国常驻国外代表机构中的下列人员进出境行李物品，海关验凭其护照所列职衔免予查验：

（1）我国驻外大使馆、领事馆中参赞、武官、副总领事以上人员；

（2）我国常驻联合国代表团正、副代表，参赞，军参团团长，陆、海、空军代表，以及驻联合国日内瓦办事处、其他国际组织代表处和国际机构代表团正、副代表；

（3）我国驻朝鲜军事停战委员会朝中方面中国人民志愿军委员、中国人民志愿军首席参谋；

（4）我国驻新加坡商务代表处正、副代表；

（5）我国驻中国香港签证处代表、副代表，新华社中国香港分社社长、副社长。

上列免予查验的人员应遵守海关对我国出国人员进出境行李物品的有关规定。免予查验的人员行李中如有我国禁止进出口的物品，或者有代他人携带的物品，应当向海关口头申报。对免予查验的人员，海关有权根据情况对其进口的行李物品进行询问。对确有根据证明免验人员行李中有我国禁止进出口物品或有违反海关规定情事的，海关可以进行查验（查验时，行李物品所有人或者代理人必须在场）并做查验记录。

第二节　中国籍旅客进出境行李物品通关管理

一、中国籍旅客的概念及分类

中国籍旅客指持中华人民共和国护照等有效旅行证件进出境的旅客。

中国籍旅客包括中国籍居民旅客和中国籍非居民旅客。

中国籍居民旅客，包括公派出境工作、考察、访问、学习和因私出境探亲、访友、旅游、经商、学习等中国籍居民旅客。中国籍非居民旅客，包括华侨、中国台湾同胞、中国港澳同胞等中国籍非居民旅客。

二、中国籍旅客行李物品的管理规定

(一) 中国籍旅客带进物品限量表

中国籍旅客携运进境的行李物品，在“中国籍旅客带进物品限量表”（以下简称限量表）规定的征税或免税物品品种、限量范围内的，海关准予放行，并分别验凭旅客所持有效出入境旅行证件及其他有关证明文件办理物品验放手续。

中国籍旅客携运进境物品，超出规定免税限量仍属自用的，经海关核准可征税放行。但对超出部分的征税数量，不得超过规定准予免税或征税的限量。

中国籍旅客带进物品限量表

类别	品种	限量
第一类物品	衣料、衣着、鞋、帽、工艺美术品和价值人民币1000元以下（含1000元）的其他生活用品	自用合理数量范围内免税，其中价值人民币800元以上、1000元以下的物品每种限一件
第二类物品	烟草制品、酒精饮料	(1) 中国香港、中国澳门地区居民及因私往来中国香港、中国澳门地区的内地居民，免税香烟200支，或雪茄50支，或烟丝250克；免税12度以上酒精饮料限1瓶（0.75升以下） (2) 其他旅客，免税香烟400支，或雪茄100支，或烟丝500克；免税12度以上酒精饮料限2瓶（1.5升以下）
第三类物品	价值人民币1000元以上、5000元以下（含5000元）的生活用品	(1) 驻境外的外交机构人员、我国出国留学人员和访问学者、赴外劳务人员和援外人员连续在外每满180天（其中留学人员和访问学者物品验放时间从注册入学之日起算至毕结业之日止），远洋船员在外每满120天，任选其中1件免税 (2) 其他旅客每公历年度内进境可任选其中1件征税

注：

1. 本表所称进境物品价值以海关审定的完税价格为准。
2. 超出本表所列最高限值的物品，另按有关规定办理。
3. 根据规定可免税带进的第三类物品，同一种物品公历年度内不得重复。
4. 对不满16周岁的，海关只放行其旅途需用的第一类物品。
5. 本表不适用于短期内多次来往中国香港、中国澳门地区的旅客和长期进出境人员及边境地区居民。

（二）中国籍旅客旅行自用物品

旅客（包括持有前往国家或地区签发的再入境签证的中国籍居民旅客）携带进境的旅行自用物品中，照相机、便携式收录音机、小型摄影机、手提式摄录机、手提式文字处理机，每种限1件。旅客应主动向海关申报，海关准予暂时免税放行入境，并由旅客回程时复带出境。由于特殊原因不能在本次回程时复带出境的，应事先报请出境地海关办结有关手续。

旅客携带旅行自用物品出境，如需复带进境，应在本次出境时，主动报请海关验核，复带进境时，海关验凭本次出境的有关单证放行。

上述规定不适用于当天或短期内多次往返的进出境旅客旅行自用物品。

（三）中国籍短期旅客行李物品

对当天或短期内多次来往中国香港、中国澳门地区的旅客和经常出入境人员，以及边境地区居民，海关只放行其旅途必需物品。

“当天多次进出境旅客”是指同一天内进境超过1次的进境旅客或出境超过1次的出境旅客。“短期内多次来往”和“经常出入境”指半个月（15日）内进境超过1次。

（四）中国籍非居民长期旅客行李物品

进境长期工作、学习的中国籍非居民旅客，在取得长期居留证之后，按海关对非居民长期旅客和常驻机构进出境公、私用物品的规定办理。

关于持有5年多次出入境“台湾居民来往大陆通行证”的中国台湾居民，应属于《中华人民共和国海关对非居民长期旅客进出境自用物品监管办法》（海关总署令第194号）第十八条规定的非居民长期旅客。

非居民长期旅客进出境自用物品应当以个人自用、合理数量为限。其中，常驻人员可以进境机动车辆，每人限1辆；其他非居民长期旅客不得进境机动车辆。

对于应当征税的非居民长期旅客进境自用物品，海关按照《关税条例》的有关规定征收税款。

三、对保留免税待遇的中国籍旅客进境免税物品的管理规定

（一）旅客（人员）范围

暂予保留旅客行李物品免税规定的中国籍旅客范围包括中国驻境外的外交机构人员、留学人员、访问学者、赴外劳务人员、援外人员和远洋船员。

（二）进境物品征免税限量

中国驻境外的外交机构人员、留学人员、访问学者、劳务人员、援外人员连续在外每满180天（其中留学人员和访问学者物品验放时间从注册入学之日起至毕业之日止），船员每满120天，准予免税携带进境“中国籍旅客带进物品限量表”第三类物品中的一件。超出免税限量仍属自用的，经海关核准可予征税放行。征税限量与免税限量相同。留学人员、访问学者符合海关有关购买免税汽车规定的，准予在本人免税限量内购买免税国产小汽车1辆。

上述所列人员在外工作、学习期满回国时最后验放期限不满180天（船员120天），但超过150天（船员90天）的，也按180天（船员120天）验放。

（三）验放物品手续

1. 中国驻境外的外交机构人员，凭其所持外交护照及“进口免税物品登记证”（以下简称登记证）办理；外交机构中持公务护照的公勤人员等，凭其所持公务护照、登记证及所在驻外外交机构出具的“驻外人员身份证明”办理。托带进境的物品，凭所在驻外外交机构开具的托带物品证明和

登记证办理验放手续。

2. 留学人员和访问学者，凭其所持护照和中国驻外使、领馆出具的“留学回国人员证明”（在中国港澳地区的凭“在港澳地区学习证明”）和本人毕（结）业证书办理验放手续。留学人员和访问学者不准托带进境免税物品。

3. 劳务人员，凭其所持护照、登记证和“中华人民共和国外派劳务培训合格证”或“中华人民共和国外派研修生培训合格证”办理。托带进境的物品，凭驻外外交机构开具的托带物品证明、登记证和“中华人民共和国外派劳务培训合格证”或“中华人民共和国外派研修生培训合格证”办理验放手续。

4. 援外人员，凭其所持护照、登记证和中国驻外使、领馆经商处出具的“驻外人员身份证明”办理。托带进境的物品，凭驻外使、领馆经商处出具的“驻外人员身份证明”、驻外外交机构出具的托带物品证明和登记证办理验放手续。

5. 远洋船员，凭其所持“海员证”和“运输工具服务人员携带物品登记证”办理验放手续。

四、留学人员购买国产免税汽车

（一）留学人员的概念

留学人员系指以学习和进修为目的，在境外正规大学（学院）注册学习和进修（包括出国进修、合作研究）一学年（含一学年）以上，毕（结）业后回到国内定居、工作的中国籍留学人员。

（二）留学人员购车管理规定

1. 留学人员在外学习、进修一学年以上（含一学年）的，可在其免税限量内购买1辆国家定点轿车生产厂家生产的轿车。海关对其免税限量的计算，按照实际在外学习时间（从注册入学之日起至毕结业之日止）予以验放。对在外学习期间临时进出境的留学人员，其在境内停留时间不超过30天的，海关按连续在境外计算验放时间。

2. 留学人员须凭我国驻外使领馆出具的“留学回国人员证明”[或中央政府驻中国香港（澳）联络办出具的“在港澳地区学习证明”]、本人有效出入境证件、公安部门出具的境内居留证明（户口本和身份证）等，到工作地（或居住地）主管海关（即备案地海关）办理有关申请手续。留学人员因特殊情况本人不能亲自到生产厂家办理购车手续的，应提前向主管地海关提出申请，并出具正式委托书。经主管海关批准并商监管地海关（即汽车生产厂家所在地海关）同意后，方可由受托人代办。

3. 留学人员学成后，应当在境外停留时间不超过2年，并且自其入境之日起1年内向主管海关提出购买国产免税汽车的申请，逾期海关不予受理。

4. 留学人员就读国家（地区）没有我国驻外使领馆或因其他特殊情况不能开具“留学回国人员证明”的，其回国后可商教育部国际交流与合作司出具盖有“教育部留学人员认证专用章”的“留学回国人员证明”，海关验核并按规定为留学人员办理购车审批手续。

（三）留学人员所购车辆的种类与范围

根据有关规定，供留学人员购买的国产小汽车视为免税进口，不进入流通领域和商业环节。留学人员持主管地海关核发的“回国人员购买国产汽车准购单”（以下简称“购车准购单”）直接向汽车生产厂家（或厂家销售部门）购车。凡国家定点轿车生产厂家生产的轿车，留学回国人员均可申请购买。

（四）留学人员所购小汽车减免的税费

留学人员所购国产免税小汽车所免税费是指免征其关键件或成套散件进口环节的关税、增值税和车辆购置税等。

（五）留学人员申请购买国产免税汽车所需单证及流程

1. 留学人员购买国产免税汽车需持下列相关单证向主管地海关提出申请，办理审批手续：

（1）申请人本人的有效出入境证件（护照）；

（2）留学回国人员证明（或“在港澳地区学习证明”）；

（3）公安部门出具的境内居留证明（户口簿、身份证）；

（4）备案地海关要求提供的其他证明文件；

（5）填写“中华人民共和国海关进出境自用物品申请表”一式四联。

2. 留学人员购买国产免税汽车应按以下流程提出申请：

（1）留学人员在规定的期限内向主管海关提交上述单证，同时以电子申报方式，通过中国电子口岸预录入系统录入相关信息，发送至主管海关。主管海关审核申请人提交的相关单证，符合购车条件的，予以核批签章，并将相关电子数据信息流转至监管地海关。

（2）留学人员持装有“购车准购单”和“自用物品申请表 ”的海关关封直接到汽车生产厂家（或到生产厂家设在备案地海关所在地的销售部门）购车。留学人员应主动将海关关封交汽车生产厂家报当地海关拆验，经海关核准后，再到汽车生产厂家（或其指定的销售部门）购车。

（3）如留学回国人员委托他人或企业和其他法人、组织代为办理领取海关关封等事宜，海关应当验核留学回国人员与受委托人签订的委托代理协议、留学回国人员本人身份证明和受委托人证明，其中，委托代理协议应当留存正本，身份证明和受委托人证明应当留存复印件。

此外，大陆居民在我国台湾地区学习人员学成后，可享受与在国外和在港澳地区学习人员同等待遇，准予购买免税国产小汽车。在台湾地区学习人员可凭教育部“海峡两岸招生服务中心”出具的“大陆居民在台湾地区学习证明”，向海关办理购买免税国产小汽车手续。

五、 我国驻外使领馆馆员离任回国进境自用车辆的管理规定

（一）驻外馆员及自用车辆的概念

“驻外馆员”，是指参加车辆管理制度改革试点的驻外使领馆中享受常驻人员待遇的工作人员，不包括驻中国港澳地区内派机构的人员和其他我国常驻境外机构的工作人员。

“自用车辆”是指在使用左舵车国家或地区工作的馆员，其任内所购并使用 1 年以上的左舵小汽车；在使用右舵车的国家或地区工作的馆员，其任内所购右舵车辆处置后所购买的左舵小汽车。

（二）适用范围及验放标准

经国务院批准，为配合驻外使领馆车辆管理体制改革方案的顺利实施，鼓励我国驻外馆员在任期内自主购车，保障我国驻外使领馆正常公务活动，海关总署于 2005 年 6 月，就《驻外使领馆工作人员离任回国所携自用车辆进口税收的暂行规定》（以下简称《暂行规定》）发布公告。公告规定，对参加车改试点的驻外使领馆工作人员，其离任回国时，可携运自用车辆 1 辆进境，免征进口关税，但进口环节增值税和消费税照章征收。

《暂行规定》规定，馆员在第一至第二个任期内，且累计任职时间 2 年以上（含 2 年，以下同），可进境 1 辆小轿车（含越野车，下同）；自第三个任期开始，每个标准任期（4 年）任满离任可进境 1 辆小轿车。

（三）馆员进境自用车辆的通关手续

1. 根据《暂行规定》，馆员应于本人入境后6个月内，向其国内居住地直属海关或经直属海关授权的隶属海关（以下简称主管海关）提出书面申请，并交验以下单证：

（1）护照、居民身份证；

（2）我国驻外使领馆出具的“驻外使领馆人员身份证明”；

（3）国内外派主管单位出具的“我国驻外使领馆人员离任回国证明书”；

（4）提（运）单、装箱清单、购车发票等相关单据；

（5）填写“中华人民共和国海关进出境自用物品申请表”一式四联。

馆员提交上述单证向海关申报的同时，还应通过中国电子口岸预录入系统录入相关电子申报信息，并发送至主管海关。

2. 主管海关于接受申报之日起5个工作日内对相关申请进行审核，审核无误后，主管海关将相关电子信息流转至车辆进境地海关，同时将申请表封入关封交馆员到车辆进境地海关办理通关手续。

3. 馆员应当自进境地海关放行车辆之日起20个工作日内，向主管海关申领“中华人民共和国海关监管车辆进/出境领/销牌照通知书”（以下简称“监管车辆进/出境领/销牌照通知书”），并依法向公安交通管理部门办理机动车注册登记手续，公安交通管理部门核发小型汽车号牌。

4. 对满足以下条件之一的离任回国馆员，其携带进境的机动车辆，免征进口关税，但进口环节增值税、消费税照章征收：

（1）在国外累计任职时间满两年，但不超过两个标准任期的；

（2）从第三个标准任期开始，每一标准任期（4年）任满离任的。

5. 进境机动车辆的折旧

海关以购车发票价格（驻在国外交人员免税价格）为基础，对进境车辆的价格从车辆购买之日起至进境之日止，按年折旧。不足一年但超过6个月的，按1年折算；不超过6个月的不予折算。

折旧后的价格，最低不能低于新车价值的40%。具体折旧率如下：

（1）非洲地区按每年15%计算；

（2）其他国家或地区按每年12.5%计算。

（四）进境自用车辆的后续监管

1. 馆员离任回国进境的免税自用车辆属于海关监管车辆，监管期限为自海关放行之日起3年。

在监管期限内，馆员进境的海关监管车辆不得擅自转让、出售或者进行其他处置。馆员如需转让、出售或者处置其进境的海关监管车辆，应报经主管海关批准，并持本人身份证件和“机动车行驶证”等相关单证向主管海关提交书面申请。主管海关审核并对有关车辆依法补征税款后，开具“中华人民共和国海关监管车辆解除监管证明书”（以下简称“监管车辆解除监管证明书”），馆员凭此依法在公安交通管理部门办理有关手续。

2. 馆员进境自用车辆的海关监管期限届满的，应持“中华人民共和国海关公/自用车辆解除监管申请表”、本人身份证件和“机动车行驶证”向主管海关提出解除监管的申请。主管海关核准后，开具“监管车辆解除监管证明书”，馆员凭此依法在公安交通管理部门办理有关手续。

3. 馆员擅自转让、出售进境监管车辆，或者有其他走私、违反海关监管行为的，海关依照《海关法》、《海关行政处罚实施条例》予以处罚。

第三节 外国籍旅客进出境行李物品通关管理

一、 外国籍旅客的概念及分类

外国籍旅客指除中国籍旅客以外的所有旅客，包括无国籍人，应聘来华访问、洽谈贸易、旅游和从事科技、文化交流及展览等活动的外籍人员，以及外国企业、新闻、贸易等常驻机构的常驻人员及外国专家，外国留学生等。

海关对外国籍旅客行李物品的管理主要按其在华居留时间将其分为外国籍长期旅客和外国籍短期旅客。短期旅客，是指获准进境暂时居留不超过1年的旅客，如外国旅游者；长期旅客，一般是指获准进境连续居留时间1年以上（含1年）的旅客，如外国企业常驻人员。

海关区分外国籍长、短期旅客，主要依据其是否持有中华人民共和国政府主管部门签发的长期居留证件。

二、 外国籍短期旅客行李物品的管理规定

外国籍短期旅客携带进出境的行李物品应以旅行需用物品为限。其中，免税香烟400支，或雪茄100支，或烟丝500克；免税12度以上酒精饮料2瓶（1.5升以下）。

外国籍短期旅客携带进境的旅行自用物品中，照相机、便携式收录音机、小型摄影机、手提式摄录机、手提式文字处理机，每种限1件。旅客应主动向海关申报，经海关审核准予暂时免税放行。经海关核准暂时免税进境的旅行自用物品，在旅客行李物品监管时限内，须由旅客在回程时复带出境。

三、 外国籍长期旅客进出境物品的管理规定

（一）外国籍长期旅客的概念

“外国籍长期旅客”是指“非居民长期旅客”中除我国港澳台地区人员和华侨以外的，经公安部门批准进境并在境内连续居留1年以上（含1年），期满后仍回到境外定居地的外国公民。旅客长期居留证件（主要包括“中华人民共和国外国人长期居留证”、“华侨、港澳地区人员暂住证”等）的有效期限满1年的，或旅客身份证件（主要包括“外国（地区）企业常驻代表机构工作证”、“中华人民共和国外国人就业证”、“中华人民共和国外国专家证”等）的有效期限在1年以上的，均可认定为非居民长期旅客。

（二）外国籍长期旅客进出境自用物品的管理规定

1. 对外国籍长期旅客进出境自用物品，海关按照《中华人民共和国海关对非居民长期旅客进出境自用物品监管办法》（以下简称《海关对非居民长期旅客进出境自用物品监管办法》）予以审批和监管。

2. 外国籍长期旅客在取得境内长期居留证件后方可申请进境自用物品。

“自用物品”是指外国籍长期旅客在境内居留期间日常生活所必需的“中华人民共和国海关旅客进出境行李物品分类表”所列物品（烟、酒除外），且应以个人自用、合理数量为限。其中，外国籍长期旅客中的常驻人员可以进境机动车辆一辆（详见第十六章第二节“常驻机构及常驻人员公用物品、自用物品进出境监管”）。

首次申请进境的自用物品海关予以免税，但按照《海关对非居民长期旅客进出境物品监管办法》准予进境的机动车辆和国家规定应当征税的20种商品除外。再次申请进境的自用物品，一律予以征税。

对于应当征税的自用物品，海关按照《关税条例》的有关规定征收税款。

（三）外国籍长期旅客进出境自用物品的流程

1. 外国籍长期旅客进境自用物品，应在取得境内长期居留证件后，持本人有效身份证件、提（运）单、装箱单等相关单证，填写“中华人民共和国海关进出境自用物品申请表”一式四联，向境内居住地主管海关提出申请，申请同时还应当通过中国电子口岸预录入系统，向主管海关发送相关电子数据信息。

主管海关自接受申请之日起3个工作日内答复。主管海关审核批准后，进境地海关凭主管海关的审批单证和其他相关单证及主管海关流转的电子数据信息予以验放。

2. 外国籍长期旅客将原进境的自用物品复运出境，应当持身份证件、长期居留证件、进出境自用物品申请表等有关单证向主管海关提出申请，同时通过中国电子口岸预录入系统，向主管海关发送相关电子数据信息。主管海关自接受申请之日起3个工作日内答复。物品出境地海关凭主管海关的审批单证及主管海关发送的电子数据信息予以验放。

此外，港澳台地区人员、华侨等中国籍非居民长期旅客进出境自用物品，也按照《海关对非居民长期旅客进出境物品监管办法》的有关规定办理手续。

第四节　定居旅客进出境安家物品通关管理规定

一、定居旅客的概念

“定居旅客”是指取得中华人民共和国主管部门签发的进境（出境）定居证明（批准文件），移居境内（境外）的旅客。

二、定居旅客进出境安家物品的管理规定

（一）定居旅客进境安家物品

获准进境定居的旅客携运进境其在境外拥有并使用过的自用物品及车辆，应在获准定居后3个月内持中华人民共和国政府相关主管部门签发的定居证明，向定居地主管海关一次性提出书面申请，办理审批手续。

1. 定居旅客携运进境上述自用物品，在合理数量范围内且属于“定居旅客应税自用及安家物品清单”以外的物品，准予免税进境；其中完税价格在人民币1000元以上、5000元以下（含5000元）的物品，每个品种限一件。

定居旅客进境自用小汽车和摩托车，准予每户征税进境一辆。

2. 定居旅客应税自用及安家物品清单。

定居旅客应税安家物品包括电视机、摄像机、录像机、放像机、音响设备、空调器、电冰箱、电冰柜、洗衣机、照相机、传真机、打字机及文字处理机、微型计算机及外设、电话机、家具、灯具、餐料（含饮料、酒）、小汽车、摩托车。

3. 获准进境的自用物品及车辆，应自海关批准之日起6个月内从批准的口岸运进，进境地海关

凭定居地主管海关的批准文件，对其中的机动交通工具，同时凭旅客填具的“进口货物报关单”办理验放手续。

4. 定居旅客自进境之日起，居留时间不满两年，再次出境定居的，其免税携运进境的自用物品应复运出境，或依照相关规定向海关补税。

（二）定居旅居出境安家物品管理规定

获准出境定居的旅客携运出境的自用安家物品，除国家禁止或限制出境的物品需按有关规定办理外，均可予以放行。

三、 定居旅客进境安家物品的通关流程

（一）获准进境定居旅客申请进境安家物品，应持以下单证向定居地主管海关提出申请：

1. 申请人有效进出境身份证件（原件及复印件）；

2. 中华人民共和国主管部门签发的定居证明；

3. 提（运）单、装箱清单；

4. “中华人民共和国海关进出境自用物品申请表”一式四联。

根据规定，定居旅客除需提交上述书面材料外，还应当通过中国电子口岸预录入系统，向主管海关发送电子数据信息。

（二）主管海关审核批准后，定居旅客持主管海关制发的关封向物品进境地海关办理安家物品的通关手续。如定居旅客进境机动交通工具，还应当填具进口货物报关单。

第五节 过境旅客行李物品通关管理

一、 过境旅客的概念

“过境旅客”系指持有效过境签证（与我互免签证国家的旅客，凭其有效护照）从境外某地，通过境内前往境外另一地的旅客，包括进境后不离开海关监管区或海关监管下的交通工具，直接出境的旅客。

二、 过境旅客行李物品的进出境管理规定

第一，在进境口岸不离开海关监管区或海关监管下的交通工具的过境旅客，可以免填“旅客行李物品申报单”，海关对其行李物品均准许过境，一般不予查验，但海关认为必要的除外。

第二，在过境期限内离开海关监管区的过境旅客，应当填写“旅客行李物品申报单”，向海关申报所带物品，携带的行李物品应以旅行需用为限，海关依照对进出境非居民短期旅客行李物品的规定办理，其中属于“旅客进出境行李物品分类表”第三类物品，在规定范围内的，经海关核准可予登记暂时免税放行，过境旅客出境时必须将原物复带出境。超出规定范围的，除了委托经海关批准或指定的报关运输公司代理承运，比照海关监管货物，按有关规定办理手续，将监管过境物品运交有关海关监管出境外，均不准进境。

第三，对于不准进境的物品，除经海关总署特准征税或者担保放行的以外，应当自物品申报进境之日起 3 个月内由物品所有人或其代理人办理退运、结案手续。逾期不办的，由海关按照《海关法》的相关规定办理。

第四，海关准予过境的物品及经海关登记暂时免税放行的旅行需用物品，未经海关批准，均不

得擅自留在境内。因丢失、被盗或其他不可抗力的原因而无法复带出境的，应提供公安部门的证明文件，向海关办理结案手续。不能提供证明文件的，过境旅客应照章补税。

第五，过境旅客不论其是否离开海关监管区，均不得携带“中华人民共和国禁止进出境的物品表”所列物品。

三、过境旅客行李物品的验放手续

在过境期限内离开海关监管区的过境旅客，需填写“旅客行李物品申报单”向主管地海关申报。

过境旅客的行李物品超出旅途自用范围的，由旅客自行委托经海关批准或指定报关运输公司代理承运，比照海关监管货物，由海关予以加封并在“旅客行李物品申报单”上批注，出境地海关核对放行。

第六节　高层次人才进出境物品通关管理

一、高层次人才的概念

“高层次人才”是高层次留学人才和海外科技专家的统称。其中，“高层次留学人才”是指我国公派或自费出国留学，学成后在海外从事科研、教学、工程技术、金融、管理等工作并取得显著成绩，为国内所急需的高级管理人才、高级专业技术人才、学术技术带头人，以及拥有较好产业化开发前景的专利、发明或专有技术的人才。

二、高层次人才身份的认定

根据规定，高层次人才的身份由中华人民共和国人力资源和社会保障部、中华人民共和国教育部或者其授权部门明确和认定。

三、高层次人才进出境物品的通关管理规定

（一）高层次人才进境自用物品的通关管理规定

1. 高层次人才免税放行进境物品

《中华人民共和国海关对高层次留学人才回国和海外科技专家来华工作进出境物品管理办法》规定，高层次人才回国定居或者来华工作连续一年以上（含一年）的，进境的下列范围内合理数量的自用物品，海关依据规定予以免税验放：

（1）首次进境的个人生活、工作自用的家用摄像机、照相机、便携式收录机、便携式激光唱机和便携式计算机等；

（2）日常生活用品，如衣物、床上用品和厨房用品等；

（3）其他自用物品（国家规定应当征税的20种商品除外）。

2. 高层次人才进境自用物品的通关手续

（1）回国定居或者来华工作连续1年以上（含1年）的高层次人才申请进境自用物品，应当填写“中华人民共和国海关进出境自用物品申请表”，并提交人力资源社会保障部、教育部或者其授权部门出具的“海外高层次留学人才证明”、本人有效入出境身份证件、境内长期居留证件或者

“回国（来华）定居专家证”，由本人或委托他人向主管海关提出书面申请，同时通过中国电子口岸预录入系统向主管海关发送电子申报信息。经主管海关审核批准后，进境地海关凭主管海关的审批单证和其他相关单证及主管海关发送的电子数据信息，对上述物品予以验放。

（2）根据规定，已获国家人力资源和社会保障部、教育部或其授权部门批准回国定居或者来华工作连续 1 年以上，但尚未取得境内长期居留证件或者“回国（来华）定居专家证”的高层次人才，对其已运抵口岸的自用物品，海关可以凭人力资源社会保障部、教育部或者其授权部门出具的书面说明文件先予放行。

上述高层次人才应当在物品进境之日起 6 个月内补办有关海关手续。

（3）高层次人才在节假日或者非正常工作时间内，以分离运输、邮递或者快递方式进出境的物品有特殊情况需要及时验放的，海关可以预约加班，并在约定的时间内为其办理物品通关手续。

（二）高层次人才进境自用科研、教学物品的通关管理规定

1. 高层次人才进境的下列范围内合理数量的科研、教学物品，海关依据规定予以免税验放：

（1）科学研究、科学试验和教学用的少量和小型检测、分析、测量、检查、计量、观测、发生信号的仪器、仪表及其附件；

（2）为科学研究和教学提供必要条件的少量的小型试验设备；

（3）各种载体形式的图书、报刊、讲稿、计算机软件；

（4）标本、模型；

（5）教学用幻灯片；

（6）实验用材料。

2. 高层次人才进境科研、教学物品时，除应向海关提交人力资源和社会保障部、教育部或者其授权部门出具的高层次人才身份证明外，还应当按照下列规定办理海关手续：

（1）以随身携带、分离运输方式进境科研、教学物品的，应当如实向海关书面申报，并提交本人有效入出境身份证件；

（2）以邮递、快递方式进境科研、教学用品的，应当如实向海关申报，并提交本人有效入出境身份证件。

（三）高层次人才进境自用机动车辆管理规定

根据规定，高层次人才可以申请从境外运进自用机动车辆 1 辆（限小轿车、越野车、9 座及以下小客车），海关予以征税验放。

1. 高层次人才申请进境机动车辆时，应向海关提交本人有效进出境身份证件、“海外高层次留学人才证明”、提（运）单、购车发票及装箱清单，填写“进出境自用物品申请表”一式四联，同时通过中国电子口岸预录入系统，向主管海关发送电子申报信息。主管海关审核批准后，进境地海关凭主管海关的审批文件及主管海关发送的电子数据信息办理手续。

2. 获准进境的机动车辆属于海关监管车辆，应依法接受海关监管。

3. 高层次人才可以在机动车辆自海关放行之日起 1 年后，向主管海关提出解除海关监管的申请，主管海关按照《海关对非居民长期旅客进出境自用物品监管办法》的有关规定办理车辆解除海关监管的手续。

（四）高层次人才出境物品的通关管理规定

高层次人才在华工作完毕返回境外时，以随身携带、分离运输、邮递、快递等方式出境原进境物品的，应当按照规定办理相关海关手续。

上述人员因出境参加各种学术交流等活动需要，以随身携带、分离运输、邮递、快递等方式出境合理数量的科研、教学物品，除国家禁止出境的物品外，海关按照暂时出境物品办理有关手续。

（五）特殊情况的进出境物品通关

1. 高层次人才回国或者来华后，因工作需要从境外运进少量消耗性试剂、原料、配件等，应当由其所在单位按照财政部、海关总署和国家税务总局颁布的《科学研究和教学用品免征进口税收规定》办理有关手续。

2. 高层次人才因工作需要从境外临时运进少量非消耗性科研、教学用品的，可以由其所在单位出具保函，海关按照暂时进出境物品办理有关手续，并监管其按期复运出境。

第七节　离境退税物品通关管理

一、离境退税的概念

离境退税政策，是指境外旅客在离境口岸离境时，对其在退税商店购买的退税物品退还增值税的政策。

二、境外旅客可办理的条件

（一）在我国境内连续居住不超过183天的外国人和港澳台同胞。

（二）同一境外旅客同一日在同一退税商店购买的退税物品金额达到500元人民币；

（三）退税物品尚未启用或消费；

（四）离境日距退税物品购买日不超过90天；

（五）所购退税物品由境外旅客本人随身携带或随行托运出境。

三、退税税种、退税率、应退税额计算和起退点

离境退税税种为增值税，退税物品的退税率为11%。

应退增值税额的计算公式：

应退增值税额=退税物品销售发票金额（含增值税）×退税率

四、离境口岸、退税商店和退税物品

（一）离境口岸

离境口岸，是指实施离境退税政策的地区正式对外开放并设有退税代理机构的口岸，包括航空口岸、水运口岸和陆地口岸。

（二）退税商店

退税商店，是指报相关部门备案、境外旅客从其购买退税物品离境可申请退税的企业。

（三）退税物品

退税物品，是指由境外旅客本人在退税商店购买且符合退税条件的个人物品，但不包括下列物品：

（一）“中华人民共和国禁止、限制进出境物品表”所列的禁止、限制出境物品；

（二）退税商店销售的适用增值税免税政策的物品；

（三）财政部、海关总署、国家税务总局规定的其他物品。

五、退税币种和退税方式

退税币种为人民币。退税方式包括现金退税和银行转账退税两种方式。

退税额未超过 10000 元的，可自行选择退税方式。退税额超过 10000 元的，以银行转账方式退税。

六、离境退税的具体流程

（一）退税物品购买

境外旅客在退税商店购买退税物品后，需要申请退税的，应当向退税商店索取境外旅客购物离境退税申请单和销售发票。

（二）海关验核确认

境外旅客在离境口岸离境时，应当主动持退税物品、境外旅客购物离境退税申请单、退税物品销售发票向海关申报并接受海关监管。海关验核无误后，在境外旅客购物离境退税申请单上签章。

（三）代理机构退税

无论是本地购物本地离境还是本地购物异地离境，离境退税均由设在办理境外旅客离境手续的离境口岸隔离区内的退税代理机构统一办理。境外旅客凭护照等本人有效身份证件、海关验核签章的境外旅客购物离境退税申请单、退税物品销售发票向退税代理机构申请办理增值税退税。

退税代理机构对相关信息审核无误后，为境外旅客办理增值税退税，并先行垫付退税资金。退税代理机构可在增值税退税款中扣减必要的退税手续费。

（四）税务部门结算

退税代理机构应定期向省级（即省、自治区、直辖市、计划单列市，下同）税务部门申请办理增值税退税结算。省级税务部门对退税代理机构提交的材料审核无误后，按规定向退税代理机构退付其垫付的增值税退税款，并将退付情况通报省级财政部门。

七、离境退税签章手续

（一）办理离境退税签章手续

1. 境外旅客在出境时需要对所购物品退税的，应当主动向海关申报，并提交退税物品、境外旅客购物离境退税申请单（以下简称申请单）、退税物品销售发票和本人有效身份证件。

2. 经海关验核，对旅客交验的退税物品与申请单所列相符的，海关在申请单上确认签章，并交由旅客凭以办理退税手续；对旅客交验物品的数量与申请单所列数量不符的，海关以交验物品的数量进行确认签章，并交由旅客凭以办理退税手续。

3. 办理离境退税业务的专门场所属于海关监管场所，有关场所设置标准应当符合海关监管要求。

4. 退税物品经海关验核后至实际离境前，应当接受海关监管。

（二）不予办理境外旅客购物离境退税签章手续的情形

1. 出境旅客交验物品的名称与申请单所列物品不符的；

2. 申请单所列购物人员信息与出境旅客信息不符的；

3. 其他不符合离境退税规定的。

第十二章　邮递进出境物品通关

第一节　国际邮袋通关管理

一、 国际邮袋概念及分类

(一) 国际邮袋的概念

国际邮袋是指邮政企业专门用于装邮进出境邮件的容器，属于邮政专用品。

海关对国际邮袋的监管是海关对邮递进出境货物、物品监管的一部分，系指海关对盛装进出境邮件的容器进行监管的行政执法行为。

(二) 国际邮袋的分类

海关对邮递进出境货物、物品的监管，首先是对装载进出境邮件的国际邮袋进行监管。

1. 按流向分

国际邮袋按流向可分为进境邮袋、出境邮袋、过境邮袋和转运邮袋。

进境邮袋是指由境外邮往我国境内的邮袋。

出境邮袋是指由我国境内邮往境外的邮袋。

过境邮袋是指由境外起运，通过我国境内继续邮往境外的邮袋。

转运邮袋也叫转关邮袋，实际上是国际邮袋在我国境内的转关运输，不同于转运货物的“转运”概念。

2. 按性质分

国际邮袋按其所装物品的性质可分为信件邮袋、印刷品邮袋、包裹邮袋、特快专递邮袋和空袋。

二、 国际邮袋管理规定

《海关法》第四十八条规定：进出境邮袋的装卸、转运和过境，应当接受海关监管。邮政企业应当向海关递交邮件路单。邮政企业应当将开拆及封发国际邮袋的时间事先通知海关，海关应当按时派员到场监管查验。

(一) 监管时限

进境邮袋从进境起到办结海关手续止，出境邮袋从向海关申报起到出境止，过境邮袋从入境起到出境止，都应当接受海关监管。

(二) 处理场所要求

邮政企业办理国际邮袋的进境、出境、过境、转运、通运、装卸、开拆和封发等手续，应在设有海关的地点进行，接受海关监管。

（三）邮政企业义务

根据海关法规定，进出境邮袋的装卸、转运和过境，邮政企业应当向海关递交邮件路单，并将开拆及封发国际邮袋的时间事先通知海关，接受海关监管。

所谓路单，是邮政企业制发的载明邮袋情况的书面单证，海关根据路单对进出境邮袋的装卸、转运和过境进行监管。

三、 国际邮袋通关验放手续

（一）进境邮袋的通关手续

1. 进境邮袋的提运

进境邮袋从国际运输工具起卸时，邮局交换站应当向进境地海关递交“收发邮件路单”，办理申报手续。进境地海关核签后，根据不同寄达地制作关封（内装路单）交予邮局签收，由邮局将关封和邮袋一起运至驻有海关的寄达地邮局。

2. 进境邮袋的开拆与检查

进境邮袋运抵寄达地邮局后，邮局应该及时通知当地海关，并提交进境地海关签发的关封，海关凭关封内的路单对邮袋进行核查，核查邮袋的件数是否与路单相符，封志是否完好，邮袋有无破损。核查无误后，海关监管邮局开拆邮袋。

对标明仅装有信件的邮袋，海关需要查看有无邮件或其他物品混杂其中；对装有印刷品、小包邮件或包裹的邮袋，海关根据邮局编制提供的邮件清单进行核对。

（二）出境邮袋的通关手续

1. 出境邮递的封发与检查

出境邮袋在封发前，邮局应当编制“收发邮件路单”，并向海关报送一式两份，由海关派员监视封袋。对标明仅有信件的邮袋，海关查看有无邮件或物品混杂其中；对装有印刷品、小包邮件和包裹的邮袋，海关根据邮局编制的清单核查有无漏检等情况。经核查无误后，海关在“收发邮件路单”上签章，其中一份制作关封，交邮局随邮袋一并发往出境地交换站，另一份“收发邮件路单”由海关留存。

2. 出境邮袋的装运

出境邮袋运抵出境地交换站后，邮局应当向出境地海关递交关封，海关复核总包号码、邮袋数量及邮袋封装等情况无误，并在路单或商业运单上签章后，即可监管邮袋装运出境。

（三）转运邮袋的通关手续

1. 进境转运邮袋的通关手续

进境转运邮袋有两种情况：一种是进境后转寄达地开袋验收的进境邮袋，即前述进境地海关按转运办理邮袋转运寄达地的手续（详见上述“进境邮袋的通关手续”）；另一种是指境外邮袋封发局将邮件混装在有直封关系的互换邮袋内，邮袋抵达境内后，由互换局开袋进行挑拣，并将相关邮件另行装入国内邮袋转运到另一互换局或内地省会局，驻互换局海关根据邮局提供的封发邮件清单核查签印并制作关封，随邮袋交目的地海关，目的地海关凭之对邮袋进行监视开拆与检查。

2. 出境转运邮袋的通关手续

出境转运邮袋也有两种情况：一种即是前述的从互换局邮局转运到出境地监管装上运输工具的

挂国际袋牌的转运出境邮袋；另一种是指寄局不属直接出境口岸，因而没有直接关系，邮件封入有直封关系的出境地互换局的国内邮袋，挂国内袋牌，出境地互换局收到开拆后取出邮件，连同本地出口邮件封入国际邮袋，在海关监管下转运到出境地装上运输工具出境。

（四）过境邮袋的通关手续

过境邮袋是指由一个国家或地区的邮政部门经过我国境内，继续运往另一个国家或地区邮政部门的邮袋。

过境邮袋入境时，由邮政企业向入境地海关提交邮件路单一式二份，入境地海关核验后，将其中一份制作关封交邮政企业签收后，随同邮袋运到出境地交出境地海关，由海关复核后放行。对装有禁止进境物品的过境邮袋，除经海关特准的以外，不准过境。

第二节　邮递进出境物品通关管理

一、邮递物品的概念

进出境邮递物品是指通过邮寄方式进出境的包裹、小包邮件和印刷品等。

邮递物品监管是指海关对通过邮递方式进出境的货物、货样、商业性宣传品、广告品、个人物品、使领馆公私用物品和企事业单位赠送、交换交流物品，以及贸易性和非贸易性印刷品进行监管的行政执法行为。

二、邮递物品管理规定

（一）通关手续

1. 进出境邮递物品在办结海关手续前，应当存放于海关监管场所内，未经海关许可，任何单位及个人不得擅自进行开拆、运输、封发等处置。

2. 进出境的邮递物品，应当由驻有海关的邮局负责交海关查验。从设有海关地方寄出的邮递物品，也可由寄件人直接向海关驻邮局办事处申报交验，办理出口手续。

3. 进出境的邮递物品，必须经过海关查验并且按章征税或免税放行后，邮局才可以投寄。

（二）管理要求

1. 邮递个人物品管理要求

（1）原则

邮递进出境的个人物品，应以自用、合理数量为限，并应当符合海关关于个人物品限值及个人物品范围的规定。

（2）限值

个人寄自或寄往我国港澳台地区的，每次限值为800元人民币；寄自或寄往其他国家和地区的物品，每次限值为1000元人民币。

个人邮寄进出境物品超出规定限值的，应办理退运手续或者按照货物规定办理通关手续。但邮包内仅有一件物品且不可分割的，虽超出规定限值，经海关审核确属个人自用的，可以按照个人物品规定办理通关手续。

依据相关规定，中药材、中成药均属国家限制出境物品。个人邮寄中药材、中成药出境，寄往我国港澳地区的，总值限人民币100元；寄往国外的，限人民币200元。含有犀牛角、羚羊角、虎骨、天然麝香等濒危动物成分的药品及其制品禁止携带或邮寄出境。

（3）申报

进出境印刷品及音像制品的收发货人、所有人及其代理人，应当依法如实向海关申报，并且接受海关监管。

邮寄进境分离运输行李，寄件人应在邮包上标明“分离运输行李”字样。邮包寄达后，收件人应及时将“中华人民共和国海关进出境旅客行李物品申报单”带交或寄交邮包寄达地海关，由海关按《海关对进出境旅客行李物品监管办法》的有关规定办理。

（4）征税

个人邮寄进境物品，海关依法征收进口税，但应征进口税税额在人民币50元（含50元）以下的，海关予以免征。

进出境个人邮递物品应征的关税和其他法定由海关征收的税费，可由邮局凭海关签发的税款缴纳证代缴代收。

2. 邮递其他物品管理要求

（1）进出境邮递物品中，如果有按照国家规定须经审查、鉴定、检疫或者商品检验的物品，由海关按照国家有关规定处理。

（2）外国驻我国的使领馆邮递进出口的公用物品，各国派驻我国的外交官、领事官邮递进出口的自用物品，按照有关的规定办理。

（3）邮运进出口的商业性邮件，应按照货物规定办理通关手续。

（4）邮递进出境的货样、广告品，以及我国政府机关、人民团体、国有企业等与国外相互赠送的礼品，分别按照海关对进出口货样、广告品、礼品的相关规定办理。

3. 处理和处罚

（1）禁止进出境的个人邮递物品应当由海关扣留。自扣留之日起3个月内，进境的，由收件人或其代理人办理相关海关手续；出境的，由寄件人或其代理人办理相关海关手续。过期不办理手续的，由海关依法处理。

（2）进境邮递物品，如果收件人申请退回原地或者改寄其他外国地址的，须经海关查验。如果内装禁止进出境物品，由海关按照有关规定处理。

（3）进境邮递物品，如果超过邮局规定的保管期限收件人仍未领取的，由邮局退回寄件人；无法投递又无法退回的进境邮递物品，由邮局交由海关按照《海关法》的规定处理。

（4）进出境邮递物品，如果收、寄件人用冒名顶替、分散寄递或其他方式逃避海关监管，以及有逃汇、套汇行为的，由海关依照《海关法》的规定按走私处理。

三、邮递物品通关验放手续

邮寄进境的个人物品，应由收件人到邮局向派驻邮局的海关办理进境报关手续。收件人亲自到海关办理手续确有困难的，可委托他人或委托邮局向海关办理报关等手续。

从设有海关地方寄出的个人邮递物品，可由寄件人向驻邮局的海关申报交验，办理出境手续。在未设海关的地区，可按上述手续直接向邮局投寄，由邮局交驻出境地海关验放。

寄件人在邮寄出境邮包时，应填写报关单、绿色验关标签等单据，如实填报内装物品的品名、数量、价值等（如邮寄大包裹应另填写发寄单，免填绿色验关标签），向派驻邮局的海关申报，经海关验放后，交邮局投寄。

邮运进出境的物品，经海关查验放行后，邮局方可投递或者交付。

第十三章　进出境特定物品通关

第一节　印刷品、音像制品进出境通关管理

一、印刷品、音像制品概述

印刷品，是指通过将图像或者文字原稿制为印版，在纸张或者其他常用材料上翻印的内容相同的复制品。进出境摄影底片、纸型、绘画、剪贴、手稿、手抄本、复印件及其他含有文字、图像、符号等内容的货物、物品的，海关按照有关进出境印刷品的监管规定进行监管。

音像制品，是指载有内容的唱片、录音带、录像带、激光视盘、激光唱盘等。进出境载有图文声像信息的磁、光、电存储介质的，海关按照有关进出境音像制品的监管规定进行监管。

二、印刷品、音像制品的进出境通关管理

（一）印刷品、音像制品的申报

进出境物品的所有人应当向海关如实申报，并接受海关查验。

进出境印刷品、音像制品，应当向海关如实申报。

违反海关规定，构成走私或者违反海关监管规定行为的，由海关依照《海关法》、《海关行政处罚实施条例》及相关法律、行政法规的有关规定予以处理；构成犯罪的，依法追究刑事责任。进出境印刷品、音像制品的进出口货物收发货人、所有人及其代理人，应当依法如实向海关申报，并且接受海关监管。

（二）禁止进出境的印刷品、音像制品

1. 禁止含有下列内容的印刷品、音像制品进境：

（1）反对宪法确定的基本原则的；

（2）危害国家统一、主权和领土完整的；

（3）危害国家安全或者损害国家荣誉和利益的；

（4）攻击中国共产党，诋毁中华人民共和国政府的；

（5）煽动民族仇恨、民族歧视，破坏民族团结，或者侵害民族风俗、习惯的；

（6）宣扬邪教、迷信的；

（7）扰乱社会秩序，破坏社会稳定的；

（8）宣扬淫秽、赌博、暴力或者教唆犯罪的；

（9）侮辱或者诽谤他人，侵害他人合法权益的；

（10）危害社会公德或者民族优秀文化传统的；

（11）国家主管部门认定禁止进境的；

（12）法律、行政法规和国家规定禁止的其他内容。

2. 禁止含有下列内容的印刷品、音像制品出境：

（1）有禁止进境内容的；

（2）涉及国家秘密的；

（3）国家主管部门认定禁止出境的。

3. 属于国家秘密的文件、资料和其他物品禁止邮寄出境。

三、无违禁内容的印刷品、音像制品的进出境通关管理

（一）在自用合理数量范围内的印刷品、音像制品进出境管理

1. 个人携带进出境的行李物品、邮寄进出境的物品，应当以自用、合理数量为限，并接受海关监管。

2. 个人自用进境印刷品、音像制品在下列规定数量以内的，海关予以免税验放：

（1）单行本发行的图书、报纸、期刊类出版物每人每次 10 册（份）以下；

（2）单碟（盘）发行的音像制品每人每次 20 盘以下；

（3）成套发行的图书类出版物，每人每次 3 套以下；

（4）成套发行的音像制品，每人每次 3 套以下。

3. 对不涉及我国边界的地方志的复制件和本人家族谱的复制件可以放行。

（二）超过自用、合理数量范围的印刷品、音像制品的进出境管理规定

1. 超过上述规定的数量，但是仍在合理数量以内的自用进境印刷品、音像制品，不属于下列规定情形的，海关应当按照《关税条例》有关进境物品进口税的征收规定对超出规定数量的部分予以征税放行。

有下列情形之一的，海关对全部进境印刷品、音像制品按照进口货物依法办理相关手续：

（1）个人携带、邮寄单行本发行的图书、报纸、期刊类出版物进境，每人每次超过 50 册（份）的；

（2）个人携带、邮寄单碟（盘）发行的音像制品进境，每人每次超过 100 盘的；

（3）个人携带、邮寄成套发行的图书类出版物进境的，每人每次超过 10 套的；

（4）个人携带、邮寄成套发行的音像制品进境，每人每次超过 10 套的；

（5）其他构成货物特征的。

有上述所列情形的，进境印刷品、音像制品的进出口货物收发货人、所有人及其代理人可以依法申请退运其进境印刷品、音像制品。

2. 单位进出境非贸易性印刷品、音像制品的进出境管理规定。

（1）进口音像制品成品或者用于出版的音像制品母带（盘）、样带（盘），经营单位应当持“中华人民共和国新闻出版总署进口音像制品批准单”（以下简称“进口音像制品批准单”）、有关报关单证及其他需要提供的文件向海关办理进口手续。

（2）非经营音像制品性质的单位进口用于本单位宣传、培训及广告等目的的音像制品，应当按照海关的要求交验“进口音像制品批准单”、合同、有关报关单证及其他需要提供的文件；数量总计在 200 盘以下的，可以免领“进口音像制品批准单”。

（3）随机器设备同时进口，以及进口后随机器设备复出口的记录操作系统、设备说明、专用软件等内容的印刷品、音像制品进口时，进口单位应当按照海关的要求交验合同、发票、有关报关单证及其他需要提供的文件，但是可以免领“进口音像制品批准单”等批准文件。

（4）境外赠送进口的印刷品、音像制品，受赠单位应当向海关提交赠送方出具的赠送函和受赠单位的接受证明及有关清单。接受境外赠送的印刷品超过 100 册或者音像制品超过 200 盘的，受赠

单位除向海关提交上述单证外，还应当提交国务院有关行政主管部门的批准文件。

（5）用于展览、展示的印刷品及音像制品进出境，主办或者参展单位应当按照国家有关规定向海关办理暂时进出境手续。

（6）进口用于学术、文化交流等活动的印刷品及音像制品，海关凭举办单位和省级以上（含省级）相关主管部门出具的证明，按照海关有关征免税管理规定办理征免税验放手续。

（7）享有外交特权和豁免权的外国驻中国使馆、领馆及人员，联合国及其专门机构，以及其他与中国政府签有相关协议的国际组织驻中国代表机构及人员进出口印刷品、音像制品，依照有关规定办理。

（8）各类境外企业或者组织在境内常设代表机构或者办事处（不包括外国人员子女学校）及各类非居民长期旅客、留学回国人员、短期多次往返旅客进出口公用或者自用印刷品、音像制品数量的核定和通关手续，依照有关规定办理。

（三）宗教类印刷品、音像制品的进出境管理规定

1. 个人携带、邮寄进境的宗教类印刷品、音像制品在自用、合理数量范围内的，准予进境。

2. 超出个人自用、合理数量进境或者以其他方式进口的宗教类印刷品、音像制品，海关凭国家宗教事务局或其委托的省级政府宗教事务管理部门或者国务院其他行政主管部门出具的证明予以征税验放。无相关证明的，海关按照《海关行政处罚实施条例》的有关规定予以处理。

3. 散发性宗教类印刷品、音像制品，禁止进境。散发性宗教类印刷品、音像制品，是指运输、携带、邮寄进境，不属于自用、合理数量范围并且具有明显传播特征，违反国家宗教事务法规及有关政策的印刷品、音像制品。

（四）贸易性印刷品、音像制品的进出境管理规定

1. 国家对文化产品进口实行特许经营，对经营单位实行文化产品进口经营许可制度。进口经营许可证由国务院文化、广播电影电视、新闻出版行政部门核发。印刷品、音像制品的进口业务，由国务院有关行政主管部门批准或者指定经营。未经批准或者指定，任何单位或者个人不得经营印刷品、音像制品进口业务。

2. 其他单位或者个人进口印刷品、音像制品，应当委托由国务院相关行政主管部门指定的进口经营单位向海关办理进口手续。

3. 对进口文化产品实行准入制度，各级海关凭文化、广播电影电视、新闻出版行政部门核发的进口文化产品准入文件办理验放手续。

4. 申请进口音像制品成品及进口用于出版的音像制品，进口单位初审后，填写“进口录音制品报审表”或“进口录像制品报审表”，按有关规定提交申请材料，报新闻出版广电总局审查。自2009年1月1日起，进口单位应持签发的“音像制品（成品）进口批准单”、“音像制品（版权引进）批准单”，到海关办理音像制品成品或者母带（母盘）的进口手续。

5. 除国家另有规定外，进口报纸、期刊、图书类印刷品，经营单位应当持国务院新闻出版行政主管部门的进口批准文件、目录清单、有关报关单证及其他需要提供的文件向海关办理进口手续。

6. 从事印刷品、音像制品出口业务的企业应依法办理对外贸易经营者备案登记，海关凭登记表及其他相关文件办理出口手续。

7. 进入保税区、出口加工区及其他海关特殊监管区域和保税监管场所的印刷品及音像制品的通关手续，依照有关规定办理。

8. 为促进国产音像制品出口，实行方便快捷的出口审核验放机制，在“有效监管、快速通关”的前提下，国产音像制品出口单位可自愿选择将音像制品送新闻出版广电总局进行预先审核。经新闻出版广电总局审核，在“音像制品（成品）出口审核单”上加盖“音像制品（成品）进出口审查专用章”后，海关按规定直接办理通关手续。

四、有违禁内容的印刷品、音像制品的进出境通关管理

（一）国家秘密文件、资料和其他物品通关管理规定：

1. 属于国家秘密文件、资料和其他物品禁止邮寄出境。

2. 国家秘密文件、资料和其他物品因特殊情况出境，须由我外交信使或国家保密局核准的单位、个人携运出境，有关保密工作部门或机构签发“中华人民共和国国家秘密载体出境许可证”（以下简称出境许可证），并由出境许可证签发部门对携运出境的国家秘密文件、资料和其他物品包装并铅封（特大物品或不便包装的，可要求携运人进行包装），海关凭出境许可证对经铅封的文件、资料和其他物品进行核放。

3. 海关按照规定，对批准携运出境的国家秘密文件、资料和其他物品，凭加盖鉴定印章的出境许可证和与鉴定印章号码一致的铅识章号码验放。绝密级国家秘密文件、资料和其他物品不得办理出境许可证。

4. 对邮寄或非法携运国家秘密文件、资料和其他物品出境的当事人，海关可根据有关规定视情节处以罚款；对情节严重，构成犯罪的，依法移送有关司法机关处理。

5. 对查扣的邮寄或非法携运出境的属于国家秘密的文件、资料或其他物品，待案件办结后，海关将有关物品移交当地地市级（含地市级）以上政府保密工作部门处理，并办理书面交接手续。

（二）运输、携带、邮寄国家禁止进出境的印刷品、音像制品进出境，如实向海关申报的，予以收缴，或者责令退回，或者在海关监管下予以销毁或者进行技术处理。

（三）运输、携带、邮寄国家限制进出境的印刷品、音像制品进出境，如实向海关申报，但是不能提交许可证件的，予以退运。

（四）下列进出境印刷品、音像制品，由海关按照放弃货物、物品依法予以处理：

1. 收货人、货物所有人、进出境印刷品、音像制品所有人声明放弃的；

2. 在海关规定期限内未办理海关手续或者无人认领的；

3. 无法投递又无法退回的。

（五）违反《海关进出境印刷品及音像制品监管办法》，构成走私行为、违反海关监管规定行为或者其他违反《海关法》行为的，由海关依照《海关法》和《海关行政处罚实施条例》的有关规定予以处理；构成犯罪的，依法追究刑事责任。

（六）《海关行政处罚实施条例》规定，有下列行为之一的，予以警告，可以处物品价值20%以下罚款，有违法所得的，没收违法所得：

1. 个人运输、携带、邮寄超过合理数量的自用物品进出境未向海关申报的；

2. 个人运输、携带、邮寄超过规定数量但仍属自用的国家限制进出境物品进出境，未向海关申报但没有以藏匿、伪装等方式逃避海关监管的；

3. 个人运输、携带、邮寄物品进出境，申报不实的。

（七）有下列情形之一的，有关货物、物品、违法所得、运输工具、特制设备由海关予以收缴：

1. 依照《中华人民共和国行政处罚法》第二十五条、第二十六条规定不予行政处罚的当事人携带、邮寄国家禁止进出境货物、物品进出境的；

2. 散发性邮寄国家禁止、限制进出境的物品进出境或携带数量零星的国家禁止进出境的物品进出境，依法可以不予行政处罚的。

第二节　美术品进出境通关管理

一、美术品概述

美术品，是指艺术创作者以线条、色彩或者其他方式创作的具有审美意义的造型艺术作品，包括绘画、书法、雕塑、摄影、装置等作品，以及艺术创作者许可并签名的，数量在200件以内的复制品。不包括工业化批量生产的工艺美术产品，不包括文物。

二、美术品经营的进出口管理范围

（一）审批部门

文化部负责对美术品进出口经营活动进行审批管理，海关负责对美术品进出境环节进行监管。

文化部委托美术品进出口口岸所在地省、自治区、直辖市文化行政部门负责本辖区美术品的进出口审批。文化部对各省、自治区、直辖市文化行政部门的审批行为进行监督、指导，并依法承担审批行为的法律责任。

（二）美术品进出口经营活动管理范围

美术品进出口经营活动，是指从境外进口或向境外出口美术品的经营活动。涉外商业性美术品展览活动，是指以销售、商业宣传为目的，在境内公共展览场所举办的，有境外艺术创作者或者境外艺术作品参加的各类展示活动。

（三）美术品进出口单位

美术品进出口单位，是指在商务部门备案登记，取得进出口资质的企业。

三、美术品进出口通关管理

（一）禁止含有下列内容的美术品进出境

1. 反对宪法确定的基本原则的；
2. 危害国家统一、主权和领土完整的；
3. 危害国家安全或者损害国家荣誉和利益的；
4. 煽动民族仇恨、民族歧视，破坏民族团结，或者侵害民族风俗、习惯的；
5. 宣扬或者传播邪教、迷信的；
6. 扰乱社会秩序，破坏社会稳定的；
7. 宣扬淫秽、赌博、暴力、恐怖或者教唆犯罪的；
8. 侮辱或者诽谤他人、侵害他人合法权益的；
9. 危害社会公德或者民族优秀文化传统的；
10. 有法律、行政法规和国家规定禁止的其他内容的。

（二）个人携带、邮寄美术品进出境管理规定

1. 应主动向海关申报。

2. 任何单位和个人不得销售、展览、展示或者利用其他商业形式传播未经文化行政部门批准进口的美术品。

3. 超过自用、合理数量的，应当委托美术品进出口单位办理进出口手续。由美术品进出口单位在美术品进出口前，向美术品进出口口岸所在地省、自治区、直辖市文化行政部门提出申请，文化行政部门应当自受理申请之日起 15 日内作出决定。批准的，发给批准文件，批准文件中应附美术品详细清单。申请单位持批准文件到海关办理手续。不批准的，文化行政部门书面通知申请人并说明理由。

3. 对个人携带、邮寄美术品进出境，进出境海关认为内容性质难以确定时，可要求携带人、收件人将拟进出境美术品的相关材料送美术品进出口口岸所在地省、自治区、直辖市文化行政部门审查，文化行政部门在接受上述材料 15 日之内出具审查意见。海关根据审查意见验放。

（三）单位进出口美术品的管理规定

1. 美术品进出口活动应当遵守国家有关法律、法规。美术品进出口单位应当接受文化行政部门的指导、监督和检查，确保进出口的美术品具有合法的来源。

2. 美术品进出口单位应当在美术品进出口前，向美术品进出口口岸所在地省、自治区、直辖市文化行政部门提出申请，并报送以下材料：

（1）美术品进出口单位的企业法人营业执照、对外贸易经营者备案登记表；

（2）进出口美术品的来源、目的地、用途；

（3）艺术创作者名单、美术品图录和介绍；

（4）审批部门要求提供的其他材料。

文化行政部门应当自受理申请之日起 15 日内作出决定。批准的，发给批准文件，批准文件中应附美术品详细清单。申请单位持批准文件到海关办理手续。不批准的，文化行政部门书面通知申请单位并说明理由。

3. 为研究、教学参考、馆藏、公益性展览等非经营性用途的美术品进出境，应当委托美术品进出口单位办理进出口手续。

4. 从中国香港特别行政区、澳门特别行政区和台湾地区进口或者向上述地区出口美术品，参照执行。

（四）境内举办涉外商业性美术品展览的管理规定

1. 申请

在境内举办涉外商业性美术品展览活动，应当由举办涉外商业性美术品展览活动的单位，于展览日 45 日前，向展览举办地省、自治区、直辖市文化行政部门提出申请，并报送以下材料：

（1）主办或承办单位的企业法人营业执照、对外贸易经营者备案登记表；

（2）展览活动方案；

（3）举办单位与其他相关单位签订的合同或者协议；

（4）经费预算及资金来源证明；

（5）场地使用协议；

（6）境外来华参展艺术创作者或参展单位的情况介绍；

（7）境外来华参展美术品的名录、图片和介绍；

（8）审批部门要求的其他材料。

2. 审核决定

文化行政部门应在自申请单位申请之日起 20 日内，作出审核决定。批准的，申请单位持批准文件到海关办理有关手续；不批准的，文化行政部门书面通知申请单位并说明理由。展品超过 120 件的，由所在地省、自治区、直辖市文化行政部门初审后，报文化部审批。

（五）美术品进出口的后续处理

1. 美术品进出口单位，不得擅自更改、增减批准进出口的美术品数量、作品名称和其他资料。如有更改，应当及时将变更事项向审批部门申报，经审批部门批准确认后，方可变更。

2. 同一批已经批准进口或出口的美术品复出口或复进口，进出口单位可持原批准文件正本到原进口或出口口岸海关办理相关手续，文化行政部门不再重复审批。上述复出口或复进口的美术品如与原批准文件内容不符，进出口单位应当到文化行政部门重新办理审批手续。

3. 违反相关规定，构成走私行为、违反海关监管规定行为或者其他违反海关法行为的，由海关依照《海关法》和《海关行政处罚实施条例》的有关规定处理；构成犯罪的，依法追究刑事责任。

4. 文化行政部门和海关行政部门根据本规定作出行政处罚决定时，出具行政处罚决定书。当事人对文化和海关行政部门的行政处罚决定不服时，可以依法申请复议或者依法向人民法院提起诉讼。对文化行政部门作出的行政处罚决定，当事人逾期不申请复议，不向人民法院提起诉讼又不履行的，由作出行政处罚决定的行政部门申请人民法院强制执行。

第三节　专业摄影摄像及采访器材等设备进出境通关管理

一、境外记者携带采访器材进出境管理规定

根据境外新闻机构和记者的入境时限、目的、携带器材的不同，海关对境外新闻机构和记者的监管，主要分为外国常驻新闻机构、外国常驻记者、外国短期采访记者、中国香港和中国澳门记者、中国台湾记者，以及携带特殊管理的采访器材（设备）的记者。

（一）外国常驻新闻机构、外国记者采访器材的进出境管理规定

1. 外国常驻新闻机构及常驻记者采访器材进出境管理规定

外国常驻新闻机构、外国常驻记者所用采访器材进出境，海关按照《中华人民共和国海关对常驻机构进出境公用物品监管办法》（海关总署令第115号）办理相关手续。

2. 外国短期采访记者采访器材进出境管理规定

（1）国宾团随行记者

对外国国家元首、政府首脑和外交部长等国宾团随行记者所用采访器材，进境地海关凭中国外交部新闻司出具的“国宾随行记者器材证明信”和器材清单办理手续。国宾代表团访问结束后，随行记者应及时将采访器材复运出境。

（2）短期进出境提供保函的记者

①进境手续

记者携带采访器材进境时，应选择“申报通道”，填写申报单，出示记者J-2签证，提交经海关认可具备出具担保函资质的单位的担保函、器材清单，以供海关办理相关手续。

记者应将收到的海关关封妥善保管，凭以办理采访器材复运出境手续。

②出境手续

记者出境时，应当向出境地海关出具进境地海关关封。

当记者将从同一口岸出境，在出境地海关验核并确认采访器材已全部复运出境后，在原保函上批注签章，由海关收存办理后续核销手续。

当记者将从异地出境时，在出境地海关验核并确认采访器材已全部复运出境后，在原保函上

批注签章，并封入关封交还给记者（或出具保函的单位），以供其到原进境地海关办理保函核销手续。

（3）短期进出境且无法提供保函的记者

如邀请单位不具备出具担保函资质，或外国记者无邀请单位自行来华采访，应向进境地海关提交经海关认可的银行或非银行金融机构的担保函或相当于税款的保证金、器材清单，并出示记者 J-2 签证，海关据以办理相关手续。采访活动结束后，应及时将采访器材复运出境，并办理保证金返还结案手续。

①进境手续

第一，记者携带采访器材进境时，应选择“申报通道”，填写申报单，向海关出示记者 J-2 签证，并提交器材清单，以供进境地海关办理手续。记者应同时声明是否会从异地出境。

第二，记者应当按照规定缴纳相当于税款的保证金（人民币现金或现金支票）。

第三，如记者从同一口岸出境，则在办结完入境通关手续后，应妥善保管海关制发的海关关封和保证金收据联，以备出境时办理相关手续。如记者从异地出境，则需向进境地海关领取并填写“记者采访器材保证金异地返还申请书”（以下简称申请书），连同进境地海关制发的海关关封、保证金收据联和出境地海关工作日联系电话及传真号码一并妥善保存，以备出境时办理相关手续。

②出境手续及保证金返还手续

第一，记者应在出境时将申请书和海关保证金、风险担保金、抵押金收据的收据联交至出境地海关并确认，提出采访器材保证金异地返还申请。

第二，记者携带采访器材出境时，向出境地海关提交申请书和进境地海关制发的海关关封。

第三，出境地海关验核采访器材全部复运出境后，退还与原收取数额等额的人民币现金或现金支票。

此外，外国常驻新闻机构、外国记者因采访报道需要暂时进口无线电通信设备的，还应向进境地海关提交有关主管部门的批准文件。

（二）中国香港和中国澳门记者采访器材的进出境管理规定

1. 中国香港、中国澳门新闻机构在内地常驻记者站及常驻记者所用采访器材进出境时，海关按照《海关对常驻机构进出境公用物品监管办法》办理相关手续。

2. 临时来内地采访大型会议、活动等或者内地单位邀请的中国香港、中国澳门记者携带采访器材进境时，进境地海关凭中华全国新闻工作者协会（或省部级邀请单位主管部门）及各省（自治区、直辖市）、副省级城市港澳事务办公室（外事办公室、新闻办公室）出具的担保函、采访器材清单及中华全国新闻工作者协会制发的“港澳记者采访证”办理暂时进境手续。采访活动结束后，记者应及时将采访器材复运出境，并在原进境地海关办理担保函结案手续。

3. 其他临时来内地采访的中国香港、中国澳门记者携带采访器材进境时，进境地海关凭“港澳记者采访证”、采访器材清单，收取相当于税款的保证金后办理暂时进境手续。采访活动结束后，记者应及时将采访器材复运出境，并在原进境地海关办理保证金结案手续。

海关对中国香港、中国澳门记者的异地返还保证金手续比照外国短期记者的相关规定办理。

4. 因采访报道需要暂时进口无线电通信设备的，在办理采访器材进境手续时，还应向进境地海关提交有关主管部门的批准文件。

（三）中国台湾记者采访器材的进出境管理规定

1. 来大陆采访的中国台湾记者携带采访器材进境时，进境地海关凭中华全国新闻工作者协会或各省（自治区、直辖市）及深圳市、新疆生产建设兵团台办开具的“器材通关批准书”和担保函、采访器材清单办理暂时进境手续。采访活动结束后，记者应及时将采访器材复运出境，并在原进境地海关办理担保函结案手续。

2. 因采访报道需要暂时进口无线电通信设备的，还应向进境地海关提交有关主管部门的批准文件。

二、 电视从业人员携带摄影摄像器材进出境管理规定

（一）电视从业人员的概念

电视从业人员是指广播电视机构制作节目的制片公司或其他人员。

（二）通关管理规定

1. 境外摄影队携带摄影、录像器材入境，海关凭国家广播电影电视总局外事司或港澳台办的批件、摄影器材放行通知单，接待单位出具保函或保证金后，办理暂时免税放行手续。

2. 赴上海、广东进行广播电视采访拍片，由当地省级人民政府外事办公室审批，报广电总局备案。

3. 中国台湾电视从业人员携带摄制电视节目用的摄影录像器材入境，海关凭广播电影电视部中国台湾事务办公室出具的批准文件、器材清单和该部出具的复运出境的保函，按物品清单暂时免税放行，必要时可按规定收取保证金。

4. 拍摄活动结束后，有关人员应及时将器材复运出境，并办理担保函核销或保证金退还手续。

第四节 境外登山团体和个人进出境物品管理规定

一、 境外登山团体和个人进出境物品的概念

境外登山团体和个人进出境物品是指外国人在中国境内攀登对外开放的山峰，以及附带在山峰区域内进行科学考察、测绘活动所运进、运出的登山用物品，对外开放的山峰有西藏自治区海拔5000米以上的山峰，以及其他省、自治区海拔3500米以上的山峰。

二、 登山活动的申请和审批

外国人在中国境内进行登山活动，应当遵守中国的法律；外国人的正当权益，受中国法律保护。对外国人在中国境内登山的管理，实行统一领导、分级负责的原则。

对外开放山峰由中华人民共和国国家体育运动委员会（以下简称国家体委）和公安部公布。

外国人来华登山，可以自行组成团队，也可以由外国团队和中国团队组成联合团队。外国人来华登山，应当向国家体委提出书面申请。

外国人组成外国团队来华登山的，由外国团队提出申请，也可以委托我国省、自治区登山协会代理申请事宜。

外国团队和中国团队组成中外联合团队登山的，由中国团队提出申请。

三、 境外登山团体和个人进出境物品的通关管理

（一）进境手续

境外登山团体和个人进境从事登山活动，经有关部门审核批准后，其进出境登山用物品，统一由中国登山协会（以下简称中国登协）归口管理，负责持有关主管部门的批件向海关办理物品报

关、担保、核销、结案等手续。

境外登山团体和个人运进、运出登山用物品，由登山活动所在地或临近地海关（即主管海关）负责审批验放管理。

外国人携带登山所需物资入境，按特准进口物品和暂时进口物品分别申报。经海关核准后，办理税收、担保手续。

特准进口物品范围包括境外登山团体和个人运进、运出登山用食品，以及急救药品、防寒衣物、高山专用技术设备、燃料、氧气设备、易损的汽车零配件等消耗性物品，经主管海关审核在自用、合理数量范围内的，予以特准免税放行。其中各种食品每人每天共计限 10 千克，防寒衣物及被褥每人每种限 10 套。超出上述自用、合理数量范围的物品，以及自用的烟酒，经海关核准后，予以征税放行。

暂时进口物品范围包括境外登山团体和个人运进、运出登山用的通讯、摄影、摄像、录像、测绘器材和机动交通工具等非消耗性物品，由中国登协按规定向主管海关缴纳保证金后，暂准免税进境。其中运进无线电通讯设备和器材的，需交验国家无线电管理委员会的批件；随同登山团体和个人进境的境外记者运进的摄影、摄像器材，需交验外交部新闻司或中华全国新闻工作者协会的批件。

境外登山团体和个人及随行的境外记者随身携带进境的上述暂时进口物品（机动交通工具除外），由进境地海关凭有关主管部门的批件和中国登协缴纳的保证金暂予免税放行，或者验凭主管海关出具的联系单，作为转关运输货物，由中国登协负责转运至主管海关办理。

上述人员携带进境的其他物品，进境地海关按照《海关对进出境旅客行李物品监管办法》有关规定验放。

（二）出境手续

经海关核准，相关物品不得移作他用，并应在规定的期限内复运出境。如因特殊原因不能复运出境的，应由中国登协在规定暂准进境期限内，办妥正式进口手续，向海关结案。

1. 有关物品复运出境前，应由中国登协填具“出口货物报关单”，并附物品清单和原“进口货物报关单”，连同有关物品一并交主管海关，办理复运出境手续。

境外团体和个人登山时采集的标本、样品、化石和在境内拍摄的音像资料及测绘成果，由中国登协负责报国家有关主管部门审查。出境时，海关凭中国登协出具的有关主管部门的审批件查核放行。

2. 上述有关手续办妥后，由中国登协负责按转关运输货物的规定，将物品转运至出境地海关指定的仓库或存放地。

3. 出境地海关审核无误后予以放行，并应及时将转关运输准单回执交中国登协送主管海关凭以核销。

境外登山团体和个人一律不准运进、运出我国规定禁止进出境的物品。

登山活动结束后，境外登山团体和个人留赠给中方的登山用物品，由中国登协按暂时免税进境的登山物品办理有关手续。

中外联合登山团体进出境登山用物品，海关根据有关主管部门提供的中外登山人员总数合并审批有关登山物品数量。

对违反规定的，海关将依照《海关法》和《海关行政处罚实施条例》规定予以处罚。

第五节　禁限物品通关管理

一、禁限物品的概念

禁限物品是国家禁止进出境物品和国家限制进出境物品的简称。

禁止进出境物品系指政府为保护国家政治、经济、文化、道德、卫生等方面的利益，以法律、法规明令不准进境或出境的物品。

限制进出境物品系指按照国家规定限值限量进出境或需经有关部门批准方可进出境的物品。

二、禁止进出境物品的范围

（一）禁止进境物品

1. 各种武器、仿真武器、弹药及爆炸物品；

2. 伪造的货币及伪造的有价证券；

3. 对中国政治、经济、文化、道德有害的印刷品、胶卷、照片、唱片、影片、录音带、录像带、激光视盘、计算机存储介质及其他物品；

4. 各种烈性毒药；

5. 鸦片、吗啡、海洛因、大麻，以及其他能使人成瘾的麻醉品、精神药物；

6. 带有危险性病菌、害虫及其他有害生物的动物、植物及其产品；

7. 有碍人畜健康的、来自疫区的，以及其他能传播疾病的食品、药品或其他物品。

赌博用筹码属于“对中国政治、经济、文化、道德有害的印刷品、胶卷、照片、唱片、影片、录音带、录像带、激光视盘、计算机存储介质及其他物品”中的“其他物品”。

（二）禁止出境物品

1. 列入禁止进境范围的所有物品；

2. 内容涉及国家秘密的手稿、印刷品、胶卷、照片、唱片、影片、录音带、录像带、激光视盘、计算机存储介质及其他物品；

3. 珍贵文物及其他禁止出境的文物；

4. 濒危的和珍贵的动物、植物（均含标本）及其种子和繁殖材料。

三、限制进出境物品的范围

（一）限制进境物品

1. 无线电收发信机、通信保密机；

2. 烟、酒；

3. 濒危的和珍贵的动物、植物（均含标本）及其种子和繁殖材料；

4. 国家货币；

5. 海关限制进境的其他物品。

微生物、生物制品、血液及其制品、人类遗传资源、管制刀具、卫星电视接收设备属于“中华人民共和国限制进出境物品表”所列“海关限制进境的其他物品”。

（二）限制出境物品

1. 金银等贵重金属及其制品；

2. 国家货币；

3. 外币及其有价证券；

4. 无线电收发信机、通信保密机；

5. 贵重中药材；

6. 一般文物；

7. 海关限制出境的其他物品。

微生物、生物制品、血液及其制品、人类遗传资源、管制刀具属于“中华人民共和国限制进出境物品表”所列“海关限制出境的其他物品”。

四、部分禁限物品的管理规定

（一）枪支、弹药、仿真武器

1. 概念

枪支是指以火药或者压缩气体等为动力，利用管状器具发射金属弹丸或者其他物质，足以致人死亡或者丧失知觉的各种枪支。

弹药是指整发子弹或其组成部分，包括弹壳、底火、发射火药、子弹或任何枪支中使用的弹丸。

仿真武器是指具有攻击、防卫等性能的物品，包括各种类型仿真手枪式电击、催泪器，各种类型的仿真枪械及弹药，具有攻击、防卫性能的其他仿真武器、弹药，以及上述以外的其他类似械具。

2. 管理规定

（1）国家严格管理枪支的入境和出境。任何单位或者个人未经许可，不得私自携带枪支入境、出境。

经批准携带枪支入境的，入境时，应当凭批准文件在入境地边防检查站办理枪支登记，申请领取枪支携运许可证件，向海关申报，海关凭枪支携运许可证件放行；到达目的地后，凭枪支携运许可证件向设区的市级人民政府公安机关申请换发持枪（弹）证件。

经批准携带枪支出境的，出境时，应当凭批准文件向出境地海关申报，边防检查站凭批准文件放行。

未获批准同意的枪支、弹药，入境时向海关申报，由边防检查站封存，出境时发还本人或退运出境。

（2）外国驻华外交代表机构、领事机构的人员携带枪支入境，必须事先报经我国外交部批准。携带枪支出境，应当事先照会我国外交部，办理有关手续。依照规定携带入境的枪支，不得携带出所在的驻华机构。

（3）外国体育代表团入境参加射击竞技体育活动，或者中国体育代表团出境参加射击竞技体育活动，需要携带射击运动枪支入境、出境的，必须经国务院体育行政主管部门批准。

（4）以上（2）、（3）规定以外的其他人员携带枪支入境、出境，应当事先经国务院公安部门批准。

（5）外国交通运输工具携带枪支入境或者过境的，交通运输工具负责人必须向边防检查站申报，由边防检查站加封，交通运输工具出境时予以启封。

（6）下列人员的随身警卫人员可以携带武器进出境：

①来访的外国国家元首、副元首；

②政府总理（首相）、副总理（副首相）；

③议会议长、副议长；

④最高法院院长，最高检察院检察长；

⑤特殊情况下的重要部长，以及按上述规格接待的其他重要外宾。来访外宾先遣警卫人员一律不得携带武器入境。

（7）来访重要外宾随身警卫人员只准携带手枪进出境，不准携带步枪、冲锋枪等其他武器。

武器数量应低于警卫人员数量。在外国代表团进出境时，接待单位应当向有关边防检查站出具写明批准文号的本单位函件，按照实际携带枪支、弹药的情况申报，办理枪支进出境手续。对被批准携带进出境的枪支弹药，边防检查站凭公安部进出境管理局的通知及接待单位的函件，接受申报，登记放行。对未被批准携带进出境的枪支弹药，在同一个口岸进出境的，边防检查站核查后就地封存，出境时启封发还；不在同一口岸进出境的，入境边防检查站核查后，放入由接待单位向边防检查站租用的专用枪箱并加封，由接待单位保管。同时，为接待单位签发《枪支携运许可证》，出境时由出境口岸边防检查站启封放行。

（8）仿真武器禁止进出境。运输、携带、邮寄仿真武器进出境主动向海关申报的，予以退运；未向海关申报的，予以没收，并按有关规定处罚。仿真枪外形长度尺寸介于相应制式枪尺寸1/2至1倍之间。制式枪支不以第一次世界大战划界，古代前装枪不属于制式枪支。走私仿真武器进出境，情节严重构成犯罪的，依法追究刑事责任。

（二）毒品、麻醉药品、精神药品

1. 概念

毒品是指鸦片、海洛因、甲基苯丙胺（冰毒）、吗啡、大麻、可卡因及国家规定管制的其他能够使人形成瘾癖的麻醉药品和精神药品。

麻醉药品是指连续使用后易产生生理依赖性，能成瘾癖的药品。

精神药品是指直接作用于中枢神经系统，使之兴奋或抑制，连续使用能产生依赖性的药品。

2. 管理规定

（1）鸦片、吗啡、海洛因、大麻、冰毒、可卡因，以及其他能使人成瘾的麻醉品、精神药品禁止进出境。

（2）因治疗疾病需要，个人凭医疗机构出具的医疗诊断书、本人身份证明，可以携带单张处方最大用量以内的麻醉药品和第一类精神药品；携带麻醉药品和第一类精神药品进出境的，由海关根据自用、合理的原则放行。

（3）医务人员为了医疗需要携带少量麻醉药品和精神药品进出境的，应当持有省级以上人民政府药品监督管理部门发放的“携带麻醉药品和精神药品证明”。海关凭“携带麻醉药品和精神药品证明”放行。

（4）旅客携带有毒化学品进境主动向海关申报，但不能提交有关准许进口批准证明的，责令当事人将物品即时带返；未向海关申报，并构成逃避海关监管的，根据《海关行政处罚实施条例》有关规定罚款后即时退运。对退运确有困难的，应加强保管制度，防止污染和意外事故，并及时联系有关部门处理。

（5）易制毒化学品分为3类：第一类是可以用于制毒的主要原料，第二类、第三类是可以用于制毒的化学配剂。进出境人员随身携带第一类中的药品类易制毒化学品药品制剂和高锰酸钾，应当以自用且数量合理为限，并接受海关监管。进出境人员不得随身携带除此以外的易制毒化学品。

（6）麻醉药品和精神药品目录参照国家食品药品监督管理总局公布的麻醉药品和精神药品品种目录。

（三）金银及其制品

1. 概念

金银及其制品是指黄金、白银及其制品。

2. 管理规定

（1）进境旅客携带金银，数量不受限制，但重量超出50克必须向海关申报。在自用、合理数量范围以内的，海关查验放行；超出自用、合理数量范围的，视同进口货物，要向海关交验中国人民银行总行的批准件，由海关依照《税则》予以征税放行。

（2）境外非居民短期旅客携带进境旅途自用黄金饰品，包括身上佩戴、旅途备换及少量馈赠亲友的黄金饰品，经审核在合理数量范围内的，可予放行。但携带黄金饰品超出50克，本人需要复带出境的，应报请海关验核签章，复带出境时，海关凭以放行。

（3）出境旅客携带或者复带金银出境，重量在50克（含50克）以下的，海关径予放行；重量超出50克的，海关凭中国人民银行出具的证明或者原入境时的申报单登记数量查验放行，不能提供证明或超过原入境时申报登记数量的，不予出境。

（4）入境旅客用带进的外汇在中国境内指定商店购买的金银饰品，包括镶嵌饰品、器皿等，携运出境，海关凭境内经营金银制品的指定商店出具的由中国人民银行统一制发的特种发货票查核放行。

（四）货币及有价证券

1. 概念

外币是指中国境内银行对外挂牌收兑的可自由兑换货币。

有价证券包括汇票、旅行支票、国际信用卡、银行存款凭证、邮政储蓄凭证等外币支付凭证及政府债券、公司债券、股票等。

2. 管理规定

（1）携带人民币进出境管理

旅客携带人民币进出境，应当按照规定向海关如实申报。中国公民进出境，外国人进出境，每人每次携带的人民币限额为20000元。携带上述限额内的人民币进出境，无须向海关申报；超出限额的，应向海关申报，海关予以退运；不按规定申报的，根据《海关行政处罚实施条例》有关规定予以处罚。

不得在邮件中夹带人民币进出境，不得擅自运输人民币进出境。违反国家规定运输、携带、在邮件中夹带人民币进出境的，由国家有关部门依法处理；情节严重，构成犯罪的，由司法机关依法追究刑事责任。

（2）携带外币及有价证券进出境管理

入境人员携带外币现钞进境，超过等值5000美元以上，应向海关书面申报。

出境人员携带外币现钞出境，未超过其最近一次进境时申报外币现钞数额的，不需申领携带外汇出境许可证（简称携带证），海关凭其最近一次进境时的外币现钞申报数额记录验放。

出境人员携带外币现钞出境，超出最近一次入境申报外币现钞数额记录的，按以下规定验放：

①出境人员携出金额在等值5000美元以上至10000美元（含10000美元）的，应当向银行申

领携带证，海关凭加盖银行印章的携带证验放。使用多张携带证的，若加盖银行印章的携带证累计总额超过等值10000美元，海关不予放行。

②出境人员如因特殊情况确需携带超过等值10000美元外币现钞出境，应当向存款或购汇银行所在地外汇局申领携带证，海关凭加盖外汇局印章的携带证验放。

③当天多次往返的进出境人员，携带外币现钞入境时须向海关书面申报，出境时海关凭最近一次入境时的申报外币现钞数额记录验放。当天内首次出境时可携带不超过等值5000美元（含5000美元）的外币现钞出境，不需申领携带证，海关予以放行，携出金额在等值5000美元以上的，海关不予放行；当天内第二次及以上出境时，可携带不超过等值500美元（含500美元）的外币现钞出境，不需申领携带证，海关予以放行，携出金额超过等值500美元的，海关不予放行。

④短期内多次往返的进出境人员，携带外币现钞入境须向海关书面申报，出境时海关凭最近一次入境时的申报外币现钞数额记录验放。没有或超出最近一次入境申报外币现钞数额记录的，15天内首次出境时可携带不超过等值5000美元（含5000美元）的外币现钞出境，不需申领携带证，海关予以放行，携出金额在等值5000美元以上的，海关不予放行；15天内第二次及以上出境时，可携带不超过等值1000美元（含1000美元）的外币现钞出境，不需申领携带证，海关予以放行，携出金额超过等值1000美元的，海关不予放行。

进出境人员携带汇票、旅行支票、国际信用卡、银行存款凭证、邮政储蓄凭证等外币支付凭证及政府债券、公司债券、股票等外币有价证券进出境，海关暂不予以管理。旅客携带或个人邮寄纪念票据进出境，海关均按照自用合理数量原则验放。

对旅客携带的新台币、韩币，属于限制出境物品的范畴。携带新台币、韩币进出境可依照《对携带外汇进出境管理的规定》按照携带可自由兑换货币进行管理。

（五）文物

1. 概念

文物是指文化的产物，是人类社会发展过程中的珍贵历史遗存物，是研究人类社会历史的实物资料。暂时进境文物是指因修复、展览、销售、拍卖等原因暂时携带、运输、邮寄文物进境，待有关活动结束后复运出境的文物。

2. 文物进出境的管理规定

（1）入境旅客带进文物，数量不受限制，海关准予进境。如需复带出境的，按暂时入境文物复出境规定办理。

（2）出境验放规定：

①旅客携带、托运和个人邮寄文物（含已故现代著名书画家的作品）出境，必须向海关申报。

对旧存文物，海关一律凭国家文物局进出境审核管理处开具的“文物出境许可证”和文物出境火漆标志验放。对在中国境内指定商店购买的文物，申报时，要随附指定商店出具的文物古籍外销统一发货票，海关凭发票和文物出境火漆标志验放。

②携运、邮寄文物出境，已向海关申报，但不能交验国家文物局进出境审核管理处开具的“文物出境许可证”和文物出境火漆标志，不准出境，应予退运，限3个月内（来往港澳地区的旅客限1个月内）由当事人或其代理人领回；过期不领，海关按有关规定处理。携运、邮寄文物出境，不向海关申报的，不论是否藏匿，均属走私行为。

③旅客携带出境一般现代书画作品，在自用、合理数量范围以内，邮寄的在规定的限值内，海关准予出境。已故现代著名书画家的作品，除经国家文物局进出境审核管理处鉴定准予出境外，不准携运出境。

④特许出境文物，海关凭国家文物局签发的文物出口特许证及特许出口文物销售发票查验放行。

⑤新中国成立以来制作的文物仿制品和复制品，不属文物范围。除国家另有规定外，在自用、合理数量范围以内的准予带出。对于文物复仿制品，海关可以凭文物复仿制品证明和文物复仿制品出境标志放行。

⑥国家文物局授予北京、天津、河北、上海、江苏、浙江、安徽、福建、山东、河南、湖北、广东、云南、陕西等14个国家文物进出境审核管理处审核进出境文物资质，分别负责所在省市各口岸申报出境和临时进境文物的审核事项。

（六）无线电发射设备

1. 概念

无线电发射设备是指无线电通信、导航、定位、测向、雷达、遥控、遥测、广播、电视等各种发射无线电波的设备，不包含可辐射电磁波的工业、科研、医疗设备，电气化运输系统，高压电力线及其他电器装置等。

2. 管理规定

（1）旅客携运进出境无线电发射设备（旅途自用手提无线电话机除外），都要事前报经省（自治区、直辖市）无线电管理委员会批准。携带上述物品入境时，必须向海关申报并交验由当地无线电管理委员会办公室核发的无线电设备进关审查批件，海关凭批准文件办理验放手续。

（2）各国驻华代表机关、领事机关，各国际组织驻华代表机构及其人员，携带或者运载无线电发射设备入境，须书面向外交部申请，外交部征得国家无线电管理委员会办公室同意后予以批准。入境时，应向海关申报并提供外交部批准文件，海关审核放行。

（3）为科技交流活动需临时展示从国外带入的无线电发射设备样机，或为体育比赛等活动需临时使用从国外带入的无线电发射设备，且活动结束后设备复运出境的，可不办理“无线电发射设备型号核准证”，但必须向海关申报，并交验由国家或当地无线电管理委员会办公室核发的“无线电设备进关审查批件”，由海关办理监管手续。

（4）禁止任何个人携带、邮寄卫星电视接收设备（包括天线、高频头、接收机、编码器、解码器、解压及接收一体化装置，统称卫星电视解码器）入境。对旅客携运上述设备进境并向海关申报的，海关一律不予放行，限期内由物品所有人退运出境，逾期由海关依法处理；对未向海关申报的，按《海关行政处罚实施条例》有关规定处理。

（七）中药材及中成药

1. 定义

中药材是指经过产地加工取得药用部位的生药材。

中成药是指以中药原料依据一定处方配置加工而成的药品。

2. 管理规定

（1）旅客携带中药材、中成药出境，前往港澳地区的，总值限人民币150元，前往国外的，限人民币300元。

（2）个人邮寄中药材、中成药出境，寄往港澳地区的，总值限人民币100元，寄往国外的，限人民币200元。

（3）进境旅客出境时携带用外汇购买的、数量合理的自用中药材、中成药，海关验凭盖有国家外汇管理局统一制发的“外汇购买专用章”的发货票放行。超出自用合理数量范围的，不准带出。

（4）麝香、蟾蜍、犀牛角和虎骨不准携带或邮寄出境。

（5）对旅客携带、邮寄进境的药用羚羊角限50克，由旅客自行填报后免税放行；超出限量的，海关凭国家濒危物种进出口管理办公室的批件，按照《税则》予以征税放行。携带、邮寄出境的羚羊角，一律凭中华人民共和国濒危物种进出口管理办公室核发的允许出口证明书放行。

（6）个人邮递进境药品时可向海关提供医生有效处方，作为办理手续的随附单证。海关在办理手续时，应验核处方原件，确定合理数量，并留存处方复印件，一份处方只能办理一次海关手续。进境个人邮递药品，在海关规定的免税额范围内的，予以免税放行，超出免税额部分且在自用合理数量范围内的海关应征税放行。

（八）血液制品

1. 概念

血液制品是指各种血浆蛋白制品。

2. 管理规定

旅客携带和个人邮寄、快递人体血液和血液制品进出境，海关严格凭卫生部的批准文件或证书办理验放手续。不能提供批准文件或证书的，海关应将有关人体血液及其制品扣留，并及时移交或通知口岸卫生检疫机关处理。凡经口岸检疫机关检疫允许进出境的，海关凭其出具的证明放行。

（九）动、植物及其产品

1. 概念

动物是指饲养、野生的活动物。

动物产品是指来源于动物未经加工或者虽经加工但仍有可能传播疫病的产品。

植物是指栽培植物、野生植物及其种子、种苗及其他繁殖材料等。

植物产品是指来源于植物未经加工或虽经加工但仍有可能传播病虫害的产品。

2. 管理规定

（1）携带、邮寄植物种子、种苗及其繁殖材料进境的，必须事先提出申请，办理检疫审批手续。携带禁止进境的动植物及其产品名录以外的动植物及其产品和其他检疫物进境的，在进境时向海关申报并接受口岸动物检疫机关检疫。携带动物进境的，必须持有输出国家或者地区的检疫证书等证件。

（2）携带、邮寄禁止进出境名录所列的动植物、动植物产品和其他检疫物进境的，作退回或者销毁处理。

（3）邮寄禁止进境的动植物及其产品名录以外的动植物、动植物产品和其他检疫物进境的，由口岸动植物检疫机关在国际邮件互换局实施检疫，必要时可以取回口岸动植物检疫机关检疫，未经检疫不得运递。

（4）邮寄进境的动植物、动植物产品和其他检疫物，经检疫或者除害处理合格后放行；经检疫不合格又无有效方法作除害处理的，作退回或者销毁处理，并签发“检疫处理通知单”。

（5）携带、邮寄出境的动植物、动植物产品和其他检疫物，物主有检疫要求的，由口岸动植物检疫机关实施检疫。

（6）凡来我国旅游、访问及进行其他活动的旅客，不准擅自采集我国自然资源标本，违法携带出境的物品，海关一经发现予以扣留处理。个人携带、邮寄出境动植物标本，如蝴蝶标本等，应经我国相关主管部门审核批准并出具证明，没有证明的不准出境。

（7）旅客携带鲜活农副产品出境，在自用、合理数量范围内的，海关准予放行。

（8）任何单位和个人不得运输、携带、邮寄犀牛角和虎骨（包括其任何可辨认部分和含其成分的药品、工艺品等）进出境。凡包装上标有犀牛角和虎骨字样的，均按含有犀牛角和虎骨对待。对没收的犀牛角和虎骨，一律交当地县级以上林业行政主管部门处理。

（9）对旅客携带伴侣犬、猫进境的相关管理规定如下：

① 旅客携带伴侣犬、猫进境，每人限一只。

② 海关接受旅客带进伴侣犬、猫的申报后，应验明输出国（或地区）官方出具的检疫证书和狂犬病免疫证，并通知口岸动植物检疫机关将有关犬、猫进行隔离检疫。口岸动植物检疫机关向旅客出具“截留检疫凭证”。检疫时间一律为 30 天。

③ 旅客申报携带进境伴侣犬、猫，不能交验有关证书或超出规定限量的，海关通知口岸动植物检疫机关将有关犬、猫暂时扣留。旅客应在口岸动植物检疫机关规定的期限内办理退运境外手续。逾期未办理或旅客声明自动放弃的，视同无人认领物品，由口岸动植物检疫机关进行检疫处理。

④ 旅客携带伴侣犬、猫不向海关申报者，海关将按照《海关法》、《海关行政处罚实施条例》对当事人予以处罚。对没收的犬、猫，由海关移交给口岸动植物检疫机关实施隔离检疫。检疫合格的，由动植物检疫机关作拍卖处理，所得价款扣除检疫、预防接种、海关监管、动物饲养、管理及其他有关费用，余款上缴国库；检疫不合格或检疫期间死亡的，由动植物检疫机关按有关规定处理，对按规定处罚后准予退运的犬、猫，按上述第③条处理。

（十）进出境遗体、棺柩、骸骨、骨灰及遗物

1. 概念

遗物是指物主生前使用过的物品，包括日常生活用品和耐用消费品。

2. 管理规定

（1）从国外或中国香港、澳门地区进口的遗物，应由物主在国内的继承人向海关申请交验物主的死亡证明书原件和国内公证机关出具的继承权公证书，经海关核准后，方可一次进口。申请时限以物主死亡后 1 年为期，逾期不予受理。

（2）进口遗物属日常生活用品，在合理数量范围内，准予免税进口；属耐用消费品（不包括汽车、录像机），由国外进口的，准予免税放行 4 件；由中国香港、中国澳门地区进口的，准予免税放行两件。

（3）不属于物主生前使用过的物品及超出上述范围的遗物，予以退运。

（4）遗体、棺柩、骨灰相关规定如下：

① 对外国人、华侨、港澳台同胞要求将遗体、骸骨或骨灰运出境外或运回中国境内安葬者，除按《民政部、公安部、外交部、铁道部、交通部、卫生部、海关总署、民用航空局关于尸体运输管理的若干规定》的规定办理运尸手续外，承运人还必须持有中国殡葬协会国际运尸网络服务中心发放的尸体入/出境防腐证明、尸体/棺柩/骸骨/骨灰入/出境入殓证明和尸体/棺柩/骸骨/骨灰入/出境卫生监管申报单才能办理国际运尸业务。

② 承运人必须持有上述证明到口岸进出境检验检疫机关进行进出境申报。口岸进出境检验检疫机关工作人员对申报资料进行认真核查，并对承运物进行卫生监管后，合格者方可签发尸体、棺柩、骸骨、骨灰进出境许可证。海关根据有关规定验凭上述许可证放行。

③ 对属医学科研原因出入境的尸体，海关凭出入境检验检疫机构签发的出入境货物通关单办理验放手续；对涉及我国人类遗传资源的出境尸体，海关加验中国人类遗传资源管理办公室核发的

人类遗传资源材料出口、出境证明。

（十一）人类遗产资源

1. 概念

人类遗传资源是指含有人体基因组、基因及其产物的器官、组织、细胞、血液、制备物、重组脱氧核糖核酸（DNA）构建体等遗传材料及相关的信息资料。

2. 管理规定

以携带、邮寄或快递、货运等方式运输人类遗传资源出口、出境时，应如实向海关申报，海关凭中国人类遗传资源管理办公室核发的人类遗传资源材料的出口、出境证明办理验放手续。未经批准，私自携带、邮寄、运输人类遗传资源材料出口、出境的，由海关没收其携带、邮寄、运输的人类遗传资源材料，视情节轻重，给予行政处罚直至移送司法机关处理；未经批准擅自向外方机构或者个人提供人类遗传资源材料的，没收所提供的人类遗传资源材料并处以罚款；情节严重的，给予行政处罚直至追究法律责任。

第十四章　进出境快件通关

第一节　进出境快件及运营人概述

一、进出境快件概述

进出境快件是指进出境快件运营人以向客户承诺的快速商业运作方式承揽、承运的进出境货物、物品。

二、进出境快件运营人概述

进出境快件运营人是指在中华人民共和国境内依法注册，在海关登记备案的从事进出境快件运营业务的国际货物运输代理企业。

三、进出境快件现状

中国快件行业经过近30年的发展，已成为国民经济不可或缺的重要组成部分，随着中国加入世界贸易组织，为抢占中国巨大的快递市场，国际的快递公司如DHL（敦豪快递）、UPS（联合包裹）、FedEx（联邦快递）、TNT（天地物流）等纷纷登陆中国。中国日益融入世界经济的发展大潮，进出境快件也出现了爆发式的增长，行业前景展现出蓬勃生机。

第二节　进出境快件运营人管理

一、进出境快件运营人应具备的条件

进出境快件运营人在海关办理登记手续应具备以下条件：

第一，内资国际货物运输代理企业及其分支机构已经获得国务院对外贸易主管部门或者其委托的备案机构办理的国际货运代理企业备案表；外商投资国际货物运输代理企业已经获得国务院对外贸易主管部门颁发的外商投资企业批准证书，获准经营进出境快件业务；外商投资国际货物运输代理企业分公司已经获得国务院对外贸易主管部门的批准文件，获准经营进出境快件业务。

第二，已经领取工商行政管理部门颁发的企业法人营业执照，准予或者核定其经营进出境快件业务。

第三，已经在海关办理报关企业注册登记手续。

第四，具有境内、外进出境快件运输网络和2个以上境外分支机构或代理人。

第五，具有本企业专用进出境快件标志、运单，运输车辆符合海关监管要求并经海关核准备案。

第六，具备实行电子数据交换方式报关的条件。

第七，快件的外包装上应标有符合海关自动化检查要求的条形码。

第八，与境外合作者（包括境内企业法人在境外设立的分支机构）的合作运输合同或协议。

进出境快件运营人不再具备以上所列条件之一或者在1年内没有从事进出境快件运营业务的，海关注销该运营人从事进出境快件报关的资格。

二、进出境快件运营人应遵守的规定

根据《中华人民共和国海关对进出境快件监管办法》，进出境快件运营人应遵守以下规定：

第一，进出境快件运营人不得承揽、承运“中华人民共和国禁止进出境物品表”所列物品，如有发现，不得擅作处理，应当立即通知海关并协助海关进行处理。

未经中华人民共和国邮政部门批准，进出境快件运营人不得承揽、承运私人信件。

第二，运营人不得以任何形式出租、出借、转让本企业的进出境快件报关权，不得代理非本企业承揽、承运的货物、物品的报关。

第三，未经海关许可，未办结海关手续的进出境快件不得移出海关监管场所，不得进行装卸、开拆、重换包装、更换标记、提取、派送和发运等作业。

第四，运营人申请办理进出境快件代理报关业务的，应当按照海关对国际货物运输代理企业的注册管理规定在所在地海关办理登记手续。

第三节　进出境快件通关

一、进出境快件分类

依据《海关总署关于启用新快件通关系统相关事宜的公告》（海关总署公告2016年第19号）的规定，海关对快件实行分类监管。

依据《中华人民共和国海关对进出境快件监管办法》的规定，海关对快件实行分类监管。

（一）文件类进出境快件（简称A类快件）

文件类进出境快件是指无商业价值的文件、单证、票据和资料（依照法律、行政法规及国家有关规定应当予以征税的除外）。

（二）个人物品类进出境快件（简称B类快件）

个人物品类进出境快件是指境内收寄件人（自然人）收取或者交寄的个人自用物品（旅客分离运输行李物品除外）。

（三）低值货物类进出境快件（简称C类快件）

低值货物类进出境快件是指价值在5000元人民币（不包括运、保、杂费等）及以下的货物（涉及许可证件管制的，需要办理出口退税、出口收汇或者进口付汇的除外）。

（四）其他货物、物品

通过快件渠道进出境的其他货物、物品。

二、进出境快件通关

（一）文件类快件通关

运营人应当向海关提交“中华人民共和国海关进/出境A类快件报关单”、总运单（副本）和海关需要的其他单证。

（二）个人物品类快件通关

运营人应当向海关提交“中华人民共和国海关进/出境B类快件报关单”、每一进出境快件的分运单、进境快件收件人或出境快件发件人身份证件影印件和海关需要的其他单证。B类快件的限量、限值、税收征管等事项应当符合海关总署关于邮递进出境个人物品监管的相关规定。

（三）低值货物类快件通关

快件运营人应当向海关提交“中华人民共和国海关进/出境C类快件报关单”、代理报关委托书或者委托报关协议、每一进出境快件的分运单、发票和海关需要的其他单证，并按照进出境货物规定缴纳税款。进出境C类快件的监管方式为“一般贸易”或者“货样广告品A”，征免性质为“一般征税”，征减免税方式为“照章征税”。

对上述3类快件，快件运营人按照上述规定提交复印件（影印件）的，海关可要求快件运营人提供原件验核。

（四）其他货物、物品类快件通关

除文件类快件、个人物品类快件、低值货物类快件外，通过快件渠道进出境的其他货物、物品，应当按照海关对进出境货物、物品的现行规定办理海关手续。

第十五章　进境物品进口税

第一节　进境物品进口税概述

一、进境物品进口税的概念

进境物品进口税是对进境旅客携带的行李物品和个人邮递物品及其他个人自用物品征收的进口税，包括关税、进口环节增值税和消费税。

二、进境物品进口税的征收对象及纳税义务人

（一）征收对象

进境物品进口税的征收对象是进境物品，具体是指旅客行李物品、个人邮递物品及其他个人自用物品。凡准许应税进境的旅客行李物品、个人邮递物品及其他个人自用物品，除另有规定的以外，均按《中华人民共和国海关关于入境旅客行李物品和个人邮递物品征收进口税办法》征收进口税。

上述个人自用物品，不包括汽车、摩托车及其配件、附件。对进口应税个人自用汽车、摩托车及其配件、附件，应按《税则》和其他有关税法、规定征收进口税。

（二）纳税义务人

携有应税个人自用物品的入境旅客及运输工具服务人员、进口邮递物品的收件人，以及以其他方式进口应税个人自用物品的收件人是进口税的纳税义务人。

纳税义务人可以自行办理纳税手续，也可以委托他人办理纳税手续。接受委托办理纳税手续的代理人，应当遵守《中华人民共和国海关关于入境旅客行李物品和个人邮递物品征收进口税办法》中对其委托人的各项规定，并承担相应的法律责任。

第二节　进境物品进口税征管

一、进境物品进口税的计征方法

进境物品进口税的征收方法是从价计征，即进口税税额为完税价格乘以进口税税率。其目的是照顾个人进境自用物品的合理需要，简化计税手续。

海关根据“中华人民共和国进境物品归类表”和“中华人民共和国进境物品完税价格表”确定物品的适用税率和完税价格。

二、进境物品进口税征免税规定及验放标准

（一）进境旅客携带行李物品征免税规定及验放标准

1. 进境居民旅客携带在境外获取的个人自用进境物品，总值在5000元人民币以内（含5000

元）的，非居民旅客携带拟留在中国境内的个人自用进境物品，总值在2000元人民币以内（含2000元）的，海关予以免税放行，单一品种限自用、合理数量，但烟草制品、酒精制品及国家规定应当征税的20种商品等另按有关规定办理。

国家规定应当征税的20种商品包括：电视机、摄像机、录像机、放像机、音响设备、空调器、电冰箱（柜）、洗衣机、照相机、复印机、程控电话交换机、微型计算机、电话机、无线寻呼系统、传真机、电子计算器、打印机及文字处理机、家具、灯具和餐料。

2. 进境居民旅客携带超出5000元人民币的个人自用进境物品，经海关审核确属自用的；进境非居民旅客携带拟留在中国境内的个人自用进境物品，超出2000元人民币的，海关仅对超出部分的个人自用进境物品征税，对于不可分割的单件物品，全额征税。

3. 在维持居民旅客进境物品5000元人民币免税限额不变基础上，允许其在口岸进境免税店增加一定数量的免税购物额，连同境外免税购物额总计不超过8000元人民币。

（1）进境居民旅客未在境外获取自用物品的，其在口岸进境免税店购买的免税商品，如价值在8000元人民币（含8000元）以内，予以免税放行；如价值超过8000元，对超出8000元的部分征税验放。

（2）进境居民旅客已在境外获取自用物品且价值超过5000元的，对相关境外获取物品的征、免税按照海关总署2010年第54号公告有关规定办理（对于超出5000元人民币的个人自用物品，经海关审核确属自用的，海关仅对超出部分的个人自用进境物品征税，对于不可分割的单件物品，全额征税）。其在口岸进境免税店购买的免税商品，如价值在3000元人民币（含3000元）以内，予以免税验放；如价值超过3000元，对超出3000元的部分予以征税验放。

（3）进境居民旅客已在境外获取自用物品且价值未超过5000元的，相关境外获取的物品与在口岸进境免税店购买的免税商品合并计算价值，如合计价值在8000元人民币（含8000元）以内的，予以免税验放；如合计价值超过8000元的，对超出8000元的部分予以征税验放。

4. 有关短期内多次来往旅客行李物品征免税规定、验放标准等事项另行规定。

5. 对中国籍旅客、外国籍旅客、定居旅客、过境旅客行李物品的征免税规定及验放标准详见第十一章“进出境旅客行李物品通关”。

（二）进境邮递物品征免税规定及验放标准

1. 个人邮寄进境物品，海关依法征收进口税，但应征进口税税额在50元人民币（含50元）以下的，海关予以免征。

2. 个人收自或寄往港、澳、台地区的物品，每次限值为800元人民币；收自或寄往其他国家和地区的物品，每次限值为1000元人民币。

3. 个人邮寄进出境物品超出规定限值的，应办理退运手续或者按照货物规定办理通关手续。但邮包内仅有一件物品且不可分割的，虽超出规定限值，经海关审核确属个人自用的，可以按照个人物品规定办理通关手续。

4. 邮运进出口的商业性邮件，应按照货物规定办理通关手续。

三、 进境物品的归类及完税价格

（一）进境物品的归类原则

1. “中华人民共和国进境物品归类表”已列名的物品，归入其列名类别。

2. “中华人民共和国进境物品归类表”未列名的物品，按其主要功能（或用途）归入相应类别。

3. 不能按照上述原则归入相应类别的物品，归入“其他物品”类别。

中华人民共和国进境物品归类表

税号	物品类别	范围	税率
01000000	食品、饮料	食品：包括乳制品、糖制品、调味品，冬虫夏草、高丽参、红参、西洋参、人参、鹿茸、阿胶、奶粉及其他保健品、补品等； 饮料：包括矿泉水、汽水，咖啡、茶，其他无酒精饮料。	15%
02000000	酒	包括啤酒、葡萄酒（香槟酒）、黄酒、果酒、清酒、米酒、白兰地、威士忌、伏特加、朗姆酒、金酒、白酒、药酒、保健酒、鸡尾酒、利口酒、龙舌兰、柯迪尔酒、梅子酒等用粮食、水果等含淀粉或糖的物质发酵或配制而制成的含乙醇的酒精饮料。	60%
03000000	烟草	包括卷烟、雪茄烟、再造烟草、均化烟草、其他烟草及烟草代用品的制品，烟丝、斗烟、水烟、烟末等。	60%
04000000	纺织品及其制成品	衣着：包括外衣、外裤、内衣裤、衬衫/T恤衫、其他衣着等； 配饰：包括帽子、丝巾、头巾、围巾、领带、腰带、手套、袜子、手帕等； 家纺用品：包括毛毯、被子、枕头、床罩、睡袋、幔帐等； 其他：包括毛巾、浴巾、桌布、窗帘、地毯等。	30%
05000000	皮革服装及配饰	包括各式皮革服装及皮质配饰。	30%
06000000	箱包及鞋靴	箱：包括各种材质的箱子； 挎包、背包、提包：包括各种材质的挎包、背包、提包； 钱包、钥匙包：包括各种材质的钱包、钥匙包、卡片包； 其他：包括化妆包、包装袋（盒、箱）等。	30%
		鞋靴：包括皮鞋、皮靴、运动鞋、其他鞋靴等。	
07000000	表、钟及其配件、附件	高档手表：完税价格在人民币10000元及以上的手表。	60%
		表：包括高档手表外其他各种表； 钟：包括座钟、挂钟、台钟、落地钟等； 配件附件：包括各种表、钟的配件、附件。	30%
08000000	金银、贵重首饰及珠宝玉石	贵重首饰及珠宝玉石（不含钻石）：包括天然或养殖珍珠、宝石或半宝石（不含钻石），用天然或养殖珍珠、宝石或半宝石（不含钻石）制成的物品，以贱金属为底的非镶嵌钻石的包贵金属首饰。	60%
		钻石及钻石首饰。	30%
		金银：包括金、银、铂等贵金属及包贵金属，贵金属及包贵金属制的首饰（以贱金属为底的非镶嵌钻石的包贵金属首饰除外）、金银器和其他制品。	15%

续表

税号	物品类别	范围	税率
09000000	化妆品、洗护用品	化妆品：包括芳香类化妆品、唇用化妆品、眼用化妆品、指（趾）甲化妆品、粉状化妆品和特殊功能类化妆品等。 芳香类化妆品：香水和花露水； 唇用化妆品：唇膏、唇彩、唇线笔等； 眼用化妆品：睫毛膏（液、油）、眼线笔（液）、眉笔、眼影、眼睑膏等； 指（趾）甲化妆品：洗甲（趾）液、去指（趾）甲油、指（趾）甲油、指（趾）甲膏等； 粉状化妆品：粉底、粉饼、扑面粉、胭脂（粉）、腮红（粉）等； 其他美容品或化妆品：用于消除皱纹、美化唇型的皮内注射美容制品。	60%或30%
		洗护用品：包括清洁用品、护肤用品、护发用品和其他洗护用品。 清洁用品：洗面奶（乳、皂）、洁面霜（露、蜜、粉、啫喱）、卸妆水（乳、膏、液、油）、鼻贴膜、去黑头膏（液）、剃须膏（泡沫）、磨砂膏、按摩膏、去角质膏（粉），牙膏、牙粉、牙线、漱口水，香皂、浴液、洗手液； 护肤用品：化妆水（含爽肤水、柔肤水、紧肤水、护肤水、收缩水）、须后水、面霜、眼霜、日霜、晚霜、冷霜、防晒霜（油）、晒黑油、祛斑霜、护肤膏（霜、露、乳液、喷雾）、精油、隔离霜、面膜、面膜膏（粉）、眼膜、颈膜、护手霜、润唇膏，痱子粉、爽身粉、防蚊液、皮肤护理软膏； 护发用品：洗/护发液、发乳、发油、发蜡、焗油膏、发胶、发泥、定型水（啫喱、摩丝）、烫发剂、染发剂； 其他用品：丰（美、健）乳霜、纤体霜（膏）、健美霜、紧致霜、除臭露（剂）等。	30%
10000000	家用医疗、保健及美容器材	医疗器材：包括呼吸器具、矫形器具、夹板及其他骨折用具，血糖计、血糖试纸、电动洗眼器、红外线耳探热针、空气制氧机、治疗用雾化机、电动血压计、患者用拐杖、患者用轮椅等及上述物品的配件、附件； 保健器材：包括按摩床、按摩椅等及上述物品的配件、附件； 美容器材：包括蒸汽仪、喷雾器、化妆/美容专用工具等及上述物品的配件、附件。	30%
11000000	厨卫用具及小家电	厨房用具：包括各种材料制的餐具、刀具、炊具、灶具，锅、壶、杯、盘、碗、筷子、勺、铲、餐刀、餐叉、切菜刀、案板、削皮刀、绞肉机、食品研磨机、搅拌器、净水器、煤气灶、煤气点火器等；电饭煲、微波炉、电磁炉、抽油烟机、消毒碗柜、家用洗碗机、电烤箱、面包机、豆浆机、酸奶机、榨汁机、咖啡机、制冰机、饮水机、食品调理机、煮蛋器等厨房用具及配件、附件； 卫生用具、洁具：包括热水器、水龙头、淋浴用具、坐便器及配件、附件等； 小家电：包括灯具、风扇、电暖器、电热毯、电烫斗、电吹风机、电动剃须刀、电动毛发推剪器，增湿机、除湿机、增除湿一体机、空气清新机、家用吸尘器、扫地机器人、地板打蜡机、电动剪草机等电器及上述物品的配件、附件等。	30%
		电话机等信息技术产品：包括固定电话机、手持移动电话机、可视电话机、寻呼机等。	15%

续表

税号	物品类别	范围	税率
12000000	家具	包括各种材料制的沙发、组合式家具、柜、橱、台、桌、椅、书架、床、床垫、坐垫等。	10%
13000000	空调及其配件、附件	包括空气调节器及其配件、附件等。	30%
14000000	电冰箱及其配件、附件	包括各式电冰箱、冰柜、红酒柜及其配件、附件等。	30%
15000000	洗衣设备及其配件、附件	包括波轮式洗衣机、滚筒式洗衣机、干衣机/烘干机、脱水机、家用地毯洗涤机等及上述物品的配件、附件。	30%
16000000	电视机及其配件、附件	包括各式电视机、电视收音联合机、电视收音录音联合机、电视录像联合机等及上述物品的配件、附件。	30%
17000000	摄影（像）设备及其配件、附件	包括电视摄像机、照相机（数字照相机除外）、照相制版机、放大机，胶卷、胶片、感光纸、镜箱、闪光灯、滤色镜、测光表、曝光表、遮光罩、水下摄影罩、半身镜、接镜环、取景器、自拍器、洗相盒、显影罐等。	30%
		视频摄录一体机、数字照相机、存储卡等信息技术产品。	15%
18000000	影音设备及其配件、附件	包括录音笔、录音机、收音机、MP3 播放机、MP4 播放机、收录音机、数码录放音器、电唱机、激光电唱机、放像机、录像机、激光视盘机、（单）功能座、音箱、自动伴唱机、卡拉 OK 混音器等及上述物品的配件、附件。	30%
		耳机及耳塞机，磁盘、磁带、半导体媒体及其他影音类信息技术产品。	15%
19000000	计算机及其外围设备	包括个人计算机及其存储、输入、输出设备和附件、零部件。	15%
20000000	书报、刊物及其他各类印刷品	包括书报、刊物及其他各类印刷品。	15%
21000000	教育用影视资料	包括教育专用的电影片、幻灯片，原版录音带、录像带、磁盘、磁带、光学媒体、半导体媒体、唱片，地球仪、解剖模型、人体骨骼模型、教育用示意牌等。	15%
22000000	文具用品、玩具、游戏品、节日或其他娱乐用品	文具用品：包括各种书写用具及材料、照相簿、集邮簿、印刷日历、月历、放大镜、望远镜、绘图用颜料、装订用具、誊写钢板等各种文具用品。	30%
		玩具：包括三轮车、单脚滑行车、踏板车及类似的带轮玩具；玩偶车；玩偶；缩小（按比例缩小）的模型及类似娱乐用模型；智力玩具等及上述物品的零件及附件。 游戏品（视频游戏控制器及设备、桌上或室内游戏用品）：包括电子游戏机和视频游戏控制器、扑克牌、中国象棋、国际象棋、跳棋等棋类用品、麻将及类似桌上游戏用品等，及其上述游戏的零件、附件。 节日或其他娱乐用品：包括圣诞节、狂欢节等节日用品、魔术道具及嬉戏品等。	15%
23000000	邮票、艺术品、收藏品	包括中国大陆及境外各种邮票、小型张、纪念封等，纪念币，以及艺术品、收藏品。	30%
24000000	乐器	包括各种键盘类、弓弦类、拨弦类、打击类、管乐类等乐器及节拍器、音叉、定音器等器具及上述乐器的配件、附件。	30%

续表

税号	物品类别	范围	税率
25000000	运动用品、钓鱼用品	高尔夫球及球具：包括高尔夫球杆和高尔夫球。	60%
		除高尔夫球以外各种球类，各种棋类、健身器具、航空和航海模型、钓鱼用品等，一般体育活动、体操、竞技、游泳、滑冰、滑雪及其他户内外活动用具及其配件、附件。	30%
26000000	自行车	包括不带发动机、电动机的自行车、三轮脚踏车、婴孩车及其他非机动脚踏车，以及上述物品的配件、附件。	30%
27000000	其他物品	其他不能归入上述类别的物品。	30%

（二）进境物品完税价格遵循的原则

1. 进境物品的完税价格由海关依法遵循以下原则确定：

（1）“中华人民共和国进境物品完税价格表”已列明完税价格的物品，按照“中华人民共和国进境物品完税价格表”确定；

（2）“中华人民共和国进境物品完税价格表”未列明完税价格的物品，按照相同物品相同来源地最近时间的主要市场零售价格确定其完税价格；

（3）实际购买价格是“中华人民共和国进境物品完税价格表”列明完税价格的 2 倍及以上，或是“中华人民共和国进境物品完税价格表”列明完税价格的 1/2 及以下的物品，进境物品所有人应向海关提供销售方依法开具的真实交易的购物发票或收据，并承担相关责任。海关可以根据物品所有人提供的上述相关凭证，依法确定应税物品完税价格。

2. 边疆地区民族特需商品的完税价格按照海关总署另行审定的完税价格表执行。

（三）对进境物品的归类，完税价格的异议

纳税义务人对进境物品的归类、完税价格的确定持有异议的，可以依法提请行政复议。

第十六章　驻华机构及其人员进出境物品监管

第一节　外国驻华使馆公务用品、自用物品进出境监管

一、公务用品和自用物品的概念

（一）公务用品的概念

“公务用品”指使馆执行职务直接需用的进出境物品，包括：

1. 使馆使用的办公用品、办公设备、车辆；
2. 使馆主办或者参与的非商业性活动所需物品；
3. 使馆使用的维修工具、设备；
4. 使馆的固定资产，包括建筑装修材料、家具、家用电器、装饰品等；
5. 使馆用于免费散发的印刷品（广告宣传品除外）；
6. 使馆使用的招待用品、礼品等。

（二）自用物品的概念

“自用物品”指使馆人员和与其共同生活的配偶及未成年子女在中国居留期间生活必需用品，包括自用机动车辆（限摩托车、小轿车、越野车、9 座以下的小客车）。

二、适用范围

本章所述公务用品、自用物品适用于外国驻中国使馆、使馆人员以随身携带、邮寄和托运方式进出境的物品。

外国驻中国领事馆、联合国及其专门机构和其他国际组织驻中国代表机构及其人员进出境公务用品、自用物品，由海关按照《中华人民共和国领事特权与豁免条例》、中国已加入的国际公约及中国与有关国家或国际组织签订的协议履行监管职责。有关法规、公约、协议不明确的，海关参照《中华人民共和国海关对外国驻中国使馆和使馆人员进出境物品监管办法》（以下简称《使馆进出境物品监管办法》）有关条款履行监管职责。

三、进出境公务用品、自用物品的监管规定及通关流程

第一，使馆和使馆人员首次进出境公务用品、自用物品前，应当向主管海关办理注册备案手续。办理备案时应提供以下资料：

中国政府主管部门出具的证明使馆设立的文件原件及复印件；

用于报关文件的使馆馆印印模、馆长或者馆长授权的外交代表的签字样本一式五份；

外交邮袋的加封封志实物和外交信使证明书样本一式五份，使馆如从主管海关关区以外发送或者接收外交邮袋，还应当向主管海关提出申请，并提供外交邮袋的加封封志实物和外交信使证明书样本，由主管海关制作关封，交由使馆人员向进出境地海关备案；

使馆人员和与其共同生活的配偶及未成年子女的进出境有效证件、中国政府主管部门核发的身份证件原件及其复印件，以及使馆出具的证明上述人员职衔、到任时间、住址等情况的文件原件及其复印件；

根据规定，使馆和使馆人员办理信息备案的同时，还应登录中国电子口岸预录入系统，向主管海关发送相关电子数据信息。

以上备案内容如有变更，使馆或者使馆人员应当自变更之日起10个工作日内向海关办理备案变更手续。

第二，使馆和使馆人员进出境公务用品、自用物品，应当按照海关规定，以书面或者口头方式申报。其中以书面方式申报的，还应当向海关报送电子数据。

第三，根据有关规定，外国驻中国使馆和外交代表享有一定的外交特权与豁免。对使馆申报运进的公务用品、外交代表申报运进的自用物品，经海关审核在直接需用数量范围内予以免税放行。申报运出公务用品和自用物品，由海关审核后予以放行。

第四，使馆运进和运出公务用品，外交代表以托运或者邮寄方式运进和运出自用物品，应当书面向海关申报。

外交代表携运进出境自用物品，海关予以免验放行。但海关有重大理由推定其中装有《使馆进出境物品监管办法》规定免税范围以外的物品、中国政府禁止进出境或者检疫法规规定管制的物品的，有权查验。海关查验时，外交代表或者其授权人员应当在场。

第五，使馆的行政技术人员和服务人员，如果不是中国公民并且不属于在中国的永久居留者，其到任后6个月内运进的安家物品，经主管海关审核在直接需用数量范围内的（其中自用小汽车每户限1辆），海关予以免税验放。超出规定时限运进的物品，经海关核准仍属自用的，按照《海关对非居民长期旅客进出境自用物品监管办法》的规定办理。申报携运出境的自用物品，海关予以审核查验放行。

使馆的行政技术人员和服务人员寄进或者寄出的个人自用物品，海关按照个人邮递物品的有关规定办理。上述人员任职期间托运进境的自用物品，海关也比照个人邮递物品的有关规定办理。

第六，外国使馆和使馆人员因特殊需要携运中华人民共和国政府禁止或者限制进出境物品进出境的，应当事先得到中国政府有关主管部门的批准，并按照有关规定办理。

第七，有下列情形之一的，使馆和使馆人员的有关物品不准进出境：

携运进境的物品超出海关核准的直接需用数量范围的；

未依照《使馆进出境物品监管办法》的有关规定向海关办理备案、申报手续的；

未经海关批准，擅自将已免税进境的物品进行转让、出售等处置后，再次申请进境同类物品的；

携运中国政府禁止或者限制进出境物品进出境，应当提交有关许可证件而不能提供的；

违反海关关于使馆和使馆人员进出境物品管理规定的其他情形。

第八，属于禁止进出境的物品，使馆和使馆人员应当在海关禁止进出境之日起3个月内向海关办理相关物品的退运手续。逾期未退运的，由海关依照《海关法》第三十条规定处理。

第九，使馆和使馆人员的免税运进的公务用品、自用物品，未经主管海关批准，不得进行转让、出售等处置。经批准进行转让、出售等处置的物品，应当按照《使馆进出境物品监管办法》的有关规定向海关办理纳税或者免税手续。

使馆和使馆人员确有特殊原因需要转让免税运进的物品，应当事先填具“外国使领馆公私用物品转让申请书”提交使馆照会，送交主管地海关。经主管海关批准后方能转让，并按照规定向海关办理纳税或者免税手续。

第十，使馆运进由使馆主办或者参与的非商业性活动所需物品，应当递交使馆照会，并就物品所有权、活动地点、日期、活动范围、活动的组织者和参加人、物品的最后处理向海关作出书面说明。活动在使馆以外场所举办的，还应当提供与主办地签订的合同副本。

四、 海关对驻华外交机构及人员的机动车辆的后续监管

第一，使馆和使馆人员按照《使馆进出境物品监管办法》的有关规定免税进境的机动车辆及接受转让的机动车辆属于海关监管车辆，主管海关对其实施后续监管。公用机动车辆的监管年限为自海关放行之日起6年，自用进境机动车辆的监管年限为自海关放行之日起3年。未经海关批准，上述机动车辆在海关监管年限内不得进行转让、出售。

第二，除使馆人员提前离任外，使馆和使馆人员免税进境的机动车辆，自海关放行之日起2年内不准转让或者出售。

第三，根据《使馆进出境物品监管办法》的有关规定可以转让或者出售的免税进境机动车辆，在转让或者出售时，应当向主管海关提出申请，经批准后方可以按规定转让给其他国家驻中国使馆和使馆人员、常驻机构和常驻人员或者海关批准的特许经营单位。其中需要征税的，应当由受让方向海关办理补税手续。受让方为其他国家驻中国使馆和使馆人员的，其机动车辆进境指标相应扣减。机动车辆受让方同样享有免税运进机动车辆权利的，受让机动车辆予以免税。受让方主管海关在该机动车辆的剩余监管年限内实施后续监管。

第四，使馆和使馆人员的免税进境的机动车辆在海关监管期限届满后，可以向海关申请解除监管。申请解除监管时，使馆应当出具照会，并持“中华人民共和国海关公/自用车辆解除监管申请表”、“机动车辆行驶证”等向主管海关申请办理解除监管手续。主管海关核准后，使馆和使馆人员凭海关开具的“监管车辆解除监管证明书”向公安交通管理部门办理有关手续。

第五，免税进境的机动车辆在监管期限内因事故、不可抗力遭受严重损毁，或者因损耗、超过使用年限等原因丧失使用价值的，使馆和使馆人员可以向主管海关申请报废车辆。海关审核同意后，开具“监管车辆进/出境领/销牌照通知书”和“监管车辆解除监管证明书”，使馆和使馆人员凭此向公安交通管理部门办理机动车辆注销手续，并持“监管车辆进/出境领/销牌照通知书”回执到主管海关办理机动车辆结案手续。

第六，免税进境的机动车辆有下列情形的，使馆和使馆人员可以按照相同数量重新申请进境机动车辆：按照《使馆进出境物品监管办法》的有关规定被依法转让、出售，并且已办理相关手续的；因事故、不可抗力原因遭受严重损毁，或者因损耗、超过使用年限等原因丧失使用价值，已办理结案手续的。

五、 海关对进出境外交邮袋的监管

第一，使馆发送或者接收的外交邮袋，应当以装载外交文件或者公务用品为限，并符合中国政府关于外交邮袋重量、体积等的相关规定，同时施加使馆已在海关备案的封志。

第二，外交信使携带（含附载于同一运输工具的）外交邮袋进出境时，必须持有派遣国主管机关出具的载明其身份和所携外交邮袋件数的信使证明书。海关验核信使证明书无误后予以免验放行。

第三，外交邮袋由商业飞机机长转递时，机长必须持有委托国的官方证明文件，注明所携带的外交邮袋的件数。使馆应当派使馆人员向机长交接外交邮袋。海关验核外交邮袋封志和使馆人员身份证件无误后予以免验放行。

第二节　常驻机构及常驻人员公务用品、自用物品进出境监管

一、常驻机构及常驻人员的概念

（一）常驻机构的概念

“常驻机构”是指境外企业、新闻机构、经贸机构、文化团体及其他境外法人，经中华人民共和国政府主管部门批准，在境内设立的常设机构。

（二）常驻人员的概念

“常驻人员”指非居民长期旅客中的下列人员：

1. 境外企业、新闻机构、经贸机构、文化团体及其他境外法人，经中华人民共和国政府主管部门批准，在境内设立的并在海关备案的常设机构内的工作人员；

2. 在海关注册登记的外商投资企业内的人员；

3. 入境长期工作的专家。

二、海关对常驻机构进出境物品的监管规定（公用物品及车辆）

（一）海关对常驻机构进出境物品的监管规定

常驻机构的公用物品是指常驻机构开展业务所必需的办公设备、办公用品及机动车辆。常驻机构首次申请进境公用物品前，应当凭下列文件向主管海关办理备案手续：

1. 审批机关的批准文件正本和复印件；

2. 主管部门颁发的注册证明正本和复印件；

3. 常驻机构报关印章式样；

4. 常驻机构负责人签字式样、身份证件正本和复印件；

5. 常驻机构中常驻人员名册，名册含常驻人员姓名、性别、国籍、有效进出境证件号码、长期居留证件号码、到任时间、任期、职务及在中国境内的住址等内容。

根据规定，常驻机构办理海关备案时，还应当登录中国电子口岸预录入系统，向主管海关发送相关电子数据信息。

主管海关审核无误后，核发“中华人民共和国海关常驻机构备案证”（以下简称“常驻机构备案证”）。“常驻机构备案证”涉及的内容如有变更，应当自变更之日起10个工作日内到主管海关办理变更手续。

（二）常驻机构进境公用物品的通关手续

常驻机构办理海关注册备案后，可以申请进境公用物品。申请时应当向主管海关交验下列单证，并通过中国电子口岸预录入系统，向主管海关发送相关电子数据信息：

1. “常驻机构备案证”；

2. “中华人民共和国海关进出境公用物品申请表”（以下简称“进出境公用物品申请表”）一式四联；

3. 提（运）单、装箱清单和发票等相关单证。

常驻机构申请进境机动车辆时，除交验前款规定的单证外，还应当交验本机构所有常驻人员的有效身份证件，主管海关自接受申请之日起5个工作日内答复。

常驻机构在物品进境地海关办理公用物品的报关手续时，应当填写或者委托报关企业填写“中华人民共和国海关进口货物报关单”，提交经主管海关审批的“进出境公用物品申请表”，并交验提（运）单、发票、装箱单等相关单证。

（三）常驻机构出境公用物品的通关手续

常驻机构将原进境的公用物品复运出境，应当持“常驻机构备案证”、“进出境公用物品申请表”等相关单证向主管海关提出申请，并且通过登录中国电子口岸预录入系统，向主管海关发送电子申报信息。主管海关自接受申请之日起3个工作日内答复。主管海关审核批准后，常驻机构持主管海关的批准关封至物品出境地海关办理相关手续。

（四）海关对常驻机构进出境机动车辆的监管规定

1. 常驻机构进境机动车辆的监管规定

常驻机构因工作需要，可以向主管海关申请进境机动车辆（仅限新车）。

（1）常驻机构申请进境机动车辆，主管海关按照该机构常驻人员的实际人数核定其进境车辆的总数。

（2）常驻机构申请进境机动车辆，应向主管海关提交“常驻机构备案证”、提（运）单、装箱清单、发票等相关单证，填写“进出境公用物品申请表”一式四联，交验本机构所有常驻人员的有效身份证件。主管海关自接受申请之日起5个工作日内答复。

（3）常驻机构在物品进境地海关办理机动车辆的报关手续时，应当填写或者委托报关企业填写“中华人民共和国海关进口货物报关单”，提交经主管海关审批的“进出境公用物品申请表”，并交验提（运）单、发票、装箱单等相关单证。

（4）常驻机构经审核批准进境的机动车辆，应当自海关放行之日起10个工作日内，向主管海关申领“监管车辆进/出境领/销牌照通知书”，办理机动车辆牌照申领手续。其中免税进境的机动车辆，常驻机构还应当自取得“监管车辆进/出境领/销牌照通知书”之日起10个工作日内，持公安交通管理部门颁发的“机动车辆行驶证”向主管海关申领“中华人民共和国海关监管车辆登记证”（以下简称“监管车辆登记证”）。

（5）进境机动车辆有丢失、被盗、转让或出售给他人、超出监管期限等情形的，常驻机构不得重新申请进境机动车辆。

（6）进境机动车辆因事故、不可抗力等原因遭受严重损毁或因损耗、超过使用年限等原因丧失使用价值，经报废处理后，常驻机构凭公安交通管理部门出具的机动车辆注销证明，经主管海关同意办理机动车辆结案手续后，可按结案数量重新申请进境机动车辆。

2. 免税进境机动车辆的后续监管

（1）常驻机构依据规定免税进境的机动车辆属于海关监管机动车辆，主管海关对其实施后续监管，监管期限为自海关放行之日起6年。未经海关批准，进境机动车辆在海关监管期限内不得擅自转让、出售、出租、抵押、质押或者进行其他处置。

（2）海关对监管的常驻机构进境机动车辆实行年审制度。常驻机构应当在规定时间内，将进境机动车辆驶至指定地点，持“监管车辆登记证”、“机动车辆行驶证”、“常驻机构备案证”到主管海关办理机动车辆海关年审手续。

（3）常驻机构机动车辆自海关放行之日起超过4年的，经主管海关批准，可以按规定将机动车辆转让给其他常驻机构或者常驻人员，或者出售给特许经营单位。受让方机动车辆进境指标相应扣减。

（4）机动车辆受让方同样享有免税进境机动车辆权利的，受让机动车辆予以免税，受让方主管海关在该机动车辆的剩余监管年限内实施后续监管。受让方不享有免税权利的，应当由受让方向其主管海关依法补缴税款。

（5）免税进境机动车辆海关监管期限届满的，常驻机构应当持“中华人民共和国海关公/自用车辆解除监管申请表”、“监管车辆登记证”、“机动车辆行驶证”和“常驻机构海关备案证”向主管海关申请解除监管。主管海关核准后，开具“监管车辆解除监管证明书”，常驻机构凭此向公安交通管理部门办理有关手续。

3. 常驻机构出境机动车辆的监管规定

常驻机构申请将原进境机动车辆复运出境的，应当持“常驻机构备案证”、“进出境自用物品申请表”等有关单证向主管海关提出申请，同时通过中国电子口岸预录入系统，向主管海关发送相关电子数据信息。主管海关在审核批准后开具“监管车辆进/出境领/销牌照通知书”，常驻机构凭此向公安交通管理部门办理注销牌照手续。主管海关收到“监管车辆进/出境领/销牌照通知书”回执联后，应将牌照注销情况在“进出境公用物品申请表”上批注。

三、海关对常驻人员进出境物品的监管规定（自用物品及车辆）

（一）海关对常驻人员进出境物品的监管规定

1. 常驻人员取得境内长期居留证明后可以申请进境自用物品。对于首次申请进境的自用物品，海关予以免税，但按照规定准予进境的机动车辆和国家规定应当征税的 20 种商品除外。再次申请进境的自用物品，一律予以征税。

2. 自用物品指常驻人员在境内居留期间日常生活所必需的，“中华人民共和国海关旅客进出境行李物品分类表”所列物品（烟、酒除外）及机动车辆。

（二）常驻人员进出境物品的通关手续

1. 常驻人员申请进境自用物品时，除应向海关提交中华人民共和国主管部门颁发的长期居留证件外，还应提交本人的身份证件、提（运）单、装箱单等相关单证，填写“进出境自用物品申请表”，向境内居住地主管海关提出申请，并通过中国电子口岸预录入系统向主管海关发送相关电子申报数据信息。主管海关自接受申请之日起 3 个工作日内答复。主管海关审核批准后，进境地海关凭主管海关的审批单证及其他相关单证、发送的电子数据信息予以验放。

2. 常驻人员的身份证件指中华人民共和国主管部门颁发的“外国（地区）企业常驻代表机构工作证”、“中华人民共和国外国人就业证”、“中华人民共和国外国专家证”等证件，以及进出境使用的护照、“港澳居民来往内地通行证”、“台湾居民来往大陆通行证”等。

3. 常驻人员将原进境的自用物品复运出境，应当持身份证件、长期居留证件、“进出境自用物品申请表”及物品清单等有关单证向主管海关提出申请，并通过中国电子口岸预录入系统向主管海关发送电子申报信息。主管海关自接受申请之日起 3 个工作日内答复。主管海关审核批准后，常驻人员持主管海关的批准关封至物品出境地海关办理相关手续。

（三）海关对常驻人员进出境机动车辆的监管规定

1. 根据规定，常驻人员在取得境内长期居留证件后，可以申请进境自用机动车辆 1 辆（仅限新车），主管海关自接受申请之日起 5 个工作日内答复。

2. 常驻人员申请进境自用车辆时，应当向居住地主管海关提出书面申请。除应提交本人的有效身份证件、长期居留证件外，还应交验其所在常驻机构的“常驻机构备案证”或者所在外商投资企业的“进出口货物收发货人报关登记证书”，以及提（运）单、装箱清单、发票等相关单证，同时通过中国电子口岸预录入系统，向主管海关发送相关电子申报数据信息。

3. 常驻人员的经批准进境的机动车辆，应当自进境地海关放行之日起10个工作日内，向主管海关申领“监管车辆进/出境领/销牌照通知书”，办理机动车辆牌照申领手续。其中免税进境的机动车辆，常驻人员还应当自取得“监管车辆进/出境领/销牌照通知书”之日起10个工作日内，持公安交通管理部门颁发的“机动车辆行驶证”向主管海关申领“监管车辆登记证”。

4. 根据规定，常驻人员的征税进境的机动车辆，自向公安交通管理部门办结车辆登记手续之日起1年后，方可准予转让过户。常驻人员机动车辆转让过户时，应当向主管海关交验以下单证：

（1）身份证件；

（2）长期居留证件；

（3）进境机动车辆的“机动车辆行驶证”；

（4）常驻人员所在常驻机构的“常驻机构备案证”或者所在企业的“报关注册登记证明书”；

（5）填写的“中华人民共和国海关公/自用车辆解除监管申请表”。

主管海关审核无误后，开具“监管车辆解除监管证明书”，常驻人员凭此向公安交通管理部门办理有关车辆转让过户手续。

5. 常驻人员依据《海关对非居民长期旅客进出境自用物品监管办法》免税进境的机动车辆属于海关监管车辆，主管海关对其实施后续监管，监管期限为自海关放行之日起6年。

6. 海关对常驻人员进境监管机动车辆实行年审制度。常驻人员应当根据主管海关的公告，在规定时间内，将进境监管机动车辆驶至指定地点，持本人身份证件、长期居留证件、“监管车辆登记证”、“机动车辆行驶证”到主管海关办理机动车辆海关年审手续。年审合格后，主管海关在“监管车辆登记证”上加盖年审印章。

7. 常驻人员免税进境机动车辆的海关监管期限届满的，应当持“中华人民共和国海关公/自用车辆解除监管申请表”、本人身份证件、长期居留证件、“监管车辆登记证”和“机动车辆行驶证”向主管海关申请解除监管。主管海关核准后，开具“监管车辆解除监管证明书”，常驻人员凭有关证明向公安交通管理部门办理有关手续。

第十七章 免税品、外汇免税商品和离岛免税商品管理

第一节 免税品管理

一、 免税品的概念

"免税品"是指经营单位按照海关总署核准的经营品种，免税运进专供免税商店向规定的对象销售的进口商品，包括试用品及进口赠品。

二、 经营单位的资质

"经营单位"是指经国务院或者其授权部门批准，具备开展免税品业务经营资格的企业。

"免税商店"是指经海关总署批准，由经营单位在中华人民共和国国务院或者其授权部门批准的地点设立符合海关监管要求的销售场所和存放免税品的监管仓库，向规定的对象销售免税品的企业，具体包括口岸免税商店、运输工具免税商店、市内免税商店、外交人员免税商店和供船免税商店等。

三、 免税商店的设立、 终止的管理

（一）经营单位设立免税商店，应当向海关总署提出书面申请，并且符合以下条件：

1. 具有独立法人资格；

2. 具备符合海关监管要求的免税品销售场所及免税品监管仓库；

3. 具备符合海关监管要求的计算机管理系统，能够向海关提供免税品出入库、销售等信息；

4. 具备一定的经营规模，其中申请设立口岸免税商店的，口岸免税商店所在的口岸年进出境人员应当不少于5万人次；

5. 具备包括合作协议、经营模式、法人代表等内容完备的企业章程和完备的内部财务管理制度；

6. 有关法律、行政法规、海关规章规定的其他条件。

（二）海关总署按照《行政许可法》及《海关实施〈中华人民共和国行政许可法〉办法》规定的程序和期限办理免税商店的审批事项。

（三）免税品销售场所的设立应当符合海关监管要求。其中，口岸免税商店的销售场所应当设在口岸隔离区内；运输工具免税商店的销售场所应当设在从事国际运营的运输工具内；市内免税商店的销售提货点应当设在口岸出境隔离区内。

（四）免税品监管仓库的设立应当符合以下条件和要求：

1. 具备符合海关监管要求的安全隔离设施；

2. 建立专门的仓库管理制度，编制月度进、出、存情况表，并且配备专职仓库管理员，报海关备案；

3. 只允许存放所属免税商店的免税品；

4. 符合国家有关法律、行政法规、海关规章规定的其他条件和要求。

（五）经批准设立的免税商店，应当在开展经营业务 1 个月前向主管海关提出验收申请。经主管海关验收合格后，向主管海关办理备案手续，并且提交下列材料：

1. 海关总署批准文件的复印件；

2. 工商营业执照正、副本的复印件；

3. 税务登记证的复印件；

4. 免税品经营场所和监管仓库平面图、面积和位置示意图；

5. 免税商店业务专用章印模；

6. 免税商店法定代表人身份证件的复印件。

要求提交复印件的，应当同时提交原件验核。

上述材料所载内容发生变更的，应当自变更之日起 10 个工作日内到主管海关办理变更手续。

（六）经营单位申请暂停、终止或者恢复其免税商店经营需要报海关总署批准。免税商店应当在经营单位提出暂停或者终止经营申请前办理库存免税品结案等相关海关手续。

经批准设立的免税商店，自批准之日起 1 年内无正当理由未对外营业的，或者暂停经营 1 年以上的，或者变更经营合作方的，应当按照《中华人民共和国海关对免税商店及免税品监管办法》的相关规定重新办理有关申请手续。

（七）更改免税商店名称、免税品销售场所或者监管仓库地址或面积，应当由经营单位报海关总署批准。

注：国家对口岸进境免税店实行特许经营。国家统筹安排口岸进境免税店的布局和建设。口岸进境免税店的布局选址应根据出入境旅客流量，结合区域布局因素，满足节约资源、保护环境、有序竞争、避免浪费、便于监管的要求。

设立口岸进境免税店的数量、口岸和营业场所的规模控制，由财政部会同商务部、海关总署、国家税务总局和国家旅游局提出意见报国务院审批。

四、海关对免税品的监管规定

（一）进口及入出库

1. 经营单位为免税商店进口免税品，应当填写“中华人民共和国海关进口货物报关单”，并且加盖经营单位在主管海关备案的报关专用章，向主管海关办理免税品进口手续。

2. 免税品从异地进口的，经营单位应当按照《中华人民共和国海关对转关运输货物监管办法》的有关规定，将免税品转关运输至主管海关办理进口手续。

3. 免税品进入监管仓库，免税商店应当填写“免税品入/出监管仓库准单”，并且随附其他有关单证，向主管海关提出申请。主管海关经审核无误，监管免税品入库。

未经海关批准，免税品入库后不得进行加工或者组装。

4. 免税商店将免税品调出监管仓库进入经营场所销售前，应当填写“免税品入/出监管仓库准单”，向主管海关提出申请。主管海关经审核无误，监管有关免税品从监管仓库调出进入销售场所。

（二）调拨

免税商店之间调拨免税品的，调入地免税商店应当填写“免税品调拨准单”，向其主管海关提出申请。经批准后，调出地免税商店按照《中华人民共和国海关对转关运输货物监管办法》的规定，将免税品转关运输至调入地免税商店。

（三）销售

免税商店销售的免税进口烟草制品和酒精饮料内、外包装的显著位置上均应当加印“中国关税未付（China Duty Not Paid）”中、英文字样。

免税商店应当按照海关要求制作免税品销售发货单据，其中口岸免税商店应当在免税品销售发货单据上填写进出境人员搭乘运输工具凭证或者其进出境有效证件信息等有关内容。

口岸进境免税店免税购物金额，在维持居民旅客进境物品5000元人民币免税限额不变基础上，允许其在口岸进境免税店增加一定数量的免税购物额，连同境外免税购物额总计不超过8000元人民币。

（四）报损和核销

1. 在办理入库手续期间发生溢卸或者短缺的，免税商店应当及时向主管海关书面报告。主管海关核实无误后出具查验记录，准予免税商店修改“免税品入/出监管仓库准单”相关数据内容。

2. 免税品在储存或者销售期间发生损毁或者灭失的，免税商店应当及时向主管海关书面报告。如果由不可抗力造成的，免税商店应当填写“免税品报损准单”，主管海关核实无误后准予免税结案。

免税品在储存或者销售期间由于其他原因发生损毁或者灭失的，免税商店应当依法缴纳损毁或者灭失免税品的税款。

3. 免税品如果发生过期不能使用或者变质的，免税商店应当向主管海关书面报告，并且填写“免税品报损准单”。主管海关查验核准后，准予退运或者在海关监督下销毁。

4. 免税商店应当建立专门账册，并且在每季度第一个月25日前将上季度免税品入库、出库、销售、库存、调拨、损毁、灭失、过期等情况编制清单，填写“免税品明细账”，随附销售发货单、“免税品库存数量单”、“出口货物报关单”等有关单据，向主管海关办理免税品核销手续。主管海关认为必要时可以派员到免税品经营场所和监管仓库实地检查。

五、免税品销售对象

旅客在口岸免税商店购买免税品，海关按照旅客行李物品的有关规定予以验放。

口岸免税商店的销售对象限于已办结出境手续、即将前往境外的人员，以及尚未办理进境手续的人员。免税商店应当凭其搭乘运输工具的凭证或者其进出境的有效证件向其销售免税品。

运输工具免税商店的销售对象限于搭乘进出境运输工具的进出境人员。免税商店限于运输工具在国际（地区）航行期间经营。免税商店应当向主管海关交验由运输工具负责人或者其代理人签字的“免税品销售明细单”。

市内免税商店的销售对象限于即将出境的境外人员，免税商店凭其出境有效证件及机（船、车）票向其销售免税品，并且应当在口岸隔离区内将免税品交付购买人员本人携带出境。

外交人员免税商店的销售对象限于外国驻华外交代表、领事机构及其外交人员、领事官员，以及其他享受外交特权和豁免的机构和人员，免税商店应当凭上述机构和人员所在地的直属海关或者经直属海关授权的隶属海关按照有关规定核准的限量、限值向其销售免税品。

供船免税商店的销售对象限于出境的国际（地区）航行船舶及船员。供船免税商店应当向主管海关提出供船申请，填写“免税品供船准单”，在海关监管下进行国际（地区）船舶的供船工作。

六、口岸免税商店经营的品种

（一）出境口岸免税商店经营的品种

免税店经营的免税品品种，限于海关总署批准的经营品种范围。

经海关总署批准的出境口岸免税店经营的免税品品种有烟（含雪茄、烟丝）、酒、化妆品（含香水、护肤品)、食品、糖果、饮料（含咖啡)、皮具手袋、公文箱、皮包、钟、表、笔、太阳眼镜、体育用品、工艺品、玩具、日用小电器、服装服饰（含领带、围巾、鞋、帽)、药品（包括常备中成药、人造冬虫夏草及其制品)、保健品。

（二）口岸进境免税店经营品类

烟、酒、香化产品（彩妆、护肤品、香水)、美容美发及保健器材（剃须刀、化妆工具、美容及保健器材)、手表（手表、表带、表链)、眼镜（眼镜、太阳镜、眼镜片、眼镜框)、一、二类家用医疗器械（血糖计、血糖试纸、电子血压计、红外线人体测温仪，要求已取得进口医疗器械注册证或备案凭证)、纺织品和鞋子（服装、丝巾、围巾、领带、手套、手帕、皮带、袜子、鞋子、帽子、其他棉织品、其他毛织品)、小皮件和箱包、首饰和工艺品（首饰、工艺品、摆件、挂件)、食品和保健食品［饼干、干果、果脯、保健品、蜂蜜、咖啡、咖啡豆、谷物片、奶茶、巧克力、糖果、蜂王浆制剂、西洋参胶囊（冲剂)、红参胶囊（冲剂)、高丽参胶囊（冲剂)、鱼油、维生素、钙片、胶原蛋白，参制品、保健食品、蜂蜜、蜂王浆制剂须为非首次进口，即已取得进口保健食品批准证书］、婴儿配方奶粉或辅食（零售包装的婴幼儿配方奶粉及辅食，婴儿配方奶粉应符合《进出口乳品检验检疫监督管理办法》的要求)、尿不湿、其他百货［笔、玩具（含童车)、转换插头］。

第二节　外汇免税商品管理

一、外汇免税商品的概念

“外汇免税商品”是指经批准专供已入境的特定对象，经海关审核后，在规定的限量、限值内购买的进口商品。

二、经营单位及销售对象

境内外汇免税商品的经营单位按照应供应的对象分为：

中国出国人员服务总公司、中国远洋运输公司供应处、外交部供应处经营的出国人员外汇免税商店。其供应对象为各类出国人员和赴港澳地区人员，包括劳务人员和中国国际运输工具服务人员等。

中国华侨旅游侨汇服务总公司开展免税外汇商品供应业务的免税商店。其供应对象为华侨、外籍华人、台胞和各类出国人员。

三、海关对外汇免税商品的监管

外汇商品经营单位（以下简称经营单位）的经营资格须经国务院批准；其设立下属免税店、供应站、服务部等分支机构由海关总署主管部门批准。外汇商品销售场所、存放外汇商品的监管仓库等须满足海关监管条件。

经营单位对本系统各分支机构实行集中统一管理，统一对外签约组织进货，统一报关进口。进口外汇商品须由经海关登记备案的具有报关资格的企业向海关办理进口报关手续。经营单位销售外汇商品的品种由海关核定。

免税国产品属海关监管货物，如需转关进口货物时，由指运地海关出具“进口货物转关运输联系单”，按转关运输货物转至免税国产品经营单位的保税监管仓库。经营单位凭指运地海关出具的

“进口转关运输货物申报单”回执，向其主管海关办理核销手续。

符合购买条件的旅客购买外汇商品应以自用、合理数量为原则，其中“旅客进出境行李物品分类表”（以下简称分类表）第一类未列名物品按海关总署规定的限值掌握，列名的衣料、衣着、鞋、帽、工艺美术品不计入该限值内。旅客进境时携带的分类表中第一类物品和境内补购的第一类物品，不合并计算。

旅客购买分类表中第三类物品由海关根据旅客在外天数，依照有关规定计算免税指标。其中，价值人民币1000元以上，5000元以下（含5000元）的生活用品，驻境外的外交机构人员、我国出国留学人员和访问学者、赴外劳务人员和援外人员，连续在外每满180天（留学人员和访问学者免税限量的计算从注册入学之日起至毕结业之日止），远洋船员在外每满120天任选其中1件免税。上述所列人员在外工作、学习期满回国时最后验放期限不满180天（船员120天），但超过150天（船员90天）的，也按180天（船员120天）验放。

上述旅客境内补购的第三类物品，同一种物品每公历年度内不得重复，其他旅客每公历年度内进境可任选其中1件征税。

经营单位的各分支机构在本系统内调拨进口外汇商品的，应报经营单位同意，并由经营单位同时向调入地和调出地海关提出书面申请。调出地海关凭调入地海关签发的转关联系函，参照转关运输货物的有关规定办理。

进口外汇商品原则上不在不同经营单位之间调拨，特殊情况确需调拨的，应由调入和调出的经营单位共同向海关总署主管部门提出申请。经批准后，按转关运输货物的有关规定办理。

经营单位因故需将外汇商品退运出境的。应向海关总署主管部门提出书面申请，经批准后凭以向主管海关办理验放手续。

对不能退运的残次物品，经营单位可每年一次向其主管海关书面申请处理。书面申请应包含提出处理的理由及拟采用的处理方法并随附清单等内容。

残次物品的清单须列明品名、规格型号、数量、原进口价格等项目，多联的清单须加盖经营单位公章的骑缝章。处理方法可以有以下几种：

一是补证补税转内销；

二是由海关派员监督销毁；

三是放弃交由海关处理；

四是其他由海关总署批准的方法。

经营单位的分支机构应于每月的最后一天向其主管海关报送上月26日至本月25日的外汇商品进出转售存月报表一式二份，并随附整理齐全的销售货券海关核销联。海关有权对有关账册和单据进行调阅、检查。

四、外汇商品验放规定

（一）进口报关

经营单位向海关申报进口外汇商品时，须向海关提供下列单证：加盖有关经营单位报关专用章的进口报关单（一式五份）、发票、装箱单、提单、合同、海关需要的其他单证。

（二）进口外汇商品调拨

经营单位办理进口外汇商品调拨手续时，须向调出地海关提供下列单证：

1. 加盖有关经营单位报关专用章的转关运输货物申报单一式四份；
2. 调入地海关签发的转关联系单或海关总署主管部门的批准文件；

3. 调拨物品的清单，须列明品名、规格、数量、金额等。多联的清单须加盖经营单位公章的骑缝章；

4. 海关需要的其他单证。

（三）退运出境

经营单位办理外汇商品退运出境手续时，须向海关提供下列单证：

1. 加盖有关经营单位报关专用章的出口报关单一式五份；

2. 海关总署主管部门的批准文件；

3. 退运物品的清单，须列明品名、规格、数量、金额等，多联的清单须加盖经营单位公章的骑缝章；

4. 海关需要的其他单证。

（四）中国籍旅客购买免税外汇商品

中国籍旅客应自入境之日起半年内持本人护照等有效旅行证件、经入境地海关签章的旅客行李申报单或“进口免税物品登记证”，购买免税外汇商品，具体需要证件如下：

1. 外交人员：交验有效外交护照、“进口免税物品登记证”（以下简称登记证）；

2. 外交机构中持公务护照的公勤人员等：交验所持公务护照、驻外人员身份证明、登记证；

3. 留学回国人员（包括访问学者、进修人员）：交验有效护照、毕业（结业）证书、留学回国人员证明；

4. 援外人员：交验有效护照、驻外人员身份证明、登记证；

5. 劳务人员：交验有效护照、登记证、“中华人民共和国外派劳务培训合格证”或“中华人民共和国外派研修生培训合格证”；

6. 远洋船员：交验“海员证”、“运输工具服务人员携带物品登记证”。

上述人员所持护照本次入境边防章右下角加盖有年份章的，应同时出示本次入境时填报的“中华人民共和国海关进出境旅客行李物品申报单”，外交、援外、劳务人员所持护照入境记录或底页无海关“证”字章者，可免交登记证。

劳务人员如因种种原因确无法提供“中华人民共和国外派劳务培训合格证”或“中华人民共和国外派研修生培训合格证”的，海关可验凭其主管或派出部门（厅、局级）出具的有关证明。

7. 其他持护照进出境的中国籍旅客：交验有效护照。

（五）委托购买

外交人员、援外人员、劳务人员本人不能回来办理外汇商品购买手续的，可委托他人购买。海关凭驻外外交机构出具的“驻外人员身份证明”、外交机构出具的托带物品证明和登记证正本办理有关手续。

第三节　离岛免税商品管理

一、离岛免税的概念

“离岛免税”是指对乘飞机（或火车）离岛（不包括离境）旅客实行限次、限值、限量和限品种免进口税购物，在实施离岛免税政策的免税商店内付款，在机场（或离岛火车站）隔离区提货离岛的税收优惠政策。目前仅在海南岛开展此项业务。

二、离岛免税经营单位的资质

海南离岛旅客免税购物商店（以下简称离岛免税商店），是指对乘飞机（或火车）离岛（不包括离境）旅客实行限次、限值、限量和限品种免进口税购物的经营场所。

离岛免税商店为自主经营、自负盈亏的独立企业法人。其经营主体可为单一股东或多元股东，可采取参股、合作等方式经营离岛免税商店，具有免税品经销资格的企业必须对离岛免税商店绝对控股。

三、离岛免税商店的设立、终止的管理

（一）国家统筹安排海南离岛免税商店的布局和建设。离岛免税商店的布局选址应符合海南国际旅游岛建设总体规划，满足节约资源、保护环境、有序竞争、避免浪费、便于监管的要求，由海南省人民政府提出意见，送财政部会同海关总署、税务总局、商务部审核后，报国务院批准。

（二）设立离岛免税商店，由具有免税品经销资格的经营主体提出申请，财政部会同海关总署、税务总局和商务部审核并提出意见，报请国务院批准。经营主体提出申请时需提交以下材料：

1. 经营主体合作协议（包括各股东持股比例、经营主体业务关联互补情况等。独资设立免税店除外）。

2. 经营主体的基本情况（包括企业性质、营业范围、生产经营、资产负债等方面。；

3. 包括可行性研究报告，设立离岛免税商店所涉及的经营场所选址、机场隔离区购物提货场所等初步意向性协议或安排。

（三）具有免税品经销资格的经营主体应当具备以下条件：

1. 注册资本不低于 1 亿元人民币；

2. 依法按时足额缴纳免税商品特许经营费和各项税费，无不良记录（新设企业除外）；

3. 完备的企业章程和内部财务管理制度；

4. 法律法规规定的其他条件。

（四）已经批准设立的离岛免税商店不得以设立分店、分柜台，不得以通过变更营业场所地址、面积等手段，擅自扩大免税品经销区域。

（五）经批准设立的离岛免税商店，如发生经营主体新增或退出、经营主体持股比例变化；变更营业场所地址、面积；需暂停、终止或恢复经营离岛免税购物业务等情况，应报经财政部会同海关总署、税务总局和商务部核准。

（六）经批准设立的离岛免税商店，应自批准之日起，12 个月内完成免税商店建设并开始营业。

四、离岛免税商品品种

离岛免税商品限定为进口品，目前具体商品品种限定为首饰、工艺品、手表、香水、化妆品、笔、眼镜（含太阳镜）、丝巾、领带、毛织品、棉织品、服装服饰、鞋帽、皮带、箱包、小皮件、糖果、体育用品、美容及保健器材、餐具及厨房用品、玩具（含童车）、婴儿配方奶粉及辅食、咖啡（咖啡豆、浓缩咖啡）、参制品［西洋参胶囊（冲剂）、红参胶囊（冲剂）、高丽参胶囊（冲剂）］、谷物食品（谷物片）、保健食品（鱼油、维生素、钙片、胶原蛋白）、蜂王浆制剂、橄榄油、尿不湿、陶瓷制品（骨瓷器皿等）、玻璃制品（玻璃器皿等）、家用空气净化器及配件、家用小五金（锁具、水龙头、淋浴装置）、钟（挂钟、座钟、闹钟等）、转换插头、表带（表链）、眼镜片（眼镜框）、一、二类家用医疗器械（血糖计、血糖试纸、电子血压计、红外线人体测温仪），

商品品种扩大至38种，国家规定不符合民航安全要求、禁止进口及20种不予减免税、濒危动物的制品除外。

五、免税购物离岛次数、金额、数量和重量

（一）免税购物离岛次数

离岛旅客中的岛内居民每个公历年度最多可以享受1次离岛免税购物政策，非岛内居民每个公历年度可不限次享受离岛免税购物政策。旅客购物后乘飞机（或火车）离岛记为1次免税购物。同一旅客在同一年度内乘飞机和乘火车免税购物合并计算，且不得超过离岛免税政策的额度限制规定。

海关对境内人员以居民身份证签发机关为依据认定岛内居民、非岛内居民身份，对境外人员则以其所持进出境有效证件认定身份。

（二）免税购物金额、数量和重量

1. 免税购物金额

岛内居民旅客：单价人民币8000元以下商品，累计购物金额不超过人民币8000元（含8000元）；非岛内居民旅客：单价人民币8000元以下商品，每年累计购物金额不超过人民币16000元（含16000元）。

此外，免税限额中如有剩余（或未使用），旅客可以在购买1件单价8000元以上商品时调剂使用，相应扣减应缴进境物品进口税的税基，即旅客在以“离岛免税商店商品零售价格减去剩余免税限额”计价缴纳进境物品进口税的条件下，每人每次还可以购买1件单价8000元以上的商品（非岛内居民旅客每年最多可购买2件单价8000元以上的商品）。

2. 免税购物数量和重量

购买免税商品数量和重量范围依据《财政部关于进一步调整海南离岛旅客免税购物政策的公告》（财政部公告2015年第8号）和《关于修订海南离岛旅客免税购物监管暂行办法的公告》（海关总署公告2015年第7号）执行。

免税品品种名称	数量范围
首饰	6件
工艺品	4件
手表	6件
香水	8件
化妆品	12件
笔	6件
眼镜（含太阳镜）	4件
丝巾	4件
领带	4件
毛织品	4件
棉织品	4件
服装服饰	6件
鞋帽	4件

续表

免税品品品种名称	数量范围
皮带	4 件
箱包	4 件
小皮件	6 件
糖果	12 件
体育用品	6 件
美容和保健器材	4 件
餐具及厨房用品	4 件
玩具（含童车）	6 件
婴儿配方奶粉及辅食（零售包装的婴幼儿配方奶粉及辅食）	限购 4 件且合计重量不超过 5 千克
咖啡（咖啡豆、浓缩咖啡）	限购 6 件且合计重量不超过 3 千克
参制品［西洋参胶囊（冲剂）、红参胶囊（冲剂）、高丽参胶囊（冲剂）］	限购 6 件且合计重量不超过 3 千克
谷物食品（谷物片）	限购 6 件且合计重量不超过 6 千克
保健食品（鱼油、维生素、钙片、胶原蛋白）	限购 8 件且合计重量不超过 3 千克
蜂王浆制剂	限购 8 件且合计重量不超过 1 千克
橄榄油	限购 6 件且合计重量不超过 5 千克
尿不湿	8 件
陶瓷制品（骨瓷器皿等）	4 件
玻璃制品（玻璃器皿等）	4 件
家用空气净化器及配件	2 台，配件 6 件
家用小五金（锁具、水龙头、淋浴装置）	8 件
钟（挂钟、座钟、闹钟等）	4 件
转换插头	4 件
表带、表链	4 件
眼镜片、眼镜框	4 件
一、二类家用医疗器械（血糖计、血糖试纸、电子血压计、红外线人体测温仪）	4 件

注：1 件商品是指具有单一、完整包装及独立标价的商品，但套装商品按包装内所含商品的实际件数计算。上述商品中，国家规定不符合民航安全要求、禁止进口及 20 种不予减免税、濒危动物的制品除外。

六、 海关对离岛旅客的监管

离岛旅客购买单价在 8000 元以上的免税品，海关以依法确定的完税价格计征税款［8000 元免税限额中如有剩余（或未使用），旅客可以在购买 1 件单价 8000 元以上商品时调剂使用，相应扣减应缴进境物品进口税的税基，即旅客在以“商品零售价格-剩余免税额度”计价缴纳进境物品进口税］。离岛旅客可以通过免税商店向海关办理税款缴纳手续。

离岛旅客通过网上离岛免税销售窗口进行免税购物的，须凭本人身份证件和登机牌（或离岛火车票)、购物凭证等在机场（或离岛火车站）隔离区提货点提货并携运离岛。通过网上销售窗口进行免税购物要严格执行离岛免税政策的相关规定。

离岛旅客在提取免税品后，因航班（或车次）延误、取消等原因需要离开隔离区的，应当将免税品交由免税商店（包括提货点）代为保管，待实际乘飞机（或火车）离岛再次进入隔离区后提取。因航班（或车次）延误、取消造成实际离岛航班（或车次）日期与原离岛航班（或车次）日期不在同一日的，以原离岛航班（或车次）日期记为离岛日期。

离岛旅客有下列情形之一的，在3年内不得享受离岛免税购物政策：

（一）未按照规定将免税品携运离岛的；

（二）提供虚假身份证件或者使用不符合规定身份证件的；

（三）违反其他规定的。

七、 海关对离岛免税商店的监管

免税商店应当在机场和离岛火车站隔离区内设立提货点，并报经海关批准。隔离区和提货点均属于海关监管场所，有关设置标准应当符合海关监管要求。

离岛旅客超出规定的次数、商品品种和数额购买免税品的，免税商店一律不得销售。

免税商店应当每10天向海关集中办理一次税款缴纳手续，并于海关填发税款缴纳证之日起5个工作日内向指定银行缴纳税款。逾期缴纳税款的，海关自缴纳期限届满之日起至缴清税款之日止，按日加收滞纳税款万分之五的滞纳金。滞纳金的起征点为人民币50元。

免税商店应当按照海关监管要求将离岛旅客所购免税品施加封志，并运送至机场（或离岛火车站）隔离区内提货点。在离岛旅客提取前，免税商店应当确保已售免税品外部封志完好。

免税商店应当在免税品入库前，按照海关要求登记免税品电子数据信息。在旅客提货后，免税商店应当及时向海关传输符合海关规定格式的旅客信息、离岛信息和免税品销售信息等电子数据。因航班（或车次）延误、取消等原因造成免税品有异常处理的，免税商店应当将处理情况及时报告海关。

经批准设立的离岛免税商店的暂停、变更、终止营业，以及离岛免税品的登记、入出库、调拨、销售、征税、退税、补税、运送、提取和核销等业务，参照现行海关对免税商店及免税品有关规定办理。

第十八章　跨境贸易电子商务

第一节　跨境贸易电子商务概述

一、 海关跨境贸易电子商务监管相关概念

“参与跨境电子商务业务的企业”是指参与跨境电子商务业务的电子商务企业、电子商务交易平台企业、支付企业、物流企业等。

“电子商务企业”是指通过自建或者利用第三方电子商务交易平台开展跨境电子商务业务的企业。

“个人”是指境内居民。

“电子商务交易平台是指提供电子商务进出口商品交易、支付、配送服务的平台提供企业。

“电子商务通关服务平台”是指由电子口岸搭建，实现企业、海关及相关管理部门之间数据交换与信息共享的平台。

“电子商务通关管理平台”是指由中国海关搭建，实现对跨境贸易电子商务交易、仓储、物流和通关环节电子监管执法的平台。

二、 跨境贸易电子商务监管概述

(一) 跨境贸易电子商务发展状况简介

跨境电子商务作为一种新型贸易业态，短短十几年的时间呈现爆炸式增长的态势，越来越成为传统外贸的重要补充和未来发展的趋势，被企业和消费者广泛接受，已成为全球范围内整合资源、抢占市场的重要手段，也将是争夺未来国际贸易制高点的主战场。我国是兼有跨境电子商务生产和消费两大市场的国家，根据中国电子商务研究中心监测数据显示，从 2008 年到 2013 年，我国跨境电子商务交易额的复合年均增长率高达 31.1%，跨境电子商务的快速发展，正成为我国对外贸易新的增长点。

(二) 跨境贸易电子商务服务试点情况简介

跨境电子商务的兴起，也引起了我国政府对该新型业态成长的高度关注。

2011 年 11 月，国家发改展改革委等八部委联合下发通知，正式启动国家电子商务示范城市工作。

2012 年，海关总署牵头启动了跨境贸易电子商务服务试点工作，上海、重庆、杭州、宁波、郑州 5 个城市被确定为首批试点城市。

2013 年 8 月，国务院办公厅下发通知，明确提出建立电子商务出口新型海关监管模式并进行专项统计。海关对经营主体以邮件、快件等形式送达出境的跨境电子商务零售商品进行集中监管，并

采取清单核放、汇总申报的方式办理通关手续，降低报关费用。经营主体可在网上提交相关电子文件，并在货物实际出境后，按照外汇和税务部门要求，向海关申请签发报关单证明联。将电子商务出口纳入海关统计。

2014 年 1 月，海关总署发布《关于增列海关监管方式代码的公告》，从 2014 年 2 月 10 日起，增列海关监管方式代码“9610”，全称“跨境贸易电子商务”，简称“电子商务”，适用于境内个人或电子商务企业通过电子商务交易平台实现交易，并采用“清单核放、汇总申报”模式办理通关手续的电子商务零售进出口商品（通过海关特殊监管区域或保税监管场所一线的电子商务零售进出口商品除外）。

2014 年 7 月，海关总署发布《关于跨境贸易电子商务进出境货物、物品有关监管事宜的公告》，就电子商务进出境货物、物品海关监管事宜给出了全面的、具体的通关政策。

2014 年 8 月，海关总署发布《关于增列海关监管方式代码的公告》，增列海关监管方式代码“1210”，全称“保税跨境贸易电子商务”，简称“保税电商”。适用于境内个人或电子商务企业在经海关认可的电子商务平台实现跨境交易，并通过海关特殊监管区域或保税监管场所进出的电子商务零售进出境商品［海关特殊监管区域、保税监管场所与境内区外（场所外）之间通过电子商务平台交易的零售进出口商品不适用该监管方式］。“1210”监管方式用于进口时仅限经批准开展跨境贸易电子商务进口试点的海关特殊监管区域和保税物流中心（B 型）。

2015 年 3 月 24 日，财政部、海关总署、国家税务总局发布《关于跨境电子商务零售进口税收政策的通知》，明确跨境电子商务零售进口商品按照货物征收关税和进口环节增值税、消费税，规定单次交易限值为人民币 2000 元，个人年度交易额限值为人民币 20000 元，自海关放行之日起 30 日内可办理退货。

2015 年 4 月 6 日，海关总署发布《海关总署关于跨境电子商务零售进出口商品有关监管事宜的公告 》，进一步做好跨境电子商务零售进出口商品监管工作，促进电子商务健康有序发展。

2016 年 4 月 6 日，财政部等 11 个部门发布了《关于公布跨境电子商务零售进口商品清单的公告》，明确了《跨境电子商务零售进口商品清单》。

（三）海关跨境电子商务通关监管模式

2012 年以来，在各试点城市的试点运作中，海关积极探索适应跨境电子商务发展的政策和措施，归纳提出了“一般出口”、“特殊区域出口”、“直购进口”和“网购保税进口”4 种新型海关通关监管模式。

1. “一般出口”模式：指采用“清单核放，汇总申报”的方式，电商出口商品以邮件、快件方式分批运送，海关凭清单核放出境，定期为电商把已核放清单数据汇总形成出口报关单，电商凭此办理结汇、退税手续，并纳入海关统计。

2. “特殊区域出口”模式：指电商把整批商品按一般贸易报关进入海关特殊监管区域，企业实现退税；对于已入区退税的商品，境外网购后，海关凭清单核放，由邮件、快件企业分送出区离境，海关定期将已放行清单归并形成出口报关单，电商凭此办理结汇手续，并纳入海关统计。

3. “直购进口”模式：指符合条件的电子商务平台与海关联网，境内个人跨境网购后，平台将电子订单、支付凭证、电子运单等实时传输给海关，商品通过海关跨境电子商务专门监管场所入境，按照个人邮递物品征税，并纳入海关统计。

4. “网购保税进口”模式：境内个人及电子商务企业在经海关认可的电子商务平台实现跨境交

易，电商企业或其代理人将进境网购商品批量报关存入海关特殊监管区域或保税监管场所保税存储，境内消费者网上交易后，区内货物逐批分拨配送，并参照个人邮递物品缴纳税费。

第二节　跨境贸易电子商务通关管理

一、适用范围

本节所述跨境贸易电子商务通关管理适用于电子商务企业、个人通过电子商务交易平台实现零售进出口商品交易，并根据海关要求传输相关交易电子数据。

二、企业管理

参与跨境电子商务业务的企业应当事先向所在地海关提交以下材料：

（一）企业法人营业执照副本复印件。

（二）组织机构代码证书副本复印件（以统一社会信用代码注册的企业不需要提供）。

（三）企业情况登记表，具体包括企业组织机构代码或统一社会信用代码、中文名称、工商注册地址、营业执照注册号，法定代表人（负责人）、身份证件类型、身份证件号码，海关联系人、移动电话、固定电话，跨境电子商务网站网址等。

企业按照前款规定提交复印件的，应当同时向海关交验原件。

如需向海关办理报关业务，应当按照海关对报关单位注册登记管理的相关规定办理注册登记。

三、通关管理

（一）跨境电子商务零售进口商品申报前，电子商务企业或电子商务交易平台企业、支付企业、物流企业应当分别通过跨境电子商务通关服务平台（以下简称服务平台）如实向海关传输交易、支付、物流等电子信息。

进出境快件运营人、邮政企业可以受电子商务企业、支付企业委托，在书面承诺对传输数据真实性承担相应法律责任的前提下，向海关传输交易、支付等电子信息。

（二）跨境电子商务零售出口商品申报前，电子商务企业或其代理人、物流企业应当分别通过服务平台如实向海关传输交易、收款、物流等电子信息。

（三）电子商务企业或其代理人应提交“中华人民共和国海关跨境电子商务零售进出口商品申报清单”（以下简称“申报清单”），出口采取“清单核放、汇总申报”方式办理报关手续，进口采取“清单核放”方式办理报关手续。

“申报清单”与中华人民共和国海关进（出）口货物报关单具有同等法律效力。

（四）电子商务企业应当对购买跨境电子商务零售进口商品的个人（订购人）身份信息进行核实，并向海关提供由国家主管部门认证的身份有效信息。无法提供或者无法核实订购人身份信息的，订购人与支付人应当为同一人。

（五）跨境电子商务零售商品出口后，电子商务企业或其代理人应当于每月 10 日前（当月 10 日是法定节假日或者法定休息日的，顺延至其后的第一个工作日，第 12 月的清单汇总应当于当月最后一个工作日前完成），将上月（12 月为当月）结关的“申报清单”依据清单表头同一收发货人、同一运输方式、同一运抵国、同一出境口岸，以及清单表体同一10位海关商品编码、同一申报计量单位、同一币制规则进行归并，汇总形成中华人民共和国海关出口货物报关单向海关申报。

（六）除特殊情况外，“申报清单”、中华人民共和国海关进（出）口货物报关单应当采取通关无纸化作业方式进行申报。

“申报清单”的修改或者撤销，参照海关中华人民共和国海关进（出）口货物报关单修改或者撤销有关规定办理。

四、税收征管

（一）根据《财政部海关总署国家税务总局关于跨境电子商务零售进口税收政策的通知》（财关税〔2016〕18号）的有关规定，跨境电子商务零售进口商品按照货物征收关税和进口环节增值税、消费税，完税价格为实际交易价格，包括商品零售价格、运费和保险费。

（二）订购人为纳税义务人。在海关注册登记的电子商务企业、电子商务交易平台企业或物流企业作为税款的代收代缴义务人，代为履行纳税义务。

（三）代收代缴义务人应当如实、准确向海关申报跨境电子商务零售进口商品的商品名称、规格型号、税则号列、实际交易价格及相关费用等税收征管要素。

跨境电子商务零售进口商品的申报币制为人民币。

（四）为审核确定跨境电子商务零售进口商品的归类、完税价格等，海关可以要求代收代缴义务人按照有关规定进行补充申报。

（五）海关对满足监管规定的跨境电子商务零售进口商品按时段汇总计征税款，代收代缴义务人应当依法向海关提交足额有效的税款担保。

海关放行后30日内未发生退货或修撤单的，代收代缴义务人在放行后第31日至第45日内向海关办理纳税手续。

五、物流监控

（一）跨境电子商务零售进出口商品监管场所必须符合海关相关规定。

监管场所经营人、仓储企业应当建立符合海关监管要求的计算机管理系统，并按照海关要求交换电子数据。

（二）跨境电子商务零售进出口商品的查验、放行均应当在监管场所内实施。

（三）海关实施查验时，电子商务企业或其代理人、监管场所经营人、仓储企业应当按照有关规定提供便利，配合海关查验。

（四）电子商务企业或其代理人、物流企业、监管场所经营人、仓储企业发现涉嫌违规或走私行为的，应当及时主动报告海关。

六、退货管理

在跨境电子商务零售进口模式下，允许电子商务企业或其代理人申请退货，退回的商品应当在海关放行之日起30日内原状运抵原监管场所，相应税款不予征收，并调整个人年度交易累计金额。

在跨境电子商务零售出口模式下，退回的商品按照现行规定办理有关手续。

七、其他事项

海关依据进出口货物报关单、申报清单对电子商务实施统计。

以保税模式从事跨境电子商务零售进口业务的，应当在海关特殊监管区域和保税物流中心（B型）内开展，除另有规定外，参照本节所述规定办理。

第二篇 通关问答

DI-ER PIAN TONGGUAN WENDA

第一章　海关管理概述

1. 海关的职责任务是什么?

答：现行《海关法》第二条明确规定了海关的基本任务是："依照本法和其他有关法律、行政法规，监管进出境的运输工具、货物、行李物品、邮递物品和其他物品，征收关税和其他税、费，查缉走私，并编制海关统计和办理其他海关业务。"这明确了海关监管、海关征税、海关缉私和海关统计作为海关的四项基本任务。

但随着社会发展和国家形势的变化，海关职能逐步发生着变革，尤其是中国加入世界贸易组织以后，海关履行传统职能的任务更加艰巨，维护贸易安全与便利、保护知识产权、履行原产地管理职责，协助解决国际贸易争端、实施贸易救济和贸易保障、参与反恐和防止核扩散、负责口岸规划管理等非传统职能任务不断加重。

2. 海关的主要业务制度有哪些?

答：海关的主要业务制度包括监管制度、关税制度、统计制度和缉私制度。

3. 海关的管理体制有何特点?

答：依据现行《海关法》第三条的规定，国务院设立海关总署，统一管理全国海关，海关的隶属关系，不受行政区划的限制，海关依法独立行使职权，向海关总署负责，从而在法律上确立了海关系统集中统一的垂直领导体系。因此，海关管理体制的根本特征是以垂直领导为核心的高度集权、高度统一，实行一级管一级、一级对一级负责的层级约束。

4. 海关的组织机构如何构成?

答：现行《海关法》确定的海关设关原则是："国家在对外开放的口岸和海关监管业务集中的地点设立海关。海关的隶属关系，不受行政区划的限制。"目前，全国海关在组织结构上分为 3 个层次：第一层次是海关总署；第二层次包括广东分署，天津、上海 2 个特派员办事处，42 个直属海关；第三层次包括设立在全国的 700 余个隶属海关和办事处。此外，海关总署管辖 2 所海关学院，即上海海关学院和中国海关管理干部学院，并在布鲁塞尔、莫斯科、华盛顿等地设有派驻机构。

5. 海关通关监管制度有哪些?

答：海关通关监管制度包括进出境货物监管制度、海关物流监控制度、进出境物品监管制度和进出口贸易管制制度。

6. 什么是知识产权海关保护?

答：知识产权海关保护的适用界定为：与进出境货物有关并受中华人民共和国法律、行政法规保护的知识产权，包括商标专用权、著作权和专利权。海关对侵犯受法律、行政法规保护的知识产权的货物，禁止进出口。

7. 什么是保税货物监管制度?

答：保税货物监管制度是指经营保税业务的企业按照海关的有关规定，在对保税货物储存加工后复运出口，对不能复运出口的需要重新办理进口纳税手续的海关监管制度，包括保税货物合同的登记备案（保税存储货物免办）、货物进口监管、核查货物储存和加工状况、根据货物实际去向办理海关手续、货物的核销结案等环节。

8. 限制进出口管理制度包括哪些？

答：包括进、出口许可证管理制度，两用物项和技术进出口管理制度，固体废物进口管理制度，药品进出口管理制度，濒危物种进出口管理制度及限制进出口的技术管理制度。

除了上述限制进出口货物和技术以外，国家还对黄金产品、音像制品、有毒化学品、农药、兽药、民用爆破器材、现钞、文物、人类遗传资源、血液、化石等货物实施限制进出口管理。

第二章　报关单位

1. 报关单位有哪两种类型？有何差别？

答：报关单位分为两种类型，即进出口货物收发货人和报关企业。

进出口货物收发货人，是指依法直接进口或者出口货物的中华人民共和国关境内的法人、其他组织或者个人。进出口货物收发货人经向海关注册登记后，只能为本单位进出口货物报关。

报关企业，是指依法经海关准许注册登记，接受进出口货物收发货人的委托，以进出口货物收发货人的名义或者以自己的名义，向海关办理代理报关业务，从事报关服务的中华人民共和国关境内的企业法人。

2. 我司已经取得统一社会信用代码，能否使用统一社会信用代码替代海关注册编码？

答：自2016年5月11日起，已经取得统一社会信用代码的企业，在海关办理报关单位注册登记后，可以使用统一社会信用代码替代海关注册编码，向海关办理进出口货物报关单申报手续。尚未取得统一社会信用代码的企业，继续使用海关注册编码办理进出口申报手续。

3. 进出口货物收发货人申请办理注册登记，应当提交的文件材料包括哪些？

答：应当提交的文件材料包括：

（1）“报关单位情况登记表”；

（2）营业执照副本复印件及组织机构代码证书副本复印件；

（3）对外贸易经营者登记备案表复印件或者外商投资企业（台港澳侨投资企业）批准证书复印件；

（4）其他与注册登记有关的文件材料。

4. 报关企业注册登记许可的条件有哪些？

答：报关企业注册登记许可应当具备的条件包括：

（1）具备境内企业法人资格条件；

（2）法定代表人无走私记录；

（3）无因走私违法行为被海关撤销注册登记许可的记录；

（4）有符合从事报关服务所必需的固定经营场所和设施；

（5）海关监管所需要的其他条件。

5. 进出口货物收发货人注册登记注销的情形有哪些？

答：进出口货物收发货人注册登记注销的情形包括：

（1）破产、解散、自行放弃报关权或者分立成两个以上新企业的；

（2）被工商行政管理部门注销登记或者吊销营业执照的；

（3）丧失独立承担责任能力的；

（4）对外贸易经营者备案登记表或者外商投资企业批准证书失效的；

（5）其他依法应当注销注册登记的情形。

6. 报关企业注册登记许可注销的情形有哪些？

答：有下列情形之一的，海关应当依法注销其注册登记许可：

（1）有效期届满未申请延续的；

（2）报关企业依法终止的；

（3）注册登记许可依法被撤销、撤回，或者注册登记许可证件依法被吊销的；

（4）由于不可抗力导致注册登记许可事项无法实施的；

（5）法律、行政法规规定的应当注销注册登记许可的其他情形。

7. 海关根据企业信用状况将企业认定为哪些不同类型企业？

答：海关根据企业信用状况将企业认定为认证企业、一般信用企业和失信企业。

8. 公民、法人或者其他组织认为海关公示的企业信用信息不准确的，可否向海关提出异议？

答：公民、法人或者其他组织认为海关公示的企业信用信息不准确的，可以向海关提出异议，并提供相关资料或者证明材料。海关应当自收到异议申请之日起20日内复核。公民、法人或者其他组织提出异议的理由成立的，海关应当采纳。

9. 企业如何申请成为认证企业？

答：企业向海关申请成为认证企业的，海关按照《海关认证企业标准》对企业实施认证。海关或者申请企业可以委托具有法定资质的社会中介机构对企业进行认证；中介机构认证结果经海关认可的，可以作为认定企业信用状况的参考依据。海关应当自收到企业书面认证申请之日起90日内作出认证结论。特殊情形下，海关认证时限可以延长30日。企业有下列情形之一的，海关应当终止认证：

（1）发生涉嫌走私或者违反海关监管规定的行为被海关立案侦查或者调查的；

（2）主动撤回认证申请的；

（3）其他应当终止认证的情形。

10. 一般认证企业适用什么管理原则和措施？

答：一般认证企业适用的管理原则和措施包括：

（1）较低进出口货物查验率；

（2）简化进出口货物单证审核；

（3）优先办理进出口货物通关手续；

（4）海关总署规定的其他管理原则和措施。

11. 高级认证企业除适用一般认证企业管理原则和措施外，还适用什么管理措施？

答：高级认证企业还适用的管理措施包括：

（1）在确定进出口货物的商品归类、海关估价、原产地或者办结其他海关手续前先行办理验放手续；

（2）海关为企业设立协调员；

（3）对从事加工贸易的企业，不实行银行保证金台账制度；

（4）AEO互认国家或者地区海关提供的通关便利措施。

12. 失信企业适用什么管理原则和措施？

答：失信企业适用的管理原则和措施包括：

（1）较高进出口货物查验率；

（2）进出口货物单证重点审核；

（3）加工贸易等环节实施重点监管；

（4）海关总署规定的其他管理原则和措施。

第三章　进出口货物申报

1. 报关单填制的依据是什么?

答：为统一规范进出口货物报关单填报要求，保证报关单数据质量，根据《海关法》及有关法律法规，海关总署制定了《中华人民共和国海关进出口货物报关单填制规范》。

2. 报关单有几类?

答：报关单分为“进口报关单”、“出口报关单”两大类。

3. 一份报关单最多可填报几项商品?

答：一份报关单最多可填报50项商品。若一份报关单商品超过50项，则应分成多份报关单填报。

4. 报关单的“海关编号”是如何确定的?

答：一份报关单对应一个海关编号，报关单海关编号为18位，其中第1~4位为接受申报海关的编号（海关规定的“关区代码表”中相应海关代码)，第5~8位为海关接受申报的公历年份，第9位为进出口标志（“1”为进口，“0”为出口；集中申报清单“I”为进口，“E”为出口)，后9位为顺序编号。

5. 如何确定报关单的“申报日期”?

答：申报日期指海关接受进出口货物收发货人、受委托的报关企业申报数据的日期。以电子数据报关单方式申报的，申报日期为海关计算机系统接受申报数据时记录的日期。以纸质报关单方式申报的，申报日期为海关接受纸质报关单并对报关单进行登记处理的日期。

申报日期为8位数字，顺序为年（4位)、月（2位)、日（2位)。

6. 如何填报报关单“进口口岸/出口口岸”栏?

答：“进口口岸/出口口岸”栏应根据货物实际进出境的口岸海关，填报海关规定的“关区代码表”中相应的口岸海关名称及代码。

需要注意的是：进口转关运输货物应填报货物进境地海关名称及代码，出口转关运输货物应填报货物出境地海关名称及代码；按转关运输方式监管的跨关区深加工结转货物，出口报关单填报转出地海关名称及代码，进口报关单填报转入地海关名称及代码；在不同海关特殊监管区域或保税监管场所之间调拨、转让的货物，填报对方特殊监管区域或保税监管场所所在的海关名称及代码；其他无实际进出境的货物，填报接受申报的海关名称及代码。

7. 如何填报报关单“进口日期/出口日期”栏?

答：进口日期填报运载进口货物的运输工具申报进境的日期。

出口日期指运载出口货物的运输工具办结出境手续的日期。本栏目供海关签发打印报关单证明联用，在申报时免予填报。

无实际进出境的报关单填写海关接受申报的日期。

本栏目为8位数字，顺序为年（4位)、月（2位)、日（2位)。

8. 如何填报报关单“备案号”栏？

答：本栏目填报进出口货物收发货人、消费使用单位、生产销售单位在海关办理加工贸易合同备案或征、减、免税备案审批等手续时，海关核发的加工贸易手册、征免税证明或其他备案审批文件的编号。

一份报关单只允许填报一个备案号。具体填报要求如下：

（1）加工贸易项下货物，除少量低值辅料按规定不使用加工贸易手册及以后续补税监管方式办理内销征税的外，填报加工贸易手册编号。

使用异地直接报关分册和异地深加工结转出口分册在异地口岸报关的，本栏目应填报分册号；本地直接报关分册和本地深加工结转分册限制在本地报关，本栏目应填报总册号。

加工贸易成品凭征免税证明转为减免税进口货物的，进口报关单填报征免税证明编号，出口报关单填报加工贸易手册编号。

加工贸易设备之间的结转，转入和转出企业分别填制进、出口报关单，在报关单“备案号”栏目填报加工贸易手册编号。

（2）涉及征、减、免税备案审批的报关单，填报征免税证明编号。

（3）减免税货物退运出口，填报“中华人民共和国海关进口减免税货物准予退运证明”的编号；减免税货物补税进口，填报“减免税货物补税通知书”的编号；减免税货物进口或结转进口（转入），填报征免税证明的编号；相应的结转出口（转出），填报“中华人民共和国海关进口减免税货物结转联系函”的编号。

9. 出口报关单填报时，若不能确定货物的最终消费、使用或进一步加工制造的国家和地区，报关单“最终目的国（地区）”栏应如何填报？

答：出口报关单填报时，若不能确定货物的最终目的国（地区），则应以尽可能预知的最后运往国（地区）作为最终目的国（地区）填报。

10. 如何填报报关单“合同协议号”栏？

答：本栏目填报进出口货物合同（包括协议或订单）编号。未发生商业性交易的免予填报。

11. 如何填报报关单“收发货人”栏？

答：本栏目填报在海关注册的对外签订并执行进出口贸易合同的中国境内法人、其他组织或个人的名称及编码。编码可选填 18 位法人和其他组织统一社会信用代码或 10 位海关注册编码任一项。

特殊情况下填制要求如下：

（1）进出口货物合同的签订者和执行者非同一企业的，填报执行合同的企业。

（2）外商投资企业委托进出口企业进口投资设备、物品的，填报外商投资企业，并在标记唛码及备注栏注明“委托某进出口企业进口”，同时注明被委托企业的 18 位法人和其他组织统一社会信用代码。

（3）有代理报关资格的报关企业代理其他进出口企业办理进出口报关手续时，填报委托的进出口企业。

（4）使用海关核发的加工贸易手册、电子账册及其分册（统称加工贸易手册）管理的货物，收发货人应与加工贸易手册的“经营企业”一致。

12. 如何填报报关单“消费使用单位/生产销售单位”栏？

答：（1）消费使用单位填报已知的进口货物在境内的最终消费、使用单位的名称，包括：

①自行进口货物的单位。

②委托进出口企业进口货物的单位。

（2）生产销售单位填报出口货物在境内的生产或销售单位的名称，包括：

①自行出口货物的单位。

②委托进出口企业出口货物的单位。

本栏目可选填18位法人和其他组织统一社会信用代码或10位海关注册编码或9位组织机构代码任一项。没有代码的应填报“NO”。

（3）使用加工贸易手册管理的货物，消费使用单位/生产销售单位应与加工贸易手册的“加工企业”一致；减免税货物报关单的消费使用单位/生产销售单位应与征免税证明的“减免税申请人”一致；保税监管场所与境外之间的进出境货物，消费使用单位/生产销售单位应当填报保税监管场所的名称［保税物流中心（B型）填报中心内企业名称］。

（4）消费使用单位/生产销售单位按下列要求填报：

已在海关注册登记的，应填报中文名称、18位法人和其他组织统一社会信用代码（或10位海关注册编码、加工生产企业登记编码）。

未在海关注册登记的，应填报中文名称、18位法人和其他组织统一社会信用代码或9位组织机构代码。没有18位法人和其他组织统一社会信用代码的可不填，没有9位组织机构代码的应填报“NO”。

13. 如何填报报关单“申报单位”栏？

答：自理报关的，本栏目填报进出口企业的名称及编码；委托代理报关的，本栏目填报报关企业名称及编码。

本栏目可选填18位法人和其他组织统一社会信用代码或10位海关注册编码任一项。

本栏目还包括报关单左下方用于填报申报单位有关情况的相关栏目，包括报关人员、申报单位签章。

14. 如何填报报关单“运输方式”栏？

答：运输方式包括实际运输方式和海关规定的特殊运输方式，前者指货物实际进出境的运输方式，按进出境所使用的运输工具分类；后者指货物无实际进出境的运输方式，按货物在境内的流向分类。

本栏目应根据货物实际进出境的运输方式或货物在境内流向的类别，按照海关规定的“运输方式代码表”选择填报相应的运输方式。

（1）特殊情况填报要求如下：

①非邮件方式进出境的快递货物，按实际运输方式填报；

②进出境旅客随身携带的货物，按旅客实际进出境方式所对应的运输方式填报；

③进口转关运输货物，按载运货物抵达进境地的运输工具填报；出口转关运输货物，按载运货物驶离出境地的运输工具填报；

④不复运出（入）境而留在境内（外）销售的进出境展览品、留赠转卖物品等，填报“其他运输”（代码9）。

（2）无实际进出境货物在境内流转时填报要求如下：

①境内非保税区运入保税区货物和保税区退区货物，填报“非保税区”（代码0）；

②保税区运往境内非保税区货物，填报“保税区”（代码7）；

③境内存入出口监管仓库和出口监管仓库退仓货物，填报“监管仓库”（代码1）；

④保税仓库转内销货物，填报“保税仓库”（代码 8）；

⑤从境内保税物流中心外运入中心或从中心运往境内中心外的货物，填报“物流中心”（代码 W）；

⑥从境内保税物流园区外运入园区或从园区运往境内园区外的货物，填报“物流园区”（代码 X）；

⑦保税港区、综合保税区与境内（区外）（非特殊监管区域、保税监管场所）之间进出的货物，填报“保税港区/综合保税区”（代码 Y）；

⑧出口加工区、珠澳跨境工业区（珠海园区）、中哈霍尔果斯边境合作区（中方配套区）与境内（区外）（非特殊监管区域、保税监管场所）之间进出的货物，填报“出口加工区”（代码 Z）；

⑨境内运入深港西部通道港方口岸区的货物，填报“边境特殊海关作业区”（代码 H）；

⑩经横琴新区和平潭综合实验区（以下简称综合试验区）二线指定申报通道运往境内区外或从境内经二线指定申报通道进入综合试验区的货物，以及综合试验区内按选择性征收关税申报的货物，填报“综合试验区”（代码 T）。

⑪其他境内流转货物，填报“其他运输”（代码 9），包括特殊监管区域内货物之间的流转、调拨货物，特殊监管区域、保税监管场所之间相互流转货物，特殊监管区域内企业申报的与境内进出的货物，特殊监管区域外的加工贸易余料结转、深加工结转、内销等货物。

15. 如何填报报关单“运输工具名称”栏？

答：本栏目填报载运货物进出境的运输工具名称或编号。填报内容应与运输部门向海关申报的舱单（载货清单）所列相应内容一致。具体填报要求如下：

（1）直接在进出境地或采用区域通关一体化通关模式办理报关手续的报关单填报要求如下：

①水路运输：填报船舶编号（来往港澳小型船舶为监管簿编号）或者船舶英文名称。

②公路运输：启用公路舱单前，填报该跨境运输车辆的国内行驶车牌号，深圳提前报关模式的报关单填报国内行驶车牌号+“/”+“提前报关”。启用公路舱单后，免予填报。

③铁路运输：填报车厢编号或交接单号。

④航空运输：填报航班号。

⑤邮件运输：填报邮政包裹单号。

⑥其他运输：填报具体运输方式名称，例如，管道、驮畜等。

（2）转关运输货物的报关单填报要求如下：

①进口

——水路运输：直转、提前报关填报“@”+16 位转关申报单预录入号（或 13 位载货清单号）；中转填报进境英文船名。

——铁路运输：直转、提前报关填报“@”+16 位转关申报单预录入号；中转填报车厢编号。

——航空运输：直转、提前报关填报“@”+16 位转关申报单预录入号（或 13 位载货清单号）；中转填报“@”。

——公路及其他运输：填报“@”+16 位转关申报单预录入号（或 13 位载货清单号）。

——以上各种运输方式使用广东地区载货清单转关的提前报关货物填报“@”+13 位载货清单号。

②出口

——水路运输：非中转填报“@”+16 位转关申报单预录入号（或 13 位载货清单号）；如多张报关单需要通过一张转关单转关的，运输工具名称字段填报“@”；中转货物，境内水路运输填报驳船船名，境内铁路运输填报车名（主管海关 4 位关别代码+“TRAIN”），境内公路运输填报车名

（主管海关4位关别代码+“TRUCK”）。

——铁路运输：填报“@”+16位转关申报单预录入号（或13位载货清单号）；如多张报关单需要通过一张转关单转关的，填报“@”。

——航空运输：填报“@”+16位转关申报单预录入号（或13位载货清单号）；如多张报关单需要通过一张转关单转关的，填报“@”。

——其他运输方式：填报“@”+16位转关申报单预录入号（或13位载货清单号）。

（3）采用“集中申报”通关方式办理报关手续的，报关单本栏目填报“集中申报”。

（4）无实际进出境的货物，本栏目免予填报。

16. 如何填报报关单“航次号”栏？

答：本栏目填报载运货物进出境的运输工具的航次编号。具体填报要求如下：

（1）直接在进出境地或采用区域通关一体化通关模式办理报关手续的报关单。

①水路运输：填报船舶的航次号。

②公路运输：启用公路舱单前，填报运输车辆的8位进出境日期［顺序为年（4位）、月（2位）、日（2位），下同］。启用公路舱单后，填报货物运输批次号。

③铁路运输：填报列车的进出境日期。

④航空运输：免予填报。

⑤邮件运输：填报运输工具的进出境日期。

⑥其他运输方式：免予填报。

（2）转关运输货物的报关单。

①进口

——水路运输：中转转关方式填报“@”+进境干线船舶航次；直转、提前报关免予填报。

——公路运输：免予填报。

——铁路运输：填报“@”+8位进境日期。

——航空运输：免予填报。

——其他运输方式：免予填报。

②出口

——水路运输：非中转货物免予填报；中转货物，境内水路运输填报驳船航次号，境内铁路、公路运输填报6位起运日期［顺序为年（2位）、月（2位）、日（2位）］。

——铁路拼车拼箱捆绑出口：免予填报。

——航空运输：免予填报。

——其他运输方式：免予填报。

（3）无实际进出境的报关单，本栏目免予填报。

17. 如何填报报关单“提运单号”栏？

答：本栏目填报进出口货物提单或运单的编号。一份报关单只允许填报一个提单或运单号，一票货物对应多个提单或运单时，应分单填报。具体填报要求如下：

（1）直接在进出境地或采用区域通关一体化通关模式办理报关手续的。

①水路运输：填报进出口提单号；如有分提单的，填报进出口提单号+“ ”+分提单号。

②公路运输：启用公路舱单前，免予填报。启用公路舱单后，填报进出口总运单号。

③铁路运输：填报运单号。

④航空运输：填报总运单号+“_”+分运单号，无分运单的填报总运单号。

⑤邮件运输：填报邮运包裹单号。

（2）转关运输货物的报关单。

①进口

——水路运输：直转、中转填报提单号；提前报关免予填报。

——铁路运输：直转、中转填报铁路运单号；提前报关免予填报。

——航空运输：直转、中转货物填报总运单号+“_”+分运单号；提前报关免予填报。

——其他运输方式：免予填报。

——以上运输方式进境货物，在广东省内用公路运输转关的，填报车牌号。

②出口

——水路运输：中转货物填报提单号；非中转货物免予填报；广东省内汽车运输提前报关的转关货物，填报承运车辆的车牌号。

——其他运输方式：免予填报；广东省内汽车运输提前报关的转关货物，填报承运车辆的车牌号。

（3）采用“集中申报”通关方式办理报关手续的，报关单填报归并的集中申报清单的进出口起止日期［按年（4位）、月（2位）、日（2位）、年（4位）、月（2位）、日（2位）］。

（4）无实际进出境的报关单，本栏目免予填报。

18. 如何填报报关单“监管方式”栏？

答：监管方式是以国际贸易中进出口货物的交易方式为基础，结合海关对进出口货物的征税、统计及监管条件综合设定的海关对进出口货物的管理方式。其代码由4位数字构成，前两位是按照海关监管要求和计算机管理需要划分的分类代码，后两位是参照国际标准编制的贸易方式代码。

本栏目应根据实际对外贸易情况按海关规定的“监管方式代码表”选择填报相应的监管方式简称及代码。一份报关单只允许填报一种监管方式。

特殊情况下加工贸易货物监管方式填报要求如下：

（1）进口少量低值辅料（即5000美元以下、78种以内的低值辅料）按规定不使用加工贸易手册的，填报“低值辅料”。使用加工贸易手册的，按加工贸易手册上的监管方式填报。

（2）外商投资企业为加工内销产品而进口的料件，属非保税加工的，填报“一般贸易”。外商投资企业全部使用国内料件加工的出口成品，填报“一般贸易”。

（3）加工贸易料件结转或深加工结转货物，按批准的监管方式填报。

（4）加工贸易料件转内销货物及按料件办理进口手续的转内销制成品、残次品、未完成品，应填制进口报关单，填报“来料料件内销”或“进料料件内销”；加工贸易成品凭征免税证明转为减免税进口货物的，应分别填制进、出口报关单，出口报关单本栏目填报“来料成品减免”或“进料成品减免”，进口报关单本栏目按照实际监管方式填报。

（5）加工贸易出口成品因故退运进口及复运出口的，填报“来料成品退换”或“进料成品退换”；加工贸易进口料件因换料退运出口及复运进口的，填报“来料料件退换”或“进料料件退换”；加工贸易过程中产生的剩余料件、边角料退运出口，以及进口料件因品质、规格等原因退运出口且不再更换同类货物进口的，分别填报“来料料件复出”、“来料边角料复出”、“进料料件复出”、“进料边角料复出”。

（6）备料加工贸易手册中的料件结转转入加工出口加工贸易手册的，填报“来料加工”或“进料加工”。

（7）保税工厂的加工贸易进出口货物，根据加工贸易手册填报“来料加工”或“进料加工”

（8）加工贸易边角料内销和副产品内销，应填制进口报关单，填报“来料边角料内销”或

“进料边角料内销”。

（9）企业销毁处置加工贸易货物未获得收入，销毁处置货物为料件、残次品的，填报“料件销毁”；销毁处置货物为边角料、副产品的，填报“边角料销毁”。

企业销毁处置加工贸易货物获得收入的，填报“进料边角料内销”或“来料边角料内销”。

19. 如何填报报关单“征免性质”栏？

答：本栏目应根据实际情况按海关规定的“征免性质代码表”选择填报相应的征免性质简称及代码，持有海关核发的征免税证明的，应按照征免税证明中批注的征免性质填报。一份报关单只允许填报一种征免性质。

加工贸易货物报关单应按照海关核发的加工贸易手册中批注的征免性质简称及代码填报。特殊情况填报要求如下：

（1）保税工厂经营的加工贸易，根据加工贸易手册填报“进料加工”或“来料加工”。

（2）外商投资企业为加工内销产品而进口的料件，属非保税加工的，填报“一般征税”或其他相应征免性质。

（3）加工贸易转内销货物，按实际情况填报（如“一般征税”、“科教用品”、“其他法定”等）。

（4）料件退运出口、成品退运进口货物填报“其他法定”（代码0299）。

（5）加工贸易结转货物，本栏目免予填报。

（6）我国驻外使领馆工作人员、外国驻华机构及人员、非居民常驻人员、政府间协议规定等应税（消费税）进口自用小汽车，并且单台完税价格在130万元及以上的，本栏填报“特案”。

20. 如何填报报关单“起运国（地区）/运抵国（地区）”栏？

答：“起运国（地区）”填报进口货物起始发出直接运抵我国的国家（地区）或者在运输中转国（地）未发生任何商业性交易的情况下运抵我国的国家（地区）。“运抵国（地区）”填报出口货物离开我国关境直接运抵的国家（地区）或者在运输中转国（地区）未发生任何商业性交易的情况下最后运抵的国家（地区）。

不经过第三国（地区）转运的直接运输进出口货物，以进口货物的装货港所在国（地区）为起运国（地区），以出口货物的指运港所在国（地区）为运抵国（地区）。经过第三国（地区）转运的进出口货物，如在中转国（地区）发生商业性交易，则以中转国（地区）作为启运/运抵国（地区）。

本栏目应按海关规定的“国别（地区）代码表”选择填报相应的起运国（地区）或运抵国（地区）中文名称及代码。

无实际进出境的，填报“中国”（代码142）。

21. 如何填报报关单“装货港/指运港”栏？

答：“装货港”填报进口货物在运抵我国关境前的最后一个境外装运港。“指运港”填报出口货物运往境外的最终目的港；最终目的港不可预知的，按尽可能预知的目的港填报。

本栏目应根据实际情况按海关规定的“港口代码表”选择填报相应的港口中文名称及代码。装货港/指运港在“港口代码表”中无港口中文名称及代码的，可选择填报相应的国家中文名称或代码。

无实际进出境的，本栏目填报“中国境内”（代码142）。

22. 如何填报报关单“境内目的地/境内货源地”栏？

答：“境内目的地”填报已知的进口货物在国内的消费、使用地或最终运抵地，其中最终运抵地为最终使用单位所在的地区。最终使用单位难以确定的，填报货物进口时预知的最终收货单位所在地。“境内货源地”填报出口货物在国内的产地或原始发货地；出口货物产地难以确定的，填报最早发运该出口货物的单位所在地。海关特殊监管区域、保税物流中心（B型）与境外之间的进出境货物，“境内目的地/境内货源地”填报该海关特殊监管区域、保税物流中心（B型）所对应的国内地区名称及代码。

本栏目按海关规定的“国内地区代码表”选择填报相应的国内地区名称及代码。

23. 如何填报报关单“成交方式”栏？

答：本栏目应根据进出口货物实际成交价格条款，按海关规定的“成交方式代码表”选择填报相应的成交方式代码。

无实际进出境的报关单，进口填报“CIF”，出口填报“FOB”。

24. 如何填报报关单“运费”栏？

答：本栏目填报进口货物运抵我国境内输入地点起卸前的运输费用，出口货物运至我国境内输出地点装载后的运输费用。

运费可按运费单价、总价或运费率3种方式之一填报，注明运费标记（运费标记“1”表示运费率，“2”表示每吨货物的运费单价，“3”表示运费总价），并按海关规定的“货币代码表”选择填报相应的币种代码。

25. 如何填报报关单“保费”栏？

答：本栏目填报进口货物运抵我国境内输入地点起卸前的保险费用，出口货物运至我国境内输出地点装载后的保险费用。

保费可按保险费总价或保险费率两种方式之一填报，注明保险费标记（保险费标记“1”表示保险费率，“3”表示保险费总价），并按海关规定的“货币代码表”选择填报相应的币种代码。

运保费合并计算的，本栏目免予填报。

26. 如何填报报关单“杂费”栏？

答：本栏目填报成交价格以外的、按照《关税条例》相关规定应计入完税价格或应从完税价格中扣除的费用。

可按杂费总价或杂费率两种方式之一填报，注明杂费标记（杂费标记“1”表示杂费率，“3”表示杂费总价），并按海关规定的“货币代码表”选择填报相应的币种代码。

应计入完税价格的杂费填报为正值或正率，应从完税价格中扣除的杂费填报为负值或负率。

27. 如何填报报关单“件数”栏？

答：本栏目填报有外包装的进出口货物的实际件数。特殊情况填报要求如下：

（1）舱单件数为集装箱的，填报集装箱个数。

（2）舱单件数为托盘的，填报托盘数。

本栏目不得填报为零，裸装货物填报为“1”。

28. 如何填报报关单“包装种类”栏？

答：本栏目应根据进出口货物的实际外包装种类，按海关规定的“包装种类代码表”选择填报相应的包装种类代码。

29. 如何填报报关单“毛重（千克）”栏？

答：本栏目填报进出口货物及其包装材料的重量之和，计量单位为千克，不足1千克的填报为“1”。

30. 如何填报报关单“净重（千克）”栏？

答：本栏目填报进出口货物的毛重减去外包装材料后的重量，即货物本身的实际重量，计量单位为千克，不足1千克的填报为“1”。

31. 如何填报报关单“集装箱号”栏？

答：本栏目填报装载进出口货物（包括拼箱货物）集装箱的箱体信息。一个集装箱填一条记录，分别填报集装箱号（在集装箱箱体上标示的全球唯一编号）、集装箱的规格和集装箱的自重。非集装箱货物填报为“0”。

32. 如何填报报关单“随附单证”栏？

答：本栏目根据海关规定的“监管证件代码表”选择填报除《中华人民共和国海关进出口货物报关单填制规范》第二十条规定的许可证件以外的其他进出口许可证件或监管证件代码及编号。

本栏目分为随附单证代码和随附单证编号两栏，其中代码栏应按海关规定的“监管证件代码表”选择填报相应证件代码；编号栏应填报证件编号。

（1）加工贸易内销征税报关单，随附单证代码栏填写“c”，随附单证编号栏填写海关审核通过的内销征税联系单号。

（2）优惠贸易协定项下进出口货物：

一份报关单仅对应一份原产地证书或原产地声明。有关优惠贸易协定项下报关单填制要求如下：

①办理海关申报手续时，只能使用原产地证书申请享受协定税率或者特惠税率（以下统称“优惠税率”）的优惠贸易协定项下货物（“无原产地声明模式”），应在报关单“随附单证”栏的“随附单证代码”栏填写“Y”，在“随附单证编号”栏填写“<优惠贸易协定代码>”和“原产地证书编号”。

②可以使用原产地证书或者原产地声明申请享受优惠税率的优惠贸易协定项下货物（“有原产地声明模式”），应在报关单“随附单证”栏的“随附单证代码”栏填写“Y”，在“随附单证编号”栏填写“<优惠贸易协定代码>”、“C”（凭原产地证书申报）或“D”（凭原产地声明申报），以及“原产地证书编号（或者原产地声明序列号）”。

③在“单证对应关系表”中应当填写报关单上的申报商品项与原产地证书（原产地声明）上的商品项之间的对应关系。报关单上的商品序号与原产地证书（原产地声明）上的项目编号应当一一对应，不要求顺序对应。享受和不享受优惠税率的同一批次进口货物可以在同一张报关单中申报。不享受优惠税率的货物序号不填写在“单证对应关系表”中。

④“同一批次”进口货物指由同一运输工具同时运抵同一口岸，并且属于同一收货人，使用同一提单的进口货物。对于客观原因（集装箱货物因海河联运需大船换小船、因海陆联运需分车运输，陆路运输集装箱货物需大车换小车，以及其他多式联运情况下同一批次货物在中转地需要分拆由多个小型运输工具进行中转运输的情况等）导致有关进口货物在运抵中国关境（运抵口岸）前必须分批运输的情况，不影响同一批次的认定。同一批次出口货物比照上述规定进行审核认定。

⑤海关特殊监管区域和保税监管场所内销货物拟申请适用优惠税率的，有关货物进出区域和场所及内销时的报关单填制要求如下：

已通过原产地电子信息交换系统实现电子联网的优惠贸易协定项下货物报关单，按照上述①的要求填制；

未实现电子联网的优惠贸易协定项下货物报关单，应在“随附单证”栏的“随附单证代码”栏填写“Y”，在“随附单证编号”栏填写“<优惠贸易协定代码>”和“原产地证据文件备案号”。

“原产地证据文件备案号”为进出口货物的收发货物人或者其代理人录入原产地证据文件电子信息后，系统自动生成的号码。

上述两点，均应当按照③的要求填写“单证对应关系表”。

⑥向香港或者澳门特别行政区出口用于生产《内地与香港关于建立更紧密经贸关系的安排》（香港 CEPA）或者《内地与澳门关于建立更紧密经贸关系的安排》（澳门 CEPA）协定税率货物的原材料时，应当按照①的要求填制报关单，香港或澳门生产厂商在香港工贸署或者澳门经济局登记备案的有关备案号填写在报关单的“关联备案号”栏。

33. 如何填报报关单“标记唛码及备注”栏？

答：本栏目填报要求如下：

（1）标记唛码中除图形以外的文字、数字。

（2）受外商投资企业委托代理其进口投资设备、物品的进出口企业名称。

（3）与本报关单有关联关系的，同时在业务管理规范方面又要求填报的备案号，填报在电子数据报关单中“关联备案”栏。

加工贸易结转货物及凭征免税证明转内销货物，其对应的备案号应填报在“关联备案”栏。

减免税货物结转进口（转入），报关单“关联备案”栏应填写本次减免税货物结转所申请的“中华人民共和国海关进口减免税货物结转联系函”的编号。

减免税货物结转出口（转出），报关单“关联备案”栏应填写与其相对应的进口（转入）报关单“备案号”栏中征免税证明的编号。

（4）与本报关单有关联关系的，同时在业务管理规范方面又要求填报的报关单号，填报在电子数据报关单中“关联报关单”栏。

加工贸易结转类的报关单，应先办理进口报关，并将进口报关单号填入出口报关单的“关联报关单”栏。

办理进口货物直接退运手续的，除另有规定外，应当先填写出口报关单，再填写进口报关单，并将出口报关单号填入进口报关单的“关联报关单”栏。

减免税货物结转出口（转出），应先办理进口报关，并将进口（转入）报关单号填入出口（转出）报关单的“关联报关单”栏。

（5）办理进口货物直接退运手续的，本栏目填报“<ZT”+“海关审核联系单号或者《海关责令进口货物直接退运通知书》编号”+“>”。

（6）保税监管场所进出货物，在“保税/监管场所”栏填写该保税监管场所编码［保税物流中心（B 型）填报该中心的国内地区代码］，其中涉及货物在保税监管场所间流转的，在本栏填写对方保税监管场所代码。

（7）涉及加工贸易货物销毁处置的，填写海关加工贸易货物销毁处置申报表编号。

（8）当监管方式为“暂时进出货物”（2600）和“展览品”（2700）时，如果为复运进出境货物，在进出口货物报关单的本栏内分别填报“复运进境”、“复运出境”。

（9）跨境电子商务进出口货物，在本栏目内填报“跨境电子商务”。

（10）加工贸易副产品内销，在本栏内填报“加工贸易副产品内销”。

（11）服务外包货物进口，填报“国际服务外包进口货物”。

（12）公式定价进口货物应在报关单备注栏内填写公式定价备案号，格式为：“公式定价”+备案编号+“@”。对于同一报关单下有多项商品的，如需要指明某项或某几项商品为公式定价备案的，则备注栏内应填写：“公式定价”+备案编号+“#”+商品序号+“@”。

（13）获得《预审价决定书》的进出口货物，应在报关单备注栏内填报《预审价决定书》编号，格式为预审价（P+2 位商品项号+决定书编号），若报关单中有多项商品为预审价，需依次写入括号中，例如：预审价（P01VD511500018P02VD511500019）。

（14）含预归类商品报关单，应在报关单备注栏内填写预归类 R-3-关区代码-年份-顺序编号，其中关区代码、年份、顺序编号均为 4 位数字，例如：R-3-0100-2016-0001。

（15）含归类裁定报关单，应在报关单备注栏内填写归类裁定编号，格式为“c”+4 位数字编号，例如：c0001。

（16）申报时其他必须说明的事项填报在本栏目。

34. 如何填报报关单“项号”栏？

答：本栏目分两行填报及打印。第一行填报报关单中的商品顺序编号；第二行专用于加工贸易、减免税等已备案、审批的货物，填报和打印该项货物在加工贸易手册或征免税证明等备案、审批单证中的顺序编号。

有关优惠贸易协定项下报关单填制要求参见海关总署公告 2016 年第 51 号。

加工贸易项下进出口货物的报关单，第一行填报报关单中的商品顺序编号；第二行填报该项商品在加工贸易手册中的商品项号，用于核销对应项号下的料件或成品数量。其中，第二行特殊情况填报要求如下：

（1）深加工结转货物，分别按照加工贸易手册中的进口料件项号和出口成品项号填报。

（2）料件结转货物（包括料件、制成品和未完成品折料），出口报关单按照转出加工贸易手册中进口料件的项号填报，进口报关单按照转进加工贸易手册中进口料件的项号填报。

（3）料件复出货物（包括料件、边角料），出口报关单按照加工贸易手册中进口料件的项号填报。如边角料对应一个以上料件项号时，填报主要料件项号。料件退换货物（包括料件，不包括未完成品），进出口报关单按照加工贸易手册中进口料件的项号填报。

（4）成品退换货物，退运进境报关单和复运出境报关单按照加工贸易手册原出口成品的项号填报。

（5）加工贸易料件转内销货物（以及按料件办理进口手续的转内销制成品、残次品、未完成品）应填制进口报关单，填报加工贸易手册进口料件的项号。加工贸易边角料、副产品内销，填报加工贸易手册中对应的进口料件项号。如边角料或副产品对应一个以上料件项号时，填报主要料件项号。

（6）加工贸易成品凭征免税证明转为减免税货物进口的，应先办理进口报关手续。进口报关单填报征免税证明中的项号，出口报关单填报加工贸易手册原出口成品项号，进、出口报关单货物数量应一致。

（7）加工贸易货物销毁，本栏目应填报加工贸易手册中相应的进口料件项号。

（8）加工贸易副产品退运出口、结转出口，本栏目应填报加工贸易手册中新增的变更副产品的出口项号。

（9）经海关批准实行加工贸易联网监管的企业，按海关联网监管要求，企业需申报报关清单的，应在向海关申报进出口（包括形式进出口）报关单前，向海关申报“清单”。一份报关清单对应一份报关单，报关单上的商品由报关清单归并而得。加工贸易电子账册报关单中项号、品名、规格等栏目的填制规范比照加工贸易手册。

35. 如何填报报关单“商品编号”栏？

答：本栏目填报的商品编号由 10 位数字组成。前 8 位为《税则》确定的进出口货物的税则号列，同时也是《中华人民共和国海关统计商品目录》（以下简称《统计商品目录》），中确定的商品编码，后2位为符合海关监管要求的附加编号。

36. 如何填报报关单“商品名称、规格型号”栏？

答：本栏目分两行填报及打印。第一行填报进出口货物规范的中文名称，第二行填报规格型号。具体填报要求如下：

（1）商品名称及规格型号应据实填报，并与进出口货物收发货人或受委托的报关企业所提交的合同、发票等相关单证相符。

（2）商品名称应当规范，规格型号应当足够详细，以能满足海关归类、审价及许可证件管理要求为准，可参照《中华人民共和国海关进出口商品规范申报目录》中对商品名称、规格型号的要求进行填报。

（3）加工贸易等已备案的货物，填报的内容必须与备案登记中同项号下货物的商品名称一致。

（4）对需要海关签发“货物进口证明书”的车辆，商品名称栏应填报“车辆品牌+排气量（注明cc）+车型（如越野车、小轿车等）”。进口汽车底盘不填报排气量。车辆品牌应按照“进口机动车辆制造厂名称和车辆品牌中英文对照表”中“签注名称”一栏的要求填报。规格型号栏可填报“汽油型”等。

（5）由同一运输工具同时运抵同一口岸并且属于同一收货人、使用同一提单的多种进口货物，按照商品归类规则应当归入同一商品编号的，应当将有关商品一并归入该商品编号。商品名称填报一并归类后的商品名称；规格型号填报一并归类后商品的规格型号。

（6）加工贸易边角料和副产品内销，边角料复出口，本栏目填报其报验状态的名称和规格型号。

（7）进口货物收货人以一般贸易方式申报进口属于“需要详细列名申报的汽车零部件清单”（海关总署公告2006年第64号）范围内的汽车生产件的，应按以下要求填报：

①“商品名称”填报进口汽车零部件的详细中文商品名称和品牌，中文商品名称与品牌之间用“/”相隔，必要时加注英文商业名称；进口的成套散件或者毛坯件应在品牌后加注“成套散件”、“毛坯”等字样，并与品牌之间用“/”相隔。

②“规格型号”栏填报汽车零部件的完整编号。在零部件编号前应当加注“S”字样，并与零部件编号之间用“/”相隔，零部件编号之后应当依次加注该零部件适用的汽车品牌和车型。

汽车零部件属于可以适用于多种汽车车型的通用零部件的，零部件编号后应当加注“TY”字样，并用“/”与零部件编号相隔。

与进口汽车零部件规格型号相关的其他需要申报的要素，或者海关规定的其他需要申报的要素，如“功率”、“排气量”等，应当在车型或“TY”之后填报，并用“/”与之相隔。

汽车零部件报验状态是成套散件的，应当在“标记唛码及备注”栏内填报该成套散件装配后的最终完整品的零部件编号。

（8）进口货物收货人以一般贸易方式申报进口属于“需要详细列名申报的汽车零部件清单”范围内的汽车维修件的，填报规格型号时，应当在零部件编号前加注“W”，并与零部件编号之间用“/”相隔；进口维修件的品牌与该零部件适用的整车厂牌不一致的，应当在零部件编号前加注“WF”，并与零部件编号之间用“/”相隔。其余申报要求同上条执行。

37. 如何填报报关单“数量及单位”栏？

答：本栏目分三行填报及打印。

（1）第一行应按进出口货物的法定第一计量单位填报数量及单位，法定计量单位以《统计商品目录》中的计量单位为准。

（2）凡列明有法定第二计量单位的，应在第二行按照法定第二计量单位填报数量及单位。无法定第二计量单位的，本栏目第二行为空。

（3）成交计量单位及数量应填报并打印在第三行。

（4）法定计量单位为“千克”的数量填报，特殊情况下填报要求如下：

①装入可重复使用的包装容器的货物，应按货物扣除包装容器后的重量填报，如罐装同位素、罐装氧气及类似品等。

②使用不可分割包装材料和包装容器的货物，按货物的净重填报（即包括内层直接包装的净重重量），如采用供零售包装的罐头、化妆品、药品及类似品等。

③按照商业惯例以公量重计价的商品，应按公量重填报，如未脱脂羊毛、羊毛条等。

④采用以毛重作为净重计价的货物，可按毛重填报，如粮食、饲料等大宗散装货物。

⑤采用零售包装的酒类、饮料、化妆品，按照液体部分的重量填报。

（5）成套设备、减免税货物如需分批进口，货物实际进口时，应按照实际报验状态确定数量。

（6）具有完整品或制成品基本特征的不完整品、未制成品，根据《协调制度》归类规则应按完整品归类的，按照构成完整品的实际数量填报。

（7）加工贸易等已备案的货物，成交计量单位必须与加工贸易手册中同项号下货物的计量单位一致，加工贸易边角料和副产品内销、边角料复出口，本栏目填报其报验状态的计量单位。

（8）优惠贸易协定项下进出口商品的成交计量单位必须与原产地证书上对应商品的计量单位一致。

（9）法定计量单位为立方米的气体货物，应折算成标准状况（即摄氏零度及1个标准大气压）下的体积进行填报。

38. 如何填报报关单“原产国（地区）/最终目的国（地区）”栏？

答：原产国（地区）应依据《中华人民共和国进出口货物原产地条例》、《中华人民共和国海关关于执行〈非优惠原产地规则中实质性改变标准〉的规定》及海关总署关于各项优惠贸易协定原产地管理规章规定的原产地确定标准填报。同一批进出口货物的原产地不同的，应分别填报原产国（地区）。进出口货物原产国（地区）无法确定的，填报“国别不详”（代码701）。

本栏目应按海关规定的“国别（地区）代码表”选择填报相应的国家（地区）名称及代码。

39. 如何填报报关单“最终目的国（地区）”栏？

答：最终目的国（地区）填报已知的进出口货物的最终实际消费、使用或进一步加工制造国家（地区）。不经过第三国（地区）转运的直接运输货物，以运抵国（地区）为最终目的国（地区）；经过第三国（地区）转运的货物，以最后运往国（地区）为最终目的国（地区）。同一批进出口货物的最终目的国（地区）不同的，应分别填报最终目的国（地区）。进出口货物不能确定最终目的国（地区）时，以尽可能预知的最后运往国（地区）为最终目的国（地区）。

本栏目应按海关规定的“国别（地区）代码表”选择填报相应的国家（地区）名称及代码。

40. 如何填报报关单“币制”栏？

答：本栏目应按海关规定的“货币代码表”选择相应的货币名称及代码填报，如“货币代码表”中无实际成交币种，需将实际成交货币按申报日外汇折算率折算成“货币代码表”中列明的货币填报。

41. 如何填报报关单“征免”栏？

答：本栏目应按照海关核发的征免税证明或有关政策规定，对报关单所列每项商品选择海关规定的“征减免税方式代码表”中相应的征减免税方式填报。

加工贸易货物报关单应根据加工贸易手册中备案的征免规定填报；加工贸易手册中备案的征免规定为“保金”或“保函”的，应填报“全免”。

42. 报关单录入凭单指的是什么？

答：报关单录入凭单指申报单位按报关单的格式填写的凭单，用做报关单预录入的依据。该凭单的编号规则由申报单位自行决定。

43. 预录入报关单指的是什么？

答：预录入报关单指预录入单位按照申报单位填写的报关单凭单录入、打印由申报单位向海关申报、海关尚未接受申报的报关单。

44. 某公司拟出口的服装为国内产地，是否能把标签的 MADE IN CHINA 改成 MADE IN HONGKONG？

答：《中华人民共和国海关进出口货物报关单填制规范》中规定，“境内货源地填报出口货物在国内的产地或原始发货地”。若拟出口的服装为国内产地，货物的标签、标志等体现的信息应与货物实际情况一致以符合海关监管要求。根据《中华人民共和国海关进出口货物申报管理规定》（海关总署令第 103 号）第七条规定，“进出口货物收发货人、受委托的报关企业应当依法如实向海关申报，对申报内容的真实性、准确性、完整性和规范性承担相应的法律责任”，该公司在通关过程中，对出口服装的标签应当根据实际情况写为“MADE IN CHINA”。

45. 修理物品和暂进货物申报时需要填写关联报关单号吗？

答：《中华人民共和国海关进出口货物报关单填制规范》中报关单备注栏目填报要求如下：与本报关单有关联关系的，同时在业务管理范围方面又有填报要求的报关单号，填报在电子数据报关单中“关联报关单”栏。因此，填报要求按照有关规定办理。修理物品填写关联报关单号问题，根据《中华人民共和国海关进出口货物征税管理办法》（海关总署令第 124 号）第三章第四节对进出境修理货物的规定，需要提供相关的原进出境报关单，因此，在办理申报时需要按该业务的需求填写关联报关单号。

46. 报关单上的“出口日期”有什么规定？

答：《中华人民共和国海关进出口货物报关单填制规范》规定“出口日期指运载出口货物的运输工具办结出境手续的日期，本栏目供海关签发打印报关单证明联用，在申报时免予填报。”

如果出口报关单证明联中出口日期与运载出口货物的运输工具办结出境手续的日期不一致的，请联系海关进行确认。

47. 能提供英文版报关单吗？

答：“中华人民共和国海关进出口货物报关单”一律使用中文，无英文版报关单。

48. 成交计量单位、第一计量单位、第二计量单位的含义是什么？如何在报关单上填报？

答：成交计量单位是指实际成交的计量单位。第一计量单位、第二计量单位是指《统计商品目录》对于进出口商品所要求填报的计量单位。

第一行应按进出口货物的法定第一计量单位填报数量及单位，法定计量单位以《统计商品目录》中的计量单位为准。凡列明有法定第二计量单位的，应在第二行按照法定第二计量单位填报数量及单位。无法定第二计量单位的，本栏目第二行为空。成交计量单位及数量应填报并打印在第三行。

需要注意的是，加工贸易等含备案数据的货物，申报计量单位必须与备案数据中同项号下货物的计量单位一致，不相同时必须修改备案或转换一致后再填报。

49. 报关单申报的商品编码与所附许可证商品编码不一致时如何处理？

答：当报关单申报的商品编码与所附许可证商品编码不一致时，在电子审单环节判断出商品编号与许可证不符，转入人工审单环节，关员对报关单作退单处理，并要求货主去相应许可证发证机关换领许可证，再行申报。若有特殊情况，可酌情处理。

50. 对于何种监管方式在报关单对应项中需要填写关联报关单号及关联备案号？

答：对于加工贸易结转类、暂时进出口、修理物品、无代价抵偿等监管方式，海关会要求在“关联报关单”或“关联备案”栏中填写数据，以确保相关联的数据一致。

51. 在何种情况下，报关单应分单填报？

答：根据《中华人民共和国海关进出口货物报关单填制规范》，进出口报关单以下栏目不同应分别填制报关单：“备案号”、“贸易方式”、“运输工具名称”、“提运单号”、“征免性质”、“许可证号”。

52. 以特殊币种成交的进出口货物报关时如何填报报关单？

答：外汇管理部门提供的日外汇牌价只包括常用的 24 种，如以特殊币种成交，应采用以下方式解决：

（1）应向外汇管理部门查询外汇牌价。

（2）可将成交价格依据海关总署统计司提供的统计外汇牌价（由外汇管理部门提供的 40 个币制对美元的平均折算率）换算成美元价格进行报关单申报，同时在“备注”栏中注明实际成交币制和成交价格。

53. 报关单某些数据项（如数量、单价、总价等）数值超过报关单存储位数时应如何填报？

答：应分情况加以处理：

（1）若数量超过报关单存储位数，则可改变申报计量单位进行申报。

（2）若总价超过报关单存储位数，则可改变币制进行申报，或分为两张报关单进行填报。由此产生的提运单问题，可根据海关采用的舱单管理模式加以处理，或将提运单分单，或由两份报关单对应一票提运单。

（3）若单价超过存储位数，则可改变币制或数量进行申报。

54. 报关单中涉及国别（地区）的栏目填报时应注意哪些问题？

答：报关单中涉及国别（地区）的栏目填报时应注意以下问题：

（1）国别（地区）名称应填写具体的国别（地区）名称，不能笼统地填报为区域性的名称或国际组织等概念，如“中东”、“中美洲”、“西印度群岛”、“阿拉伯国家”、“西非”、“欧洲共同体”等；也不能填写城市或港口名称，如“伦敦”、“汉堡”、“纽约”等。

（2）要防止把名称近似或地理位置邻近的国名报错，如尼日尔和尼日利亚、摩洛哥和摩纳哥、利比亚和利比里亚、巴基斯坦和巴勒斯坦等。

（3）殖民地、属地要作为一个单独的地区来填报，而不能填报它的宗主国的名称，如法属喀里多尼亚不能报成法国，西属的休达、梅里利亚、加那利群岛不能填报成西班牙。

55. 对发生运输中转的货物，报关单“起运国（地区）/运抵国（地区）”栏应如何填报？

答：进口报关单在本栏目应填报进口货物起始发出的国家（地区），出口报关单应填报出口货物直接运抵的国家（地区）。对发生运输中转的货物，应区别情况加以处理，如中转地未发生任何商业性交易，则起运国（地区）/运抵国（地区）不变；中转地发生商业性交易，则以中转地作为起运国（地区）/运抵国（地区）填报。

56. 什么是进口货物滞报金？

答：进口货物滞报金是指进口货物收货人在货物进境后，未在海关规定时限内向海关申报，海关按有关规定对其征收的费用。

57. 海关为什么要征收滞报金？

答：征收滞报金的目的是提高海关的行政效率，促使货主及时报关，加快口岸货物的运输，保证国家应收的财政收入及早入库，对国家的经济建设起到积极的促进作用。

58. 《海关法》对进口货物申报时限如何规定？

答：进口货物的收货人应当自运输工具申报进境之日起 14 日内（第 14 日遇法定节假日的，则顺延至其后第 1 个工作日）向海关申报。

59. 进口货物产生滞报后，收货人不缴纳滞报金，货物可否放行？

答：进口货物滞报金应当由进口货物收货人于当次申报时缴清。对应征收滞报金的进口货物，海关在收货人未缴纳滞报金之前不予放行；收货人要求在缴清滞报金前先放行货物的，海关可以在其提供与应缴纳滞报金等额的保证金后放行。

60. 滞报金如何计算？

答：征收进口货物滞报金应当按日计征，以自运输工具申报进境之日起第 15 日为起征日，以海关接受申报之日为截止日，起征日和截止日均计入滞报期间，另有规定的除外。滞报金的日征收金额为进口货物完税价格的 0.5‰，以人民币“元”为计征单位，不足人民币 1 元的部分免予计收。

计算公式为：滞报金金额=进口货物完税价格×0.5‰×滞报天数

滞报金的起征点为人民币 50 元。

61. 转关运输货物如何征收滞报金？

答：转关运输货物在进境地及指运地分别应在载运进口货物运输工具申报进境之日起 14 日内和货物运抵指运地有关单位签收之日起 14 日内，向海关申报。如在进境地产生滞报，由进境地海关征收滞报金；如在指运地产生滞报，则由指运地海关征收滞报金。

62. 减免滞报金的适用范围有哪些？

答：有下列情形之一的，进口货物收货人可以向海关申请减免滞报金：

（1）政府主管部门有关贸易管理规定变更，要求收货人补充办理有关手续或者因政府主管部门延迟签发许可证件，导致进口货物产生滞报的。

（2）产生滞报的进口货物属于政府间或者国际组织无偿援助和捐赠用于救灾、社会公益福利等方面的进口物资或其他特殊货物的。

（3）由于不可抗力导致收货人无法在规定期限内申报，从而产生滞报的。

（4）因海关及相关司法、行政执法部门工作原因致使收货人无法在规定期限内申报，从而产生滞报的。

（5）其他特殊情况经海关批准的。

63. 进口货物进境后海关不予征收滞报金的情形有哪些？

答：有下列情形之一的，海关不予征收滞报金：

（1）收货人在运输工具申报进境之日起超过 3 个月未向海关申报，进口货物被依法变卖处理，余款按《海关法》第三十条规定上缴国库的。

（2）收货人在申报期限内，根据《海关法》有关规定向海关提供担保，并在担保期限内办理有关进口手续的。

（3）收货人申报后依法撤销原报关单电子数据重新申报，因删单重报产生滞报的。

（4）进口货物办理直接退运的。

（5）进口货物应征收滞报金金额不满人民币 50 元的。

64. 海关提取变卖的货物，在收货人申请发还余款补办报关手续时是否需要计征滞报金？如何计征？

答：因进口货物收货人在运输工具申报进境之日起超过 3 个月未向海关申报，进口货物被海关根据《海关法》有关规定提取作变卖处理后，符合条件的收货人申请发还余款的，应当补办报关手续，并计征滞报金（计征截止日为上述 3 个月期限的最后 1 日）。滞报金从海关变卖货物的余款中扣除。

65. 申请减免滞报金需要哪些手续？

答：对符合减免滞报金规定的进口货物，其收货人应于收到海关签发的滞报金缴款通知书之日起 30 个工作日内，以书面形式（加盖单位公章）向申报地海关提出减免滞报金的申请，并随附有关书面证明材料，经海关审核后办理滞报金减免核批手续。

（1）政府主管部门有关贸易管理规定变更，要求收货人补充办理有关手续或者因政府主管部门延迟签发许可证件，导致进口货物滞报的，其收货人应向海关提交经政府主管部门确认的书面证明材料；如收货人在申报时限内办理了许可证件手续，并在许可证件签发之日起 14 日内申报的，免征滞报金。

（2）产生滞报的进口货物属于政府间或国际组织无偿援助和捐赠用于救灾、社会公益福利等方面的进口物资或其他特殊货物的，其收货人应向海关提交经有关主管部门出具的书面证明文件，经海关核实后视情核批。如滞报属于非收货人自身原因造成的，免征滞报金；如滞报属于收货人自身原因造成的，按应征滞报金金额的百分之五征收滞报金。

（3）因不可抗力致使收货人无法在规定期限内申报的，其收货人应向海关提交书面说明材料，并提供当地政府或主管部门确认的书面证明文件，经海关核实并确定不可抗力影响的起止时间，免征相应期间内的滞报金。

（4）因海关及相关司法、行政执法部门工作原因致使收货人无法在规定期限内申报的，其收货人应当向海关提交书面说明材料，并提供相关行政执法部门出具的书面证明文件，经海关核实并确定起止时间，免征相应期间内的滞报金。

对收货人在货物进境前向海关申办减免税、加工贸易备案等手续，因海关原因未能按期批复而产生滞报的，其收货人应提交书面申请说明原因，由海关主管部门审核确认情况属实的，并在海关签发减免税证明、加工贸易备案手册之日起 14 日内申报的，免征滞报金。

66. 海关对滞报金减免申请有没有时限要求？

答：申请人应在收到海关滞报金缴款通知之日起 30 个工作日内向海关提交滞报金减免的书面申请及证明材料，并对申请报告陈述的内容及提交的证明材料的真实有效性负法律责任。

67. 滞报金如何缴纳？

答：海关征收进口货物滞报金时，应向收货人签发滞报金缴款凭证，收货人持滞报金缴款凭证到海关指定的部门或指定的银行办理缴款手续。进口货物收货人缴纳滞报金后，应将盖有“收讫”章的滞报金缴款凭证交给现场海关，现场海关凭予核销。

68. 滞报金在减免审批期间收货人需先行提货，如何处理？

答：进口货物收货人在申请减免滞报金期间因故需先行提取货物的，可向海关交纳滞报金的等额保证金后放行。

69. 删单重报产生的滞报金如何处理？

答：进口货物收货人申报并经海关依法审核，必须撤销原电子数据报关单重新申报，因删单重报产生滞报的，海关不予征收滞报金。

70. 已申报监管证件，为何专业化审单岗位仍退单并提示“未输入监管证件”？

答：引起退单的原因是监管证件的填写不规范。系统逻辑判断时检查“随附单据”栏是否有证件名称及号码，若将证件相关信息填入其他位置或录入不正确，系统则无法找到证件信息并退单。

71. 在何种情况下报关单会因为许可证原因而在电子审单环节被退单？

答：当申报的报关单所附的许可证无法使用或进出口应证商品在报关单上未申报许可证号时，电子审单环节会将报关单作自动退单处理。具体来讲主要有以下 4 种情况：

（1）进出口应证商品在报关单上未填报许可证号；

（2）许可证在海关接受报关单申报时已超期；

（3）许可证在海关接受报关单申报时已结案；

（4）许可证在海关接受报关单申报时已作废。

72. 若报关单商品项的申报计量单位与许可证不相符，该如何处理？

答：若报关单商品项的申报计量单位与许可证不相符，在电子审单环节不对许可证进行处理，系统自动判断出申报计量单位与许可证不符，转入人工审单环节。在人工审单环节对许可证进行核扣时，因报关单商品项的申报计量单位与许可证不相符，核扣数量栏目为空，需审单关员手工输入核扣数量。系统根据输入的数量对许可证进行核扣。若此处没有输入数量而直接回车，系统提示该商品项核扣数量没有输入。

73. 若删除报关单时许可证已结案，该如何处理？

答：结案的许可证不能在通关环节使用或进行处理，因而在修改或删除含已结案许可证数据的报关单时，需要对结案的许可证数据和许可证日志文件进行处理。具体来讲，若修改或删除报关单时许可证已结案，则运行许可证系统日常管理，取消结案功能，使许可证继续有效。修改或删除报关单数据后，系统自动将许可证核销日志数据传送至海关总署并覆盖原数据。

74. 如报关单商品数量核扣许可证数量发生超量时，如何处理？

答：报关单商品数量核扣许可证数量发生超量时，H2010 通关系统提示“超许可证电子数量”，关员在核实无误后可继续对许可证进行核扣，完成对报关单的处理；关员在核实后确认报关单商品数量超过许可证数量，应要求企业出具新的许可证。

75. 报关单申报时许可证在有效期内，审单或放行时超出许可证有效期的，如何处理？

答：发生这种现象有两种可能：

（1）报关单通过电子审单后，许可证已到有效期，这时只要在有效期之后 7 天内许可证尚未自动结案时办理人工审单或放行手续，系统会显示“许可证超期”，但此信息仅为提示性信息，关员可在核实许可证有效期后继续对报关单进行处理；

（2）报关单通过电子审单 7 天后办理人工审单和放行手续时，许可证已超期，此时许可证已自动结案，在这种情况下系统会显示“许可证已结案”，关员应在核实许可证无误后运行许可证系统日常管理，取消结案功能，之后再进行报关单操作。

76. 许可证错误核销，该如何处理？

答：所谓许可证错误核销是指在人工审单环节核扣许可证时，错将一项非证商品的数量进行了核扣，造成许可证数量被错误核扣。解决时应区分以下两种情况：

（1）在许可证未结案时，重新审核报关单并重新核扣许可证；

（2）在许可证已结案时，运行许可证系统日常管理，取消结案功能，再重新审核报关单并核扣许可证。

77. 放行环节，发现报关单上填报的许可证编号与许可证纸面证书编号不一致，该如何修改？

答：可删单重报，但由于此时进口单位已缴纳完关税和增值税，可对报关单进行修改，把原许可证编号修改成纸面证书编号，并完成对报关单的重审（无须重新计税）。此时原许可证电子数据被反核，正确的许可证电子数据被核扣。

78. 企业出口应证商品的样品但无许可证，如何处理？

答：出现这种现象可分两种情况加以解决：

（1）出口样品的价值在人民币3万元（含3万元）以下。按照规定，出口3万元以下的样品免验许可证，因此在通关系统电子审单环节，系统会判断出应证货样广告品未输入许可证号，转入人工审单环节，关员在核实数据无误后，继续对报关单进行处理，系统自动记录一条许可证异常核销日志。

（2）出口样品的价值在人民币3万元以上。此时通关系统电子审单环节判断出状态字“316”，转入人工审单环节，由关员输入退单原因后，将报关单作退单处理，企业向商务部门领取许可证后再报关出口。

79. 怎样在人工审单环节对报关单所附许可证进行核扣？

答：若报关单申报数据与许可证电子数据不相符，则转入人工审单环节。关员在审核报关单时重点审核报关数据与许可证数据不相符的栏目，主要为“关区号”、“收发货人”、“商品编码”、“商品名称”、“计量单位”几项，其中“商品编码”、“商品名称”不符的应要求进出口商换领许可证，“计量单位”不符的人工输入核扣数量，其他项目不符的在人工审核无误后对许可证进行手工核扣，并继续对报关单的处理。

80. 报关单哪些填报内容与征免税证明不符将会被计算机自动退单？退单后如何重新办理报关手续？

答：报关单填报内容与征免税证明不符被计算机自动退单主要由以下原因造成：

（1）申报价值超出减免税审批额度或征免性质、商品项数、项号、品名、商品编码、申报计量单位、申报数量、规格、币制与征免税证明不符；

（2）征免税证明超过有效期或已核销；

（3）报关口岸无征免税证明电子数据。

退单原因属于第（1）或（2）种的，企业需到主管地海关重新办理征免税证明后申报；属于第（3）种的，需检查数据传输或存储方面的问题，补救后重新申报。

81. 企业持主管地海关出具的征免税证明到进境地海关办理报关手续时，发现无电子数据，如何解决？

答：问题一般发生在征免税证明的打印操作和电子数据传输过程中。正常情况下，主管海关在开具了征免税证明并确认打印成功后，相应数据即自动通过关区和全国海关计算机网络由主管海关传送至口岸海关。因此，解决上述问题，首先，需检查口岸代码是否填写正确；其次，检查打印征免税证明后是否选择了“确认”；然后，检查计算机网络是否通畅。如果上述三个可能均被排除，则进口地海关应检查本地数据接受和存储是否正常。

82. 异地报关使用的征免税证明变更或作废后，如何变更或作废已发送的电子数据？

答：异地报关使用的征免税证明变更或作废后，计算机自动删除已发送的电子数据，而对修改后的征免税证明则发送新的数据。

83. 征免税证明核销后，可否再进行“修改”或“作废”操作？

答：征免税证明核销后，不能再进行“修改”或“作废”操作，但可以执行“查询”操作。只有在报关单删除后，才能进行“修改”或“作废”操作。

84. 申报计量单位与法定计量单位不一致时，由于主管海关审批的征免税证明的千克重量大于实际报关的千克重量造成无法录入，如何处理？

答：征免税证明的计量单位是申报计量单位。主管海关在出具征免税证明时，如申报计量单位与法定计量单位不一致，将由人工进行转换，而转换时大多由于无实际提运单参照，造成转换的千克重量可能与实际报关的千克重量不符。企业持征免税证明报关时，由于计算机系统自动调阅备案数据，而转换的千克重量如大于实际报关的千克重量，将会造成退单。对此，可由预录入企业修改报关单商品项的千克重量解决，无须修改征免税证明。

85. 通关单联网核查的基本流程是什么？

答：通关单联网核查的基本流程是：出入境检验检疫机构根据相关法律法规对法检商品签发通关单，实时将通关单电子数据传输至海关，海关凭以验放法检商品，办结海关手续后将通关单使用情况反馈给国家质检总局。

86. 通关单与报关单的内容如何对应？

答：出入境检验检疫机构签发的通关单纸质单证信息与通关单电子数据必须一致。

企业在报检、报关时，必须如实申报，并保证通关单与报关单相关申报内容一致，具体要求如下：

（1）报关单的收发货人与通关单的收/发货人一致；

（2）报关单的起运国（地区）与通关单的输出国家或地区一致，报关单的运抵国（地区）与通关单的输往国家或地区一致；

（3）报关单上法检商品的项数和次序与通关单上货物的项数和次序一致；

（4）报关单上法检商品编号与通关单上对应商品的 HS 编码一致；

（5）报关单上每项法检商品的法定第一数量不允许超过通关单上对应商品的数量/重量；

（6）报关单上法检商品的第一计量单位与通关单上的货物数量/重量计量单位相一致；

（7）出口货物报关单上的“申报日期”必须在出境货物通关单的有效期内。

87. 与报关单对应的通关单申领时还有什么要求？

答：通关单申领还有如下要求：

（1）通关单只能有效报关使用一次，企业应确保已申领通关单项下的进出口货物可一次性报关进出口。如通关单签发后需要分成多票报关单报关的，企业应向出入境检验检疫机构申请拆分通关单。

（2）每份通关单所列的货物项数不能超过 50 项（含 50 项）。

（3）企业报检时提供的“报关地海关”应为报关地海关隶属的直属海关。特殊情况下，可为指定的报关地海关。

（4）临时注册企业应向出入境检验检疫机构提供海关制发的临时注册编码。

88. 与报关单对应的通关单数据如何查询？

答：企业取得通关单后，进出口货物的经营单位或报检企业可通过中国检验检疫电子业务网（www. eciq. cn）查询通关单状态信息，状态信息分为“已发送电子口岸”、“电子口岸已收到”、“海关已入库”、“海关已核注”、“海关已核销”、“海关未能正常核销”、“通关单已过期”。

具体通关单状态信息注释如下：

“已发送电子口岸”，指国家质检总局已将通关单电子数据发送给电子口岸。

“电子口岸已收到”，指电子口岸已收到国家质检总局发送的通关单电子数据。

“海关已入库”，指海关已成功接收通关单电子数据，企业可根据通关单电子数据办理报关手续。

“海关已核注”，指该份通关单对应的报关单已申报成功。

“海关已核销”，指该份通关单对应的报关单已结关。

“海关未能正常核销”，指海关核销通关单电子数据不成功。

“通关单已过期”，指该份通关单超过有效期，无法使用。

89. 有通关单数据对应时，报关单预录入有何要求？

答：报关单预录入要求有：

（1）申报法检商品必须录入通关单编号，并且一票报关单只允许填报一个通关单编号。

（2）涉及加工贸易手册、电子账册、减免税证明的进出口货物，企业选择海关备案数据填制报关单，报关单上法检商品的项号应与通关单项号一致。

（3）报关单涉及法检商品与非法检商品的，必须先录入法检商品，后录入非法检商品。

90. 实施通关单联网核查后，报关单和通关单电子数据不一致，怎么办？

答：实施通关单联网核查后，报关单和通关单电子数据不一致的，海关可作退单处理，企业根据海关退单信息办理相关手续。

91. 与报关单对应的通关单商品归类如何确定？

答：商品归类以海关认定为准。报关单上法检商品的 HS 编码经海关确认归类有误的，企业需向出入境检验检疫机构申请修改通关单。

企业申领通关单后商品 HS 编码依据国家规定调整的，企业报关时通关单商品 HS 编码应以调整后的为准，如需修改，需向出入境检验检疫机构申请修改通关单。

92. 与报关单对应的通关单因特殊情况无法正常实施核查时，应如何处理？

答：因特殊情况无法正常实施通关单联网核查的，海关、出入境检验检疫机构应通过公告栏等方式及时告知企业，企业按照告知要求办理通关手续。

93. 法检商品的申报次序有什么规定？

答：法检商品必须放在报关单商品的第一项申报，是根据检验检疫部门提出的要求并以海关总署与国家质检总局联合公告的形式对外宣布的。由于免税证明的申报顺序与报关单是关联的，因此免税证明中法检商品必须前置。

94. 报关单证明联指的是什么？

答：报关单证明联指海关经企业申请，在核实货物实际进出境后按报关单格式提供的，可以用作进出口货物收发货人办理有关手续的证明文件。

95. 海关是否打印出口报关单退税证明联？

答：根据海关总署公告 2015 年第 14 号，对 2015 年 5 月 1 日（含）以后出口的货物，海关不再签发纸质出口货物报关单证明联（出口退税专用），并同时停止向国家税务总局传输出口货物报关单证明联（出口退税专用）相关电子数据，改由海关总署向国家税务总局传输出口报关单结关信息电子数据。实施起运港退税政策的出口货物暂时仍按照现行规定打印纸质出口货物报关单证明联(出口退税专用)。

96. 货物完成进出口后，经企业申请，海关提供哪些报关单证明联？

答：一般贸易情况下，企业货物出口后，海关退下来的报关单是收汇证明联；企业货物进口后，海关退下来的报关单是付汇证明联。

97. 报关单结汇联签发日期是否可以更改？

答："签发日期"是指海关向"出口收结汇联网核查系统"传送电子数据的日期，由系统自动生成，无法更改。

98. 如果登陆中国电子口岸后发现没有出口报关单退税证明联的电子数据，如何处理？

答：企业可拨打海关总署信息中心热线电话 010-65195991 或全国海关"12360"统一服务热线进行查询，如确实没有电子数据，由信息中心通知签发地海关重新签发原出口报关单退税证明联电子数据。

99. 海关何时签发出口收汇证明联？

答：出口货物放行后核销清洁舱单的过程为结关。符合条件的出口企业办理出口报关单结关手续后，可到海关申请签发出口收汇证明联。海关将报关单电子底账数据传输到电子口岸。详细规定请参见联合公告 2013 年第 52 号《海关总署 国家外汇管理局关于取消打印报关单收、付汇证明联的公告》。

100. 海关何时签发进口付汇报关单证明联？

答：符合条件的进口企业办理了进口货物的放行手续后，即可申请签发进口报关单付汇证明联，海关根据有关规定签发进口付汇证明联。详细规定请参见联合公告 2013 年第 52 号《海关总署 国家外汇管理局关于取消打印报关单收、付汇证明联的公告》。

101. 查不到进口报关单电子数据怎么办？

答：企业可拨打海关总署信息中心热线电话 010-65195991、中国电子口岸数据中心热线电话 010-65195656 或全国海关"12360"统一服务热线进行查询。如为口岸海关传输异常或失败，应到口岸海关申请重新传输。

102. 进出口货物报关单的修改或者撤销，应当遵循什么优先原则？

答：进出口货物报关单的修改或者撤销，应当遵循修改优先原则；确实不能修改的，予以撤销。

103. 什么情形下，当事人可以向海关办理进出口货物报关单修改或者撤销手续？

答：以下情形，当事人可以向海关办理进出口货物报关单修改或者撤销手续：

（1）出口货物放行后，由于装运、配载等原因造成原申报货物部分或者全部退关、变更运输工具的；

（2）进出口货物在装载、运输、存储过程中发生溢短装，或者由于不可抗力造成灭失、短损等，导致原申报数据与实际货物不符的；

（3）由于办理退补税、海关事务担保等其他海关手续而需要修改或者撤销报关单数据的；

（4）根据贸易惯例先行采用暂时价格成交、实际结算时按商检品质认定或者国际市场实际价格付款方式需要修改申报内容的；

（5）已申报进口货物办理直接退运手续，需要修改或者撤销原进口货物报关单的；

（6）由于计算机、网络系统等技术原因导致电子数据申报错误的。

104. 当事人应向哪个海关办理进出口货物报关单修改或者撤销手续？

答：当事人可以向原接受申报的海关办理进出口货物报关单修改或者撤销手续。

105. 由于报关人员操作或者书写失误造成申报内容需要修改或者撤销的，当事人应当向海关提交什么材料？

答：应当提交以下材料：

（1）可以证明进出口货物实际情况的合同、发票、装箱单、提运单或者载货清单等相关单证、证明文书；

（2）详细情况说明；

（3）其他证明材料。

106. 海关发现进出口货物报关单需要修改或者撤销，可以采取什么方式主动要求当事人修改或者撤销？

答：（1）将电子数据报关单退回，并详细说明修改的原因和要求，当事人应当按照海关要求进行修改后重新提交，不得对报关单其他内容进行变更；

（2）向当事人制发"进出口货物报关单修改/撤销确认书"，通知当事人要求修改或者撤销的内容，当事人应当在5日内对进出口货物报关单修改或者撤销的内容进行确认，确认后海关完成对报关单的修改或者撤销。

107. 除不可抗力外，海关可以直接撤销相应的电子数据报关单的情形有哪些？

答：（1）海关将电子数据报关单退回修改，当事人未在规定期限内重新发送的；

（2）海关审结电子数据报关单后，当事人未在规定期限内递交纸质报关单的；

（3）出口货物申报后未在规定期限内运抵海关监管场所的；

（4）海关总署规定的其他情形。

108. 什么情况下在办结相关手续前不得修改或者撤销报关单及其电子数据？

答：海关已经决定布控、查验，以及涉嫌走私或者违反海关监管规定的进出口货物，在办结相关手续前不得修改或者撤销报关单及其电子数据。

109. 已签发报关单证明联的进出口货物如何办理报关单修改或者撤销手续？

答：已签发报关单证明联的进出口货物，当事人办理报关单修改或者撤销手续时应当向海关交回报关单证明联。

110. 修改进出口货物报关单导致与原进出口许可证件不符的，应如何处理？

答：由于修改或者撤销进出口货物报关单导致需要变更、补办进出口许可证件的，当事人应当向海关提交相应的进出口许可证件。

111. 对报关单的修改、删除申请可以通过什么途径办理？

答：根据海关总署公告2015年第55号规定，进出口货物收发货人或者其代理人（以下统称当事人）符合《中华人民共和国海关进出口货物报关单修改和撤销管理办法》规定情形的，可通过中国电子口岸预录入系统“修撤单办理/确认”功能向海关办理进出口货物报关单修改或者撤销手续。

自 2016 年 3 月 1 日起，除因计算机、网络系统等技术原因无法通过预录入系统办理报关单修改或者撤销的，海关不再以纸质方式办理报关单修改和撤销业务。

112. 深加工结转报关单因故无法申报出口，怎么办？

答：如果“深加工结转”贸易方式下的某一方报关单要进行删单，进口方和出口方都要删除报关单，出口报关单先删单后进口报关单再删。所以深加工结转报关单，如果出口报关单无法申报，则进口报关单应予以删除，否则亦无法完成深加工结转手续。请到申报地海关办理。

113. 原始单据（如发票、装箱单）错误造成的报关单修改应如何处理？

答：发票和装箱单是报关单填制的重要依据，因报关单随附原始单证制作错误导致的修改报关单的问题，请向主管海关提供能够证明制作单据失误的有力证据。

114. 货物结关后应向哪个海关申请修改报关单？

答：货物结关后涉及修改报关单的，请直接向原申报地海关申请，以海关审核后确认为准。

115. 报关单撤销后，对应的转关单号如何操作反核销？

答：一般情况下，报关单撤销前应先操作转关单的反核销操作，具体请向主管海关咨询。

116. 什么是补充申报？

答：补充申报是指进出口货物收发货人、受委托的报关企业依照海关有关行政法规和规章的要求，在进（出）口货物报关单之外采用补充申报单的形式，向海关进一步申报为确定货物完税价格、商品归类、原产地等所需信息的行为。《中华人民共和国海关进出口货物优惠原产地管理规定》（海关总署令第 181 号）规定的补充申报，按照该署令办理。

补充申报按照申报环节不同可分为进出口货物收发货人、报关企业向海关申报时的主动补充申报，进出口货物收发货人、报关企业申报后未办结海关手续前的补充申报和海关后续管理中要求的补充申报。

117. 申报时的主动补充申报包括哪些内容？

答：进出口货物的收发货人、受委托的报关企业主动向海关进行补充申报的，应在向海关申报电子数据报关单时，一并通过系统向海关申报电子数据补充申报单。

118. 通关中的补充申报包括哪些内容？

答：进出口货物向海关申报后未办结海关手续前，海关可以要求进出口货物收发货人、报关企业补充申报。在此期间，进出口货物收发货人、报关企业认为有必要主动补充申报的，海关可以接受其补充申报，并按报关单修改程序办理，同时应要求提供书面说明。

海关在审核申报价格过程中有以下情形的，可以要求补充申报：

（1）进口货物，需要说明买卖双方之间关系的；

（2）进口货物，需要说明交易条件的；

（3）进口货物，需要说明各项费用情况的；

（4）出口货物，需要说明发票价格的；

（5）出口货物，需要说明间接收取货款的；

（6）出口关税是否已经从申报价格中扣除的；

（7）海关认为其他需要对进出口货物的价格补充申报的。

海关在审核归类过程中有以下情形的，可以要求补充申报：

（1）申报内容不足以说明商品属性、特性，需要进一步补充说明的；

（2）申报内容与随附单证资料不足以确定商品归类，需要进一步补充说明的；

（3）海关认为其他需要对进出口货物的归类补充申报的。

海关在审核进出口货物原产地的过程中有以下情形的，可以要求补充申报：

（1）优惠贸易协定项下的进出口货物，收发货人、报关企业向海关提供原产地证书、原产地声明等单证的相关内容不完整（须核准的除外）或者相关内容需要进一步补充说明的；

（2）涉及贸易救济措施的货物，收发货人、报关企业未提交原产地证书的，或者已经提交原产地证书，但海关仍有疑问的；

（3）海关认为其他需要对进出口货物的原产地补充申报的。

119. 后续管理的补充申报包括哪些内容？

答：进出口货物办结海关手续后，海关在后续管理中可要求进出口货物收发货人、报关企业补充申报。在此期间，海关不接受进出口货物收发货人、报关企业的主动补充申报。

对已放行货物海关存在以下任何质疑的，可以就价格要求进出口货物收发货人、报关企业进行补充申报：

（1）申报价格或已审定的完税价格是否已包括各项应计入完税价格的有关费用；

（2）成交价格是否受到特殊关系的影响；

（3）交易中是否存在影响成交价格的特殊安排；

（4）是否存在分次付汇或多渠道付汇未向海关申报的情况；

（5）其他需要补充申报的情况。

对已放行货物海关存在以下任何质疑的，可以就归类要求进出口货物收发货人、报关企业进行补充申报：

（1）随附资料不完善需附加说明的；

（2）申报内容与随附单证资料不一致的；

（3）其他需要补充申报的情况。

对已放行货物海关存在以下任何质疑的，可以就原产地要求进出口货物收发货人、报关企业进行补充申报：

（1）涉及反倾销的货物没有按照有关规定要求进行补充申报的；

（2）进出口货物收发货人、报关企业已提交的相关材料不足以确认货物原产地的；

（3）其他需要补充申报的情况。

后续管理中对进出口货物收发货人、报关企业提交的补充申报单，由要求补充申报的部门进行编号，并在补充申报单“海关批注”栏填写处置意见。

120. 海关如何告知进出口货物收发货人、报关企业进行补充申报？

答：海关要求补充申报的，应当书面通知进出口货物收发货人、报关企业，进出口货物收发货人、报关企业在收到海关通知之日起 5 个工作日内向海关办理补充申报手续，海关行政法规和规章另有规定的除外。进出口货物收发货人、报关企业在规定时限内未能按要求进行补充申报的，海关可根据已掌握的信息，按照有关规定确定进口货物的完税价格、商品编码和原产地。

121. 什么情形下，进出口货物收发货人、报关企业应当向海关进行补充申报？

答：有以下情形之一的，进出口货物收发货人和报关企业应当向海关进行补充申报：

（1）海关对申报货物的价格、商品编码等内容进行审核时，为确保申报内容的完整性和准确性，要求进行补充申报的；

（2）海关对申报货物的原产地进行审核时，为确定货物原产地的准确性，要求进出口货物收发货人提交原产地证书，并进行补充申报的；

(3) 海关对已放行货物的价格、商品编码和原产地等内容进一步核实时，要求进行补充申报的。

122. 补充申报的期限是多长？

答：需要进行补充申报的，海关应当书面通知进出口货物收发货人、报关企业，进出口货物收发货人、报关企业应当在收到海关书面通知之日起5个工作日内向海关办理补充申报手续，海关行政法规和规章另有规定的除外。进出口货物收发货人、报关企业在规定时限内未能按要求进行补充申报的，海关可根据已掌握的信息，按照有关规定确定进口货物的完税价格、商品编码和原产地。

123. 进出口货物收发货人、报关企业可以主动向海关进行补充申报吗？

答：可以。进出口货物收发货人、报关企业可在递交报关单时一并提交补充申报单。

124. 补充申报的申报单包括哪些？

答：包括“中华人民共和国海关进出口货物价格补充申报单”、“中华人民共和国海关进出口货物商品归类补充申报单”、“中华人民共和国海关进出口货物原产地补充申报单”，以及海关行政法规和规章规定的其他补充申报单证。

进出口货物收发货人、报关企业应按要求如实、完整地填写补充申报单，并对补充申报内容的真实性、准确性承担相应的法律责任。补充申报的内容是对报关单申报内容的有效补充，不得与报关单填报的内容相抵触。

125. 如何填写价格补充申报单？

答：价格补充申报单应由进出口货物收发货人或其委托的报关企业填写；每一张价格补充申报单应填写一项商品，对应一份报关单（海关另作要求的除外）；如一份报关单中涉及多项商品需进行补充申报，一张报关单可对应多份价格补充申报单；凡价格补充申报单中有“（）”符号的选择项目，根据选择情况在“是”或“否”后面的“（）”中打“√”。

(1) 表头栏目填报说明：

①“补充申报单编号”由海关编号，申报单位无须填写。

②“报关单号”应填写补充申报单所对应的报关单编号。

③“报关单第　项”是指作补充申报的商品在报关单中的排列序号，要与报关单中该商品的“项号”一致。

④“商品名称”为补充申报的货物规范的中英文商品名称，内容应与报关单相应项目相符。

⑤“商品编码”填写按海关规定的商品归类规则确定的货物的商品编码，应与报关单填报内容一致。

⑥“规格型号”应尽可能详细，内容应与报关单相应项目相符。

⑦“品牌”应填写补充申报商品的中英文品牌。

⑧“买方”应填写中英文全名，主要办公地点地址、联系人姓名及联系电话。

⑨“卖方”应填写中英文全名，主要办公地点地址、联系人姓名及联系电话。

⑩“生产厂商”指货物的生产企业，该栏须填写其中英文全名、主要办公地点地址、联系人姓名及联系电话。

⑪“合同协议号”应与报关单填报内容一致。

⑫“签约日期”指贸易合同签订的日期。

⑬“发票编号”指卖方销售有关货物开出的商业发票编号。

⑭“发票日期”指卖方开具发票的日期。

（2）进口货物部分栏目填报说明：

①“买卖双方之间的关系”

——第（一）栏：买卖双方之间如果存在该栏目所列举的八种关系之一的，请在相应的关系类型前“□”中用“√”标记，并进一步回答“以上关系是否影响进口货物的成交价格”。

——如果买卖双方之间存在的关系影响了进口货物的成交价格，应进一步回答其成交价格与所列举的三种价格中的哪一个相近，如有相近价格的，请提供相关证明材料；如果没有相近价格的，应在相应选项前用“√”标记 。

——如果买卖双方之间没有以上任何一种关系的，应填写第（二）栏，并用“√”标记。

②“交易的条件”

——第（一）栏：如果买方在处置或者使用进口货物时，受到非列举限制项目之外的限制，应选择“是”；否则，应选择“否”。

——第（二）栏：如果货物的价格受到使货物的成交价格无法确定的条件或因素的影响的，包括货物的价格是以约定的定价公式来确定而在进口时结算价格尚未确定的，应选择“是”；如果没有，应选择“否”。

——第（一）栏和第（二）栏两个问题中任何一个回答为“是”的，都需要加以说明。如可以客观量化数据表示的，应将有关数据填写在第三（二）栏。

——第（三）栏：如果在申报价格外买方还需要向卖方支付与进口货物相关，并且作为该货物销售条件的特许权使用费的，应选择“是”，并将有关数据填写第三（三）栏第3项中；如果没有，应选择“否”。

——第（四）栏：如果卖方获得因买方销售、处置或者使用进口货物而产生的任何收益，不管是直接的还是间接的，应选择“是”，并填写第三（三）栏第4项。

——如果存在第（三）栏和第（四）栏所指的特许权使用费和收益支付，且其金额在进口时尚不能确定的，应进行详细说明。

③“费用状况”

该栏目为进口货物成交价格的各种费用调整项目申报栏，每一个费用项目都应当填报“单位金额”、“总金额”和“备注”三个栏目。

——以下各费用栏目申报的“单位金额”、“总金额”在填报时应采用统一的币制（“币制”是指买方支付费用时采用的货币），如实际支付采用多种不同币制的，在申报时应换算为统一的币制。

——“单位金额”是指按照公认的会计原则分摊到每件补充申报货物上的费用。“总金额”是指补充申报货物在该费用项目下的费用总额。

——如果在费用项目下没有费用产生，或者虽然有费用产生但无法提供客观可量化数据的，应在“单位金额”和“总金额”中填写“/”表明无数据填报，并在“备注”栏中注明无申报的原因。

——第（一）栏：“发票价格”指进行补充申报的该项商品在向海关申报随附商业发票上的总金额。

——第（二）栏：“间接支付的货款”指未包含在发票金额内的，买方根据卖方的要求支付给第三方，或者冲抵买卖双方之间的其他资金往来的款项。

——第（三）栏第2项（1）、（2）、（3）、（4）四项费用应采用合理方式，按公认的会计原则分摊到补充申报的货物上，并在“备注”栏中注明分摊方法，提供分摊计算说明。

——第（三）栏第3项“特许权使用费”在补充申报时未能确定的，应在“备注”栏注明，并提供有关资料和说明。

——如果能确定“特许权使用费”金额但需要进行分摊的，应采用合理方式，按公认的会计原则分摊到补充申报的货物上，并在“备注”栏中注明分摊方法，提供分摊计算说明。

——第（三）栏第4项有关收益在补充申报时未能确定的，应在“备注”栏注明，并提供有关资料和说明。

——第（三）栏第5项（2）应包括货物运抵境内输入地点起卸前发生的与货物运输有关的搬运费、仓储费及滞期费等。

（3）出口货物部分栏目填报说明：

①第（一）栏：“发票价格”指进行补充申报的该项商品在向海关申报随附商业发票上的总金额。

②第（二）栏：“间接收取的货款”指未包含在发票金额内的，买方根据卖方的要求支付给第三方，或者冲抵买卖双方之间的其他资金往来的款项。

③第（三）栏：如果在向海关申报时，出口关税已经从申报价格中扣除的，应选择“是”；否则，应选择“否”。

（4）其他栏目填报说明：

①如以上栏目还未能充分说明补充申报货物成交价格情况的，可以在“其他需要说明的情况”栏进行说明，空间不足的还可另附页说明。

②“申报人签字”由进出口货物收发货人或其委托申报的报关企业授权填报本价格补充申报单的人签字；申报单位盖章应加盖申报人单位公章，受委托申报的报关企业填报该表时必须提交书面委托书。

③“对以上申报内容是否需要海关予以保密？”是填报人对于补充申报内容保密要求的选项。如填报人认为本表填报内容涉及商业秘密，可以要求海关对其填报内容予以保密。

④“海关批注”栏指供海关内部作业时签注的总栏目，由海关关员填写。

126. 如何填写归类补充申报单？

答：归类补充申报单应当由进出口货物收货人或者其委托的报关企业填写；每一份归类补充申报单只能填写一项商品，对应一份报关单；如一份报关单中涉及多项商品需要进行补充申报归类情况，一份报关单可以对应多份归类补充申报单；除特殊说明的栏目外，归类补充申报单每一栏目均应填写；凡归类补充申报单中有“□”符号的选择项目，根据实际情况在选择项目前面的“□”中打“√”。

具体栏目填报说明：

（1）“补充申报单编号”由海关填写。

（2）“报关单号”应填写补充申报单所对应的报关单编号。

（3）“报关单第　项”是指作补充申报的商品在报关单中的排列序号，应与报关单中该商品的“项号”一致。

（4）“商品名称”为补充申报的进口货物规范的中英文商品名称，内容应当与报关单相应项目相符。

（5）“商品编码”应填报由《税则》确定的进出口货物的税则号列和《统计商品目录》确定的商品编码，以及符合海关监管要求的附加编号组成的10位商品编码，该项目应与报关单填报内容一致。

（6）“规格型号”内容应当与报关单相应栏目相符，但应当比报关单所填报的规格型号内容更详细全面。

（7）“品牌”栏根据实际情况，有中英文的则填写中英文，仅有一种的则填一种。

以上“规格型号”、“品牌”栏要求填写的项目较多，如果填写空间不够，应当选择能够反映进出口货物特征的主要项目填写。对部分重点商品海关将以清单形式明确商品规格型号及品牌的填制规范。

（8）“买方”是指直接与境外的卖方谈判达成交易，自行或者委托具有对外贸易经营权的企业与卖方签订并实际执行合同的我国境内法人或其他组织。买方也就是成交单位，同时也可以是经营单位。该栏目必须填写中英文全名，主要办公地点地址、联系人姓名及联系电话。

（9）“卖方”指与买方谈判达成交易，并直接与成交单位或与成交单位委托的经营单位签订进口货物销售合同的境外法人或其他组织。卖方就是成交外商，也可以是生产厂商。该栏目必须填写中英文全名，主要办公地点地址、联系人姓名及联系电话。

（10）“生产厂商”指进口货物的生产企业，该栏目必须填写其中英文全名、主要办公地点地址、联系人姓名及联系电话。

（11）“合同协议号”应与报关单填报内容一致。

（12）“发票编号”填写生产厂商销售货物开出的商业发票编号。如果涉及反倾销商品，本栏目必须填写原产商发票。

（13）“商品其他名称”填写除报关单中商品名称以外的其他名称，如俗名、习惯称谓、商业名称、外文名称等。

（14）“进/出口国（地区）海关商品编码”填写进出口该商品的国家或地区海关确定的商品编码，如果不清楚可以不填。

（15）“该商品是否取得过海关预归类决定书”栏，应根据实际选择，如果该商品曾取得过海关的预归类决定书，还应填写“预归类决定书编号”、“商品编码”、“作出预归类决定的海关”相关内容。

（16）“该商品是否曾被海关取样化验”栏，请根据实际选择。

（17）“请按选中项填写相关说明”栏，请根据海关要求或企业希望主动提供资料的实际情况进行选择，并在空白栏处按选中项目的字母顺序逐项如实填写，也可在申报单后随附提供。

（18）“申报申明”栏中，申报人签字由进出口货物收货人或者其委托的报关企业填报人签字；申报单位盖章应当加盖申报人单位公章，报关企业填报该表时必须提交由进出口货物收发货人出具的书面委托书。

（19）“海关批注”栏指供海关内部作业时签注的总栏目，由海关关员手工填写在纸质补充申报单上。

127. 如何填写原产地补充申报单？

答：原产地补充申报单应当由进出口货物收货人或者其委托的报关企业填写；每一份原产地补充申报单只能填写一项商品，对应一份报关单；如一份报关单中涉及多项商品需要进行补充申报原产地情况，一份报关单可以对应多份原产地补充申报单；除特殊说明的栏目外，原产地补充申报单每一栏目均应填写；凡原产地补充申报单中有“□”符号的选择项目，根据实际情况在选择项目前面的“□”中打“√”。

具体栏目填报说明：

（1）“补充申报单编号”由海关填写。

（2）“报关单号”应填写补充申报单所对应的报关单编号。

（3）“报关单第　项”是指作补充申报的商品在报关单中的排列序号，应与报关单中该商品的“项号”一致。

（4）“商品名称”为补充申报的进口货物规范的中英文商品名称，内容应当与报关单相应项目相符。

（5）“商品编码”应填报由《税则》确定的进出口货物的税则号列和《统计商品目录》确定的商品编码，以及符合海关监管要求的附加编号组成的10位商品编码，该项目应与报关单填报内容一致。

（6）“规格型号”内容应当与报关单相应栏目相符，但应当比报关单所填报的规格型号内容更详细全面。

（7）“标记唛头”指标记唛码中除图形以外的文字、数字。

（8）“品牌”栏根据实际情况，有中英文的则填写中英文，仅有一种的则填一种。

以上“规格型号”、“品牌”栏要求填写的项目较多，如果填写空间不够，应当选择能够反映进出口货物特征的主要项目填写。对部分重点商品海关将以清单形式明确商品规格型号及品牌的填制规范。

（9）“买方”是指直接与境外的卖方谈判达成交易，自行或者委托具有对外贸易经营权的企业与卖方签订并实际执行合同的我国境内法人或其他组织。买方也就是成交单位，同时也可以是经营单位。该栏目必须填写中英文全名，主要办公地点地址、联系人姓名及联系电话。

（10）“卖方”指与买方谈判达成交易，并直接与成交单位或与成交单位委托的经营单位签订进口货物销售合同的境外法人或其他组织。卖方就是成交外商，也可以是生产厂商。该栏目必须填写中英文全名，主要办公地点地址、联系人姓名及联系电话。

（11）“生产厂商”指进口货物的生产企业，该栏目必须填写其中英文全名、主要办公地点地址、联系人姓名以及联系电话。

（12）“合同协议号”应与报关单填报内容一致。

（13）“发票编号”填写生产厂商销售货物开出的商业发票编号。如果涉及反倾销商品，本栏目必须填写原产商发票。

（14）“运输方式”栏，按照实际情况在“□”内打“√”，如果是采用“联运”方式的，除了在“联运”前的“□”内打“√”外，还要确定具体的运输方式，如海陆联运的，则选“联运”、“海运”、“陆运”三个选项。

（15）“直接运输”栏，按照实际情况在“□”内打“√”，如非直接运输，还应在“中转国（地区）”栏中，填写实际中转国（地区）名称。

（16）“中转国（地区）”指货物在运输过程中因需要而中间停留、变换运输工具或方式的国家或地区，有多个则填写多个。

（17）“到货口岸”指进口货物到达我国关境的第一个口岸。

（18）“申报口岸”指进口货物办理报关手续的口岸。

（19）“提单编号”填写进口货物运输全过程中所有的提单编号。

（20）“原产国（地区）”指依据《中华人民共和国进出口货物原产地条例》、《中华人民共和国海关关于执行〈非优惠原产地规则中实质性改变标准〉的规定》（海关总署令第122号），以及海关总署关于各项优惠贸易协定原产地管理规章规定的原产地确定标准填报。

（21）“原产地证书签发机构及所在国家（地区）”按实际情况如实填写，有中英文的则按中英文填写。如果涉及反倾销商品，本栏目必须填写。

（22）“适用原产地标准”应当依据《中华人民共和国进出口货物原产地条例》和《中华人民共和国海关关于执行〈非优惠原产地规则中实质性改变标准〉的规定》的有关规定进行选择。

（23）“其他需要说明的情况”填写在其他栏目中不能说明清楚的问题，空间不足的还可另附页说明。

（24）“申报申明”栏中，申报人签字由进出口货物收货人或者其委托的报关企业填报人签字；申报单位盖章应当加盖申报人单位公章，报关企业填报该表时必须提交由进出口货物收发货人出具的书面委托书。

（25）“海关批注”栏指供海关内部作业时签注的总栏目，由海关关员手工填写在纸质补充申报单上。

128. 集中申报的含义是什么？

答：集中申报是指对同一口岸多批次进出口的货物，经海关备案，进出口货物收发货人可以先以清单方式申报办理货物验放手续，再以报关单形式集中办理其他海关手续的一种特殊通关方式。

129. 适用集中申报通关方式的进出口货物包括哪些？

答：适用集中申报通关方式的进出口货物包括：

（1）图书、报纸、期刊类出版物等时效性较强的货物；

（2）危险品或者鲜活、易腐、易失效等不宜长期保存的货物；

（3）公路口岸进出境的保税货物。

130. 进出口货物收发货人可以委托报关企业办理集中申报手续吗？

答：进出口货物收发货人可以委托B类以上管理类别（含B类）报关企业办理集中申报通关方式下清单申报和报关单申报手续，受委托的报关企业在清单申报和报关单申报时均应提交“代理报关委托书”。清单的填制比照H2000系统报关单填制规范填写，清单归并报关单申报时，集中申报进出口货物在报关单“运输工具名称”栏填报“集中申报”，“提运单号”栏填写所归并清单载明的进出口起止日期。

131. 如何办理集中申报备案手续？

答：进出口货物收发货人应当在货物进出境的口岸海关办理集中申报备案手续，加工贸易企业应当在主管地海关办理集中申报备案手续。进出口货物收发货人申请办理集中申报备案手续的，应当向海关提交“适用集中申报通关方式备案表”，同时提供符合海关要求的担保，担保有效期最短不得少于3个月。

132. 集中申报备案手续届满可以延续吗？

答：备案有效期届满可以延续。进出口货物收发货人需要继续适用集中申报方式办理通关手续的，应当在备案有效期届满10日前向原备案地海关书面申请延期。进出口货物收发货人在备案有效期届满前未向原备案地海关申请延期的，备案表效力终止。进出口货物收发货人需要继续按照集中申报方式办理通关手续的，应当重新申请备案。

133. 进出口货物收发货人向海关申报“集中申报清单”的时限是什么？

答：以集中申报通关方式办理海关手续的进出口货物收发货人，应当在载运进口货物的运输工具申报进境之日起14日内，出口货物在运抵海关监管区后、装货的24小时前填制“集中申报清单”向海关申报。超过这一期限申报的，应当以报关单方式申报；构成滞报的，还应当按照有关规定缴纳滞报金。

办结清单申报手续后，进出口货物收发货人应当对1个月内以“集中申报清单”申报的数据进行归并，填制进出口货物报关单。一般贸易货物在次月10日之前、保税货物在次月月底之前到海关办理集中申报手续。

134. 一般贸易货物集中申报手续能否跨年度办理？

答：不能。

135. 何种进出口货物收发货人不适用集中申报通关方式？

答：涉嫌走私或者违规，正在被海关立案调查的进出口货物收发货人，因进出口侵犯知识产权货物被海关依法给予行政处罚的进出口货物收发货人，信用等级为失信企业的进出口货物收发货人进出口上述所列货物的，不适用集中申报通关方式。

136. 集中申报货物的归并报关原则是什么？

答：归并为一张报关单的所有清单，在“进出境口岸”、“经营单位”、“境内进出口货物收发货人”、“贸易方式（监管方式）”、“起运国（地区）”、“装货港”、“运抵国（地区）”、“运输方式”栏目以及适用的税率、汇率方面必须保持一致。上述项目如果存在不一致，应分割为若干张报关单，分别报关。

各清单归并为同一份报关单时，各清单中载明的商品项在“商品编号”、“商品名称”、“规格型号”、“单位”、“原产国（地区）”、“单价”和“币制”均一致的情况下可以进行数量和总价的合并。

137. 集中申报货物进出口日期如何认定？

答：“进出口日期”以海关接受报关单申报的日期为准。归并为一张报关单的货物必然存在多个实际进出口日期，而报关单上的进出口日期项数值具有唯一性，因此，以系统自动生成的日期作为归并为一张报关单货物的进出口日期。

海关按照接受清单申报之日实施的税率、汇率计征税费；海关对集中申报的货物以报关单上的“进出口日期”为准列入海关统计。

138. 集中申报货物如何办理税款缴纳手续？

答：进出口货物收发货人对“集中申报清单”申报的货物以报关单方式办理海关手续时，应当按照海关规定对涉税的货物办理税款缴纳手续。

涉及许可证件管理的，应当提交海关批注过的相应许可证件。

139. 集中申报清单和报关单实行通关单联网核查吗？

答：集中申报清单和报关单暂不实行通关单联网核查。清单申报时，系统检查清单中“随附单据”栏的通关单编号，放行环节人工核对纸质通关单；报关单申报时要求统一提交海关在货物放行时已验核过的通关单。

140. 清单申报的进出口货物，如何办理验放手续？

答：清单申报的进出口货物，电子审单通过后，直接发送到验放环节办理货物验放手续，海关可以在此环节实施布控查验。对需查验的货物，企业应向海关递交纸质清单，查验无误的，海关予以放行。

141. 什么情形下，海关停止进出口货物收发货人适用集中申报通关方式？

答：以下情形下，海关停止进出口货物收发货人适用集中申报通关方式：

（1）担保情况发生变更，不能继续提供有效担保的；

（2）涉嫌走私或者违规，正在被海关立案调查的；

（3）进出口侵犯知识产权货物，被海关依法给予行政处罚的；

（4）信用等级为失信企业的。

142. 进出口货物收发货人在集中申报备案有效期内可以主动申请终止适用集中申报通关方式吗？

答：可以。

143. 代理报关委托书上的委托方业务签章处可否盖报关专用章？

答：《中华人民共和国海关对报关单位注册登记管理规定》第四十九条规定："报关单位向海关递交的纸质进出口货物报关单必须加盖本单位的报关专用章。报关专用章启用前应当向海关备案。报关专用章应当按照海关总署统一规定的要求刻制。报关企业的报关专用章仅限在其标明的口岸地或者海关监管业务集中地使用，每一口岸地或者海关监管业务集中地报关专用章应当只有1枚。进出口货物收发货人的报关专用章可以在全国各口岸地或者海关监管业务集中地通用，有多枚报关专用章的，应当按照次序注明编号。"因此，报关专用章是经海关备案由报关单位（包括代理报关的报关企业或者自理报关的进出口货物收发货人）在进出口货物报关单上使用的，不能由委托方在报关委托书上使用，签章处应加盖企业公章。

144. 货物到港后申报前，货主是否可以提前看货？

答：可以。根据《海关法》的规定，货主可以提前看货，海关派员到场，按照相关手续，对看货结果进行签字备案。

145. 申报后报关单丢失，能否补发？

答：可以。进出口单位遗失进出口货物报关单，应书面向原签发海关申请补发。根据海关通关作业无纸化改革要求，可以无纸化方式申报。

146. 为什么电脑退单提示"不具备征税条件"？

答：当发送报关单电子数据的时间过早时，由于当时海关尚未维护当日汇率及缴款期限，所以无法正常进行税费计征，导致电脑自动退单。

147. 海关系统里的汇率是怎么维护的？

答：目前，审单系统中的汇率是每月维护一次，海关每月使用维护的计征汇率为上一个月第三个星期三（第三个星期三为法定节假日的，顺延采用第四个星期三）中国人民银行公布的外币对人民币的基准汇率；以基准汇率币种以外的外币计价的，采用同一时间中国银行公布的现汇买入价和现汇卖出价的中间值（人民币元后采用四舍五入法保留4位小数）。如果上述汇率发生重大波动，海关总署认为必要时，可另行规定计征汇率，并对外公布。

第四章　进出口货物征税、查验与放行

1. 进出口货物关税的纳税义务人如何界定？

答：进口货物的收货人、出口货物的发货人，是关税的纳税义务人。

2. 进出口货物关税税率如何设置？

答：进口关税设置最惠国税率、协定税率、特惠税率、普通税率、关税配额税率等税率。对进口货物在一定期限内可以实行暂定税率。

出口关税设置出口税率。对出口货物在一定期限内可以实行暂定税率。

3. 进出口货物关税征收方式有哪些？

答：进出口货物关税，以从价计征、从量计征或者国家规定的其他方式征收。

从价计征进口关税的公式为：应纳税额=完税价格×关税税率。

从价计征出口关税的公式为：应纳税额=［离岸价格÷（1+出口关税税率）］×出口关税税率。

从量计征关税的计算公式为：应纳税额=货物数量×单位关税税额。

4. 进口货物海关代征税如何计算？

答：计征进口环节增值税的计算公式为：应纳税额=（完税价格+实征关税税额+实征消费税税额）×增值税税率

从价计征进口环节消费税的计算公式为：应纳税额=［（完税价格+实征关税税额）/（1-消费税税率）］×消费税税率

从量计征进口环节消费税的计算公式为：应纳税额=货物数量×单位消费税税额

5. 进出口货物完税价格如何确定？

答：进口货物的完税价格包括货物的货价、货物运抵中华人民共和国境内输入地点起卸前的运输及其相关费用、保险费。

出口货物的完税价格包括货物的货价、货物运至中华人民共和国境内输出地点装载前的运输及其相关费用、保险费，但是其中包含的出口关税税额，应当予以扣除。

进出口货物的价格及有关费用以外币计价的，海关按照该货物适用税率之日所适用的计征汇率折合为人民币计算完税价格。完税价格采用四舍五入法计算至分。

海关每月使用的计征汇率为上个月第三个星期三（第三个星期三为法定节假日的，顺延采用第四个星期三）中国人民银行公布的外币对人民币的基准汇率；以基准汇率币种以外的外币计价的，采用同一时间中国银行公布的现汇买入价和现汇卖出价的中间值（人民币元后采用四舍五入法保留4位小数）。如果上述汇率发生重大波动，海关总署认为必要时，可另行规定计征汇率，并对外公布。

6. 进出口货物海关税款缴款书有几联？

答：海关税款缴款书一式六联，第一联（收据）由银行收款签章后交缴款单位或者纳税义务人；第二联（付款凭证）由缴款单位开户银行作为付出凭证；第三联（收款凭证）由收款国库作为收入凭证；第四联（回执）由国库盖章后退回海关财务部门；第五联（报查）国库收款后，关税专用缴款书退回海关，海关代征税专用缴款书送当地税务机关；第六联（存根）由填发单位存查。

7. 进出口货物税款滞纳金如何产生?

答：进出口货物的纳税义务人，应当自海关填发税款缴款书之日起 15 日内缴纳税款；逾期缴纳的，由海关征收滞纳金。

8. 进出口货物税款滞纳金如何计算?

答：进出口货物纳税义务人未按期缴纳税款的，由海关自缴款期限届满之日起至缴清税款之日止，按日加收滞纳金。银行收讫税款日为纳税义务人缴清税款之日。

缴款期限届满日遇星期六、星期日等休息日或者法定节假日的，应当顺延至休息日或者法定节假日之后的第 1 个工作日。国务院临时调整休息日与工作日的，海关应当按照调整后的情况计算缴款期限。

9. 进出口货物出现税款滞纳金后还滞纳的应如何计征?

答：进出口货物纳税义务人未按期缴纳税款的，由海关按日加收滞纳税款 0.5‰的滞纳金。

10. 进出口货物税款滞纳金缴纳期限有何规定?

答：进出口货物纳税义务人应当自海关填发滞纳金缴款书之日起 15 日内向指定银行缴纳滞纳金。

11. 进出口货物税款滞纳金起征点是多少?

答：进出口货物税款滞纳金的起征点为 50 元。

12. 海关以何币种计征税款?

答：海关征收进出口货物关税、进口环节海关代征税、滞纳金等，应当按人民币计征，采用四舍五入法计算至分。

13. 进出口货物的纳税义务人可以延期缴纳税款吗?

答：进出口货物的纳税义务人因不可抗力或者在国家税收政策调整的情形下，不能按期缴纳税款的，经海关总署批准，可以延期缴纳税款，但是最长不得超过 6 个月。

14. 进出口货物的纳税义务人如何申请延期缴纳税款?

答：进出口货物的纳税义务人申请延期缴纳税款的，应当在货物进出口前向办理进出口申报纳税手续的海关所在的直属海关提出延期缴纳税款的书面申请并随附相关材料，同时还应当提供缴税计划。

直属海关应当自接到纳税义务人延期缴纳税款的申请之日起 10 日内审核情况是否属实，情况属实的，应当立即将有关申请材料报送海关总署。海关总署接到申请材料后，应当在 20 日内作出是否同意延期缴纳税款的决定以及规定延期缴纳税款的期限，并通知报送申请材料的直属海关。因特殊情况在 20 日内不能作出决定的，可以延长 10 日。

纳税义务人在批准的延期缴纳税款期限内缴纳税款的，不征收滞纳金；逾期缴纳税款的，自延期缴纳税款期限届满之日起至缴清税款之日止，按日加收滞纳税款 0.5‰的滞纳金。

经海关总署审核未批准延期缴纳税款的，直属海关应当自接到海关总署未批准延期缴纳税款的决定之日起 3 个工作日内通知纳税义务人，并填发税款缴款书。

纳税义务人应当自海关填发税款缴款书之日起 15 日内向指定银行缴纳税款。逾期缴纳税款的，海关应当自缴款期限届满之日起至缴清税款之日止，按日加收滞纳税款 0.5‰的滞纳金。

15. 进出口货物的纳税义务人超过3个月仍未缴纳税款的，海关可以采取哪些税收强制措施？

答：进出口货物的纳税义务人、担保人超过3个月仍未缴纳税款的，经直属海关关长或者其授权的隶属海关关长批准，海关可以依次采取下列强制措施：

（1）书面通知其开户银行或者其他金融机构从其存款中扣缴税款；

（2）将应税货物依法变卖，以变卖所得抵缴税款；

（3）扣留并依法变卖其价值相当于应纳税款的货物或者其他财产，以变卖所得抵缴税款。

海关采取强制措施时，对纳税义务人、担保人未缴纳的滞纳金同时强制执行。

海关通知金融机构扣缴税款的，应当向金融机构制发“海关扣缴税款通知书”，通知其从纳税义务人、担保人的存款中扣缴相应税款；金融机构扣缴税款的，海关应当向纳税义务人、担保人制发“海关扣缴税款告知书”。

海关决定以应税货物、被扣留的价值相当于应纳税款的货物或者其他财产变卖并抵缴税款的，应当向纳税义务人、担保人制发“海关抵缴税款告知书”。变卖所得不足以抵缴税款的，海关应当继续采取强制措施抵缴税款的差额部分；变卖所得抵缴税款及扣除相关费用后仍有余款的，应当发还纳税义务人、担保人。

海关无法采取税收强制措施，或者按规定采取税收强制措施仍无法足额征收税款的，应当依法向人民法院申请强制执行。

16. 进出口货物的纳税义务人在规定的纳税期限内有明显的转移、藏匿其应税货物及其他财产迹象的，海关可以采取哪些税收保全措施？

答：进出口货物的纳税义务人在规定的纳税期限内有明显的转移、藏匿其应税货物以及其他财产迹象的，海关应当制发“海关责令提供担保通知书”，要求纳税义务人在海关规定的期限内提供海关认可的担保。纳税义务人不能在海关规定的期限内按照海关要求提供担保的，经直属海关关长或者其授权的隶属海关关长批准，海关应当采取以下税收保全措施：

（1）书面通知纳税义务人开户银行或者其他金融机构暂停支付纳税义务人相当于应纳税款的存款；

（2）因无法查明纳税义务人账户、存款数额等情形不能实施暂停支付措施的，应当扣留纳税义务人价值相当于应纳税款的货物或者其他财产。纳税义务人的货物或者其他财产本身不可分割，又没有其他财产可以扣留的，被扣留货物或者其他财产的价值可以高于应纳税款。

海关通知金融机构暂停支付纳税义务人存款的，应当向金融机构制发“海关暂停支付通知书”，列明暂停支付的款项和期限。海关确认金融机构已暂停支付相应款项的，应当向纳税义务人制发“海关暂停支付告知书”。

纳税义务人在规定的纳税期限内缴纳税款的，海关应当向金融机构制发“海关暂停支付解除通知书”，解除对纳税义务人相应存款实施的暂停支付措施。海关确认金融机构解除对纳税义务人相应存款实施的暂停支付措施后，应当向纳税义务人制发“海关暂停支付解除告知书”。

纳税义务人自海关填发税款缴款书之日起15日内未缴纳税款的，经直属海关关长或者其授权的隶属海关关长批准，海关应当向金融机构制发“海关扣缴税款通知书”，通知其从暂停支付的款项中扣缴相应税款。海关确认金融机构已扣缴税款的，应当向纳税义务人制发“海关扣缴税款告知书”。

海关扣留纳税义务人价值相当于应纳税款的货物或者其他财产的，应当向纳税义务人制发“海关扣留通知书”，并随附扣留清单。扣留清单应当列明被扣留货物或者其他财产的品名、规格、数量、重量等，品名、规格、数量、重量等当场无法确定的，应当尽可能完整地描述其外在特征。扣留清单应当由纳税义务人或者其代理人、保管人确认，并签字或者盖章。

纳税义务人自海关填发税款缴款书之日起15日内缴纳税款的，海关应当解除扣留措施，并向纳税义务人制发“海关解除扣留通知书”，随附发还清单，将有关货物、财产发还纳税义务人。发还清单应当由纳税义务人或者其代理人确认，并签字或者盖章。

纳税义务人自海关填发税款缴款书之日起15日内未缴纳税款的，海关应当向纳税义务人制发“海关抵缴税款通知书”，依法变卖被扣留的货物或者其他财产，并以变卖所得抵缴税款。

变卖所得不足以抵缴税款的，海关应当继续采取强制措施抵缴税款的差额部分；变卖所得抵缴税款及扣除相关费用后仍有余款的，应当发还纳税义务人。

海关无法采取税收保全措施，或者按规定采取税收保全措施仍无法足额征收税款的，应当依法向人民法院申请强制执行。

17. 进出口货物的纳税义务人遗失税款缴款书，可以向海关申请补发吗？

答：纳税义务人缴纳税款前不慎遗失税款缴款书的，可以向填发海关提出补发税款缴款书的书面申请。海关应当自接到纳税义务人的申请之日起2个工作日内审核确认并重新予以补发。海关补发的税款缴款书内容应当与原税款缴款书完全一致。

纳税义务人缴纳税款后遗失税款缴款书的，可以自缴纳税款之日起1年内向填发海关提出确认其已缴清税款的书面申请，海关经审查核实后，应当予以确认，但不再补发税款缴款书。

18. 进出口货物放行后，海关发现少征或者漏征税款的，应如何处理？

答：海关发现少征或者漏征进出口货物税款的，应予以补征或追征：

（1）进出口货物放行后，海关发现少征税款的，应当自缴纳税款之日起1年内，向纳税义务人补征税款。海关发现漏征税款的，应当自货物放行之日起1年内，向纳税义务人补征税款。

（2）因纳税义务人违反规定造成少征税款的，海关应当自缴纳税款之日起3年内追征税款；因纳税义务人违反规定造成漏征税款的，海关应当自货物放行之日起3年内追征税款；海关除依法追征税款外，还应当自缴纳税款或者货物放行之日起至海关发现违规行为之日止，按日加收少征或者漏征税款0.5‰的滞纳金。

（3）因纳税义务人违反规定造成海关监管货物少征或者漏征税款的，海关应当自纳税义务人应缴纳税款之日起3年内追征税款，并自应缴纳税款之日起至海关发现违规行为之日止，按日加收少征或者漏征税款0.5‰的滞纳金。

海关补征或者追征税款，应当制发“海关补征税款告知书”。纳税义务人应当自收到“海关补征税款告知书”之日起15日内到海关办理补缴税款的手续。纳税义务人未在规定期限内办理补税手续的，海关应当在规定期限届满之日填发税款缴款书。

19. 海关发现多征税款的，应如何办理退税手续？

答：海关发现多征税款的，应当立即通知纳税义务人办理退税手续。纳税义务人应当自收到海关通知之日起3个月内办理有关退税手续。

20. 进出口货物的纳税义务人在何种情况下可以向海关申请退税？

答：进出口货物的纳税义务人向海关申请办理退税有以下几种情况：

（1）纳税义务人发现多缴纳税款的，自缴纳税款之日起1年内，可以向海关申请退还多缴的税款并加算银行同期活期存款利息；

（2）已缴纳税款的进口货物，因品质或者规格原因原状退货复运出境的，纳税义务人自缴纳税款之日起1年内，可以向海关申请退税；

（3）已缴纳出口关税的出口货物，因品质或者规格原因原状退货复运进境，并已重新缴纳因出口而退还的国内环节有关税收的，纳税义务人自缴纳税款之日起1年内，可以向海关申请退税；

（4）已缴纳出口关税的货物，因故未装运出口申报退关的，纳税义务人自缴纳税款之日起1年内，可以向海关申请退税；

（5）散装进出口货物发生短装并已征税放行的，如果该货物的发货人、承运人或者保险公司已对短装部分退还或者赔偿相应货款，纳税义务人自缴纳税款之日起1年内，可以向海关申请退还进口或者出口短装部分的相应税款；

（6）进出口货物因残损、品质不良、规格不符原因，或者发生除散装进出口货物短装以外的货物短少的情形，由进出口货物的发货人、承运人或者保险公司赔偿相应货款的，纳税义务人自缴纳税款之日起1年内，可以向海关申请退还赔偿货款部分的相应税款。

进出口货物的纳税义务人向海关申请办理退税时应提交相应的书面材料。海关应当自受理退税申请之日起30日内查实并通知纳税义务人是否准予办理退税手续。纳税义务人应当自收到海关准予退税的通知之日起3个月内办理有关退税手续。

21. 报关企业在进出口货物征税中负有何种法律责任？

答：报关企业接受纳税义务人的委托，以纳税义务人的名义办理报关纳税手续，因报关企业违反规定而造成海关少征、漏征税款的，报关企业对少征或者漏征的税款、滞纳金与纳税义务人承担纳税的连带责任。

报关企业接受纳税义务人的委托，以报关企业的名义办理报关纳税手续的，报关企业与纳税义务人承担纳税的连带责任。

22. 散装进出口货物发生溢、短装的，其税款如何征收？

答：散装进出口货物发生溢、短装的，其税款征收按照以下规定办理：

（1）溢装数量在合同、发票标明数量3%以内的，或者短装的，海关应当根据审定的货物单价，按照合同、发票标明数量计征税款；

（2）溢装数量超过合同、发票标明数量3%的，海关应当根据审定的货物单价，按照实际进出口数量计征税款。

23. 哪些进出口货物可以减征或免征关税？

答：下列进出口货物可以减征或免征关税：

（1）关税税额在人民币50元以下的一票货物；

（2）无商业价值的广告品和货样；

（3）外国政府、国际组织无偿赠送的物资；

（4）在海关放行前遭受损坏或者损失的货物；

（5）进出境运输工具装载的途中必需的燃料、物料和饮食用品；

（6）中华人民共和国缔结或者参加的国际条约规定减征、免征关税的货物、物品；

（7）国务院规定的特定地区、特定企业或者有特定用途的减征或免征关税的进出口货物；

（8）国务院规定的临时减征或者免征关税的进出口货物；

（9）法律规定减征、免征关税的其他货物、物品。

24. 纳税义务人进出口哪些减免税货物无须办理减免税审批手续？

答：下列减免税进出口货物无须办理减免税审批手续：

（1）关税、进口环节增值税或者消费税税额在人民币50元以下的一票货物；

（2）无商业价值的广告品和货样；

（3）在海关放行前遭受损坏或者损失的货物；

（4）进出境运输工具装载的途中必需的燃料、物料和饮食用品；

（5）其他无须办理减免税审批手续的减征或者免征税款的货物。

25. 特定减免税进口货物的监管年限有何规定？

答：特定减免税进口货物的监管年限为：

（1）船舶、飞机：8年；

（2）机动车辆：6年；

（3）其他货物：5年。

监管年限自货物进口放行之日起计算。

26. 在何种情况下，纳税义务人可向海关提供税款担保要求先放行货物？

答：有下列情形之一，纳税义务人要求海关先放行货物的，应当按照海关初步确定的应缴税款向海关提供足额税款担保：

（1）海关尚未确定商品归类、完税价格、原产地等征税要件的；

（2）正在海关办理减免税审批手续的；

（3）申请延期缴纳税款的；

（4）暂时进出境的；

（5）进境修理和出境加工的，按保税货物实施管理的除外；

（6）因残损、品质不良或者规格不符，纳税义务人申报进口或者出口无代价抵偿货物时，原进口货物尚未退运出境或者尚未放弃交由海关处理的，或者原出口货物尚未退运进境的；

（7）其他按照有关规定需要提供税款担保的。

27. 税款担保期限有何规定？

答：除另有规定外，税款担保期限一般不超过6个月，特殊情况经直属海关关长或者其授权人批准可以酌情延长。

28. 税款担保有哪些形式？

答：税款担保一般应为保证金、银行或者非银行金融机构的保函，但另有规定的除外。

银行或者非银行金融机构的税款保函，其保证方式应当是连带责任保证。税款保函明确规定保证期间的，保证期间应当不短于海关批准的担保期限。

29. 什么是进出口货物查验？

答：进出口货物查验是指根据《海关法》授权，海关为确定进出口货物收发货人向海关申报的内容是否与进出口货物的真实情况相符，或者为确定商品的归类、价格、原产地等，依法对进出口货物进行实际核查的执法行为。

30. 海关对实施查验的人员有何要求？

答：查验应当由2名以上海关查验人员共同实施。

查验人员实施查验时，应当着海关制式服装。

31. 海关查验如何执行回避制度？

答：海关查验实行回避制度。

查验关员执行查验任务时，有下列情形之一的，应当回避：

（1）涉及本人利害关系的；

（2）涉及与本人有夫妻关系、直系血亲关系、三代以内旁系血亲关系以及近姻亲关系的亲属人员的利害关系的；

（3）其他可能影响公正执行公务的。

查验关员有应当回避情形的，本人应当申请回避；利害关系人有权申请查验关员回避；其他人员可以向海关提供查验关员需要回避的情况。

海关根据查验关员本人或者利害关系人的申请，经审查后作出是否回避的决定，也可以不经申请直接作出回避决定。

32. 海关对实施查验的场所有何要求？

答：进出口货物运抵海关监管场所后，方可办理查验手续。

查验应当在海关监管区内实施。

因货物易受温度、静电、粉尘等自然因素影响，不宜在海关监管区内实施查验，或者因其他特殊原因，需要在海关监管区外查验的，经进出口货物收发货人或者其代理人书面申请，海关可以派员到海关监管区外实施查验。

33. 海关查验是否收费？

答：海关实施查验不收取费用。

因查验而产生的进出口货物搬移、开拆或者重封包装等费用，由进出口货物收发货人承担。

34. 海关决定实施查验后如何告知进出口货物收发货人？

答：对需查验的货物，现场海关应当在货物运抵海关监管区后、实施查验前，以签发“海关查验通知书”等形式，通知进出口货物收发货人或者其代理人到场并做好查验准备。

35. 进出口货物收发货人或者其代理人应如何协助海关实施查验？

答：海关查验中进出口货物收发货人的义务有：

海关查验货物时，进出口货物收发货人或者其代理人应当到场，负责按照海关要求搬移货物，开拆和重封货物的包装，并如实回答查验人员的询问，以及提供必要的资料；

因进出口货物所具有的特殊属性，容易因开启、搬运不当等原因导致货物损毁，需要查验人员在查验过程中予以特别注意的，进出口货物收发货人或者其代理人应当在海关实施查验前声明；

查验记录应当由在场的进出口货物收发货人或者其代理人签名确认。

36. 如果进出口货物收发货人或者其代理人拒绝在海关查验记录上签名，海关如何处理？

答：查验结束后，进出口货物收发货人或者其代理人在海关查验记录上拒不签名的，查验人员应当在查验记录中予以注明，并由货物所在监管场所的经营人签名证明。

37. 在何种情形下，海关对进出口货物可以优先安排查验？

答：对于危险品或者鲜活、易腐、易烂、易失效、易变质等不宜长期保存的货物，以及因其他特殊情况需要紧急验放的货物，经进出口货物收发货人或者其代理人申请，海关可以优先安排查验。

38. 海关查验方式有哪些？

答：海关实施查验可以彻底查验，也可以抽查。

按照操作方式，查验可以分为机检查验和人工查验。其中，人工查验包括外形查验、开箱查验等方式。

海关可以根据货物情况以及实际执法需要，确定具体的查验方式。

39. 什么是彻底查验？

答：彻底查验是指逐件开拆包装、验核货物实际状况的查验方式。

40. 什么是抽查？

答：抽查是指按照一定比例有选择地对一票货物中的部分货物验核实际状况的查验方式。

41. 什么是机检查验？

答：机检查验是指以利用技术检查设备为主，对货物实际状况进行验核的查验方式。

42. 什么是开箱查验？

答：开箱查验是指将货物从集装箱、货柜车厢等箱体中取出并拆除包装后，对货物实际状况进行验核的查验方式。

43. 什么是外形查验？

答：外形查验是指对外部特征直观、易于判断基本属性的货物的包装、唛头和外观等状况进行验核的查验方式。

44. 什么是掏箱作业？

答：掏箱作业是指在实施查验前，对集装箱或集装箱式货车车厢实施验、解封，并对所载的进出口货物按查验要求进行监卸的过程。

45. 海关确定查验方式时可以优先选择机检查验吗？

答：可以。配备机检设备的海关对适于机检查验的货物，除布控指令有特殊要求外，应当优先采用机检方式，实行非侵入式查验。

46. 对同一票货物，海关查验可以同时使用机检查验和人工查验作业方式吗？

答：可以。配备了大型集装箱／车辆检查设备的海关查验现场，机检图像分析发现异常或经图像分析后认为无法满足查验要求的，机检查验人员应当将货物转去做人工查验；对于人工查验无法满足查验要求或人工查验发现异常后需机检确认的，应当转机检查验。

47. 实施人工查验前，查验人员应做好哪些准备工作？

答：查验人员在实施人工查验前，应做好以下准备工作：

（1）核实陪同查验的收发货人或其代理人的货主身份或代理身份；

（2）通过审核报关单及随附单证或其电子数据、询问进出口货物收发货人或其代理人等方式，全面了解所查验货物的基本情况，初步确定现场查验应当采取的方法和步骤；

（3）货物的自然属性对查验有特殊要求，可能导致查验时造成损坏的，进出口货物收发货人或其代理人事先应向海关提供书面声明，查验人员收到书面声明后应向科长请示，由科长核定查验方式；

（4）备齐查验所需的相关单证、查验工具、取样容器、海关封志、个人防护用品等；

（5）其他必要的准备工作。

48. 对货物进行查验前，查验人员对装载货物的集装箱箱体应进行何种检查？

答：对装载货物的集装箱、箱式货柜车箱体，查验人员应重点核查箱体是否经改装，箱号是否清晰完整，是否有被非法开拆的痕迹，对已施封的还应核查封志是否完整。

49. 查验关员在何种情况下应当中止查验作业？

答：遇到下列情况时，现场查验关员应当中止掏箱或查验作业，并采取必要保护措施，待请示带班科长同意后，方可重新开始作业：

（1）货物的收发货人或其代理人拒绝履行其应尽义务；

（2）查验地点不具备实施掏箱、查验作业条件或货物无法按“掏箱作业单”要求实施掏箱作业；

（3）查验过程中发现货物不适合海关继续查验，如放射性超标的放射源、存在严重污染的污染源等；

（4）在查验过程中遇外力阻止，查验人员无法正常行使职权的；

（5）查验方式不能满足查验要求，或无法实施查验作业；

（6）需中止查验的其他情况。

有关中止情况应当在“掏箱作业单”、“海关货物查验记录单”上如实记录。

50. 进出口货物收发货人应如何协助海关对进出口货物进行取样化验？

答：海关对进出口货物的属性、成分、含量、结构、品质、规格等无法确认的，可以组织化验；海关组织化验时，应当提取货物样品。

海关取样时，收发货人或者其代理人应当到场协助，负责搬移货物，开拆和重封货物的包装；对取样有特定要求的，收发货人或其代理人应给予专业技术协助；所取样品应具有代表性，取样方法、取样量应与送验目的相适应。

取样应使用清洁容器或物料包装，在包装容器或样品上贴注标签的同时，需在包装容器的封口处施加经取样关员和收发货人或其代理人双方签字的样品封条，当场封存；样品一式两份，一份送抵海关化验中心或者委托化验机构，另一份留存海关备查。

海关关员应按规定的格式和要求填写“海关进出口货物化验取样记录单”，并于“备注”栏中注明所取两份平行样品的封条完整及封条编号等信息，并与收发货人或其代理人签字确认。

收发货人或其代理人拒不到场或者海关认为必要时，可以径行取样；海关径行取样时，应通知存放货物的海关监管场所经营人、运输工具负责人到场协助，并在“海关进出口货物化验取样记录单”上签字确认。

海关对进出口货物取样化验的，收发货人或者其代理人应当按照海关要求及时提供样品的相关单证和技术资料，并对其真实性和有效性负责；收发货人或者其代理人按海关要求提供的有关单证和技术资料，凡涉及样品的商业秘密，经收发货人或者其代理人的书面申请，海关应当依法予以保护。

51. 海关结束查验后，对进出口货物如何处理？

答：海关结束查验后，对查验未发现申报异常的进出口货物，在收发货人缴清税款或者提供担保后，办理放行手续；经查验发现货物申报与实际状况不符的，按规定程序移交海关缉私、法规、审单等相关部门处理。

52. 在何种情形下，海关可以对已查验进出口货物进行复验？

答：有下列情形之一的，海关可以对已查验货物进行复验：

（1）经初次查验未能查明货物的真实属性，需要对已查验货物的某些性状作进一步确认的；

（2）货物涉嫌走私违规，需要重新查验的；

（3）进出口货物收发货人对海关查验结论有异议，提出复验要求并经海关同意的；

（4）其他海关认为必要的情形。

53. 已经参加过查验的查验人员可以参加对同一票货物的复验吗？

答：不可以。

54. 在何种情形下，海关可以对进出口货物实施径行查验？

答：有下列情形之一的，经主管处级领导批准，海关可以在进出口货物收发货人或者其代理人不在场的情况下，对进出口货物实施径行查验：

（1）进出口货物有违法嫌疑的；

（2）经海关通知查验，进出口货物收发货人或者其代理人届时未到场的。

海关径行开验时，存放货物的海关监管场所经营人、运输工具负责人应当到场协助，并在查验记录上签名确认。

55. 转关货物办理查验业务有何特别规定？

答：海关对转关货物的查验，由指运地（进口转关货物运抵报关的地点）或起运地（出口转关货物报关发运的地点）海关实施。进境地（货物进入关境的口岸）或出境地（货物离开关境的口岸）海关认为必要时也可查验或者复验。

56. 海关可以查验过境、转运和通运货物吗？

答：海关认为必要时，可以查验过境、转运和通运货物。

57. 进口货物的收货人可以在申报前看货吗？

答：进口货物的收货人经海关同意，可以在申报前查看货物或者提取货样。需要依法检疫的货物，应当在检疫合格后提取货样。

58. 海关查验时损坏被查验的货物，应如何实施海关行政赔偿？

答：根据《海关法》规定，海关在依法查验进出口货物时，损坏被查验的货物的，应当赔偿当事人的实际损失。实施查验的海关为赔偿义务机关。

海关应当在货物受损程度确定后，以海关依法审定的完税价格为基数，确定赔偿金额。赔偿的金额，应当根据被损坏的货物或其部件受损耗程度或修理费用确定，必要时，可以凭公证机构出具的鉴定证明确定。

海关关员在查验货物时损坏被查验货物的，应当如实填写“海关查验货物损坏报告书”一式两份，由查验关员和当事人双方签字，一份交当事人，一份留海关存查。

海关依法径行开验、复验或者提取货样时，应当会同有关货物、物品保管人员共同进行。如造成货物、物品损坏，查验关员应当请在场的保管人员作为见证人在“海关查验货物损坏报告书”上签字，并及时通知当事人。

实施查验的海关应当自损坏被查验的货物、物品之日起2个月内确定赔偿金额，并填制“海关损坏货物赔偿通知单”送达当事人。

当事人对赔偿有异议的，可以在收到通知单之日起60日内向作出赔偿决定的海关的上一级海关申请行政复议，对复议决定不服的，可以在收到复议决定之日起15日内向人民法院提起诉讼；也可以自收到通知单之日起3个月内直接向人民法院提起诉讼。

59. 在何种情形下，被查验的货物发生损坏，海关不承担赔偿责任？

答：有下列情形之一的，被查验的货物发生损坏，海关不承担赔偿责任：

（1）海关工作人员与行使职权无关的个人行为；

（2）因公民、法人和其他组织自己的行为致使损害发生的；

（3）因不可抗力造成损害后果的；

（4）由于当事人或其委托的人搬移、开拆、重封包装或保管不善造成的损失；

（5）易腐、易失效货物在海关正常工作程序所需要时间内（含代保管期间）所发生的变质或失效，当事人事先未向海关声明或者海关已采取了适当的措施仍不能避免的；

（6）海关正常检查产生的不可避免的磨损和其他损失；

（7）在海关查验之前所发生的损坏和海关查验之后发生的损坏；

（8）海关为化验、取证等目的而提取的货样；

（9）法律规定的其他情形。

因公民、法人和其他组织的过错致使损失扩大的，海关对扩大部分不承担赔偿责任。

60. 因查验产生海关行政赔偿的，对当事人领取赔款有何规定？

答：因查验产生海关行政赔偿的，当事人应当自收到“海关损坏货物赔偿通知单”之日起 3 个月内凭以向海关领取赔款，或将银行账号通知海关划拨。逾期无正当理由不向海关领取赔款、不将银行账号通知海关划拨的，不再赔偿。

61. 海关查验人员在查验过程中违反规定行使职权，应承担何种法律责任？

答：查验人员在查验过程中，违反规定，利用职权为自己或者他人谋取私利，索取、收受贿赂，滥用职权，故意刁难，拖延查验的，按照有关规定，依法给予行政处分；有违法所得的，依法没收违法所得；构成犯罪的，依法追究刑事责任。

62. 进出口货物收发货人不按照规定接受海关对进出口货物的查验，应承担何种法律责任？

答：进出口货物收发货人不按照有关规定接受海关对进出口货物的查验，属于违反《海关法》规定的行为，应由海关予以警告，处以 5 万元以下罚款；有违法所得的，没收违法所得。

63. 海关优化监管查验工作机制的背景是什么？

答：为落实国务院促进外贸稳增长、调结构决策部署，进一步优化海关监管和服务，实施守法便利和违法惩戒，促进贸易便利化，海关总署决定自 2013 年 8 月 1 日起在全国海关范围内实施创新观念，优化监管查验工作机制。通过开展分类查验和查验分流，提高海关监管查验作业效能和口岸通关效率，引导企业守法自律，让诚信守法企业切实享受到高效便捷的通关服务。广大进出口企业要自觉遵守各项法律法规，诚信经营、守法自律，共同创造良好的通关秩序和环境，实现合作共赢。

64. 海关如何实施分类查验作业？

答：海关对经营单位为 AA 类且申报单位为 B 类（含 B 类）以上企业（以下简称“AA 类企业”）的进出口货物，除特殊情况外，实施较低比例的随机抽查。

对抽查中查获 AA 类企业存在涉嫌违法违规行为被海关立案调查的，海关将对该企业的进出口货物实施连续查验。

海关主要通过稽核、核查等方式对 AA 类企业实施后续监管。

65. 海关“双随机”作业改革的内涵是什么？

答：“双随机”包括随机选择布控和随机派员查验。

（1）随机选择布控是指海关在对进出口报关单风险分析的基础上，按照明确的业务参数标准和规范的操作程序，将有关管理要求加工转化为计算机编码，由计算机自动随机选定需查验的报关单。

随机选择布控包括预定式布控和抽样式布控。

（2）随机派员查验是指海关针对需查验的报关单，由计算机系统随机选派查验人员实施查验的作业模式。

“双随机”主要解决进出口通关环节中“查谁”和“谁查”的问题。

66. 什么是预定式布控？

答：预定式布控，是一种基于风险分析的随机抽查方法。针对进出口报关单，海关将掌握的走私违法规律和总结的管理经验，在风险分析的基础上，按照明确的业务标准和规范的操作程序，将预先设定好的风险规则加工转化为计算机编码，由计算机对全部报关单进行初步筛选，并按照一定比例随机抽取需要查验的报关单，交由现场实施查验。

67. 什么是抽样式布控？

答：抽样式布控，是一种无差别的随机抽查方法。为了威慑不法企业，评估进出口企业的整体守法状况，海关通过计算机对全部可查验报关单进行一定比例的抽查，交由现场实施查验。

68. 什么是即决式布控查验？

答：即决式布控查验，是指通关作业现场某个作业环节根据风险防控工作的需要，在报关单、舱单及其他相关电子数据已申报或传输的条件下，针对当前作业环节的特定报关单下达相关布控查验指令，交由现场实施查验。

69. 海关随机派员查验是如何操作的？

答：海关随机派员查验分"建立查验人员数据库"和"随机选派查验人员"两个步骤来开展。"建立查验人员数据库"即在海关计算机作业系统中，建立海关查验执法人员名录库。"随机选派查验人员"即在海关计算机作业系统中，由计算机随机从"查验人员数据库"中选取人员进行查验作业。

70. 海关"双随机"作业的流程是怎样的？

答：海关"双随机"作业包括规则制定、生成指令、随机抽取、随机派员、现场查验、结果运用6个环节，形成一个闭合循环的作业过程。

71. 什么是移动查验单兵作业？

答：移动查验单兵作业是指海关查验人员应用移动查验单兵作业系统（以下简称系统）和相应查验设备、装备，对进出口货物、物品、运输工具（以下统称货物）等实施查验，并对查验过程进行全程记录的执法行为。

72. 移动查验单兵作业对查验人员的要求有哪些？

答：实施查验时，查验人员应着海关制式查验服装，佩戴查验多功能腰带，携带移动查验作业终端、执法记录设备、随身查验工具等必要的查验设备和装备，使用本人账号登陆系统，按照现行查验法规的要求进行作业，并如实记录查验过程。

73. 什么是查验执法记录？

答：查验执法记录是指利用执法录证设备对海关查验作业进行录证的过程。

执法录证设备包括移动查验作业终端和执法记录设备，在具备条件的监管场所还可利用固定的高清摄像头进行拍摄。

74. 免除查验没有问题外贸企业吊装移位仓储费用全面试点工作什么时候开始推行？

答：为进一步落实《国务院关于改进口岸工作支持外贸发展的若干意见》（国发〔2015〕16号）精神，减轻外贸企业负担，经国务院批准，财政部、海关总署、国家质检总局、国家发展改革委、交通运输部、商务部六部委决定从2016年4月1日起，在全国范围内开展对进出口环节海关查验没有问题的外贸企业免除吊装移位仓储费用试点，免除费用由中央财政负担，同时加大对有问题企业的处罚力度。

75. 免除查验没有问题外贸企业吊装移位仓储费用全面试点工作的范围是什么？

答：（1）口岸范围和进出口货物范围。

口岸范围包括全国所有海运口岸、内河口岸和陆路边境口岸。

进出口货物范围包括集装箱（重箱）货物和箱式货柜车运输货物。

（2）免除费用范围。

限定于外贸企业在海关查验环节发生、与海关查验工作直接相关的吊装、移位、仓储费用。

对集装箱空箱货物和固体废物货物查验所产生的相关费用，不列入免除费用范围。

对发生在企业自用场地由海关提供便利化查验优惠服务，不发生向第三方支付吊装、移位、仓储费用的，不纳入免除费用范围。

对于因外贸企业或其代理人未按照海关查验工作规程要求及时到场陪同查验及在海关放行后未及时提取货物产生的吊装、移位、仓储相关费用的，不纳入免除费用范围。

（3）查验没有问题的范围。

限定于海关查验后正常放行的情形。

（4）查验有问题加大处罚的范围。

对货运渠道通关环节查获案件加大行政处罚力度。对查验、审单等通关环节发现的案件，应当根据海关有关规定，按照相应处罚幅度的上限进行处罚；对于从轻、减轻情节的认定，应根据海关总署规定的认定条件，严格审查，从严掌握，不得放宽从轻、减轻的适应条件。

76. 什么是吊装费？

答：吊装费是指外贸企业将海关确定需要查验的集装箱等货物从码头、堆场、货栈等海关监管场所短距离吊运、托运至海关指定查验场地以便海关实施查验作业所产生的费用。

77. 什么是移位费？

答：移位费是指将海关确定查验的集装箱等货物从海关监管场所短距离运输至海关指定查验场地，并按照海关查验指令要求，将相关货物掏出箱体，以便海关实施查验作业所产生的费用。

78. 什么是仓储费？

答：仓储费是指对海关确定需要查验的货物，已运至指定地点并开始查验后，按照海关查验工作规程，在一天内不能完成查验作业，且在口岸免费堆存期之外所产生的仓储费用。

79. 海关等口岸查验管理部门优化口岸通关环境的举措有哪些？

答：海关、检验检疫机构加强协作和协调配合，积极推进口岸查验监管模式创新，加强关检合作“三个一”模式、“大通关”建设及顺势查验等改革，优化监管流程，提高口岸通关效率，同时提高海关非侵入、非干扰式查验比例，提高查验工作的针对性和有效性，减轻外贸企业通关环节费用负担；对于固体废物等关检双方能够实施一次查验的货物，均采取一次查验的方式，避免重复开箱，全面提高贸易便利化水平；切实落实对有问题企业的处罚措施，形成“守法有利、违法惩戒”的口岸查验管理机制，促进外贸企业守法经营。

80. 对进出海关特殊监管区域的货物，海关如何实行查验分流？

答：进出海关特殊监管区域的货物，除法律法规另有规定外，不在口岸实施查验，对需查验的货物，均由海关特殊监管区域主管海关在区内实施查验。

81. 进出口货物如何办理放行手续？

答：海关接受进出口货物收发货人的申报，完成审单、查验、征税作业，签印放行后，结束进出口货物海关现场监管环节，进出口货物收发货人即可提取进口货物、装运出口货物。

82. 进出口货物收发货人办理担保放行有何规定？

答：在确定货物的商品归类、估价和提供有效报关单证或者办结其他海关手续前，进出口货物收发货人要求放行货物的，海关应当在其提供与其依法应当履行的法律义务相适应的担保后放行。法律、行政法规规定可以免除担保的除外。

法律、行政法规对履行海关义务的担保另有规定的，从其规定。

国家对进出境货物、物品有限制性规定，应当提供许可证件而不能提供的，以及法律、行政法规规定不得担保的其他情形，海关不得办理担保放行。

第五章　对外贸易管制

1. 禁止进出口商品的管理范围是什么？

答：我国政府明令禁止进出口的商品包括：

（1）列入《禁止进口货物目录》、《禁止出口货物目录》的商品。

目前，禁止进口商品目录为《禁止进口货物目录》的第一、二、六批，以及《禁止进口固体废物目录》；禁止出口商品目录为《禁止出口货物目录》的第一至五批。

（2）国家有关法律法规明令禁止进出口的商品。例如：

①依据《中华人民共和国固体废物污染环境防治法》、《固体废物进口管理办法》等规定，禁止中华人民共和国境外的固体废物进境倾倒、堆放、处置；禁止进口不能用做原料或者不能以无害化方式利用的固体废物；禁止进口未列入《限制进口类可用做原料的固体废物目录》、非限制进口类固体废物目录的固体废物。严禁受放射性污染的废旧金属进口。对于属于下述情况的，按禁止进口废物管理：

——国家禁止进口的货物因丧失原有利用价值或者虽未丧失利用价值但被抛弃或者放弃，或者其他原因而成为固体废物的；

——《控制危险废物越境转移及其处置巴塞尔公约》认定是危险废物和其他废物（从住家收集的废物）的，以及列入我国《国家危险废物名录》或根据《危险废物鉴别标准》鉴别为危险废物的。

②依据《中华人民共和国进出境动植物检疫法》，对来自疫区或不符合我国卫生标准的动物和动物产品禁止进口。

③根据国家环保总局、外经贸部、海关总署、国家质检总局公告的规定，禁止进口以 CFC-12 为制冷工质的汽车及以 CFC-12 为制冷工质的汽车空调压缩机（含汽车空调器）；禁止进口以全氯氟烃物质（简称 CFCs）为制冷剂的工业、商业用压缩机；禁止进口以氯氟烃物质为制冷剂、发泡剂的家用电器产品和以氯氟烃为制冷工质的家用电器产品用压缩机。

④依据《中华人民共和国野生植物保护条例》，禁止出口未定名的或者新发现并有重要价值的野生植物。

⑤根据《中华人民共和国药品管理法》第二十九条规定，自一九八九年十二月一日起，对国内生产、经营的中药材天花粉（包括天花粉提取物），一律不准出口。

⑥根据关于禁止劳改产品出口的通告（署监一〔1991〕1560 号）的有关规定，劳改产品禁止出口。

（3）停止进出口的商品。例如：

①停止进口属右置方向盘的汽车。

②停止进口黑人牙膏（“DARKLE”、“DARLIE”）、硝酸铵、氯酸钾等。

2. 未经压扁的汽车压件能否进口？

答：根据国家有关规定，进口废汽车压件应为丧失使用功能而且经过压制等处理的不可恢复原状的废汽车产品，并应符合《进口可用做原料的固体废物环境保护控制标准—废汽车压件》

（GB16487.13 -3005）的要求，其压制程度应为拆除车辆所有轮胎后，车身高度为原高度的50%以下，且不可恢复原状。企业向海关提交注明“废汽车压件”固体废物进口许可证办理验放手续。

3. 进口许可证的有效期及展期的相关规定是什么？

答：进口许可证的有效期为发证之日起至当年12月31日，进口许可证应在有效期内使用，逾期自行失效。进口许可证一经签发，任何单位和个人不得擅自更改证面内容。在有效期内因特殊原因需要变更进口许可证中有关项目内容的，进口单位应当持原进口许可证到原发证机构申请办理变更换证手续，发证机构收回原证后重新签发进口许可证，并在备注栏中注明原证证号。进口许可证只能延期一次，延期最长不超过3个月。

4. 进口许可证的报关规范是什么？

答：进口许可证管理实行“一证一关”管理，即进口许可证只能在一个直属海关报关。一般情况下进口许可证为“一批一证”，如为“非一批一证”，须在进口许可证备注栏内打印“非一批一证”字样。“一批一证”指进口许可证在有效期内一次报关使用；“非一批一证”指进口许可证在有效期内可多次报关使用，但最多不超过12次，由海关在许可证背面“海关验放签注栏”内逐批签注，核减进口数量。

5. 消耗臭氧层物质从境外进入海关特殊监管区域、保税监管场所时是否应向海关交验进口许可证？

答：消耗臭氧层物质从境外进入海关特殊监管区域、保税监管场所时，进口单位应当向海关交验进口许可证。

6. 如何认定每次报关数？

答：每次报关数是指同日同运输工具的同批货物，海关可对同批货物加总后在“非一批一证”许可证上作一次批注，如此类推12次后，该证如有余量不可再使用。海关在第12次批注后，进行总量核注，并将纸面许可证海关留存联正本随附报关单归档。

7. 什么情况下，属于出口许可证管理的商品可免领出口许可证？

答：下列情况属于出口许可证管理的商品可免领出口许可证：

（1）大宗、散装货物溢装数量在出口许可证所列出口数量5%以内的。

（2）对外经援项目（监管方式“援助物资”，代码“3511”）出口货物，海关验核“商务部援外项目任务通知函”，并按规定办理通关验放手续。

（3）赴国（境）外参加或者举办展览会所带属于出口许可证管理的非卖展品且展览结束后如数运回的（受控消耗臭氧层物质以及其他国际公约管辖的货物除外）。

（4）运出国（境）外属于出口许可证管理货物的货样或实验用样品，每批货物价值在人民币3万元（含3万元）以下的（消耗臭氧层物质以及其他国际公约管辖的货物除外）。

（5）加工贸易进口原油加工成品油复出口，免领成品油出口许可证［加工贸易项下出口润滑油（脂）、润滑油基础油除外］。

（6）根据国务院《关于边境贸易有关问题的通知》（国发〔1996〕2号）精神，边境小额贸易企业凡出口配额招标的货物、消耗臭氧层物质、汽车（包括成套散件）及其底盘、摩托车（含全地形车）及其发动机和车架，仍按现行有关规定，在商务部授权的发证机构办理出口许可证。边境小额贸易企业出口边境小额贸易出口许可证管理货物，由商务部授权的边境省、自治区商务主管部门根据商务部下达的边境小额贸易出口配额签发出口许可证。边境小额贸易企业出口除上述以外的货物，一律免领出口许可证。以边境小额贸易方式出口以招标方式分配出口配额的货物和属于出口许可证管理的消耗臭氧层物质、摩托车（含全地形车）及其发动机和车架、汽车（包括成套散件）及其底盘等货物的，需按规定申领出口许可证。以边境小额贸易方式出口属于出口配额管理的货物的，由有关地方商务主管部门（省级）根据商务部下达的边境小额贸易配额和要求签发出口许可证。以边境小额贸易方式出口上述以外的列入目录的货物，免予申领出口许可证。

8. 海关对进出口许可证管理商品的溢短装有何规定？

答：对进出口许可证管理的大宗散装货物溢短装数量在货物总量±5%以内的予以免证验放。但对自动进口许可管理的原油、成品油、化肥、钢材（原油、钢材属重要工业品管理）4种货物的溢短装数量在货物总量±3%以内的予以免证验放。

9. 自动进口许可管理货物申报进口，海关验放依据是什么？

答：（1）进口《自动进口许可管理货物目录》非机电类货物的货物，海关验核商务部授权发证机构签发并加盖“自动进口许可证专用章”的自动进口许可证。

（2）进口《自动进口许可管理货物目录》机电类货物，海关验核商务部（机电和科技产业司）及各省、自治区、直辖市、计划单列市、沿海开放城市、经济特区商务部门和国务院有关部门机电产品进出口办公室签发并加盖“机电产品自动进口许可证专用章”的自动进口许可证。

10. 什么情况下，属于自动进口许可证管理的机电产品可免领自动进口许可证？

答：下列情况属于自动进口许可证管理的机电产品可免领自动进口许可证：

（1）外商投资企业在投资总额内作为投资和自用进口的新机电产品的；

（2）加工贸易项下进口的不作价设备监管期满后留在原企业使用的，以及加工贸易项下为复出而进口的；

（3）从境外进入海关特殊监管区域或海关保税监管场所及海关特殊监管区域或海关保税监管场所之间进出口的；

从（境内）区外进入海关特殊监管区域或海关保税监管场所，供区内（场所内）企业使用和供区内（场所内）基础设施建设项目所需的机器设备转出区外（场所外）的；

（4）由海关监管，暂时进口后复出口或暂时出口后复进口的；

（5）进口货样和广告品、实验品，每批次价值不超过5000元人民币的。

（6）其他法律、行政法规另有规定的。

11. 进口旧机电产品，海关如何验放？

答：对报关进口的机电产品，企业应按照进口机电产品的实际状态，填报进口货物报关单。进口一般的旧机电产品，海关验核检验检疫机构出具的入境货物通关单（备注栏标注“旧机电产品”字样），并按规定办理通关手续；属于自动进口许可管理货物的，海关还应验核自动进口许可证（设备状态栏注明“旧品”）；属于实行进口许可证管理的《重点旧机电产品进口目录》内机电产品，进口单位持进口许可证按海关规定办理通关手续。境外进入海关特殊监管区域或海关保税监管场所的重点旧机电产品，以及（境内）区外进入海关特殊监管区域后再出区的重点旧机电产品，无须验核进口许可证。

12. 外商投资企业将进口设备（包括不作价设备和加工贸易设备）以结转方式转给另一企业作为投资自用设备（或因企业转制需将原来的进口设备转为投资自用设备），是否适用有关进口旧机电产品的管理规定？

答：关于外商投资企业将进口设备（包括不作价设备和加工贸易设备）以结转方式转给另一企业作为投资自用设备继续使用的海关监管问题，由于此类设备结转没有发生货物实际进出口行为，设备在原企业已经使用成旧设备与直接进口的旧设备在性质上是不同的，因此，对该类设备不适用有关进口旧机电产品的管理规定。在办理有关结转手续时，转入方无须向海关提交相关许可证件，海关继续按外商投资企业进口设备的管理规定进行监管。

13. 对列入进出口检验检疫范围的货物，海关如何验放？

答：列入进出口检验检疫范围的货物验放要求如下：

（1）列入《检验检疫法检目录》的进出境货物，海关验核国家质检总局授权的出入境检验检疫机构签发的出入境货物通关单，并按规定办理通关手续。

（2）对外经济技术援助出口物资（不论是否列入《检验检疫法检目录》），海关验核商务部出具的援外项目任务通知函及口岸出入境检验检疫机构签发的加注“援外出口物资”字样的出境货物通关单，并按规定办理通关手续。

我国政府对外人道主义紧急救灾援助物资，海关验核商务部出具的援外项目任务通知函及口岸出入境检验检疫机构出具的加注“援外出物资”字样的出境货物通关单，并按规定办理口岸验放手续。

（3）进口可再利用的废物原料，海关验核检验检疫机构签发的入境货物通关单，备注栏需注明“经初步检验检疫，未发现不符合国家环境保护控制标准要求的物质”，并按规定办理通关手续。

（4）进口旧机电产品（无论是否列入法检目录），海关验核检验检疫机构签发的入境货物通关单，备注栏注明“旧机电产品”字样，并按规定办理通关手续。

（5）进口旧船舶（包括海上平台、主要船用设备及材料）、旧飞机（包括飞机发动机、机载设备）及其零部件不实施进口旧机电产品检验监督管理，但应按照《中华人民共和国国境卫生检疫法》的规定，向出入境检验检疫机构报检，由出入境检验检疫机构实施卫生检疫处理，签发有关检疫证书及入境货物通关单，海关验核入境货物通关单，并按规定办理通关手续。进口旧船舶由中华人民共和国海事局及其委托机构负责进行检验；进口旧渔船由中国渔业船舶检验局负责进行检验；进口旧飞机由中国民航总局负责进行检验。

（6）进口货物发生短少、残损或其他质量问题需对外索赔时，其赔付的进境货物，海关验核出入境检验检疫机构签发的入境货物通关单和用于索赔的检验证书副本，并按规定办理通关手续。

（7）进口捐赠的医疗器械（不论是否属于《检验检疫法检目录》范围），海关验核检验检疫机构出具的注明“上述物品为捐赠物品”的入境货物通关单，并按规定办理通关手续。

（8）从金伯利进程成员国进出口毛坯钻石实行检验检疫管理。

除加工贸易外，一般贸易、易货贸易等正常贸易方式进口毛坯钻石，企业应持检验检疫机构设在上海钻石交易所内的办事机构签发的入境货物通关单，在上海钻石交易所办理进口手续。加工贸易进口毛坯钻石，海关验核口岸检验检疫机构签发的入境货物通关单，并按规定办理通关手续。加工贸易深加工结转及经批准转内销等，无须提交入境货物通关单。

无论何种贸易方式和运输方式，以及保税区、保税仓库、出口加工区和出口监管仓库出境毛坯钻石，海关验核检验检疫机构签发的出境货物通关单，并按规定办理出境手续；加工贸易深加工结转无须提交出境货物通关单。

（9）进口反刍动物源性物质的培养基，海关验核入境货物通关单，并按规定办理通关手续。

（10）进口以非 CFC-12 为制冷剂的汽车及汽车空调压缩机，应向入境口岸检验检疫机构提供非 CFC-12 为制冷工质的汽车空调器压缩机的证明，经入境口岸检验检疫机构审查合格后签发入境货物通关单，并由入境口岸检验检疫机构按规定对进口汽车及汽车空调压缩机实施强制检验。

进出口以非 CFCs 为制冷剂的工业、商业用压缩机时，进出口经营者应向检验检疫机构提供产品为以非 CFCs 为制冷剂的书面保证，海关验核检验检疫机构出具的出入境货物通关单，并按规定办理通关手续。

进出口以非氯氟烃物质（简称CFCs）为制冷剂、发泡剂的家用电器产品，海关凭检验检疫机构出具的入境货物通关单验放。

（11）进出口罂粟籽（商品编号1207910000），海关验核检验检疫机构注明“已经检验检疫机构灭活处理”或“经检验鉴定发芽率0%”的出入境货物通关单，并按规定办理进出口验放手续。

进出口大麻籽（商品编号1207999900），海关验核检验检疫机构签发的出入境货物通关单，并按规定办理进出口验放手续。

（12）ATA单证册项下暂准进口货物涉及国家公共卫生保健、动植物检疫、濒危动植物种保护等管理措施的，应按规定办理相关检验检疫手续。

（13）出口加工区实行检验检疫管理的货物，在加工区内实施检验检疫，企业应持入境货物通关单办理报关手续。检验检疫机构需抽取样品送到出口加工区外检验检疫时，海关验核检验检疫机构出具的“中华人民共和国出入境检验检疫抽/采样凭证”，并按规定办理通关手续。

（14）出入境检验检疫机构对中亚油气合作项目下出口的施工器械（含配件）和人员自用的办公、生活物资等，免予检验检疫，不出具货物通关单，海关不验核货物通关单。对出口的施工材料（包括安装设备），出入境检验检疫机构按有关规定实施产地检验，无法落实产地检验的，由口岸检验检疫机构落实检验，海关验核货物通关单。出入境检验检疫机构对中亚油气合作项目完工后需返回的物资做好登记。对完工后属从国内运出返回的物资（不得含有食品）免予检验，不出具货物通关单，海关不验核货物通关单。

（15）进口二手船舶油箱内剩余燃料油，无须提交入境货物通关单。

（16）出入境检验检疫机构停止签发从日本进口偶蹄动物及其产品的进境动植物检疫许可证。

（17）对以“保税仓库货物”（监管方式代码：1233）监管方式进境申报，存入航油保税监管仓库并用于国际航班的航空油料，海关不验核入境货物通关单。

（18）超期未报关进口货物、误卸或者溢卸的进境货物和放弃进口《检验检疫法检目录》范围的货物，海关在变卖前提请出入境检验检疫机构进行检验检疫。

（19）出口牙膏列入进出口商品监督抽查计划，批批检验，海关验核检验检疫机构出具的出境货物通关单，并按规定办理通关手续。

（20）自2010年7月1日起，对从境内区外进入出口加工区、保税港区、综合保税区、珠澳跨境工业区珠海园区、中哈霍尔果斯国际边境合作中心中方配套区域的货物，海关不验核出境货物通关单。

14. 金伯利进程国际证书制度毛坯钻石进出口有无国别限制？

答：金伯利进程国际证书制度毛坯钻石进出口仅限于金伯利进程成员国之间进行，即安哥利、澳大利亚、博茨瓦纳、巴西、布基纳法索、加拿大、科特迪瓦、中非共和国、中国、刚果民主共和国、欧洲共同体、加蓬、加纳、几内亚、印度、以色列、韩国、莱索托、毛里求斯、墨西哥、纳米比亚、挪威、菲律宾、俄罗斯联邦、塞拉利昂、南非、斯威士兰、瑞士、坦桑尼亚、泰国、乌克兰、阿拉伯联合酋长国、美国、津巴布韦、塞浦路斯、日本、马耳他、斯里兰卡、越南和喀麦隆。

15. 实行进出口管理的濒危动植物商品有哪些？

答：通过货运、邮递、快件和旅客携带等方式依法进出口野生动植物及其产品的，实行野生动植物进出口证书管理。进出口列入《进出口野生动植物种商品目录》中公约限制进口的濒危野生动植物及其产品的，以及国家重点保护的野生动植物及其产品的，实行允许进出口证明书管理。进出口列入目录中的其他野生动植物及其产品的，实行物种证明管理。

在境外与保税区、出口加工区等海关特殊监管区域、保税监管场所之间进出野生动植物及其产品的，申请人应当向海关交验允许进出口证明书或者物种证明。在境内与保税区、出口加工区等海关特殊监管区域、保税监管场所之间进出野生动植物及其产品的，或者在上述海关特殊监管区域、保税监管场所之间进出野生动植物及其产品的，无须办理允许进出口证明书或者物种证明。

公约附录所列野生动植物及其产品需要过境、转运、通运的，无须申请核发野生动植物进出口证书。

国家重点保护的和我国参加的国际公约所限制进出口的野生动物产品，应包括其皮张、羽毛、掌骨、器官等，上述产品进口时，海关均需验核国家濒管办或其授权机构核发的允许进出口证明书，并按规定办理通关手续。

列入《进出口野生动植物种商品目录》的动物及其产品，既包括野外来源的，也包括通过人工驯养或人工繁殖获得的。列入《进出口野生动植物种商品目录》属于《濒危野生动植物种国际贸易公约》附录的植物及其产品，既包括野生的，也包括人工培植的。

16. 对进出口濒危物种，海关如何验放？

答：（1）进出口《进出口野生动植物种商品目录》中的野生动植物及其产品的，应当向海关主动申报并同时提交允许进出口证明书或者物种证明，并按照允许进出口证明书或者物种证明规定的种类、数量、口岸、期限完成进出口活动。

海关在允许进出口证明书和物种证明中记载进出口野生动植物及其产品的数量，并在办结海关手续后，将允许进出口证明书副本返还持证者。

进出口《进出口野生动植物种商品目录》中的野生动植物及其产品的，其申报内容与允许进出口证明书或者物种证明中记载的事项不符的，由海关依法予以处理。但申报进出口的数量未超过允许进出口证明书或者物种证明规定，且其他申报事项一致的除外。

（2）对下列事项有疑义的，货物进境所在地直属海关可以征求国家濒管办或其办事处的意见：

①允许进出口证明书或者物种证明的真实性、有效性；

②境外公约管理机构核发的允许进出口证明材料的真实性、有效性；

③野生动植物物种的种类、数量；

④进境货物或者物品是否为濒危野生动植物及其产品或者是否含有濒危野生动植物成分；

⑤海关质疑的其他情况。

国家濒管办或其办事处应当及时回复意见。

17. 含野生动物药材成分的中成药出口，海关如何验放？

答：出口含野生动物药材成分的中成药，企业应持国家濒管办或其授权的办事处核发允许出口证明书向海关办理报关手续，海关凭以验放［部分含野生动物药材成分的中成药名单见《请协助作好含野生动物药材成分中成药出口管理工作的函》（林函护字〔1990〕133号文附件）。其中，含犀牛角、虎骨成分的中成药禁止进出口］。

18. 出口珍稀野禽、野味（整体或分割部分）及观赏野生动物（含标本），海关如何验放？

答：企业应持国家濒管办或其授权的办事处核发允许出口证明书向海关办理报关手续。

19. 我国对犀牛角和虎骨如何管理？

答：严禁进出口犀牛角和虎骨（包括其任何可辨认部分和含其成分的药品、工艺品等）。任何单位和个人不得运输、携带、邮寄犀牛角和虎骨进出境。凡包装上标有犀牛角和虎骨字样的，均按含有犀牛角和虎骨对待。凡违反规定，出售、收购、运输、携带、邮寄犀牛角和虎骨的，由国家工商行政管理机关和中华人民共和国海关依法查处；构成投机倒把罪、走私罪的，由司法机关依法追究其刑事责任。对没收的犀牛角和虎骨，一律交当地县级以上林业行政主管部门按规定处理。

20. 背甲最大直径小于10厘米的任何龟鳖类能否进口？

答：进口整批龟鳖（含背甲最大直径小于10厘米的情形），相关人员持国家濒管办及其授权发证机构签发的濒危野生动植物种国际贸易公约允许进出口证明书向海关办理通关手续。

21. 对进口药品，海关如何验放？

答：(1) 进口列入《进口药品目录》管理的药品（药材除外），海关验核国家食品药品监督管理总局授权部门签发并加盖“×××（授权口岸药品监督管理部门）药品监督管理局药品进口备案专用章”的进口药品通关单，并按规定办理通关手续。“国家食品药品监督管理局药品进口备案专用章”适用于所有允许药品进口的口岸。

(2) 进口列入《进口药品目录》的药材，海关验核国家食品药品监督管理总局授权部门签发并加盖“×××药品监督管理局药品登记备案专用章”的进口药品通关单，并按规定办理通关手续。

(3) 进口列入《进口药品目录》，属于食品添加剂和药品合成前体的非药用物品，海关验核口岸药品监督管理部门签发注明“非药用，不需进行药品口岸检验”的进口药品通关单，并按规定办理通关手续。

(4) 进口临床急需药品、捐赠药品、新药研究和药品注册所需样品或者对照药品等，必须经国家食品药品监督管理总局批准，凭国家食品药品监督管理总局核发的进口药品批件，办理进口备案手续，海关验核进口药品通关单，并按规定办理通关手续。

(5) 进口暂未列入《进口药品目录》的原料药，应当遵照《药品进口管理办法》的规定，到口岸药品监督管理局办理进口备案手续。

(6) 以下情况免予办理药品进口备案和口岸检验等手续：

①从境外进入保税仓库、保税区、出口加工区的药品，免予办理相关手续。从保税仓库、出口监管仓库、保税区、出口加工区出库或出区进入境内的药品，海关验核进口药品通关单，并按规定办理通关手续。

②出口药品因残损、短少、品质不良或者规格不符等原因，原状退货复运进境的药品。

③经批准以加工贸易方式进口的原料药、药材，免予办理相关手续，其原料药及制成品禁止转为内销。确因特殊情况无法出口的，移交地方药品监督管理部门按规定处理，海关予以核销。

④在展览会、技术交流会或类似活动中展示或演示用的进口展览药品属海关监管的暂时进口货物，进口时不需办理相关手续。货物所有人放弃的展览药品，经海关认可后，由海关移交当地药品监督管理部门监督销毁。

22. 对药品进口的口岸有何规定？

答：药品必须经由国务院批准的允许药品进口的口岸进口，进口药品的口岸必须与进口药品通关单核准的口岸一致。

(1) 进口药品（包括麻醉药品、精神药品、蛋白同化制剂、肽类激素）口岸：北京市、天津市、上海市、大连市、青岛市、成都市、武汉市、重庆市、厦门市、南京市、杭州市、宁波市、福州市、广州市、深圳市、珠海市、海口市、西安市、南宁市等19个城市内直属海关所辖的所有口岸及苏州工业园区口岸。

(2) 中药材进口口岸：黑龙江省黑河、东宁，吉林省集安、长白、图们、三合，内蒙古自治区二连浩特、满洲里，广西壮族自治区凭祥、东兴、龙邦，云南省瑞丽、天保、景洪、河口，新疆维吾尔自治区阿拉山口、霍尔果斯、吐尔尕特、红其拉甫，西藏自治区樟木等共20个边境口岸。

(3) 国家食品药品监督管理总局确定的口岸/边境口岸（食品）药品监督管理局，以及口岸/

边境口岸（食品）药品监督管理局与口岸/边境口岸的对应关系详见《关于进口药材登记备案等有关事宜的公告》（国食药监注〔2005〕655 号）附件 1 和附件 2。

（4）《药品进口管理办法》第十条规定的生物制品、首次在中国境内销售的药品、国务院规定的其他药品，进口口岸限定为北京市、上海市和广州市 3 个城市的口岸。生物制品为疫苗类、血液制品类及血源筛查用诊断试剂等。《国家食品药品监督管理局规定的生物制品目录》详见国家食品药品监督管理局、海关总署公告 2003 年第 9 号附件 5。

23. 对进口的精神药物和麻醉药品，海关如何验放？

答：进出口精神药品，无论任何贸易方式（包括货样广告品等），海关凭国家食品药品监督管理总局签发的精神药物进口准许证和精神药物出口准许证办理验放手续。进出口麻醉药品，无论任何贸易方式（包括货样广告品），海关凭国家食品药品监督管理总局签发的麻醉药品进口准许证或麻醉药品出口准许证办理验放手续。

24. 固体废物进口许可证上载明的废物利用单位已经倒闭，该公司所持的固体废物进口许可证可否转让给其他公司？

答：固体废物进口许可证上载明的废物利用单位倒闭，则该公司所持的固体废物进口许可证已经失去效力，该公司无权将固体废物进口许可证转让给其他公司。如地方环保部门同意将进口废物转给有处理能力的企业进行加工，应办理相应的审批和换证手续。

25. 海关如何验放进口固体废物？

答：（1）进口《限制进口类可用作原料的固体废物目录》管理的废物，海关凭环境保护部签发的加盖“中华人民共和国环境保护部废物进口审批专用章”的“限制进口类可用作原料的固体废物进口许可证”及出入境检验检疫机构在备注栏注明“经初步检验检疫，未发现不符合国家环境保护控制标准要求的物质”的入境货物通关单，以及其他有关单证办理验放手续。

（2）进口固体废物应当采取防扬散、防流失、防渗漏或者其他防止污染环境的措施。进口固体废物的装运、申报应当符合海关规定。申请和审批进口固体废物，按照风险最小化原则，实行“就近口岸”报关。

（3）加工贸易进口固体废物，应持环境保护部签发的固体废物进口许可证向海关办理加工贸易货物备案手续。加工贸易进口料件在加工生产过程中产生的可再利用的边角废料不属于管理范畴，对此类废料内销，海关不验核固体废物进口许可证和入境货物通关单。以加工贸易方式进口的固体废物或者加工成品因故无法出口需内销的，加工贸易企业无须再次申领固体废物进口许可证。未经加工的原进口固体废物仅限留作本企业自用。

（4）固体废物从境外进入海关特殊监管区域和保税监管场所时，有关单位应当申领固体废物进口许可证，并申请检验检疫。固体废物从海关特殊监管区域和保税监管场所进口到境内区外或者在海关特殊监管区域和保税监管场所之间进出的，无须办理固体废物进口许可证。

海关特殊监管区域和保税监管场所内单位产生的未复运出境的残次品、废品、边角料、受灾货物等，如属于限制进口的固体废物，其在境内与海关特殊监管区域和和保税监管场所之间进出，或者在海关特殊监管区域和保税监管场所之间进出，免予提交固体废物进口许可证。出入境检验检疫机构不实施检验。

海关特殊监管区域和保税监管场所内单位产生的未复运出境的残次品、废品、边角料、受灾货物等，如属于禁止进口的固体废物，需出区进行利用或者处置的，应由产生单位或收集单位向海关特殊监管区域和保税监管场所行政管理部门和所在地设区的市级环境保护行政主管部门提出申请。

（5）维修产生纳入《限制进口类可用作原料的固体废物目录》的废弃航材、废钢等，凭境内利用单位提交的固体废物进口许可证验放。维修产生的非目录管理的，应由维修企业退运出境；无法退运且确需在境内销毁或处置的，应在海关监管下，交由当地环保部门认可的有处理能力的企业或单位进行无害化处置，由维修企业承担有关处理费用。

26. 海关对列入《中国严格限制进出口的有毒化学品目录》管理的进出口化学品如何验放？

答：进出口列入《中国严格限制进出口的有毒化学品目录》管理的有毒化学品，海关凭环境保护部签发的有毒化学品进出口环境管理放行通知单验放。有毒化学品进出口环境管理放行通知单实行“一批一证”制，每份通知单在有效时间内只能报关使用一次。

27. 海关对进口音像制品如何验放？

答：海关对进口音像制品的验放规定如下：

（1）申请进口音像制品成品及进口用于出版的音像制品，进口单位应持新闻出版广电总局签发的新闻出版广电总局音像制品（成品）进口批准单、新闻出版广电总局音像制品（版权引进）批准单，到海关办理音像制品成品或者母带（母盘）的进口手续。

（2）音像制品成品进口业务由新闻出版广电总局批准的音像制品成品进口单位经营，未经新闻出版广电总局批准，任何单位或者个人不得从事音像制品成品进口业务。图书馆、音像资料馆、科研机构、学校等单位进口供研究、教学参考的音像制品成品，应当委托新闻出版广电总局批准的音像制品成品进口经营单位办理进口审批手续。

（3）进口用于展览、展示的音像制品，由展览、展示活动主办单位提出申请，并将音像制品目录和样片报新闻出版广电总局审查，海关按暂时进口货物管理。

用于展览、展示的进口音像制品确需在境内销售、赠送的，在销售、赠送前，必须依照《音像制品进口管理办法》的规定按成品进口重新办理批准手续。

（4）新闻出版广电总局音像制品（成品）进口批准单、新闻出版广电总局音像制品（版权引进）批准单为“一批一证”，不得多次使用，证面内容不得更改。

（5）非经营音像制品性质的单位进口用于本单位宣传、培训及广告等目的的音像制品，应当按照海关的要求交验音像制品（成品）进口批准单、合同、有关报关单证及其他需要提供的文件；数量总计在200盘以下的，可以免领音像制品（成品）进口批准单。

（6）随机器设备同时进口及进口后随机器设备复出口的记录操作系统、设备说明、专用软件等内容的音像制品，免领新闻出版广电总局音像制品（成品）进口批准单、新闻出版广电总局音像制品（版权引进）批准单，海关验核进口单位提供的合同、发票等有效单证，并按规定办理通关手续。

（7）对于个人自用的音像制品，无论是个人携带还是邮寄入境，单碟（盘）每人每次20盘以下的，海关予以免税验放；超过20盘但仍在合理数量以内属于个人自用的，海关对超出规定数量的部分征税后放行；每人每次携带、邮寄单碟（盘）发行的音像制品进境超过100盘或每人每次携带、邮寄成套发行的音像制品进境超过10套的，海关对全部进境音像制品按照进口货物办理相关手续。

28. 海关对进出口黄金及其制品如何验放？

答：海关对进出口黄金及其制品的验放要求包括：

（1）列入《黄金及黄金制品进出口管理商品目录》的黄金及其制品进出口通关时，海关验核中国人民银行总行或其授权的中国人民银行分支机构签发的中国人民银行黄金及黄金制品进出口准许证，并按规定办理通关验放手续。

（2）海关特殊监管区域、保税监管场所与境外间进出口的黄金及其制品，海关特殊监管区域、保税监管场所之间进出口的黄金及其制品，免予办理中国人民银行黄金及黄金制品进出口准许证，由海关实施监管。

（3）从海关特殊监管区域、保税监管场所进入境内区外的黄金及其制品，应当办理中国人民银行黄金及黄金制品进出口准许证。从境内区外进入海关特殊监管区域、保税监管场所的黄金及其制品，应当办理中国人民银行黄金及黄金制品进出口准许证。

（4）捐赠进口黄金及其制品，海关验核中国人民银行总行签发的进出口准许证，并按规定办理通关验放手续。

（5）金质铸币（包括金质贵金属纪念币）进出口由中国人民银行指定机构办理。进出口金币（仅限于硬币或纪念币，不包括具有钱币学收集意义的硬币及纪念币），海关验核中国人民银行授权机构签发的中国人民银行黄金及黄金制品进出口准许证和盖有中国金币总公司印章的进出口货物报关单，并按规定办理通关验放手续。金币的进出境仅限北京、沈阳、上海、广州、深圳、拱北口岸。

29. 加工贸易进出口黄金及其制品，是否需要中国人民银行审批？

答：自 2004 年 1 月 1 日起，黄金及其制品的加工贸易进出口，中国人民银行不再审批，海关不再凭中国人民银行的批件验放。但其中不能复出口的黄金及其制品经批准内销的，按一般贸易进口管理，仍由中国人民银行审批，海关凭中国人民银行的批件并按内销有关规定办理核销手续。

30. 国家对银行调运进出境现钞的验放有何规定？

答：（1）调运外币现钞进出境，由经办银行办理现钞进出境海关手续。

银行可在北京、上海、福州、深圳、乌鲁木齐、拱北、昆明、长春、哈尔滨海关等口岸海关办理外币现钞进出境手续。

如需通过其他直属海关口岸进出境的，首家银行提出申请时，口岸所在地国家外汇管理局分局或管理部应书面通知当地直属海关，并各自向国家外汇管理局和海关总署备案后办理。

银行或其委托海关准予注册登记的报关企业办理外币现钞进出境业务报关手续时，应持银行填制的经国家外汇管理局签章的调运外币现钞进出境证明文件。海关在办理相关手续时，若发现问题，当地外汇局应配合解决相关问题。

（2）调运人民币现钞进出境，由经办银行办理人民币现钞进出境海关手续，海关验核授权银行签发的银行调运人民币现钞进出境许可证，并按规定办理通关验放手续。银行调运人民币现钞进出境许可证实行“一批一证”，证面内容不得更改，如需更改，应到发证部门换发新证。

第六章　转关、过境、转运、通运货物管理

1. 转关有几种方式？

答：进出口货物收发货人或其代理人，可采取以下三种方式办理转关手续：

（1）在指运地或起运地海关以提前报关方式办理；

（2）在进境地或起运地海关以直接填报转关货物申报单的直转方式办理；

（3）以由境内承运人或其代理人统一向进境地或起运地海关申报的中转方式办理。

2. 进口货物的转关、报关时限如何计算？

答：转关货物应当自运输工具申报进境之日起 14 天内向进境地海关办理转关手续，在海关限定期限内运抵指运地海关之日起 14 天内，向指运地海关办理报关手续。逾期按规定征收滞报金。

3. 进口转关货物办理报关如何确定税率、汇率？

答：进口转关货物按货物到达指运地海关之日的税率和汇率征税。提前报关的，其适用的税率和汇率是指运地海关接收到进境地海关传输的转关放行信息之日的税率和汇率。如货物运输途中税率和汇率发生重大调整的，以转关货物运抵指运地海关之日的税率和汇率计算。

4. 进口提前报关如何办理转关手续？

答：提前报关的转关货物，其收货人或代理人向指运地海关填报录入进口货物报关单后，计算机自动生成进口转关货物申报单并传输至进境地海关。

提前报关的转关货物收货人或代理人，应向进境地海关提供进口转关货物申报单编号，并提交下列单证办理转关手续：

（1）进口转关货物核放单，广东省内公路运输的，交验进境汽车载货清单；

（2）载货登记簿或船舶监管簿；

（3）提货单。

提前报关的进口转关货物应在电子数据申报之日起的 5 日内，向进境地海关办理转关手续。超过期限仍未到进境地海关办理转关手续的，指运地海关撤销提前报关的电子数据。

5. 出口提前报关如何办理转关手续？

答：提前报关出口转关货物，其发货人或代理人应在起运地填报录入出口货物报关单，在起运地海关办理出口通关手续后，计算机自动生成出口转关货物申报单数据，传送至出境地海关。

提前报关的出口转关货物发货人或代理人应持以下单证在起运地海关办理出口转关手续：

（1）出口货物报关单；

（2）载货登记簿或船舶监管簿；

（3）广东省内公路运输的，还应递交出境汽车载货清单。

提前报关的出口转关货物到达出境地后，发货人或代理人应持载货登记簿或船舶监管簿，起运地海关签发的出口货物报关单和出口转关货物申报单或出境汽车载货清单（广东省内公路运输），向出境地海关办理转关货物的出境手续。

6. 进口直转货物如何办理转关手续？

答：直转的转关货物，货物收货人或代理人在进境地录入转关申报数据，直接办理转关手续。

直转的转关货物，货物收货人或代理人应持以下单证向进境地海关办理转关手续：

（1）进口转关货物申报单，广东省内公路运输的，交验进境汽车载货清单；

（2）载货登记簿或船舶监管簿。

7. 出口直转货物如何办理转关手续？

答：直转的出口转关货物，其发货人或代理人应在起运地填报录入出口货物报关单，在起运地海关办理出口通关手续后，计算机自动生成出口转关货物申报单数据，传送至出境地海关。

直转的出口转关货物发货人或代理人应持以下单证在起运地海关办理出口转关手续：

（1）出口货物报关单；

（2）载货登记簿或船舶监管簿；

（3）广东省内公路运输的，还应递交出境汽车载货清单。

直转的出口转关货物到达出境地后，发货人或代理人应持载货登记簿或船舶监管簿，以及起运地海关签发的出口货物报关单和出口转关货物申报单或出境汽车载货清单（广东省内公路运输），向出境地海关办理转关货物的出境手续。

8. 中转的货物如何办理转关手续？

答：中转的进口转关货物，运输工具代理人应持以下单证向进境地海关办理转关手续：

（1）进口转关货物申报单；

（2）进口货物中转通知书；

（3）进口中转货物的按指运地目的港分列的纸质舱单。

以空运方式进境的中转货物，提交联程运单。

出口中转转关货物，其发货人或代理人向起运地海关办理出口通关手续后，运输工具代理人向起运地海关录入并提交下列单证：

（1）出口转关货物申报单；

（2）按出境运输工具分列的电子或纸质舱单；

（3）载货登记簿或船舶监管簿。

经起运地海关核准后，签发出口货物中转通知书。出境地海关验核上述单证，办理中转货物的出境手续。

9. 无法确定提运单信息的出口转关货物是否可以办理转关手续？

答：对需运抵出境地后才能确定出境运输工具，或原定的运输工具名称、航班（次）、提单号发生变化的，可在出境地补录或修改相关数据，办理出境手续。

10. 进口汽车整车是否可以办理转关？

答：汽车整车进口口岸之间允许办理进口汽车整车转关业务，但应当符合下列条件：

（1）办理转关运输的进口整车应当具备全程提单；

（2）承运转关进口整车的运输企业及其运输工具应当在海关办理备案登记手续，并安装定位监控装置；

（3）进口整车转关应当采用符合海关监管要求和装卸标准的集装箱装载运输。

除上述整车进口口岸间允许办理汽车整车转关外，暂时进境的参展车辆亦不受整车禁止转关政策限制。

11. 进口转关申报单中可填报的境内运输方式有哪些？

答：境内运输方式包括：1-监管，2-海运，3-铁路，4-公路，5-空运，6-邮运，9-其他（如自带）。

12. 进口转关申报单中境内运输工具名称栏应如何填报？

答：境内运输工具名称栏按以下原则填报：境内运输方式为海运、公路的，根据“境内运输工具编号”栏输入的运输工具海关10位编号，自动提取备案的运输工具名称；境内运输方式为铁路的输入车厢编号；如果没有运输工具海关10位编号的，输入境内运输工具实际名称。

13. 进口转关申报单表体中的航次栏应如何填报？

答：海运录入进境船舶航次号码（最长6位字符，超过6位的取最后6位），铁路录入进境日期（8位日期：年年年年月月日日），空运录入总运单号（11位，中间不得以“—”连接，如不应为781—45678912，应录入78145678912），公路、邮运为空。

14. 进口转关申报单表体提单号栏应如何填报？

答：海运应录入正本海运提单号（最长17位字符，超过17位的取最后17位），铁路录入运单号，空运录入分运单号（8位字符，无分运单为空；超出8位字符时，从后向前截取，即取后8位），进出境运输方式为0、1、6、7、8、9的进口提前报关转关货物为空（非实际进出境的转关货物填海关单证号）。

15. 转关进口货物的报关单运输工具栏应如何填报？

答：“江海”进境运输方式：直转货物填“@”+“16位转关申报单预录入号（或13位载货清单号）”，中转货物填“进境英文船名”（必须与提单、转关单填写完全一致）+“/”+“@”+“进境船舶航次”。“航空”进境运输方式：直转货物填“@”+“16位转关申报单预录入号”；国际空运联程货物填“8位分运单号”，无分运单的为空。“铁路”进境运输方式：直转货物填“@”+“16位转关申报单预录入号”，中转货物填“车厢编号”+“/”+“@”+“8位进境日期”（年年年年月月日日）。“公路”及其他进境运输方式：填“@”+“16位转关申报单预录入号（或13位载货清单号）”。以上各种进境运输方式，在广东省内用公路运输转关的提前报关货物填“@”+“13位载货清单号”，其他提前报关货物填“@”+“16位转关申报单预录入号”。

16. 转关进口货物的报关单提运单号栏应如何填报？

答：（1）“江海”进境运输方式：填“海运正本提单号”，进口提前报关为空。

（2）“航空”进境运输方式：直转货物填“11位总运单号”+“/”+“8位分运单号”，无分运单号的填“11位总运单号”；进口提前报关为空；国际空运联程货物填“@”+“总运单号”。

（3）“铁路”进境运输方式：填铁路运单号，进口提前报关为空。

（4）其他进境运输方式：为空。

（5）以上各种进境运输方式，在广东省内用公路运输转关的，填“车牌号”。

17. 转关出口货物的报关单运输工具名称栏应如何填报？

答：（1）“江海”出境运输方式：出口非中转货物填“@”+“16位转关申报单预录入号（或13位载货清单号）”；中转货物，境内江海运输填“驳船船名”+“/”+“驳船航次”，境内铁路运输填“车名”（4位关别代码+TRAIN）+“/”+“日期”（6位起运日期），境内公路运输填“车名”（4位关别代码+TRUCK）+“/”+“日期”（6位起运日期）。上述“驳船船名”、“驳船航次”、“车名”、“日期”均须事先在海关备案。

（2）“铁路”出境运输方式：填“@”+“16位转关申报单预录入号”，多张报关单需要通过一张转关单转关的，填“@”。

（3）其他出境运输方式：填“@”+“16位转关申报单预录入号（或13位载货清单号）”。

18. 转关出口货物的报关单提运单号栏应如何填报？

答：(1)“江海”出境运输方式：出口中转货物填“海运正本提单号”，出口非中转货物为空，广东省内提前报关的转关货物填车牌号。

(2) 其他出境运输方式：广东省内提前报关的转关货物填车牌号，其他地区为空。

第七章　运输工具监管

1.《海关法》中的“进出境运输工具”包括哪些？

答：包括用以载运人员、货物、物品进出境的各种船舶、航空器、铁路列车、公路车辆和驮畜。

2. 运输工具负责人包括哪些？

答：包括进出境运输工具的所有企业、经营企业，船长、机长、汽车驾驶员、列车长，以及上述企业或者人员授权的代理人。

3. 运输工具服务企业包括哪些？

答：包括为进出境运输工具提供海关总署第196号令规定的物料，或者接受运输工具（包括工作人员及所载旅客）消耗产生的废、旧物品的企业。

4. 根据海关总署第196号令的要求，哪些管理对象需要到海关备案？

答：进出境运输工具、进出境运输工具负责人和进出境运输工具服务企业应当在经营业务所在地的直属海关或者经直属海关授权的隶属海关备案。

5. 海关对进出境运输工具运载货物、物品等有何规定？

答：海关对进出境运输工具运载货物、物品的规定有：

（1）运输工具装卸进出境货物、物品或者上下进出境旅客，应当接受海关监管。

（2）货物、物品装卸完毕，运输工具负责人应当向海关递交反映实际装卸情况的交接单据和记录。上下进出境运输工具的人员携带物品的，应当向海关如实申报，并接受海关检查。

6. 运输工具作为货物以租赁或其他贸易方式进出口的，如何办理海关手续？

答：除按照海关总署第196号令的规定办理进出境运输工具进境或者出境手续外，还应当按照有关规定办理进出境运输工具进出口报关手续。

7. 海关对进出境运输工具的检查有何规定？

答：海关对进出境运输工具的检查要求包括：

（1）海关检查进出境运输工具时，运输工具负责人应当到场，并根据海关的要求开启舱室、房间、车门；有走私嫌疑的，还应当开拆可能藏匿走私货物、物品的部位，搬移货物、物料。

（2）海关认为必要时，可以要求进出境运输工具工作人员进行集中，配合海关实施检查。

（3）海关检查完毕后，应当按规定制作“检查记录”。

8.《海关法》中对进出境运输工具管理的其他规定有哪些？

答：《海关法》中对进出境运输工具管理的其他规定有：

（1）进出境船舶和航空器兼营境内客、货运输，需经海关同意，并应当符合海关监管要求。进出境运输工具改营境内运输，需向海关办理手续。

（2）沿海运输船舶、渔船和从事海上作业的特种船舶，未经海关同意，不得载运或者换取、买卖、转让进出境货物、物品。

（3）进境的境外运输工具和出境的境内运输工具，未向海关办理手续并缴纳关税，不得转让或者移作他用。

（4）进出境船舶和航空器，由于不可抗力的原因，被迫在未设立海关的地点停泊、降落或者抛掷、起卸货物、物品，运输工具负责人应当立即报告附近海关。

9. 对专门参与走私的进出境运输工具如何处理？

答：对专门或者多次用于走私的运输工具，海关予以没收；藏匿走私货物、物品的特制设备，海关根据《海关行政处罚实施条例》进行处理。

10.《海关法》中的“进出境船舶”具体包括哪些？

答：进出境船舶包括：机动与非机动的进出我国关境的海、国界江河上来往的船舶，转运、驳运进口旅客或货物的船舶，兼营境内外旅客或货物运输的船舶及其他进出境船舶。

11. 什么是国际航行船舶？

答：国际航行船舶，是指进出我国关境，在国际航线上运营的境内船舶和境外船舶。

12. 什么是兼营船舶？

答：兼营船舶，是指我国经营国际运输兼营国内运输的船舶和我国经营国内运输兼营国际运输的船舶。

13. 进出境船舶负责人应当何时以电子数据形式向海关申报运输工具动态？

答：进出境船舶负责人应在下列时限以电子数据形式向海关申报运输工具动态：

（1）预报动态

载有货物、物品的进出境船舶，应在原始舱单或预配舱单主要数据传输以前；未载有货物、物品的进出境船舶，应在抵、离港之前。

（2）确报动态

进境确报动态应在进境船舶抵港以前，出境确报动态应在出境船舶驶离时。

（3）抵港报

进境船舶抵达锚地或直接靠泊时。

14. 船舶进境时应如何向海关申报？

答：船舶进境时，船舶负责人应当向海关如实申报，并递交以下单证：

（1）运输工具管理系统的中华人民共和国海关船舶进境（港）申报单电子数据；

（2）符合国际海事组织要求的纸制进境总申报单；

（3）海关监管簿（境外船舶免交）；

（4）转港通知书电子数据（来自境内的境外船舶提交）；

（5）海关所需的其他资料。

15. 进出境船舶装卸货的规定有哪些？

答：进出境船舶装卸货的规定如下：

（1）进境船舶在向海关申报以前，未经海关同意，不得装卸货物、物品。

（2）进出境船舶负责人应当在船舶装卸货物的 1 小时以前通知海关；航程不足 1 小时的，可以在装卸货物以前通知海关。

（3）舱单传输人应当在船舶开始装载货物、物品的 30 分钟以前向海关传输装载舱单电子数据。

（4）装载舱单中所列货物、物品应当已经海关放行。

16. 进出境船舶从本港驶往境内其他港口，手续该如何办理？

答：进出境船舶从一个设立海关的地点驶往另一个设立海关的地点的，驶离地海关应当办理船舶续驶手续。驶离地海关在办结离港手续时，在进出境运输工具管理系统中发送转港通知书电子数据至目的地海关。中国籍国际航行船舶境内续驶的，驶离地海关应当在海关监管簿的海关签注栏内签章，退交船舶负责人。因系统故障无法发送或接收转港通知书电子数据的，海关可使用纸质关封办理相关业务。

目的地海关在系统中验核转港通知书电子数据无误的，办理续驶抵达手续。船舶负责人在海关办结船舶境内续驶手续后递交改驶书面申请的，经审核同意后，驶离地海关应当按如下方式处理：

（1）对于境外船舶改驶境内其他目的地的，要求船舶负责人发送新目的港的离境信息，向改驶目的地海关发送转港通知书电子数据；

（2）对于境外船舶改驶境外的，在系统中删除相关转港信息；

（3）对于境内船舶改驶的，需重新签注海关监管簿，并退交船舶负责人。

未经驶离地海关同意，船舶不得改驶其他目的地；未办结海关手续的，不得改驶境外。

17. 国际航行船舶离境时，是否应当办理结关手续？

答：出境船舶负责人应当在货物、物品装载完毕或者旅客全部登船以后向海关提交结关申请，海关审核出境船舶负责人提交的结关申请。审核正常的，海关在系统中打印结关通知书，签章交船舶负责人；审核异常的，不予办理结关手续。出境船舶在海关制发结关通知书后方可离境。

18. 船舶出境时应如何向海关申报？

答：船舶出境时，船舶负责人应当向海关如实申报，并递交以下单证：

（1）运输工具管理系统的中华人民共和国海关船舶出境（港）申报单电子数据；

（2）符合国际海事组织要求的纸制出境总申报单；

（3）海关监管簿（境外船舶免交）；

（4）海关所需的其他资料。

19. 船舶进出境（港）海关监管簿适用的对象是什么？

答：适用对象是经国家交通运输部批准从事进出境国际客货运输业务的境内船舶。

20. 什么是船舶吨税？

答：船舶吨税是一种使用税，是对自中华人民共和国境外港口进入境内港口的船舶在我国港口行驶，使用了我国的港口及其助航设备而征收的税。在国外，有的国家以灯塔税的名义征收船舶吨税。

21. 船舶吨税的征收范围是什么？

答：征收范围为自中华人民共和国境外港口进入境内港口的船舶。

22. 如何购买吨税？

答：应税船舶在进入港口办理入境手续时，应当向海关申报纳税，领取吨税执照，或者交验吨税执照。应税船舶在离开港口办理出境手续时，应当交验吨税执照。应税船舶负责人申领吨税执照时，应当向海关提供下列材料：

（1）船舶国籍证书或者海事部门签发的船舶国籍证书收存证明；

（2）船舶吨位证明，应税船舶为拖船的，提供功率证书。

23. 吨税执照毁损或遗失了怎么办？

答：吨税执照在期满前毁损或遗失的，应当向原发照海关书面申请核发吨税执照副本，不再补税。

24. 船舶因修理导致净吨位变化，是否补、退税？

答：应税船舶在吨税执照期限内，因修理导致净吨位变化的，吨税执照继续有效。应税船舶办理出入境手续时，应向海关提供船舶经过修理的证明文件。

25. 船舶船籍变更了，怎么办？

答：应税船舶在吨税执照期限内，因税目税率调整或者船籍改变而导致适用税率变化的，吨税执照继续有效。因船籍改变而导致适用税率变化的，应税船舶在办理出入境手续时，应向海关提供船籍改变的证明文件。

26. 吨税如何计算？

答：吨税计算方法如下：

（1）吨税纳税义务发生时间为应税船舶进境之日。

（2）税目税率（见下表）。

（3）船舶吨税按船舶吨位证明中的净吨位计征。

（4）计税公式为：吨税=净吨位×税率（元/净吨）。

（5）对申报为拖船的，应按照发动机功率，每1千瓦折合净吨位0.67吨进行折算。

吨税税目税率表

税目（按船舶净吨位划分）	税率（元/净吨）					
	普通税率（按执照期限划分）			优惠税率（按执照期限划分）		
	1年	90日	30日	1年	90日	30日
不超过2000净吨	12.6	4.2	2.1	9.0	3.0	1.5
超过2000净吨，但不超过10000净吨	24.0	8.0	4.0	17.4	5.8	2.9
超过10000净吨，但不超过50000净吨	27.6	9.2	4.6	19.8	6.6	3.3
超过50000净吨	31.8	10.6	5.3	22.8	7.6	3.8
备注	拖船和非机动驳船分别按相同净吨位船舶税率的50%计征税款					

27. 我国船舶吨税按缴纳期限分为哪几种？

答：船舶吨税分为一年期缴纳、90天期缴纳、30天期缴纳3种。缴纳期限由纳税人自行选报。应税船舶在吨税执照期满后尚未离开港口的，应当申领新的吨税执照，自上一次执照期满的次日起续缴吨税。

28. 船舶吨税的税率有几种？

答：船舶吨税分为优惠税率和普通税率两种。凡与中华人民共和国签订互惠协议的国家或地区适用船舶吨税优惠税率，未签订互惠协议的适用船舶吨税普通税率。适用船舶吨税优惠税率的国家和地区有：阿尔巴尼亚、加纳、刚果（布）、刚果（金）（原扎伊尔）、日本、新西兰、孟加拉国、巴西、马来西亚、塞浦路斯、马耳他、土耳其、格鲁吉亚、俄罗斯、黎巴嫩、印度、加拿大、埃及、南非、印度尼西亚、伊朗、美国、捷克、德国、希腊、法国、意大利、立陶宛、匈牙利、奥地利、葡萄牙、斯洛伐克、瑞典、保加利亚、也门、菲律宾、肯尼亚、中国香港、朝鲜、斯里兰卡、巴基斯坦、挪威、阿尔及利亚、阿根廷、泰国、墨西哥、新加坡、蒙古、越南、韩国、克罗地亚、乌克兰、智利、以色列、秘鲁、摩洛哥、古巴、突尼斯、巴哈马、比利时、丹麦、爱沙尼亚、西班牙、拉脱维亚、卢森堡、荷兰、波兰、斯洛文尼亚、芬兰、英国、罗马尼亚、苏丹、埃塞俄比亚、阿曼、中国澳门。

29. 船舶吨税的缴款期限是什么？

答：自海关填发海关船舶吨税专用缴款书之日起15日内。

30. 缴纳吨税遇到节假日怎么算？

答：凡是遇到周六、周日等休息日或法定假日的，顺延至休息日或法定假日后的第一个工作日。

31. 如果来不及缴纳吨税，滞纳金怎么算？

答：从滞纳税款之日起，按日加收滞纳税款0.5‰的滞纳金。滞纳金不足50元的，免交滞纳金。

32. 如何申请退税？

答；申请退税的，海关应审核应税船舶负责人或其代理人提交的下列材料：

（1）退税申请书；

（2）原船舶吨税缴款书和可以证明应予退税的材料。

海关应当自受理退税申请之日起30日内查实并通知应税船舶办理退税手续或者不予退税的决定。

自应税船舶收到海关准予退税的通知之日起3个月内未办理退税手续的，海关不再予以退税。

33. 漏征、少征税款的如何办理补税手续？

答：海关发现少征或者漏征税款的，应当自应税船舶应当缴纳税款之日起1年内，补征税款。但因应税船舶违反规定造成少征或者漏征税款的，海关可以自应当缴纳税款之日起3年内追征税款，并自应当缴纳税款之日起按日加征少征或者漏征税款0.5‰的滞纳金。

34. 哪些情况下可以免征船舶吨税？

答：下列9种情形均可以免征船舶吨税：

（1）应纳税额在人民币50元以下的船舶；

（2）自境外以购买、受赠、继承等方式取得船舶所有权的初次进口到港的空载船舶；

（3）吨税执照期满后24小时内不上下客货的船舶；

（4）非机动船舶（不包括非机动驳船）；

（5）捕捞、养殖渔船；

（6）避难、防疫隔离、修理、终止运营或者拆解，并不上下客货的船舶；

（7）军队、武装警察部队专用或者征用的船舶；

（8）依照法律规定应当予以免税的外国驻华使领馆、国际组织驻华代表机构及其有关人员的船舶；

（9）国务院规定的其他船舶。

35. 直航船舶需要征收船舶吨税吗？

答：专营内地与港澳航线的港澳籍船舶和内地船舶，以及专营台湾海峡两岸直航航线的大陆船舶和台湾籍船舶免征吨税：

（1）专营内地与港澳航线的港澳籍船舶和内地船舶，载重吨1000吨以下的应提供各省交通运输厅的批准文件，载重吨1000吨以上的应提供国家交通运输部的批准文件。

（2）专营台湾海峡两岸直航航线的大陆船舶和台湾籍船舶，需提交国家交通运输部颁发的台湾海峡两岸间船舶营运证和台湾海峡两岸间水路运输许可证。

36. 吨税如何展期？

答：在吨税执照期限内，应税船舶发生下列情形之一的，可以按照实际发生的天数延长吨税执照期限：

（1）避难、防疫隔离、修理，并不上下客货；

（2）军队、武装警察部队征用。

37. 怎么办理吨税的担保手续？

答：应税船舶到达港口前，经海关核准先行申报并办结出入境手续的，应税船舶负责人应当向海关提供与其依法履行吨税缴纳义务相适应的担保。下列财产、权利可以用于担保：

（1）人民币、可自由兑换货币；

（2）汇票、本票、支票、债券、存单；

（3）银行、非银行金融机构的保函；

（4）海关依法认可的其他财产、权利。

38. 海关在哪些情况下对船舶实施登临检查？

答：海关在下列情况下对船舶实施登临检查：

（1）经风险分析有走私违规嫌疑的；

（2）有举报、情报或线索的；

（3）申报显然不实或不清的；

（4）其他部门要求海关配合检查的；

（5）海关认为有必要进行登临检查的其他情形。

39. 海关如何实施船舶登临检查？

答：海关船舶登临检查应当由2名以上（含2名）海关人员共同实施。实施船舶登临检查的，海关应当通过系统打印《运输工具检查通知书》。在实施船舶登临检查前，海关应当将《运输工具检查通知书》交予船舶负责人，并要求船舶负责人到场协助海关实施船舶登临检查。

40. 进出境船舶负责人如不配合海关实施船舶登临检查，如何处理？

答：进出境船舶负责人如不配合海关实施船舶登临检查，海关应当停止办理后续相关手续。

41. 经海关批准，进出境船舶可以添加、起卸、调拨哪些物资？

答：（1）保障船舶行驶（航行）的轻油、重油等燃料；

（2）供应船舶工作人员和旅客的日常生活用品、食品等；

（3）保障船舶及所载货物运输安全的备件、垫舱物料，以及加固、苫盖用的绳索、篷布、苫网等；

（4）海关核准的其他物品。

42. 进出境船舶需要添加、起卸物料，如何办理海关手续？

答：进出境船舶需要添加、起卸物料的，物料添加单位或者接受物料起卸单位应当向海关申报，并提交以下单证：

（1）中华人民共和国海关运输工具起卸/添加物料申报单；

（2）添加、起卸物料明细单；

（3）海关认为必要的其他单证。

43. 进出境船舶之间需要调拨物料，如何办理海关手续？

答：进出境船舶之间需要调拨物料的，应当由调出船舶负责人编制清单报请海关核准，并在海关监管下进行调拨，接受物料的进出境船舶负责人应当在物料调拨完毕后向海关提交运输工具物料调拨清单。

44. 进出境船舶添加、起卸、调拨物料，应遵循哪些原则？

答：进出境船舶添加、起卸、调拨物料应遵循下列原则：

（1）进出境船舶添加、起卸、调拨物料的，应当接受海关监管。

（2）进出境船舶添加、起卸、调拨的物料，船舶负责人免予提交许可证件，海关予以免税放行；添加、起卸国家限制进出境或者涉及国计民生的物料超出自用合理数量范围的，应当按照进出口货物的有关规定办理海关手续。

45. 进出境船舶使用过的废弃物料如何处理？

答：除下列情况外，进出境船舶使用过的废弃物料应当复运出境：

（1）船舶负责人声明废弃的物料属于《自动进口类可用做原料的废物目录》和《限制进口类可用做原料的废物目录》，且接收单位已经办理进口手续的。

（2）不属于《自动进口类可用做原料的废物目录》和《限制进口类可用做原料废物目录》范围内的供应物料，以及进出境船舶产生的清舱污油水、垃圾等，且船舶负责人或者接受单位能够自卸下进出境船舶之日起30天内依法作无害化处理的。

前述第（1）、（2）项所列物项未办理合法手续或者未在规定时限内依法作无害化处理的，海关可以责令退运。

46. 什么是扫舱地脚？

答：扫舱地脚是指经进口货物收货人确认进出境运输工具已经卸空，但因装卸技术等原因装卸完毕后，清扫进出境运输工具剩余的进口货物。

47. 进出境船舶需卸地处理扫舱地脚，应满足哪些条件？

答：船舶负责人应当将进口货物全部交付收货人。经海关核准，同时符合下列条件的扫舱地脚，可以免税放行：

（1）进口货物为散装货物；

（2）进口货物的收货人确认运输工具已经卸空；

（3）数量不足1吨，且不足进口货物重量的0.1%。

符合上述条件的扫舱地脚涉及许可证件管理的，船舶负责人免予提交许可证件。

48. 关于船舶备用和船员自用烟酒，海关有哪些规定？

答：海关对船舶备用和船员自用烟酒规定有：

（1）国际航行船舶进境时，船舶负责人应在“船员自用和船舶备用物品、货币、金银清单”中如实填写烟、酒的类别、数量，向海关申报。

（2）船舶每航次挂港期间，从进境之日起，在港每10天准予船舶外留备用香烟3000支、酒5瓶，准予每一外籍船员自用香烟400支、酒1瓶（不含啤酒饮料）。外籍船员携带上岸的烟、酒每次不得超过香烟40支、酒1瓶，累计总数不得超出上述本人外留数量；中国籍船员按照《海关对我国出境运输工具服务人员进出境行李物品的管理规定》规定的限量予以外留，并必须经海关办理征免税手续后，方准携带上岸。

49. 海关对国际航行船舶开展免税烟、酒等免税品业务有哪些规定？

答：国际航行船舶的免税烟、酒、饮料等免税商品供应业务由外轮供应公司免税店统一负责，其他单位不得利用保税区、保税库从事免税烟、酒、饮料等商品的供应工作。

50. 对外承接外轮修理修配业务，如何办理出口退税手续？

答：对出口企业对外承接修理修配的外轮，在其修理完毕报关出口时，对该业务中使用的国产零部件、原材料按“一般贸易”另填报关单，海关经审核，按规定签发出口货物报关单退税证明联。企业所在地主管出口退税的税务机关凭海关签发的上述出口报关单退税证明联和其他退税凭证，按现行有关规定办理退税手续。

51. 海关对渔船和从事海上作业的特种船舶有哪些管理规定？

答：沿海运输船舶、渔船和从事海上作业的特种船舶，未经海关同意，不得载运或者换取、买卖、转让进出境货物、物品。

52. 我国可以开展国际航行船舶保税油供应业务的企业有哪些？

答：中国船舶燃料供应公司、中石化中海船舶燃料供应有限公司、中石化长江燃料有限公司、深圳市光汇（集团）股份有限公司、中石化浙江舟山石油分公司五家企业可以开展国际航行船舶保税油供应业务。

53. 国内产的燃油是否可以供应国际航行船舶？

答：按照《成品油市场管理办法》（商务部令 2006 年第 23 号）的相关规定，国内市场的成品油均须由具有成品油批发、零售经营资质的企业销售。外籍船舶在国内作业期间，如需加注国内燃油，须由具有成品油批发、零售经营资质的企业为其供油。

54. 关于船舶供应业务，海关有哪些规定？

答：供船业务系港口供应服务业务，由船舶负责人编制清单报请海关核准，在海关监管下进行国际航行船舶的供船业务操作。任何企业不得以一般贸易的出口退税方式进行供船业务，任何加工贸易厂家不得直接从事国际航行船舶供应业务。

55. 进出境船舶工作人员进出境应遵守哪些海关规定？

答：进出境船舶工作人员进出境应遵守下列规定：

（1）船舶工作人员携带物品进出境的，应当由船方如实填报船员物品申报单，于进境（港）时递交海关，并接受监管。

（2）船舶工作人员携带的物品应以服务期间必需和自用合理数量为限，船舶工作人员不得为他人托带物品进境或者出境。

（3）船舶工作人员需携带物品进入境内使用的，海关按进出境旅客通关流程和征免规定办理验放手续。

56. 兼营船舶改营国内运输，手续怎样办理？

答：兼营船舶在卸完进口货物和办完船员携带进口自用物品验放手续后，才能申请改营国内运输，由海关在签证簿上批注签章。

57. 兼营船舶在改国内航行时，船用物品如何处理？

答：船方在申请改为经营国内运输的同时，应在签证簿内向海关报明留存船上的进口船用物料、燃料、烟、酒的名称，如情况正常、数量合理，经海关核准可免税留船继续使用，对超出自用合理数量部分，海关予以征税。如需调拨或作价出售给其他非国际航行船舶，均应事先书面报经海关批准，照章补征进口关税。

58. 兼营船舶改营国际运输，手续怎样办理？

答：兼营船舶在卸完国内运输货物后，才能申请改营国际运输，由海关在签证簿上批注签章。经海关核准改为经营国内运输的船舶，如需要改航国外、经营国际运输时，航方或其代理人应在装出口货物或无货出口结关开航前24小时前向海关提出书面申报，并交验签证簿。

59. 兼营船舶可以享受国际航行船舶航行时使用免税烟、酒、燃料的待遇吗？

答：兼营船舶在经营国内运输期间使用的进口船舶用物料、燃料、烟、酒，不得享受国际航行船舶的免税优惠。

60. 什么是内外贸同船运输？

答：内外贸同船运输指从事承运海关监管货物的船舶，同时承载内贸和外贸集装箱货物的运输。

61. 海关对开展内外贸集装箱同船运输及中国籍国际航行船舶承运转关运输货物的航运企业和船舶有何要求？

答：开展内外贸集装箱同船运输及中国籍国际航行船舶承运转关运输货物的企业必须资信良好，取得国家交通运输部集装箱外贸内支线运输经营资格和国际集装箱班轮运输经营资格，其船舶在海关办理了备案手续（不包括来往港澳小型船舶）。

62. 海关对开展内外贸集装箱同船运输及中国籍国际航行船舶承运转关运输货物的港口有何要求？

答：海关对开展内外贸集装箱同船运输及中国籍国际航行船舶承运转关运输货物的港口作业要求有：

（1）停靠内外贸集装箱同船运输及中国籍国际航行船舶承运转关运输货物作业的港口企业，必须取得港口经营资格，其港区属于国家对外开放的口岸，且必须符合海关监管要求。

（2）港口企业对于装卸同船运输集装箱货物的港区码头，应按照海关对监管场所的管理要求，实施封闭式卡口管理并与海关计算机联网传输相关数据。

（3）港口企业在存储内贸和外贸集装箱货物时，应划分区域，分别堆存，不得混放，并有明显的标志。

63. 海关对开展内外贸集装箱同船运输及中国籍国际航行船舶承运转关运输的货物有何要求？

答：同船运输及中国籍国际航行船舶承运的转关运输货物仅限于集装箱运输货物。

64. 同船运输集装箱箱体应符合什么标准？

答：同船运输集装箱箱体应当符合《海关对用于装载海关监管货物的集装箱和集装箱式货车车厢的监管办法》（海关总署令第110号）的标准。

65. 开展内外贸同船运输，船舶负责人或其代理人及港口企业应承担何种义务？

答：船舶负责人或其代理人及港口企业在内外贸同船运输业务中承担以下义务：

（1）同船运输的船舶抵离港口时，船舶负责人或其代理人应当向海关如实申报，交验内贸和外贸集装箱货物的单列纸质舱单及电子舱单数据。

（2）同船运输船舶应在海关监管的港区码头分别装卸内贸和外贸集装箱货物，海关实施监管，并由港口企业或理货机构在装卸作业时理货。装卸完毕后，港口企业或理货机构应向海关递交内贸和外贸集装箱货物的单列纸质理货报告，并传输实际装卸船的电子数据。

（3）船舶负责人或其代理人、港口企业向海关递交、发送内贸集装箱货物的单列纸质舱单及电子数据，应包括装载内贸集装箱货物的船名、航次、集装箱箱号、箱型、自然箱数、商业封志号、起运港、卸货港等数据。

（4）港口企业应凭已在海关备案的内贸集装箱货物单列舱单和海关的电子确认信息，办理内贸集装箱货物的提货手续。

（5）海关对同船运输的运输工具和货物需实施查验时，承运人或其代理人及港口企业应予以配合。

66. 什么叫来往香港、澳门小型船舶？

答：来往香港、澳门小型船舶（以下简称来往港澳小型船舶），是指经交通运输部或者其授权部门批准，专门来往于内地和香港、澳门之间，在境内注册从事货物运输的机动或者非机动船舶。

67. 来往港澳小型船舶进出境时，在何处办理手续？

答：下列来往港澳小型船舶进出境时，应当向指定的小型船舶中途监管站办理舱单确认和关封制作手续：

（1）来往于香港与珠江水域的小型船舶向大铲岛中途监管站办理；

（2）来往于香港、澳门与磨刀门水道的小型船舶向湾仔中途监管站办理；

（3）来往于香港、澳门与珠江口、磨刀门水道以西，广东、广西、海南沿海各港口的小型船舶向桂山岛中途监管站办理；

（4）来往于香港、澳门与珠江口以东，广东、福建及以北沿海各港口的小型船舶向大三门岛中途监管站办理；

（5）来往于香港与深圳赤湾、蛇口、妈湾、盐田港的小型船舶，直接在口岸海关办理进出境申报手续。

68. 如何办理来往港澳小型船舶备案手续？

答：来往港澳小型船舶经海关备案后，可以从事进出境货物运输。

来往港澳小型船舶应当由所属的船舶运输企业向运输企业工商注册所在地的直属海关或者其授权的隶属海关办理备案手续。海关对小型船舶实行联网备案管理，数据资料共享。

69. 来往港澳小型船舶备案时应提交哪些文件？

答：来往港澳小型船舶申请备案时，运输企业应当向海关提交下列文件：

（1）来往港澳小型船舶登记备案表；

（2）交通主管部门的批准文件复印件；

（3）船舶营业运输证复印件；

（4）船舶国籍证书复印件；

（5）船舶船体结构图；

（6）船舶正面和可以显示船舶名称的侧面彩色照片各一式三张。

提交上述第（2）、（3）、（4）项文件时，还须同时提供原件供海关核对。

70. 来往港澳小型船舶备案后海关颁发证书吗？

答：海关予以备案的，应当在收到备案文件之日起5个工作日内签发“来往港澳小型船舶登记备案证书”、“来往港澳小型船舶进出境（港）海关监管簿”。

71. 来往港澳小型船舶年审时应向海关提交哪些文件？

答：海关对来往港澳小型船舶实行年审管理。运输企业应当在海关规定的时间内向备案海关提交下列文件，办理小型船舶年审手续：

（1）来往港澳小型船舶年审报告书；

（2）备案证书；

（3）海关监管簿。

未办理年审或者年审不符合规定的小型船舶不得继续从事进出境运输业务。

72. 来往港澳小型船舶的情况发生变化是否需要办理变更手续？

答：在海关备案的来往港澳小型船舶名称、船体结构、经营航线、法定代表人、地址、企业性质等内容发生变更的，运输企业应当持书面申请和有关批准文件到备案海关办理变更手续。

73. 来往港澳小型船舶进出境前，应该办理何种海关手续？

答：来往港澳小型船舶进境前，船舶负责人或者其代理人可以自行或者委托舱单录入单位，通过与海关联网的公共数据信息平台向海关发送舱单电子数据。

来往港澳小型船舶出境前，船舶负责人或者其代理人应当向起运港海关递交纸质舱单、海关监管簿等有关单据、簿册，同时通过与海关联网的公共数据信息平台向海关发送舱单电子数据。

74. 来往港澳小型船舶舱单电子数据应当包括哪些内容？

答：舱单电子数据应当包括以下内容：运输工具名称、运输工具编号、航次号、国籍、装货港、指运港、提（运）单号、收货人或者发货人、货物名称、货物件数和重量、集装箱号、集装箱尺寸等。

75. 来往港澳小型船舶起航时如何向海关申报？

答：船舶负责人在来往港澳小型船舶进境或者出境起航时，通过船载收发信装置对舱单电子数据进行确认申报。进境小型船舶经中途监管站办理舱单确认和关封制作手续后，所载进口货物所有人或者其代理人可以提前向海关申报。

76. 来往港澳小型船舶舱单电子数据可以修改吗？

答：已经海关确认的舱单电子数据如需修改，船舶负责人或者其代理人应当向海关提出申请，经海关同意后，可以修改。

77. 来往港澳小型船舶装卸货物时发现溢短装等情况怎么办？

答：来往港澳小型船舶装卸进出境货物时，船舶负责人或者其代理人应当按照舱单核对货物，如果发现溢短装（卸）、误装（卸）、残损或者其他差错的，应当做好记录，并应按规定办理舱单电子数据修改。

78. 来往港澳小型船舶可以兼营境内运输吗？

答：经交通部门批准，来往港澳小型船舶可以兼营境内运输。小型船舶每次由境外运输变更为境内运输或者由境内运输变更为境外运输前，可通过电子方式向备案海关报告，也可直接到备案海关递交书面报告。

对于采用电子报告的，备案海关在系统中进行电子审核。其中，小型船舶第一次由境外运输变更为境内运输时，备案海关还应在海关监管簿上进行签注，以后变更境内外运输时，无须逐次纸本签注，年审时，根据电子审核记录在海关监管簿上进行批量签注。

对于直接到备案海关书面报告的，备案海关在系统中对应更新船舶兼营状态，并在海关监管簿上进行签注。

79. 来往港澳小型船舶可以混装吗？

答：来往港澳小型船舶不得同船装载进出口货物与非进出口货物。

80. 海关检查来往港澳小型船舶时，船舶负责人应该到场吗？

答：海关检查来往港澳小型船舶时，船舶负责人或者其代理人应当到场，并按照海关要求开启有关处所、集装箱或者货物包装，搬移货物、物料等。海关认为必要时，可以径行开验、复验或者提取货样。

81. 来往港澳小型船舶可以随时停泊吗？

答：进境来往港澳小型船舶自进境后至办结海关手续前，出境来往港澳小型船舶自起运港办理海关手续后至出境前，未经海关批准，不得中途停泊、装卸货物和物品或者上下人员。

82. 来往港澳的客船是否需要办理中途监管手续？

答：由于来往港澳的客船是固定航次的班轮，有固定航线、固定时间、固定码头，并且考虑其运营目的主要是载客，因此，来往港澳的客船进出境时，可直接向驶入或驶离口岸的海关办理手续，无需办理中途监管手续。

83. 什么是国际运输民用航空器？

答：国际运输民用航空器是指进出我国关境，在国际上运营的境内运输民用航空器和境外运输民用航空器，不包括国家元首和政府首脑乘坐的专机。

84. 海关对国际民航机的申报时限有何要求？

答：（1）进境“当日飞行计划”在航空器预计抵达境内第一目的港当日零时前，出境“当日飞行计划”在航空器预计驶离出发港当日零时前。

（2）进境航程超过 4 小时的，“预报动态”在航空器抵达境内第一目的港的 4 小时以前；进境航程在 4 小时以内的，“预报动态”在航空器起飞时。

出境“预报动态”在航空器驶离设立海关地点的 2 小时以前。

（3）进境“确报动态”在航空器抵达境内第一目的港的 30 分钟以内，出境“确报动态”在航空器驶离设立海关地点后 30 分钟以内。

（4）中华人民共和国海关航空器进境（港）总申报单在进境航空器抵达境内第一目的港的 30 分钟以内。

中华人民共和国海关航空器出境（港）总申报单在出境航空器驶离设立海关地点前 30 分钟以内。

（5）进出境“航班取消”在“当日飞行计划”后，“确报动态”前发送。

85. 国际民航机办理进境手续时应向海关交验哪些单证？

答：国际民航机降停后，机长或其代理人应当立即向海关提交以下文件：

（1）运输工具管理系统的中华人民共和国海关航空器进境（港）申报单电子数据；

（2）符合国际民航组织要求格式的纸质进境总申报单；

（3）货物申报单（随附纸本载货清单）；

（4）机组物品申报单（航空器机组人员出入境携带物品纸本清单）；

（5）机组名单；

（6）海关所需的其他资料。

86. 海关对国际民航机在我国境内国际航空站多次停降有何规定？

答：(1) 航空器在境内从一个设立海关的地点飞往另一个设立海关的地点的，航空器负责人应当办理航空器续驶手续。

(2) 未经飞离地海关同意，航空器不得改飞其他目的地；未办结海关手续的，不得改飞境外。

(3) 航空器在境内从一个设立海关的地点飞往另一个设立海关的地点时，海关可以派员随机实施监管，航空器负责人应当为海关人员提供方便。

(4) 航空器在境内从一个设立海关的地点飞往另一个设立海关的地点后，应当办理续驶抵达手续。

87. 航空器停留期间海关如何监管？

答：(1) 航空器负责人应向海关报送继续执行国际飞行任务的航空器变更机位的通知。

(2) 航空器负责人应向海关报送继续执行国际飞行任务的航空器在港维修通知。

(3) 航空器负责人应向海关报送继续执行国际飞行任务的航空器在港待命的通知。

88. 国际民航机离境时，应当如何办理结关手续？

答：国际民航机离境时，应按下列规定办理结关手续：

(1) 出境航空器货物、物品装载完毕或者旅客全部登机以后，民用航空企业应当向海关提交结关申请，经海关制发“结关通知书”后方可离境。

(2) 海关制发“结关通知书”以后，非经海关同意，出境航空器不得装卸货物、上下旅客。

(3) 航空器在办结海关出境或者续驶手续后的24小时未能飞离的，民用航空企业应当重新办理有关手续。

89. 国际民航机办理出境手续时应向海关交验哪些单证？

答：国际民航机起飞前，机长或其代理人应当向海关提交以下文件：

(1) 运输工具管理系统的中华人民共和国海关航空器出境（港）申报单电子数据；

(2) 符合国际民航组织要求格式的纸本出境总申报单；

(3) 货物申报单（随附载货纸质清单）；

(4) 机组物品申报单（纸质）；

(5) 机组名单；

(6) 海关所需的其他资料。

90. 海关对国际民航机载运的进出口货物、邮件和行李物品有哪些监管规定？

答：海关对国际民航机载运的进出口货物、邮件和行李的监管规定有：

(1) 国际民航机载运的进出口货物、邮件、行李和其他物品，只有在办完海关手续，并由海关在有关运单和其他有关单据上签印放行后，航空站才可以交付或收运。

(2) 进境后换装或者换转飞机出境的过境货物、邮件、行李和其他物品，其全过程应在海关监管之下，并且按照海关的有关规定办结过境手续。海关认为必要时，可以进行检查。

(3) 外国飞机机长携带外国政府或者外国驻华使馆的外交信袋入境或出境，必须由有关使馆具有专业信使、临时信使或者具有外交官、领事馆身份的人员亲自提取或交付，海关可按外交信袋放行。外航飞机为其驻华机构代带进口的报纸、杂志准予进口，并免验放行。

(4) 国际民航企业收发的“公邮”，限于民航机构往来的信函。“公邮”进出口时，必须列入舱单，经海关查验放行。

91. 海关对国际民航机的机用燃料、零备件、正常设备、供应品有何规定？

答：海关对国际民航机的机用燃料、零备件、正常设备、供应品等有如下规定：

（1）进出境航空器添加、起卸、调拨的物料，民用航空企业免予提交许可证件，海关予以免税放行；添加、起卸国家限制进出境或者涉及国计民生的物料超出自用合理数量范围的，应当按照进出口货物的有关规定办理海关手续。

（2）留置在民用航空器上的燃料、油料、零备件、正常设备、供应品及金银、货币等，海关认为必要的时候，可以检查或者加封。机长应当保护海关封志的完整。上述物品在飞机停站期间，不准出售或者移作他用。

（3）卸下飞机的备本民航企业所属飞机使用的燃料、油料、零备件、正常设备及供应品等，应当填具免领许可证验放凭单一份交海关检查，并且存放在海关同意的仓库场所，由海关监管。使用或者运出的时候，应当填具免领许可证验放凭单一份交海关核销。

上述物品免征关税，但是不准出售或者移作他用。

92. 国际民航机使用过的废弃物料如何处理？

答：（1）民用航空企业声明废弃的物料属于《自动进口类可用做原料的废物目录》和《限制进口类可用做原料的废物目录》列明，且接收单位已经办理进口手续的。

（2）不属于《自动进口类可用做原料的废物目录》和《限制进口类可用做原料的废物目录》范围内的供应物料，以及航空器产生的垃圾等，且民用航空企业或者接收单位能够自卸下航空器之日起 30 天内依法作无害化处理的。

前述第（1）、（2）项所列物项未办理合法手续或者未在规定时限内依法作无害化处理的，海关可以责令退运。

93. 海关对机组人员携带物品有何规定？

答：海关对机组人员携带物品的规定如下：

（1）机组人员携带物品进出境的，应当由机长如实填报机组物品申报单，于进境（港）时向海关递交，并接受监管。

（2）机组人员携带的物品应以服务期间必需和自用合理数量为限。机组人员不得为他人托带物品进境或者出境。

（3）机组人员需携带物品进入境内使用的，海关按进出境旅客通关流程和征免规定办理验放手续。

94. 我国的国际民航机能否在国内、内地航段上载运国内、内地客货业务？

答：可以。航空公司要求在新开航的国际和地区航班国内、内地航段载运国内、内地客货业务的，应经民航总局批准后，由航空公司向海关总署提出书面申请，同时抄送始发（到达）站和经停站海关。海关总署同意后，正式行文批复有关航空公司并通知有关海关。

95. 海关对执行商业性任务的外国军用运输机或执行其他一般性任务的外国军用飞机如何监管？

答：根据《海关法》和《中华人民共和国海关对国际民航机监管办法》（以下简称《海关对国际民航机监管办法》）的有关规定，机长应按海关规定向海关申报飞机所载货物，乘客及机组人员所携带自用物品等情况，接受海关监管。为驻华外交代表机关和外交官运进和运出的物品，应根据《中华人民共和国关于各国驻华外交代表机关、外交官进出口物品的规定》办理海关申报手续，接受海关监管。

96. 进出境列车具体包括哪些车辆？其所载货物、物品包括哪些？

答：进出境列车是指载运进出口货物或过境货物、物品，载运进出关境或过境旅客的中国或外国籍列车，包括机车、客车、货车、邮政车、行李车、发电车、守车和轨道车等。

所载货物、物品是指进出关境列车载运的货物、行李、包裹、邮递物品和其他物品。

97. 海关对进境列车到站时间的预报、确报有何要求?

答:(1)铁路列车抵达境内第一目的站的2小时以前,进境车站负责人应当将列车预计抵达车站的时间通知海关。

(2)列车到站以前,车站负责人应当将列车确切的到站时间通知海关。列车到站时,列车长应当向海关进行列车到站申报,也可以在列车进境前由车站提前向海关办理申报手续。

98. 进境列车办理进境手续时,应向海关交验哪些单证?

答:列车进境后,列车长应当立即向海关提交以下文件:

(1)中华人民共和国海关铁路列车进境申报单;

(2)列车编组顺序表;

(3)车辆交接单;

(4)货物交接单;

(5)货物运单及其随附单证;

(6)行李车载运货物或行李、包裹交接单等单证;

(7)海关需要的其他单证。

99. 进境列车办理出境手续时应向海关交验哪些单证?

答:列车出境前,列车长应当向海关提交以下文件:

(1)中华人民共和国海关铁路列车出境申报单;

(2)列车编组顺序表;

(3)车辆交接单;

(4)货物交接单;

(5)货物运单及其随附单证;

(6)行李车载运货物或行李、包裹交接单等单证;

(7)海关需要的其他单证。

100. 进出境列车的离境时间应何时通知海关?

答:车站负责人应当在列车驶离出境车站的2小时以前将驶离时间通知海关。对临时追加的列车,车站负责人应当在列车驶离出境车站以前将驶离时间通知海关。

101. 进出境列车离境时,应当如何办理结关手续?

答:进出境列车离境时,应按下列规定办理结关手续:

(1)出境列车在货物、物品装载完毕以后,列车长应当向海关提交结关申请,经海关制发"结关通知书"后方可离境。

(2)海关制发"结关通知书"以后,非经海关同意,出境列车不得装卸货物、上下旅客。

(3)列车在办结海关出境手续后的24小时未能驶离的,列车长应当重新办理有关手续。

102. 进出境列车是否一定要在进出境车站停留?海关对进出境列车有哪些监管规定?

答:进出境列车必须在我国境内设有海关的进出边境车站停留,接受海关监管检查。海关对进出境列车监管规定如下:

(1)进境列车自到达车站起到海关检查完毕止,出境列车自海关开始检查起到海关放行止,未经海关许可不得移动、解体(客车换轮除外)或擅自驶离进出境车站。

(2)海关对进出境列车进行检查时,除口岸有关检查、检疫部门和铁路执行职务人员外,其他人员不得上下列车。

（3）进出境车站应向海关递交反映进出境列车载运情况的交接单据及商务记录，同时将列车驶入或驶离进出境列车站的时间、车次、停发车地点等事先通知海关。

（4）对进出境货物列车，车站应向海关递交列车编组顺序表和货物交接单。

103. 海关对进出境列车装卸进出境货物、物品有哪些监管规定？

答：海关对进出境列车装卸进出境货物、物品的监管规定有：

（1）进出境列车装载进出境货物、物品，应接受海关监管。

（2）货物、物品装卸交接完毕，车站应向海关递交反映装卸实际情况的交接单据及商务记录。

（3）海关查验进出境货物、物品，发现有走私情事或走私嫌疑的，可以书面通知车站将货物、物品卸到海关指定地点或将有关车辆调到指定地点进行处理。

（4）海关对准予放行的进出境货物、物品，在货物运单或行李包裹运行报单上加盖放行章，铁路始可交付或运往境外。

104. 海关对国际铁路联运的货物、物品退运有什么规定？

答：海关规定为：因不符合我国进口管理规定，海关决定退运境外的货物、物品，车站凭海关书面退运通知办理有关手续；违反国际铁路联运规定的拒收货物，海关凭铁路部门的拒收记录准予退运。

105. 国际铁路联运关于转关运输有什么规定？

答：国际铁路联运关于转关运输的规定为：转关运输货物起运之前，海关对有关单证、货物核查无误后，在货物运单上加盖“海关监管货物”戳记，连同关封退还车站凭以起运。海关关封由车站转交列车负责人，连同运单一起带交指运地或出境海关。

106. 海关对进出境列车上的监管货物变更国内到站或出境站有何规定？

答：进出境列车上的监管货物，如果变更国内到站或出境站，办理变更的车站应通知海关。变更后的指运站或出境站必须是设有海关的车站。有关车站应当将海关关封转交列车负责人，连同运单一起带交变更后的指运地或出境地车站海关。如果指运地车站没有海关，则只有在变更申请人取得指运地车站就近海关同意的情况下，入境地车站才能受理变更。

107. 海关对铁路部门用于修理进出境列车而运进的材料、零部件、工具、施封材料与铁路用具有何规定？

答：海关对铁路部门用于修理进出境列车而运进的材料等规定如下：

（1）用于修理进出境列车而运进的材料、零部件、工具、轮对、转向架，在海关监管之下确实用于进出境车辆维修的，可予以免征关税和进口环节税。

（2）对于为车辆施封用的材料和铁路运送用具（包括篷布），车站应当向海关如实申报，由海关查验免税放行。

（3）对需要返还的篷布、空容器等，进出口货物收发货人或其代理人应当填写“进出口货物收发货人的篷布或空容器免税返还证明书”，送交进出境海关签印发还车站凭以免税返还。

108. 海关对进出境车站工作人员和列车乘务人员所携带的物品有何规定？

答：进出境车站工作人员和列车乘务人员携带执行职务所必需的公用物品和生活必需的合理数量自用物品（包括粮食、蔬菜等食品），以及进出境旅客列车所带供应旅客途中食用的饮料、食品等，由海关查验免税放行。

109. 什么是来往港澳货运车辆?

答:来往港澳货运车辆是指依照规定,在海关备案的来往港澳公路货运车辆,包括专业运输企业的车辆和生产型企业的自用车辆。

110. 什么是来往港澳公路货运企业?

答:来往港澳公路货运企业是指依照规定,在海关备案的从事来往港澳公路货物运输业务的企业,包括专业运输企业和生产型企业。

111. 来往港澳车辆如何向海关申请登记备案?

答:车辆备案时,应当向进出境地的直属海关或者其授权的隶属海关提交下列文件:

(1)"来往香港/澳门货运车辆及驾驶员备案登记表";

(2)"来往香港/澳门货运车辆海关验车记录表"或者海关认可的公安交通车检部门出具的验车报告;

(3)公安交通车管部门核发的"车辆及驾驶人员进出境批准通知书"海关联;

(4)公安交通车管部门核发的"机动车辆行驶证"原件和复印件;

(5)符合海关要求的车辆彩色照片4张(其中,2张为车辆左前侧面45度角拍摄并可明显看见油箱和粤港/澳两地车牌,2张为后侧面45度角拍摄并可明显看见粤港/澳两地车牌,照片尺寸均为4寸×3寸)。

在香港/澳门地区办理车辆登记证明文件的进出境车辆(以下简称港/澳籍车辆),应当同时提交境外有关政府管理机构签发的车辆登记文件复印件;在内地办理车辆登记证明文件的进出境车辆,应当同时提交"机动车辆登记证书"原件和复印件。

运载危险品的车辆,应当同时提交主管部门的批准文件复印件,港/澳籍车辆应当同时提交"来往香港/澳门车辆备案临时进境验车申报表"。

生产型企业的自用车辆,应当同时提交"自理报关企业注册登记证书"。

112. 来往港澳公路货运企业如何向海关申请登记备案?

答:来往港澳公路货运企业备案时,应当向进出境地的直属海关或者其授权的隶属海关提交下列文件:

(1)"来往香港/澳门货运企业备案申请表";

(2)政府主管部门的批准文件;

(3)工商行政管理部门核发的"企业法人营业执照"或者营业执照复印件;

(4)技术监督部门核发的组织机构代码证复印件;

(5)专业货运企业提交交通行政管理部门核发的"公路运输经营许可证"复印件,生产型企业提交海关核发的"自理报关企业注册登记证书"复印件;

(6)海关认可的银行或者非银行金融机构出具的担保证函。

提交第(3)、(4)、(5)项文件复印件时,还应当同时出示原件正本供海关核对。

113. 广东省以外的省市来往港澳汽车运输企业如何办理进出境车辆申请备案登记手续?

答:办理手续如下:

(1)广东省以外的从事来往港澳的汽车运输企业,应按规定凭有关部门的批准文件(包括经政府有关部门批准的来往港澳车辆指标、工商营业执照、交通部门核发的营运证等)向主管地海关办理企业注册登记手续;

(2)上述企业来往港澳的车辆指标,应由企业直接向当地政府主管部门申请,并由政府主管部门与广东省政府联系办理；

（3）有关企业（包括需续期备案的老企业）应凭主管地海关登记注册的批准文件（正本）和其他有关资料（复印件并经主管海关盖章确认），以及广东省政府主管部门的证明函件向九龙、拱北海关办理车辆备案手续。

114. 来往港澳货运车辆应当符合什么条件？

答：来往港澳货运车辆应当为集装箱式货车或者集装箱牵引车，并应当符合下列条件：

（1）车辆的类型、牌名、车身颜色、发动机号码、车身号码、车辆牌号等应当与公安交通车管部门核发的证件所列内容相符；

（2）集装箱式货车的车厢监管标准应当按照《中华人民共和国海关对用于装载海关监管货物的集装箱和集装箱式货车车厢的监管办法》的有关规定执行，如有特殊需要加开侧门的，应当经海关批准，并符合海关监管要求；

（3）集装箱式货车或者集装箱牵引车应当使用海关的电子关锁，并可以安装符合海关要求的车载收发信装置；

（4）车辆的油箱和备用轮胎等装备以原车出厂时的配置为准，不得擅自改装或者加装。

115. 来往港澳货运车辆驾驶员备案时，应当向海关提交哪些文件？

答：来往港澳货运车辆驾驶员（包括后备驾驶员）备案时，应当向进出境地的直属海关或者其授权的隶属海关提交下列文件：

（1）“来往香港/澳门货运车辆及驾驶员备案登记表”；

（2）“车辆及驾驶人员进出境批准通知书”海关联；

（3）公安交通车管部门核发的“机动车辆驾驶员驾驶证”复印件；

（4）驾驶员身份证、回乡证或者护照复印件；

（5）驾驶员彩色近照2张（规格：大1寸、免冠、红底）。

提交第（3）、（4）项文件复印件时，还应同时出示原件正本供海关核对。

116. 来往港澳公路货运企业年审时，应当向海关提交哪些文件？

答：来往港澳公路货运企业年审时需提交下列文件：

（1）“来往香港/澳门货运企业年检报告书”；

（2）“货运企业备案登记证”原件正本；

（3）政府主管部门批准企业成立或者延期的批准文件。

117. 来往港澳货运车辆、驾驶员年审时，应当向海关提交哪些文件？

答：来往港澳货运车辆、驾驶员年审时需提交下列文件：

（1）“来往香港/澳门车辆及驾驶员年检报告书”；

（2）“来往香港/澳门汽车进出境签证簿”；

（3）“验车记录表”或者海关认可的公安交通车检部门出具的验车报告；

（4）公安交通车管部门核发准予延期的“批准通知书”海关联；

（5）海关核发的通关证件。

118. 港/澳籍进出境车辆进境后，多长时间内必须出境？

答：港/澳籍进出境车辆进境后，应当在3个月内复出境。特殊情况下，经海关同意，可以在车辆备案有效期内予以适当延期。

119. 海关对来往港澳公路货运车辆的备用物料和驾驶员携带的物品有何规定？

答：来往港澳公路货运车辆的备用物料和驾驶员携带的物品，应当限于旅途自用合理数量，超出自用合理数量部分，应当向海关如实申报。

120. 来往港澳公路货运车辆遭遇特殊情况，海关有哪些监管规定？

答：因特殊原因，车辆在境内运输途中需要更换或者驾驶员需要更换的，驾驶员或者货运企业应当立即报告附近海关，在海关监管下更换。

海关监管货物在境内运输途中，发生损坏或者灭失的，驾驶员或者货运企业应当立即向附近海关报告。除不可抗力外，货运企业应当承担相应的税款及其他法律责任。

121. 什么是国际道路运输车辆？

答：国际道路运输车辆是指进出我国关境的境内、外公路运输车辆。

122. 国际道路运输车辆进出境如何申报？

答：国际道路运输车辆进出境应按以下规定向海关申报：

（1）进境车辆负责人在进境公路车辆抵达设立海关地点前传输预、确报电子数据，出境车辆负责人在公路车辆出境前传输车辆预、确报电子数据。

（2）进出境公路车辆抵达设立海关的地点时，可由卡口系统自动采集或人工录入抵/离港报电子数据。

（3）非经营性进出境公路车辆、承运边民互市商品及承运过境货物的进出境车辆在进出境时，卡口或口岸关员在系统记录进出境车辆抵、离港报信息。

（4）海关可允许进出境车辆在同一口岸或不同口岸进、出境。

（5）车辆仅作为货物进出口时，无需向海关传输运输工具动态数据。

123. 进境后逾期滞留我国境内的外国籍车辆海关如何处理？

答：进境后逾期滞留我国境内的外国籍车辆，海关应按下列情况分别进行处理：

（1）因不可抗力在我国境内灭失的，可凭事发地行政主管部门出具的证明文件为其办理注销备案等手续；

（2）我国法院判决没收或海关决定收缴的，可凭相关证明文件为其办理注销备案等手续；

（3）因被盗等非不可抗力原因造成灭失的，按照有关规定办结车辆进口手续后，办理注销备案等手续；

（4）海关在案件办结后将涉案车辆退还车主，但因无人认领被海关作变卖、销毁处理的，可凭相关证明文件为其办理注销备案等手续；

（5）涉嫌走私、违规的，按照有关规定通知并移交相关部门处理。

124. 境内公路承运海关监管货物的运输企业应具备哪些条件？

答：境内公路承运海关监管货物的运输企业应具备以下条件：

（1）从事货物运输业务1年以上，注册资金不低于200万元人民币；

（2）按照《海关法》第六十七条、第六十八条规定，有具备履行海关事务担保能力的法人、其他组织或者公民提供的担保；

（3）企业财务制度和账册管理符合国家有关规定；

（4）企业资信良好，在从事运输业务中没有违法前科。

125. 境内公路承运海关监管货物的运输企业注册时应提交哪些文件？

答：境内公路承运海关监管货物的运输企业注册时应提交以下文件：

（1）“承运海关监管货物境内运输企业注册登记申请表”；

（2）工商行政管理部门核发的营业执照复印件；

（3）交通运输管理部门核发的“道路运输经营许可证”复印件；

（4）技术监督部门核发的组织机构代码证复印件；

（5）承运海关监管货物车辆的驾驶员名单及备案登记资料，企业更换驾驶员的，应当及时向海关办理驾驶员的变更备案手续。

提交上述第（2）、（3）、（4）项文件时，还应同时出示原件供海关审核。

126. 境内公路承运海关监管货物的车辆应具备哪些条件？

答：承运海关监管货物的车辆应为厢式货车或集装箱拖头车，经海关批准也可以为散装货车。上述车辆应当具备以下条件：

（1）必须为运输企业的自有车辆，其“机动车辆行驶证”的车主列名必须与所属运输企业名称一致；

（2）厢式货车的厢体必须与车架固定一体，厢体必须为金属结构，无暗格，无隔断，具有施封条件，车厢连接的螺丝均须焊死，车厢两车门之间须以钢板相卡，保证施封后无法开启；

（3）有特殊需要需加开侧门的，须经海关批准，并符合海关监管要求；

（4）集装箱拖头车必须承运符合国际标准的集装箱；

（5）散装货车只能承运不具备加封条件的大宗散装货物，如矿砂、粮食及超大型机械设备等；

（6）从事特种货物运输的车辆须递交主管部门的批准证件。

127. 境内公路承运海关监管货物的车辆注册时应提交哪些文件？

答：应当向海关提交下列文件：

（1）“承运海关监管货物境内运输车辆注册登记申请表”；

（2）公安交通管理部门核发的“机动车行驶证”复印件；

（3）运载危险品的车辆需提交加盖“道路危险货物运输专用章”的“道路运输经营许可证”和“道路运输营运证”的复印件；

（4）车辆彩色照片2张（要求：前方左侧面45度角拍摄，照片尺寸为4寸×3寸，能清楚显示车牌号码，车头及车厢侧面喷写企业名称）。

提交上述第（2）、（3）项文件时，还应同时出示原件供海关审核。

128. 承运海关监管货物境内运输车辆驾驶员备案登记应具备哪些条件？

答：应具备以下条件：

（1）具有“中华人民共和国居民身份证”；

（2）为运输企业职工；

（3）没有违法犯罪前科；

（4）遵守海关的有关管理规定。

129. 承运海关监管货物境内运输车辆驾驶员备案登记应提交哪些文件？

答：应当向海关提交以下文件：

（1）“承运海关监管货物境内运输车辆驾驶员备案登记表”；

（2）驾驶员的国内居民身份证、“机动车驾驶员驾驶证”（复印件）；

（3）驾驶员彩色近照2张（规格：大1寸、免冠、红底）。

提交上述第（2）项文件时，还应同时出示原件供海关审核。

130. 海关对转关运输货物监管有什么要求？

答：海关对转关运输货物的监管要求是：

（1）转关货物是海关监管货物，海关对其施加海关封志。转关货物未经海关许可，不得开拆、提取、交付、发运、调换、改装、抵押、留置、转让、更换标记、移作他用或者进行其他处理。

（2）海关对转关的货物限定路线范围，限定途中运输时间，承运人应当按海关要求将货物运抵指定的场所。海关根据工作需要，可以派员押运转关货物，进出口货物收发货人或其代理人、承运人应当按规定缴纳规费，并提供方便。

（3）转关货物的存放、装卸、查验应在海关监管场所内进行。特殊情况需要在海关监管场所以外存放、装卸、查验货物的，应事先向海关提出申请。

（4）转关货物在国内储运中发生损坏、短少、丢失情事时，除不可抗力原因外，承运人、货物所有人、存放场所负责人应承担税赋责任。

131. 转关货物在运输途中可以更换运输工具吗？

答：转关货物运输途中因交通意外等原因需更换运输工具，承运人或驾驶员应通知附近海关。附近海关核实同意后，监管换装并书面通知进境地、指运地海关或出境地、起运地海关。

132. 境内承运海关监管货物运输车辆注册时，对于运输危险品的车辆需要提供“易燃易爆化学物品准运证”吗？

答：不需要。需要提供由当地地（市）级道路运政管理机关审核并加盖“道路危险货物运输专用章”的“道路运输经营许可证”和“道路运输营运证”的复印件。

133. 运输企业、驾驶员发生走私违规情事的，应当承担何种法律责任？

答：运输企业、驾驶员发生走私违规情事的，由海关按《海关法》和《海关行政处罚实施条例》的有关规定进行处罚。处罚分为警告、暂停、取消三种类型。构成犯罪的，依法追究刑事责任。

134. 运输企业、驾驶员哪些行为将受到海关警告处罚？

答：运输企业、驾驶员有下列情形之一的，由海关责令改正，可以给予警告：

（1）承运海关监管货物的车辆不按照海关指定的路线或范围行进的；

（2）承运海关监管货物的车辆到达或者驶离设立海关的地点，未按照规定向海关如实填报交验“海关境内汽车载运海关监管货物登记簿”或者办理核销手续的；

（3）承运海关监管货物的车辆在运输途中出现故障，不能继续行驶，需换装其他运输工具时，驾驶员或其所属企业不向附近海关或货物主管海关报明情况而无正当理由的；

（4）不按照规定接受海关对车辆及其所载货物进行查验的；

（5）遗失、损毁、涂改、转借海关核发的“海关境内汽车载运海关监管货物登记簿”、“准载证”等相关证件，妨碍海关监管工作或者影响办理海关有关手续的；

（6）未经海关许可，擅自更换车辆（车辆发动机、车牌号码）和驾驶员，改装车厢、车体的；

（7）运输企业出让其名义供他人承运海关监管货物的。

135. 运输企业、驾驶员的哪些行为将受到海关暂停执业的处罚？

答：运输企业、驾驶员，有下列情形之一的，可以给予警告并暂停其6个月内从事有关业务或者执业：

（1）有走私行为的；

（2）1年内有3次以上重大违反海关监管规定行为的；

（3）管理不善致使保管的海关监管货物多次发生损坏或者丢失的；

（4）未经海关许可，擅自开启或损毁海关加施于车辆的封志的；

（5）未经海关许可，对所承运的海关监管货物进行开拆、调换、改装、留置、转让、更换标志、移作他用或进行其他处理的；

（6）有其他需要暂停从事有关业务或者执业情形的。

136. 运输企业、驾驶员的哪些行为将受到海关撤销注册登记等处罚？

答：运输企业、驾驶员有下列情况之一的，海关可以撤销其注册登记或者停止其从事有关业务：

（1）构成走私犯罪被司法机关依法处理的；

（2）1 年内有 2 次以上走私行为的；

（3）管理不严，1 年内 3 人次以上被海关暂停执业、停止从事有关业务的；

（4）因违反规定被海关暂停从事有关业务或者执业，恢复从事有关业务或者执业后 1 年内再次发生违反规定、暂停从事有关业务或者执业情形的；

（5）有其他需要撤销其注册登记或者取消从业资格情形的。

137. 运输企业、车辆需要年审吗？海关有何规定？

答：运输企业、车辆必须按期参加年审，年审工作于每年 5 月底前完成。对逾期不办理年审或年审不合格的运输企业、车辆，海关暂停其办理承运海关监管货物的手续；逾期 3 个月未年审的，海关视其自动放弃承运海关监管货物资格并予注销，收回有关证件。

138. 什么是长江驳运船舶？

答：长江驳运船舶是指航行于长江，承运海关监管货物的机动和非机动船舶。

139. 长江驳运船舶从事承运海关监管货物是否需要注册？

答：经营进出口货物转运业务的驳船，必须具备符合海关加封条件的货仓，符合海关监管条件，并由船方或其代理人向船籍港海关申请登记（具体参照《海关总署关于修改〈中华人民共和国海关关于境内公路承运海关监管货物的运输企业及其车辆、驾驶员的管理办法〉的决定》的相关内容）。

140. 长江驳运船舶负责人应承担哪些义务？

答：驳船负责人的义务有：

（1）驳船在口岸过驳前，应将其注册登记证书、关封和有关单证交口岸海关审验，经海关核准后方可装卸货物。除散装大宗等货物并经海关特准的外，如驳船无加封设施，口岸海关不准予转运。

（2）进口货物运达目的地后，驳船负责人应立即将关封递交指运地海关，经海关审核同意并开拆封志后方可卸货。

（3）驳船在同一航次中，未经海关同意，不得将海关监管货物与非监管货物同舱混装。驳船在承载海关监管货物期间，未经海关同意，不得在未设海关港口加载、装卸货物。

（4）驳船装载的进出口货物，在运输途中如遇水损或发生意外事故，船方应向到达地海关书面报告。海关在查明情况后，按有关规定处理。

（5）驳船及其工作人员不得为国际航行船舶船员运带未经海关放行的个人物品。

141. 海关对用于海上国际运输的集装箱有何要求？

答：用于海上国际运输的集装箱，应当符合《1972 年集装箱关务公约》中规定的国际集装箱标准化组织规定的集装箱技术条件与标准，有加封装置并符合海关的监管条件。

142. 集装箱在投入国际运输时还需办理海关手续吗?

答:集装箱投入运营时，应当安装海关批准牌照。集装箱外部标志的序列号应当与安装的海关批准牌照所标记的序列号一致。境内生产的集装箱及我国营运人购买进口的集装箱在投入国际运输前，营运人应当向其所在地海关填报登记手续。境内生产的集装箱已经办理出口及国内环节税出口退税手续的，不在海关登记；已经登记的，予以注销。

143. 新造集装箱如何申请中国海关批准牌照?

答:海关总署授权中国船级社统一办理集装箱我国海关批准牌照。境外制造的的和境内制造的集装箱都可以申请我国的牌照，具体分为两种：

第一种，境内制造的集装箱申请我国海关批准牌照，中国船级社对集装箱图纸进行审查，按照规定进行实体检验，检验合格的，核发“按定型设计批准证明书”或“按制成以后批准证明书”。

第二种，境外制造的集装箱申请我国海关批准牌照的，制造厂或者所有人应当提交集装箱有关图纸，中国船级社审查并现场确认后核发“按制成以后批准证明书”。

144. 境内制造的集装箱可以申领外国牌照吗?

答:境内制造的集装箱可以申请我国海关批准牌照，也可以向加入联合国《1972年集装箱关务公约》的境外有关国家当局申请外国海关的批准牌照。

145. 海关对集装箱和集装箱式货车车厢有哪些监管规定?

答:海关对集装箱和集装箱式货车车厢监管有以下规定：

(1) 集装箱和集装箱式货车车厢投入运营时，应当安装海关批准牌照。集装箱和集装箱式货车车厢外部标记的序列号应当与安装的海关批准牌照所标记的序列号一致。

(2) 集装箱和集装箱式货车车厢序列号变更的，应当重新申请检验并办理海关批准牌照。序列号模糊不清及破损的集装箱和集装箱式货车车厢，不得装载海关监管货物。

(3) 集装箱和集装箱式货车车厢作为货物进出口时，无论其是否装载货物，有关进出口货物收发货人或者其代理人应当按照进出口货物向海关办理报关手续。

(4) 境内生产的集装箱及我国营运人购买进口的集装箱在投入国际运输前，营运人应当向其所在地海关填报登记手续。境内生产的集装箱已经办理出口及国内环节税出口退税手续的，不在海关登记；已经登记的，予以注销。

(5) 承运海关监管货物的运输企业在集装箱式货车车厢获得“集装箱式货车车厢批准证明书”后，应当按照《海关关于境内公路承运海关监管货物的运输企业及其车辆、驾驶员的管理办法》的规定向其所在地海关申请办理车辆注册。

(6) 集装箱和集装箱式货车车厢报废时，营运人凭登记或者注册资料向所在地海关办理注销手续。

(7) 符合规定的集装箱和集装箱式货车车厢，无论其是否装载货物，海关准予暂时进境和异地出境时，营运人或者其代理人无需对箱（厢）体单独向海关办理报关手续。

146. 海关对集装箱和集装箱式货车车厢结构的技术标准有哪些规定?

答:用于装载海关监管货物的集装箱和集装箱式货车车厢［以下简称箱（厢）］应当符合下列标准的规定和要求：

(1) 箱（厢）体结构严密、完整，箱（厢）体密封部分可以施加海关封志。如采用非法手段取出或者装入货物，将会损坏海关封志，或者在箱（厢）体外留下开拆痕迹。

①箱（厢）体各组成部分（端壁、侧壁、底板、门、顶板、角柱、纵桁、横梁等）的装配方

式，应当保证无法从箱（厢）体外面移动或者调换其各组成部分或者改变其结构，否则将会留下明显可见痕迹。

②当箱（厢）体顶板、侧壁、底板、门由不同部件组成时，这些部件应当符合上述规定，并且具有足够的强度。

（2）海关封志可以简便而有效地施加在箱（厢）体上。

①箱（厢）门和其他关闭部分（包括截止旋塞、人孔盖、法兰等）应当配有可以简便而有效地施加海关封志的装置，其结构设计应当保证无法从箱（厢）体外部打开箱（厢）门和其他一切关闭装置，否则将会破坏海关封志。

②箱（厢）体的通气孔和排水孔，应当装有防护罩等类似装置，用以防止由通气孔和排水孔进入箱（厢）体内部。该防护罩等类似装置无法从箱（厢）体外部被移动或者调换，否则将会留下明显可见痕迹。

（3）箱（厢）体应无可供藏匿货物的隐蔽部位。

①凡组合部件在结构上必须留有必要空隙的部位（例如双层壁板之间的空隙），为了防止这些部位用于藏匿货物，箱（厢）体内部的衬板应当无法被移动或者调换，否则将会留下明显可见痕迹。

②为便于海关查验，上述留有空隙的结构数量应当控制在最少限度。

（4）箱（厢）体装载货物空间，应当便于海关检查。

（5）使用连接紧固配件（如铆钉、螺钉、螺栓和螺帽等）装配箱（厢）体构件（如门板、侧壁等）时，应当采用将连接紧固配件由外向内穿入，在箱（厢）内部紧固的装配方式，并能保证这些连接紧固配件无法从箱（厢）体外部被拆除或者调换（如将螺母焊接在螺栓上）。凡是可以从一面拆除或者更换而不留下明显痕迹的连接紧固配件（如膨胀螺栓、螺丝和暗钉等）均不得使用。

（6）用于固定箱（厢）门的对接铰链、板条铰链、铰链钉和其他装置，必须保证箱（厢）门一旦关闭并施加海关封志后即无法拆换，否则将会留下明显痕迹。箱（厢）门如具有两个以上铰链的，则只需最靠近箱（厢）门上下两端的两个铰链符合上述要求即可。

147. 海关对集装箱和集装箱式货车车厢的结构有哪些特殊规定？

答：未经海关许可，任何人不得擅自改变集装箱和集装箱式货车车厢的结构。维修后的集装箱和集装箱式货车车厢结构应保持原状，如发生箱（厢）体特征变更的，集装箱和集装箱式货车车厢的所有人或者申请人必须拆除海关批准牌照，同时应当向中国船级社提出书面检验申请，重新办理海关批准牌照。

148. 对暂时进口的外国集装箱和集装箱式货车车厢，海关有哪些管理规定？

答：暂时进境的外国集装箱和集装箱式货车车厢应于入境之日起 6 个月内复运出境。如因特殊情况不能按期复运出境的，营运人应当向暂时进境地海关提出延期申请，经海关核准后可以延期，但延长期不得超过 3 个月，逾期应按规定向海关办理进口及纳税手续。

149. 国际运营的集装箱调拨如何办理？

答：经国务院交通主管部门批准，国际集装箱班轮公司可以在境内沿海港口之间调运其周转空箱及租用空箱。国际集装箱班轮公司或者其代理人凭交通主管部门的批准文件和自制的集装箱调运清单，向调出地和调入地海关申报。调运清单内容应当包括：承运集装箱原进境船舶名称、航（班）次号、日期，承运调运空箱的船舶名称、航（班）次号、集装箱箱号、尺寸、目的口岸、箱体数量等，并向调出地和调入地海关传输相关的电子数据。

其他运输方式在境内调拨或者运输的空集装箱，不需再办理海关手续。

150. 如何办理集装箱报废手续？

答：在中国海关办理了登记手续的国际运营集装箱及厢式货车车厢需要报废的，需要向海关办理注销手续。

151. 如何申请集装箱式货车车厢的海关牌照？

答：海关总署授权中国船级社统一办理在境内装载海关监管货物的集装箱式货车车厢的海关批准牌照。中国船级社按照规定标准，对申请海关批准牌照的集装箱式货车车厢的图纸进行审查，并按照规定对集装箱式货车车厢进行实体检验。检验合格的，核发“集装箱式货车车厢批准证明书”。集装箱式货车车厢的海关批准牌照申请人在取得“集装箱式货车车厢批准证明书”后，应当在经批准的集装箱式货车车厢上按规定安装中国船级社核发的海关批准牌照，并在厢体外部规定位置标记序列号。

152. 出口集装箱如何办理出口退税手续？

答：海关对用于出口的新造集装箱，在生产企业按规定运抵指定堆场并持有关单证办理报关和出口核销手续后，予以签发出口报关单退税证明联。出口报关单不填写运输工具名称、航次和离境日期，仅注明堆场名称。生产企业所在地主管出口退税的税务机关凭海关签发的上述出口报关单退税证明联和其他退税凭证，按现行有关规定办理集装箱退税手续。

153. 海关对进出境的空集装箱如何监管？

答：承载集装箱或者集装箱式货车车厢的运输工具在进出境时，承运人、营运人或者其代理人应当向海关申报并递交载货清单（舱单）。海关对之进行监管，并依据舱单信息进行空箱查验。

第八章　舱单管理

1. 海关接受舱单申报时间是否以舱单申报人发送数据时间为准？

答：不是，海关接受舱单申报时间并非舱单申报人发送数据时间。目前，海关接收舱单申报人传输数据后，首先运用计算机进行数据的完整性校验和逻辑校验，之后，海关计算机自动发送接受舱单申报回执。在这里，海关计算机发出确认接受申报时间才是海关接受舱单传输的时间。

2. 进出口舱单海关舱单传输时间的认定有什么不同？

答：海关舱单传输时间的认定是以海关接受舱单申报时间为准，不是以舱单申报人发送数据时间为准。进口舱单电子数据的传输时间是以海关接受原始舱单主要数据传输的时间为准，出口舱单电子数据的传输时间是以海关接受预配舱单主要数据传输的时间为准。

3. 海关对舱单及相关数据传输有哪些主要要求？

答：（1）进出境运输工具负责人、无船承运业务经营人、货运代理企业、船舶代理企业、邮政企业及快件经营人等舱单电子数据传输义务人应当按照海关备案的范围在规定时限向海关传输舱单电子数据。

（2）海关监管场所经营人、理货部门、出口货物发货人等舱单相关电子数据传输义务人应当按照海关备案的范围在规定时限向海关传输舱单相关电子数据。

（3）对未按照《舱单管理办法》规定传输舱单及相关电子数据的，海关可以暂不予办理运输工具进出境申报手续。

（4）因计算机故障等特殊情况无法向海关传输舱单及相关电子数据的，经海关同意，可以采用纸质形式在规定时限向海关递交有关单证。

4. 舱单传输人和舱单相关电子数据传输义务人可以通过哪些途径向海关传输电子数据？

答：舱单传输人和舱单相关电子数据传输义务人可以自主选择通过以下途径向海关传输电子数据：

（1）中国电子口岸数据中心（热线服务电话：010-65195656）；

（2）全国海关信息中心（热线服务电话：010-65193355）；

（3）各直属海关对外接入局域网（包括地方电子口岸）。

5. 在外贸业务中，经常提到的“大提单”和“小提单”是什么意思？它们之间的关系怎样？

答：“大提单”即总提（运）单，是指由运输工具负责人、运输工具代理企业所签发的提（运）单，有人习惯称为“大提单”。“小提单”即“分提（运）单”，是指在总提（运）单项下，由无船承运业务经营人、货运代理人或者快件经营人等企业所签发的提（运）单，有人习惯称为“小提单”。

它们之间的关系是总分的关系，即总提（运）单与分提（运）单是一对多的关系。

6. 总分提单结构的舱单，总提单是否可以应用于报关单上？

答：收发货人或其代理人向海关申报时使用的是无船承运人、货运代理人或者快件经营人等企业签发的提单，因此，报关单的提运单号应填写分提（运）单号。舱单管理系统设定总分结构的舱单，只能以分提（运）单为单位进行申报，总提运单无法被核注核销，报关单申报时如填写总提运单号，则会被退单。

7. 舱单涉及商业秘密并必须向海关提出保密要求的，应该怎样办理？

答：企业申报的舱单涉及商业秘密并必须向海关提出保密要求的，舱单传输人可以书面形式向所在地海关提出为其保守商业秘密的要求，并具体列明需要保密的内容；海关收到此文件后会按照国家有关规定承担保密义务，妥善保管舱单传输人及相关义务人提供的涉及商业秘密的资料。但以下情形除外：根据法律、行政法规应当提供的；依据中国政府或中国海关签订（参加）的多边或双边协定，应当进行电子数据交换的；海关总署批准的。

8. 舱单通过电子申报后，传输人是否需要保存纸质舱单？如果需要，保存期限有多长？

答：需要，舱单通过电子申报后，传输人必须保存纸质舱单。海关对舱单保存及期限的规定为：自海关接受舱单等电子数据之日起 3 年内，舱单传输人、海关监管场所经营人、理货部门应当妥善保管纸质舱单、理货报告、运抵报告及相关账册等资料。

9. 由于计算机系统故障等原因造成单艘（次、票）无法进行舱单数据传输的，企业应当怎么办？

答：如果企业由于计算机系统故障等原因造成单艘（次、票）无法进行舱单数据传输的，可以经过直属海关或直属海关授权的隶属海关批准，递交纸质舱单申报。但在故障排除后，应当按照海关要求补传舱单数据。

10. 有人说“纸质舱单”具有法律效力，而“电子数据舱单”不具有法律效力，这种说法对不对，为什么？

答：此种说法是错误的。纸质舱单与电子数据舱单具有相同的法律效力。因为根据《舱单管理办法》第四条规定，海关对于舱单管理的要求是以舱单电子数据传输为主，如果企业由于计算机系统故障等原因造成单艘（次、票）无法进行舱单数据传输的，可以经过直属海关或直属海关授权的隶属海关批准，递交纸质舱单申报。但在故障排除后，应当按照海关要求补传输舱单数据。采用纸质舱单申报，客观上是一种应急或补救操作。纸质舱单与电子数据舱单具有相同的法律效力。

11. 舱单及相关数据传输人在没有办理备案手续的情况下能否传输舱单数据？

答：不能，因为备案是舱单数据传输的必备条件，没有备案的情况下不能传输舱单数据。

12. 舱单及相关数据传输人的备案程序有哪些？

答：舱单及相关数据传输人的备案程序为：

（1）备案申请人向其经营业务所在地直属海关或者经授权的隶属海关申请备案，递交齐全且符合法定形式的备案文件；

（2）海关受理备案申请，经审核通过的，海关给予办理备案手续；

（3）办理备案手续时，提交复印件的，应当提供正本供海关验核。

13. 舱单传输人在境内设有分支机构的企业，办理备案手续时有哪些特殊要求？

答：舱单传输人在境内设有分支机构的企业办理备案手续时，分支机构应当将分支机构地址、联系人和联系方式在经营业务所在地的直属海关或其授权的隶属海关登记。

14. 出口货物发货人需要备案吗？

答：不需要。海关在接受出口货物发货人首次传输装箱清单时，对出口货物发货人实施自动备案管理。

15. 企业办理备案变更的程序是怎样的？

答：经海关备案的舱单传输人及舱单相关数据传输人，备案信息发生改变的，应当在规定的期限内向备案地海关办理备案信息的变更手续。备案变更手续为：舱单传输人及舱单相关数据传输人提交书面的变更申请，说明变更内容及原因，并提交相关的证明文件；海关审核后，变更备案资料。

16. 企业注销舱单备案信息有没有特别的规定？

答：舱单传输人及舱单相关数据传输人申请注销备案的，在所传输的舱单电子数据及舱单相关电子数据全部处理完结之后，才能办理注销手续。

17. 进境运输工具载有货物、物品的，海关对舱单数据传输的时限要求有哪些？

答：进境运输工具载有货物、物品的，舱单传输人应当在规定的时限向海关传输原始舱单主要数据，采用不同运输方式的规定时限是不一样的。舱单传输人应当在进境货物、物品运抵目的港以前向海关传输原始舱单其他数据。海关对运输工具载有货物、物品的舱单数据传输时限规定如下：

（1）船舶运输的：

①集装箱船舶，在开始装船的24小时以前；经境外港口转运的集装箱货物，在最后一个境外转运港装船的24小时以前。

②非集装箱船舶，在抵达境内第一目的港的24小时以前；航程24小时以内的，抵达境内第一目的港前。

③同时装载集装箱、非集装箱货物和物品的混装船舶应当按照第①、②项分别传输。

④来往港澳小型船舶在开始装载的2小时以前。

⑤调拨进境的空箱，在船舶抵达目的港以前。

⑥进境地直属海关审核同意的，装载临时计划转运货物、物品的进境船舶在抵达卸货港前。

（2）航空运输的：航程4小时以下的，航空器起飞前；航程超过4小时的，航空器抵达境内第一目的港的4小时以前。

（3）铁路运输的：铁路列车抵达境内第一目的站的2小时以前。

（4）公路运输的：公路车辆抵达境内第一目的站的1小时以前。

18. 海关对预配舱单数据传输时限的要求有哪些？

答：海关对预配舱单数据数据传输时限规定如下：

（1）预配舱单主要数据的传输时限：出境运输工具预计载有货物、物品的，舱单传输人应当在办理货物、物品申报手续以前向海关传输预配舱单主要数据。

（2）预配舱单其他数据的传输时限：

①集装箱船舶装船的24小时以前；

②非集装箱船舶在开始装载货物、物品的2小时以前；

③同一船舶载有集装箱货物和非集装箱货物进境的，应当按照第①、②项分别传输；

④来往港澳小型船舶在开始装载货物、物品的4小时以前；

⑤调拨出境的空箱，在空箱装船的2小时以前；

⑥临时计划转运货物出境，在转运货物出境装船前2小时以前；

⑦航空器在开始装载货物、物品的4小时以前；

⑧铁路列车在开始装载货物、物品的2小时以前；

⑨公路车辆在开始装载货物、物品的1小时以前；

（3）出境运输工具预计载有旅客的，舱单传输人应当在出境旅客开始办理登机（船、车）手续的1小时以前向海关传输预配舱单电子数据。

19. 对于进境旅客原始舱单传输的时限，海关的要求有哪些？

答：舱单传输人应当在下列时限向海关传输原始舱单电子数据：

（1）船舶在境内有多个目的港的，在抵达境内第一目的港的2小时以前。

（2）航程在1小时以下的，航空器抵达境内第一目的港的30分钟以前；航程在1小时至2小时的，航空器抵达境内第一目的港的1小时以前；航程在2小时以上的，航空器抵达境内第一目的港的2小时以前。

（3）铁路列车抵达境内第一目的站的2小时以前。

（4）公路车辆抵达境内第一目的站的1小时以前。

20. 舱单传输人接收到海关反馈信息应该如何处置？

答：当海关接收原始舱单及相关数据后，海关以电子数据方式向舱单传输人反馈审核结果。反馈结果包括接受、不接受及原因、不准予装载、不准予卸载（下客）、待海关人工审核等审核结果。海关因故无法以电子数据方式通知的，以传真、电话、当面通知等方式通知舱单传输人。

（1）海关反馈审核结果是接受的，表示海关审核原始舱单及相关数据未见异常，传输人不需要做任何处置。

（2）海关反馈审核结果是不接受及原因的，表示海关审核原始舱单及相关数据发现异常并说明原因，传输人应当根据原因进行核查、更正，并重新传输舱单数据。

（3）海关反馈审核结果是不准予装载的，表示海关审核原始舱单及相关数据后发现所装载货物、物品等不符合国家管理规定，运输工具不得装载此类货物、物品等。

（4）海关反馈审核结果是不准予卸载（下客）的，表示海关审核原始舱单及相关数据不符合国家管理规定，运输工具不得卸载（下客）此类货物、物品等。

（5）海关反馈审核结果是待海关人工审核等审核结果的，表示海关审核原始舱单及相关数据存在不确定的情况，传输人应当耐心等待审核结果。

21. 如果长期没有收到海关的反馈结果，舱单传输人应当如何处置？

答：如果长期没有收到海关的反馈结果，传输人应当通过电话或当面咨询等方式询问没有收到反馈结果的原因。若海关因故无法以电子数据方式通知的，应当派员实地办理告知的相关手续。

22. 对于在境外一个装货港装载运输工具承运至境内两个以上卸货港的，舱单传输人该如何向海关传输进口原始舱单电子数据？

答：对于在境外一个装货港装载运输工具承运至境内两个以上卸货港的，舱单传输人可以根据《舱单管理办法》的有关规定，一次传输境内所有卸货港的电子数据。

23. 进口货物，舱单上的收货人是否可以按照提单上的收货人填制？还是不一定要填写真正的收货人？

答：舱单上的收货人应当是提单上的收货人，应当是真实的收货人，因为“舱单”是指进出境船舶、航空器、铁路列车负责人或其他代理人向海关递交的真实、准确反映运输工具所载货物情况的纸质载货清单。

24. 舱单管理系统对理货报告有何要求？

答：（1）理货报告无法修改，如需变更，只能删除后重发；

（2）集装箱货物必须以集装箱为单位发送理货报告；

（3）非集装箱货物必须以提单为单位发送理货报告。

25. 海关核对舱单和理货报告后发现不符数据，企业应当怎么处置？

答：由于产生不符数据的原因较多，需要甄别处理，归结起来可以视为两类：一是原始舱单数据错误，另一类是理货报告数据错误。

（1）原始舱单数据错误的，处理方式有 3 种：一是按照《舱单管理办法》第十五条明确责令直接退运；二是涉及走私的，按照《舱单管理办法》第三十七条处理；三是其他情况按照《舱单管理办法》第四章的有关规定处理。

（2）理货报告数据错误的，有两种处理方式：一是按照《舱单管理办法》第三十七条规定处理；二是不符合《舱单管理办法》第三十七条规定的，可以直接变更理货报告数据。

26. 如何办理进境旅客及其行李物品的结关手续？

答：进境旅客及其行李物品的结关手续按以下程序办理：

（1）运输工具负责人或者海关监管场所经营人向海关提交进境旅客及其行李物品结关申请；

（2）经海关核对无误的，可以办理结关手续；

（3）经海关核对原始舱单与结关申请不相符的，运输工具负责人或者海关监管场所经营人应当向海关报告不相符的原因。

27. 分拨货物、物品没有提交理货报告的，企业能否提出办理放行或查验手续？

答：对于分拨货物、物品，只有提交理货报告后，海关才给予办理货物、物品的查验、放行等下一步手续。

28. 监管场所经营人如何办理手续疏港分流？

答：为防止过多的货物、物品积压、阻塞港口，根据港口行政管理部门的决定，将相关货物、物品疏散到其他海关监管场所，监管场所经营人可以向海关提出疏港分流申请。办理疏港分流的程序如下：

（1）货物、物品需要疏港分流的，海关监管场所经营人应当以电子数据方式向海关提出疏港分流申请，经海关同意后方可疏港分流；

（2）疏港分流完毕后，海关监管场所经营人应当以电子数据方式向海关提交疏港分流货物、物品运抵报告；

（3）疏港分流货物、物品提交运抵报告后，海关即可办理货物、物品的查验、放行手续。

29. 疏港分流与分拨有什么区别？

答：疏港分流是货物在两个海关监管场所之间发生了位移，但分拨允许在同一监管场所内进行；分拨涉及对货物进行拆分操作，并在拆分完毕后的 2 小时以内提交二次理货报告，而分流仅仅是货物从一个海关监管场所疏散到另一个海关监管场所，并不进行拆分操作。

30. 对进境旅客及其行李物品结关的，需要提供哪些数据？

答：办理结关申请手续时，应该提供实际下客人数、托运行李物品提取数量及未运抵行李物品数量。

31. 对进境旅客及其行李物品结关的，海关有哪些时限要求？

答：进境运输工具载有旅客的，应当在进境运输工具下客完毕后 3 小时内向海关提交进境旅客及其行李物品结关申请；经海关核对原始舱单与结关申请无误的，可以办理结关手续；经海关核对原始舱单与结关申请不相符的，运输工具负责人或者海关监管场所经营人应当在进境运输工具下客完毕后 24 小时内向海关报告不相符的原因。

32. 对于无人认领的托运行李物品，应当如何处理？

答：运输工具负责人或者海关监管场所经营人应当将无人认领的托运行李物品转交海关处理。

33. 没有传输预配舱单主要及其他数据的，能否办理出口货物、物品的报关手续？

答：不行，只有海关接收预配舱单主要及其他数据传输，审核并接受后，海关才给予办理出口货物、物品的报关手续。

34. 传输预配舱单电子数据后，接收到海关反馈信息后应该如何处置？

答：当海关接收预配舱单主要数据和其他数据传输后，海关以总提单为单元向舱单传输人反馈审核结果。反馈的审核结果有接受传输、不接受传输、待海关人工审核等审核结果。

（1）海关反馈审核结果是接受传输的，表示海关审核预配舱单及相关数据未见异常，传输人不需要做任何处置。

（2）海关反馈审核结果是不接受传输的，表示海关审核预配舱单及相关数据发现异常并说明原因，传输人应当根据海关反馈的原因进行核查、更正，并重新传输舱单数据。

（3）海关反馈审核结果是待海关人工审核的，表示海关审核预配舱单及相关数据存在不确定的情况，需转海关人工进行审核，传输人应当耐心等待审核结果。

35. 通运的出口货物，是否需要传输舱单及相关电子数据？

答：暂不需传输舱单及相关电子数据。

36. 出口转关货物，是否需要传输舱单及相关电子数据？

答：对于出口转关货物，除装箱清单外，舱单及相关电子数据传输人应当向出境地海关传输舱单及相关电子数据；

37. 进出口舱单是否全部必须是单票传输，海关也是逐票发送回执吗？

答：可以单票提运单逐票发送，也可以所有提运单打包发送。系统在逻辑判别报文包时是按提运单逐条判别，在全部检查后一次性发送回执，系统会以总提单为单元向舱单传输人反馈接受传输、不接受传输及原因等审核结果。

38. 什么是运抵报告？

答：运抵报告是指进出境货物、物品运抵海关监管场所时，海关监管场所经营人向海关提交的反映货物、物品实际到货情况的记录。

39. 出境货物应该由谁来递交运抵报告？

答：由监管场所经营人提交运抵报告。当出境货物、物品运抵海关监管场所时，海关监管场所经营人应当以电子数据方式向海关提交运抵报告，确认货物已经运抵监管场所。

40. 传输运抵报告后，接收到海关反馈信息时应该如何处置？

答：企业传输运抵报告后，海关接收运抵报告电子数据后与预配舱单电子数据进行校验，以电子数据方式向运抵报告传输人、预配舱单传输人反馈审核结果。反馈结果包括正常到货、核对不符等审核结果。

（1）海关反馈审核结果是正常到货的，传输人不需要做任何处置。

（2）海关反馈审核结果是核对不符的，由舱单传输人或监管场所经营人提交书面情况说明及相关证明材料，经海关审核同意后进行修改或删除。

41. 舱单管理系统对运抵报告有何要求？

答（1）运抵报告无法修改，如需变更，只能删除后重发；

（2）集装箱货物必须以集装箱为单位发送运抵报告；

（3）非集装箱货物必须以提单为单位发送运抵报告。

42. 出口货物没有实际运抵监管场所的，能否向海关申请办理放行或查验手续？

答：出口货物正常到货的，海关方予办理对应货物、物品的查验、放行手续。

43. 海关对装（乘）载舱单数据传输时限要求有哪些？

答：海关对装（乘）载舱单数据传输的时限要求有：

（1）舱单传输人应当在运输工具开始装载货物、物品的30分钟以前向海关传输装载舱单电子数据；

（2）舱单传输人应当在旅客办理登机（船、车）手续后、运输工具上客以前向海关传输乘载舱单电子数据。

44. 传输装载舱单后，接收到海关反馈信息时应该如何处置？

答：海关接受装载舱单及相关数据后，以电子数据方式向舱单传输人反馈审核结果。反馈结果包括接受、不接受及原因、不准予装载、待海关人工审核等审核结果。

（1）海关反馈审核结果是接受传输的，表示海关审核装载舱单及相关数据未见异常，准予运输工具装载货物、物品。

（2）海关反馈审核结果是不接受传输的，表示海关审核装载舱单及相关数据发现异常并说明原因，传输人应当根据海关反馈的原因进行核查、更正，并重新传输舱单数据。

（3）海关反馈审核结果是不准予装载货物、物品的，表示海关审核装载舱单及相关数据存在不符合相关规定，运输工具不得装载相关货物、物品。

（4）海关反馈审核结果是待海关人工审核的，表示海关审核装载舱单及相关数据存在不确定的情况，需转海关人工进行审核，传输人应当耐心等待审核结果。

45. 装载舱单海关审核不通过的原因有哪些？

答：主要有5个原因：（1）总提单未经海关放行；（2）装载舱单重量与总提单放行重量不符，且超过允许误差范围的；（3）总提单禁止装载的；（4）装载舱单中的集装箱号与预配舱单中的集装箱号不一致的；（5）其他海关审核不通过的情况。

46. 直接改配是否可以多次改配？

答：可以。直接改配申请由海关舱单系统自动审核通过，不需要等待人工审核。

47. 对直接改配申请的主要要求有哪些？

答：（1）申请出口直接改配的提单需存在对应的预配舱单且是已放行状态；

（2）申请出口直接改配的提单对应的预配舱单不得理货；

（3）存在拼箱关系的提单，必须同时申报出口直接改配申请；

（4）改配后的运输工具在舱单管理系统中已经有其他的预配舱单申报入库；

（5）申请出口直接改配的提单与改配后的运输工具上的预配舱单不得产生拼箱关系；

（6）以提单为单位申请直接改配；

（7）直接改配申请必须由原舱单传输人发送。

48. 落货和落货改配是否需要转人工审核？

答：落货和落货改配需要转人工审核。

49. 出口落货改配可以修改哪些数据项？

答：仅可修改“运输工具名称”、“航次”、“提单号”、“集装箱号”电子数据项。

50. 舱单管理系统审核出口落货申请时，主要要求有哪些？

答：有以下 5 点要求：

（1）申请出口落货的提单存在对应的预配舱单；

（2）申请出口落货的提单对应的预配舱单未理货；

（3）必须以提单为单位申请出口落货；

（4）申请出口落货的提单必须正常运抵；

（5）申请出口落货的提单必须已核注。

51. 舱单管理系统审核出口落货改配申请时，主要要求有哪些？

答：有以下两点：

（1）申请出口落货改配的提单对应的预配舱单必须已核销核尽；

（2）改配后的运输工具在舱单管理系统中已有其他的预配舱单申报入库。

52. 大宗散货是否可以改配？

答：可以直接改配，但不支持落货和落货改配。

53. 运输工具在什么时候可办理结关手续并驶离？

答：运输工具驶离及办理结关手续的时间为：

（1）运输工具负责人应当在运输工具驶离设立海关的地点的 2 小时以前将驶离时间通知海关，对临时追加的运输工具，运输工具负责人应当在运输工具驶离设立海关的地点以前将驶离时间通知海关；

（2）运输工具负责人应当在货物、物品装载完毕或者旅客全部登机（船、车）后向海关提交结关申请，经海关办结手续后，出境运输工具方可离境。

54. 出口货物赶不上船期，需要改装另一船舶，该怎么办理手续？

答：海关已放行的出口货物，因故需变更出境船舶、航次，或者同时需变更提单号的，需向海关申请出口直接改配。具体手续如下：

舱单传输人向海关传输直接改配申请报文（必须在货物实际装船前）；

舱单传输人向海关递交“舱单变更申请表”，申请更改货物配载信息；

发货人或其代理人向海关通关部门提交“报关单修改申请表”等单证，申请修改报关单内容。

55. 出境货物、物品在什么时候办理结关手续？

答：海关对理货报告电子数据进行计算机自动审核。理货报告电子数据与舱单电子数据经核对相符的，海关以电子数据方式向理货报告提交人、舱单传输人反馈理货正常信息。理货正常的，方予办理对应货物、物品的结关手续。

56. 乘载舱单与结关申请不相符的，其向海关报告原因的期限是多久？

答：运输工具负责人应当在出境运输工具结关完毕后的 24 小时内向海关报告乘载舱单与结关申请不相符的原因。

57. 承运人是否可以在发送各类舱单时都同时提交主要数据和其他数据的全部字段？

答：原始舱单和预配舱单主要数据项和其他数据项可以在申报主要数据项的时限内同时申报。

58. 报关单、转关单和舱单在核注核销环节的对应关系如何确定？

答：对海关在舱单管理系统的参数设置中对核注核销方式的关系类型维护为“一对一”模式的，只允许一票报关单或转关单核注核销一票提运单；对海关在舱单管理系统的参数设置中对核注核销方式的关系类型维护为“一对多”模式的，允许多票报关单或转关单核注核销一票提运单。

59. 出口转关单核销后，货物如需换装运输工具要怎么操作？

答：先由舱单传输人发送直接改配报文修改预配舱单的运输工具信息，再由海关使用H2010系统转关核销中的“出口转关修改提单”功能修改转关单表体的运输工具信息，H2010系统自动更新单证核销表和舱单核销表。

60. 进境航空器所载货物、物品的原始舱单应当由谁来传输？

答：进境航空器所载货物、物品的原始舱单应当由航空运输企业或其地面代理企业向海关传输。

61. 航空运输企业接受货运代理企业委托承运的舱单应当由谁来传输？

答：航空运输企业接受货运代理企业委托承运的，货运代理企业向海关传输其所代理的货物总运单和分运单的预配电子数据舱单。

62. 境外航空运输企业经营不定期飞行，且未在海关备案的，舱单应当由谁来传输？

答：该航空运输企业应委托经海关备案的境内代理企业向海关传输舱单电子数据。

63. 航空运输的过境货物、转运货物、通运货物，是否应当传输舱单数据？

答：航空运输的过境货物，舱单及相关电子数据传输人应当按照《舱单管理办法》规定传输进境舱单及相关电子数据；转运货物，舱单传输人应当向海关传输原始舱单、理货报告等电子数据；通运货物，舱单及相关电子数据传输人暂不传输舱单及相关电子数据。

64. 如果是没有载有货物、物品的航空器，是否应当传输舱单数据？

答：不需要，没有载有货物、物品的航空器不需向海关传输舱单及相关电子数据。

65. 进境航空器没有载旅客的，是否需传输舱单数据？

答：不需要。对于航空器未载有旅客的，旅客舱单传输义务人不需传输旅客舱单电子数据。

66. 所有的进境航空器所载旅客的都必须传输舱单数据吗？

答：不是。除国家元首或政府首脑乘坐的专机（未装载普通客货的）以外，旅客舱单及相关数据传输义务人应按照《舱单管理办法》有关规定，向海关传输所有进境航空器所载旅客（包括过境旅客）舱单及相关电子数据。

67. 进境航空器载有旅客的，旅客原始舱单数据应当由谁来传输？

答：旅客原始舱单数据应由航空运输企业或其代理企业向海关传输。

68. 快件企业必须达到什么条件，海关才接受其传输理货报告和运抵报告？

答：海关对快件企业提交的相关文件进行审核，审核通过后认定快件企业为监管场所经营人的，海关才接受快件企业传输理货报告和运抵报告。

69. 什么条件下快件经营人可以向海关传输原始舱单和预配舱单数据？

答：快件经营人向海关申请办理备案手续，海关审核通过后，快件经营人可以向海关传输原始舱单和预配舱单数据。

70. 有一旅客从国外乘机入境，该旅客及其托运行李物品的结关申请应该由谁提出？

答：进境航空器所载旅客及托运行李物品结关申请数据应由航空运输企业或者海关监管场所经营人向海关传输；旅客及托运行李物品结关申请分为纸质结关申请和电子数据结关申请两种，以海关接收到两种申请中最后到达申请的时间为准。

71. 空运出口货物临时更换离境航班，是否需要删除报关单重新申报？

答：出境空运货物，如未变更总运单号，只更换离境航班，不需删除报关单重新申报，只需要按实际离境情况发送装载舱单；如变更总运单号，则出境货物必须删除原报关单、预配舱单、运抵报告等数据，全部重新申报。

72. 空运出口货物临时甩货应如何办理手续？

答：出口报关单已放行的货物，装机前临时变更装载计划的，应按以下流程办理：

（1）以总运单方式报关的，如不变更总运单号，只更换离境运输工具，应按实际离境情况申报装载舱单；如变更总运单号，应删除报关单、预配舱单、运抵报告等数据，重新申报。

（2）以分运单方式报关的，如以总单为单位全部更换离境运输工具，应按实际离境情况申报装载舱单；如以总单为单位全部更换离境运输工具且变更总运单号，应删除报关单、预配舱单、运抵报告等数据，重新申报；如只一票或几票分单更换离境运输工具，其他分单货物不变，则按出口落货改配办理。

73. 空运舱单退单原因显示“未申报运输工具动态”是什么意思？

答：根据舱单系统与运输工具管理系统联动设置，空运舱单入库时要检查运输工具备案情况和运输工具动态传输情况，检查方式为系统自动核对。如退单原因为“运输工具未备案”或“未申报运输工具动态”，需联系运输工具负责人核对相关数据传输情况。

74. 进境船舶所载货物是过境货物的，是否应当传输舱单数据？

答：应当传输，对于过境货物，舱单及相关电子数据传输人应当按照《舱单管理办法》规定传输进境舱单及相关电子数据。

75. 进境船舶所载货物是临时计划转运货物进境的，是否应当传输舱单数据？

答：临时计划转运货物进境，舱单传输人可以向直属海关申请，经海关审核同意后，在运输工具抵港前传输原始舱单。

76. 进境船舶所载货物是通运货物的，是否应当传输舱单数据？

答：通运货物，舱单及相关电子数据传输人暂不需传输舱单及相关电子数据；

77. 未载有货物、物品的进境船舶，是否应当传输舱单数据？

答：未载有货物、物品的船舶，不需向海关传输舱单及相关电子数据。

78. 进境船舶所载货物是多票货物集（拼）在同一集装箱中的进口货物的，应当怎样传输舱单数据？

答：多票货物集（拼）在同一集装箱中的进口货物，舱单传输人应当同时传输该集装箱内的所有分提单舱单电子数据。

79. 同一船舶载有集装箱货物和非集装箱货物进境的，应当怎样传输舱单数据？

答：同一船舶载有集装箱货物和非集装箱货物进境的，舱单传输人应当按照《舱单管理办法》第九条第（一）项规定的集装箱船舶和非集装箱船舶传输时限分别传输原始舱单数据：对于集装箱货物，在开始装船的 24 小时以前传输舱单数据；对于非集装箱货物，在抵达境内第一目的港的 24 小时以前传输舱单数据。

80. 某公司进口一批铁矿，一部分是散装的，一部分是集装箱装的，用一份提单，船方出的舱单也是这样，只有一个提单号。请问，在录入舱单时，因为包装方式有两种（散装和集装箱装），这种情况需要分单吗？如果不需要，是否可以将包装方式申报为“其他”？申报的件数应该怎样确认？

答：这种情况不需要分单；包装方式按照货物的实际包装情况申报，无外包装则为“散装”；“件数”按有外包装的货物实际件数申报，如无外包装则按“1+集装箱数”申报，其中1代表散货。

81. 境内无法人资格的船舶运输企业，应当怎样传输舱单数据？

答：应委托已在海关备案的境内船舶代理企业向海关传输舱单。

82. 某公司通过海运进口货物一批，在报关单申报后被退单，经在海关查询后提示“提运单在进口舱单中找不到”，这样的情况应当怎样处理？

答：检查报关单中的运输工具名称（编号）、航次/班号、提运单号、进口口岸、进口日期与舱单系统的电子数据是否存在不符，如果不符则检查修改后重新申报。

83. 进出口的空船，是否需要传输舱单数据？

答：未载有货物、物品的运输工具，不需要向海关传输舱单及相关电子数据。运输企业只在运输工具动态申报系统申报货物、物品申报单，注明进口在本港卸货、出口在本港装货情况。运输工具作为货物进出口的，应当向海关传输舱单及相关电子数据。

84. 多家承运人共用舱位情况下，是否可由货物操作方各自进行舱单申报？

答：共用舱位可以由多家申报舱单，但是必须使用同一IMO号和航次。

85. 出境来往香港、澳门小型船舶，舱单及相关数据传输有什么要求？

答：出境来往香港、澳门小型船舶，舱单传输人在开始装载货物、物品的4小时前向海关传输预配舱单电子数据。出境接受海关中途监管站监管的来往香港、澳门小型船舶，海关监管场所经营人、理货部门应当在船舶起航以前向海关传输理货报告电子数据。

86. 调拨出境空箱，舱单传输的时限要求是什么？

答：调拨出境空箱，舱单传输人应当在空箱装船的2小时前传输预配舱单的主要数据。

87. 出口货物采取边运抵边装船的，海关对传输运抵报告有哪些特别要求？

答：出口货物采取边运抵边装船的，经海关船边实际验核后，即视为货物运抵，并向海关传输运抵报告。

88. 出口货物采取边运抵边装船的，传输运抵报告后，海关对于货物、物品的转载有没有时限要求？

答：货物、物品应当在3日内装载完毕。

89. 是否进出口所有的分运单信息和分运单主运单对应关系都由无船承运人申报？

答：承运人申报主运单；无船承运人申报分运单，在申报分运单时要填写主运单提单号。接收分运单申报的时候，系统自动判断报文中的主运单号是否存在，不存在的反馈发送“关联的主提运单号不存在”回执。

90. 进出口舱单申报都提到舱单与理货资料核对，不符点由承运人说明原因，是否只核对箱号？如果由于码头或者理货公司的数据有误，导致舱单和理货报告不符的，应该如何处理？

答：对于集装箱货物，理货部门只核对集装箱号；对于散杂货，核对重量。如果舱单和理货报告不一致，由差错方报告差错原因并申请修改差错数据。

91. 境外运输企业可以办理公路舱单传输吗？

答：已取得国家主管部门注册登记的境外运输企业，可以办理公路舱单传输业务；未取得国家主管部门注册登记的境外运输企业，海关接受其委托的已向海关备案的境内货运代理企业向海关传输舱单电子数据。

92. 自驾车是否需要传输公路舱单？如何办理？

答：自驾车也应该向海关传输公路舱单，经海关验放后，人工在公路舱单管理系统办理舱单的物流状态维护及结关。

93. 什么是货物运输批次号？

答：货物运输批次号是公路货运车辆载运货物、物品进出境的标志号。

同一车辆一次进境（或出境）可对应多份运单，使用同一货物运输批次号；多部车辆同时载运一批货物进境（或出境）时，使用同一货物运输批次号，并同时进境（或出境）。

94. 货物运输批次号有什么录入要求？

答：货物运输批次号由承运企业自行编制，两年内不得重复，编制规则为“企业组织机构代码、1位进出口校验位及3位流水号码”（第1~9位为“企业组织机构代码”；第10位为校验号码：进口“1”，出口“0”；第11~13位为流水号码，由自然数字和大写英文字母组成，由0至9、A至Z顺序编制）；

来往香港的运输工具货物运输批次号应当填写13位“内地海关及香港海关陆路进/出境载货清单”编号；

来往澳门的运输工具货物运输批次号应当填写13位“中华人民共和国海关进/出境载货清单”编号。

95. 空车进出境需要传输舱单吗？

答：未载有货物、物品进出境的车辆，或仅载有暂时进出境空集装箱的车辆，海关不要求传输舱单及相关电子数据，只需要一次性传输车辆确报电子数据。

96. 报关单以哪些信息查找公路舱单？

答：报关单凭填制的“口岸海关代码+航次号+提单号”在公路舱单管理系统查找舱单。

97. 对公路运输工具确报的传输有什么具体要求？

答：公路舱单传输人应当一次性传输运输工具预、确报电子数据。进境运输工具预、确报电子数据需要删除时，应当以货物运输批次号为单元进行删除。

公路舱单传输人应当一次性传输装载舱单电子数据、运输工具出境确报电子数据。装载舱单、出境确报电子数据需要删除时，应当以货物运输批次号为单元进行删除。

车辆载有货物、物品的，进出境确报中“货物运输批次号”项应当与公路舱单的“货物运输批次号”项保持一致。

98. 海关通关代码有什么具体含义？

答：海关通关代码是公路舱单为区分各类通关监管模式，根据车辆和货物在口岸的物流状态而定义的一系列代码，具体包括：

RD01，是指公路口岸进出境直通模式，适用于承运需要在口岸海关监管场所办结海关手续，不在口岸海关监管场所装卸货物（集装箱）的进出境运输工具（载运非贸货物的进出境运输工具不适用 RD01）。

RD02，是指公路口岸进出境直通转关模式，适用于承运需要在口岸海关监管场所办理转关手续，但不在口岸海关监管场所装卸货物（集装箱）的进出境运输工具。

RD03，是指公路口岸进境卸货模式，适用于承运需要在口岸海关监管场所卸货并办结海关手续的进境货物的运输工具。

RD04，是指公路口岸进境卸货转关模式，适用于承运需要在口岸海关监管场所卸货并办理转关手续的进出境货物的运输工具。

RD05，是指公路口岸进境掏箱模式，适用于承运需要在口岸海关监管场所掏箱办结海关手续，并以散装货物方式提离海关监管场所的进境集装箱货物的运输工具。

RD06，是指公路口岸进境掏箱转关模式，适用于承运需要在口岸海关监管场所掏箱办理转关手续，并以散装货物方式提离海关监管场所的进境集装箱货物的运输工具。

RD07，是指公路口岸进境卸箱模式，适用于承运需要在口岸海关监管场所卸箱办结海关手续，并继续以集装箱货物方式提离海关监管场所的进境集装箱货物的运输工具。

RD08，是指公路口岸进境卸箱转关模式，适用于承运需要在口岸海关监管场所卸箱办理转关手续，并继续以集装箱货物方式提离海关监管场所的进境集装箱货物的运输工具。

RD09，是指跨境快速通关模式，适用于承运跨境快速通关货物（非过境货物）的运输工具。

RD10，是指进出境空车模式，适用于未承运货物、物品及集装箱的运输工具。

RD11，是指暂时进出境空集装箱公路直通模式，适用于承运不在口岸海关监管场所卸箱的暂时进出境空集装箱的运输工具。

RD12，是指暂时进境空集装箱公路口岸卸箱模式，适用于承运需要在口岸海关监管场所卸箱的暂时进境空集装箱的运输工具。

RD13，是指非贸进出境货物公路口岸直通模式，适用于承运需要在口岸办结海关手续，不在口岸海关监管场所装卸非贸货物（集装箱）的进出境运输工具。

RD14，是指出境散货公路口岸装车模式，适用于承运需要在口岸装车，办结海关手续后载运出境的散装货物的运输工具。

RD15，是指出境集装箱货公路口岸装车模式，适用于承运需要在公路口岸装车，办结海关手续后载运出境的集装箱货物的运输工具。

RD16，是指过境货物快速通关模式，适用于承运采取跨境快速通关的过境货物的运输工具。

99. 舱单变更的方式有几种？有什么主要区别？

答：舱单变更的方式主要有直接准予变更和海关审核变更两种。已经传输的舱单电子数据需要变更的，舱单传输人可以在原始舱单和预配舱单规定的传输时限以前直接予以变更；在原始舱单和预配舱单规定的传输时限后，需经海关审核同意，方可进行变更。

100. 申请舱单变更需提交哪些文件？

答：舱单传输人向海关申请变更货物、物品舱单时，应当提交下列文件：

（1）舱单变更申请表；

（2）提（运）单的复印件；

（3）加盖有舱单传输人公章的正确的纸质舱单；

（4）其他能够证明舱单变更合理性的文件。

舱单传输人向海关申请变更旅客舱单时，应当提交上述第（1）、（3）、（4）项文件。提交复印件的，应当同时出示原件供海关验核。

101. “一体化”报关模式下舱单的修改、撤销应当在报关单申报地海关还是在口岸海关？

答：报关单的修改或撤销由收发货人或其代理人在申报地海关办理。出口货物因航班等原因落装、改配，需更换航空舱单的，由收发货人或其代理人向口岸海关申请办理更改航空舱单手续。进口货物收货人或其代理人在申报地海关提前申报后，发现进口航空舱单数据有误的，需到申报地海关申请对报关数据进行相应处置、恢复舱单电子数据的未核注状态后，再到口岸海关办理进口航空舱单数据的修改。

102. 船公司传输舱单资料后，需要对舱单数据进行更改，海关方面是否要收费？标准是多少？

答：对于舱单数据的修改，海关不收取任何费用。

103. 企业办理舱单变更时应当注意哪些？

答：（1）预配或原始舱单中总提单的货物重量未被项下分提单核销核尽的，只修改总提单货物重量时，无须反核注对应提单。海关可凭舱单传输人申请人工变更总提单货物重量，修改后的总提单货物重量不得小于已被报关单证核注的重量。除上述情形外，已核注的提单申请更改的，海关应当在反核注提单后，方予办理舱单变更手续。

（2）被报关单证核注的总（分）提单，在对相应提单反核注后，方予办理舱单删除手续。货物、物品已实际进境的原始舱单电子数据，不得删除；货物、物品已实际装船离境的预配舱单电子数据，不得删除。

（3）对进境运输工具需要更改原始舱单卸货港的，由实际卸货港海关办理舱单更改手续。未向实际卸货港海关申报运输工具动态的，海关不接受舱单传输人的更改申请。原始舱单已被核注的，在原卸货港海关办理反核注手续后方予办理卸货港更改手续。更改手续只允许以总运单为单位办理。

104. 公路舱单可以修改吗？

答：公路舱单可以通过舱单变更报文进行修改，但系统将根据舱单的状态确认是否允许修改。其中，在车辆抵达境内第一目的站的1小时前传输且未被核注的原始舱单，在车辆开始装载货物、物品的1小时前向海关传输且未被核注的预配舱单，海关根据接收的变更报文自动审核变更；对于不符合上述自动变更条件的，海关人工审核变更报文；运输工具已确报且未进出境的，海关不允许变更。

105. 是不是所有多装进口货物都是溢卸货物？

答：溢卸货物包括未列入进口载货清单、运单的货物，或者多于进口载货清单、提单、运单所列数量的货物。在国际贸易管理中，按进口合同列明的溢短装条款规定的溢短装比例内所多装进口的货物不包括在内，只有超出合同规定的溢短装条款的比例而多装的货物才属于进口溢卸货物。

106. 进口溢卸货物由原收货人接收的，原收货人怎样报关？

答：进口溢卸货物由原收货人接收的，原收货人或其代理人应填写进口货物报关单向进境地主管海关申报，并提供相关的溢卸货物证明。如属于国家限制进口商品的，应提供有关的许可证件，海关验核后按规定征税放行货物。

107. 运输工具负责人或其代理人要求以溢卸货物抵补短卸货物，怎样报关？

答：对运输工具负责人或其代理人要求以溢卸货物抵补短卸货物，应与短卸货物原收货人协商同意，并限于同一运输工具、同一品种的货物。如非同一运输工具或不同航次之间以溢卸货物抵补短卸货物的，只限于同一运输公司、同一发货人、同一品种的进口货物。同时，对上述两种情况都应填报进口货物申报单向海关申报。

108. 对于进口误卸货物，如属于应运往国外的，应当怎样处置？

答：对于进口误卸货物，如属于应运往国外的，需要向海关提出进口货物直接退运手续，参照《中华人民共和国海关对进口货物直接退运管理办法》。运输工具人或其代理人要求将误卸货物退运国外时，经海关核实后可退运至境外。

109. 对于进口误卸货物，如属于运往国内其他口岸的误卸货物，应当怎样处置？

答：对于进口误卸货物，如属于运往国内其他口岸的误卸货物，可由原收货人或其代理人就地向进境地海关办理进口申报手续，也可以经进境地海关同意按转关运输管理办法办理转运手续。

110. 对进口溢卸、误卸货物，原收货人不接收或不办理退运手续的，应当怎样处置？

答：对进口溢卸、误卸货物，原收货人不接收或不办理退运手续的，运输工具负责人或其代理人可以要求在国内进行销售，由购货单位向海关办理相应的进口手续。

111. 进口溢卸、误卸货物，权利人处置的时限是怎样的？

答：进口溢卸、误卸货物，经海关审定确实的，由载运该货物的原运输工具负责人，自该运输工具卸货之日起 3 个月内，向海关申请办理退运出境手续，或者由该货物的收发货人，自该运输工具卸货之日起 3 个月内，向海关申请办理退运或者申报进口手续。经载运该货物的原运输工具负责人或者该货物的收发人申请，海关批准，可以延期 3 个月办理退运出境或者申报进口手续。

112. 对于溢卸、误卸货物属于危险品或者鲜活、易腐、易烂、易失效、易变质、易贬值等不宜长期保存的货物的，海关有怎样的特别处置规定？

答：溢卸、误卸货物属于危险品或者鲜活、易腐、易烂、易失效、易变质、易贬值等不宜长期保存的货物的，为避免造成损失，海关可以根据实际情况，依法提前提取变卖处理，变卖所得价款按有关规定作出相应处理。

113. 出现短卸货物的情况，是否可以向海关办理减税、退税？

答：可以。进口短卸货物，由收货人及其代理人向海关提供理货报告、商务签证或商检证书，经海关核查属实后，可对货物短卸部分相应减缴税款或将已缴税款退还，如没有减缴税款或没有退税，可按无代价抵偿货物补进口。

114. 是不是所有的进口都可以放弃货物？

答：不是。进口放弃货物是指进口货物的收货人或其所有人声明放弃，由海关提取依法变卖处理的货物。国家禁止或限制进口的废物、对环境造成污染的货物不得声明放弃，此类货物由海关责令货物的收货人或其所有人、载运该货物进境的运输工具负责人退运出境。

115. 如果进口大量的国家禁止或限制进口的废物、对环境造成污染的货物入境，而后收货人或其所有人声明放弃的，海关是否不会处理收货人或所有人？

答：如果进口大量的国家禁止或限制进口的废物、对环境造成污染的货物入境，即使声明放弃该货物，该收货人或其所有人也应当承担此行为所带来的后果。违反国家有关法律、法规的，由海关依法予以处罚；构成犯罪的，依法追究刑事责任。对于无法退运的，由海关责令其在海关和有关主管部门监督下予以销毁或者进行其他妥善处理，销毁和处理的费用由收货人承担。收货人无法确认的，由相关运输工具负责人及承运人承担。

116. 海关是怎样认定超期未报关货物的？

答：按照《海关法》，超期未报关货物是指收货人自运输工具申报进境之日起，超过 3 个月未向海关申报的进口货物，是以海关接受舱单电子数据的时间开始计算。

117. 海关对超期未报关货物是怎样处理的？

答：对超期未报关货物，海关将提取变卖处理。进口超期未报关货物如属于危险品或者鲜活、易腐、易烂、易失效、易变质、易贬值等不宜长期保存的货物，由海关根据实际情况，提前变卖处理。

118. 进口货物因为超期未报被海关变卖的，收货人或所有人是否可以全额申请变卖款项？

答：收货人或所有人不可以全额申请变卖款项。所得价款在优先拨付变卖处理的实际支出的费用后，按运输、装卸、存储、进口关税、进口环节代征税、滞报金的顺序扣除相关费用和税款。所得价款不足以支付同一顺序的相关费用的，按照比例支付。

119. 进口货物因为超期未报被海关变卖的，收货人或所有人申请发还拍卖款的余款的期限是怎样的？

答：自货物依法变卖之日起1年内，经进口货物的收货人申请，予以发还。需注意的是，变卖的款项按照规定扣除相关费用和税款后，尚有余款的才可以发还。

120. 进口货物因为超期未报被海关变卖的，收货人或所有人怎样申请拍卖的款项？

答：申请人申请发还余款的，应当提供证明其为该进口货物收货人的相关资料。经海关审核同意后，申请人应当按照海关对进口货物的申报规定，补办进口申报手续，并提交有关进口许可证件和其他有关单证。其中属于国家限制进口的，应当提交许可证件，不能提供的，多余价款不予发还。

第九章　监管场所

1. "监管场所"在《监管场所管理办法》中是如何定义的？

答：《监管场所管理办法》对"监管场所"作了如下定义：监管场所是指进出境运输工具或者境内承运海关监管货物的运输工具进出、停靠，以及从事进出境货物装卸、储存、交付、发运等活动，办理海关监管业务，符合海关设置标准的特定区域。

2. 申请设立监管场所的企业应当具备什么条件？提供哪些材料？

答：申请企业应当具备以下条件：

（1）经工商行政管理部门注册登记，具有独立企业法人资格。

（2）具有专门储存货物的营业场所，拥有营业场所的土地使用权。租赁他人土地、场所经营的，租期不得少于5年。

（3）经营液/气体化工品、易燃易爆危险品等特殊许可货物仓储的，应当持有特殊经营许可批件。

申请企业需要提供的相关材料如下：

（1）中华人民共和国海关监管场所注册登记申请书（见《监管场所管理办法》附件）；

（2）企业法人营业执照复印件；

（3）税务登记证复印件；

（4）法定代表人身份证件复印件；

（5）场地所有权或者使用权证明复印件；

（6）存放液/气体化工品、易燃易爆危险品等特殊许可货物的，应当提供特殊经营许可批件的复印件；

（7）场所平面图和建筑设计图。

提交上述材料复印件的，应当同时提供原件供海关验核。

3. 为何要对监管场所实行统一编码管理？

答：对监管场所进行统一编码的主要目的在于：

（1）建立监管场所电子数据底账；

（2）对监管场所实现信息化管理；

（3）可将编码应用于海关业务操作系统，如运输工具动态管理系统和转关系统等，使海关监管运输工具和监管货物的停靠、装卸处于海关许可范围，以进一步加强海关的监管效能。

4. 进出境运输工具临时停靠、修船、海上过鲜等海关监管业务，需在开放水域非开放口岸的码头进行。此类开放水域海关非监管区管理（临时监管场所）是否适用《监管场所管理办法》？

答：不适用。《监管场所管理办法》所定义的监管场所应理解为经海关批准同意的法人长期经营、场所相对固定且按照相关设置标准建设的特定区域，问题中所述的区域不具备这些条件，因此不能适用于《监管场所管理办法》。

5. 如何理解监管场所的计算机联网管理？

答：计算机联网主要有两个范围：

（1）监管场所经营企业应当对监管场所的日常管理实施计算机管理，便于海关进入计算机系统，查询和统计该场所的运输工具、货物的停靠、存储位置及相关处理情况；

（2）监管场所经营企业应按照海关的监管需要，设置卡口和配备相应设备，并与海关计算机联网，按照海关要求的格式实现相关电子数据的传送、交换，使监管场所卡口可按海关电子放行信息放行货物，以及不同监管场所间互相进出的运输工具和货物、物品信息可以实行比对，进而实现自动验放。

6. 为什么要明确各类监管场所的设置标准？

答：监管场所的设立以经营海关监管货物业务的存续为必要条件，随经营海关监管货物业务的中止而撤销。监管场所的设立，无论是哪一种类型的，都必须依据有关法律法规的规定，经过特定的程序予以确认。因此，从实现海关有关管理职能、完善监管场所管理的需要出发，不同类型的监管场所的设置应符合一定条件。

考虑到监管场所的业务类型比较复杂，相应的设置标准也不尽一致，因此，《监管场所管理办法》在附件中根据不同类型的监管场所的业务特点分类制定了《中华人民共和国海关监管场所设置标准》，作为监管场所建设和验收的标准和依据。监管场所经营企业必须按照上述标准提供监管设备，达到《监管场所管理办法》第三章“海关对监管场所的监督管理”的要求。同时，还应提供办公、查验和生活的场地和设施，包括办公、查验、休息和生活场地，提供水、电、网络、通讯、取暖降温、配合查验和检查工具等设施。

7. 哪些情况需要办理监管场所变更手续？

答：经营企业需要变更企业业务范围、监管场所面积等的，应当填写“中华人民共和国海关监管场所变更申请书”，向直属海关提出申请，并提交有关材料。其他“公司基本情况”所登记事项发生变化的，也应向主管海关报备。

8. 如何办理监管场所变更手续？

答：经营企业需要变更企业业务范围、监管场所面积等的，要在“注册登记书”有效期内，填写“中华人民共和国海关监管场所变更申请书”，向直属海关提出申请，并提交有关材料。直属海关收到变更申请书后，对材料进行审查，并视情组织人员进行实地验收，对符合法定条件的，应当准予变更；对不符合条件的，不予变更。有关验收及审核情况，要如实填写在变更申请书上，一份给申请企业，一份由海关留存。海关对变更申请进行审查，并作出是否准予变更决定，最长不得超过作出海关行政许可决定的法定期限。

9. 监管场所经营企业分立或合并，如何办理手续？

答：企业发生合并或分立的情况，如原经营人仍保留法人地位且其他项目没发生变化的，可以不用向海关办理变更手续；如企业名称发生变化，需要办理监管场所变更手续。因合并而终止的企业应当申请注销登记，因合并而新成立的企业要按照《监管场所管理办法》的有关规定重新向海关申请注册。

10. 监管场所异地迁建是办理变更手续还是重新注册登记手续？

答：场所异地迁建，原批准设立的条件如办公、查验、仓储场地和海关管理要求配置的设备等项目都发生变更，应当重新办理注册登记手续。

11. 内外贸同船运输集装箱货物中的内贸货物能否在监管场所内装货、储存？

答：《监管场所管理办法》第十七条规定："监管场所内只能存放海关监管货物。"因此，从集装箱卸下的内货货物，要移走，不能储存在监管场所内。对于当日无法发运的内贸货物，应指定区域暂存，并规定时限提离。

12.《监管场所管理办法》第十九条中"纸质单证"和"电子账册"的保存期限有多长？

答：参照报关单纸质单证保存期限，应至少为 3 年。

第十章　通关便利化改革

1. 什么是分类通关？

答：分类通关是指海关通过科学运用风险管理的理念和方法，以企业守法管理为核心，综合企业类别、商品归类、价格、许可证件、贸易国别、航线、物流信息等各类风险要素，按照风险高低对进出口货物实施分类，在通关过程中采取不同的管理要求和管理程序，实施差别化作业的通关管理模式。

2. 实施分类通关改革的背景是什么？

答：为优化海关监管和服务，海关总署党组以科学发展观为指导，全面构建海关大监管体系，深入推进综合治税，针对海关业务量快速增长与人力资源相对不足的突出矛盾，适应经济发展的特点和要求，在全面总结上海海关通关无纸化改革试点工作的基础上，在全国海关开展分类通关改革试点工作。

3. 分类通关改革的重要意义是什么？

答：(1) 分类通关改革是全国海关深入学习实践科学发展观的重要成果，是审视和检验海关工作的重要成果；是转变思想观念，解决海关工作中存在的突出问题与深层次矛盾的重要成果；是对从整体上提高海关监督管理效能进行战略性、全局性思考和探索研究取得的重要成果。

(2) 分类通关改革是增强海关把关服务能力，促进经济社会又好又快发展的迫切需要，实现了有效监管与高效运作的统一，切实提高了海关执法能力和水平。

(3) 分类通关改革是构建海关大监管体系的重要内容，是推动新时期海关监管模式和监管方式变革的突破口，是多年来海关通关作业改革的延续、深化和发展。

4. 分类通关改革的总体目标是什么？

答：分类通关改革的总体目标是按照构建海关大监管体系和现代海关制度第二步发展战略的总体要求，以企业守法管理为基础，以风险管理应用为依托，在通关环节上由以纸质单证审核为基本方式转变为以计算机管理为基本方式，对低风险报关单（货物）实行快速放行，合理调配管理资源，突出海关监管重点，缓解一线监管人员相对不足，与时俱进改革通关模式，向国际通行做法积极靠拢，进一步在严密监管前提下提高通关效率，实现有效监管和高效运作的有机统一，适应当前经济发展的特点和要求。

5. 分类通关改革的基本原则是什么？

答：一是必须坚持有效监管与高效运作的有机统一。既要对高风险货物的单证进行重点审核，增强实际监管的有效性，又要对低风险货物实行简易通关，快速验放，提高通关效率，真正做到既“管得住”，又“通得快”。

二是必须把风险管理贯穿通关作业的全过程。通关监管工作的各个环节都应把风险管理作为工作的必经程序，对报关单电子数据进行实时风险分析，在专业审单、接单审核和物流监控岗位，对不同风险等级的报关单（货物）进行分类处置。

三是必须实现海关与企业的双赢。分类通关改革一方面通过应用风险分析，甄别监管重点，有利于海关合理调配资源，加强实际监管；另一方面通过分类通关、快速验放低风险货物，有利于提高通关效率，降低企业通关成本，促进企业守法自律。

6. 分类通关的基本流程（基本模式）是什么？

答：以企业守法管理为核心，综合企业类别、商品归类、价格、许可证件、贸易国别、航线、物流信息等各类风险要素，通过 H2010 系统对报关单电子数据进行实时风险分析，实施红绿通道判别，对绿通道的报关单直接转现场处置，按风险高低分别实施“低风险快速放行”、“低风险单证审核”和“高风险重点审核”；对红通道的高风险报关单实施专业审单，根据专业审单结果、风险布控子系统和选查子系统的风险分析结果，由接单现场实施上述 3 种作业方式。

7. 分拣结果的具体内容是什么？

答：（1）对实施运抵报关的出口现场：

“低风险快速放行”：指风险判别为“低风险”且不涉证涉税、未被布控的报关单；

“中风险单证审核”：指风险判别为“中风险”，但涉证或涉税的报关单；

“高风险重点审核”：指风险判别为“高风险”或已被布控的报关单。

（2）对实施提前报关的出口现场：

“低风险快速放行”：指风险判别为“低风险”且不涉证涉税的报关单；

“中风险单证审核”：指风险判别为“中风险”，但涉证或涉税的报关单；

“高风险重点审核”：指风险判别为“高风险”的报关单。

8. 分类通关作业基本模式与原有通关作业模式有什么区别？

答：分类通关作业基本模式是将风险管理的理念贯穿于原无纸通关和有纸通关两种通关作业模式全过程。分类通关是在系统风险分析的基础上将所有接受申报的报关单按风险高低进行分类，并在完成电子审单、专业审单后，在现场作业环节根据风险分析及审单结果将报关单分为“低风险快速放行”、“中风险单证审核”、“高风险重点审核”3 类，其中“低风险快速放行”的报关单根据单证管理方式又分为“现场交单”、“无纸通关、事后交单”和“无纸通关、单证暂存”。根据《海关总署关于开展报关单证企业暂存试点的公告》，“无纸通关、单证暂存”的模式目前在全国海关试行。

9. 运用分类通关的报关单适用范围是什么？

答：分类通关改革的报关单适用范围为所有通过 H2010 系统报关的进出口货物。

10. 分离运输行李是否适用分类通关？

答：适用。应与普通货物一样向海关申报，核对运抵报告。

11. 旅客自带货是否适用分类通关？

答：依各现场海关实际监管条件，能够满足分类通关传输运抵报告要求的，按照分类通关程序办理；尚未达到监管条件的，按验核纸面运抵信息模式进行监管。

12. 特殊区域备案清单是否适用分类通关？

答：根据《深化分类通关改革工作实施方案（试行）》的要求，特殊监管区域一线进出境备案清单适用分类通关。

13. 什么是“无纸通关、事后交单”作业模式？

答：即经海关审核准予适用“无纸通关、事后交单”通关方式的企业采取“无纸报关”方式录入报关单向海关申报，经海关审核满足计算机自动放行条件的，货物放行后 10 天内向海关递交纸质报关单证。

14. 企业如何取得无纸通关业务资格？

答：企业应按规定向主管地海关提出申请，主管地海关提出初步审核意见后报主管部门审批。海关审批同意后，企业、海关、中国电子口岸数据中心三方签订无纸通关协议书。

15. 什么是“无纸通关、单证暂存”作业模式？

答：按照《海关总署关于开展报关单证企业暂存试点的公告》，企业暂存报关单证是指进出口货物收发货人或其代理人按照分类通关作业模式，经海关批准免于现场递交并由企业暂行保管的，不涉及许可证件，不涉及征税、减免税且无须查验的报关单及其随附单证。“单证暂存”分为企业“自行暂存”和代理报关企业“集中代存”两种类型：

（1）A 类及以上进出口企业申请并经注册地海关认证和验收后，可自行暂存在注册地海关申报的报关单证；

（2）A 类及以上代理报关企业申请并经海关认证和验收后，可暂存其代理的注册地在本关区范围内的 A 类及以上进出口企业（须报关企业与企业签订代理协议）的报关单证。

对符合条件并经海关认证的企业申报的报关单，除不符合单证暂存条件（如涉及国家政策法规或贸易管制限制等）外，由 H2010 系统自动完成审核、验放手续，企业凭系统反馈的验放回执直接办理提/发货手续。报关单证由企业暂存。

16. 海关对企业暂存单证如何实施后续管理？

答：海关应对企业暂存单证的及时性、完整性情况实施实地检查。对于年入库报关单量达 1 万份及以上的暂存企业，主管地海关必须每年对其单证管理状况进行检查；对于年入库报关单量少于 1 万份的暂存企业，主管地海关应不定期实施抽查。检查和抽查以实地为主，核查所存单证的完整性及与海关电子数据的一致性，以及相关管理制度的落实情况。

17. “无纸通关、单证暂存”作业模式对企业的要求是什么？

答：目前，企业对暂存报关单的保管必须符合“专用场所、专用设施、专用系统、专项制度、专人管理”的要求，由海关按标准实施验收，验收通过后与试点企业签订关企合作备忘录，明确双方的权利义务。

18. 如何确定出口货物报关单进入无纸通道？

答：企业可通过报关大厅的“H2010 通关管理系统”项下的“海关信息查询”功能查询该报关单的具体状态，如系统显示的海关提示信息为“无纸审结”且报关单状态信息显示“电脑确定无纸验放方式”，即报关单进入无纸通道。

海关关员可直接查询报关单状态，如信息显示“电脑确定无纸验放方式”，即报关单进入无纸通道。

19. 为什么事后交单报关单分拣时转为有纸通关？

答：事后交单报关单应该在出口无纸通关批量放行列表中操作放行，使用分拣功能，H2010 即将该报关单转为有纸通关。

20. 对“无纸通关、单证暂存”的报关单，是否需要进行理单操作？

答：不需要。报关单若适用“无纸通关、单证暂存”，无纸放行后，系统自动完成理单作业，记录理单操作人员为“9999”。若企业将单证交予海关，关员可再次理单，系统将理单人记录为关员工号，并生成新的理单号。如企业暂存的报关单经修改/撤销后，需将报关单及随附单证交予海关，此时需进行理单操作。

21. 出口提前报关的无纸通关报关单若超期运抵，系统能否自动放行？

答：不能。出口提前报关的无纸通关报关单转入“提前报关待放行列表”后，系统将判为“超期运抵”的报关单直接将转为有纸通关。

22. 由直属海关审批的事后交单企业资质是否可在全国范围适用？

答：根据《海关总署关于深化分类通关改革的公告》，事后交单企业资质，可在全国试点海关范围内适用“事后交单”通关方式。

23. 什么是通关作业无纸化作业方式？

答：通关作业无纸化是指海关以企业分类管理和风险分析为基础，按照风险等级对进出口货物实施分类，运用信息技术对企业联网申报的报关单及随附单证的电子数据进行审核、征税、验放的通关作业方式。

24. 通关作业无纸化的总体目标是什么？

答：以科学发展观为指导，按照“四好”总体要求和构建大监管体系的基本原则，在进一步强化风险管理运行机制和企业守法管理基础上，加快推进随附单证电子化，完善通关作业无纸化模式与通关流程，逐步推进单证审核依据由纸质单证为主向电子数据为主的转变，不断完善通关各环节业务制度，改进海关监管与服务，有效防范执法、廉政、管理风险，努力实现有效监管和高效运作的有机统一，推进适应科学发展要求的现代化海关建设。

25. 通关作业无纸化是什么时候开始试点的？

答：2012 年 8 月 1 日。

26. 所有海关都可以适用通关作业无纸化吗？

答：2014 年 4 月 1 日起，全国海关都可以采用通关作业无纸化作业模式。

27. 通关作业无纸化的流程是怎样的？

答：（1）企业进行三方协议签约。

（2）申报时，企业在预录入客户端选择“通关作业无纸化”方式，向海关同时发送报关单和随附单证电子数据。

（3）海关按风险等级对报关单进行不同的处置。其中，低风险的货物由计算机自动放行，高风险货物转为人工审核。人工审核过程中，需要验核纸质单证的，通知企业到海关现场提交相关单证。

（4）海关放行后，将放行信息发送给监管场所和企业。

（5）企业凭海关电子放行信息直接办理提货或装运手续。

28. 如何进行三方协议签约？

答：使用法人卡登录 http：//www.chinaport.gov.cn，进入“中国电子口岸执法系统”，选择“通关无纸化网上签约”，进入“三方协议签约”，选择需要签约的关区，点击签约。

29. 如何知道已经签约成功？

答：在通关无纸化签约系统中，点击三方协议查询，当协议状态为“签约海关审批”时，说明三方协议已经签约成功。

30. 参与通关作业无纸化对企业来说有哪些好处？

答：（1）简化了通关作业流程，低风险报关单由计算机自动完成所有操作，减少多个作业环节，进一步压缩低风险货物的通关环节和贸易成本。

（2）免去企业到海关现场递交纸质单证的时间。同时，企业凭海关放行信息提取或发运货物，海关不再加盖放行章，节省企业来往于海关业务现场和监管场所的时间。

（3）通常情况下，使用通关作业无纸化方式的报关单，企业不必再打印纸质随附单证，减少纸张使用量，推动低碳环保。

（4）无纸化实现了24小时通关，最大限度地帮助企业节约时间，完成国际贸易。

31. 企业如果遇到操作问题或者出现系统故障，如何向海关咨询反映？能够保证正常通关吗？

答：企业如果遇到操作问题或者出现系统故障，可以拨打海关24小时服务热线12360或者直接向现场海关咨询反映。系统出现故障时，企业可以转有纸模式或者按照海关应急处理措施办理通关手续。

32. 三方协议签约后，是不是必须采用通关作业无纸化模式？

答：企业签约后，可以根据需要自行选择有纸模式与通关作业无纸化模式。

33. 三方协议签约时，应该如何选择关区？

答：企业需要与办理进出口业务对应的主管直属海关进行三方协议签约。与直属海关签约后，可以在其任意隶属海关进行通关作业无纸化报关。

34. 哪些情况下海关会对企业进行通关作业无纸化解约？

答：（1）构成走私犯罪或走私行为的；

（2）侵犯知识产权且被海关做出行政处罚决定的；

（3）有违反海关监管规定行为的；

（4）企业管理类别调整后不符合海关管理要求的；

（5）进出口货物通关作业无纸化放行后，未按照海关规定保管单证或发送随附单证电子数据不及时、不完整的；

（6）未依法设置、编制、保存有关簿记、资料，或者记录不真实、管理混乱的；

（7）内部管理混乱，致使报关专用IC卡被滥用、出借、冒用的，或遗失报关专用IC卡未立即向海关报告的；

（8）发生报关重大差错且未构成走私违规的；

（9）拖欠税款或者不履行海关行政处罚决定的；

（10）有其他影响海关正常监管事项的。

35. 哪些单证不适用通关作业无纸化模式？

答：涉及许可证件但未实现许可证件电子数据联网核查的进出口货物暂不适用“通关作业无纸化”作业方式。例如，涉及反倾销税的，修理物品、无代价抵偿等需要递交相关审批资料的特殊贸易方式单证。

36. “两单一审”报关单走通关作业无纸化模式的操作流程是怎样的？

答：2013年12月后，“两单一审”报关单已经纳入无纸化范围。具体操作流程为：先申报无纸化备案清单，无须上传任何随附单证；再申报无纸化报关单，将备案清单号填入“关联报关单号”栏目；被判断为低风险的单证系统自动放行，高风险单证经过人工审核后放行。

37. 实行无纸化通关后，关于代理报关委托书需要怎么操作？

答：在已经开放使用通关无纸化代理报关委托系统的关区，报关企业和经营企业需要在中国电子口岸代理报关委托书系统建立委托关系。委托书可以长期有效，一份委托书可以对应多份委托协议。一份委托协议对应一份报关单。签订委托协议后，即可采取电子委托。在尚未开放使用该系统的关区，企业需要将纸质代理报关委托书作为随附单证扫描上传。

38. 代理报关委托协议发起后，如何修改委托申报内容？

答：根据海关通关作业无纸化现行操作规定，代理报关委托协议发起后委托申报内容不能修改，只能重新发起。

39. 电子随附单证上传有格式要求吗？

答：目前，海关接受的电子随附单证文件类型应为 PDF（Portable Document Format），版本为 1.4 及以上。

40. 电子随附单证有大小限制吗？

答：一份报关单的一种随附单证形成一个电子文件，每个电子文件的大小不超过 4M，电子文件中每页大小不超过 200K。

41. 通关作业无纸化报关单需要上传哪些电子随附单证？

答：（1）进口货物：

①加工贸易及保税类报关单：合同、装箱清单、载货清单（舱单）等随附单证企业在申报时可不向海关提交，海关审核时如需要再提交。

②非加工贸易及保税类报关单：装箱清单、载货清单（舱单）等随附单证企业在申报时可不向海关提交，海关审核时如需要再提交。

③京津冀海关实施区域通关一体化改革的报关单：合同、装箱清单、载货清单（舱单）等随附单证企业在申报时可不向海关提交，海关审核时如需要再提交。

（2）出口货物：

出口货物各类报关单，企业向海关申报时，合同、发票、装箱清单、载货清单（舱单）等随附单证可不提交，海关审核时如需要再提交。

42. 哪些企业可以不用在申报时上传随附单证？

答：高级认证企业申报时可不向海关发送随附单证电子数据，通关过程中根据海关要求及时提供，海关放行之日起 10 日内由企业向海关提交。经海关批准符合企业存单（单证暂存）条件的 AA 类企业，按海关要求自行保管报关单证，可以不用上传电子随附单证。

43. 企业存单有哪几种形式？

答：企业存单分为顺势留存、电子档案保存、纸质档案保存和电子档案托管 4 种形式。其中，顺势留存是指企业按照自身经营管理流程和档案管理工作要求，保存随附单证电子数据的管理方式；电子档案保存是指企业按照海关管理要求，集中保存随附单证电子数据的管理方式；纸质档案保存是指企业按照海关管理要求，集中保存纸质随附单证的管理方式；电子档案托管是指企业委托经海关批准的第三方企事业单位，集中保存随附单证电子数据的管理方式。

44. 企业的随附单证已经是 PDF 文档了，需不需要打印成纸质加盖公章再上传？

答：如果随附单证已经存为 PDF 文档，可以通过上传方式直接导入，无须打印盖章。

45. 万一上传资料有误怎么办？

答：如果上传资料有误，在海关接单环节可以申请下发补传的指令，在收到补传指令后可以进行操作。但如果已经完成接单操作了，目前系统是不支持电子随附单证修改的。所以，要求企业在上传随附资料时仔细检查。

46. 通关作业无纸化报关单，海关审核后转有纸操作了，企业该如何处理？

答：通关作业无纸化报关单，经海关审核后可能被转为有纸或被要求补传随附单证，企业需在电子口岸注意查询相关状态信息。转有纸的单证需将纸质资料准备齐全前往现场接单，需补传的单证按照系统提示进行补传操作。

47. 关于无纸化报关单查验，是否需要提供随附单证？目前无纸化报关单查验如何办理？

答：申报时按规定上传了随附单证，如满足查验要求，可以直接持查验通知书到查验部门办理货物查验；如不能满足查验需要，则按海关要求提供详细的随附单证。

48. 无纸化报关单如何进行修改、撤销？

答：企业通过中国电子口岸进行申请，海关通过通关作业辅助系统进行流转核准，无须再递交纸质单证。

49. 无纸化报关单如何查档？

答：需要查阅海关存档的报关单及随附单证电子档案时，按照现行规定办理查阅手续。需要复制海关存档的报关单及随附单证的，应按照现行规定向海关提出申请。海关将根据报关单及随附单证的电子档案，出具打印件并加盖海关证明印章。

第十一章　进出境旅客行李物品通关

1. 什么是进出境旅客通关？

答：进出境旅客通关是指进出境旅客向海关申报，海关依法查验行李物品并办理进出境物品征税或免税验放手续，或其他有关监管手续之总称。

2. 什么是行李物品申报？

答：行李物品申报是指进出境旅客为履行中华人民共和国海关法规规定的义务，对其携运进出境的行李物品实际情况依法向海关所作的书面申明。

3. 旅客申报的基本要求有哪些？

答：旅客申报的基本要求有：

（1）按规定应向海关办理申报手续的进出境旅客通关时，应首先在申报台前向海关递交"中华人民共和国海关进出境旅客行李物品申报单"或海关规定的其他申报单证，如实申报其所携运进出境的行李物品。进出境旅客对其携运的行李物品以上述以外的其他任何方式或在其他任何时间、地点所作出的申明，海关均不视为申报。

（2）申报手续应由旅客本人填写申报单证向海关办理，如委托他人办理，应由本人在申报单证上签字，接受委托办理申报手续的代理人应当遵守进出境旅客通关规定对其委托人的各项规定，并承担相应的法律责任。

（3）旅客向海关申报时，应主动出示本人的有效进出境证件和身份证件，并交验中华人民共和国有关主管部门签发的准许有关物品进出境的证明、商业单证及其他必备文件。

（4）经海关办理手续并签章交由旅客收执的申报单副本或专用申报单证，在有效期内或海关监管时限内，旅客应妥善保存，并在申请提取分离运输行李物品或购买征、免税外汇商品或办理其他有关手续时，主动向海关出示。

（5）旅客向海关申报时，应按规定填报所带行李物品，做到完整、真实、清楚。申报单证上所列有关各项内容，都要填写，并且要如实申报，申报内容与实际所带物品相符。申报不实或伪报、瞒报，旅客应负法律责任，海关将依法处理。

4. 什么是"申报通道"和"无申报通道"通关制度？

答：申报和无申报通道（亦称"红绿通道"）通关制度，是国际上许多国家的海关对旅客行李通用的一种验放制度，是进出境旅客在海关规定范围内自行申报并选择通道办理海关手续的一种制度。实施"红绿通道"通关制度的海关，在旅客行李物品检查场所设置通道，在通道前，用中英文分别标明申报通道（即"红色通道"，Goods to Declare）和无申报通道（即"绿色通道"，Nothing to Declare）。实施这一通关制度的目的是简化海关手续，方便旅客进出境。目前，在我国主要空港海关和旅客流量大的其他口岸海关，均实施这种验放制度。

5. 旅客应如何选择通道通关？

答：旅客按以下方式选择通道：

（1）进出境旅客没有携带应向海关申报物品的，无须填写申报单，选择"无申报通道"（"绿色通道”）通关。

（2）除海关免予监管的人员及随同成人旅行的16周岁以下旅客以外，进出境旅客携带有应向海关申报物品的，须填写申报单，向海关书面申报，并选择“申报通道”（“红色通道”）通关。

（3）旅客不明海关规定或不知如何选择通道的，应选择“申报通道”，向海关办理申报手续，办理时，可以就自己所携带物品的具体情况向海关咨询相关规定。

6. 通关时误选了“绿色通道”但向海关提交了申报单，是否属于有效申报方式？

答：申报，是指进出境旅客为履行《海关法》规定的义务，对其携运进出境的行李物品实际情况依法向海关所作的书面申明。

申报是旅客通关的第一个程序，是进出境物品所有人或其代理人在通关时向海关申明规定事项的一种法律行为。申报与否是海关判别是否走私、违规的重要依据之一。其包含三重含义：

（1）申报是进出境旅客应尽的义务；

（2）旅客申报的内容为携运进出境的行李物品；

（3）书面申报是唯一有效的申报方式，进出境旅客对其携运的物品以其他任何方式或在其他任何时间、地点所作出的申明，海关均不视为申报。

由于书面申报是唯一有效的申报方式，旅客虽然选择了错误的通道，不过只要在被海关选查之前及时递交申报单向海关书面申报，该申报还是有效的。

7. 海关所指的“自用合理数量”，如何认定？

答：依照规定，进出境旅客行李物品应以“自用合理数量”为原则，超出自用、合理数量的，视为货物。其中，“自用”指旅客本人自用、馈赠亲友而非为出售或出租等，“合理数量”指海关根据旅客的情况、旅行目的和居留时间所确定的正常数量。

8. 什么是进出境旅客旅行自用物品？包括哪些物品？

答：“进出境旅客旅行自用物品”系指本次旅行途中海关准予旅客随身携带的暂时免税进境或者复带进境的在境内、外使用的自用物品。

进出境旅客旅行自用物品的范围包括照相机、便携式收录音机、小型摄影机、手提式摄录机、手提式文字处理机，以及经海关审核批准的其他物品。

9. 旅客携带需复带进境的手提电脑等自用物品出境，需要向海关申报吗？

答：根据海关规定，居民旅客携带需复带进境的单价超过5000元的照相机、摄像机、手提电脑等旅行自用物品，应在申报单相应栏目内如实填报，并将有关物品交海关验核，办理有关手续。非居民旅客携带上述物品出境时，不需要向海关申报。

10. 中国籍居民旅客在境外旅游时购买了一台手提电脑，购买价格不超过5000元人民币，入境时是否需要向海关申报及缴纳关税？

答：首先，按照规定，居民旅客在境外获取的总值超过5000元人民币的物品，应向海关申报并办理纳税手续，此处所指的5000元人民币限值是海关审定的行李物品完税价格，并非旅客境外购买的价格。

其次，手提电脑属于国家规定征税的20种商品之一，并不包括在5000元人民币的限值范畴内。除居民旅客出境时向海关办理过申报手续并复带进境，以及非居民旅客作为旅途自用暂时免税进境并按规定须复带出境的情况以外，进境手提电脑应向海关申报并缴纳关税。

11. 旅客携带超过折合5000美元的外币现钞入境，并有可能复带出境，入境通关时需要向海关办理哪些手续？

答：根据规定，旅客携带折合超过5000美元的外币现钞进境或出境的，必须向海关申报并办理相关手续。如需要将进境申报的外币现钞复带出境，需要凭旅客本人最近一次入境时向海关申报并经海关签章的申报单办理出境通关手续。

12. 旅客进境时申报的现金未在出境时复带出境，能否在下次来时再携带出去？

答：旅客应在海关对其所携带的进出境行李物品监管时限内办结物品进出境的海关手续。“旅客进出境行李物品监管时限”指非居民本次进境之日始至最近一次出境之日止，或居民本次出境之日始至最近一次进境之日止的时间。旅客向海关申报时所填写的海关申报单是一次进出境有效的，对于旅客携带的暂时进出境物品必须凭出、入境时填写并由海关批注、签章的海关申报单在同一次入、出境时由本人复带入境或出境。

13. 经海关登记须复带出境的暂时进境物品，是否可由他人代为复带出境？

答：根据海关规定，经海关登记准予暂时免税进境或出境的物品，应当由本人复带出境或者复带进境。

14. 旅客携带超过多少额度的人民币现钞出境，需要向海关申报？

答：国家货币属于限制进出境物品，旅客携带超过 20000 元的人民币现钞出境应该向海关申报，海关将对超出部分办理退运手续。未如实向海关申报的，将承担法律责任。

15. 旅客携带超出折合 5000 美元的外币现钞出境，海关有哪些规定？

答：旅客出境每人每次可携带不超过折合 5000 美元外币。超过折合 5000 美元以上的应事先向外汇指定银行申领“外汇携带出境许可证”，超过折合 10000 美元以上的应向国家外汇管理局申领“外汇携带出境许可证”，并在许可证有效期内携带许可限额以内的外币现钞出境。在出境通关时选走海关“申报通道”（“红色通道”）书面向海关办理申报手续，并提交相关凭证，由海关查验放行。

16. 旅客携带金银饰品进出境，海关有何规定？

答：金银及其制品属于国家限制出境物品，旅客带进金银及其制品，入境时应向海关申报，对境外非居民短期旅客携带进境旅途自用黄金饰品，包括身上佩戴、旅途备换及少量馈赠亲友的黄金饰品，经审核在合理数量范围内的，可予放行。但携带黄金饰品超出 50 克，本人需要复带出境的，应报请海关验核签章，复带出境时，海关凭以放行；超出自用合理数量范围的视同进口货物，应向海关交验中国人民银行总行的批准件，由海关依照《税则》予以征税放行。对于境内居民、非居民长期旅客携带、佩戴出境黄金饰品重量在 50 克（含 50 克）以下的，海关免予验核签章；超出 50 克的，按现行有关规定验放。入境旅客用带进的外汇在中华人民共和国境内购买的金银饰品（包括镶嵌饰品、器皿等新工艺品）携带、托运、邮寄出境，海关凭国内经营金银制品的单位开具的“特种发货票”（由中国人民银行统一印制，各地分行分发）查核放行。不能交验“特种发货票”的，不许携运、邮寄出境。

17. 海关发现个人携带或者邮寄进出境的物品涉嫌侵犯知识产权，会如何处理？

答：个人携带或者邮寄进出境的物品，涉嫌侵犯知识产权并超出自用、合理数量的，予以扣留并按照侵权货物处理，但旅客或者收寄件人向海关声明放弃并经海关同意的除外。进出境旅客或者进出境邮件的收寄件人认为海关扣留的物品未侵犯有关知识产权或者属于自用的，可以向海关书面说明有关情况并提供相关证据，海关将酌情处理。

18. 旅客入境时已经在边检交验过护照了，为什么过海关时仍会再次被要求出示护照呢？

答：首先，边防与海关是不同的国家执法部门。其次，《海关法》第一章第六条第（二）项规定，海关可以行使查阅进出境人员证件，查问违反《海关法》或者其他有关法律的嫌疑人，调查其违法行为的权力。进出境人员通关时应主动出示护照等身份证件，以供海关查阅，并配合海关检查。

19. 旅客携带的所有物品，海关都能查验吗？

答：根据《海关法》的规定，海关可以行使检查进出境运输工具，查验进出境货物、物品的权力，对违反《海关法》或者其他有关法律、法规的，可以扣留。海关依法执行职务时，相关当事人应予以配合。

20. 在通关过程中，海关对旅客的查问，旅客可否不予回答？

答：根据《海关法》的规定，海关具有查阅进出境人员的证件，查问违反《海关法》或者其他有关法律、行政法规的嫌疑人，调查其违法行为的权力。

21. 海关是否可以复印旅客的个人资料？

答：《海关法》规定，海关有权查阅、复制与进出境运输工具、货物、物品有关的合同、发票、账册、单据、记录、文件、业务函电、录音录像制品和其他资料；对其中与违反《海关法》或者其他有关法律、行政法规的进出境运输工具、货物、物品有牵连的，可以扣留。因此，海关可以复印旅客的个人资料。

22. 通关时，为何有些旅客的行李被要求检查，而有些却可以直接通关？

答：海关查验，是核对申报是否属实，检查有无违反规定之物品，确定物品的征、免、扣、退、放。除享受免验待遇者外，海关均可进行必要的查验。海关对旅客行李物品的查验是采取抽查的方式，被抽查的旅客有义务配合海关的检查。

23. 海关查验旅客行李物品时，旅客有哪些义务？

答：根据《海关法》的有关规定，查验进出境旅客行李物品的时间和场所由海关指定，海关查验行李物品时，物品所有人应当到场，并负责搬移物品，开拆和重封物品的包装。海关认为必要时，可以单独查验。

24. 海关加施的封志，物品所有人可否予以开启？

答：海关在进出境物品上加施的封志，任何人，包括物品所有人不得擅自开启或者损毁。擅自开启、损毁海关加施于物品的封志的，将承担法律责任。

25. 享受免验礼遇的人员主要有哪些？

答：持有中华人民共和国政府主管部门给予外交、礼遇签证的进出境旅客，通关时应主动向海关出示本人有效证件，海关予以免验礼遇。

26. 对享受免验的人员有什么要求？

答：免予查验的人员行李中如有我国禁止进出境的物品，或者有代他人携带的物品，应当向海关口头申报。对免予查验的人员，海关有权根据情况对其进境的行李物品进行询问。对确有根据证明免验人员行李中有我国禁止进出境物品或有违反海关规定情事的，海关可以进行查验（查验时，行李物品所有人或者代理人必须在场）并做查验记录。

27. 民航机机组人员，在携带物品进出境方面需要遵守哪些海关规定？

答：机组人员携带物品进出境的，应当向海关申报并接受海关监管。

机组人员携带的物品，应当以服务期间必需和自用合理数量为限。机组人员不得为其他人员托带物品进境或者出境。

机组人员需携带物品进入境内使用的，应当向海关办理手续，海关按照有关规定验放。

28. 分离运输行李是指什么？旅客如有分离运输行李，在进出境时需要向海关办理哪些手续？

答：分离运输行李，是指旅客进境或出境后通过其他运输方式运进或运出的行李物品，并非旅客进出境时向所搭乘的运输工具或其代理人交运的随行行李物品。

旅客如有分离运输行李，在进出境通关时应选择海关“申报通道”书面向海关申报其分离运输行李。海关核准后，在旅客所填申报单上批注及签章后交旅客收执，旅客凭以向分离运输行李抵运地海关办理相关手续。进境分离运输行李应自旅客进境之日起6个月内（含6个月）运进，分离运输行李与携带进境的物品合并计算验放。

来往港澳的旅客，除经特准的外，海关不办理以分离运输方式运进或运出的行李物品。

29. 中国籍旅客的范围包括哪些？

答：中国籍旅客指持中华人民共和国护照等有效旅行证件出入境的旅客，包括公派出境工作、考察、访问、学习和因私出境探亲、访友、旅游、经商、学习等中国籍居民旅客，以及华侨、中国台湾同胞、港澳同胞等中国籍非居民旅客。

30. 中国籍旅客进境行李物品的税收政策有哪些改变？

答：根据《国务院关于改革和调整进口税收政策的通知》，自1996年4月1日起，除对我国驻外外交机构人员、留学人员、访问学者、赴外劳务人员、援外人员和远洋船员进境行李物品免税的规定暂予保留外，其他各类中国籍旅客携运进境的物品，由海关按规定予以征税放行。

31. 中国籍旅客携带进境物品是否有免税政策？如有，具体是怎样规定的？

答：按照规定，海关对以下6类中国籍旅客暂予保留免税待遇，范围包括中国驻境外的外交机构人员、留学人员、访问学者、赴外劳务人员、援外人员和远洋船员。

我国常驻境外的外交机构人员、留学人员、访问学者、赴外劳务人员、援外人员连续在外每满180天，远洋船员每满120天，准予免税携带进境完税价格人民币1000元至5000元范围内的物品中的一件。超出免税限量仍属自用的，经海关核准可征税放行。征税限量与免税限量相同。其中，留学人员和访问学者物品验放时间从注册入学之日起至毕业之日止，连续在外学习进修一学年以上学成回国工作者仍按现行规定准予在本人免税限量内购买免税国产小汽车1辆。

32. 我国驻美国使馆的普通工作人员回国，如何办理进境物品的免税手续？暂予保留免税物品规定的中国籍旅客如何办理进境物品的免税手续？

答：按照海关规定，我国常驻境外的外交机构人员凭其所持外交护照及“进口免税物品登记证”办理验放手续；外交机构中持公务护照的公勤人员等，凭其所持公务护照、登记证及所在驻外外交机构出具的“驻外人员身份证明”办理验放手续；托带进境物品，凭所在驻外外交机构开具的托带物品证明和登记证办理验放手续。

33. 留学生如何办理进境物品的免税手续？

答：按照规定，海关对留学人员和访问学者携带进境的行李物品，凭其所持护照和我国驻外使领馆出具的“留学回国人员证明”（在港澳地区学习的，凭中央人民政府驻中国香港、中国澳门特别行政区联络办开具的“在港澳地区学习证明”）和公安部门出具的“境内居留证明”办理验放手续。

34. 劳务人员如何办理免税物品的进境手续？

答：对劳务人员带进的行李物品，海关凭其所持护照、登记证和“中华人民共和国外派劳务培训合格证”或“中华人民共和国外派研修生培训合格证”办理验放手续；托带进境的物品，海关凭驻外外交机构开具的托带物品证明、登记证和“中华人民共和国外派劳务培训合格证”或“中华人民共和国外派研修生培训合格证”办理验放手续。

35. 海关对援外人员的行李物品有什么管理规定?

答：对援外人员的行李物品，海关凭其所持护照、登记证和我国驻外使领馆经商处出具的“驻外人员身份证明”办理验放手续；托带进境的物品，海关凭驻外使领馆经商处出具的“驻外人员身份证明”、驻外外交机构出具的托带物品证明和登记证办理验放手续。

36. 海员办理免税物品手续要出具什么证件?

答：对远洋船员，海关凭其所持“海员证”和“运输工具服务人员携带物品登记证”办理物品的验放手续。

37. 不属于暂予保留免税待遇的中国籍旅客有哪些?海关如何验放其行李物品?

答：我国常驻境外非外交机构，如商贸、新闻、体育、文化、公司、企业单位代表处等持因公普通护照和公务护照的人员和除远洋船员以外的运输工具服务人员，持因公普通护照、公务护照临时出国人员，以及持因私护照出境的居民旅客，华侨、中国台湾和港澳同胞等中国籍非居民旅客，每公历年度内准予选择完税价格人民币1000元至5000元范围内的物品中的一件征税携带进境，海关凭其所持护照等有效进出境旅行证件办理验放手续。

38. 对各类中国籍旅客携带进境一般生活用品，海关如何验放?

答：除另有规定外，各类中国籍旅客携带进境的“中国籍旅客带进物品限量表”第一类物品，即衣料、衣着、鞋、帽、工艺美术品和价值人民币1000元（含1000元）以下的其他生活用品，经海关审核属于自用合理数量范围内的，予以免税放行，其中价值人民币800元至1000元范围内的物品，每种限一件。

39. 中国籍旅客携带出境的物品，海关如何验放?

答：中国籍旅客携带出境的行李物品，除国家限制出境物品按有关规定办理外，在自用合理数量范围内，海关准予放行。

以分离运输方式运出的行李物品，应由本人持有效的出境证件，在本人出境前向所在地海关办理海关手续。

40. 海关办理留学人员行李物品免税手续有何要求?

答：留学人员、访问学者所持证明、证件不符要求或在留学期间临时进出境，或自毕（结）业之日起在外滞留时间超过一年回国的，对其进境行李物品，海关一律验凭其所持证件办理验放手续。

41. 海关对中国籍非居民长期旅客进境物品有什么规定?

答：中国籍非居民旅客是指中国香港、中国澳门和中国台湾地区居民及华侨等，经公安部门批准进境并在境内连续居留1年以上（含1年），期满后仍回到境外定居地的中国公民。上述旅客在取得中华人民共和国政府主管部门签发的1年以上（含1年）的长期居留证件后，可向主管海关申请进境自用安家物品。海关按照《海关对非居民长期旅客进出境自用物品监管办法》的有关规定办理审批手续。在规定的范围内，海关准予免税或征税放行。

上述旅客在取得长期居留证件之前和在工作、学习期间临时进出境，海关按短期旅客的规定验放其行李物品。

42. 海关对短期内多次来往港澳地区的旅客和经常出入境人员及边境地区居民携带的物品有何规定？

答：短期内多次来往港澳地区的旅客和经常出入境人员及边境地区居民携带的物品，应以旅途必需物品为限。超出旅途必需物品范围的，海关不予放行。

43. 海关对不满16周岁者如何验放其物品？

答：对不满16周岁者，海关只放行其旅途必需的“中国籍旅客带进物品限量表”第一类物品。

44. 长短期外国籍旅客怎样区分？

答：外国长期旅客，一般是指获准进境连续居留时间1年以上的旅客，如外商常驻人员；外国短期旅客，是指获准进境但居留不超过1年的旅客，如外国旅游者。

海关区分长短期外国籍旅客，主要依据其是否持有我国公安部门签发的长期居留证件。

45. 外国籍短期旅客携带物品进出境有什么规定？海关如何验放？

答：外国籍短期旅客携带进出境的行李物品以旅行需用物品为限。外国籍短期旅客进出境时，应按规定向海关申报。对属于旅行需用的一般生活用品，在合理数量范围以内的予以放行；香烟400支，酒2瓶（不超过1.5升），在此限量以内的予以免税放行；带进旅行自用物品限照相机、便携式收录音机、小型摄影机、手提式摄录机、手提式文字处理机每种一件，超出范围的，需向海关申报，并办理有关手续。上述旅客携带进境的旅行自用物品，经海关审核准予暂时进境。经海关放行的旅行自用物品，旅客应在回程时复带出境。

46. 外国籍长期旅客携带物品进境有什么规定？海关如何验放？

答：外国籍长期旅客包括：外国企业和其他经济贸易及文化等组织在华常驻机构的常驻人员，外国民间经济贸易和文化团体在华常驻机构的常驻人员，外国在华常驻新闻机构的常驻记者，在华的中外合资、合作企业及外方独资企业的外方常驻人员，长期来华工作的外籍专家，长期来华学习的外国留学生。上述6类人员在取得中华人民共和国主管部门签发的长期居留许可后，在签证有效期内初次来华携带进境的个人自用的家用摄像机、照相机、便携式收录机、便携式激光唱机、便携式计算机，报经所在地主管海关审核，在每个品种一台的数量限制内，予以免征进口税，超出部分照章征税。

47. 外国籍长期旅客可否以分离运输方式进境自用物品？

答：外国籍长期旅客进出境自用物品，按照《海关对非居民长期旅客进出境自用物品监管办法》的有关规定办理。上述人员在取得境内长期居留证件后方可申请进境自用物品，进境的自用物品指非居民长期旅客在境内居留期间日常生活所必需的，“中华人民共和国海关旅客进出境行李物品分类表”所列物品（烟、酒除外），且应以个人自用、合理数量为限。首次申请进境的自用物品海关予以免税，但按照《海关对非居民长期旅客进出境自用物品监管办法》准予进境的机动车辆和国家规定应当征税的20种商品除外。再次申请进境的自用物品，一律予以征税。对于应当征税的自用物品，海关按照《关税条例》的有关规定征收税款。

48. 外国籍长期旅客进境自用物品如何申请？

答：外国籍长期旅客进境自用物品，应填写“进出境自用物品申请表”一式四份，并交验中华人民共和国主管部门签发的长期居留证件、本人身份证件、提（运）单、装箱清单及其他有关单证。同时，申请人还需登录中国电子口岸预录入系统，向主管海关发送相关电子申报信息。

申请进境的自用安家物品获批准后，主管海关在“中华人民共和国海关进出境自用物品申请表”上批注盖章，一份海关留存，一份由申请人留存，另两份制作关封，由申请人交物品进境地海关办理验放手续，同时将审核通过的电子数据发送至进境地海关。

49. 外国籍长期旅客在华期间临时进出境所带物品有什么规定？怎样办理海关手续？

答：外国长期旅客在华期间临时进出境所带的物品，海关按照对外国籍短期旅客的规定办理，只免税放行旅途必需的生活用品。如出境时携带的经海关免税放行的物品需要复带入境，应当在“旅客行李申报单”上报明。回程时，海关凭以查核免税放行。如出境时未向海关报明，回程入境时需要照章纳税。

50. 外国籍长期旅客带进机动交通工具有什么规定？

答：外国籍长期旅客中的常驻机构人员和三资企业外方常驻人员及专家，可向海关申请进口自用机动车辆一辆（仅限新车），经海关审核批准后予以征税放行。

51. 留学回国人员购买国产免税汽车需提供哪些单证？

答：凡在国外正规大学（学院）注册学习和进修1学年以上（含1学年）学成回国工作的留学人员，经海关审核，符合有关条件的，可凭下列单证在本人免税限量内购买免税国产小汽车1辆：

(1) 本人有效护照；

(2) 我国驻外使领馆出具的“留学回国人员证明”；

(3) 公安部门出具的境内居留证明（身份证、户口簿）；

(4) 备案地海关要求提供的其他证明文件（毕、结业证书等）；

(5) 填写“中华人民共和国海关进出境自用物品申请表”（一式四份）。

52. 留学人员向海关申请办理购车审批手续是否有期限限制？

答：留学人员学成后应该在境外停留时间不超过2年，并自入境之日起1年内向海关提出购买国产免税车的申请，逾期海关不予受理。

53. 留学回国人员购买国产免税汽车和免税商品如何计算指标？

答：留学回国人员购买的国产免税汽车计入其免税指标。海关对留学回国人员免税限量的计算，是按其实际在外学习时间（从注册入学之日起至毕结业之日止）予以验放，最多连续免税4年。留学人员连续在外满180天可免税携带海关估价价值人民币1000元以上5000元以下（含5000元）的生活用品一件。对在外学习期间临时进出境的留学回国人员，其在境内停留时间不超过30天的，按连续在境外计算验放时间。对上述人员学成回国时最后半年不满180天但超过150天的，也可按180天验放。

54. 留学回国人员是否可以在汽车交易市场购买国产免税小汽车？

答：不可以。根据有关规定，供留学人员购买的国产汽车视为免税进口，不进入流通领域和商业环节。留学人员申请购买国产免税小汽车应事先到居住地主管海关办理审批手续后，持主管地海关核发的“回国人员购买国产汽车准购单”直接向生产厂家购车。凡国家定点轿车生产厂家生产的轿车，留学回国人员均可购买。

55. 留学人员购买的国产免税汽车都减免了哪些税费？

答：留学人员所购国产免税小汽车所免税费是指免征其关键件或成套散件进口环节的关税、增值税及车辆购置税等。

56. 在港澳地区学习的内地留学生可否购买国产免税汽车？

答：在中国香港、中国澳门地区正规大学学习的内地留学人员，学成后同样可以享受购买国产免税汽车的优惠政策。申请时，除向海关提供本人进出境身份证件、境内居留证明及毕结业证书外，还应提交中央政府驻港（澳）联络办出具的“在港澳地区学习证明”，填写“进出境自用物品申请表”。

57. 什么叫定居旅客？

答：定居旅客是指取得中华人民共和国主管部门签发的进境或出境定居证明或批准文件，移居境内或境外的旅客。

58. 海关对定居旅客进境物品是如何管理的？

答：获准进境定居的旅客在规定的期限内报运进境安家物品，应事先向主管海关提出书面申请，并向海关交验中华人民共和国政府主管部门签发的定居证明或批准文件办理审批手续。经核准，旅客在境外拥有并使用过的数量合理的自用物品，除国家明令应税的物品以外，海关准予免税进境；自用小汽车和摩托车准予每户征税进境各1辆。进境定居旅客自进境之日起，居留时间不满2年，再次出境定居的，其免税携运进境的安家物品应复运出境，或向海关补税。

59. 海关对出境定居旅客携运出境物品有什么管理规定？

答：获准出境定居的旅客携运出境的安家物品，除国家禁止或限制出境的物品需按有关规定办理外，均可予以放行。

60. 海关对定居的中国籍非居民旅客进境物品有什么管理规定？

答：获准进境定居的中国籍非居民旅客携运进境其在境外拥有并使用过的自用物品及车辆，应在获准定居后3个月内持中华人民共和国有关主管部门签发的定居证明，向定居地主管海关一次性提出申请。上述自用物品中除规定应税物品需征税外，经海关审核在合理数量范围内的准予免税进境。其中，完税价格在人民币1000元以上5000元以下（含5000元）的物品每种限1件。自用小汽车和摩托车准予每户进境各1辆，海关照章征税。

获准进境的自用物品及车辆，应自海关批准之日起6个月内从批准的口岸运进，物品进境地海关凭定居地主管海关的批准文件，对其中的机动交通工具，同时凭旅客填具的“进口货物报关单”办理验放手续。

61. 定居旅客进境的自用及安家的物品中属应税的物品有哪些？

答：自用及安家物品中属应税范围的物品包括电视机、摄像机、录像机、放像机、音响设备、空调器、电冰箱、电冰柜、洗衣机、照相机、传真机、打字机及文字处理机、微型计算机及外设、电话机、家具、灯具、餐料（含饮料、酒）、小汽车、摩托车。

62. 什么叫过境旅客？

答：“过境旅客”系指持有效过境签证（与我互免签证国家的旅客，凭其有效护照）从境外某地，通过境内前往境外另一地的旅客，包括进境后不离开海关监管区或海关监管下的交通工具，直接出境的旅客。

63. 过境旅客在过境期限内离开海关监管区应如何办理海关手续？

答：在过境期限内离开海关监管区的过境旅客，应当填写“旅客行李物品申报单”，向海关申报所带物品，携带的行李物品应以旅行需用为限，海关依照对进出境非居民短期旅客行李物品的规定办理，其中属于“旅客进出境行李物品分类表”第三类物品，在规定范围内的，经海关核准可予登记暂时免税放行，过境旅客出境时必须将原物复带出境。超出规定范围的，除了委托经海关批准或指定的报关运输公司代理承运，比照海关监管货物，按有关规定办理手续，将监管过境物品运交有关海关监管出境外，均不准进境

64. “非居民留学生”的范围是什么？

答：非居民留学生是指在我国境内正规大学（学院）注册以学习、进修为目的，在校时间1学年以上（含1学年），并取得中华人民共和国政府主管部门签发长期居留证件的外国留学生、华侨及港澳台地区学生。

65. 外国留学生如何办理自用物品进境手续？

答：外国留学生办理自用物品进境手续的方法是：

（1）外国留学生进出境自用物品，应按照《海关对非居民长期旅客进出境自用物品监管办法》的有关规定办理，在取得中华人民共和国主管部门签发的有效期1年以上的（含1年）居留证件后，即可持居留证件、身份证件和提运单等向居住地主管海关提出申请手续。除国家规定应当征税的20种商品外，其余的学习生活用品可免税放行。

（2）外国留学生在取得长期居留证件前携带或运进的自用物品，以及在居留期间临时出入境携带的行李物品，海关按照《海关对进出境旅客行李物品监管办法》中关于非居民短期旅客的规定验放。

66. 来中国内地学习的港澳台地区、华侨学生如何办理进境自用物品的手续？

答：上述学生进出境自用物品，在取得公安部门签发的长期居留证明后，比照《海关对非居民长期旅客进出境自用物品监管办法》办理。

67. 来华工作的外国专家进境自用物品如何办理海关手续？

答：来华工作的外国专家在取得国家外国专家局或者其授权的部门签发的“外国专家证”和公安部门签发的长期居留证件后，可进境自用物品。

申请时，外国专家应当向主管海关提交以下单证：

（1）本人的有效出入境证件；

（2）“外国专家证”；

（3）提（运）单、物品清单等相关单据；

（4）“中华人民共和国海关进出境自用物品申请表”（一式四份）；

（5）主管海关需要的其他单证。

根据规定，申请人提交书面申请时，还应该登录中国电子口岸预录入系统向主管海关发送相关电子数据信息。

68. 来华工作的外国专家，可否进境自用车辆？如何办理海关手续？

答：根据有关规定，外国专家可以征税进境自用车辆1辆（仅限新车）。外国专家在取得国家外国专家局或者其授权的部门签发的“外国专家证”和公安部门签发的1年以上（含1年）的长期居留证件后，可向其主管海关提出书面申请，并交验下列单证：

（1）本人的有效出入境证件；

（2）外国专家证；

（3）提运单、装箱清单、购车发票等相关单据；

（4）“中华人民共和国海关进出境自用物品申请表”（一式四份）；

（5）主管海关需要的其他单证。

根据规定，申请人提交书面申请时，还应该登录中国电子口岸预录入系统向主管海关发送相关电子数据信息。主管海关自接受申请之日起5个工作日内予以答复。

69. 符合什么条件的驻外馆员可以携运进境自用小汽车回国？

答：对满足以下条件之一的离任回国馆员，携带的1辆进境车辆，免征进口关税，但进口环节增值税、消费税照章征收：

（1）在国外累计任职时间满 2 年，但不超过两个标准任期的；

（2）从第三个标准任期开始，每一标准任期（4 年）任满离任的。

70. 驻外馆员离任回国后如何办理自用车辆进境手续？

答：离任回国的驻外馆员，应当自本人入境后 6 个月内向其国内居住地的主管海关提交书面申请，并提交下列单证：

（1）护照、居民身份证；

（2）我国驻外使领馆出具的“驻外使领馆人员身份证明”；

（3）国内外派主管部门出具的“我国驻外使领馆人员离任回国证明书”；

（4）提（运）单、购车发票、装箱单等相关单证；

（5）“中华人民共和国海关进出境自用物品申请表”。

根据规定，驻外馆员在提交书面申请时，还应该登录中国电子口岸预录入系统向主管海关发送相关电子数据信息。

71. 驻在国为右舵车国家的驻外馆员携带汽车进境有什么规定？

答：根据有关规定，我国不允许进境右舵小汽车，因此在使用右舵车的国家或地区工作的驻外馆员，其任内所购右舵车处置后所购的左舵小轿车是可以携运回国的，并且不受使用年限的限制。

72. 驻外馆员进境的小汽车是否受海关监管？

答：是。驻外馆员离任携运进境的小轿车属于海关监管车辆，监管期为自海关放行之日起 6 年。在监管期限内，馆员进境的海关监管车辆不得擅自转让、出售或者进行其他处置。

73. 回国的驻外馆员如再次出国任职，车辆可以转让吗？

答：馆员如果再次出国任职，并需转让、出售或者处置其进境的海关监管车辆，应报经主管海关批准，并持本人身份证和“机动车行驶证”向主管海关提交书面申请。主管海关审核并对有关车辆依法补征税款后，开具“监管车辆解除监管证明书”，馆员凭此依法在公安机关交通管理部门办理有关手续。

74. 高层次留学人才和海外科技专家（统称高层次人才）以随身携带、分离运输、邮递、快递等方式进出境科研、教学和自用物品，海关如何验放？

答：根据《中华人民共和国海关对高层次留学人才回国和海外科技专家来华工作进出境物品管理办法》（海关总署令第 154 号）规定：

（1）回国定居或者来华工作连续 1 年以上（含 1 年）的高层次人才进境《免税科研、教学物品清单》范围内合理数量的科研、教学物品，海关依据有关规定予以免税验放。

（2）回国定居或者来华工作连续 1 年以上（含 1 年）的高层次人才进境《免税自用物品清单》范围内合理数量的自用物品，海关依据有关规定予以免税验放。

（3）回国定居或者来华工作连续 1 年以上（含 1 年）的高层次人才可以依据有关规定申请从境外运进自用机动车辆 1 辆（限小轿车、越野车、9 座及以下的小客车），海关依据有关规定予以征税验放。

（4）高层次人才回国、来华后，因工作需要从境外运进少量消耗性的试剂、原料、配件等，应当由其所在单位按照《科学研究和教学用品免征进口税收规定》办理有关手续。

（5）高层次人才回国、来华后，因工作需要从境外临时运进少量非消耗性科研、教学物品的，可以由其所在单位向海关出具保函，海关按照暂时进境物品办理有关手续，并监管其按期复运出境。

（6）高层次人才因出境参加各种学术交流等活动需要，以随身携带、分离运输、邮递、快递等方式出境合理数量的科研、教学物品，除国家禁止出境的物品外，海关按照暂时出境物品办理有关手续。

75. 高层次人才的身份如何确定？

答：根据有关规定，高层次人才的身份一律由国家人力资源和社会保障部、教育部或者其授权的部门认定。海关凭上述部门出具的“高层次人才身份证明”办理进境物品的验放手续。

76. 高层次人才可以免税进境哪些自用物品？

答：回国定居或者来华工作连续1年以上（含1年）的高层次人才进境的下列范围内合理数量的自用物品，海关依据有关规定予以免税验放：

（1）首次进境的个人生活、工作自用的家用摄像机、照相机、便携式收录机、便携式激光唱机和便携式计算机等；

（2）日常生活用品，如衣物、床上用品和厨房用品等；

（3）其他自用物品（国家规定应当征税的20种商品除外）。

77. 高层次人才可否免税进境科研、教学物品？

答：回国定居或者来华工作连续1年以上（含1年）的高层次人才进境的下列范围内合理数量的科研、教学物品，海关依据有关规定予以免税验放：

（1）科学研究、科学试验和教学用的少量和小型检测、分析、测量、检查、计量、观测、发生信号的仪器、仪表及其附件；

（2）为科学研究和教学提供必要条件的少量的小型试验设备；

（3）各种载体形式的图书、报刊、讲稿、计算机软件；

（4）标本、模型；

（5）教学用幻灯片；

（6）实验用材料。

78. 高层次人才如何办理自用物品和科研教学物品的进境手续？

答：高层次人进境自用物品和科研教学物品，除应当向海关提交国家人力资源和社会保障部、教育部或者其授权部门出具的“高层次人才身份证明”外，还应当按照下列规定办理海关手续：

（1）以随身携带、分离运输方式进境科研、教学用品的，应当如实向海关书面申报，并提交本人有效入出境身份证件；

（2）以邮递、快递方式进境科研、教学用品的，应如实向海关申报，并提交本人有效入出境身份证件；

（3）回国定居或者来华工作连续1年以上的高层次人才进境自用物品的，应当填写“中华人民共和国海关进出境自用物品申请表”，并提交本人有效入出境身份证件、境内长期居留证件或者“回国（来华）定居专家证”，由本人或者委托他人向主管海关提出书面申请。

79. 高层次人才进境的机动车辆可以转让吗？

答：高层次人才进境的机动车辆属于海关监管车辆，并应依法接受海关监管。未经海关许可不得转让、出售或者进行其他处置。

高层次人才可以在机动车辆自海关放行之日起1年后向主管海关提出解除海关监管的申请，主管海关按照《海关对非居民长期旅客进出境自用物品监管办法》的有关规定办理。

80. 国家规定的应当征税的 20 种商品有哪些？

答：国家规定应当征税的 20 种商品包括：电视机、摄像机、录像机、放像机、音响设备、空调器、电冰箱（柜）、洗衣机、照相机、复印机、程控电话交换机、微型计算机、电话机、无限寻呼系统、传真机、电子计算器、打印机及文字处理机、家具、灯具和餐料。

81. 什么是离境退税？

答：离境退税政策，是指境外旅客在离境口岸离境时，对其在退税商店购买的退税物品退还增值税的政策。

82. 离境退税退的是什么税？是关税吗？

答：不是关税，离境退税的税种为增值税，退税率为 11%。

83. 离境退税的币种是什么？退税方式是怎样的？

答：退税币种为人民币。退税方式包括现金退税和银行转账退税两种方式。

退税额未超过 10000 元的，可自行选择退税方式。退税额超过 10000 元的，以银行转账方式退税。

84. 境外旅客具备哪些条件可办理有关购物离境退税手续？

答：境外旅客同时具备下列条件的，可以办理有关购物离境退税手续：

（1）在我国境内连续居住不超过 183 天的外国人和港澳台同胞。

（2）同一境外旅客同一日在同一退税商店购买的退税物品金额达到 500 元人民币；

（3）退税物品尚未启用或消费；

（4）离境日距退税物品购买日不超过 90 天；

（5）所购退税物品由境外旅客本人随身携带或随行托运出境。

85. 如何办理离境退税签章手续？

答：符合离境退税条件的境外旅客，应该按照以下要求办理退税签章手续：

（1）境外旅客在出境时需要对所购物品退税的，应当主动向海关申报，并提交退税物品、境外旅客购物离境退税申请单（以下简称申请单）、退税物品销售发票和本人有效身份证件。

（2）经海关验核，对旅客交验的退税物品与申请单所列相符的，海关在申请单上确认签章，并交由旅客凭以办理退税手续；对旅客交验物品的数量与申请单所列数量不符的，海关以交验物品的数量进行确认签章，并交由旅客凭以办理退税手续。

86. 海关不予办理境外旅客购物离境退税签章手续的情形有哪些？

答：有下列情形之一的，海关不予办理境外旅客购物离境退税签章手续：

（1）出境旅客交验物品的名称与申请单所列物品不符的；

（2）申请单所列购物人员信息与出境旅客信息不符的；

（3）其他不符合离境退税规定的。

第十二章　邮递进出境物品通关

1. 什么是进出境邮递物品？

答：进出境邮递物品是指中华人民共和国境内的用户与其他国家或者地区的用户通过国际邮政渠道邮寄进出境的个人物品（包括包裹、小包邮件和印刷品）、货物等。

2. 海关对个人邮递物品管理的基本原则是什么？

答：进出境个人邮递物品应以自用、合理数量为限。海关对进出境个人邮递物品的管理原则是：既方便正常往来，照顾个人合理需要，又要限制走私违法活动。据此原则，海关规定了个人每次邮寄物品的限值、免税额和禁止、限制邮寄物品的品种。对邮寄进出境的物品，海关依法进行查验，并按章征税或免税放行。

3. 个人邮寄物品有无限值？是如何规定的？

答：有。目前，个人寄自或寄往我国港澳台地区的物品，每次限值为 800 元人民币；寄自或寄往其他国家和地区的物品，每次限值为 1000 元人民币。

4. 邮寄进境的邮包有没有免税优惠？

答：为照顾收件人、寄件人合理需要，个人邮寄进境物品，海关依法征收进口税，但应征进口税税额在人民币 50 元（含 50 元）以下的，海关予以免征。

5. 进出境邮递物品的价值是如何确定的？

答：进境邮递物品的价值按照海关审定的完税价格来确定。

6. 邮寄药品有何限制？

答：邮寄药品应在邮包限值内。邮寄中成药出境限值 200 元（我国港澳地区为 100 元），含有犀牛角、羚羊角、虎骨、天然麝香等濒危动物成分的药品及其制品禁止进出境。

7. 邮寄进境的个人物品应如何办理海关手续？

答：邮寄进境的个人物品，应由收件人到邮局向派驻邮局的海关办理进境报关手续。收件人亲自到海关办理手续确有困难的，可委托他人或委托邮局向海关办理报关等手续。具体海关手续如下：

（1）收件人向海关递交包裹通知单、本人身份证件。如果是分离运输行李，收件人还需向海关交验护照、通行证等身份证件、口岸海关批注的“中华人民共和国海关进/出境旅客行李物品申报单”等相关单证，并在本人入境之日起的 6 个月内至海关办理手续。

（2）海关审核包裹通知单和其他所需单证。

（3）海关查验确定包裹在限值、自用合理数量范围内，并无国家禁止或限制进境物品的，照章征税或免税后予以放行。

（4）包裹内所装物品属于国家禁止或限制出境物品的，根据有关法律、法规处理。

8. 邮寄出境物品需要办理哪些手续？

答：寄件人在邮寄出境邮包时，应填写报关单、绿色验关标签等单据，如实填报内装物品的品名、数量、价值（如邮寄大包裹应另填写发寄单，免填绿色验关标签），向派驻邮局的海关申报，经海关验放后，交由邮局投寄。在未设海关的地区，可按上述手续直接向邮局投寄，由邮局交驻出口邮件交换局的海关验放。具体海关手续如下：

（1）寄件人向海关如实申报出境物品，并递交出境包裹报关单，接受海关对物品的查验。

（2）经海关确定包裹在限值、自用合理数量范围内，并无国家禁止或限制出境物品后，海关予以放行；经海关确定包裹价值超过限值或超出自用合理数量的，予以退运。

（3）包裹内所装物品属于国家禁止或限制出境物品的，根据有关法律、法规处理。

9. 哪些物品不准邮寄进出境？

答：国家规定下列物品禁止进境：各种武器、仿真武器、弹药及爆炸物品，伪造的货币及伪造的有价证券，对我国政治、经济、文化、道德有害的印刷品、胶卷、照片、唱片、影片、录音带、录像带、激光视盘、计算机存储介质及其他物品，赌博用筹码，各种烈性毒药，鸦片、吗啡、海洛因、大麻及其他能使人成瘾的麻醉品、精神药物，带有危险性病菌、害虫及其他有害生物的动物、植物及其产品，有碍人畜健康的、来自疫区的及其他能传播疾病的食品、药品或其他物品。

下列物品禁止出境：列入禁止进境范围的所有物品，内容涉及国家秘密的手稿、印刷品、胶卷、照片、唱片、影片、录音带、录像带、激光视盘、计算机存储介质及其他物品，珍贵文物及其他禁止出境的文物，濒危的和珍贵的动物、植物（均含标本）及其种子和繁殖材料。

10. 哪些物品限制邮寄进出境？

答：国家规定限制进境物品有：无线电收发信机、通信保密机，烟、酒，濒危的和珍贵的动物、植物（均含标本）及其种子和繁殖材料，国家货币，微生物、生物制品、血液及其制品、人类遗传资源，管制刀具及电视接收设备等海关限制进境的其他物品。限制出境物品有：金银等贵重金属及其制品，国家货币，外币及其有价证券，无线电收发信机、通信保密机，贵重中药材，一般文物，微生物、生物制品、血液及其制品、人类遗传资源，管制刀具等海关限制出境的其他物品。限制进出境的物品，海关凭相关主管部门批文办理验放手续。

11. 文物能不能邮寄出境，如何办理手续？

答：按规定，珍贵文物禁止出境，一般文物限制出境。旅客携带和个人邮寄文物出境，必须事先向海关申报，经国家文化行政管理部门指定的省、自治区、直辖市文化行政管理部门进行鉴定，并发给许可出口凭证。对经鉴定不能出境的文物，国家可以征购。

具有重要历史、艺术、科学价值的文物，除经国务院批准运往国外展览的以外，一律禁止出境。

12. 金项链可以邮寄出境吗？

答：可以。邮寄金饰品出境需向海关提交中国人民银行金银出境专用发票。

13. 化妆品允许邮寄进境的数量是多少？如果数量很大可以分批邮寄进境吗？

答：进出境个人邮递物品，以自用合理数量为限。如果收、寄件人用冒名顶替、分散寄递和其他方式逃避海关监管，以及有逃汇、套汇行为的，由海关依照《海关法》及相关规定按走私处理。

14. 个人不知道邮寄的是否为假名牌服装，可以邮寄出境吗？

答：个人携带或者邮寄进出境的物品，超出自用、合理数量，侵犯知识产权的，由海关依法处理。

15. 邮寄进出境货物如何办理海关手续？

答：邮寄进出境货物应按海关对进出境货物的规定办理报关、纳税或减免税手续，并提交各种所需文件。

邮寄进出境的货物，应当由收、发货单位或者其代理人在设有海关的邮局向海关申报，并按进出口货物的海关规定办理相关手续。

邮寄进出境的货样、广告品，以及我国政府机关、人民团体、国有企业等与国外相互赠送的礼品，分别按照货样、广告品和礼品监管规定办理海关手续。

进口货物具体通关程序如下：

（1）由预录入公司录入报关数据并将电子数据通过电子口岸发送到海关审单中心；

（2）海关审单中心通过审单后，由预录入公司打印出纸本报关单；

（3）报关员持纸面单证向海关进行申报，提交报关单、发票、装箱清单、包裹通知单及其他相关单证；

（4）海关审核纸本报关单证，并进入 H2010 系统进行接单操作，审核是否单单相符、单证相符；

（5）海关打印出税款缴纳证及行政事业收费缴纳证等单证；

（6）报关单位到银行缴纳税款；

（7）海关凭银行加盖已缴纳税款章的税款缴纳证，在 H2010 系统中进行税费核销；

（8）海关对进口货物进行查验、放行；

（9）确定单货相符后，进入 H2010 系统通过放行、结关程序，最后在包裹通知单加盖放行章，对货物予以放行；

（10）对需对外付汇的报关单出具进口货物报关单付汇证明联。

出口货物具体通关程序如下：

（1）由预录入公司录入报关数据并将电子数据通过电子口岸发送到海关审单中心；

（2）海关审单中心通过审单后，由预录入公司打印出纸本报关单；

（3）报关员向海关报关，提交报关单、外汇核销单、发票、包裹单及相关单证；

（4）海关审核纸本报关单证，并进入 H2010 系统进行电子审单，审核是否单单相符、单证相符；

（5）海关对出口货物进行查验，确定单货相符后，在 H2010 系统中通过查验程序；

（6）如出口货物需征收出口关税，由海关打印出税款缴纳证单，报关单位到银行缴纳税款后，海关凭银行加盖已缴纳税款章的税款缴纳证，进行查验放行；

（7）进入 H2010 系统通过放行结关程序，在包裹单上加盖放行章对货物予以放行；

（8）报关单位将包裹交邮局发运；

（9）货物出口后，由海关给予报关单位签发出口退税联报关单。

16. 对于放弃的进境邮递物品，海关如何处理？

答：进境的邮递物品，如果超过规定的保管期限，收件人仍未办理海关手续并领取的，由邮局退回寄件人；无法退回的，由海关依法变卖，所得价款上缴国库。

17. 哪些进境邮递物品需办理检疫手续？

答：通过邮政寄递进出境的下列物品，均须实施检验检疫管理：

（1）进境的动植物、动植物产品及其他检疫物；

（2）进出境的微生物、人体组织、生物制品、血液及其制品等特殊物品；

（3）来自疫区的、被检疫传染病污染的或者可能成为检疫传染病传播媒介的邮包；

（4）进境邮寄物所使用或携带的植物性包装物、铺垫材料。

第十三章　进出境特定物品通关

1. 海关监管的进出境印刷品、音像制品主要指哪些？

答：海关监管的进出境印刷品、音像制品主要指：

印刷品，是指通过将图像或者文字原稿制为印版，在纸张或者其他常用材料上翻印的内容相同的复制品。进出境摄影底片、纸型、绘画、剪贴、手稿、手抄本、复印件及其他含有文字、图像、符号等内容的货物、物品的，海关按照有关进出境印刷品的监管规定进行监管。

音像制品，是指载有内容的唱片、录音带、录像带、激光视盘、激光唱盘等。进出境载有图文声像信息的磁、光、电存储介质的，海关按照有关进出境音像制品的监管规定进行监管。

2. 海关对于进出境的私人信件是否也要检查？

答：《宪法》规定：公民的通信自由和通信秘密受法律保护。因此，一般情况下海关对进出境的私人信件不作检查，除非信件中夹带其他物品。

3. 哪些印刷品、音像制品禁止进出境？

答：有下列内容之一的印刷品、音像制品，禁止进境：反对宪法确定的基本原则的；危害国家统一、主权和领土完整的；危害国家安全或者损害国家荣誉和利益的；攻击中国共产党，诋毁中华人民共和国政府的；煽动民族仇恨、民族歧视，破坏民族团结，或者侵害民族风俗、习惯的；宣扬邪教、迷信的；扰乱社会秩序，破坏社会稳定的；宣扬淫秽、赌博、暴力或者教唆犯罪的；侮辱或者诽谤他人，侵害他人合法权益的；危害社会公德或者民族优秀文化传统的；国家主管部门认定禁止进境的；法律、行政法规和国家规定禁止的其他内容。

有以下内容的印刷品、音像制品禁止出境：有禁止进境内容的；涉及国家秘密的；国家主管部门认定禁止出境的。

4. 印刷品、音像制品进境是否要申报？

答：进出境印刷品、音像制品，应当向海关如实申报，接受海关监管。

5. 旅客带多少书进出境可以免税？

答：个人自用的进境印刷品及音像制品在下列规定数量以内的，免税验放：单行本发行的图书、报纸、期刊类出版物每人每次10册（份）以下；单碟（盘）发行的音像制品每人每次20盘以下；成套发行的图书类出版物，每人每次3套以下；成套发行的音像制品，每人每次3套以下。

6. 留学生的回国行李中的图书，海关如何监管？

答：留学人员行李按海关对留学人员进出境物品监管规定进行管理。

7. 个人携带超过免税规定数量的书刊进出境，海关如何征税？

答：超过免税规定的数量，但是仍在合理数量以内的个人自用进境印刷品、音像制品，不属于下列规定情形的，海关应当按照《关税条例》有关进境物品进口税的征收规定对超出规定数量的部分予以征税放行。

有下列情形之一的，海关对全部进境印刷品、音像制品按照进口货物依法办理相关手续：个人携带、邮寄单行本发行的图书、报纸、期刊类出版物进境，每人每次超过50册（份）的；个人携带、邮寄单碟（盘）发行的音像制品进境，每人每次超过100盘的；个人携带、邮寄成套发行的图书类出版物进境的，每人每次超过10套的；个人携带、邮寄成套发行的音像制品进境，每人每次超过10套的；其他构成货物特征的。

8. 单位进口印刷品、音像制品应该办理什么手续？

答：印刷品、音像制品的进口业务，由国务院有关行政主管部门批准或者指定经营。未经批准或者指定，任何单位或者个人不得经营印刷品、音像制品进口业务。

其他单位或者个人进口印刷品、音像制品，应当委托国务院相关行政主管部门指定的进口经营单位向海关办理进口手续。

除国家另有规定外，进口报纸、期刊、图书类印刷品，经营单位应当持国务院新闻出版行政主管部门的进口批准文件、目录清单、有关报关单证及其他需要提供的文件向海关办理进口手续。

9. 携带邮寄进出境印刷品、音像制品应注意什么事项？

答：进出境印刷品、音像制品应当向海关如实申报，以藏匿、伪装、瞒报、伪报的等手法逃避海关监管的，海关将依据《海关法》及其他有关规定予以处罚。

10. 哪些印刷品、音像制品是有淫秽内容的，海关如何认定？

答：淫秽印刷品、音像制品是指，在整体上宣扬淫秽行为，具有下列内容之一，挑动人们的性欲，足以导致普通人腐化堕落，而又没有艺术价值或科学价值的：淫秽性地具体描写性行为、性交及其心理感受；公然宣扬色情淫荡形象；淫亵性地描述或者传授性技巧；具体描写乱伦、强奸或其他性犯罪的手段、过程或者细节，足以诱发犯罪的；具体描写少年儿童的性行为；淫亵地具体描写同性恋的性行为、性变态行为，或者具体描写与性变态有关的暴力、虐待、侮辱行为；其他令普通人不能容忍的对性行为的淫亵性描写。

11. 携带有违禁内容的印刷品、音像制品进出境，海关如何处理？

答：运输、携带、邮寄国家禁止进出境的印刷品、音像制品进出境，如实向海关申报的，除主动放弃相关物品的，予以收缴，责令退回，或者在海关监管下予以销毁或者进行技术处理。

运输、携带、邮寄国家限制进出境的印刷品、音像制品进出境，如实向海关申报，但是不能提交许可证件的，予以退运。违反《中华人民共和国海关进出境印刷品及音像制品监管办法》，构成走私行为、违反海关监管规定行为或者其他违反《海关法》行为的，由海关依照《海关法》和《海关行政处罚实施条例》的有关规定予以处理，构成犯罪的，依法追究刑事责任。

12. 海关对进境宗教类印刷品、音像制品有哪些规定？

答：个人携带、邮寄进境的宗教类印刷品、音像制品在自用、合理数量范围内的，准予进境。超出个人自用、合理数量进境或者以其他方式进口的宗教类印刷品、音像制品，海关凭国家宗教事务局及其委托的省级政府宗教事务管理部门或者国务院其他行政主管部门出具的证明予以征税验放。无相关证明的，海关按照《海关行政处罚实施条例》的有关规定予以处理。散发性宗教类印刷品、音像制品，禁止进境。

13. 哪些印刷品具有文物价值？海关如何验放？

答：古旧书籍、名人字画、地方志、家谱、族谱等具有文物价值，除经文物主管部门鉴定准予出境外，不准出境。个人携带或邮寄出境时，应按照海关对文物出境的有关规定办理手续。

14. 是否可以给海外的亲戚邮寄家族谱？

答：不属于国家文物部门认定禁止出境的家族谱，不涉及我国边界的地方志的复制件，以及本人家族谱的复制件可以出境。

15. 海关对集邮邮票进出口（境）有何规定？

答：个人不得经营进出口集邮邮票业务。个人携带和邮寄集邮邮票进出境以自用、合理数量为限，只要不属于文物，无禁止进出境内容的，准予进出境。

16. 海关对涉及知识产权的印刷品、音像制品进出境如何验放？

答：侵犯受中华人民共和国法律、行政法规保护的知识产权的印刷品、音像制品，禁止进出口。

对个人携带、邮寄进出境，超出自用、合理数量的，按《中华人民共和国知识产权海关保护条例》处理。

17. 国家秘密文件、资料及其物品指什么？

答：国家秘密文件、资料及其物品是指以文字、符号、图形、声音等形式载有国家秘密的物件和直接含有国家秘密信息的设备或产品。

18. 国家秘密文件、资料及其物品能否出境？

答：国家秘密文件、资料及其物品禁止邮寄或非法携带出境。邮寄或携运出境印刷品虽无密级标识，但海关认为其内容涉嫌涉及国家秘密时，有权予以查扣，并移交查扣地的地市级（含）以上政府保密工作部门，由有密级鉴定权的保密工作部门或机构进行鉴定。

经鉴定属于国家秘密的，依照有关规定处理；对不属于国家秘密的，由保密工作部门出具证明，海关凭以放行。

19. 何种情况下可以携运国家秘密文件、资料及其物品出境？

答：旅客携运国家秘密文件、资料及其物品出境，需凭有关保密工作部门或机构签发“中华人民共和国国家秘密载体出境许可证”，并由签发部门对携运出境的国家秘密文件、资料及其物品包装并铅封（特大物品或不便包装的，可要求携运人进行包装）。“中华人民共和国国家秘密载体出境许可证”用签发部门公用信封封装，在信封上写明出境地海关名称，由携运人连同铅封的文件、资料及其物品一并交出境地海关查验。

携运出境的国家秘密文件、资料及其物品，如需再带回境内的，办理“中华人民共和国国家秘密载体出境许可证”时应同时为其开具入境证明信，以便海关识别。绝密级国家秘密文件、资料及其物品不得办理“中华人民共和国国家秘密载体出境许可证”。

20. 海关对非法邮寄和携运国家秘密文件、资料及其物品出境的行为如何处理？

答：构成走私行为、违反海关监管规定行为或者其他违反《海关法》行为的，由海关依照《海关法》和《海关行政处罚实施条例》的有关规定予以处理；构成犯罪的，依法追究刑事责任。

21. 某公司要进口一些广告宣传的光盘，需办理什么海关手续？

答：非经营音像制品性质的单位进口用于本单位宣传、培训及广告等目的的音像制品，应当按照海关的要求交验“进口音像制品批准单”、合同、有关报关单证及其他需要提供的文件。数量总计在200盘以下的，可以免领批准单。

22. 某单位要进口母带，需办理什么海关手续？

答：进口音像制品成品或者用于出版的音像制品母带（盘）、样带（盘），经营单位应当持“进口音像制品批准单”、有关报关单证及其他需要提供的文件向海关办理进口手续。

23. 某公司进口设备中的技术光盘如何办理海关手续？

答：随机器设备同时进口，以及进口后随机器设备复出口的记录操作系统、设备说明、专用软件等内容的印刷品及音像制品进口时，进口单位应当按照海关的要求交验合同、发票、有关报关单证及其他需要提供的文件，但是可以免领“进口音像制品批准单”等批准文件。

24. 国外友好大学捐赠给某校的图书如何办理海关手续？

答：境外赠送进口的印刷品、音像制品，受赠单位应当向海关提交赠送方出具的赠送函和受赠单位的接受证明及有关清单。

接受境外赠送的印刷品超过100册或者音像制品超过200盘的，受赠单位除向海关提交上述单证外，还应当提交国务院有关行政主管部门的批准文件，连同报关所需其他相关单证，按照海关有关管理规定办理征免税验放手续。

25. 国外大学与某校用于学术交流的图书如何办理海关手续？

答：进口用于学术、文化交流等活动的印刷品、音像制品，海关凭举办单位和省级以上（含省级）相关主管部门出具的证明，按照海关有关征免税管理规定办理征免税验放手续。

26. 用于展览的进口印刷品如何办理海关手续？

答：用于展览、展示的印刷品、音像制品进出境，主办或者参展单位应当按照国家有关规定向海关办理暂时进出境手续。

27. 什么是美术品？

答：美术品，是指艺术创作者以线条、色彩或者其他方式创作的具有审美意义的造型艺术作品，包括绘画、书法、雕塑、摄影、装置等作品，以及艺术创作者许可并签名的，数量在200件以内的复制品。不包括工业化批量生产的工艺美术产品，不包括文物。

28. 美术品的进出口经营活动需要在哪个部门办审批？

答：文化部负责对美术品进出口经营活动进行审批管理，海关负责对美术品进出境环节进行监管。

文化部委托美术品进出口口岸所在地省、自治区、直辖市文化行政部门负责本辖区美术品的进出口审批。文化部对各省、自治区、直辖市文化行政部门的审批行为进行监督、指导，并依法承担审批行为的法律责任。

29. 个人携带、邮寄美术品进出境，应如何办理海关手续？

答：个人携带、邮寄美术品进出境，应主动向海关申报。超过自用、合理数量的，应当委托美术品进出口单位办理进出口手续。美术品进出口口岸所在地省、自治区、直辖市文化行政部门提出申请，文化行政部门应当自受理申请之日起15日内作出决定。批准的，发给批准文件，批准文件中应附美术品详细清单。申请单位持批准文件到海关办理手续。不批准的，文化行政部门书面通知申请人并说明理由。

30. 是否所有题材或内容的美术品都能携带入境？

答：不是。含有以下内容的美术品禁止进出境：

（1）反对宪法确定的基本原则的；

（2）危害国家统一、主权和领土完整的；

（3）危害国家安全或者损害国家荣誉和利益的；

（4）煽动民族仇恨、民族歧视，破坏民族团结，或者侵害民族风俗、习惯的；

（5）宣扬或者传播邪教、迷信的；

（6）扰乱社会秩序，破坏社会稳定的；

（7）宣扬淫秽、赌博、暴力、恐怖或者教唆犯罪的；

（8）侮辱或者诽谤他人、侵害他人合法权益的；

（9）危害社会公德或者民族优秀文化传统的；

（10）有法律、行政法规和国家规定禁止的其他内容的。

31. 海关对个人携带进出境的内容难以确定的美术品有哪些规定？

答：个人携带、邮寄美术品进出境，海关认为内容性质难以确定时，可要求携带人、收件人将拟进出境美术品的相关材料送美术品进出口口岸所在地省、自治区、直辖市文化行政部门审查，海关根据其审查意见决定是否验放。

32. 哪些美术品进出口经营活动纳入管理范围？

答：从境外进口或向境外出口美术品的经营活动属于美术品进出口管理范畴。以销售、商业宣传为目的，在境内公共展览场所举办的，有境外艺术创作者或者境外艺术作品参加的各类展示活动，称为涉外商业性美术品展览活动，需要接受进出口管理。

33. 在境内举办涉外商业性美术品展览需要办理什么手续？

答：在境内举办涉外商业性美术品展览活动，应当由举办涉外商业性美术品展览活动的单位，于展览日45日前，向展览举办地省、自治区、直辖市文化行政部门提出申请，并报送以下材料：

（1）主办或承办单位的企业法人营业执照、对外贸易经营者备案登记表；

（2）展览活动方案；

（3）举办单位与其他相关单位签订的合同或者协议；

（4）经费预算及资金来源证明；

（5）场地使用协议；

（6）境外来华参展艺术创作者或参展单位的情况介绍；

（7）境外来华参展美术品的名录、图片和介绍；

（8）审批部门要求的其他材料。

文化行政部门应自申请单位申请之日起20日内，作出审核决定。批准的，申请单位持批准文件到海关办理有关手续；不批准的，文化行政部门书面通知申请单位并说明理由。展品超过120件的，由所在地省、自治区、直辖市文化行政部门初审后，报文化部审批。

34. 外国常驻记者携带专业摄影摄像及采访器材进出境，需要在海关办理什么手续？

答：海关总署公告2008年第104号对外国常驻新闻机构、外国记者携带摄影摄像及采访器材进出境有以下管理规定：外国常驻新闻机构、外国常驻记者所用的采访器材进出境，海关按照《中华人民共和国海关对常驻机构进出境公用物品监管办法》办理相关手续。

35. 外国短期来华采访记者，需要为携带的采访器材办理什么海关手续？

答：外国短期来华采访记者分为以下几种情况：

（1）国宾团随行记者。

外国国家元首、政府首脑和外交部长等国宾团随行记者所用采访器材暂时进境时，须向进境地海关提交中国外交部新闻司出具的“国宾随行记者器材证明信”及器材清单，以供海关办理相关手续。

国宾代表团访问结束后，随行记者应及时将采访器材复运出境。

（2）其他外国记者。

A. 能提供保函的。

a. 进境手续。记者携带采访器材进境时，应选择“申报通道”（“红色通道”），填写申报单，出示记者 J-2 签证，提交经海关认可具备出具担保函资质的单位或经海关认可的银行或非银行金融机构的担保函、器材清单，以供海关办理相关手续。

记者应将收到的海关关封妥善保管，凭以办理采访器材复运出境手续。

b. 出境手续。记者出境时，应当向出境地海关出具进境地海关关封。

当记者将从同一口岸出境时，出境地海关验核并确认采访器材已全部复运出境后，在原保函上批注签章，由海关收存办理后续核销手续。

当记者将从异地出境时，出境地海关验核并确认采访器材已全部复运出境后，在原保函上批注签章，并封入关封交还给记者（或出具保函的单位），以供其到原进境地海关办理保函核销手续。

B. 不能提供保函的。

记者本人可自行向海关提供相关单证，办理缴纳保证金暂时进境手续，以及采访器材全部复运出境后办理保证金提取手续。具体如下：

a. 进境手续。第一，记者携带采访器材进境时，应选择“申报通道”（“红色通道”），填写申报单，向海关出示记者 J-2 签证，并提交器材清单，以供进境地海关办理手续。记者应同时声明是否会从异地出境。

第二，记者应当按照海关开具的“海关保证金、风险担保金、抵押金收据”上的（相当于税款的）保证金金额，缴纳保证金（人民币现金）。

第三，如记者将从同一口岸出境，则在办结入境通关手续后，应妥善保管海关制发的海关关封和保证金收据联，以备出境时办理相关手续。如记者将从异地出境，则需向进境地海关领取并填写“记者采访器材保证金异地返还申请书”（以下简称“申请书”），连同进境地海关制发的海关关封、保证金收据联和出境地海关工作日联系电话及传真号码一并妥善保存，以备出境时办理相关手续。

b. 出境手续及保证金返还手续。第一，记者应在 4 天前将“申请书”、“海关保证金、风险担保金、抵押金收据”收据联传真至出境地海关并确认，提出采访器材保证金异地返还申请。

第二，记者携带采访器材出境时，向出境地海关提交“申请书”和进境地海关制发的海关关封。

出境地海关验核并确认进境采访器材已全部复运出境后，退还与原收取数额等额的人民币现金或现金支票。

记者未能按照规定期限向出境地海关提出采访器材保证金异地返还申请或者提交单据不全的，海关不予办理采访器材保证金异地返还手续。

（3）携带特殊管理的采访器材（设备）的记者。

因采访报道需暂时进口无线电通信设备的记者应向进境地海关提交有关主管部门的批准文件。

36. 中国香港记者携带专业摄影摄像及采访器材进出境，需要在海关办理什么手续？

答：海关总署 2009 年第 19 号公告对中国香港和中国澳门新闻机构在内地常驻记者站，中国香港和中国澳门记者携带摄影摄像及采访器材进出境有以下管理规定：

（1）中国香港、中国澳门新闻机构在内地常驻记者站及常驻记者所用采访器材进出境时，海关按照《中华人民共和国海关对常驻机构进出境公用物品监管办法》办理相关手续。

（2）临时来内地采访大型会议、活动等或者内地单位邀请的中国香港、中国澳门记者携带采访器材进境时，须向进出境地海关提交中华全国新闻工作者协会（或省部级邀请单位主管部门）及各省（自治区、直辖市）、副省级城市港澳事务办公室（外事办公室、新闻办公室）出具的担保函、采访器材清单，并出示中华全国新闻工作者协会制发的“港澳记者采访证”。采访活动结束后，记者应及时将采访器材复运出境，并在原进境地海关办理担保函核销手续。

（3）其他临时来内地采访的中国香港、中国澳门记者携带采访器材进境时，须向进境地海关提交“港澳记者采访证”、采访器材清单，并缴纳相当于税款的保证金。采访活动结束后，应及时将采访器材复运出境，并办理保证金退还手续。

海关对中国香港、中国澳门记者的异地退还保证金手续比照外国短期来华采访记者异地退还保证金手续的相关规定办理。

（4）因采访报道需要暂时进口无线电通信设备的，在办理采访器材进境手续时，还应向进境地海关提交有关主管部门的批准文件。

37. 中国台湾记者携带专业摄影摄像及采访器材进出境，需要在海关办理什么手续？

答：海关总署2009年第31号公告对中国台湾记者携带摄影摄像及采访器材来大陆采访进出境有以下管理规定：

（1）来大陆采访的中国台湾记者携带采访器材进境时，须向进境地海关提交中华全国新闻工作者协会或各省（自治区、直辖市）及深圳市、新疆生产建设兵团台办开具的“器材通关批准书”、担保函及采访器材清单。

采访活动结束后，记者应及时将采访器材复运出境，并在原进境地海关办理担保函核销手续。

（2）因采访报道需要暂时进口无线电通信设备的，还应向进境地海关提交有关主管部门的批准文件。

所有上述入境器材，在复出境时须先主动向海关申报，由海关监管出境，在退还保证金时，记者须按照海关要求在相关单证上签收。

38. 境外团体可攀登的对外开放的山峰有哪些？

答：对外开放山峰由中华人民共和国国家体育运动委员会（以下简称国家体委）和公安部公布，主要有西藏自治区海拔5000米以上的山峰和其他省、自治区海拔3500米以上的山峰。

39. 外国人可以随意来华登山吗？

答：外国人来华登山，可以自行组成团队，也可以由外国团队和中国团队组成联合团队。外国人来华登山，应当向国家体委提出书面申请。

外国人组成外国团队来华登山的，由外国团队提出申请，也可以委托我国省、自治区登山协会代理申请事宜。外国团队和中国团队组成中外联合团队登山的，由中国团队提出申请。

40. 外国人携带登山所需物资入境如何办理海关手续？

答：外国人携带登山所需物资入境，按特准进口物品和暂时进口物品分别申报。经海关核准后，办理税收、担保手续。

特准进口物品范围包括境外登山团体和个人运进、运出登山用食品，以及急救药品、防寒衣物、高山专用技术设备、燃料、氧气设备、易损的汽车零配件等消耗性物品，经主管海关审核在自用、合理数量范围内的，予以特准免税放行。其中各种食品每人每天共计限10千克，防寒衣物及被褥每人每种限10套。超出上述自用、合理数量范围的物品，以及自用的烟酒，经海关核准后，予以征税放行。

暂时进口物品范围包括境外登山团体和个人运进、运出登山用的通讯、摄影、摄像、录像、测绘器材和机动交通工具等非消耗性物品，由中国登山协会按规定向主管海关缴纳保证金后，暂准免税进境。其中运进无线电通讯设备和器材的，需交验国家无线电管理委员会的批件；随同登山团体和个人进境的境外记者运进的摄影、摄像器材，需交验外交部新闻司或全国记者协会的批件。

境外登山团体和个人及随行的境外记者随身携带进境的上述暂时进口物品（机动交通工具除外），由进境地海关凭有关主管部门的批件和中国登山协会缴纳的保证金暂予免税放行，或者验凭主管海关出具的联系单，作为转关运输货物，由中国登山协会负责转运至主管海关办理。

上述人员携带进境的其他物品，进境地海关按照《海关对进出境旅客行李物品监管办法》有关规定验放。

41. 登山团体所需物品都可以进出境吗?

答：境外登山团体和个人一律不准运进、运出中华人民共和国规定禁止进出境的物品。境外团体和个人登山时采集的标本、样品、化石和在境内拍摄的音像资料及测绘成果，由中国登山协会负责报国家有关主管部门审查。出境时，海关凭中国登山协会出具的有关主管部门的审批件查核放行。

42. 登山活动结束还需要办理什么海关手续?

答：经海关核准，登山活动结束后，相关物品不得移作他用，并应在规定的期限内复运出境。如因特殊原因不能复运出境的，应由中国登山协会在规定暂准进境期限内，办妥正式进口手续，向海关结案。

登山活动结束后，境外登山团体和个人留赠给中方的登山用物品，由中国登山协会按暂时免税进境的登山物品办理有关手续。

43. 禁止进境物品有哪些?

答：禁止进境物品包括：

（1）各种武器、仿真武器、弹药及爆炸物品；

（2）伪造的货币及伪造的有价证券；

（3）对中国政治、经济、文化、道德有害的印刷品、胶卷、照片、唱片、影片、录音带、录像带、激光视盘、计算机存储介质及其他物品；

赌博用筹码属于“中华人民共和国禁止进出境物品表”所列“对中国政治、经济、文化、道德有害的印刷品、胶卷、照片、唱片、影片、录音带、录像带、激光视盘、计算机存储介质及其他物品”中的“其他物品”。

（4）各种烈性毒药；

（5）鸦片、吗啡、海洛因、大麻及其他能使人成瘾的麻醉品、精神药物；

（6）带有危险性病菌、害虫及其他有害生物的动物、植物及其产品；

（7）有碍人畜健康的、来自疫区的及其他能传播疾病的食品、药品或其他物品。

44. 禁止出境物品有哪些?

答：禁止出境物品包括：

（1）列入禁止进境范围的所有物品；

（2）内容涉及国家秘密的手稿、印刷品、胶卷、照片、唱片、影片、录音带、录像带、激光视盘、计算机存储介质及其他物品；

（3）珍贵文物及其他禁止出境的文物；

（4）濒危的和珍贵的动物、植物（均含标本）及其种子和繁殖材料。

45. 海关对携有禁止进出境物品的情况如何处理?

答：旅客携运属于禁止进出境物品范围内的物品进出境，在海关检查以前主动报明的，分别予以没收或者责令退回，并可酌情处以罚款。凡责令退回的，应由旅客在规定期限内向海关办理退回手续。逾期不退的，由海关按有关规定予以没收。由于对中国政治、经济、文化、道德、卫生有害而被扣留的物品，均不予发还，由海关按国家有关规定处理。旅客携运属于禁止进出境的物品藏匿不报的，应负法律或行政责任。

46. 国家限制进境物品包括哪些？

答：国家限制进境物品包括：

（1）无线电收发信机、通信保密机；

（2）烟、酒；

（3）濒危的和珍贵的动物、植物（均含标本）及其种子和繁殖材料；

（4）国家货币；

（5）海关限制进境的其他物品。

微生物、生物制品、血液及其制品、人类遗传资源、管制刀具、卫星电视接收设备属于《中华人民共和国限制进出境物品表》所列“海关限制进境的其他物品”。

47. 文物包括哪些？

答：根据《中华人民共和国文物保护法》的规定，在中华人民共和国境内，下列具有历史、艺术、科学价值的文物，受国家保护：

（1）具有历史、艺术、科学价值的古文化遗址、古墓葬、古建筑、石窟寺和石刻、壁画；

（2）与重大历史事件、革命运动或者著名人物有关的，以及具有重要纪念意义、教育意义或者史料价值的近现代重要史迹、实物、代表性建筑；

（3）历史上各时代珍贵的艺术品、工艺美术品；

（4）历史上各时代重要的文献资料，以及具有历史、艺术、科学价值的手稿和图书资料等；

（5）反映历史上各时代、各民族社会制度、社会生产、社会生活的代表性实物。

具有科学价值的古脊椎动物化石和古人类化石同文物一样受国家保护。

48. 文物出境有什么管制规定？

答：按规定，珍贵文物禁止出境，一般文物限制出境。旅客携带和个人邮寄文物出境，必须事先向海关申报，经国家文化行政管理部门指定的文物鉴定站或省、自治区、直辖市文化行政管理部门进行鉴定，并发给许可出口凭证。对经鉴定不能出境的文物，国家可以征购。具有重要历史、艺术、科学价值的文物，除经国务院批准运往国外展览的以外，一律禁止出境。

49. 一般文物、珍贵文物及其他禁止出境的文物分别指什么？

答：珍贵文物是指一、二、三级文物；其他禁止出境的文物，是指有损国家荣誉、有碍民族团结、在政治上有不良影响的文物。上述以外的，为一般文物。

50. 禁止出境文物的种类有哪些？

答：禁止出境文物的种类有：

（1）凡在1949年以前（含1949年）生产、制作的具有一定历史、艺术、科学价值的文物，原则上禁止出境。其中，1911年以前（含1911年）生产、制作的文物一律禁止出境。

（2）凡在1966年以前（含1966年）生产、制作的有代表性的少数民族文物禁止出境。

（3）凡有损国家、民族利益，或者有可能引起不良社会影响的文物，不论年限，一律禁止出境。

（4）《文物出境审核标准》中规定禁止出境的文物。

51. 个人携运文物进出境，怎样报关？

答：入境旅客带进文物，数量不受限制，海关准予进口。如需要复带出境的，应在入境时向海关详细申报，并经文物鉴定站办理相关手续，内容包括品名、数量、年代、规格、质地、款式等，必要时要提供照片，经海关核查无讹后，登记备核。复带文物出境时，海关凭入境时的申报登记核放。

携带、邮寄、托运个人家存文物（含已故现代著名书画家的作品）出口，必须向海关申报，并交验国家文物鉴定站开具的文物出境许可证或文物古籍外销统一发货票，海关凭证明文件核查文物上钤盖的鉴定标志放行。已向海关申报，但不能交验文化行政管理部门开具的“文物出境许可证”和钤盖的鉴定标志的，不准出口，应予退运。限3个月内（来往港澳地区的旅客限1个月）由当事人或其代理人领回，过期不领，海关依法予以处理。携运、邮寄文物出口，不向海关申报，不论是否藏匿，海关都将依法处理。

52. 暂时入境文物进境和复出境时如何办理海关手续?

答：暂时进境文物是指因修复、展览、销售、拍卖等原因暂时携带、运输、邮寄文物进境，待有关活动结束后复运出境的文物。

携带、运输、邮寄暂时进境文物进境，应在进境时向海关书面申报，并报明有关文物需要复运出境。进境地海关将有关文物加封后，交由当事人送往国家文物局指定的国家文物局进出境审核管理处办理复出境手续。

国家文物局进出境审核管理处在验核海关封志完好无损后，标明文物临时进境火漆标志，并同时开具“文物出境许可证”。暂时进境文物复运出境时，海关凭文物出境火漆标志和“文物出境许可证”放行。

53. 哪些部门具有进出境文物审核资质?

答：国家文物局授予北京、天津、河北、上海、江苏、浙江、安徽、福建、山东、河南、湖北、广东、云南、陕西等14个国家文物进出境审核管理处进出境文物审核资质，分别负责所在省市各口岸申报出境和临时进境文物的审核事项。

54. 在指定文物商店购买的文物可否携带出境?是否还需要鉴定?

答：入境旅客在指定的文物商店用带进的外汇购买的文物可以携带出境，不需要再到文化行政管理部门申请鉴定。上述旅客携带文物出境时，需向海关申报，海关凭“文物古籍外销统一发货票”和文物出境火漆标志验放。

55. 携运新中国成立以来制作的文物仿制品、复制品，是否准予出境?如何办理海关手续?

答：新中国成立以来制作的文物仿制品和复制品不属于文物范围。携运文物仿制品和复制品，除国家另有规定的外，在自用、合理数量范围以内的准予出境。对于文物复仿制品出境，海关可以凭文物复仿制品证明和文物复仿制品出境标志放行。

56. 对个人携运现代书画家作品出境，海关有什么规定?

答：已故现代书画家的作品，除经国家文物局进出境审核管理处鉴定准予出境的外，不准携运出境；对一般现代书画作品，旅客携带出境的，在自用、合理数量范围内，邮寄的在规定限值内，海关准予出境。

57. 使领馆和使领馆人员携运文物进出境的报关手续如何办理?

答：使领馆和使领馆人员运进属于中国法律和规章禁止或者限制出境的珍贵文物，应当向海关提供物品清单，办理申报登记手续；复运出境时海关凭原入境时的申报物品清单和登记手续放行。

携运文物出境，必须向海关申报。对在中国境内指定商店购买的文物，申报时要随附指定商店出具的“文物古籍外销统一发票”，海关凭发票和中国文化行政管理门钤盖的鉴定标志查核放行；对在中国境内通过其他途径得到的文物，要事先报请文化行政管理部门鉴定。经鉴定准予出境的文物，由鉴定部门发给许可出境凭证，海关凭许可出境凭证和鉴定标志查核放行。

58. 旅客携带和个人邮寄中药材、中成药出境，海关分别有什么规定？

答：旅客携带中药材、中成药出境，海关按以下限值验放：前往国外的，总价值限人民币 300 元；前往港澳地区的，总价值限人民币 150 元。

个人邮寄中药材、中成药出境，海关按以下限值验放：寄往国外的，总价值限人民币 200 元；寄往港澳地区的，总价值限人民币 100 元。

中药材中的麝香及超出规定限值的中药材、中成药，不准携带或邮寄出境。

59. 旅客携运无线电收发信机及其器材，凭什么证件办理海关手续？

答：旅客携运进出境无线电收发信机及其器材，包括无线电话机、无线电通信和遥控设备等，都要事前报经省（自治区、直辖市）无线电管理委员会批准。携带上述物品入境时，必须向海关申报并交验批准文件，海关凭批准文件办理验放手续。

60. 使领馆运进无线电收发信机及其器材，报关手续如何办理？

答：使领馆运进无线电收发信机及其器材，必须事先以书面申请报经中华人民共和国外交部批准。运进上述物品时，使领馆应当填写“外国使领馆公私用物品进出境申报单”向所在地海关申报并提供外交部批准文件，海关予以审核放行。

61. 个人能否携带、邮寄卫星电视接收设备进境？

答：禁止任何个人携带、邮寄卫星电视接收设备（包括天线、高频头、接收机、编码器、解码器、解压及接收一体化装置，统称卫星电视解码器）入境。

对旅客携运上述设备进境并向海关申报的，海关一律不予放行，限期由物品所有人退运出境，逾期由海关依法处理；对未向海关申报的，按《海关行政处罚实施条例》有关规定处理。

62. 海关对携带、邮寄进境动植物、动植物产品和其他检疫物如何管理？

答：根据《进出口动植物检疫条例》的规定，携带动植物、动植物产品和其他检疫物进境的，进境时必须向海关申报并接受口岸动植物检疫机关检疫。海关应当将申报或者查获的动植物、动植物产品和其他检疫物及时交由口岸动植物检疫机关检疫。未经检疫的，不得携带进境。携带动物进境的，必须持有输出国家或者地区的检疫证书等证件。

邮寄进境的动植物、动植物产品和其他检疫物，由口岸动植物检疫机关在国际邮件互换局（含国际邮件快递公司及其他经营国际邮件的单位，以下简称邮局）实施检疫。经现场检疫合格的，由口岸动植物检疫机关加盖检疫放行章，交邮局运递。需要作实验室检疫或者隔离检疫的，口岸动植物检疫机关应当向邮局办理交接手续，检疫合格的，加盖检疫放行章，交邮局运递。

携带、邮寄进境的动植物、动植物产品和其他检疫物，经检疫不合格又无有效方法作除害处理的，作退回或者销毁处理，并签发“检疫处理通知单”交携带人、寄件人。

63. 进口动植物、动植物产品和其他检疫物应受检疫的范围包括哪些？

答：应受检疫的进口动植物、动植物产品和其他检疫物包括：

（1）动物：家畜、家禽、野生动物、蜜蜂、鱼、蚕等饲养、野生的活动物。

（2）动物产品：生的皮张、毛类、肉类、脏器、油脂、血液、蛋类、精液、骨蹄、角等来源于动物未经加工或者虽经加工但仍有可能传播疫病的产品。

（3）植物：栽培植物、野生植物及其种子，苗木、繁殖材料等栽培植物、野生植物及其种子、种苗及其他繁殖材料。

（4）植物产品：粮食、豆类、棉花、油类、麻类、烟草、子仁、干果、鲜果、蔬菜、生药材、原木、饲料等来源于植物未经加工或者虽经加工但仍有可能传播病虫害的产品。

（5）其他检疫物：指动物疫苗、血清、诊断液、动植物性废弃物等。

64. 海关对旅客携带濒危和珍贵动植物（均含标本）及其种子和繁殖材料进出境有什么管理规定？

答：我国是《濒危野生动植物种国际贸易公约》的成员国。国务院《关于严格保护珍贵稀有野生动物的通令》中规定："禁止珍贵稀有野生动物及其产品的出口。如有特殊需要出口时，必须按国家规定严格履行审批手续，并由中华人民共和国濒危物种进出口管理办公室核准，发给允许出口证明书。"

因此，凡出口珍贵稀有动物，如大熊猫、金丝猴、台湾猴、羚羊、白唇鹿、黑鹿、白鳍豚、扬子鳄、中华鳄、白鳄、褐马鸡、雉鹤、黑颈鹤、丹顶鹤、白鹤、朱鹮、黑鹤、天鹅、黄腹角雉、绿尾虹雉、白冠长尾雉、多种长臂猿、叶猴、毛冠鹿、雪豹、野骆驼等，以及这些动物的产品标本，在出口报关时，都应向海关递交允许出口证明书。无允许出口证明书，则不准携带、邮寄、托运出口。

对稀有植物，如金花茶、潮州柑橘苗等也不准出口。

凡来我国旅游、访问及其他活动的旅客，不准擅自采集我自然资源标本。违法携带出境的物品，海关一经发现予以扣留处理。个人携带、邮寄出境动植物标本，如蝴蝶标本等，要经我国主管部门审核批准并出具证明，没有证明的不准出口。

65. 旅客携带伴侣犬、猫进境，海关有何规定？

答：旅客携带动物进境的，必须持有输出动物的国家或者地区政府动植物检疫机关出具的检疫证书，携带犬、猫等宠物进境的还必须持有疫苗接种证书，且每人限一只，经检疫合格后放行。海关接受旅客带进伴侣犬、猫的申报后，应验明有关证书，并通知口岸动植物检疫机关将有关犬、猫进行隔离检疫。口岸动植物检疫机关向旅客出具截留检疫凭证，检疫时间一律为30天。

旅客申报携带进境伴侣犬、猫，不能交验输出国（或地区）官方出具的检疫证书和狂犬病免疫证书或超出规定限量的，海关通知口岸动植物检疫机关将有关犬、猫暂时扣留。

旅客携带伴侣犬、猫不向海关申报者，海关将按照《海关法》、《海关行政处罚实施条例》对当事人予以处罚。

66. 鲜活农副产品可否携带出境？

答：旅客携带鲜活农副产品出境，在自用、合理数量范围内的，海关准予放行。

67. 什么是麻醉品？海关对旅客携运麻醉品进出境有什么规定？

答：麻醉品是指连续使用后易产生生理依赖性，能成瘾癖的药品，包括鸦片类、可卡因、大麻类、合成麻醉药类及卫生部指定的其他易成瘾癖的药品、药用植物及其制剂。麻醉品因治疗疾病需要，个人凭医疗机构出具的医疗诊断书、本人身份证明，可以携带单张处方最大用量以内的麻醉药品和第一类精神药品。携带麻醉药品和第一类精神药品进出境的，由海关根据自用、合理的原则放行。

医务人员为了医疗需要携带少量麻醉药品和精神药品进出境的，应当持有省级以上人民政府药品监督管理部门发放的携带麻醉药品和精神药品证明。海关凭携带麻醉药品和精神药品证明放行。

68. 个人持有的各种证件、证章是否可以携运出境？

答：个人持有的各种证件，如工作证、身份证、学生证、会员证、驾驶证、结（离）婚证、出生证、退职证、医院诊断书、民事判决书及各种奖章、纪念章等，都可以携带和邮寄出境。

69. 公证证明应由什么机关出具？可否出境？

答：公证证明应由公证处统一出具。公证证明如是国内继承人为办理继承国外财产的遗嘱的，海关准予携带和邮寄出境。

70. 国内房地产契证可否携带出境？

答：国内房地产契证可以携带出境。

71. 对进境的印有反动字样或反动图案的物品，海关怎样处理？

答：旅客携带印有反动字样或反动图案的物品入境，应由旅客将反动字样、图案除掉或涂掉。如旅客不愿意除掉或无法涂掉，对有关物品，海关予以收缴；如属印在物品的包装上的，旅客应将包装主动交海关处理，对有关物品，海关按规定核放。

72. 海关对旧衣、旧床上用品有哪些管理规定？

答：为了防止国外疾病传入，损害人民健康，不准任何外贸单位订购旧服装进口。旅客携进旧服装、旧床上用品，除少量旅途必须换用的外，不准进口，并予以扣留，限期退运。对个人邮寄进境有碍卫生的旧衣物或者携带进境已霉变、腐烂的旧衣物，海关予以扣留，不予发还，直接按国家有关规定处理。

73. 旅客携带烟酒进境的限量是多少？

答：对烟、酒，海关根据旅客来自地区、来往次数，规定了不同限量：

（1）对来往港澳地区旅客（包括港澳地区居民和因私往来港澳地区的内地居民），带进香烟的免税限量是200支，或雪茄50支，或烟丝250克。酒的免税限量是1瓶（不超过0.75升）。

（2）对短期内多次来往港澳地区旅客、经常进出境人员及边境地区居民，带进香烟的免税限量为40支，或雪茄5支，或烟丝40克。不准免税带进酒。

（3）对其他进境旅客，海关准予免税携带进境的香烟为400支，或雪茄100支，或烟丝500克。酒的免税限量为2瓶（不超过1.5升）。

对上述各类旅客带进征税烟酒的数量，与免税限量相同。不满16岁者不得带进烟酒。

74. 旅客可否携带珠宝饰物、玉器工艺品进出境？

答：出境旅客携带自用的新玉器工艺品，数量合理的，允许出境。1911年以前的玉石器包括翡翠、玛瑙、水晶、孔雀石、碧玺、绿松石、青金石等各种玉石及琥珀、雄精、珊瑚等制品禁止出境；1949年以前的材质珍稀、工艺水平高，有一定历史价值和其他特殊意义的工艺品禁止出境；属于民族工艺品的，1966年以前的禁止出境。

75. 海关对携运进出境的尸体、棺柩、骨灰有什么规定？

答：申请办理尸体出入境的单位和个人应主动、如实地向海关申报进出境尸体的相关情况，包括尸体来源等，并提交有关进出口证件。

（1）对属于殡葬遗体出入境的，海关凭出入境检验检疫机构签发的“尸体/棺柩/骸骨/骨灰入出境许可证”办理验放手续。

（2）对属医学科研原因出入境的，海关凭出入境检验检疫机构签发的“出入境货物通关单”办理验放手续；对涉及我国人类遗传资源的出境尸体，海关加验中国人类遗传资源管理办公室核发的“人类遗传资源材料出口、出境证明”。

（3）申请将骸骨或骨灰运出境外或运回中国境内安葬，海关验凭出入境检验检疫机构签发的“尸体/棺柩/骸骨/骨灰进出境许可证”放行。

76. 携带枪支入出境，如何办理海关手续？

答：枪支、弹药属国家禁止进出境物品。旅客如有特殊需要携带进出境的，必须事先报经有关部门批准同意，旅客携带获准进境的枪支、弹药，必须向海关申报，由边防检查站审核发给携运证，海关凭证放行。未获批准同意的枪支、弹药，入境时向海关申报，由边防检查站封存，出境时发还本人或退运出境。携运枪支、弹药进出境，未向海关申报的，按非法运输枪支、弹药论处。

77. 海关对使领馆及其人员携运禁止进出境物品如何处理？

答：使领馆和使领馆人员不得携运中华人民共和国法律和规章禁止进出口的物品进出境。因特殊情况需要运进运出上述物品，必须事先得到中国政府有关部门的批准，并按中国政府有关规定办理进出境手续。

78. 旅客能否携带仿真武器进出境？

答：仿真武器是指具有攻击、防卫等性能的下列物品：

（1）各种类型的仿真手枪式电击、催泪器；

（2）各种类型的仿真枪械及弹药；

（3）具有攻击、防卫性能的其他仿真武器、弹药；

（4）上述以外的其他类似械具。

运输、携带、邮寄仿真武器进出境主动向海关申报的，予以退运；未向海关申报的，予以没收，并按《海关法》和《海关行政处罚实施条例》的有关规定处罚。走私仿真武器进出境，情节严重构成犯罪的，依法追究刑事责任。

79. 旅客携带血液制品进出境，如何办理海关手续？

答：旅客携带和个人邮寄、快递人体血液和血液制品进出境，海关严格凭卫生部的批准文件或证书办理验放手续。

旅客携带或个人邮寄、快递人体血液及其制品进出境，不能提供批准文件或证书的，海关应将有关人体血液及其制品扣留，并及时移交或通知口岸卫生检疫机关处理。凡经口岸检疫机关检疫允许进出境的，海关凭其出具的证明放行。

80. 旅客能否携带或邮寄药用羚羊角进出境？

答：旅客携带或邮寄药用羚羊角进境，限50克。50克内的由旅客填“中华人民共和国进出境旅客行李物品申报单”，海关予以免税放行；超出50克的，海关凭中华人民共和国濒危物种进出口管理办公室的批件，按照《税则》予以征税放行。

对旅客携带或邮寄羚羊角出境，海关一律验凭中华人民共和国濒危物种进出口管理办公室核发的“允许出口证明书”放行。

81. 海关对携带、邮寄、托运象牙制品进出境有哪些管理规定？

答：非洲象、亚洲象属于国家保护的种类。出口或进口非洲象、亚洲象及其任何产品，必须由出口国政府或进口国政府，发给“允许出口证明书”或“允许进口证明书”。进出境象牙制品都要经主管部门审查同意并经我国濒危物种进出口管理办公室核发“允许进口证明书”“允许出口证明书”。进出境时，海关凭上述证明书核放。没有取得上述证明书或者物证不符的，海关不予放行，予以查扣。

82. 能否以携带、邮寄或快递、货运等方式运输DNA等人类遗传资源出口（境）？

答：人类遗传资源是指含有人体基因组、基因及其产物的器官、组织、细胞、血液、制备物、重组脱氧核糖核酸（DNA）构建体等遗传材料及相关的信息资料。以携带、邮寄或快递、货运等方式运输人类遗传资源出口（境），海关凭中国人类遗传资源管理办公室核发的“人类遗传资源材料出口、出境证明”办理验放手续。未经批准，私自携带、邮寄、运输人类遗传资源材料出口、出境的，由海关没收其携带、邮寄、运输的人类遗传资源材料，视情节轻重，给予行政处罚直至移送司法机关处理；未经批准擅自向外方机构或者个人提供人类遗传资源材料的，没收所提供的人类遗传资源材料并处以罚款，情节严重的，给予行政处罚直至追究法律责任。

83. 运动员、教练员能携带兴奋剂进入中国国境吗？

答：根据国家的规定，严禁运动员、教练员携带兴奋剂进入中国国境（经批准获得治疗用药豁免的除外）。

84. 个人因医疗需要是否可以携带或邮寄兴奋剂进出境？

答：个人因医疗需要携带或邮寄进出境自用、合理量范围内的兴奋剂，海关按照卫生主管部门有关处方的管理规定，凭医疗机构处方予以验放。

第十四章　进出境快件通关

1. 什么是进出境快件?

答：进出境快件是指进出境快件运营人以向客户承诺的快速商业运作方式承揽、承运的进出境货物、物品。

2. 什么是进出境专差快件?

答：进出境专差快件是指进出境快件运营人以专差押运方式承运进出境的空运快件。

3. 什么是进出境快件运营人?

答：进出境快件运营人是指在中华人民共和国境内依法注册，在海关登记备案的从事进出境快件运营业务的国际货物运输代理企业。

4. 进出境快件运营人办理登记应具备的条件是什么?

答：进出境快件运营人在所在地海关办理登记手续应具备下列条件：

(1) 内资国际货物运输代理企业及其分支机构已经获得国务院对外贸易主管部门或者其委托的备案机构办理的“国际货运代理企业备案表”；外商投资国际货物运输代理企业已经获得国务院对外贸易主管部门颁发的“外商投资企业批准证书”，获准经营进出境快件业务；外商投资国际货物运输代理企业分公司已经获得国务院对外贸易主管部门的批准文件，获准经营进出境快件业务；

(2) 已经领取工商行政管理部门颁发的“企业法人营业执照”，准予或者核定其经营进出境快件业务；

(3) 已经在海关办理报关企业注册登记手续。

(4) 具有境内外进出境快件运输网络和二个以上境外分支机构或代理人。

(5) 具有本企业专用进出境快件标志、运单，运输车辆符合海关监管要求并经海关核准备案。

(6) 具备实行电子数据交换方式报关的条件。

(7) 快件的外包装上应标有符合海关自动化检查要求的条形码。

(8) 与境外合作者（包括境内企业法人在境外设立的分支机构）的合作运输合同或协议。

进出境快件运营人不再具备上述条件之一或者在一年内没有从事进出境快件运营业务的，海关注销该运营人从事进出境快件报关的资格。

5. 进出境快件运营人从事进出境专差快件经营业务，登记程序是什么?

答：进出境快件运营人从事进出境专差快件经营业务，除应当具备在所在地海关办理登记手续的所有条件外，还应当将进出境专差快件的进出境口岸、时间、路线、运输工具航班、专差本人的详细情况、标志等向所在地海关登记。如有变更，应当于变更前5个工作日向所在地海关登记。对符合上述条件的，所在地海关核发“中华人民共和国海关进出境专差快件登记证书”。运营人凭以办理进出境专差快件报关业务。

6. 海关对进出境快件的报关时限有何规定?

答：进境快件自运输工具申报进境之日起14日内，出境快件在运输工具离境3小时之前，应当向海关办理报关手续。

进出境快件运营人应向海关传输或递交进出境快件舱单或清单，海关确认无误后接受申报；进出境快件运营人需提前报关的，应当提前将进出境快件运输和抵达情况书面通知海关，并向海关传输或递交舱单或清单，海关确认无误后接受预申报。

7. 进出境快件如何分类？

答：根据《海关总署关于启用新快件通关系统相关事宜的公告》（海关总署公告 2016 年第 19 号），将快件分为文件类、个人物品类、低值货物类和其他类。

（1）文件类（简称 A 类快件）：无商业价值的文件、单证、票据和资料（依照法律、行政法规及国家有关规定应当予以征税的除外）。

（2）个人物品类（简称 B 类快件）：境内收寄件人（自然人）收取或者交寄的个人自用物品（旅客分离运输行李物品除外）。

（3）低值货物类（简称 C 类快件）：价值在 5000 元人民币（不包括运、保、杂费等）及以下的货物（涉及许可证件管制的，需要办理出口退税、出口收汇或者进口付汇的除外）。

（4）其他货物、物品：除上述 3 类快件外，通过快件渠道进出境的其他货物、物品。

8. 海关对进出境快件中的个人物品如何验放？

答：快件渠道进出境个人物品的限量、限值、免税额、完税价格、税则归类等事宜按照《海关法》、《关税条例》及海关总署关于邮递进出境个人物品相关规定办理。

9. 如何办理文件类进出境快件的报关？

答：文件类进出境快件报关时，快件运营人应当向海关提交“中华人民共和国海关进/出境 A 类快件报关单”、总运单（副本）和海关需要的其他单证。

10. 如何办理个人物品类进出境快件的报关？

答：个人物品类进出境快件报关时，快件运营人应当向海关提交“中华人民共和国海关进/出境 B 类快件报关单”、每一件进出境快件的分运单、进境快件收件人或出境快件发件人身份证件影印件和海关需要的其他单证。B 类快件的限量、限值、税收征管等事项应当符合海关总署关于邮递进出境个人物品相关规定。

11. 如何办理低值货物类进出境快件的报关？

答：低值货物类进出境快件报关时，快件运营人应当向海关提交“中华人民共和国海关进/出境 C 类快件报关单”、代理报关委托书或者委托报关协议、每一进出境快件的分运单、发票和海关需要的其他单证，并按照进出境货物规定缴纳税款。进出境 C 类快件的监管方式为“一般贸易”或者“货样广告品 A”，征免性质为“一般征税”，征减免税方式为“照章征税”。

12. 如何办理其他货物、物品的报关？

答：除文件类进出境快件、个人物品类进出境快件、低值货物类进出境快件外，通过快件渠道进出境的其他货物、物品，应当按照海关对进出境货物、物品的现行规定办理海关手续。

第十五章　进境物品进口税

1. 个人进境物品的纳税义务人是谁？

答：进境物品的纳税义务人是指，携带物品进境的入境人员、进境邮递物品的收件人及以其他方式进口物品的收件人。纳税义务人可以自行办理纳税手续，也可以委托他人办理纳税手续。接受委托的人应当遵守《关税条例》对纳税义务人的各项规定。

2. 海关对于旅客所携带应税物品的估价为何按照完税价格而不按照在国外购买该物品时的价格？

答：《海关法》规定：进出境物品完税价格由海关确定。根据这条原则，考虑到旅客行李物品来自世界各地，情况复杂，同样的物品价格相差较大，因此，我国海关通常参照香港市场零售价格确定进口行李物品、邮递物品的完税价格，目的是照顾个人进口自用物品的合理需要，简化计税手续，加速物品通关。为了便于执行，统一估价尺度，海关总署编制了“中华人民共和国进境物品完税价格表”，将常见的行李、邮递物品的完税价格列于表中供征税时使用，并在一定时期内根据市场价格变动情况对价格表进行调整。

3. 购买的物品已经在国外缴税了，为何回国之后还要再缴税？

答：国外购买物品所缴纳的是当地的消费税及增值税等，是缴纳给当地税务机关的。而回国之后向中国海关缴纳的是关税，与上述缴纳的税费性质不同，收缴机关也不同。旅客携带应税物品入境向中国海关缴纳关税是应尽的义务。

4. 旅客携带的物品，在完税价格表上未有列名或另行确定的情况，海关是依照何种规则审定物品的完税价格的？

答：进口物品，如“中华人民共和国进境物品完税价格表”中没有具体列名的，可由海关依照有关规定归入最适合的税号。海关将按照相同物品相同来源地最近时间的主要市场零售价格确定其完税价格。

5. 应税物品实际价格与“中华人民共和国进境物品完税价格表”中所列价格不一致时，海关如何征税？

答：实际购买价格是“中华人民共和国进出境物品完税价格表”列明完税价格的 2 倍及以上，或是“中华人民共和国进出境物品完税价格表”列明完税价格的 1/2 及以下的物品，进境物品所有人应向海关提供销售方依法开具的真实交易的购物发票或收据，并承担相关责任。海关可以根据物品所有人提供的上述相关凭证，依法确定应税物品完税价格。

6. 海关如何确定从行邮渠道进境的中国邮票的完税价格？

答：对进境的中国邮票（含小型张、纪念封等），在征税时，参考中国邮票总公司出版的“中华人民共和国邮票价目表”估定完税价格征税。对进境超出自用、合理数量的中国和境外邮票，均按进口货物征税。

7. 旅客携带从境外获取的价格超出 5000 元人民币且不可分割的应税物品，海关如何计征关税？

答：根据《关于进境旅客所携行李物品验放标准有关事宜》（海关总署公告 2010 年第 54 号）规定，

海关对旅客携带入境不可分割的单件应税物品，将全额征收行邮税。

8. 个人携带出境的个人自用物品是否需要缴税？

答：海关准予出境的个人自用物品，根据现行规定，不征收出口税。

9. 进境物品出现多征或漏征税款的情形，应如何处理？

答：进境物品放行后，海关发现少征或者漏征税款，自纳税义务人缴纳税款或者物品放行之日起 1 年内，向纳税义务人补征。因纳税义务人违反规定而造成的少征或者漏征税款，海关在 3 年以内可以追征。海关多征的税款，纳税义务人自缴纳税款之日起 1 年内，可以申请退还关税，并应当以书面形式向海关说明理由，提供原缴款凭证及相关资料；海关应当自受理退税申请之日起 30 日内查实并通知纳税义务人办理退还手续，纳税义务人应当自收到通知之日起 3 个月内办理有关退税手续。

10. 对海关审定的完税价格存有疑义，想申请复议的，能否等到有了复议结果之后再按章纳税？

答：纳税义务人应当在海关放行应税个人物品之前缴纳税款。纳税义务人同海关发生纳税争议时，应当先按海关核定的税额缴纳税款，然后自海关填发税款缴纳证之日起 30 日内，向海关书面申请复议。逾期申请的，海关不予受理。

第十六章 驻华机构及其人员进出境物品监管

1. 常驻机构指的是什么？

答：常驻机构是指境外企业、新闻机构、经贸机构、文化团体及其他境外法人经中华人民共和国政府主管部门批准，在境内设立的常设机构。

2. 刚刚成立的外商常驻代表机构，是否必须向海关注册备案？有何具体规定？

答：常驻机构在海关作注册备案以自愿为原则。但是常驻机构或其常驻人员如果需要进出境公、自用物品（车辆），则必须事先向海关办理注册备案手续。常驻机构应当持下列文件向主管海关办理备案手续：

（1）设立常驻机构审批机关的批准文件正本和复印件；

（2）主管部门颁发的注册证明正本和复印件（以下简称“注册证”）；

（3）常驻机构报关印章式样；

（4）常驻机构负责人签字式样、身份证件正本和复印件；

（5）常驻机构中常驻人员名册，名册含常驻人员姓名、性别、国籍、有效进出境证件号码、长期居留证件号码、到任时间、任期、职务及在中国境内的住址等内容。

主管海关审核无误后，核发“常驻机构备案证”。

3. 常驻机构在海关办理备案手续后，如“常驻机构备案证”涉及的内容有变更，应当如何办理手续？

答：根据现行规定，“常驻机构备案证”涉及的内容如有变更，应当自变更之日起10个工作日内到主管海关办理变更手续。办理时，常驻机构应当向海关提交“备案证”上所涉常驻机构、常驻人员信息变更的证明原件及复印件。

4. 常驻机构申请进境公用物品有何规定？怎样办理手续？

答：公用物品是指常驻机构开展业务所必需的办公设备、办公用品及机动车辆。常驻机构申请进出境公用物品，应当以本机构自用、合理数量为限。经海关核准后予以征税放行。

常驻机构申请进境公用物品，应当向主管海关交验“常驻机构备案证”、提（运）单、发票和装箱清单等相关单证，填写“中华人民共和国海关进出境公用物品申请表”，同时通过中国电子口岸预录入系统，向主管海关发送电子申报信息。申请进境机动车辆的，还应当交验本机构内所有常驻人员的有效身份证件，主管海关自接受申请之日起5个工作日内答复。

常驻机构在进境地海关办理公用物品的报关手续时，应当填写或者委托报关企业填写进口货物报关单，提交经主管海关审批的申请表，并交验提（运）单、发票、装箱单等相关单证。

5. 常驻机构是否可以多次申请进境公用物品？

答：常驻机构可以多次申请进境公用物品，但主管地海关在审核时，应与该常驻机构以前申请进境的公用物品合并计算，在合理范围内予以批准。

6. 哪些人员属于常驻人员？

答：常驻人员指非居民长期旅客中的下列人员：

（1）境外企业、新闻机构、经贸机构、文化团体及其他境外法人经中华人民共和国政府主管部门批准，在境内设立的并在海关备案的常设机构内的工作人员；

（2）在海关注册登记的外商投资企业内的人员；

（3）入境长期工作的专家。

7. 非居民长期旅客的定义是什么？

答：非居民长期旅客是指经公安部门批准进境并在境内连续居留一年以上（含一年），期满后仍回到境外定居地的外国公民、港澳台地区人员和华侨。

8. 海关对常驻人员申请进境的机动车辆有什么要求？

答：常驻人员申请进境的机动车辆指摩托车、小轿车、越野车、9座及以下的小客车（仅限新车）。同时根据我国有关规定，获准进境的机动车辆应为符合国家环保要求的左舵小客车。

9. 常驻人员申请进境自用机动车辆如何办理海关手续？

答：常驻人员申请进境自用机动车辆，应当向居住地主管海关提出书面申请。申请时除应提交本人的有效身份证件、长期居留证件外，还应交验其所在常驻机构的“中华人民共和国海关常驻机构备案证”或者所在外商投资企业的“进出口货物收发货人报关登记证书”，以及提（运）单、装箱单等相关单证；登陆中国电子口岸预录入系统，向主管海关发送相关电子数据信息。主管海关自接受申请之日起5个工作日内答复。

10. 常驻人员进境的机动车辆可以转让吗？

答：根据海关有关规定，常驻人员征税进境的机动车辆自向公安交通管理部门办结车辆登记手续之日起1年后，方可准予转让过户。

海关对常驻人员享受相关政策准予免税进境的机动车辆，实施6年的监管。未经海关批准，进境机动车辆在海关监管期限内不得擅自转让、出售、出租、抵押、质押或者进行其他处置。

11. 常驻人员进境的征税机动车辆如何办理过户转让手续？

答：常驻人员获准进境的征税机动车辆使用1年后可以转让过户，转让过户时，应当向主管海关提出书面申请，并交验下列单证：

（1）身份证件；

（2）长期居留证件；

（3）进境机动车辆“机动车辆行驶证”；

（4）所在常驻机构的“中华人民共和国海关常驻机构备案证”或者所在外商投资企业的“进出口货物收发货人报关注册登记证书”；

（5）填写“中华人民共和国海关公/自用车辆解除监管申请表”。

主管海关核准后，开具“监管车辆解除监管证明书”，常驻人员凭此向公安交通管理部门办理有关车辆转让过户手续。

12. 常驻人员免税进境的机动车辆如何办理解除海关监管手续？

答：常驻人员免税进境的机动车辆属于海关监管车辆，监管期限为6年。监管期届满的，常驻人员可以持本人身份证件、长期居留证件、“监管车辆登记证”和“机动车辆行驶证”，填写“中华人民共和国海关公/自用车辆解除监管申请表”向主管海关申请解除监管。主管海关核准后，开具“监管车辆解除监管证明书”，常驻人员凭此向公安交通管理部门办理有关手续。

13. 外国驻华使馆的公务用品、自用物品的概念和范围是什么？

答：公务用品，系指使馆执行职务工作需直接使用的物品，包括家具、陈设品、办公用品、招待用品和机动车辆等。

自用物品，系指使馆人员和与其共同生活的配偶及未成年子女在中国居留期间直接需用的生活用品，其范围包括家具、家用电器、厨房用品、食品、衣着、书报杂志、机动车辆等。

14. 外交官和领事官的身份是如何确定的？

答：对外交官、领事官，海关凭其本人所持护照上的我驻外签证机关给予的外交签证（互免签证的凭外交护照）及我外交部颁发的外交官证、领事官证确定其身份，并按有关规定办理进出境物品手续。

15. 使领馆及外交代表、领事官进出境物品如何办理海关手续？

答：使领馆运进运出公务用品，外交代表、领事官以托运或者邮寄方式运进运出自用物品，应当书面向海关申报。

外交代表、领事官进出境时随身携带的或者附载于同一运输工具上的私人行李物品，应当口头向海关申报，海关予以免验放行。海关有重大理由推定其中装有《使馆进出境物品监管办法》规定的免税范围以外的物品、中国政府禁止进出境或者检疫法规规定管制的物品的，有权查验。海关查验时，外交代表、领事官或者其授权人员应当在场。

使领馆申报运进的公务用品和外交官、领事官申报运进的自用物品，经海关审核在直接需用数量范围内的，予以免税。申报运出的公务用品和自用物品，由海关审核后予以放行。

16. 使领馆运进运出公务用品，外交官、领事官托运、邮递进出境自用物品如何办理报关手续？

答：外国驻中国使领馆运进运出的公务用品，外交官、领事官托运、邮寄进出境自用物品，运进的在到达口岸后，运出的在发运前，由使领馆填具“外国公私用物品进出境申报单”一式三份，送交所在地主管海关办理报关手续。

申报单上所列项目，应当填写清楚，并加盖使领馆馆印及馆长或馆长授权的外交代表的签字。申报时，要随附物品清单、发票等有关单据。

申报单一份由所在地海关留存，一份编号后由使领馆收执，一份由海关批注盖印后交使领馆凭以向进出境地海关办理物品进出境手续。

17. 使领馆应如何向主管海关备案？

答：使领馆和使领馆人员首次进出境公务用品、自用物品前，应当持下列资料到主管海关办理备案手续：

（1）中国政府主管部门出具的证明使领馆设立的文件原件及其复印件。

（2）用于报关文件的使领馆馆印印模、馆长或者馆长授权的外交代表的签字样本一式五份。

（3）外交邮袋的加封封志实物和外交信使证明书样本一式五份。

使领馆如从主管海关关区以外发送或者接收外交邮袋，还应当向主管海关提出申请，并提供外交邮袋的加封封志实物和外交信使证明书样本，由主管海关制作关封，交由使馆人员向进出境地海关备案。

（4）使领馆人员和与其共同生活的配偶及未成年子女的进出境有效证件、中国政府主管部门核发的身份证件原件及其复印件，以及使领馆出具的证明上述人员职衔、到任时间、住址等情况的文件原件及其复印件。

以上备案内容如有变更，使领馆或者使领馆人员应当自变更之日起10个工作日内向海关办理备案变更手续。

18. 使领馆及使领馆人员进境的公务用品、自用物品能否转让？

答：使领馆和使领馆人员免税运进的物品，除有特殊原因并报经海关批准的外，不得转让。确有特殊原因需要转让物品，应当事先填具“外国使领馆公私用物品转让申请书”一式三份送交所在地海关。经海关审核批准后，才能办理转让手续。

除使领馆人员提前离任外，使领馆及使领馆人员免税进境的机动车辆，自海关放行之日起2年内不准转让或者出售。

经批准转让的物品，应当由受让人或者出让人按规定向海关办理纳税或者免税手续。

19. 使领馆及使领馆人员的机动车辆有无监管期？

答：根据有关规定，使领馆及使领馆人员免税进境的机动车辆及接受转让的机动车辆属于海关监管车辆，主管海关对其实施后续监管。公用进境机动车辆的监管年限为自海关放行之日起6年，自用进境机动车辆的监管年限为自海关放行之日起3年。

20. 使领馆及使领馆人员车辆因事故报废，可否再次进境机动车辆？

答：根据有关规定，使领馆及使领馆人员免税进境的机动车辆，因事故、不可抗力原因遭受严重损毁，或者因损耗、超过使用年限等原因丧失使用价值，并且已办理结案海关等手续的，使领馆和使领馆人员可以按照相同数量重新申请进境机动车辆。

21. 使领馆公务人员自用物品进出境的海关手续如何办理？

答：使领馆公务人员，是指使领馆行政技术人员和服务人员。使领馆公务人员，如果不是中国公民并且不在中国永久居留的，其到任后6个月内运进安家物品，经主管海关审核在直接需用数量范围内（其中自用小汽车每户限一辆）的，海关予以免税验放。超出规定时限运进的物品，经海关核准仍属自用的，按照《海关对非居民长期旅客进出境自用物品监管办法》的规定办理。

22. 外交信使进出境有何规定？

答：外交信使应持有派遣国主管机关出具的信使证明书。外交信使在执行职务时，应受接受国保护。外交信使人身不受侵犯，不受逮捕或拘禁。

临时外交信使必须持有派遣国主管机关出具的临时信使证明书，在其负责携带外交领事邮袋期间，享有与外交信使同等的豁免。

外交信使出入境时，免填“旅客行李申报单”。海关可口头询问。

23. 怎样办理外交邮袋、领事邮袋的进出境手续？

答：使领馆发送或者接收的外交邮袋，应当以装载外交文件或者公务用品为限，并符合中国政府关于外交邮袋重量、体积等的相关规定，同时施加使馆已在海关备案的封志。外交邮袋由外交信使转递时，必须持有派遣国主管机关出具的信使证明书。商业飞机机长受委托为使馆转递外交邮袋时，须持有委托国的官方证明文件（注明邮袋件数）。由机长转递或者托运的邮袋，应当由使领馆派使馆人员办理接交、提取或发运手续。对使领馆发送或者收受的外交邮袋、领事邮袋，海关予以免验放行。

为方便邮袋进出，使领馆应当将本国邮袋的加封样式和外交信使证明书样本各一式五份向所在地海关备案。

24. 使领馆人员的家属持非外交护照或者普通签证短期来华携带物品进出境如何办理海关手续？

答：使领馆人员的家属持有非外交护照或者普通签证短期来华，入出境时所带的行李物品，海关按非居民短期旅客行李物品监管规定办理相关手续。

25. 使领馆是否可以进境由其主办或者参与的非商业活动物品？

答：根据现行有关规定，使领馆如需进境由其主办或参与的非商业活动物品，应当向海关递交使领馆照会，并就物品的所有权、活动地点、日期、活动范围、活动的组织者和参加人、物品的最后处理向海关作出书面说明。活动在使馆以外场所举办的，还应当提供与主办地签订的合同副本。

第十七章　免税品、外汇免税商品和离岛免税商品管理

1. 免税品和免税外汇商品有什么区别？

答：免税品是指经营单位按照海关总署核准的经营品种，免税运进专供免税商店销售给规定对象的进口商品，包括试用品和赠品。

免税外汇商品是指由经批准的经营单位进口，专供已入境的特定对象在规定的限量、限值内购买的进口商品。

2. 经海关总署批准设立的免税商店，应具备什么条件才能开展经营业务？

答：经批准设立的免税商店，应当在开展经营业务一个月前向主管海关提出验收申请。经主管海关验收合格后，向主管海关办理备案手续，并且提交下列材料：

（1）海关总署批准文件的复印件；

（2）工商营业执照正、副本的复印件；

（3）税务登记证的复印件；

（4）免税品经营场所和监管仓库平面图、面积和位置示意图；

（5）免税商店业务专用章印模；

（6）免税商店法定代表人身份证件的复印件。

要求提交复印件的，应当同时提交原件验核。

3. 免税店的销售对象都是什么人员？

答：（1）口岸免税商店的销售对象限于已办结出境手续、即将前往境外的人员，以及尚未办理进境手续的人员。免税商店应当凭其搭乘运输工具的凭证或者其进出境的有效证件向其销售免税品。

（2）市内免税商店的销售对象限于即将出境的境外人员，免税商店凭其出境有效证件及机（船、车）票向其销售免税品，并且应当在口岸隔离区内将免税品交付购买人员本人携带出境。

（3）外交人员免税商店的销售对象限于外国驻华外交代表、领事机构及其外交人员、领事官员，以及其他享受外交特权和豁免的机构和人员，免税商店应当凭上述机构和人员所在地的直属海关或者经直属海关授权的隶属海关按照有关规定核准的限量、限值向上述人员销售免税品。

（4）运输工具免税商店销售对象限于搭乘进出境运输工具的进出境人员。免税商店限运输工具在国际（地区）航行期间经营。免税商店应当向主管海关交验由运输工具负责人或者其代理人签字的“免税品销售明细单”。

（5）供船免税商店的销售对象限于出境的国际（地区）航行船舶及船员。供船免税商店应当向主管海关提出供船申请，填写“免税品供船准单”，在海关监管下进行国际（地区）船舶的供船工作。

4. 旅客在口岸免税店购买的免税品，海关是否一律放行？

答：不一定。旅客在口岸免税商店购买的免税品，海关按照不同旅客行李物品的限量规定验放。

5. 在境内免税外汇商品供应单位购买免税外汇商品，要具备哪些条件？

答：在境内免税外汇商品供应单位购买免税外汇商品，必须是属于符合规定的供应对象，同时具备以下条件：

持有符合规定的有效单证，即本人护照及经海关签章的“进出境旅客行李申报单”或者“免税物品登记证”等单证。

符合海关对免税物品验放的规定。旅客须有准予带进免税物品的额度，并在规定物品品种、数量范围内购物。

6. 在境内免税商店购买免税外汇商品有无次数限制？

答：在境内免税商店选购免税外汇商品不限次数，但必须集中一次向海关申报，并办结验放手续，海关将申报单予以注销。注销后的申报单不再作为购买物品凭证。

7. 旅客在境内如何办理购买免税外汇商品手续？

答：入境旅客持本人护照等有效旅行证件，经入境地海关签章的旅客行李申报单或“免税物品登记证”，到指定的供应单位购买商品。

8. 驻华使领馆及其人员如何在免税店购买物品？

答：外国驻华使领馆及其人员购买免税商品，需填写“中华人民共和国海关外交公自用物品进出境申报单”，向所在地主管海关提出申请，经海关审核同意并在申报单上批注盖章后，凭此到外交人员免税商店购买免税品。

9. 旅客在境内购买免税外汇商品与携带入境的物品是否合并计算？

答：根据规定，旅客进境时携带的“旅客进出境行李物品分类表”第一类物品和境内补购的第一类物品不合并计算。“旅客进出境行李物品分类表”第三类物品（即完税价格在人民币1000～5000元范围内的物品），由海关根据旅客在外天数，依照有关规定计算免税指标。

10. 在境内免税外汇商品供应部门购买物品可否委托他人办理？

答：在境内设立免税外汇商品供应部门供应免税外汇商品，是便利入境旅客的一项措施。入境旅客在免税外汇商品供应部门购买物品并办理海关手续，是旅客入境手续的继续和延伸。为了维护入境旅客的合法权益，入境旅客在免税外汇商品供应部门购买免税物品并办理海关手续，应由旅客本人前来办理，不能委托他人办理。

持有“免税物品登记证”的长期出国人员，凭我驻外使馆开具的托带证明，可以委托他人将“免税物品登记证”及使馆证明带回在境内购买免税外汇商品。

11. 什么叫离岛旅客？

答：离岛旅客，是指年满16周岁、乘坐飞机（或火车）离开海南本岛但不离境的境内外旅客，包括海南岛内居民。

12. 什么是离岛免税？

答：离岛免税是指对乘飞机（或火车）离岛（不包括离境）旅客实行限次、限值、限量和限品种免进口税购物，在实施离岛免税政策的免税商店内付款，在机场（或离岛火车站）隔离区提货离岛的税收优惠政策。

13. 具有免税品经营资格的经营主体申请离岛免税商店时需要提交什么材料？

答：设立离岛免税商店，由具有免税品经销资格的经营主体提出申请，财政部会同海关总署、税务总局和商务部审核并提出意见，报请国务院批准。经营主体提出申请时需提交以下材料：

（1）经营主体合作协议（包括各股东持股比例、经营主体业务关联互补情况等。独资设立免税店除外）；

（2）经营主体的基本情况（包括企业性质、营业范围、生产经营、资产负债等方面）；

（3）包括可行性研究报告，设立离岛免税商店所涉及的经营场所选址、机场隔离区购物提货场所等初步意向性协议或安排。

14. 离岛免税品有哪些品种？可以购买20种国家不予减免税的商品吗？

答：免税商品限定为进口品，目前具体商品品种限定为首饰、工艺品、手表、香水、化妆品、笔、眼镜（含太阳镜）、丝巾、领带、毛织品、棉织品、服装服饰、鞋帽、皮带、箱包、小皮件、糖果、体育用品、美容及保健器材、餐具及厨房用品、玩具（含童车）、婴儿配方奶粉及辅食、咖啡（咖啡豆、浓缩咖啡）、参制品［西洋参胶囊（冲剂）、红参胶囊（冲剂）、高丽参胶囊（冲剂）］、谷物食品（谷物片）、保健食品（鱼油、维生素、钙片、胶原蛋白）、蜂王浆制剂、橄榄油、尿不湿、陶瓷制品（骨瓷器皿等）、玻璃制品（玻璃器皿等）、家用空气净化器及配件、家用小五金（锁具、水龙头、淋浴装置）、钟（挂钟、座钟、闹钟等）、转换插头、表带（表链）、眼镜片（眼镜框）、一、二类家用医疗器械（血糖计、血糖试纸、电子血压计、红外线人体测温仪），商品品种扩大至38种，国家规定不符合民航安全要求、禁止进口以及20种不予减免税、濒危动物的制品除外。

15. 离岛旅客可凭哪些身份证件在离岛免税店购买免税品？

答：包括境内旅客居民身份证、港澳居民来往内地通行证、台湾居民来往大陆通行证和外国旅客护照等。海关对境内人员以居民身份证签发机关为依据认定岛内居民、非岛内居民身份，对境外人员则以其所持进出境有效证件认定身份。

16. 居民旅客每年可离岛购物几次？

答：离岛旅客中的岛内居民每个公历年度最多可以享受1次离岛免税购物政策，非岛内居民每个公历年度可不限次享受离岛免税购物政策。旅客购物后乘飞机（或火车）离岛记为1次免税购物。同一旅客在同一年度内乘飞机和乘火车免税购物合并计算，且不得超过离岛免税政策的额度限制规定。

17. 免税购物金额、数量和重量是多少？

答：（1）免税购物金额

岛内居民旅客：单价人民币8000元以下商品，累计购物金额不超过人民币8000元（含8000元）；非岛内居民旅客：单价人民币8000元以下商品，每年累计购物金额不超过人民币16000元（含16000元）。

此外，免税限额中如有剩余（或未使用），旅客可以在购买1件单价8000元以上商品时调剂使用，相应扣减应缴进境物品进口税的税基，即旅客在以“商品零售价格-剩余免税额度”计价缴纳进境物品进口税的条件下，每人每次还可以购买1件单价8000元以上的商品（非岛内居民旅客每年最多可购买2件单价8000元以上的商品）。

（2）免税购物数量和重量

购买免税商品数量和重量范围依据《财政部关于进一步调整海南离岛旅客免税购物政策的公告》（财政部公告2015年第8号）和《关于修订海南离岛旅客免税购物监管暂行办法的公告》（海关总署公告2015年第7号）执行。

免税品品种名称	数量范围
首饰	6件
工艺品	4件
手表	6件
香水	8件
化妆品	12件
笔	6件
眼镜（含太阳镜）	4件
丝巾	4件
领带	4件
毛织品	4件
棉织品	4件
服装服饰	6件
鞋帽	4件
皮带	4件
箱包	4件
小皮件	6件
糖果	12件
体育用品	6件
美容和保健器材	4件
餐具及厨房用品	4件
玩具（含童车）	6件
婴儿配方奶粉及辅食（零售包装的婴幼儿配方奶粉及辅食）	限购4件且合计重量不超过5千克
咖啡（咖啡豆、浓缩咖啡）	限购6件且合计重量不超过3千克
参制品［西洋参胶囊（冲剂）、红参胶囊（冲剂）、高丽参胶囊（冲剂）］	限购6件且合计重量不超过3千克
谷物食品（谷物片）	限购6件且合计重量不超过6千克
保健食品（鱼油、维生素、钙片、胶原蛋白）	限购8件且合计重量不超过3千克
蜂王浆制剂	限购8件且合计重量不超过1千克
橄榄油	限购6件且合计重量不超过5千克
尿不湿	8件
陶瓷制品（骨瓷器皿等）	4件
玻璃制品（玻璃器皿等）	4件
家用空气净化器及配件	2台，配件6件
家用小五金（锁具、水龙头、淋浴装置）	8件
钟（挂钟、座钟、闹钟等）	4件
转换插头	4件

续表

免税品品种名称	数量范围
表带、表链	4件
眼镜片、眼镜框	4件
一、二类家用医疗器械（血糖计、血糖试纸、电子血压计、红外线人体测温仪）	4件

注：1件商品是指具有单一、完整包装及独立标价的商品，但套装商品按包装内所含商品的实际件数计算。上述商品中，国家规定不符合民航安全要求、禁止进口以及20种不予减免税、濒危动物的制品除外。

18. 哪些离岛旅客在3年内不得享受离岛免税购物政策？

答：有以下情形之一的旅客3年内不得享受离岛免税购物政策：

（1）未按照规定将免税品携运离岛的；

（2）提供虚假身份证件或者使用不符合规定身份证件的；

（3）违反其他规定的。

19. 离岛旅客可以在哪里进行离岛免税购物？

答：国家统筹安排海南离岛免税商店的布局和建设。考虑到海口、三亚同为旅游重点城市且均具有离岛机场条件，我国目前在海口、三亚两地各开设有一家离岛免税商店。离岛旅客可以在两家离岛免税商店内进行免税购物。

此外，两家离岛免税商店目前均已开设网上离岛免税销售窗口。离岛旅客可通过网上离岛免税销售窗口进行免税购物，凭本人身份证件和登机牌在机场隔离区提货点提货并携运离岛。

第十八章　跨境贸易电子商务

1.《海关总署关于跨境电子商务零售进出口商品有关监管事宜的公告》（海关总署公告2016年第26号）适用范围是什么？

答：电子商务企业、个人通过电子商务交易平台实现零售进出口商品交易，并根据海关要求传输相关交易电子数据的，按照本公告接受海关监管。

2. 出口企业与外国批发商和零售商通过互联网线上进行产品展示和交易，线下按一般贸易等方式完成货物的出口的，如何办理通关手续？

答：按一般货物相关规定办理通关手续。

3. 海关监管中参与跨境电子商务业务的企业有哪些？

答：电子商务企业、个人通过电子商务交易平台实现零售进出口商品交易，并根据海关要求传输相关交易电子数据的，按照《海关总署关于跨境电子商务零售进出口商品有关监管事宜的公告》（海关总署公告2016年第26号）接受海关监管。

在海关注册登记的电子商务企业、电子商务交易平台企业、支付企业、物流企业等应当接受海关后续管理。

4. 海关跨境贸易电子商务监管中的个人是指什么？

答：个人是指境内居民。

5. 什么是参与跨境电子商务业务的企业？

答：参与跨境电子商务业务的企业是指参与跨境电子商务业务的电子商务企业、电子商务交易平台企业、支付企业、物流企业等。

6. 什么是电子商务企业？

答：电子商务企业是指通过自建或者利用第三方电子商务交易平台开展跨境电子商务业务的企业。

7. 什么是电子商务交易平台企业？

答：电子商务交易平台企业是指提供电子商务进出口商品交易、支付、配送服务的平台提供企业。

8. 什么是电子商务通关服务平台？

答：电子商务通关服务平台是指由电子口岸搭建，实现企业、海关及相关管理部门之间数据交换与信息共享的平台，是实现电子商务企业和个人通关的服务平台。

9. 海关监管方式代码“9610”的适用范围有哪些？

答：海关监管方式代码“9610”，全称“跨境贸易电子商务”，简称“电子商务”，适用于境内个人或电子商务企业通过电子商务交易平台实现交易，并采用“清单核放、汇总申报”模式办理通关手续的电子商务零售进出口商品（通过海关特殊监管区域或保税监管场所一线的电子商务零售进出口商品除外）。

10. 海关监管方式代码“1210”的适用范围有哪些？

答：海关监管方式代码“1210”，全称“保税跨境贸易电子商务”，简称“保税电商”。其适用于境内个人或电子商务企业在经海关认可的电子商务平台实现跨境交易，并通过海关特殊监管区域或保税监管场所进出的电子商务零售进出境商品［海关特殊监管区域、保税监管场所与境内区外（场所外）之间通过电子商务平台交易的零售进出口商品不适用该监管方式］。

“1210”监管方式用于进口时仅限经批准开展跨境贸易电子商务进口试点的海关特殊监管区域和保税物流中心（B型）。

11. 海关监管方式代码“1239”的适用范围有哪些？

答：海关监管方式代码“1239”，全称“保税跨境贸易电子商务A”，简称“保税电商A”。其适用于境内电子商务企业通过海关特殊监管区域或保税物流中心（B型）一线进境的跨境电子商务零售进口商品。

天津、上海、杭州、宁波、福州、平潭、郑州、广州、深圳、重庆等10个城市开展跨境电子商务零售进口业务暂不适用“1239”监管方式。

12. 需向海关传送数据的有哪些？

答：跨境电子商务零售进口商品申报前，电子商务企业或电子商务交易平台企业、支付企业、物流企业应当分别通过跨境电子商务通关服务平台（以下简称服务平台）如实向海关传输交易、支付、物流等电子信息。

进出境快件运营人、邮政企业可以受电子商务企业、支付企业委托，在书面承诺对传输数据真实性承担相应法律责任的前提下，向海关传输交易、支付等电子信息。

跨境电子商务零售出口商品申报前，电子商务企业或其代理人、物流企业应当分别通过服务平台如实向海关传输交易、收款、物流等电子信息。

13. 电子商务企业采取“清单核放、汇总申报”方式办理电子商务进出境货物报关手续的，适用哪种清单？

答：电子商务企业或其代理人应提交“中华人民共和国海关跨境电子商务零售进出口商品申报清单”（以下简称“申报清单”）。出口采取“清单核放、汇总申报”方式办理报关手续，进口采取“清单核放”方式办理报关手续。

“申报清单”与“中华人民共和国海关进（出）口货物报关单”具有同等法律效力。

14. 出口“申报清单”如何汇总形成“中华人民共和国出口货物报关单”向海关申报？

答：跨境电子商务零售商品出口后，电子商务企业或其代理人应当于每月10日前（当月10日是法定节假日或者法定休息日的，顺延至其后的第一个工作日，第12月的清单汇总应当于当月最后一个工作日前完成），将上月（12月为当月）结关的“申报清单”依据清单表头同一收发货人、同一运输方式、同一运抵国、同一出境口岸，以及清单表体同一10位海关商品编码、同一申报计量单位、同一币制规则进行归并，汇总形成“中华人民共和国海关出口货物报关单”向海关申报。

15. 电子商务企业应对海关提供哪些订购人信息？

答：电子商务企业应当对购买跨境电子商务零售进口商品的个人（订购人）身份信息进行核实，并向海关提供由国家主管部门认证的身份有效信息。无法提供或者无法核实订购人身份信息的，订购人与支付人应当为同一人。

16. 进口网购保税模式是否适用《海关总署关于跨境电子商务零售进出口商品有关监管事宜的公告》（海关总署公告2016年第26号）？

答：以保税模式从事跨境电子商务零售进口业务的，应当在海关特殊监管区域和保税物流中心

（B 型）内开展，除另有规定外，参照本公告规定监管。

17. 跨境电子商务商品退货如何管理？

答：在跨境电子商务零售进口模式下，允许电子商务企业或其代理人申请退货，退回的商品应当在海关放行之日起 30 日内原状运抵原监管场所，相应税款不予征收，并调整个人年度交易累计金额。

在跨境电子商务零售出口模式下，退回的商品按照现行规定办理有关手续。

附 录

FULU

附录 1　监管方式说明

第一节　一般贸易

一、 定义

一般贸易是指我国境内有进出口经营权的企业单边进口或单边出口的贸易。

本监管方式代码为“0110”，简称“一般贸易”。

二、 适用范围

（一）本监管方式包括：

1. 以正常交易方式成交的进出口货物；
2. 贷款援助的进出口货物；
3. 外商投资企业为加工内销产品而进口的料件，属非保税加工的；
4. 外商投资企业用国产原材料加工成品出口或采购产品出口；
5. 供应外国籍船舶、飞机等运输工具的国产燃料、物料及零配件；
6. 保税仓库进口供应给中国籍国际航行运输工具使用的燃料、物料等保税货物；
7. 境内企业在境外投资以实物投资带出口的设备、物资；
8. 来料养殖、来料种植进出口货物；
9. 外商投资企业全部使用国内料件加工的出口成品；
10. 国有公益性收藏单位通过合法途径从境外购买的藏品；
11. 利用中国政府的援外优惠贷款和援外合资合作基金方式出口的货物。

（二）本监管方式不适用：

1. 进出口货样广告品，监管方式为“货样广告品”（3010）；
2. 没有对外贸易经营业务的单位获准临时进出口货物，监管方式为“其他贸易”（9739）；
3. 境外劳务合作项目，对方以实物产品抵偿我劳务人员工资所进口的货物（如钢材、木材、化肥、海产品等），对外承包工程期间在国外获取及在境外购买的设备、物资等，监管方式为“承包工程进口”（3410）。

三、 管理规定

（一）审证管理规定

一般贸易进出口实行许可证件管理的货物，申报单位持授权机关签发的许可证件向海关办理报关手续；实行检验检疫管理的，申报单位持检验检疫机构出具的“入境货物通关单”或“出境货物通关单”向海关办理报关手续。

（二）征税管理规定

1. 一般贸易进出口货物应照章征税，一般贸易进出口减免税货物应办理减免税审批手续，凭“征免税证明”验放货物。

2. 经国务院批准，由民航总局核定的国内航空公司进口用于国际和港澳航线营运的飞机及其发动机维修用航空器材按比例免征进口关税和进口环节增值税。

3. 国有公益性收藏单位进口的藏品，征免性质代码为“公益收藏”（698）。

四、 控制条件

（一）根据进出口货物适用征减免税待遇选择填报相应的征免性质代码。

（二）经营单位不应为报关企业，经营单位编码第 6 位不应为“8”。

（三）本监管方式适用于进出境时，列入海关统计，统计代码为“10”（一般贸易）；适用于境内进出海关特殊监管区域或保税监管场所时，根据对应的单项统计运输方式，列入单项统计。

（四）国家实行外汇管理的出口货物，应交验出口收汇核销单，核销单编号填报在批准文号栏目。

（五）进口货物签发付汇证明联，出口货物签发退税证明联和出口收汇核销证明联。

第二节　易货贸易

一、定义

易货贸易是指不通过货币媒介而直接用出口货物交换进口货物的贸易。

本监管方式代码为“0130”，简称“易货贸易”。

二、适用范围

本监管方式仅适用于易货贸易经营企业在核准的范围内易货贸易进出口货物，本监管方式不适用：

（一）对台小额贸易中签订易货合同的贸易，监管方式为“对台小额”（4039）；

（二）边境小额贸易企业易货贸易进出口货物，监管方式为“边境小额贸易”（4019）。

三、管理规定

（一）经营资格管理

1. 与原苏联各国、东欧国家和朝鲜、蒙古、老挝、越南等国家开展易货贸易的经营权管理：

（1）经商务部门批准有进出口经营权的企业，不包括外商投资企业；

（2）经商务部门批准有易货贸易经营权的省、自治区、直辖市的地方易货贸易公司；

（3）经商务部门批准有进出口经营权的大中型生产企业（限自产产品）。

2. 经济技术合作和易货贸易业务交叉经营的管理：

易货贸易经营企业以易货贸易为经营主体，国际经济技术合作公司以经营国际经济技术合作业务为主体。在此前提下，国际经济技术合作公司在同外方经济合作的业务中，可从事单项合同额在100万美元以下的易货贸易业务；易货贸易经营企业在易货业务中，如与同一客户发生与易货相关的经济合作项目，可从事单项合同额在100万美元以下的承包工程或派出人数在100人以内的劳务合作业务。

3. 易货贸易经营企业应在批准的范围内开展易货贸易。

4. 外商投资企业不得经营易货贸易。

（二）审证管理规定

易货贸易进出口实行许可证件管理的货物，申报单位持授权发证机关签发的许可证件向海关办理报关手续；实行检验检疫管理的，申报单位持检验检疫机构出具的“入境货物通关单”或“出境货物通关单”向海关办理报关手续。

（三）征税管理规定

易货贸易进出口货物照章征税。易货贸易减免税进出口货物应办理减免税审批手续，凭“征免税证明”验放。

（四）易货贸易进口货物不得签发进口付汇报关单证明联，易货贸易出口货物需填报出口收汇核销单编号，海关签发出口报关单证明联。

四、控制条件

（一）本监管方式仅用于进出境，列入海关贸易统计，统计代码为“30”。

（二）本监管方式经营单位编码第6位应为“国营”（1）、“集体”（5）。

（三）进口货物原产国（地区）不应为“中国”（142）。

（四）本监管方式起运国（地区）和运抵国（地区）为“朝鲜”（109）、“老挝”（119）、“蒙古”（124）、“越南”（141）、“阿尔巴尼亚”（313）、“保加利亚”（316）、“匈牙利”（321）、“波兰”（327）、“罗马尼亚”（328）、“原苏联、南斯拉夫、捷克国家”（334 ~355）时，其进口货物的原产国（地区）和出口货物的最终目的国（地区）也必须为上述国家或地区。

（五）本监管方式对应征免性质应为“一般征税”（101）、“鼓励项目”（789）、“国批减免”（898）或“例外减免”(999)。

(六)本监管方式对应征减免税方式为“照章”(1)、“全免”(3)、“特案”(4)、“保金”(6)或“保函”(7)。

第三节 旅游购物商品

一、定义

旅游购物商品是指境外旅游者用自带外汇购买的或委托境内企业托运出境5万美元以下旅游商品或小批量订货。

本监管方式代码为“0139”,简称“旅游购物商品”。

二、适用范围

以下情况不适用本监管方式:

(一)出口旅游购物商品5万美元以上。出口旅游购物商品5万美元以上的,有进出口经营权的企业,按“一般贸易”(0110)申报出口,没有进出口经营权的企业,按“其他贸易”(9739)申报出口。

(二)入境旅游者(包括外籍运输工具服务人员)自带出境用外汇购买旅游纪念品、工艺品、中药材和中成药,由出境地海关旅检部门按照规定限值、限量办理。

三、管理规定

(一)入境旅游者在境内购买非许可证件管理的旅游商品通过货运渠道出境,凡经商务部门批准的国内旅游销售部门可接受5万美元以下(含5万美元)的小批量出口订货,海关凭国内旅游产品销售部门填写的出口货物报关单和有关证明(合同)等验放。

(二)出口旅游购物商品属于出口许可证件管理的,申报单位持出口许可证件向海关办理报关手续。

(三)《检验检疫机构实施检验检疫的进出境商品目录》列名的出口货物,申报单位持检验检疫机构出具的“出境货物通关单”向海关办理报关手续。

(四)应征出口税的旅游购物商品,应照章征税。

(五)出口旅游购物商品5万美元以下,不必填报出口收汇核销单编号。

(六)出口旅游购物商品,签发出口退税报关单证明联。

四、控制条件

(一)本监管方式列入海关“其他贸易”统计,统计代码为“39”。

(二)本监管方式仅用于出口。

第四节 加工贸易料件、边角料销毁

“料件销毁”,监管方式代码为“0200”,全称“加工贸易料件、残次品(折料)销毁”,适用于加工贸易企业因故无法内销或者退运而作销毁处置且未因处置获得收入的料件、残次品,其中残次品应按单耗折成料件。

“边角料销毁”,监管方式代码为“0400”,全称“加工贸易边角料、副产品(按状态)销毁”,适用于加工贸易企业因故无法内销或者退运而作销毁处置且未因处置获得收入的边角料、副产品。

第五节 来料加工

一、定义

来料加工是指进口料件由境外企业提供,经营企业不需要付汇进口,按照境外企业的要求进行加工或者装配,只收取加工费，制成品由境外企业销售的经营活动。本监管方式代码为“0214”，简称“来料加工”。

二、适用范围

（一）本监管方式包括：

1. 来料加工项下进口的料件和加工出口的成品；

2. 设立保税工厂的加工贸易企业来料加工进口料件和出口成品；

3. 加工贸易手册中的料件结转转入加工出口加工贸易手册的。

（二）以下情况不适用本监管方式：

1. 国营企业代理来料加工企业进口加工生产用柴油，监管方式为“加工专用油”（0314）；

2. 由特定企业以加工贸易进口原油加工成品油，不返销出境，供应国内市场的，监管方式为“成品油”（0642）；

3. 进口5000美元以下、78种列名辅料，监管方式为“低值辅料”（0815）。

4. 出口加工区等海关特殊监管区域（保税区、保税物流园区除外）来料加工进出口货物，监管方式为“区内来料加工”（5014）。

三、管理规定

（一）经营资格管理

经营来料加工的企业包括经海关注册登记的经营企业和加工企业：

1. 经营企业是指负责对外签订加工贸易进出口合同的各类进出口企业和外商投资企业，以及经批准获得来料加工经营许可的对外加工装配服务公司；

2. 加工企业是指接受经营企业委托，负责对进口料件进行加工或者装配，且具有法人资格的生产企业，以及由经营企业设立的虽不具有法人资格，但实行相对独立核算并已经办理工商营业证（执照）的工厂。

（二）经营企业应当向加工企业所在地主管海关办理加工贸易货物备案手续。经营企业与加工企业不在同一直属海关管辖的区域范围的，应当按照海关对异地加工贸易的管理规定办理货物备案手续。加工贸易货物备案管理详见第三篇第一章。

（三）经营企业进出口来料加工货物应当持加工贸易手册、进出口货物报关单等有关单证办理报关手续。保税区、出口加工区、保税物流园区等实行“备案制”的海关特殊监管区域，加工贸易进出境货物应填制“进出境货物备案清单”，并办理申报手续。

（四）来料加工进出口货物征税管理

1. 保税监管、内销征税方式：来料加工进口料件实行保税监管，加工成品出口后，海关核定实际加工复出的数量予以核销，未返销出口的按规定办理内销征税。来料加工保税进口料件不得串换。

2. 进口征税、出口退税方式：来料加工进口料件征收税款，加工成品出口后，海关核定实际加工复出口的数量，退还已征收的税款。

3. 进口担保验放、出口核销方式：开展限制类商品的来料加工业务实行银行保证金台账“实转”管理，即企业开展限制类商品加工贸易，在合同备案时，须缴纳台账保证金；企业在规定期限内加工成品出口并办理核销结案手续后，保证金及利息予以退还。

4. 来料加工进口与被诉倾销产品相同的货物，按以下规定办理：

（1）经营单位在有关货物实际进口申报时，应向海关提交原产地证明。对于直接从被诉国家（或地区）的生产厂商进口被诉倾销商品的，必须向海关提交原厂商发票。对于通过境外贸易商间接进口被诉倾销产品的，应向海关提交原厂商发票，确实无法提交时，向海关提交的由境外贸易商制发的商业发票上必须包括生产厂商名称和原厂商发票的编号。进口予以排除征收反倾销税，但在《税则》中难以与被诉倾销产品相区分的货物时，须向海关提交国家经贸主管部门出具的认定证明。进口达成价格承诺协议的公司的被诉倾销产品时，还须向海关提交由该公司出具的出口证明信。

（2）不能提交有关单证或进口达成价格承诺协议的公司被诉倾销产品的价格低于协议参考价格，海关认定应征收反倾销税或现金保证金的，在产品因故内销时海关按审定的原进料件的价格征收反倾销税或现金保证金。

6. 来料加工出口应税产品按照以下规定办理：

（1）出口未锻轧铝照章征税；

（2）全部使用进口料件加工的产品，不征出口关税。部分使用进口料件加工的产品，按海关核定的出口成品中使用国产料件占全部料件的价值比例征收出口关税；

(3) 外商投资企业出口本企业加工生产的产品，免征出口关税。

(五) 审证管理规定

1. 国家已公布的禁止进出口的商品禁止开展来料加工；

2. 来料加工进口实行进口许可证管理的货物，申报单位持商务部授权发证机关签发的进口许可证向海关办理报关手续；

3. 来料加工出口实行许可证管理的货物（进口原油加工复出口成品油除外），申报单位持商务部授权发证机关签发出口许可证向海关办理报关手续。来料加工出口许可证实行"非一批一证"管理；

4. 来料加工（保税区、出口加工区除外）进口实行自动进口许可管理的原油、成品油凭"自动进口许可证"，来料加工进口其他实行自动进口许可管理的货物，免予提交自动进口许可证；

5. 来料加工进出口货物实行其他许可证件管理的，申报单位持授权发证机关签发的许可证件向海关办理报关手续；实行检验检疫管理的，申报单位持检验检疫机构出具的"入境货物通关单"或"出境货物通关单"向海关办理报关手续。

(六) 外汇管理：来料加工进口料件不得对外付汇，海关不予签发进口付汇报关单证明联；出口货物无须填报出口收汇核销单号。

(七) 来料加工出口产品不予签发出口退税报关单。

四、 控制条件

(一) 本监管方式适用于进出境时，列入海关统计，统计代码为"14"；适用于进出境内海关特殊监管区域或保税监管场所时，根据对应单项统计运输方式，列入单项统计。

(二) 来料加工进出口货物报关单"备案号"栏目不得为空，应填报加工贸易手册编号。

(三) 本监管方式进出口货物适用征免性质代码为"502"或"999"。

(四) 本监管方式报关单征减免税方式栏目填报"照章"(1)，准予担保的填报"保证金"(6) 或"保证函"(7)，准予减免税的填报"特案"(4)。

第六节 加工贸易货物结转

一、 定义及适用范围

(一) 加工贸易保税货物深加工结转

1. 定义：是指加工贸易企业将保税进口料件加工的产品转至另一加工贸易企业进一步加工后复出口的经营活动。

来料深加工结转货物监管方式代码为"0255"，简称"来料深加工"。

进料深加工结转货物监管方式代码为"0654"，简称"进料深加工"。

2. 适用范围

(1) 本监管方式适用：

①非海关特殊监管区域加工贸易经营企业之间来料、进料深加工货物结转；

②非海关特殊监管区域加工贸易经营企业转自海关特殊监管区域加工贸易经营企业加工的货物。

(2) 本监管方式不适用：

①保税区、保税物流园区等海关特殊监管区域之间结转的货物，监管方式为"保税间货物"(1200)；

②出口加工区企业生产的产品结转至其他出口加工区或非海关特殊监管区域加工复出口，加工区企业转出、转入报关单监管方式为"成品进出区"(5100)；

③经营企业进料加工产品转给享受减免税优惠的企业，监管方式为"进料成品转减免"(0744)。

(二) 加工贸易余料结转

加工贸易余料结转是指加工贸易企业在经营来料加工、进料加工加工复出口业务过程中剩余的，可以继续用于加工制成品的加工贸易进口料件，结转到同一经营单位、同一加工企业、同样进口料件和同一加工监管方式的另一个加工贸易合同项下继续加工复出口。

来料余料结转监管方式代码为“0258”，简称“来料余料结转”。进料余料结转监管方式代码为“0657”，简称“进料余料结转”。

二、管理规定

（一）加工贸易保税货物深加工结转的管理规定

深加工结转货物，转出、转入企业实际收发货后，按照以下规定办理结转报关手续：

1. 转出、转入企业可以分批或者集中办理报关手续。转出（入）企业每批实际发（收）货后，应当在90日内办结该批货物的报关手续。

2. 转入、转出企业按照“先报进、后报出”的规则，分别在转入地、转出地主管海关办理结转报关手续。“先报进、后报出”即转入企业先向转入地主管海关办理结转货物进口报关手续，并在转入货物报关后2个工作日内将报关情况通知转出企业。转出企业自接到转入企业通知之日起10日内，向转出地主管海关办理转出货物报关手续。

3. 加工贸易企业保税加工货物深加工结转过程中涉嫌侵犯知识产权的，海关应当根据《中华人民共和国知识产权海关保护条例》及《海关行政处罚实施条例》的规定进行处理。

4. 报关单填报要求：

（1）一份转入进口报关单对应一份转出出口报关单，两份报关单对应的商品序号、商品编号前4位、数量、价格应当一致；

（2）结转进、出口报关的申报价格为结转货物的实际成交价格；

（3）转入企业填报进口报关单，关联备案号栏目填报转出企业的手册号，转出企业填报出口报关单，转入企业进口报关单号和手册号分别填报在“关联报关单”和“关联备案号”栏目；

（4）报关单征免性质栏目为空；

（5）原产国、起运国、最终目的国和运抵国均为“中国”（142），运输方式为“其他”（9），装货港、指运港为“中国境内”（0142）。

（二）来料、进料加工余料结转管理规定

1. 来料、进料加工余料结转限于同一加工贸易经营企业、同一加工工厂、同样进料件和同一加工贸易方式。

2. 报关单填报要求：

（1）一份转入进口报关单对应一份转出出口报关单，两份报关单对应的商品序号、商品编号前4位、数量、价格应当一致；

（2）结转进、出口报关的申报价格为结转货物的实际成交价格；

（3）转入填报进口报关单，关联备案号栏目填报转出余料的手册号，转出填报出口报关单，转入报关单号和手册号分别填报在“关联报关单”和“关联备案号”栏目；

（4）征免性质栏目为空；

（5）原产国、起运国、最终目的国和运抵国均为“中国”（142），运输方式为“其他”（9），装货港、指运港为“中国境内”（0142）。

（三）出口加工区加工贸易货物结转到非海关特殊监管区域的管理规定

1. 特殊区域结转至非海关特殊监管区域加工贸易企业的货物，海关按照加工贸易进口货物的管理规定办理手续，结转产品属于进口许可证件管理的，企业应当提供相应的许可证件。

2. 报关单填报要求：

（1）特殊区域企业生产的产品转至非海关特殊监管区域加工贸易企业的，区内企业填报“出境货物备案清单”，监管方式填报“成品进出区”（5100），运输方式填报“其他”（9），运抵国填报“中国”（142）；

（2）非海关特殊监管区域加工贸易转入企业填报进口货物报关单，监管方式填报“料件进出区”（5000），运输方式填报“出口加工区”和“珠澳跨境工业区（珠海园区）”（Z）、“保税港区”和“综合保税区”（Y）、“中哈霍尔果斯边境”合作区（中方配套区）（H），起运国填报“中国”（142）。

（四）外汇管理规定

1. 结转货物，签发进口报关单付汇证明联，出口报关单需填报出口收汇核销单编号。

2. 加工贸易余料结转，不予签发进口报关单付汇证明联，出口报关单不需填报出口收汇核销单编号。

（五）海关对加工贸易深加工结转货物实施单项统计。

第七节 加工贸易料件复出

一、 定义

加工贸易料件复出是指来料加工、进料加工进口的保税料件因品质、规格等原因退运，以及加工过程中产生的剩余料件、边角料、废料退运出境。

来料加工料件复出监管方式代码为“0265”，简称“来料料件复出”。

来料加工边角料复出监管方式代码为“0865”，简称“来料边角料复出”。

进料加工料件复出监管方式代码为“0664”，简称“进料料件复出”。

进料加工边角料复出监管方式代码为“0864”，简称“进料边角料复出。

二、 适用范围

（一）本监管方式适用：

1. 来料加工、进料加工进口的保税料件因品质、规格等原因退运，以及加工过程中产生的剩余料件、边角料、废料退运出境；

2. 经营企业因加工贸易出口产品售后服务需要，申请出口加工贸易手册项下进口的保税料件；

3. 海关特殊监管区域企业（保税区、保税物流园区除外）保税料件复运出境。

（二）本监管方式不适用：

加工贸易进口料件、剩余料件及边角料、废料复运出境后更换同类货物进口，监管方式为“来料料件退换”（0300）、“进料料件退换”（0700）。

三、 管理规定

（一）加工贸易料件复出不实行出口许可证件管理，我国参加或缔结的国际条约、国家法律法规另有规定，涉及国家安全、公共道德、动植物检疫、知识产权和文物保护等限制措施的，按有关规定办理。

（二）报关单填报要求

1. 出口报关单“备案号”栏填报加工贸易手册编号。

2. 不必填报征免性质代码。

（三）进料料件复出、进料边角料复出出口报关单填报出口收汇核销单编号。来料料件复出、来料边角料复出出口报关单不需要填报出口收汇核销单编号。

四、 控制条件

加工贸易料件复出仅用于进出境，分别列入海关进料、来料料件复出单项统计。

第八节 加工贸易货物退换

一、 定义

（一）加工贸易料件退换

加工贸易料件退换是指来料、进料加工进口的保税料件因品质、规格等原因退运出境，更换料件复进口。

来料加工料件退换监管方式代码为“0300”，简称“来料料件退换”。

进料加工料件退换监管方式代码为“0700”，简称“进料料件退换”。

（二）加工贸易成品退换

加工贸易成品退换是指来料、进料加工出口的成品因品质、规格或其他原因退运进境，经加工、维修或更换同类商品复出。

对来料、进料加工正在执行的手册或电子账册项下出口成品因品质、规格或其他原因退运进境，经加工、维修或更换同类商品复出口时，允许企业凭成品退换合同在同一手册或电子账册项下按“成品退换”方式进行管理。

来料加工成品退换监管方式代码为“4400”，简称“来料成品退换”。

进料加工成品退换监管方式代码为“4600”，简称“进料成品退换”。

二、 适用范围

（一）本监管方式也适用于保税港区、综合保税区、出口加工区、珠澳跨境工业园区（珠海园区）、中哈霍尔果斯边境合作区（中方配套区）。

1. 区内企业经营来料加工业务，进境的料件出境退换的。

2. 区内企业经营来料加工业务，出境的成品返回区内退换的。

3. 区内企业经营进料加工业务，进境的料件出境退换的。

4. 区内企业经营进料加工业务，出境的成品返回区内退换的。

（二）本监管方式不适用范围

1. 来料加工、进料加工过程中产生的剩余料件、边角料、废料退运出境，以及进口料件因品质、规格等原因退运出境且不再更换同类货物进境的，这几类货物分别适用以下监管方式：“来料料件复出”（0265）、“来料边角料复出”（0865）、“进料料件复出”（0664）、“进料边角料复出”（0864）。

2. 退换已经核销的加工贸易手册（账册）项下的出口成品。

三、 管理规定

（一）已经加工的保税进口料件不得进行退换。

（二）报关单填报要求

1. 加工贸易料件、成品退换进出口，报关单“备案号”栏目必须填报相关的加工贸易手册编号。

2. 不必填报征免性质代码。

（三）成品退换管理规定

1. 对正在执行的手册或电子账册项下需退换的出口成品，企业凭成品退换合同在同一手册或电子账册项下按“成品退换”方式进行管理。

2. 成品退换时，应先按“来料成品退换”或“进料成品退换”方式进口原已出口的不符合品质、规格要求的成品，再出口品质、规格符合要求的成品，同一手册（账册）的成品退换申报的进出口监管方式应当对应，数量、金额应当一致。

3. 成品退换过程中用于加工、维修或更换的材料，企业按以下方式办理手续：

（1）一般贸易征税进口或国内采购；

（2）保税料件用于成品退换的，不纳入工艺性损耗。

4. 对成品退换下的废旧材料按以下方式处理：

（1）通过一般贸易征税进口或国内采购替换的，由企业自行处理；

（2）通过保税料件替换的，由企业按照《中华人民共和国海关关于加工贸易边角料、剩余料件、残次品、副产品和受灾保税货物的管理办法》的相关规定办理。

5. 办理成品退换时，企业应提供以下材料：

（1）成品退换合同；

（2）原出口货物报关单；

（3）需加工、维修或更换的证明材料。

（四）外汇管理规定

1. 来料料件退换、来料成品退换出口报关单不需要填报出口收汇核销单编号。

2. 来料料件退换、来料成品退换不签发进口付汇报关单证明联。

3. 进料料件退换出口报关单要填报出口收汇核销单编号。

4. 进料成品退换出口报关单不需要填报出口收汇核销单编号。

5. 进料料件退换、进料成品退换不签发进口付汇报关单证明联。

（五）加工贸易退换进出口货物不实行进出口许可证件管理，我国参加或缔结的国际条约、国家法律法规另有规定，涉及国家安全、公共道德、动植物检疫、知识产权和文物保护等限制措施的，按有关规定办理。

（六）加工贸易退换进出口货物仅用于进出境，不列入海关统计。

第九节 加工贸易保税货物转内销

一、 定义

（一）加工贸易保税料件转内销是指经营企业来料、进料加工过程中产生的剩余料件或用剩余料件生产的制成品、半成品、残次品及受灾保税货物，经批准转为国内销售，不再加工复出口，包括海关事后发现有关企业擅自转内销并准予补办进口手续的货物。

来料加工料件转内销监管方式代码为“0245”，简称“来料料件内销”。

进料加工料件转内销监管方式代码为“0644”，简称“进料料件内销”。

（二）加工贸易保税货物减免是指来料、进料加工成品在境内销售给凭“征免税证明”进口货物的企业。

来料加工成品转减免监管方式代码为“0345”，简称“来料成品转减免”。

进料加工成品转减免监管方式代码为“0744”，简称“进料成品转减免”。

（三）加工贸易边角料内销是指经批准在境内销售的来料、进料加工过程中有形损耗产生的、仍有商业价值的边角料，包括来料、进料加工副产品，以及出口加工区内企业加工贸易边角料结转到同一加工区或不同加工区的另一企业，或经批准销售到区外。

来料加工边角料转内销监管方式代码为“0845”，简称“来料边角料内销”；进料加工边角料转内销监管方式代码为“0844”，简称“进料边角料内销”。本监管方式适用于保税港区、综合保税区、出口加工区、珠澳跨境工业园区（珠海园区）、中哈霍尔果斯边境合作区（中方配套区）内企业申报使用，不适用于区外企业和保税区、保税物流园区内企业。

二、 适用范围

（一）加工贸易保税货物内销监管方式适用于边角料、剩余料件、残次品、副产品和受灾保税货物。

1. 边角料是指加工贸易企业经营来料加工、进料加工业务，在海关核定的单耗内，加工过程中产生的、无法再用于加工该合同项下出口制成品的数量合理的废、碎及下脚料件。

2. 剩余料件是指加工贸易企业在经营业务过程中剩余的，可以继续用于加工制成品的加工贸易进口料件。

3. 残次品是指加工贸易企业经营来料加工、进料加工业务，在生产过程中产生的有严重缺陷或者达不到出口合同标准，无法复出口的制品（包括完成品和未完成品）。

4. 副产品是指加工贸易企业经营来料加工、进料加工业务，在加工生产出口合同规定的制成品（即主产品）过程中同时产生的，且出口合同未规定应当复出口的一个或者一个以上的其他产品。

5. 受灾保税货物是指加工贸易企业经营业务过程中，因不可抗力原因或者其他经海关审核认可的正当理由造成灭失、短少、损毁等导致无法复出口的保税进口料件和制品。

（二）以下情况不适用加工贸易保税货物转内销的监管方式：

1. 特定企业以加工贸易的方式进口原油炼制成品油，不返销出境而供应国内市场，监管方式为“成品油”（0642）；

2. 保税区、出口加工区加工贸易转内销货物，监管方式为“保税区进料料件”（0544）、“保税区来料料件”（0545）；

3. 企业擅自内销加工贸易保税货物，按走私或违规处理的。

三、 管理规定

（一）加工贸易料件转内销（0245、0644）

1. 加工贸易保税进口料件或成品因故转为内销的，企业持外经贸主管部门颁发的“加工贸易保税进口料件内销批准证”申请内销，凭海关加工贸易主管部门核准的“加工贸易货物内销征税联系单”办理通关手续。

2. 加工贸易剩余料件或加工成品转内销，按进口料件征收税款并加征缓税利息。进口料件属于国家对进口有限制性规定的，经营企业还应当向海关提交进口许可证件。

（1）缓税利息的利率为中国人民银行公布的6个月至1年（含1年）短期贷款年利率（以下简称短期贷款年利率），海关根据中国人民银行最新公布的短期贷款年利率随时调整并公布执行。

对因加工贸易政策调整导致到期合同不予延期，按内销处理的，根据填发海关税款缴款书的上一年度中国人民银行公布的活期存款利率征收缓税利息；对逾期未核销手册项下的加工贸易货物内销征税，缓税利息的征收仍按前款规定办理，即按短期贷款年利率计息。

（2）加工贸易保税料件或制成品经批准内销的，缓税利息计息期限的起始日期为内销料件或制成品所对应的加工贸易合同项下首批料件进口之日；加工贸易E类电子账册项下的料件或制成品内销时，起始日期为内销料件或制成品所对应电子账册的最近一次核销之日（若没有核销日期的，则为电子账册的首批料件进口之日）。

对上述货物征收缓税利息的终止日期为海关填发税款缴款书之日。

（3）加工贸易保税料件或制成品未经批准擅自内销，违反海关监管规定的，缓税利息计息期限的起始日期为内销料件或制成品所对应的加工贸易合同项下首批料件进口之日；若内销涉及多本合同，且内销料件或制成品与合同无法一一对应的，则计息的起始日期为最近一本合同项下首批料件进口之日；若加工贸易E类电子账册项下的料件或制成品擅自内销的，则计息的起始日期为内销料件或制成品所对应电子账册的最近一次核销之日（若没有核销日期的，则为电子账册的首批料件进口之日）；按照前述方法仍无法确定计息的起始日期的，则不再征收缓税利息。

违规内销计息的终止日期为保税料件或制成品内销之日。内销之日无法确定的，终止日期为海关发现之日。加工贸易保税料件或制成品等违规内销的，还应征收滞纳金。

（4）对于实行保证金台账实转（包括税款保付保函）管理的加工贸易手册项下的保税货物，在办理内销征税手续时，如果海关征收的缓税利息大于对应台账保证金的利息，应由中国银行在海关税款缴款书上签注后退单，由海关重新开具两份缴款书，一份将台账保证金利息全额转为缓税利息，另一份将台账保证金利息不足部分单开海关税款缴款书，企业另行缴纳。

（二）内销边角料、剩余料件、残次品、副产品和受灾保税货物属于《农产品进口关税配额管理暂行办法》管理的小麦（包括其粉、粒）、玉米（包括其粉、粒）、大米（包括其粉、粒）、食糖、棉花、羊毛及毛条，海关凭企业提交的在“监管方式”栏目中注明“加工贸易”的“农产品进口关税配额证”适用关税配额税率。

（三）内销边角料、剩余料件、残次品、副产品和受灾保税货物属于加征反倾销税、反补贴税、保障措施关税或者报复性关税（以下统称特别关税）的，按照下列情况办理：

1. 边角料免于征收需加征的特别关税；

2. 剩余料件、残次品、副产品加征需加征的特别关税；

3. 因不可抗力因素造成的受灾保税货物，如失去原使用价值的，其对应进口料件免于征收需加征的特别关税；因其他经海关审核认可的正当理由造成的受灾保税货物，其对应进口料件属于加征特别关税的，海关按照规定征收需加征的特别关税。

（四）加工贸易内销货物归类及审价

1. 来料、进料加工转内销进口料件或加工成品（包括残次品）按进口料件申报。

2. 来料加工进口料件或其制成品（包括残次品）申报内销时，海关按照接受内销申报的同时或大约同时进口的，与料件相同或类似的货物的进口成交价格为基础审查确定完税价格。

进料加工进口料件或其制成品（包括残次品）申报内销时，海关以料件的原进口成交价格为基础审查确定完税价格。料件的原进口成交价格不能确定的，海关按照接受内销申报的同时或大约同时进口的，与料件相同或类似的货物的进口成交价格为基础审查确定完税价格。

3. 加工企业内销加工过程中产生的边角料或者副产品，以海关审查确定的内销价格作为完税价格。

加工贸易内销货物的完税价格按照规定仍然不能确定的，由海关按照合理的方法审查确定。

4. 印刷线路板企业产生的废液（废渣）应该认定为边角料而不是副产品，海关按照加工贸易企业向海关申请废液（废渣）的报验状态归类后适用的税率和审定的废液（废渣）价格计征税款。

（五）报关单填报要求

1. 来料成品转减免（0345）、进料成品转减免（0744）

（1）应分别填报进出口报关单，转入企业先办理进口报关手续，转出企业后办理出口报关手续，进、出口报关单货物品名、数量应一致。

（2）转入企业进口报关单“备案号”栏目填报“征免税证明”编号，“监管方式”栏目填报来料或进料成品减免，“项号”栏目填报“征免税证明”中的项号，转出货物相关的加工贸易手册号填报在“关联备案号”栏目。

（3）转出企业出口报关单“备案号”栏目填报加工贸易手册编号，“项号”栏目填报加工贸易手册出口成品项号，转入企业进口报关单号填报在“关联报关单”栏目。

2. 来料料件内销（0245）、进料料件内销（0644）

（1）填制进口报关单。

（2）“备案号”栏目填报加工贸易手册编号。

（3）报关单“项号”栏目填报加工贸易手册进口料件的项号。

3. 进料边角料内销（0844）、来料边角料内销（0845）

（1）填制进口报关单。

（2）“备案号”栏目填报加工贸易手册编号。

（3）“项号”栏目填报加工贸易手册中对应的料件项号，边角料或副产品对应一个以上料件项号的，填报主要料件项号。

（六）加工贸易保税货物转内销实施海关单项统计。

四、 控制条件

（一）加工贸易保税料件内销对应征免性质代码为“101”、“423”、“898”、或“999”。

（二）加工贸易边角料内销对应的征免性质代码为“898”、“999”或“101”。

（三）加工贸易成品减免对应的征免性质代码是“501”、“601”、“602”、“603”、“789”、“799”、“898”、“999”或“101”。

（四）适用征免规定代码根据征免规定选用“1”、“3”、“4”等。

第十节 加工专用油

一、 定义

加工专用油是指指定国营贸易企业代理来料加工企业进口来料加工生产用柴油。监管方式代码“0314”，简称“加工专用油”。

二、 管理规定

（一）国家对进出口成品油实行国营贸易，来料加工贸易经营企业进口加工生产用柴油必须委托指定公司进口。

（二）进口加工专用油申报单位持“自动进口许可证”向海关办理报关手续，许可证上的贸易方式为“来料加工”，“备注”栏内注明“加工专用油”。

（三）报关单填报要求：报关单备案号填报加工贸易手册编号，“经营单位”及“收货单位”栏按加工贸易手册填报，报关单“备注”栏注明“由××公司代理进口”。

（四）本监管方式可以对外售付汇，签发进口付汇报关单证明联。

（五）本监管方式代码对应征免性质代码“来料加工”（502）。

（六）本监管方式列入海关统计。

第十一节 加工贸易设备

一、 定义

（一）外商提供的加工贸易不作价设备是指境外企业与境内企业开展来料、进料加工业务，外商免费向境内加工贸易经营单位提供加工生产所需设备，境内经营单位不需支付外汇，不需用加工费或差价偿还。

外商提供的加工贸易不作价设备监管方式代码为“0320”，简称“不作价设备”。

（二）服务外包进口设备是指服务外包企业履行国际服务外包合同，由国际服务外包业务境外发包方免费提供的进口设备。

服务外包进口设备监管方式代码为“0420”，简称“加工贸易设备”。

（三）加工贸易设备转内销是指在海关监管期内的加工贸易免税进口设备经批准转售给境内非加工贸易企业。

加工贸易设备转内销监管方式代码为“0446”，简称“加工设备内销”。

（四）加工贸易设备结转是指海关监管期内的加工贸易免税进口设备经批准转让给另一加工企业，或从本企业一本加工贸易手册结转入另一本加工贸易手册。

加工贸易设备结转监管方式代码为“0456”，简称“加工设备结转”。

（五）加工贸易设备退运是指加工贸易免税进口设备退运出境。

加工贸易设备退运监管方式代码为“0466”，简称“加工设备退运”。

二、 适用范围

以下情况不适用本监管方式：

（一）暂时进口（期限在半年以内）加工贸易生产所需不作价设备（限模具、单台设备），按暂时进口货物办理。

（二）外商投资企业投资总额内资金进口的设备，监管方式为“合资合作设备”（2025）、“外资设备物品”（2225）。

（三）外商投资企业自有资金（投资总额以外）进口设备，监管方式为“一般贸易”（0110）。

（四）出口加工区的设备进口、退运及结转，分别适用“境外设备进区”（5335）、“区内设备退运”（5361）和“设备进出区”（5300）。

三、 管理规定

（一）进口“外商投资项目不予免税的进口商品”所列商品范围外的不作价设备，且符合下列条件之一的，免征进口关税：

1. 设有独立专门从事加工贸易（即不从事内销产品加工生产）的工厂或车间，且不作价设备仅限在该工厂或车间使用。

2. 未设有独立专门从事加工贸易的工厂或车间，以现有加工生产能力为基础开展加工贸易的项目，使用不作价设备的加工生产企业，在加工贸易合同（协议）期限内，其每年加工的产品必须有70%以上为出口产品。

（二）加工贸易经营企业进口不作价设备，须在加工贸易合同（协议）中列明进口不作价设备的条款（即列明外商以免费方式提供，不需加工贸易经营单位付汇进口，也不需用加工费或差价偿还设备款），并附“加工贸易不作价设备申请备案清单”。

加工贸易进口不作价设备由加工贸易合同备案地海关办理备案手续，核发加工贸易手册，手册编号第一位标记为“D”。

（三）加工贸易项下进口外商提供的不作价设备，除旧加工设备需要办理入境检验检疫手续外，免于办理机电产品进口证件。

（四）海关监管不作价设备，监管期限为5年。在监管期限内，不得擅自在境内销售、串换、转让、抵押或移作他用。

1. 监管期限未满，原设备使用单位申请提前解除监管或监管期满后设备不再由原企业使用的，企业须补缴进口关税、进口环节增值税，海关凭相应的机电产品进口证件及检验检疫证明办理解除监管手续。

2. 加工贸易经营单位因故终止或解除加工贸易合同，经商务部门批准，主管海关核准，方可将免税不作价设备退运出境，或按设备使用年限折旧后的价值征税。

3. 监管期限已满的不作价设备应退运出境，因特殊情况不退运出境的，按以下规定办理解除监管手续：

（1）企业不退运出境并向海关申请放弃的不作价设备，海关可直接为企业办理解除监管手续，并按有关规定对放弃的不作价设备作出处理。

（2）监管期满后，设备留在原企业继续使用的，经企业申请海关可解除监管，企业免于办理机电产品进口证件和入境检验检疫手续。

（五）外汇管理规定：

1. 加工贸易设备（0420）、加工设备内销（0446）可以签发进口付汇证明联。

2. 加工贸易不作价设备（0320）、加工设备结转（0456、转进）不可以对外付汇，不签发进口付汇证明联。

3. 加工设备退运（0466）、加工设备结转（0456）出口报关单不必填报出口收汇核销单号。

四、 报关单填报要求

（一）减免税设备及加工贸易设备之间的结转，转入和转出企业分别填制进、出口报关单，报关单“监管方式”栏目根据报关企业所持加工贸易手册或“征减免税证明”，分别选择填报加工贸易设备结转、减免税设备结转的海关监管方式代码，报关单“备案号”栏目分别填报加工贸易手册编号、“征减免税证明”编号，报关单其他栏目按结转货物的要求填报。

（二）加工贸易设备结转，由合同备案企业（转出方）填具形式出口报关单，由接受该设备的企业或单位（转入方）填具形式进口报关单，海关作“加工设备结转”（0456）单项统计。最终目的国、运抵国和起运国填报“中国”（142），原产国（地区）按设备的生产国统计，运输方式填报“其他”（9）。

（三）在上海、大连、深圳、南京、苏州、无锡、哈尔滨、大庆、西安、长沙、北京、天津、重庆、广州、武汉、成都、济南、杭州、合肥、南昌和厦门等21个城市试点的技术先进型服务企业国际服务外包业务进口货物保税监管，暂用加工贸易设备手册（手册编号首位为“D”）模式管理。

1. 手册项下货物进口时，进口报关单“备案号”栏目填报对应的D手册编号，“监管方式”栏目填报“加工贸易设备”（0420），“征免性质”栏目填报“加工设备”（501）。“标记号码及备注”栏目填报“国际服务外包进口货物”，表体商品项的“征免”栏目填报“全免”，其他栏目按规定填报。

2. 手册项下货物退运时，出口报关单“备案号”栏目填报对应的D手册编号，“监管方式”栏目填报“加工设备退运”（0466），其他栏目按规定填报。

3. 手册项下货物内销时，报关单“备案号”栏目填报对应的D手册编号，“监管方式”栏目填报“加工设备内销”（0446），其他栏目按规定填报。

五、 控制条件

（一）不作价设备（0320）对应征免性质代码为“加工设备”（501）。

（二）加工贸易设备（0420）对应征免性质代码为“一般征税”（101）、“加工设备”（501）。

（三）加工设备内销（0446）、加工设备结转（0456）征免性质栏目为空。

第十二节　监管年限内减免税设备结转

一、 定义

监管年限内减免税设备结转是指进口企业在减免税设备监管年限内转让给另一享受减免税待遇的企业。本监管方式代码为“0500”，简称“减免设备结转”。

二、 适用范围

本监管方式不适用于加工贸易项下进口设备结转给另一加工贸易企业，监管方式为“加工设备结转”（0456）。

三、 管理规定

（一）监管年限内减免税设备转让给其他享受减免税优惠的企业，转出方需办理解除监管手续，转入方需办理减免税审批手续，凭征免税证明办理结转报关手续。

（二）减免税设备结转，转入和转出企业分别填制进、出口报关单，按照“先报进，后报出”的规则办理通关手续，即转入方先申报进口，海关接受转入方进口报关单申报后，转出方再申报出口报关单，H2000系统电子审单环节对进口报关单是否已接受申报进行检查。

（三）报关单填报要求

1. 进出口报关单“监管方式”栏目均填报减免税设备结转监管方式及代码。

2. 转入方进口报关单“备案号”栏目填报征减免税证明编号，转出方出口报关单“备案号”栏目为空。

3. 转出方出口报关单关联报关单号栏目填报转入方进口报关单编号。

（四）结转旧机电产品，无须办理“入境货物通关单”。

（五）本监管方式结转货物不得对外售付汇。

（六）本监管方式不列入海关统计。

第十三节　保税区加工贸易内销货物

一、定义

保税区进料加工、来料加工加工成品不复运出境，转为国内使用，按征税方式区分适用以下监管方式：

（一）区内加工企业来料、进料加工全部用境外运入料件加工的制成品销往非保税区，以及来料、进料加工内销制成品所含进口料件的品名、数量、价值难以区分的，按照制成品征税，监管方式为：

1. "按成品征税的保税区来料加工成品转内销货物"，监管方式代码为"0445"，简称"保区来料成品"。

2. "按成品征税保税区进料加工成品转内销货物"，监管方式代码为"0444"，简称"保区进料成品"。

（二）区内企业来料、进料加工用含有部分境外运入料件加工的制成品销往非保税区时，对其制成品按照所含进口料件征税，监管方式为：

1. "按料件征税的保税区来料加工成品转内销货物"，监管方式代码为"0545"，简称"保区来料料件"。

2. "按料件征税的保税区进料加工成品转内销货物"，监管方式代码为"0544"，简称"保区进料料件"。

二、管理规定

（一）保税区加工贸易转内销货物，实行许可证件管理的，申报单位持授权发证机关签发的许可证件向海关办理报关手续。法律、行政法规、规章另有规定在进境环节提交进口许可证件的除外。

（二）保税区加工贸易内销货物照章征税，免征收缓税利息。

1. 保税区内的加工企业内销的进口料件或者其制成品（包括残次品），海关以接受内销申报的同时或者大约同时进口的相同或者类似货物的进口成交价格为基础审查确定完税价格。

用含有境外运入料、件加工的制成品销往非保税区时，海关以制成品所含从境外购入的料件原进口成交价格为基础审查确定完税价格。料件原进口成交价格不能确定的，海关以接受内销申报的同时或者大约同时进口的与料件相同或者类似货物的进口成交价格为基础审查确定完税价格。

2. 保税区内的加工企业内销的来料加工制成品中，如果含有从境内采购的料件，海关以接受内销申报的同时或者大约同时进口的与制成品所含从境外购入的料件相同或者类似货物的进口成交价格为基础审查确定完税价格。

3. 保税区内的加工企业内销加工过程中产生的边角料或者副产品，以海关审查确定的内销价格作为完税价格。

保税区内的加工企业内销制成品（包括残次品）、边角料或者副产品不能按相同或者类似货物及内销价格确定完税价格的，由海关按照合理的方法审查确定。

（三）保税区加工贸易内销货物可以对外售（付）汇，签发进口付汇报关单证明联。

（四）本监管方式实施海关单项统计。

三、报关单填报要求

（一）保税区加工贸易成品转内销填报进口报关单，监管方式代码为"0444"和"0445"的报关单，备案号栏目应填报加工贸易手册编号；监管方式代码为"0544"和"0545"的报关单，备案号为空。

（二）进口报关单运输方式填报"保税区运往非保税区和非保税区运入保税区货物"（7）。按料件征税的，原产国（地区）填报进口料件的原产国（地区）；按成品征税的，原产国（地区）填报中国境内（142）。

第十四节　补偿贸易

一、定义

补偿贸易是指由境外厂商提供或者利用国外出口信贷进口生产技术或设备，我方企业（包括外商投资企业）进行生产，以返销其产品的方式分期偿还对方技术、设备价款或贷款本息的交易方式。包括经经贸主管部门批准，使用该企业（包括企业联合体）所生产的其他产品返销给对方，进行间接补偿。

补偿贸易偿还对方技术、设备价款或贷款本息的方式一般有两种：

第一种，产品出口先偿还设备价款，还清本息后再出口收汇。

第二种，设备价款本息在每批出口货物价款中扣还一部分，直到还清为止。本监管方式代码为“0513”，简称“补偿贸易”。

二、 适用范围

本监管方式包括补偿贸易中对方有偿或免费提供的机器设备、模具等。

本监管方式不包括：

（一）直接用国内产品同国外厂商交换设备、料件或成品，以货换货，监管方式为“易货贸易”（0130）。

（二）出口产品收取外汇，监管方式为“一般贸易”（0110）。

（三）在补偿贸易合同中同时订有来料加工合同的，来料加工合同部分，监管方式为“来料加工”（0214）。

三、 管理规定

（一）目前开展补偿贸易的范围是指国家重点的大型补偿贸易项目以外的一般轻纺产品、机电产品、化工产品、建筑材料、地方中小型矿产品和某些农副产品为主的中小型补偿贸易。

（二）补偿贸易进出口货物范围

1. 补偿贸易进口货物范围，应限于有关项目生产所必需的机器设备、品质检验仪器、安全和防治污染设备、在厂（矿）区内使用的国内不能生产的装卸设备和铲车，以及进口合理数量的用于安装、加固设备的材料；

2. 补偿贸易出口货物原则上要用引进的技术、设备生产产品返销给对方进行直接补偿，直接补偿有困难，或者以其他产品偿还对我国扩大出口更为有利的，经批准也可以用该企业（包括企业联合体）所生产的其他产品进行间接补偿。

（三）经营补偿贸易的企业应向主管海关办理合同备案登记手续，由海关核发加工贸易手册。

（四）补偿贸易货物进出口时须凭加工贸易手册验放，报关单“备案号”栏目填报加工贸易手册编号。

（五）许可证件管理

1. 补偿贸易进口实行进口许可证件管理的货物，申报单位持商务部授权发证机关签发的进口许可证件向海关办理报关手续。

2. 补偿贸易出口实行许可证件管理的货物，申报单位持商务部授权发证机关签发的出口许可证件向海关办理报关手续。补偿贸易出口许可证实行“非一批一证”管理。

（六）补偿贸易出口应税货物应照章征税。

（七）补偿贸易出口货物需提交出口收汇核销单。补偿贸易项下远洋渔业企业运回自捕鱼，可签发进口付汇报关单证明联，其他进口货物不得签发进口付汇报关单证明联。

四、 其他控制条件

（一）补偿贸易进口料件适用征免性质代码为“502”。出口货物适用征免性质代码为“101”、“502”、“898”、“999”。

（二）本监管方式列入海关贸易统计，统计代码为“13”。

（三）经营单位编码第6位不应为“报关”（8）、“其他”（9）。

第十五节 进料加工

一、 定义

进料加工贸易是指进口料件由经营企业付汇进口，制成品由经营企业外销出口的经营活动。进料加工贸易按照对外签约形式分为进料加工非对口合同和进料加工对口合同。

进料加工非对口合同是指我方有外贸进出口经营权的企业动用外汇购买进口原料、材料、元器件、零部件、配套件和包装物料（以下简称料件），加工成成品或半成品再返销出口的交易形式。本监管方式代码为“0715”，简称“进料非对口”。

进料加工对口合同是指买卖双方分别签订进出口对口合同，料件进口时，我方先付料件款，加工成品出口时再向对方收取出口成品款项的交易形式，包括动用外汇的对口合同或不同客户的对口的联号合同及对开信用证的对口合同。本监管方式代码为“0615”，简称“进料对口”。

低值辅料是指境外客户为境内企业加工复出口产品提供5000美元及以下、数量零星的辅料或包装物料以及数量合理直接用于服装生产车间的小型易耗性生产工具。本监管方式代码为“0815”，简称“低值辅料”。

二、适用范围

（一）本监管方式适用范围包括：

1. 进料加工项下进口料件和加工出口产品；

2. 加工贸易手册中的料件结转转入加工出口加工贸易手册的，填报“进料加工”。

（二）本监管方式不适于用出口加工区等海关特殊监管区域进料加工进出口货物，其监管方式为“区内进料货物”（5015）。

三、管理规定

（一）进料加工经营管理

经营进料加工的企业包括经海关注册登记的经营企业和加工企业：

1. 经营企业是指负责对外签订加工贸易进出口合同的各类进出口企业和外商投资企业，以及经批准获得来料加工经营许可的对外加工装配服务公司。

2. 加工企业是指接受经营企业委托，负责对进口料件进行加工或者装配，且具有法人资格的生产企业，以及由经营企业设立的虽不具有法人资格，但实行相对独立核算并已经办理工商营业证（执照）的工厂。

（二）经营企业应当向加工企业所在地主管海关办理进料加工货物备案手续，经营企业与加工企业不在同一直属海关管辖的区域范围的，应当按照海关对异地加工贸易的管理规定办理货物备案手续。

进口低值辅料应事先到企业所在地主管海关办理备案手续，海关根据企业提供的出口合同核定辅料单耗用量，辅料进口时凭主管海关核定的出口合同办理通关手续。

（三）进料加工进出口货物，经营企业应当持加工贸易手册、报关单等有关单证办理报关手续。

（四）进料加工进口料件征税管理规定

1. 保税监管、内销征税方式：进料加工进口料件实行保税监管，加工成品出口后，海关核定实际加工复出口的数量予以核销，未返销出口的按规定征税。经营企业保税料件与非保税料件之间可以进行串换，保税料件与非保税料件之间的串换限于同一企业。

2. 进口征税、出口退税方式：进料加工进口料件征收税款，加工成品出口后，海关核定实际加工复出口的数量，返还已征收的税款。

3. 进口担保验放、出口核销方式：开展限制类商品的进料加工业务实行银行保证金台账“实转”管理，即企业开展限制类商品加工贸易，在合同备案时，须缴纳台账保证金；企业在规定期限内加工成品出口并办理核销结案手续后，保证金及利息予以退还。

4. 进料加工进口与被诉倾销产品相同的货物，按以下规定办理：

（1）经营单位申报进口货物，应提交原产地证明。直接从被诉国家（或地区）的生产厂商进口被诉倾销商品，必须提交原厂商发票。通过境外贸易商间接进口被诉倾销产品，应提交原厂商发票，确实无法提交的，提交由境外贸易商制发的商业发票上必须包括生产厂商名称和原厂商发票的编号。进口予以排除征收反倾销税，但在《税则》中难以与被诉倾销产品相区分的货物时，须提交国家经贸主管部门出具的“认定证明”。进口达成价格承诺协议的公司的被诉倾销产品时，还须提交由该公司出具的“出口证明信”。

（2）不能提交有关单证或进口达成价格承诺协议的公司被诉倾销产品的价格低于协议参考价格，海关认定应征收反倾销税或现金保证金的，在产品因故内销时海关按审定的原进口料件的价格征收反倾销税或现金保证金。

（五）进料加工出口应税产品按照以下规定办理：

1. 出口未锻轧铝照章征税。

2. 全部使用进口料件加工的产品，不征出口关税。部分使用进口料件加工的产品，按海关核定的出口成品中使用国产料件占全部料件的价值比例征收出口关税。

3. 外商投资企业出口本企业加工生产产品免征出口关税。

（六）审证管理规定

1. 国家已公布的禁止进出口的商品禁止开展来料加工。

2. 进料加工进口实行进口许可证管理的货物，申报单位持商务部授权发证机关签发的进口许可证向海关办理报关手续。

3. 进料加工出口实行许可证管理的货物（进口原油加工复出口成品油除外），申报单位持商务部授权发证机关签发的出口许可证向海关办理报关手续。进料加工出口许可证实行“非一批一证”管理。

4. 进料加工（特殊区域除外）进口实行自动进口许可证管理的原油、成品油，申报单位持“自动进口许可证”向海关办理报关手续，进料加工进口其他实行自动进口许可证管理的货物，免予提交自动进口许可证。

5. 进料加工进出口货物实行其他许可证件的，申报单位持授权发证机关签发的许可证件向海关办理报关手续；实行检验检疫管理的，申报单位持检验检疫机构出具的“入境货物通关单”或“出境货物通关单”向海关办理报关手续。

（七）进料加工成品与原苏联、东欧国家易货贸易的规定

1. 进料加工成品需采取易货方式销往原苏联、东欧国家的，须提交商务部批件。

2. 进料加工成品除现汇对原苏联、东欧国家成交的外，不允许外商委托我境内经营企业或加工单位，将其成品直接从我境内运往原苏联、东欧国家。

（八）进口低值辅料的范围

拉链；纽扣；鞋扣；扣绊；搭扣；摁扣；垫肩；胶袋；别针；大头针；胶贴；纸贴；棉线；提帮线；缝纫线；绣花线；纸板；纸封；花边；滚条；纸盒；铁圈；D型圈；方型圈；夹子；胶类；挂钩；风勾；衣架；尼龙绳；开线绳；腈纶绳；铆钉；气眼；纸牌；商标；装饰牌；电脑牌；装饰用标牌；各种标签；电脑纸带；防腐剂；纸样；假带；窗帘绳；花纸；洗涤带；蝴蝶片；干燥剂；棉带；腰带；吊牌；玩具眼、鼻、头发；鞋眼；尼龙卷；魔术贴；条形码；塑料袋；密封圈；横头卡；嵌线；彩纸；汗衫边；裤勾；珠子（结）；挎钮；胶纸衬；腰衬；说明书；橡筋；价格牌；品质带；尺码带；珠片；领插角；纸箱；五金配件；小型生产用工具（扣摸、胶针枪）。

（九）外汇管理

进料加工进口料件签发进口付汇报关单证明联；出口货物须填报出口收汇核销单号，签发出口收汇核销报关单证明联。

（十）进料加工出口货物签发出口退税报关单证明联。

四、控制条件

（一）本监管方式适用于进出境时，列入海关统计，贸易方式为“来料加工”，统计代码为“15”；适用于境内进出海关特殊监管区域或保税监管场所时，根据对应的单项统计运输方式，列入单项统计。

（二）本监管方式的运输方式不得为“其他”（9）。

（三）进料加工进出口货物报关单“备案号”栏目不得为空，应填报加工贸易手册编号。

（四）进口“低值辅料”（0815），报关单“备案号”栏目允许为空。

进口少量低值辅料（即5000美元以下，78种以内的低值辅料）按规定不使用加工贸易手册的，填报“低值辅料”。使用加工贸易手册的，按加工贸易手册上的监管方式填报。

（五）外商投资企业按内外销比例为加工内销产品而进口的料件或进口供加工内销产品的料件，进口报关单填报“一般贸易”（0110）。外商投资企业为加工出口产品全部使用国内料件的出口合同，成品出口报关单填报“一般贸易”。

（六）本监管方式进出口货物适用征免性质代码为“503”或“999”。

（七）本监管方式报关单征“减免税方式”栏目填报“照章”（1），准予担保的填报“保证金”（6）或“保证函”（7），准予减免税的填报“特案”（4）。

第十六节 加工贸易成品油以产顶进

一、定义

加工贸易成品油以产顶进是指特定企业以加工贸易形式进口原油，加工供国内市场的成品油。

本监管方式代码为“0642”，简称“成品油”。

二、 管理规定

（一）自2004年6月18日起，部分原油加工贸易经营企业炼制的成品油以形式进出口方式开展试点。试点企业：

1. 中国石油化工集团公司所属镇海炼化公司、广州分公司、茂名分公司、高桥分公司；
2. 中国石油天然气集团公司所属大连西太平洋石油化工有限公司。

（二）试点成品油产品范围：柴油（商品编号27101921）、航空煤油（商品编号27101911）和石脑油（商品编号27101120，2012年《协调制度》修订转版后为27101220）。

（三）形式进出口手续

1. 加工贸易进口原油炼制的成品油转国内市场销售，国内企业持“自动进口许可证”及“入境货物通关单”向原油加工贸易经营企业主管海关办理形式进口报关和纳税手续。

进口报关单监管方式为“成品油”（0642），运输方式为“其他”（9），起运国/原产国为“中国”（142）。

2. 原油加工贸易经营企业凭国内购油企业的进口报关单和进口合同等单证办理形式出口手续，形式出口报关单与形式进口报关单商品名称、商品编码和数量必须一致。

出口报关单监管方式为“成品油”（0642），运输方式为“其他”（9），运抵国/最终目的国为“中国”（142）。出口报关单关联报关单栏目填报相应的进口报关单号。

（四）形式进口报关单不得对外售付汇，形式出口报关单不必填报出口收汇核销单编号。

（五）本监管方式列入“加工贸易成品油形式出口复进口货物”单项统计，统计代码为“42”。

第十七节 国轮油物料

一、 定义

国轮油物料指中国籍国际航行的运输工具在境内添加的保税仓库进口仓储的油料、物料。本监管方式代码为“1139”，简称“国轮油物料”。

二、 适用范围

本监管方式适用于从保税仓库提取，供应航行国际航线的中国籍船舶、民用航空器等运输工具的进口燃料、物料及零配件等。

本监管方式不适用从设在非海关特殊监管区域的保税仓库提取，供应航行国际航线的外国籍船舶、飞机等运输工具的进口燃料、物料，监管方式为“保税仓库货物”（1233）。

三、 管理规定

（一）审证管理规定

保税仓库进口保税油物料供应中国籍船舶、航空器国际航行，除国家另有规定外，免于交验许可证件。涉及国家安全、公共道德、动植物检疫、知识产权和文物保护等限制措施的，按有关规定办理。

（二）征税管理规定

保税仓库供应中国籍船舶、航空器等进出境运输工具国际航行途中必需的燃料、物料和饮食用品的，免征关税和进口环节税。

（三）该监管方式实施海关单项统计。

四、 控制条件

本监管方式仅适用于进口报关单，对应征免性质代码为“其他法定”（299），运输方式代码为“保税仓库转内销”（8）。

第十八节 保税区间及保税仓库间货物结转

一、 定义

保税区间及保税仓库间货物结转是指保税区、保税物流园区、出口加工区、出口监管仓库、保税仓库、保税物流中心（A、B型）等海关特殊监管区域、保税监管场所间往来的货物。监管代码为“1200”，简称“保税间货物”。

二、 适用范围

本监管方式不适用出口加工区（及保税港区等海关特殊监管区域，但保税区、保税物流园区除外，下同）间结转货物，不同出口加工区企业结转货物适用“成品进出区”（5100）和“料件进出区”（5000）。

三、 管理规定

（一）海关特殊监管区域、保税监管场所间往来的货物应向海关申报，货物转出企业和货物转入企业应分别填制“出口货物报关单”或“进口货物报关单”，监管方式为“保税间货物”（1200），运输方式为“其他”（9），起运国或运抵国为“中国”（142），原产国或最终目的国按照实际国别填报。

（二）海关特殊监管区域、保税监管场所间往来的货物属于海关保税监管货物，除另有规定的外，免予提交许可证件。

（三）本监管方式不列入统计。

四、 控制条件

本监管方式无需填报征免性质代码。

第十九节 保税仓库进出境仓储、转口货物

一、 定义

保税仓库进出境仓储及转口货物，指从境外进口直接存入保税仓库，从保税仓库出境的仓储、转口货物，以及出口监管仓库出境的货物。本监管方式代码为“1233”，简称“保税仓库货物”。

二、 适用范围

（一）本监管方式适用于经批准设立的保税仓库进出境和出口监管仓库出境货物。包括从保税仓库提取用于外国籍国际航行运输工具的物料。

（二）下列情况不适用本监管方式

1. 保税仓库、出口监管仓库进口自用的货架，办公用品，管理用具，运输车辆，搬运、起重和包装设备及改装用的机器等，监管方式为“一般贸易”（0110）。

2. 从保税仓库提取用于本国籍运输工具或用于维修境内设备的仓储货物，按进口申报，监管方式为“一般贸易”（0110）。

3. 保税仓库进境货物销往境内，按货物运出保税仓库的实际用途填报相应的监管方式，运输方式为“保税仓库转内销”（8）。

4. 境内存入出口监管仓库和出口监管仓库退仓货物，按实际监管方式增报，运输方式为“监管仓库”（1）。

5. 保税区、保税物流中心进出境仓储、转口货物，监管方式分别为“保税区仓储、转口”（1234）、“物流中心进出境货物”（6033）。出口加工区内仓储企业从境外进口的货物（5034）。

6. 保税仓库货物出仓运往境内其他地方转为正式进口的，在仓库主管海关办结出仓报关手续，填制出口报关单，监管方式填写“1200”，进口报关单按实际进口监管方式填报。

三、管理规定

（一）保税仓库、出口监管仓库进出境货物的范围

1. 保税仓库

保税仓库应当按照海关批准的存放货物范围和商品种类开展保税仓储业务。

下列货物经海关批准可以存入保税仓库：

（1）加工贸易进口货物；

（2）转口货物；

（3）供应国际航行船舶和航空器的油料、物料和维修用零部件；

（4）供维修外国产品所进口寄售的零配件；

（5）外商暂存货物；

（6）未办结海关手续的一般贸易货物；

（7）经海关批准的其他未办结海关手续的货物。

2. 出口监管仓库

出口监管仓库应当按照海关批准的存放货物范围和商品种类开展保税仓储业务。下列货物经海关批准可以存入出口监管仓库：

（1）一般贸易出口货物；

（2）加工贸易出口货物；

（3）从其他海关特殊监管区域、场所转入的出口货物；

（4）出口配送型仓库可以存放为拼装出口货物而进口的货物，以及为改换出口监管仓库货物包装而进口的包装物料；

（5）其他已办结海关出口手续的货物。

（二）保税仓库不得经营转口香烟、洋酒业务。凡经我国港口转口任何国家或地区的香烟、洋酒一律不准存入保税仓库。外商买断存入出口监管仓库未实际出境又申报进口的国产香烟，必须凭中国烟草进出口公司对外签订的《烟草制品进口特种合同》征税验放。

（三）除天津、大连港、上海、黄埔、满洲里和深圳（皇岗）6个口岸外，其余地区不得批准设立进口汽车保税仓库。

（四）保税仓库进出境货物、出口监管仓库出境货物不实行许可证件管理，我国参加或缔结的国际条约、国家法律法规另有规定，涉及国家安全、公共道德、动植物检疫、知识产权和文物保护等限制措施的，按有关规定办理。

（五）从境外进入保税仓库及从保税仓库出境的毛坯钻石，海关须验核“出/入境货物通关单”。

（六）外汇及退税管理

1. 保税仓库进境货物属于有条件对外售（付）汇范围，可以签发进口付汇报关单证明联。

2. 本监管方式不需要使用出口收汇核销单。

3. 符合入仓退税条件的出口监管仓库，可由仓库经营企业申请，经批准后享受入仓退税政策。

存入享受入仓退税政策出口监管仓库的货物，仓库主管海关应在办理货物入仓结关手续后，即予签发出口货物报关单证明联；对转关存入享受入仓退税政策出口监管仓库的货物，仓库主管海关应在货物入仓后核销转关申报单，向起运地海关发送结关核销电子回执，起运地海关签发出口货物报关单证明联。

存入不享受入仓退税政策的出口监管仓库货物，仓库主管海关应在货物全部实际离境后，予以签发出口货物报关单证明联；对转关存入不享受入仓退税政策出口监管仓库的货物，仓库主管海关必须在货物实际离境后，向起运地海关发送结关核销电子回执，起运地海关签发出口货物报关单证明联。

（七）保税仓库、出口监管仓库之间，保税仓库、出口监管仓库与保税物流中心（A、B型）、保税区、出口加工区、保税物流园区等海关特殊监管区域或保税监管场所之间往来的货物，货物出口（转出）企业和货物进口（转入）企业均应同时填制“出口货物报关单”或“进口货物报关单”，监管方式应填报为“保税间货物”（1200），运输方式为“其他”（9），起运国或运抵国为“中国”，原产国或最终目的国按照实际国别填报。

（八）本监管方式仅用于进出境，列入海关统计，统计代码为“33”。

四、控制条件

（一）本监管方式无需填报征免性质代码。

（二）本监管方式经营单位编码第5位不得为“4”（保税区）、“7”（保税物流园区）。

（三）本监管方式运输方式为实际进出境的运输方式，即运输方式代码必须是“2”（江海）、“3”（铁路）、“4”（公路）、“5”（航空）、“6”（邮政）。

（四）本监管方式对应的征减免税方式是“全免”（3）、“保证金”（6）、“保函”（7）。

第二十节 保税区进出境仓储、转口货物

一、定义

保税区进出境仓储、转口货物是指从境外存入保税区、保税物流园区和从保税区、保税物流园区运出境的仓储、转口货物。本监管方式代码为“1234”，简称“保税区仓储转口”。

二、适用范围

下列情况不适用本监管方式：

（一）保税区、保税物流园区除仓储、转口货物以外的其他进出境货物，按实际监管方式填报。

（二）从境内非海关特殊监管区域、保税监管场所运入保税区、保税物流园区的货物，按实际监管方式填报，运输方式为“非保税区运入保税区”（0）。

从境内非海关特殊监管区域、保税监管场所运入保税区、保税物流园区的货物退回境内，按实际监管方式填报，运输方式为“保税区退区”（0）。

（三）从保税区、保税物流园区运往境内非海关特殊监管区域、保税监管场所的货物，按实际监管方式填报，运输方式为“保税区运往非保税区”（7）。

三、管理规定

（一）保税区、保税物流园区进出境仓储、转口货物实行“备案制”。

保税区、保税物流园区进出境仓储、转口货物，凭“保税区、保税物流园区进（出）境货物备案清单”向保税区、保税物流园区海关办理申报手续。“保税区进（出）境货物备案清单”与“进（出）口货物报关单”具有同等法律效力。

（二）保税区、保税物流园区进出境的货物不实行进出口许可证件管理，我国参加或缔结的国际条约、国家法律法规另有规定，涉及国家安全、公共道德、动植物检疫、知识产权和文物保护等限制措施的，按有关规定办理。

（三）以进入国内市场为目的的汽车应直接在口岸海关办理进口报关、纳税等手续，保税区不得再存放以进入国内市场为目的的进口汽车，保税区海关不为此类汽车办理进口报关、纳税等手续。

（四）保税区暂停办理国产香烟出口至境外后再运入保税区的转口业务。

（五）外汇管理及退税

1. 保税区和保税物流园区进境货物属于有条件对外售（付）汇范围的，可以签发进口付汇报关单证明联。

2. 出境货物不需要使用出口收汇核销单。

3. 保税区、保税物流园区仓储、转口出境货物不予签发退税证明联。

四、控制条件

（一）保税区仓储、转口货物无须填报征免性质代码。

（二）本监管方式仅用于进出境，列入海关统计，统计代码为“34”。

（三）本监管方式经营单位编码第5位必须为“4”（保税区）或“7”（物流园区）。

（四）本监管方式对应的征减免税方式是“全免”（3）、“保金”（6）或“保函”（7）。

第二十一节　寄售代销贸易

一、定义

寄售代销贸易是指寄售人把货物运交事先约定的代销人，由代销人按照事先约定或根据寄售代销协议规定的条件，在当地市场代为销售，所得货款扣除代销人的佣金和其他费用后，按协议规定方式将余款付给寄售人的交易形式。寄售人与代销人之间不是买卖关系，而是委托关系，代销人对货物没有所有权。本监管方式代码为“1616”，简称“寄售代销”。

二、适用范围

本监管方式包括寄售代销贸易进出口的货物及进口寄售货物的增发部分。

本监管方式不包括：

（一）经营寄售代销业务的企业，接受国外免费提供的样品；

（二）委托我驻港澳机构代销的鲜活商品，监管方式为“一般贸易”（0110）。

三、管理规定

（一）经营权

1. 经营进口商品寄售代销业务的企业必须是经商务部门批准的有进出口经营权的外贸企业，按经批准的商品范围经营。

2. 寄售代销贸易商品范围：

（1）经营商品品种有烟、酒、饮料、化妆品、胶卷和冲印材料、食品、小电器、工艺品、书报杂志等，以及与开展进口机电仪器产品维修、技术服务有关的机电仪器产品零配件及易损易耗品。

（2）不得开展台湾产品和电视机、录音机、电冰箱、洗衣机、空调器、电唱机、吸尘器、电风扇等8种商品的寄售业务。

（二）进出口寄售代销商品实行许可证件管理的，申报单位持授权发证机关签发的许可证件向海关办理报关手续。

（三）进出口寄售代销商品实行检验检疫管理的，申报单位持入出境货物通关单向海关办理报关手续。

（四）进出口寄售代销货物应照章征税。

（五）本监管方式仅用于进出境，列入海关统计，统计代码为“16”。

四、控制条件

（一）本监管方式适用征免性质代码为“101”（一般征税），征减免税规定代码为“1”（照章征税）。

（二）H2000系统“寄售代销单位表”存放经批准有权经营寄售代销业务的经营单位编码及经营商品范围，经营单位编码第6位应为“1”（国有）。

（三）进口寄售代销货物属于有条件对外付汇范围，可以签发进口付汇报关单证明联。

寄售代销出口货物需填报出口收汇核销单编号，签发出口收汇核销报关单证明联。

（四）寄售代销出口货物签发退税报关单证明联。

第二十二节　修理物品

一、定义

修理物品是指进境或出境维护修理的货物、物品。

本监管方式代码为“1300”，简称“修理物品”。

二、 适用范围

（一）本监管方式适用

1. 各类进出境维修的货物及修理货物维修所用的原材料、零部件。

2. 保税港区、综合保税区、出口加工区、珠澳跨境工业园区（珠海园区）、中哈霍尔果斯边境合作区（中方配套区）的特殊区域内企业，与境外之间进出的检测、维修货物，以及与境内（区外）之间进出的检测、维修货物。

（二）本监管方式不适用

1. 按加工贸易保税货物管理的进境维修业务。

2. 加工贸易进口料件和出口成品进出境维修，分别适用来料料件退换（0300）、来料成品退换（4400）、进料料件退换（0700）、进料成品退换（4600）。

3. 对于从境外有偿借用用于替换飞机损坏件的部分（简称替换件），按照租赁贸易方式进行监管；对于无偿从境外借用的替换件，经海关同意后，按照暂时进境货物进行监管。

4. 上述特殊海关监管区域区内企业产品、设备运往境内（区外）测试、检验或委托加工产品，以及复运回区内，填报“暂时进出货物”（2600）。

三、 管理规定

（一）修理物品的期限，由海关根据进出境修理货物、出境加工货物的有关合同规定及具体实际情况予以确定，因故需要延长在境内外维修期限的，应在期满前向海关提出申请，办理延期手续。延长期满后，修理物品应复运出进境。特殊情况需继续延期的，应报海关总署批准。不能复运出进境的，应办理货物进出口手续。

（二）审证管理规定

1. 我国参加或缔结的国际条约、国家法律法规另有规定，涉及国家安全、公共道德、动植物检疫、知识产权和文物保护等限制措施的，按有关规定办理。

2. 凡属《检验检疫机构实施检验检疫的进出境商品目录》列名的进出口货物，申报单位持检验检疫机构出具的“入境货物通关单”、“出境货物通关单”向海关办理报关手续。

（三）征税管理规定

1. 办理进境修理货物申报手续时，应当向海关提交该货物的维修合同（或者含有保修条款的原出口合同），并向海关提供进口税款担保。

2. 进境修理货物需要进口原材料、零部件的，办理原材料、零部件进口申报手续时，应当向海关提交进境修理货物的维修合同（或者含有保修条款的原出口合同）、进境修理货物的进口报关单（与进境修理货物同时申报进口的除外），并向海关提供进口税款担保。进口原材料、零部件只限用于进境修理货物的修理，修理剩余的原材料、零部件应当随进境修理货物一同复运出境。

3. 办理进境修理货物及剩余进境原材料、零部件复运出境的出口申报手续时，应当向海关提交该货物及进境原材料、零部件的原进口报关单和维修合同（或者含有保修条款的原出口合同）等单证。海关凭此办理解除修理货物及原材料、零部件进境时纳税义务人提供税款担保的相关手续。

4. 进境修理货物应当在海关规定的期限内复运出境。因正当理由不能在海关规定期限内将进境修理货物复运出境的，纳税义务人应当在规定期限届满前向海关说明情况，申请延期复运出境。进境修理货物未在海关允许期限（包括延长期，下同）内复运出境的，海关对其按照一般进出口货物的征税管理规定实施管理，将该货物进境时纳税义务人提供的税款担保转为税款。

5. 经国务院批准，由民航总局核定的国内航空公司进口用于国际和港澳航线营运的飞机及其发动机维修用航空器材按比例免征进口关税和进口环节增值税。

（四）出境修理货物征税规定

1. 办理出境修理货物申报手续时，应当向海关提交该货物的维修合同（或者含有保修条款的原进口合同）。

2. 办理出境修理货物复运进境的进口申报手续时，应当向海关提交该货物的原出口报关单和维修合同（或者含有保修条款的原进口合同）、维修发票等单证。

3. 海关按照审定进口货物完税价格的有关规定和海关接受该货物申报复运进境之日适用的计征汇率、税率，审核确定其完税价格、计征进口税款。

4. 出境修理货物应当在海关规定的期限内复运进境。因正当理由不能在海关规定期限内将出境修理货物复运进境的，纳税义务人应当在规定期限届满前向海关说明情况，申请延期复运进境。

出境修理货物超过海关允许期限复运进境的，海关对其按照一般进口货物的征税管理规定征收进口税款。

（五）外汇管理及退税

1. 进境维修货物复运出境及运往境外维修的货物不需要使用出口收汇核销单。

2. 出境维修货物复运进境属于有条件对外售（付）汇范围，可以签发进口报关单证明联。

3. 进境修理货物复出时签发退税报关单证明联。

（六）出口加工区企业开展国产出口货物的售后维修业务。境外进入出口加工区维修的货物，区内企业填写“进境备案清单”；修理后的货物出境时，区内企业填写“出境备案清单”。

四、控制条件

（一）修理物品不列入海关统计。

（二）进口报关单与征免性质逻辑对应关系 101（一般征税）、299（其他法定）、888（航材减免）。

（三）进出境维修货物复运出进境，进出口报关单需将关联的出、进口报关单号填报在“关联报关单”栏目。

第二十三节　出料加工贸易

一、定义

出料加工贸易是指境内企业将境内原辅料、零部件、元器件或半成品交由境外厂商按我方要求进行加工或装配，成品复运进口，我方支付加工费的交易方式。

本监管方式代码为“1427”，简称“出料加工”。

二、适用范围

本监管方式还适用于因国内技术无法达到要求，须将国家禁止进出口商品或统一经营商品运至出口加工区进行某项工序加工的，并经商务部批准的货物。

本监管方式不包括以下两种情况：

第一，运往境外维修的货物及石化生产过程中所需催化剂需运至国外添加氢以增加活性后复运进境继续投入生产使用，不改变其物理和化学性质，未产生新的产品，监管方式为“修理物品”（1300）。

第二，出料加工原则上不改变原出口货物的物理形态。对完全改变原出口货物的物理形态，如出口废钢进口钢材，出口废铝进口铝合金板材等，不属于出料加工，应按一般贸易货物办理进出口手续。

三、管理规定

（一）经营出境加工业务需事先向主管海关办理备案手续。

（二）出境加工出口货物管理规定

1. 办理出境加工货物的出口申报手续时，应当向海关提交委托加工合同。

2. 出境加工货物属于征收出口关税的商品的，纳税义务人应当向海关提供出口税款担保。

3. 出境加工出口货物属于许可证件管理或其他实行特殊管制措施的，申报单位持授权发证机关签发的监管证件向海关办理报关手续。

4. 出境加工复运进口货物实行许可证件管理或其他实行特殊管制措施的，申报单位持授权发证机关签发的监管证件向海关办理报关手续。

（三）出境加工货物复运进境管理规定

1. 办理出境加工货物复运进境的进口申报手续时，应当向海关提交该货物的原出口报关单和委托加工合同、加工发票等单证。

2. 海关按照审定进口货物完税价格的有关规定和海关接受该货物申报复运进境之日适用的计征汇率、税率，审核确定其完税价格、计征进口税款，办理解除该货物出境时纳税义务人提供税款担保的相关手续。

3. 海关根据出境加工货物的有关合同规定及具体实际情况确定出境加工期限，出境加工货物应当在海关规定的期限内复运进境。因正当理由不能在海关规定期限内将出境加工货物复运进境的，纳税义务人应当在规定期限届满前向海关说明情况，申请延期复运进境。出境加工货物未在海关允许期限内复运进境的，海关对其按照一般进出口货物的征税管理规定实施管理，将该货物出境时纳税义务人提供的税款担保转为税款。

4. 出境加工复运进口货物实行许可证件管理或其他实行特殊管制措施的，申报单位持授权发证机关签发的监管证件向海关办理报关手续。

（四）出料加工出口货物需要使用出口收汇核销单。出料加工进口货物属于有条件对外售（付）汇，海关签发报关单证明联。

（五）因国内技术无法达到产品要求，须将国家禁止出口或统一经营商品运至加工区内进行某项工序加工的，应报请商务部批准，海关比照出料加工管理办法进行监管，其运入加工区的货物，不予签发出口退税报关单。

（六）该监管方式适用于进出境时，列入海关统计，统计代码为“27”；适用于境内进出口加工区时，实施海关单项统计。

四、 控制条件

本监管方式的征免性质代码有“一般征税”（101）、“其他法定”（299）或“例外减免”（999）。

第二十四节 租赁贸易

一、 定义

租赁贸易是指经营租赁业务的企业与外商签订国际租赁合同项下境内企业租赁进口或出租出口的货物。

租赁期在一年及以上的进出口货物，监管方式代码为“1523”，简称“租赁贸易”。

租赁期在一年及以上的进出口货物分期办理征税手续时，每期征税适用监管方式代码为“9800”，简称“租赁征税”。

租赁期不满一年的进出口货物，监管方式代码为“1500”，简称“租赁不满一年”。

二、 适用范围

以下情况不适用本监管方式：

（一）经营租赁业务的企业进口自用的设备、办公用品，监管方式为“一般贸易”（0110）。

（二）加工贸易租赁进口的机器设备，监管方式应为“加工贸易设备”（0420）。

（三）补偿贸易租借进口的货物，监管方式应为“补偿贸易”（0513）。

（四）“租赁贸易”（1523）期满复运出（进）口的货物，监管方式为“退运货物”（4561），“租赁不满一年”（1500）期满复运出（进）口境的货物，监管方式为“租赁不满一年”（1500）。

三、 管理规定

（一）审证管理规定

1. 租赁贸易（1523、1500）进出口货物实行许可证件管理的，申报单位持授权发证机关签发的许可证件向海关办理报关手续。

2. 列入《出入境检验检疫机构实施检验检疫的进出境商品目录》范围内的进出口货物，申报单位持货物报关地出入境检验检疫局签发的“入境货物通关单”、“出境货物通关单”向海关办理报关手续。

3. 进口旧机电产品，申报单位持与进口旧机电产品相符的进口许可证件和检验检疫机构出具的“入境货物通关单”（应当在“备注”栏标注“旧机电产品”字样）向海关办理报关手续。

（二）征税管理规定

1. 租赁货物属于海关监管货物，租赁进口货物自进境之日起至租赁结束办结海关手续之日止，应当接受海关监管。

纳税义务人应当自租赁进口货物租期届满之日起 30 日内，向海关申请办结监管手续，将租赁进口货物复运出境。需留购、续租租赁进口货物的，纳税义务人向海关申报办理相关手续应当不迟于租赁进口货物租期届满后的第 30 日。

2. 以租金方式对外支付的租赁货物，在租赁期间以海关审查确定的租金作为完税价格，利息应当予以计入；

3. 留购的租赁货物以海关审查确定的留购价格作为完税价格；

4. 纳税义务人申请一次性缴纳税款的，可以选择申请按照依次审查确定该货物的完税价格的方法，或者按照海关审查确定的租金总额作为完税价格。

5. 续租租赁进口货物的，纳税义务人应当向海关提交续租合同，按规定办理申报纳税手续。

纳税义务人未在规定的期限内申报办理续租租赁进口货物的相关手续的，除按规定征收续租租赁进口货物应缴纳的税款外，还应当自租赁期限届满后30日起至纳税义务人申报纳税之日止按日加收应缴纳税款万分之五的滞纳金。

（三）外汇管理规定

租赁进口货物（1500、1523）属于有条件对外付汇范围，可以签发进口付汇报关单证明联。租赁出口货物（1500、1523）需要填报出口收汇核销单编号。

四、报关单填报要求

分期支付租金的租赁货物首次进口的货物，应填制两份报关单：一份监管方式为“租赁贸易”（1523）或“租赁不满一年”（1500），申报租赁货物的全值，用于监管和统计；另一份监管方式为“租赁征税”（9800），用于计征税款。此后各期按合同约定的租金征税时，监管方式均为“租赁征税”（9800）。

分期支付租金的租赁货物各期按合同约定的租金征税，报关单“关联报关单”栏目填报与分期支付租金相关的首次进口租赁货物的报关单号。

五、控制条件

“租赁贸易”（1523）适用于进出境时，列入海关统计，统计代码为“23”；适用于境内进出海关特殊监管区域时，实施单项统计。

“租赁不满一年”（1500）和“租赁征税”（9800）不列入海关统计。

第二十五节　免税品

一、定义

免税品是指由设在国际机场、港口、车站和过境口岸的免税品商店进口，按有关规定销售给办完出境手续的旅客的免税商品，供外国籍船员和我国远洋船员购买送货上船出售的免税商品，供外交人员购买的免税品，以及在国际航机，国际班轮上向国际旅客出售的免税商品。

本监管方式代码为“1741”，简称“免税品”。

二、适用范围

（一）本监管方式适用

1. 免税商店范围：进出境口岸免税店、运输工具免税店、市内免税店、外交人员免税店和供船免税店等5类免税店进口核定品种的免税品。

2. 供应对象：办结出境手续的出境旅客、国际航行运输工具服务人员、外交人员。

（二）本监管方式不适用

1. 境内免税外汇商店销售给我国出国人员、华侨的免税外汇商品，监管方式为“免税外汇商品”（1831）。

2. 经营免税品业务的单位进口的供维修使用的零部件、工具、展台、货架，监管方式为“一般贸易”（0110）。

3. 免税品退运出境，监管方式为“其他”（9900）。

三、管理规定

（一）进口免税品经营资格

进口免税品的经营单位是指经国务院或者其授权部门批准，具备开展免税品业务经营资格的企业，并按规定办理海关报关单位注册登记手续。

（二）进口免税品由免税商店的经营单位统一进口并办理海关手续。

1. 免税商店有口岸免税店、运输工具免税店、市内免税店、外交人员免税店和供船免税店。口岸免税店一律为出境免税店，其销售对象应严格限定为出境旅客，不得擅自扩大销售对象。

2. 免税商店的经营单位进口免税品品种必须经海关总署核准，包括试用品及赠品。

3. 经营单位为免税商店进口免税品，应当填写报关单，加盖经营单位在主管海关备案的报关专用章，向主管海关办理免税品进口手续。

4. 免税品从异地进口的，经营单位应当按照《中华人民共和国海关对转关运输货物监管办法》的有关规定，将免税品转关运输至主管海关办理进口手续。

（三）免税商店之间调拨免税品的，调入地免税商店填写“免税品调拨准单”，向其主管海关提出申请。经批准后，调出地免税商店将免税品转关运输至调入地免税商店。免税商店之间调拨免税品无需办理报关手续。

（四）进口免税品免征关税和进口环节税。

（五）进口免税品不实行进出许可证件管理，我国参加或缔结的国际条约、国家法律法规另有规定，涉及国家安全、公共道德、动植物检疫、知识产权和文物保护等限制措施的，按有关规定办理。

（六）中国免税品（集团）总公司、日上免税行（中国）有限公司统一采购并报关进入海关监管仓专供出境免税店销售的国产品视同实际出口，海关予以签发出口退税报关单证明联，企业可按照规定向国税部门办理退税手续。

四、控制条件

（一）本监管方式列入单项统计，统计代码为“41”。

（二）本监管方式无需填报征免性质代码。

（三）本监管方式对应征减免税方式为“全免”（3）。

（四）本监管方式仅适用于进口报关单。

第二十六节　免税外汇商品

一、定义

免税外汇商品是指由经批准的经营单位进口，销售专供入境的我国特定出国人员和驻华外交人员的免税外汇商品。

本监管方式代码为“1831”，简称“免税外汇商品”。

二、适用范围

（一）本监管方式适用

1. 免税外汇商品供应对象是指我国驻外外交机构人员、留学人员、访问学者、赴境外劳务人员、援外人员和远洋船员。

2. 上述人员用结存外汇在境内免税外汇商品店购买限定品种的免税外汇商品。

3. 专供外国驻华外交人员免税商品的特定公司进口的免税外汇商品。

（二）本监管方式不适用

1. 设在国际机场、港口、车站和过境口岸的免税品商店所进口的，按有关规定销售给办结出境手续的旅客的免税商品，供外国籍船员和我国远洋船员购买送货上船出售的免税商品，供外交人员购买的免税品，以及在我国国际航班，国际班轮上向国际旅客出售的免税商品。监管方式为“免税品”（1741）。

2. 经营免税外汇商品的单位进口供商品维修用的零部件、工具和商场自用的货架、手推车等，监管方式为“一般贸易”（0110）。

3. 因故经批准转内销进口免税外汇商品，监管方式为“一般贸易”（0110）。

4. 免税外汇商品退运出境，监管方式为“退运货物”（4561）。

三、管理规定

（一）经营资格管理

1. 免税外汇商品经营单位需经国务院批准，经营单位凭批准文件向企业所在地主管海关办理注册登记手续。

2. 设立开展免税外汇商品业务的下属免税店、供应站、服务部等分支机构需经海关总署主管部门批准。

3. 经营单位应对本系统各分支机构实行集中统一管理，统一对外签约组织进货，统一报关进口，各分支机构不得自行与外商单独签订进货合同。

（二）进口免税外汇商品管理规定

1. 核准进货计划

销售免税外汇商品的品种由海关核定。对经营单位报送的新品种进货计划，海关重点审核进货品种、规格等是否超出经营范围，进货数量是否基本符合实际经营状况等内容。

2. 进口报关

（1）进口免税外汇商品需提供加盖经营单位报关专用章的进口报关单一式三份及其他单证。

进口免税外汇商品放行后，报关单一份海关归档，一份经营单位留存备查，一份作关封由经营单位转交主管海关。

（2）进口免税外汇商品不实行进出口许可证件管理，我国参加或缔结的国际条约、国家法律法规另有规定，涉及国家安全、公共道德、动植物检疫、知识产权和文物保护等限制措施的，按有关规定办理。

（3）免税外汇商品属于海关监管货物，进口免税外汇商品暂免进口关税和进口环节税。

（三）免税外汇商品调拨

1. 经营单位的各分支机构在本系统内调拨进口免税外汇商品的，应报经营单位同意，由经营单位向调入地和调出地海关提出书面申请。调出地海关凭调入地海关签发的转关联系函，按照转关运输货物的有关规定办理。

2. 免税外汇商品原则上不在不同经营单位之间调拨，特殊情况确需调拨的，应由调入和调出的经营单位共同向海关总署主管部门提出申请。经批准后，按转关运输货物的有关规定办理。

（四）免税外汇商品退运及残次物品监管

1. 经营单位因故需将免税外汇商品退运出境的，应向主管海关提出书面申请。经批准后，按照退运货物的有关规定办理。

2. 对因故不能退运的残次物品，经营单位可每年一次向其主管海关书面申请处理。申请应包含提出处理的理由及拟采用的处理方法并随附清单等内容。

经主管海关批准，可采取补证补税转内销、由海关派员监督销毁、放弃交由海关处理或其他由海关总署批准的方法处理并核销结案。

（五）免税商店的设立和终止，免税品出入库、销售，免税品报损和核销等管理内容详见第五篇有关章节。

四、控制条件

（一）本监管方式列入海关统计，统计代码为“31”。

（二）本监管方式无需填报征免性质代码。

（三）本监管方式对应征减免税方式为“全免”（3）。

（四）本监管方式仅适用于进口。

第二十七节　外商投资企业投资进口的设备、物品

一、定义

外商投资企业投资进口的设备、物品是指外商投资企业投资总额内的资金（包括中方投资）进口的机器设备、零部件和其他建厂（场）物料，安装、加固机器所需材料，以及进口本企业自用合理数量的交通工具、生产用车辆、办公用品（设备）（以下简称设备物品）。

中外合资、合作企业进口设备、物品，监管方式代码为“2025”，简称“合资合作设备”；外商独资企业（以下简称外资企业）进口设备、物品，监管方式代码为“2225”，简称“外资设备物品”。

二、适用范围

（一）外商投资企业是指中外合资企业、中外合作企业、外商独资企业，包括华侨、港、澳、台同胞投资企业。

（二）“设备”是指外商投资企业在其投资总额内进口本企业自用的机器设备、零部件和其他物料［指建厂（场）及安装、加固机器所需材料］及生产用车辆。

（三）“物品”是指外商投资企业进口自用合理数量的办公用品（设备）和交通工具。

（四）下列情况不适用本监管方式

1. 鼓励类和限制类外商投资企业、外商投资研究开发中心、先进技术型和产品出口型外商投资企业及符合中西部省、自治区、直辖市利用外资优势产业和优势项目目录的项目、企业自有资金（投资总额以外，具体是指企业储备基金、发展基金、折旧和税后利润），在原批准的生产经营范围内，对设备进行更新维修，进口国内不能生产或性能不能满足需要的自用设备及其配套的技术、配件、备件，监管方式为“一般贸易”（0110）。

2. 外商投资企业经营来料加工、进料加工、租赁贸易等进口的设备物品，分别适用“不作价设备”（0320）、“加工贸易设备”（0420）、“租赁不满一年”（1500）、“租赁贸易”（1523）。

3. 外国常驻机构进口自用合理数量的公用物品，监管方式为“常驻机构公用”（2439）。

4. 没有实际进出境，在境内结转的减免税设备，监管方式为“减免设备结转”（0500）。

5. 出口加工区外商投资企业进口设备物品，监管方式为“境外设备进区”（5335）。

三、管理规定

（一）征税管理规定

外商投资企业在项目额度或投资总额内进口的自用设备及其按照合同随设备进口的技术及配套件、备件，除“外商投资项目不予免税的进口商品目录”所列商品外，免征进口关税，超出上述范围的进口货物照章征税。

外商投资企业投资设备物品进口前，凭商务主管部门签发的批准文件到企业所在地主管海关办理征免税审批手续，凭“征免税证明”、合同、设备清单等单证办理进口报关手续。

（二）审证管理规定

1. 外商投资企业进口实行许可证件管理的设备物品，申报单位持授权发证机关签发的进口许可证件向海关办理报关手续。

2. 外商投资企业进口旧机电产品，须向国家质量监督检验检疫总局或其授权机构申请办理进口检验，申报单位持检验检疫机构出具的“入境货物通关单”（“备注”栏标注“旧机电产品”字样）向海关办理报关手续。

（三）外商投资减免税进口设备物品属于海关监管货物

1. 减免税进口的外商投资设备物品监管年限自货物进口放行之日起计算。监管年限为：

（1）船舶、飞机：8年；

（2）机动车辆：6年；

（3）其他货物：5年。

2. 监管年限内的设备物品，外商投资企业应当自减免税货物放行之日起每年一次向主管海关报告减免税货物的状况；除经海关批准转让给其他享受同等税收优惠待遇的项目单位外，外商投资企业在补缴税款并办理解除监管手续后，方可转让或者进行其他处置。

外商投资企业变卖、处理（进入法律程序者除外）其尚在海关监管年限内的进口涉证自用物资时，如该货物复运出境，或销售、转让给享受同等优惠政策的企业，免予补领进口许可证件，在海关监管下办理复运出境或销售、转让手续。如该货物在国内销售、转让等，由企业向发证机关补领进口许可证件，凭上述许可证件和税款缴纳证明解除监管。

3. 外商投资企业异地搬迁其进口设备准予按原企业进口时征、免税待遇结转至因搬迁而新设立的企业所在地海关继续监管，监管年限连续计算。

4. 享受减免税优惠进口的投资设备未满监管年限的，企业要求提前解除监管并在境内自用或转内销的，适用本办法，并参照进口时的状态办理相关手续，海关凭相应的机电产品进口证件和检验检疫证明办理解除监管手续。

5. 破产的外商投资企业免税进口的自用物资实际使用月份的截止日期为法院宣告破产之日。

（四）外商投资企业进口投资设备物品，签发进口付汇报关单证明联。

四、控制条件

（一）外商投资企业进口设备、物品，征免性质代码按企业性质分别选择：

1. 合资企业进口设备、物品，适用征免性质代码为“中外合资”（601）、“鼓励项目”（789）。

2. 合作企业进口设备、物品，适用征免性质代码为“中外合作”（602）、“鼓励项目”（789）。

3. 外资企业进口设备、物品，适用征免性质代码为“外资企业”（603）、“鼓励项目”（789）。

（二）统计控制条件

1. 本监管方式列入海关统计，统计代码为“25”。

2. 监管方式代码为“2225”的经营单位编码第6位数必须是“4”（独资），监管方式代码为“2025”的经营单位编码第6位数必须是“2”（合作）或“3”（合资）。

3. 本监管方式仅适用于进口。

（三）外商投资企业进口设备物品报关单“备案号”栏目必须填报征免税证明编号。

（四）外商投资企业委托外贸经营企业进口投资设备物品，报关单经营单位栏目填报外商投资企业名称及代码，代理进口投资设备的外贸经营企业填报在“备注”栏目。

第二十八节　退运货物

一、定义

退运货物是指原进出口货物因残损、短少、品质不良或者规格不符、延误交货或其他原因退运出、进境的货物。

本监管方式代码为“4561”，简称“退运货物”。

二、适用范围

（一）本监管方式适用以下监管方式进出口货物退运出进境：

代码	名称	代码	名称
0110	一般贸易	0130	易货贸易
0139	旅游购物商品	1523	租赁贸易
1616	寄售代销	2025 2225	合资合作设备、外资设备物品
1831	外汇免税商品	3010	货样广告品
3339	其他进出口免费	3410	承包工程进口
3422	对外承包出口	3511	无偿援助
3612	捐赠物资	4019	边境小额
4039	对台小额	9739	其他贸易

（二）本监管方式不适用的情形

1. 货物进境后、放行结关前退运的货物，监管方式为“直接退运”（4500）。

2. 加工贸易进出口货物退运，监管方式为“来料料件退换”（0300）、“进料料件退换”（0700）、“来料成品退换”（4400）、“进料成品退换”（4600）。

3. 加工贸易设备退运，监管方式为“加工设备退运”（0466）。

4. “租赁不满一年”（1500）。

5. “免税品”（1741）退运出境，监管方式为“其他”（9900）。

6. 出口加工区内设备退运出境，监管方式为“区内设备退运”（5361）。

7. 进出口无代价抵偿货物，被更换的原进口货物退运出境，监管方式为“其他”（9900）。

三、管理规定

第一，以下退运货物免征进口关税、进口环节海关代征税及出口关税：

1. 因品质或者规格原因，出口货物自出口放行之日起1年内原状退货复运进境的，复运进境的原出口货物免予征收进口关税和进口环节税。

2. 因品质或者规格原因，进口货物自进口放行之日起1年内原状退货复运出境的，复运出境的原进口货物免予征收出口关税。

3. 对于对外承包工程项下复运进境的设备，如能够认为原出口货物，且单证齐全的，可凭国内税务机关的出口未退税证明，按暂时进出境货物的征免税规定予以免征进口税收。

第二，退运货物不实行进出口许可证件管理，我国参加或缔结的国际条约、国家法律法规另有规定，涉及国家安全、公共道德、动植物检疫、知识产权和文物保护等限制措施的，按有关规定办理。

按规定应予检验检疫的退运货物，凭出入境货物通关单验放。

第三，退运进口货物可以签发进口付汇报关单证明联，退运出口货物需要使用出口收汇核销单，须填报出口收汇核销单编号。

第四，退运出口货物不得签发退税报关单证明联。

四、 控制条件

（一）退运货物列入海关单项统计，统计代码为“61”。

（二）退运货物进出口，应交验原出（进）口货物报关单证，原进（出）口货物报关单号填报在“关联报关单”栏目。

第二十九节 外国常驻机构进出境公用物品

一、 定义

外国常驻机构进出境公用物品是指境外（地区）企业、新闻机构、经贸机构、文化团体及其他境外（地区）法人经中华人民共和国政府主管部门批准，在境内设立的常驻代表机构为开展公务业务活动所必需的办公设备、办公用品及机动车辆进出境的物品。

本监管方式代码为“2439”，简称“常驻机构公用”。

二、 适用范围

（一）本监管方式包括常驻机构进境自用且数量合理的办公设备、办公用品、机动车辆及复运出境的原进境的公用物品。

（二）本监管方式适用于以下机构：境外（地区）企业、新闻机构、经贸机构、文化团体及其他境外（地区）法人经中华人民共和国政府主管部门批准，在境内设立的常驻代表机构。

（三）下列监管业务不适用本监管方式：

1. 外国驻中国使馆、领馆，联合国及其专门机构，以及其他与中国政府签有协议的国际组织驻中国代表机构进出境物品填报“外国使领馆公私用物品进出境申报单”；

2. 外国人员子女学校进出境物品，监管方式为“其他贸易”（9739）；

3. 常驻机构人员进境自用的汽车，监管方式为“其他贸易”（9739）；

4. 外国驻华使馆、领馆在我国国内购运出境的货物，监管方式为“其他贸易”（9739）；

5. 暂时进出境的公用物品，监管方式为“暂时进出”（2600）。

三、 管理规定

（一）常驻机构在取得中华人民共和国主管部门签发的批准文件及注册登记证件后，在所在地主管海关办理备案登记手续。备案后，海关予以发放“中华人民共和国常驻机构备案证”（以下简称“备案证”）。

经海关备案登记的常驻机构方可申请进出境办公用品和交通工具。

（二）常驻机构在申请进境办公用品和机动交通工具或将原进境的公用物品复运出境时，应持“备案证”、“中华人民共和国海关进出境公用物品申请表”（以下简称“申请表”）、提（运）单、装箱单、发票等相关单证向所在地主管海关提出书面申请。其中，常驻机构申请将原进境机动车辆复运出境的，主管海关在审核批准后开具“领

/销牌照通知书”，常驻机构凭此向公安交通管理部门办理注销牌照手续。主管海关收到“领/销牌照通知书”回执联后应将牌照注销情况在“申请表”上批注。

申请进境公用物品，应当以本机构自用、合理数量为限。允许常驻机构多次申请进境公用物品，海关审核时与该机构以前申请进境的公用物品合并计算，在合理范围内予以批准。

（三）常驻机构申请进境机动车辆，按照该机构常驻人员的实际人数核定其进境车辆总数：

1. 常驻人员在 5 人以下的，进境车辆总数 1 辆；

2. 常驻人员在 6 人以上 10 人以下的，进境车辆总数不超过 2 辆；

3. 常驻人员在 11 人以上 20 人以下的，进境车辆总数不超过 3 辆；

4. 常驻人员在 21 人以上 30 人以下的，进境车辆总数不超过 4 辆；

5. 常驻人员在 31 人以上的，进境车辆总数不超过 6 辆。

进境机动车辆因事故、不可抗力等原因遭受严重损毁或因损耗、超过使用年限等原因丧失使用价值，经报废处理后，常驻机构凭公安交通管理部门出具的机动车辆注销证明，经主管海关同意办理机动车辆结案手续后，可按结案数量重新申请进境机动车辆。

进境机动车辆有丢失、被盗、转让或出售给他人、超出监管期限等情形的，不得重新申请进境机动车辆。

（四）常驻机构在进境地海关办理公用物品报关手续时，应当填写或委托报关企业填写“进口货物报关单”，提交经所在地主管海关审批的“申请表”并交验提（运）单、发票、装箱单等相关单证。进出境地海关验核许可证件，征税验放，其中根据政府间协定免税进境的常驻机构公用物品，免征税款。

对于属许可证件管理的，申报单位持授权发证机关签发的许可证件向海关办理报关手续；涉及《检验检疫机构实施检验检疫的进出境商品目录》列名的，申报单位持检验检疫机构出具的“入境货物通关单”或“出境货物通关单”向海关办理报关手续。

货物验放后，进出境地海关将物品验放结果批注在“申请表”回执联上，退所在地主管海关备核。

四、控制条件

（一）本监管方式列入海关统计，统计代码为“其他”（39）。

（二）经营单位编码第 6 位应为“其他”（9）。

（三）本监管方式对应征免性质为“一般征税”（101）、“其他法定”（299）或“例外减免”（999）。

（四）本监管方式对应征减免税方式为“照章”（1）、“全免”（3）、“保金”（6）或“保函”（7）。

第三十节　暂时进出境货物

一、定义

暂时进出境货物是指因特定目的暂时进出关境并且在规定的期限内复运出境、复运进境的货物。

本监管方式代码为“2600”，简称“暂时进出货物”。

二、适用范围

（一）“暂时进出货物”监管方式包括：

1. 文化、体育交流活动中使用的表演、比赛用品；

2. 进行新闻报道或者摄制电影、电视节目使用的仪器、设备及用品；

3. 开展科研、教学、医疗活动使用的仪器、设备及用品；

4. 在本款第 1 ~3 项所列活动中使用的交通工具及特种车辆；

5. 用于操作演示、供订货参考，以及被检测、测试的货物样品（不包括同一收发货人进出口超过合理数量的相同货物）；

6. 慈善活动使用的仪器、设备及用品；

7. 供安装、调试、检测、修理设备时使用的仪器及工具；

8. 盛装货物的容器；

9. 旅游用自驾交通工具及其用品；

10. 工程施工中使用的设备、仪器及其用品；

11. 海关同意的其他暂时进出境货物。

（二）以下情况不适用本监管方式：

1. 进出境展览品，监管方式为“展览品”（2700）；

2. 驻华商业机构不复运出口的进口陈列样品，监管方式为“陈列样品”（2939）；

3. 对外承包工程出口物资，监管方式为“对外承包出口”（3422）；

4. 进出境修理物品，监管方式为“修理物品”（1300）；

5. 租赁贸易进出口货物，监管方式为“租期不满一年”（1500）、“租期一年及以上”（1523）；

6. 从境外暂时进境的货物转入保税区、出口加工区等海关特殊监管区域和保税监管场所的，不属于复运出境；

7. 用于装载海关监管货物的进出境集装箱；

8. 享有外交特权和豁免的外国驻华机构或者人员暂时进出境物品；

9. 有偿从境外借用用于替换飞机损坏件的部分，监管方式为“租赁贸易”；出境维修的损坏件，监管方式为“修理物品”。

三、 管理规定

（一）审核管理

1. 暂时进出境货物的主管地海关为货物进出境地海关；通过转关运输方式进出境的暂时进境或暂时出境的货物，主管地海关为转关指运地或启运地海关。

2. 本节第二条第一款第1~10项所列暂时进出境货物的进境、出境手续由主管地海关办理。

3. 本节第二条第一款第11项“海关同意的其他暂时进出境货物”是指该款第1~10项以外为保障国家重点项目和特殊需要进口的其他货物。此类货物由主管地海关审核后报海关总属审核。

4. 国家规定限制进出口的货物，主管地海关验核有关主管部门出具的批准文件或证明文件后，同意暂时进出境。

（二）暂时进出境货物除因正常使用而产生的折旧或者损耗外，应当按照原状复运出境、进境。

（三）对临时进口（限期在半年以内）加工贸易生产所需不作价设备（限模具、单台设备）按暂时进口货物办理，逾期补征税款。

（四）有关汽车暂时进出境的限制

1. 暂时进境汽车不受国家汽车产业政策规定的整车进口指定口岸规定的限制；暂时进境汽车允许转关监管至指运地海关办理暂时进境手续；经海关同意在境内留购的暂时进境汽车，必须转关至整车进口指定口岸办理进口手续。

2. 二手（旧）汽车、右舵车禁止进口。对经审核符合暂时进出境货物管理办法的，经主管地海关同意，可以办理暂时进境手续，但期满必须复运出境。

3. 作为货样暂时进境的车辆，自进境之日起6个月内必须复运出境，不得留购，不得延期。测试用车辆及其零配件无论是否损毁，期满必须复运出境。

4. 测试用暂时进境车辆，按照国家有关规定实施必检项目的，如不能在6个月内复运出境，货物收发货人或其代理人应当向主管地海关提交“货物暂时进/出境货物延期办理单”，并提交车辆测试部门出具的相关证明，经海关审核同意后，可以延期。对于非国家相关主管部门规定实施必检项目的暂时进境车辆，不能延期，期满必须复运出境。

5. 国内客户定制的车辆，在完成国家有关规定必检项目测试后，如需进口，货物收发货人或其代理人应当向主管地海关申请办理进口手续，并提交相关定制合同、发票及进口许可证等单证和证明材料，经海关审核同意后，转关至国家指定整车进口口岸办理进口手续。

（五）期限

1. 暂时进出境货物的期限为6个月，应当在进出境之日起6个月内复运出境或者复运进境。

2. 因特殊情况需要延长期限的应当向主管地海关提出延期申请，经海关同意，延期最多不超过3次，每次延长期限不超过6个月。

3. 主管地海关审核以下材料办理延期手续：

（1）“货物暂时进/出境货物延期办理单”及“暂时进出境货物清单”；

（2）原暂时进出境报关单；

（3）延期原因报告；

（4）补充合同或协议；

（5）收发货人授权代理委托书；

（6）属于国家重点工程或国家科研项目的，审核有关证明文件；

（7）海关认为必要的其他相关材料。

4. 延长期届满应复运出境、复运进境或者办理进出口手续。

5. 暂时进境的货物转入保税区、出口加工区等海关特殊监管区域和保税监管场所的，不属于复运出境，在境内停留的时间应当连续计算。

6. 属国家规定限制进出口的暂时进出境货物，在规定期限届满后必须复运出进境。

（六）征税管理

1. 除另有规定外，暂时进出境货物收发货人应当按照海关要求向主管地海关提交相当于税款的保证金或者海关依法认可的其他担保。

对中央国家机关及所属单位主办的文化、体育等活动所需暂时进出境的货物，由中央国家机关向海关总署来函说明情况，主管地海关审核以下材料，办理暂时进出境手续：

（1）中央国家机关的活动批准文件；

（2）主办方出具的保证函；

（3）暂时进出境货物清单；

（4）海关认为必要的其他相关材料。

2. 暂时进境或者暂时出境的下列货物，在进境或者出境时向海关缴纳相当于应纳税款的保证金或者提供其他担保的，可以暂不缴纳关税，在规定的期限内未复运出境或进境的，海关应当依法征收关税：

（1）在展览会、交易会、会议及类似活动中展示或者使用的货物；

（2）文化、体育交流活动中使用的表演、比赛用品；

（3）进行新闻报道或者摄制电影、电视节目使用的仪器、设备及用品；

（4）开展科研、教学、医疗活动使用的仪器、设备及用品；

（5）本款第（1）~（4）项所列活动中使用的交通工具及特种车辆；

（6）货样；

（7）供安装、调试、检测设备时使用的仪器、工具；

（8）盛装货物的容器；

（9）其他用于非商业目的的货物。

3. 可以暂时免征关税范围以外的其他暂时进境货物，应当按照该货物的完税价格和其在境内滞留时间与折旧时间的比例计算征收进口关税。

（七）审证管理

1. 除我国参加或缔结的国际条约、协定及国家法律、行政法规和海关总署规章另有规定外，暂时进出境货物可免于交验许可证件。

2. 暂时进出境实施动植物检疫、药品检验、食品卫生等检验的货物，凭“出/入境货物通关单”验放。

（八）审单管理

1. 海关凭以下材料办理暂时进出境申报手续：

（1）“暂时进出境货物清单”正本及复印件；

（2）发票、合同或协议一式两份；

（3）相关证件的正本及复印件；

（4）海关认为必要的其他相关单据。

2. 海关凭以下材料办理复运进出境申报手续：

（1）原暂时进出境报关单；

（2）“暂时进出境货物清单”；

（3）如有延期的，应当提交“货物暂时进/出境货物延期办理单”；

（4）发票、合同或协议；

（5）相关批准文件；

(6) 海关认为必要的其他相关单据。

3. 暂时进出境货物确需进出口的，海关应在期满前凭以下材料办理申报手续：

(1) 原暂时进出境报关单；

(2)“暂时进出境货物清单”；

(3) 发票、合同或协议；

(4) 拟进出口货物清单；

(5) 书面说明材料；

(6) 海关认为必要的其他相关单据。

4. 经审核有下列情形的，不得办理进出口手续：

(1) 属于国家禁止进出口的；

(2) 无法办理进出口相关许可证件的；

(3) 用于测试的车辆不得办理进口手续；

(4) 法规、规章规定的其他情况。

5. 报关单填报要求

(1) 暂时进出境货物填制一式三份报关单，其中一份企业留存，用于暂时进出境货物复运出进境时的随附单证。

(2) 暂时进出境货物复运出进境，出口报关单或进口报关单“关联报关单”栏目应填报原进出口报关单号。

(3) 对于暂时进出境货物，“标记唛头及备注”栏目填报暂时进出境货物类别（按照本节第二条第一款所列类别填写）；对于复运暂时进出境货物，“标记唛头及备注”栏目填报暂时进出境方式（“复运出境”、“复运进境”）。

(4) 当成交单位与商品法定计量单位不同时，“数量及单位”栏目第一行除按法定计量单位填报相应数量外，还需在第三行填报成交计量单位及相应数量。

(5) 对暂免税款的货物，“征免性质”栏目填报“299 其他法定”；对需征税的货物，“征免性质”栏目填报“101 一般征税”。

(6)“征免方式”栏目按照担保的情况填报“6 保证金”或“7 保函”。

(7) 暂时进口货物不得对外付汇，暂时出口货物不必填报出口收汇核销单编号。

(九) 核销管理

1. 在规定期限内全部复运进出境的，主管地海关应审核企业递交的原“暂时进出境报关单”、“复运进出境报关单”、“货物暂时进/出境货物延期办理单”，办理核销手续。

2. 因不可抗力原因受损，无法原状复运出境、复运进境的，经海关同意后，主管地海关审核留存有关部门出具的证明材料、原“暂时进出境报关单”、“复运进出境报关单”、“货物暂时进/出境货物延期办理单”，办理核销手续。

3. 因不可抗力原因灭失或失去使用价值，无法原状复运出境、复运进境的，经海关审核同意后，主管地海关验核有关部门出具的证明材料后，可视为该货物已复运出境、复运进境。主管地海关审核留存有关部门出具的证明材料、原“暂时进出境报关单”、“复运进出境报关单”、“货物暂时进/出境货物延期办理单”，办理核销手续。

四、 控制条件

(一)“2600”贸易方式下暂时进出口货物适用征免性质代码为“101”(一般征税)、“299”(其他法定)。

(二) 暂时进出口货物不列入海关统计。

第三十一节 进出境展览品

一、 定义

进出境展览品是指外国来华或我国为到国外举办经济、文化、科技等展览或参加博览会而进出境的展览品及展览品有关的宣传品、布置品、招待品、小卖品和其他物品。

本监管方式代码为“2700”，简称“展览品”。

二、 适用范围

（一）进出境展览品主要包括：

1. 在展览会、交易会、会议及类似活动中展示或者使用的货物，包括：

（1）为了示范展览会展出机器或者器具所使用的货物；

（2）设置临时展台的建筑材料及装饰材料；

（3）宣传展示货物的电影片、幻灯片、录像带、录音带、说明书、广告、光盘、显示器材等。

展览会、交易会、会议及类似活动是指：

（1）贸易、工业、农业、工艺展览会及交易会、博览会；

（2）因慈善目的而组织的展览会或者会议；

（3）为促进科技、教育、文化、体育交流、民间友谊，开展旅游活动或者组织的展览会、会议；

（4）国际组织或者国际团体组织代表会议；

（5）政府举办的纪念性代表大会。

2. 上述所列活动中使用的交通工具及特种车辆。

3. 其他经海关同意用于展示的进出境货物、物品。

（二）以下情况不适用本监管方式

1. 不复运出（进）境而留在国内（外）销售的进出境展览品，按实际监管方式填报。

2. 在商店或者其他营业场所以销售国外货物为目的而组织的非公共展览会。

三、 管理规定

（一）除正常使用而产生的折旧或者损耗外，应当按照原状复运出境、复运进境。

（二）期限

1. 进出境展览品的期限为6个月，应当在进出境之日起6个月内复运出境或者复运进境。

2. 因特殊情况需要延长期限的应当向主管地海关提交“货物暂时进/出境延期办理单”，经海关同意，延期最多不超过3次，每次延长期限不超过6个月。

3. 延长期届满应复运出境、复运进境或者办理进出口手续。

（三）征税管理

1. 暂时进境或者暂时出境的下列展览品，在进境或者出境时向海关缴纳相当于应纳税款的保证金或者提供其他担保的，可以暂不缴纳关税。在规定的期限内未复运出境或进境的，海关应当依法征收关税：

（1）在展览会、交易会、会议及类似活动中展示或者使用的货物；

（2）上述所列活动中使用的交通工具及特种车辆。

2. ATA单证册项下暂时出境货物，由中国国际商会向海关总署提供总担保。在海关派员监管的场所举办展览会的，经主管地海关同意，可以就参展的展览品免于向海关提交担保。

3. 未向海关提供担保的进境展览品在非展出期间应当存放在海关监管场所，经主管地海关同意可以移出监管场所，但是应当向海关提供相应担保。

4. 下列在境内展览会期间供消耗、散发的用品，经海关核定在合理范围内按照有关规定免征进口关税和进口环节税：

（1）在展览活动中的小件样品，包括原装进口的或者在展览期间用进口的散装原料制成的食品或者饮料的样品，应当：

①由参展人免费提供并在展览期间专供免费分送给观众使用或者消费；

②单价较低，作广告样品用；

③不适用于商业用途，并且单位容量明显小于最小零售包装容量或确实在活动中消耗掉的。

（2）为展出的机器或者器件进行操作示范被消耗或者损坏的物料；

（3）布置、装饰临时展台消耗的低值货物；

（4）展览期间免费向观众散发的有关宣传品；

（5）供展览会使用的档案、表格及其他文件。

5. 展览会期间供消耗、散发的用品中酒精饮料、烟草制品及燃料不适用有关免税的规定。

6. 可以暂时免征关税范围以外的展览品，应当按照该货物的完税价格和其在境内滞留时间与折旧时间的比例计算征收进口关税。

（四）审证管理规定

1. 展览会期间供消耗、散发的用品属于国家实行许可证件的，应当向海关交验相关证件，办理进口手续。

2. 除我国参加或缔结的国际条约、协定及国家法律、行政法规和海关总署规章另有规定外，进出境展览品可免于交验许可证件。

3. 进出境展览品实施动植物检疫、药品检验、食品卫生等检验的，凭“出/入境货物通关单”验放。

（五）进境展览品不得对外付汇，出境展览品不必填报出境收汇核销单编号。

（六）进出境展览品适用征免性质代码为“299”（其他法定）。

（七）进出境展览品须填制报关单一式三份，其中一份用于办理进出境展览品复运出进境。复运出进境展览品报关单“关联报关单号”栏目需填报相关的进出境展览品的报关单号，“标记唛头及备注”栏目填报暂时进出境方式（“复运出境”、“复运进境”）；ATA 单证册项下暂时进出境展览品提交有效的 ATA 单证册。

第三十二节　进出口货样、广告品

一、定义

进出口货样是指进出口的专供订货参考的货物样品。进出口广告品是指进出口的用以宣传有关商品内容的广告宣传品。

有进出口经营权的企业价购或价售进出口货样广告品，监管方式代码为“3010”，简称“货样广告品”。

二、适用范围

上述监管方式除以上定义所述范围外，还包括寄售代销贸易中外商免费提供的货样广告品。

下列情况不适用本监管方式：

（一）暂时进出口的货样、广告品，监管方式为“暂时进出货物”（2600）。

（二）驻华商业机构不复运出口的进口陈列样品，监管方式为“陈列样品”（2939）。

三、管理规定

（一）申报管理规定

进出口货样和广告品，无论是否免费提供，均应由在海关注册登记的进出口收发货人或其代理人向海关申报。

（二）审证管理规定

进出口货样和广告品属于国家禁止进出口或者进出口实行许可证件管理的商品，按照国家有关管理规定办理。

1. 进口属许可证管理商品的货样、广告品，申报单位持进口许可证向海关办理报关手续。进口机电产品货样、广告物品、实验品的，每批次价值不超过 5000 元人民币的，免领自动进口许可证。

2. 出口属许可证件管理商品的货样、广告品，按以下规定办理：

（1）经营者运出国（境）外属于出口许可证管理货物的货样或者实验用样品，每批货物价值在 3 万元人民币（含 3 万元）以下者，免领出口许可证，海关凭经营者填写的出口货样报关单查验放行；超过 3 万元者，视为正常出口，经营者按规定申领出口许可证。出口许可证“备注”栏内应当注明“货样”字样。

（2）消耗臭氧层物质的货样广告品须凭出口许可证出口。

（3）运出境外的两用物项和技术的货样或实验用样品，视为正常出口，出口经营者应按规定办理两用物项和技术出口许可证。

3. 列入《出入境检验检疫机构实施检验检疫的进出境商品目录》范围内的进出口货物，凭货物报关地出入境检验检疫局签发的“入境货物通关单”或“出境货物通关单”验放。

（三）征税管理规定

进出口无商业价值的货样和广告品准予免征关税和进口环节海关代征税，其他进出口货样和广告品一律照章征税。

（四）“货样广告品”（3010）属于有条件对外售（付）汇的监管方式，签发进口付汇报关单证明联。

“货样广告品”（3010）须提交出口收汇核销单。

四、控制条件

（一）“货样广告品”（3010）列入海关统计，统计代码为“10”（一般贸易）。

（二）“货样广告品”（3010）进口货物适用征免性质代码“101”（一般征税）、“299”（其他法定）。

第三十三节 无代价抵偿进出口货物

一、定义

无代价抵偿进出口货物，是指进出口货物海关放行后，因残损、短少、品质不良或者规格不符原因，由进出口货物的发货人、承运人或保险公司免费补偿或更换与原货物相同或者与合同规定相符的货物。

本监管方式代码为“3100”，简称“无代价抵偿”。

二、适用范围

下列情况不适用本监管方式：

（一）来料加工、进料加工贸易进口料件和出口成品因残损、短少、品质不良或者规格不符原因，由进出口货物的发货人、承运人或保险公司免费补偿或更换与原货物相同或者与合同规定相符的货物，分别适用具体列名的料件或成品退换的监管方式。

（二）与无代价抵偿进出口货物相关的原进出口货物退运出进境，监管方式为“其他”（9900）。

三、管理规定

（一）进出口无代价抵偿货物的期限：

进出口货物收发货人应当在原进出口合同规定的索赔期内，且不超过原货物进出口之日起3年，向海关申报办理无代价抵偿货物的进出口手续。

（二）申报进口无代价抵偿货物应提交下列单证：

1. 原进口货物报关单；

2. 原进口货物退运出境的出口报关单或者原进口货物交由海关处理的货物放弃处理证明。原进口货物短少的不需提交；

3. 原进口货物税款缴款书或者“征免税证明”；

4. 买卖双方签订的索赔协议；

5. 海关认为需要时，收发货人还应当提交具有资质的商品检验机构出具的原进口货物残损、缺少、品质不良或者规格不符的检验证明书或者其他有关证明文件。

（三）申报出口无代价抵偿货物应提交下列单证：

1. 原出口货物报关单；

2. 原出口货物退运进境的进口报关单。因原出口货物短少而出口无代价抵偿货物，不需要提交原出口货物退运进境的进口报关单；

3. 原出口货物税款缴款书或者“征免税证明”；

4. 买卖双方签订的索赔协议；

5. 海关认为需要时，纳税义务人还应当提交具有资质的商品检验机构出具的原出口货物残损、短少、品质不良或者规格不符的检验证明书或者其他有关证明文件。

（四）进口无代价抵偿货物，不征收进口关税和进口环节税；出口无代价抵偿货物，不征收出口关税。

（五）审证管理规定

进出口无代价抵偿货物属《出入境检验检疫机构实施检验检疫的进出境商品目录》范围的，须凭出入境货物通关单验放。

（六）进口无代价抵偿货物属于有条件付汇范围，签发进口货物报关单证明联。出口无代价抵偿货物不需要使用出口收汇核销单。

四、 控制条件

（一）进口报关单监管方式对应征免性质有“一般征税”（101）、“其他法定”（299），出口报关单监管方式对应征免性质有“其他法定”（299）。

（二）本监管方式不列入海关统计。

（三）补偿进出口货物报关单和退运出进境货物报关单“关联报关单”栏目应填报原进出口货物报关单号。

第三十四节 其他免费提供的进出口货物

一、 定义

其他免费提供的进出口货物，指除已具体列名的礼品、无偿援助和赠送物资、捐赠物资、无代价抵偿进出口货物、免费提供的货样和广告品等，以及归入列名监管方式的免费提供货物以外，进出口其他免费提供的货物。

本监管方式代码为“3339”，简称“其他进出口免费”。

二、 适用范围

（一）本监管方式包括：

1. 经贸活动中赠送的物品；

2. 监管方式3511、3612之外的捐赠品；

3. 驻外中资机构向国内单位赠送的物资；

4. 经贸活动中，免费提供的试车材料、消耗性物品等。

（二）下列情况不适用本监管方式：

1. 保税仓库中由外商免费提供进口的机械设备、手工工具、运输工具、办公用品等，监管方式为“其他贸易”（9739）；

2. 免税店由外商免费提供进口的货架、柜台、手推车等，监管方式为“其他贸易”（9739）；

3. 来料加工、进料加工贸易项下外商免费提供的机械设备，监管方式为“不作价设备”（0320）；

4. 国家和国际组织无偿援助物资，监管方式为“援助物资”（3511）；

5. 捐赠物资，监管方式为“捐赠物资”（3612）；

6. 无代价抵偿进出口货物，监管方式为“无代价抵偿”（3100）。

三、 管理规定

（一）审证管理规定

1. 进出口实行许可证件管理的免费提供货物，申报单位持授权发证机关签发的许可证件向海关办理报关手续。

2. “出入境检验检疫机构实施检验检疫的进出境商品目录”列名的进出口货物，申报单位持检验检疫机构出具的“入境货物通关单”、“出境货物通关单”向海关办理报关手续。

（二）进出口免费提供货物应照章征税。

（三）本监管方式进口货物不得对外售（付）汇，出口货物不需要使用出口收汇核销单。

四、 控制条件

（一）本监管方式列入海关统计，统计代码为“39”（其他贸易）。

（二）本监管方式对应征免性质有“一般征税”（101）、“其他法定”（299）。

第三十五节　对外承包工程进出口物资

一、定义

对外承包工程出口物资，是指经商务部批准的有对外承包工程经营权的公司为承包国外建设工程和开展劳务合作等对外合作项目而出口的设备、物资。

承包工程出口物资监管方式代码为“3422”，简称“对外承包出口”。

承包工程期间在国外获取的设备、物资，以及境外劳务合作项目对方以实物产品抵偿我劳务人员工资所进口的货物。监管方式代码为“3410”，简称“承包工程进口”。

二、适用范围

（一）本监管方式不包括我劳务人员带出的自用生活物资，监管方式为“其他”（9900）。

（二）援外成套项目出口的货物应根据无偿援助或贷款援助，监管方式代码分别选用“援助物资”（3511）或“一般贸易”（0110）。

（三）边境地区有对外经济技术合作经营权的企业与毗邻国家边境地区开展承包工程和劳务合作项下出口的工程设备、物资（包括在外购买及换回的）运回境内时，监管方式代码为“边境小额贸易”（4019）。

（四）承包工程结束后复运进境原从国内运出的承包工程项下的设备、物资，监管方式为“退运货物”（4561）。

三、管理规定

对外承包工程项目下出口的设备（含成套设备）、材料、施工器械及人员自用的生活物资等，申报单位持项目合同或其他文件和出口许可证件，向海关办理报关手续：

（一）审证管理规定

1. 出口许可证件管理的商品，申报单位持出口许可证件向海关办理报关手续，非出口许可证件管理的设备、材料、施工机械等商品，申报单位持商务部批准文件和批准证书及企业出口合同（正本复印件）向海关办理报关手续。

2.《检验检疫机构实施检验检疫的进出境商品目录》列名的进出口货物，申报单位持检验检疫机构出具的“入出境货物通关单”向海关办理报关手续。

（二）用承包工程外汇收入购买或其他途径获取的设备物资运回国内的，按一般贸易货物办理进口手续。

（三）承包工程出口物资（3422）需填报出口收汇核销单，承包工程进口（3410）不得对外售（付）汇。

（四）对于对外承包工程项下复运进境的设备，如能够确认为原出口货物，且单证齐全的，可凭国内税务机关的出口未退税证明，按暂时进出境货物的征免税规定予以免征进口税收。

四、控制条件

（一）本监管方式适用征免性质：

1. 承包工程出口物资适用征免性质代码为“101”（一般征税）或“299”（其他法定）。

2. 用承包工程外汇收入购运进口的货物应根据实际征免税选择征免性质代码“101”（一般征税）或“898”（国批减免）。

（二）统计控制条件：

1. 对外承包工程出口物资列入海关统计，统计代码为“22”。

2. 进口承包工程期间在国外获取的设备物资，按一般贸易列入海关统计，统计代码为“10”。

第三十六节 国家或国际组织无偿援助和赠送的物资

一、定义

国家或国际组织无偿援助和赠送的物资，是指我国根据两国政府间的协议或临时决定，对外提供无偿援助的物资、捐赠品或我国政府、组织基于友好关系向对方国家政府、组织赠送的物资，以及我国政府、组织接受国际组织、外国政府、组织无偿援助、捐赠或赠送的物资。

本监管方式代码为“3511”，简称“无偿援助”。

二、适用范围

（一）有关名词

外国政府是指外国国家的中央政府。

国际组织是指联合国各专门机构及长期与我国有合作关系的其他国际组织。

国际条约是指依据《中华人民共和国缔结条约程序法》以“中华人民共和国”、“中华人民共和国政府”及“中华人民共和国政府部门”名义同外国缔结协定或协议及参加的国际条约。

（二）以下情况不适用本监管方式：

1. 贷款援助的进出口货物（包括我方利用贷款或援助款项自行采购进口的货物）监管方式为“一般贸易”（0110）。

2. 来（出）访的团体和人员相互馈赠的礼品，监管方式为“其他”（9900）。

3. 经济贸易往来关系赠送的物资，监管方式为“其他进出口免费提供”（3339）。

4. 随援外物资一并出口或另外发运的批量出口的生活物资应按照“其他贸易”（9739）报关。

5. 以扶贫、慈善、救灾为目的向我国境内或我国向境外捐赠的直接用于扶贫、救灾、兴办公益福利事业的物资，监管方式为“捐赠物资”（3612）。

三、管理规定

（一）归口管理

我国政府主管部委（包括部委代管局）和国务院直属机构，指定一个司局级单位向有关直属海关出具“外国政府、国际组织无偿赠送及我国履行国际条约进口物资证明”。

1. 商务部国际联络司负责联合国人口基金、儿童基金会、救灾协调员办事处及外国政府的无偿援助项目；商务部外国贷款管理司负责外国政府贷款项目中的赠款项目和两国政府经济技术合作计划中的赠款项目。

2. 中国国际经济技术交流中心负责联合国开发计划署及国际非政府机构的无偿援助项目。

3. 卫生部负责联合国世界卫生组织的无偿援助项目。

4. 农业部负责联合国粮农组织、世界粮食计划署、国际农业发展基金会和世界粮食理事会的无偿援助项目。

5. 国家科委负责联合国有关科技组织和外国政府的科技合作项目无偿援助和赠送的物资。

6. 能源部负责联合国国际原子能机构的无偿援助项目。

7. 国家教委负责联合国教科文组织的无偿援助项目。

8. 国家计划生育委员会负责国际计划生育联合会及外国计划生育组织的无偿援助项目。

9. 中国人民银行负责国际金融机构的无偿援助项目。

10. 财政部负责世界银行的无偿援助项目。

（二）审证管理规定

1. 无偿援助项目进口实行许可证件管理的货物，申报单位持进口许可证件向海关办理报关手续。

2. 无偿援助项目出口实行出口许可证件管理的货物，不实行出口许可证件管理，我国参加或缔结的国际条约、国家法律法规另有规定，涉及国家安全、公共道德、动植物检疫、知识产权和文物保护等限制措施的，按有关规定办理。

3. 列入《出入境检验检疫机构实施检验检疫的进出境商品目录》范围内的进出口货物，凭货物报关地出入境检验检疫局签发的“入境货物通关单”或“出境货物通关单”验放。

（1）依据“商务部援外项目任务通知函”出口的援外物资，不论是否列入法定检验目录，一律按通知函规定凭加注“援外出口物资”字样的“出境货物通关单”中列明的品名、数量和金额验放。

（2）经产地检验和口岸查验合格或经商务部和检验检疫总局商定办理特殊放行的援外出口物资，由口岸出入境检验检疫机构统一换发通关单，并在通关单“备注”栏内加注“援外出口物资”字样。各口岸海关一律凭援外项目实施企业提交的商务部出具的“商务部援外项目任务通知函”及口岸出入境检验检疫机构出具的加注“援外出口物资”字样的通关单，并按“出境货物通关单”中列明的品名、数量和金额验放。

（3）实行分批出口的援外物资，商务部在“商务部援外项目任务通知函”上加注“本通知在办理援外物资口岸验放时可分批使用”字样。对未注明的，海关视为一次使用有效，并留存正本。

一次出口完毕的援外物资，海关将“商务部援外项目任务通知函”正本和“出境货物通关单”随报关单留存。分批出口的援外物资，海关在“出境货物通关单”批注设备、材料等物资的出口情况，在办结出口手续后，将“商务部援外项目任务通知函”复印件随报关单留存，正本退还企业，以便其继续办理有关物资出口事宜。最后一批物资出口完毕时，“商务部援外项目任务通知函”正本随最后一份报关单留存。

（三）本监管方式出口货物不需要使用出口收汇核销单，进口货物属于有条件对外售（付）汇范围，可以签发报关单证明联。

四、控制条件

（一）本监管方式适用征免性质代码为“201”（无偿援助）。

（二）本监管方式经营单位编码第6位数应为“1”（国有）或“9”（其他）。

（三）本监管方式列入海关统计，统计代码为“11”。

第三十七节　进出口捐赠物资

一、定义

进出口捐赠物资，是指境外捐赠人以扶贫、慈善、救灾为目的向我国境内捐赠的直接用于扶贫、救灾、兴办公益福利事业的物资，以及境内捐赠人以扶贫、慈善、救灾为目的向境外捐赠的直接用于扶贫、救灾、兴办公益福利事业的物资。

本监管方式代码为“3612”，简称“捐赠物资”。

二、适用范围

（一）本监管方式适用范围

1. 捐赠人

（1）境外捐赠人包括华侨，港、澳、台同胞，外籍人，包括法人；

（2）境内、外捐赠人，包括法人。

2. 扶贫、慈善公益性事业的物资

（1）新的衣服、被褥、鞋帽、帐篷、手套、睡袋、毛毯及其他维持基本生活的必需用品等；

（2）食品类及饮用品（调味品、水产品、水果、饮料、烟酒等除外）；

（3）医疗类包括直接用于治疗特困患者疾病或贫困地区治疗地方病及基本医疗卫生、公共环境卫生所需的基本医疗药品、基本医疗器械、医疗书籍和资料；

（4）直接用于公共图书馆、公共博物馆、各类职业学校、高中、初中、小学、幼儿园教育的教学仪器、器材、图书、资料和一般学习用品；

（5）直接用于环境保护的专用仪器；

（6）境外机构、个人无偿捐献给国有公益性收藏单位的合法藏品；

（7）经国务院批准的其他直接用于扶贫、慈善事业的物资。

3. 受赠人和使用人

受赠人是指国务院有关部门和各省、自治区、直辖市人民政府，以及从事人道救助和发展扶贫、慈善事业为宗旨的全国性的社会团体。包括中国红十字会总会、全国妇女联合会、中国残疾人联合会、中华慈善总会、中国初级卫生保健基金会和宋庆龄基金会。

使用人（使用单位）是指捐赠物资的直接使用者或负责分配该捐赠物资的单位或个人。

（二）不适用本监管方式的情况

1. 国家间、国际组织无偿援助和赠送的物资，监管方式为“援助物资”（3611）。

2. 经贸往来中赠送的物品、外国人捐赠品、我驻外（包括驻港澳）中资机构向国内单位赠送的物资等，监管方式为“其他进出口免费提供货物”（3339）。

三、 管理规定

（一）进口的捐赠物资，由受赠人向海关提出免税申请，海关核发“征免税证明”。

（二）审证管理规定

1. 进出口实行许可证件管理的货物，申报单位持授权发证机关签发的许可证件向海关办理报关手续。

2.《出入境检验检疫机构实施检验检疫的进出境商品目录》列名的进出口货物，申报单位持检验检疫机构出具的“入境货物通关单”、“出境货物通关单”向海关办理报关手续。

进口捐赠的医疗器械应为新品，不论是否实行检验检疫管理，申报单位持检验检疫机构出具的注明“上述物品为捐赠物品”的“入境货物通关单”向海关办理报关手续，对其中涉及进口许可证管理的，海关还应验核进口许可证件，禁止夹带我国列入《禁止进口货物目录》的物品。

进口已经使用过（包括翻新）的旧机电产品，除按上述规定领取许可证件外，进口单位还必须向国家质量监督检验检疫总局或其授权机构申请办理进口检验，申报单位持与进口旧机电产品相符的进口许可证明和检验检疫机构出具的“入境货物通关单”（应当在“备注”栏标注“旧机电产品”字样）向海关办理报关手续。

3. 其他非许可证件管理的货物，申报单位持“政府部门或社会团体接受境外扶贫、慈善性捐赠物资进证明”和“捐赠物资分配使用清单”办理进口手续。

（三）捐赠物资应为新品，在捐赠物资内不得夹带有害环境、公共卫生和社会道德及政治渗透等违禁物品。

（四）境外捐赠人无偿向受赠人捐赠的直接用于扶贫、慈善事业的物资，免征进口关税（停止减免进口税收的20种商品、汽车除外）。

（五）进口捐赠物资属于有条件对外售付汇范围，签发报关单证明联；出口捐赠物资不必填报出口收汇核销单编号。

四、 控制条件

（一）捐赠物资适用征免性质代码

1. 外国民间团体、企业、友好人士和华侨、香港居民、台湾、澳门同胞及外籍华人无偿向我境内受灾地区捐赠的直接用于救灾的物资，适用征免性质代码为“救灾捐赠”（801）。

2. 境外捐赠人无偿向我国境内捐赠的直接用于扶贫、慈善事业的进口物资，适用征免性质代码为“扶贫慈善”（802）。

3. 国有公益性收藏单位进口的藏品，征免性质代码为“公益收藏”（698）。

4. 其他捐赠进口物资适用征免性质代码有“一般征税”（101）、“科教用品”（401）、“残疾人”（413）、“国批减免”（898）。

（二）统计控制条件

本监管方式列入海关“捐赠物资”统计，统计代码为“12”。

第三十八节 边境小额贸易

一、 定义

边境小额贸易指我国沿陆地边境线经国家批准对外开放的边境县（旗）、边境城市辖区内（以下简称边境地区）经批准有边境小额贸易经营权的企业，通过国家指定的陆地边境口岸，与毗邻国家边境地区的企业或其他贸易机构进行的贸易活动。

本监管方式代码为“4019”，简称“边境小额”。

二、 适用范围

（一）本监管方式适用范围

1. 边境地区有对外经济技术合作经营权的企业与我国毗邻国家边境地区以易货贸易、现汇贸易形式开展的边境小额贸易。

2. 边境地区有对外经济技术合作经营权的企业与我国毗邻国家边境地区经济合作（工程承包、劳务输出）项下进出口物资及原出口工程设备、物资（包括在境外购买及换回的）运回境内。

（二）不适用本监管方式的情况

1. 边民互市贸易（互市进口商品），每人每日价值人民币3000元以下免征进口关税和进口环节税，超出部分照章征税，监管方式为“其他贸易”（9739）。

2. 未获准经营边境小额贸易的企业进出口货物。

3. 对台湾居民同大陆对台小额贸易公司成交，用台湾船只直接运进产自台湾的产品和运出大陆产品到台湾，其监管方式为“对台小额”（4039）。

三、 管理规定

（一）边境小额贸易交易地点

边境小额贸易进出口口岸限定于国家正式对外开放的陆路边境口岸、边境地区的县（市、旗）和边境开放城市。边境地区是指我国与毗邻国家有陆地接壤的边境县（市、旗）和经国务院批准的边境开放城市的辖区。

（二）边境小额贸易经营资格

从事边境小额贸易的企业（以下简称“边贸企业”）由所在省、自治区根据商务部规定的经营资格、条件及核定的企业总数内审批，报商务部核准后，到主管地海关办理注册登记手续。

（三）审证管理规定

边境小额贸易进出口实行许可证件管理的货物，申报单位持授权发证机关签发的许可证件向海关办理报关手续。

1. 边境小额贸易进口货物实行许可证、自动进口许可证管理的，申报单位持商务部授权的边境省（区）商务主管部门签发的进口许可证、自动进口许可证向海关办理报关手续。

2. 边境小额贸易出口货物许可证管理：

（1）边境小额贸易企业出口配额招标的货物、消耗臭氧层物质、汽车（包括或套散件）及其底盘、摩托车（含全地形车）及其发动机和车架，申报单位持商务部授权的发证机构签发的出口许可证向海关办理报关手续。

（2）边境小额贸易企业出口其余出口许可证管理货物的货物，免领出口许可证。

3. 边境小额贸易不得从事钻石进出口。

4. 边境地区外经企业与毗邻国家劳务合作及工程承包项下带出的设备材料和劳务人员自用的生活用品，在合理范围内，不受出口配额和经营分工的限制，申报单位持商务部门的批准文件向海关办理报关手续。

5. 列入《出入境检验检疫机构实施检验检疫的进出境商品目录》范围内的进出口货物，申报单位持货物报关地出入境检验检疫局签发的“入境货物通关单”或“出境货物通关单”向海关办理报关手续。

（四）边境小额贸易出口货物需交验出口收汇核销单，边境小额贸易进口货物可以对外售（付）汇。

四、 控制条件

（一）本监管方式应根据进出口货物实际征减免税，选择征免性质代码“506”（边境小额）、“101”（一般征税）、“898”（国批减免）、“999”（例外减免）。

（二）统计控制条件

1. 本监管方式列入海关统计，统计代码为“19”；

2. 边境小额贸易进口起运国（地区）和出口运抵国（地区）必须为以下地区：阿富汗（101）、不丹（104）、缅甸（106）、朝鲜（109）、中国香港（110）、印度（111）、老挝（119）、中国澳门（121）、蒙古（124）、尼泊尔（125）、巴基斯坦（127）、越南（141）、哈萨克斯坦（341）、吉尔吉斯斯坦（342）、俄罗斯（344）、塔吉克斯坦（345）；

3. 本监管方式经营单位编码第6位不应为“2”（合作）、“3”（合资）、“4”（独资）、“8”（报关）、“9”（其他）。

第三十九节 对台湾小额贸易

一、 定义

对台湾小额贸易是指由大陆沿海地区指定口岸经核准的对台小额贸易公司与台湾地区公司或居民进行的货物交易。对台湾小额贸易试点口岸（以下简称试点口岸）包括浙江舟山普陀沈家门、宁波象山石浦、福建福州马尾、泉州南安井港、广东惠州港、福建福清南青屿、长乐松下、东山铜陵、晋江深沪、厦门大嶝和湛江长桥。

本监管方式代码为“4039”，简称“对台小额贸易”。

二、 本监管方式不适用

进入厦门市大嶝岛对台小额商品交易市场的人员带出台湾产品，每人每日价值人民币 3000 元以下的，免征进口关税和进口环节税，监管方式为“交易市场”（4139）。

三、 管理规定

（一）对台小额贸易交易条件

1. 对台小额贸易由大陆的对台小额贸易公司与台湾地区公司或居民间进行。

2. 对台小额贸易公司由商务部授权沿海省、市（福建、广东、浙江、江苏、山东、上海）商务主管机关批准。

3. 对台小额贸易只能在大陆沿海指定口岸进行。

4. 对台小额贸易只能适用 100 吨以下（含 100 吨）的台湾船只，每船每航次进出口货物限额为 10 万美元。

5. 对台小额贸易进口货物原产地必须为台湾。

（二）试点口岸对台小额贸易管理措施

1. 试点口岸对台小额贸易公司经营权由福建、浙江、广东三省及三省内计划单列市商务主管部门批准。

2. 试点口岸进出口的对台小额贸易台湾船舶，不受船舶和交易金额限制。

3. 确有特殊情况需临时在同一关区内的其他小额贸易经营点进出口的，应经原审批部门批准，并经小额贸易点所在地海关同意。对台小额贸易公司不得委托没有对台小额贸易经营权的企业和个人经营对台小额贸易。

4. 对台小额贸易进口的货物，未能成交的应原船返回。

（三）征税管理规定

对台小额贸易进出口货物征税适用《税则》的优惠税率。进口货物征收特别关税的，按规定征收特别关税。

（四）审证管理规定

1. 对台小额贸易不得经营国家禁止、限制进出口、国营贸易经营的货物。对台小额贸易公司不得经营转口贸易。

2. 对台小额贸易确需出口少量许可证件管理货物，申报单位持商务部授权沿海省级商务主管部门签发的“对台小额贸易出口许可证”向海关办理报关手续。

3. 列入《出入境检验检疫机构实施检验检疫的进出境商品目录》范围内的进出口货物，申报单位持货物报关地出入境检验检疫局签发的“入境货物通关单”或“出境货物通关单”向海关办理报关手续。

（五）对台小额贸易出口货物应交验出口收汇核销单。对台小额贸易进口货物可以对外售（付）汇，按规定程序签发付汇报关单证明联。

四、 控制条件

（一）本监管方式适用征免性质有“一般征税”（101）、“国批减免”（898）、“例外减免”（999）。

（二）本监管方式列入海关统计，统计代码为“39”（其他贸易）。

（三）对台小额贸易进口货物起运国（地区）和原产国（地区）、出口货物运抵国（地区）和最终目的国（地区）均应为台湾（143）。

（四）对台小额贸易进口口岸关区代号前 2 位必须是“22”（上海关区）、“23”（南京关区）、“29”（杭州关区）、“35”（福州关区）、“37”（厦门关区）、“42”（青岛关区）、“51”（广州关区）、“52”（黄埔关区）、“53”

（深圳关区）。

（五）本监管方式经营单位代码第6位应为“1”（国有）。

第四十节　对台小额商品交易市场

一、定义

对台小额商品交易市场是经国家批准设立，用于开展对台民间小额商品交易活动，并实行封闭管理的特定区域，以下简称“交易市场”。本监管方式代码为“4139”，简称“对台市场”。

二、适用范围

本监管方式仅限于厦门大嶝岛对台小额商品交易市场。

下列情况不适用本监管方式：

（一）对台湾居民同大陆对台小额贸易公司成交用台湾船只直接运进产自台湾的产品和运出大陆产品到台湾，其监管方式为“对台小额”（4039）。

（二）我国沿陆地边境线经国家批准对外开放的边境县（旗）、边境城市辖区内（以下简称边境地区）经批准有边境小额贸易经营权的企业，通过国家指定的陆地边境口岸，与毗邻国家边境地区的企业或其他贸易机构进行的贸易活动，其监管方式为“边境小额”（4019）。

三、管理规定

（一）厦门大嶝岛对台小额商品交易市场的经营范围：

1. 粮油食品类，包括粮油制品、食用动物及其产品、食用植物及其产品、水产品、食品制成品。

2. 土产畜产类，包括茶叶、咖啡、可可、香调料及香料油、山货、畜产品、烟类。

3. 纺织服装类，包括纺织品、丝织品、服装。

4. 工艺品类，包括陶瓷、地毯及装饰挂毯、工艺品。

5. 轻工业品类，包括家用电器、箱包及鞋帽、文体用品、日用五金器皿、钟表、家具、日用杂品、纸品。

6. 医药品类，包括中成药、药酒。

（二）审证管理规定

从台湾进口到交易市场的台湾产卷烟，可以免于交验“自动进口许可证”，免征进口环节消费税。

（三）该监管方式对应的征免性质为空，征减免方式为“全免”（3）。

（四）进入交易市场的进口货物，海关签发进口付汇报关单证明联。

四、控制条件

（一）从交易市场带出进境的台湾商品价值超出规定限额的（目前旅客免税携带台湾商品限额为人民币3000元）按“一般贸易（0110）”监管，运输方式填报“7”。

（二）从交易市场携带出的台湾商品中，每人每天带出的香烟不得超过4条（800支），酒精度在12度及以上的酒类商品不得超过4瓶。

（三）统计控制条件

本监管方式仅用于进出境，列入海关统计。从交易市场带出进入境内市场外的台湾商品价值超出规定限额的，海关按“一般贸易（0110）”监管方式监管，运输方式填报“7”，列入海关单项统计。

第四十一节　驻外机构运回旧公用物品

一、定义

驻外机构运回旧公用物品是指我驻各国（地区）使、领馆，驻国外、港澳地区的经济、贸易机构，驻国际组织代表处等我驻外机构更新且闲置不用而运回或因机构撤销而运回的物品，包括临时出国展览团、考察团等运回的生产资料和公用物品。

我国驻外机构返运回国的原从国内运出公务用品，其监管方式代码为“4200”，简称“驻外机构运回”。

我国驻外机构境外购买运回国的公务用品，其监管方式代码为“4239”，简称“驻外机构购进”。

二、 适用范围

本监管方式不适用暂时进出境公用物品。

三、 管理规定

（一）我国驻外机构运回旧公用物品，申报单位持部级以上（地方凭省、直辖市、自治区）机关的证明或驻外使馆证明向海关办理报关手续。其中，属许可证件管理的，申报单位持授权发证机关签发的许可证件向海关办理报关手续；涉及《出入境检验检疫机构实施检验检疫的进出境商品目录》列名的，申报单位持检验检疫机构出具的“入境货物通关单”或“出境货物通关单”向海关办理报关手续；旧机电产品，申报单位持与进口旧机电产品管理要求相符的进口许可证明和检验检疫机构出具的注明“旧机电产品”的“入境货物通关单”向海关办理报关手续。

（二）运回的旧公用物品，由海关按物品的新旧程度估价征税。

（三）运回原从国内运出的物品，海关核查属实后免税验放。

（四）运回的小汽车上交国务院机关事务管理局统一分配的，免领进口许可证，凭国务院机关事务管理局财务司的证明，征税验放。

（五）我国援外机构、临时出国展览团、考察组等运回的生产资料和公用物品，比照上述规定办理。

四、 控制条件

（一）本监管方式不列入海关统计。

（二）本监管方式对应征免性质有“一般征税”（101）、“其他法定”（299）、“国批减免”（898）或“例外减免”（999）。

（三）本监管方式对应征减免税方式有“照章”（1）、“全免”（3）、“特案”（4）、“保金”（6）或“保函”（7）。

（四）本监管方式仅适用于进口。

第四十二节 直接退运货物

一、 定义

直接退运货物是指进口货物收发货人、原运输工具负责人或者其代理人（以下统称“当事人”）在有关货物进境后、办结海关放行手续前，将全部或者部分货物退运境外，以及海关根据国家有关规定责令退运境外的货物。

其监管方式代码为“4500”，简称“直接退运货物”。

二、 适用范围

（一）在货物进境后、办结海关放行手续前，有下列情形之一的，当事人可以向海关申请办理直接退运手续：

1. 因国家贸易管理政策调整，收货人无法提供相关证件的；

2. 属于错发、误卸或者溢卸货物，能够提供发货人或者承运人书面证明文书的；

3. 收发货人双方协商一致同意退运，能够提供双方同意退运的书面证明文书的；

4. 有关贸易发生纠纷，能够提供法院判决书、仲裁机构仲裁决定书或者无争议的有效货物所有权凭证的；

5. 货物残损或者国家检验检疫不合格，能够提供国家检验检疫部门根据收货人申请而出具的相关检验证明文书的。

（二）货物进境后办结海关放行手续前，有下列情形之一的，由海关责令当事人将进口货物直接退运境外：

1. 进口国家禁止进口的货物，经海关依法处理后的；

2. 违反国家检验检疫政策法规，经国家检验检疫部门处理并且出具“检验检疫处理通知书”或者其他证明文书后的；

3. 未经许可擅自进口属于限制进口的固体废物用做原料，经海关依法处理后的；

4. 违反国家有关法律、行政法规，应当责令直接退运的其他情形。

（三）保税区、出口加工区及其他海关特殊监管区域和保税监管场所进口货物的直接退运。

（四）不适用本监管方式的情况

1. 放行后的进口货物退运出境，监管方式为“退运货物”（4561）。

2. 进口转关货物在进境地海关放行后，当事人申请办理退运手续的，应当按照一般退运手续办理。

三、管理规定

（一）办理直接退运手续的进口货物未向海关申报的，当事人应当向海关提交“进口货物直接退运表”及证明进口实际情况的合同、发票、装箱清单、提运单或者载货清单等相关单证、证明文书，按照有关规定填制报关单，办理直接退运的申报手续。

办理直接退运手续的进口货物已向海关申报的，当事人应当向海关提交“进口货物直接退运表”、原报关单或者转关单，以及证明进口实际情况的合同、发票、装箱清单、提运单或者载货清单等相关单证、证明文书，先行办理报关单或者转关单删除手续。

本条第二款规定情形下，海关依法删除原报关单或者转关单数据的，当事人应当按照以下规定填制报关单，办理直接退运的申报手续：

1.“监管方式”栏均填写“直接退运”（代码“4500”）；

2.“备注”栏填写“进口货物直接退运表”或者“责令直接退运通知书”编号。

对海关已经确定布控、查验或者认为有走私违规嫌疑的货物，不予办理直接退运。布控、查验或者案件处理完毕后，按照海关有关规定处理。

（二）对需要责令进口货物直接退运的，由海关根据相关政府行政主管部门出具的证明文书，向当事人制发“中华人民共和国海关责令进口货物直接退运通知书”。

（三）直接退运货物通关

直接退运货物，申报单位持“中华人民共和国海关准予进口货物直接退运决定书”或“中华人民共和国海关责令进口货物直接退运通知书”向海关办理报关手续。

1. 进口货物直接退运应当从原进境地口岸退运出境。对因运输原因需要改变运输方式或者由另一口岸退运出境的，应当经由原进境地海关批准后，以转关运输方式出境。

2. 进出口报关单监管方式均为“直接退运货物”。按照“先报出、后报进”的原则先办理出口手续，后办理进口手续。进口报关单“关联报关单”栏填报相对应的出口报关单号，进、出口报关单“备注”栏填报“中华人民共和国海关准予进口货物直接退运决定书”或“中华人民共和国海关责令进口货物直接退运通知书”编号。

3. 因进口货物收发货人或者承运人的责任造成货物错发、误卸或者溢卸，经海关批准或者责令直接退运的，当事人免予填制报关单，凭“中华人民共和国海关准予进口货物直接退运决定书”或“中华人民共和国海关责令进口货物直接退运通知书”向海关办理直接退运手续，舱单数据凭直接退运货物审批件人工核销。

4. 违反国家进出口管理规定，进口国家限制进口商品或属自动进口许可管理的货物，企业无法提供相关证件的，应移交缉私部门处理。缉私部门处理后同意该货物继续办理相关海关手续且企业申请直接退运的，可予以办理。

5. 对货物进境申报后经海关批准直接退运的，在办理进口货物直接退运出境申报手续前，海关应当将原进口报关单或者转关单数据予以撤销。

6. 经海关批准或者责令直接退运的货物不需要验凭进出口许可证或者其他监管证件，免予征收各种税费及滞报金，不列入海关统计。

7. 直接退运出口货物不需要使用出口收汇核销单，直接退运的进口货物不得对外售（付）汇，不得签发进口付汇、出口收汇核销报关单证明联和出口退税报关单证明联。

第四十三节 特殊区域进出境货物

一、 定义及适用范围

（一）本节包括以下 5 种监管方式

1.“区内来料加工”指海关特殊监管区域与境外之间进出的来料加工货物，适用于海关特殊监管区域内企业在来料加工贸易业务项下的料件从境外进口及制成品出境，监管方式代码为“5014”，简称“区内来料加工”。

2.“区内进料加工货物”指海关特殊监管区域与境外之间进出的进料加工货物，适用于海关特殊监管区域内企业在进料加工贸易业务项下的料件从境外进口及制成品出境，监管方式代码为“5015”，简称“区内进料加工货物”。

3.“区内物流货物”指海关特殊监管区域与境外之间进出的物流货物，适用于海关特殊监管区域内企业从境外运进或运往境外的仓储、分拨、配送、转口货物，包括流通领域的物流货物及供区内加工生产用的仓储货物，监管方式代码为“5034”，简称“区内物流货物”。

4.“境外设备进区”指海关特殊监管区域从境外进口的设备及货物，适用于海关特殊监管区域内企业从境外进口用于区内业务所需的设备、物资，以及区内企业和行政管理机构自用、合理数量的办公用品等，监管方式代码为“5335”，简称“境外设备进区”。

5.“区内设备退运”指海关特殊监管区域设备及货物退运境外，适用于海关特殊监管区域内企业将监管方式代码为“5335”项下的设备、物资退运境外，监管方式代码为“5361”，简称“区内设备退运”。

上述监管方式适用于保税港区、综合保税区、出口加工区、珠澳跨境工业园区（珠海园区）、中哈霍尔果斯边境合作区（中方配套区）内企业申报使用，不适用于区外企业和保税区、保税物流园区内企业。

（二）本节不包括以下监管方式

1. 特殊区域企业加工贸易进口料件退换进出境或在区内企业间退换，其监管方式代码为“0700”，简称“进料料件退换”。

2. 特殊区域企业加工贸易成品退换进出境或在区内企业间退换，其监管方式代码为“4600”，简称“进料成品退换”。

3. 特殊区域企业进境料件退运出境，其监管方式代码为“0664”，简称“进料料件复出”。

4. 特殊区域企业边角料退运出境，其监管方式代码为“0864”，简称“进料边角料复出”。

5. 特殊区域企业加工设备运出境外、区外维修及维修后运回，其监管方式代码为“1300”，简称“修理物品”。

6. 特殊区域企业产品运出区外展览及展览完毕运回区内，其监管方式代码为“2700”，简称“展览品”。

7. 特殊区域企业产品、设备运往区外测试、检验及复运回区内，加工区企业委托区外加工产品运出、运回加工区，其监管方式代码为“2600”，简称“暂时进出货物”。

二、 管理规定

（一）特殊区域进出境货物（交通工具除外），按照直通式或转关运输的办法进行监管，企业填制“进、出境货物备案清单”向主管海关申报，按《中华人民共和国海关进出口货物报关单填制规范》要求填制。

区内企业、行政管理机构进口自用、合理数量的交通运输工具，包括生活用车和生产用车，收货人填制“进口货物报关单”办理通关手续。

（二）特殊区域进出境货物不实行进出口许可证件管理，我国参加或缔结的国际条约、国家法律法规另有规定，涉及国家安全、公共道德、动植物检疫、知识产权和文物保护等限制措施的，按有关规定办理。

（三）特殊区域进境的货物，其进口关税和进口环节税，除法律、法规另有规定外，按照下列规定办理：

1. 区内生产性的基础设施建设项目所需的机器、设备和建设生产厂房、仓储设施所需的基建物资，予以免税。

2. 区内企业生产所需的机器、设备、模具及其维修用零配件，予以免税。

3. 区内企业为加工出口产品所需的原材料、零部件、元器件、包装物料及消耗性材料，予以保税。

4. 区内企业和行政管理机构自用、合理数量的办公用品予以免税。

5. 区内企业和行政管理机构自用的交通运输工具、生活消费用品，照章征税。

6. 除法律、法规另有规定外，区内企业加工的制成品及其在加工生产过程中产生的边角料、余料、残次品、废品等销往境外的，免征出口关税。

三、控制条件

（一）监管方式“区内进料加工货物”（5015）按“进料加工”列入海关统计，统计代码为“15”；监管方式“区内来料加工货物”（5014）按“来料加工”列入海关统计，统计代码为“14”；“区内物流货物”（5034）按“特殊监管区物流货物”列入海关统计，统计代码为“34”；“境外设备进区”（5335）按“特殊监管区进口设备”列入海关统计，统计代码为“35”；“区内设备退运”（5361）列入“退运货物”单项统计。

（二）上述监管方式下进出境货物经营单位必须是区内企业，经营单位编码第6位为“出口加工区”（5），“保税港区（综合保税区）”（6）。

（三）监管方式“区内进料加工货物”（5015）、“区内物流货物”（5034）适用于进出境货物，“境外设备进区”（5335）仅适用于进境货物、“区内设备退运”（5361）仅适用于出境货物。

（四）监管方式“区内进料加工货物”（5015）适用征免性质代码“进料加工”（503），监管方式“区内物流货物”（5034）无须填报征免性质代码。

第四十四节　特殊区域进出区货物

一、定义及适用范围

（一）本节包括以下3种监管方式

1.“料件进出区”指料件进出海关特殊监管区域，适用于海关特殊监管区域内保税加工、保税物流或研发企业与境内（区外）之间进出的料件，包括此类料件在境内的退运、退换，监管方式代码为“5000”，简称“料件进出区”。

2.“成品进出区”指成品进出海关特殊监管区域，适用于海关特殊监管区域内保税加工、保税物流或研发企业与境内（区外）之间进出的成品，包括此类成品在境内的退运、退换，监管方式代码为“5100”，简称“成品进出区”。

3.“设备进出区”指设备及物资进出海关特殊监管区域，适用于海关特殊监管区域内企业从境内（区外）购进的自用设备、物资，或将设备、物资销往区外，结转到同一海关特殊监管区域或另一海关特殊监管区域的企业，以及在境内的退运、退换，监管方式代码为“5300”，简称“设备进出区”。

上述监管方式适用于保税港区、综合保税区、出口加工区、珠澳跨境工业园区（珠海园区）、中哈霍尔果斯边境合作区（中方配套区）内企业申报使用，不适用于区外企业和保税区、保税物流园区内企业。

（二）本节不包括以下监管方式

1. 特殊区域企业加工贸易进口料件退换进出境或在区内企业间退换，监管方式代码为“0700”，简称“进料料件退换”。

2. 特殊区域企业加工贸易成品退换进出境或在区内企业间退换，监管方式代码为“4600”，简称“进料成品退换”。

3. 特殊区域企业进境料件退运出境，监管方式代码为“0664”，简称“进料料件复出”。

4. 特殊区域企业边角料退运出境，监管方式代码为“0864”，简称“进料边角料复出”。

5. 特殊区域企业加工设备运出境外、区外维修及维修后运回，监管方式代码为“1300”，简称“修理物品”。

6. 特殊区域企业产品运出区外展览及展览结束运回区内，监管方式代码为“2700”，简称“展览品”。

7. 特殊区域企业产品、设备运往区外测试、检验及复运回区内，加工区企业委托区外加工产品运出、运回加工区，监管方式代码为“2600”，简称“暂时进出货物”。

二、管理规定

（一）特殊区域出区货物管理规定

1. 特殊区域出区货物向加工区海关申报。

2. 特殊区域运往区外的货物，区内外企业分别申报：

（1）区外企业填制“进口货物报关单”，监管方式填报区外企业提取区内货物适用的监管方式，运输方式为

“Z”或“Y”；原产国按实际填报（对于未经加工的进口货物，按货物原进口时的原产国统计；对于经加工的成品或半成品，按现行进口原产地规则确定原产国）；起运国填写“中国”（142）。

（2）区内企业填制“出境货物备案清单”（仅用于区内管理及核销，不作出口统计），监管方式分别适用“料件进出区”（5000）、“成品进出区”（5100）、“设备进出区”（5300），运输方式填报“其他”（9）。

3. 特殊区域出区货物实行许可证件管理的，应向海关出具有效的进出口许可证件，法律、行政法规、规章另有规定在进出境申报环节提交进出口许可证件的除外。

4. 特殊区域出区货物征税管理

（1）特殊区域运往区外的货物，按照制成品征税。区内企业的加工产品和在加工生产过程中产生的边角料、残次品、废品等，因特殊情况需要运往区外时，由企业申请，经主管海关核准后，按内销时的状态确定归类并征税。

（2）区内企业的加工产品和在加工生产过程中产生的边角料、残次品、废品等因特殊情况需要运往区外，经主管海关核准后，按内销时的状态确定归类并征税。如属进口许可证件管理商品，免领进口许可证件。如属《限制进口类可用做原料的废物目录》所列商品，应按现行规定向环保部门申领进口许可证件。

（3）特殊区域无商业价值的边角料和废品需运往区外销毁的，凭加工区管理委员会和环保部门的批件，向主管海关办理出区手续，免予提交进口许可证件，并予以免税。

（4）区内企业将模具、半成品等运往区外进行加工，应缴纳货物应征关税和进口环节增值税等值保证金或保函后办理出区手续。

（5）区内企业经主管海关批准，可在区外进行产品的测试、检验和展示活动，测试、检验和展示的产品，按暂时进口货物的管理规定办理出区手续。

（6）区内使用的机器、设备、模具和办公用品等，须运往区外进行维修、测试或检验时，区内企业或管理机构应填写“特殊区域货物运往区外维修查验联系单”，向主管海关提出申请，并经主管海关核准、登记、查验后，方可将机器、设备、模具和办公用品等运往区外维修、测试或检验。

（二）特殊区域进区货物管理规定

1. 从区外进入区内的货物、物品视同出口，应运入区内海关指定仓库或地点，区外企业填写出口报关单，并持境内购货发票、装箱单，向主管海关办理出口报关手续，区内外企业分别申报：

（1）区外企业填制“出口货物报关单”，监管方式填报区外企业将货物运入区内货物适用的监管方式，运输方式为“Z”或“Y”，目的国和运抵国填写“中国”（142）。

（2）区内企业填制“进境货物备案清单”（仅用于区内管理及核销，不作进口统计），监管方式分别适用“料件进出区”（5000）、“成品进出区”（5100）、“设备进出区”（5300），运输方式填报“其他”（9）。

上述监管方式进出区货物无需填报征免性质代码。

2. 特殊区域进区货物实行许可证件管理的，应向海关出具有效的进出口许可证件，但法律、行政法规、规章另有规定在进出境申报环节提交进出口许可证件的除外。

3. 从境内运入特殊区域的货物，不实施检验检疫，检验检疫部门出具通关单。

4. 从区外进入特殊区域的货物出口退税，除法律、法规另有规定外，按照以下规定办理：

（1）从区外进入特殊区域供区内企业使用的国产机器、设备、原材料、零部件、元器件、包装物料及建造基础设施、加工企业和行政管理部门生产、办公用房所需合理数量的基建物资等，签发出口退税报关单证明联，区外企业凭报关单出口退税联向税务部门申请办理出口退（免）税手续。

（2）从区外进入特殊区域供区内企业和行政管理机构使用的生活消费用品、交通运输工具等，不予签发出口退税报关单。

（3）从区外进入特殊区域的进口机器、设备、原材料、零部件、元器件、包装物料、基建物资等，已经缴纳的进口环节税，不予退还。

（4）因国内技术无法达到产品要求，须将国家禁止出口或统一经营商品运至区内进行某项工序加工的，应报经商务部批准，海关比照出料加工管理办法进行监管，其运入区内的货物，不予签发出口退税报关单。

（三）货物进出区时，区内企业申报“料件进出区”（5000）、“成品进出区”（5100）”、“设备进出区”（5300），不列入海关统计；区外企业按实际监管方式申报，实施单项统计。

第四十五节　特殊区域研发货物

一、定义及适用范围

特殊区域研发货物是指海关特殊监管区域与境外之间进出的研发货物，适用于海关特殊监管区域内企业从境外购进的用于研发的材料、成品，或研发后将上述货物退回境外，但不包括企业自用或其他用途的设备，监管方式代码为“5010”，简称“特殊区域研发货物”。

该监管方式适用于保税港区、综合保税区、出口加工区、珠澳跨境工业园区（珠海园区）、中哈霍尔果斯边境合作区（中方配套区）内企业申报使用，不适用于区外企业和保税区、保税物流园区内企业。

二、管理规定

（一）特殊区域与境外之间进出口的用于研发的货物，在货物进出境时，区内企业填写“中华人民共和国海关备案清单”，贸易方式栏填写“特殊区域研发货物”（代码5010）。

（二）特殊区域与境内区外之间进出口的用于研发的货物，在货物入区时，区内企业填写“进境备案清单”，贸易方式栏填写“料件进出区”（代码5000）；在货物出区时，区内企业填写“出境备案清单”，贸易方式栏填写“成品进出区”（代码5100）。

（三）本监管方式仅用于进出境，按“一般贸易”列入海关统计，统计代码为“10”。

第四十六节　物流中心进出境货物

一、定义

保税物流中心进出境仓储货物是指从境外直接存入保税物流中心（A、B型）和从保税物流中心（A、B型）运出境的仓储、转货物。

本监管方式代码为“6033”，简称“物流中心进出境货物”。

二、适用范围

（一）保税物流中心（A型）是指经海关批准，由中国境内企业法人经营、专门从事保税仓储物流业务的海关监管场所。保税物流中心（A型）按照服务范围分为公用型物流中心和自用型物流中心。

1. 公用型物流中心是指由专门从事仓储物流业务的中国境内企业法人经营，向社会提供保税仓储物流综合服务的海关监管场所。

2. 自用型物流中心是指中国境内企业法人经营，仅向本企业或者本企业集团内部成员提供保税仓储物流服务的海关监管场所。

（二）保税物流中心（B型）（以下简称物流中心）是指经海关批准，由中国境内一家企业法人经营，多家企业进入并从事保税仓储物流业务的海关集中监管场所。

（三）不适用本监管方式的情况

1. 从境内（海关特殊监管区域除外）运入保税物流中心（A、B型）货物和从保税物流中心（A、B型）提取运往境内的货物。

2. 保税物流中心（A、B型）与保税区、出口加工区、保税物流园区、保税仓库、出口监管仓库及保税物流中心（A、B型）之间等海关特殊监管区域或保税监管场所之间往来的货物，监管方式填报“保税间货物”（1200）。

3. 保税仓库进出境仓储、转口货物，监管方式为“保税仓库货物”（1233）。

4. 保税区、保税物流园区进出境仓储、转口货物，监管方式为“保税区仓储、转口”（1234）。

三、管理规定

（一）保税物流中心（A、B）经过海关验收，经营企业由直属海关核发“中华人民共和国海关保税物流中心

（A型）企业注册登记证书”、“中华人民共和国海关保税物流中心（B型）企业注册登记证书”。

（二）保税物流中心进出境货物，在物流中心海关办理相关手续。物流中心与口岸不在同一主管海关的，经主管海关批准，可以在口岸海关办理相关手续。

（三）物流中心进出境货物，除中华人民共和国参加或者缔结的国际条约及国家另有明确规定的以外，不实行进出口配额、许可证件管理。

（四）保税物流中心进口自用的办公用品、交通、运输工具、生活消费用品等，以及企业在物流中心内开展综合物流服务所需的进口机器、装卸设备、管理设备等，按照进口货物的有关管理规定和税收政策办理相关手续。以下货物予以保税：

1. 国内出口货物；
2. 转口货物和国际中转货物；
3. 外商暂存货物；
4. 加工贸易进出口货物；
5. 供应国际航行船舶和航空器的物料、维修用零部件；
6. 供维修外国产品所进口寄售的零配件；
7. 未办结海关手续的一般贸易进口货物；
8. 经海关批准的其他未办结海关手续的货物。

（五）保税物流中心（A、B）不得开展汽车的存储、转、加工等保税物流仓储业务。

（六）保税物流中心（A、B）进境货物属于有条件对外售（付）汇范围，可以签发进口付汇报关单证明联；保税物流中心（A、B）出境货物不需要使用出口收汇核销单。

（七）本监管方式仅用于进出境，按“保税监管场所进出境货物”列入海关统计，统计代码“33”。

第四十七节　内贸货物跨境运输

一、定义

内贸货物跨境运输是指国内贸易货物由我国关境内一口岸起运，通过境外运至我国关境内另一口岸的运输方式，以下简称“跨境运输”。

本监管方式代码为“9600”，简称“内贸跨境”。

二、适用范围

经海关总署批准的进出境口岸、所经境外口岸、运输方式等实行跨境运输的货物。

三、管理规定

（一）跨境运输口岸限制

1. 黑龙江，出境口岸限绥芬河，进境口岸限上海、宁波、黄埔，所经口岸限俄罗斯海参崴港（符拉迪沃斯托克）、东方港、纳霍德卡港。

2. 吉林，出境口岸限珲春圈河口岸，进境口岸限上海、宁波，限经朝鲜元汀里—罗津港换装作业。

境外换装作业仅限在朝鲜罗津港中国承运企业租用并经营的专用码头进行。

使用集装箱装载的跨境运输内贸货物（不包括出口许可证管理商品），由海关在珲春口岸施加封志，经公路直接运至朝鲜元汀里—罗津港，使用整箱（不拆、不换集装箱）承运直航至我东南沿海港口。

（二）开展跨境运输业务经营资格

1. 黑龙江，仅限于黑龙江资信好、规模大、已在海关注册登记的企业。

经营企业到哈尔滨海关办理内贸货物跨境运输备案手续，应当提交下列材料：

（1）黑龙江省人民政府出具的认可文件；

（2）“内贸货物跨境运输业务申请表”（见附件1）；

（3）“中华人民共和国海关进出口货物收发货人报关注册登记证书”；

（4）符合海关规定的银行保函等担保；

（5）海关需要的其他材料。

2. 吉林，仅限于吉林省已在海关注册登记的企业。

经营企业到长春海关办理内贸货物跨境运输备案手续，应当提交下列材料：

（1）吉林省人民政府出具的认可文件；

（2）“内贸货物跨境运输业务申请表”；

（3）“中华人民共和国海关进出口货物收发货人报关注册登记证书”；

（4）符合海关规定的银行保函等担保；

（5）海关需要的其他材料。

（三）承运跨境运输的船舶限定使用中国籍船舶及使用集装箱装载，运输工具进出境时应当在海关监管区内装卸作业。内贸货物与运输工具应当接受海关监管。

（四）跨境运输的内贸货物运输期限：跨境运输的内贸货物应自运输工具离开我国关境内一口岸出境起3个月内运抵我国关境内另一口岸。逾期未运抵的，除不可抗力的外，视同出口货物处理，由纳税义务人向海关办理相关的申报纳税手续。海关将取消该经营企业继续从事内贸货物跨境运输资格，并根据情况进行调查处理。

（五）跨境运输内贸货物集装箱箱体必须符合《中华人民共和国海关对用于装载海关监管货物的集装箱和集装箱式货车车厢的监管办法》规定的标准。

（六）从事内贸货物跨境运输装卸、存储、交付、发运等活动的有关监管场所应符合《中华人民共和国海关监管场所管理办法》。

（七）开展跨境运输业务的港口企业与海关实现计算机联网传输，进出境地海关对跨境运输进出境货物实行联网监管。

（八）经营企业或其代理人应当根据《中华人民共和国海关进出口货物申报管理规定》的要求向海关申报。在跨境运输货物出境前，填制“中华人民共和国海关内贸货物跨境运输出境备案清单”和“中华人民共和国海关内贸货物跨境运输联系单”向出境地海关申报。跨境运输货物进境后，经营企业或其代理人应当填制“中华人民共和国海关内贸货物跨境运输进境备案清单”向进境地海关申报。

（九）单票“中华人民共和国海关内贸货物跨境运输出境备案清单”项下的货物，应由同一船舶、同一航次、同一提单，运抵同一目的港。

（十）审证管理规定

跨境运输货物仅限于除国家禁止进出境货物及许可证件管理货物外的货物。

黑龙江省允许将粮食、石化等涉及出口许可证管制类商品的货物纳入有关内贸货物的范围。

吉林省开展内贸货物跨境运输试点涉及出口许可证件管理的非集装箱内贸货物跨境运输的商品仅限于煤炭。

四、控制条件

本监管方式实行单项统计。

第四十八节　海关处理货物

一、定义

海关处理货物是指由海关提取变卖处理的超期未报关进口货物、误卸、溢卸货物、放弃进口货物，以及走私违规案件查处的货物。已经向海关报关并依法列入海关统计的，不适用本监管方式。

本监管方式代码为“9639”，简称“海关处理货物”。

二、适用范围

本监管方式适用以下定义的货物：

（一）超期未报关货物是指进口货物的收货人自运输工具申报进境之日起超过3个月未向海关申报，由海关提取依法变卖处理的进口货物。

超期未报关货物还包括保税货物、暂时进口货物超过规定的期限3个月，未向海关办理复运出境或者其他有关手续，以及过境、转运和通运货物超过规定的期限3个月，未运输出境，由海关提取依法变卖处理。

（二）误卸、溢卸货物是指未列入进境运输工具载货清单、运单申报进境的误卸或者溢卸的货物，运输工具负责人或进口货物收货人未向海关办理退运出境或申报进口手续，由海关提取依法变卖处理的进口货物。

（三）放弃进口货物是指进口货物的收货人或其所有人声明放弃，由海关提取依法变卖处理的进口货物。

（四）超期未报关进口货物、误卸或者溢卸进口货物属于危险品或者鲜活、易腐、易烂、易失效、易变质、易贬值等不宜长期保存的货物的，海关根据实际情况，提前提取依法变卖处理。

（五）进出境物品所有人声明放弃的物品，在海关规定期限内未办理海关手续或者无人认领的物品，以及无法投递又无法退回的进境邮递物品，由海关提取依法变卖处理。

（六）走私违法案件予以没收，由海关依法变卖处理的货物。

三、 管理规定

（一）国家禁止或限制进口的废物、对环境造成污染的货物不得声明放弃。

（二）超期未报关进口货物、误卸或者溢卸的进境货物和放弃进口货物属于《出入境检验检疫机构实施检验检疫的进出境商品目录》范围的，由海关在变卖前提请出入境检验检疫机构进行检验、检疫，检验、检疫的费用与其他变卖处理实际支出的费用从变卖款中支付。

（三）由海关提取依法变卖处理的超期未报、误卸或者溢卸等货物的所得价款的处理。

1. 在优先拨付变卖处理实际支出的费用后，按照下列顺序扣除相关费用和税款：

（1）运输、装卸、储存等费用

（2）进口关税

（3）进口环节税

（4）滞报金

2. 所得价款不足以支付同一顺序的相关费用的，按照比例支付。

3. 扣除上述第 2 项进口关税的完税价格按照下列公式计算：

$$\text{完税价格}=\frac{\text{变卖所得价款}-\text{变卖费用}-\text{运储费用}}{\dfrac{1+\text{关税率}+\text{增值税率}+\text{关税率}\times\text{增值税率}}{1-\text{消费税率}}}$$

4. 实行从量、复合或者其他方式计征税款的货物，按照有关征税的规定计算和扣除税款。

5. 在扣除以上规定的相关费用和税款后，尚有余款的，自货物依法变卖之日起 1 年内，经进口货物收货人申请，予以发还。其中属于国家限制进口的，应当提交许可证件而不能提供的，不予发还；不符合进口货物收货人资格、不能证明对进口货物享有权利的，申请不予受理。逾期无进口货物收货人申请、申请不予受理或者不予发还的，余款上缴国库。

申请发还余款的，申请人应当提供证明其为该进口货物收货人的相关资料。经海关审核同意后，申请人应当按照海关对进口货物的申报规定，补办进口申报手续，并提交有关进口许可证件和其他有关单证。不能提交有效进口许可证件的，由海关按照《海关行政处罚实施条例》对“无证进口”的规定处理。

第四十九节 无原始报关单的后续补税

一、 定义

无原始报关单的后续补税是指无法获得原始报关单的后续退补税货物，包括调查、稽查补税及审价、归类等各种原因的后续退补税货物。

本监管方式代码为“9700”，简称“后续补税”。

二、 适用范围

该监管方式同样适用于保税港区、综合保税区、出口加工区、珠澳跨境工业园区（珠海园区）、中哈霍尔果斯边境合作区（中方配套区）。

第五十节 其他贸易

一、 定义

其他贸易是指除上述各节列名的监管方式以外，列入海关“其他贸易”统计的进出口货物。本监管方式代码为“9739”，简称“其他贸易”。

二、 适用范围

（一）本监管方式适用情况

1. 我国境内经批准临时进出口货物的机关、团体、学校、企事业单位等进出口货物、物品。

2. 外国驻华使、领馆在我国内购买货物出口。

3. 外商投资企业外方常驻人员和外国驻华机构的常驻人员，以及持有长期居留证件和来华定居的引进专家等进口自用汽车。

4. 外国企业常驻我国办事机构进口不复运出境的陈列用企业产品样品。

5. 随援外物资一并出口或另外发运的批量出口的生活物资。

（二）本监管方式不适用情况

1. 入境旅客在境内购买5万美元以内的旅游商品托运出境，监管方式为“旅游购物商品”（0139）。

2. 本国籍运输工具在境内添加进口保税油、物料，监管方式为“国轮油物料”（1139）。

3. 外国常驻机构进口办公用品，监管方式为“常驻机构公用”（2439）。

4. 驻华商业机构进口不复运出的陈列样品，监管方式为“陈列样品”（2939）。

5. 对台湾小额贸易，监管方式为“对台小额”（4039）。

6. 除援助、捐赠以外进出口其他免费提供的货物，监管方式为“其他进出口免费”（3339）。

7. 我国驻外机构在境外购买的公务用品、机动车辆运回境内，监管方式为“驻外机构购进”（4239）。

8. 海关拍卖处理超期未报货物、走私违规货物，监管方式为“海关处理货物”（9639）。

9. 驻华外交机构转售境内非外交机构或个人，国际文体交流活动进口物品获准留赠或放弃，监管方式为“留赠、专卖物品”（9839）。

10. 未列入运输工具进口载货清单、提（运）单、或多于进口载货清单、提（运）单所列数量的货物，监管方式为“进口溢误卸”（4539）。

三、 管理规定

（一）适用本监管方式的进出口货物，除国家另有规定外，应照章征税。按规定应交验监管证件（包括许可证件和通关单等）的，申报单位持授权发证机关签发的监管证件向海关办理报关手续。

（二）非经营音像制品性质的单位进口用于宣传、培训及广告等目的的音像制品，总计数量在200盘以下的，免领“文化部进口音像制品批准单”，申报单位持有关合同和单证向海关办理报关手续。

（三）外国企业常驻机构进口货物，应事先向主管海关办理常驻机构登记备案手续，海关核发“常驻机构备案证”。

外国企业常驻机构进口陈列样品，应事先向主管海关办理申请手续，提交“进出境公用物品申请表”。陈列样品进口时，进口地海关凭主管海关签章的“进出境公用物品申请表”办理征税和验放手续。

四、 控制条件

（一）本监管方式不对应征免性质代码“201”（无偿援助）、“417”（远洋渔业）、“501”（来料设备）、“502”（来料加工）、“503”（进料加工）、“506”（边境小额）、“601”（中外合资）、“602”（中外合作）、“603”（外商独资）。

（二）本监管方式列入海关统计，统计代码为“39”（其他贸易）。

（三）本监管方式为不得对外售（付）汇的监管方式，不签发进口货物报关单证明联。

（四）本监管方式出口货物不需提交出口收汇核销单。

第五十一节 留赠、转卖物品

留赠转卖物品是指外国（地区）驻我国外交机构转售境内非外交机构或国际文体活动留赠、放弃的特批进口物品。货物进境时已经列入货物贸易统计的，不适用本监管方式。

本监管方式代码为“9839”，简称“留赠转卖物品”。

第五十二节 进口溢误卸货物

一、定义

进口溢误卸货物是指由进境运输工具载运进境并因故卸至海关监管区或者其他经海关批准的场所，未列入进口载货清单、运单向海关申报进境的误卸或者溢卸的进境货物。本监管方式代码为“4539”，简称“进口溢误卸”。

二、管理规定

（一）溢误卸进境货物申报期限：

1. 溢误卸进境货物，由载运该货物的原运输工具负责人或由该货物的收货人，自该运输工具卸货之日起3个月内，向海关申请办理退运或进口手续。

2. 溢误卸的进境货物，经载运该货物的运输工具负责人，或者该货物的收发货人申请，海关批准，可以延期3个月办理退运出境或者申报进口手续。

3. 上述货物超过上述期限未向海关办理退运出境或申报进口手续的，由海关提取依法变卖处理。

4. 溢误卸的进境货物属于危险品或者鲜活、易腐、易烂、易失效、易变质、易贬值等不宜长期保存的货物的，海关可以根据实际情况，提前提取依法变卖处理。

（二）溢误卸货物在合同约定溢短装条款，溢装数量在货物总量±5%以内的予以免证验放。

原油、成品油、化肥、钢材等4种大宗散装货物溢装数量在货物总量±3%以内予以免证验放。超出的溢装货物属国家实施管制措施的，申报单位持授权发证机关签发的监管证件（包括许可证件、通关单等）向海关办理报关手续。

（三）进口溢误卸货物按规定征、减、免税：

1. 对同一运输工具进口以溢卸货物补短卸货物的，限于同品种的货物。如非同一运输工具的，限于同一运输公司；对以非同一运输工具之间的溢卸货物抵补短卸货物的，按一般货物办理进口手续。

2. 大宗散货溢装的，按照以下规定办理：

（1）溢装数量在合同、发票标明数量3%以内的，根据审定的货物单价，按照合同、发票标明数量计征税款。

（2）溢装数量超过合同、发票标明数量3%的，根据审定的货物单价，按照实际进出口数量计征税款。

（四）本监管方式仅用于进境，按照“其他”列入海关统计，统计代码为“39”。

第五十三节 跨境贸易电子商务

一、定义

海关监管方式代码为“9610”，全称“跨境贸易电子商务”，简称“电子商务”，适用于境内个人或电子商务企业通过电子商务交易平台实现交易，并采用“清单核放、汇总申报”模式办理通关手续的电子商务零售进出口商品（通过海关特殊监管区域或保税监管场所一线的电子商务零售进出口商品除外）。

二、管理规定

以“9610”海关监管方式开展电子商务零售进出口业务的电子商务企业、监管场所经营企业、支付企业和物流企业应当按照规定向海关备案，并通过电子商务通关服务平台实时向电子商务通关管理平台传送交易、支付、仓储和物流等数据。

第五十四节　保税跨境贸易电子商务

一、定义

海关监管方式代码为“1210”，全称“保税跨境贸易电子商务”，简称“保税电商”。适用于境内个人或电子商务企业在经海关认可的电子商务平台实现跨境交易，并通过海关特殊监管区域或保税监管场所进出的电子商务零售进出境商品［海关特殊监管区域、保税监管场所与境内区外（场所外）之间通过电子商务平台交易的零售进出口商品不适用该监管方式］。

二、管理规定

“1210”监管方式用于进口时仅限经批准开展跨境贸易电子商务进口试点的海关特殊监管区域和保税物流中心（B型）。

以“1210”海关监管方式开展跨境贸易电子商务零售进出口业务的电子商务企业、海关特殊监管区域或保税监管场所内跨境贸易电子商务经营企业、支付企业和物流企业应当按照规定向海关备案，并通过电子商务平台实时传送交易、支付、仓储和物流等数据。

第五十五节　市场采购

一、定义

市场采购贸易方式是指由符合条件的经营者在经国家商务主管等部门认定的市场集聚区内采购的、单票报关单商品货值15万（含15万）美元以下，并在采购地办理出口商品通关手续的贸易方式。

二、适用范围及管理规定

（一）以下出口商品不适用市场采购贸易方式：

1. 国家禁止、限制出口的商品；
2. 未在经认定的市场聚集区内采购的商品；
3. 未经市场采购商品认定体系确认的商品；
4. 使用现金结算的商品；
5. 贸易管制主管部门确定的不适用市场采购贸易方式的商品。

（二）地方政府应当将经国家商务主管等部门认定的市场集聚区范围及其商品城、专业市场和专业街名称和地址对外公告，同时向海关备案，并对备案信息的真实性负责。

（三）从事市场采购贸易的对外贸易经营者，应当在向市场所在地商务主管部门办理市场采购贸易经营者备案登记后，按照《中华人民共和国海关对报关单位注册登记管理规定》（海关总署令第221号）在海关注册登记。

（四）对外贸易经营者对其代理出口商品的真实性、合法性承担责任，负责对代理出口商品信息在市场采购商品认定体系中的录入，并通过认定体系提交商户予以确认。

经市场采购商品认定体系确认的商品信息应当通过市场采购贸易综合管理系统与海关实现数据联网共享，海关依托市场采购贸易综合管理系统，对市场采购贸易出口商品实施监管。

（五）以市场采购贸易方式出口的商品，申报时在报关单“发货单位”栏除应填写对外贸易经营者单位名称外，需一并在“备注”栏填写采购人的身份信息（姓名、国籍和身份证或护照号码）。

申报时除按规定提交相关纸质报关单证或电子数据信息外，一并提交完整的装箱清单、商户与采购人进行商品交易的原始单据、采购人身份证件复印件等纸质单证或电子数据信息。

（六）以市场采购贸易方式出口的商品，每票报关单随附的商品清单所列品种在10种以上的可按以下方式实行简化申报：

1. 对符合规定的商品，以中华人民共和国进出口税则中“章”为单位进行归并；

2. 每“章”按价值最大商品的税号作为归并后的税号，价值、数量等也相应归并。

有下列情形之一的商品不适用简化申报：

1. 属于出口货物通关单管理的；

2. 需征收出口关税的；

3. 海关另有规定不适用简化申报的。

适用简化申报措施的商品，对外贸易经营者及其代理人在向海关申报时应当提交市场采购贸易出口商品清单。

（七）市场采购贸易出口商品应当在符合《中华人民共和国海关监管场所管理办法》规定要求的海关监管场所内办理商品出口手续。监管场所经营单位发现涉嫌走私违规行为的，应当主动报告海关。

（八）对于跨关区转关出口的市场采购贸易出口商品，对外贸易经营者或其代理人应当在采购地海关办理转关出口手续，并在出境地海关办理转关核销手续。

（九）对于跨关区转关出口的市场采购贸易出口商品，应当由在海关注册登记的承运人承运。出境地海关负责市场采购贸易商品出口转关运输的途中监管。

（十）采购地海关是指经认定的商品城、专业市场和专业街所在地的主管地海关。市场集聚区是指各类从事专业经营的商品城、专业市场和专业街。

（十一）海关监管方式代码为“1039”，全（简）称“市场采购”，仅限于在义乌市市场集聚区（范围为义乌国际小商品城、义乌市区各专业市场和专业街）、江苏省海门叠石桥国际家纺城和浙江省海宁皮革城、江苏常熟服装城、广州花都皮革皮具市场、山东临沂商城工程物资市场、武汉汉口北国际商品交易中心、河北白沟箱包市场采购的出口商品。

第五十六节 其 他

一、定义

指除已具体列名监管方式以外其他不列入海关统计的进出境货物、物品。本监管方式代码为“9900”，简称“其他”。

二、适用范围及管理规定

（一）从货运渠道进出境的个人行李物品。

（二）中国驻外国使领馆出公务或自用物品。

（三）在境内结转的进出口货物：

1. 以出顶进货物，指经批准在国内以外汇向有关进出口公司购买出口商品顶替其应进口的同一商品。

2. 供应国内外汇免税商店并收取外汇的出口商品。

3. 经批准将来料加工、进料加工贸易项下加工的成品转为免税外汇商品。

4. 经批准内销征税的进口免税品。

（四）边民互市贸易进出境货物。

（五）我国远洋渔业企业进口自捕水产品。

（六）境外机构、个人无偿交还给国有公益性收藏单位的原系从中国劫掠、盗窃、走私或以其他方式非法出境的藏品；国家主管文化文物行政管理部门依据有关国际公约从境外索回原系从中国劫掠、盗窃、走私或以其他方式非法出境的藏品。

（七）与无代价抵偿进出口货物相关的原进口货物退运出境或原出货物退运进境。

（八）我国各银行总行调运进出境的人民币、外币现钞。调运人民币、外币现钞限定口岸进出境，申报单位持“银行调运外币现钞进出境许可证”、“银行调运人民币现钞进出境许可证”向海关办理报关手续。

（九）进口转关货物在进境地海关转关放行后，但未在指运地海关办结放行手续之前当事人申请办理退运手续的，先填制出口货物报关单向海关申报，再填制进口货物报关单，监管方式均填报“其他（9900）”，并在进口货物报关单“关联报关单”栏填写出口货物报关单号。对于其中涉证、涉税的，系统提示应证、应税时，可通过层级审核报请直属海关主管关领导批准后，在H2000系统中进行特殊处理通过。

进口转关货物，当事人在指运地海关办结货物放行手续后申请退运的，按现行的退运货物的相关规定办理。

（十）对外承包工程中，我劳务人员带出的自用生活物资。

三、控制条件

根据进出口货物适用征减免税待遇选择填报相应的征免性质代码。

（一）流通中的货币现钞商品编号为“9801300000”，对应征免性质为“一般征税”（101），征免方式为“全免”（3）。

（二）国有公益性收藏单位进口的藏品，征免性质代码为“公益收藏”（698）。

附录 2　相关法规

主 席 令

中华人民共和国海关法

（1987 年 1 月 22 日第六届全国人民代表大会常务委员会第十九次会议通过，1987 年 7 月 1 日起施行；根据 2000 年 7 月 8 日第九届全国人民代表大会常务委员会第十六次会议《关于修改〈中华人民共和国海关法〉的决定》第一次修改；根据 2013 年 6 月 29 日第十二届全国人民代表大会常务委员会第三次会议《关于修改〈中华人民共和国文物保护法〉等十二部法律的决定》第二次修改；根据 2013 年 12 月 28 日第十二届全国人民代表大会常务委员会第六次会议《关于修改〈中华人民共和国海洋环境保护法〉等七部法律的决定》第三次修改；根据 2016 年 11 月 7 日第十二届全国人民代表大会常务委员会第二十四次会议《关于修改〈中华人民共和国对外贸易法〉等十二部法律的决定》第四次修改）

第一章　总　则

第一条　为了维护国家的主权和利益，加强海关监督管理，促进对外经济贸易和科技文化交往，保障社会主义现代化建设，特制定本法。

第二条　中华人民共和国海关是国家的进出关境（以下简称进出境）监督管理机关。海关依照本法和其他有关法律、行政法规，监管进出境的运输工具、货物、行李物品、邮递物品和其他物品（以下简称进出境运输工具、货物、物品），征收关税和其他税、费，查缉走私，并编制海关统计和办理其他海关业务。

第三条　国务院设立海关总署，统一管理全国海关。

国家在对外开放的口岸和海关监管业务集中的地点设立海关。海关的隶属关系，不受行政区划的限制。

海关依法独立行使职权，向海关总署负责。

第四条　国家在海关总署设立专门侦查走私犯罪的公安机构，配备专职缉私警察，负责对其管辖的走私犯罪案件的侦查、拘留、执行逮捕、预审。

海关侦查走私犯罪公安机构履行侦查、拘留、执行逮捕、预审职责，应当按照《中华人民共和国刑事诉讼法》的规定办理。

海关侦查走私犯罪公安机构根据国家有关规定，可以设立分支机构。各分支机构办理其管辖的走私犯罪案件，应当依法向有管辖权的人民检察院移送起诉。

地方各级公安机关应当配合海关侦查走私犯罪公安机构依法履行职责。

第五条　国家实行联合缉私、统一处理、综合治理的缉私体制。海关负责组织、协调、管理查缉走私工作。有关规定由国务院另行制定。

各有关行政执法部门查获的走私案件，应当给予行政处罚的，移送海关依法处理；涉嫌犯罪的，应当移送海关侦查走私犯罪公安机构、地方公安机关依据案件管辖分工和法定程序办理。

第六条　海关可以行使下列权力：

（一）检查进出境运输工具，查验进出境货物、物品；对违反本法或者其他有关法律、行政法规的，可以扣留。

（二）查阅进出境人员的证件；查问违反本法或者其他有关法律、行政法规的嫌疑人，调查其违法行为。

（三）查阅、复制与进出境运输工具、货物、物品有关的合同、发票、账册、单据、记录、文件、业务函电、录音录像制品和其他资料；对其中与违反本法或者其他有关法律、行政法规的进出境运输工具、货物、物品有牵连的，可以扣留。

（四）在海关监管区和海关附近沿海沿边规定地区，检查有走私嫌疑的运输工具和有藏匿走私货物、物品嫌疑的场所，检查走私嫌疑人的身体；对有走私嫌疑的运输工具、货物、物品和走私犯罪嫌疑人，经直属海关关长或者其授权的隶属海关关长批准，可以扣留；对走私犯罪嫌疑人，扣留时间不超过24小时，在特殊情况下可以延长至48小时。

在海关监管区和海关附近沿海沿边规定地区以外，海关在调查走私案件时，对有走私嫌疑的运输工具和除公民住处以外的有藏匿走私货物、物品嫌疑的场所，经直属海关关长或者其授权的隶属海关关长批准，可以进行检查，有关当事人应当到场；当事人未到场的，在有见证人在场的情况下，可以径行检查；对其中有证据证明有走私嫌疑的运输工具、货物、物品，可以扣留。

海关附近沿海沿边规定地区的范围，由海关总署和国务院公安部门会同有关省级人民政府确定。

（五）在调查走私案件时，经直属海关关长或者其授权的隶属海关关长批准，可以查询案件涉嫌单位和涉嫌人员在金融机构、邮政企业的存款、汇款。

（六）进出境运输工具或者个人违抗海关监管逃逸的，海关可以连续追至海关监管区和海关附近沿海沿边规定地区以外，将其带回处理。

（七）海关为履行职责，可以配备武器。海关工作人员佩带和使用武器的规则，由海关总署会同国务院公安部门制定，报国务院批准。

（八）法律、行政法规规定由海关行使的其他权力。

第七条 各地方、各部门应当支持海关依法行使职权，不得非法干预海关的执法活动。

第八条 进出境运输工具、货物、物品，必须通过设立海关的地点进境或者出境。在特殊情况下，需要经过未设立海关的地点临时进境或者出境的，必须经国务院或者国务院授权的机关批准，并依照本法规定办理海关手续。

第九条 进出口货物，除另有规定的外，可以由进出口货物收发货人自行办理报关纳税手续，也可以由进出口货物收发货人委托海关准予注册登记的报关企业办理报关纳税手续。

进出境物品的所有人可以自行办理报关纳税手续，也可以委托他人办理报关纳税手续。

第十条 报关企业接受进出口货物收发货人的委托，以委托人的名义办理报关手续的，应当向海关提交由委托人签署的授权委托书，遵守本法对委托人的各项规定。

报关企业接受进出口货物收发货人的委托，以自己的名义办理报关手续的，应当承担与收发货人相同的法律责任。

委托人委托报关企业办理报关手续的，应当向报关企业提供所委托报关事项的真实情况；报关企业接受委托人的委托办理报关手续的，应当对委托人所提供情况的真实性进行合理审查。

第十一条 进出口货物收发货人、报关企业办理报关手续，必须依法经海关注册登记。未依法经海关注册登记，不得从事报关业务。

报关企业和报关人员不得非法代理他人报关，或者超出其业务范围进行报关活动。

第十二条 海关依法执行职务，有关单位和个人应当如实回答询问，并予以配合，任何单位和个人不得阻挠。

海关执行职务受到暴力抗拒时，执行有关任务的公安机关和人民武装警察部队应当予以协助。

第十三条 海关建立对违反本法规定逃避海关监管行为的举报制度。

任何单位和个人均有权对违反本法规定逃避海关监管的行为进行举报。

海关对举报或者协助查获违反本法案件的有功单位和个人，应当给予精神的或者物质的奖励。

海关应当为举报人保密。

第二章 进出境运输工具

第十四条 进出境运输工具到达或者驶离设立海关的地点时，运输工具负责人应当向海关如实申报，交验单证，并接受海关监管和检查。

停留在设立海关的地点的进出境运输工具，未经海关同意，不得擅自驶离。

进出境运输工具从一个设立海关的地点驶往另一个设立海关的地点的，应当符合海关监管要求，办理海关手续，未办结海关手续的，不得改驶境外。

第十五条 进境运输工具在进境以后向海关申报以前，出境运输工具在办结海关手续以后出境以前，应当按照交通主管机关规定的路线行进；交通主管机关没有规定的，由海关指定。

第十六条 进出境船舶、火车、航空器到达和驶离时间，停留地点，停留期间更换地点，以及装卸货物、物品时间，运输工具负责人或者有关交通运输部门应当事先通知海关。

第十七条　运输工具装卸进出境货物、物品或者上下进出境旅客，应当接受海关监管。

货物、物品装卸完毕，运输工具负责人应当向海关递交反映实际装卸情况的交接单据和记录。

上下进出境运输工具的人员携带物品的，应当向海关如实申报，并接受海关检查。

第十八条　海关检查进出境运输工具时，运输工具负责人应当到场，并根据海关的要求开启舱室、房间、车门；有走私嫌疑的，并应当开拆可能藏匿走私货物、物品的部位，搬移货物、物料。

海关根据工作需要，可以派员随运输工具执行职务，运输工具负责人应当提供方便。

第十九条　进境的境外运输工具和出境的境内运输工具，未向海关办理手续并缴纳关税，不得转让或者移作他用。

第二十条　进出境船舶和航空器兼营境内客、货运输，应当符合海关监管要求。

进出境运输工具改营境内运输，需向海关办理手续。

第二十一条　沿海运输船舶、渔船和从事海上作业的特种船舶，未经海关同意，不得载运或者换取、买卖、转让进出境货物、物品。

第二十二条　进出境船舶和航空器，由于不可抗力的原因，被迫在未设立海关的地点停泊、降落或者抛掷、起卸货物、物品，运输工具负责人应当立即报告附近海关。

第三章　进出境货物

第二十三条　进口货物自进境起到办结海关手续止，出口货物自向海关申报起到出境止，过境、转运和通运货物自进境起到出境止，应当接受海关监管。

第二十四条　进口货物的收货人、出口货物的发货人应当向海关如实申报，交验进出口许可证件和有关单证。国家限制进出口的货物，没有进出口许可证件的，不予放行，具体处理办法由国务院规定。

进口货物的收货人应当自运输工具申报进境之日起 14 日内，出口货物的发货人除海关特准的外应当在货物运抵海关监管区后、装货的 24 小时以前，向海关申报。

进口货物的收货人超过前款规定期限向海关申报的，由海关征收滞报金。

第二十五条　办理进出口货物的海关申报手续，应当采用纸质报关单和电子数据报关单的形式。

第二十六条　海关接受申报后，报关单证及其内容不得修改或者撤销，但符合海关规定情形的除外。

第二十七条　进口货物的收货人经海关同意，可以在申报前查看货物或者提取货样。需要依法检疫的货物，应当在检疫合格后提取货样。

第二十八条　进出口货物应当接受海关查验。海关查验货物时，进口货物的收货人、出口货物的发货人应当到场，并负责搬移货物，开拆和重封货物的包装。海关认为必要时，可以径行开验、复验或者提取货样。

海关在特殊情况下对进出口货物予以免验，具体办法由海关总署制定。

第二十九条　除海关特准的外，进出口货物在收发货人缴清税款或者提供担保后，由海关签印放行。

第三十条　进口货物的收货人自运输工具申报进境之日起超过 3 个月未向海关申报的，其进口货物由海关提取依法变卖处理，所得价款在扣除运输、装卸、储存等费用和税款后，尚有余款的，自货物依法变卖之日起 1 年内，经收货人申请，予以发还；其中属于国家对进口有限制性规定，应当提交许可证件而不能提供的，不予发还。逾期无人申请或者不予发还的，上缴国库。

确属误卸或者溢卸的进境货物，经海关审定，由原运输工具负责人或者货物的收发货人自该运输工具卸货之日起 3 个月内，办理退运或者进口手续；必要时，经海关批准，可以延期 3 个月。逾期未办手续的，由海关按前款规定处理。

前两款所列货物不宜长期保存的，海关可以根据实际情况提前处理。

收货人或者货物所有人声明放弃的进口货物，由海关提取依法变卖处理；所得价款在扣除运输、装卸、储存等费用后，上缴国库。

第三十一条　法律、行政法规、国务院或者海关总署规定暂时进口或者暂时出口的货物，应当在六个月内复运出境或者复运进境；需要延长复运出境或者复运进境期限的，应当根据海关总署的规定向海关办理延期手续。

第三十二条　经营保税货物的储存、加工、装配、展示、运输、寄售业务和经营免税商店，应当符合海关监管要求，经海关批准，并办理注册手续。

保税货物的转让、转移以及进出保税场所，应当向海关办理有关手续，接受海关监管和查验。

第三十三条　企业从事加工贸易，应当持有关批准文件和加工贸易合同向海关备案，加工贸易制成品单位耗料量由海关按照有关规定核定。

加工贸易制成品应当在规定的期限内复出口。其中使用的进口料件，属于国家规定准予保税的，应当向海关办理核销手续；属于先征收税款的，依法向海关办理退税手续。

加工贸易保税进口料件或者制成品因故转为内销的，海关凭准予内销的批准文件，对保税的进口料件依法征税；属于国家对进口有限制性规定的，还应当向海关提交进口许可证件。

第三十四条 经国务院批准在中华人民共和国境内设立的保税区等海关特殊监管区域，由海关按照国家有关规定实施监管。

第三十五条 进口货物应当由收货人在货物的进境地海关办理海关手续，出口货物应当由发货人在货物的出境地海关办理海关手续。

经收发货人申请，海关同意，进口货物的收货人可以在设有海关的指运地、出口货物的发货人可以在设有海关的起运地办理海关手续。上述货物的转关运输，应当符合海关监管要求；必要时，海关可以派员押运。

经电缆、管道或者其他特殊方式输送进出境的货物，经营单位应当定期向指定的海关申报和办理海关手续。

第三十六条 过境、转运和通运货物，运输工具负责人应当向进境地海关如实申报，并应当在规定期限内运输出境。

海关认为必要时，可以查验过境、转运和通运货物。

第三十七条 海关监管货物，未经海关许可，不得开拆、提取、交付、发运、调换、改装、抵押、质押、留置、转让、更换标记、移作他用或者进行其他处置。

海关加施的封志，任何人不得擅自开启或者损毁。

人民法院判决、裁定或者有关行政执法部门决定处理海关监管货物的，应当责令当事人办结海关手续。

第三十八条 经营海关监管货物仓储业务的企业，应当经海关注册，并按照海关规定，办理收存、交付手续。

在海关监管区外存放海关监管货物，应当经海关同意，并接受海关监管。

违反前两款规定或者在保管海关监管货物期间造成海关监管货物损毁或者灭失的，除不可抗力外，对海关监管货物负有保管义务的人应当承担相应的纳税义务和法律责任。

第三十九条 进出境集装箱的监管办法、打捞进出境货物和沉船的监管办法、边境小额贸易进出口货物的监管办法，以及本法未具体列明的其他进出境货物的监管办法，由海关总署或者由海关总署会同国务院有关部门另行制定。

第四十条 国家对进出境货物、物品有禁止性或者限制性规定的，海关依据法律，行政法规，国务院的规定或者国务院有关部门依据法律、行政法规的授权作出的规定实施监管。具体监管办法由海关总署制定。

第四十一条 进出口货物的原产地按照国家有关原产地规则的规定确定。

第四十二条 进出口货物的商品归类按照国家有关商品归类的规定确定。

海关可以要求进出口货物的收发货人提供确定商品归类所需的有关资料；必要时，海关可以组织化验、检验，并将海关认定的化验、检验结果作为商品归类的依据。

第四十三条 海关可以根据对外贸易经营者提出的书面申请，对拟作进口或者出口的货物预先作出商品归类等行政裁定。

进口或者出口相同货物，应当适用相同的商品归类行政裁定。

海关对所作出的商品归类等行政裁定，应当予以公布。

第四十四条 海关依照法律、行政法规的规定，对与进出境货物有关的知识产权实施保护。

需要向海关申报知识产权状况的，进出口货物收发货人及其代理人应当按照国家规定向海关如实申报有关知识产权状况，并提交合法使用有关知识产权的证明文件。

第四十五条 自进出口货物放行之日起3年内或者在保税货物、减免税进口货物的海关监管期限内及其后的3年内，海关可以对与进出口货物直接有关的企业、单位的会计账簿、会计凭证、报关单证以及其他有关资料和有关进出口货物实施稽查。具体办法由国务院规定。

第四章　进出境物品

第四十六条 个人携带进出境的行李物品、邮寄进出境的物品，应当以自用、合理数量为限，并接受海关监管。

第四十七条 进出境物品的所有人应当向海关如实申报，并接受海关查验。

海关加施的封志，任何人不得擅自开启或者损毁。

第四十八条　进出境邮袋的装卸、转运和过境，应当接受海关监管。邮政企业应当向海关递交邮件路单。

邮政企业应当将开拆及封发国际邮袋的时间事先通知海关，海关应当按时派员到场监管查验。

第四十九条　邮运进出境的物品，经海关查验放行后，有关经营单位方可投递或者交付。

第五十条　经海关登记准予暂时免税进境或者暂时免税出境的物品，应当由本人复带出境或者复带进境。

过境人员未经海关批准，不得将其所带物品留在境内。

第五十一条　进出境物品所有人声明放弃的物品、在海关规定期限内未办理海关手续或者无人认领的物品，以及无法投递又无法退回的进境邮递物品，由海关依照本法第三十条的规定处理。

第五十二条　享有外交特权和豁免的外国机构或者人员的公务用品或者自用物品进出境，依照有关法律、行政法规的规定办理。

第五章　关　税

第五十三条　准许进出口的货物、进出境物品，由海关依法征收关税。

第五十四条　进口货物的收货人、出口货物的发货人、进出境物品的所有人，是关税的纳税义务人。

第五十五条　进出口货物的完税价格，由海关以该货物的成交价格为基础审查确定。成交价格不能确定时，完税价格由海关依法估定。

进口货物的完税价格包括货物的货价、货物运抵中华人民共和国境内输入地点起卸前的运输及其相关费用、保险费；出口货物的完税价格包括货物的货价、货物运至中华人民共和国境内输出地点装载前的运输及其相关费用、保险费，但是其中包含的出口关税税额，应当予以扣除。

进出境物品的完税价格，由海关依法确定。

第五十六条　下列进出口货物、进出境物品，减征或者免征关税：

（一）无商业价值的广告品和货样；

（二）外国政府、国际组织无偿赠送的物资；

（三）在海关放行前遭受损坏或者损失的货物；

（四）规定数额以内的物品；

（五）法律规定减征、免征关税的其他货物、物品；

（六）中华人民共和国缔结或者参加的国际条约规定减征、免征关税的货物、物品。

第五十七条　特定地区、特定企业或者有特定用途的进出口货物，可以减征或者免征关税。特定减税或者免税的范围和办法由国务院规定。

依照前款规定减征或者免征关税进口的货物，只能用于特定地区、特定企业或者特定用途，未经海关核准并补缴关税，不得移作他用。

第五十八条　本法第五十六条、第五十七条第一款规定范围以外的临时减征或者免征关税，由国务院决定。

第五十九条　暂时进口或者暂时出口的货物，以及特准进口的保税货物，在货物收发货人向海关缴纳相当于税款的保证金或者提供担保后，准予暂时免纳关税。

第六十条　进出口货物的纳税义务人，应当自海关填发税款缴款书之日起 15 日内缴纳税款；逾期缴纳的，由海关征收滞纳金。纳税义务人、担保人超过 3 个月仍未缴纳的，经直属海关关长或者其授权的隶属海关关长批准，海关可以采取下列强制措施：

（一）书面通知其开户银行或者其他金融机构从其存款中扣缴税款；

（二）将应税货物依法变卖，以变卖所得抵缴税款；

（三）扣留并依法变卖其价值相当于应纳税款的货物或者其他财产，以变卖所得抵缴税款。

海关采取强制措施时，对前款所列纳税义务人、担保人未缴纳的滞纳金同时强制执行。

进出境物品的纳税义务人，应当在物品放行前缴纳税款。

第六十一条　进出口货物的纳税义务人在规定的纳税期限内有明显的转移、藏匿其应税货物以及其他财产迹象的，海关可以责令纳税义务人提供担保；纳税义务人不能提供纳税担保的，经直属海关关长或者其授权的隶属海关关长批准，海关可以采取下列税收保全措施：

（一）书面通知纳税义务人开户银行或者其他金融机构暂停支付纳税义务人相当于应纳税款的存款；

（二）扣留纳税义务人价值相当于应纳税款的货物或者其他财产。

纳税义务人在规定的纳税期限内缴纳税款的，海关必须立即解除税收保全措施；期限届满仍未缴纳税款的，经直属海关关长或者其授权的隶属海关关长批准，海关可以书面通知纳税义务人开户银行或者其他金融机构从其暂停支付的存款中扣缴税款，或者依法变卖所扣留的货物或者其他财产，以变卖所得抵缴税款。

采取税收保全措施不当，或者纳税义务人在规定期限内已缴纳税款，海关未立即解除税收保全措施，致使纳税义务人的合法权益受到损失的，海关应当依法承担赔偿责任。

第六十二条 进出口货物、进出境物品放行后，海关发现少征或者漏征税款，应当自缴纳税款或者货物、物品放行之日起1年内，向纳税义务人补征。因纳税义务人违反规定而造成的少征或者漏征，海关在3年以内可以追征。

第六十三条 海关多征的税款，海关发现后应当立即退还；纳税义务人自缴纳税款之日起1年内，可以要求海关退还。

第六十四条 纳税义务人同海关发生纳税争议时，应当缴纳税款，并可以依法申请行政复议；对复议决定仍不服的，可以依法向人民法院提起诉讼。

第六十五条 进口环节海关代征税的征收管理，适用关税征收管理的规定。

第六章　海关事务担保

第六十六条 在确定货物的商品归类、估价和提供有效报关单证或者办结其他海关手续前，收发货人要求放行货物的，海关应当在其提供与其依法应当履行的法律义务相适应的担保后放行。法律、行政法规规定可以免除担保的除外。

法律、行政法规对履行海关义务的担保另有规定的，从其规定。

国家对进出境货物、物品有限制性规定，应当提供许可证件而不能提供的，以及法律、行政法规规定不得担保的其他情形，海关不得办理担保放行。

第六十七条 具有履行海关事务担保能力的法人、其他组织或者公民，可以成为担保人。法律规定不得为担保人的除外。

第六十八条 担保人可以以下列财产、权利提供担保：

（一）人民币、可自由兑换货币；

（二）汇票、本票、支票、债券、存单；

（三）银行或者非银行金融机构的保函；

（四）海关依法认可的其他财产、权利。

第六十九条 担保人应当在担保期限内承担担保责任。担保人履行担保责任的，不免除被担保人应当办理有关海关手续的义务。

第七十条 海关事务担保管理办法，由国务院规定。

第七章　执法监督

第七十一条 海关履行职责，必须遵守法律，维护国家利益，依照法定职权和法定程序严格执法，接受监督。

第七十二条 海关工作人员必须秉公执法，廉洁自律，忠于职守，文明服务，不得有下列行为：

（一）包庇、纵容走私或者与他人串通进行走私；

（二）非法限制他人人身自由，非法检查他人身体、住所或者场所，非法检查、扣留进出境运输工具、货物、物品；

（三）利用职权为自己或者他人谋取私利；

（四）索取、收受贿赂；

（五）泄露国家秘密、商业秘密和海关工作秘密；

（六）滥用职权，故意刁难，拖延监管、查验；

（七）购买、私分、占用没收的走私货物、物品；

（八）参与或者变相参与营利性经营活动；

（九）违反法定程序或者超越权限执行职务；

（十）其他违法行为。

第七十三条 海关应当根据依法履行职责的需要，加强队伍建设，使海关工作人员具有良好的政治、业务素质。

海关专业人员应当具有法律和相关专业知识，符合海关规定的专业岗位任职要求。

海关招收工作人员应当按照国家规定，公开考试，严格考核，择优录用。

海关应当有计划地对其工作人员进行政治思想、法制、海关业务培训和考核。海关工作人员必须定期接受培训和考核，经考核不合格的，不得继续上岗执行职务。

第七十四条 海关总署应当实行海关关长定期交流制度。

海关关长定期向上一级海关述职，如实陈述其执行职务情况。海关总署应当定期对直属海关关长进行考核，直属海关应当定期对隶属海关关长进行考核。

第七十五条 海关及其工作人员的行政执法活动，依法接受监察机关的监督；缉私警察进行侦查活动，依法接受人民检察院的监督。

第七十六条 审计机关依法对海关的财政收支进行审计监督，对海关办理的与国家财政收支有关的事项，有权进行专项审计调查。

第七十七条 上级海关应当对下级海关的执法活动依法进行监督。上级海关认为下级海关作出的处理或者决定不适当的，可以依法予以变更或者撤销。

第七十八条 海关应当依照本法和其他有关法律、行政法规的规定，建立健全内部监督制度，对其工作人员执行法律、行政法规和遵守纪律的情况，进行监督检查。

第七十九条 海关内部负责审单、查验、放行、稽查和调查等主要岗位的职责权限应当明确，并相互分离、相互制约。

第八十条 任何单位和个人均有权对海关及其工作人员的违法、违纪行为进行控告、检举。收到控告、检举的机关有权处理的，应当依法按照职责分工及时查处。收到控告、检举的机关和负责查处的机关应当为控告人、检举人保密。

第八十一条 海关工作人员在调查处理违法案件时，遇有下列情形之一的，应当回避：

（一）是本案的当事人或者是当事人的近亲属；

（二）本人或者其近亲属与本案有利害关系；

（三）与本案当事人有其他关系，可能影响案件公正处理的。

第八章 法律责任

第八十二条 违反本法及有关法律、行政法规，逃避海关监管，偷逃应纳税款、逃避国家有关进出境的禁止性或者限制性管理，有下列情形之一的，是走私行为：

（一）运输、携带、邮寄国家禁止或者限制进出境货物、物品或者依法应当缴纳税款的货物、物品进出境的；

（二）未经海关许可并且未缴纳应纳税款、交验有关许可证件，擅自将保税货物，特定减免税货物以及其他海关监管货物、物品、进境的境外运输工具，在境内销售的；

（三）有逃避海关监管，构成走私的其他行为的。

有前款所列行为之一，尚不构成犯罪的，由海关没收走私货物、物品及违法所得，可以并处罚款；专门或者多次用于掩护走私的货物、物品，专门或者多次用于走私的运输工具，予以没收，藏匿走私货物、物品的特制设备，责令拆毁或者没收。

有第一款所列行为之一，构成犯罪的，依法追究刑事责任。

第八十三条 有下列行为之一的，按走私行为论处，依照本法第八十二条的规定处罚：

（一）直接向走私人非法收购走私进口的货物、物品的；

（二）在内海、领海、界河、界湖，船舶及所载人员运输、收购、贩卖国家禁止或者限制进出境的货物、物品，或者运输、收购、贩卖依法应当缴纳税款的货物，没有合法证明的。

第八十四条 伪造、变造、买卖海关单证，与走私人通谋为走私人提供贷款、资金、账号、发票、证明、海关单证，与走私人通谋为走私人提供运输、保管、邮寄或者其他方便，构成犯罪的，依法追究刑事责任；尚不构成犯罪的，由海关没收违法所得，并处罚款。

第八十五条 个人携带、邮寄超过合理数量的自用物品进出境，未依法向海关申报的，责令补缴关税，可以处以罚款。

第八十六条 违反本法规定有下列行为之一的，可以处以罚款，有违法所得的，没收违法所得：

（一）运输工具不经设立海关的地点进出境的；

（二）不将进出境运输工具到达的时间、停留的地点或者更换的地点通知海关的；

（三）进出口货物、物品或者过境、转运、通运货物向海关申报不实的；

（四）不按照规定接受海关对进出境运输工具、货物、物品进行检查、查验的；

（五）进出境运输工具未经海关同意，擅自装卸进出境货物、物品或者上下进出境旅客的；

（六）在设立海关的地点停留的进出境运输工具未经海关同意，擅自驶离的；

（七）进出境运输工具从一个设立海关的地点驶往另一个设立海关的地点，尚未办结海关手续又未经海关批准，中途擅自改驶境外或者境内未设立海关的地点的；

（八）进出境运输工具，不符合海关监管要求或者未向海关办理手续，擅自兼营或者改营境内运输的；

（九）由于不可抗力的原因，进出境船舶和航空器被迫在未设立海关的地点停泊、降落或者在境内抛掷、起卸货物、物品，无正当理由，不向附近海关报告的；

（十）未经海关许可，擅自将海关监管货物开拆、提取、交付、发运、调换、改装、抵押、质押、留置、转让、更换标记、移作他用或者进行其他处置的；

（十一）擅自开启或者损毁海关封志的；

（十二）经营海关监管货物的运输、储存、加工等业务，有关货物灭失或者有关记录不真实，不能提供正当理由的；

（十三）有违反海关监管规定的其他行为的。

第八十七条　海关准予从事有关业务的企业，违反本法有关规定的，由海关责令改正，可以给予警告，暂停其从事有关业务，直至撤销注册。

第八十八条　未经海关注册登记从事报关业务的，由海关予以取缔，没收违法所得，可以并处罚款。

第八十九条　报关企业非法代理他人报关或者超出其业务范围进行报关活动的，由海关责令改正，处以罚款；情节严重的，撤销其报关注册登记。

报关人员非法代理他人报关或者超出其业务范围进行报关活动的，由海关责令改正，处以罚款。

第九十条　进出口货物收发货人、报关企业向海关工作人员行贿的，由海关撤销其报关注册登记，并处以罚款；构成犯罪的，依法追究刑事责任，并不得重新注册登记为报关企业。

报关人员向海关工作人员行贿的，处以罚款；构成犯罪的，依法追究刑事责任。

第九十一条　违反本法规定进出口侵犯中华人民共和国法律、行政法规保护的知识产权的货物的，由海关依法没收侵权货物，并处以罚款；构成犯罪的，依法追究刑事责任。

第九十二条　海关依法扣留的货物、物品、运输工具，在人民法院判决或者海关处罚决定作出之前，不得处理。但是，危险品或者鲜活、易腐、易失效等不宜长期保存的货物、物品，以及所有人申请先行变卖的货物、物品、运输工具，经直属海关关长或者其授权的隶属海关关长批准，可以先行依法变卖，变卖所得价款由海关保存，并通知其所有人。

人民法院判决没收或者海关决定没收的走私货物、物品、违法所得、走私运输工具、特制设备，由海关依法统一处理，所得价款和海关决定处以的罚款，全部上缴中央国库。

第九十三条　当事人逾期不履行海关的处罚决定又不申请复议或者向人民法院提起诉讼的，作出处罚决定的海关可以将其保证金抵缴或者将其被扣留的货物、物品、运输工具依法变价抵缴，也可以申请人民法院强制执行。

第九十四条　海关在查验进出境货物、物品时，损坏被查验的货物、物品的，应当赔偿实际损失。

第九十五条　海关违法扣留货物、物品、运输工具，致使当事人的合法权益受到损失的，应当依法承担赔偿责任。

第九十六条　海关工作人员有本法第七十二条所列行为之一的，依法给予行政处分；有违法所得的，依法没收违法所得；构成犯罪的，依法追究刑事责任。

第九十七条　海关的财政收支违反法律、行政法规规定的，由审计机关以及有关部门依照法律、行政法规的规定作出处理；对直接负责的主管人员和其他直接责任人员，依法给予行政处分；构成犯罪的，依法追究刑事责任。

第九十八条　未按照本法规定为控告人、检举人、举报人保密的，对直接负责的主管人员和其他直接责任人员，由所在单位或者有关单位依法给予行政处分。

第九十九条　海关工作人员在调查处理违法案件时，未按照本法规定进行回避的，对直接负责的主管人员和其他直接责任人员，依法给予行政处分。

第九章　附　则

第一百条　本法下列用语的含义：

直属海关，是指直接由海关总署领导，负责管理一定区域范围内的海关业务的海关；隶属海关，是指由直属海关领导，负责办理具体海关业务的海关。

进出境运输工具，是指用以载运人员、货物、物品进出境的各种船舶、车辆、航空器和驮畜。

过境、转运和通运货物，是指由境外起运、通过中国境内继续运往境外的货物。其中，通过境内陆路运输的，称过境货物；在境内设立海关的地点换装运输工具，而不通过境内陆路运输的，称转运货物；由船舶、航空器载运进境并由原装运输工具载运出境的，称通运货物。

海关监管货物，是指本法第二十三条所列的进出口货物，过境、转运、通运货物，特定减免税货物，以及暂时进出口货物、保税货物和其他尚未办结海关手续的进出境货物。

保税货物，是指经海关批准未办理纳税手续进境，在境内储存、加工、装配后复运出境的货物。

海关监管区，是指设立海关的港口、车站、机场、国界孔道、国际邮件互换局（交换站）和其他有海关监管业务的场所，以及虽未设立海关，但是经国务院批准的进出境地点。

第一百零一条 经济特区等特定地区同境内其他地区之间往来的运输工具、货物、物品的监管办法，由国务院另行规定。

第一百零二条 本法自1987年7月1日起施行。1951年4月18日中央人民政府公布的《中华人民共和国暂行海关法》同时废止。

国务院令

中华人民共和国金银管理条例

（1983年6月15日国务院发布，根据2011年1月8日《国务院关于废止和修改部分行政法规的决定》修订）

第一章 总 则

第一条 为加强对金银的管理，保证国家经济建设对金银的需要，特制定本条例。

第二条 本条例所称金银，包括：

（一）矿藏生产金银和冶炼副产金银；

（二）金银条、块、锭、粉；

（三）金银铸币；

（四）金银制品和金基、银基合金制品；

（五）化工产品中含的金银；

（六）金银边角余料及废渣、废液、废料中含的金银。

铂（即白金），按照国家有关规定管理。

属于金银质地的文物，按照《中华人民共和国文物保护法》的规定管理。

第三条 国家对金银实行统一管理、统购统配的政策。

中华人民共和国境内的机关、部队、团体、学校、国营企业、事业单位、城乡集体经济组织（以下统称境内机构）的一切金银的收入和支出，都纳入国家金银收支计划。

第四条 国家管理金银的主管机关为中国人民银行。

中国人民银行负责管理国家金银储备；负责金银的收购与配售；会同国家物价主管机关制定和管理金银收购与配售价格；会同国家有关主管机关审批经营（包括加工、销售）金银制品、含金银化工产品，以及从含金银的废渣、废液、废料中回收金银的单位（以下统称经营单位），管理和检查金银市场；监督本条例的实施。

第五条 境内机构所持的金银，除经中国人民银行许可留用的原材料、设备、器皿、纪念品外，必须全部交售给中国人民银行，不得自行处理、占有。

第六条 国家保护个人持有合法所得的金银。

第七条 在中华人民共和国境内，一切单位和个人不得计价使用金银，禁止私相买卖和借贷抵押金银。

第二章 对金银收购的管理

第八条 金银的收购，统一由中国人民银行办理。除经中国人民银行许可、委托的以外，任何单位和个人不得收购金银。

第九条 从事金银生产（包括矿藏生产和冶炼副产）的厂矿企业、农村社队、部队和个人所采炼的金银，必须全部交售给中国人民银行，不得自行销售、交换和留用。

前款所列生产单位，对生产过程中的金银成品和半成品，必须按照有关规定加强管理，不得私自销售和处理。

第十条 国家鼓励经营单位和使用金银的单位，从伴生金银的矿种和含金银的废渣、废液、废料中回收金银。

前款所列单位必须将回收的金银交售给中国人民银行，不得自行销售、交换和留用。但是，经中国人民银行许可，使用金银的单位将回收的金银重新利用的除外。

第十一条 境内机构从国外进口的金银和矿产品中采炼的副产金银，除经中国人民银行允许留用的或者按照规定用于进料加工复出口的金银以外，一律交售给中国人民银行，不得自行销售、交换和留用。

第十二条 个人出售金银，必须卖给中国人民银行。

第十三条 一切出土无主金银，均为国家所有，任何单位和个人不得熔化、销毁或占有。

单位和个人发现的出土无主金银，经当地文化行政管理部门鉴定，除有历史文物价值的按照《中华人民共和国文物保护法》的规定办理外，必须交给中国人民银行收兑，价款上缴国库。

第十四条 公安、司法、海关、工商行政管理、税务等国家机关依法没收的金银，一律交售给中国人民银行，不得自行处理或者以其他实物顶替。没收的金银价款按照有关规定上缴国库。

第三章 对金银配售的管理

第十五条 凡需用金银的单位，必须按照规定程序向中国人民银行提出申请使用金银的计划，由中国人民银行审批、供应。

中国人民银行应当按照批准的计划供应，不得随意减售或拖延。

第十六条 中华人民共和国境内的外资企业、中外合资企业以及外商，订购金银制品或者加工其他含金银产品，要求在国内供应金银者，必须按照规定程序提出申请，由中国人民银行审批予以供应。

第十七条 使用金银的单位，必须建立使用制度，严格做到专项使用、结余交回。未经中国人民银行许可，不得把金银原料（包括半成品）转让或者移作他用。

第十八条 在本条例规定范围内，中国人民银行有权对使用金银的单位进行监督和检查。使用金银的单位应当向中国人民银行据实提供有关使用金银的情况和资料。

第四章 对经营单位和个体银匠的管理

第十九条 申请经营（包括加工、销售）金银制品、含金银化工产品，以及从含金银的废渣、废液、废料中回收金银的单位，必须按照国家有关规定和审批程序，经中国人民银行和有关主管机关审查批准，在工商行政管理机关登记发给营业执照后，始得营业。

第二十条 经营单位必须按照批准的金银业务范围从事经营，不得擅自改变经营范围，不得在经营中克扣、挪用和套购金银。

第二十一条 金银质地纪念币的铸造、发行由中国人民银行办理，其他任何单位不得铸造、仿造和发行。

金银质地纪念章（牌）的出口经营，由中国人民银行和中华人民共和国对外经济贸易部分别办理。

第二十二条 委托、寄售商店，不得收购或者寄售金银制品、金银器材。珠宝商店可以收购供出口销售的带有金银镶嵌的珠宝饰品，但是不得收购、销售金银制品和金银器材。金银制品由中国人民银行收购并负责供应外贸出口。

第二十三条 边疆少数民族地区和沿海侨眷比较集中地区的个体银匠，经县或者县级以上中国人民银行以及工商行政管理机关批准，可以从事代客加工和修理金银制品的业务，但不得收购和销售金银制品。

第二十四条 国家允许个人邮寄金银饰品，具体管理办法由中国人民银行会同中华人民共和国邮电部制定。

第五章 对金银进出国境的管理

第二十五条 携带金银进入中华人民共和国国境，数量不受限制，但是必须向入境地中华人民共和国海关申报登记。

第二十六条 携带或者复带金银出境，中华人民共和国海关凭中国人民银行出具的证明或者原入境时的申报单登记的数量查验放行；不能提供证明的或者超过原入境时申报登记数量的，不许出境。

第二十七条 携带在中华人民共和国境内供应旅游者购买的金银饰品（包括镶嵌饰品、工艺品、器皿等）出境，中华人民共和国海关凭国内经营金银制品的单位开具的特种发货票查验放行。无凭据的，不许出境。

第二十八条 在中华人民共和国境内的中国人、外国侨民和无国籍人出境定居，每人携带金银的限额为：黄金饰品 1 市两（31.25 克），白银饰品 10 市两（312.50 克），银质器皿 20 市两（625 克）。经中华人民共和国海关查验符合规定限额的放行。

第二十九条 中华人民共和国境内的外资企业、中外合资企业，从国外进口金银作产品原料的，其数量不限；出口含金银量较高的产品，须经中国人民银行核准后放行。未经核准或者超过核准出口数量的，不许出境。

第六章 奖励与惩罚

第三十条 有下列事迹的单位或者个人，国家给予表彰或者适当的物质奖励：

（一）认真执行国家金银政策法令，在金银回收或者管理工作中做出显著成绩的；

（二）为保护国家金银与有关违法犯罪行为坚决斗争，事迹突出的；

（三）发现出土无主金银及时上报或者上交，对国家有贡献的；

（四）将个人收藏的金银捐献给国家的。

第三十一条 违反本条例的下列行为，根据情节轻重，分别由中国人民银行、工商行政管理机关和海关按照各自的职责权限给予以下处罚：

（一）违反本条例第八、九、十、十一条规定，擅自收购、销售、交换和留用金银的，由中国人民银行或者工商行政管理机关予以强制收购或者贬值收购。情节严重的，工商行政管理机关可并处以罚款，或者单处以没收。

违反本条例第八、九、十、十一条规定的，工商行政管理机关可另处以吊销营业执照。

（二）违反本条例第十三条规定，私自熔化、销毁、占有出土无主金银的，由中国人民银行追回实物或者由工商行政管理机关处以罚款。

（三）违反本条例第十七条规定擅自改变使用用途或者转让金银原材料的，由中国人民银行予以警告，或者追回已配售的金银。情节严重的，处以罚款直至停止供应。

（四）违反本条例第十九、二十、二十一、二十二、二十三条规定，未经批准私自经营的，或者擅自改变经营范围的，或者套购、挪用、克扣金银的，由工商行政管理机关处以罚款或者没收。情节严重的，可并处以吊销营业执照、责令停业。

（五）违反本条例第七条规定，将金银计价使用、私相买卖、借贷抵押的，由中国人民银行或者工商行政管理机关予以强制收购或者贬值收购。情节严重的，由工商行政管理机关处以罚款或者没收。

（六）违反本条例第五章有关金银进出国境管理规定或者用各种方法偷运金银出境的，由海关依据本条例和国家海关法规处理。

（七）违反本条例第十四条规定的，由中国人民银行予以收兑。对直接责任人员由有关单位追究行政责任。

第三十二条 违反本条例规定，已构成犯罪行为的，由司法机关依法追究刑事责任。

第七章 附 则

第三十三条 本条例的施行细则，由中国人民银行会同国务院有关部门制定。

第三十四条 边疆少数民族地区的金银管理需要作某些变通规定的，由有关省、自治区人民政府会同中国人民银行根据本条例制定。

第三十五条 本条例自发布之日起施行。过去有关部门制定的金银管理办法即行废止。

中华人民共和国进出境动植物检疫法实施条例

（1996年12月2日国务院令第206号发布，自1997年1月1日起施行）

第一章　总　则

第一条　根据《中华人民共和国进出境动植物检疫法》（以下简称《进出境动植物检疫法》）的规定，制定本条例。

第二条　下列各物，依照进出境动植物检疫法和本条例的规定实施检疫：

（一）进境、出境、过境的动植物、动植物产品和其他检疫物；

（二）装载动植物、动植物产品和其他检疫物的装载容器、包装物、铺垫材料；

（三）来自动植物疫区的运输工具；

（四）进境拆解的废旧船舶；

（五）有关法律、行政法规、国际条约规定或者贸易合同约定应当实施进出境动植物检疫的其他货物、物品。

第三条　国务院农业行政主管部门主管全国进出境动植物检疫工作。

中华人民共和国动植物检疫局（以下简称国家动植物检疫局）统一管理全国进出境动植物检疫工作，收集国内外重大动植物疫情，负责国际间进出境动植物检疫的合作与交流。

国家动植物检疫局在对外开放的口岸和进出境动植物检疫业务集中的地点设立的口岸动植物检疫机关，依照进出境动植物检疫法和本条例的规定，实施进出境动植物检疫。

第四条　国（境）外发生重大动植物疫情并可能传入中国时，根据情况采取下列紧急预防措施：

（一）国务院可以对相关边境区域采取控制措施，必要时下令禁止来自动植物疫区的运输工具进境或者封锁有关口岸；

（二）国务院农业行政主管部门可以公布禁止从动植物疫情流行的国家和地区进境的动植物、动植物产品和其他检疫物的名录；

（三）有关口岸动植物检疫机关可以对可能受病虫害污染的本条例第二条所列进境各物采取紧急检疫处理措施；

（四）受动植物疫情威胁地区的地方人民政府可以立即组织有关部门制订并实施应急方案，同时向上级人民政府和国家动植物检疫局报告。

邮电、运输部门对重大动植物疫情报告和送检材料应当优先传送。

第五条　享有外交、领事特权与豁免的外国机构和人员公用或者自用的动植物、动植物产品和其他检疫物进境，应当依照进出境动植物检疫法和本条例的规定实施检疫；口岸动植物检疫机关查验时，应当遵守有关法律的规定。

第六条　海关依法配合口岸动植物检疫机关，对进出境动植物、动植物产品和其他检疫物实行监管。具体办法由国务院农业行政主管部门会同海关总署制定。

第七条　进出境动植物检疫法所称动植物疫区和动植物疫情流行的国家与地区的名录，由国务院农业行政主管部门确定并公布。

第八条　对贯彻执行进出境动植物检疫法和本条例做出显著成绩的单位和个人，给予奖励。

第二章　检疫审批

第九条　输入动物、动物产品和《进出境动植物检疫法》第五条第一款所列禁止进境物的检疫审批，由国家动植物检疫局或者其授权的口岸动植物检疫机关负责。

输入植物种子、种苗及其他繁殖材料的检疫审批，由植物检疫条例规定的机关负责。

第十条　符合下列条件的，方可办理进境检疫审批手续：

（一）输出国家或者地区无重大动植物疫情；

（二）符合中国有关动植物检疫法律、法规、规章的规定；

（三）符合中国与输出国家或者地区签订的有关双边检疫协定（含检疫协议、备忘录等，下同）。

第十一条　检疫审批手续应当在贸易合同或者协议签订前办妥。

第十二条　携带、邮寄植物种子、种苗及其他繁殖材料进境的，必须事先提出申请，办理检疫审批手续；因特殊情况无法事先办理的，携带人或者邮寄人应当在口岸补办检疫审批手续，经审批机关同意并经检疫合格后方准进境。

第十三条　要求运输动物过境的，货主或者其代理人必须事先向国家动植物检疫局提出书面申请，提交输出国家或者地区政府动植物检疫机关出具的疫情证明、输入国家或者地区政府动植物检疫机关出具的准许该动物进境的证件，并说明拟过境的路线，国家动植物检疫局审查同意后，签发"动物过境许可证"。

第十四条　因科学研究等特殊需要，引进《进出境动植物检疫法》第五条第一款所列禁止进境物的，办理禁止进境物特许检疫审批手续时，货主、物主或者其代理人必须提交书面申请，说明其数量、用途、引进方式、进境后的防疫措施，并附具有关口岸动植物检疫机关签署的意见。

第十五条　办理进境检疫审批手续后，有下列情况之一的，货主、物主或者其代理人应当重新申请办理检疫审批手续：

（一）变更进境物的品种或者数量的；

（二）变更输出国家或者地区的；

（三）变更进境口岸的；

（四）超过检疫审批有效期的。

第三章　进境检疫

第十六条　《进出境动植物检疫法》第十一条所称中国法定的检疫要求，是指中国的法律、行政法规和国务院农业行政主管部门规定的动植物检疫要求。

第十七条　国家对向中国输出动植物产品的国外生产、加工、存放单位，实行注册登记制度。具体办法由国务院农业行政主管部门制定。

第十八条　输入动植物、动植物产品和其他检疫物的，货主或者其代理人应当在进境前或者进境时向进境口岸动植物检疫机关报检。属于调离海关监管区检疫的，运达指定地点时，货主或者其代理人应当通知有关口岸动植物检疫机关。属于转关货物的，货主或者其代理人应当在进境时向进境口岸动植物检疫机关申报；到达指运地时，应当向指运地口岸动植物检疫机关报检。

输入种畜禽及其精液、胚胎的，应当在进境前 30 日报检；输入其他动物的，应当在进境前 15 日报检；输入植物种子、种苗及其他繁殖材料的，应当在进境前 7 日报检。

动植物性包装物、铺垫材料进境时，货主或者其代理人应当及时向口岸动植物检疫机关申报；动植物检疫机关可以根据具体情况对申报物实施检疫。

前款所称动植物性包装物、铺垫材料，是指直接用做包装物、铺垫材料的动物产品和植物、植物产品。

第十九条　向口岸动植物检疫机关报检时，应当填写报检单，并提交输出国家或者地区政府动植物检疫机关出具的检疫证书、产地证书和贸易合同、信用证、发票等单证；依法应当办理检疫审批手续的，还应当提交检疫审批单。无输出国家或者地区政府动植物检疫机关出具的有效检疫证书，或者未依法办理检疫审批手续的，口岸动植物检疫机关可以根据具体情况，作退回或者销毁处理。

第二十条　输入的动植物、动植物产品和其他检疫物运达口岸时，检疫人员可以到运输工具上和货物现场实施检疫，核对货、证是否相符，并可以按照规定采取样品。承运人、货主或者其代理人应当向检疫人员提供装载清单和有关资料。

第二十一条　装载动物的运输工具抵达口岸时，上下运输工具或者接近动物的人员，应当接受口岸动植物检疫机关实施的防疫消毒，并执行其采取的其他现场预防措施。

第二十二条　检疫人员应当按照下列规定实施现场检疫：

（一）动物：检查有无疫病的临床症状。发现疑似感染传染病或者已死亡的动物时，在货主或者押运人的配合下查明情况，立即处理。动物的铺垫材料、剩余饲料和排泄物等，由货主或者其代理人在检疫人员的监督下，作除害处理。

（二）动物产品：检查有无腐败变质现象，容器、包装是否完好。符合要求的，允许卸离运输工具。发现散包、容器破裂的，由货主或者其代理人负责整理完好，方可卸离运输工具。根据情况，对运输工具的有关部位及装载动物产品的容器、外表包装、铺垫材料、被污染场地等进行消毒处理。需要实施实验室检疫的，按照规定采取样品。

对易滋生植物害虫或者混藏杂草种子的动物产品，同时实施植物检疫。

（三）植物、植物产品：检查货物和包装物有无病虫害，并按照规定采取样品。发现病虫害并有扩散可能时，及时对该批货物、运输工具和装卸现场采取必要的防疫措施。对来自动物传染病疫区或者易带动物传染病和寄生虫病病原体并用做动物饲料的植物产品，同时实施动物检疫。

（四）动植物性包装物、铺垫材料：检查是否携带病虫害、混藏杂草种子、沾带土壤，并按照规定采取样品。

（五）其他检疫物：检查包装是否完好及是否被病虫害污染。发现破损或者被病虫害污染时，作除害处理。

第二十三条 对船舶、火车装运的大宗动植物产品，应当就地分层检查；限于港口、车站的存放条件，不能就地检查的，经口岸动植物检疫机关同意，也可以边卸载边疏运，将动植物产品运往指定的地点存放。在卸货过程中经检疫发现疫情时，应当立即停止卸货，由货主或者其代理人按照口岸动植物检疫机关的要求，对已卸和未卸货物作除害处理，并采取防止疫情扩散的措施；对被病虫害污染的装卸工具和场地，也应当作除害处理。

第二十四条 输入种用大中家畜的，应当在国家动植物检疫局设立的动物隔离检疫场所隔离检疫 45 日；输入其他动物的，应当在口岸动植物检疫机关指定的动物隔离检疫场所隔离检疫 30 日。动物隔离检疫场所管理办法，由国务院农业行政主管部门制定。

第二十五条 进境的同一批动植物产品分港卸货时，口岸动植物检疫机关只对本港卸下的货物进行检疫，先期卸货港的口岸动植物检疫机关应当将检疫及处理情况及时通知其他分卸港的口岸动植物检疫机关；需要对外出证的，由卸毕港的口岸动植物检疫机关汇总后统一出具检疫证书。

在分卸港实施检疫中发现疫情并必须进行船上熏蒸、消毒时，由该分卸港的口岸动植物检疫机关统一出具检疫证书，并及时通知其他分卸港的口岸动植物检疫机关。

第二十六条 对输入的动植物、动植物产品和其他检疫物，按照中国的国家标准、行业标准以及国家动植物检疫局的有关规定实施检疫。

第二十七条 输入动植物、动植物产品和其他检疫物，经检疫合格的，由口岸动植物检疫机关在报关单上加盖印章或者签发“检疫放行通知单”；需要调离进境口岸海关监管区检疫的，由进境口岸动植物检疫机关签发“检疫调离通知单”。货主或者其代理人凭口岸动植物检疫机关在报关单上加盖的印章或者签发的“检疫放行通知单”、“检疫调离通知单”办理报关、运递手续。海关对输入的动植物、动植物产品和其他检疫物，凭口岸动植物检疫机关在报关单上加盖的印章或者签发的“检疫放行通知单”、“检疫调离通知单”验放。运输、邮电部门凭单运递，运递期间国内其他检疫机关不再检疫。

第二十八条 输入动植物、动植物产品和其他检疫物，经检疫不合格的，由口岸动植物检疫机关签发“检疫处理通知单”，通知货主或者其代理人在口岸动植物检疫机关的监督和技术指导下，作除害处理；需要对外索赔的，由口岸动植物检疫机关出具检疫证书。

第二十九条 国家动植物检疫局根据检疫需要，并商输出动植物、动植物产品国家或者地区政府有关机关同意，可以派检疫人员进行预检、监装或者产地疫情调查。

第三十条 海关、边防等部门截获的非法进境的动植物、动植物产品和其他检疫物，应当就近交由口岸动植物检疫机关检疫。

第四章 出境检疫

第三十一条 货主或者其代理人依法办理动植物、动植物产品和其他检疫物的出境报检手续时，应当提供贸易合同或者协议。

第三十二条 对输入国要求中国对向其输出的动植物、动植物产品和其他检疫物的生产、加工、存放单位注册登记的，口岸动植物检疫机关可以实行注册登记，并报国家动植物检疫局备案。

第三十三条 输出动物，出境前需经隔离检疫的，在口岸动植物检疫机关指定的隔离场所检疫。输出植物、动植物产品和其他检疫物的，在仓库或者货场实施检疫；根据需要，也可以在生产、加工过程中实施检疫。

待检出境植物、动植物产品和其他检疫物，应当数量齐全、包装完好、堆放整齐、唛头标记明显。

第三十四条 输出动植物、动植物产品和其他检疫物的检疫依据：

（一）输入国家或者地区和中国有关动植物检疫规定；

（二）双边检疫协定；

（三）贸易合同中订明的检疫要求。

第三十五条 经起运地口岸动植物检疫机关检疫合格的动植物、动植物产品和其他检疫物，运达出境口岸时，按照下列规定办理：

（一）动物应当经出境口岸动植物检疫机关临床检疫或者复检；

（二）植物、动植物产品和其他检疫物从起运地随原运输工具出境的，由出境口岸动植物检疫机关验证放行；改换运输工具出境的，换证放行；

（三）植物、动植物产品和其他检疫物到达出境口岸后拼装的，因变更输入国家或者地区而有不同检疫要求的，或者超过规定的检疫有效期的，应当重新报检。

第三十六条　输出动植物、动植物产品和其他检疫物，经起运地口岸动植物检疫机关检疫合格的，运达出境口岸时，运输、邮电部门凭起运地口岸动植物检疫机关签发的检疫单证运递，国内其他检疫机关不再检疫。

第五章　过境检疫

第三十七条　运输动植物、动植物产品和其他检疫物过境（含转运，下同）的，承运人或者押运人应当持货运单和输出国家或者地区政府动植物检疫机关出具的证书，向进境口岸动植物检疫机关报检；运输动物过境的，还应当同时提交国家动植物检疫局签发的“动物过境许可证”。

第三十八条　过境动物运达进境口岸时，由进境口岸动植物检疫机关对运输工具、容器的外表进行消毒并对动物进行临床检疫，经检疫合格的，准予过境。进境口岸动植物检疫机关可以派检疫人员监运至出境口岸，出境口岸动植物检疫机关不再检疫。

第三十九条　装载过境植物、动植物产品和其他检疫物的运输工具和包装物、装载容器必须完好。经口岸动植物检疫机关检查，发现运输工具或者包装物、装载容器有可能造成途中散漏的，承运人或者押运人应当按照口岸动植物检疫机关的要求，采取密封措施；无法采取密封措施的，不准过境。

第六章　携带、邮寄物检疫

第四十条　携带、邮寄植物种子、种苗及其他繁殖材料进境，未依法办理检疫审批手续的，由口岸动植物检疫机关作退回或者销毁处理。邮件作退回处理的，由口岸动植物检疫机关在邮件及发递单上批注退回原因；邮件作销毁处理的，由口岸动植物检疫机关签发通知单，通知寄件人。

第四十一条　携带动植物、动植物产品和其他检疫物进境的，进境时必须向海关申报并接受口岸动植物检疫机关检疫。海关应当将申报或者查获的动植物、动植物产品和其他检疫物及时交由口岸动植物检疫机关检疫。未经检疫的，不得携带进境。

第四十二条　口岸动植物检疫机关可以在港口、机场、车站的旅客通道、行李提取处等现场进行检查，对可能携带动植物、动植物产品和其他检疫物而未申报的，可以进行查询并抽检其物品，必要时可以开包（箱）检查。

旅客进出境检查现场应当设立动植物检疫台位和标志。

第四十三条　携带动物进境的，必须持有输出动物的国家或者地区政府动植物检疫机关出具的检疫证书，经检疫合格后放行；携带犬、猫等宠物进境的，还必须持有疫苗接种证书。没有检疫证书、疫苗接种证书的，由口岸动植物检疫机关作限期退回或者没收销毁处理。作限期退回处理的，携带人必须在规定的时间内持口岸动植物检疫机关签发的截留凭证，领取并携带出境；逾期不领取的，作自动放弃处理。

携带植物、动植物产品和其他检疫物进境，经现场检疫合格的，当场放行；需要作实验室检疫或者隔离检疫的，由口岸动植物检疫机关签发截留凭证。截留检疫合格的，携带人持截留凭证向口岸动植物检疫机关领回；逾期不领回的，作自动放弃处理。

禁止携带、邮寄《进出境动植物检疫法》第二十九条规定的名录所列动植物、动植物产品和其他检疫物进境。

第四十四条　邮寄进境的动植物、动植物产品和其他检疫物，由口岸动植物检疫机关在国际邮件互换局（含国际邮件快递公司及其他经营国际邮件的单位，以下简称邮局）实施检疫。邮局应当提供必要的工作条件。

经现场检疫合格的，由口岸动植物检疫机关加盖检疫放行章，交邮局运递。需要作实验室检疫或者隔离检疫的，口岸动植物检疫机关应当向邮局办理交接手续；检疫合格的，加盖检疫放行章，交邮局运递。

第四十五条　携带、邮寄进境的动植物、动植物产品和其他检疫物，经检疫不合格又无有效方法作除害处理的，作退回或者销毁处理，并签发“检疫处理通知单”交携带人、寄件人。

第七章　运输工具检疫

第四十六条　口岸动植物检疫机关对来自动植物疫区的船舶、飞机、火车，可以登船、登机、登车实施现场检疫。有关运输工具负责人应当接受检疫人员的询问并在询问记录上签字，提供运行日志和装载货物的情况，开启舱室接受检疫。

口岸动植物检疫机关应当对前款运输工具可能隐藏病虫害的餐车、配餐间、厨房、储藏室、食品舱等动植物产品存放、使用场所和泔水、动植物性废弃物的存放场所以及集装箱箱体等区域或者部位，实施检疫；必要时，作防疫消毒处理。

第四十七条 来自动植物疫区的船舶、飞机、火车，经检疫发现有《进出境动植物检疫法》第十八条规定的名录所列病虫害的，必须作熏蒸、消毒或者其他除害处理。发现有禁止进境的动植物、动植物产品和其他检疫物的，必须作封存或者销毁处理；作封存处理的，在中国境内停留或者运行期间，未经口岸动植物检疫机关许可，不得启封动用。对运输工具上的泔水、动植物性废弃物及其存放场所、容器，应当在口岸动植物检疫机关的监督下作除害处理。

第四十八条 来自动植物疫区的进境车辆，由口岸动植物检疫机关作防疫消毒处理。装载进境动植物、动植物产品和其他检疫物的车辆，经检疫发现病虫害的，连同货物一并作除害处理。装运供应香港、澳门地区的动物的回空车辆，实施整车防疫消毒。

第四十九条 进境拆解的废旧船舶，由口岸动植物检疫机关实施检疫。发现病虫害的，在口岸动植物检疫机关监督下作除害处理。发现有禁止进境的动植物、动植物产品和其他检疫物的，在口岸动植物检疫机关的监督下作销毁处理。

第五十条 来自动植物疫区的进境运输工具经检疫或者经消毒处理合格后，运输工具负责人或者其代理人要求出证的，由口岸动植物检疫机关签发“运输工具检疫证书”或者“运输工具消毒证书”。

第五十一条 进境、过境运输工具在中国境内停留期间，交通员工和其他人员不得将所装载的动植物、动植物产品和其他检疫物带离运输工具；需要带离时，应当向口岸动植物检疫机关报检。

第五十二条 装载动物出境的运输工具，装载前应当在口岸动植物检疫机关监督下进行消毒处理。

装载植物、动植物产品和其他检疫物出境的运输工具，应当符合国家有关动植物防疫和检疫的规定。发现危险性病虫害或者超过规定标准的一般性病虫害的，作除害处理后方可装运。

第八章 检疫监督

第五十三条 国家动植物检疫局和口岸动植物检疫机关对进出境动植物、动植物产品的生产、加工、存放过程，实行检疫监督制度。具体办法由国务院农业行政主管部门制定。

第五十四条 进出境动物和植物种子、种苗及其他繁殖材料，需要隔离饲养、隔离种植的，在隔离期间，应当接受口岸动植物检疫机关的检疫监督。

第五十五条 从事进出境动植物检疫熏蒸、消毒处理业务的单位和人员，必须经口岸动植物检疫机关考核合格。

口岸动植物检疫机关对熏蒸、消毒工作进行监督、指导，并负责出具熏蒸、消毒证书。

第五十六条 口岸动植物检疫机关可以根据需要，在机场、港口、车站、仓库、加工厂、农场等生产、加工、存放进出境动植物、动植物产品和其他检疫物的场所实施动植物疫情监测，有关单位应当配合。

未经口岸动植物检疫机关许可，不得移动或者损坏动植物疫情监测器具。

第五十七条 口岸动植物检疫机关根据需要，可以对运载进出境动植物、动植物产品和其他检疫物的运输工具、装载容器加施动植物检疫封志或者标志；未经口岸动植物检疫机关许可，不得开拆或者损毁检疫封志、标志。

动植物检疫封志和标志由国家动植物检疫局统一制发。

第五十八条 进境动植物、动植物产品和其他检疫物，装载动植物、动植物产品和其他检疫物的装载容器、包装物，运往保税区（含保税工厂、保税仓库等）的，在进境口岸依法实施检疫；口岸动植物检疫机关可以根据具体情况实施检疫监督；经加工复运出境的，依照进出境动植物检疫法和本条例有关出境检疫的规定办理。

第九章 法律责任

第五十九条 有下列违法行为之一的，由口岸动植物检疫机关处5000元以下的罚款：

（一）未报检或者未依法办理检疫审批手续或者未按检疫审批的规定执行的；

（二）报检的动植物、动植物产品和其他检疫物与实际不符的。

有前款第（二）项所列行为，已取得检疫单证的，予以吊销。

第六十条 有下列违法行为之一的，由口岸动植物检疫机关处3000元以上3万元以下的罚款：

（一）未经口岸动植物检疫机关许可擅自将进境、过境动植物、动植物产品和其他检疫物卸离运输工具或者运递的；

（二）擅自调离或者处理在口岸动植物检疫机关指定的隔离场所中隔离检疫的动植物的；

（三）擅自开拆过境动植物、动植物产品和其他检疫的包装，或者擅自开拆、损毁动植物检疫封志或者标志的；

（四）擅自抛弃过境动物的尸体、排泄物、铺垫材料或者其他废弃物，或者未按规定处理运输工具上的泔水、动植物性废弃物的。

第六十一条　依照本法第十七条、第三十二条的规定注册登记的生产、加工、存放动植物、动植物产品和其他检疫物的单位，进出境的上述物品经检疫不合格的，除依照本法有关规定作退回、销毁或者除害处理外，情节严重的，由口岸动植物检疫机关注销注册登记。

第六十二条　有下列违法行为之一的，依法追究刑事责任；尚不构成犯罪或者犯罪情节显著轻微依法不需要判处刑罚的，由口岸动植物检疫机关处 2 万元以上 5 万元以下的罚款：

（一）引起重大动植物疫情的；

（二）伪造、变造动植物检疫单证、印章、标志、封识的。

第六十三条　从事进出境动植物检疫熏蒸、消毒处理业务的单位和人员，不按照规定进行熏蒸和消毒处理的，口岸动植物检疫机关可以视情节取消其熏蒸、消毒资格。

第十章　附　则

第六十四条　进出境动植物检疫法和本条例下列用语的含义：

（一）“植物种子、种苗及其他繁殖材料”，是指栽培、野生的可供繁殖的植物全株或者部分，如植株、苗木（含试管苗）、果实、种子、砧木、接穗、插条、叶片、芽体、块根、块茎、鳞茎、球茎、花粉、细胞培养材料等；

（二）“装载容器”，是指可以多次使用、易受病虫害污染并用于装载进出境货物的容器，如笼、箱、桶、筐等；

（三）“其他有害生物”，是指动物传染病、寄生虫病和植物危险性病、虫、杂草以外的各种危害动植物的生物有机体、病原微生物，以及软体类、啮齿类、螨类、多足虫类动物和危险性病虫的中间寄主、媒介生物等；

（四）“检疫证书”，是指动植物检疫机关出具的关于动植物、动植物产品和其他检疫物健康或者卫生状况的具有法律效力的文件，如“动物检疫证书”、“植物检疫证书”、“动物健康证书”、“兽医卫生证书”、“熏蒸/消毒证书”等。

第六十五条　对进出境动植物、动植物产品和其他检疫物因实施检疫或者按照规定作熏蒸、消毒、退回、销毁等处理所需费用或者招致的损失，由货主、物主或者其代理人承担

第六十六条　口岸动植物检疫机关依法实施检疫，需要采取样品时，应当出具采样凭单；验余的样品，货主、物主或者其代理人应当在规定的期限内领回；逾期不领回的，由口岸动植物检疫机关按照规定处理。

第六十七条　贸易性动物产品出境的检疫机关，由国务院根据情况规定。

第六十八条　本条例自 1997 年 1 月 1 日起施行。

中华人民共和国核出口管制条例

（1997 年 9 月 10 日国务院令第 230 号发布，根据 2006 年 11 月 9 日《国务院关于修改〈中华人民共和国核出口管制条例〉的决定》修订）

第一条　为了加强对核出口的管制，防止核武器扩散，防范核恐怖主义行为，维护国家安全和社会公共利益，促进和平利用核能的国际合作，制定本条例。

第二条　本条例所称核出口，是指《核出口管制清单》（以下简称《管制清单》）所列的核材料、核设备和反应堆用非核材料等物项及其相关技术的贸易性出口及对外赠送、展览、科技合作和援助等方式进行的转移。

第三条　国家对核出口实行严格管制，严格履行所承担的不扩散核武器的国际义务。

国家严格限制铀浓缩设施、设备，辐照燃料后处理设施、设备，重水生产设施、设备等物项及其相关技术等核扩散敏感物项，以及可以用于核武器或者其他核爆炸装置的材料的出口。

第四条　核出口应当遵守国家有关法律、行政法规的规定，不得损害国家安全或者社会公共利益。

第五条 核出口审查、许可，应当遵循下列准则：

（一）接受方政府保证不将中国供应的核材料、核设备或者反应堆用非核材料以及通过其使用而生产的特种可裂变材料用于任何核爆炸目的。

（二）接受方政府保证对中国供应的核材料以及通过其使用而生产的特种可裂变材料采取适当的实物保护措施。

（三）接受方政府同国际原子能机构订有有效的全面保障协定。本项规定不适用于同国际原子能机构订有自愿保障协定的国家。

（四）接受方保证，未经中国国家原子能机构事先书面同意，不向第三方再转让中国所供应的核材料、核设备或者反应堆用非核材料及其相关技术；经事先同意进行再转让的，接受再转让的第三方应当承担相当于由中国直接供应所承担的义务。

（五）接受方政府保证，未经中国政府同意，不得利用中国供应的铀浓缩设施、技术或者以此技术为基础的任何设施生产富集度高于20%的浓缩铀。

第六条 核出口由国务院指定的单位专营，任何其他单位或者个人不得经营。

第七条 出口《管制清单》所列物项及其相关技术，应当向国家原子能机构提出申请，填写核出口申请表并提交下列文件：

（一）申请人从事核出口的专营资格证明；

（二）申请人的法定代表人、主要经营管理人以及经办人的身份证明；

（三）合同或者协议的副本；

（四）核材料或者反应堆用非核材料分析报告单；

（五）最终用户证明；

（六）接受方依照本条例第五条规定提供的保证证明；

（七）审查机关要求提交的其他文件。

第八条 申请人应当如实填写核出口申请表。

核出口申请表由国家原子能机构统一印制。

第九条 核出口申请表上填报的事项发生变化的，申请人应当及时提出修正，或者重新提出出口申请。

申请人中止核出口时，应当及时撤回核出口申请。

第十条 国家原子能机构应当自收到核出口申请表及本条例第七条所列文件之日起15个工作日内，提出审查意见，并通知申请人；经审查同意的，应当区分情况，依照下列规定处理：

（一）出口核材料的，转送国防科学技术工业委员会复审或者国防科学技术工业委员会会同有关部门复审；

（二）出口核设备或者反应堆用非核材料及其相关技术的，转送商务部复审或者商务部会同国防科学技术工业委员会等有关部门复审。

国防科学技术工业委员会、商务部应当自收到国家原子能机构转送的核出口申请表和本条例第七条所列文件及审查意见之日起15个工作日内提出复审意见，并通知申请人。

国家原子能机构、国防科学技术工业委员会、商务部因特殊情况，需要延长审查或者复审期限的，可以延长15个工作日，但是应当通知申请人。

第十一条 对国家安全、社会公共利益或者外交政策有重要影响的核出口，国家原子能机构、国防科学技术工业委员会、商务部审查或者复审时，应当会商外交部等有关部门；必要时，应当报国务院审批。

报国务院审批的，不受本条例第十条规定时限的限制。

第十二条 核出口申请依照本条例规定经复审或者审批同意的，由商务部颁发核出口许可证。

第十三条 核出口许可证持有人改变原申请出口的物项及其相关技术的，应当交回原许可证，并依照本条例的规定，重新申请、领取核出口许可证。

第十四条 商务部颁发核出口许可证后，应当书面通知国家原子能机构。

第十五条 核出口专营单位进行核出口时，应当向海关出具核出口许可证，依照海关法的规定办理海关手续，并接受海关监管。

第十六条 海关可对出口经营者出口的物项及其技术是否需要办理核出口证件提出质疑，并可要求其向商务部申请办理是否属于核出口管制范围的证明文件；属于核出口管制范围的，应当依照本条例的规定申请取得核出口许可证。

第十七条 接受方或者其政府违反其依照本条例第五条规定作出的保证，或者出现核扩散、核恐怖主义危险时，国防科学技术工业委员会、商务部会同外交部等有关部门，有权作出中止出口有关物项或者相关技术的决定，并书面通知海关执行。

第十八条 违反本条例规定，出口核材料、核设备、反应堆用非核材料的，依照海关法的规定处罚。

违反本条例规定，出口《管制清单》所列有关技术的，由商务部给予警告，处违法经营额1倍以上5倍以下罚款；违法经营额不足5万元的，处5万元以上25万元以下罚款；有违法所得的，没收违法所得；构成犯罪的，依法追究刑事责任。

第十九条 伪造、变造、买卖核出口许可证，或者以欺骗等不正当手段获取核出口许可证的，依照有关法律、行政法规的规定处罚；构成犯罪的，依法追究刑事责任。

第二十条 国家核出口管制工作人员玩忽职守、徇私舞弊或者滥用职权，构成犯罪的，依法追究刑事责任；尚不构成犯罪的，依法给予行政处分。

第二十一条 国家原子能机构会同国防科学技术工业委员会、商务部、外交部、海关总署等有关部门根据实际情况，可以对《管制清单》进行调整，并予以公布。

第二十二条 中华人民共和国缔结或者参加的国际条约同本条例有不同规定的，适用国际条约的规定。但是，中华人民共和国声明保留的条款除外。

第二十三条 《管制清单》所列物项及其相关技术从保税仓库、保税区、出口加工区等海关特殊监管区域、保税场所出口，适用本条例的规定。

《管制清单》所列物项及其相关技术的过境、转运、通运，参照本条例的规定执行。

第二十四条 本条例自发布之日起施行。

中华人民共和国核两用品及相关技术出口管制条例

（1998年6月10日国务院令第245号发布，根据2007年1月26日《国务院关于修改〈中华人民共和国核两用品及相关技术出口管制条例〉的决定》修订）

第一条 为了加强对核两用品及相关技术出口的管制，防止核武器扩散，防范核恐怖主义行为，促进和平利用核能的国际合作，维护国家安全和社会公共利益，制定本条例。

第二条 本条例所称核两用品及相关技术出口，是指《核两用品及相关技术出口管制清单》（以下简称《管制清单》）所列的设备、材料、软件和相关技术的贸易性出口及对外赠送、展览、科技合作、援助、服务和以其他方式进行的转移。

第三条 国家对核两用品及相关技术出口实行严格管制，严格履行所承担的不扩散核武器的国际义务，防止核两用品及相关技术用于核爆炸目的或者核恐怖主义行为。

为维护国家安全以及国际和平与安全，国家对核两用品及相关技术出口可以采取任何必要的措施。

第四条 核两用品及相关技术出口，应当遵守国家有关法律、行政法规和本条例的规定，不得损害国家安全和社会公共利益。

第五条 国家对核两用品及相关技术出口实行许可证管理制度。

第六条 核两用品及相关技术出口的许可，应当基于接受方的如下保证：

（一）接受方保证，不将中国供应的核两用品及相关技术或者其任何复制品用于核爆炸目的以及申明的最终用途以外的其他用途。

（二）接受方保证，不将中国供应的核两用品及相关技术或者其任何复制品用于未接受国际原子能机构保障监督的核燃料循环活动。本项规定不适用于同国际原子能机构订有自愿保障协定的国家。

（三）接受方保证，未经中国政府允许，不将中国供应的核两用品及相关技术或者其任何复制品向申明的最终用户以外的第三方转让。

第七条 从事核两用品及相关技术出口的经营者，须经商务部登记。未经登记，任何单位或者个人不得经营核两用品及相关技术出口。登记的具体办法由商务部规定。

第八条 出口《管制清单》所列的核两用品及相关技术，应当向商务部提出申请，填写核两用品及相关技术出口申请表（以下简称出口申请表），并提交下列文件：

（一）申请人的法定代表人、主要经营管理人以及经办人的身份证明；

（二）合同或者协议的副本；

（三）核两用品及相关技术的技术说明或者检测报告；

（四）最终用户和最终用途证明；

（五）本条例第六条规定的保证文书；

（六）商务部要求提交的其他文件。

第九条 核两用品及相关技术出口，属于参加境外展览，中方在境外自用、境外检修，并在规定期限内复运进境的，或者属于境内检修复运出境以及商务部规定的其他情形的，在申请时经商务部审查同意，可以免予提交本条例第八条规定的有关文件。

第十条 申请人应当如实填写出口申请表。

出口申请表由商务部统一印制。

第十一条 商务部应当自收到出口申请表和本条例第八条规定的文件之日起，会同国家原子能机构或者会同国家原子能机构商有关部门，涉及外交政策的，并商外交部，进行审查并在45个工作日内作出许可或者不许可的决定。

第十二条 对国家安全、社会公共利益或者外交政策有重大影响的核两用品及相关技术出口，商务部会同有关部门报国务院批准。

报国务院批准的，不受本条例第十一条规定时限的限制。

第十三条 核两用品及相关技术出口申请经审查许可的，由商务部颁发核两用品及相关技术出口许可证件（以下简称出口许可证件）。

第十四条 出口许可证件持有人改变原申请的核两用品及相关技术出口的，应当交回原出口许可证件，并依照本条例的有关规定，重新申请、领取出口许可证件。

第十五条 核两用品及相关技术出口时，出口经营者应当向海关出具出口许可证件，依照海关法的规定办理海关手续，并接受海关监管。

第十六条 海关可以对出口经营者出口的设备、材料、软件和相关技术是否需要办理核两用品及相关技术出口许可证件提出质疑，并可以要求其向商务部申请办理是否属于核两用品及相关技术出口管制范围的证明文件；属于核两用品及相关技术出口管制范围的，出口经营者应当依照本条例的规定申请取得核两用品及相关技术出口许可证件。具体办法由海关总署会同商务部制定。

第十七条 接受方违反其依照本条例第六条规定作出的保证，或者出现核扩散、核恐怖主义行为危险时，商务部应当对已经颁发的出口许可证件予以中止或者撤销，并书面通知有关部门。

第十八条 出口经营者应当建立、健全核两用品及相关技术出口的内部控制机制，并妥善保存有关合同、发票、单据、业务函电等资料，保存期限不少于5年。商务部可以查阅、复制相关资料。

第十九条 出口经营者知道或者应当知道，或者得到商务部通知，其所出口的设备、材料、软件和相关技术存在核扩散风险或者可能被用于核恐怖主义目的的，即使该设备、材料、软件和相关技术未列入《管制清单》，也应当依照本条例的规定执行。

第二十条 经国务院批准，商务部会同有关部门，可以临时决定对《管制清单》以外的特定核两用品及相关技术的出口依照本条例实施管制。

前款规定的特定核两用品及相关技术的出口，应当依照本条例的规定经过许可。

第二十一条 商务部组织有关方面的专家组成核两用品及相关技术出口管制咨询委员会，承担核两用品及相关技术出口管制的咨询、评估、论证等工作。

第二十二条 商务部或者商务部会同有关部门可以对涉嫌违反本条例规定的行为进行调查、制止。必要时，商务部可以将拟出境的设备、材料、软件和相关技术的有关情况通报海关，对其中属于海关监管货物的，海关可以查验和扣留。对海关监管区域外不属于海关监管货物的，商务部可以查封或者扣留。有关单位和个人应当予以配合、协助。

第二十三条 违反本条例的规定，出口核两用品的，依照海关法的规定处罚。

违反本条例的规定，出口核两用品相关技术的，由商务部给予警告，处违法经营额1倍以上5倍以下的罚款；违法经营额不足5万元的，处5万元以上25万元以下的罚款；有违法所得的，没收违法所得；构成犯罪的，依法追究刑事责任。

第二十四条 伪造、变造或者买卖出口许可证件的，依照有关法律、行政法规的规定处罚；构成犯罪的，依法追究刑事责任。

以欺骗或者其他不正当手段获取出口许可证件的，由商务部收缴其出口许可证件，处违法经营额 1 倍以上 5 倍以下的罚款；违法经营额不足 5 万元的，处 5 万元以上 25 万元以下的罚款；有违法所得的，没收违法所得；构成犯罪的，依法追究刑事责任。

第二十五条 对核两用品及相关技术出口实施管制的国家工作人员玩忽职守、徇私舞弊或者滥用职权，构成犯罪的，依法追究刑事责任；尚不构成犯罪的，依法给予处分。

第二十六条 商务部会同国家原子能机构和有关部门，可以根据实际情况对《管制清单》进行调整，并予以公布。

第二十七条 中华人民共和国缔结或者参加的国际条约同本条例有不同规定的，适用国际条约的规定。但是，中华人民共和国声明保留的条款除外。

第二十八条 核两用品及相关技术从保税区、出口加工区等海关特殊监管区域和出口监管仓库、保税物流中心等保税监管场所出口，适用本条例的规定。

核两用品及相关技术的过境、转运、通运，参照本条例的规定执行。

第二十九条 本条例自发布之日起施行。

商用密码管理条例

（1999 年 10 月 7 日国务院令第 273 号发布，自发布之日起施行）

第一章 总 则

第一条 为了加强商用密码管理，保护信息安全，保护公民和组织的合法权益，维护国家的安全和利益，制定本条例。

第二条 本条例所称商用密码，是指对不涉及国家秘密内容的信息进行加密保护或者安全认证所使用的密码技术和密码产品。

第三条 商用密码技术属于国家秘密。国家对商用密码产品的科研、生产、销售和使用实行专控管理。

第四条 国家密码管理委员会及其办公室（以下简称国家密码管理机构）主管全国的商用密码管理工作。

省、自治区、直辖市负责密码管理的机构根据国家密码管理机构的委托，承担商用密码的有关管理工作。

第二章 科研、生产管理

第五条 商用密码的科研任务由国家密码管理机构指定的单位承担。

商用密码指定科研单位必须具有相应的技术力量和设备，能够采用先进的编码理论和技术，编制的商用密码算法具有较高的保密强度和抗攻击能力。

第六条 商用密码的科研成果，由国家密码管理机构组织专家按照商用密码技术标准和技术规范审查、鉴定。

第七条 商用密码产品由国家密码管理机构指定的单位生产。未经指定，任何单位或者个人不得生产商用密码产品。

商用密码产品指定生产单位必须具有与生产商用密码产品相适应的技术力量以及确保商用密码产品质量的设备、生产工艺和质量保证体系。

第八条 商用密码产品指定生产单位生产的商用密码产品的品种和型号，必须经国家密码管理机构批准，并不得超过批准范围生产商用密码产品。

第九条 商用密码产品，必须经国家密码管理机构指定的产品质量检测机构检测合格。

第三章 销售管理

第十条 商用密码产品由国家密码管理机构许可的单位销售。未经许可，任何单位或者个人不得销售商用密码产品。

第十一条 销售商用密码产品，应当向国家密码管理机构提出申请，并应当具备下列条件：

（一）有熟悉商用密码产品知识和承担售后服务的人员；

（二）有完善的销售服务和安全管理规章制度；

（三）有独立的法人资格。

经审查合格的单位，由国家密码管理机构发给“商用密码产品销售许可证”。

第十二条 销售商用密码产品，必须如实登记直接使用商用密码产品的用户的名称（姓名）、地址（住址）、组织机构代码（居民身份证号码）以及每台商用密码产品的用途，并将登记情况报国家密码管理机构备案。

第十三条 进口密码产品以及含有密码技术的设备或者出口商用密码产品，必须报经国家密码管理机构批准。任何单位或者个人不得销售境外的密码产品。

第四章 使用管理

第十四条 任何单位或者个人只能使用经国家密码管理机构认可的商用密码产品，不得使用自行研制的或者境外生产的密码产品。

第十五条 境外组织或者个人在中国境内使用密码产品或者含有密码技术的设备，必须报经国家密码管理机构批准。但是，外国驻华外交代表机构、领事机构除外。

第十六条 商用密码产品的用户不得转让其使用的商用密码产品。商用密码产品发生故障，必须由国家密码管理机构指定的单位维修。报废、销毁商用密码产品，应当向国家密码管理机构备案。

第五章 安全、保密管理

第十七条 商用密码产品的科研、生产，应当在符合安全、保密要求的环境中进行。销售、运输、保管商用密码产品，应当采取相应的安全措施。

从事商用密码产品的科研、生产和销售以及使用商用密码产品的单位和人员，必须对所接触和掌握的商用密码技术承担保密义务。

第十八条 宣传、公开展览商用密码产品，必须事先报国家密码管理机构批准。

第十九条 任何单位和个人不得非法攻击商用密码，不得利用商用密码危害国家的安全和利益、危害社会治安或者进行其他违法犯罪活动。

第六章 罚 则

第二十条 有下列行为之一的，由国家密码管理机构根据不同情况分别会同工商行政管理、海关等部门没收密码产品，有违法所得的，没收违法所得；情节严重的，可以并处违法所得 1 至 3 倍的罚款；

（一）未经指定，擅自生产商用密码产品的，或者商用密码产品指定生产单位超过批准范围生产商用密码产品的；

（二）未经许可，擅自销售商用密码产品的；

（三）未经批准，擅自进口密码产品以及含有密码技术的设备、出口商用密码产品或者销售境外的密码产品的。

经许可销售商用密码产品的单位未按照规定销售商用密码产品的，由国家密码管理机构会同工商行政管理部门给予警告，责令改正。

第二十一条 有下列行为之一的，由国家密码管理机构根据不同情况分别会同公安、国家安全机关给予警告，责令立即改正：

（一）在商用密码产品的科研、生产过程中违反安全、保密规定的；

（二）销售、运输、保管商用密码产品，未采取相应的安全措施的；

（三）未经批准，宣传、公开展览商用密码产品的；

（四）擅自转让商用密码产品或者不到国家密码管理机构指定的单位维修商用密码产品的。

使用自行研制的或者境外生产的密码产品，转让商用密码产品，或者不到国家密码管理机构指定的单位维修商用密码产品，情节严重的，由国家密码管理机构根据不同情况分别会同公安、国家安全机关没收其密码产品。

第二十二条 商用密码产品的科研、生产、销售单位有本条例第二十条、第二十一条第一款第（一）、（二）、（三）项所列行为，造成严重后果的，由国家密码管理机构撤销其指定科研、生产单位资格，吊销“商用密码产品销售许可证”。

第二十三条 泄露商用密码技术秘密、非法攻击商用密码或者利用商用密码从事危害国家的安全和利益的活动，情节严重，构成犯罪的，依法追究刑事责任。

有前款所列行为尚不构成犯罪的，由国家密码管理机构根据不同情况分别会同国家安全机关或者保密部门没收其使用的商用密码产品，对有危害国家安全行为的，由国家安全机关依法处以行政拘留；属于国家工作人员的，并依法给予行政处分。

第二十四条 境外组织或者个人未经批准，擅自使用密码产品或者含有密码技术的设备的，由国家密码管理机构会同公安机关给予警告，责令改正，可以并处没收密码产品或者含有密码技术的设备。

第二十五条 商用密码管理机构的工作人员滥用职权、玩忽职守、徇私舞弊，构成犯罪的，依法追究刑事责任；尚不构成犯罪的，依法给予行政处分。

第七章 附 则

第二十六条 国家密码管理委员会可以依据本条例制定有关的管理规定。

第二十七条 本条例自发布之日起施行。

中华人民共和国技术进出口管理条例

（2001年12月10日国务院令第331号发布，自2002年1月1日起施行，根据2011年1月8日《国务院关于废止和修改部分行政法规的决定》修改）

第一章 总 则

第一条 为了规范技术进出口管理，维护技术进出口秩序，促进国民经济和社会发展，根据《中华人民共和国对外贸易法》（以下简称《对外贸易法》）及其他有关法律的有关规定，制定本条例。

第二条 本条例所称技术进出口，是指从中华人民共和国境外向中华人民共和国境内，或者从中华人民共和国境内向中华人民共和国境外，通过贸易、投资或者经济技术合作的方式转移技术的行为。

前款规定的行为包括专利权转让、专利申请权转让、专利实施许可、技术秘密转让、技术服务和其他方式的技术转移。

第三条 国家对技术进出口实行统一的管理制度，依法维护公平、自由的技术进出口秩序。

第四条 技术进出口应当符合国家的产业政策、科技政策和社会发展政策，有利于促进我国科技进步和对外经济技术合作的发展，有利于维护我国经济技术权益。

第五条 国家准许技术的自由进出口。但是，法律、行政法规另有规定的除外。

第六条 国务院对外经济贸易主管部门（以下简称国务院外经贸主管部门）依照《对外贸易法》和本条例的规定，负责全国的技术进出口管理工作。省、自治区、直辖市人民政府外经贸主管部门根据国务院外经贸主管部门的授权，负责本行政区域内的技术进出口管理工作。

国务院有关部门按照国务院的规定，履行技术进出口项目的有关管理职责。

第二章 技术进口管理

第七条 国家鼓励先进、适用的技术进口。

第八条 有《对外贸易法》第十六条规定情形之一的技术，禁止或者限制进口。

国务院外经贸主管部门会同国务院有关部门，制定、调整并公布禁止或者限制进口的技术目录。

第九条 属于禁止进口的技术，不得进口。

第十条 属于限制进口的技术，实行许可证管理；未经许可，不得进口。

第十一条 进口属于限制进口的技术，应当向国务院外经贸主管部门提出技术进口申请并附有关文件。

技术进口项目需经有关部门批准的，还应当提交有关部门的批准文件。

第十二条 国务院外经贸主管部门收到技术进口申请后，应当会同国务院有关部门对申请进行审查，并自收到申请之日起30个工作日内作出批准或者不批准的决定。

第十三条 技术进口申请经批准的，由国务院外经贸主管部门发给技术进口许可意向书。

进口经营者取得技术进口许可意向书后，可以对外签订技术进口合同。

第十四条 进口经营者签订技术进口合同后，应当向国务院外经贸主管部门提交技术进口合同副本及有关文件，申请技术进口许可证。

国务院外经贸主管部门对技术进口合同的真实性进行审查，并自收到前款规定的文件之日起10个工作日内，对技术进口作出许可或者不许可的决定。

第十五条 申请人依照本条例第十一条的规定向国务院外经贸主管部门提出技术进口申请时，可以一并提交已经签订的技术进口合同副本。

国务院外经贸主管部门应当依照本条例第十二条和第十四条的规定对申请及其技术进口合同的真实性一并进行审查，并自收到前款规定的文件之日起40个工作日内，对技术进口作出许可或者不许可的决定。

第十六条 技术进口经许可的，由国务院外经贸主管部门颁发技术进口许可证。技术进口合同自技术进口许可证颁发之日起生效。

第十七条 对属于自由进口的技术，实行合同登记管理。

进口属于自由进口的技术，合同自依法成立时生效，不以登记为合同生效的条件。

第十八条 进口属于自由进口的技术，应当向国务院外经贸主管部门办理登记，并提交下列文件：

（一）技术进口合同登记申请书；

（二）技术进口合同副本；

（三）签约双方法律地位的证明文件。

第十九条 国务院外经贸主管部门应当自收到本条例第十八条规定的文件之日起3个工作日内，对技术进口合同进行登记，颁发技术进口合同登记证。

第二十条 申请人凭技术进口许可证或者技术进口合同登记证，办理外汇、银行、税务、海关等相关手续。

第二十一条 依照本条例的规定，经许可或者登记的技术进口合同，合同的主要内容发生变更的，应当重新办理许可或者登记手续。

经许可或者登记的技术进口合同终止的，应当及时向国务院外经贸主管部门备案。

第二十二条 设立外商投资企业，外方以技术作为投资的，该技术的进口，应当按照外商投资企业设立审批的程序进行审查或者办理登记。

第二十三条 国务院外经贸主管部门和有关部门及其工作人员在履行技术进口管理职责中，对所知悉的商业秘密负有保密义务。

第二十四条 技术进口合同的让与人应当保证自己是所提供技术的合法拥有者或者有权转让、许可者。

技术进口合同的受让人按照合同约定使用让与人提供的技术，被第三方指控侵权的，受让人应当立即通知让与人；让与人接到通知后，应当协助受让人排除妨碍。

技术进口合同的受让人按照合同约定使用让与人提供的技术，侵害他人合法权益的，由让与人承担责任。

第二十五条 技术进口合同的让与人应当保证所提供的技术完整、无误、有效，能够达到约定的技术目标。

第二十六条 技术进口合同的受让人、让与人应当在合同约定的保密范围和保密期限内，对让与人提供的技术中尚未公开的秘密部分承担保密义务。

在保密期限内，承担保密义务的一方在保密技术非因自己的原因被公开后，其承担的保密义务即予终止。

第二十七条 在技术进口合同有效期内，改进技术的成果属于改进方。

第二十八条 技术进口合同期满后，技术让与人和受让人可以依照公平合理的原则，就技术的继续使用进行协商。

第二十九条 技术进口合同中，不得含有下列限制性条款：

（一）要求受让人接受并非技术进口必不可少的附带条件，包括购买非必需的技术、原材料、产品、设备或者服务；

（二）要求受让人为专利权有效期限届满或者专利权被宣布无效的技术支付使用费或者承担相关义务；

（三）限制受让人改进让与人提供的技术或者限制受让人使用所改进的技术；

（四）限制受让人从其他来源获得与让与人提供的技术类似的技术或者与其竞争的技术；

（五）不合理地限制受让人购买原材料、零部件、产品或者设备的渠道或者来源；

（六）不合理地限制受让人产品的生产数量、品种或者销售价格；

（七）不合理地限制受让人利用进口的技术生产产品的出口渠道。

第三章 技术出口管理

第三十条 国家鼓励成熟的产业化技术出口。

第三十一条 有《对外贸易法》第十六条规定情形之一的技术，禁止或者限制出口。

国务院外经贸主管部门会同国务院有关部门，制定、调整并公布禁止或者限制出口的技术目录。

第三十二条 属于禁止出口的技术，不得出口。

第三十三条 属于限制出口的技术，实行许可证管理；未经许可，不得出口。

第三十四条 出口属于限制出口的技术，应当向国务院外经贸主管部门提出申请。

第三十五条 国务院外经贸主管部门收到技术出口申请后，应当会同国务院科技管理部门对申请出口的技术进行审查，并自收到申请之日起 30 个工作日内作出批准或者不批准的决定。

限制出口的技术需经有关部门进行保密审查的，按照国家有关规定执行。

第三十六条 技术出口申请经批准的，由国务院外经贸主管部门发给技术出口许可意向书。

申请人取得技术出口许可意向书后，方可对外进行实质性谈判，签订技术出口合同。

第三十七条 申请人签订技术出口合同后，应当向国务院外经贸主管部门提交下列文件，申请技术出口许可证：

（一）技术出口许可意向书；

（二）技术出口合同副本；

（三）技术资料出口清单；

（四）签约双方法律地位的证明文件。

国务院外经贸主管部门对技术出口合同的真实性进行审查，并自收到前款规定的文件之日起 15 个工作日内，对技术出口作出许可或者不许可的决定。

第三十八条 技术出口经许可的，由国务院外经贸主管部门颁发技术出口许可证。技术出口合同自技术出口许可证颁发之日起生效。

第三十九条 对属于自由出口的技术，实行合同登记管理。

出口属于自由出口的技术，合同自依法成立时生效，不以登记为合同生效的条件。

第四十条 出口属于自由出口的技术，应当向国务院外经贸主管部门办理登记，并提交下列文件：

（一）技术出口合同登记申请书；

（二）技术出口合同副本；

（三）签约双方法律地位的证明文件。

第四十一条 国务院外经贸主管部门应当自收到本条例第四十条规定的文件之日起 3 个工作日内，对技术出口合同进行登记，颁发技术出口合同登记证。

第四十二条 申请人凭技术出口许可证或者技术出口合同登记证办理外汇、银行、税务、海关等相关手续。

第四十三条 依照本条例的规定，经许可或者登记的技术出口合同，合同的主要内容发生变更的，应当重新办理许可或者登记手续。

经许可或者登记的技术出口合同终止的，应当及时向国务院外经贸主管部门备案。

第四十四条 国务院外经贸主管部门和有关部门及其工作人员在履行技术出口管理职责中，对国家秘密和所知悉的商业秘密负有保密义务。

第四十五条 出口核技术、核两用品相关技术、监控化学品生产技术、军事技术等出口管制技术的，依照有关行政法规的规定办理。

第四章 法律责任

第四十六条 进口或者出口属于禁止进出口的技术的，或者未经许可擅自进口或者出口属于限制进出口的技术的，依照刑法关于走私罪、非法经营罪、泄露国家秘密罪或者其他罪的规定，依法追究刑事责任；尚不够刑事处罚的，区别不同情况，依照海关法的有关规定处罚，或者由国务院外经贸主管部门给予警告，没收违法所得，处违法所得 1 倍以上 5 倍以下的罚款；国务院外经贸主管部门并可以撤销其对外贸易经营许可。

第四十七条 擅自超出许可的范围进口或者出口属于限制进出口的技术的，依照刑法关于非法经营罪或者其他罪的规定，依法追究刑事责任；尚不够刑事处罚的，区别不同情况，依照海关法的有关规定处罚，或者由国务院外经贸主管部门给予警告，没收违法所得，处违法所得 1 倍以上 3 倍以下的罚款；国务院外经贸主管部门并可以暂停直至撤销其对外贸易经营许可。

第四十八条 伪造、变造或者买卖技术进出口许可证或者技术进出口合同登记证的，依照刑法关于非法经营罪或者伪造、变造、买卖国家机关公文、证件、印章罪的规定，依法追究刑事责任；尚不够刑事处罚的，依照海关法的有关规定处罚；国务院外经贸主管部门并可以撤销其对外贸易经营许可。

第四十九条 以欺骗或者其他不正当手段获取技术进出口许可的，由国务院外经贸主管部门吊销其技术进出口许可证，暂停直至撤销其对外贸易经营许可。

第五十条 以欺骗或者其他不正当手段获取技术进出口合同登记的，由国务院外经贸主管部门吊销其技术进出口合同登记证，暂停直至撤销其对外贸易经营许可。

第五十一条 技术进出口管理工作人员违反本条例的规定，泄露国家秘密或者所知悉的商业秘密的，依照刑法关于泄露国家秘密罪或者侵犯商业秘密罪的规定，依法追究刑事责任；尚不够刑事处罚的，依法给予行政处分。

第五十二条 技术进出口管理工作人员滥用职权、玩忽职守或者利用职务上的便利收受、索取他人财物的，依照刑法关于滥用职权罪、玩忽职守罪、受贿罪或者其他罪的规定，依法追究刑事责任；尚不够刑事处罚的，依法给予行政处分。

第五章　附　则

第五十三条 对国务院外经贸主管部门作出的有关技术进出口的批准、许可、登记或者行政处罚决定不服的，可以依法申请行政复议，也可以依法向人民法院提起诉讼。

第五十四条 本条例公布前国务院制定的有关技术进出口管理的规定与本条例的规定不一致的，以本条例为准。

第五十五条 本条例自 2002 年 1 月 1 日起施行。1985 年 5 月 24 日国务院发布的《中华人民共和国技术引进合同管理条例》和 1987 年 12 月 30 日国务院批准、1988 年 1 月 20 日对外经济贸易部发布的《中华人民共和国技术引进合同管理条例施行细则》同时废止。

中华人民共和国货物进出口管理条例

（2001 年 12 月 10 日国务院令第 332 号发布，自 2002 年 1 月 1 日起施行）

第一章　总　则

第一条 为了规范货物进出口管理，维护货物进出口秩序，促进对外贸易健康发展，根据《中华人民共和国对外贸易法》（以下简称《对外贸易法》）的有关规定，制定本条例。

第二条 从事将货物进口到中华人民共和国关境内或者将货物出口到中华人民共和国关境外的贸易活动，应当遵守本条例。

第三条 国家对货物进出口实行统一的管理制度。

第四条 国家准许货物的自由进出口，依法维护公平、有序的货物进出口贸易。

除法律、行政法规明确禁止或者限制进出口的外，任何单位和个人均不得对货物进出口设置、维持禁止或者限制措施。

第五条 中华人民共和国在货物进出口贸易方面根据所缔结或者参加的国际条约、协定，给予其他缔约方、参加方最惠国待遇、国民待遇，或者根据互惠、对等原则给予对方最惠国待遇、国民待遇。

第六条 任何国家或者地区在货物进出口贸易方面对中华人民共和国采取歧视性的禁止、限制或者其他类似措施的，中华人民共和国可以根据实际情况对该国家或者地区采取相应的措施。

第七条 国务院对外经济贸易主管部门（以下简称国务院外经贸主管部门）依照《对外贸易法》和本条例的规定，主管全国货物进出口贸易工作。

国务院有关部门按照国务院规定的职责，依照本条例的规定负责货物进出口贸易管理的有关工作。

第二章 货物进口管理

第一节 禁止进口的货物

第八条 有《对外贸易法》第十七条规定情形之一的货物，禁止进口。其他法律、行政法规规定禁止进口的，依照其规定。

禁止进口的货物目录由国务院外经贸主管部门会同国务院有关部门制定、调整并公布。

第九条 属于禁止进口的货物，不得进口。

第二节 限制进口的货物

第十条 有《对外贸易法》第十六条第（一）、（四）、（五）、（六）、（七）项规定情形之一的货物，限制进口。其他法律、行政法规规定限制进口的，依照其规定。

限制进口的货物目录由国务院外经贸主管部门会同国务院有关部门制定、调整并公布。

限制进口的货物目录，应当至少在实施前21天公布；在紧急情况下，应当不迟于实施之日公布。

第十一条 国家规定有数量限制的限制进口货物，实行配额管理；其他限制进口货物，实行许可证管理。

实行关税配额管理的进口货物，依照本章第四节的规定执行。

第十二条 实行配额管理的限制进口货物，由国务院外经贸主管部门和国务院有关经济管理部门（以下统称进口配额管理部门）按照国务院规定的职责划分进行管理。

第十三条 对实行配额管理的限制进口货物，进口配额管理部门应当在每年7月31日前公布下一年度进口配额总量。

配额申请人应当在每年8月1日至8月31日向进口配额管理部门提出下一年度进口配额的申请。

进口配额管理部门应当在每年10月31日前将下一年度的配额分配给配额申请人。

进口配额管理部门可以根据需要对年度配额总量进行调整，并在实施前21天予以公布。

第十四条 配额可以按照对所有申请统一办理的方式分配。

第十五条 按照对所有申请统一办理的方式分配配额的，进口配额管理部门应当自规定的申请期限截止之日起60天内作出是否发放配额的决定。

第十六条 进口配额管理部门分配配额时，应当考虑下列因素：

（一）申请人的进口实绩；

（二）以往分配的配额是否得到充分使用；

（三）申请人的生产能力、经营规模、销售状况；

（四）新的进口经营者的申请情况；

（五）申请配额的数量情况；

（六）需要考虑的其他因素。

第十七条 进口经营者凭进口配额管理部门发放的配额证明，向海关办理报关验放手续。

国务院有关经济管理部门应当及时将年度配额总量、分配方案和配额证明实际发放的情况向国务院外经贸主管部门备案。

第十八条 配额持有者未使用完其持有的年度配额的，应当在当年9月1日前将未使用的配额交还进口配额管理部门；未按期交还并且在当年年底前未使用完的，进口配额管理部门可以在下一年度对其扣减相应的配额。

第十九条 实行许可证管理的限制进口货物，进口经营者应当向国务院外经贸主管部门或者国务院有关部门（以下统称进口许可证管理部门）提出申请。进口许可证管理部门应当自收到申请之日起30天内决定是否许可。

进口经营者凭进口许可证管理部门发放的进口许可证，向海关办理报关验放手续。

前款所称进口许可证，包括法律、行政法规规定的各种具有许可进口性质的证明、文件。

第二十条 进口配额管理部门和进口许可证管理部门应当根据本条例的规定制定具体管理办法，对申请人的资格、受理申请的部门、审查的原则和程序等事项作出明确规定并在实施前予以公布。

受理申请的部门一般为一个部门。

进口配额管理部门和进口许可证管理部门要求申请人提交的文件，应当限于为保证实施管理所必需的文件和资料，不得仅因细微的、非实质性的错讹拒绝接受申请。

第三节 自由进口的货物

第二十一条 进口属于自由进口的货物，不受限制。

第二十二条 基于监测货物进口情况的需要，国务院外经贸主管部门和国务院有关经济管理部门可以按照国务院规定的职责划分，对部分属于自由进口的货物实行自动进口许可管理。

实行自动进口许可管理的货物目录，应当至少在实施前21天公布。

第二十三条 进口属于自动进口许可管理的货物，均应当给予许可。

第二十四条 进口属于自动进口许可管理的货物，进口经营者应当在办理海关报关手续前，向国务院外经贸主管部门或者国务院有关经济管理部门提交自动进口许可申请。

国务院外经贸主管部门或者国务院有关经济管理部门应当在收到申请后，立即发放自动进口许可证明；在特殊情况下，最长不得超过10天。

进口经营者凭国务院外经贸主管部门或者国务院有关经济管理部门发放的自动进口许可证明，向海关办理报关验放手续。

第四节 关税配额管理的货物

第二十五条 实行关税配额管理的进口货物目录，由国务院外经贸主管部门会同国务院有关经济管理部门制定、调整并公布。

第二十六条 属于关税配额内进口的货物，按照配额内税率缴纳关税；属于关税配额外进口的货物，按照配额外税率缴纳关税。

第二十七条 进口配额管理部门应当在每年9月15日至10月14日公布下一年度的关税配额总量。

配额申请人应当在每年10月15日至10月30日向进口配额管理部门提出关税配额的申请。

第二十八条 关税配额可以按照对所有申请统一办理的方式分配。

第二十九条 按照对所有申请统一办理的方式分配关税配额的，进口配额管理部门应当在每年12月31日前作出是否发放配额的决定。

第三十条 进口经营者凭进口配额管理部门发放的关税配额证明，向海关办理关税配额内货物的报关验放手续。

国务院有关经济管理部门应当及时将年度关税配额总量、分配方案和关税配额证明实际发放的情况向国务院外经贸主管部门备案。

第三十一条 关税配额持有者未使用完其持有的年度配额的，应当在当年9月15日前将未使用的配额交还进口配额管理部门；未按期交还并且在当年年底前未使用完的，进口配额管理部门可以在下一年度对其扣减相应的配额。

第三十二条 进口配额管理部门应当根据本条例的规定制定有关关税配额的具体管理办法，对申请人的资格、受理申请的部门、审查的原则和程序等事项作出明确规定并在实施前予以公布。

受理申请的部门一般为一个部门。

进口配额管理部门要求关税配额申请人提交的文件，应当限于为保证实施关税配额管理所必需的文件和资料，不得仅因细微的、非实质性的错讹拒绝接受关税配额申请。

第三章 货物出口管理

第一节 禁止出口的货物

第三十三条 有《对外贸易法》第十七条规定情形之一的货物，禁止出口。其他法律、行政法规规定禁止出口的，依照其规定。

禁止出口的货物目录由国务院外经贸主管部门会同国务院有关部门制定、调整并公布。

第三十四条 属于禁止出口的货物，不得出口。

第二节 限制出口的货物

第三十五条 有《对外贸易法》第十六条第（一）、（二）、（三）、（七）项规定情形之一的货物，限制出口。其他法律、行政法规规定限制出口的，依照其规定。

限制出口的货物目录由国务院外经贸主管部门会同国务院有关部门制定、调整并公布。

限制出口的货物目录，应当至少在实施前21天公布；在紧急情况下，应当不迟于实施之日公布。

第三十六条 国家规定有数量限制的限制出口货物，实行配额管理；其他限制出口货物，实行许可证管理。

第三十七条 实行配额管理的限制出口货物，由国务院外经贸主管部门和国务院有关经济管理部门（以下统称出口配额管理部门）按照国务院规定的职责划分进行管理。

第三十八条 对实行配额管理的限制出口货物，出口配额管理部门应当在每年10月31日前公布下一年度出口配额总量。

配额申请人应当在每年11月1日至11月15日向出口配额管理部门提出下一年度出口配额的申请。

出口配额管理部门应当在每年12月15日前将下一年度的配额分配给配额申请人。

第三十九条 配额可以通过直接分配的方式分配，也可以通过招标等方式分配。

第四十条 出口配额管理部门应当自收到申请之日起30天内并不晚于当年12月15日作出是否发放配额的决定。

第四十一条 出口经营者凭出口配额管理部门发放的配额证明，向海关办理报关验放手续。

国务院有关经济管理部门应当及时将年度配额总量、分配方案和配额证明实际发放的情况向国务院外经贸主管部门备案。

第四十二条 配额持有者未使用完其持有的年度配额的，应当在当年10月31日前将未使用的配额交还出口配额管理部门；未按期交还并且在当年年底前未使用完的，出口配额管理部门可以在下一年度对其扣减相应的配额。

第四十三条 实行许可证管理的限制出口货物，出口经营者应当向国务院外经贸主管部门或者国务院有关部门（以下统称出口许可证管理部门）提出申请，出口许可证管理部门应当自收到申请之日起30天内决定是否许可。

出口经营者凭出口许可证管理部门发放的出口许可证，向海关办理报关验放手续。

前款所称出口许可证，包括法律、行政法规规定的各种具有许可出口性质的证明、文件。

第四十四条 出口配额管理部门和出口许可证管理部门应当根据本条例的规定制定具体管理办法，对申请人的资格、受理申请的部门、审查的原则和程序等事项作出明确规定并在实施前予以公布。

受理申请的部门一般为一个部门。

出口配额管理部门和出口许可证管理部门要求申请人提交的文件，应当限于为保证实施管理所必需的文件和资料，不得仅因细微的、非实质性的错讹拒绝接受申请。

第四章 国营贸易和指定经营

第四十五条 国家可以对部分货物的进出口实行国营贸易管理。

实行国营贸易管理的进出口货物目录由国务院外经贸主管部门会同国务院有关经济管理部门制定、调整并公布。

第四十六条 国务院外经贸主管部门和国务院有关经济管理部门按照国务院规定的职责划分确定国营贸易企业名录并予以公布。

第四十七条 实行国营贸易管理的货物，国家允许非国营贸易企业从事部分数量的进出口。

第四十八条 国营贸易企业应当每半年向国务院外经贸主管部门提供实行国营贸易管理的货物的购买价格、销售价格等有关信息。

第四十九条 国务院外经贸主管部门基于维护进出口经营秩序的需要，可以在一定期限内对部分货物实行指定经营管理。

实行指定经营管理的进出口货物目录由国务院外经贸主管部门制定、调整并公布。

第五十条 确定指定经营企业的具体标准和程序，由国务院外经贸主管部门制定并在实施前公布。

指定经营企业名录由国务院外经贸主管部门公布。

第五十一条 除本条例第四十七条规定的情形外，未列入国营贸易企业名录和指定经营企业名录的企业或者其他组织，不得从事实行国营贸易管理、指定经营管理的货物的进出口贸易。

第五十二条 国营贸易企业和指定经营企业应当根据正常的商业条件从事经营活动，不得以非商业因素选择供应商，不得以非商业因素拒绝其他企业或者组织的委托。

第五章 进出口监测和临时措施

第五十三条 国务院外经贸主管部门负责对货物进出口情况进行监测、评估，并定期向国务院报告货物进出口情况，提出建议。

第五十四条 国家为维护国际收支平衡，包括国际收支发生严重失衡或者受到严重失衡威胁时，或者为维持与实施经济发展计划相适应的外汇储备水平，可以对进口货物的价值或者数量采取临时限制措施。

第五十五条 国家为建立或者加快建立国内特定产业，在采取现有措施无法实现的情况下，可以采取限制或者禁止进口的临时措施。

第五十六条 国家为执行下列一项或者数项措施，必要时可以对任何形式的农产品水产品采取限制进口的临时措施：

（一）对相同产品或者直接竞争产品的国内生产或者销售采取限制措施；

（二）通过补贴消费的形式，消除国内过剩的相同产品或者直接竞争产品；

（三）对完全或者主要依靠该进口农产品水产品形成的动物产品采取限产措施。

第五十七条 有下列情形之一的，国务院外经贸主管部门可以对特定货物的出口采取限制或者禁止的临时措施：

（一）发生严重自然灾害等异常情况，需要限制或者禁止出口的；

（二）出口经营秩序严重混乱，需要限制出口的；

（三）依照《对外贸易法》第十六条、第十七条的规定，需要限制或者禁止出口的。

第五十八条 对进出口货物采取限制或者禁止的临时措施的，国务院外经贸主管部门应当在实施前予以公告。

第六章 对外贸易促进

第五十九条 国家采取出口信用保险、出口信贷、出口退税、设立外贸发展基金等措施，促进对外贸易发展。

第六十条 国家采取有效措施，促进企业的技术创新和技术进步，提高企业的国际竞争能力。

第六十一条 国家通过提供信息咨询服务，帮助企业开拓国际市场。

第六十二条 货物进出口经营者可以依法成立和参加进出口商会，实行行业自律和协调。

第六十三条 国家鼓励企业积极应对国外歧视性反倾销、反补贴、保障措施及其他限制措施，维护企业的正当贸易权利。

第七章 法律责任

第六十四条 进口或者出口属于禁止进出口的货物，或者未经批准、许可擅自进口或者出口属于限制进出口的货物的，依照刑法关于走私罪的规定，依法追究刑事责任；尚不够刑事处罚的，依照海关法的有关规定处罚；国务院外经贸主管部门并可以撤销其对外贸易经营许可。

第六十五条 擅自超出批准、许可的范围进口或者出口属于限制进出口的货物的，依照刑法关于走私罪或者非法经营罪的规定，依法追究刑事责任；尚不够刑事处罚的，依照海关法的有关规定处罚；国务院外经贸主管部门并可以暂停直至撤销其对外贸易经营许可。

第六十六条 伪造、变造或者买卖货物进出口配额证明、批准文件、许可证或者自动进口许可证明的，依照刑法关于非法经营罪或者伪造、变造、买卖国家机关公文、证件、印章罪的规定，依法追究刑事责任；尚不够刑事处罚的，依照海关法的有关规定处罚；国务院外经贸主管部门并可以撤销其对外贸易经营许可。

第六十七条 进出口经营者以欺骗或者其他不正当手段获取货物进出口配额、批准文件、许可证或者自动进口许可证明的，依法收缴其货物进出口配额、批准文件、许可证或者自动进口许可证明，国务院外经贸主管部门可以暂停直至撤销其对外贸易经营许可。

第六十八条 违反本条例第五十一条规定，擅自从事实行国营贸易管理或者指定经营管理的货物进出口贸易，扰乱市场秩序，情节严重的，依照刑法关于非法经营罪的规定，依法追究刑事责任；尚不够刑事处罚的，由工商行政管理机关依法给予行政处罚；国务院外经贸主管部门并可以暂停直至撤销其对外贸易经营许可。

第六十九条 国营贸易企业或者指定经营企业违反本条例第四十八条、第五十二条规定的，由国务院外经贸主管部门予以警告；情节严重的，可以暂停直至取消其国营贸易企业或者指定经营企业资格。

第七十条 货物进出口管理工作人员在履行货物进出口管理职责中，滥用职权、玩忽职守或者利用职务上的便利收受、索取他人财物的，依照刑法关于滥用职权罪、玩忽职守罪、受贿罪或者其他罪的规定，依法追究刑事责任；尚不够刑事处罚的，依法给予行政处分。

第八章 附 则

第七十一条 对本条例规定的行政机关发放配额、关税配额、许可证或者自动许可证明的决定不服的，对确定国营贸易企业或者指定经营企业资格的决定不服的，或者对行政处罚的决定不服的，可以依法申请行政复议，也可以依法向人民法院提起诉讼。

第七十二条 本条例的规定不妨碍依据法律、行政法规对进出口货物采取的关税、检验检疫、安全、环保、知识产权保护等措施。

第七十三条 出口核用品、核两用品、监控化学品、军品等出口管制货物的，依照有关行政法规的规定办理。

第七十四条 对进口货物需要采取反倾销措施、反补贴措施、保障措施的，依照对外贸易法和有关法律、行政法规的规定执行。

第七十五条 法律、行政法规对保税区、出口加工区等特殊经济区的货物进出口管理另有规定的，依照其规定。

第七十六条 国务院外经贸主管部门负责有关货物进出口贸易的双边或者多边磋商、谈判，并负责贸易争端解决的有关事宜。

第七十七条 本条例自 2002 年 1 月 1 日起施行。1984 年 1 月 10 日国务院发布的《中华人民共和国进口货物许可制度暂行条例》，1992 年 12 月 21 日国务院批准、1992 年 12 月 29 日对外经济贸易部发布的《出口商品管理暂行办法》，1993 年 9 月 22 日国务院批准、1993 年 10 月 7 日国家经济贸易委员会、对外贸易经济合作部发布的《机电产品进口管理暂行办法》，1993 年 12 月 22 日国务院批准、1993 年 12 月 29 日国家计划委员会、对外贸易经济合作部发布的《一般商品进口配额管理暂行办法》，1994 年 6 月 13 日国务院批准、1994 年 7 月 19 日对外贸易经济合作部、国家计划委员会发布的《进口商品经营管理暂行办法》，同时废止。

音像制品管理条例

（2001 年 12 月 25 日国务院令第 341 号公布，根据 2011 年 3 月 19 日《国务院关于修改〈音像制品管理条例〉的决定》第一次修订，根据 2013 年 12 月 7 日《国务院关于修改部分行政法规的决定》第二次修订）

第一章 总 则

第一条 为了加强音像制品的管理，促进音像业的健康发展和繁荣，丰富人民群众的文化生活，促进社会主义物质文明和精神文明建设，制定本条例。

第二条 本条例适用于录有内容的录音带、录像带、唱片、激光唱盘和激光视盘等音像制品的出版、制作、复制、进口、批发、零售、出租等活动。

音像制品用于广播电视播放的，适用广播电视法律、行政法规。

第三条 出版、制作、复制、进口、批发、零售、出租音像制品，应当遵守宪法和有关法律、法规，坚持为人民服务和为社会主义服务的方向，传播有益于经济发展和社会进步的思想、道德、科学技术和文化知识。

音像制品禁止载有下列内容：

（一）反对宪法确定的基本原则的；

（二）危害国家统一、主权和领土完整的；

（三）泄露国家秘密、危害国家安全或者损害国家荣誉和利益的；

（四）煽动民族仇恨、民族歧视，破坏民族团结，或者侵害民族风俗、习惯的；

（五）宣扬邪教、迷信的；

（六）扰乱社会秩序，破坏社会稳定的；

（七）宣扬淫秽、赌博、暴力或者教唆犯罪的；

（八）侮辱或者诽谤他人，侵害他人合法权益的；

（九）危害社会公德或者民族优秀文化传统的；

（十）有法律、行政法规和国家规定禁止的其他内容的。

第四条 国务院出版行政主管部门负责全国音像制品的出版、制作、复制、进口、批发、零售和出租的监督管理工作；国务院其他有关行政部门按照国务院规定的职责分工，负责有关的音像制品经营活动的监督管理工作。

县级以上地方人民政府负责出版管理的行政主管部门（以下简称出版行政主管部门）负责本行政区域内音像制品的出版、制作、复制、进口、批发、零售和出租的监督管理工作，县级以上地方人民政府其他有关行政部门在各自的职责范围内负责有关的音像制品经营活动的监督管理工作。

第五条 国家对出版、制作、复制、进口、批发、零售音像制品，实行许可制度；未经许可，任何单位和个人不得从事音像制品的出版、制作、复制、进口、批发、零售等活动。

依照本条例发放的许可证和批准文件，不得出租、出借、出售或者以其他任何形式转让。

第六条 国务院出版行政主管部门负责制定音像业的发展规划，确定全国音像出版单位、音像复制单位的总量、布局和结构。

第七条 音像制品经营活动的监督管理部门及其工作人员不得从事或者变相从事音像制品经营活动，并不得参与或者变相参与音像制品经营单位的经营活动。

第二章 出 版

第八条 设立音像出版单位，应当具备下列条件：

（一）有音像出版单位的名称、章程；

（二）有符合国务院出版行政主管部门认定的主办单位及其主管机关；

（三）有确定的业务范围；

（四）有适应业务范围需要的组织机构和符合国家规定的资格条件的音像出版专业人员；

（五）有适应业务范围需要的资金、设备和工作场所；

（六）法律、行政法规规定的其他条件。

审批设立音像出版单位，除依照前款所列条件外，还应当符合音像出版单位总量、布局和结构的规划。

第九条 申请设立音像出版单位，由所在地省、自治区、直辖市人民政府出版行政主管部门审核同意后，报国务院出版行政主管部门审批。国务院出版行政主管部门应当自受理申请之日起60日内作出批准或者不批准的决定，并通知申请人。批准的，发给“音像制品出版许可证”，由申请人持“音像制品出版许可证”到工商行政管理部门登记，依法领取营业执照；不批准的，应当说明理由。

申请书应当载明下列内容：

（一）音像出版单位的名称、地址；

（二）音像出版单位的主办单位及其主管机关的名称、地址；

（三）音像出版单位的法定代表人或者主要负责人的姓名、住址、资格证明文件；

（四）音像出版单位的资金来源和数额。

第十条 音像出版单位变更名称、主办单位或者其主管机关、业务范围，或者兼并其他音像出版单位，或者因合并、分立而设立新的音像出版单位的，应当依照本条例第九条的规定办理审批手续，并到原登记的工商行政管理部门办理相应的登记手续。

音像出版单位变更地址、法定代表人或者主要负责人，或者终止出版经营活动的，应当到原登记的工商行政管理部门办理变更登记或者注销登记，并向国务院出版行政主管部门备案。

第十一条 音像出版单位的年度出版计划和涉及国家安全、社会安定等方面的重大选题，应当经所在地省、自治区、直辖市人民政府出版行政主管部门审核后报国务院出版行政主管部门备案；重大选题音像制品未在出版前报备案的，不得出版。

第十二条 音像出版单位应当在其出版的音像制品及其包装的明显位置，标明出版单位的名称、地址和音像制品的版号、出版时间、著作权人等事项；出版进口的音像制品，还应当标明进口批准文号。

音像出版单位应当按照国家有关规定向国家图书馆、中国版本图书馆和国务院出版行政主管部门免费送交样本。

第十三条 音像出版单位不得向任何单位或者个人出租、出借、出售或者以其他任何形式转让本单位的名称，不得向任何单位或者个人出售或者以其他形式转让本单位的版号。

第十四条 任何单位和个人不得以购买、租用、借用、擅自使用音像出版单位的名称或者购买、伪造版号等形式从事音像制品出版活动。

图书出版社、报社、期刊社、电子出版物出版社，不得出版非配合本版出版物的音像制品，但是，可以按照国务院出版行政主管部门的规定，出版配合本版出版物的音像制品，并参照音像出版单位享有权利、承担义务。

第十五条　音像出版单位可以与香港特别行政区、澳门特别行政区、台湾地区或者外国的组织、个人合作制作音像制品。具体办法由国务院出版行政主管部门制定。

第十六条　音像出版单位实行编辑责任制度，保证音像制品的内容符合本条例的规定。

第十七条　音像出版单位以外的单位申请设立独立从事音像制品的制作业务的单位（以下简称音像制作单位），由所在地省、自治区、直辖市人民政府出版行政主管部门审批。省、自治区、直辖市人民政府出版行政主管部门应当自受理申请之日起60日内作出批准或者不批准的决定，并通知申请人。批准的，发给“音像制品制作许可证”，由申请人持“音像制品制作许可证”到工商行政管理部门登记，依法领取营业执照；不批准的，应当说明理由。广播、电视节目制作经营单位的设立，依照有关法律、行政法规的规定办理。

申请书应当载明下列内容：

（一）音像制作单位的名称、地址；

（二）音像制作单位的法定代表人或者主要负责人的姓名、住址、资格证明文件；

（三）音像制作单位的资金来源和数额。

审批设立音像制作单位，除依照前款所列条件外，还应当兼顾音像制作单位总量、布局和结构。

第十八条　音像制作单位变更名称、业务范围，或者兼并其他音像制作单位，或者因合并、分立而设立新的音像制作单位的，应当依照本条例第十七条的规定办理审批手续，并到原登记的工商行政管理部门办理相应的登记手续。

音像制作单位变更地址、法定代表人或者主要负责人，或者终止制作经营活动的，应当到原登记的工商行政管理部门办理变更登记或者注销登记，并向省、自治区、直辖市人民政府出版行政主管部门备案。

第十九条　音像出版单位不得委托未取得“音像制品制作许可证”的单位制作音像制品。

音像制作单位接受委托制作音像制品的，应当按照国家有关规定，与委托的出版单位订立制作委托合同；验证委托的出版单位的“音像制品出版许可证”或者本版出版物的证明及由委托的出版单位盖章的音像制品制作委托书。

音像制作单位不得出版、复制、批发、零售音像制品。

第三章　复　制

第二十条　设立音像复制单位应当具备下列条件：

（一）有音像复制单位的名称、章程；

（二）有确定的业务范围；

（三）有适应业务范围需要的组织机构和人员；

（四）有适应业务范围需要的资金、设备和复制场所；

（五）法律、行政法规规定的其他条件。

审批设立音像复制单位，除依照前款所列条件外，还应当符合音像复制单位总量、布局和结构的规划。

第二十一条　申请设立音像复制单位，由所在地省、自治区、直辖市人民政府出版行政主管部门审批。省、自治区、直辖市人民政府出版行政主管部门应当自受理申请之日起20日内作出批准或者不批准的决定，并通知申请人。批准的，发给“复制经营许可证”，由申请人持“复制经营许可证”到工商行政管理部门登记，依法领取营业执照；不批准的，应当说明理由。

申请书应当载明下列内容：

（一）音像复制单位的名称、地址；

（二）音像复制单位的法定代表人或者主要负责人的姓名、住址；

（三）音像复制单位的资金来源和数额。

第二十二条　音像复制单位变更业务范围，或者兼并其他音像复制单位，或者因合并、分立而设立新的音像复制单位的，应当依照本条例第二十一条的规定办理审批手续，并到工商行政管理部门办理相应的登记手续。

音像复制单位变更名称、地址、法定代表人或者主要负责人，或者终止复制经营活动的，应当到原登记的工商行政管理部门办理变更登记或者注销登记，并向国务院出版行政主管部门备案。

第二十三条　音像复制单位接受委托复制音像制品的，应当按照国家有关规定，与委托的出版单位订立复制委托合同；验证委托的出版单位的“音像制品出版许可证”、营业执照副本、盖章的音像制品复制委托书以及出版单位取得的授权书；接受委托复制的音像制品属于非卖品的，应当验证委托单位的身份证明和委托单位出具的音像制品非卖品复制委托书。

音像复制单位应当自完成音像制品复制之日起2年内，保存委托合同和所复制的音像制品的样本以及验证的有关证明文件的副本，以备查验。

第二十四条 音像复制单位不得接受非音像出版单位或者个人的委托复制经营性的音像制品；不得自行复制音像制品；不得批发、零售音像制品。

第二十五条 从事光盘复制的音像复制单位复制光盘，必须使用蚀刻有国务院出版行政主管部门核发的激光数码储存片来源识别码的注塑模具。

第二十六条 音像复制单位接受委托复制境外音像制品的，应当经省、自治区、直辖市人民政府出版行政主管部门批准，并持著作权人的授权书依法到著作权行政管理部门登记；复制的音像制品应当全部运输出境，不得在境内发行。

第四章　进　口

第二十七条 音像制品成品进口业务由国务院出版行政主管部门批准的音像制品成品进口经营单位经营；未经批准，任何单位或者个人不得经营音像制品成品进口业务。

第二十八条 进口用于出版的音像制品，以及进口用于批发、零售、出租等的音像制品成品，应当报国务院出版行政主管部门进行内容审查。

国务院出版行政主管部门应当自收到音像制品内容审查申请书之日起30日内作出批准或者不批准的决定，并通知申请人。批准的，发给批准文件；不批准的，应当说明理由。

进口用于出版的音像制品的单位、音像制品成品进口经营单位应当持国务院出版行政主管部门的批准文件到海关办理进口手续。

第二十九条 进口用于出版的音像制品，其著作权事项应当向国务院著作权行政管理部门登记。

第三十条 进口供研究、教学参考的音像制品，应当委托音像制品成品进口经营单位依照本条例第二十八条的规定办理。

进口用于展览、展示的音像制品，经国务院出版行政主管部门批准后，到海关办理临时进口手续。

依照本条规定进口的音像制品，不得进行经营性复制、批发、零售、出租和放映。

第五章　批发、零售和出租

第三十一条 设立音像制品批发、零售单位，应当具备下列条件：

（一）有音像制品批发、零售单位的名称、章程；

（二）有确定的业务范围；

（三）有适应业务范围需要的组织机构和人员；

（四）有适应业务范围需要的资金和场所；

（五）法律、行政法规规定的其他条件。

第三十二条 申请设立音像制品批发单位，应当报所在地省、自治区、直辖市人民政府出版行政主管部门审批。申请从事音像制品零售业务，应当报县级地方人民政府出版行政主管部门审批。出版行政主管部门应当自受理申请书之日起30日内作出批准或者不批准的决定，并通知申请人。批准的，应当发给“出版物经营许可证”，由申请人持“出版物经营许可证”到工商行政管理部门登记，依法领取营业执照；不批准的，应当说明理由。

“出版物经营许可证”应当注明音像制品经营活动的种类。

第三十三条 音像制品批发、零售单位变更名称、业务范围，或者兼并其他音像制品批发、零售单位，或者因合并、分立而设立新的音像制品批发、零售单位的，应当依照本条例第三十二条的规定办理审批手续，并到原登记的工商行政管理部门办理相应的登记手续。

音像制品批发、零售单位变更地址、法定代表人或者主要负责人或者终止经营活动，从事音像制品零售经营活动的个体工商户变更业务范围、地址或者终止经营活动的，应当到原登记的工商行政管理部门办理变更登记或者注销登记，并向原批准的出版行政主管部门备案。

第三十四条 音像出版单位可以按照国家有关规定，批发、零售本单位出版的音像制品。从事非本单位出版的音像制品的批发、零售业务的，应当依照本条例第三十二条的规定办理审批手续，并到原登记的工商行政管理部门办理登记手续。

第三十五条 国家允许设立从事音像制品发行业务的中外合作经营企业。

第三十六条 音像制品批发单位和从事音像制品零售、出租等业务的单位或者个体工商户，不得经营非音像出版单位出版的音像制品或者非音像复制单位复制的音像制品，不得经营未经国务院出版行政主管部门批准进口的音像制品，不得经营侵犯他人著作权的音像制品。

第六章 罚 则

第三十七条 出版行政主管部门或者其他有关行政部门及其工作人员，利用职务上的便利收受他人财物或者其他好处，批准不符合法定设立条件的音像制品出版、制作、复制、进口、批发、零售单位，或者不履行监督职责，或者发现违法行为不予查处，造成严重后果的，对负有责任的主管人员和其他直接责任人员依法给予降级直至开除的处分；构成犯罪的，依照刑法关于受贿罪、滥用职权罪、玩忽职守罪或者其他罪的规定，依法追究刑事责任。

第三十八条 音像制品经营活动的监督管理部门的工作人员从事或者变相从事音像制品经营活动的，参与或者变相参与音像制品经营单位的经营活动的，依法给予撤职或者开除的处分。

音像制品经营活动的监督管理部门有前款所列行为的，对负有责任的主管人员和其他直接责任人员依照前款规定处罚。

第三十九条 未经批准，擅自设立音像制品出版、制作、复制、进口、批发、零售单位，擅自从事音像制品出版、制作、复制业务或者进口、批发、零售经营活动的，由出版行政主管部门、工商行政管理部门依照法定职权予以取缔；依照刑法关于非法经营罪的规定，依法追究刑事责任；尚不够刑事处罚的，没收违法经营的音像制品和违法所得以及进行违法活动的专用工具、设备；违法经营额1万元以上的，并处违法经营额5倍以上10倍以下的罚款；违法经营额不足1万元的，可以处5万元以下的罚款。

第四十条 出版含有本条例第三条第二款禁止内容的音像制品，或者制作、复制、批发、零售、出租、放映明知或者应知含有本条例第三条第二款禁止内容的音像制品的，依照刑法有关规定，依法追究刑事责任；尚不够刑事处罚的，由出版行政主管部门、公安部门依据各自职权责令停业整顿，没收违法经营的音像制品和违法所得；违法经营额1万元以上的，并处违法经营额5倍以上10倍以下的罚款；违法经营额不足1万元的，可以处5万元以下的罚款；情节严重的，并由原发证机关吊销许可证。

第四十一条 走私音像制品的，依照刑法关于走私罪的规定，依法追究刑事责任；尚不够刑事处罚的，由海关依法给予行政处罚。

第四十二条 有下列行为之一的，由出版行政主管部门责令停止违法行为，给予警告，没收违法经营的音像制品和违法所得；违法经营额1万元以上的，并处违法经营额5倍以上10倍以下的罚款；违法经营额不足1万元的，可以处5万元以下的罚款；情节严重的，并责令停业整顿或者由原发证机关吊销许可证：

（一）音像出版单位向其他单位、个人出租、出借、出售或者以其他任何形式转让本单位的名称，出售或者以其他形式转让本单位的版号的；

（二）音像出版单位委托未取得“音像制品制作许可证”的单位制作音像制品，或者委托未取得“复制经营许可证”的单位复制音像制品的；

（三）音像出版单位出版未经国务院出版行政主管部门批准擅自进口的音像制品的；

（四）音像制作单位、音像复制单位未依照本条例的规定验证音像出版单位的委托书、有关证明的；

（五）音像复制单位擅自复制他人的音像制品，或者接受非音像出版单位、个人的委托复制经营性的音像制品，或者自行复制音像制品的。

第四十三条 音像出版单位违反国家有关规定与香港特别行政区、澳门特别行政区、台湾地区或者外国的组织、个人合作制作音像制品，音像复制单位违反国家有关规定接受委托复制境外音像制品，未经省、自治区、直辖市人民政府出版行政主管部门审核同意，或者未将复制的境外音像制品全部运输出境的，由省、自治区、直辖市人民政府出版行政主管部门责令改正，没收违法经营的音像制品和违法所得；违法经营额1万元以上的，并处违法经营额5倍以上10倍以下的罚款；违法经营额不足1万元的，可以处5万元以下的罚款；情节严重的，并由原发证机关吊销许可证。

第四十四条 有下列行为之一的，由出版行政主管部门责令改正，给予警告；情节严重的，并责令停业整顿或者由原发证机关吊销许可证：

（一）音像出版单位未将其年度出版计划和涉及国家安全、社会安定等方面的重大选题报国务院出版行政主管部门备案的；

（二）音像制品出版、制作、复制、批发、零售单位变更名称、地址、法定代表人或者主要负责人、业务范围等，未依照本条例规定办理审批、备案手续的；

（三）音像出版单位未在其出版的音像制品及其包装的明显位置标明本条例规定的内容的；

（四）音像出版单位未依照本条例的规定送交样本的；

（五）音像复制单位未依照本条例的规定留存备查的材料的；

（六）从事光盘复制的音像复制单位复制光盘，使用未蚀刻国务院出版行政主管部门核发的激光数码储存片来源识别码的注塑模具的。

第四十五条 有下列行为之一的，由出版行政主管部门责令停止违法行为，给予警告，没收违法经营的音像制品和违法所得；违法经营额1万元以上的，并处违法经营额5倍以上10倍以下的罚款；违法经营额不足1万元的，可以处5万元以下的罚款；情节严重的，并责令停业整顿或者由原发证机关吊销许可证：

（一）批发、零售、出租、放映非音像出版单位出版的音像制品或者非音像复制单位复制的音像制品的；

（二）批发、零售、出租或者放映未经国务院出版行政主管部门批准进口的音像制品的；

（三）批发、零售、出租、放映供研究、教学参考或者用于展览、展示的进口音像制品的。

第四十六条 单位违反本条例的规定，被处以吊销许可证行政处罚的，应当到工商行政管理部门办理变更登记或者注销登记；逾期未办理的，由工商行政管理部门吊销营业执照。

第四十七条 单位违反本条例的规定，被处以吊销许可证行政处罚的，其法定代表人或者主要负责人自许可证被吊销之日起10年内不得担任音像制品出版、制作、复制、进口、批发、零售单位的法定代表人或者主要负责人。

从事音像制品零售业务的个体工商户违反本条例的规定，被处以吊销许可证行政处罚的，自许可证被吊销之日起10年内不得从事音像制品零售业务。

第四十八条 依照本条例的规定实施罚款的行政处罚，应当依照有关法律、行政法规的规定，实行罚款决定与罚款收缴分离；收缴的罚款必须全部上缴国库。

第七章　附　则

第四十九条 除本条例第三十五条外，电子出版物的出版、制作、复制、进口、批发、零售等活动适用本条例。

第五十条 依照本条例发放许可证，除按照法定标准收取成本费外，不得收取其他任何费用。

第五十一条 本条例自2002年2月1日起施行。1994年8月25日国务院发布的《音像制品管理条例》同时废止。

电影管理条例

（2001年12月25日国务院令第342号发布，自2002年2月1日起施行）

第一章　总　则

第一条 为了加强对电影行业的管理，发展和繁荣电影事业，满足人民群众文化生活需要，促进社会主义物质文明和精神文明建设，制定本条例。

第二条 本条例适用于中华人民共和国境内的故事片、纪录片、科教片、美术片、专题片等电影片的制片、进口、出口、发行和放映等活动。

第三条 从事电影片的制片、进口、出口、发行和放映等活动，应当遵守宪法和有关法律、法规，坚持为人民服务、为社会主义服务的方向。

第四条 国务院广播电影电视行政部门主管全国电影工作。

县级以上地方人民政府管理电影的行政部门（以下简称电影行政部门），依照本条例的规定负责本行政区域内的电影管理工作。

第五条 国家对电影摄制、进口、出口、发行、放映和电影片公映实行许可制度。未经许可，任何单位和个人不得从事电影片的摄制、进口、发行、放映活动，不得进口、出口、发行、放映未取得许可证的电影片。

依照本条例发放的许可证和批准文件，不得出租、出借、出售或者以其他任何形式转让。

第六条 全国性电影行业的社会团体按照其章程，在国务院广播电影电视行政部门指导下，实行自律管理。

第七条 国家对为电影事业发展作出显著贡献的单位和个人，给予奖励。

第二章 电影制片

第八条 设立电影制片单位，应当具备下列条件：

（一）有电影制片单位的名称、章程；

（二）有符合国务院广播电影电视行政部门认定的主办单位及其主管机关；

（三）有确定的业务范围；

（四）有适应业务范围需要的组织机构和专业人员；

（五）有适应业务范围需要的资金、场所和设备；

（六）法律、行政法规规定的其他条件。

审批设立电影制片单位，除依照前款所列条件外，还应当符合国务院广播电影电视行政部门制定的电影制片单位总量、布局和结构的规划。

第九条 申请设立电影制片单位，由所在地省、自治区、直辖市人民政府电影行政部门审核同意后，报国务院广播电影电视行政部门审批。

申请书应当载明下列内容：

（一）电影制片单位的名称、地址和经济性质；

（二）电影制片单位的主办单位的名称、地址、性质及其主管机关；

（三）电影制片单位的法定代表人的姓名、住址、资格证明文件；

（四）电影制片单位的资金来源和数额。

第十条 国务院广播电影电视行政部门应当自收到设立电影制片单位的申请书之日起 90 日内，作出批准或者不批准的决定，并通知申请人。批准的，由国务院广播电影电视行政部门发给“摄制电影许可证”，申请人持“摄制电影许可证”到国务院工商行政管理部门办理登记手续，依法领取营业执照；不批准的，应当说明理由。

第十一条 电影制片单位以其全部法人财产，依法享有民事权利，承担民事责任。

第十二条 电影制片单位变更、终止，应当报国务院广播电影电视行政部门批准，并依法到原登记的工商行政管理部门办理变更登记或者注销登记。

第十三条 电影制片单位可以从事下列活动：

（一）摄制电影片；

（二）按照国家有关规定制作本单位摄制的电影片的复制品；

（三）按照国家有关规定在全国范围发行本单位摄制并被许可公映的电影片及其复制品；

（四）按照国家有关规定出口本单位摄制并被许可公映的电影片及其复制品。

第十四条 电影制片单位应当建立、健全管理制度，保证电影片的质量。

第十五条 电影制片单位对其摄制的电影片，依法享有著作权。

第十六条 电影制片单位以外的单位独立从事电影摄制业务，须报经国务院广播电影电视行政部门批准，并持批准文件到工商行政管理部门办理相应的登记手续。

电影制片单位以外的单位经批准后摄制电影片，应当事先到国务院广播电影电视行政部门领取一次性“摄制电影片许可证（单片）”，并参照电影制片单位享有权利、承担义务。具体办法由国务院广播电影电视行政部门制定。

第十七条 国家鼓励企业、事业单位和其他社会组织以及个人以资助、投资的形式参与摄制电影片。具体办法由国务院广播电影电视行政部门制定。

第十八条 电影制片单位经国务院广播电影电视行政部门批准，可以与境外电影制片者合作摄制电影片；其他单位和个人不得与境外电影制片者合作摄制电影片。

电影制片单位和持有“摄制电影片许可证（单片）”的单位经国务院广播电影电视行政部门批准，可以到境外从事电影片摄制活动。

境外组织或者个人不得在中华人民共和国境内独立从事电影片摄制活动。

第十九条 中外合作摄制电影片，应当由中方合作者事先向国务院广播电影电视行政部门提出立项申请。国务院广播电影电视行政部门征求有关部门的意见后，经审查符合规定的，发给申请人一次性“中外合作摄制电影片许可证”。申请人取得“中外合作摄制电影片许可证”后，应当按照国务院广播电影电视行政部门的规定签订中外合作摄制电影片合同。

第二十条 中外合作摄制电影片需要进口设备、器材、胶片、道具的，中方合作者应当持国务院广播电影电视行政部门的批准文件到海关办理进口或者临时进口手续。

第二十一条 境外电影制片者同中方合作者合作或者以其他形式在中华人民共和国境内摄制电影片，应当遵守中华人民共和国的法律、法规，尊重中华民族的风俗、习惯。

第二十二条 电影底片、样片的冲洗及后期制作，应当在中华人民共和国境内完成。有特殊技术要求确需在境外完成的，应当单项申请，报经国务院广播电影电视行政部门批准后，按照批准文件载明的要求执行。

第二十三条 电影洗印单位不得洗印加工未取得“摄制电影许可证”或者“摄制电影片许可证（单片）”的单位摄制的电影底片、样片，不得洗印加工未取得“电影片公映许可证”的电影片拷贝。

电影洗印单位接受委托洗印加工境外的电影底片、样片和电影片拷贝的，应当事先经国务院广播电影电视行政部门批准，并持批准文件依法向海关办理有关进口手续。洗印加工的电影底片、样片和电影片拷贝必须全部运输出境。

第三章 电影审查

第二十四条 国家实行电影审查制度。

未经国务院广播电影电视行政部门的电影审查机构（以下简称电影审查机构）审查通过的电影片，不得发行、放映、进口、出口。

供科学研究、教学参考的专题片进口和中国电影资料馆进口电影资料片，依照本条例第三十二条的规定办理。

第二十五条 电影片禁止载有下列内容：

（一）反对宪法确定的基本原则的；

（二）危害国家统一、主权和领土完整的；

（三）泄露国家秘密、危害国家安全或者损害国家荣誉和利益的；

（四）煽动民族仇恨、民族歧视，破坏民族团结，或者侵害民族风俗、习惯的；

（五）宣扬邪教、迷信的；

（六）扰乱社会秩序，破坏社会稳定的；

（七）宣扬淫秽、赌博、暴力或者教唆犯罪的；

（八）侮辱或者诽谤他人，侵害他人合法权益的；

（九）危害社会公德或者民族优秀文化传统的；

（十）有法律、行政法规和国家规定禁止的其他内容的。

电影技术质量应当符合国家标准。

第二十六条 电影制片单位应当依照本条例第二十五条的规定，负责电影剧本投拍和电影片出厂前的审查。

电影制片单位依照前款规定对其准备投拍的电影剧本审查后，应当报电影审查机构备案；电影审查机构可以对报备案的电影剧本进行审查，发现有本条例第二十五条禁止内容的，应当及时通知电影制片单位不得投拍。具体办法由国务院广播电影电视行政部门制定。

第二十七条 电影制片单位应当在电影片摄制完成后，报请电影审查机构审查；电影进口经营单位应当在办理电影片临时进口手续后，报请电影审查机构审查。

电影审查收费标准由国务院价格主管部门会同国务院广播电影电视行政部门规定。

第二十八条 电影审查机构应当自收到报送审查的电影片之日起30日内，将审查决定书面通知送审单位。审查合格的，由国务院广播电影电视行政部门发给“电影片公映许可证”。

电影制片单位或者电影进口经营单位应当将“电影片公映许可证”证号印制在该电影片拷贝第一本片头处。

审查不合格，经修改报送重审的，审查期限依照本条第一款的规定重新计算。

第二十九条 电影制片单位和电影进口经营单位对电影片审查决定不服的，可以自收到审查决定之日起30日内向国务院广播电影电视行政部门的电影复审机构申请复审；复审合格的，由国务院广播电影电视行政部门发给“电影片公映许可证”。

第四章 电影进口出口

第三十条 电影进口业务由国务院广播电影电视行政部门指定电影进口经营单位经营；未经指定，任何单位或者个人不得经营电影进口业务。

第三十一条 进口供公映的电影片，进口前应当报送电影审查机构审查。

报送电影审查机构审查的电影片，由指定的电影进口经营单位持国务院广播电影电视行政部门的临时进口批准文件到海关办理电影片临时进口手续；临时进口的电影片经电影审查机构审查合格并发给“电影片公映许可证”和进口批准文件后，由电影进口经营单位持进口批准文件到海关办理进口手续。

第三十二条 进口供科学研究、教学参考的专题片，进口单位应当报经国务院有关行政主管部门审查批准，持批准文件到海关办理进口手续，并于进口之日起30日内向国务院广播电影电视行政部门备案。但是，不得以科学研究、教学的名义进口故事片。

中国电影资料馆进口电影资料片，可以直接到海关办理进口手续。中国电影资料馆应当将其进口的电影资料片按季度向国务院广播电影电视行政部门备案。

除本条规定外，任何单位或者个人不得进口未经国务院广播电影电视行政部门审查合格的电影片。

第三十三条 电影进口经营单位应当在取得电影作品著作权人使用许可后，在许可的范围内使用电影作品；未取得使用许可的，任何单位和个人不得使用进口电影作品。

第三十四条 电影制片单位出口本单位制作的电影片的，应当持“电影片公映许可证”到海关办理电影片出口手续。

中外合作摄制电影片出口的，中方合作者应当持“电影片公映许可证”到海关办理出口手续。中外合作摄制电影片素材出口的，中方合作者应当持国务院广播电影电视行政部门的批准文件到海关办理出口手续。

中方协助摄制电影片或者电影片素材出境的，中方协助者应当持国务院广播电影电视行政部门的批准文件到海关办理出境手续。

第三十五条 举办中外电影展、国际电影节，提供电影片参加境外电影展、电影节等，应当报国务院广播电影电视行政部门批准。

参加前款规定的电影展、电影节的电影片，须报国务院广播电影电视行政部门审查批准。参加境外电影展、电影节的电影片经批准后，参展者应当持国务院广播电影电视行政部门的批准文件到海关办理电影片临时出口手续。参加在中国境内举办的中外电影展、国际电影节的境外电影片经批准后，举办者应当持国务院广播电影电视行政部门的批准文件到海关办理临时进口手续。

第五章 电影发行和放映

第三十六条 设立电影发行单位、电影放映单位，应当具备下列条件：

（一）有电影发行单位、电影放映单位的名称、章程；

（二）有确定的业务范围；

（三）有适应业务范围需要的组织机构和专业人员；

（四）有适应业务范围需要的资金、场所和设备；

（五）法律、行政法规规定的其他条件。

第三十七条 设立电影发行单位，应当向所在地省、自治区、直辖市人民政府电影行政部门提出申请；设立跨省、自治区、直辖市的电影发行单位，应当向国务院广播电影电视行政部门提出申请。所在地省、自治区、直辖市人民政府电影行政部门或者国务院广播电影电视行政部门应当自收到申请书之日起60日内作出批准或者不批准的决定，并通知申请人。批准的，发给“电影发行经营许可证”，申请人应当持“电影发行经营许可证”到工商行政管理部门登记，依法领取营业执照；不批准的，应当说明理由。

第三十八条 设立电影放映单位，应当向所在地县或者设区的市人民政府电影行政部门提出申请。所在地县或者设区的市人民政府电影行政部门应当自收到申请书之日起60日内作出批准或者不批准的决定，并通知申请人。批准的，发给“电影放映经营许可证”，申请人持“电影放映经营许可证”到所在地工商行政管理部门登记，依法领取营业执照；不批准的，应当说明理由。

第三十九条 电影发行单位、电影放映单位变更业务范围，或者兼并其他电影发行单位、电影放映单位，或者因合并、分立而设立新的电影发行单位、电影放映单位的，应当依照本条例第三十七条或者第三十八条的规定办理审批手续，并到工商行政管理部门办理相应的登记手续。

电影发行单位、电影放映单位变更名称、地址、法定代表人或者主要负责人，或者终止电影发行、放映经营活动的，应当到原登记的工商行政管理部门办理变更登记或者注销登记，并向原审批的电影行政部门备案。

第四十条 申请从事农村16毫米电影片发行、放映业务的单位或者个人，可以直接到所在地工商行政管理部门办理登记手续，并向所在地县级人民政府电影行政部门备案；备案后，可以在全国农村从事16毫米电影片发行、放映业务。

第四十一条 国家允许企业、事业单位和其他社会组织以及个人投资建设、改造电影院。

国家允许以中外合资或者中外合作的方式建设、改造电影院。具体办法由国务院广播电影电视行政部门会同国务院文化行政部门、国务院对外经济贸易主管部门按照有关规定制定。

第四十二条 电影片依法取得国务院广播电影电视行政部门发给的“电影片公映许可证”后，方可发行、放映。

已经取得“电影片公映许可证”的电影片，国务院广播电影电视行政部门在特殊情况下可以作出停止发行、放映或者经修改后方可发行、放映的决定；对决定经修改后方可发行、放映的电影片，著作权人拒绝修改的，由国务院广播电影电视行政部门决定停止发行、放映。

国务院广播电影电视行政部门作出的停止发行、放映的决定，电影发行单位、电影放映单位应当执行。

第四十三条 利用电影片制作音像制品的，应当遵守国家有关音像制品管理的规定。

任何单位和个人不得利用电影资料片从事或者变相从事经营性的发行、放映活动。

第四十四条 放映电影片，应当符合国家规定的国产电影片与进口电影片放映的时间比例。

放映单位年放映国产电影片的时间不得低于年放映电影片时间总和的三分之二。

第四十五条 电影放映单位应当维护电影院的公共秩序和环境卫生，保证观众的安全与健康。

第六章 电影事业的保障

第四十六条 国家建立和完善适应社会主义市场经济体制的电影管理体制，发展电影事业。

第四十七条 国家保障电影创作自由，重视和培养电影专业人才，重视和加强电影理论研究，繁荣电影创作，提高电影质量。

第四十八条 国家建立电影事业发展专项资金，并采取其他优惠措施，支持电影事业的发展。

电影事业发展专项资金缴纳单位应当按照国家有关规定履行缴纳义务。

第四十九条 电影事业发展专项资金扶持、资助下列项目：

（一）国家倡导并确认的重点电影片的摄制和优秀电影剧本的征集；

（二）重点制片基地的技术改造；

（三）电影院的改造和放映设施的技术改造；

（四）少数民族地区、边远贫困地区和农村地区的电影事业的发展；

（五）需要资助的其他项目。

第五十条 国家鼓励、扶持科学教育片、纪录片、美术片及儿童电影片的制片、发行和放映。

第五十一条 国家对少数民族地区、边远贫困地区和农村地区发行、放映电影实行优惠政策。

国家对从事农村16毫米电影片发行、放映业务的单位和个人予以扶持。具体办法由国务院广播电影电视行政部门、国务院文化行政部门会同国务院财政部门规定。

第五十二条 县级以上地方人民政府制定的本行政区域建设规划，应当包括电影院和放映设施的建设规划。

改建、拆除电影院和放映设施，应当报经所在地县级以上地方人民政府电影行政部门审查批准，县级以上地方人民政府电影行政部门应当依据国家有关规定作出批准或者不批准的决定。

第五十三条 县级以上地方人民政府电影行政部门和其他有关行政部门，对干扰、阻止和破坏电影片的制片、发行、放映的行为，应当及时采取措施予以制止，并依法查处。

大众传播媒体不得宣扬非法电影。

第七章 罚 则

第五十四条 国务院广播电影电视行政部门和县级以上地方人民政府电影行政部门或者其他有关部门及其工作人员，利用职务上的便利收受他人财物或者其他好处，批准不符合法定设立条件的电影片的制片、发行和放映单位，或者不履行监督职责，或者发现违法行为不予查处，造成严重后果的，对负有责任的主管人员和其他直接责任人员依照刑法关于受贿罪、滥用职权罪、玩忽职守罪或者其他罪的规定，依法追究刑事责任；尚不够刑事处罚的，给予降级或者撤职的行政处分。

第五十五条 违反本条例规定，擅自设立电影片的制片、发行、放映单位，或者擅自从事电影制片、进口、发行、放映活动的，由工商行政管理部门予以取缔；依照刑法关于非法经营罪的规定，依法追究刑事责任；尚不够刑事处罚的，没收违法经营的电影片和违法所得以及进行违法经营活动的专用工具、设备；违法所得5万元以上的，并处违法所得5倍以上10倍以下的罚款；没有违法所得或者违法所得不足5万元的，并处20万元以上50万元以下的罚款。

第五十六条 摄制含有本条例第二十五条禁止内容的电影片，或者洗印加工、进口、发行、放映明知或者应知含有本条例第二十五条禁止内容的电影片的，依照刑法有关规定，依法追究刑事责任；尚不够刑事处罚的，由电影行政部门责令停业整顿，没收违法经营的电影片和违法所得；违法所得5万元以上的，并处违法所得5倍以上10倍以下的罚款；没有违法所得或者违法所得不足5万元的，并处20万元以上50万元以下的罚款；情节严重的，并由原发证机关吊销许可证。

第五十七条 走私电影片，依照刑法关于走私罪的规定，依法追究刑事责任；尚不够刑事处罚的，由海关依法给予行政处罚。

第五十八条 出口、发行、放映未取得“电影片公映许可证”的电影片的，由电影行政部门责令停止违法行为，没收违法经营的电影片和违法所得；违法所得5万元以上的，并处违法所得10倍以上15倍以下的罚款；没有违法所得或者违法所得不足5万元的，并处20万元以上50万元以下的罚款；情节严重的，并责令停业整顿或者由原发证机关吊销许可证。

第五十九条 有下列行为之一的，由电影行政部门责令停止违法行为，没收违法经营的电影片和违法所得；违法所得5万元以上的，并处违法所得5倍以上10倍以下的罚款；没有违法所得或者违法所得不足5万元的，并处10万元以上30万元以下的罚款；情节严重的，并责令停业整顿或者由原发证机关吊销许可证：

（一）未经批准，擅自与境外组织或者个人合作摄制电影，或者擅自到境外从事电影摄制活动的；

（二）擅自到境外进行电影底片、样片的冲洗或者后期制作，或者未按照批准文件载明的要求执行的；

（三）洗印加工未取得“摄制电影许可证”、“摄制电影片许可证（单片）”的单位摄制的电影底片、样片，或者洗印加工未取得“电影片公映许可证”的电影片拷贝的；

（四）未经批准，接受委托洗印加工境外电影底片、样片或者电影片拷贝，或者未将洗印加工的境外电影底片、样片或者电影片拷贝全部运输出境的；

（五）利用电影资料片从事或者变相从事经营性的发行、放映活动的；

（六）未按照规定的时间比例放映电影片，或者不执行国务院广播电影电视行政部门停止发行、放映决定的。

第六十条 境外组织、个人在中华人民共和国境内独立从事电影片摄制活动的，由国务院广播电影电视行政部门责令停止违法活动，没收违法摄制的电影片和进行违法活动的专用工具、设备，并处30万元以上50万元以下的罚款。

第六十一条 未经批准，擅自举办中外电影展、国际电影节，或者擅自提供电影片参加境外电影展、电影节的，由国务院广播电影电视行政部门责令停止违法活动，没收违法参展的电影片和违法所得；违法所得2万元以上的，并处违法所得5倍以上10倍以下的罚款；没有违法所得或者违法所得不足2万元的，并处2万元以上10万元以下的罚款。

第六十二条 未经批准，擅自改建、拆除电影院或者放映设施的，由县级以上地方人民政府电影行政部门责令限期恢复电影院或者放映设施的原状，给予警告，对负有责任的主管人员和其他直接责任人员依法给予纪律处分。

第六十三条 单位违反本条例，被处以吊销许可证行政处罚的，应当按照国家有关规定到工商行政管理部门办理变更登记或者注销登记；逾期未办理的，由工商行政管理部门吊销营业执照。

第六十四条 单位违反本条例，被处以吊销许可证行政处罚的，其法定代表人或者主要负责人自吊销许可证之日起5年内不得担任电影片的制片、进口、出口、发行和放映单位的法定代表人或者主要负责人。

个人违反本条例，未经批准擅自从事电影片的制片、进口、发行业务，或者擅自举办中外电影展、国际电影节或者擅自提供电影片参加境外电影展、电影节的，5年内不得从事相关电影业务。

第六十五条 未按照国家有关规定履行电影事业发展专项资金缴纳义务的，由省级以上人民政府电影行政部门责令限期补交，并自欠缴之日起按日加收所欠缴金额万分之五的滞纳金。

第六十六条 依照本条例的规定实施罚款的行政处罚，应当依照有关法律、行政法规的规定，实行罚款决定与罚款收缴分离；收缴的罚款应当全部上缴国库。

第八章 附 则

第六十七条 国家实行“摄制电影许可证”和“电影发行经营许可证”、“电影放映经营许可证”年检制度。年检办法由国务院广播电影电视行政部门制定。

第六十八条 本条例自2002年2月1日起施行。1996年6月19日国务院发布的《电影管理条例》同时废止。

出版管理条例

（2001年12月25日国务院令第343号公布，根据2011年3月19日《国务院关于修改〈出版管理条例〉的决定》第一次修订，根据2013年7月18日《国务院关于废止和修改部分行政法规的决定》第二次修订，根据2014年7月29日《国务院关于修改部分行政法规的决定》第三次修订）

第一章　总　则

第一条　为了加强对出版活动的管理，发展和繁荣有中国特色社会主义出版产业和出版事业，保障公民依法行使出版自由的权利，促进社会主义精神文明和物质文明建设，根据宪法，制定本条例。

第二条　在中华人民共和国境内从事出版活动，适用本条例。

本条例所称出版活动，包括出版物的出版、印刷或者复制、进口、发行。

本条例所称出版物，是指报纸、期刊、图书、音像制品、电子出版物等。

第三条　出版活动必须坚持为人民服务、为社会主义服务的方向，坚持以马克思列宁主义、毛泽东思想、邓小平理论和“三个代表”重要思想为指导，贯彻落实科学发展观，传播和积累有益于提高民族素质、有益于经济发展和社会进步的科学技术和文化知识，弘扬民族优秀文化，促进国际文化交流，丰富和提高人民的精神生活。

第四条　从事出版活动，应当将社会效益放在首位，实现社会效益与经济效益相结合。

第五条　公民依法行使出版自由的权利，各级人民政府应当予以保障。

公民在行使出版自由的权利的时候，必须遵守宪法和法律，不得反对宪法确定的基本原则，不得损害国家的、社会的、集体的利益和其他公民的合法的自由和权利。

第六条　国务院出版行政主管部门负责全国的出版活动的监督管理工作。国务院其他有关部门按照国务院规定的职责分工，负责有关的出版活动的监督管理工作。

县级以上地方各级人民政府负责出版管理的行政部门（以下简称出版行政主管部门）负责本行政区域内出版活动的监督管理工作。县级以上地方各级人民政府其他有关部门在各自的职责范围内，负责有关的出版活动的监督管理工作。

第七条　出版行政主管部门根据已经取得的违法嫌疑证据或者举报，对涉嫌违法从事出版物出版、印刷或者复制、进口、发行等活动的行为进行查处时，可以检查与涉嫌违法活动有关的物品和经营场所；对有证据证明是与违法活动有关的物品，可以查封或者扣押。

第八条　出版行业的社会团体按照其章程，在出版行政主管部门的指导下，实行自律管理。

第二章　出版单位的设立与管理

第九条　报纸、期刊、图书、音像制品和电子出版物等应当由出版单位出版。本条例所称出版单位，包括报社、期刊社、图书出版社、音像出版社和电子出版物出版社等。

法人出版报纸、期刊，不设立报社、期刊社的，其设立的报纸编辑部、期刊编辑部视为出版单位。

第十条　国务院出版行政主管部门制定全国出版单位总量、结构、布局的规划，指导、协调出版产业和出版事业发展。

第十一条　设立出版单位，应当具备下列条件：

（一）有出版单位的名称、章程；

（二）有符合国务院出版行政主管部门认定的主办单位及其主管机关；

（三）有确定的业务范围；

（四）有30万元以上的注册资本和固定的工作场所；

（五）有适应业务范围需要的组织机构和符合国家规定的资格条件的编辑出版专业人员；

（六）法律、行政法规规定的其他条件。

审批设立出版单位，除依照前款所列条件外，还应当符合国家关于出版单位总量、结构、布局的规划。

第十二条 设立出版单位，由其主办单位向所在地省、自治区、直辖市人民政府出版行政主管部门提出申请；省、自治区、直辖市人民政府出版行政主管部门审核同意后，报国务院出版行政主管部门审批。设立的出版单位为事业单位的，还应当办理机构编制审批手续。

第十三条 设立出版单位的申请书应当载明下列事项：

（一）出版单位的名称、地址；

（二）出版单位的主办单位及其主管机关的名称、地址；

（三）出版单位的法定代表人或者主要负责人的姓名、住址、资格证明文件；（四）出版单位的资金来源及数额。

设立报社、期刊社或者报纸编辑部、期刊编辑部的，申请书还应当载明报纸或者期刊的名称、刊期、开版或者开本、印刷场所。

申请书应当附具出版单位的章程和设立出版单位的主办单位及其主管机关的有关证明材料。

第十四条 国务院出版行政主管部门应当自受理设立出版单位的申请之日起60日内，作出批准或者不批准的决定，并由省、自治区、直辖市人民政府出版行政主管部门书面通知主办单位；不批准的，应当说明理由。

第十五条 设立出版单位的主办单位应当自收到批准决定之日起60日内，向所在地省、自治区、直辖市人民政府出版行政主管部门登记，领取出版许可证。登记事项由国务院出版行政主管部门规定。

出版单位领取出版许可证后，属于事业单位法人的，持出版许可证向事业单位登记管理机关登记，依法领取事业单位法人证书；属于企业法人的，持出版许可证向工商行政管理部门登记，依法领取营业执照。

第十六条 报社、期刊社、图书出版社、音像出版社和电子出版物出版社等应当具备法人条件，经核准登记后，取得法人资格，以其全部法人财产独立承担民事责任。

依照本条例第九条第三款的规定，视为出版单位的报纸编辑部、期刊编辑部不具有法人资格，其民事责任由其主办单位承担。

第十七条 出版单位变更名称、主办单位或者其主管机关、业务范围、资本结构，合并或者分立，设立分支机构，出版新的报纸、期刊，或者报纸、期刊变更名称的，应当依照本条例第十二条、第十三条的规定办理审批手续。出版单位属于事业单位法人的，还应当持批准文件到事业单位登记管理机关办理相应的登记手续；属于企业法人的，还应当持批准文件到工商行政管理部门办理相应的登记手续。

出版单位除前款所列变更事项外的其他事项的变更，应当经主办单位及其主管机关审查同意，向所在地省、自治区、直辖市人民政府出版行政主管部门申请变更登记，并报国务院出版行政主管部门备案。出版单位属于事业单位法人的，还应当持批准文件到事业单位登记管理机关办理变更登记；属于企业法人的，还应当持批准文件到工商行政管理部门办理变更登记。

第十八条 出版单位中止出版活动的，应当向所在地省、自治区、直辖市人民政府出版行政主管部门备案并说明理由和期限；出版单位中止出版活动不得超过180日。

出版单位终止出版活动的，由主办单位提出申请并经主管机关同意后，由主办单位向所在地省、自治区、直辖市人民政府出版行政主管部门办理注销登记，并报国务院出版行政主管部门备案。出版单位属于事业单位法人的，还应当持批准文件到事业单位登记管理机关办理注销登记；属于企业法人的，还应当持批准文件到工商行政管理部门办理注销登记。

第十九条 图书出版社、音像出版社和电子出版物出版社自登记之日起满180日未从事出版活动的，报社、期刊社自登记之日起满90日未出版报纸、期刊的，由原登记的出版行政主管部门注销登记，并报国务院出版行政主管部门备案。

因不可抗力或者其他正当理由发生前款所列情形的，出版单位可以向原登记的出版行政主管部门申请延期。

第二十条 图书出版社、音像出版社和电子出版物出版社的年度出版计划及涉及国家安全、社会安定等方面的重大选题，应当经所在地省、自治区、直辖市人民政府出版行政主管部门审核后报国务院出版行政主管部门备案；涉及重大选题，未在出版前报备案的出版物，不得出版。具体办法由国务院出版行政主管部门制定。

期刊社的重大选题，应当依照前款规定办理备案手续。

第二十一条 出版单位不得向任何单位或者个人出售或者以其他形式转让本单位的名称、书号、刊号或者版号、版面，并不得出租本单位的名称、刊号。

出版单位及其从业人员不得利用出版活动谋取其他不正当利益。

第二十二条 出版单位应当按照国家有关规定向国家图书馆、中国版本图书馆和国务院出版行政主管部门免费送交样本。

第三章 出版物的出版

第二十三条 公民可以依照本条例规定，在出版物上自由表达自己对国家事务、经济和文化事业、社会事务的见解和意愿，自由发表自己从事科学研究、文学艺术创作和其他文化活动的成果。

合法出版物受法律保护，任何组织和个人不得非法干扰、阻止、破坏出版物的出版。

第二十四条 出版单位实行编辑责任制度，保障出版物刊载的内容符合本条例的规定。

第二十五条 任何出版物不得含有下列内容：

（一）反对宪法确定的基本原则的；

（二）危害国家统一、主权和领土完整的；

（三）泄露国家秘密、危害国家安全或者损害国家荣誉和利益的；

（四）煽动民族仇恨、民族歧视，破坏民族团结，或者侵害民族风俗、习惯的；

（五）宣扬邪教、迷信的；

（六）扰乱社会秩序，破坏社会稳定的；

（七）宣扬淫秽、赌博、暴力或者教唆犯罪的；

（八）侮辱或者诽谤他人，侵害他人合法权益的；

（九）危害社会公德或者民族优秀文化传统的；

（十）有法律、行政法规和国家规定禁止的其他内容的。

第二十六条 以未成年人为对象的出版物不得含有诱发未成年人模仿违反社会公德的行为和违法犯罪的行为的内容，不得含有恐怖、残酷等妨害未成年人身心健康的内容。

第二十七条 出版物的内容不真实或者不公正，致使公民、法人或者其他组织的合法权益受到侵害的，其出版单位应当公开更正，消除影响，并依法承担其他民事责任。

报纸、期刊发表的作品内容不真实或者不公正，致使公民、法人或者其他组织的合法权益受到侵害的，当事人有权要求有关出版单位更正或者答辩，有关出版单位应当在其近期出版的报纸、期刊上予以发表；拒绝发表的，当事人可以向人民法院提起诉讼。

第二十八条 出版物必须按照国家的有关规定载明作者、出版者、印刷者或者复制者、发行者的名称、地址，书号、刊号或者版号，在版编目数据，出版日期、刊期以及其他有关事项。

出版物的规格、开本、版式、装帧、校对等必须符合国家标准和规范要求，保证出版物的质量。

出版物使用语言文字必须符合国家法律规定和有关标准、规范。

第二十九条 任何单位和个人不得伪造、假冒出版单位名称或者报纸、期刊名称出版出版物。

第三十条 从事出版物印刷或者复制业务的单位，应当向所在地省、自治区、直辖市人民政府出版行政主管部门提出申请，经审核许可，并依照国家有关规定到工商行政管理部门办理相关手续后，方可从事出版物的印刷或者复制。

未经许可并办理相关手续的，不得印刷报纸、期刊、图书，不得复制音像制品、电子出版物。

第三十一条 中学小学教科书由国务院教育行政主管部门审定；其出版、发行单位应当具有适应教科书出版、发行业务需要的资金、组织机构和人员等条件，并取得国务院出版行政主管部门批准的教科书出版、发行资质。纳入政府采购范围的中学小学教科书，其发行单位按照《中华人民共和国政府采购法》的有关规定确定。其他任何单位或者个人不得从事中学小学教科书的出版、发行业务。

第四章 出版物的印刷或者复制和发行

第三十二条 出版单位不得委托未取得出版物印刷或者复制许可的单位印刷或者复制出版物。

出版单位委托印刷或者复制单位印刷或者复制出版物的，必须提供符合国家规定的印刷或者复制出版物的有关证明，并依法与印刷或者复制单位签订合同。

印刷或者复制单位不得接受非出版单位和个人的委托印刷报纸、期刊、图书或者复制音像制品、电子出版物，不得擅自印刷、发行报纸、期刊、图书或者复制、发行音像制品、电子出版物。

第三十三条　印刷或者复制单位经所在地省、自治区、直辖市人民政府出版行政主管部门批准，可以承接境外出版物的印刷或者复制业务，但是，印刷或者复制的境外出版物必须全部运输出境，不得在境内发行。

境外委托印刷或者复制的出版物的内容，应当经省、自治区、直辖市人民政府出版行政主管部门审核。委托人应当持有著作权人授权书，并向著作权行政管理部门登记。

第三十四条　印刷或者复制单位应当自完成出版物的印刷或者复制之日起2年内，留存一份承接的出版物样本备查。

第三十五条　从事出版物批发业务的单位，须经省、自治区、直辖市人民政府出版行政主管部门审核许可。

从事出版物零售业务的单位和个体工商户，须经县级人民政府出版行政主管部门审核许可。

从事出版物发行业务的单位和个体工商户经出版行政主管部门批准、取得"出版物经营许可证"，并向工商行政管理部门依法领取营业执照后，方可从事出版物发行业务。

第三十六条　通过互联网等信息网络从事出版物发行业务的单位或者个体工商户，应当依照本条例规定取得"出版物经营许可证"。

提供网络交易平台服务的经营者应当对申请通过网络交易平台从事出版物发行业务的单位或者个体工商户的经营主体身份进行审查，验证其"出版物经营许可证"。

第三十七条　从事出版物发行业务的单位和个体工商户变更"出版物经营许可证"登记事项，或者兼并、合并、分立的，应当依照本条例第三十五条的规定办理审批手续，并持批准文件到工商行政管理部门办理相应的登记手续。

从事出版物发行业务的单位和个体工商户终止经营活动的，应当到工商行政管理部门办理注销登记，并向原批准的出版行政主管部门备案。

第三十八条　出版单位可以发行本出版单位出版的出版物，不得发行其他出版单位出版的出版物。

第三十九条　国家允许设立从事图书、报纸、期刊、电子出版物发行业务的中外合资经营企业、中外合作经营企业、外资企业。

第四十条　印刷或者复制单位、发行单位或者个体工商户不得印刷或者复制、发行有下列情形之一的出版物：

（一）含有本条例第二十六条、第二十七条禁止内容的；

（二）非法进口的；

（三）伪造、假冒出版单位名称或者报纸、期刊名称的；

（四）未署出版单位名称的；

（五）中学小学教科书未经依法审定的；

（六）侵犯他人著作权的。

第五章　出版物的进口

第四十一条　出版物进口业务，由依照本条例设立的出版物进口经营单位经营；其他单位和个人不得从事出版物进口业务。

第四十二条　设立出版物进口经营单位，应当具备下列条件：

（一）有出版物进口经营单位的名称、章程；

（二）有符合国务院出版行政主管部门认定的主办单位及其主管机关；

（三）有确定的业务范围；

（四）具有进口出版物内容审查能力；

（五）有与出版物进口业务相适应的资金；

（六）有固定的经营场所；

（七）法律、行政法规和国家规定的其他条件。

第四十三条　设立出版物进口经营单位，应当向国务院出版行政主管部门提出申请，经审查批准，取得国务院出版行政主管部门核发的出版物进口经营许可证后，持证到工商行政管理部门依法领取营业执照。

设立出版物进口经营单位，还应当依照对外贸易法律、行政法规的规定办理相应手续。

第四十四条　出版物进口经营单位变更名称、业务范围、资本结构、主办单位或者其主管机关，合并或者分立，设立分支机构，应当依照本条例第四十二条、第四十三条的规定办理审批手续，并持批准文件到工商行政管理部门办理相应的登记手续。

第四十五条　出版物进口经营单位进口的出版物，不得含有本条例第二十六条、第二十七条禁止的内容。

出版物进口经营单位负责对其进口的出版物进行内容审查。省级以上人民政府出版行政主管部门可以对出版物进口经营单位进口的出版物直接进行内容审查。出版物进口经营单位无法判断其进口的出版物是否含有本条例第二十六条、第二十七条禁止内容的，可以请求省级以上人民政府出版行政主管部门进行内容审查。省级以上人民政府出版行政主管部门应出版物进口经营单位的请求，对其进口的出版物进行内容审查的，可以按照国务院价格主管部门批准的标准收取费用。

国务院出版行政部门可以禁止特定出版物的进口。

第四十六条　出版物进口经营单位应当在进口出版物前将拟进口的出版物目录报省级以上人民政府出版行政主管部门备案；省级以上人民政府出版行政主管部门发现有禁止进口的或者暂缓进口的出版物的，应当及时通知出版物进口经营单位并通报海关。对通报禁止进口或者暂缓进口的出版物，出版物进口经营单位不得进口，海关不得放行。

出版物进口备案的具体办法由国务院出版行政主管部门制定。

第四十七条　发行进口出版物的，必须从依法设立的出版物进口经营单位进货。

第四十八条　出版物进口经营单位在境内举办境外出版物展览，必须报经国务院出版行政主管部门批准。未经批准，任何单位和个人不得举办境外出版物展览。

依照前款规定展览的境外出版物需要销售的，应当按照国家有关规定办理相关手续。

第六章　监督与管理

第四十九条　出版行政主管部门应当加强对本行政区域内出版单位出版活动的日常监督管理；出版单位的主办单位及其主管机关对所属出版单位出版活动负有直接管理责任，并应当配合出版行政主管部门督促所属出版单位执行各项管理规定。

出版单位和出版物进口经营单位应当按照国务院出版行政主管部门的规定，将从事出版活动和出版物进口活动的情况向出版行政主管部门提出书面报告。

第五十条　出版行政主管部门履行下列职责：

（一）对出版物的出版、印刷、复制、发行、进口单位进行行业监管，实施准入和退出管理；

（二）对出版活动进行监管，对违反本条例的行为进行查处；

（三）对出版物内容和质量进行监管；

（四）根据国家有关规定对出版从业人员进行管理。

第五十一条　国务院出版行政主管部门制定出版单位综合评估办法，对出版单位分类实施综合评估。

出版物的出版、印刷或者复制、发行和进口经营单位不再具备行政许可的法定条件的，由出版行政主管部门责令限期改正；逾期仍未改正的，由原发证机关撤销行政许可。

第五十二条　国家对在出版单位从事出版专业技术工作的人员实行职业资格制度，出版专业技术人员通过国家专业技术人员资格考试取得专业技术资格。具体办法由国务院人力资源社会保障主管部门、国务院出版行政主管部门共同制定。

第五十三条　出版行政主管部门根据有关规定和标准，对出版物的内容、编校、印刷或者复制、装帧设计等方面质量实施监督检查。

第七章　保障与奖励

第五十四条　国家制定有关政策，保障、促进出版产业和出版事业的发展与繁荣。

第五十五条　国家支持、鼓励下列优秀的、重点的出版物的出版：

（一）对阐述、传播宪法确定的基本原则有重大作用的；

（二）对弘扬社会主义核心价值体系，在人民中进行爱国主义、集体主义、社会主义和民族团结教育以及弘扬社会公德、职业道德、家庭美德有重要意义的；

（三）对弘扬民族优秀文化，促进国际文化交流有重大作用的；

（四）对推进文化创新，及时反映国内外新的科学文化成果有重大贡献的；

（五）对服务农业、农村和农民，促进公共文化服务有重大作用的；

（六）其他具有重要思想价值、科学价值或者文化艺术价值的。

第五十六条 国家对教科书的出版发行，予以保障。

国家扶持少数民族语言文字出版物和盲文出版物的出版发行。

国家对在少数民族地区、边疆地区、经济不发达地区和在农村发行出版物，实行优惠政策。

第五十七条 报纸、期刊交由邮政企业发行的，邮政企业应当保证按照合同约定及时、准确发行。

承运出版物的运输企业，应当对出版物的运输提供方便。

第五十八条 对为发展、繁荣出版产业和出版事业作出重要贡献的单位和个人，按照国家有关规定给予奖励。

第五十九条 对非法干扰、阻止和破坏出版物出版、印刷或者复制、进口、发行的行为，县级以上各级人民政府出版行政主管部门及其他有关部门，应当及时采取措施，予以制止。

第八章 法律责任

第六十条 出版行政主管部门或者其他有关部门的工作人员，利用职务上的便利收受他人财物或者其他好处，批准不符合法定设立条件的出版、印刷或者复制、进口、发行单位，或者不履行监督职责，或者发现违法行为不予查处，造成严重后果的，依法给予降级直至开除的处分；构成犯罪的，依照刑法关于受贿罪、滥用职权罪、玩忽职守罪或者其他罪的规定，依法追究刑事责任。

第六十一条 未经批准，擅自设立出版物的出版、印刷或者复制、进口、发行单位，或者擅自从事出版物的出版、印刷或者复制、进口、发行业务，假冒出版单位名称或者伪造、假冒报纸、期刊名称出版出版物的，由出版行政主管部门、工商行政管理部门依照法定职权予以取缔；依照刑法关于非法经营罪的规定，依法追究刑事责任；尚不够刑事处罚的，没收出版物、违法所得和从事违法活动的专用工具、设备，违法经营额1万元以上的，并处违法经营额5倍以上10倍以下的罚款，违法经营额不足1万元的，可以处5万元以下的罚款；侵犯他人合法权益的，依法承担民事责任。

第六十二条 有下列行为之一，触犯刑律的，依照刑法有关规定，依法追究刑事责任；尚不够刑事处罚的，由出版行政主管部门责令限期停业整顿，没收出版物、违法所得，违法经营额1万元以上的，并处违法经营额5倍以上10倍以下的罚款；违法经营额不足1万元的，可以处5万元以下的罚款；情节严重的，由原发证机关吊销许可证：

（一）出版、进口含有本条例第二十六条、第二十七条禁止内容的出版物的；

（二）明知或者应知出版物含有本条例第二十六条、第二十七条禁止内容而印刷或者复制、发行的；

（三）明知或者应知他人出版含有本条例第二十六条、第二十七条禁止内容的出版物而向其出售或者以其他形式转让本出版单位的名称、书号、刊号、版号、版面，或者出租本单位的名称、刊号的。

第六十三条 有下列行为之一的，由出版行政主管部门责令停止违法行为，没收出版物、违法所得，违法经营额1万元以上的，并处违法经营额5倍以上10倍以下的罚款；违法经营额不足1万元的，可以处5万元以下的罚款；情节严重的，责令限期停业整顿或者由原发证机关吊销许可证：

（一）进口、印刷或者复制、发行国务院出版行政主管部门禁止进口的出版物的；

（二）印刷或者复制走私的境外出版物的；

（三）发行进口出版物未从本条例规定的出版物进口经营单位进货的。

第六十四条 走私出版物的，依照刑法关于走私罪的规定，依法追究刑事责任；尚不够刑事处罚的，由海关依照海关法的规定给予行政处罚。

第六十五条 有下列行为之一的，由出版行政主管部门没收出版物、违法所得，违法经营额1万元以上的，并处违法经营额5倍以上10倍以下的罚款；违法经营额不足1万元的，可以处5万元以下的罚款；情节严重的，责令限期停业整顿或者由原发证机关吊销许可证：

（一）出版单位委托未取得出版物印刷或者复制许可的单位印刷或者复制出版物的；

（二）印刷或者复制单位未取得印刷或者复制许可而印刷或者复制出版物的；

（三）印刷或者复制单位接受非出版单位和个人的委托印刷或者复制出版物的；

（四）印刷或者复制单位未履行法定手续印刷或者复制境外出版物的，印刷或者复制的境外出版物没有全部运输出境的；

（五）印刷或者复制单位、发行单位或者个体工商户印刷或者复制、发行未署出版单位名称的出版物的；

（六）印刷或者复制单位、发行单位或者个体工商户印刷或者复制、发行伪造、假冒出版单位名称或者报纸、期刊名称的出版物的；

（七）出版、印刷、发行单位出版、印刷、发行未经依法审定的中学小学教科书，或者非依照本条例规定确定的单位从事中学小学教科书的出版、发行业务的；

第六十六条　出版单位有下列行为之一的，由出版行政主管部门责令停止违法行为，给予警告，没收违法经营的出版物、违法所得，违法经营额1万元以上的，并处违法经营额5倍以上10倍以下的罚款；违法经营额不足1万元的，可以处5万元以下的罚款；情节严重的，责令限期停业整顿或者由原发证机关吊销许可证：

（一）出售或者以其他形式转让本出版单位的名称、书号、刊号、版号、版面，或者出租本单位的名称、刊号的；

（二）利用出版活动谋取其他不正当利益的。

第六十七条　有下列行为之一的，由出版行政主管部门责令改正，给予警告；情节严重的，责令限期停业整顿或者由原发证机关吊销许可证：

（一）出版单位变更名称、主办单位或者其主管机关、业务范围，合并或者分立，出版新的报纸，或者报纸改变名称，以及出版单位变更其他事项，未依照本条例的规定到出版行政主管部门办理审批、变更登记手续的；

（二）出版单位未将其年度出版计划和涉及国家安全、社会安定等方面的重大选题备案的；

（三）出版单位未依照本条例的规定送交出版物的样本的；

（四）印刷或者复制单位未依照本条例的规定留存备查的材料的；

（五）出版物进口经营单位未依照本条例的规定将其进口的出版物目录备案的；

（六）出版单位擅自中止出版活动超过180日的；

（七）出版物发行单位、出版物进口经营单位未依照本条例的规定办理变更审批手续的；

（八）出版物质量不符合有关规定和标准的。

第六十八条　未经批准，举办境外出版物展览的，由出版行政主管部门责令停止违法行为，没收出版物、违法所得；情节严重的，责令限期停业整顿或者由原发证机关吊销许可证。

第六十九条　印刷或者复制、批发、零售、出租、散发含有本条例第二十六条、第二十七条禁止内容的出版物或者其他非法出版物的，当事人对非法出版物的来源作出说明、指认，经查证属实的，没收出版物、违法所得，可以减轻或者免除其他行政处罚。

第七十条　单位违反本条例，被处以吊销许可证行政处罚的，应当按照国家有关规定到事业单位登记管理机关或者工商行政管理部门办理注销登记或者变更登记；逾期未办理的，由事业单位登记管理机关撤销登记或者由工商行政管理部门吊销营业执照。

第七十一条　单位违反本条例被处以吊销许可证行政处罚的，其法定代表人或者主要负责人自许可证被吊销之日起10年内不得担任出版、印刷或者复制、进口、发行单位的法定代表人或者主要负责人。

出版从业人员违反本条例规定，情节严重的，由原发证机关吊销其资格证书。

第七十二条　依照本条例的规定实施罚款的行政处罚，应当依照有关法律、行政法规的规定，实行罚款决定与罚款收缴分离；收缴的罚款必须全部上缴国库。

第九章　附　则

第七十三条　行政法规对音像制品和电子出版物的出版、复制、进口、发行另有规定的，适用其规定。

接受境外机构或者个人赠送出版物的管理办法、订户订购境外出版物的管理办法、网络出版审批和管理办法，由国务院出版行政主管部门根据本条例的原则另行制定。

第七十四条　本条例自2002年2月1日起施行。1997年1月2日国务院发布的《出版管理条例》同时废止。

中华人民共和国进出口关税条例

（2003年11月23日国务院令第392号公布，根据2011年1月8日《国务院关于废止和修改部分行政法规的决定》第一次修改，根据2013年12月7日《国务院关于修改部分行政法规的决定》第二次修改，根据2017年3月1日《国务院关于修改和废止部分行政法规的决定》第三次修改）

第一章 总 则

第一条 为了贯彻对外开放政策，促进对外经济贸易和国民经济的发展，根据《中华人民共和国海关法》（以下简称《海关法》）的有关规定，制定本条例。

第二条 中华人民共和国准许进出口的货物、进境物品，除法律、行政法规另有规定外，海关依照本条例规定征收进出口关税。

第三条 国务院制定《中华人民共和国进出口税则》（以下简称《税则》）、“中华人民共和国进境物品进口税税率表”（以下简称“进境物品进口税税率表”），规定关税的税目、税则号列和税率，作为本条例的组成部分。

第四条 国务院设立关税税则委员会，负责《税则》和“进境物品进口税税率表”的税目、税则号列和税率的调整和解释，报国务院批准后执行；决定实行暂定税率的货物、税率和期限；决定关税配额税率；决定征收反倾销税、反补贴税、保障措施关税、报复性关税以及决定实施其他关税措施；决定特殊情况下税率的适用，以及履行国务院规定的其他职责。

第五条 进口货物的收货人、出口货物的发货人、进境物品的所有人，是关税的纳税义务人。

第六条 海关及其工作人员应当依照法定职权和法定程序履行关税征管职责，维护国家利益，保护纳税人合法权益，依法接受监督。

第七条 纳税义务人有权要求海关对其商业秘密予以保密，海关应当依法为纳税义务人保密。

第八条 海关对检举或者协助查获违反本条例行为的单位和个人，应当按照规定给予奖励，并负责保密。

第二章 进出口货物关税税率的设置和适用

第九条 进口关税设置最惠国税率、协定税率、特惠税率、普通税率、关税配额税率等税率。对进口货物在一定期限内可以实行暂定税率。

出口关税设置出口税率。对出口货物在一定期限内可以实行暂定税率。

第十条 原产于共同适用最惠国待遇条款的世界贸易组织成员的进口货物，原产于与中华人民共和国签订含有相互给予最惠国待遇条款的双边贸易协定的国家或者地区的进口货物，以及原产于中华人民共和国境内的进口货物，适用最惠国税率。

原产于与中华人民共和国签订含有关税优惠条款的区域性贸易协定的国家或者地区的进口货物，适用协定税率。

原产于与中华人民共和国签订含有特殊关税优惠条款的贸易协定的国家或者地区的进口货物，适用特惠税率。

原产于本条第一款、第二款和第三款所列以外国家或者地区的进口货物，以及原产地不明的进口货物，适用普通税率。

第十一条 适用最惠国税率的进口货物有暂定税率的，应当适用暂定税率；适用协定税率、特惠税率的进口货物有暂定税率的，应当从低适用税率；适用普通税率的进口货物，不适用暂定税率。

适用出口税率的出口货物有暂定税率的，应当适用暂定税率。

第十二条 按照国家规定实行关税配额管理的进口货物，关税配额内的，适用关税配额税率；关税配额外的，其税率的适用按照本条例第十条、第十一条的规定执行。

第十三条 按照有关法律、行政法规的规定对进口货物采取反倾销、反补贴、保障措施的，其税率的适用按照《中华人民共和国反倾销条例》、《中华人民共和国反补贴条例》和《中华人民共和国保障措施条例》的有关规定执行。

第十四条 任何国家或者地区违反与中华人民共和国签订或者共同参加的贸易协定及相关协定，对中华人民共和国在贸易方面采取禁止、限制、加征关税或者其他影响正常贸易的措施的，对原产于该国家或者地区的进口货物可以征收报复性关税，适用报复性关税税率。

征收报复性关税的货物、适用国别、税率、期限和征收办法，由国务院关税税则委员会决定并公布。

第十五条 进出口货物，应当适用海关接受该货物申报进口或者出口之日实施的税率。

进口货物到达前，经海关核准先行申报的，应当适用装载该货物的运输工具申报进境之日实施的税率。

转关运输货物税率的适用日期，由海关总署另行规定。

第十六条 有下列情形之一，需缴纳税款的，应当适用海关接受申报办理纳税手续之日实施的税率：

（一）保税货物经批准不复运出境的；

（二）减免税货物经批准转让或者移作他用的；

（三）暂时进境货物经批准不复运出境，以及暂时出境货物经批准不复运进境的；

（四）租赁进口货物，分期缴纳税款的。

第十七条 补征和退还进出口货物关税，应当按照本条例第十五条或者第十六条的规定确定适用的税率。

因纳税义务人违反规定需要追征税款的，应当适用该行为发生之日实施的税率；行为发生之日不能确定的，适用海关发现该行为之日实施的税率。

第三章　进出口货物完税价格的确定

第十八条 进口货物的完税价格由海关以符合本条第三款所列条件的成交价格以及该货物运抵中华人民共和国境内输入地点起卸前的运输及其相关费用、保险费为基础审查确定。

进口货物的成交价格，是指卖方向中华人民共和国境内销售该货物时买方为进口该货物向卖方实付、应付的，并按照本条例第十九条、第二十条规定调整后的价款总额，包括直接支付的价款和间接支付的价款。

进口货物的成交价格应当符合下列条件：

（一）对买方处置或者使用该货物不予限制，但法律、行政法规规定实施的限制、对货物转售地域的限制和对货物价格无实质性影响的限制除外；

（二）该货物的成交价格没有因搭售或者其他因素的影响而无法确定；

（三）卖方不得从买方直接或者间接获得因该货物进口后转售、处置或者使用而产生的任何收益，或者虽有收益但能够按照本条例第十九条、第二十条的规定进行调整；

（四）买卖双方没有特殊关系，或者虽有特殊关系但未对成交价格产生影响。

第十九条 进口货物的下列费用应当计入完税价格：

（一）由买方负担的购货佣金以外的佣金和经纪费；

（二）由买方负担的在审查确定完税价格时与该货物视为一体的容器的费用；

（三）由买方负担的包装材料费用和包装劳务费用；

（四）与该货物的生产和向中华人民共和国境内销售有关的，由买方以免费或者以低于成本的方式提供并可以按适当比例分摊的料件、工具、模具、消耗材料及类似货物的价款，以及在境外开发、设计等相关服务的费用；

（五）作为该货物向中华人民共和国境内销售的条件，买方必须支付的、与该货物有关的特许权使用费；

（六）卖方直接或者间接从买方获得的该货物进口后转售、处置或者使用的收益。

第二十条 进口时在货物的价款中列明的下列税收、费用，不计入该货物的完税价格：

（一）厂房、机械、设备等货物进口后进行建设、安装、装配、维修和技术服务的费用；

（二）进口货物运抵境内输入地点起卸后的运输及其相关费用、保险费；

（三）进口关税及国内税收。

第二十一条 进口货物的成交价格不符合本条例第十八条第三款规定条件的，或者成交价格不能确定的，海关经了解有关情况，并与纳税义务人进行价格磋商后，依次以下列价格估定该货物的完税价格：

（一）与该货物同时或者大约同时向中华人民共和国境内销售的相同货物的成交价格；

（二）与该货物同时或者大约同时向中华人民共和国境内销售的类似货物的成交价格；

（三）与该货物进口的同时或者大约同时，将该进口货物、相同或者类似进口货物在第一级销售环节销售给无特殊关系买方最大销售总量的单位价格，但应当扣除本条例第二十二条规定的项目；

（四）按照下列各项总和计算的价格：生产该货物所使用的料件成本和加工费用，向中华人民共和国境内销售同等级或者同种类货物通常的利润和一般费用，该货物运抵境内输入地点起卸前的运输及其相关费用、保险费；

（五）以合理方法估定的价格。

纳税义务人向海关提供有关资料后，可以提出申请，颠倒前款第（三）项和第（四）项的适用次序。

第二十二条 按照本条例第二十一条第一款第（三）项规定估定完税价格，应当扣除的项目是指：

（一）同等级或者同种类货物在中华人民共和国境内第一级销售环节销售时通常的利润和一般费用以及通常支付的佣金；

（二）进口货物运抵境内输入地点起卸后的运输及其相关费用、保险费；

（三）进口关税及国内税收。

第二十三条 以租赁方式进口的货物，以海关审查确定的该货物的租金作为完税价格。

纳税义务人要求一次性缴纳税款的，纳税义务人可以选择按照本条例第二十一条的规定估定完税价格，或者按照海关审查确定的租金总额作为完税价格。

第二十四条 运往境外加工的货物，出境时已向海关报明并在海关规定的期限内复运进境的，应当以境外加工费和料件费以及复运进境的运输及其相关费用和保险费审查确定完税价格。

第二十五条 运往境外修理的机械器具、运输工具或者其他货物，出境时已向海关报明并在海关规定的期限内复运进境的，应当以境外修理费和料件费审查确定完税价格。

第二十六条 出口货物的完税价格由海关以该货物的成交价格以及该货物运至中华人民共和国境内输出地点装载前的运输及其相关费用、保险费为基础审查确定。

出口货物的成交价格，是指该货物出口时卖方为出口该货物应当向买方直接收取和间接收取的价款总额。

出口关税不计入完税价格。

第二十七条 出口货物的成交价格不能确定的，海关经了解有关情况，并与纳税义务人进行价格磋商后，依次以下列价格估定该货物的完税价格：

（一）与该货物同时或者大约同时向同一国家或者地区出口的相同货物的成交价格；

（二）与该货物同时或者大约同时向同一国家或者地区出口的类似货物的成交价格；

（三）按照下列各项总和计算的价格：境内生产相同或者类似货物的料件成本、加工费用，通常的利润和一般费用，境内发生的运输及其相关费用、保险费；

（四）以合理方法估定的价格。

第二十八条 按照本条例规定计入或者不计入完税价格的成本、费用、税收，应当以客观、可量化的数据为依据。

第四章 进出口货物关税的征收

第二十九条 进口货物的纳税义务人应当自运输工具申报进境之日起 14 日内，出口货物的纳税义务人除海关特准的外，应当在货物运抵海关监管区后、装货的 24 小时以前，向货物的进出境地海关申报。进出口货物转关运输的，按照海关总署的规定执行。

进口货物到达前，纳税义务人经海关核准可以先行申报。具体办法由海关总署另行规定。

第三十条 纳税义务人应当依法如实向海关申报，并按照海关的规定提供有关确定完税价格、进行商品归类、确定原产地以及采取反倾销、反补贴或者保障措施等所需的资料；必要时，海关可以要求纳税义务人补充申报。

第三十一条 纳税义务人应当按照《税则》规定的目录条文和归类总规则、类注、章注、子目注释以及其他归类注释，对其申报的进出口货物进行商品归类，并归入相应的税则号列；海关应当依法审核确定该货物的商品归类。

第三十二条 海关可以要求纳税义务人提供确定商品归类所需的有关资料；必要时，海关可以组织化验、检验，并将海关认定的化验、检验结果作为商品归类的依据。

第三十三条 海关为审查申报价格的真实性和准确性，可以查阅、复制与进出口货物有关的合同、发票、账册、结付汇凭证、单据、业务函电、录音录像制品和其他反映买卖双方关系及交易活动的资料。

海关对纳税义务人申报的价格有怀疑并且所涉关税数额较大的，经直属海关关长或者其授权的隶属海关关长批准，凭海关总署统一格式的协助查询账户通知书及有关工作人员的工作证件，可以查询纳税义务人在银行或者其他金融机构开立的单位账户的资金往来情况，并向银行业监督管理机构通报有关情况。

第三十四条 海关对纳税义务人申报的价格有怀疑的，应当将怀疑的理由书面告知纳税义务人，要求其在规定的期限内书面作出说明、提供有关资料。

纳税义务人在规定的期限内未作说明、未提供有关资料的，或者海关仍有理由怀疑申报价格的真实性和准确性的，海关可以不接受纳税义务人申报的价格，并按照本条例第三章的规定估定完税价格。

第三十五条 海关审查确定进出口货物的完税价格后，纳税义务人可以以书面形式要求海关就如何确定其进出口货物的完税价格作出书面说明，海关应当向纳税义务人作出书面说明。

第三十六条 进出口货物关税，以从价计征、从量计征或者国家规定的其他方式征收。

从价计征的计算公式为：

应纳税额=完税价格×关税税率

从量计征的计算公式为：

应纳税额=货物数量×单位税额

第三十七条 纳税义务人应当自海关填发税款缴款书之日起15日内向指定银行缴纳税款。纳税义务人未按期缴纳税款的，从滞纳税款之日起，按日加收滞纳税款万分之五的滞纳金。

海关可以对纳税义务人欠缴税款的情况予以公告。

海关征收关税、滞纳金等，应当制发缴款凭证，缴款凭证格式由海关总署规定。

第三十八条 海关征收关税、滞纳金等，应当按人民币计征。

进出口货物的成交价格以及有关费用以外币计价的，以中国人民银行公布的基准汇率折合为人民币计算完税价格；以基准汇率币种以外的外币计价的，按照国家有关规定套算为人民币计算完税价格。适用汇率的日期由海关总署规定。

第三十九条 纳税义务人因不可抗力或者在国家税收政策调整的情形下，不能按期缴纳税款的，经海关批准，可以延期缴纳税款，但是最长不得超过6个月。

第四十条 进出口货物的纳税义务人在规定的纳税期限内有明显的转移、藏匿其应税货物以及其他财产迹象的，海关可以责令纳税义务人提供担保；纳税义务人不能提供担保的，海关可以按照《海关法》第六十一条的规定采取税收保全措施。

纳税义务人、担保人自缴纳税款期限届满之日起超过3个月仍未缴纳税款的，海关可以按照《海关法》第六十条的规定采取强制措施。

第四十一条 加工贸易的进口料件按照国家规定保税进口的，其制成品或者进口料件未在规定的期限内出口的，海关按照规定征收进口关税。

加工贸易的进口料件进境时按照国家规定征收进口关税的，其制成品或者进口料件在规定的期限内出口的，海关按照有关规定退还进境时已征收的关税税款。

第四十二条 暂时进境或者暂时出境的下列货物，在进境或者出境时纳税义务人向海关缴纳相当于应纳税款的保证金或者提供其他担保的，可以暂不缴纳关税，并应当自进境或者出境之日起6个月内复运出境或者复运进境；需要延长复运出境或者复运进境期限的，纳税义务人应当根据海关总署的规定向海关办理延期手续：

（一）在展览会、交易会、会议及类似活动中展示或者使用的货物；

（二）文化、体育交流活动中使用的表演、比赛用品；

（三）进行新闻报道或者摄制电影、电视节目使用的仪器、设备及用品；

（四）开展科研、教学、医疗活动使用的仪器、设备及用品；

（五）在本款第（一）项至第（四）项所列活动中使用的交通工具及特种车辆；

（六）货样；

（七）供安装、调试、检测设备时使用的仪器、工具；

（八）盛装货物的容器；

（九）其他用于非商业目的的货物。

第一款所列暂时进境货物在规定的期限内未复运出境的，或者暂时出境货物在规定的期限内未复运进境的，海关应当依法征收关税。

第一款所列可以暂时免征关税范围以外的其他暂时进境货物，应当按照该货物的完税价格和其在境内滞留时间与折旧时间的比例计算征收进口关税。具体办法由海关总署规定。

第四十三条　因品质或者规格原因，出口货物自出口之日起1年内原状复运进境的，不征收进口关税。

因品质或者规格原因，进口货物自进口之日起1年内原状复运出境的，不征收出口关税。

第四十四条　因残损、短少、品质不良或者规格不符原因，由进出口货物的发货人、承运人或者保险公司免费补偿或者更换的相同货物，进出口时不征收关税。被免费更换的原进口货物不退运出境或者原出口货物不退运进境的，海关应当对原进出口货物重新按照规定征收关税。

第四十五条　下列进出口货物，免征关税：

（一）关税税额在人民币50元以下的一票货物；

（二）无商业价值的广告品和货样；

（三）外国政府、国际组织无偿赠送的物资；

（四）在海关放行前损失的货物；

（五）进出境运输工具装载的途中必需的燃料、物料和饮食用品。

在海关放行前遭受损坏的货物，可以根据海关认定的受损程度减征关税。

法律规定的其他免征或者减征关税的货物，海关根据规定予以免征或者减征。

第四十六条　特定地区、特定企业或者有特定用途的进出口货物减征或者免征关税，以及临时减征或者免征关税，按照国务院的有关规定执行。

第四十七条　进口货物减征或者免征进口环节海关代征税，按照有关法律、行政法规的规定执行。

第四十八条　纳税义务人进出口减免税货物的，除另有规定外，应当在进出口该货物之前，按照规定持有关文件向海关办理减免税审批手续。经海关审查符合规定的，予以减征或者免征关税。

第四十九条　需由海关监管使用的减免税进口货物，在监管年限内转让或者移作他用需要补税的，海关应当根据该货物进口时间折旧估价，补征进口关税。

特定减免税进口货物的监管年限由海关总署规定。

第五十条　有下列情形之一的，纳税义务人自缴纳税款之日起1年内，可以申请退还关税，并应当以书面形式向海关说明理由，提供原缴款凭证及相关资料：

（一）已征进口关税的货物，因品质或者规格原因，原状退货复运出境的；

（二）已征出口关税的货物，因品质或者规格原因，原状退货复运进境，并已重新缴纳因出口而退还的国内环节有关税收的；

（三）已征出口关税的货物，因故未装运出口，申报退关的。

海关应当自受理退税申请之日起30日内查实并通知纳税义务人办理退还手续。纳税义务人应当自收到通知之日起3个月内办理有关退税手续。

按照其他有关法律、行政法规规定应当退还关税的，海关应当按照有关法律、行政法规的规定退税。

第五十一条　进出口货物放行后，海关发现少征或者漏征税款的，应当自缴纳税款或者货物放行之日起1年内，向纳税义务人补征税款。但因纳税义务人违反规定造成少征或者漏征税款的，海关可以自缴纳税款或者货物放行之日起3年内追征税款，并从缴纳税款或者货物放行之日起按日加收少征或者漏征税款万分之五的滞纳金。

海关发现海关监管货物因纳税义务人违反规定造成少征或者漏征税款的，应当自纳税义务人应缴纳税款之日起3年内追征税款，并从应缴纳税款之日起按日加收少征或者漏征税款万分之五的滞纳金。

第五十二条　海关发现多征税款的，应当立即通知纳税义务人办理退还手续。

纳税义务人发现多缴税款的，自缴纳税款之日起1年内，可以以书面形式要求海关退还多缴的税款并加算银行同期活期存款利息；海关应当自受理退税申请之日起30日内查实并通知纳税义务人办理退还手续。

纳税义务人应当自收到通知之日起3个月内办理有关退税手续。

第五十三条　按照本条例第五十条、第五十二条的规定退还税款、利息涉及从国库中退库的，按照法律、行政法规有关国库管理的规定执行。

第五十四条　报关企业接受纳税义务人的委托，以纳税义务人的名义办理报关纳税手续，因报关企业违反规定而造成海关少征、漏征税款的，报关企业对少征或者漏征的税款、滞纳金与纳税义务人承担纳税的连带责任。

报关企业接受纳税义务人的委托，以报关企业的名义办理报关纳税手续的，报关企业与纳税义务人承担纳税的连带责任。

除不可抗力外，在保管海关监管货物期间，海关监管货物损毁或者灭失的，对海关监管货物负有保管义务的人应当承担相应的纳税责任。

第五十五条 欠税的纳税义务人，有合并、分立情形的，在合并、分立前，应当向海关报告，依法缴清税款。纳税义务人合并时未缴清税款的，由合并后的法人或者其他组织继续履行未履行的纳税义务；纳税义务人分立时未缴清税款的，分立后的法人或者其他组织对未履行的纳税义务承担连带责任。

纳税义务人在减免税货物、保税货物监管期间，有合并、分立或者其他资产重组情形的，应当向海关报告。按照规定需要缴税的，应当依法缴清税款；按照规定可以继续享受减免税、保税待遇的，应当到海关办理变更纳税义务人的手续。

纳税义务人欠税或者在减免税货物、保税货物监管期间，有撤销、解散、破产或者其他依法终止经营情形的，应当在清算前向海关报告。海关应当依法对纳税义务人的应缴税款予以清缴。

第五章　进境物品进口税的征收

第五十六条 进境物品的关税以及进口环节海关代征税合并为进口税，由海关依法征收。

第五十七条 海关总署规定数额以内的个人自用进境物品，免征进口税。

超过海关总署规定数额但仍在合理数量以内的个人自用进境物品，由进境物品的纳税义务人在进境物品放行前按照规定缴纳进口税。

超过合理、自用数量的进境物品应当按照进口货物依法办理相关手续。

国务院关税税则委员会规定按货物征税的进境物品，按照本条例第二章至第四章的规定征收关税。

第五十八条 进境物品的纳税义务人是指，携带物品进境的入境人员、进境邮递物品的收件人以及以其他方式进口物品的收件人。

第五十九条 进境物品的纳税义务人可以自行办理纳税手续，也可以委托他人办理纳税手续。接受委托的人应当遵守本章对纳税义务人的各项规定。

第六十条 进口税从价计征。

进口税的计算公式为：进口税税额=完税价格×进口税税率

第六十一条 海关应当按照“进境物品进口税税率表”及海关总署制定的“中华人民共和国进境物品归类表”、“中华人民共和国进境物品完税价格表”对进境物品进行归类、确定完税价格和确定适用税率。

第六十二条 进境物品，适用海关填发税款缴款书之日实施的税率和完税价格。

第六十三条 进口税的减征、免征、补征、追征、退还以及对暂准进境物品征收进口税参照本条例对货物征收进口关税的有关规定执行。

第六章　附　则

第六十四条 纳税义务人、担保人对海关确定纳税义务人、确定完税价格、商品归类、确定原产地、适用税率或者汇率、减征或者免征税款、补税、退税、征收滞纳金、确定计征方式以及确定纳税地点有异议的，应当缴纳税款，并可以依法向上一级海关申请复议。对复议决定不服的，可以依法向人民法院提起诉讼。

第六十五条 进口环节海关代征税的征收管理，适用关税征收管理的规定。

第六十六条 有违反本条例规定行为的，按照《海关法》、《中华人民共和国海关行政处罚实施条例》和其他有关法律、行政法规的规定处罚。

第六十七条 本条例自 2004 年 1 月 1 日起施行。1992 年 3 月 18 日国务院修订发布的《中华人民共和国进出口关税条例》同时废止。

中华人民共和国海关行政处罚实施条例

（2004年9月19日国务院令第420号发布，自2004年11月1日起施行）

第一章 总 则

第一条 为了规范海关行政处罚，保障海关依法行使职权，保护公民、法人或者其他组织的合法权益，根据《中华人民共和国海关法》（以下简称《海关法》）及其他有关法律的规定，制定本实施条例。

第二条 依法不追究刑事责任的走私行为和违反海关监管规定的行为，以及法律、行政法规规定由海关实施行政处罚的行为的处理，适用本实施条例。

第三条 海关行政处罚由发现违法行为的海关管辖，也可以由违法行为发生地海关管辖。

2个以上海关都有管辖权的案件，由最先发现违法行为的海关管辖。

管辖不明确的案件，由有关海关协商确定管辖，协商不成的，报请共同的上级海关指定管辖。

重大、复杂的案件，可以由海关总署指定管辖。

第四条 海关发现的依法应当由其他行政机关处理的违法行为，应当移送有关行政机关处理；违法行为涉嫌犯罪的，应当移送海关侦查走私犯罪公安机构、地方公安机关依法办理。

第五条 依照本实施条例处以警告、罚款等行政处罚，但不没收进出境货物、物品、运输工具的，不免除有关当事人依法缴纳税款、提交进出口许可证件、办理有关海关手续的义务。

第六条 抗拒、阻碍海关侦查走私犯罪公安机构依法执行职务的，由设在直属海关、隶属海关的海关侦查走私犯罪公安机构依照治安管理处罚的有关规定给予处罚。

抗拒、阻碍其他海关工作人员依法执行职务的，应当报告地方公安机关依法处理。

第二章 走私行为及其处罚

第七条 违反海关法及其他有关法律、行政法规，逃避海关监管，偷逃应纳税款、逃避国家有关进出境的禁止性或者限制性管理，有下列情形之一的，是走私行为：

（一）未经国务院或者国务院授权的机关批准，从未设立海关的地点运输、携带国家禁止或者限制进出境的货物、物品或者依法应当缴纳税款的货物、物品进出境的；

（二）经过设立海关的地点，以藏匿、伪装、瞒报、伪报或者其他方式逃避海关监管，运输、携带、邮寄国家禁止或者限制进出境的货物、物品或者依法应当缴纳税款的货物、物品进出境的；

（三）使用伪造、变造的手册、单证、印章、账册、电子数据或者以其他方式逃避海关监管，擅自将海关监管货物、物品、进境的境外运输工具，在境内销售的；

（四）使用伪造、变造的手册、单证、印章、账册、电子数据或者以伪报加工贸易制成品单位耗料量等方式，致使海关监管货物、物品脱离监管的；

（五）以藏匿、伪装、瞒报、伪报或者其他方式逃避海关监管，擅自将保税区、出口加工区等海关特殊监管区域内的海关监管货物、物品，运出区外的；

（六）有逃避海关监管，构成走私的其他行为的。

第八条 有下列行为之一的，按走私行为论处：

（一）明知是走私进口的货物、物品，直接向走私人非法收购的；

（二）在内海、领海、界河、界湖，船舶及所载人员运输、收购、贩卖国家禁止或者限制进出境的货物、物品，或者运输、收购、贩卖依法应当缴纳税款的货物，没有合法证明的。

第九条 有本实施条例第七条、第八条所列行为之一的，依照下列规定处罚：

（一）走私国家禁止进出口的货物的，没收走私货物及违法所得，可以并处100万元以下罚款；走私国家禁止进出境的物品的，没收走私物品及违法所得，可以并处10万元以下罚款；

（二）应当提交许可证件而未提交但未偷逃税款，走私国家限制进出境的货物、物品的，没收走私货物、物品及违法所得，可以并处走私货物、物品等值以下罚款；

（三）偷逃应纳税款但未逃避许可证件管理，走私依法应当缴纳税款的货物、物品的，没收走私货物、物品及违法所得，可以并处偷逃应纳税款3倍以下罚款。

专门用于走私的运输工具或者用于掩护走私的货物、物品，2年内3次以上用于走私的运输工具或者用于掩护走私的货物、物品，应当予以没收。藏匿走私货物、物品的特制设备、夹层、暗格，应当予以没收或者责令拆毁。使用特制设备、夹层、暗格实施走私的，应当从重处罚。

第十条 与走私人通谋为走私人提供贷款、资金、账号、发票、证明、海关单证的，与走私人通谋为走私人提供走私货物、物品的提取、发运、运输、保管、邮寄或者其他方便的，以走私的共同当事人论处，没收违法所得，并依照本实施条例第九条的规定予以处罚。

第十一条 报关企业、报关人员和海关准予从事海关监管货物的运输、储存、加工、装配、寄售、展示等业务的企业，构成走私犯罪或者1年内有2次以上走私行为的，海关可以撤销其注册登记、取消其报关从业资格。

第三章 违反海关监管规定的行为及其处罚

第十二条 违反海关法及其他有关法律、行政法规和规章但不构成走私行为的，是违反海关监管规定的行为。

第十三条 违反国家进出口管理规定，进出口国家禁止进出口的货物的，责令退运，处100万元以下罚款。

第十四条 违反国家进出口管理规定，进出口国家限制进出口的货物，进出口货物的进出口货物收发货人向海关申报时不能提交许可证件的，进出口货物不予放行，处货物价值30%以下罚款。

违反国家进出口管理规定，进出口属于自动进出口许可管理的货物，进出口货物的进出口货物收发货人向海关申报时不能提交自动许可证明的，进出口货物不予放行。

第十五条 进出口货物的品名、税则号列、数量、规格、价格、贸易方式、原产地、起运地、运抵地、最终目的地或者其他应当申报的项目未申报或者申报不实的，分别依照下列规定予以处罚，有违法所得的，没收违法所得：

（一）影响海关统计准确性的，予以警告或者处1000元以上1万元以下罚款；

（二）影响海关监管秩序的，予以警告或者处1000元以上3万元以下罚款；

（三）影响国家许可证件管理的，处货物价值5%以上30%以下罚款；

（四）影响国家税款征收的，处漏缴税款30%以上2倍以下罚款；

（五）影响国家外汇、出口退税管理的，处申报价格10%以上50%以下罚款。

第十六条 进出口货物收发货人未按照规定向报关企业提供所委托报关事项的真实情况，致使发生本实施条例第十五条规定情形的，对委托人依照本实施条例第十五条的规定予以处罚。

第十七条 报关企业、报关人员对委托人所提供情况的真实性未进行合理审查，或者因工作疏忽致使发生本实施条例第十五条规定情形的，可以对报关企业处货物价值10%以下罚款，暂停其6个月以内从事报关业务或者执业；情节严重的，撤销其报关注册登记，取消其报关从业资格。

第十八条 有下列行为之一的，处货物价值5%以上30%以下罚款，有违法所得的，没收违法所得：

（一）未经海关许可，擅自将海关监管货物开拆、提取、交付、发运、调换、改装、抵押、质押、留置、转让、更换标记、移作他用或者进行其他处置的；

（二）未经海关许可，在海关监管区以外存放海关监管货物的；

（三）经营海关监管货物的运输、储存、加工、装配、寄售、展示等业务，有关货物灭失、数量短少或者记录不真实，不能提供正当理由的；

（四）经营保税货物的运输、储存、加工、装配、寄售、展示等业务，不依照规定办理收存、交付、结转、核销等手续，或者中止、延长、变更、转让有关合同不依照规定向海关办理手续的；

（五）未如实向海关申报加工贸易制成品单位耗料量的；

（六）未按照规定期限将过境、转运、通运货物运输出境，擅自留在境内的；

（七）未按照规定期限将暂时进出口货物复运出境或者复运进境，擅自留在境内或者境外的；

（八）有违反海关监管规定的其他行为，致使海关不能或者中断对进出口货物实施监管的。

前款规定所涉货物属于国家限制进出口需要提交许可证件，当事人在规定期限内不能提交许可证件的，另处货物价值30%以下罚款；漏缴税款的，可以另处漏缴税款1倍以下罚款。

第十九条 有下列行为之一的，予以警告，可以处物品价值20%以下罚款，有违法所得的，没收违法所得：

（一）未经海关许可，擅自将海关尚未放行的进出境物品开拆、交付、投递、转移或者进行其他处置的；

（二）个人运输、携带、邮寄超过合理数量的自用物品进出境未向海关申报的；

（三）个人运输、携带、邮寄超过规定数量但仍属自用的国家限制进出境物品进出境，未向海关申报但没有以藏匿、伪装等方式逃避海关监管的；

（四）个人运输、携带、邮寄物品进出境，申报不实的；

（五）经海关登记准予暂时免税进境或者暂时免税出境的物品，未按照规定复带出境或者复带进境的；

（六）未经海关批准，过境人员将其所带物品留在境内的。

第二十条 运输、携带、邮寄国家禁止进出境的物品进出境，未向海关申报但没有以藏匿、伪装等方式逃避海关监管的，予以没收，或者责令退回，或者在海关监管下予以销毁或者进行技术处理。

第二十一条 有下列行为之一的，予以警告，可以处10万元以下罚款，有违法所得的，没收违法所得：

（一）运输工具不经设立海关的地点进出境的；

（二）在海关监管区停留的进出境运输工具，未经海关同意擅自驶离的；

（三）进出境运输工具从一个设立海关的地点驶往另一个设立海关的地点，尚未办结海关手续又未经海关批准，中途改驶境外或者境内未设立海关的地点的；

（四）进出境运输工具到达或者驶离设立海关的地点，未按照规定向海关申报、交验有关单证或者交验的单证不真实的。

第二十二条 有下列行为之一的，予以警告，可以处5万元以下罚款，有违法所得的，没收违法所得：

（一）未经海关同意，进出境运输工具擅自装卸进出境货物、物品或者上下进出境旅客的；

（二）未经海关同意，进出境运输工具擅自兼营境内客货运输或者用于进出境运输以外的其他用途的；

（三）未按照规定办理海关手续，进出境运输工具擅自改营境内运输的；

（四）未按照规定期限向海关传输舱单等电子数据、传输的电子数据不准确或者未按照规定期限保存相关电子数据，影响海关监管的；

（五）进境运输工具在进境以后向海关申报以前，出境运输工具在办结海关手续以后出境以前，不按照交通主管部门或者海关指定的路线行进的；

（六）载运海关监管货物的船舶、汽车不按照海关指定的路线行进的；

（七）进出境船舶和航空器，由于不可抗力被迫在未设立海关的地点停泊、降落或者在境内抛掷、起卸货物、物品，无正当理由不向附近海关报告的；

（八）无特殊原因，未将进出境船舶、火车、航空器到达的时间、停留的地点或者更换的时间、地点事先通知海关的；

（九）不按照规定接受海关对进出境运输工具、货物、物品进行检查、查验的。

第二十三条 有下列行为之一的，予以警告，可以处3万元以下罚款：

（一）擅自开启或者损毁海关封志的；

（二）遗失海关制发的监管单证、手册等凭证，妨碍海关监管的；

（三）有违反海关监管规定的其他行为，致使海关不能或者中断对进出境运输工具、物品实施监管的。

第二十四条 伪造、变造、买卖海关单证的，处5万元以上50万元以下罚款，有违法所得的，没收违法所得；构成犯罪的，依法追究刑事责任。

第二十五条 进出口侵犯中华人民共和国法律、行政法规保护的知识产权的货物的，没收侵权货物，并处货物价值30%以下罚款；构成犯罪的，依法追究刑事责任。

需要向海关申报知识产权状况，进出口货物收发货人及其代理人未按照规定向海关如实申报有关知识产权状况，或者未提交合法使用有关知识产权的证明文件的，可以处5万元以下罚款。

第二十六条 报关企业、报关人员和海关准予从事海关监管货物的运输、储存、加工、装配、寄售、展示等业务的企业，有下列情形之一的，责令改正，给予警告，可以暂停其6个月以内从事有关业务或者执业：

（一）拖欠税款或者不履行纳税义务的；

（二）报关企业出让其名义供他人办理进出口货物报关纳税事宜的；

（三）损坏或者丢失海关监管货物，不能提供正当理由的；

（四）有需要暂停其从事有关业务或者执业的其他违法行为的。

第二十七条 报关企业、报关人员和海关准予从事海关监管货物的运输、储存、加工、装配、寄售、展示等业务的企业，有下列情形之一的，海关可以撤销其注册登记，取消其报关从业资格：

（一）1年内3人次以上被海关暂停执业的；

（二）被海关暂停从事有关业务或者执业，恢复从事有关业务或者执业后1年内再次发生本实施条例第二十六条规定情形的；

（三）有需要撤销其注册登记或者取消其报关从业资格的其他违法行为的。

第二十八条 报关企业、报关人员非法代理他人报关或者超出海关准予的从业范围进行报关活动的，责令改正，处5万元以下罚款，暂停其6个月以内从事报关业务或者执业；情节严重的，撤销其报关注册登记，取消其报关从业资格。

第二十九条 进出口货物收发货人、报关企业、报关人员向海关工作人员行贿的，撤销其报关注册登记，取消其报关从业资格，并处10万元以下罚款；构成犯罪的，依法追究刑事责任，并不得重新注册登记为报关企业和取得报关从业资格。

第三十条 未经海关注册登记和未取得报关从业资格从事报关业务的，予以取缔，没收违法所得，可以并处10万元以下罚款。

第三十一条 提供虚假资料骗取海关注册登记、报关从业资格的，撤销其注册登记，取消其报关从业资格，并处30万元以下罚款。

第三十二条 法人或者其他组织有违反海关法的行为，除处罚该法人或者组织外，对其主管人员和直接责任人员予以警告，可以处5万元以下罚款，有违法所得的，没收违法所得。

第四章 对违反海关法行为的调查

第三十三条 海关发现公民、法人或者其他组织有依法应当由海关给予行政处罚的行为的，应当立案调查。

第三十四条 海关立案后，应当全面、客观、公正、及时地进行调查、收集证据。

海关调查、收集证据，应当按照法律、行政法规及其他有关规定的要求办理。

海关调查、收集证据时，海关工作人员不得少于2人，并应当向被调查人出示证件。

调查、收集的证据涉及国家秘密、商业秘密或者个人隐私的，海关应当保守秘密。

第三十五条 海关依法检查走私嫌疑人的身体，应当在隐蔽的场所或者非检查人员的视线之外，由2名以上与被检查人同性别的海关工作人员执行。

走私嫌疑人应当接受检查，不得阻挠。

第三十六条 海关依法检查运输工具和场所，查验货物、物品，应当制作检查、查验记录。

第三十七条 海关依法扣留走私犯罪嫌疑人，应当制发扣留走私犯罪嫌疑人决定书。对走私犯罪嫌疑人，扣留时间不超过24小时，在特殊情况下可以延长至48小时。

海关应当在法定扣留期限内对被扣留人进行审查。排除犯罪嫌疑或者法定扣留期限届满的，应当立即解除扣留，并制发解除扣留决定书。

第三十八条 下列货物、物品、运输工具及有关账册、单据等资料，海关可以依法扣留：

（一）有走私嫌疑的货物、物品、运输工具；

（二）违反海关法或者其他有关法律、行政法规的货物、物品、运输工具；

（三）与违反海关法或者其他有关法律、行政法规的货物、物品、运输工具有牵连的账册、单据等资料；

（四）法律、行政法规规定可以扣留的其他货物、物品、运输工具及有关账册、单据等资料。

第三十九条 有违法嫌疑的货物、物品、运输工具无法或者不便扣留的，当事人或者运输工具负责人应当向海关提供等值的担保，未提供等值担保的，海关可以扣留当事人等值的其他财产。

第四十条 海关扣留货物、物品、运输工具以及账册、单据等资料的期限不得超过1年。因案件调查需要，经直属海关关长或者其授权的隶属海关关长批准，可以延长，延长期限不得超过1年。但复议、诉讼期间不计算在内。

第四十一条 有下列情形之一的，海关应当及时解除扣留：

（一）排除违法嫌疑的；

（二）扣留期限、延长期限届满的；

（三）已经履行海关行政处罚决定的；

（四）法律、行政法规规定应当解除扣留的其他情形。

第四十二条 海关依法扣留货物、物品、运输工具、其他财产以及账册、单据等资料，应当制发海关扣留凭单，由海关工作人员、当事人或者其代理人、保管人、见证人签字或者盖章，并可以加施海关封志。加施海关封志的，当事人或者其代理人、保管人应当妥善保管。

海关解除对货物、物品、运输工具、其他财产以及账册、单据等资料的扣留，或者发还等值的担保，应当制发海关解除扣留通知书、海关解除担保通知书，并由海关工作人员、当事人或者其代理人、保管人、见证人签字或者盖章。

第四十三条 海关查问违法嫌疑人或者询问证人，应当个别进行，并告知其权利和作伪证应当承担的法律责任。违法嫌疑人、证人必须如实陈述、提供证据。

海关查问违法嫌疑人或者询问证人应当制作笔录，并当场交其辨认，没有异议的，立即签字确认；有异议的，予以更正后签字确认。

严禁刑讯逼供或者以威胁、引诱、欺骗等非法手段收集证据。

海关查问违法嫌疑人，可以到违法嫌疑人的所在单位或者住处进行，也可以要求其到海关或者海关指定的地点进行。

第四十四条 海关收集的物证、书证应当是原物、原件。收集原物、原件确有困难的，可以拍摄、复制，并可以指定或者委托有关单位或者个人对原物、原件予以妥善保管。

海关收集物证、书证，应当开列清单，注明收集的日期，由有关单位或者个人确认后签字或者盖章。

海关收集电子数据或者录音、录像等视听资料，应当收集原始载体。收集原始载体确有困难的，可以收集复制件，注明制作方法、制作时间、制作人等，并由有关单位或者个人确认后签字或者盖章。

第四十五条 根据案件调查需要，海关可以对有关货物、物品进行取样化验、鉴定。

海关提取样品时，当事人或者其代理人应当到场；当事人或者其代理人未到场的，海关应当邀请见证人到场。提取的样品，海关应当予以加封，并由海关工作人员及当事人或者其代理人、见证人确认后签字或者盖章。

化验、鉴定应当交由海关化验鉴定机构或者委托国家认可的其他机构进行。

化验人、鉴定人进行化验、鉴定后，应当出具化验报告、鉴定结论，并签字或者盖章。

第四十六条 根据海关法有关规定，海关可以查询案件涉嫌单位和涉嫌人员在金融机构、邮政企业的存款、汇款。

海关查询案件涉嫌单位和涉嫌人员在金融机构、邮政企业的存款、汇款，应当出示海关协助查询通知书。

第四十七条 海关依法扣留的货物、物品、运输工具，在人民法院判决或者海关行政处罚决定作出之前，不得处理。但是，危险品或者鲜活、易腐、易烂、易失效、易变质等不宜长期保存的货物、物品以及所有人申请先行变卖的货物、物品、运输工具，经直属海关关长或者其授权的隶属海关关长批准，可以先行依法变卖，变卖所得价款由海关保存，并通知其所有人。

第四十八条 当事人有权根据海关法的规定要求海关工作人员回避。

第五章 海关行政处罚的决定和执行

第四十九条 海关作出暂停从事有关业务，暂停报关执业，撤销海关注册登记，取消报关从业资格，对公民处1万元以上罚款，对法人或者其他组织处10万元以上罚款，没收有关货物、物品、走私运输工具等行政处罚决定之前，应当告知当事人有要求举行听证的权利；当事人要求听证的，海关应当组织听证。

海关行政处罚听证办法由海关总署制定。

第五十条 案件调查终结，海关关长应当对调查结果进行审查，根据不同情况，依法作出决定。

对情节复杂或者重大违法行为给予较重的行政处罚，应当由海关案件审理委员会集体讨论决定。

第五十一条 同一当事人实施了走私和违反海关监管规定的行为且二者之间有因果关系的，依照本实施条例对走私行为的规定从重处罚，对其违反海关监管规定的行为不再另行处罚。

同一当事人就同一批货物、物品分别实施了2个以上违反海关监管规定的行为且二者之间有因果关系的，依照本实施条例分别规定的处罚幅度，择其重者处罚。

第五十二条 对2个以上当事人共同实施的违法行为，应当区别情节及责任，分别给予处罚。

第五十三条 有下列情形之一的，应当从重处罚：

（一）因走私被判处刑罚或者被海关行政处罚后在2年内又实施走私行为的；

（二）因违反海关监管规定被海关行政处罚后在1年内又实施同一违反海关监管规定的行为的；

（三）有其他依法应当从重处罚的情形的。

第五十四条 海关对当事人违反海关法的行为依法给予行政处罚的，应当制作行政处罚决定书。

对同一当事人实施的2个以上违反海关法的行为，可以制发1份行政处罚决定书。

对2个以上当事人分别实施的违反海关法的行为，应当分别制发行政处罚决定书。

对2个以上当事人共同实施的违反海关法的行为，应当制发1份行政处罚决定书，区别情况对各当事人分别予以处罚，但需另案处理的除外。

第五十五条 行政处罚决定书应当依照有关法律规定送达当事人。

依法予以公告送达的，海关应当将行政处罚决定书的正本张贴在海关公告栏内，并在报纸上刊登公告。

第五十六条 海关作出没收货物、物品、走私运输工具的行政处罚决定，有关货物、物品、走私运输工具无法或者不便没收的，海关应当追缴上述货物、物品、走私运输工具的等值价款。

第五十七条 法人或者其他组织实施违反海关法的行为后，有合并、分立或者其他资产重组情形的，海关应当以原法人、组织作为当事人。

对原法人、组织处以罚款、没收违法所得或者依法追缴货物、物品、走私运输工具的等值价款的，应当以承受其权利义务的法人、组织作为被执行人。

第五十八条 罚款、违法所得和依法追缴的货物、物品、走私运输工具的等值价款，应当在海关行政处罚决定规定的期限内缴清。

当事人按期履行行政处罚决定、办结海关手续的，海关应当及时解除其担保。

第五十九条 受海关处罚的当事人或者其法定代表人、主要负责人应当在出境前缴清罚款、违法所得和依法追缴的货物、物品、走私运输工具的等值价款。在出境前未缴清上述款项的，应当向海关提供相当于上述款项的担保。未提供担保，当事人是自然人的，海关可以通知出境管理机关阻止其出境；当事人是法人或者其他组织的，海关可以通知出境管理机关阻止其法定代表人或者主要负责人出境。

第六十条 当事人逾期不履行行政处罚决定的，海关可以采取下列措施：

（一）到期不缴纳罚款的，每日按罚款数额的3%加处罚款；

（二）根据海关法规定，将扣留的货物、物品、运输工具变价抵缴，或者以当事人提供的担保抵缴；

（三）申请人民法院强制执行。

第六十一条 当事人确有经济困难，申请延期或者分期缴纳罚款的，经海关批准，可以暂缓或者分期缴纳罚款。

当事人申请延期或者分期缴纳罚款的，应当以书面形式提出，海关收到申请后，应当在10个工作日内作出决定，并通知申请人。海关同意当事人暂缓或者分期缴纳的，应当及时通知收缴罚款的机构。

第六十二条 有下列情形之一的，有关货物、物品、违法所得、运输工具、特制设备由海关予以收缴：

（一）依照《中华人民共和国行政处罚法》第二十五条、第二十六条规定不予行政处罚的当事人携带、邮寄国家禁止进出境的货物、物品进出境的；

（二）散发性邮寄国家禁止、限制进出境的物品进出境或者携带数量零星的国家禁止进出境的物品进出境，依法可以不予行政处罚的；

（三）依法应当没收的货物、物品、违法所得、走私运输工具、特制设备，在海关作出行政处罚决定前，作为当事人的自然人死亡或者作为当事人的法人、其他组织终止，且无权利义务承受人的；

（四）走私违法事实基本清楚，但当事人无法查清，自海关公告之日起满3个月的；

（五）有违反法律、行政法规，应当予以收缴的其他情形的。

海关收缴前款规定的货物、物品、违法所得、运输工具、特制设备，应当制发清单，由被收缴人或者其代理人、见证人签字或者盖章。被收缴人无法查清且无见证人的，应当予以公告。

第六十三条 人民法院判决没收的走私货物、物品、违法所得、走私运输工具、特制设备，或者海关决定没收、收缴的货物、物品、违法所得、走私运输工具、特制设备，由海关依法统一处理，所得价款和海关收缴的罚款，全部上缴中央国库。

第六章 附 则

第六十四条 本实施条例下列用语的含义是：

"设立海关的地点"，指海关在港口、车站、机场、国界孔道、国际邮件互换局（交换站）等海关监管区设立的卡口，海关在保税区、出口加工区等海关特殊监管区域设立的卡口，以及海关在海上设立的中途监管站。

"许可证件"，指依照国家有关规定，当事人应当事先申领，并由国家有关主管部门颁发的准予进口或者出口的证明、文件。

"合法证明"，指船舶及所载人员依照国家有关规定或者依照国际运输惯例所必须持有的证明其运输、携带、收购、贩卖所载货物、物品真实、合法、有效的商业单证、运输单证及其他有关证明、文件。

“物品”，指个人以运输、携带等方式进出境的行李物品、邮寄进出境的物品，包括货币、金银等。超出自用、合理数量的，视为货物。

“自用”，指旅客或者收件人本人自用、馈赠亲友而非为出售或者出租。

“合理数量”，指海关根据旅客或者收件人的情况、旅行目的和居留时间所确定的正常数量。

“货物价值”，指进出口货物的完税价格、关税、进口环节海关代征税之和。

“物品价值”，指进出境物品的完税价格、进口税之和。

“应纳税款”，指进出口货物、物品应当缴纳的进出口关税、进口环节海关代征税之和。

“专门用于走私的运输工具”，指专为走私而制造、改造、购买的运输工具。

“以上”、“以下”、“以内”、“届满”，均包括本数在内。

第六十五条 海关对外国人、无国籍人、外国企业或者其他组织给予行政处罚的，适用本实施条例。

第六十六条 国家禁止或者限制进出口的货物目录，由国务院对外贸易主管部门依照《中华人民共和国对外贸易法》的规定办理；国家禁止或者限制进出境的物品目录，由海关总署公布。

第六十七条 依照海关规章给予行政处罚的，应当遵守本实施条例规定的程序。

第六十八条 本实施条例自2004年11月1日起施行。1993年2月17日国务院批准修订、1993年4月1日海关总署发布的《中华人民共和国海关法行政处罚实施细则》同时废止。

麻醉药品和精神药品管理条例

（2005年8月3日国务院令第442号发布，自2005年11月1日起施行，
根据2013年12月7日《国务院关于修改部分行政法规的决定》修订）

第一章 总 则

第一条 为加强麻醉药品和精神药品的管理，保证麻醉药品和精神药品的合法、安全、合理使用，防止流入非法渠道，根据药品管理法和其他有关法律的规定，制定本条例。

第二条 麻醉药品药用原植物的种植，麻醉药品和精神药品的实验研究、生产、经营、使用、储存、运输等活动以及监督管理，适用本条例。

麻醉药品和精神药品的进出口依照有关法律的规定办理。

第三条 本条例所称麻醉药品和精神药品，是指列入麻醉药品目录、精神药品目录（以下称目录）的药品和其他物质。精神药品分为第一类精神药品和第二类精神药品。

目录由国务院药品监督管理部门会同国务院公安部门、国务院卫生主管部门制定、调整并公布。

上市销售但尚未列入目录的药品和其他物质或者第二类精神药品发生滥用，已经造成或者可能造成严重社会危害的，国务院药品监督管理部门会同国务院公安部门、国务院卫生主管部门应当及时将该药品和该物质列入目录或者将该第二类精神药品调整为第一类精神药品。

第四条 国家对麻醉药品药用原植物以及麻醉药品和精神药品实行管制。除本条例另有规定的外，任何单位、个人不得进行麻醉药品药用原植物的种植以及麻醉药品和精神药品的实验研究、生产、经营、使用、储存、运输等活动。

第五条 国务院药品监督管理部门负责全国麻醉药品和精神药品的监督管理工作，并会同国务院农业主管部门对麻醉药品药用原植物实施监督管理。国务院公安部门负责对造成麻醉药品药用原植物、麻醉药品和精神药品流入非法渠道的行为进行查处。国务院其他有关主管部门在各自的职责范围内负责与麻醉药品和精神药品有关的管理工作。

省、自治区、直辖市人民政府药品监督管理部门负责本行政区域内麻醉药品和精神药品的监督管理工作。县级以上地方公安机关负责对本行政区域内造成麻醉药品和精神药品流入非法渠道的行为进行查处。县级以上地方人民政府其他有关主管部门在各自的职责范围内负责与麻醉药品和精神药品有关的管理工作。

第六条 麻醉药品和精神药品生产、经营企业和使用单位可以依法参加行业协会。行业协会应当加强行业自律

管理。

第二章　种植、实验研究和生产

第七条　国家根据麻醉药品和精神药品的医疗、国家储备和企业生产所需原料的需要确定需求总量，对麻醉药品药用原植物的种植、麻醉药品和精神药品的生产实行总量控制。

国务院药品监督管理部门根据麻醉药品和精神药品的需求总量制定年度生产计划。

国务院药品监督管理部门和国务院农业主管部门根据麻醉药品年度生产计划，制定麻醉药品药用原植物年度种植计划。

第八条　麻醉药品药用原植物种植企业应当根据年度种植计划，种植麻醉药品药用原植物。

麻醉药品药用原植物种植企业应当向国务院药品监督管理部门和国务院农业主管部门定期报告种植情况。

第九条　麻醉药品药用原植物种植企业由国务院药品监督管理部门和国务院农业主管部门共同确定，其他单位和个人不得种植麻醉药品药用原植物。

第十条　开展麻醉药品和精神药品实验研究活动应当具备下列条件，并经国务院药品监督管理部门批准：

（一）以医疗、科学研究或者教学为目的；

（二）有保证实验所需麻醉药品和精神药品安全的措施和管理制度；

（三）单位及其工作人员2年内没有违反有关禁毒的法律、行政法规规定的行为。

第十一条　麻醉药品和精神药品的实验研究单位申请相关药品批准证明文件，应当依照药品管理法的规定办理；需要转让研究成果的，应当经国务院药品监督管理部门批准。

第十二条　药品研究单位在普通药品的实验研究过程中，产生本条例规定的管制品种的，应当立即停止实验研究活动，并向国务院药品监督管理部门报告。国务院药品监督管理部门应当根据情况，及时作出是否同意其继续实验研究的决定。

第十三条　麻醉药品和第一类精神药品的临床试验，不得以健康人为受试对象。

第十四条　国家对麻醉药品和精神药品实行定点生产制度。

国务院药品监督管理部门应当根据麻醉药品和精神药品的需求总量，确定麻醉药品和精神药品定点生产企业的数量和布局，并根据年度需求总量对数量和布局进行调整、公布。

第十五条　麻醉药品和精神药品的定点生产企业应当具备下列条件：

（一）有药品生产许可证；

（二）有麻醉药品和精神药品实验研究批准文件；

（三）有符合规定的麻醉药品和精神药品生产设施、储存条件和相应的安全管理设施；

（四）有通过网络实施企业安全生产管理和向药品监督管理部门报告生产信息的能力；

（五）有保证麻醉药品和精神药品安全生产的管理制度；

（六）有与麻醉药品和精神药品安全生产要求相适应的管理水平和经营规模；

（七）麻醉药品和精神药品生产管理、质量管理部门的人员应当熟悉麻醉药品和精神药品管理以及有关禁毒的法律、行政法规；

（八）没有生产、销售假药、劣药或者违反有关禁毒的法律、行政法规规定的行为；

（九）符合国务院药品监督管理部门公布的麻醉药品和精神药品定点生产企业数量和布局的要求。

第十六条　从事麻醉药品、第一类精神药品生产以及第二类精神药品原料药生产的企业，应当经所在地省、自治区、直辖市人民政府药品监督管理部门初步审查，由国务院药品监督管理部门批准；从事第二类精神药品制剂生产的企业，应当经所在地省、自治区、直辖市人民政府药品监督管理部门批准。

第十七条　定点生产企业生产麻醉药品和精神药品，应当依照药品管理法的规定取得药品批准文号。

国务院药品监督管理部门应当组织医学、药学、社会学、伦理学和禁毒等方面的专家成立专家组，由专家组对申请首次上市的麻醉药品和精神药品的社会危害性和被滥用的可能性进行评价，并提出是否批准的建议。

未取得药品批准文号的，不得生产麻醉药品和精神药品。

第十八条　发生重大突发事件，定点生产企业无法正常生产或者不能保证供应麻醉药品和精神药品时，国务院药品监督管理部门可以决定其他药品生产企业生产麻醉药品和精神药品。

重大突发事件结束后，国务院药品监督管理部门应当及时决定前款规定的企业停止麻醉药品和精神药品的生产。

第十九条　定点生产企业应当严格按照麻醉药品和精神药品年度生产计划安排生产，并依照规定向所在地省、自治区、直辖市人民政府药品监督管理部门报告生产情况。

第二十条　定点生产企业应当依照本条例的规定，将麻醉药品和精神药品销售给具有麻醉药品和精神药品经营资格的企业或者依照本条例规定批准的其他单位。

第二十一条　麻醉药品和精神药品的标签应当印有国务院药品监督管理部门规定的标志。

第三章　经　营

第二十二条　国家对麻醉药品和精神药品实行定点经营制度。

国务院药品监督管理部门应当根据麻醉药品和第一类精神药品的需求总量，确定麻醉药品和第一类精神药品的定点批发企业布局，并应当根据年度需求总量对布局进行调整、公布。

药品经营企业不得经营麻醉药品原料药和第一类精神药品原料药。但是，供医疗、科学研究、教学使用的小包装的上述药品可以由国务院药品监督管理部门规定的药品批发企业经营。

第二十三条　麻醉药品和精神药品定点批发企业除应当具备药品管理法第十五条规定的药品经营企业的开办条件外，还应当具备下列条件：

（一）有符合本条例规定的麻醉药品和精神药品储存条件；

（二）有通过网络实施企业安全管理和向药品监督管理部门报告经营信息的能力；

（三）单位及其工作人员 2 年内没有违反有关禁毒的法律、行政法规规定的行为；

（四）符合国务院药品监督管理部门公布的定点批发企业布局。

麻醉药品和第一类精神药品的定点批发企业，还应当具有保证供应责任区域内医疗机构所需麻醉药品和第一类精神药品的能力，并具有保证麻醉药品和第一类精神药品安全经营的管理制度。

第二十四条　跨省、自治区、直辖市从事麻醉药品和第一类精神药品批发业务的企业（以下称全国性批发企业），应当经国务院药品监督管理部门批准；在本省、自治区、直辖市行政区域内从事麻醉药品和第一类精神药品批发业务的企业（以下称区域性批发企业），应当经所在地省、自治区、直辖市人民政府药品监督管理部门批准。

专门从事第二类精神药品批发业务的企业，应当经所在地省、自治区、直辖市人民政府药品监督管理部门批准。

全国性批发企业和区域性批发企业可以从事第二类精神药品批发业务。

第二十五条　全国性批发企业可以向区域性批发企业，或者经批准可以向取得麻醉药品和第一类精神药品使用资格的医疗机构以及依照本条例规定批准的其他单位销售麻醉药品和第一类精神药品。

全国性批发企业向取得麻醉药品和第一类精神药品使用资格的医疗机构销售麻醉药品和第一类精神药品，应当经医疗机构所在地省、自治区、直辖市人民政府药品监督管理部门批准。

国务院药品监督管理部门在批准全国性批发企业时，应当明确其所承担供药责任的区域。

第二十六条　区域性批发企业可以向本省、自治区、直辖市行政区域内取得麻醉药品和第一类精神药品使用资格的医疗机构销售麻醉药品和第一类精神药品；由于特殊地理位置的原因，需要就近向其他省、自治区、直辖市行政区域内取得麻醉药品和第一类精神药品使用资格的医疗机构销售的，应当经企业所在地省、自治区、直辖市人民政府药品监督管理部门批准。审批情况由负责审批的药品监督管理部门在批准后 5 日内通报医疗机构所在地省、自治区、直辖市人民政府药品监督管理部门 。

省、自治区、直辖市人民政府药品监督管理部门在批准区域性批发企业时，应当明确其所承担供药责任的区域。

区域性批发企业之间因医疗急需、运输困难等特殊情况需要调剂麻醉药品和第一类精神药品的，应当在调剂后 2 日内将调剂情况分别报所在地省、自治区、直辖市人民政府药品监督管理部门备案。

第二十七条　全国性批发企业应当从定点生产企业购进麻醉药品和第一类精神药品。

区域性批发企业可以从全国性批发企业购进麻醉药品和第一类精神药品；经所在地省、自治区、直辖市人民政府药品监督管理部门批准，也可以从定点生产企业购进麻醉药品和第一类精神药品。

第二十八条　全国性批发企业和区域性批发企业向医疗机构销售麻醉药品和第一类精神药品，应当将药品送至医疗机构。医疗机构不得自行提货。

第二十九条　第二类精神药品定点批发企业可以向医疗机构、定点批发企业和符合本条例第三十一条规定的药品零售企业以及依照本条例规定批准的其他单位销售第二类精神药品。

第三十条　麻醉药品和第一类精神药品不得零售。

禁止使用现金进行麻醉药品和精神药品交易，但是个人合法购买麻醉药品和精神药品的除外。

第三十一条 经所在地设区的市级药品监督管理部门批准，实行统一进货、统一配送、统一管理的药品零售连锁企业可以从事第二类精神药品零售业务。

第三十二条 第二类精神药品零售企业应当凭执业医师出具的处方，按规定剂量销售第二类精神药品，并将处方保存 2 年备查；禁止超剂量或者无处方销售第二类精神药品；不得向未成年人销售第二类精神药品。

第三十三条 麻醉药品和精神药品实行政府定价，在制定出厂和批发价格的基础上，逐步实行全国统一零售价格。具体办法由国务院价格主管部门制定。

第四章 使 用

第三十四条 药品生产企业需要以麻醉药品和第一类精神药品为原料生产普通药品的，应当向所在地省、自治区、直辖市人民政府药品监督管理部门报送年度需求计划，由省、自治区、直辖市人民政府药品监督管理部门汇总报国务院药品监督管理部门批准后，向定点生产企业购买。

药品生产企业需要以第二类精神药品为原料生产普通药品的，应当将年度需求计划报所在地省、自治区、直辖市人民政府药品监督管理部门，并向定点批发企业或者定点生产企业购买。

第三十五条 食品、食品添加剂、化妆品、油漆等非药品生产企业需要使用咖啡因作为原料的，应当经所在地省、自治区、直辖市人民政府药品监督管理部门批准，向定点批发企业或者定点生产企业购买。

科学研究、教学单位需要使用麻醉药品和精神药品开展实验、教学活动的，应当经所在地省、自治区、直辖市人民政府药品监督管理部门批准，向定点批发企业或者定点生产企业购买。

需要使用麻醉药品和精神药品的标准品、对照品的，应当经所在地省、自治区、直辖市人民政府药品监督管理部门批准，向国务院药品监督管理部门批准的单位购买。

第三十六条 医疗机构需要使用麻醉药品和第一类精神药品的，应当经所在地设区的市级人民政府卫生主管部门批准，取得麻醉药品、第一类精神药品购用印鉴卡（以下称印鉴卡）。医疗机构应当凭印鉴卡向本省、自治区、直辖市行政区域内的定点批发企业购买麻醉药品和第一类精神药品。

设区的市级人民政府卫生主管部门发给医疗机构印鉴卡时，应当将取得印鉴卡的医疗机构情况抄送所在地设区的市级药品监督管理部门，并报省、自治区、直辖市人民政府卫生主管部门备案。省、自治区、直辖市人民政府卫生主管部门应当将取得印鉴卡的医疗机构名单向本行政区域内的定点批发企业通报。

第三十七条 医疗机构取得印鉴卡应当具备下列条件：

（一）有专职的麻醉药品和第一类精神药品管理人员；

（二）有获得麻醉药品和第一类精神药品处方资格的执业医师；

（三）有保证麻醉药品和第一类精神药品安全储存的设施和管理制度。

第三十八条 医疗机构应当按照国务院卫生主管部门的规定，对本单位执业医师进行有关麻醉药品和精神药品使用知识的培训、考核，经考核合格的，授予麻醉药品和第一类精神药品处方资格。执业医师取得麻醉药品和第一类精神药品的处方资格后，方可在本医疗机构开具麻醉药品和第一类精神药品处方，但不得为自己开具该种处方。

医疗机构应当将具有麻醉药品和第一类精神药品处方资格的执业医师名单及其变更情况，定期报送所在地设区的市级人民政府卫生主管部门，并抄送同级药品监督管理部门。

医务人员应当根据国务院卫生主管部门制定的临床应用指导原则，使用麻醉药品和精神药品。

第三十九条 具有麻醉药品和第一类精神药品处方资格的执业医师，根据临床应用指导原则，对确需使用麻醉药品或者第一类精神药品的患者，应当满足其合理用药需求。在医疗机构就诊的癌症疼痛患者和其他危重患者得不到麻醉药品或者第一类精神药品时，患者或者其亲属可以向执业医师提出申请。具有麻醉药品和第一类精神药品处方资格的执业医师认为要求合理的，应当及时为患者提供所需麻醉药品或者第一类精神药品。

第四十条 执业医师应当使用专用处方开具麻醉药品和精神药品，单张处方的最大用量应当符合国务院卫生主管部门的规定。

对麻醉药品和第一类精神药品处方，处方的调配人、核对人应当仔细核对，签署姓名，并予以登记；对不符合本条例规定的，处方的调配人、核对人应当拒绝发药。

麻醉药品和精神药品专用处方的格式由国务院卫生主管部门规定。

第四十一条 医疗机构应当对麻醉药品和精神药品处方进行专册登记，加强管理。麻醉药品处方至少保存 3 年，精神药品处方至少保存 2 年。

第四十二条 医疗机构抢救病人急需麻醉药品和第一类精神药品而本医疗机构无法提供时，可以从其他医疗机构或者定点批发企业紧急借用；抢救工作结束后，应当及时将借用情况报所在地设区的市级药品监督管理部门和卫生主管部门备案。

第四十三条 对临床需要而市场无供应的麻醉药品和精神药品，持有医疗机构制剂许可证和印鉴卡的医疗机构需要配制制剂的，应当经所在地省、自治区、直辖市人民政府药品监督管理部门批准。医疗机构配制的麻醉药品和精神药品制剂只能在本医疗机构使用，不得对外销售。

第四十四条 因治疗疾病需要，个人凭医疗机构出具的医疗诊断书、本人身份证明，可以携带单张处方最大用量以内的麻醉药品和第一类精神药品；携带麻醉药品和第一类精神药品出入境的，由海关根据自用、合理的原则放行。

医务人员为了医疗需要携带少量麻醉药品和精神药品出入境的，应当持有省级以上人民政府药品监督管理部门发放的携带麻醉药品和精神药品证明。海关凭携带麻醉药品和精神药品证明放行。

第四十五条 医疗机构、戒毒机构以开展戒毒治疗为目的，可以使用美沙酮或者国家确定的其他用于戒毒治疗的麻醉药品和精神药品。具体管理办法由国务院药品监督管理部门、国务院公安部门和国务院卫生主管部门制定。

第五章 储 存

第四十六条 麻醉药品药用原植物种植企业、定点生产企业、全国性批发企业和区域性批发企业以及国家设立的麻醉药品储存单位，应当设置储存麻醉药品和第一类精神药品的专库。该专库应当符合下列要求：

（一）安装专用防盗门，实行双人双锁管理；

（二）具有相应的防火设施；

（三）具有监控设施和报警装置，报警装置应当与公安机关报警系统联网。

全国性批发企业经国务院药品监督管理部门批准设立的药品储存点应当符合前款的规定。

麻醉药品定点生产企业应当将麻醉药品原料药和制剂分别存放。

第四十七条 麻醉药品和第一类精神药品的使用单位应当设立专库或者专柜储存麻醉药品和第一类精神药品。专库应当设有防盗设施并安装报警装置，专柜应当使用保险柜。专库和专柜应当实行双人双锁管理。

第四十八条 麻醉药品药用原植物种植企业、定点生产企业、全国性批发企业和区域性批发企业、国家设立的麻醉药品储存单位以及麻醉药品和第一类精神药品的使用单位，应当配备专人负责管理工作，并建立储存麻醉药品和第一类精神药品的专用账册。药品入库双人验收，出库双人复核，做到账物相符。专用账册的保存期限应当自药品有效期期满之日起不少于5年。

第四十九条 第二类精神药品经营企业应当在药品库房中设立独立的专库或者专柜储存第二类精神药品，并建立专用账册，实行专人管理。专用账册的保存期限应当自药品有效期期满之日起不少于5年。

第六章 运 输

第五十条 托运、承运和自行运输麻醉药品和精神药品的，应当采取安全保障措施，防止麻醉药品和精神药品在运输过程中被盗、被抢、丢失。

第五十一条 通过铁路运输麻醉药品和第一类精神药品的，应当使用集装箱或者铁路行李车运输，具体办法由国务院药品监督管理部门会同国务院铁路主管部门制定。

没有铁路需要通过公路或者水路运输麻醉药品和第一类精神药品的，应当由专人负责押运。

第五十二条 托运或者自行运输麻醉药品和第一类精神药品的单位，应当向所在地省、自治区、直辖市人民政府药品监督管理部门申请领取运输证明。运输证明有效期为1年。

运输证明应当由专人保管，不得涂改、转让、转借。

第五十三条 托运人办理麻醉药品和第一类精神药品运输手续，应当将运输证明副本交付承运人。承运人应当查验、收存运输证明副本，并检查货物包装。没有运输证明或者货物包装不符合规定的，承运人不得承运。

承运人在运输过程中应当携带运输证明副本，以备查验。

第五十四条 邮寄麻醉药品和精神药品，寄件人应当提交所在地省、自治区、直辖市人民政府药品监督管理部门出具的准予邮寄证明。邮政营业机构应当查验、收存准予邮寄证明；没有准予邮寄证明的，邮政营业机构不得收寄。

省、自治区、直辖市邮政主管部门指定符合安全保障条件的邮政营业机构负责收寄麻醉药品和精神药品。邮政营业机构收寄麻醉药品和精神药品，应当依法对收寄的麻醉药品和精神药品予以查验。

邮寄麻醉药品和精神药品的具体管理办法，由国务院药品监督管理部门会同国务院邮政主管部门制定。

第五十五条 定点生产企业、全国性批发企业和区域性批发企业之间运输麻醉药品、第一类精神药品，发货人在发货前应当向所在地省、自治区、直辖市人民政府药品监督管理部门报送本次运输的相关信息。属于跨省、自治区、直辖市运输的，收到信息的药品监督管理部门应当向收货人所在地的同级药品监督管理部门通报；属于在本省、自治区、直辖市行政区域内运输的，收到信息的药品监督管理部门应当向收货人所在地设区的市级药品监督管理部门通报。

第七章　审批程序和监督管理

第五十六条　申请人提出本条例规定的审批事项申请，应当提交能够证明其符合本条例规定条件的相关资料。审批部门应当自收到申请之日起40日内作出是否批准的决定；作出批准决定的，发给许可证明文件或者在相关许可证明文件上加注许可事项；作出不予批准决定的，应当书面说明理由。

确定定点生产企业和定点批发企业，审批部门应当在经审查符合条件的企业中，根据布局的要求，通过公平竞争的方式初步确定定点生产企业和定点批发企业，并予公布。其他符合条件的企业可以自公布之日起10日内向审批部门提出异议。审批部门应当自收到异议之日起20日内对异议进行审查，并作出是否调整的决定。

第五十七条　药品监督管理部门应当根据规定的职责权限，对麻醉药品药用原植物的种植以及麻醉药品和精神药品的实验研究、生产、经营、使用、储存、运输活动进行监督检查。

第五十八条　省级以上人民政府药品监督管理部门根据实际情况建立监控信息网络，对定点生产企业、定点批发企业和使用单位的麻醉药品和精神药品生产、进货、销售、库存、使用的数量以及流向实行实时监控，并与同级公安机关做到信息共享。

第五十九条　尚未连接监控信息网络的麻醉药品和精神药品定点生产企业、定点批发企业和使用单位，应当每月通过电子信息、传真、书面等方式，将本单位麻醉药品和精神药品生产、进货、销售、库存、使用的数量以及流向，报所在地设区的市级药品监督管理部门和公安机关；医疗机构还应当报所在地设区的市级人民政府卫生主管部门。

设区的市级药品监督管理部门应当每3个月向上一级药品监督管理部门报告本地区麻醉药品和精神药品的相关情况。

第六十条　对已经发生滥用，造成严重社会危害的麻醉药品和精神药品品种，国务院药品监督管理部门应当采取在一定期限内中止生产、经营、使用或者限定其使用范围和用途等措施。对不再作为药品使用的麻醉药品和精神药品，国务院药品监督管理部门应当撤销其药品批准文号和药品标准，并予以公布。

药品监督管理部门、卫生主管部门发现生产、经营企业和使用单位的麻醉药品和精神药品管理存在安全隐患时，应当责令其立即排除或者限期排除；对有证据证明可能流入非法渠道的，应当及时采取查封、扣押的行政强制措施，在7日内作出行政处理决定，并通报同级公安机关。

药品监督管理部门发现取得印鉴卡的医疗机构未依照规定购买麻醉药品和第一类精神药品时，应当及时通报同级卫生主管部门。接到通报的卫生主管部门应当立即调查处理。必要时，药品监督管理部门可以责令定点批发企业中止向该医疗机构销售麻醉药品和第一类精神药品。

第六十一条　麻醉药品和精神药品的生产、经营企业和使用单位对过期、损坏的麻醉药品和精神药品应当登记造册，并向所在地县级药品监督管理部门申请销毁。药品监督管理部门应当自接到申请之日起5日内到场监督销毁。医疗机构对存放在本单位的过期、损坏麻醉药品和精神药品，应当按照本条规定的程序向卫生主管部门提出申请，由卫生主管部门负责监督销毁。

对依法收缴的麻醉药品和精神药品，除经国务院药品监督管理部门或者国务院公安部门批准用于科学研究外，应当依照国家有关规定予以销毁。

第六十二条　县级以上人民政府卫生主管部门应当对执业医师开具麻醉药品和精神药品处方的情况进行监督检查。

第六十三条　药品监督管理部门、卫生主管部门和公安机关应当互相通报麻醉药品和精神药品生产、经营企业和使用单位的名单以及其他管理信息。

各级药品监督管理部门应当将在麻醉药品药用原植物的种植以及麻醉药品和精神药品的实验研究、生产、经营、使用、储存、运输等各环节的管理中的审批、撤销等事项通报同级公安机关。

麻醉药品和精神药品的经营企业、使用单位报送各级药品监督管理部门的备案事项，应当同时报送同级公安机关。

第六十四条　发生麻醉药品和精神药品被盗、被抢、丢失或者其他流入非法渠道的情形的，案发单位应当立即采取必要的控制措施，同时报告所在地县级公安机关和药品监督管理部门。医疗机构发生上述情形的，还应当报告其主管部门。

公安机关接到报告、举报，或者有证据证明麻醉药品和精神药品可能流入非法渠道时，应当及时开展调查，并可以对相关单位采取必要的控制措施。

药品监督管理部门、卫生主管部门以及其他有关部门应当配合公安机关开展工作。

第八章　法律责任

第六十五条　药品监督管理部门、卫生主管部门违反本条例的规定，有下列情形之一的，由其上级行政机关或者监察机关责令改正；情节严重的，对直接负责的主管人员和其他直接责任人员依法给予行政处分；构成犯罪的，依法追究刑事责任：

（一）对不符合条件的申请人准予行政许可或者超越法定职权作出准予行政许可决定的；

（二）未到场监督销毁过期、损坏的麻醉药品和精神药品的；

（三）未依法履行监督检查职责，应当发现而未发现违法行为、发现违法行为不及时查处，或者未依照本条例规定的程序实施监督检查的；

（四）违反本条例规定的其他失职、渎职行为。

第六十六条　麻醉药品药用原植物种植企业违反本条例的规定，有下列情形之一的，由药品监督管理部门责令限期改正，给予警告；逾期不改正的，处5万元以上10万元以下的罚款；情节严重的，取消其种植资格：

（一）未依照麻醉药品药用原植物年度种植计划进行种植的；

（二）未依照规定报告种植情况的；

（三）未依照规定储存麻醉药品的。

第六十七条　定点生产企业违反本条例的规定，有下列情形之一的，由药品监督管理部门责令限期改正，给予警告，并没收违法所得和违法销售的药品；逾期不改正的，责令停产，并处5万元以上10万元以下的罚款；情节严重的，取消其定点生产资格：

（一）未按照麻醉药品和精神药品年度生产计划安排生产的；

（二）未依照规定向药品监督管理部门报告生产情况的；

（三）未依照规定储存麻醉药品和精神药品，或者未依照规定建立、保存专用账册的；

（四）未依照规定销售麻醉药品和精神药品的；

（五）未依照规定销毁麻醉药品和精神药品的。

第六十八条　定点批发企业违反本条例的规定销售麻醉药品和精神药品，或者违反本条例的规定经营麻醉药品原料药和第一类精神药品原料药的，由药品监督管理部门责令限期改正，给予警告，并没收违法所得和违法销售的药品；逾期不改正的，责令停业，并处违法销售药品货值金额2倍以上5倍以下的罚款；情节严重的，取消其定点批发资格。

第六十九条　定点批发企业违反本条例的规定，有下列情形之一的，由药品监督管理部门责令限期改正，给予警告；逾期不改正的，责令停业，并处2万元以上5万元以下的罚款；情节严重的，取消其定点批发资格：

（一）未依照规定购进麻醉药品和第一类精神药品的；

（二）未保证供药责任区域内的麻醉药品和第一类精神药品的供应的；

（三）未对医疗机构履行送货义务的；

（四）未依照规定报告麻醉药品和精神药品的进货、销售、库存数量以及流向的；

（五）未依照规定储存麻醉药品和精神药品，或者未依照规定建立、保存专用账册的；

（六）未依照规定销毁麻醉药品和精神药品的；

（七）区域性批发企业之间违反本条例的规定调剂麻醉药品和第一类精神药品，或者因特殊情况调剂麻醉药品和第一类精神药品后未依照规定备案的。

第七十条　第二类精神药品零售企业违反本条例的规定储存、销售或者销毁第二类精神药品的，由药品监督管理部门责令限期改正，给予警告，并没收违法所得和违法销售的药品；逾期不改正的，责令停业，并处5000元以上2万元以下的罚款；情节严重的，取消其第二类精神药品零售资格。

第七十一条　本条例第三十四条、第三十五条规定的单位违反本条例的规定，购买麻醉药品和精神药品的，由药品监督管理部门没收违法购买的麻醉药品和精神药品，责令限期改正，给予警告；逾期不改正的，责令停产或者停止相关活动，并处2万元以上5万元以下的罚款。

第七十二条　取得印鉴卡的医疗机构违反本条例的规定，有下列情形之一的，由设区的市级人民政府卫生主管部门责令限期改正，给予警告；逾期不改正的，处5000元以上1万元以下的罚款；情节严重的，吊销其印鉴卡；对直接负责的主管人员和其他直接责任人员，依法给予降级、撤职、开除的处分：

（一）未依照规定购买、储存麻醉药品和第一类精神药品的；

（二）未依照规定保存麻醉药品和精神药品专用处方，或者未依照规定进行处方专册登记的；

（三）未依照规定报告麻醉药品和精神药品的进货、库存、使用数量的；

（四）紧急借用麻醉药品和第一类精神药品后未备案的；

（五）未依照规定销毁麻醉药品和精神药品的。

第七十三条 具有麻醉药品和第一类精神药品处方资格的执业医师，违反本条例的规定开具麻醉药品和第一类精神药品处方，或者未按照临床应用指导原则的要求使用麻醉药品和第一类精神药品的，由其所在医疗机构取消其麻醉药品和第一类精神药品处方资格；造成严重后果的，由原发证部门吊销其执业证书。执业医师未按照临床应用指导原则的要求使用第二类精神药品或者未使用专用处方开具第二类精神药品，造成严重后果的，由原发证部门吊销其执业证书。

未取得麻醉药品和第一类精神药品处方资格的执业医师擅自开具麻醉药品和第一类精神药品处方，由县级以上人民政府卫生主管部门给予警告，暂停其执业活动；造成严重后果的，吊销其执业证书；构成犯罪的，依法追究刑事责任。

处方的调配人、核对人违反本条例的规定未对麻醉药品和第一类精神药品处方进行核对，造成严重后果的，由原发证部门吊销其执业证书。

第七十四条 违反本条例的规定运输麻醉药品和精神药品的，由药品监督管理部门和运输管理部门依照各自职责，责令改正，给予警告，处2万元以上5万元以下的罚款。

收寄麻醉药品、精神药品的邮政营业机构未依照本条例的规定办理邮寄手续的，由邮政主管部门责令改正，给予警告；造成麻醉药品、精神药品邮件丢失的，依照邮政法律、行政法规的规定处理。

第七十五条 提供虚假材料、隐瞒有关情况，或者采取其他欺骗手段取得麻醉药品和精神药品的实验研究、生产、经营、使用资格的，由原审批部门撤销其已取得的资格，5年内不得提出有关麻醉药品和精神药品的申请；情节严重的，处1万元以上3万元以下的罚款，有药品生产许可证、药品经营许可证、医疗机构执业许可证的，依法吊销其许可证明文件。

第七十六条 药品研究单位在普通药品的实验研究和研制过程中，产生本条例规定管制的麻醉药品和精神药品，未依照本条例的规定报告的，由药品监督管理部门责令改正，给予警告，没收违法药品；拒不改正的，责令停止实验研究和研制活动。

第七十七条 药物临床试验机构以健康人为麻醉药品和第一类精神药品临床试验的受试对象的，由药品监督管理部门责令停止违法行为，给予警告；情节严重的，取消其药物临床试验机构的资格；构成犯罪的，依法追究刑事责任。对受试对象造成损害的，药物临床试验机构依法承担治疗和赔偿责任。

第七十八条 定点生产企业、定点批发企业和第二类精神药品零售企业生产、销售假劣麻醉药品和精神药品的，由药品监督管理部门取消其定点生产资格、定点批发资格或者第二类精神药品零售资格，并依照药品管理法的有关规定予以处罚。

第七十九条 定点生产企业、定点批发企业和其他单位使用现金进行麻醉药品和精神药品交易的，由药品监督管理部门责令改正，给予警告，没收违法交易的药品，并处5万元以上10万元以下的罚款。

第八十条 发生麻醉药品和精神药品被盗、被抢、丢失案件的单位，违反本条例的规定未采取必要的控制措施或者未依照本条例的规定报告的，由药品监督管理部门和卫生主管部门依照各自职责，责令改正，给予警告；情节严重的，处5000元以上1万元以下的罚款；有上级主管部门的，由其上级主管部门对直接负责的主管人员和其他直接责任人员，依法给予降级、撤职的处分。

第八十一条 依法取得麻醉药品药用原植物种植或者麻醉药品和精神药品实验研究、生产、经营、使用、运输等资格的单位，倒卖、转让、出租、出借、涂改其麻醉药品和精神药品许可证明文件的，由原审批部门吊销相应许可证明文件，没收违法所得；情节严重的，处违法所得2倍以上5倍以下的罚款；没有违法所得的，处2万元以上5万元以下的罚款；构成犯罪的，依法追究刑事责任。

第八十二条 违反本条例的规定，致使麻醉药品和精神药品流入非法渠道造成危害，构成犯罪的，依法追究刑事责任；尚不构成犯罪的，由县级以上公安机关处5万元以上10万元以下的罚款；有违法所得的，没收违法所得；情节严重的，处违法所得2倍以上5倍以下的罚款；由原发证部门吊销其药品生产、经营和使用许可证明文件。

药品监督管理部门、卫生主管部门在监督管理工作中发现前款规定情形的，应当立即通报所在地同级公安机关，并依照国家有关规定，将案件以及相关材料移送公安机关。

第八十三条　本章规定由药品监督管理部门作出的行政处罚，由县级以上药品监督管理部门按照国务院药品监督管理部门规定的职责分工决定。

第九章　附　则

第八十四条　本条例所称实验研究是指以医疗、科学研究或者教学为目的的临床前药物研究。

经批准可以开展与计划生育有关的临床医疗服务的计划生育技术服务机构需要使用麻醉药品和精神药品的，依照本条例有关医疗机构使用麻醉药品和精神药品的规定执行。

第八十五条　麻醉药品目录中的罂粟壳只能用于中药饮片和中成药的生产以及医疗配方使用。具体管理办法由国务院药品监督管理部门另行制定。

第八十六条　生产含麻醉药品的复方制剂，需要购进、储存、使用麻醉药品原料药的，应当遵守本条例有关麻醉药品管理的规定。

第八十七条　军队医疗机构麻醉药品和精神药品的供应、使用，由国务院药品监督管理部门会同中国人民解放军总后勤部依据本条例制定具体管理办法。

第八十八条　对动物用麻醉药品和精神药品的管理，由国务院兽医主管部门会同国务院药品监督管理部门依据本条例制定具体管理办法。

第八十九条　本条例自 2005 年 11 月 1 日起施行。1987 年 11 月 28 日国务院发布的《麻醉药品管理办法》和 1988 年 12 月 27 日国务院发布的《精神药品管理办法》同时废止。

中华人民共和国进出口商品检验法实施条例

（2005 年 8 月 31 日国务院令第 447 号发布，自 2005 年 12 月 1 日起施行，
根据 2013 年 7 月 18 日《国务院关于废止和修改部分行政法规的决定》修订）

第一章　总　则

第一条　根据《中华人民共和国进出口商品检验法》（以下简称《商检法》）的规定，制定本条例。

第二条　中华人民共和国国家质量监督检验检疫总局（以下简称国家质检总局）主管全国进出口商品检验工作。

国家质检总局设在省、自治区、直辖市以及进出口商品的口岸、集散地的出入境检验检疫局及其分支机构（以下简称出入境检验检疫机构），管理所负责地区的进出口商品检验工作。

第三条　国家质检总局应当依照商检法第四条规定，制定、调整必须实施检验的进出口商品目录（以下简称目录）并公布实施。

目录应当至少在实施之日 30 日前公布；在紧急情况下，应当不迟于实施之日公布。

国家质检总局制定、调整目录时，应当征求国务院对外贸易主管部门、海关总署等有关方面的意见。

第四条　出入境检验检疫机构对列入目录的进出口商品以及法律、行政法规规定须经出入境检验检疫机构检验的其他进出口商品实施检验（以下称法定检验）。

出入境检验检疫机构对法定检验以外的进出口商品，根据国家规定实施抽查检验。

第五条　进出口药品的质量检验、计量器具的量值检定、锅炉压力容器的安全监督检验、船舶（包括海上平台、主要船用设备及材料）和集装箱的规范检验、飞机（包括飞机发动机、机载设备）的适航检验以及核承压设备的安全检验等项目，由有关法律、行政法规规定的机构实施检验。

第六条　进出境的样品、礼品、暂准进出境的货物以及其他非贸易性物品，免予检验。但是，法律、行政法规另有规定的除外。

列入目录的进出口商品符合国家规定的免予检验条件的，由收货人、发货人或者生产企业申请，经国家质检总局审查批准，出入境检验检疫机构免予检验。

免予检验的具体办法，由国家质检总局商有关部门制定。

第七条 法定检验的进出口商品，由出入境检验检疫机构依照商检法第七条规定实施检验。

国家质检总局根据进出口商品检验工作的实际需要和国际标准，可以制定进出口商品检验方法的技术规范和标准。

进出口商品检验依照或者参照的技术规范、标准以及检验方法的技术规范和标准，应当至少在实施之日6个月前公布；在紧急情况下，应当不迟于实施之日公布。

第八条 出入境检验检疫机构根据便利对外贸易的需要，对进出口企业实施分类管理，并按照根据国际通行的合格评定程序确定的检验监管方式，对进出口商品实施检验。

第九条 出入境检验检疫机构对进出口商品实施检验的内容，包括是否符合安全、卫生、健康、环境保护、防止欺诈等要求以及相关的品质、数量、重量等项目。

第十条 出入境检验检疫机构依照商检法的规定，对实施许可制度和国家规定必须经过认证的进出口商品实行验证管理，查验单证，核对证货是否相符。

实行验证管理的进出口商品目录，由国家质检总局商有关部门后制定、调整并公布。

第十一条 进出口商品的收货人或者发货人可以自行办理报检手续，也可以委托代理报检企业办理报检手续；采用快件方式进出口商品的，收货人或者发货人应当委托出入境快件运营企业办理报检手续。

第十二条 进出口商品的收货人或者发货人办理报检手续，应当依法向出入境检验检疫机构备案。

第十三条 代理报检企业接受进出口商品的收货人或者发货人的委托，以委托人的名义办理报检手续的，应当向出入境检验检疫机构提交授权委托书，遵守本条例对委托人的各项规定；以自己的名义办理报检手续的，应当承担与收货人或者发货人相同的法律责任。

出入境快件运营企业接受进出口商品的收货人或者发货人的委托，应当以自己的名义办理报检手续，承担与收货人或者发货人相同的法律责任。

委托人委托代理报检企业、出入境快件运营企业办理报检手续的，应当向代理报检企业、出入境快件运营企业提供所委托报检事项的真实情况；代理报检企业、出入境快件运营企业接受委托人的委托办理报检手续的，应当对委托人所提供情况的真实性进行合理审查。

第十四条 国家质检总局建立进出口商品风险预警机制，通过收集进出口商品检验方面的信息，进行风险评估，确定风险的类型，采取相应的风险预警措施及快速反应措施。

国家质检总局和出入境检验检疫机构应当及时向有关方面提供进出口商品检验方面的信息。

第十五条 出入境检验检疫机构工作人员依法执行职务，有关单位和个人应当予以配合，任何单位和个人不得非法干预和阻挠。

第二章 进口商品的检验

第十六条 法定检验的进口商品的收货人应当持合同、发票、装箱单、提单等必要的凭证和相关批准文件，向海关报关地的出入境检验检疫机构报检；海关放行后20日内，收货人应当依照本条例第十八条的规定，向出入境检验检疫机构申请检验。法定检验的进口商品未经检验的，不准销售，不准使用。

进口实行验证管理的商品，收货人应当向海关报关地的出入境检验检疫机构申请验证。出入境检验检疫机构按照国家质检总局的规定实施验证。

第十七条 法定检验的进口商品、实行验证管理的进口商品，海关凭出入境检验检疫机构签发的货物通关单办理海关通关手续。

第十八条 法定检验的进口商品应当在收货人报检时申报的目的地检验。

大宗散装商品、易腐烂变质商品、可用做原料的固体废物以及已发生残损、短缺的商品，应当在卸货口岸检验。

对前两款规定的进口商品，国家质检总局可以根据便利对外贸易和进出口商品检验工作的需要，指定在其他地点检验。

第十九条 除法律、行政法规另有规定外，法定检验的进口商品经检验，涉及人身财产安全、健康、环境保护项目不合格的，由出入境检验检疫机构责令当事人销毁，或者出具退货处理通知单并书面告知海关，海关凭退货处理通知单办理退运手续；其他项目不合格的，可以在出入境检验检疫机构的监督下进行技术处理，经重新检验合格的，方可销售或者使用。当事人申请出入境检验检疫机构出证的，出入境检验检疫机构应当及时出证。

出入境检验检疫机构对检验不合格的进口成套设备及其材料，签发不准安装使用通知书。经技术处理，并经出入境检验检疫机构重新检验合格的，方可安装使用。

第二十条　法定检验以外的进口商品，经出入境检验检疫机构抽查检验不合格的，依照本条例第十九条的规定处理。

实行验证管理的进口商品，经出入境检验检疫机构验证不合格的，参照本条例第十九条的规定处理或者移交有关部门处理。

法定检验以外的进口商品的收货人，发现进口商品质量不合格或者残损、短缺，申请出证的，出入境检验检疫机构或者其他检验机构应当在检验后及时出证。

第二十一条　对属于法定检验范围内的关系国计民生、价值较高、技术复杂的以及其他重要的进口商品和大型成套设备，应当按照对外贸易合同约定监造、装运前检验或者监装。收货人保留到货后最终检验和索赔的权利。

出入境检验检疫机构可以根据需要派出检验人员参加或者组织实施监造、装运前检验或者监装。

第二十二条　国家对进口可用做原料的固体废物的国外供货商、国内收货人实行注册登记制度，国外供货商、国内收货人在签订对外贸易合同前，应当取得国家质检总局或者出入境检验检疫机构的注册登记。国家对进口可用做原料的固体废物实行装运前检验制度，进口时，收货人应当提供出入境检验检疫机构或者检验机构出具的装运前检验证书。

国家允许进口的旧机电产品的收货人在签订对外贸易合同前，应当向国家质检总局或者出入境检验检疫机构办理备案手续。对价值较高，涉及人身财产安全、健康、环境保护项目的高风险进口旧机电产品，应当依照国家有关规定实施装运前检验，进口时，收货人应当提供出入境检验检疫机构或者检验机构出具的装运前检验证书。

进口可用做原料的固体废物、国家允许进口的旧机电产品到货后，由出入境检验检疫机构依法实施检验。

第二十三条　进口机动车辆到货后，收货人凭出入境检验检疫机构签发的进口机动车辆检验证单以及有关部门签发的其他单证向车辆管理机关申领行车牌证。在使用过程中发现有涉及人身财产安全的质量缺陷的，出入境检验检疫机构应当及时作出相应处理。

第三章　出口商品的检验

第二十四条　法定检验的出口商品的发货人应当在国家质检总局统一规定的地点和期限内，持合同等必要的凭证和相关批准文件向出入境检验检疫机构报检。法定检验的出口商品未经检验或者经检验不合格的，不准出口。

出口商品应当在商品的生产地检验。国家质检总局可以根据便利对外贸易和进出口商品检验工作的需要，指定在其他地点检验。

出口实行验证管理的商品，发货人应当向出入境检验检疫机构申请验证。出入境检验检疫机构按照国家质检总局的规定实施验证。

第二十五条　在商品生产地检验的出口商品需要在口岸换证出口的，由商品生产地的出入境检验检疫机构按照规定签发检验换证凭单。发货人应当在规定的期限内持检验换证凭单和必要的凭证，向口岸出入境检验检疫机构申请查验。经查验合格的，由口岸出入境检验检疫机构签发货物通关单。

第二十六条　法定检验的出口商品、实行验证管理的出口商品，海关凭出入境检验检疫机构签发的货物通关单办理海关通关手续。

第二十七条　法定检验的出口商品经出入境检验检疫机构检验或者经口岸出入境检验检疫机构查验不合格的，可以在出入境检验检疫机构的监督下进行技术处理，经重新检验合格的，方准出口；不能进行技术处理或者技术处理后重新检验仍不合格的，不准出口。

第二十八条　法定检验以外的出口商品，经出入境检验检疫机构抽查检验不合格的，依照本条例第二十七条的规定处理。

实行验证管理的出口商品，经出入境检验检疫机构验证不合格的，参照本条例第二十七条的规定处理或者移交有关部门处理。

第二十九条　出口危险货物包装容器的生产企业，应当向出入境检验检疫机构申请包装容器的性能鉴定。包装容器经出入境检验检疫机构鉴定合格并取得性能鉴定证书的，方可用于包装危险货物。

出口危险货物的生产企业，应当向出入境检验检疫机构申请危险货物包装容器的使用鉴定。使用未经鉴定或者经鉴定不合格的包装容器的危险货物，不准出口。

第三十条　对装运出口的易腐烂变质食品、冷冻品的集装箱、船舱、飞机、车辆等运载工具，承运人、装箱单位或者其代理人应当在装运前向出入境检验检疫机构申请清洁、卫生、冷藏、密固等适载检验。未经检验或者经检验不合格的，不准装运。

第四章　监督管理

第三十一条　出入境检验检疫机构根据便利对外贸易的需要，可以对列入目录的出口商品进行出厂前的质量监督管理和检验，对其中涉及人身财产安全、健康的重要出口商品实施出口商品注册登记管理。实施出口商品注册登记管理的出口商品，必须获得注册登记，方可出口。

出入境检验检疫机构进行出厂前的质量监督管理和检验的内容，包括对生产企业的质量保证工作进行监督检查，对出口商品进行出厂前的检验。

第三十二条　国家对进出口食品生产企业实施卫生注册登记管理。获得卫生注册登记的出口食品生产企业，方可生产、加工、储存出口食品。获得卫生注册登记的进出口食品生产企业生产的食品，方可进口或者出口。

实施卫生注册登记管理的进口食品生产企业，应当按照规定向国家质检总局申请卫生注册登记。

实施卫生注册登记管理的出口食品生产企业，应当按照规定向出入境检验检疫机构申请卫生注册登记。

出口食品生产企业需要在国外卫生注册的，依照本条第三款规定进行卫生注册登记后，由国家质检总局统一对外办理。

第三十三条　出入境检验检疫机构根据需要，对检验合格的进出口商品加施商检标志，对检验合格的以及其他需要加施封志的进出口商品加施封志。具体办法由国家质检总局制定。

第三十四条　出入境检验检疫机构按照有关规定对检验的进出口商品抽取样品。验余的样品，出入境检验检疫机构应当通知有关单位在规定的期限内领回；逾期不领回的，由出入境检验检疫机构处理。

第三十五条　进出口商品的报检人对出入境检验检疫机构作出的检验结果有异议的，可以自收到检验结果之日起 15 日内，向作出检验结果的出入境检验检疫机构或者其上级出入境检验检疫机构以至国家质检总局申请复验，受理复验的出入境检验检疫机构或者国家质检总局应当自收到复验申请之日起 60 日内作出复验结论。技术复杂，不能在规定期限内作出复验结论的，经本机构负责人批准，可以适当延长，但是延长期限最多不超过 30 日。

第三十六条　国家质检总局或者出入境检验检疫机构根据进出口商品检验工作的需要，可以指定符合规定资质条件的国内外检测机构承担出入境检验检疫机构委托的进出口商品检测。被指定的检测机构经检查不符合规定要求的，国家质检总局或者出入境检验检疫机构可以取消指定。

第三十七条　在中华人民共和国境内设立从事进出口商品检验鉴定业务的检验机构，应当符合有关法律、行政法规、规章规定的注册资本、技术能力、人员资格等条件，经国家质检总局和有关主管部门审核批准，获得许可，并依法办理工商登记后，方可接受委托办理进出口商品检验鉴定业务。

第三十八条　对检验机构的检验鉴定业务活动有异议的，可以向国家质检总局或者出入境检验检疫机构投诉。

第三十九条　国家质检总局、出入境检验检疫机构实施监督管理或者对涉嫌违反进出口商品检验法律、行政法规的行为进行调查，有权查阅、复制当事人的有关合同、发票、账簿以及其他有关资料。出入境检验检疫机构对有根据认为涉及人身财产安全、健康、环境保护项目不合格的进出口商品，经本机构负责人批准，可以查封或者扣押，但海关监管货物除外。

第四十条　国家质检总局、出入境检验检疫机构应当根据便利对外贸易的需要，采取有效措施，简化程序，方便进出口。

办理进出口商品报检、检验、鉴定等手续，符合条件的，可以采用电子数据文件的形式。

第四十一条　出入境检验检疫机构依照有关法律、行政法规的规定，签发出口货物普惠制原产地证明、区域性优惠原产地证明、专用原产地证明。办理原产地证明的申请人应当依法取得出入境检验检疫机构的注册登记。

出口货物一般原产地证明的签发，依照有关法律、行政法规的规定执行。

第四十二条　出入境检验检疫机构对进出保税区、出口加工区等海关特殊监管区域的货物以及边境小额贸易进出口商品的检验管理，由国家质检总局商海关总署另行制定办法。

第五章　法律责任

第四十三条　擅自销售、使用未报检或者未经检验的属于法定检验的进口商品，或者擅自销售、使用应当申请进口验证而未申请的进口商品的，由出入境检验检疫机构没收违法所得，并处商品货值金额 5%以上 20%以下罚款；构成犯罪的，依法追究刑事责任。

第四十四条　擅自出口未报检或者未经检验的属于法定检验的出口商品，或者擅自出口应当申请出口验证而未申请的出口商品的，由出入境检验检疫机构没收违法所得，并处商品货值金额 5%以上 20%以下罚款；构成犯罪的，依法追究刑事责任。

第四十五条 销售、使用经法定检验、抽查检验或者验证不合格的进口商品，或者出口经法定检验、抽查检验或者验证不合格的商品的，由出入境检验检疫机构责令停止销售、使用或者出口，没收违法所得和违法销售、使用或者出口的商品，并处违法销售、使用或者出口的商品货值金额等值以上 3 倍以下罚款；构成犯罪的，依法追究刑事责任。

第四十六条 进出口商品的收货人、发货人、代理报检企业或者出入境快件运营企业、报检人员不如实提供进出口商品的真实情况，取得出入境检验检疫机构的有关证单，或者对法定检验的进出口商品不予报检，逃避进出口商品检验的，由出入境检验检疫机构没收违法所得，并处商品货值金额 5%以上 20%以下罚款。

进出口商品的收货人或者发货人委托代理报检企业、出入境快件运营企业办理报检手续，未按照规定向代理报检企业、出入境快件运营企业提供所委托报检事项的真实情况，取得出入境检验检疫机构的有关证单的，对委托人依照前款规定予以处罚。

代理报检企业、出入境快件运营企业、报检人员对委托人所提供情况的真实性未进行合理审查或者因工作疏忽，导致骗取出入境检验检疫机构有关证单的结果的，由出入境检验检疫机构对代理报检企业、出入境快件运营企业处 2 万元以上 20 万元以下罚款。

第四十七条 伪造、变造、买卖或者盗窃检验证单、印章、标志、封志、货物通关单或者使用伪造、变造的检验证单、印章、标志、封志、货物通关单，构成犯罪的，依法追究刑事责任；尚不够刑事处罚的，由出入境检验检疫机构责令改正，没收违法所得，并处商品货值金额等值以下罚款。

第四十八条 擅自调换出入境检验检疫机构抽取的样品或者出入境检验检疫机构检验合格的进出口商品的，由出入境检验检疫机构责令改正，给予警告；情节严重的，并处商品货值金额 10%以上 50%以下罚款。

第四十九条 出口属于国家实行出口商品注册登记管理而未获得注册登记的商品的，由出入境检验检疫机构责令停止出口，没收违法所得，并处商品货值金额 10%以上 50%以下罚款。

第五十条 进口或者出口国家实行卫生注册登记管理而未获得卫生注册登记的生产企业生产的食品的，由出入境检验检疫机构责令停止进口或者出口，没收违法所得，并处商品货值金额 10%以上 50%以下罚款。

已获得卫生注册登记的进出口食品、化妆品生产企业，经检查不符合规定要求的，由国家质检总局或者出入境检验检疫机构责令限期整改；整改仍未达到规定要求或者有其他违法行为，情节严重的，吊销其卫生注册登记证书。

第五十一条 进口可用做原料的固体废物，国外供货商、国内收货人未取得注册登记，或者未进行装运前检验的，按照国家有关规定责令退货；情节严重的，由出入境检验检疫机构并处 10 万元以上 100 万元以下罚款。

已获得注册登记的可用做原料的固体废物的国外供货商、国内收货人违反国家有关规定，情节严重的，由出入境检验检疫机构撤销其注册登记。

进口国家允许进口的旧机电产品未办理备案或者未按照规定进行装运前检验的，按照国家有关规定予以退货；情节严重的，由出入境检验检疫机构并处 100 万元以下罚款。

第五十二条 提供或者使用未经出入境检验检疫机构鉴定的出口危险货物包装容器的，由出入境检验检疫机构处 10 万元以下罚款。

提供或者使用经出入境检验检疫机构鉴定不合格的包装容器装运出口危险货物的，由出入境检验检疫机构处 20 万元以下罚款。

第五十三条 提供或者使用未经出入境检验检疫机构适载检验的集装箱、船舱、飞机、车辆等运载工具装运易腐烂变质食品、冷冻品出口的，由出入境检验检疫机构处 10 万元以下罚款。

提供或者使用经出入境检验检疫机构检验不合格的集装箱、船舱、飞机、车辆等运载工具装运易腐烂变质食品、冷冻品出口的，由出入境检验检疫机构处 20 万元以下罚款。

第五十四条 擅自调换、损毁出入境检验检疫机构加施的商检标志、封志的，由出入境检验检疫机构处 5 万元以下罚款。

第五十五条 从事进出口商品检验鉴定业务的检验机构超出其业务范围，或者违反国家有关规定，扰乱检验鉴定秩序的，由出入境检验检疫机构责令改正，没收违法所得，可以并处 10 万元以下罚款，国家质检总局或者出入境检验检疫机构可以暂停其 6 个月以内检验鉴定业务；情节严重的，由国家质检总局吊销其检验鉴定资格证书。

第五十六条 代理报检企业、出入境快件运营企业违反国家有关规定，扰乱报检秩序的，由出入境检验检疫机构责令改正，没收违法所得，可以处 10 万元以下罚款，国家质检总局或者出入境检验检疫机构可以暂停其 6 个月以内代理报检业务。

第五十七条 出入境检验检疫机构的工作人员滥用职权，故意刁难当事人的，徇私舞弊，伪造检验结果的，或者玩忽职守，延误检验出证的，依法给予行政处分；违反有关法律、行政法规规定签发出口货物原产地证明的，依法给予行政处分，没收违法所得；构成犯罪的，依法追究刑事责任。

第五十八条 出入境检验检疫机构对没收的商品依法予以处理所得价款、没收的违法所得、收缴的罚款，全部上缴国库。

第六章 附 则

第五十九条 当事人对出入境检验检疫机构、国家质检总局作出的复验结论不服，或者对国家质检总局、出入境检验检疫机构作出的处罚决定不服的，可以依法申请行政复议，也可以依法向人民法院提起诉讼。

当事人逾期不履行处罚决定，又不申请行政复议或者向人民法院提起诉讼的，作出处罚决定的机构可以申请人民法院强制执行。

第六十条 出入境检验检疫机构实施法定检验、经许可的检验机构办理检验鉴定业务，按照国家有关规定收取费用。

第六十一条 本条例自2005年12月1日起施行。1992年10月7日国务院批准、1992年10月23日原国家进出口商品检验局发布的《中华人民共和国进出口商品检验法实施条例》同时废止。

放射性同位素与射线装置安全和防护条例

（2005年9月14日国务院令第449号发布，2005年12月1日起施行）

第一章 总 则

第一条 为了加强对放射性同位素、射线装置安全和防护的监督管理，促进放射性同位素、射线装置的安全应用，保障人体健康，保护环境，制定本条例。

第二条 在中华人民共和国境内生产、销售、使用放射性同位素和射线装置，以及转让、进出口放射性同位素的，应当遵守本条例。

本条例所称放射性同位素包括放射源和非密封放射性物质。

第三条 国务院环境保护主管部门对全国放射性同位素、射线装置的安全和防护工作实施统一监督管理。

国务院公安、卫生等部门按照职责分工和本条例的规定，对有关放射性同位素、射线装置的安全和防护工作实施监督管理。

县级以上地方人民政府环境保护主管部门和其他有关部门，按照职责分工和本条例的规定，对本行政区域内放射性同位素、射线装置的安全和防护工作实施监督管理。

第四条 国家对放射源和射线装置实行分类管理。根据放射源、射线装置对人体健康和环境的潜在危害程度，从高到低将放射源分为Ⅰ类、Ⅱ类、Ⅲ类、Ⅳ类、Ⅴ类，具体分类办法由国务院环境保护主管部门制定；将射线装置分为Ⅰ类、Ⅱ类、Ⅲ类，具体分类办法由国务院环境保护主管部门商国务院卫生主管部门制定。

第二章 许可和备案

第五条 生产、销售、使用放射性同位素和射线装置的单位，应当依照本章规定取得许可证。

第六条 生产放射性同位素、销售和使用Ⅰ类放射源、销售和使用Ⅰ类射线装置的单位的许可证，由国务院环境保护主管部门审批颁发。

前款规定之外的单位的许可证，由省、自治区、直辖市人民政府环境保护主管部门审批颁发。

国务院环境保护主管部门向生产放射性同位素的单位颁发许可证前，应当将申请材料印送其行业主管部门征求意见。

环境保护主管部门应当将审批颁发许可证的情况通报同级公安部门、卫生主管部门。

第七条 生产、销售、使用放射性同位素和射线装置的单位申请领取许可证，应当具备下列条件：

（一）有与所从事的生产、销售、使用活动规模相适应的，具备相应专业知识和防护知识及健康条件的专业技术人员；

（二）有符合国家环境保护标准、职业卫生标准和安全防护要求的场所、设施和设备；

（三）有专门的安全和防护管理机构或者专职、兼职安全和防护管理人员，并配备必要的防护用品和监测仪器；

（四）有健全的安全和防护管理规章制度、辐射事故应急措施；

（五）产生放射性废气、废液、固体废物的，具有确保放射性废气、废液、固体废物达标排放的处理能力或者可行的处理方案。

第八条 生产、销售、使用放射性同位素和射线装置的单位，应当事先向有审批权的环境保护主管部门提出许可申请，并提交符合本条例第七条规定条件的证明材料。

使用放射性同位素和射线装置进行放射诊疗的医疗卫生机构，还应当获得放射源诊疗技术和医用辐射机构许可。

第九条 环境保护主管部门应当自受理申请之日起20个工作日内完成审查，符合条件的，颁发许可证，并予以公告；不符合条件的，书面通知申请单位并说明理由。

第十条 许可证包括下列主要内容：

（一）单位的名称、地址、法定代表人；

（二）所从事活动的种类和范围；

（三）有效期限；

（四）发证日期和证书编号。

第十一条 持证单位变更单位名称、地址、法定代表人的，应当自变更登记之日起20日内，向原发证机关申请办理许可证变更手续。

第十二条 有下列情形之一的，持证单位应当按照原申请程序，重新申请领取许可证：

（一）改变所从事活动的种类或者范围的；

（二）新建或者改建、扩建生产、销售、使用设施或者场所的。

第十三条 许可证有效期为5年。有效期届满，需要延续的，持证单位应当于许可证有效期届满30日前，向原发证机关提出延续申请。原发证机关应当自受理延续申请之日起，在许可证有效期届满前完成审查，符合条件的，予以延续；不符合条件的，书面通知申请单位并说明理由。

第十四条 持证单位部分终止或者全部终止生产、销售、使用放射性同位素和射线装置活动的，应当向原发证机关提出部分变更或者注销许可证申请，由原发证机关核查合格后，予以变更或者注销许可证。

第十五条 禁止无许可证或者不按照许可证规定的种类和范围从事放射性同位素和射线装置的生产、销售、使用活动。

禁止伪造、变造、转让许可证。

第十六条 国务院对外贸易主管部门会同国务院环境保护主管部门、海关总署、国务院质量监督检验检疫部门和生产放射性同位素的单位的行业主管部门制定并公布限制进出口放射性同位素目录和禁止进出口放射性同位素目录。

进口列入限制进出口目录的放射性同位素，应当在国务院环境保护主管部门审查批准后，由国务院对外贸易主管部门依据国家对外贸易的有关规定签发进口许可证。进口限制进出口目录和禁止进出口目录之外的放射性同位素，依据国家对外贸易的有关规定办理进口手续。

第十七条 申请进口列入限制进出口目录的放射性同位素，应当符合下列要求：

（一）进口单位已经取得与所从事活动相符的许可证；

（二）进口单位具有进口放射性同位素使用期满后的处理方案，其中进口Ⅰ类、Ⅱ类、Ⅲ类放射源的，应当具有原出口方负责回收的承诺文件；

（三）进口的放射源应当有明确标号和必要说明文件，其中Ⅰ类、Ⅱ类、Ⅲ类放射源的标号应当刻制在放射源本体或者密封包壳体上，Ⅳ类、Ⅴ类放射源的标号应当记录在相应说明文件中；

（四）将进口的放射性同位素销售给其他单位使用的，还应当具有与使用单位签订的书面协议以及使用单位取得的许可证复印件。

第十八条 进口列入限制进出口目录的放射性同位素的单位，应当向国务院环境保护主管部门提出进口申请，并提交符合本条例第十七条规定要求的证明材料。

国务院环境保护主管部门应当自受理申请之日起10个工作日内完成审查，符合条件的，予以批准；不符合条件的，书面通知申请单位并说明理由。

海关验凭放射性同位素进口许可证办理有关进口手续。进口放射性同位素的包装材料依法需要实施检疫的，依照国家有关检疫法律、法规的规定执行。

对进口的放射源，国务院环境保护主管部门还应当同时确定与其标号相对应的放射源编码。

第十九条 申请转让放射性同位素，应当符合下列要求：

（一）转出、转入单位持有与所从事活动相符的许可证；

（二）转入单位具有放射性同位素使用期满后的处理方案；

（三）转让双方已经签订书面转让协议。

第二十条 转让放射性同位素，由转入单位向其所在地省、自治区、直辖市人民政府环境保护主管部门提出申请，并提交符合本条例第十九条规定要求的证明材料。

省、自治区、直辖市人民政府环境保护主管部门应当自受理申请之日起15个工作日内完成审查，符合条件的，予以批准；不符合条件的，书面通知申请单位并说明理由。

第二十一条 放射性同位素的转出、转入单位应当在转让活动完成之日起20日内，分别向其所在地省、自治区、直辖市人民政府环境保护主管部门备案。

第二十二条 生产放射性同位素的单位，应当建立放射性同位素产品台账，并按照国务院环境保护主管部门制定的编码规则，对生产的放射源统一编码。放射性同位素产品台账和放射源编码清单应当报国务院环境保护主管部门备案。

生产的放射源应当有明确标号和必要说明文件。其中，Ⅰ类、Ⅱ类、Ⅲ类放射源的标号应当刻制在放射源本体或者密封包壳体上，Ⅳ类、Ⅴ类放射源的标号应当记录在相应说明文件中。

国务院环境保护主管部门负责建立放射性同位素备案信息管理系统，与有关部门实行信息共享。

未列入产品台账的放射性同位素和未编码的放射源，不得出厂和销售。

第二十三条 持有放射源的单位将废旧放射源交回生产单位、返回原出口方或者送交放射性废物集中储存单位储存的，应当在该活动完成之日起20日内向其所在地省、自治区、直辖市人民政府环境保护主管部门备案。

第二十四条 本条例施行前生产和进口的放射性同位素，由放射性同位素持有单位在本条例施行之日起6个月内，到其所在地省、自治区、直辖市人民政府环境保护主管部门办理备案手续，省、自治区、直辖市人民政府环境保护主管部门应当对放射源进行统一编码。

第二十五条 使用放射性同位素的单位需要将放射性同位素转移到外省、自治区、直辖市使用的，应当持许可证复印件向使用地省、自治区、直辖市人民政府环境保护主管部门备案，并接受当地环境保护主管部门的监督管理。

第二十六条 出口列入限制进出口目录的放射性同位素，应当提供进口方可以合法持有放射性同位素的证明材料，并由国务院环境保护主管部门依照有关法律和我国缔结或者参加的国际条约、协定的规定，办理有关手续。

出口放射性同位素应当遵守国家对外贸易的有关规定。

第三章　安全和防护

第二十七条 生产、销售、使用放射性同位素和射线装置的单位，应当对本单位的放射性同位素、射线装置的安全和防护工作负责，并依法对其造成的放射性危害承担责任。

生产放射性同位素的单位的行业主管部门，应当加强对生产单位安全和防护工作的管理，并定期对其执行法律、法规和国家标准的情况进行监督检查。

第二十八条 生产、销售、使用放射性同位素和射线装置的单位，应当对直接从事生产、销售、使用活动的工作人员进行安全和防护知识教育培训，并进行考核；考核不合格的，不得上岗。

辐射安全关键岗位应当由注册核安全工程师担任。辐射安全关键岗位名录由国务院环境保护主管部门商国务院有关部门制定并公布。

第二十九条 生产、销售、使用放射性同位素和射线装置的单位，应当严格按照国家关于个人剂量监测和健康管理的规定，对直接从事生产、销售、使用活动的工作人员进行个人剂量监测和职业健康检查，建立个人剂量档案和职业健康监护档案。

第三十条 生产、销售、使用放射性同位素和射线装置的单位，应当对本单位的放射性同位素、射线装置的安全和防护状况进行年度评估。发现安全隐患的，应当立即进行整改。

第三十一条 生产、销售、使用放射性同位素和射线装置的单位需要终止的，应当事先对本单位的放射性同位素和放射性废物进行清理登记，作出妥善处理，不得留有安全隐患。生产、销售、使用放射性同位素和射线装置的单位发生变更的，由变更后的单位承担处理责任。变更前当事人对此另有约定的，从其约定，但是，约定中不得免除当事人的处理义务。

在本条例施行前已经终止的生产、销售、使用放射性同位素和射线装置的单位，其未安全处理的废旧放射源和放射性废物，由所在地省、自治区、直辖市人民政府环境保护主管部门提出处理方案，及时进行处理。所需经费由省级以上人民政府承担。

第三十二条　生产、进口放射源的单位销售Ⅰ类、Ⅱ类、Ⅲ类放射源给其他单位使用的，应当与使用放射源的单位签订废旧放射源返回协议；使用放射源的单位应当按照废旧放射源返回协议规定将废旧放射源交回生产单位或者返回原出口方。确实无法交回生产单位或者返回原出口方的，送交有相应资质的放射性废物集中贮存单位贮存。

使用放射源的单位应当按照国务院环境保护主管部门的规定，将Ⅳ类、Ⅴ类废旧放射源进行包装整备后送交有相应资质的放射性废物集中贮存单位贮存。

第三十三条　使用Ⅰ类、Ⅱ类、Ⅲ类放射源的场所和生产放射性同位素的场所，以及终结运行后产生放射性污染的射线装置，应当依法实施退役。

第三十四条　生产、销售、使用、贮存放射性同位素和射线装置的场所，应当按照国家有关规定设置明显的放射性标志，其入口处应当按照国家有关安全和防护标准的要求，设置安全和防护设施以及必要的防护安全联锁、报警装置或者工作信号。射线装置的生产调试和使用场所，应当具有防止误操作、防止工作人员和公众受到意外照射的安全措施。

放射性同位素的包装容器、含放射性同位素的设备和射线装置，应当设置明显的放射性标志和中文警示说明；放射源上能够设置放射性标志的，应当一并设置。运输放射性同位素和含放射源的射线装置的工具，应当按照国家有关规定设置明显的放射性标志或者显示危险信号。

第三十五条　放射性同位素应当单独存放，不得与易燃、易爆、腐蚀性物品等一起存放，并指定专人负责保管。贮存、领取、使用、归还放射性同位素时，应当进行登记、检查，做到账物相符。对放射性同位素贮存场所应当采取防火、防水、防盗、防丢失、防破坏、防射线泄漏的安全措施。

对放射源还应当根据其潜在危害的大小，建立相应的多层防护和安全措施，并对可移动的放射源定期进行盘存，确保其处于指定位置，具有可靠的安全保障。

第三十六条　在室外、野外使用放射性同位素和射线装置的，应当按照国家安全和防护标准的要求划出安全防护区域，设置明显的放射性标志，必要时设专人警戒。

在野外进行放射性同位素示踪试验的，应当经省级以上人民政府环境保护主管部门商同级有关部门批准方可进行。

第三十七条　辐射防护器材、含放射性同位素的设备和射线装置，以及含有放射性物质的产品和伴有产生X射线的电器产品，应当符合辐射防护要求。不合格的产品不得出厂和销售。

第三十八条　使用放射性同位素和射线装置进行放射诊疗的医疗卫生机构，应当依据国务院卫生主管部门有关规定和国家标准，制订与本单位从事的诊疗项目相适应的质量保证方案，遵守质量保证监测规范，按照医疗照射正当化和辐射防护最优化的原则，避免一切不必要的照射，并事先告知患者和受检者辐射对健康的潜在影响。

第三十九条　金属冶炼厂回收冶炼废旧金属时，应当采取必要的监测措施，防止放射性物质熔入产品中。监测中发现问题的，应当及时通知所在地设区的市级以上人民政府环境保护主管部门。

第四章　辐射事故应急处理

第四十条　根据辐射事故的性质、严重程度、可控性和影响范围等因素，从重到轻将辐射事故分为特别重大辐射事故、重大辐射事故、较大辐射事故和一般辐射事故四个等级。

特别重大辐射事故，是指Ⅰ类、Ⅱ类放射源丢失、被盗、失控造成大范围严重辐射污染后果，或者放射性同位素和射线装置失控导致3人以上（含3人）急性死亡。

重大辐射事故，是指Ⅰ类、Ⅱ类放射源丢失、被盗、失控，或者放射性同位素和射线装置失控导致2人以下（含2人）急性死亡或者10人以上（含10人）急性重度放射病、局部器官残疾。

较大辐射事故，是指Ⅲ类放射源丢失、被盗、失控，或者放射性同位素和射线装置失控导致9人以下（含9人）急性重度放射病、局部器官残疾。

一般辐射事故，是指Ⅳ类、Ⅴ类放射源丢失、被盗、失控，或者放射性同位素和射线装置失控导致人员受到超过年剂量限值的照射。

第四十一条　县级以上人民政府环境保护主管部门应当会同同级公安、卫生、财政等部门编制辐射事故应急预案，报本级人民政府批准。辐射事故应急预案应当包括下列内容：

（一）应急机构和职责分工；

（二）应急人员的组织、培训以及应急和救助的装备、资金、物资准备；

（三）辐射事故分级与应急响应措施；

（四）辐射事故调查、报告和处理程序。

生产、销售、使用放射性同位素和射线装置的单位，应当根据可能发生的辐射事故的风险，制订本单位的应急方案，做好应急准备。

第四十二条 发生辐射事故时，生产、销售、使用放射性同位素和射线装置的单位应当立即启动本单位的应急方案，采取应急措施，并立即向当地环境保护主管部门、公安部门、卫生主管部门报告。

环境保护主管部门、公安部门、卫生主管部门接到辐射事故报告后，应当立即派人赶赴现场，进行现场调查，采取有效措施，控制并消除事故影响，同时将辐射事故信息报告本级人民政府和上级人民政府环境保护主管部门、公安部门、卫生主管部门。

县级以上地方人民政府及其有关部门接到辐射事故报告后，应当按照事故分级报告的规定及时将辐射事故信息报告上级人民政府及其有关部门。发生特别重大辐射事故和重大辐射事故后，事故发生地省、自治区、直辖市人民政府和国务院有关部门应当在4小时内报告国务院；特殊情况下，事故发生地人民政府及其有关部门可以直接向国务院报告，并同时报告上级人民政府及其有关部门。

禁止缓报、瞒报、谎报或者漏报辐射事故。

第四十三条 在发生辐射事故或者有证据证明辐射事故可能发生时，县级以上人民政府环境保护主管部门有权采取下列临时控制措施：

（一）责令停止导致或者可能导致辐射事故的作业；

（二）组织控制事故现场。

第四十四条 辐射事故发生后，有关县级以上人民政府应当按照辐射事故的等级，启动并组织实施相应的应急预案。

县级以上人民政府环境保护主管部门、公安部门、卫生主管部门，按照职责分工做好相应的辐射事故应急工作：

（一）环境保护主管部门负责辐射事故的应急响应、调查处理和定性定级工作，协助公安部门监控追缴丢失、被盗的放射源；

（二）公安部门负责丢失、被盗放射源的立案侦查和追缴；

（三）卫生主管部门负责辐射事故的医疗应急。

环境保护主管部门、公安部门、卫生主管部门应当及时相互通报辐射事故应急响应、调查处理、定性定级、立案侦查和医疗应急情况。国务院指定的部门根据环境保护主管部门确定的辐射事故的性质和级别，负责有关国际信息通报工作。

第四十五条 发生辐射事故的单位应当立即将可能受到辐射伤害的人员送至当地卫生主管部门指定的医院或者有条件救治辐射损伤病人的医院，进行检查和治疗，或者请求医院立即派人赶赴事故现场，采取救治措施。

第五章 监督检查

第四十六条 县级以上人民政府环境保护主管部门和其他有关部门应当按照各自职责对生产、销售、使用放射性同位素和射线装置的单位进行监督检查。

被检查单位应当予以配合，如实反映情况，提供必要的资料，不得拒绝和阻碍。

第四十七条 县级以上人民政府环境保护主管部门应当配备辐射防护安全监督员。辐射防护安全监督员由从事辐射防护工作，具有辐射防护安全知识并经省级以上人民政府环境保护主管部门认可的专业人员担任。辐射防护安全监督员应当定期接受专业知识培训和考核。

第四十八条 县级以上人民政府环境保护主管部门在监督检查中发现生产、销售、使用放射性同位素和射线装置的单位有不符合原发证条件的情形的，应当责令其限期整改。

监督检查人员依法进行监督检查时，应当出示证件，并为被检查单位保守技术秘密和业务秘密。

第四十九条 任何单位和个人对违反本条例的行为，有权向环境保护主管部门和其他有关部门检举；对环境保护主管部门和其他有关部门未依法履行监督管理职责的行为，有权向本级人民政府、上级人民政府有关部门检举。接到举报的有关人民政府、环境保护主管部门和其他有关部门对有关举报应当及时核实、处理。

第六章　法律责任

第五十条　违反本条例规定，县级以上人民政府环境保护主管部门有下列行为之一的，对直接负责的主管人员和其他直接责任人员，依法给予行政处分；构成犯罪的，依法追究刑事责任：

（一）向不符合本条例规定条件的单位颁发许可证或者批准不符合本条例规定条件的单位进口、转让放射性同位素的；

（二）发现未依法取得许可证的单位擅自生产、销售、使用放射性同位素和射线装置，不予查处或者接到举报后不依法处理的；

（三）发现未经依法批准擅自进口、转让放射性同位素，不予查处或者接到举报后不依法处理的；

（四）对依法取得许可证的单位不履行监督管理职责或者发现违反本条例规定的行为不予查处的；

（五）在放射性同位素、射线装置安全和防护监督管理工作中有其他渎职行为的。

第五十一条　违反本条例规定，县级以上人民政府环境保护主管部门和其他有关部门有下列行为之一的，对直接负责的主管人员和其他直接责任人员，依法给予行政处分；构成犯罪的，依法追究刑事责任：

（一）缓报、瞒报、谎报或者漏报辐射事故的；

（二）未按照规定编制辐射事故应急预案或者不依法履行辐射事故应急职责的。

第五十二条　违反本条例规定，生产、销售、使用放射性同位素和射线装置的单位有下列行为之一的，由县级以上人民政府环境保护主管部门责令停止违法行为，限期改正；逾期不改正的，责令停产停业或者由原发证机关吊销许可证；有违法所得的，没收违法所得；违法所得10万元以上的，并处违法所得1倍以上5倍以下的罚款；没有违法所得或者违法所得不足10万元的，并处1万元以上10万元以下的罚款：

（一）无许可证从事放射性同位素和射线装置生产、销售、使用活动的；

（二）未按照许可证的规定从事放射性同位素和射线装置生产、销售、使用活动的；

（三）改变所从事活动的种类或者范围以及新建、改建或者扩建生产、销售、使用设施或者场所，未按照规定重新申请领取许可证的；

（四）许可证有效期届满，需要延续而未按照规定办理延续手续的；

（五）未经批准，擅自进口或者转让放射性同位素的。

第五十三条　违反本条例规定，生产、销售、使用放射性同位素和射线装置的单位变更单位名称、地址、法定代表人，未依法办理许可证变更手续的，由县级以上人民政府环境保护主管部门责令限期改正，给予警告；逾期不改正的，由原发证机关暂扣或者吊销许可证。

第五十四条　违反本条例规定，生产、销售、使用放射性同位素和射线装置的单位部分终止或者全部终止生产、销售、使用活动，未按照规定办理许可证变更或者注销手续的，由县级以上人民政府环境保护主管部门责令停止违法行为，限期改正；逾期不改正的，处1万元以上10万元以下的罚款；造成辐射事故，构成犯罪的，依法追究刑事责任。

第五十五条　违反本条例规定，伪造、变造、转让许可证的，由县级以上人民政府环境保护主管部门收缴伪造、变造的许可证或者由原发证机关吊销许可证，并处5万元以上10万元以下的罚款；构成犯罪的，依法追究刑事责任。

违反本条例规定，伪造、变造、转让放射性同位素进口和转让批准文件的，由县级以上人民政府环境保护主管部门收缴伪造、变造的批准文件或者由原批准机关撤销批准文件，并处5万元以上10万元以下的罚款；情节严重的，可以由原发证机关吊销许可证；构成犯罪的，依法追究刑事责任。

第五十六条　违反本条例规定，生产、销售、使用放射性同位素的单位有下列行为之一的，由县级以上人民政府环境保护主管部门责令限期改正，给予警告；逾期不改正的，由原发证机关暂扣或者吊销许可证：

（一）转入、转出放射性同位素未按照规定备案的；

（二）将放射性同位素转移到外省、自治区、直辖市使用，未按照规定备案的；

（三）将废旧放射源交回生产单位、返回原出口方或者送交放射性废物集中储存单位储存，未按照规定备案的。

第五十七条　违反本条例规定，生产、销售、使用放射性同位素和射线装置的单位有下列行为之一的，由县级以上人民政府环境保护主管部门责令停止违法行为，限期改正；逾期不改正的，处1万元以上10万元以下的罚款：

（一）在室外、野外使用放射性同位素和射线装置，未按照国家有关安全和防护标准的要求划出安全防护区域和设置明显的放射性标志的；

（二）未经批准擅自在野外进行放射性同位素示踪试验的。

第五十八条 违反本条例规定，生产放射性同位素的单位有下列行为之一的，由县级以上人民政府环境保护主管部门责令限期改正，给予警告；逾期不改正的，依法收缴其未备案的放射性同位素和未编码的放射源，处5万元以上10万元以下的罚款，并可以由原发证机关暂扣或者吊销许可证：

（一）未建立放射性同位素产品台账的；

（二）未按照国务院环境保护主管部门制定的编码规则，对生产的放射源进行统一编码的；

（三）未将放射性同位素产品台账和放射源编码清单报国务院环境保护主管部门备案的；

（四）出厂或者销售未列入产品台账的放射性同位素和未编码的放射源的。

第五十九条 违反本条例规定，生产、销售、使用放射性同位素和射线装置的单位有下列行为之一的，由县级以上人民政府环境保护主管部门责令停止违法行为，限期改正；逾期不改正的，由原发证机关指定有处理能力的单位代为处理或者实施退役，费用由生产、销售、使用放射性同位素和射线装置的单位承担，并处1万元以上10万元以下的罚款：

（一）未按照规定对废旧放射源进行处理的；

（二）未按照规定对使用Ⅰ类、Ⅱ类、Ⅲ类放射源的场所和生产放射性同位素的场所，以及终结运行后产生放射性污染的射线装置实施退役的。

第六十条 违反本条例规定，生产、销售、使用放射性同位素和射线装置的单位有下列行为之一的，由县级以上人民政府环境保护主管部门责令停止违法行为，限期改正；逾期不改正的，责令停产停业，并处2万元以上20万元以下的罚款；构成犯罪的，依法追究刑事责任：

（一）未按照规定对本单位的放射性同位素、射线装置安全和防护状况进行评估或者发现安全隐患不及时整改的；

（二）生产、销售、使用、储存放射性同位素和射线装置的场所未按照规定设置安全和防护设施以及放射性标志的。

第六十一条 违反本条例规定，造成辐射事故的，由原发证机关责令限期改正，并处5万元以上20万元以下的罚款；情节严重的，由原发证机关吊销许可证；构成违反治安管理行为的，由公安机关依法予以治安处罚；构成犯罪的，依法追究刑事责任。

因辐射事故造成他人损害的，依法承担民事责任。

第六十二条 生产、销售、使用放射性同位素和射线装置的单位被责令限期整改，逾期不整改或者经整改仍不符合原发证条件的，由原发证机关暂扣或者吊销许可证。

第六十三条 违反本条例规定，被依法吊销许可证的单位或者伪造、变造许可证的单位，5年内不得申请领取许可证。

第六十四条 县级以上地方人民政府环境保护主管部门的行政处罚权限的划分，由省、自治区、直辖市人民政府确定。

第七章　附　则

第六十五条 军用放射性同位素、射线装置安全和防护的监督管理，依照《中华人民共和国放射性污染防治法》第六十条的规定执行。

第六十六条 劳动者在职业活动中接触放射性同位素和射线装置造成的职业病的防治，依照《中华人民共和国职业病防治法》和国务院有关规定执行。

第六十七条 放射性同位素的运输，放射性同位素和射线装置生产、销售、使用过程中产生的放射性废物的处置，依照国务院有关规定执行。

第六十八条 本条例中下列用语的含义：

放射性同位素，是指某种发生放射性衰变的元素中具有相同原子序数但质量不同的核素。

放射源，是指除研究堆和动力堆核燃料循环范畴的材料以外，永久密封在容器中或者有严密包层并呈固态的放射性材料。

射线装置，是指X线机、加速器、中子发生器以及含放射源的装置。

非密封放射性物质，是指非永久密封在包壳里或者紧密地固结在覆盖层里的放射性物质。

转让，是指除进出口、回收活动之外，放射性同位素所有权或者使用权在不同持有者之间的转移。

伴有产生X射线的电器产品，是指不以产生X射线为目的，但在生产或者使用过程中产生X射线的电器产品。

辐射事故，是指放射源丢失、被盗、失控，或者放射性同位素和射线装置失控导致人员受到意外的异常照射。

第六十九条 本条例自2005年12月1日起施行。1989年10月24日国务院发布的《放射性同位素与射线装置放射防护条例》同时废止。

中华人民共和国濒危野生动植物进出口管理条例

（2006年4月29日国务院令第465号发布，自2006年9月1日起施行）

第一条 为了加强对濒危野生动植物及其产品的进出口管理，保护和合理利用野生动植物资源，履行《濒危野生动植物种国际贸易公约》（以下简称公约），制定本条例。

第二条 进口或者出口公约限制进出口的濒危野生动植物及其产品，应当遵守本条例。

出口国家重点保护的野生动植物及其产品，依照本条例有关出口濒危野生动植物及其产品的规定办理。

第三条 国务院林业、农业（渔业）主管部门（以下称国务院野生动植物主管部门），按照职责分工主管全国濒危野生动植物及其产品的进出口管理工作，并做好与履行公约有关的工作。

国务院其他有关部门依照有关法律、行政法规的规定，在各自的职责范围内负责做好相关工作。

第四条 国家濒危物种进出口管理机构代表中国政府履行公约，依照本条例的规定对经国务院野生动植物主管部门批准出口的国家重点保护的野生动植物及其产品、批准进口或者出口的公约限制进出口的濒危野生动植物及其产品，核发允许进出口证明书。

第五条 国家濒危物种进出口科学机构依照本条例，组织陆生野生动物、水生野生动物和野生植物等方面的专家，从事有关濒危野生动植物及其产品进出口的科学咨询工作。

第六条 禁止进口或者出口公约禁止以商业贸易为目的进出口的濒危野生动植物及其产品，因科学研究、驯养繁殖、人工培育、文化交流等特殊情况，需要进口或者出口的，应当经国务院野生动植物主管部门批准；按照有关规定由国务院批准的，应当报经国务院批准。

禁止出口未定名的或者新发现并有重要价值的野生动植物及其产品，以及国务院或者国务院野生动植物主管部门禁止出口的濒危野生动植物及其产品。

第七条 进口或者出口公约限制进出口的濒危野生动植物及其产品，出口国务院或者国务院野生动植物主管部门限制出口的野生动植物及其产品，应当经国务院野生动植物主管部门批准。

第八条 进口濒危野生动植物及其产品的，必须具备下列条件：

（一）对濒危野生动植物及其产品的使用符合国家有关规定；

（二）具有有效控制措施并符合生态安全要求；

（三）申请人提供的材料真实有效；

（四）国务院野生动植物主管部门公示的其他条件。

第九条 出口濒危野生动植物及其产品的，必须具备下列条件：

（一）符合生态安全要求和公共利益；

（二）来源合法；

（三）申请人提供的材料真实有效；

（四）不属于国务院或者国务院野生动植物主管部门禁止出口的；

（五）国务院野生动植物主管部门公示的其他条件。

第十条 进口或者出口濒危野生动植物及其产品的，申请人应当向其所在地的省、自治区、直辖市人民政府野生动植物主管部门提出申请，并提交下列材料：

（一）进口或者出口合同；

（二）濒危野生动植物及其产品的名称、种类、数量和用途；

（三）活体濒危野生动物装运设施的说明资料；

（四）国务院野生动植物主管部门公示的其他应当提交的材料。

省、自治区、直辖市人民政府野生动植物主管部门应当自收到申请之日起10个工作日内签署意见，并将全部申请材料转报国务院野生动植物主管部门。

第十一条 国务院野生动植物主管部门应当自收到申请之日起20个工作日内，作出批准或者不予批准的决定，并书面通知申请人。在20个工作日内不能作出决定的，经本行政机关负责人批准，可以延长10个工作日，延长的期限和理由应当通知申请人。

第十二条 申请人取得国务院野生动植物主管部门的进出口批准文件后，应当在批准文件规定的有效期内，向国家濒危物种进出口管理机构申请核发允许进出口证明书。

申请核发允许进出口证明书时应当提交下列材料：

（一）允许进出口证明书申请表；

（二）进出口批准文件；

（三）进口或者出口合同。

进口公约限制进出口的濒危野生动植物及其产品的，申请人还应当提交出口国（地区）濒危物种进出口管理机构核发的允许出口证明材料；出口公约禁止以商业贸易为目的进出口的濒危野生动植物及其产品的，申请人还应当提交进口国（地区）濒危物种进出口管理机构核发的允许进口证明材料；进口的濒危野生动植物及其产品再出口时，申请人还应当提交海关进口货物报关单和海关签注的允许进口证明书。

第十三条 国家濒危物种进出口管理机构应当自收到申请之日起20个工作日内，作出审核决定。对申请材料齐全、符合本条例规定和公约要求的，应当核发允许进出口证明书；对不予核发允许进出口证明书的，应当书面通知申请人和国务院野生动植物主管部门并说明理由。在20个工作日内不能作出决定的，经本机构负责人批准，可以延长10个工作日，延长的期限和理由应当通知申请人。

国家濒危物种进出口管理机构在审核时，对申请材料不符合要求的，应当在5个工作日内一次性通知申请人需要补正的全部内容。

第十四条 国家濒危物种进出口管理机构在核发允许进出口证明书时，需要咨询国家濒危物种进出口科学机构的意见，或者需要向境外相关机构核实允许进出口证明材料等有关内容的，应当自收到申请之日起5个工作日内，将有关材料送国家濒危物种进出口科学机构咨询意见或者向境外相关机构核实有关内容。咨询意见、核实内容所需时间不计入核发允许进出口证明书工作日之内。

第十五条 国务院野生动植物主管部门和省、自治区、直辖市人民政府野生动植物主管部门以及国家濒危物种进出口管理机构，在审批濒危野生动植物及其产品进出口时，除收取国家规定的费用外，不得收取其他费用。

第十六条 因进口或者出口濒危野生动植物及其产品对野生动植物资源、生态安全造成或者可能造成严重危害和影响的，由国务院野生动植物主管部门提出临时禁止或者限制濒危野生动植物及其产品进出口的措施，报国务院批准后执行。

第十七条 从不属于任何国家管辖的海域获得的濒危野生动植物及其产品，进入中国领域的，参照本条例有关进口的规定管理。

第十八条 进口濒危野生动植物及其产品涉及外来物种管理的，出口濒危野生动植物及其产品涉及种质资源管理的，应当遵守国家有关规定。

第十九条 进口或者出口濒危野生动植物及其产品的，应当在国务院野生动植物主管部门会同海关总署、国家质量监督检验检疫总局指定并经国务院批准的口岸进行。

第二十条 进口或者出口濒危野生动植物及其产品的，应当按照允许进出口证明书规定的种类、数量、口岸、期限完成进出口活动。

第二十一条 进口或者出口濒危野生动植物及其产品的，应当向海关提交允许进出口证明书，接受海关监管，并自海关放行之日起30日内，将海关验讫的允许进出口证明书副本交国家濒危物种进出口管理机构备案。

过境、转运和通运的濒危野生动植物及其产品，自入境起至出境前由海关监管。

进出保税区、出口加工区等海关特定监管区域和保税场所的濒危野生动植物及其产品，应当接受海关监管，并按照海关总署和国家濒危物种进出口管理机构的规定办理进出口手续。

进口或者出口濒危野生动植物及其产品的，应当凭允许进出口证明书向出入境检验检疫机构报检，并接受检验检疫。

第二十二条 国家濒危物种进出口管理机构应当将核发允许进出口证明书的有关资料和濒危野生动植物及其产品年度进出口情况，及时抄送国务院野生动植物主管部门及其他有关主管部门。

第二十三条 进出口批准文件由国务院野生动植物主管部门组织统一印制；允许进出口证明书及申请表由国家濒危物种进出口管理机构组织统一印制。

第二十四条 野生动物植物主管部门、国家濒危物种进出口管理机构的工作人员，利用职务上的便利收取他人财物或者谋取其他利益，不依照本条例的规定批准进出口、核发允许进出口证明书，情节严重，构成犯罪的，依法追究刑事责任；尚不构成犯罪的，依法给予处分。

第二十五条　国家濒危物种进出口科学机构的工作人员，利用职务上的便利收取他人财物或者谋取其他利益，出具虚假意见，情节严重，构成犯罪的，依法追究刑事责任；尚不构成犯罪的，依法给予处分。

第二十六条　非法进口、出口或者以其他方式走私濒危野生动植物及其产品的，由海关依照海关法的有关规定予以处罚；情节严重，构成犯罪的，依法追究刑事责任。

罚没的实物移交野生动植物主管部门依法处理；罚没的实物依法需要实施检疫的，经检疫合格后，予以处理。罚没的实物需要返还原出口国（地区）的，应当由野生动植物主管部门移交国家濒危物种进出口管理机构依照公约规定处理。

第二十七条　伪造、倒卖或者转让进出口批准文件或者允许进出口证明书的，由野生动植物主管部门或者工商行政管理部门按照职责分工依法予以处罚；情节严重，构成犯罪的，依法追究刑事责任。

第二十八条　本条例自 2006 年 9 月 1 日起施行。

消耗臭氧层物质管理条例

（2010 年 4 月 8 日国务院令第 573 号发布，自 2010 年 6 月 1 日起施行）

第一章　总　则

第一条　为了加强对消耗臭氧层物质的管理，履行《保护臭氧层维也纳公约》和《关于消耗臭氧层物质的蒙特利尔议定书》规定的义务，保护臭氧层和生态环境，保障人体健康，根据《中华人民共和国大气污染防治法》，制定本条例。

第二条　本条例所称消耗臭氧层物质，是指对臭氧层有破坏作用并列入《中国受控消耗臭氧层物质清单》的化学品。

《中国受控消耗臭氧层物质清单》由国务院环境保护主管部门会同国务院有关部门制定、调整和公布。

第三条　在中华人民共和国境内从事消耗臭氧层物质的生产、销售、使用和进出口等活动，适用本条例。

前款所称生产，是指制造消耗臭氧层物质的活动。前款所称使用，是指利用消耗臭氧层物质进行的生产经营等活动，不包括使用含消耗臭氧层物质的产品的活动。

第四条　国务院环境保护主管部门统一负责全国消耗臭氧层物质的监督管理工作。

国务院商务主管部门、海关总署等有关部门依照本条例的规定和各自的职责负责消耗臭氧层物质的有关监督管理工作。

县级以上地方人民政府环境保护主管部门和商务等有关部门依照本条例的规定和各自的职责负责本行政区域消耗臭氧层物质的有关监督管理工作。

第五条　国家逐步削减并最终淘汰作为制冷剂、发泡剂、灭火剂、溶剂、清洗剂、加工助剂、杀虫剂、气雾剂、膨胀剂等用途的消耗臭氧层物质。

国务院环境保护主管部门会同国务院有关部门拟订《中国逐步淘汰消耗臭氧层物质国家方案》（以下简称国家方案），报国务院批准后实施。

第六条　国务院环境保护主管部门根据国家方案和消耗臭氧层物质淘汰进展情况，会同国务院有关部门确定并公布限制或者禁止新建、改建、扩建生产、使用消耗臭氧层物质建设项目的类别，制定并公布限制或者禁止生产、使用、进出口消耗臭氧层物质的名录。

因特殊用途确需生产、使用前款规定禁止生产、使用的消耗臭氧层物质的，按照《关于消耗臭氧层物质的蒙特利尔议定书》有关允许用于特殊用途的规定，由国务院环境保护主管部门会同国务院有关部门批准。

第七条　国家对消耗臭氧层物质的生产、使用、进出口实行总量控制和配额管理。国务院环境保护主管部门根据国家方案和消耗臭氧层物质淘汰进展情况，商国务院有关部门确定国家消耗臭氧层物质的年度生产、使用和进出口配额总量，并予以公告。

第八条 国家鼓励、支持消耗臭氧层物质替代品和替代技术的科学研究、技术开发和推广应用。

国务院环境保护主管部门会同国务院有关部门制定、调整和公布《中国消耗臭氧层物质替代品推荐名录》。

开发、生产、使用消耗臭氧层物质替代品，应当符合国家产业政策，并按照国家有关规定享受优惠政策。国家对在消耗臭氧层物质淘汰工作中做出突出成绩的单位和个人给予奖励。

第九条 任何单位和个人对违反本条例规定的行为，有权向县级以上人民政府环境保护主管部门或者其他有关部门举报。接到举报的部门应当及时调查处理，并为举报人保密；经调查情况属实的，对举报人给予奖励。

第二章 生产、销售和使用

第十条 消耗臭氧层物质的生产、使用单位，应当依照本条例的规定申请领取生产或者使用配额许可证。但是，使用单位有下列情形之一的，不需要申请领取使用配额许可证：

（一）维修单位为了维修制冷设备、制冷系统或者灭火系统使用消耗臭氧层物质的；

（二）实验室为了实验分析少量使用消耗臭氧层物质的；

（三）出入境检验检疫机构为了防止有害生物传入传出使用消耗臭氧层物质实施检疫的；

（四）国务院环境保护主管部门规定的不需要申请领取使用配额许可证的其他情形。

第十一条 消耗臭氧层物质的生产、使用单位除具备法律、行政法规规定的条件外，还应当具备下列条件：

（一）有合法生产或者使用相应消耗臭氧层物质的业绩；

（二）有生产或者使用相应消耗臭氧层物质的场所、设施、设备和专业技术人员；

（三）有经环境保护主管部门验收合格的环境保护设施；

（四）有健全完善的生产经营管理制度。

将消耗臭氧层物质用于本条例第六条规定的特殊用途的单位，不适用前款第（一）项的规定。

第十二条 消耗臭氧层物质的生产、使用单位应当于每年10月31日前向国务院环境保护主管部门书面申请下一年度的生产配额或者使用配额，并提交其符合本条例第十一条规定条件的证明材料。

国务院环境保护主管部门根据国家消耗臭氧层物质的年度生产、使用配额总量和申请单位生产、使用相应消耗臭氧层物质的业绩情况，核定申请单位下一年度的生产配额或者使用配额，并于每年12月20日前完成审查，符合条件的，核发下一年度的生产或者使用配额许可证，予以公告，并抄送国务院有关部门和申请单位所在地省、自治区、直辖市人民政府环境保护主管部门；不符合条件的，书面通知申请单位并说明理由。

第十三条 消耗臭氧层物质的生产或者使用配额许可证应当载明下列内容：

（一）生产或者使用单位的名称、地址、法定代表人或者负责人；

（二）准予生产或者使用的消耗臭氧层物质的品种、用途及其数量；

（三）有效期限；

（四）发证机关、发证日期和证书编号。

第十四条 消耗臭氧层物质的生产、使用单位需要调整其配额的，应当向国务院环境保护主管部门申请办理配额变更手续。

国务院环境保护主管部门应当依照本条例第十一条、第十二条规定的条件和依据进行审查，并在受理申请之日起20个工作日内完成审查，符合条件的，对申请单位的配额进行调整，并予以公告；不符合条件的，书面通知申请单位并说明理由。

第十五条 消耗臭氧层物质的生产单位不得超出生产配额许可证规定的品种、数量、期限生产消耗臭氧层物质，不得超出生产配额许可证规定的用途生产、销售消耗臭氧层物质。

禁止无生产配额许可证生产消耗臭氧层物质。

第十六条 依照本条例规定领取使用配额许可证的单位，不得超出使用配额许可证规定的品种、用途、数量、期限使用消耗臭氧层物质。

除本条例第十条规定的不需要申请领取使用配额许可证的情形外，禁止无使用配额许可证使用消耗臭氧层物质。

第十七条 消耗臭氧层物质的销售单位，应当按照国务院环境保护主管部门的规定办理备案手续。

国务院环境保护主管部门应当将备案的消耗臭氧层物质销售单位的名单进行公告。

第十八条 除依照本条例规定进出口外，消耗臭氧层物质的购买和销售行为只能在符合本条例规定的消耗臭氧层物质的生产、销售和使用单位之间进行。

第十九条 从事含消耗臭氧层物质的制冷设备、制冷系统或者灭火系统的维修、报废处理等经营活动的单位，应当向所在地县级人民政府环境保护主管部门备案。

专门从事消耗臭氧层物质回收、再生利用或者销毁等经营活动的单位，应当向所在地省、自治区、直辖市人民政府环境保护主管部门备案。

第二十条　消耗臭氧层物质的生产、使用单位，应当按照国务院环境保护主管部门的规定采取必要的措施，防止或者减少消耗臭氧层物质的泄漏和排放。

从事含消耗臭氧层物质的制冷设备、制冷系统或者灭火系统的维修、报废处理等经营活动的单位，应当按照国务院环境保护主管部门的规定对消耗臭氧层物质进行回收、循环利用或者交由从事消耗臭氧层物质回收、再生利用、销毁等经营活动的单位进行无害化处置。

从事消耗臭氧层物质回收、再生利用、销毁等经营活动的单位，应当按照国务院环境保护主管部门的规定对消耗臭氧层物质进行无害化处置，不得直接排放。

第二十一条　从事消耗臭氧层物质的生产、销售、使用、回收、再生利用、销毁等经营活动的单位，以及从事含消耗臭氧层物质的制冷设备、制冷系统或者灭火系统的维修、报废处理等经营活动的单位，应当完整保存有关生产经营活动的原始资料至少 3 年，并按照国务院环境保护主管部门的规定报送相关数据。

第三章　进出口

第二十二条　国家对进出口消耗臭氧层物质予以控制，并实行名录管理。国务院环境保护主管部门会同国务院商务主管部门、海关总署制定、调整和公布《中国进出口受控消耗臭氧层物质名录》。

进出口列入《中国进出口受控消耗臭氧层物质名录》的消耗臭氧层物质的单位，应当依照本条例的规定向国家消耗臭氧层物质进出口管理机构申请进出口配额，领取进出口审批单，并提交拟进出口的消耗臭氧层物质的品种、数量、来源、用途等情况的材料。

第二十三条　国家消耗臭氧层物质进出口管理机构应当自受理申请之日起 20 个工作日内完成审查，作出是否批准的决定。予以批准的，向申请单位核发进出口审批单；未予批准的，书面通知申请单位并说明理由。

进出口审批单的有效期最长为 90 日，不得超期或者跨年度使用。

第二十四条　取得消耗臭氧层物质进出口审批单的单位，应当按照国务院商务主管部门的规定申请领取进出口许可证，持进出口许可证向海关办理通关手续。列入《出入境检验检疫机构实施检验检疫的进出境商品目录》的消耗臭氧层物质，由出入境检验检疫机构依法实施检验。

消耗臭氧层物质在中华人民共和国境内的海关特殊监管区域、保税监管场所与境外之间进出的，进出口单位应当依照本条例的规定申请领取进出口审批单、进出口许可证；消耗臭氧层物质在中华人民共和国境内的海关特殊监管区域、保税监管场所与境内其他区域之间进出的，或者在上述海关特殊监管区域、保税监管场所之间进出的，不需要申请领取进出口审批单、进出口许可证。

第四章　监督检查

第二十五条　县级以上人民政府环境保护主管部门和其他有关部门，依照本条例的规定和各自的职责对消耗臭氧层物质的生产、销售、使用和进出口等活动进行监督检查。

第二十六条　县级以上人民政府环境保护主管部门和其他有关部门进行监督检查，有权采取下列措施：

（一）要求被检查单位提供有关资料；

（二）要求被检查单位就执行本条例规定的有关情况作出说明；

（三）进入被检查单位的生产、经营、储存场所进行调查和取证；

（四）责令被检查单位停止违反本条例规定的行为，履行法定义务；

（五）扣押、查封违法生产、销售、使用、进出口的消耗臭氧层物质及其生产设备、设施、原料及产品。

被检查单位应当予以配合，如实反映情况，提供必要资料，不得拒绝和阻碍。

第二十七条　县级以上人民政府环境保护主管部门和其他有关部门进行监督检查，监督检查人员不得少于 2 人，并应当出示有效的行政执法证件。

县级以上人民政府环境保护主管部门和其他有关部门的工作人员，对监督检查中知悉的商业秘密负有保密义务。

第二十八条　国务院环境保护主管部门应当建立健全消耗臭氧层物质的数据信息管理系统，收集、汇总和发布消耗臭氧层物质的生产、使用、进出口等数据信息。

县级以上地方人民政府环境保护主管部门应当将监督检查中发现的违反本条例规定的行为及处理情况逐级上报

至国务院环境保护主管部门。

县级以上地方人民政府其他有关部门应当将监督检查中发现的违反本条例规定的行为及处理情况逐级上报至国务院有关部门，国务院有关部门应当及时抄送国务院环境保护主管部门。

第二十九条 县级以上地方人民政府环境保护主管部门或者其他有关部门对违反本条例规定的行为不查处的，其上级主管部门有权责令其依法查处或者直接进行查处。

第五章 法律责任

第三十条 负有消耗臭氧层物质监督管理职责的部门及其工作人员有下列行为之一的，对直接负责的主管人员和其他直接责任人员，依法给予处分；直接负责的主管人员和其他直接责任人员构成犯罪的，依法追究刑事责任：

（一）违反本条例规定核发消耗臭氧层物质生产、使用配额许可证的；

（二）违反本条例规定核发消耗臭氧层物质进出口审批单或者进出口许可证的；

（三）对发现的违反本条例的行为不依法查处的；

（四）在办理消耗臭氧层物质生产、使用、进出口等行政许可以及实施监督检查的过程中，索取、收受他人财物或者谋取其他利益的；

（五）有其他徇私舞弊、滥用职权、玩忽职守行为的。

第三十一条 无生产配额许可证生产消耗臭氧层物质的，由所在地县级以上地方人民政府环境保护主管部门责令停止违法行为，没收用于违法生产消耗臭氧层物质的原料、违法生产的消耗臭氧层物质和违法所得，拆除、销毁用于违法生产消耗臭氧层物质的设备、设施，并处100万元的罚款。

第三十二条 依照本条例规定应当申请领取使用配额许可证的单位无使用配额许可证使用消耗臭氧层物质的，由所在地县级以上地方人民政府环境保护主管部门责令停止违法行为，没收违法使用的消耗臭氧层物质，违法使用消耗臭氧层物质生产的产品和违法所得，并处20万元的罚款；情节严重的，并处50万元的罚款，拆除、销毁用于违法使用消耗臭氧层物质的设备、设施。

第三十三条 消耗臭氧层物质的生产、使用单位有下列行为之一的，由所在地省、自治区、直辖市人民政府环境保护主管部门责令停止违法行为，没收违法生产、使用的消耗臭氧层物质，违法使用消耗臭氧层物质生产的产品和违法所得，并处2万元以上10万元以下的罚款，报国务院环境保护主管部门核减其生产、使用配额数量；情节严重的，并处10万元以上20万元以下的罚款，报国务院环境保护主管部门吊销其生产、使用配额许可证：

（一）超出生产配额许可证规定的品种、数量、期限生产消耗臭氧层物质的；

（二）超出生产配额许可证规定的用途生产或者销售消耗臭氧层物质的；

（三）超出使用配额许可证规定的品种、数量、用途、期限使用消耗臭氧层物质的。

第三十四条 消耗臭氧层物质的生产、销售、使用单位向不符合本条例规定的单位销售或者购买消耗臭氧层物质的，由所在地县级以上地方人民政府环境保护主管部门责令改正，没收违法销售或者购买的消耗臭氧层物质和违法所得，处以所销售或者购买的消耗臭氧层物质市场总价3倍的罚款；对取得生产、使用配额许可证的单位，报国务院环境保护主管部门核减其生产、使用配额数量。

第三十五条 消耗臭氧层物质的生产、使用单位，未按照规定采取必要的措施防止或者减少消耗臭氧层物质的泄漏和排放的，由所在地县级以上地方人民政府环境保护主管部门责令限期改正，处5万元的罚款；逾期不改正的，处10万元的罚款，报国务院环境保护主管部门核减其生产、使用配额数量。

第三十六条 从事含消耗臭氧层物质的制冷设备、制冷系统或者灭火系统的维修、报废处理等经营活动的单位，未按照规定对消耗臭氧层物质进行回收、循环利用或者交由从事消耗臭氧层物质回收、再生利用、销毁等经营活动的单位进行无害化处置的，由所在地县级以上地方人民政府环境保护主管部门责令改正，处进行无害化处置所需费用3倍的罚款。

第三十七条 从事消耗臭氧层物质回收、再生利用、销毁等经营活动的单位，未按照规定对消耗臭氧层物质进行无害化处置而直接向大气排放的，由所在地县级以上地方人民政府环境保护主管部门责令改正，处进行无害化处置所需费用3倍的罚款。

第三十八条 从事消耗臭氧层物质生产、销售、使用、进出口、回收、再生利用、销毁等经营活动的单位，以及从事含消耗臭氧层物质的制冷设备、制冷系统或者灭火系统的维修、报废处理等经营活动的单位有下列行为之一的，由所在地县级以上地方人民政府环境保护主管部门责令改正，处5000元以上2万元以下的罚款：

（一）依照本条例规定应当向环境保护主管部门备案而未备案的；

（二）未按照规定完整保存有关生产经营活动的原始资料的；

（三）未按时申报或者谎报、瞒报有关经营活动的数据资料的；

（四）未按照监督检查人员的要求提供必要的资料的。

第三十九条　拒绝、阻碍环境保护主管部门或者其他有关部门的监督检查，或者在接受监督检查时弄虚作假的，由监督检查部门责令改正，处1万元以上2万元以下的罚款；构成违反治安管理行为的，由公安机关依法给予治安管理处罚；构成犯罪的，依法追究刑事责任。

第四十条　进出口单位无进出口许可证或者超出进出口许可证的规定进出口消耗臭氧层物质的，由海关依照有关法律、行政法规的规定予以处罚；构成犯罪的，依法追究刑事责任。

第六章　附　则

第四十一条　本条例自2010年6月1日起施行。

中华人民共和国船舶吨税暂行条例

（2011年12月5日国务院令第610号发布，自2012年1月1日起施行）

第一条　自中华人民共和国境外港口进入境内港口的船舶（以下称应税船舶），应当依照本条例缴纳船舶吨税（以下简称吨税）。

第二条　吨税的税目、税率依照本条例所附的“吨税税目税率表”执行。

“吨税税目税率表”的调整，由国务院决定。

第三条　吨税设置优惠税率和普通税率。

中华人民共和国籍的应税船舶，船籍国（地区）与中华人民共和国签订含有相互给予船舶税费最惠国待遇条款的条约或者协定的应税船舶，适用优惠税率。

其他应税船舶，适用普通税率。

第四条　吨税按照船舶净吨位和吨税执照期限征收。

应税船舶负责人在每次申报纳税时，可以按照“吨税税目税率表”选择申领一种期限的吨税执照。

第五条　吨税的应纳税额按照船舶净吨位乘以适用税率计算。

第六条　吨税由海关负责征收。海关征收吨税应当制发缴款凭证。

应税船舶负责人缴纳吨税或者提供担保后，海关按照其申领的执照期限填发吨税执照。

第七条　应税船舶在进入港口办理入境手续时，应当向海关申报纳税领取吨税执照，或者交验吨税执照。应税船舶在离开港口办理出境手续时，应当交验吨税执照。

应税船舶负责人申领吨税执照时，应当向海关提供下列文件：

（一）船舶国籍证书或者海事部门签发的船舶国籍证书收存证明；

（二）船舶吨位证明。

第八条　吨税纳税义务发生时间为应税船舶进入港口的当日。

应税船舶在吨税执照期满后尚未离开港口的，应当申领新的吨税执照，自上一次执照期满的次日起续缴吨税。

第九条　下列船舶免征吨税：

（一）应纳税额在人民币50元以下的船舶；

（二）自境外以购买、受赠、继承等方式取得船舶所有权的初次进口到港的空载船舶；

（三）吨税执照期满后24小时内不上下客货的船舶；

（四）非机动船舶（不包括非机动驳船）；

（五）捕捞、养殖渔船；

（六）避难、防疫隔离、修理、终止运营或者拆解，并不上下客货的船舶；

（七）军队、武装警察部队专用或者征用的船舶；

（八）依照法律规定应当予以免税的外国驻华使领馆、国际组织驻华代表机构及其有关人员的船舶；

（九）国务院规定的其他船舶。

第十条 在吨税执照期限内，应税船舶发生下列情形之一的，海关按照实际发生的天数批注延长吨税执照期限：

（一）避难、防疫隔离、修理，并不上下客货；

（二）军队、武装警察部队征用。

应税船舶因不可抗力在未设立海关地点停泊的，船舶负责人应当立即向附近海关报告，并在不可抗力原因消除后，依照本条例规定向海关申报纳税。

第十一条 符合本条例第九条第五项至第八项、第十条规定的船舶，应当提供海事部门、渔业船舶管理部门或者卫生检疫部门等部门、机构出具的具有法律效力的证明文件或者使用关系证明文件，申明免税或者延长吨税执照期限的依据和理由。

第十二条 应税船舶负责人应当自海关填发吨税缴款凭证之日起15日内向指定银行缴清税款。未按期缴清税款的，自滞纳税款之日起，按日加收滞纳税款0.5‰的滞纳金。

第十三条 应税船舶到达港口前，经海关核准先行申报并办结出入境手续的，应税船舶负责人应当向海关提供与其依法履行吨税缴纳义务相适应的担保；应税船舶到达港口后，依照本条例规定向海关申报纳税。

下列财产、权利可以用于担保：

（一）人民币、可自由兑换货币；

（二）汇票、本票、支票、债券、存单；

（三）银行、非银行金融机构的保函；

（四）海关依法认可的其他财产、权利。

第十四条 应税船舶在吨税执照期限内，因修理导致净吨位变化的，吨税执照继续有效。应税船舶办理出入境手续时，应当提供船舶经过修理的证明文件。

第十五条 应税船舶在吨税执照期限内，因税目税率调整或者船籍改变而导致适用税率变化的，吨税执照继续有效。

因船籍改变而导致适用税率变化的，应税船舶在办理出入境手续时，应当提供船籍改变的证明文件。

第十六条 吨税执照在期满前毁损或者遗失的，应当向原发照海关书面申请核发吨税执照副本，不再补税。

第十七条 海关发现少征或者漏征税款的，应当自应税船舶应当缴纳税款之日起1年内，补征税款。但因应税船舶违反规定造成少征或者漏征税款的，海关可以自应当缴纳税款之日起3年内追征税款，并自应当缴纳税款之日起按日加征少征或者漏征税款0.5‰的滞纳金。

海关发现多征税款的，应当立即通知应税船舶办理退还手续，并加算银行同期活期存款利息。

应税船舶发现多缴税款的，可以自缴纳税款之日起1年内以书面形式要求海关退还多缴的税款并加算银行同期活期存款利息；海关应当自受理退税申请之日起30日内查实并通知应税船舶办理退还手续。

应税船舶应当自收到本条第二款、第三款规定的通知之日起3个月内办理有关退还手续。

第十八条 应税船舶有下列行为之一的，由海关责令限期改正，处2000元以上3万元以下罚款；不缴或者少缴应纳税款的，处不缴或者少缴税款50%以上5倍以下的罚款，但罚款不得低于2000元：

（一）未按照规定申报纳税、领取吨税执照的；

（二）未按照规定交验吨税执照及其他证明文件的。

第十九条 吨税税款、滞纳金、罚款以人民币计算。

第二十条 本条例下列用语的含义：

净吨位，是指由船籍国（地区）政府授权签发的船舶吨位证明书上标明的净吨位。

非机动船舶，是指自身没有动力装置，依靠外力驱动的船舶。

非机动驳船，是指在船舶管理部门登记为驳船的非机动船舶。

捕捞、养殖渔船，是指在中华人民共和国渔业船舶管理部门登记为捕捞船或者养殖船的船舶。

拖船，是指专门用于拖（推）动运输船舶的专业作业船舶。拖船按照发动机功率每1千瓦折合净吨位0.67吨。

吨税执照期限，是指按照公历年、日计算的期间。

第二十一条 本条例自2012年1月1日起施行。1952年9月16日政务院财政经济委员会批准、1952年9月29日海关总署发布的《中华人民共和国海关船舶吨税暂行办法》同时废止。

附

吨税税目税率表

税目（按船舶净吨位划分）	税率（元/净吨）						备注
	普通税率（按执照期限划分）			优惠税率（按执照期限划分）			
	1年	90日	30日	1年	90日	30日	
不超过2000净吨	12.6	4.2	2.1	9.0	3.0	1.5	拖船和非机动驳船分别按相同净吨位船舶税率的50%计征税款
超过2000净吨，但不超过10000净吨	24.0	8.0	4.0	17.4	5.8	2.9	
超过10000净吨，但不超过50000净吨	27.6	9.2	4.6	19.8	6.6	3.3	
超过50000净吨	31.8	10.6	5.3	22.8	7.6	3.8	

中华人民共和国国务院办公厅转发商务部等部门关于实施支持跨境电子商务零售出口有关政策意见的通知

（国办发〔2013〕89号）

各省、自治区、直辖市人民政府，国务院各部委、各直属机构：

商务部、发展改革委、财政部、人民银行、海关总署、税务总局、工商总局、质检总局、外汇局《关于实施支持跨境电子商务零售出口有关政策的意见》已经国务院同意，现转发给你们，请认真贯彻执行。

附件 关于实施支持跨境电子商务零售出口有关政策的意见

中华人民共和国国务院办公厅

2013年8月21日

附件

商务部 发展改革委 财政部 人民银行 海关总署 税务总局 工商总局 质检总局 外汇局关于实施支持跨境电子商务零售出口有关政策的意见

发展跨境电子商务对于扩大国际市场份额、拓展外贸营销网络、转变外贸发展方式具有重要而深远的意义。为加快我国跨境电子商务发展，支持跨境电子商务零售出口（以下简称电子商务出口），现提出如下意见：

一、支持政策

（一）确定电子商务出口经营主体（以下简称经营主体）。经营主体分为三类：一是自建跨境电子商务销售平台的电子商务出口企业，二是利用第三方跨境电子商务平台开展电子商务出口的企业，三是为电子商务出口企业提供交易服务的跨境电子商务第三方平台。经营主体要按照现行规定办理注册、备案登记手续。在政策未实施地区注册的电子商务企业可在政策实施地区被确认为经营主体。

（二）建立电子商务出口新型海关监管模式并进行专项统计。海关对经营主体的出口商品进行集中监管，并采取清单核放、汇总申报的方式办理通关手续，降低报关费用。经营主体可在网上提交相关电子文件，并在货物实际出境后，按照外汇和税务部门要求，向海关申请签发报关单证明联。将电子商务出口纳入海关统计。

（三）建立电子商务出口检验监管模式。对电子商务出口企业及其产品进行检验检疫备案或准入管理，利用第三方检验鉴定机构进行产品质量安全的合格评定。实行全申报制度，以检疫监管为主，一般工业制成品不再实行法检。实施集中申报、集中办理相关检验检疫手续的便利措施。

（四）支持电子商务出口企业正常收结汇。允许经营主体申请设立外汇账户，凭海关报关信息办理货物出口收结汇业务。加强对银行和经营主体通过跨境电子商务收结汇的监管。

（五）鼓励银行机构和支付机构为跨境电子商务提供支付服务。支付机构办理电子商务外汇资金或人民币资金跨境支付业务，应分别向国家外汇管理局和中国人民银行申请并按照支付机构有关管理政策执行。完善跨境电子支付、清算、结算服务体系，切实加强对银行机构和支付机构跨境支付业务的监管力度。

（六）实施适应电子商务出口的税收政策。对符合条件的电子商务出口货物实行增值税和消费税免税或退税政策，具体办法由财政部和税务总局商有关部门另行制订。

（七）建立电子商务出口信用体系。严肃查处商业欺诈，打击侵犯知识产权和销售假冒伪劣产品等行为，不断完善电子商务出口信用体系建设。

二、实施要求

（一）自本意见发布之日起，在已开展跨境贸易电子商务通关服务试点的上海、重庆、杭州、宁波、郑州等5个城市试行上述政策。自2013年10月1日起，上述政策在全国有条件的地区实施。

（二）有关地方人民政府应制订发展跨境电子商务扩大出口的实施方案，并切实履行指导、督查和监管责任，对实施过程中出现的问题做到早发现、早处理、早上报。要积极引导经营主体坚持以质取胜，注重培育品牌；依托电子口岸平台，建立涵盖经营主体和电子商务出口全流程的综合管理系统，实现商务、海关、国税、工商、检验检疫、外汇等部门信息共享；加强信用评价体系、商品质量监管体系、国际贸易风险预警防控体系和知识产权保护工作体系建设，确保电子商务出口健康可持续发展。

（三）商务部、发展改革委、海关总署会同相关部门对政策实施进行指导，定期开展实施效果评估等工作，确保政策平稳实施并不断完善。海关总署会同商务部、税务总局、质检总局、外汇局、发展改革委等部门加快跨境电子商务通关试点建设，加快电子口岸结汇、退税系统与大型电子商务平台的系统对接。

三、其他事项

（一）本意见所指跨境电子商务零售出口是指我国出口企业通过互联网向境外零售商品，主要以邮寄、快递等形式送达的经营行为，即跨境电子商务的企业对消费者出口。

（二）我国出口企业与外国批发商和零售商通过互联网线上进行产品展示和交易，线下按一般贸易等方式完成的货物出口，即跨境电子商务的企业对企业出口，本质上仍属传统贸易，仍按照现行有关贸易政策执行。跨境电子商务进口有关政策另行研究。

海关总署令

中华人民共和国海关对国际航行船舶船员自用和船舶备用烟、酒的管理规定

（1988年10月27日海关总署令第2号公布，自1988年12月1日起执行）

第一条 为加强海关对进出境国际航行船舶船员自用和船舶备用烟、酒的管理，照顾船员和船舶的合理需要，根据《中华人民共和国海关法》，制定本规定。

第二条 国际航行船舶（以下简称船舶）进境时船舶负责人应在“船员自用和船舶备用物品、货币、金银清单”（见附件1）中如实填写烟、酒的类别、数量，向海关申报。

第三条 船舶每航次挂港期间，从进境之日起，在港停留每十天准予船舶外留备用香烟三千支、酒五瓶；准予

每一外籍船员外留自用香烟四百支、酒一瓶（不含啤酒类饮料）。外籍船员携带上岸的烟、酒每次不得超过香烟四十支、酒一瓶，累计总数不得超出上述本人外留数量。中国籍船员按照《海关对我国际运输工具服务人员进出境行李物品的管理规定》规定的限量予以外留，并必须经海关办理征免税手续后，方准携带上岸。

第四条　不属本规定第三条核准外留的烟、酒，应全部集中储存，由船舶负责人在“船员自用和船舶备用烟、酒加封清单”（见附件2）上列明，向海关申报。海关在清单上签注，并对烟、酒实施加封。船舶负责人有责任为海关加封烟、酒提供方便。

第五条　因特殊原因，船员、船舶外留的烟、酒不敷实际需要的，可由船舶负责人向海关提出书面申请，经海关审核批准后，在海关监管下启封及重封，并在“船员自用和船舶备用烟、酒加封清单”上相应变更封存烟、酒的数量。

第六条　船舶之间互相调拨的烟、酒，应当由船舶负责人或其代理人开列清单，报经海关核准后，在海关监管下办理调拨及重封手续，海关在“船员自用和船舶备用烟、酒加封清单”上签注。

第七条　船舶在我港口免税店购买的烟、酒，应在送货上船前由船舶负责人持免税店发票清单向海关申报，办理加封手续。海关变更“船员自用和船舶备用烟、酒加封清单”中关于烟、酒的封存数量。

第八条　开往我境内下一个岸口的船舶，其加封的烟、酒不得擅自启封，由本口岸海关将“船员自用和船舶备用烟、酒加封清单”作关封由船舶负责人负责带交下一口岸海关。由下一口岸海关依照本规定继续监管。直驶境外港口的船舶，结关离境后可自行启封。

第九条　对我兼营国际运输的船舶，在经营国际航运期间，海关按本规定对烟、酒加封留存；在改营国内运输期间，海关按《中华人民共和国海关对我国兼营国内运输船舶的监管规定》办理。

第十条　对违反本规定的行为，海关依据《中华人民共和国海关法》及有关法规进行处理。

第十一条　本规定自一九八八年十二月一日起实施。

附件1　船员自用和船舶备用物品、货币、金银清单（略）

附件2　船员自用和船舶备用烟、酒加封清单（略）

中华人民共和国海关对进出境旅客行李物品监管办法

（1989年11月1日海关总署令第9号公布，根据2010年11月26日海关总署令第198号《海关总署关于修改部分规章的决定》修改）

第一章　总　则

第一条　依照《中华人民共和国海关法》，制定本办法。

第二条　进出境旅客行李物品，必须通过设立海关的地点进境或者出境。

第三条　进出境旅客必须将所带的全部行李物品交海关查验。在交验前，应填写“旅客行李申报单”或海关规定的其他申报单证向海关申报；或按海关规定的申报方式如实向海关申报。

旅客经由实施“红绿通道”验放制度的海关进出境，应按照海关公布的选择“红绿通道”的规定，选择通道，办理行李物品进境或出境手续。

第四条　查验进出境旅客行李物品的时间和场所，由海关指定。海关查验行李物品时，物品所有人应当到场并负责搬移物品，开拆和重封物品的包装。海关认为必要时，可以单独进行查验。海关对进出境行李物品加施的封志，任何人不得擅自开启或者损毁。

第五条　进出境旅客可以自行办理报关纳税手续，也可以委托他人办理报关纳税手续；接受委托办理报关纳税手续的代理人应当按照本办法对其委托人的各项规定办理海关手续，承担各项义务和责任。

第六条　旅客行李物品，应以自用合理数量为限，超出自用合理数量范围的，不准进境或出境。旅客行李物品，经海关审核，按本办法附件“旅客进出境行李物品分类表”（以下简称“分类表”）规定的范围验放。进出境物品的合理数量和准许各类旅客进出境物品的具体限值、限量及征免税规定，另行制定。

第七条　旅客携运“中华人民共和国禁止进出境物品表”所列的物品进出境，在海关检查以前主动报明的，分别予以没收或者责令退回，并可酌情处以罚款。藏匿不报的，按照《中华人民共和国海关法》第八十二条的规定处罚。

旅客携运“中华人民共和国限制进出境物品表”所列物品和中华人民共和国政府特别管制的物品进出境，海关按国家有关法规办理。

第八条 旅客以分离运输方式运进行李物品，应当在进境时向海关申报。经海关核准后，自旅客进境之日起6个月内（含6个月，下同）运进。海关办理验放手续时，连同已经放行的行李物品合并计算。以分离运输方式运出的行李物品，应由物品所有人持有效的出境证件在出境前办妥海关手续。

第九条 经海关核准暂时进出境的旅行自用物品，在旅客行李物品监管时限内，由旅客复带出境或进境。海关依照规定凭担保准予暂时免税放行的其他物品，应由旅客在规定期限内，办结进出境手续或将原物复带出境或进境。

第十条 进出境物品所有人声明放弃的物品和自运输工具申报进境之日起逾期3个月（易腐及易失效的物品可提前处理，下同）未办理海关手续的物品，以及在海关监管区内逾期3个月无人认领的物品，均由海关按照《中华人民共和国海关法》第五十一条的规定处理。

第十一条 旅客携运属下列情形的物品，海关不予放行，予以退运或由旅客存入海关指定的仓库。物品所有人应当在3个月内办理退运、结案手续。逾期不办的，由海关依照本办法第十条的规定处理。

（一）不属自用的；

（二）超出合理数量范围的；

（三）超出海关规定的物品品种、规格、限量、限值的；

（四）未办理海关手续的；

（五）未按章缴税的；

（六）根据规定不能放行的其他物品。

第十二条 旅客应在旅客行李物品监管时限内，依照本办法和根据本办法制定的其他管理规定，办结物品进出境的海关手续。

第十三条 海关依照本办法和根据本办法制定的其他管理规定免税放行的物品，自物品进境之日起2年内，出售、转让、出租或移作他用的，应向海关申请批准并按规定补税。按规定免税或征税进境的汽车，不得出售、转让、出租或移作他用。在汽车运进使用2年后，因特殊原因需要转让的，必须报经海关批准；其中免税运进的，应按规定补税。

第十四条 进境旅客携带“境外售券、境内提货”单据进境，应向海关申报，海关办理物品验放手续时，连同其随身携带的实物合并计入有关征免税限量。

第十五条 涉及特定地区、特定旅客和特定物品进出境的管理规定，由中华人民共和国海关总署授权有关海关依照本办法的原则制定，经海关总署批准后，予以公告实施。

第十六条 进出境旅客未按本办法或根据本办法制定的其他管理规定办理进出境物品的申请、报关、纳税以及其他有关手续的，有关物品不准进境或出境。对违反本办法并构成走私或违反海关监管规定行为的，海关依照《中华人民共和国海关法》和《中华人民共和国海关行政处罚实施条例》给予处罚。

第二章　短期旅客

第十七条 短期旅客携带进出境的行李物品应以旅行需用物品为限。

短期旅客中的居民和非居民中的中国籍人携带进境属于“分类表”第三类物品，海关按照规定的限值、限量予以征税或免税放行（注）。

短期旅客中的其他非居民携带进境属于“分类表”第三类物品，海关按本办法第九条规定办理。

经常进出境的边境居民，边境邮政、运输机构工作人员和边境运输工具服务人员，以及其他经常进出境的人员，携带进出境的物品，除另有规定者外，应以旅途必须应用的物品为限。未经海关批准，不准带进属于“分类表”第三、四、五类物品。

持特殊通行证件来往香港、澳门地区的短期旅客进出境行李物品的管理规定，海关依据本办法另行制定的规定办理。

第三章　长期旅客

第十八条 长期旅客中的非居民进境后，在规定期限内报运进境其居留期间自用物品或安家物品，应事先向主管海关提出书面申请，海关凭中华人民共和国政府主管部门签发的长期居留证件（或常驻户口登记证件）、其他批准文件和身份证件，办理审批验放手续。

上述人员在办妥上述手续前进出境或在境内居留期间临时出、进境携带的物品，海关依照本办法第十七条规定办理。

第十九条　长期旅客中的居民进出境行李物品的管理规定，根据本办法另行制定。

第四章　定居旅客

第二十条　获准进境定居的旅客在规定期限内报运进境安家物品，应事先向主管海关提出书面申请，并向海关交验中华人民共和国政府主管部门签发的定居证明或批准文件办理审批手续。经核准，其在境外拥有并使用过的数量合理的自用物品，准予免税进境；自用小汽车准予每户征税进境一辆。旅客持主管海关的书面通知，到物品进境地海关办理验放手续。

进境定居旅客自进境之日起，居留时间不满2年，再次出境定居的，其免税携运进境的安家物品应复运出境，或向海关补税。

第二十一条　获准出境定居的旅客携运出境的安家物品，除国家禁止或限制出境的物品需按有关规定办理外，均可予以放行。

第五章　过境旅客

第二十二条　过境旅客未经海关批准，不得将物品留在境内。

第二十三条　进境后不离开海关监管下的交通工具或海关监管区直接出境的旅客，海关一般不对其行李物品进行查验，但必要时，海关可以查验。

第二十四条　过境旅客获准离开海关监管区，转换交通工具出境的，海关依照本办法第十七条规定办理。

第六章　附　则

第二十五条　享有外交特权和豁免的人员携运进出境的行李物品，另按中华人民共和国海关总署制定的有关规定办理。

第二十六条　本办法的附件，由中华人民共和国海关总署根据具体情况修订发布实行。

第二十七条　本办法下列用语含义：

“非居民”指进境居留后仍回到境外其通常定居地者。

“居民”指出境居留后仍回到境内其通常定居地者。

“旅客”指进出境的居民或非居民。

“短期旅客”指获准进境或出境暂时居留不超过1年的旅客。

“长期旅客”指获准进境或出境连续居留时间在1年以上（含1年）的旅客。

“定居旅客”指取得中华人民共和国主管部门签发的进境或出境定居证明或批准文件，移居境内或境外的旅客。

“过境旅客”指持有效过境签证，从境外某地，通过境内，前往境外另一地的旅客。

“行李物品”指旅客为其进出境旅行或者居留的需要而携运进出境的物品。

“自用”指旅客本人自用、馈赠亲友而非为出售或出租。

“合理数量”指海关根据旅客旅行目的和居留时间所规定的正常数量。

“旅客行李物品监管时限”指非居民本次进境之日始至最近一次出境之日止，或居民本次出境之日始至最近一次进境之日止的时间。

“分离运输行李”指旅客在其进境后或出境前的规定期限内以托运方式运进或运出的本人行李物品。

“征免税”指征收或减免进出口关税（即进口旅客行李物品和个人邮递物品税）。

“担保”指以向海关缴纳保证金或提交保证函的方式，保证在规定期限内履行其承诺的义务的法律行为。

第二十八条　本办法由中华人民共和国海关总署解释。

第二十九条　本办法自1989年12月1日起实施。

原对外贸易部1958年9月29日（58）关行林字第985号命令发布的《海关对进出境旅客行李物品监管办法》同时废止。

附件　旅客进出境行李物品分类表（略）

（注：1. 中国籍旅客按照《中华人民共和国海关对中国籍旅客进出境行李物品的管理规定》进行管理。2. 本办法所附“旅客进出境行李物品分类表”已被修订。）

中华人民共和国海关关于过境旅客行李物品管理规定

（1991 年 9 月 2 日海关总署令第 25 号公布，根据 2010 年 11 月 26 日海关总署令第 198 号《海关总署关于修改部分规章的决定》修改）

第一条 根据《中华人民共和国海关法》和《中华人民共和国海关对进出境旅客行李物品监管办法》制定本规定。

第二条 本规定所称过境旅客系指持有效过境签证（与我互免签证国家的旅客，凭其有效护照）从境外某地，通过境内，前往境外另一地的旅客；包括进境后不离开海关监管区或海关监管下的交通工具，直接出境的旅客。

第三条 在进境口岸不离开海关监管区或海关监管下的交通工具的过境旅客，可以免填“旅客行李申报单”，海关对其行李物品均准许过境，一般不予查验，但是海关认为必要时除外。

第四条 在过境期限内离开海关监管区的过境旅客，携带的行李物品应以旅行需用为限，海关依照对进出境非居民短期旅客行李物品的规定办理，其中属于“旅客行李物品分类表”第三类的物品在规定范围内的，经海关核准可予登记暂时免税放行，过境旅客出境时必须将原物复带出境。超出规定范围的，除按本规定第五条办理外，均不准进境。

第五条 过境旅客携运物品超出本规定第四条所述准予放行范围的，由旅客自行委托经海关批准或指定的报关运输公司代理承运，比照海关监管货物，按有关规定办理手续，将监管过境物品运交有关海关监管出境；否则，海关不准进境。

第六条 对于不准进境的物品，除经海关总署特准征税或者担保放行的以外，应当自物品申报进境之日起 3 个月内由物品所有人或其代理人办理退运、结案手续。逾期不办的，由海关按照《中华人民共和国海关法》第五十一条的规定办理。

第七条 海关准予过境的物品及经海关登记暂时免税放行的旅行需用物品未经海关批准，均不得擅自留在境内。因丢失、被盗或其他不可抗力的原因而无法复带出境的，应提供公安部门的证明文件，向海关办理结案手续。不能提供证明文件的，过境旅客应照章补税。

第八条 过境旅客不论其是否离开海关监管区，均不得携带“中华人民共和国禁止进出境物品表”所列物品。

第九条 对过境旅客违反本规定有关条款的行为，海关将依照《中华人民共和国海关法》和《中华人民共和国海关行政处罚实施条例》的有关规定予以处罚。

第十条 本规定自 1991 年 9 月 10 日起实施。

中华人民共和国禁止进出境物品表和
中华人民共和国限制进出境物品表

（1993 年 2 月 26 日海关总署令第 43 号发布，自 1993 年 3 月 1 日起施行）

中华人民共和国禁止进出境物品表

一、禁止进境物品

1. 各种武器、仿真武器、弹药及爆炸物品；
2. 伪造的货币及伪造的有价证券；
3. 对中国政治、经济、文化、道德有害的印刷品、胶卷、照片、唱片、影片、录音带、录像带、激光视盘、计算机存储介质及其他物品；

4. 各种烈性毒药；

5. 鸦片、吗啡、海洛因、大麻以及其他能使人成瘾的麻醉品、精神药物；

6. 带有危险性病菌、害虫及其他有害生物的动物、植物及其产品；

7. 有碍人畜健康的、来自疫区的以及其他能传播疾病的食品、药品或其他物品。

二、禁止出境物品

1. 列入禁止进境范围的所有物品；

2. 内容涉及国家秘密的手稿、印刷品、胶卷、照片、唱片、影片、录音带、录像带、激光视盘、计算机存储介质及其他物品；

3. 珍贵文物及其他禁止出境的文体；

4. 濒危的和珍贵的动物、植物（均含标本）及其种子和繁殖材料。

中华人民共和国限制进出境物品表

一、限制进境物品

1. 无线电收发信机、通信保密机；

2. 烟、酒；

3. 濒危的和珍贵的动物、植物（均含标本）及其种子和繁殖材料；

4. 国家货币；

5. 海关限制进境的其他物品。

二、限制出境物品

1. 金银等贵重金属及其制品；

2. 国家货币；

3. 外币及其有价证券；

4. 无线电收发信机、通信保密机；

5. 贵重中药材；

6. 一般文物；

7. 海关限制出境的其他物品。

中华人民共和国海关关于入境旅客行李物品和个人邮递物品征收进口税办法

（1994年5月18日国务院关税税则委员会第六次会议审议通过，
1994年7月1日海关总署令第47号发布）

第一条　为了照顾个人进口自用物品的合理需要，简化计税手续，根据《中华人民共和国海关法》和《中华人民共和国进出口关税条例》的有关规定，特制定本办法。

第二条　准许应税进口的旅客行李物品、个人邮递物品以及其他个人自用物品（以下简称应税个人自用物品），除另有规定的以外，均由海关按照“入境旅客行李物品和个人邮递物品进口税税率表”（以下简称“税率表”）征收进口税。

本办法所称的进口税，包括关税和增值税、消费税。

本办法所称的应税个人自用物品，不包括汽车、摩托车及其配件、附件。对进口应税个人自用汽车、摩托车及其配件、附件，应按《中华人民共和国进出口税则》及其他有关税法、规定征收进口税。

“税率表”是本办法的组成部分。“税率表”中税率的调整，由国务院关税税则委员会审定后，海关总署对外公布实施。

第三条 进口税的纳税义务人是：携有应税个人自用物品的入境旅客及运输工具服务人员，进口邮递物品的收件人，以及以其他方式进口应税个人自用物品的收件人。

纳税义务人可以自行办理纳税手续，也可以委托他人办理纳税手续。接受委托办理纳税手续的代理人，应当遵守本办法对其委托人的各项规定。

第四条 海关总署依据“税率表”制定“入境旅客行李物品和个人邮递物品税则归类表”（以下简称“税则归类表”）。

海关对应税个人自用物品按“税则归类表”进行归类，确定适用的税率。进口物品如《税则归类表》中没有具体列名，可由海关按照“税率表”规定的范围按归入最适合的税号归类征税。

第五条 进口税从价计征。

第六条 应税个人自用物品由海关按照填发税款缴纳证当日有效的税率和完税价格计征进口税。

进口税额为完税价额乘以进口税税率。

纳税义务人应当在海关放行应税个人自用物品之前缴纳税款。

第七条 应税个人自用物品放行后，海关发现少征税款，应当自开出税款缴纳证之日起1年内，向纳税义务人补征；海关发现漏征税款，应当自物品放行之日起1年内向纳税义务人补征。因纳税义务人违反规定而造成的少征或者漏征，海关可自违反规定行为发生之日起3年以内向纳税义务人追征。

海关发现或确认多征的税款，海关应当立即退还。

第八条 纳税义务人同海关发生纳税争议时，应当先按海关核定的税额缴纳税款，然后自海关填发税款缴纳证之日起30日内向海关书面申请复议。逾期申请的，海关不予受理。

海关应当自收到复议申请之日起15日内作出复议决定，并通知纳税义务人。纳税义务人对复议决定不服，可以自接到海关通知之日起15日内向海关总署申请复议。海关总署在接到复议申请后，应当在30日内作出复议决定，并通知纳税义务人。

纳税义务人对海关总署的复议决定仍然不服的，可以自收到复议决定书之日起15日内，向人民法院起诉。

第九条 本办法由国务院关税税则委员会负责解释。

第十条 本办法自1994年7月1日起实施。

中华人民共和国海关关于进出境旅客通关的规定

（1995年12月25日海关总署令第55号发布，根据2010年11月26日海关总署令第198号《海关总署关于修改部分规章的决定》修改）

第一条 根据《中华人民共和国海关法》和其他有关法规、规定，制定本规定。

第二条 本规定所称“通关”系指进出境旅客向海关申报，海关依法查验行李物品并办理进出境物品征税或免税验放手续，或其他有关监管手续之总称。

本规定所称“申报”，系指进出境旅客为履行中华人民共和国海关法规规定的义务，对其携运进出境的行李物品实际情况依法向海关所作的书面申明。

第三条 按规定向海关办理申报手续的进出境旅客通关时，应首先在申报台前向海关递交中华人民共和国海关进出境旅客行李物品申报单或海关规定的其他申报单证，如实申报其所携运进出境的行李物品。

进出境旅客对其携运的行李物品以上述以外的其他任何方式或在其他任何时间、地点所做出的申明，海关均不视为申报。

第四条 申报手续应由旅客本人填写申报单证向海关办理，如委托他人办理，应由本人在申报单证上签字。接受委托办理申报手续的代理人应当遵守本规定对其委托人的各项规定，并承担相应的法律责任。

第五条 旅客向海关申报时，应主动出示本人的有效进出境旅行证件和身份证件，并交验中华人民共和国有关主管部门签发的准许有关物品进出境的证明、商业单证及其他必备文件。

第六条 经海关办理手续并签章交由旅客收执的专用申报单证，在有效期内或在海关监管时限内，旅客应妥善保存，并在申请提取分离运输行李物品或购买征、免税外汇商品或办理其他有关手续时，主动向海关出示。

第七条 在海关监管场所，海关在通道内设置专用申报台供旅客办理有关进出境物品的申报手续。

经中华人民共和国海关总署批准实施双通道制的海关监管场所，海关设置“申报”通道（又称“红色通道”）和“无申报”通道（又称“绿色通道”）供进出境旅客依本规定选择。

第八条 下列进境旅客应向海关申报，并将申报单证交由海关办理物品进境手续：

（一）携带需经海关征税或限量免税的“旅客进出境行李物品分类表”第二、三类物品（不含免税限量内的烟酒）者；

（二）非居民旅客及持有前往国家（地区）再入境签证的居民旅客携带途中必需的旅行自用物品超出照相机、便携式收录音机、小型摄影机、手提式摄录机、手提式文字处理机每种一件范围者；

（三）携带人民币现钞6000元以上，或金银及其制品50克以上者；

（四）非居民旅客携带外币现钞折合5000美元以上者；

（五）居民旅客携带外币现钞折合1000美元以上者；

（六）携带货物、货样以及携带物品超出旅客个人自用行李物品范围者；

（七）携带中国检疫法规规定管制的动、植物及其产品，以及其他须办理验放手续的物品者。

第九条 下列出境旅客应向海关申报，并将申报单证交由海关办理物品出境手续：

（一）携带需复带进境的照相机、便携式收录音机、小型摄影机、手提式摄录机、手提式文字处理机等旅行自用物品者；

（二）未将应复带出境物品原物带出或携带进境的暂时免税物品未办结海关手续者；

（三）携带外币、金银及其制品未取得有关出境许可证是或超出本次进境申报数额者；

（四）携带人民币现钞6000元以上者；

（五）携带文物者；

（六）携带货物、货样者；

（七）携带出境物品超出海关规定的限值、限量或其他限制规定范围的；

（八）携带中国检疫法规规定管制的动、植物及其产品，以及其他须办理验放手续的物品者。

第十条 在实施双通道制的海关监管场所，本规定第八条、第九条所列旅客应当选择“申报”通道通关。

第十一条 不明海关规定或不知如何选择通道的旅客，应选择“申报”通道，向海关办理申报手续。

第十二条 本规定第八条、第九条、第十一条所列旅客以外的其他旅客可不向海关办理申报手续。在海关实施双通道制的监管场所，可选择“无申报”通道进境或出境。

第十三条 持有中华人民共和国政府主管部门给予外交、礼遇签证的进出境非居民旅客和海关给予免验礼遇的其他旅客，通关时应主动向海关出示本人护照（或其他有效进出境证件）和身份证件。

第十四条 旅客进出境时，应遵守本规定和中华人民共和国海关总署授权有关海关为实施本规定所制定并公布的其他补充规定。

第十五条 旅客携带物品、货物进出境未按规定向海关申报的，以及本规定第八条、第九条、第十一条所列旅客未按规定选择通道通关的，海关依据《中华人民共和国海关法》及《中华人民共和国海关行政处罚实施条例》的有关规定处理。

第十六条 本规定自1996年1月1日起实施。

中华人民共和国海关对中国籍旅客进出境行李物品的管理规定

（1996年8月10日海关总署令第58号公布，自1996年8月15日起施行，
根据2010年11月26日海关总署令第198号《海关总署
关于修改部分规章的决定》修改）

第一条 根据《中华人民共和国海关法》及其他有关法规，制定本规定。

第二条 本规定适用于持中华人民共和国护照等有效旅行证件出入境的旅客，包括公派出境工作、考察、访问、学习和因私出境探亲、访友、旅游、经商、学习等中国籍居民旅客和华侨、台湾同胞、港澳同胞等中国籍非居民旅客。

第三条 中国籍旅客携运进境的行李物品，在本规定所附“中国籍旅客带进物品限量表”（简称“限量表”，见附件1）规定的征税或免税物品品种、限量范围内的，海关准予放行，并分别验凭旅客所持有效出入境旅行证件及其他有关证明文件办理物品验放手续。

对不满16周岁者，海关只放行其旅途需用的“限量表”第一类物品。

第四条 中国籍旅客携运进境物品，超出规定免税限量仍属自用的，经海关核准可征税放行。

第五条 中国籍旅客携带旅行自用物品进出境，按照《中华人民共和国海关对进出境旅客旅行自用物品的管理规定》办理验放手续。

第六条 获准进境定居的中国籍非居民旅客携运进境其在境外拥有并使用过的自用物品及车辆，应在获准定居后3个月内持中华人民共和国有关主管部门签发的定居证明，向定居地主管海关一次性提出申请。上述自用物品中，除本规定所附“定居旅客应税自用及安家物品清单”（见附件2）所列物品需征税外，经海关审核在合理数量范围内的准予免税进境。其中完税价格在人民币1000元以上，5000元以下（含5000元）的物品每种限1件。自用小汽车和摩托车准予每户进境各1辆，海关照章征税。

获准进境的自用物品及车辆，应自海关批准之日起6个月内从批准的口岸运进，物品进境地海关凭定居地主管海关的批准文件，对其中的机动交通工具，同时凭旅客填具的进口货物报关单办理验放手续。

第七条 定居旅客自进境之日起，居留时间不满2年，再次出境定居的，其免税携运进境的自用物品应复运出境，或依照相关规定向海关补缴进口税。

再次出境定居的旅客，在外居留不满2年，重新进境定居者，海关对其携运进境的自用物品均按本规定第三条办理。

第八条 进境长期工作、学习的中国籍非居民旅客，在取得长期居留证件之前，海关按照本规定验放其携运进出境的行李物品；在取得长期居留证件之后，另按海关对非居民长期旅客和常驻机构进出境公、私用物品的规定办理。

第九条 对短期内多次来往香港、澳门地区的旅客和经常出入境人员以及边境地区居民，海关只放行其旅途必需物品。具体管理规定授权有关海关制定并报中华人民共和国海关总署批准后公布实施。

前款所述“短期内多次来往”和“经常出入境”指半个月（15日）内进境超过1次。

第十条 除国家禁止和限制出境的物品另按有关规定办理外，中国籍旅客携运出境的行李物品，经海关审核在自用合理数量范围内的，准予出境。

以分离运输方式运出的行李物品，应由本人持有效的出境证件，在本人出境前向所在地海关办理海关手续。

第十一条 中国籍旅客进出境行李物品，超出自用合理数量及规定的限量、限值或品种范围的，除另有规定者外，海关不予放行。除本人声明放弃外，应在3个月内由本人或其代理人向海关办理退运手续；逾期不办的，由海关按《中华人民共和国海关法》第五十一条规定处理。

第十二条 旅客进出境时应遵守本规定和中华人民共和国海关总署授权有关海关为实施本规定所公告的其他补充规定。违者，海关将依照《中华人民共和国海关法》和《中华人民共和国海关行政处罚实施条例》的有关规定处理。

第十三条 本规定由中华人民共和国海关总署负责解释。

第十四条 本规定自1996年8月15日起实施。

附件1 中国籍旅客带进物品限量表（略）
附件2 定居旅客应税自用物品及安家物品清单（略）

中华人民共和国海关关于境内公路承运海关监管货物的运输企业及其车辆、驾驶员的管理办法

（2001年9月27日海关总署令第88号发布，根据2004年11月30日海关总署令第121号公布的《海关总署关于修改〈中华人民共和国海关关于境内公路承运海关监管货物的运输企业及其车辆、驾驶员的管理办法〉的决定》修改）

第一章 总 则

第一条 为加强对承运海关监管货物的境内运输企业及其车辆、驾驶员的管理，根据《中华人民共和国海关法》（下称《海关法》）及其他相关法规，制定本办法。

第二条 本办法所指的境内运输企业、车辆、驾驶员，是指依据本办法经海关注册登记或者备案登记，在境内从事海关监管货物运输的企业、车辆、驾驶员。

第三条 运输企业、车辆应当向企业所在关区的直属海关申请办理注册登记手续，驾驶员应当办理备案登记手续。

第四条 海关对运输企业、车辆的注册登记资料以及驾驶员的备案登记资料实行计算机联网管理，数据资料共享的，不再办理异地备案手续。

第二章 注册登记

第五条 承运海关监管货物的运输企业，应当具备以下资格条件：

（一）从事货物运输业务1年以上，注册资金不低于200万元人民币；

（二）按照《海关法》第六十七、六十八条规定，有具有履行海关事务担保能力的法人、其他组织或者公民提供的担保；

（三）企业财务制度和账册管理符合国家有关规定；

（四）企业资信良好，在从事运输业务中没有违法前科。

第六条 运输企业办理注册登记时，应当向海关提交下列文件：

（一）“承运海关监管货物境内运输企业注册登记申请表”（见附件1）；

（二）工商行政管理部门核发的“营业执照”复印件；

（三）交通运输管理部门核发的“道路运输经营许可证”复印件；

（四）技术监督部门核发的“中华人民共和国组织机构代码证”（下称“组织机构代码证”）复印件；

（五）承运海关监管货物车辆的驾驶员名单及备案登记资料；企业更换驾驶员的，应当及时向海关办理驾驶员的变更备案手续。

提交本条（二）、（三）、（四）项文件时，还应同时出示原件供海关审核。

第七条 海关对运输企业的资格条件及递交的有关证件进行审核，合格的，颁发“境内公路运输企业载运海关监管货物注册登记证书”（见附件4，以下简称“注册登记证书”）。

第八条 承运海关监管货物的车辆应为厢式货车或集装箱拖头车，经海关批准也可以为散装货车。上述车辆应当具备以下条件：

（一）用于承运海关监管货物的车辆，必须为运输企业的自有车辆，其“机动车辆行驶证”的车主列名必须与所属运输企业名称一致；

（二）厢式货车的厢体必须与车架固定一体，厢体必须为金属结构，无暗格，无隔断，具有施封条件，车厢连

接的镙丝均须焊死，车厢两车门之间须以钢板相卡，保证施封后无法开启；

有特殊需要，需加开侧门的，须经海关批准，并符合海关监管要求；

（三）集装箱拖头车必须承运符合国际标准的集装箱；

（四）散装货车只能承运不具备加封条件的大宗散装货物，如矿砂、粮食及超大型机械设备等；

（五）从事特种货物运输的车辆须递交主管部门的批准证件。

第九条 办理车辆注册登记时，应当向海关提交下列文件：

（一）“承运海关监管货物境内运输车辆注册登记申请表”（见附件2）；

（二）公安交通管理部门核发的“机动车辆行驶证”复印件；

（三）运载危险品的车辆需提交公安消防部门核发的“易燃易爆化学物品准运证”复印件；

（四）车辆彩色照片2张（要求：前方左侧面45°，4寸×3寸；能清楚显示车牌号码；车头及车厢侧面喷写企业名称）。

提交本条（二）、（三）项文件时，还应同时出示原件供海关审核。

第十条 海关对车辆监管条件及相关文件进行审核，合格的，颁发“中华人民共和国境内汽车载运海关监管货物车辆准载证”（见附件5，以下简称“准载证”）、“中华人民共和国海关境内汽车载运海关监管货物载货登记簿”（见附件6，以下简称“汽车载货登记簿”）。

第十一条 承运海关监管货物的驾驶员应当符合以下条件：

（一）具有中华人民共和国居民身份证；

（二）为运输企业职工；

（三）没有违法犯罪前科；

（四）遵守海关的有关管理规定。

第十二条 驾驶员办理备案登记时，应当向海关提交以下文件：

（一）“承运海关监管货物境内运输车辆驾驶员备案登记表”（见附件3）；

（二）驾驶员的国内居民身份证、“机动车驾驶员驾驶证”（复印件）；

（三）驾驶员彩色近照2张（规格：大1寸、免冠、红底）。

提交本条（二）项文件时，还应同时出示原件供海关审核。

第十三条 承运海关监管货物的驾驶员应当了解和熟悉海关相关法规及监管规定，参加海关组织的各种业务培训。

第十四条 “注册登记证书”、“汽车载货登记簿”、“准载证”等相关证件需更新的，可凭原件向注册地海关申请换发新证、簿；如上述证、簿损毁、遗失或被盗的，经注册地海关审核情况属实的，予以补发。

第十五条 运输企业、车辆年审工作于每年5月月底前完成，海关按以上所规定的资格条件进行年审。

第十六条 运输企业、车辆、驾驶员不再从事海关监管货物运输业务的，应向注册地海关交回“注册登记证书”、“汽车载货登记簿”、“准载证”等相关证件，办理手续。

第十七条 车辆更换（包括更换车辆、更换发动机、更换车辆牌照号码）、改装车体等，应按本办法规定重新办理注册登记手续。

第三章　海关监管

第十八条 驾驶员在从事海关监管货物运输时，应出示“准载证”等相关证件，如实填报交验“汽车载货登记簿”；货物运抵目的地后，必须向目的地海关办理“汽车载货登记簿”的核销手续。

第十九条 驾驶员应将承运的海关监管货物完整、及时地运抵指定的监管场所，并确保海关封志完好无损，未经海关许可，不得开拆。

第二十条 “汽车载货登记簿”和“准载证”由车辆固定使用。

第二十一条 实施卫星定位管理的车辆，卫星定位管理系统配套使用的身份证（IC）卡与“汽车载货登记簿”具有同等效力。

第二十二条 运输企业、驾驶员应妥善保管海关核发的有关证、簿，不得转借、涂改、故意损毁。

第二十三条 承运海关监管货物的车辆应按海关指定的路线和要求行驶，并在海关规定的时限内运抵目的地海关。不得擅自改变路线、在中途停留并装卸货物。

第二十四条 遇特殊情况，车辆在运输途中出现故障，需换装其他运输工具时，应立即通知附近海关，在海关监管下换装，附近海关负责及时将换装情况通知货物出发地和目的地海关。

第二十五条 海关监管货物在运输途中发生丢失、短少或损坏等情事的，除不可抗力外，运输企业应当承担相应的纳税义务及其他法律责任。

第四章 法律责任

第二十六条 运输企业、驾驶员发生走私违规情事的，由海关按《中华人民共和国海关法》和《中华人民共和国海关行政处罚实施条例》的有关规定进行处罚。构成犯罪的，依法追究刑事责任。

第二十七条 运输企业、驾驶员，有下列情形之一的，由海关责令改正，可以给予警告：

（一）承运海关监管货物的车辆不按照海关指定的路线或范围行进的；

（二）承运海关监管货物的车辆到达或者驶离设立海关的地点，未按照规定向海关如实填报交验“汽车载货登记簿”或者办理核销手续的；

（三）承运海关监管货物的车辆在运输途中出现故障，不能继续行驶，需换装其他运输工具时，驾驶员或其所属企业不向附近海关或货物主管海关报明情况而无正当理由的；

（四）不按照规定接受海关对车辆及其所载货物进行查验的；

（五）遗失、损毁、涂改、转借海关核发的“载货登记簿”、“准载证”等相关证件，妨碍海关监管工作或者影响办理海关有关手续的；

（六）未经海关许可，擅自更换车辆（车辆发动机、车牌号码）、驾驶员；改装车厢、车体的；

（七）运输企业出让其名义供他人承运海关监管货物的。

第二十八条 运输企业、驾驶员，有下列情形之一的，可以给予警告、暂停其6个月以内从事有关业务或者执业：

（一）有走私行为的；

（二）1年内有3次以上重大违反海关监管规定行为的；

（三）管理不善致使保管的海关监管货物多次发生损坏或者丢失的；

（四）未经海关许可，擅自开启或损毁海关加施于车辆的封志的；

（五）未经海关许可，对所承运的海关监管货物进行开拆、调换、改装、留置、转让、更换标志、移作他用或进行其他处理的；

（六）有其他需要暂停从事有关业务或者执业情形的。

第二十九条 运输企业、驾驶员，有下列情形之一的，海关可以撤销其注册登记或者停止其从事有关业务：

（一）构成走私犯罪被司法机关依法处理的；

（二）1年内有2次以上走私行为的；

（三）管理不严，1年内3人次以上被海关暂停执业、取消从业资格的；

（四）因违反规定被海关暂停从事有关业务或者执业，恢复从事有关业务或者执业后1年内再次发生违反本办法规定的暂停从事有关业务或者执业情形的；

（五）其他需要撤销其注册登记或者停止从事有关业务的情形。

第三十条 对逾期不办理年审或年审不合格的运输企业、车辆，海关暂停其办理承运海关监管货物的手续；逾期3个月未年审的，海关视其自动放弃承运海关监管货物资格，并予注销，收回有关证件。

第三十一条 运输企业被工商行政管理部门吊销营业执照或被交通运输管理部门取消道路货物运输资格的，海关注销其承运海关监管货物运输资格。

第五章 附 则

第三十二条 生产型企业自有车辆及其驾驶员，需承运本企业海关监管货物的，按照本办法管理。

第三十三条 承运过境货物境内段公路运输的境内运输企业及其车辆、驾驶员，比照本办法管理。

第三十四条 本办法由海关总署负责解释。

第三十五条 本办法自2005年1月1日起实施。原《中华人民共和国海关关于在广东地区载运海关监管货物的境内汽车运输企业及其车辆的管理办法》（署监〔2001〕19号）、《中华人民共和国海关对境内汽车载运海关监管货物的管理办法》（〔1989〕署货字第950号）、《中华人民共和国海关总署关于对〈中华人民共和国海关对境内汽车载运海关监管货物的管理办法〉适用范围问题的批复》（署监一〔1990〕958号）和《关于转发〈来往港澳货运汽车分流管理工作会议纪要〉的通知》（〔1990〕署监一第345号）同时废止。

附件1 承运海关监管货物境内运输企业注册登记申请表（略）

附件 2　承运海关监管货物境内运输车辆注册登记申请表（略）

附件 3　承运海关监管货物境内运输车辆驾驶员备案登记表（略）

附件 4　境内公路运输企业载运海关监管货物注册登记证书（略）

附件 5　中华人民共和国境内汽车载运海关监管货物车辆准载证（略）

附件 6　中华人民共和国海关境内汽车载运海关监管货物载货登记簿（略）

中华人民共和国海关关于转关货物监管办法

（2001 年 9 月 30 日海关总署令第 89 号公布，根据 2014 年 3 月 13 日海关总署令第 218 号《海关总署关于修改部分规章的决定》修改）

第一章　总　则

第一条　为了加强对转关货物的监管，方便收发货人办理海关手续，根据《中华人民共和国海关法》制定本办法。

第二条　转关货物是海关监管货物，除另有规定外（见附件 1），进出口货物均可办理转关手续。海关对进出口转关货物施加海关封志。(注)

第三条　转关货物应由已在海关注册登记的承运人承运。海关对转关限定路线范围，限定途中运输时间，承运人应当按海关要求将货物运抵指定的场所。

海关根据工作需要，可以派员押运转关货物，货物收发货人或其代理人、承运人应当按规定向海关缴纳规费，并提供方便。

第四条　转关货物的指运地或起运地应当设有经海关批准的监管场所。转关货物的存放、装卸、查验应在海关监管场所内进行。特殊情况需要在海关监管场所以外存放、装卸、查验货物的，应向海关事先提出申请，海关按规定监管。

第五条　海关对转关货物的查验，由指运地或起运地海关实施。进、出境地海关认为必要时也可查验或者复验。

第六条　转关货物未经海关许可，不得开拆、提取、交付、发运、调换、改装、抵押、质押、留置、转让、更换标记、移作他用或者进行其他处置。

第七条　转关货物的收发货人或代理人，可采取以下三种方式办理转关手续：

（一）在指运地或起运地海关以提前报关方式办理；

（二）在进境地或起运地海关以直接填报转关货物申报单的直转方式办理；

（三）以由境内承运人或其代理人统一向进境地或起运地海关申报的中转方式办理。

第八条　转关货物申报的电子数据与书面单证具有同等的法律效力。对确因填报或者传输错误的数据，符合进出口货物报关单修改和撤销管理相关规定的，可以进行修改或者撤销。对海关已经决定查验的转关货物，不再允许修改或者撤销申报内容。

广东省内公路运输的“进境汽车载货清单”（附件 2）或“出境汽车载货清单”（附件 3）视同转关申报书面单证，具有法律效力。

第九条　提前报关的转关货物，进境地海关因故无法调阅进口转关数据时，可以按直转货物的规定办理转关手续。

第十条　从一个设关地运往另一个设关地的海关监管货物，除另有规定外，应按进口转关方式监管。

第十一条　转关货物运输途中因交通意外等原因需更换运输工具或驾驶员的，承运人或驾驶员应通知附近海关；附近海关核实同意后，监管换装并书面通知进境地、指运地海关或出境地、起运地海关。

第十二条　转关货物在国内储运中发生损坏、短少、灭失情事时，除不可抗力外，承运人、货物所有人、存放场所负责人应承担税赋责任。

第二章 进口转关货物的监管

第十三条 转关货物应当自运输工具申报进境之日起 14 日内向进境地海关办理转关手续，在海关限定期限内运抵指运地海关之日起 14 日内，向指运地海关办理报关手续。逾期按规定征收滞报金。

第十四条 进口转关货物，按货物到达指运地海关之日的税率和汇率征税。提前报关的，其适用的税率和汇率是指运地海关接收到进境地海关传输的转关放行信息之日的税率和汇率。如货物运输途中税率和汇率发生重大调整的，以转关货物运抵指运地海关之日的税率和汇率计算。

第十五条 提前报关的转关货物，进口货物收货人或其代理人在进境地海关办理进口货物转关手续前，向指运地海关录入"进口货物报关单"电子数据，指运地海关提前受理电子申报，货物运抵指运抵海关监管场所后，办理转关核销和接单验放等手续。

第十六条 提前报关的转关货物，其收货人或代理人向指运地海关填报录入"进口货物报关单"后，计算机自动生成"进口转关货物申报单"（见附件 4）并传输至进境地海关。

第十七条 提前报关的转关货物收货人或代理人，应向进境地海关提供进口转关货物申报单编号，并提交下列单证办理转关手续：

（一）"进口转关货物核放单"（见附件 5）；广东省内公路运输的，交验进境汽车载货清单；

（二）"中华人民共和国海关境内汽车载运海关监管货物载货登记簿"（以下简称"汽车载货登记簿"）或"船舶监管簿"；

（三）提货单。

第十八条 提前报关的进口转关货物应在电子数据申报之日起的 5 日内，向进境地海关办理转关手续。超过期限仍未到进境地海关办理转关手续的，指运地海关撤销提前报关的电子数据。

第十九条 直转的转关货物，货物收货人或代理人在进境地录入转关申报数据，直接办理转关手续。

第二十条 直转的转关货物，货物收货人或代理人应持以下单证向进境地海关办理转关手续：

（一）"进口转关货物申报单"；广东省内公路运输的，交验"进境汽车载货清单"；

（二）"汽车载货登记簿"或"船舶监管簿"。

第二十一条 具有全程提运单、需换装境内运输工具的中转转关货物，收货人或其代理人向指运地海关办理进口报关手续后，由境内承运人或其代理人，批量办理货物转关手续。

第二十二条 中转的转关货物，运输工具代理人应持以下单证向进境地海关办理转关手续：

（一）"进口转关货物申报单"；

（二）"进口货物中转通知书"（见附件 6）；

（三）进口中转货物的按指运地目的港分列的纸质舱单；

以空运方式进境的中转货物，提交联程运单。

第三章 出口转关货物的监管

第二十三条 出口提前报关的转关货物，由货物发货人或其代理人在货物未运抵起运地海关监管场所前，向起运地海关填报录入"出口货物报关单"电子数据，起运地海关提前受理电子申报。货物应于电子数据申报之日起 5 日内，运抵起运地海关监管场所，办理转关和验放等手续。超过期限的，起运地海关撤销提前报关的电子数据。

第二十四条 出口直转的转关货物，由货物发货人或其代理人在货物运抵起运地海关监管场所后，向起运地海关填报录入"出口货物报关单"电子数据，起运地海关受理电子申报，办理转关和验放等手续。

第二十五条 提前报关和直转的出口转关货物，其发货人或代理人应在起运地填报录入"出口货物报关单"，在起运地海关办理出口通关手续后，计算机自动生成"出口转关货物申报单"（附件 7）数据，传送至出境地海关。

第二十六条 提前报关和直转的出口转关货物发货人或代理人应持以下单证在起运地海关办理出口转关手续：

（一）"出口货物报关单"；

（二）"汽车载货登记簿"或"船舶监管簿"；

（三）广东省内公路运输的，还应递交"出境汽车载货清单"。

第二十七条 提前报关和直转的出口转关货物到达出境地后，发货人或代理人应持"汽车载货登记簿"或"船舶监管簿"和起运地海关签发的"出口货物报关单"和"出口转关货物申报单"或"出境汽车载货清单"（广东省内公路运输），向出境地海关办理转关货物的出境手续。

第二十八条 具有全程提运单、需换装境内运输工具的出口中转货物，发货人向起运地海关办理出口报关手续后，由承运人或其代理人按出境运输工具分列舱单，批量办理货物转关手续。

第二十九条 出口中转货物，其发货人或代理人向起运地海关办理出口通关手续后，运输工具代理人向起运地海关录入并提交下列单证：

（一）“出口转关货物申报单”；

（二）按出境运输工具分列的电子或纸质舱单；

（三）“汽车载货登记簿”或“船舶监管簿”。

经起运地海关核准后，签发“出口货物中转通知书”（见附件8）。出境地海关验核上述单证，办理中转货物的出境手续。

第三十条 对需运抵出境地后才能确定出境运输工具，或原定的运输工具名称、航班（次）、提单号发生变化的，可在出境地补录或修改相关数据，办理出境手续。

第四章 核 销

第三十一条 进口转关货物在运抵指运地海关监管场所后，指运地海关方可办理转关核销。

对于进口大宗散装转关货物分批运输的，在第一批货物运抵指运地海关监管场所后，指运地海关办理整批货物的转关核销手续，发货人或代理人同时办理整批货物的进口报关手续。指运地海关按规定办理余下货物的验放。最后一批货物到齐后，指运地海关完成整批货物核销。

第三十二条 出口转关货物在运抵出境地海关监管场所后，出境地海关方可办理转关核销。货物实际离境后，出境地海关核销清洁舱单并反馈起运地海关，起运地海关凭以签发有关报关单证明联。

第三十三条 转关工具未办结转关核销的，不得再次承运转关货物。

第五章 附 则

第三十四条 本办法下列用语的含义是：

（一）转关货物系指：

1. 由进境地入境，向海关申请转关、运往另一设关地点办理进口海关手续的货物；

2. 在起运地已办理出口海关手续运往出境地，由出境地海关监管放行的货物；

3. 从境内一个设关地点运往境内另一个设关地点，需经海关监管的货物。

（二）进境地：指货物进入关境的口岸。

（三）出境地：指货物离开关境的口岸。

（四）指运地：指进口转关货物运抵报关的地点。

（五）起运地：指出口转关货物报关发运的地点。

（六）承运人：指经海关核准，承运转关货物的企业。

第三十五条 本办法由海关总署负责解释。

第三十六条 本办法自2001年10月15日起实施。原《海关总署关于发布〈中华人民共和国海关广东地区陆路转关运输货物监管办法〉的通知》（署监〔2001〕21号）、《海关总署关于发布〈中华人民共和国海关关于长江沿线进出口转关运输货物监管办法〉的通知》（署监〔2001〕22号）、《关于发布〈中华人民共和国海关关于转关运输货物监管办法的〉通知》（署监一〔1992〕1377号）同时废止。

附件1 限制转关物品清单

附件2 中华人民共和国海关进境汽车载货清单（略）

附件3 中华人民共和国海关出境汽车载货清单（略）

附件4 中华人民共和国海关进口转关货物申报单（略）

附件5 进口转关货物核放单（略）

附件6 中华人民共和国海关进口货物中转通知书（略）

附件7 中华人民共和国海关出口转关货物申报单（略）

附件8 中华人民共和国海关出口货物中转通知书（略）

（注：海关总署公告2002年第7号对第二条中不施封的情形作了补充规定）

附件1

限制转关物品清单

类别	种类	商品编码	商品名称
废物	第一类动物废料	0506.9010	骨废料
	第二类冶炼渣	2619.0000	冶炼钢铁产生的熔渣、浮渣
	第三类木、木制品废料	4401.3000	锯末、木废料等
		4501.9000	软木废料
	第五类纺织品废物	5202.1000	废棉纱线（包括废棉线）
		5202.9900	其他废棉
	第六类贱金属及其制品的废料	7204.1000	铸铁废碎料
		7204.2100	不锈钢废碎料
		7204.2900	其他合金钢废碎料
		7204.3000	镀锡钢铁废碎料
		7204.4100	车、刨、铣、磨、锯、锉、剪、冲加工过程中产生的钢铁废料，不论是否成捆
		7204.4900	未列名钢铁废碎料（含废铁轨、废钢轨等）
		7204.5000	供再熔的碎料钢铁锭（含废机床、废机车、废机车头等）
		7401.1000	铜锍
		7401.2000	沉积铜（泥铜）
		7404.0000	铜废碎料
		7503.0000	镍废碎料
		7602.0000	铝废碎料
		7902.0000	锌废碎料
		8002.0000	锡废碎料
		8103.1000	钽废碎料
	第七类各种废旧五金、电机、电器产品等		
	第八类废运输设备	8908.0000	供拆卸的船舶及其他浮动结构体
	第九类特殊需进口的废物		
	第十类废塑料碎料及下脚料	3915.1000	乙烯聚合物的废碎料及下脚料
		3915.2000	苯乙烯聚合物的废碎料及下脚料
		3915.3000	氯乙烯聚合物的废碎料及下脚料
		3915.9000	其他塑料的废碎料及下脚料

续表

类别	种类	商品编码	商品名称
化工	监控化学品	2921.1930	N,N-二（2-氯乙基）乙胺
		2921.1940	N,N-二（2-氯乙基）甲胺
		2921.1950	三（2-氯乙基）胺
		29309090.13	2-氯乙基氯甲基硫醚
		29309090.14	芥子气：二（2-氯乙基）硫醚
		29309090.15	二（2-氯乙硫基）甲烷
		29309090.16	倍半芥气：1,2-二（2-氯乙硫基）乙烷
		29309090.17	1,3-二（2-氯乙硫基）正丙烷
		29309090.18	1,4-二（2-氯乙硫基）正丁烷
		29309090.19	1,5-二（2-氯乙硫基）正戊烷
		29309090.21	二（2-氯乙硫基甲基）醚
		29309090.22	氧芥气：二（2-氯乙硫基乙基）醚 路易氏剂
		29309090.26	烷基（甲基、乙基、正丙基或异丙基）硫代膦酸烷基（氢或少于或等于10个原子的碳链，包括环烷基）-S-2-二烷（甲、乙、正丙或异丙）氨基乙酯及相应烷基化盐或质子化盐，例如：VX：甲基硫代膦酸乙基-S-2-二异丙氨基乙酯硫芥气
		29310000.13	2-氯乙烯基二氯胂
		29310000.14	二（2-氯乙烯基）氯胂
		29310000.15	三（2-氯乙烯基）胂
	可作为化学武器的化学品	29310000.16	烷基（甲基、乙基、正丙基或异丙基）氟膦酸烷（少于或等于10个碳原子的链，包括环烷）酯，例如：沙林：甲基氟膦酸异丙酯，梭曼：甲基氟膦酸频那酯
		29310000.17	二烷（甲、乙正丙或异丙）氨基氰磷酸烷（少于或等于10个碳原子的碳链，包括环烷）酯，例如：塔崩：二甲氨基氰膦酸乙酯
		29310000.18	烷基（甲基、乙基、正丙基或异丙基）膦酸二氟，例如：DF：甲基膦酰二氟
		29310000.19	烷基（甲基、乙基、正丙基或异丙基）亚膦酸烷基（氢或少于或等于10个碳原子的碳链，包括环烷基）-2-二烷（甲、乙、正丙或异丙）氨基乙酯及相应烷基化盐或质子化盐 例如：QL：甲基亚膦酸乙基-2-二异丙氨基乙酯
		29310000.21	氯沙林：甲基氯膦酸异丙酯 氯梭曼：甲基氯膦酸频那酯
		3002.9010	石房蛤毒素
		3002.9020	蓖麻毒素
	消耗臭氧层物质	2903.4100	三氯氟甲烷（CFC-11）
		2903.4200	二氯二氟甲烷（CFC-12）
		2903.4300	三氯三氟乙烷（CFC-113），用于清洗剂除外
		29034400.10	二氯四氟乙烷（CFC-114）
		29034400.90	氯五氟乙烷（CFC-115）
		2903.4510	氯三氟甲烷（CFC-13）
		29034600.10	溴氯二氟甲烷（Halon-1211）
		29034600.20	溴三氟甲烷（Halon-1301）
		2903.1910	1,1,1-三氯乙烷（甲基氯仿，TCA）

续表

类别	种类	商品编码	商品名称
化工	化学武器关键前体	2812.1044	三氯化砷
		2903.3010	PFIB：1,1,3,3,3,-五氟-2-三氟甲基-1-丙烯（又名：全氟异丁烯；八氟异丁烯）
		2905.1910	频哪基醇：3,3-二甲基丁-2-醇
		2918.1910	2,2-二苯基-2-羟基乙酸：二苯羟乙酸；二苯乙醇酸
		2921.1960	二烷（甲，乙，正丙或异丙）氨基乙基-2-氯及相应质子化盐
		2922.1929	二烷（正丙或异丙）氨基乙-2-醇及相应质子化盐 例如：二甲氨基乙醇及相应质子化盐 二乙氨基乙醇及相应质子化盐
		2929.9020	二烷（甲，乙，正丙或异丙）氨基膦酰二卤
		2929.9030	二烷（甲，乙，正丙或异丙）氨基膦酸二烷（甲，乙，正丙或异丙）酯
		29309090.23	胺吸膦：硫代膦酸二乙基-S-2-二乙氨基乙酯及相应烷基化盐或质子化盐
		29309090.24	烷基（甲，乙，正丙或异丙）氨基乙-2-硫醇及相应质子化盐
		29309090.25	硫二甘醇；二（2-羟乙基）硫醚；硫代双乙醇
		29309090.27	含有一个磷原子并有一个甲基，乙基或（正或异）丙基原子团与该磷原子结合的化学品，不包括含有更多碳原子的情形，但第一类名录所列者除外。例如：甲基膦酰二氯；甲基膦酸二甲酯 例如：地虫磷：二硫代乙基膦酸-S-苯基乙酯
		2933.3910	BZ；二苯乙醇酸-3-奎宁环酯
		2933.3920	奎宁环-3-醇
	化学武器原料	2811.1910	氢氰酸，包括氰化氢
		2812.1010	亚硫酰氯：氯化亚砜，氧氯化硫
		2812.1020	氧氯化磷，即膦酰氯，三氯氧磷；
		2812.1030	碳酰二氯（光气）
		2812.1041	一氯化硫（氯化硫）
		2812.1042	二氯化硫
		2812.1043	三氯化磷
		2812.1045	五氯化磷
		28139000.10	五硫化二磷
		2837.1110	氰化钠
		2837.1910	氰化钾
		2851.0020	氯化氰
		2904.9030	三氯硝基甲烷（氯化苦，硝基氯仿）
		29141900.10	频哪酮

续表

类别	种类	商品编码	商品名称
化工	化学武器原料	29181990.10	二苯乙醇酸甲酯，包括其酸酐，酰卤化物，过氧化物和过氧酸及该号的衍生物
		2920.9011	亚磷酸三甲酯
		2920.9012	亚磷酸三乙酯
		2920.9013	亚磷酸二甲酯
		2920.9014	亚磷酸二乙酯
		29211100.10	二甲胺
		29211100.20	二甲胺盐酸盐
		2922.1310	三乙醇胺
		29221320.20	三乙醇胺盐酸盐
		2922.1930	乙基二乙醇胺
		2922.1940	甲基二乙醇胺
		29333990.30	3-羟基-1-甲基哌啶
		29333990.40	3-奎宁环酮
	易制毒化学品	2806.1000	氯气氢（盐酸）
		28070000.10	硫酸
		2841.6100	高锰酸钾
		2902.3000	甲苯
		2909.1100	乙醚
		2914.1100	丙酮
		2914.1200	丁酮［甲基乙基（甲）酮］
		2914.3100	苯丙酮（苯基丙-2-丙酮）
		2915.2400	乙酸酐（醋酸酐）
		29163400.10	苯乙酸
		2922.4310	邻氨基苯甲酸（氨茴酸）
		29242990.20	N-乙酰邻氨基苯酸
		2932.9100	4-丙烯基-1,2-亚甲二氧基苯（异黄樟脑）
		2932.9400	4-烯丙基-1,2-亚甲二氧基苯（黄樟脑）
		2932.9200	1-（1,3-苯并二恶茂-5-基）丙-2-酮，3,4-亚甲基二氧苯基-2-丙酮

续表

类别	种类	商品编码	商品名称
化工	易制毒化学品	2933.3210	哌啶（六氢吡啶）
		29394100.10	麻黄碱（麻黄素，盐酸麻黄碱）
		29394100.30	消旋盐酸麻黄碱
		29394100.40	草酸麻黄碱
		29394200.10	伪麻黄碱（伪麻黄素，盐酸伪麻黄碱）
		29394100.20	硫酸麻黄碱
		29394200.20	硫酸伪麻黄碱
		29394900.10	盐酸甲基麻黄碱
		29394900.20	消旋盐酸甲基麻黄碱
		13021990.11	供制农药用麻黄浸膏粉
		13021990.12	供制农药用麻黄浸膏
		13021990.91	供制医药用麻黄浸膏粉
		13021990.92	供制医药用麻黄浸膏
		13021990.93	其他麻黄浸膏粉
		13021990.94	其他麻黄浸膏
		12119049.10	药料用麻黄草粉
		12119050.10	香料用麻黄草粉
		12119099.10	其他用麻黄草粉
		30044090.10	麻黄碱盐类单方制剂（指盐酸麻黄碱片、盐酸麻黄碱注射剂、盐酸伪麻黄碱片、硫酸麻黄碱片）
		2932.9300	3,4-亚甲二氧基甲醛（胡椒醛），别名洋茉莉醛、天芥菜精
		29396100.10	麦角新碱
		29396200.10	麦角胺
		29396300.10	麦角酸
	氰化钠	2837.1110	氰化钠

续表

类别	种类	商品编码	商品名称
汽车	汽车	8701.2000	半挂车用的公路牵引车
		8702.1020	机坪客车（机场专用车）
		8702.1091	30座及以上大型客车（柴油型）（指装有柴油发动机的30座及以上的客运车）
		87021092.11	20≤座位数≤22的柴油客车（装有柴油或半柴油发动机的中型客车，排气量<2000cc）
		87021092.19	20≤座位数≤22的柴油客车（装有柴油或半柴油发动机的中型客车，排气量≥2000cc）
		87021092.90	其他23≤座位数<30的柴油型中型客车（装有柴油或半柴油发动机的客车）
		87021093.10	排气量<2000cc的10≤座位数≤19的客车（装有柴油或半柴油发动机的中型客车）
		87021093.90	排气量≥2000cc的10≤座位数≤19的客车（装有柴油或半柴油发动机的中型客车）
		8702.9010	30座及以上大型客车（其他型）（指装有其他发动机的30座及以上的客运车）
		87029020.11	20≤座位数≤22的非柴油客车（指装有其他发动机的中型客车，排气量<2000cc）
		87029020.19	20≤座位数≤22的非柴油客车（指装有其他发动机的中型客车，排气量≥2000cc）
		87029020.90	其他23≤座位数<30的非柴油客车（指装有其他发动机的中型客车）
		87029030.10	排气量<2000cc的10≤座位数≤19的客车（装有其他发动机的中型客车）
		87029030.90	排气量≥2000cc的10≤座位数≤19的客车（装有其他发动机的中型客车）
		87032130.11	汽油型微马力小轿车（指装有点燃往复式活塞内燃机，排气量<1000cc）
		87032130.19	汽油型微马力小轿车（指装有点燃往复式活塞内燃机，排气量=1000cc）
		87032130.90	87032130车辆的成套散件
		87032190.11	汽油型超微马力小轿车、越野车（指装有点燃往复式活塞内燃机的，排气量<1000cc）
		87032190.19	汽油型超微马力小轿车、越野车（指装有点燃往复式活塞内燃机的，排气量=1000cc）
		87032190.90	87032190车辆的成套散件
		87032230.10	汽油型小马力小轿车（装点燃往复式活塞内燃机，小马力指1000cc<排气量≤1500cc）
		87032230.90	汽油型小马力小轿车的成套散件
		87032240.10	汽油型小马力四轮驱动越野车（装点燃往复式活塞内燃机，小马力指1000cc<排气量≤1500cc）
		87032240.90	87032240车辆的成套散件
		87032250.10	汽油型小马力小客车（≤9座）（装点燃往复式活塞内燃机，小马力指1000cc<排气量≤1500cc）

续表

类别	种类	商品编码	商品名称
汽车	汽车	87032250.90	87032250 车辆的成套散件
		87032290.11	汽油型小马力其他小客车（≤9 座）（装点燃往复式活塞内燃机，小马力指 1000cc<排气量≤1500cc）
		87032290.19	汽油型小马力其他载人车辆（≤9 座）（装点燃往复式活塞内燃机，小马力指 1000cc<排气量≤1500cc）
		87032290.90	87032290 车辆的成套散件
		87032314.11	1500cc<排气量<2200cc 的小轿车（指汽油型，装点燃往复式活塞内燃机）
		87032314.19	2200cc≤排气量≤2500cc 的小轿车（指汽油型，装点燃往复式活塞内燃机）
		87032314.90	87032314 车辆的成套散件
		87032315.11	1500cc<排气量<2400cc 四轮驱动越野车（指汽油型，装点燃往复式活塞内燃机）
		87032315.19	2400cc≤排气量≤2500cc 四轮驱动越野车（指汽油型，装点燃往复式活塞内燃机）
		87032315.90	87032315 车辆的成套散件
		87032316.11	1500cc<排气量<2000cc 小客车（指≤9 座，汽油型的，装点燃往复式活塞内燃机）
		87032316.19	2000cc≤排气量≤2500cc 小客车（指≤9 座，汽油型的，装点燃往复式活塞内燃机）
		87032316.90	87032316 车辆的成套散件
		87032319.11	1500cc<排气量<2000cc 汽油型其他小客车（装点燃往复式活塞内燃机）
		87032319.12	2000cc≤排气量≤2500cc 汽油型其他小客车（装点燃往复式活塞内燃机）
		87032319.19	1500cc<排气量≤2500cc 汽油型其他载人车辆（装点燃往复式活塞内燃机）
		87032319.90	87032319 车辆的成套散件
		87032334.10	汽油型中马力小轿车（装点燃往复式活塞内燃机，指 2500cc<排气量≤3000cc）
		87032334.90	87032334 车辆的成套散件
		87032335.10	汽油型中马力越野车（装点燃往复式活塞内燃机，指 2500cc<排气量≤3000cc）
		87032335.90	87032335 车辆成套散件
		87032336.10	汽油型中马力旅行小客车（≤9 座）（装点燃往复式活塞内燃机，指 2500cc<排气量≤3000cc）
		87032336.90	87032336 车辆的成套散件

续表

类别	种类	商品编码	商品名称
汽车	汽车	87032339.11	汽油型中马力其他小客车（≤9座）（装点燃往复式活塞内燃机，指2500cc<排气量≤3000cc）
		87032339.19	汽油型中马力其他载人车辆（装点燃往复式活塞内燃机，指2500cc<排气量≤3000cc）
		87032339.90	87032339车辆的成套散件
		87032430.10	汽油型大马力小轿车（≤9座）（装有点燃往复式活塞内燃机，大马力指排气量>3000cc）
		87032430.90	87032430车辆的成套散件
		87032440.10	汽油型大马力越野车（装有点燃往复式活塞内燃机，大马力指排气量>3000cc）
		87032440.90	87032440车辆的成套散件
		87032450.10	汽油型大马力旅行小客车（≤9座）（装有点燃往复式活塞内燃机，大马力指排气量>3000cc）
		87032450.90	87032450车辆的成套散件
		87032490.11	汽油型大马力其他小客车（装有点燃往复式活塞内燃机，大马力指排气量>3000cc）
		87032490.19	汽油型大马力其他载人车辆（装有点燃往复式活塞内燃机，大马力指排气量>3000cc）
		87032490.90	87032490车辆的成套散件
		87033130.11	排气量<1000cc柴油型小轿车（装有压燃式活塞内燃发动机，9座及以下的）
		87033130.19	1000cc≤排气量≤1500cc柴油型小轿车（装有压燃式活塞内燃发动机，9座及以下的）
		87033130.90	87033130车辆的成套散件
		87033140.10	柴油型小马力越野车（装有压燃式活塞内燃发动机，小马力指排气量≤1500cc）
		87033140.90	87033140车辆的成套散件
		87033150.10	柴油型小马力小客车（≤9座）（装有压燃式活塞内燃发动机，小马力指排气量≤1500cc）
		87033150.90	87033150车辆的成套散件
		87033190.11	柴油型小马力其他小客车（≤9座）（装有压燃式活塞内燃发动机，小马力指排气量≤1500cc）
		87033190.19	柴油型小马力其他载人车辆（装有压燃式活塞内燃发动机，小马力指排气量≤1500cc）
		87033190.90	87033190车辆的成套散件
		87033230.11	1500cc<排气量<2200cc柴油型小轿车（指≤9座，装压燃式活塞内燃发动机）
		87033230.19	2200cc≤排气量≤2500cc柴油型小轿车（指≤9座，装压燃式活塞内燃发动机）
		87033230.90	87033230车辆的成套散件
		87033240.11	1500cc<排气量<2400cc四轮驱动越野车（指≤9座，柴油型，装压燃式活塞内燃发动机的）

续表

类别	种类	商品编码	商品名称
汽车	汽车	87033240.19	2400cc≤排气量≤2500cc 四轮驱动越野车（指≤9 座，柴油型，装压燃式活塞内燃发动机的）
		87033240.90	87033240 车辆的成套散件
		87033250.11	1500cc<排气量<2000cc 小客车（指≤9 座，柴油型，装压燃式活塞内燃发动机的）
		87033250.19	2000cc≤排气量≤2500cc 小客车（指≤9 座，柴油型，装压燃式活塞内燃发动机的）
		87033250.90	87033250 车辆的成套散件
		87033290.11	柴油型中马力其他小客车（≤9 座）（指 1500cc<排气量<2000cc）
		87033290.12	2000cc≤排气量≤2500cc 其他小客车（指≤9 座，柴油型，装压燃式活塞内燃发动机的）
		87033290.19	柴油型中马力其他载人车辆（指 1500cc<排气量≤2500cc）
		87033290.90	87033290 车辆的成套散件
		87033330.10	排气量>2500cc 的柴油型小轿车（指≤9 座，装有压燃式活塞内燃发动机）
		87033330.90	87033330 车辆成套散件
		87033340.10	排气量>2500cc 四轮驱动越野车（指≤9 座，柴油型，装有压燃式活塞内燃发动机）
		87033340.90	87033340 车辆的成套散件
		87033350.10	排气量>2500cc 小客车（≤9 座）（指柴油型，装有压燃式活塞内燃发动机）
		87033350.90	87033350 车辆的成套散件
		87033390.11	柴油型大马力其他小客车（≤9 座）（装有压燃式活塞内燃发动，大马力指排气量>2500cc）
		87033390.19	柴油型大马力其他载人车辆（装有压燃式活塞内燃发动，大马力指排气量>2500cc）
		87033390.90	87033390 车辆的成套散件
		87039000.11	其他型排气量<1000cc 的小轿车
		87039000.12	其他型 1000cc≤排气量<2200cc 小轿车
		87039000.13	其他型排气量≥2200cc 的小轿车
		87039000.14	其他型排气量<2000cc 面包车（≤9 座）
		87039000.15	其他型排气量≥2000cc 面包车（≤9 座）
		87039000.16	其他型排气量<2400cc 的越野车
		87039000.17	其他型排气量≥2400cc 越野车
		87039000.19	装有其他发动机的其他型车（指九座及以下，包括旅行小客车及赛车）
		87039000.90	87039000 车辆的成套散件
		8704.2100	柴油型其他小型货车（装有压燃式活塞内燃发动机，小型指车辆总重量≤5 吨）

续表

类别	种类	商品编码	商品名称
汽车	汽车	8704. 2230	柴油型其他中型货车（装有压燃式活塞内燃发动机，中型指 5 吨<车辆总重量<14 吨）
		87042240. 10	混凝土泵车、混凝土搅拌车用底盘（装有压燃式活塞内燃发动机，重型指 14 吨≤车辆总重≤20 吨）
		87042240. 90	柴油型其他重型货车（装有压燃式活塞内燃发动机，重型指 14 吨≤车辆总重≤20 吨）
		87042300. 10	起重≥25 吨汽车起重机用底盘（装有压燃式活塞内燃发动机，超重型指车辆总重量>20 吨）
		87042300. 20	混凝土泵车、搅拌车用底盘（装有压燃式活塞内燃发动机，超重型指车辆总重量>20 吨）
		87042300. 90	柴油型的其他超重型货车（装有压燃式活塞内燃发动机，超重型指车辆总重量>20 吨）
		8704. 3100	汽油型≤5 吨的其他货车（装有点燃式活塞内燃发动机，车辆总重量不超过 5 吨）
		8704. 3230	5 吨<汽油型≤8 吨的其他货车（装有点燃式活塞内燃发动机，车辆总重量超过 5 吨）
		8704. 3240	汽油型>8 吨的其他货车（装有点燃式活塞内燃发动机，车辆总重量超过 8 吨）
		8704. 9000	装有其他发动机的货车
		8705. 2000	机动钻探车
		8705. 3010	装有云梯的机动救火车
		8705. 3090	其他机动救火车
		8705. 4000	机动混凝土搅拌车
		8705. 9020	机动放射线检查车
		8705. 9030	机动环境监测车
		8705. 9040	机动医疗车
		8705. 9051	航空电源车（频率为 400 赫兹）
		8705. 9059	其他机动电源车
		8705. 9060	飞机加油车，调温车，除冰车
		8705. 9070	道路（包括跑道）扫雪车
		8705. 9080	石油测井车，压裂车，混沙车
		87059090. 10	跑道除冰车
		87059090. 90	其他特殊用途的机动车辆（主要用于载人或运货的车辆除外）

中华人民共和国海关关于超期未报关进口货物、误卸或者溢卸的进境货物和放弃进口货物的处理办法

（2001年12月20日海关总署令第91号发布，根据2010年11月26日海关总署令第198号《海关总署关于修改部分规章的决定》第一次修改，根据2014年3月13日海关总署令第218号《海关总署关于修改部分规章的决定》第二次修改）

第一条　为加强对超期未报关进口货物、误卸或者溢卸的进境货物和放弃进口货物的处理，根据《中华人民共和国海关法》第三十条的规定，制定本办法。

第二条　进口货物的收货人应当自运输工具申报进境之日起14日内向海关申报。进口货物的收货人超过上述规定期限向海关申报的，由海关按照《中华人民共和国海关征收进口货物滞报金办法》的规定，征收滞报金；超过3个月未向海关申报的，其进口货物由海关提取依法变卖处理。

第三条　由进境运输工具载运进境并因故卸至海关监管区或者其他经海关批准的场所，未列入进口载货清单、运单向海关申报进境的误卸或者溢卸的进境货物，经海关审定确实的，由载运该货物的原运输工具负责人，自该运输工具卸货之日起3个月内，向海关办理直接退运出境手续；或者由该货物的收发货人，自该运输工具卸货之日起3个月内，向海关办理退运或者申报进口手续。

前款所列货物，经载运该货物的原运输工具负责人，或者该货物的收发货人申请，海关批准，可以延期3个月办理退运出境或者申报进口手续。

本条第一款所列货物，超过前两款规定的期限，未向海关办理退运出境或申报进口手续的，由海关提取依法变卖处理。

第四条　进口货物的收货人或其所有人声明放弃的进口货物，由海关提取依法变卖处理。

国家禁止或限制进口的废物、对环境造成污染的货物不得声明放弃。除符合国家规定，并办理申报进口手续，准予进口的外，由海关责令货物的收货人或其所有人、载运该货物进境的运输工具负责人退运出境；无法退运的，由海关责令其在海关和有关主管部门监督下予以销毁或者进行其他妥善处理，销毁和处理的费用由收货人承担，收货人无法确认的，由相关运输工具负责人及承运人承担；违反国家有关法律法规的，由海关依法予以处罚，构成犯罪的，依法追究刑事责任。

第五条　保税货物、暂时进口货物超过规定的期限3个月，未向海关办理复运出境或者其他海关有关手续的；过境、转运和通运货物超过规定的期限3个月，未运输出境的，按照本办法第二条的规定处理。

第六条　超期未报关进口货物、误卸或者溢卸的进境货物和放弃进口货物属于《出入境检验检疫机构实施检验检疫的进出境商品目录》范围的，由海关在变卖前提请出入境检验检疫机构进行检验、检疫，检验、检疫的费用与其他变卖处理实际支出的费用从变卖款中支付。

第七条　按照本办法第二条、第三条、第五条规定由海关提取依法变卖处理的超期未报、误卸或者溢卸等货物的所得价款，在优先拨付变卖处理实际支出的费用后，按照下列顺序扣除相关费用和税款：

（一）运输、装卸、储存等费用；

（二）进口关税；

（三）进口环节海关代征税；

（四）滞报金。

所得价款不足以支付同一顺序的相关费用的，按照比例支付。

扣除上述第（二）项进口关税的完税价格按照下列公式计算：

$$完税价格=\frac{变卖所得价款-变卖费用-运储费用}{\dfrac{1+关税率+增值税率+关税率\times增值税率}{1-消费税率}}$$

实行从量、复合或者其他方式计征税款的货物，按照有关征税的规定计算和扣除税款。

按照本条第一款规定扣除相关费用和税款后，尚有余款的，自货物依法变卖之日起 1 年内，经进口货物收货人申请，予以发还。其中，属于国家限制进口的，应当提交许可证件而不能提供的，不予发还；不符合进口货物收货人资格、不能证明对进口货物享有权利的，申请不予受理。逾期无进口货物收货人申请、申请不予受理或者不予发还的，余款上缴国库。

第八条　按照本办法第四条规定由海关提取依法变卖处理的放弃进口货物的所得价款，优先拨付变卖处理实际支出的费用后，再扣除运输、装卸、储存等费用。

所得价款不足以支付上述运输、装卸、储存等费用的，按比例支付。

按照本条第一款规定扣除相关费用后尚有余款的，上缴国库。

第九条　按照本办法第七条规定申请发还余款的，申请人应当提供证明其为该进口货物收货人的相关资料。经海关审核同意后，申请人应当按照海关对进口货物的申报规定，补办进口申报手续，并提交有关进口许可证件和其他有关单证。不能提交有效进口许可证件的，由海关按照《中华人民共和国海关行政处罚实施条例》对“无证进口”的规定处理。

第十条　进口货物的收货人自运输工具申报进境之日起 3 个月后、海关决定提取依法变卖处理前申请退运或者进口超期未报进口货物的，应当经海关审核同意，并按照有关规定向海关申报。申报进口的，应按照《中华人民共和国海关征收进口货物滞报金办法》的规定，缴纳滞报金（滞报期间的计算，自运输工具申报进境之日的第 15 日起至货物申报进口之日止）。

第十一条　本办法第二条、第三条、第五条所列货物属于危险品或者鲜活、易腐、易烂、易失效、易变质、易贬值等不宜长期保存的货物的，海关可以根据实际情况，提前提取依法变卖处理。所得价款按照本办法第七条、第九条的规定办理。

第十二条　“进口货物收货人”，指经对外经济贸易主管部门登记或者核准有货物进口经营资格，并经海关报关注册登记的中华人民共和国关境内法人、其他组织或者个人。

第十三条　进出境物品所有人声明放弃的物品，在海关规定期限内未办理海关手续或者无人认领的物品，以及无法投递又无法退回的进境邮递物品，由海关按照本办法第二条、第四条等有关规定处理。

第十四条　本办法由海关总署解释。

第十五条　本办法自 2001 年 12 月 20 日起实施。

中华人民共和国海关计核涉嫌走私的货物、物品偷逃税款暂行办法

（2002 年 10 月 8 日海关总署令第 97 号发布，自 2002 年 11 月 10 日起施行）

第一章　总　则

第一条　为加强海关对涉嫌走私的货物、物品偷逃税款的计核工作，保障计核工作的公正性、科学性和权威性，根据《中华人民共和国海关法》、《中华人民共和国进出口关税条例》及有关法律、行政法规，制定本办法。

第二条　海关办理走私案件，涉嫌走私的货物、物品偷逃税款的计核工作适用本办法。

第三条　走私毒品、武器、弹药、核材料、伪造的货币、国家禁止出口的文物，国家禁止进出口的珍贵动物及其制品、珍稀植物及其制品、淫秽物品，国家禁止进境的固体废物和危险性废物等不以偷逃税额作为定罪量刑及认定走私行为、作出行政处罚标准的货物、物品，不适用本办法。

第四条　中华人民共和国海关是负责涉嫌走私的货物、物品偷逃税款计核工作的法定主管机关，其授权计核税款的部门（以下简称“计核部门”）是负责计核工作的主管部门。

第五条　海关出具的计核结论，经海关走私犯罪侦查机关、人民检察院和人民法院审查确认，可以作为办案的依据和定罪量刑的证据。

第二章 计核程序

第六条 因办理走私案件需要计核偷逃税款的，海关走私犯罪侦查机关、海关调查部门（以下简称“送核单位”）应当持《涉嫌走私的货物、物品偷逃税款送核表》（以下简称《送核表》）送交其所在海关的计核部门。

《送核表》应当包括以下内容：

（一）走私案件的名称；

（二）走私方式；

（三）涉嫌走私的货物、物品已缴纳税款情况；

（四）涉嫌走私的货物、物品的品名、牌号、规格、型号、原产地、数量，以及进出口日期等；

（五）查获的时间、地点；

（六）其他需要说明的情况。

第七条 送核单位送交《送核表》，应当根据计核部门的要求和案件的性质随附下列单据或材料：

（一）涉嫌走私的货物、物品的报关单、合同、商业发票、提（运）单、保险单、加工贸易备案登记手册、国内增值税发票以及其他商业单证；

（二）涉嫌走私的货物、物品的说明书及其他技术资料；

（三）涉嫌走私的货物、物品的使用、损坏程度的记录以及照片；

（四）涉嫌走私的货物、物品的价格、规格、市场行情等有关的材料；

（五）有关计核所需的其他单证或者材料。

对于上述所列的单据、材料，因故无法提供的，送核单位应当向计核部门作出书面说明。

第八条 海关计核部门接到送核单位送交的《送核表》及随附的单证、材料时，应当认真审核，对于填制不清楚或者随附的单证或者材料有遗漏的，可以要求送核单位补充。

第九条 海关计核部门在计核过程中，需要送核单位进行以下工作的，送核单位应当予以配合：

（一）对涉嫌走私的货物、物品进行查验取样；

（二）提供与计核工作有关的账册、文件等资料；

（三）提留货样送海关化验机构或者其他法定或者国家授权的专业部门，出具品名、成分、用途、质量、等级、新旧程度、价值等项的鉴定结论报告；

（四）委托国内有资质的价格鉴证机构等单位出具对涉嫌走私的货物、物品的国内市场批发价格、出厂价格的评估资料；

（五）需要送核单位进行的其他工作。

第十条 送核单位送交的《送核表》及随附单证、材料符合计核要求的，除第九条规定的情况以外，海关计核部门应当自接受计核之日起 7 个工作日内作出计核结论，向送核单位出具《涉嫌走私的货物、物品偷逃税款海关核定证明书》（以下简称《证明书》），加盖海关税款核定专用章，并随附《涉嫌走私的货物、物品偷逃税款计核资料清单》（以下简称《计核资料清单》）。

第十一条 《证明书》应当包括以下内容：

（一）计核事项；

（二）计核结论；

（三）计该依据和计核方法要述；

（四）计核人员签名。

《计核资料清单》应当包括涉案货物、物品的品名、原产地、规格、数量、税则号列、计税价格、税率、汇率等内容。

第十二条 走私犯罪侦查机关、海关调查部门、人民检察院、人民法院对海关出具的《证明书》有异议，或者因核定偷逃税额的事实发生变化，认为需要补充核定或者重新核定的，应由原送核单位向出具《证明书》的海关计核部门重新送交《送核表》并附书面说明。海关计核部门接到要求补充核定的《送核表》后，应当依照本办法第十条规定进行补充核定或者重新核定。

第十三条 走私犯罪嫌疑人、被告人或其辩护人对海关出具的《证明书》有异议的，应当向办案机关提出重新核定的申请，经海关走私犯罪侦查机关、人民检察院或者人民法院审查同意后，由原送核单位按照本办法第十二条规定的程序重新核定。

第十四条 海关进行补充核定或者重新核定的，应当另行指派计核人员进行。

第十五条 海关税款计核部门的计核人员，遇有下列情形之一的，应当回避：

（一）计核人员是计核案件当事人的近亲属；

（二）计核人员本人及其近亲属与计核案件当事人有利害关系的；

（三）与计核案件当事人有其他关系，可能影响计核工作的公正性的。

第三章 计核方法

第十六条 涉嫌走私的货物能够确定成交价格的，其计税价格应当以该货物的成交价格为基础审核确定。

第十七条 涉嫌走私的货物成交价格经审核不能确定的，其计税价格应当依次以下列价格为基础确定：

（一）海关所掌握的相同进口货物的正常成交价格；

（二）海关所掌握的类似进口货物的正常成交价格；

（三）海关所掌握的相同或者类似进口货物在国际市场的正常成交价格；

（四）国内有资质的价格签证机构评估的涉嫌走私货物的国内市场批发价格减去进口关税和其他进口环节税以及进口后的利润和费用后的价格，其中进口后的各项费用和利润综合计算为计税价格的20%，其计算公式为：

$$计税价格=\frac{国内市场批发价格}{1+\frac{进口关税率+消费税率+增值税率+进口关税率\times 增值税率}{1-消费税率}+20\%}$$

（五）涉嫌走私的货物或者相同、类似货物在国内依法拍卖的价格减去拍卖费用后的价格；

（六）按其他合理方法确定的价格。

第十八条 对于已陈旧但尚有使用价值的涉嫌走私的货物，如不能按照本办法第十六条规定核定其计税价格且海关难以认定其新旧程度，应当根据国家质量监督检验检疫机构出具的新旧程度的鉴定结论报告按照本办法第十七条的规定核定其计税价格。

第十九条 涉嫌走私进口的黄金、白银和其他贵重金属及其制品、珠宝制品以及其他有价值的收藏品，应当按国家定价或者国家有关鉴定部门确定的价值核定其计税价格。

第二十条 对于无法确定成交价格的涉嫌走私的非淫秽音像制品，应当以固定的价格作为计税价格。具体价格由海关总署另行确定。

第二十一条 对于涉嫌走私的假冒品牌货物，其计税价格由海关总署另行确定。

第二十二条 涉嫌走私的国产品牌货物，应当以相同或者类似货物正常的出口价格核定其计税价格；出口价格不能确定的，其计税价格应当以相同或者类似货物在国内的正常的出厂价格（不含增值税）为基础核定。

第二十三条 擅自内销保税货物涉嫌走私的，能够确定原申报进口货物成交价格的，其计税价格应当以原申报进口货物的成交价格为基础核定；原申报进口货物的成交价格不能确定的，应当按照本办法第十七条的规定核定的原申报进口货物的价格作为计税价格。

第二十四条 擅自内销特定减免税货物涉嫌走私的，其计税价格应当以该货物原进口时的成交价格为基础核定，计算公式为：

$$计税价格=原进口时的海关完税价格\times\left[1-\frac{擅自内销时已进口时间（月）}{监管年限\times 12}\right]$$

成交价格不能确定的，应当按照本办法第十七条的规定，并按上述公式计算计税价格。

第二十五条 涉嫌通过携带、托运和邮递方式走私的货物、物品，应当按本办法第十六条和第十七条的规定核定其计税价格。

第二十六条 在核定涉嫌走私的货物计税价格时，应当包括货物运抵境内的运费、保险费。

第二十七条 对于涉嫌走私的货物或者物品，应当按照《中华人民共和国海关进出口税则》规定的归类原则，归入合适的税则号列，并按照《中华人民共和国进出口关税条例》及其他有关税率适用的规定采用正确的税率确定偷逃税款。

第二十八条 在计核涉嫌走私的货物或者物品偷逃税款时，应当以走私行为案发时所适用的税则、税率、汇率和按照本办法第十六条至第二十五条的规定审定的计税价格计算。具体计算办法如下：

（一）有证据证明走私行为发生时间的，以走私行为发生之日计算；

（二）走私行为的发生呈连续状态的，以连续走私行为的最后终结之日计算；

（三）证据无法证明走私行为发生之日或者连续走私行为终结之日的，以走私案件的受案之日（包括刑事和行政受案之日）计算；同一案件因办案部门转换出现不同受案日期的，以最先受案的部门受案之日为准。

第二十九条 在计核涉嫌走私的货物偷逃税款时，应扣除海关按照走私犯罪嫌疑人的申报计算的应缴税款。

第三十条 违反海关监管规定的其他违法行为涉及税款计核的，如不能确定涉嫌违规的货物或者物品的接受申报进口之日的，可以比照本办法办理。

第四章 附 则

第三十一条 本办法由海关总署负责解释。

第三十二条 本办法自 2002 年 11 月 10 日起实施。

中华人民共和国海关行政赔偿办法

（2003 年 3 月 24 日海关总署令第 101 号发布，自 2003 年 5 月 1 日起施行）

第一章 总 则

第一条 为保护公民、法人和其他组织依法取得行政赔偿的权利，促进海关及其工作人员依法行使职权，保证各级海关依法、正确、及时处理行政赔偿案件，根据《中华人民共和国国家赔偿法》（以下简称《国家赔偿法》）、《中华人民共和国海关法》（以下简称《海关法》），以及有关法律、行政法规，制定本办法。

第二条 各级海关办理行政赔偿案件，包括因海关及其工作人员违法行使行政职权导致的行政赔偿和依法对进出境货物、物品实施查验而发生的查验赔偿，适用本办法。

第三条 海关负责法制工作的机构是海关行政赔偿主管部门，履行下列职责：

（一）受理行政赔偿申请；

（二）审理行政赔偿案件，提出赔偿意见；

（三）拟定行政赔偿决定书等有关法律文书；

（四）办理行政复议附带行政赔偿案件、行政赔偿复议案件；

（五）执行生效的行政赔偿法律文书；

（六）对追偿提出处理意见；

（七）办理行政赔偿诉讼的应诉事项；

（八）办理与行政赔偿案件有关的其他事项。

第四条 办理赔偿案件应当遵循合法、公正、公开、及时的原则，坚持有错必纠。

第二章 赔偿范围

第一节 行政赔偿

第五条 海关及其工作人员有下列违法行使行政职权，侵犯公民人身权情形之一的，受害人有取得赔偿的权利：

（一）违法扣留公民的，具体包括：

1. 对没有走私犯罪嫌疑的公民予以扣留的；

2. 未经直属海关关长或者其授权的隶属海关关长批准实施扣留的；

3. 扣留时间超过法律规定期限的；

4. 有其他违法情形的。

（二）违法采取其他限制公民人身自由的行政强制措施的；

（三）非法拘禁或者以其他方法非法剥夺公民人身自由的；

（四）以殴打等暴力行为或者唆使他人以殴打等暴力行为造成公民身体伤害或者死亡的；

（五）违法使用武器、警械造成公民身体伤害或者死亡的；

（六）造成公民身体伤害或者死亡的其他违法行为。

第六条 海关及其工作人员有下列违法行使行政职权，侵犯公民、法人或者其他组织财产权情形之一的，受害人有取得赔偿的权利：

（一）违法实施罚款，没收货物、物品、运输工具或其他财产，追缴无法没收的货物、物品、运输工具的等值价款，暂停或者撤销企业从事有关海关业务资格及其他行政处罚的；

（二）违法对生产设备、货物、物品、运输工具等财产采取扣留、封存等行政强制措施的；

（三）违法收取保证金、风险担保金、抵押物、质押物的；

（四）违法收取滞报金、监管手续费等费用的；

（五）违法采取税收强制措施和税收保全措施的；

（六）擅自使用扣留的货物、物品、运输工具或者其他财产，造成损失的；

（七）对扣留的货物、物品、运输工具或者其他财产不履行保管职责，严重不负责任，造成财物毁损、灭失的，但依法交由有关单位负责保管的情形除外；

（八）违法拒绝接受报关、核销等请求，拖延监管，故意刁难，或不履行其他法定义务，给公民、法人或者其他组织造成财产损失的；

（九）变卖财产应当拍卖而未依法拍卖，或者有其他违法处理情形造成直接损失的；

（十）造成财产损害的其他违法行为。

第七条 属于下列情形之一的，海关不承担行政赔偿责任：

（一）海关工作人员与行使职权无关的个人行为；

（二）因公民、法人和其他组织自己的行为致使损害发生的；

（三）因不可抗力造成损害后果的；

（四）法律规定的其他情形。

因公民、法人和其他组织的过错致使损失扩大的，对扩大部分海关不承担赔偿责任。

第二节 查验赔偿

第八条 根据《海关法》第九十四条的规定，海关在依法查验进出境货物、物品时，损坏被查验的货物、物品的，应当赔偿当事人的实际损失。

第九条 有下列情形之一的，海关不承担赔偿责任：

（一）属于本办法第七条规定的情形的；

（二）由于当事人或其委托的人搬移、开拆、重封包装或保管不善造成的损失；

（三）易腐、易失效货物、物品在海关正常工作程序所需要时间内（含代保管期间）所发生的变质或失效，当事人事先未向海关声明或者海关已采取了适当的措施仍不能避免的；

（四）海关正常检查产生的不可避免的磨损和其他损失 ；

（五）在海关查验之前所发生的损坏和海关查验之后发生的损坏；

（六）海关为化验、取证等目的而提取的货样。

第三章 赔偿请求人和赔偿义务机关

第十条 受害的公民、法人和其他组织有权要求赔偿。

受害的公民死亡，其继承人和其他有扶养关系的亲属，以及死者生前扶养的无劳动能力的人有权要求赔偿。

受害的法人或者其他组织终止，承受其权利的法人或者其他组织有权要求赔偿。

第十一条 赔偿请求人为无民事行为能力人或者限制民事行为能力人的，由其法定代理人或指定代理人代为要求赔偿。

第十二条 海关及其工作人员违法行使行政职权侵犯公民、法人和其他组织的合法权益造成损害的，该海关为赔偿义务机关。

两个以上海关共同行使行政职权时侵犯公民、法人和其他组织的合法权益造成损害的，共同行使行政职权的海关为共同赔偿义务机关。

海关依法设立的派出机构行使行政职权侵犯公民、法人和其他组织的合法权益造成损害的，设立该派出机构的海关为赔偿义务机关。

受海关委托的组织或者个人在行使受委托的行政权力时侵犯公民、法人和其他组织的合法权益造成损害的，委托的海关为赔偿义务机关。

第十三条 海关查验进出境货物、物品时，损坏被查验的货物、物品的，实施查验的海关为赔偿义务机关。

第十四条 赔偿义务机关被撤销的，继续行使其职权的海关为赔偿义务机关；没有继续行使其职权的海关的，该海关的上一级海关为赔偿义务机关。

第十五条 经行政复议机关复议的，最初造成侵权行为的海关为赔偿义务机关，但复议机关的复议决定加重损害的，复议机关对加重的部分履行赔偿义务。

第四章 赔偿程序

第一节 行政赔偿程序

第十六条 赔偿义务机关对依法确认有本办法第五条、第六条规定的情形之一，侵犯公民、法人或者其他组织合法权益的，应当给予赔偿。

第十七条 赔偿请求人要求行政赔偿应当先向赔偿义务机关提出，也可以在申请行政复议和提起行政诉讼时一并提出。

赔偿请求人可以向共同赔偿义务机关中的任何一个赔偿义务机关要求赔偿，该赔偿义务机关应当先予赔偿。

赔偿请求人根据受到的不同损害，可以同时提出数项赔偿要求。

第十八条 赔偿请求人要求赔偿应当递交申请书，申请书应当载明下列事项：

（一）赔偿请求人的姓名、性别、年龄、工作单位和住所，赔偿请求人为法人或者其他组织的，应当写明法人或者其他组织的名称、住所和法定代表人或者主要负责人的姓名、职务；

（二）具体的要求、事实根据和理由；

（三）申请的年、月、日。

赔偿请求人书写申请书确有困难的，可以委托他人代书；赔偿请求人也可以口头申请。口头申请的，赔偿义务机关应当制作“行政赔偿口头申请记录”，并当场交由赔偿请求人签章确认。

第十九条 赔偿请求人委托代理人代为参加赔偿案件处理的，应当向海关出具委托书，委托书应当具体载明下列事项：

（一）委托人姓名（法人或者其他组织的名称、法定代表人的姓名、职务）、代理人姓名、性别、年龄、职业、地址及邮政编码；

（二）代理人代为提起、变更、撤回赔偿请求、递交证据材料、收受法律文书等代理权限；

（三）代理人参加赔偿案件处理的期间；

（四）委托日期及委托人、代理人签章。

第二十条 同赔偿案件处理结果有利害关系的其他公民、法人或者其他组织，可以作为第三人参加赔偿案件处理。

申请以第三人身份参加赔偿案件处理的，应当以书面形式提出，并对其与赔偿案件处理结果有利害关系负举证责任。赔偿义务机关认为必要时，也可以通知第三人参加。

第三人参加赔偿案件处理的，赔偿义务机关应当制作“第三人参加行政赔偿案件处理通知书”，并送达第三人、赔偿请求人。

第二十一条 赔偿请求人要求赔偿时，应当提供符合受理条件的相应的证据材料。

本办法第十条第二款规定的赔偿请求人要求赔偿的，还应当提供公民死亡的证明及赔偿请求人与死亡公民之间的关系证明；本办法第十条第三款规定的赔偿请求人要求赔偿的，还应当提供原法人或者其他组织终止的证明，以及承受其权利的证明。

第二十二条 赔偿义务机关收到赔偿申请后，应当在五个工作日内进行审查，分别作出以下处理：

（一）对不符合本办法规定，有下列情形之一的，决定不予受理，制作“行政赔偿申请不予受理决定书”，并送达赔偿请求人：

1. 赔偿请求人不是本办法第十条规定的有权要求赔偿的公民、法人和其他组织；

2. 不属于本办法第五条、第六条规定的行政赔偿范围；

3. 超过法定请求赔偿的期限，且无本办法第六十一条第二款规定情形的；

4. 已向复议机关申请复议或者已向人民法院提起行政诉讼，复议机关或人民法院已经依法受理的；

5. 以海关制定发布的行政规章或者具有普遍约束力的规定、决定侵犯其合法权益造成损害为由，请求赔偿的。

（二）对未经依法确认违法的具体行政行为请求赔偿的，如该具体行政行为尚在法定的复议、诉讼期限内，应当书面告知申请人有权依法向上一级海关申请行政复议或者向人民法院提起行政诉讼，并可以一并提出赔偿请求；

经告知后，申请人要求赔偿义务机关直接对侵权行为的违法性予以确认并作出赔偿决定的，赔偿义务机关应当予以受理。如该具体行政行为已超过法定的复议、诉讼期限，应当作为申诉案件处理，并书面通知当事人，原具体行政行为经申诉确认违法后，可以依法请求赔偿；

（三）对材料不齐备的，应当在审查期限内书面告知赔偿请求人补正材料；

（四）对符合本办法规定，但是本海关不是赔偿义务机关的，应当在审查期限内书面告知申请人向赔偿义务机关提出；

（五）对符合本办法有关规定且属于本海关受理的赔偿申请，决定受理，制作“行政赔偿申请受理决定书”并送达赔偿请求人。

决定受理的，赔偿主管部门收到申请之日即为受理之日；经赔偿请求人补正材料后决定受理的，赔偿主管部门收到补正材料之日为受理之日。

第二十三条 两个以上赔偿请求人对赔偿义务机关的同一行为分别提出赔偿申请的，赔偿义务机关可以并案审理，并以收到后一个申请的日期为正式受理的日期。

第二十四条 对赔偿请求人依法提出的赔偿申请，赔偿义务机关无正当理由不予受理的，上一级海关应当责令其受理，并制作“责令受理行政赔偿申请通知书”。

第二十五条 赔偿案件审理原则上采用书面审查的办法。赔偿请求人提出要求或者赔偿主管部门认为有必要时，可以向有关组织和人员调查情况，听取赔偿请求人、第三人的意见。

第二十六条 审理赔偿案件实行合议制。

实行合议制参照《中华人民共和国海关实施〈行政复议法〉办法》及海关审理行政复议案件实行合议制的有关规定执行。

第二十七条 合议人员与赔偿案件有利害关系或者有其他关系可能影响案件公正处理的，应当回避。

有前款所述情形的，合议人员应当申请回避，赔偿请求人、第三人及其代理人也有权申请合议人员回避。

赔偿义务机关合议人员的回避由赔偿主管部门的负责人决定，赔偿主管部门负责人的回避由赔偿义务机关负责人决定。

第二十八条 赔偿请求人向赔偿义务机关提出行政赔偿请求的，如海关及其工作人员行使职权的行为已经依法确认违法或者不违法的，赔偿义务机关应当根据已经确认的结果依法作出赔偿或者不予赔偿的决定；如未经依法确认的，赔偿义务机关应当先对海关及其工作人员行使职权的行为是否违法予以确认，再依法作出赔偿或者不予赔偿的决定。

第二十九条 有下列生效法律文书或证明材料的，应当视为被请求赔偿的海关及其工作人员行使行政职权的行为已被依法确认违法：

（一）赔偿义务机关对本海关及其工作人员行使行政职权的行为认定为违法的文书；

（二）赔偿义务机关以本海关及其工作人员行使行政职权的行为违法为由决定予以撤销、变更的文书；

（三）复议机关确认原具体行政行为违法或者以原具体行政行为违法为由予以撤销、变更的复议决定书；

（四）上级海关确认原具体行政行为违法或者以原具体行政行为违法为由予以撤销、变更的其他法律文书；

（五）人民法院确认原具体行政行为违法或者以原具体行政行为违法为由予以撤销、变更的行政判决书、裁定书。

第三十条 赔偿请求人对其主张及造成财产损失和人身损害的事实负有举证责任，应当提供相应的证据。

第三十一条 在赔偿义务机关受理赔偿申请之后，赔偿决定作出之前，有下列情形之一的，应当终止赔偿案件审理，制作“行政赔偿案件终止决定书”，并送达赔偿请求人、第三人：

（一）赔偿请求人申请撤回赔偿申请的；

（二）发现在受理赔偿申请之前赔偿请求人已向复议机关申请复议或者已向人民法院提起行政诉讼，并且复议机关或人民法院已经依法受理的；

（三）有其他应当终止的情形的。

第三十二条 海关行政赔偿主管部门应当对行政赔偿案件进行审查，提出处理意见。处理意见经赔偿义务机关负责人同意或者经赔偿义务机关案件审理委员会讨论通过后，按照下列规定作出决定：

（一）有下列情形之一的，依法作出不予赔偿的决定：

1. 海关及其工作人员行使行政职权的行为是依法作出，没有违法情形的；

2. 海关及其工作人员行使职权的行为虽然已被依法确认为违法，但未造成公民、法人或其他组织直接财产损失或公民人身损害的；

3. 已经确认违法的行为与公民、法人或其他组织受到的财产损失或公民人身损害没有直接因果关系的；

4. 属于本办法第七条第一款规定的情形之一的。

（二）对已被确认为违法的海关及其工作人员行使行政职权的行为直接造成了公民、法人或其他组织财产损失或公民人身损害的，依法作出赔偿的决定。

赔偿义务机关依据以上规定作出赔偿或者不予赔偿决定，应当分别制作“行政赔偿决定书”或者“不予行政赔偿决定书”，并送达赔偿请求人和第三人。

第三十三条　赔偿请求人向共同赔偿义务机关要求赔偿的，最先收到赔偿申请的赔偿义务机关为赔偿案件的办理机关。

办理机关收到赔偿申请后，应当将赔偿申请书副本送达其他赔偿义务机关，经与其他赔偿义务机关取得一致意见后，依法作出赔偿或者不予赔偿决定，并制作决定书。决定赔偿的，同时开具赔偿金额分割单。决定书和赔偿金额分割单应当由共同赔偿义务机关签章确认。共同赔偿义务机关不能取得一致意见的，由共同赔偿义务机关报请它们的共同上级海关作出决定。

第三十四条　侵权行为已经确认违法的，赔偿义务机关也可以在合法、自愿的前提下，就赔偿范围、赔偿方式和赔偿数额与赔偿请求人进行协商，协商成立的，应当制作“行政赔偿协议书”，并由双方签章确认。

达成赔偿协议后，赔偿请求人以同一事实和理由再次请求赔偿的，不予受理。

第三十五条　赔偿义务机关应当自受理赔偿申请之日起两个月内依法作出赔偿或者不予赔偿的决定。但有下列情形之一的，其间中止，从中止期间的原因消除之日起，赔偿义务机关作出决定的期间继续计算：

（一）赔偿请求人死亡，需要等待其继承人或其他有扶养关系的亲属，以及死者生前扶养的无劳动能力的人表明是否参加赔偿案件处理的；

（二）作为赔偿请求人的法人或者其他组织终止，需要等待其权利承受人的确定及其权利承受人表明是否参加赔偿案件处理的；

（三）赔偿请求人丧失行为能力，尚未确定其法定代理人或指定代理人的；

（四）赔偿请求人因不可抗拒的事由，不能参加赔偿案件处理的；

（五）需要依据司法机关，其他行政机关、组织的决定或者结论作出决定的；

（六）其他应当中止的情形。

赔偿义务机关违反上述规定逾期不作出决定的，赔偿请求人可以自期间届满之日起六十日内向赔偿义务机关的上一级海关申请行政复议，赔偿请求人对不予赔偿的决定或对赔偿数额、赔偿方式等有异议的，可以自收到决定书之日起六十日内向赔偿义务机关的上一级海关申请行政复议；赔偿请求人也可以自期间届满之日或者收到决定书之日起三个月内向人民法院提起诉讼。

第三十六条　申请人在申请行政复议时一并提出赔偿请求的，复议机关应当根据《中华人民共和国行政复议法》、《中华人民共和国海关实施〈行政复议法〉办法》的有关规定办理。

复议机关对原具体行政行为确认违法或者合法的，应当依据本办法的有关规定在行政复议决定书中一并作出赔偿或者不予赔偿的决定。

申请人对复议决定不服的，可以在收到复议决定书之日起十五日内向人民法院提起诉讼；复议机关逾期不作决定的，申请人可以在复议期满之日起十五日内向人民法院提起诉讼。

第三十七条　赔偿义务机关应当履行行政赔偿决定、行政赔偿协议、行政复议决定，以及发生法律效力的行政赔偿判决、裁定或调解书。

赔偿义务机关不履行或者无正当理由拖延履行的，上一级海关应当责令其限期履行。

第二节　查验赔偿程序

第三十八条　海关关员在查验货物、物品时损坏被查验货物、物品的，应当如实填写“中华人民共和国海关查验货物、物品损坏报告书”（以下简称“海关查验货物、物品损坏报告书”）一式两份，由查验关员和当事人双方签字，一份交当事人，一份留海关存查。

海关依法径行开验、复验或者提取货样时，应当会同有关货物、物品保管人员共同进行。如造成货物、物品损坏，查验关员应当请在场的保管人员作为见证人在“海关查验货物、物品损坏报告书”上签字，并及时通知当事人。

第三十九条　实施查验的海关应当自损坏被查验的货物、物品之日起两个月内确定赔偿金额，并填制“海关损坏货物、物品赔偿通知单”（以下简称“通知单”）送达当事人。

第四十条 当事人应当自收到“通知单”之日起三个月内凭“通知单”向海关领取赔款，或将银行帐号通知海关划拨。逾期无正当理由不向海关领取赔款、不将银行帐号通知海关划拨的，不再赔偿。

第四十一条 当事人对赔偿有异议的，可以在收到“通知单”之日起六十日内向作出赔偿决定的海关的上一级海关申请行政复议，对复议决定不服的，可以在收到复议决定之日起十五日内向人民法院提起诉讼；也可以自收到“通知单”之日起三个月内直接向人民法院提起诉讼。

第五章 赔偿方式和计算标准

第四十二条 有本办法第六条规定情形，侵犯公民、法人和其他组织的财产权造成损害的，按照以下规定予以赔偿：

（一）能够返还财产或者恢复原状的，予以返还财产或者恢复原状；

（二）造成财产损坏的，赔偿修复所需费用或者按照损害程度予以赔偿；

（三）造成财产灭失的，按违法行为发生时当地市场价格予以赔偿，灭失的财产属于尚未缴纳税款的进境货物、物品的，按海关依法审定的完税价格予以赔偿；

（四）财产已依法拍卖或者变卖的，给付拍卖或者变卖所得的价款；

（五）扣留的财产因海关保管不当或不依法拍卖、变卖造成损失的，对直接损失部分予以赔偿；

（六）导致仓储费、运费等费用增加的，对增加部分予以赔偿；

（七）造成停产停业的，赔偿停产停业期间的职工工资、税金、水电费等必要的经常性费用；

（八）对财产造成其他损害的，按照直接损失确定赔偿金额。

第四十三条 侵害公民人身权利的，依照《国家赔偿法》第四章的有关规定，确定赔偿方式及赔偿金额。

第四十四条 海关依法查验进出境货物、物品时，损坏被查验的货物、物品的，应当在货物、物品受损程度确定后，以海关依法审定的完税价格为基数，确定赔偿金额。

赔偿的金额，应当根据被损坏的货物、物品或其部件受损耗程度或修理费用确定，必要时，可以凭公证机构出具的鉴定证明确定。

第六章 赔偿费用

第四十五条 依据生效的赔偿决定或者其他法律文书，需要返还财产的，依照下列规定返还：

（一）尚未上交财政的财产，由赔偿义务机关负责返还；

（二）已经上交财政的款项，由赔偿义务机关逐级向海关总署财务主管部门上报，由海关总署向国家财政部门申请返还。

第四十六条 需要支付赔偿金的，由赔偿义务机关先从本单位缉私办案费中垫支，并向海关总署财务主管部门作专项申请，由海关总署向国家财政部门申请核拨国家赔偿费用。

第四十七条 申请核拨国家赔偿费用或者申请返还已经上交财政的财产，应当根据具体情况，提供下列有关文件或者文件副本：

（一）赔偿请求人请求赔偿的申请书；

（二）赔偿义务机关作出的赔偿决定书或者赔偿协议书；

（三）复议机关的复议决定书；

（四）人民法院的判决书、裁定书或者行政赔偿调解书；

（五）赔偿义务机关对有故意或者重大过失的责任者依法进行行政处分和实施追偿的意见或者决定；

（六）财产已经上交财政的有关凭据；

（七）国家财政部门要求提供的其他文件或者文件副本。

第四十八条 赔偿义务机关向赔偿请求人支付国家赔偿费用或者返还财产，赔偿请求人应当出具合法收据或者其他有效凭证，收据或者其他凭证的副本应当报送国家财政部门备案。

第四十九条 海关依法查验进出境货物、物品时，损坏被查验的货物、物品而发生的查验赔偿，其赔偿费用由各海关从缉私办案费中支付。

第七章 责任追究与追偿

第一节 责任追究

第五十条 对有本办法第五条、第六条所列行为导致国家赔偿的有故意或者重大过失的责任人员，由有关部门依法给予行政处分；有违法所得的，依法没收违法所得；构成犯罪的，依法追究刑事责任。

第二节 追 偿

第五十一条 行政赔偿义务机关赔偿损失后，应当责令有故意或者重大过失的工作人员或者受委托的组织、个人承担部分或者全部赔偿费用。

第五十二条 对责任人员实施追偿时，应当根据其责任大小和造成的损害程度确定追偿的金额。

追偿的金额一般应当在其月基本工资的 1~10 倍之间。特殊情况下作相应调整。

第五十三条 赔偿义务机关应当在赔偿决定、复议决定作出或者行政赔偿判决、裁定、行政赔偿调解书等法律文书发生法律效力之日起两个月内作出追偿的决定。

第五十四条 国家赔偿费用由国家财政部门核拨的，赔偿义务机关向责任者追偿的国家赔偿费用应当上缴国家财政部门。

第五十五条 有关责任人员对追偿有申辩的权利。

第八章 法律责任

第五十六条 赔偿义务机关违反本办法规定，无正当理由不予受理赔偿申请、经责令受理仍不受理或者不按照规定期限作出赔偿决定的，由有关部门对直接负责的主管人员和其他直接责任人员依法给予行政处分。

第五十七条 赔偿义务机关工作人员在办理赔偿案件中，有徇私舞弊或者其他渎职、失职行为的，由有关主管部门依法给予行政处分；构成犯罪的，依法追究刑事责任。

第五十八条 赔偿义务机关不履行或者无正当理由拖延履行赔偿决定，以及经责令限期履行仍不履行的，由有关部门对直接负责的主管人员和其他直接责任人员依法给予行政处分。

第五十九条 复议机关及其工作人员在行政复议活动中的法律责任适用《中华人民共和国行政复议法》的有关规定。

第九章 附 则

第六十条 对造成受害人名誉权、荣誉权损害的，应当在侵权行为影响的范围内，为受害人消除影响，恢复名誉，赔礼道歉。

第六十一条 赔偿请求人请求国家赔偿的时效为两年，自海关及其工作人员行使职权的行为被依法确认为违法之日起计算，但被羁押期间不计算在内。

赔偿请求人在赔偿请求时效的最后六个月内，因不可抗力或者其他障碍不能行使请求权的，时效中止。从中止时效的原因消除之日起，赔偿请求时效期间继续计算。

第六十二条 赔偿请求人要求赔偿的，赔偿义务机关和复议机关不得向赔偿请求人收取任何费用。

第六十三条 各海关受理行政赔偿申请，受理对赔偿决定不服的复议申请或者一并请求行政赔偿的复议申请，作出赔偿或者不予赔偿的决定或者复议决定，达成行政赔偿协议，决定给予查验赔偿，以及发生行政赔偿诉讼的，应当及时逐级向海关总署行政赔偿主管部门报告，并将有关法律文书报该部门备案。

第六十四条 本办法由中华人民共和国海关总署负责解释。

第六十五条 本办法所称海关包括海关总署。

第六十六条 本办法自 2003 年 5 月 1 日起施行，《中华人民共和国海关关于查验货物、物品造成损坏的赔偿办法》（〔1987〕署货字 650 号）、《海关总署关于转发〈国务院办公厅关于实施中华人民共和国国家赔偿法的通知〉的通知》（署法〔1995〕57 号）同时废止。

中华人民共和国海关进出口货物申报管理规定

（2003年9月18日海关总署令第103号公布，根据2010年11月26日海关总署令第198号《海关总署关于修改部分规章的决定》第一次修改，根据2014年3月13日海关总署令第218号《海关总署关于修改部分规章的决定》第二次修改）

第一章　总　则

第一条　为规范进出口货物的申报行为，依据《中华人民共和国海关法》（以下简称《海关法》）及国家进出口管理的有关法律、行政法规，制定本规定。

第二条　本规定中的“申报”是指进出口货物的收发货人、受委托的报关企业，依照《海关法》以及有关法律、行政法规和规章的要求，在规定的期限、地点，采用电子数据报关单和纸质报关单形式，向海关报告实际进出口货物的情况，并接受海关审核的行为。

第三条　除另有规定外，进出口货物的收发货人或其委托的报关企业向海关办理各类进出口货物的申报手续，均适用本规定。

第四条　进出口货物的收发货人，可以自行向海关申报，也可以委托报关企业向海关申报。

向海关办理申报手续的进出口货物的收发货人、受委托的报关企业应当预先在海关依法办理登记注册。

第五条　申报采用电子数据报关单申报形式和纸质报关单申报形式。电子数据报关单和纸质报关单均具有法律效力。

电子数据报关单申报形式是指进出口货物的收发货人、受委托的报关企业通过计算机系统按照《中华人民共和国海关进出口货物报关单填制规范》的要求向海关传送报关单电子数据并备齐随附单证的申报方式。

纸质报关单申报形式是指进出口货物的收发货人、受委托的报关企业，按照海关的规定填制纸质报关单，备齐随附单证，向海关当面递交的申报方式。

进出口货物的收发货人、受委托的报关企业应当以电子数据报关单形式向海关申报，与随附单证一并递交的纸质报关单的内容应当与电子数据报关单一致；特殊情况下经海关同意，允许先采用纸质报关单形式申报，电子数据事后补报，补报的电子数据应当与纸质报关单内容一致。在向未使用海关信息化管理系统作业的海关申报时可以采用纸质报关单申报形式。

第六条　为进出口货物的收发货人、受委托的报关企业办理申报手续的人员，应当是在海关备案的报关人员。

第二章　申报要求

第七条　进出口货物的收发货人、受委托的报关企业应当依法如实向海关申报，对申报内容的真实性、准确性、完整性和规范性承担相应的法律责任。

第八条　进口货物的收货人、受委托的报关企业应当自运输工具申报进境之日起14日内向海关申报。

进口转关运输货物的收货人、受委托的报关企业应当自运输工具申报进境之日起14日内，向进境地海关办理转关运输手续，有关货物应当自运抵指运地之日起14日内向指运地海关申报。

出口货物发货人、受委托的报关企业应当在货物运抵海关监管区后、装货的24小时以前向海关申报。

超过规定时限未向海关申报的，海关按照《中华人民共和国海关征收进口货物滞报金办法》征收滞报金。

第九条　本规定中的申报日期是指申报数据被海关接受的日期。不论以电子数据报关单方式申报或以纸质报关单方式申报，海关以接受申报数据的日期为接受申报的日期。

以电子数据报关单方式申报的，申报日期为海关计算机系统接受申报数据时记录的日期，该日期将反馈给原数据发送单位，或公布于海关业务现场，或通过公共信息系统发布。

以纸质报关单方式申报的，申报日期为海关接受纸质报关单并对报关单进行登记处理的日期。

第十条　电子数据报关单经过海关计算机检查被退回的，视为海关不接受申报，进出口货物收发货人、受委托的报关企业应当按照要求修改后重新申报，申报日期为海关接受重新申报的日期。

海关已接受申报的报关单电子数据，人工审核确认需要退回修改的，进出口货物收发货人、受委托的报关企业应当在10日内完成修改并重新发送报关单电子数据，申报日期仍为海关接受原报关单电子数据的日期；超过10日的，原报关单无效，进出口货物收发货人、受委托的报关企业应当另行向海关申报，申报日期为海关再次接受申报的日期。

第十一条 进出口货物的收发货人以自己的名义，向海关申报的，报关单应当由进出口货物收发货人签名盖章，并随附有关单证。

报关企业接受进出口货物的收发货人委托，以自己的名义或以委托人的名义向海关申报的，应当向海关提交由委托人签署的授权委托书，并按照委托书的授权范围办理有关海关手续。

第十二条 报关企业接受进出口货物收发货人委托办理报关手续的，应当与进出口货物收发货人签订有明确委托事项的委托协议，进出口货物收发货人应当向报关企业提供委托报关事项的真实情况。

报关企业接受进出口收发货人的委托，办理报关手续时，应当对委托人所提供情况的真实性、完整性进行合理审查，审查内容包括：

（一）证明进出口货物的实际情况的资料，包括进出口货物的品名、规格、用途、产地、贸易方式等；

（二）有关进出口货物的合同、发票、运输单据、装箱单等商业单据；

（三）进出口所需的许可证件及随附单证；

（四）海关要求的加工贸易手册（纸质或电子数据的）及其他进出口单证。

报关企业未对进出口货物的收发货人提供情况的真实性、完整性履行合理审查义务或违反海关规定申报的，应当承担相应的法律责任。

第十三条 进口货物的收货人，向海关申报前，因确定货物的品名、规格、型号、归类等原因，可以向海关提出查看货物或者提取货样的书面申请。海关审核同意的，派员到场实际监管。

查看货物或提取货样时，海关开具取样记录和取样清单；提取货样的货物涉及动植物及产品，以及其他须依法提供检疫证明的，应当按照国家的有关法律规定，在取得主管部门签发的书面批准证明后提取。提取货样后，到场监管的海关关员与进口货物的收货人在取样记录和取样清单上签字确认。

第十四条 海关接受进出口货物的申报后，报关单证及其内容不得修改或者撤销；符合规定情形的，应当按照进出口货物报关单修改和撤销的相关规定办理。

第十五条 海关审核电子数据报关单时，需要进出口货物的收发货人、受委托的报关企业解释、说明情况或补充材料的，收发货人、受委托的报关企业应当在接到海关通知后及时进行说明或提供完备材料。

第十六条 海关审结电子数据报关单后，进出口货物的收发货人、受委托的报关企业应当自接到海关“现场交单”或“放行交单”通知之日起10日内，持打印出的纸质报关单，备齐规定的随附单证并签名盖章，到货物所在地海关递交书面单证并办理相关海关手续。

确因节假日或转关运输等其他特殊原因需要逾期向海关递交书面单证并办理相关海关手续的，进出口货物的收发货人、受委托的报关企业应当事先向海关提出书面申请说明原因，经海关核准后在核准的期限内办理。其中，进出口货物收发货人自行报关的，由收发货人在申请书上签章；委托报关企业报关的，由报关企业和进出口货物收发货人双方共同在申请书上签章。

未在规定期限或核准的期限内递交纸质报关单的，海关删除电子数据报关单，进出口货物的收发货人、受委托的报关企业应当重新申报。由此产生的滞报金按照《中华人民共和国海关征收进口货物滞报金办法》的规定办理。

现场交单审核时，进出口货物的收发货人、受委托的报关企业应向海关递交与电子数据报关单内容一致的纸质报关单及随附单证。特殊情况下，个别内容不符的，经海关审核确认无违法情形的，由进出口货物收发货人、受委托的报关企业重新提供与报关单电子数据相符的随附单证或提交有关说明的申请，电子数据报关单可不予删除。其中，实际交验的进出口许可证件与申报内容不一致的，经海关认定无违反国家进出口贸易管制政策和海关有关规定的，可以重新向海关提交。

第十七条 企业可以通过计算机网络向海关进行联网实时申报。具体办法由海关总署另行制定。

第三章 特殊申报

第十八条 经海关批准，进出口货物的收发货人、受委托的报关企业可以在取得提（运）单或载货清单（舱单）数据后，向海关提前申报。

在进出口货物的品名、规格、数量等已确定无误的情况下，经批准的企业可以在进口货物起运后、抵港前或出口货物运入海关监管场所前3日内，提前向海关办理报关手续，并按照海关的要求交验有关随附单证、进出口货物批准文件及其他需提供的证明文件。

验核提前申报的进出口货物许可证件有效期以海关接受申报之日为准。提前申报的进出口货物税率、汇率的适用，按照《中华人民共和国进出口关税条例》（以下简称《关税条例》）的有关规定办理。

第十九条 特殊情况下，经海关批准，进出口货物的收发货人、受委托的报关企业可以自装载货物的运输工具申报进境之日起1个月内向指定海关办理集中申报手续。

集中申报企业应当向海关提供有效担保，并在每次货物进、出口时，按照要求向海关报告货物的进出口日期、运输工具名称、提（运）单号、税号、品名、规格型号、价格、原产地、数量、重量、收（发）货单位等海关监管所必需的信息，海关可准许先予查验和提取货物。集中申报企业提取货物后，应当自装载货物的运输工具申报进境之日起1个月内向海关办理集中申报及征税、放行等海关手续。超过规定期限未向海关申报的，按照《中华人民共和国海关征收进口货物滞报金办法》征收滞报金。

集中申报采用向海关进行电子数据报关单申报的方式。

集中申报的进出口货物税率、汇率的适用，按照《关税条例》的有关规定办理。

第二十条 经电缆、管道、输送带或者其他特殊运输方式输送进出口的货物，经海关同意，可以定期向指定海关申报。

第二十一条 需要向海关申报知识产权状况的进出口货物，收发货人、受委托的报关企业应当按照海关要求向海关如实申报有关知识产权状况，并提供能够证明申报内容真实的证明文件和相关单证。海关按规定实施保护措施。

第二十二条 海关对进出口货物申报价格、税则归类进行审查时，进出口货物的收发货人、受委托的报关企业应当按海关要求提交相关单证和材料。

第二十三条 需要进行补充申报的，进出口货物的收发货人、受委托的报关企业应当如实填写补充申报单，并向海关递交。

第二十四条 转运、通运、过境货物及快件的申报规定，由海关总署另行制定。

第四章 申报单证

第二十五条 进出口货物的收发货人、受委托的报关企业到海关现场办理接单审核、征收税费及验放手续时，应当递交与电子数据报关单内容相一致的纸质报关单、国家实行进出口管理的许可证件以及海关要求的随附单证等。

第二十六条 向海关递交纸质报关单可以使用事先印制的规定格式报关单或直接在A4型空白纸张上打印。

进口货物纸质报关单一式五联：海关作业联、海关留存联、企业留存联、海关核销联、证明联（进口付汇用）。

出口货物纸质报关单一式六联：海关作业联、海关留存联、企业留存联、海关核销联、证明联（出口收汇用）、证明联（出口退税用）。

第二十七条 进、出口货物报关单应当随附的单证包括：

（一）合同；

（二）发票；

（三）装箱清单；

（四）载货清单（舱单）；

（五）提（运）单；

（六）代理报关授权委托协议；

（七）进出口许可证件；

（八）海关要求的加工贸易手册（纸质或电子数据的）及其他进出口有关单证。

海关应当留存进出口许可证件的正本，其余单证可以留存副本或复印件。

第二十八条 货物实际进出口前，海关已对该货物做出预归类决定的，进出口货物的收发货人、受委托的报关企业在货物实际进出口申报时应当向海关提交预归类决定书。

第五章 报关单证明联、核销联的签发和补签

第二十九条 根据国家外汇、税务、海关对加工贸易等管理的要求，进出口货物的收发货人、受委托的报关企业办结海关手续后，可以向海关申请签发下列报关单证明联：

（一）用于办理出口退税的出口货物报关单证明联；

（二）用于办理付汇的进口货物报关单证明联；

（三）用于办理收汇的出口货物报关单证明联；

（四）用于办理加工贸易核销的海关核销联。

海关签发报关单证明联应当在打印出的报关单证明联的右下角规定处加盖已在有关部门备案的“验讫章”。

进出口货物的收发货人、受委托的报关企业在申领报关单证明联、海关核销联时，应当提供海关要求的有效证明。

第三十条 海关已签发的报关单证明联、核销联因遗失、损毁等特殊情况需要补签的，进出口货物的收发货人、受委托的报关企业应当自原证明联签发之日起1年内向海关提出书面申请，并随附有关证明材料，海关审核同意后，可予以补签。海关在证明联、核销联上注明“补签”字样，并按规定收取工本费。

第六章 附 则

第三十一条 保税区、出口加工区进出口的货物及进出保税区、出口加工区货物，加工贸易后续管理环节的内销、余料结转、深加工结转等，除另有规定外，按照本规定的规定在主管海关办理申报手续。

第三十二条 采用转关运输方式的进出口货物，按照《中华人民共和国海关关于转关货物的监管办法》办理申报手续。

第三十三条 进出口货物的收发货人、受委托的报关企业、报关员违反本规定的，依照《海关法》及《中华人民共和国海关行政处罚实施条例》等有关规定处罚。

第三十四条 本规定由海关总署负责解释。

第三十五条 本规定自2003年11月1日起施行。

中华人民共和国海关对用于装载海关监管货物的集装箱和集装箱式货车车厢的监管办法

（2004年1月29日海关总署令第110号公布，根据2010年11月26日海关总署令第198号《海关总署关于修改部分规章的决定》修改）

第一章 总 则

第一条 为规范海关对用于装载海关监管货物的集装箱和集装箱式货车车厢的监管，根据《中华人民共和国海关法》第三十九条规定，制定本办法。

第二条 用于装载海关监管货物的集装箱和集装箱式货车车厢（以下简称“集装箱和集装箱式货车车厢”），应当按照本办法规定的要求和标准（见附件1）制造、改装和维修，并在集装箱和集装箱式货车车厢指定位置上安装海关批准牌照。

第三条 本办法下列用语的含义：

“营运人”是指对集装箱和集装箱式货车车厢实际控制使用者，不论其是否为该集装箱或者集装箱式货车车厢的所有人。

“承运人”是指承载集装箱和集装箱式货车车厢进出境的运输工具的负责人。

“申请人”是指申请办理海关批准牌照的制造或者维修集装箱和集装箱式货车车厢的工厂。

第四条 集装箱和集装箱式货车车厢应当接受海关监管。不符合本办法规定标准或者未安装海关批准牌照的集装箱和集装箱式货车车厢，不得用于装载海关监管货物。

境内制造、改装和维修集装箱和集装箱式货车车厢的工厂，应当接受海关检查。

第五条 承载集装箱或者集装箱式货车车厢的运输工具在进出境时，承运人、营运人或者其代理人应当向海关如实申报并递交载货清单（舱单）。

载货清单（舱单）上应当列明运输工具名称、航（班）次号或者集装箱式货车车牌号、国籍、卸货港口，集装箱箱号或者集装箱式货车车厢号、尺寸、总重、自重，以及箱（厢）体内装载货物的商品名称、件数、重量，经营人、收发货人、提（运）单或者装货单号等有关内容。

第六条 营运人或者其代理人应当按照海关规定向海关传输相关载货清单（舱单）的电子数据。电子数据应当规范、准确，并与所交验的纸质载货清单（舱单）的有关内容一致。所传输的电子数据与纸质单证均具有法律效力。

第七条 经国务院交通主管部门批准，国际集装箱班轮公司可以在境内沿海港口之间调运其周转空箱及租用空箱。国际集装箱班轮公司或者其代理人凭交通主管部门的批准文件和自制的集装箱调运清单，向调出地和调入地海关申报。调运清单内容应当包括：承运集装箱原进境船舶名称、航（班）次号、日期，承运调运空箱的船舶名称、航（班）次号、集装箱箱号、尺寸、目的口岸、箱体数量等，并向调出地和调入地海关传输相关的电子数据。

其他运输方式在境内调拨或者运输的空集装箱，不需再办理海关手续。

第八条 用于承运装载海关监管货物的厢体与车辆不可分隔的厢式货车，其营运人或者承运人应按照《中华人民共和国海关关于境内公路承运海关监管货物的运输企业及其车辆、驾驶员的管理办法》的有关规定办理海关手续。

第九条 未经海关许可，任何人不得擅自开启或者损毁集装箱和集装箱式货车车厢上的海关封志、更改、涂抹箱（厢）号、取出或者装入货物、将集装箱或者集装箱式货车车厢及其所载货物移离海关监管场所。

第二章 集装箱制造核准

第十条 境内制造集装箱的工厂，应当持有工商行政管理部门核发的企业法人营业执照及中国船级社颁发的“工厂认可证书”，向其所在地海关申请递交“集装箱和集装箱式货车车厢制造、维修工厂海关核准申请书”（见附件2），经核准后由海关颁发“中华人民共和国海关集装箱和集装箱式货车车厢制造、维修工厂海关核准证书”（附件3），方可从事集装箱制造。

第十一条 境内制造的集装箱可以申请我国海关批准牌照，也可以向加入联合国《1972年集装箱关务公约》的境外有关国家当局申请外国海关的批准牌照。

境外制造的集装箱，可以申请我国海关的批准牌照。

第十二条 海关总署授权中国船级社统一办理集装箱我国海关批准牌照。

第十三条 中国船级社应当按照本办法的要求签发批准证明书。

（一）境内制造的集装箱的所有人申请我国海关批准牌照的，中国船级社按照本办法规定的标准，对集装箱图纸进行审查，并按照规定进行实体检验，检验合格的，核发“按定型设计批准证明书”（见附件4）或者“按制成以后批准证明书”（见附件5）。

（二）境外制造的集装箱的所有人申请我国海关批准牌照的，制造厂或者所有人应当提交集装箱有关图纸，经中国船级社审查并现场确认后核发“按制成以后批准证明书”。

第十四条 集装箱的海关批准牌照申请人在取得“按定型设计批准证明书”或者“按制成以后批准证明书”后，应当在经批准的集装箱上按照本办法规定安装中国船级社核发的海关批准牌照（式样见附件6），并在箱体外部规定位置标示序列号。

第十五条 海关对中国船级社检验的集装箱有权进行复验，并可以随时对中国船级社办理海关批准牌照的情况进行核查。发现签发批准牌照管理不善的，海关将视情决定是否停止授权其签发海关批准牌照。

第三章 集装箱式货车车厢的制造或者改装

第十六条 境内制造或者改装集装箱式货车车厢的工厂，应当持有工商行政管理部门核发的企业法人营业执照及中国船级社颁发的“工厂认可证书”，向其所在地海关申请递交“集装箱和集装箱式货车车厢制造、维修工厂海关核准申请书”，经核准后由海关颁发“中华人民共和国海关集装箱和集装箱式货车车厢制造、维修工厂海关核准证书”，方可从事集装箱式货车车厢制造或者改装。

第十七条 海关总署授权中国船级社统一办理在境内装载海关监管货物的集装箱式货车车厢的海关批准牌照。

中国船级社按照本办法规定的标准，对申请海关批准牌照的集装箱式货车车厢的图纸进行审查，并按照规定对集装箱式货车车厢进行实体检验，检验合格的，核发“集装箱式货车车厢批准证明书”（附件9）。

第十八条 集装箱式货车车厢的海关批准牌照申请人在取得《集装箱式货车车厢批准证明书》后，应当在经批准的集装箱式货车车厢上按照本办法规定安装中国船级社核发的海关批准牌照（式样见附件10），并在厢体外部规定位置标示序列号。

第四章 集装箱和集装箱式货车车厢的维修

第十九条 境内维修集装箱和集装箱式货车车厢的工厂，应当持有工商行政管理部门核发的企业法人营业执照及中国船级社颁发的“工厂认可证书”，向其所在地海关申请递交集装箱和集装箱式货车车厢制造、维修工厂海关核准申请书，经核准后由海关颁发“中华人民共和国海关集装箱和集装箱式货车车厢制造、维修工厂海关核准证书”，方可从事集装箱和集装箱式货车车厢的维修。

已取得“工厂认可证书”并经海关核准的集装箱和集装箱式货车车厢制造或者改装的工厂，可以从事集装箱和集装箱式货车车厢的维修。

第二十条 未经海关许可，任何人不得擅自改变集装箱和集装箱式货车车厢的结构。维修后的集装箱和集装箱式货车车厢结构应保持原状，如发生箱（厢）体特征变更的，集装箱和集装箱式货车车厢的所有人或者申请人必须拆除海关批准牌照，同时应当向中国船级社提出书面检验申请，并重新办理海关批准牌照。

第二十一条 海关可以随时对维修工厂维修的安装海关批准牌照的集装箱和集装箱式货车车厢进行核查。

第五章 对集装箱和集装箱式货车车厢的监管

第二十二条 集装箱和集装箱式货车车厢投入运营时，应当安装海关批准牌照。集装箱和集装箱式货车车厢外部标示的序列号应当与安装的海关批准牌照所标记的序列号一致。

第二十三条 集装箱和集装箱式货车车厢序列号变更的，应当重新申请检验并办理海关批准牌照。序列号模糊不清以及破损的集装箱和集装箱式货车车厢，不得装载海关监管货物。

第二十四条 集装箱和集装箱式货车车厢作为货物进出口时，无论其是否装载货物，有关收发货人或者其代理人应当按照进出口货物向海关办理报关手续。

第二十五条 境内生产的集装箱及我国营运人购买进口的集装箱在投入国际运输前，营运人应当向其所在地海关办理登记手续（见附件 7、附件 8）。

境内生产的集装箱已经办理出口及国内环节税出口退税手续的，不在海关登记；已经登记的，予以注销。

第二十六条 承运海关监管货物的运输企业在集装箱式货车车厢获得“集装箱式货车车厢批准证明书”后，应当按照《中华人民共和国海关关于境内公路承运海关监管货物的运输企业及其车辆、驾驶员的管理办法》的规定向其所在地海关申请办理车辆注册。

第二十七条 本办法第二十五条第一款和第二十六条所述集装箱和集装箱式货车车厢报废时，营运人凭登记或者注册资料向所在地海关办理注销手续。

第二十八条 符合本办法规定的集装箱和集装箱式货车车厢，无论其是否装载货物，海关准予暂时进境和异地出境，营运人或者其代理人无需对箱（厢）体单独向海关办理报关手续。

第二十九条 暂时进境的集装箱和集装箱式货车车厢应于入境之日起 6 个月内复运出境。如因特殊情况不能按期复运出境的，营运人应当向暂时进境地海关提出延期申请，经海关核准后可以延期，但延长期最长不得超过 3 个月，逾期应按规定向海关办理进口及纳税手续。

对于已经按本办法第二十五条第一款规定在海关登记的集装箱，进出境时不受前款规定的期限限制。

第六章 附 则

第三十条 违反本办法规定，构成走私或者违反海关监管规定行为的，由海关依照《中华人民共和国海关法》和《中华人民共和国海关行政处罚实施条例》的有关规定予以处理；构成犯罪的，依法追究刑事责任。

第三十一条 本办法由海关总署负责解释。

第三十二条 本办法施行后向海关申请注册登记的运输企业，其承运海关监管货物的集装箱式货车车厢应符合本办法规定标准。

本办法施行前在海关注册登记的运输企业，其承运海关监管货物的集装箱式货车车厢应于 2008 年 5 月运输企业年审时起符合本办法规定标准。

第三十三条 本办法自 2004 年 3 月 1 日起施行。1984 年 1 月 1 日施行的《中华人民共和国海关对进出口集装箱和所载货物监管办法》（〔1983〕署货字第 699 号）、1986 年 7 月 22 日施行的《中华人民共和国海关对用于运输海关加封货物的国际集装箱核发批准牌照的管理办法》（〔1986〕署货字第 566 号）同时废止。

附件 1 集装箱和集装箱式货车车厢结构的技术标准规定（略）

附件 2　集装箱和集装箱式货车车厢制造、维修工厂海关核准申请书（略）

附件 3　中华人民共和国海关集装箱和集装箱式货车车厢制造、维修工厂海关核准证书（略）

附件 4　按定型设计批准证明书（略）

附件 5　按制成以后批准证明书（略）

附件 6　中华人民共和国海关集装箱批准牌照样式（略）

附件 7　集装箱国际运输海关登记申请书（略）

附件 8　中华人民共和国海关集装箱国际运输海关登记证书（略）

附件 9　集装箱式货车车厢批准证明书（略）

附件 10　中华人民共和国海关集装箱式货车车厢批准牌照样式（略）

中华人民共和国海关关于来往香港、澳门小型船舶及所载货物、物品管理办法

（2004 年 2 月 6 日海关总署令第 112 号发布，自 2004 年 3 月 15 日起施行）

第一章　总　则

第一条　为规范海关对来往香港、澳门小型船舶（以下简称小型船舶）及所载货物、物品的监管，根据《中华人民共和国海关法》及其他有关法律、行政法规，制定本办法。

第二条　本办法下列用语的含义：

（一）来往香港、澳门小型船舶，是指经交通部或者其授权部门批准，专门来往于内地和香港、澳门之间，在境内注册从事货物运输的机动或者非机动船舶。

（二）小型船舶海关中途监管站（以下简称中途监管站），是指海关设在珠江口大铲岛、珠海湾仔、珠江口外桂山岛、香港以东大三门岛负责监管小型船舶及所载货物、物品，并办理进出境小型船舶海关舱单确认和关封制作手续的海关监管机构。

（三）通航指令，是指中途监管站对小型船舶发出的直航通过中途监管站、停航办理手续等电子指令。

（四）海关指定区域，是指以中途监管站为中心，一定范围内的航行区域。具体区域范围由有关直属海关对外公布。

第三条　小型船舶应当在设有海关的口岸或者经海关批准的可临时派出海关人员实施监管的监管点进出、停泊、装卸货物、物品或者上下人员，并办理相关手续。

第四条　下列小型船舶进出境时，应当向指定的小型船舶中途监管站办理舱单确认和关封制作手续：

（一）来往于香港与珠江水域的小型船舶向大铲岛中途监管站办理；

（二）来往于香港、澳门与磨刀门水道的小型船舶向湾仔中途监管站办理；

（三）来往于香港、澳门与珠江口、磨刀门水道以西广东、广西、海南沿海各港口的小型船舶向桂山岛中途监管站办理；

（四）来往于香港、澳门与珠江口以东广东、福建及以北沿海各港口的小型船舶向大三门岛中途监管站办理。

来往于香港与深圳赤湾、蛇口、妈湾、盐田港的小型船舶，直接在口岸海关办理进出境申报手续。

第五条　小型船舶经海关备案后，可以从事进出境货物运输。小型船舶应当由所属的船舶运输企业（以下简称运输企业）向运输企业工商注册所在地的直属海关或者其授权的隶属海关办理备案手续；海关对小型船舶实行联网备案管理，数据资料共享。

第六条　小型船舶应当安装海关认可的船载收发信装置，特殊情况不安装的须经海关同意。

小型船舶不得设置暗格、夹层等可以藏匿货物、物品的处所，船体结构经国家船检部门审定后不得擅自改动。

第二章　备案管理

第七条　小型船舶申请备案时，运输企业应当向海关提交下列文件：

（一）“来往港澳小型船舶登记备案表”（见附件1）；

（二）交通主管部门的批准文件复印件；

（三）中国船级社或者海事主管部门出具的船舶检验证书复印件；

（四）船舶营业运输证复印件；

（五）船舶国籍证书复印件；

（六）船舶船体结构图；

（七）船舶正面和可以显示船舶名称侧面彩色照片各一式三张。

提交上述（二）、（三）、（四）、（五）项文件，还须同时提供原件供海关核对。

第八条 海关予以备案的，应当在收到备案文件之日起5个工作日内签发“来往港澳小型船舶登记备案证书”（以下简称“备案证书”，见附件2）、“来往港澳小型船舶进出境（港）海关监管簿”（以下简称“海关监管簿”，见附件3）。海关经审核决定不予备案的，应当在收到运输企业提交的备案文件之日起3个工作日内制发“来往港澳小型船舶不予备案通知书”（见附件4）。

第九条 海关对小型船舶实行年审管理。运输企业应当在海关规定的时间内向备案海关提交下列文件，办理小型船舶年审手续：

（一）“来往港澳小型船舶年审报告书”（见附件5）；

（二）“备案证书”；

（三）“海关监管簿”。

未办理年审或者年审不符合本办法规定的小型船舶不得继续从事进出境运输业务。

第十条 在海关备案的小型船舶名称、船体结构、经营航线、法定代表人、地址、企业性质等内容发生变更的，运输企业应当持书面申请和有关批准文件到备案海关办理变更手续。

第三章 海关监管

第十一条 小型船舶进境前，船舶负责人或者其代理人可以自行或者委托舱单录入单位，通过与海关联网的公共数据信息平台向海关发送舱单电子数据。

小型船舶出境前，船舶负责人或者其代理人应当向起运港海关递交纸质舱单、“海关监管簿”等有关单据、簿册，同时通过与海关联网的公共数据信息平台向海关发送舱单电子数据。

第十二条 舱单电子数据应当包括以下内容：运输工具名称、运输工具编号、航次号、国籍、装货港、指运港、提（运）单号、收货人或者发货人、货物名称、货物件数和重量、集装箱号、集装箱尺寸等。

第十三条 船舶负责人在小型船舶进境或者出境起航时，通过船载收发信装置对舱单电子数据进行确认申报。进境小型船舶经中途监管站办理舱单确认和关封制作手续后，所载进口货物所有人或者其代理人可以提前向海关申报。

第十四条 已经海关确认的舱单电子数据如需修改，船舶负责人或者其代理人应当向海关提出申请，经海关同意后，可以修改。

第十五条 海关对舱单电子数据和船舶航迹数据的保存期限为确认小型船舶舱单申报之日起3年。

第十六条 小型船舶进境或者出境起航后，应当进入海关指定区域接收并确认通航指令，并按照指令直航通过中途监管站或者停靠中途监管站办理手续。

第十七条 小型船舶接到停航办理手续指令时，应当航行至中途监管站指定的锚地停泊。

小型船舶进境时，应当经中途监管站签批“海关监管簿”，并办理舱单确认和关封制作手续后，继续驶往境内目的港。小型船舶出境时，应当将起运港海关签章的舱单等单据递交中途监管站确认，经中途监管站签注“海关监管簿”后，继续驶往境外目的港。

第十八条 小型船舶进境到达目的港后，船舶负责人或者其代理人应当向海关递交“海关监管簿”、纸质舱单等单据办理手续。在中途监管站停航办理手续的小型船舶应当递交关封。

第十九条 进出境小型船舶负责人应当妥善保管经海关确认的纸质舱单、关封等单据。

第二十条 小型船舶装卸进出境货物时，船舶负责人或者其代理人应当按照舱单核对货物，如果发现溢短装（卸）、误装（卸）、残损或者其他差错的，应当做好记录，并按照本办法第十四条的规定办理。

第二十一条 小型船舶公用、船员自用物品进出境，应当如实填写“来往港澳小型船舶进/出境公用物品申报单”（见附件6）及“来往港澳小型船舶船员进/出境自用物品申报单”（见附件7）向海关申报，海关按照规定办理验放手续。

第二十二条 小型船舶在香港、澳门装配机器零件或者添装船用燃料、物料和公用物品，应当填写“来往港澳小型船舶境外添装燃料物料申报单”（见附件8），向海关申报并交验有关购买单据或者发票，办理进口手续。

第二十三条 小型船舶不得同船装载进出口货物与非进出口货物。

第二十四条 经交通部门批准，小型船舶可以兼营境内运输。小型船舶每次由境外运输变更为境内运输或者由境内运输变更为境外运输前，均应当报告备案海关，由海关在“海关监管簿”上进行签注并办理有关手续。

第二十五条 进境小型船舶自进境后至办结海关手续前，出境小型船舶自起运港办理海关手续后至出境前，未经海关批准，不得中途停泊、装卸货物、物品或者上下人员。

第二十六条 小型船舶在规定的时间或者地点以外停泊、装卸货物、物品或者上下人员的，应当经海关批准；需海关派员执行监管任务的，应当按照规定交纳规费。

第二十七条 小型船舶由于不可抗力的原因，被迫在未设立海关的地点停泊、抛掷、起卸货物、物品或者上下人员，船舶负责人应当立即报告附近海关。

小型船舶因遇到风浪，致使无法在海关中途监管站停泊办理进出境手续的，经海关中途监管站许可，可以直接驶往目的港。

第二十八条 中途监管站可以对进境小型船舶所载货物、舱室施加封志，必要时可以派员随小型船舶监管至目的港，船舶负责人或者其代理人应当提供便利。

第二十九条 海关检查小型船舶时，船舶负责人或者其代理人应当到场，并按照海关要求开启有关处所、集装箱或者货物包装，搬移货物、物料等。海关认为必要时，可以径行开验、复验或者提取货样。海关检查船员行李物品时，有关船员应当到场，并且开启行李包件和储存物品的处所。

第四章　法律责任

第三十条 违反《中华人民共和国海关法》及本办法规定，构成走私或者违反海关监管规定行为的，由海关依照《中华人民共和国海关法》、《中华人民共和国海关法行政处罚实施细则》等有关法律、行政法规的规定予以处理；构成犯罪的，依法追究刑事责任。

第五章　附　则

第三十一条 本办法由海关总署负责解释。

第三十二条 本办法自2004年3月15日起施行。1998年10月17日海关总署发布的《中华人民共和国海关关于来往香港、澳门小型船舶及所载货物、物品监管规定》和《中华人民共和国海关关于来往香港、澳门小型船舶登记备案管理办法》同时废止。

附件1　来往港澳小型船舶登记备案表（略）
附件2　来往港澳小型船舶登记备案证书（略）
附件3　来往港澳小型船舶进出境（港）海关监管簿（略）
附件4　来往港澳小型船舶不予备案通知书（略）
附件5　来往港澳小型船舶年审报告书（略）
附件6　来往港澳小型船舶进/出境公用物品申报单（略）
附件7　来往港澳小型船舶船员进/出境自用物品申报单（略）
附件8　来往港澳小型船舶境外添装燃料物料申报单（略）

中华人民共和国海关对常驻机构进出境公用物品监管办法

（2004年6月16日海关总署令第115号发布，根据2010年11月1日海关总署令第193号《海关总署关于修改〈中华人民共和国海关对常驻机构进出境公用物品监管办法〉的决定》第一次修改，根据2010年11月26日海关总署令第198号《海关总署关于修改部分规章的决定》第二次修改）

第一章　总　则

第一条　为规范海关对常驻机构进出境公用物品的管理，根据《中华人民共和国海关法》和其他有关法律、行政法规，制定本办法。

第二条　常驻机构申请进出境公用物品应当以本机构自用、合理数量为限。

常驻机构进出境公用物品，应当由本机构或其委托的报关企业向主管海关提交书面申请。经主管海关审核批准后，进出境地海关凭主管海关的审批单证和其他相关单证予以验放。

第三条　对于常驻机构进境公用物品，海关按照《中华人民共和国进出口关税条例》的有关规定征收税款。

根据政府间协定免税进境的常驻机构公用物品，海关依法免征税款。

第二章　进境公用物品监管

第四条　常驻机构首次申请进境公用物品前，应当凭下列文件向主管海关办理备案手续：

（一）设立常驻机构审批机关的批准文件正本和复印件；

（二）主管部门颁发的注册证明正本和复印件（以下简称“注册证”）；

（三）常驻机构报关印章式样；

（四）常驻机构负责人签字式样、身份证件正本和复印件；

（五）常驻机构中常驻人员名册，名册含常驻人员姓名、性别、国籍、有效进出境证件号码、长期居留证件号码、到任时间、任期、职务及在中国境内的住址等内容。

主管海关审核无误后，核发“中华人民共和国海关常驻机构备案证”（以下简称“海关备案证”，见附件1）。“海关备案证”涉及的内容如有变更，应当自变更之日起10个工作日内到主管海关办理变更手续。

第五条　常驻机构申请进境公用物品，应当向主管海关交验下列单证：

（一）“海关备案证”；

（二）“中华人民共和国海关进出境公用物品申请表”（以下简称“申请表”，见附件2）；

（三）提（运）单、发票和装箱单等相关单证。

主管海关自接受申请之日起3个工作日内答复。

常驻机构申请进境机动车辆时，除交验前款规定的单证外，还应当交验本机构所有常驻人员的有效身份证件，主管海关自接受申请之日起5个工作日内答复。

第六条　常驻机构在进境地海关办理公用物品报关手续时，应当填写或委托报关企业填写“进口货物报关单”，提交经主管海关审批的“申请表”，并交验提（运）单、发票、装箱单等相关单证。

进境地海关应当将物品验放结果在“申请表”回执联上批注，并退主管海关备核。

第七条　常驻机构进境机动车辆，海关按照该机构常驻人员的实际人数核定其进境车辆的总数：

（一）常驻人员在5人以下的，进境车辆总数1辆；

（二）常驻人员在6人以上10人以下的，进境车辆总数不超过2辆；

（三）常驻人员在11人以上20人以下的，进境车辆总数不超过3辆；

（四）常驻人员在21人以上30人以下的，进境车辆总数不超过4辆；

（五）常驻人员在31人以上的，进境车辆总数不超过6辆。

第八条　进境机动车辆因事故、不可抗力等原因遭受严重损毁或因损耗、超过使用年限等原因丧失使用价值，经报废处理后，常驻机构凭公安交通管理部门出具的机动车辆注销证明，经主管海关同意办理机动车辆结案手续后，可按结案数量重新申请进境机动车辆。

进境机动车辆有丢失、被盗、转让或出售给他人、超出监管期限等情形的，常驻机构不得重新申请进境机动车辆。

第九条 常驻机构进境机动车辆，应当自海关放行之日起10个工作日内，向主管海关申领“中华人民共和国海关监管车辆进/出境领/销牌照通知书”（以下简称“领/销牌照通知书”，见附件3），办理机动车辆牌照申领手续。其中免税进境的机动车辆，常驻机构还应当自取得“领/销牌照通知书”之日起10个工作日内，持公安交通管理部门颁发的“机动车辆行驶证”向主管海关申领“中华人民共和国海关监管车辆登记证”（以下简称“监管车辆登记证”，见附件4）。

第十条 常驻机构进境的货样、广告品及暂时进口货物，经主管海关核准后，按照海关相关规定办理验放手续。

第三章　出境公用物品监管

第十一条 常驻机构将原进境的公用物品复运出境，应当持“海关备案证”、“申请表”等有关单证向主管海关提出申请，主管海关自接受申请之日起3个工作日内答复。其中，常驻机构申请将原进境机动车辆复运出境的，主管海关在审核批准后开具“领/销牌照通知书”，常驻机构凭此向公安交通管理部门办理注销牌照手续。主管海关收到“领/销牌照通知书”回执联后应将牌照注销情况在“申请表”上批注。

第十二条 常驻机构在出境地海关办理公用物品报关手续时，应当填写“出口货物报关单”，并提交经主管海关批注的“申请表”等相关单证。

出境地海关应当将物品验放结果在“申请表”回执联上批注，并退主管海关备核。

第四章　进境免税机动车辆后续监管

第十三条 常驻机构依据本办法第三条第二款规定免税进境的机动车辆属于海关监管机动车辆，主管海关对其实施后续监管，监管期限为自海关放行之日起6年。

未经海关批准，进境机动车辆在海关监管期限内不得擅自转让、出售、出租、抵押、质押或者进行其他处置。

第十四条 海关对常驻机构进境监管机动车辆实行年审制度。常驻机构应当根据主管海关的公告，在规定时间内，将进境监管机动车辆驶至指定地点，持“监管车辆登记证”、“机动车辆行驶证”、“海关备案证”到主管海关办理机动车辆海关年审手续。年审合格后，主管海关在“监管车辆登记证”上加盖年审印章。

第十五条 常驻机构监管机动车辆自海关放行之日起超过4年的，经主管海关批准，可以按规定将监管机动车辆转让给其他常驻机构或者常驻人员，或者出售给特许经营单位。受让方机动车辆进境指标相应扣减。

机动车辆受让方同样享有免税进境机动车辆权利的，受让机动车辆予以免税，受让方主管海关在该机动车辆的剩余监管年限内实施后续监管。

第十六条 常驻机构转让进境监管机动车辆时，应当由受让方向主管海关提交经出、受让双方签章确认的“中华人民共和国海关常驻机构公/自用车辆转让申请表”（以下简称“转让申请表”，见附件5）及其他相关单证。受让方主管海关审核批注后，将“转让申请表”转至出让方主管海关。出让方主管海关批准后，出让方凭其主管海关开具的“领/销牌照通知书”向公安交通管理部门办理机动车辆牌照注销手续；出让方主管海关办理机动车辆结案手续后，将机动车辆进境原始档案及“转让申请表”回执联转至受让方主管海关。受让方凭其主管海关出具的“领/销牌照通知书”向公安交通管理部门办理机动车辆牌照申领手续。应当补税的机动车辆由受让方向其主管海关依法补缴税款。

常驻机构进境监管机动车辆出售时，应当由特许经营单位向常驻机构的主管海关提交经常驻机构盖章确认的“转让申请表”，主管海关审核无误后，由特许经营单位参照前款规定办理机动车辆注销牌照等结案手续，并依法向主管海关补缴税款。

第十七条 机动车辆海关监管期限届满的，常驻机构应当持“中华人民共和国海关常驻机构公/自用车辆解除监管申请表”（见附件6）、“监管车辆登记证”、“机动车辆行驶证”和“海关备案证”向主管海关申请解除监管。主管海关核准后，开具“中华人民共和国海关监管车辆解除监管证明书”（见附件7），常驻机构凭此向公安交通管理部门办理有关手续。

第十八条 海关监管期限内的机动车辆因法院判决抵偿他人债务或者丢失、被盗的，机动车辆原所有人应当凭有关证明向海关申请办理机动车辆解除监管手续，并依法补缴税款。

第十九条　经批准撤销的常驻机构，应当向主管海关办理海关监管机动车辆结案和其他有关手续。

第五章　法律责任

第二十条　常驻机构未按照本办法规定向海关办理监管机动车辆年审手续，擅自转让、出售监管机动车辆，或者有其他走私、违反海关监管规定行为的，海关依照《中华人民共和国海关法》、《中华人民共和国海关行政处罚实施条例》予以处罚；构成犯罪的，依法追究刑事责任。

第六章　附　则

第二十一条　本办法下列用语的含义：

“常驻机构”是指境外企业、新闻机构、经贸机构、文化团体及其他境外法人经中华人民共和国政府主管部门批准，在境内设立的常设机构。

“主管海关”是指常驻机构所在地的直属海关或者经直属海关授权的隶属海关。

“公用物品”是指常驻机构开展业务所必需的办公设备、办公用品及机动车辆。

“机动车辆”是指小轿车、越野车、9 座及以下的小客车。

本办法第七条中的“以下”、“以上”，均包含本数在内。

第二十二条　外国驻中国使馆、领馆，联合国及其专门机构，以及其他与中国政府签有协议的国际组织驻中国代表机构进出境物品，不适用本办法，另按有关法律、行政法规办理。

第二十三条　本办法由海关总署负责解释。

第二十四条　本办法自 2004 年 8 月 1 日起施行。本办法附件 8 所列规范性文件同时废止。

附件 1　中华人民共和国海关常驻机构备案证（略）

附件 2　中华人民共和国海关进出境公用物品申请表（略）

附件 3　中华人民共和国海关监管车辆进/出境领/销牌照通知书（略）

附件 4　中华人民共和国海关监管车辆登记证（略）

附件 5　中华人民共和国海关常驻机构公/自用车辆转让申请表（略）

附件 6　中华人民共和国海关常驻机构公/自用车辆解除监管申请表（略）

附件 7　中华人民共和国海关监管车辆解除监管证明书（略）

附件 8　废止文件清单（略）

中华人民共和国海关对非居民长期旅客进出境自用物品监管办法

（2004 年 6 月 16 日海关总署令第 116 号发布，根据 2010 年 11 月 1 日海关总署令第 194 号《海关总署关于修改〈中华人民共和国海关对非居民长期旅客进出境自用物品监管办法〉的决定》第一次修改，根据 2010 年 11 月 26 日海关总署令第 198 号《海关总署关于修改部分规章的决定》第二次修改）

第一章　总　则

第一条　为规范海关对非居民长期旅客进出境自用物品的管理，根据《中华人民共和国海关法》和其他有关法律、行政法规，制定本办法。

第二条　非居民长期旅客进出境自用物品应当以个人自用、合理数量为限。其中，常驻人员可以进境机动车辆，每人限 1 辆，其他非居民长期旅客不得进境机动车辆。

非居民长期旅客进出境自用物品，应当由本人或其委托的报关企业向主管海关提交书面申请。经主管海关审核批准后，进出境地海关凭主管海关的审批单证和其他相关单证予以验放。

第三条　非居民长期旅客取得境内长期居留证件后方可申请进境自用物品，首次申请进境的自用物品海关予以免税，但按照本规定准予进境的机动车辆和国家规定应当征税的20种商品除外。再次申请进境的自用物品，一律予以征税。

对于应当征税的非居民长期旅客进境自用物品，海关按照《中华人民共和国进出口关税条例》的有关规定征收税款。

根据政府间协定免税进境的非居民长期旅客自用物品，海关依法免征税款。

第二章　进境自用物品监管

第四条　非居民长期旅客申请进境自用物品，应当向主管海关交验下列单证：

（一）身份证件；

（二）长期居留证件；

（三）“中华人民共和国海关进出境自用物品申请表”（以下简称“申请表”，见附件1）；

（四）提（运）单、装箱单等相关单证。

主管海关自接受申请之日起3个工作日内答复。

专家以外的常驻人员申请进境机动车辆时，除交验前款规定的单证外，还应当提交身份证件及长期居留证件的复印件，交验所在常驻机构的中华人民共和国海关常驻机构备案证或者所在外商投资企业的进出口货物收发货人注册登记证明书，主管海关自接受申请之日起5个工作日内答复。

第五条　非居民长期旅客在进境地海关办理自用物品报关手续时，应当由本人或其委托的报关企业提交经主管海关审批的“申请表”，并交验提（运）单、装箱单等相关单证。

进境地海关应当将物品验放结果在“申请表”回执联上批注，并退主管海关备核。

第六条　进境机动车辆因事故、不可抗力等原因遭受严重损毁或因损耗、超过使用年限等原因丧失使用价值，经报废处理后，常驻人员凭公安交通管理部门出具的机动车辆注销证明，经主管海关同意办理机动车辆结案手续后，可重新申请进境机动车辆1辆。

进境机动车辆有丢失、被盗、转让或出售给他人、超出监管期限等情形的，常驻人员不得重新申请进境机动车辆。

第七条　常驻人员进境机动车辆，应当自海关放行之日起10个工作日内，向主管海关申领“中华人民共和国海关监管车辆进/出境领/销牌照通知书”（以下简称“领/销牌照通知书”，见附件2），办理机动车辆牌照申领手续。其中免税进境的机动车辆，常驻人员还应当自取得“领/销牌照通知书”之日起10个工作日内，持公安交通管理部门颁发的“机动车辆行驶证”向主管海关申领“中华人民共和国海关监管车辆登记证”（以下简称“监管车辆登记证”，见附件3）。

第三章　出境自用物品监管

第八条　非居民长期旅客将原进境的自用物品复运出境，应当持身份证件、长期居留证件、“申请表”等有关单证向主管海关提出申请，主管海关自接受申请之日起3个工作日内答复。其中，常驻人员申请将原进境机动车辆复运出境的，主管海关在审核批准后开具“领/销牌照通知书”，常驻人员凭此向公安交通管理部门办理注销牌照手续。主管海关收到“领/销牌照通知书”回执联后应将牌照注销情况在“申请表”上批注。

第九条　非居民长期旅客在出境地海关办理自用物品报关手续时，应当提交经主管海关批注的“申请表”等相关单证。

出境地海关应当将物品验放结果在“申请表”回执联上批注，并退主管海关备核。

第四章　进境免税机动车辆后续监管

第十条　常驻人员依据本办法第三条第三款规定免税进境的机动车辆属于海关监管机动车辆，主管海关对其实施后续监管，监管期限为自海关放行之日起6年。

未经海关批准，进境机动车辆在海关监管期限内不得擅自转让、出售、出租、抵押、质押或者进行其他处置。

第十一条　海关对常驻人员进境监管机动车辆实行年审制度。常驻人员应当根据主管海关的公告，在规定时间内，将进境监管机动车辆驶至指定地点，持本人身份证件、长期居留证件、“监管车辆登记证”、“机动车辆行驶证”到主管海关办理机动车辆海关年审手续。年审合格后，主管海关在“监管车辆登记证”上加盖年审印章。

第十二条　常驻人员任期届满后，经主管海关批准，可以按规定将监管机动车辆转让给其他常驻人员或者常驻机构，或者出售给特许经营单位。受让方的机动车辆进境指标相应扣减。

机动车辆受让方同样享有免税进境机动车辆权利的，受让机动车辆予以免税，受让方主管海关在该机动车辆的剩余监管年限内实施后续监管。

第十三条 常驻人员转让进境监管机动车辆时，应当由受让方向主管海关提交经出、受让双方签章确认的“中华人民共和国海关公/自用车辆转让申请表”（以下简称“转让申请表”，见附件4）及其他相关单证。受让方主管海关审核批注后，将“转让申请表”转至出让方主管海关。出让方主管海关批准后，出让方凭其主管海关开具的“领/销牌照通知书”向公安交通管理部门办理机动车辆牌照注销手续；出让方主管海关办理机动车辆结案手续后，将机动车辆进境原始档案及“转让申请表”回执联转至受让方主管海关。受让方凭其主管海关出具的“领/销牌照通知书”向公安交通管理部门办理机动车辆牌照申领手续。应当补税的机动车辆由受让方向其主管海关依法补缴税款。

常驻人员进境监管机动车辆出售时，应当由特许经营单位向常驻人员的主管海关提交经常驻人员签字确认的“转让申请表”，主管海关审核无误后，由特许经营单位参照前款规定办理机动车辆注销牌照等结案手续，并依法向主管海关补缴税款。

第十四条 机动车辆海关监管期限届满的，常驻人员应当持“中华人民共和国海关公/自用车辆解除监管申请表”（见附件5）、本人身份证件、长期居留证件、“监管车辆登记证”和“机动车辆行驶证”向主管海关申请解除监管。主管海关核准后，开具“中华人民共和国海关监管车辆解除监管证明书”（见附件6），常驻人员凭此向公安交通管理部门办理有关手续。

第十五条 海关监管期限内的机动车辆因法院判决抵偿他人债务或者丢失、被盗的，机动车辆原所有人应当凭有关证明向海关申请办理机动车辆解除监管手续，并依法补缴税款。

第十六条 任期届满的常驻人员，应当在离境前向主管海关办理海关监管机动车辆的结案手续。

第五章 法律责任

第十七条 非居民长期旅客未按照本办法规定向海关办理监管机动车辆年审手续，擅自转让、出售监管机动车辆，或者有其他走私、违反海关监管规定行为的，海关依照《中华人民共和国海关法》、《中华人民共和国海关行政处罚实施条例》予以处罚；构成犯罪的，依法追究刑事责任。

第六章 附 则

第十八条 本办法下列用语的含义：

“非居民长期旅客”是指经公安部门批准进境并在境内连续居留一年以上（含一年），期满后仍回到境外定居地的外国公民、港澳台地区人员、华侨。

“常驻人员”是指非居民长期旅客中的下列人员：

（一）境外企业、新闻机构、经贸机构、文化团体及其他境外法人经中华人民共和国政府主管部门批准，在境内设立的并在海关备案的常设机构内的工作人员；

（二）在海关注册登记的外商投资企业内的人员；

（三）入境长期工作的专家。

“身份证件”是指中华人民共和国主管部门颁发的“外国（地区）企业常驻代表机构工作证”、“中华人民共和国外国人就业证”、“中华人民共和国外国专家证”等证件，以及进出境使用的护照、“港澳居民来往内地通行证”、“台湾居民往来大陆通行证”等。

“长期居留证件”是指中华人民共和国主管部门签发的“中华人民共和国外国人长期居留证”、“华侨、港澳地区人员暂住证”等准予在境内长期居留的证件。

“主管海关”是指非居民长期旅客境内居留所在地的直属海关或者经直属海关授权的隶属海关。

“自用物品”是指非居民长期旅客在境内居留期间日常生活所必需的《中华人民共和国海关旅客进出境行李物品分类表》所列物品（烟、酒除外）及机动车辆。

“机动车辆”是指摩托车、小轿车、越野车、9座及以下的小客车。

“20种商品”是指电视机、摄像机、录像机、放像机、音响设备、空调器、电冰箱（柜）、洗衣机、照相机、复印机、程控电话交换机、微型计算机、电话机、无限寻呼系统、传真机、电子计算器、打印机及文字处理机、家具、灯具和餐料。

第十九条 外国驻中国使馆、领馆人员，联合国及其专门机构以及其他与中国政府签有协议的国际组织驻中国代表机构人员进出境物品，不适用本办法，另按有关法律、行政法规办理。

第二十条 本办法由海关总署负责解释。

第二十一条 本办法自2004年8月1日起施行。本办法附件7所列规范性文件同时废止。

附件1 中华人民共和国海关进出境自用物品申请表（略）
附件2 中华人民共和国海关监管车辆进/出境领/销牌照通知书（略）
附件3 中华人民共和国海关监管车辆登记证（略）
附件4 中华人民共和国海关公/自用车辆转让申请表（略）
附件5 中华人民共和国海关公/自用车辆解除监管申请表（略）
附件6 中华人民共和国海关监管车辆解除监管证明书（略）
附件7 废止文件清单（略）

中华人民共和国海关关于来往香港、澳门公路货运企业及其车辆和驾驶员的管理办法

（2004年8月27日海关总署令第118号公布，根据2010年11月26日海关总署令第198号《海关总署关于修改部分规章的决定》修改）

第一章 总 则

第一条 为规范对来往港澳公路货运企业及其车辆和驾驶员的管理，根据《中华人民共和国海关法》及其他相关法律、行政法规，制定本办法。

第二条 本办法下列用语的含义是：

（一）来往港澳公路货运企业（以下简称货运企业），是指依照本办法规定在海关备案的从事来往港澳公路货物运输业务的企业，包括专业运输企业和生产型企业；

（二）来往港澳公路货运车辆（以下简称货运车辆），是指依照本办法规定在海关备案的来往港澳公路货运车辆，包括专业运输企业的车辆和生产型企业的自用车辆；

（三）来往港澳公路货运车辆驾驶员（以下简称驾驶员），是指依照本办法规定在海关备案的驾驶本条第（二）项所称车辆的驾驶员。

第三条 海关对货运企业、车辆、驾驶员实行联网备案管理。

货运企业、车辆、驾驶员的备案、变更备案、注销备案、年审等业务以及相关后续管理工作，由进出境地的直属海关或者其授权的隶属海关按照本办法的规定办理。

第二章 备案管理

第四条 货运企业备案时，应当向进出境地的直属海关或者其授权的隶属海关提交下列文件：

（一）“来往香港/澳门货运企业备案申请表”（见附件1）；

（二）政府主管部门的批准文件；

（三）工商行政管理部门核发的“企业法人营业执照”或者“营业执照”复印件；

（四）技术监督部门核发的“中华人民共和国组织机构代码证”复印件；

（五）专业货运企业提交交通行政管理部门核发的“公路运输经营许可证”复印件，生产型企业提交海关核发的“自理报关企业注册登记证书”复印件；

（六）海关认可的银行或者非银行金融机构出具的担保函。

提交本条（三）、（四）、（五）项文件复印件时，还应当同时出示原件正本供海关核对。

第五条 车辆备案时，应当向进出境地的直属海关或者其授权的隶属海关提交下列文件：

（一）“来往香港/澳门货运车辆及驾驶员备案登记表”（见附件2）；

（二）“来往香港/澳门货运车辆海关验车记录表”（以下简称验车记录表，见附件3）或者海关认可的公安交通

车检部门出具的验车报告；

（三）公安交通车管部门核发的“车辆及驾驶人员进出境批准通知书”海关联；

（四）公安交通车管部门核发的“机动车辆行驶证”（以下简称“行驶证”）复印件；

（五）符合海关要求的车辆彩色照片 4 张（其中，2 张为车辆左前侧面 45 度角拍摄并可明显看见油箱和粤港/澳两地车牌；2 张为后侧面 45 度角拍摄并可明显看见粤港/澳两地车牌，均为 4 寸×3 寸）。

在香港/澳门地区办理车辆登记证明文件的进出境车辆（以下简称港/澳籍车辆），应当同时提交境外有关政府管理机构签发的车辆登记文件复印件；在内地办理车辆登记证明文件的进出境车辆（以下简称内地籍车辆），应当同时提交“机动车辆登记证书”复印件。

运载危险品的车辆，应当同时提交主管部门的批准文件复印件。

港/澳籍车辆，应当同时提交“来往香港/澳门车辆备案临时进境验车申报表”（以下简称“临时进境验车申报表”，见附件 4）。

生产型企业的自用车辆，应当同时提交“自理报关企业注册登记证书”复印件。

提交本条第一款第（四）项和第二、三、五款文件复印件时，还应当同时出示原件正本供海关核对。

第六条　货运车辆应当为集装箱式货车或者集装箱牵引车，并应当符合下列条件：

（一）车辆的类型、牌名、车身颜色、发动机号码、车身号码、车辆牌号等应当与公安交通车管部门核发的证件所列内容相符。

（二）集装箱式货车的车厢监管标准应当按照《中华人民共和国海关对装载海关监管货物的集装箱及集装箱式货车车厢的监管办法》附件 1 的有关规定执行；如有特殊需要加开侧门的，应当经海关批准，并符合海关监管要求；

（三）集装箱式货车或者集装箱牵引车应当使用海关的电子关锁，并可以安装符合海关要求的车载收发信装置；

（四）车辆的油箱和备用轮胎等装备以原车出厂时的配置为准，不得擅自改装或者加装。

第七条　经海关批准，散装货车可以作为来往香港/澳门的货运车辆，用于承运不具备施封条件的超大型机械设备或者鲜活水产品等散装货物。

第八条　驾驶员（包括后备驾驶员）备案时，应当向进出境地的直属海关或者其授权的隶属海关提交下列文件：

（一）“来往香港/澳门货运车辆及驾驶员备案登记表”；

（二）“车辆及驾驶人员进出境批准通知书”海关联；

（三）公安交通车管部门核发的“机动车辆驾驶员驾驶证”（以下简称“驾驶证”）复印件；

（四）驾驶员身份证、回乡证或者护照复印件；

（五）驾驶员彩色近照 2 张（规格：大一寸、免冠、红底）。

提交本条第（三）、（四）项文件复印件时，还应当同时出示原件正本供海关核对。

第九条　经海关备案的货运企业，海关核发“来往香港/澳门货运企业备案登记证”（以下简称“货运企业备案登记证”，见附件 5）；

经海关备案的货运车辆、驾驶员，海关核发“来往香港/澳门车辆进出境签证簿”（以下简称“签证簿”，见附件 6）和用于证明驾驶员和载运进出境货物实际情况的通关证件。

第十条　“货运企业备案登记证”、“签证簿”和通关证件需要更新的，可以凭原件向备案海关申请换发；发生损毁或者灭失的，应当及时向海关报告，经备案海关审核情况属实的，予以补发。

第十一条　海关对货运企业、车辆、驾驶员实行年审制度。年审时，海关应当重点审核企业、驾驶员当年度的守法状况，并按本办法第六条规定验核车辆及厢体。

第十二条　货运企业年审时需提交下列文件：

（一）“来往香港/澳门货运企业年检报告书”（见附件 7）；

（二）“货运企业备案登记证”原件正本；

（三）政府主管部门批准企业成立或者延期的批准文件。

第十三条　货运车辆、驾驶员年审时需提交下列文件：

（一）“来往香港/澳门车辆及驾驶员年检报告书”（见附件 8）；

（二）“签证簿”原件正本；

（三）“验车记录表”或者海关认可的公安交通车检部门出具的验车报告；

（四）公安交通车管部门核发准予延期的“批准通知书”海关联；

（五）海关核发的通关证件。

第十四条 车辆需进行车体、厢体改装的，应当向备案海关申请，经海关同意，按照本办法第六条和《中华人民共和国海关对装载海关监管货物的集装箱及集装箱式货车车厢的监管办法》的规定办理。

改装后的车辆经备案海关重新检验认可后，海关收回原车辆的“签证簿”和通关证件，注销原车辆的备案资料，按照本办法第五条的规定重新予以核准备案，签发新的“签证簿”和通关证件。

第十五条 货运企业出现变更企业名称、通行口岸或者更换车辆、驾驶员等情况的，应当持政府有关主管部门的批准文件及相关资料，到备案海关办理变更备案手续。

第十六条 货运企业、车辆、驾驶员在备案有效期内暂停或者停止进出境营运业务的，应当向海关报告，海关收回《签证簿》和通关证件，对有关备案资料作暂停或者注销处理。

港/澳籍车辆在办结海关手续并已出境后，海关予以办理暂停或者注销手续。

第三章　海关监管

第十七条 货运车辆应当由在海关备案的驾驶员驾驶，特殊情况下可以由后备驾驶员驾驶；驾驶员应当按照海关指定的路线和规定的时限，将所承运的货物完整地运抵指定的监管场所，并确保承运车辆、海关封志、海关监控设备及装载货物的箱（厢）体完好无损。

第十八条 货运车辆进出境时，企业或者驾驶员应当按照海关规定如实申报，交验单证，并接受海关监管和检查。

承运海关监管货物的车辆从一个设立海关地点驶往另一个设立海关地点的，企业或者驾驶员应当按照海关监管要求，办理转关手续。

第十九条 海关检查进出境车辆及查验所载货物时，驾驶员应当到场，并根据海关的要求开启车门，搬移货物，开拆和重封货物包装。

第二十条 货运车辆完成当次运输后，应当由原驾驶员驾驶原车辆复出境。因故需人、车分离出境的，应当经备案地海关或者出境地海关同意。

港/澳籍进出境车辆进境后，应当在3个月内复出境；特殊情况下，经海关同意，可以在车辆备案有效期内予以适当延期。

第二十一条 已进境的港/澳籍车辆，包括集装箱牵引架、集装箱箱体，未经海关同意并办结报关纳税手续，不得在境内转让或者移作他用。

第二十二条 进出境车辆的备用物料和驾驶员携带的物品，应当限于旅途自用合理数量部分；超出自用合理数量，应当向海关如实申报。

第二十三条 未经海关许可，任何人不得拆装运输工具上的海关监控设备，包括海关电子关锁、车载收发信装置等。特殊情况需要拆装的，应当报经备案海关同意；监控设备拆装后，应当报请备案海关验核。

第二十四条 货运企业、驾驶员应当妥善保管“签证簿”和通关证件，不得转借或者转让他人，不得涂改或者故意损坏。

第二十五条 集装箱牵引车承运的集装箱应当符合《中华人民共和国海关对装载海关监管货物的集装箱及集装箱式货车车厢的监管办法》规定的标准要求。

第二十六条 因特殊原因，车辆在境内运输途中需要更换或者驾驶员需要更换的，驾驶员或者货运企业应当立即报告附近海关，在海关监管下更换。附近海关应当及时将更换情况通知货物进境地和指运地海关或者起运地和出境地海关。

第二十七条 海关监管货物在境内运输途中，发生损坏或者灭失的，驾驶员或者货运企业应当立即向附近海关报告。除不可抗力外，货运企业应当承担相应的税款及其他法律责任。

第四章　法律责任

第二十八条 违反本办法规定，构成走私或者违反海关监管规定行为的，由海关依照《中华人民共和国海关法》、《中华人民共和国海关行政处罚实施条例》等有关法律、行政法规的规定予以处理；构成犯罪的，依法追究刑事责任。

第五章　附　则

第二十九条 驻港、澳部队的车辆和驾驶员的管理按照国家有关规定办理。

第三十条 本办法由海关总署负责解释。

第三十一条 本办法自2004年10月1日起施行。《中华人民共和国海关对来往香港、澳门汽车及所载货物监管办法》（〔1988〕署货字第6号）同时废止。

附件1 来往香港/澳门货运企业备案申请表（略）
附件2 来往香港/澳门车辆及驾驶员备案登记表（略）
附件3 来往香港/澳门车辆海关验车记录表（略）
附件4 来往香港/澳门车辆备案临时进境验车申报表（略）
附件5 来往香港/澳门货运企业备案登记证（略）
附件6 来往香港/澳门车辆进出境签证簿（略）
附件7 来往香港/澳门货运企业年检报告书（略）
附件8 来往香港/澳门车辆及驾驶员年检报告书（略）

中华人民共和国海关进出口货物征税管理办法

（2005年1月4日海关总署令第124号公布，根据2010年11月26日海关总署令第198号《海关总署关于修改部分规章的决定》第一次修改，根据2014年3月13日海关总署令第218号《海关总署关于修改部分规章的决定》第二次修改）

第一章 总 则

第一条 为了保证国家税收政策的贯彻实施，加强海关税收管理，确保依法征税，保障国家税收，维护纳税义务人的合法权益，根据《中华人民共和国海关法》（以下简称《海关法》）、《中华人民共和国进出口关税条例》（以下简称《关税条例》）以及其他有关法律、行政法规的规定，制定本办法。

第二条 海关征税工作，应当遵循准确归类、正确估价、依率计征、依法减免、严肃退补、及时入库的原则。

第三条 进出口关税、进口环节海关代征税的征收管理适用本办法。

进境物品进口税和船舶吨税的征收管理按照有关法律、行政法规和部门规章的规定执行，有关法律、行政法规、部门规章未作规定的，适用本办法。

第四条 海关应当按照国家有关规定承担保密义务，妥善保管纳税义务人提供的涉及商业秘密的资料，除法律、行政法规另有规定外，不得对外提供。

纳税义务人可以书面向海关提出为其保守商业秘密的要求，并且具体列明需要保密的内容，但不得以商业秘密为理由拒绝向海关提供有关资料。

第二章 进出口货物税款的征收

第一节 申报与审核

第五条 纳税义务人进出口货物时应当依法向海关办理申报手续，按照规定提交有关单证。海关认为必要时，纳税义务人还应当提供确定商品归类、完税价格、原产地等所需的相关资料。提供的资料为外文的，海关需要时，纳税义务人应当提供中文译文并且对译文内容负责。

进出口减免税货物的，纳税义务人还应当提交主管海关签发的“进出口货物征免税证明”（以下简称“征免税证明”，格式详见附件1），但本办法第七十二条所列减免税货物除外。

第六条 纳税义务人应当按照法律、行政法规和海关规章关于商品归类、审定完税价格和原产地管理的有关规定，如实申报进出口货物的商品名称、税则号列（商品编号）、规格型号、价格、运保费及其他相关费用、原产地、数量等。

第七条 为审核确定进出口货物的商品归类、完税价格、原产地等，海关可以要求纳税义务人按照有关规定进行补充申报。纳税义务人认为必要时，也可以主动要求进行补充申报。

第八条 海关应当按照法律、行政法规和海关规章的规定，对纳税义务人申报的进出口货物商品名称、规格型号、税则号列、原产地、价格、成交条件、数量等进行审核。

海关可以根据口岸通关和货物进出口的具体情况，在货物通关环节仅对申报内容作程序性审核，在货物放行后再进行申报价格、商品归类、原产地等是否真实、正确的实质性核查。

第九条 海关为审核确定进出口货物的商品归类、完税价格及原产地等，可以对进出口货物进行查验，组织化验、检验或者对相关企业进行核查。

经审核，海关发现纳税义务人申报的进出口货物税则号列有误的，应当按照商品归类的有关规则和规定予以重新确定。

经审核，海关发现纳税义务人申报的进出口货物价格不符合成交价格条件，或者成交价格不能确定的，应当按照审定进出口货物完税价格的有关规定另行估价。

经审核，海关发现纳税义务人申报的进出口货物原产地有误的，应当通过审核纳税义务人提供的原产地证明、对货物进行实际查验或者审核其他相关单证等方法，按照海关原产地管理的有关规定予以确定。

经审核，海关发现纳税义务人提交的减免税申请或者所申报的内容不符合有关减免税规定的，应当按照规定计征税款。

纳税义务人违反海关规定，涉嫌伪报、瞒报的，应当按照规定移交海关缉私部门处理。

第十条 纳税义务人在货物实际进出口前，可以按照有关规定向海关申请对进出口货物进行商品预归类、价格预审核或者原产地预确定。海关审核确定后，应当书面通知纳税义务人，并且在货物实际进出口时予以认可。

第二节 税款的征收

第十一条 海关应当根据进出口货物的税则号列、完税价格、原产地、适用的税率和汇率计征税款。

第十二条 海关应当按照《关税条例》有关适用最惠国税率、协定税率、特惠税率、普通税率、出口税率、关税配额税率或者暂定税率，以及实施反倾销措施、反补贴措施、保障措施或者征收报复性关税等适用税率的规定，确定进出口货物适用的税率。

第十三条 进出口货物，应当适用海关接受该货物申报进口或者出口之日实施的税率。

进口货物到达前，经海关核准先行申报的，应当适用装载该货物的运输工具申报进境之日实施的税率。

进口转关运输货物，应当适用指运地海关接受该货物申报进口之日实施的税率；货物运抵指运地前，经海关核准先行申报的，应当适用装载该货物的运输工具抵达指运地之日实施的税率。

出口转关运输货物，应当适用起运地海关接受该货物申报出口之日实施的税率。

经海关批准，实行集中申报的进出口货物，应当适用每次货物进出口时海关接受该货物申报之日实施的税率。

因超过规定期限未申报而由海关依法变卖的进口货物，其税款计征应当适用装载该货物的运输工具申报进境之日实施的税率。

因纳税义务人违反规定需要追征税款的进出口货物，应当适用违反规定的行为发生之日实施的税率；行为发生之日不能确定的，适用海关发现该行为之日实施的税率。

第十四条 已申报进境并且放行的保税货物、减免税货物、租赁货物或者已申报进出境并且放行的暂时进出境货物，有下列情形之一需缴纳税款的，应当适用海关接受纳税义务人再次填写报关单申报办理纳税及有关手续之日实施的税率：

（一）保税货物经批准不复运出境的；

（二）保税仓储货物转入国内市场销售的；

（三）减免税货物经批准转让或者移作他用的；

（四）可以暂不缴纳税款的暂时进出境货物，经批准不复运出境或者进境的；

（五）租赁进口货物，分期缴纳税款的。

第十五条 补征或者退还进出口货物税款，应当按照本办法第十三条和第十四条的规定确定适用的税率。

第十六条 进出口货物的价格及有关费用以外币计价的，海关按照该货物适用税率之日所适用的计征汇率折合为人民币计算完税价格。完税价格采用四舍五入法计算至分。

海关每月使用的计征汇率为上一个月第三个星期三（第三个星期三为法定节假日的，顺延采用第四个星期三）中国人民银行公布的外币对人民币的基准汇率；以基准汇率币种以外的外币计价的，采用同一时间中国银行公布的现汇买入价和现汇卖出价的中间值（人民币元后采用四舍五入法保留 4 位小数）。如果上述汇率发生重大波动，海关总署认为必要时，可以另行规定计征汇率，并且对外公布。

第十七条 海关应当按照《关税条例》的规定，以从价、从量或者国家规定的其他方式对进出口货物征收关税。

海关应当按照有关法律、行政法规规定的适用税种、税目、税率和计算公式对进口货物计征进口环节海关代征税。

除另有规定外，关税和进口环节海关代征税按照下述计算公式计征：

从价计征关税的计算公式为：

应纳税额=完税价格×关税税率

从量计征关税的计算公式为：

应纳税额=货物数量×单位关税税额

计征进口环节增值税的计算公式为：

应纳税额=（完税价格+实征关税税额+实征消费税税额）×增值税税率

从价计征进口环节消费税的计算公式为：

应纳税额=［（完税价格+实征关税税额）/（1-消费税税率）］×消费税税率

从量计征进口环节消费税的计算公式为：

应纳税额=货物数量×单位消费税税额

第十八条 除另有规定外，海关应当在货物实际进境，并且完成海关现场接单审核工作之后及时填发税款缴款书。需要通过对货物进行查验确定商品归类、完税价格、原产地的，应当在查验核实之后填发或者更改税款缴款书。

纳税义务人收到税款缴款书后应当办理签收手续。

第十九条 海关税款缴款书一式六联（格式详见附件 2），第一联（收据）由银行收款签章后交缴款单位或者纳税义务人；第二联（付款凭证）由缴款单位开户银行作为付出凭证；第三联（收款凭证）由收款国库作为收入凭证；第四联（回执）由国库盖章后退回海关财务部门；第五联（报查）国库收款后，关税专用缴款书退回海关，海关代征税专用缴款书送当地税务机关；第六联（存根）由填发单位存查。

第二十条 纳税义务人应当自海关填发税款缴款书之日起 15 日内向指定银行缴纳税款。逾期缴纳税款的，由海关自缴款期限届满之日起至缴清税款之日止，按日加收滞纳税款万分之五的滞纳金。纳税义务人应当自海关填发滞纳金缴款书之日起 15 日内向指定银行缴纳滞纳金。滞纳金缴款书的格式与税款缴款书相同。

缴款期限届满日遇星期六、星期日等休息日或者法定节假日的，应当顺延至休息日或者法定节假日之后的第一个工作日。国务院临时调整休息日与工作日的，海关应当按照调整后的情况计算缴款期限。

第二十一条 关税、进口环节海关代征税、滞纳金等，应当按人民币计征，采用四舍五入法计算至分。

滞纳金的起征点为 50 元。

第二十二条 银行收讫税款日为纳税义务人缴清税款之日。纳税义务人向银行缴纳税款后，应当及时将盖有证明银行已收讫税款的业务印章的税款缴款书送交填发海关验核，海关据此办理核注手续。

海关发现银行未按照规定及时将税款足额划转国库的，应当将有关情况通知国库。

第二十三条 纳税义务人缴纳税款前不慎遗失税款缴款书的，可以向填发海关提出补发税款缴款书的书面申请。海关应当自接到纳税义务人的申请之日起 2 个工作日内审核确认并且重新予以补发。海关补发的税款缴款书内容应当与原税款缴款书完全一致。

纳税义务人缴纳税款后遗失税款缴款书的，可以自缴纳税款之日起 1 年内向填发海关提出确认其已缴清税款的书面申请，海关经审查核实后，应当予以确认，但不再补发税款缴款书。

第二十四条 纳税义务人因不可抗力或者国家税收政策调整不能按期缴纳税款的，应当在货物进出口前向申报地的直属海关或者其授权的隶属海关提出延期缴纳税款的书面申请并且随附相关材料，同时还应当提供缴税计划。

货物实际进出口时，纳税义务人要求海关先放行货物的，应当向海关提供税款担保。

第二十五条 直属海关或者其授权的隶属海关应当自接到纳税义务人延期缴纳税款的申请之日起 30 日内审核情况是否属实，并且作出是否同意延期缴纳税款的决定以及延期缴纳税款的期限。由于特殊情况在 30 日内不能作出决定的，可以延长 10 日。

延期缴纳税款的期限，自货物放行之日起最长不超过6个月。

纳税义务人在批准的延期缴纳税款期限内缴纳税款的，不征收滞纳金；逾期缴纳税款的，自延期缴纳税款期限届满之日起至缴清税款之日止按日加收滞纳税款万分之五的滞纳金。

第二十六条 直属海关或者其授权的隶属海关经审核未批准延期缴纳税款的，应当自作出决定之日起3个工作日内通知纳税义务人，并且填发税款缴款书。

纳税义务人应当自海关填发税款缴款书之日起15日内向指定银行缴纳税款。逾期缴纳税款的，海关应当自缴款期限届满之日起至缴清税款之日止，按日加收滞纳税款万分之五的滞纳金。

第二十七条 散装进出口货物发生溢短装的，按照以下规定办理：

（一）溢装数量在合同、发票标明数量3%以内的，或者短装的，海关应当根据审定的货物单价，按照合同、发票标明数量计征税款。

（二）溢装数量超过合同、发票标明数量3%的，海关应当根据审定的货物单价，按照实际进出口数量计征税款。

第二十八条 纳税义务人、担保人自缴款期限届满之日起超过3个月仍未缴纳税款或者滞纳金的，海关可以按照《海关法》第六十条的规定采取强制措施。

纳税义务人在规定的缴纳税款期限内有明显的转移、藏匿其应税货物以及其他财产迹象的，海关可以责令纳税义务人向海关提供税款担保。纳税义务人不能提供税款担保的，海关可以按照《海关法》第六十一条的规定采取税收保全措施。

采取强制措施和税收保全措施的具体办法另行规定。

第三章 特殊进出口货物税款的征收

第一节 无代价抵偿货物

第二十九条 进口无代价抵偿货物，不征收进口关税和进口环节海关代征税；出口无代价抵偿货物，不征收出口关税。

前款所称无代价抵偿货物是指进出口货物在海关放行后，因残损、短少、品质不良或者规格不符原因，由进出口货物的发货人、承运人或者保险公司免费补偿或者更换的与原货物相同或者与合同规定相符的货物。

第三十条 纳税义务人应当在原进出口合同规定的索赔期内且不超过原货物进出口之日起3年，向海关申报办理无代价抵偿货物的进出口手续。

第三十一条 纳税义务人申报进口无代价抵偿货物，应当提交下列单证：

（一）原进口货物报关单；

（二）原进口货物退运出境的出口报关单或者原进口货物交由海关处理的货物放弃处理证明；

（三）原进口货物税款缴款书或者"征免税证明"；

（四）买卖双方签订的索赔协议。

因原进口货物短少而进口无代价抵偿货物，不需要提交前款第（二）项所列单证。

海关认为需要时，纳税义务人还应当提交具有资质的商品检验机构出具的原进口货物残损、短少、品质不良或者规格不符的检验证明书或者其他有关证明文件。

第三十二条 纳税义务人申报出口无代价抵偿货物，应当提交下列单证：

（一）原出口货物报关单；

（二）原出口货物退运进境的进口报关单；

（三）原出口货物税款缴款书或者"征免税证明"；

（四）买卖双方签订的索赔协议。

因原出口货物短少而出口无代价抵偿货物，不需要提交前款第（二）项所列单证。

海关认为需要时，纳税义务人还应当提交具有资质的商品检验机构出具的原出口货物残损、短少、品质不良或者规格不符的检验证明书或者其他有关证明文件。

第三十三条 纳税义务人申报进出口的无代价抵偿货物，与退运出境或者退运进境的原货物不完全相同或者与合同规定不完全相符的，应当向海关说明原因。

海关经审核认为理由正当，且其税则号列未发生改变的，应当按照审定进出口货物完税价格的有关规定和原进出口货物适用的计征汇率、税率，审核确定其完税价格、计算应征税款。应征税款高于原进出口货物已征税款的，应当补征税款的差额部分。应征税款低于原进出口货物已征税款，且原进出口货物的发货人、承运人或者保险公司同时补偿货款的，海关应当退还补偿货款部分的相应税款；未补偿货款的，税款的差额部分不予退还。

纳税义务人申报进出口的免费补偿或者更换的货物，其税则号列与原货物的税则号列不一致的，不适用无代价抵偿货物的有关规定，海关应当按照一般进出口货物的有关规定征收税款。

第三十四条　纳税义务人申报进出口无代价抵偿货物，被更换的原进口货物不退运出境且不放弃交由海关处理的，或者被更换的原出口货物不退运进境的，海关应当按照接受无代价抵偿货物申报进出口之日适用的税率、计征汇率和有关规定对原进出口货物重新估价征税。

第三十五条　被更换的原进口货物退运出境时不征收出口关税。

被更换的原出口货物退运进境时不征收进口关税和进口环节海关代征税。

第二节　租赁进口货物

第三十六条　纳税义务人进口租赁货物，除另有规定外，应当向其所在地海关办理申报进口及申报纳税手续。

纳税义务人申报进口租赁货物，应当向海关提交租赁合同及其他有关文件。海关认为必要时，纳税义务人应当提供税款担保。

第三十七条　租赁进口货物自进境之日起至租赁结束办结海关手续之日止，应当接受海关监管。

一次性支付租金的，纳税义务人应当在申报租赁货物进口时办理纳税手续，缴纳税款。

分期支付租金的，纳税义务人应当在申报租赁货物进口时，按照第一期应当支付的租金办理纳税手续，缴纳相应税款；在其后分期支付租金时，纳税义务人向海关申报办理纳税手续应当不迟于每次支付租金后的第 15 日。纳税义务人未在规定期限内申报纳税的，海关按照纳税义务人每次支付租金后第 15 日该货物适用的税率、计征汇率征收相应税款，并且自本款规定的申报办理纳税手续期限届满之日起至纳税义务人申报纳税之日止按日加收应缴纳税款万分之五的滞纳金。

第三十八条　海关应当对租赁进口货物进行跟踪管理，督促纳税义务人按期向海关申报纳税，确保税款及时足额入库。

第三十九条　纳税义务人应当自租赁进口货物租期届满之日起 30 日内，向海关申请办结监管手续，将租赁进口货物复运出境。需留购、续租租赁进口货物的，纳税义务人向海关申报办理相关手续应当不迟于租赁进口货物租期届满后的第 30 日。

海关对留购的租赁进口货物，按照审定进口货物完税价格的有关规定和海关接受申报办理留购的相关手续之日该货物适用的计征汇率、税率，审核确定其完税价格、计征应缴纳的税款。

续租租赁进口货物的，纳税义务人应当向海关提交续租合同，并且按照本办法第三十六条和第三十七条的有关规定办理申报纳税手续。

第四十条　纳税义务人未在本办法第三十九条第一款规定的期限内向海关申报办理留购租赁进口货物的相关手续的，海关除按照审定进口货物完税价格的有关规定和租期届满后第 30 日该货物适用的计征汇率、税率，审核确定其完税价格、计征应缴纳的税款外，还应当自租赁期限届满后 30 日起至纳税义务人申报纳税之日止按日加收应缴纳税款万分之五的滞纳金。

纳税义务人未在本办法第三十九条第一款规定的期限内向海关申报办理续租租赁进口货物的相关手续的，海关除按照本办法第三十七条的规定征收续租租赁进口货物应缴纳的税款外，还应当自租赁期限届满后 30 日起至纳税义务人申报纳税之日止按日加收应缴纳税款万分之五的滞纳金。

第四十一条　租赁进口货物租赁期未满终止租赁的，其租期届满之日为租赁终止日。

第三节　暂时进出境货物

第四十二条　经海关批准暂时进境或者暂时出境的货物，海关按照有关规定实施管理。

第四十三条　《关税条例》第四十二条第一款所列的暂时进出境货物，在海关规定期限内，可以暂不缴纳税款。

前款所述暂时进出境货物在规定期限届满后不再复运出境或者复运进境的，纳税义务人应当在规定期限届满前向海关申报办理进出口及纳税手续。海关按照有关规定征收税款。

第四十四条　《关税条例》第四十二条第一款所列范围以外的其他暂时进出境货物，海关按照审定进出口货物完税价格的有关规定和海关接受该货物申报进出境之日适用的计征汇率、税率，审核确定其完税价格、按月征收税款，或者在规定期限内货物复运出境或者复运进境时征收税款。

计征税款的期限为60个月。不足一个月但超过15天的，按一个月计征；不超过15天的，免予计征。计征税款的期限自货物放行之日起计算。

按月征收税款的计算公式为：

每月关税税额=关税总额×（1/60）

每月进口环节代征税税额=进口环节代征税总额×（1/60）

本条第一款所述暂时进出境货物在规定期限届满后不再复运出境或者复运进境的，纳税义务人应当在规定期限届满前向海关申报办理进出口及纳税手续，缴纳剩余税款。

第四十五条 暂时进出境货物未在规定期限内复运出境或者复运进境，且纳税义务人未在规定期限届满前向海关申报办理进出口及纳税手续的，海关除按照规定征收应缴纳的税款外，还应当自规定期限届满之日起至纳税义务人申报纳税之日止按日加收应缴纳税款万分之五的滞纳金。

第四十六条 本办法第四十三条至第四十五条中所称“规定期限”均包括经海关批准的暂时进出境货物延长复运出境或者复运进境的期限。

第四节 进出境修理货物和出境加工货物

第四十七条 纳税义务人在办理进境修理货物的进口申报手续时，应当向海关提交该货物的维修合同（或者含有保修条款的原出口合同），并且向海关提供进口税款担保或者由海关按照保税货物实施管理。进境修理货物应当在海关规定的期限内复运出境。

进境修理货物需要进口原材料、零部件的，纳税义务人在办理原材料、零部件进口申报手续时，应当向海关提交进境修理货物的维修合同（或者含有保修条款的原出口合同）、进境修理货物的进口报关单（与进境修理货物同时申报进口的除外），并且向海关提供进口税款担保或者由海关按照保税货物实施管理。进口原材料、零部件只限用于进境修理货物的修理，修理剩余的原材料、零部件应当随进境修理货物一同复运出境。

第四十八条 纳税义务人在办理进境修理货物及剩余进境原材料、零部件复运出境的出口申报手续时，应当向海关提交该货物及进境原材料、零部件的原进口报关单和维修合同（或者含有保修条款的原出口合同）等单证。海关凭此办理解除修理货物及原材料、零部件进境时纳税义务人提供税款担保的相关手续；由海关按照保税货物实施管理的，按照有关保税货物的管理规定办理。

因正当理由不能在海关规定期限内将进境修理货物复运出境的，纳税义务人应当在规定期限届满前向海关说明情况，申请延期复运出境。

第四十九条 进境修理货物未在海关允许期限（包括延长期，下同）内复运出境的，海关对其按照一般进出口货物的征税管理规定实施管理，将该货物进境时纳税义务人提供的税款担保转为税款。

第五十条 纳税义务人在办理出境修理货物的出口申报手续时，应当向海关提交该货物的维修合同（或者含有保修条款的原进口合同）。出境修理货物应当在海关规定的期限内复运进境。

第五十一条 纳税义务人在办理出境修理货物复运进境的进口申报手续时，应当向海关提交该货物的原出口报关单和维修合同（或者含有保修条款的原进口合同）、维修发票等单证。

海关按照审定进口货物完税价格的有关规定和海关接受该货物申报复运进境之日适用的计征汇率、税率，审核确定其完税价格、计征进口税款。

因正当理由不能在海关规定期限内将出境修理货物复运进境的，纳税义务人应当在规定期限届满前向海关说明情况，申请延期复运进境。

第五十二条 出境修理货物超过海关允许期限复运进境的，海关对其按照一般进口货物的征税管理规定征收进口税款。

第五十三条 纳税义务人在办理出境加工货物的出口申报手续时，应当向海关提交该货物的委托加工合同；出境加工货物属于征收出口关税的商品的，纳税义务人应当向海关提供出口税款担保。出境加工货物应当在海关规定的期限内复运进境。

第五十四条 纳税义务人在办理出境加工货物复运进境的进口申报手续时，应当向海关提交该货物的原出口报关单和委托加工合同、加工发票等单证。

海关按照审定进口货物完税价格的有关规定和海关接受该货物申报复运进境之日适用的计征汇率、税率，审核确定其完税价格、计征进口税款，同时办理解除该货物出境时纳税义务人提供税款担保的相关手续。

因正当理由不能在海关规定期限内将出境加工货物复运进境的，纳税义务人应当在规定期限届满前向海关说明情况，申请延期复运进境。

第五十五条 出境加工货物未在海关允许期限内复运进境的，海关对其按照一般进出口货物的征税管理规定实施管理，将该货物出境时纳税义务人提供的税款担保转为税款；出境加工货物复运进境时，海关按照一般进口货物的征税管理规定征收进口税款。

第五十六条 本办法第四十七条至第五十五条中所称“海关规定期限”和“海关允许期限”，由海关根据进出境修理货物、出境加工货物的有关合同规定以及具体实际情况予以确定。

第五节 退运货物

第五十七条 因品质或者规格原因，出口货物自出口放行之日起1年内原状退货复运进境的，纳税义务人在办理进口申报手续时，应当按照规定提交有关单证和证明文件。经海关确认后，对复运进境的原出口货物不予征收进口关税和进口环节海关代征税。

第五十八条 因品质或者规格原因，进口货物自进口放行之日起1年内原状退货复运出境的，纳税义务人在办理出口申报手续时，应当按照规定提交有关单证和证明文件。经海关确认后，对复运出境的原进口货物不予征收出口关税。

第四章 进出口货物税款的退还与补征

第五十九条 海关发现多征税款的，应当立即通知纳税义务人办理退税手续。纳税义务人应当自收到海关通知之日起3个月内办理有关退税手续。

第六十条 纳税义务人发现多缴纳税款的，自缴纳税款之日起1年内，可以向海关申请退还多缴的税款并且加算银行同期活期存款利息。

纳税义务人向海关申请退还税款及利息时，应当提交下列材料：

（一）“退税申请书”（格式详见附件3）；

（二）原税款缴款书和可以证明应予退税的材料。

第六十一条 已缴纳税款的进口货物，因品质或者规格原因原状退货复运出境的，纳税义务人自缴纳税款之日起1年内，可以向海关申请退税。

纳税义务人向海关申请退税时，应当提交下列材料：

（一）“退税申请书”；

（二）原进口报关单、税款缴款书、发票；

（三）货物复运出境的出口报关单；

（四）收发货人双方关于退货的协议。

第六十二条 已缴纳出口关税的出口货物，因品质或者规格原因原状退货复运进境，并且已重新缴纳因出口而退还的国内环节有关税收的，纳税义务人自缴纳税款之日起1年内，可以向海关申请退税。

纳税义务人向海关申请退税时，应当提交下列材料：

（一）“退税申请书”；

（二）原出口报关单、税款缴款书、发票；

（三）货物复运进境的进口报关单；

（四）收发货人双方关于退货的协议和税务机关重新征收国内环节税的证明。

第六十三条 已缴纳出口关税的货物，因故未装运出口申报退关的，纳税义务人自缴纳税款之日起1年内，可以向海关申请退税。

纳税义务人向海关申请退税时，应当提交下列材料：

（一）“退税申请书”；

（二）原出口报关单和税款缴款书。

第六十四条 散装进出口货物发生短装并且已征税放行的，如果该货物的发货人、承运人或者保险公司已对短装部分退还或者赔偿相应货款，纳税义务人自缴纳税款之日起1年内，可以向海关申请退还进口或者出口短装部分的相应税款。

纳税义务人向海关申请退税时，应当提交下列材料：

（一）“退税申请书”；

（二）原进口或者出口报关单、税款缴款书、发票；

（三）具有资质的商品检验机构出具的相关检验证明书；

（四）已经退款或者赔款的证明文件。

第六十五条 进出口货物因残损、品质不良、规格不符原因，或者发生本办法第六十四条规定以外的货物短少的情形，由进出口货物的发货人、承运人或者保险公司赔偿相应货款的，纳税义务人自缴纳税款之日起 1 年内，可以向海关申请退还赔偿货款部分的相应税款。

纳税义务人向海关申请退税时，应当提交下列材料：

（一）“退税申请书”；

（二）原进口或者出口报关单、税款缴款书、发票；

（三）已经赔偿货款的证明文件。

第六十六条 海关收到纳税义务人的退税申请后应当进行审核。纳税义务人提交的申请材料齐全且符合规定形式的，海关应当予以受理，并且以海关收到申请材料之日作为受理之日；纳税义务人提交的申请材料不全或者不符合规定形式的，海关应当在收到申请材料之日起 5 个工作日内一次告知纳税义务人需要补正的全部内容，并且以海关收到全部补正申请材料之日为海关受理退税申请之日。

纳税义务人按照本办法第六十一条、第六十二条或者第六十五条的规定申请退税的，海关认为需要时，可以要求纳税义务人提供具有资质的商品检验机构出具的原进口或者出口货物品质不良、规格不符或者残损、短少的检验证明书或者其他有关证明文件。

海关应当自受理退税申请之日起 30 日内查实并且通知纳税义务人办理退税手续或者不予退税的决定。纳税义务人应当自收到海关准予退税的通知之日起 3 个月内办理有关退税手续。

第六十七条 海关办理退税手续时，应当填发收入退还书（格式详见附件 4），并且按照以下规定办理：

（一）按照本办法第六十条规定应当同时退还多征税款部分所产生的利息的，应退利息按照海关填发收入退还书之日中国人民银行规定的活期储蓄存款利息率计算。计算应退利息的期限自纳税义务人缴纳税款之日起至海关填发收入退还书之日止。

（二）进口环节增值税已予抵扣的，该项增值税不予退还，但国家另有规定的除外。

（三）已征收的滞纳金不予退还。

退还税款、利息涉及从国库中退库的，按照法律、行政法规有关国库管理的规定以及有关规章规定的具体实施办法执行。

第六十八条 进出口货物放行后，海关发现少征税款的，应当自缴纳税款之日起 1 年内，向纳税义务人补征税款；海关发现漏征税款的，应当自货物放行之日起 1 年内，向纳税义务人补征税款。

第六十九条 因纳税义务人违反规定造成少征税款的，海关应当自缴纳税款之日起 3 年内追征税款；因纳税义务人违反规定造成漏征税款的，海关应当自货物放行之日起 3 年内追征税款。海关除依法追征税款外，还应当自缴纳税款或者货物放行之日起至海关发现违规行为之日止按日加收少征或者漏征税款万分之五的滞纳金。

因纳税义务人违反规定造成海关监管货物少征或者漏征税款的，海关应当自纳税义务人应缴纳税款之日起 3 年内追征税款，并且自应缴纳税款之日起至海关发现违规行为之日止按日加收少征或者漏征税款万分之五的滞纳金。

前款所称“应缴纳税款之日”是指纳税义务人违反规定的行为发生之日；该行为发生之日不能确定的，应当以海关发现该行为之日作为应缴纳税款之日。

第七十条 海关补征或者追征税款，应当制发“海关补征税款告知书”（格式详见附件 5）。纳税义务人应当自收到“海关补征税款告知书”之日起 15 日内到海关办理补缴税款的手续。

纳税义务人未在前款规定期限内办理补税手续的，海关应当在规定期限届满之日填发税款缴款书。

第七十一条 根据本办法第三十七、四十、四十五、六十九条的有关规定，因纳税义务人违反规定需在征收税款的同时加收滞纳金的，如果纳税义务人未在规定的 15 天缴款期限内缴纳税款，海关依照本办法第二十条的规定另行加收自缴款期限届满之日起至缴清税款之日止滞纳税款的滞纳金。

第五章 进出口货物税款的减征与免征

第七十二条 纳税义务人进出口减免税货物，应当在货物进出口前，按照规定持有关文件向海关办理减免税审批手续。下列减免税进出口货物无须办理减免税审批手续：

（一）关税、进口环节增值税或者消费税税额在人民币 50 元以下的一票货物；

（二）无商业价值的广告品和货样；

（三）在海关放行前遭受损坏或者损失的货物；

（四）进出境运输工具装载的途中必需的燃料、物料和饮食用品；

（五）其他无须办理减免税审批手续的减征或者免征税款的货物。

第七十三条　对于本办法第七十二条第（三）项所列货物，纳税义务人应当在申报时或者自海关放行货物之日起 15 日内书面向海关说明情况，提供相关证明材料。海关认为需要时，可以要求纳税义务人提供具有资质的商品检验机构出具的货物受损程度的检验证明书。海关根据实际受损程度予以减征或者免征税款。

第七十四条　除另有规定外，纳税义务人应当向其主管海关申请办理减免税审批手续。海关按照有关规定予以审核，并且签发"征免税证明"。

第七十五条　特定地区、特定企业或者有特定用途的特定减免税进口货物，应当接受海关监管。

特定减免税进口货物的监管年限为：

（一）船舶、飞机：8 年；

（二）机动车辆：6 年；

（三）其他货物：5 年。

监管年限自货物进口放行之日起计算。

第七十六条　在特定减免税进口货物的监管年限内，纳税义务人应当自减免税货物放行之日起每年一次向主管海关报告减免税货物的状况；除经海关批准转让给其他享受同等税收优惠待遇的项目单位外，纳税义务人在补缴税款并且办理解除监管手续后，方可转让或者进行其他处置。

特定减免税进口货物监管年限届满时，自动解除海关监管。纳税义务人需要解除监管证明的，可以自监管年限届满之日起 1 年内，持有关单证向海关申请领取解除监管证明。海关应当自接到纳税义务人的申请之日起 20 日内核实情况，并且填发解除监管证明。

第六章　进出口货物的税款担保

第七十七条　有下列情形之一，纳税义务人要求海关先放行货物的，应当按照海关初步确定的应缴税款向海关提供足额税款担保：

（一）海关尚未确定商品归类、完税价格、原产地等征税要件的；

（二）正在海关办理减免税审批手续的；

（三）申请延期缴纳税款的；

（四）暂时进出境的；

（五）进境修理和出境加工的，按保税货物实施管理的除外；

（六）因残损、品质不良或者规格不符，纳税义务人申报进口或者出口无代价抵偿货物时，原进口货物尚未退运出境或者尚未放弃交由海关处理的，或者原出口货物尚未退运进境的；

（七）其他按照有关规定需要提供税款担保的。

第七十八条　除另有规定外，税款担保期限一般不超过 6 个月，特殊情况经直属海关关长或者其授权人批准可以酌情延长。

税款担保一般应当为保证金、银行或者非银行金融机构的保函，但另有规定的除外。

银行或者非银行金融机构的税款保函，其保证方式应当是连带责任保证。税款保函明确规定保证期间的，保证期间应当不短于海关批准的担保期限。

第七十九条　在海关批准的担保期限内，纳税义务人履行纳税义务的，海关应当自纳税义务人履行纳税义务之日起 5 个工作日内办结解除税款担保的相关手续。

在海关批准的担保期限内，纳税义务人未履行纳税义务，对收取税款保证金的，海关应当自担保期限届满之日起 5 个工作日内完成保证金转为税款的相关手续；对银行或者非银行金融机构提供税款保函的，海关应当自担保期限届满之日起 6 个月内或者在税款保函规定的保证期间内要求担保人履行相应的纳税义务。

第七章　附　则

第八十条　纳税义务人、担保人对海关确定纳税义务人、确定完税价格、商品归类、确定原产地、适用税率或者计征汇率、减征或者免征税款、补税、退税、征收滞纳金、确定计征方式以及确定纳税地点有异议的，应当按照海关作出的相关行政决定依法缴纳税款，并且可以依照《中华人民共和国行政复议法》和《中华人民共和国海关实施〈行政复议法〉办法》向上一级海关申请复议。对复议决定不服的，可以依法向人民法院提起诉讼。

第八十一条　违反本办法规定，构成违反海关监管规定行为、走私行为的，按照《海关法》、《中华人民共和国海关行政处罚实施条例》和其他有关法律、行政法规的规定处罚。构成犯罪的，依法追究刑事责任。

第八十二条 保税货物和进出保税区、出口加工区、保税仓库及类似的海关监管场所的货物的税收管理，按照本办法规定执行。本办法未作规定的，按照有关法律、行政法规和海关规章的规定执行。

第八十三条 通过电子数据交换方式申报纳税和缴纳税款的管理办法，另行制定。

第八十四条 本办法由海关总署负责解释。

第八十五条 本办法自2005年3月1日起施行。1986年9月30日由中华人民共和国海关总署发布的《海关征税管理办法》同时废止。

附件1 进出口货物征免税证明（略）

附件2 海关专用缴款书（略）

附件3 退税申请书（略）

附件4 收入退还书（海关专用）（略）

附件5 海关补征税款告知书（略）

中华人民共和国海关征收进口货物滞报金办法

（2005年3月3日海关总署令第128号公布，自2005年6月1日起施行，根据2014年3月13日海关总署令第218号《海关总署关于修改部分规章的决定》修改）

第一章 总 则

第一条 为了加强海关对进口货物的通关管理，加快口岸货物运输，促使进口货物收货人（包括受委托的报关企业，下同）及时申报，根据《中华人民共和国海关法》（以下简称《海关法》）以及有关法律、行政法规规定，制定本办法。

第二条 进口货物收货人超过规定期限向海关申报产生滞报，海关依法应当征收滞报金的，适用本办法。

第三条 滞报金应当由进口货物收货人于当次申报时缴清。进口货物收货人要求在缴清滞报金前先放行货物的，海关可以在其提供与应缴纳滞报金等额的保证金后放行。

第二章 滞报金的计算与征收

第四条 征收进口货物滞报金应当按日计征，以自运输工具申报进境之日起第十五日为起征日，以海关接受申报之日为截止日，起征日和截止日均计入滞报期间，另有规定的除外。

第五条 征收下列进口货物滞报金应当按照下列规定计算起征日：

（一）邮运进口货物应当以自邮政企业向海关驻邮局办事机构申报总包之日起第十五日为起征日；

（二）转关运输货物在进境地申报的，应当以自载运进口货物的运输工具申报进境之日起第十五日为起征日；在指运地申报的，应当以自货物运抵指运地之日起第十五日为起征日；

邮运进口转关运输货物在进境地申报的，应当以自运输工具申报进境之日起第十五日为起征日；在指运地申报的，应当以自邮政企业向海关驻邮局办事机构申报总包之日起第十五日为起征日。

第六条 进口货物收货人向海关传送报关单电子数据申报后，未在规定期限或者核准的期限内递交纸质报关单及随附单证，海关予以撤销报关单电子数据处理。进口货物收货人重新向海关申报，产生滞报的，按照本办法第四条规定计算滞报金起征日。

进口货物收货人申报后依法撤销原报关单电子数据重新申报的，以撤销原报关单之日起第十五日为起征日。

第七条 进口货物因收货人在运输工具申报进境之日起超过三个月未向海关申报，被海关提取作变卖处理后，收货人申请发还余款的，比照本办法第四条规定计征滞报金。滞报金的截止日为该三个月期限的最后一日。

第八条 进口货物因被行政扣留或者刑事扣押不能按期申报而产生滞报的，其扣留或者扣押期间不计算在滞报期间内。扣留或者扣押期间起止日根据决定行政扣留或者刑事扣押部门签发的有关文书确定。

第九条　滞报金的日征收金额为进口货物完税价格的千分之零点五，以人民币“元”为计征单位，不足人民币一元的部分免予计征。

征收滞报金的计算公式为：进口货物完税价格×0.5‰×滞报期间

滞报金的起征点为人民币50元。

第十条　海关征收进口货物滞报金时，应当向收货人出具滞报金缴款通知书。海关收取滞报金后，应当向收货人出具财政部统一印（监）制的票据。

不属于本办法第十二条所列的减免滞报金情形的，海关可以直接向收货人出具财政部统一印（监）制的票据，收货人持票据到海关指定的部门或者开户银行缴款，海关凭指定部门或者银行加盖收讫章的票据予以核注。

属于本办法第十二条所列的减免滞报金情形的，进口货物收货人收到滞报金缴款通知书后，应当按照本办法第十三条规定向海关申请减免进口货物滞报金。经海关审核批准免予征收滞报金的，由现场关员凭有关批复在系统中予以核注；如经海关审核仍需征收部分或者全部滞报金的，海关向收货人出具财政部统一印（监）制的票据，收货人持票据到海关指定的部门或者开户银行缴款，海关凭指定部门或者银行加盖收讫章的票据予以核注。

若通过中国电子口岸“网上税费支付”系统缴纳滞报金的，按照“网上税费支付”的操作程序办理滞报金的征收手续。

第十一条　转关运输货物在进境地产生滞报的，由进境地海关征收滞报金；在指运地产生滞报的，由指运地海关征收滞报金。

第三章　滞报金的减免

第十二条　有下列情形之一的，进口货物收货人可以向申报地海关申请减免滞报金：

（一）政府主管部门有关贸易管理规定变更，要求收货人补充办理有关手续或者政府主管部门延迟签发许可证件，导致进口货物产生滞报的；

（二）产生滞报的进口货物属于政府间或者国际组织无偿援助和捐赠用于救灾、社会公益福利等方面的进口物资或者其他特殊货物的；

（三）由于不可抗力导致收货人无法在规定期限内申报，从而产生滞报的；

（四）因海关及相关司法、行政执法部门工作原因致使收货人无法在规定期限内申报，从而产生滞报的；

（五）其他特殊情况经海关批准的。

第十三条　进口货物收货人申请减免滞报金的，应当自收到海关滞报金缴款通知书之日起30个工作日内，以书面形式向申报地海关提交申请书，申请书应当加盖公章。

进口货物收货人提交申请材料时，应当同时提供政府主管部门或者相关部门出具的相关证明材料。

收货人应当对申请书以及相关证明材料的真实性、合法性、有效性承担法律责任。

第十四条　有下列情形之一的，海关不予征收滞报金：

（一）收货人在运输工具申报进境之日起超过三个月未向海关申报，进口货物被依法变卖处理，余款按《海关法》第三十条规定上缴国库的；

（二）进口货物收货人在申报期限内，根据《海关法》有关规定向海关提供担保，并在担保期限内办理有关进口手续的；

（三）进口货物收货人申报后依法撤销原报关单电子数据重新申报，因删单重报产生滞报的；

（四）进口货物办理直接退运的；

（五）进口货物应征收滞报金金额不满人民币50元的。

第四章　附　则

第十五条　从境外进入保税区、出口加工区等海关特殊监管区域、以备案清单方式向海关申报的进口货物产生滞报的，参照本办法第九条计征滞报金。

第十六条　本办法规定的滞报金起征日遇有休息日或者法定节假日的，顺延至休息日或者法定节假日之后的第一个工作日。国务院临时调整休息日与工作日的，海关应当按照调整后的情况确定滞报金的起征日。

第十七条　本办法所指的进口货物完税价格是指《中华人民共和国进出口关税条例》第十八条规定的完税价格。

第十八条　本办法规定的滞报金缴款通知书采用统一格式，具体格式见附件。

第十九条　本办法由海关总署负责解释。

第二十条 本办法自2005年6月1日起施行。

附件 __________海关滞报金缴款通知（略）

中华人民共和国海关对免税商店及免税品监管办法

（2005年11月28日海关总署令第132号发布，自2006年1月1日起施行）

第一章 总 则

第一条 为规范海关对免税商店及免税品的监管，根据《中华人民共和国海关法》及其他有关法律和行政法规的规定，制定本办法。

第二条 免税商店的设立、终止以及免税品的进口、销售（包括无偿提供）、核销等适用本办法。

第三条 免税品应当由免税商店的经营单位统一进口，并且办理相应的海关手续。

第四条 免税品的维修零配件、工具、展台、货架等，以及免税商店转入内销的库存积压免税品，应当由经营单位按照一般进口货物办理有关手续。

第五条 免税商店所在地的直属海关或者经直属海关授权的隶属海关（以下统称主管海关）应当派员对经营单位和免税商店进行核查，核查内容包括经营资质、免税品进出库记录、销售记录、库存记录等。经营单位及其免税商店应当提供必要的协助。

第六条 主管海关根据工作需要可以派员驻免税商店进行监管，免税商店应当提供必要的办公条件。

第二章 免税商店的设立和终止

第七条 经营单位设立免税商店，应当向海关总署提出书面申请，并且符合以下条件：

（一）具有独立法人资格；

（二）具备符合海关监管要求的免税品销售场所及免税品监管仓库；

（三）具备符合海关监管要求的计算机管理系统，能够向海关提供免税品出入库、销售等信息；

（四）具备一定的经营规模，其中申请设立口岸免税商店的，口岸免税商店所在的口岸年进出境人员应当不少于5万人次；

（五）具备包括合作协议、经营模式、法人代表等内容完备的企业章程和完备的内部财务管理制度；

（六）有关法律、行政法规、海关规章规定的其他条件。

第八条 海关总署按照《中华人民共和国行政许可法》及《中华人民共和国海关实施〈中华人民共和国行政许可法〉办法》规定的程序和期限办理免税商店的审批事项。

第九条 免税品销售场所的设立应当符合海关监管要求。口岸免税商店的销售场所应当设在口岸隔离区内；运输工具免税商店的销售场所应当设在从事国际运营的运输工具内；市内免税商店的销售提货点应当设在口岸出境隔离区内。

第十条 免税品监管仓库的设立应当符合以下条件和要求：

（一）具备符合海关监管要求的安全隔离设施；

（二）建立专门的仓库管理制度，编制月度进、出、存情况表，并且配备专职仓库管理员，报海关备案；

（三）只允许存放所属免税商店的免税品；

（四）符合国家有关法律、行政法规、海关规章规定的其他条件和要求。

第十一条 经批准设立的免税商店，应当在开展经营业务一个月前向主管海关提出验收申请。经主管海关验收合格后，向主管海关办理备案手续，并且提交下列材料：

（一）海关总署批准文件的复印件；

（二）工商营业执照正、副本的复印件；

（三）税务登记证的复印件；

（四）免税品经营场所和监管仓库平面图、面积和位置示意图；

（五）免税商店业务专用章印模；

（六）免税商店法定代表人身份证件的复印件。

要求提交复印件的，应当同时提交原件验核。

上述材料所载内容发生变更的，应当自变更之日起10个工作日内到主管海关办理变更手续。

第十二条 经营单位申请暂停、终止或者恢复其免税商店经营需要报经海关总署批准。免税商店应当在经营单位提出暂停或者终止经营申请前办理库存免税品结案等相关海关手续。

经批准设立的免税商店，自批准之日起一年内无正当理由未对外营业的，或者暂停经营一年以上的，或者变更经营合作方的，应当按照本办法第七条规定重新办理有关申请手续。

第十三条 更改免税商店名称、免税品销售场所或者监管仓库地址或者面积，应当由经营单位报经海关总署批准。

第三章 免税品进口、入出库和调拨

第十四条 经营单位为免税商店进口免税品，应当填写“中华人民共和国海关进口货物报关单”，并且加盖经营单位在主管海关备案的报关专用章，向主管海关办理免税品进口手续。

免税品从异地进口的，经营单位应当按照《中华人民共和国海关对转关运输货物监管办法》的有关规定，将免税品转关运输至主管海关办理进口手续。

第十五条 免税品进入监管仓库，免税商店应当填写“免税品入/出监管仓库准单”（式样见附件1），并且随附其他有关单证，向主管海关提出申请。主管海关经审核无误，监管免税品入库。

未经海关批准，免税品入库后不得进行加工或者组装。

第十六条 免税商店将免税品调出监管仓库进入经营场所销售前，应当填写“免税品入/出监管仓库准单”，向主管海关提出申请。主管海关经审核无误，监管有关免税品从监管仓库调出进入销售场所。

第十七条 免税商店之间调拨免税品的，调入地免税商店应当填写“免税品调拨准单”（式样见附件2），向其主管海关提出申请。经批准后，调出地免税商店按照《中华人民共和国海关对转关运输货物监管办法》的规定，将免税品转关运输至调入地免税商店。

第四章 免税品销售

第十八条 免税商店销售的免税进口烟草制品和酒精饮料内、外包装的显著位置上均应当加印“中国关税未付（China Duty Not Paid）”中、英文字样。

免税商店应当按照海关要求制作免税品销售发货单据，其中口岸免税商店应当在免税品销售发货单据上填写进出境人员搭乘运输工具凭证或者其进出境有效证件信息等有关内容。

第十九条 口岸免税商店的销售对象限于已办结出境手续、即将前往境外的人员，以及尚未办理进境手续的人员。免税商店应当凭其搭乘运输工具的凭证或者其进出境的有效证件销售免税品。

第二十条 运输工具免税商店销售对象限于搭乘进出境运输工具的进出境人员。免税商店销售免税品限运输工具在国际（地区）航行期间经营。免税商店应当向主管海关交验由运输工具负责人或者其代理人签字的“免税品销售明细单”（式样见附件3）。

第二十一条 市内免税商店的销售对象限于即将出境的境外人员，免税商店凭其出境有效证件及机（船、车）票销售免税品，并且应当在口岸隔离区内将免税品交付购买人员本人携带出境。

第二十二条 外交人员免税商店的销售对象限于外国驻华外交代表和领事机构及其外交人员和领事官员，以及其他享受外交特权和豁免的机构和人员，免税商店应当凭上述机构和人员所在地的直属海关或者经直属海关授权的隶属海关按照有关规定核准的限量、限值销售免税品。

第二十三条 供船免税商店的销售对象限于出境的国际（地区）航行船舶及船员。供船免税商店应当向主管海关提出供船申请，填写“免税品供船准单”（式样见附件4），在海关监管下进行国际（地区）船舶的供船工作。

第五章 免税品报损和核销

第二十四条 免税品在办理入库手续期间发生溢卸或者短缺的，免税商店应当及时向主管海关书面报告。主管海关核实无误后出具查验记录，准予免税商店修改“免税品入/出监管仓库准单”相关数据内容。

第二十五条 免税品在储存或者销售期间发生损毁或者灭失的，免税商店应当及时向主管海关书面报告。如果由不可抗力造成的，免税商店应当填写“免税品报损准单”（式样见附件5），主管海关核实无误后准予免税结案。

免税品在储存或者销售期间由于其他原因发生损毁或者灭失的，免税商店应当依法缴纳损毁或者灭失免税品的税款。

第二十六条 免税品如果发生过期不能使用或者变质的，免税商店应当向主管海关书面报告，并且填写“免税品报损准单”。主管海关查验核准后，准予退运或者在海关监督下销毁。

第二十七条 免税商店应当建立专门账册，并且在每季度第一个月25日前将上季度免税品入库、出库、销售、库存、调拨、损毁、灭失、过期等情况编制清单，填写“免税品明细账”（式样见附件6），随附销售发货单、“免税品库存数量单”（式样见附件7）、“货物出口报关单”等有关单据，向主管海关办理免税品核销手续。主管海关认为必要时可以派员到免税品经营场所和监管仓库实地检查。

第六章 法律责任

第二十八条 经营单位或者免税商店有下列情形之一的，海关责令其改正，可以给予警告；情节严重的，可以按照《中华人民共和国海关行政处罚实施条例》第二十六条、第二十七条的规定进行处理：

（一）将免税品销售给规定范围以外对象的；

（二）超出海关核准的品种或规定的限量、限值销售免税品的；

（三）未在规定的区域销售免税品的；

（四）未按照规定办理免税品进口报关、入库、出库、销售、核销等手续的；

（五）出租、出让、转让免税商店经营权的。

第二十九条 经营单位或者免税商店违反本规定的其他违法行为，海关将按照《中华人民共和国海关法》、《中华人民共和国海关行政处罚实施条例》予以处理；构成犯罪的，依法追究刑事责任。

第七章 附 则

第三十条 本办法下列用语的含义：

“经营单位”是指经国务院或者其授权部门批准，具备开展免税品业务经营资格的企业。

“免税商店”是指经海关总署批准，由经营单位在中华人民共和国国务院或者其授权部门批准的地点设立符合海关监管要求的销售场所和存放免税品的监管仓库，向规定的对象销售免税品的企业。具体包括：口岸免税商店、运输工具免税商店、市内免税商店、外交人员免税商店和供船免税商店等。

“免税品”是指经营单位按照海关总署核准的经营品种，免税运进专供免税商店向规定的对象销售的进口商品，包括试用品及进口赠品。

“免税品销售场所”是指免税商店销售免税品的专用场所。

“免税品监管仓库”是指免税商店专门用来存放免税品的库房。

第三十一条 本办法由海关总署负责解释。

第三十二条 本办法自2006年1月1日起施行。

附件1 免税品入/出监管仓库准单

附件2 免税品调拨准单

附件3 免税品销售明细单

附件4 免税品供船准单

附件5 免税品报损准单

附件6 免税品明细账

附件7 免税品库存数量单

附件8 废止文件清单

附件 1

免税品入/出监管仓库准单

发货单位：__________________　电话：__________

收货单位：__________________　电话：__________

报关单号：__________________

商品名称	规格型号	数量	备注
合计			
海关签章		免税店业务专用章	
免税店签字：		仓库负责人签字：	

制单日期：　　年　月　日

（该单共二联：第一联为海关留存联，第二联为免税店留存联）

附件 2

免税品调拨准单

调出单位：__________________　电话：__________

调入单位：__________________　电话：__________

转关单号：__________________

商品名称	规格型号	数量	备注
合计			
调出地海关签章		调入地海关签章	
调出地免税店业务专用章		调入地免税店业务专用章	
调出地仓库负责人签字：		调入地仓库负责人签字：	

制单日期：　　年　月　日

（该单共五联：第一联为调出地海关留存联，第二联为调入地海关留存联，第三联为调出地免税店留存联，第四联为调入地免税店留存联，第五联为海关回执联）

附件 3

免税品销售明细单

免税店名称：________________________

运输工具编号：________ 时间：____年____月____日——____年____月____日

商品名称	规格型号	去程数量	回程数量	销售数量	备注
合计					
海关签章			免税店业务专用章		
去程运输工具负责人或代理人签字：					
回程运输工具负责人或代理人签字：					

制单日期：　　年　月　日

（该单共二联：第一联为海关留存联，第二联为免税店留存联）

附件 4

免税品供船准单

免税店名称：________________________

船名：____________ 时间：____年____月____日

商品名称	规格型号	数量	备注
海关签章		免税店业务专用章	

船长签字：　　　　仓库负责人签字：　　　　制单日期：　　年　月　日

（该单共三联：第一联为海关留存联，第二、三联为免税店留存联）

附件 5

免税品报损准单

免税店名称：________________

时间段：____ 年 ____ 月____ 日——____年 ____月____日

商品名称	规格型号	进口（调入）日期	报损类型	数量	免税店处理意见
海关批注、签章			免税店业务专用章		

免税店签字：　　　　　仓库负责人签字：　　　　　制单日期：　　年　　月　　日

（该单共二联：第一联为海关留存联，第二联为免税店留存联）

附件 6

免税品明细账

免税店名称：________________

时间段：____ 年 ____ 月____ 日——____年 ____月____日

商品	名称	规格型号	上期结余数量	入库总数量			出库总数量					销售数量				本期结余数量	备注
				进口入库	调拨入库	销售剩余退库	调拨出库	库内损毁	库内灭失	库内过期	转入销售	上期结余	售出	无偿提供	本期结余		
合计																	

法人签字：　　　　免税店业务专用章：　　　　仓库负责人签字：　　　　制表日期：　年　月　日

附件 7

免税品库存数量单

免税店名称：________________

时间段：____年____月____日——____年____月____日

商品名称	规格型号	库存数量	备注
合计			
海关签章		免税店业务专用章	

免税店签字：　　　　　　　　制单日期：　　年　月　日

（该单共二联：第一联为海关留存联，第二联为免税店留存联）

附件 8

废止文件清单

1.《海关总署关于开办免税品销售业务有关问题的复函》（〔1980〕署货字第 198 号）

2.《海关总署关于免税品商店寄售外国高级商品问题的复函》（〔1980〕署货字第 277 号）

3.《海关总署关于进口免税品商店的货架、柜台等的复函》（〔1980〕署货字第 353 号）

4.《海关总署转发〈北京关对首都机场免税品商店的物品实施监管的意见〉》（〔1980〕署货字第 417 号）

5.《海关总署关于经营免税品业务有关问题的复函》（〔1983〕署货字第 437 号）

6.《海关总署关于同意中国免税品公司扩大供应对象的复函》（〔1985〕署行字第 425 号）

7.《海关总署关于征收免税商品监管手续费有关问题的补充通知》（〔1988〕署行字第 909 号）

8.《海关总署关于中国免税品公司经营市内免税店业务问题的通知》（〔1989〕署监二字第 568 号）

9.《海关总署关于口岸免税店审批权限问题的通知》（署监〔1990〕1167 号）

10.《海关总署关于对口岸免税商店加强管理的通知》（署监〔1995〕86 号）

11.《监管司关于免税国产香烟贴附“专供出口”字样标签的通知》（监综〔1995〕199 号）

12.《监管司关于在免税烟酒上加贴“中国关税未付”标签有关事宜的补充通知》（监行〔1995〕217 号）

13.《海关总署关于处理口岸免税店和特区外币免税商店（场）遗留问题的通知》（署监〔1995〕229 号）

14.《监管司关于加强对免税品及免税品外汇商品管理问题的通知》（监行传〔1996〕264 号）

15.《海关总署关于对口岸免税商店实行计算机管理有关问题的通知》（署监〔1996〕855 号）

16.《海关总署关于对口岸免税商店实行年审制度有关事宜的通知》（署监〔1997〕95 号）

17.《海关总署关于对免税品业务管理问题的通知》（署监〔1997〕174 号）

18.《海关总署关于明确保税仓库审批权限的通知》（署监〔1998〕525号）

19.《海关总署关于对境内免税外汇商品业务加强管理的通知》（署监〔1999〕387号）

20.《海关总署关于下发〈中华人民共和国海关对上海浦东国际机场外商投资免税店监管办法（试行）〉的通知》（署监〔1999〕708号）

21.《监管司关于中国免税品公司所属市内免税店供应对象有关事宜的通知》（监管函〔2002〕4号）

22.《海关总署关于取消免税店、免税外汇商品进货计划审批制度的通知》（署监发〔2002〕38号）

23.《海关总署关于加强口岸免税品管理的通知》（署监发〔2003〕259号）

24.《监管司关于落实上海市内免税店在隔离区内交付免税品有关问题的批复》（监管函〔2004〕79号）

中华人民共和国海关进出口货物查验管理办法

（2005年12月28日海关总署令第138号发布，自2006年2月1日起施行，根据2010年11月26日海关总署令第198号《海关总署关于修改部分规章的决定》修改）

第一条 为了规范海关对进出口货物的查验，依法核实进出口货物的状况，根据《中华人民共和国海关法》以及其他有关法律、行政法规的规定，制定本办法。

第二条 本办法所称进出口货物查验（以下简称查验），是指海关为确定进出口货物收发货人向海关申报的内容是否与进出口货物的真实情况相符，或者为确定商品的归类、价格、原产地等，依法对进出口货物进行实际核查的执法行为。

第三条 查验应当由2名以上海关查验人员共同实施。查验人员实施查验时，应当着海关制式服装。

第四条 查验应当在海关监管区内实施。

因货物易受温度、静电、粉尘等自然因素影响，不宜在海关监管区内实施查验，或者因其他特殊原因，需要在海关监管区外查验的，经进出口货物收发货人或者其代理人书面申请，海关可以派员到海关监管区外实施查验。

第五条 海关实施查验可以彻底查验，也可以抽查。按照操作方式，查验可以分为人工查验和机检查验，人工查验包括外形查验、开箱查验等方式。

海关可以根据货物情况以及实际执法需要，确定具体的查验方式。

第六条 海关在对进出口货物实施查验前，应当通知进出口货物收发货人或者其代理人到场。

第七条 查验货物时，进出口货物收发货人或者其代理人应当到场，负责按照海关要求搬移货物，开拆和重封货物的包装，并如实回答查验人员的询问以及提供必要的资料。

第八条 因进出口货物所具有的特殊属性，容易因开启、搬运不当等原因导致货物损毁，需要查验人员在查验过程中予以特别注意的，进出口货物收发货人或者其代理人应当在海关实施查验前声明。

第九条 实施查验时需要提取货样、化验，以进一步确定或者鉴别进出口货物的品名、规格等属性的，海关依照《中华人民共和国海关化验管理办法》等有关规定办理。

第十条 查验结束后，查验人员应当如实填写查验记录并签名。查验记录应当由在场的进出口货物收发货人或者其代理人签名确认。进出口货物收发货人或者其代理人拒不签名的，查验人员应当在查验记录中予以注明，并由货物所在监管场所的经营人签名证明。查验记录作为报关单的随附单证由海关保存。

第十一条 有下列情形之一的，海关可以对已查验货物进行复验：

（一）经初次查验未能查明货物的真实属性，需要对已查验货物的某些性状做进一步确认的；

（二）货物涉嫌走私违规，需要重新查验的；

（三）进出口货物收发货人对海关查验结论有异议，提出复验要求并经海关同意的；

（四）其他海关认为必要的情形。

复验按照本办法第六条至第十条的规定办理，查验人员在查验记录上应当注明“复验”字样。

已经参加过查验的查验人员不得参加对同一票货物的复验。

第十二条 有下列情形之一的，海关可以在进出口货物收发货人或者其代理人不在场的情况下，对进出口货物进行径行开验：

（一）进出口货物有违法嫌疑的；

（二）经海关通知查验，进出口货物收发货人或者其代理人届时未到场的。

海关径行开验时，存放货物的海关监管场所经营人、运输工具负责人应当到场协助，并在查验记录上签名确认。

第十三条 对于危险品或者鲜活、易腐、易烂、易失效、易变质等不宜长期保存的货物，以及因其他特殊情况需要紧急验放的货物，经进出口货物收发货人或者其代理人申请，海关可以优先安排查验。

第十四条 进出口货物收发货人或者其代理人违反本办法的，海关依照《中华人民共和国海关法》、《中华人民共和国海关行政处罚实施条例》等有关规定予以处理。

第十五条 海关在查验进出口货物时造成被查验货物损坏的，由海关按照《中华人民共和国海关法》、《中华人民共和国海关行政赔偿办法》的规定承担赔偿责任。

第十六条 查验人员在查验过程中，违反规定，利用职权为自己或者他人谋取私利，索取、收受贿赂，滥用职权，故意刁难，拖延查验的，按照有关规定处理。

第十七条 海关在监管区内实施查验不收取费用。对集装箱、货柜车或者其他货物加施海关封志的，按照规定收取封志工本费。

因查验而产生的进出口货物搬移、开拆或者重封包装等费用，由进出口货物收发货人承担。

在海关监管区外查验货物，进出口货物收发货人或者其代理人应当按照规定向海关交纳规费。

第十八条 本办法下列用语的含义：

外形查验，是指对外部特征直观、易于判断基本属性的货物的包装、唛头和外观等状况进行验核的查验方式。

开箱查验，是指将货物从集装箱、货柜车箱等箱体中取出并拆除外包装后，对货物实际状况进行验核的查验方式。

机检查验，是指以利用技术检查设备为主，对货物实际状况进行验核的查验方式。

抽查，是指按照一定比例有选择地对一票货物中的部分货物验核实际状况的查验方式。

彻底查验，是指逐件开拆包装、验核货物实际状况的查验方式。

第十九条 本办法由海关总署负责解释。

第二十条 本办法自2006年2月1日起施行。

中华人民共和国海关对进出境快件监管办法

（2003年11月18日海关总署令第104号发布，根据2006年3月28日海关总署令第147号《海关总署关于修改〈中华人民共和国海关对进出境快件监管办法〉的决定》第一次修改，根据2010年11月26日海关总署令第198号《海关总署关于修改部分规章的决定》第二次修改）

第一章 总 则

第一条 为加强海关对进出境快件的监管，便利进出境快件通关，根据《中华人民共和国海关法》及其他有关法律、行政法规，制定本办法。

第二条 本办法所称进出境快件是指进出境快件运营人以向客户承诺的快速商业运作方式承揽、承运的进出境货物、物品。

第三条 本办法所称进出境快件运营人（以下简称运营人）是指在中华人民共和国境内依法注册，在海关登记备案的从事进出境快件运营业务的国际货物运输代理企业。

第四条 运营人不得承揽、承运《中华人民共和国禁止进出境物品表》所列物品，如有发现，不得擅作处理，应当立即通知海关并协助海关进行处理。

未经中华人民共和国邮政部门批准，运营人不得承揽、承运私人信件。

第五条 运营人不得以任何形式出租、出借、转让本企业的进出境快件报关权，不得代理非本企业承揽、承运的货物、物品的报关。

第六条 未经海关许可，未办结海关手续的进出境快件不得移出海关监管场所，不得进行装卸、开拆、重换包装、更换标记、提取、派送和发运等作业。

第二章 运营人登记

第七条 运营人申请办理进出境快件代理报关业务的，应当按照海关对国际货物运输代理企业的注册管理规定在所在地海关办理登记手续。

第八条 运营人在所在地海关办理登记手续应具备下列条件：

（一）内资国际货物运输代理企业及其分支机构已经获得国务院对外贸易主管部门或者其委托的备案机构办理的国际货运代理企业备案表；外商投资国际货物运输代理企业已经获得国务院对外贸易主管部门颁发的外商投资企业批准证书，获准经营进出境快件业务；外商投资国际货物运输代理企业分公司已经获得国务院对外贸易主管部门的批准文件，获准经营进出境快件业务。

（二）已经领取工商行政管理部门颁发的企业法人营业执照，准予或者核定其经营进出境快件业务。

（三）已经在海关办理报关企业注册登记手续。

（四）具有境内、外进出境快件运输网络和2个以上境外分支机构或代理人。

（五）具有本企业专用进出境快件标志、运单，运输车辆符合海关监管要求并经海关核准备案。

（六）具备实行电子数据交换方式报关的条件。

（七）快件的外包装上应标有符合海关自动化检查要求的条形码。

（八）与境外合作者（包括境内企业法人在境外设立的分支机构）的合作运输合同或协议。

第九条 进出境快件运营人不再具备本办法第八条所列条件之一或者在1年内没有从事进出境快件运营业务的，海关注销该运营人从事进出境快件报关的资格。

第三章 进出境快件分类①

第十条 本办法将进出境快件分为文件类、个人物品类和货物类三类。

第十一条 文件类进出境快件是指法律、法规规定予以免税且无商业价值的文件、单证、票据及资料。

第十二条 个人物品类进出境快件是指海关法规规定自用、合理数量范围内的进出境的旅客分离运输行李物品、亲友间相互馈赠物品和其他个人物品。

第十三条 货物类进出境快件是指第十一条、第十二条规定以外的快件。

第四章 进出境快件监管

第十四条 进出境快件通关应当在经海关批准的专门监管场所内进行，如因特殊情况需要在专门监管场所以外进行的，需事先征得所在地海关同意。

运营人应当在海关对进出境快件的专门监管场所内设有符合海关监管要求的专用场地、仓库和设备。

对进出境快件专门监管场所的管理办法，由海关总署另行制定。

第十五条 进出境快件通关应当在海关正常办公时间内进行，如需在海关正常办公时间以外进行的，需事先征得所在地海关同意。

第十六条 运营人应当按照海关的要求采用纸质文件方式或电子数据交换方式向海关办理进出境快件的报关手续。

第十七条 进境快件自运输工具申报进境之日起14日内，出境快件在运输工具离境3小时之前，应当向海关申报。

第十八条 运营人应向海关传输或递交进出境快件舱单或清单，海关确认无误后接受申报；运营人需提前报关的，应当提前将进出境快件运输和抵达情况书面通知海关，并向海关传输或递交舱单或清单，海关确认无误后接受预申报。

---

① 根据海关总署公告2016年第19号《关于启用新快件通关系统相关事宜的公告》，此章下第十条、第十一条、第十二条、第十三条暂停执行。

第十九条 海关查验进出境快件时，运营人应派员到场，并负责进出境快件的搬移、开拆和重封包装。

海关对进出境快件中的个人物品实施开拆查验时，运营人应通知进境快件的收件人或出境快件的发件人到场，收件人或发件人不能到场的，运营人应向海关提交其委托书，代理收/发件人的义务，并承担相应法律责任。

海关认为必要时，可对进出境快件予以径行开验、复验或者提取货样。

第二十条 除另有规定外，运营人办理进出境快件报关手续时，应当按本办法第十一条、第十二条、第十三条分类规定分别向海关提交有关报关单证并办理相应的报关、纳税手续。

第二十一条 文件类进出境快件报关时，运营人应当向海关提交“中华人民共和国海关进出境快件 KJ1 报关单”（见附件 1）、总运单（副本）和海关需要的其他单证。

第二十二条 个人物品类进出境快件报关时，运营人应当向海关提交“中华人民共和国海关进出境快件个人物品申报单”（见附件 2）、每一进出境快件的分运单、进境快件收件人或出境快件发件人身份证件影印件和海关需要的其他单证。

第二十三条 货物类进境快件报关时，运营人应当按下列情形分别向海关提交报关单证：

对关税税额在《中华人民共和国进出口关税条例》规定的关税起征数额以下的货物和海关规定准予免税的货样、广告品，应提交“中华人民共和国海关进出境快件 KJ2 报关单”（见附件 3）、每一进境快件的分运单、发票和海关需要的其他单证。

对应予征税的货样、广告品（法律、法规规定实行许可证件管理的、需进口付汇的除外），应提交“中华人民共和国海关进出境快件 KJ3 报关单”（见附件 4）、每一进境快件的分运单、发票和海关需要的其他单证。

第二十四条 对第二十一条、第二十二条、第二十三条规定以外的货物，按照海关对进口货物通关的规定办理。

第二十五条 货物类出境快件报关时，运营人应按下列情形分别向海关提交报关单证：

对货样、广告品（法律、法规规定实行许可证件管理的、应征出口关税的、需出口收汇的、需出口退税的除外），应提交“中华人民共和国海关进出境快件 KJ2 报关单”、每一出境快件的分运单、发票和海关需要的其他单证。

对上述以外的其他货物，按照海关对出口货物通关的规定办理。

第五章　进出境专差快件

第二十六条 进出境专差快件是指运营人以专差押运方式承运进出境的空运快件。

第二十七条 运营人从事进出境专差快件经营业务，除应当按本办法第二章有关规定办理登记手续外，还应当将进出境专差快件的进出境口岸、时间、路线、运输工具航班、专差本人的详细情况、标志等向所在地海关登记。如有变更，应当于变更前 5 个工作日向所在地海关登记。

对符合上述条件的，所在地海关核发“中华人民共和国海关进出境专差快件登记证书”（见附件 5）。运营人凭以办理进出境专差快件报关业务。

第二十八条 进出境专差快件应按行李物品方式托运，使用专用包装，并在总包装的显著位置标注运营人名称和“进出境专差快件”字样。

第六章　法律责任

第二十九条 违反本办法有走私违法行为的，海关按照《中华人民共和国海关法》、《中华人民共和国海关行政处罚实施条例》等有关法律、行政法规进行处理；构成犯罪的，依法追究刑事责任。

第七章　附　则

第三十条 本办法由海关总署负责解释。

第三十一条 本办法自 2004 年 1 月 1 日起施行。

附件 1　中华人民共和国海关进出境快件 KJ1 报关单（略）

附件 2　中华人民共和国海关进出境快件个人物品申报单（略）

附件 3　中华人民共和国海关进出境快件 KJ2 报关单（略）

附件 4　中华人民共和国海关进出境快件 KJ3 报关单（略）

附件 5　中华人民共和国海关进出境专差快件登记证书

附件5

中华人民共和国海关进出境专差快件登记证书

编号：__________关第__________号

运营人名称：__________ 地址：__________
专差姓名：__________ 性别：__________
护照号码：__________ 国籍：__________

经审核，同意你公司办理进出境专差快件业务的登记手续。自___年___月___日起，准予按照《中华人民共和国海关对进出境快件监管办法》的规定，在本关区__________口岸办理承运路线为自__________至__________的进出境专差运营业务。

中华人民共和国__________海关（印）

年 月 日

中华人民共和国海关对高层次留学人才回国和海外科技专家来华工作进出境物品管理办法

（2006年12月26日海关总署令第154号发布，根据2010年11月26日海关总署令第198号《海关总署关于修改部分规章的决定》修改）

第一条 为了鼓励高层次留学人才回国和海外科技专家来华工作，推动国家科学、技术进步，根据《中华人民共和国海关法》和国家有关法律、行政法规及其他有关规定，制定本办法。

第二条 由人事部、教育部或者其授权部门认定的高层次留学人才和海外科技专家（以下统称高层次人才），以随身携带、分离运输、邮递、快递等方式进出境科研、教学和自用物品，适用本办法。

第三条 回国定居或者来华工作连续1年以上（含1年，下同）的高层次人才进境本办法所附清单（见附件1）范围内合理数量的科研、教学物品，海关依据有关规定予以免税验放。

第四条 回国定居或者来华工作连续1年以上的高层次人才进境本办法所附清单（见附件2）范围内合理数量的自用物品，海关依据有关规定予以免税验放。

上述人员可以依据有关规定申请从境外运进自用机动车辆1辆（限小轿车、越野车、9座及以下的小客车），海关依据有关规定予以征税验放。

第五条 高层次人才进境本办法第三条、第四条所列物品，除应当向海关提交人事部、教育部或者其授权部门出具的高层次人才身份证明外，还应当按照下列规定办理海关手续：

（一）以随身携带、分离运输方式进境科研、教学物品的，应当如实向海关书面申报，并提交本人有效入出境身份证件；

（二）以邮递、快递方式进境科研、教学用品的，应当如实向海关申报，并提交本人有效入出境身份证件；

（三）回国定居或者来华工作连续1年以上的高层次人才进境自用物品的，应当填写“中华人民共和国海关进出境自用物品申请表”，并提交本人有效入出境身份证件、境内长期居留证件或者“回国（来华）定居专家证”，由本人或者委托他人向主管海关提出书面申请。

经主管海关审核批准后，进境地海关凭主管海关的审批单证和其他相关单证对上述物品予以验放。

第六条 高层次人才回国、来华后，因工作需要从境外运进少量消耗性的试剂、原料、配件等，应当由其所在单位按照《科学研究和教学用品免征进口税收规定》办理有关手续。

上述人员因工作需要从境外临时运进少量非消耗性科研、教学物品的，可以由其所在单位向海关出具保函，海关按照暂时进境物品办理有关手续，并监管其按期复运出境。

第七条 已获人事部、教育部或者其授权部门批准回国定居或者来华工作连续1年以上，但尚未取得境内长期居留证件或者“回国（来华）定居专家证”的高层次人才，对其已经运抵口岸的自用物品，海关可以凭人事部、教育部或者其授权部门出具的书面说明文件先予放行。

上述高层次人才应当在物品进境之日起6个月内补办有关海关手续。

第八条 高层次人才依据有关规定从境外运进的自用机动车辆，属于海关监管车辆，依法接受海关监管。

自海关放行之日起1年后，高层次人才可以向主管海关申请解除监管。

对高层次人才进境自用机动车辆的其他监管事项，按照《中华人民共和国海关对非居民长期旅客进出境自用物品监管办法》有关规定办理。

第九条 高层次人才在华工作完毕返回境外时，以随身携带、分离运输、邮递、快递等方式出境原进境物品的，应当按照规定办理相关海关手续。

第十条 高层次人才因出境参加各种学术交流等活动需要，以随身携带、分离运输、邮递、快递等方式出境合理数量的科研、教学物品，除国家禁止出境的物品外，海关按照暂时出境物品办理有关手续。

第十一条 高层次人才进出境时，海关给予通关便利。对其随身携带的进出境物品，除特殊情况外，海关可以不予开箱查验。

海关在办理高层次人才进出境物品审批、验放等手续时，应当由指定的专门机构和专人及时办理。对在节假日或者非正常工作时间内以分离运输、邮递或者快递方式进出境的物品，有特殊情况需要及时验放的，海关可以预约加班，在约定的时间内为其办理物品通关手续。

第十二条 违反本办法，构成走私或者违反海关监管规定行为的，由海关依照《中华人民共和国海关法》和《中华人民共和国海关行政处罚实施条例》的有关规定予以处理；构成犯罪的，依法追究刑事责任。

第十三条 本办法由海关总署负责解释。

第十四条 本办法自2007年1月1日起施行。

附件1 免税科研、教学物品清单

附件2 免税自用物品清单

附件1

免税科研、教学物品清单

一、科学研究、科学试验和教学用的少量的小型检测、分析、测量、检查、计量、观测、发生信号的仪器、仪表及其附件；

二、为科学研究和教学提供必要条件的少量的小型实验设备；

三、各种载体形式的图书、报刊、讲稿、计算机软件；

四、标本、模型；

五、教学用幻灯片；

六、实验用材料。

附件2

免税自用物品清单

一、首次进境的个人生活、工作自用的家用摄像机、照相机、便携式收录机、便携式激光唱机、便携式计算机每种1件；

二、日常生活用品（衣物、床上用品、厨房用品等）；

三、其他自用物品（国家规定应当征税的20种商品除外）。

中华人民共和国海关进出境印刷品及音像制品监管办法

（2007 年 4 月 18 日海关总署令第 161 号发布，自 2007 年 6 月 1 日起施行）

第一条　为了规范海关对进出境印刷品及音像制品的监管，根据《中华人民共和国海关法》（以下简称《海关法》）及其他有关法律、行政法规的规定，制定本办法。

第二条　本办法适用于海关对运输、携带、邮寄进出境的印刷品及音像制品的监管。

进出境摄影底片、纸型、绘画、剪贴、手稿、手抄本、复印件及其他含有文字、图像、符号等内容的货物、物品的，海关按照本办法有关进出境印刷品的监管规定进行监管。

进出境载有图文声像信息的磁、光、电存储介质的，海关按照本办法有关进出境音像制品的监管规定进行监管。

第三条　进出境印刷品及音像制品的进出口货物收发货人、所有人及其代理人，应当依法如实向海关申报，并且接受海关监管。

第四条　载有下列内容之一的印刷品及音像制品，禁止进境：

（一）反对宪法确定的基本原则的；

（二）危害国家统一、主权和领土完整的；

（三）危害国家安全或者损害国家荣誉和利益的；

（四）攻击中国共产党，诋毁中华人民共和国政府的；

（五）煽动民族仇恨、民族歧视，破坏民族团结，或者侵害民族风俗、习惯的；

（六）宣扬邪教、迷信的；

（七）扰乱社会秩序，破坏社会稳定的；

（八）宣扬淫秽、赌博、暴力或者教唆犯罪的；

（九）侮辱或者诽谤他人，侵害他人合法权益的；

（十）危害社会公德或者民族优秀文化传统的；

（十一）国家主管部门认定禁止进境的；

（十二）法律、行政法规和国家规定禁止的其他内容。

第五条　载有下列内容之一的印刷品及音像制品，禁止出境：

（一）本办法第四条所列内容；

（二）涉及国家秘密的；

（三）国家主管部门认定禁止出境的。

第六条　印刷品及音像制品进出境，海关难以确定是否载有本办法第四条、第五条规定内容的，依据国务院有关行政主管部门或者其指定的专门机构的审查、鉴定结论予以处理。

第七条　个人自用进境印刷品及音像制品在下列规定数量以内的，海关予以免税验放：

（一）单行本发行的图书、报纸、期刊类出版物每人每次 10 册（份）以下；

（二）单碟（盘）发行的音像制品每人每次 20 盘以下；

（三）成套发行的图书类出版物，每人每次 3 套以下；

（四）成套发行的音像制品，每人每次 3 套以下。

第八条　超出本办法第七条规定的数量，但是仍在合理数量以内的个人自用进境印刷品及音像制品，不属于本办法第九条规定情形的，海关应当按照《中华人民共和国进出口关税条例》有关进境物品进口税的征收规定对超出规定数量的部分予以征税放行。

第九条　有下列情形之一的，海关对全部进境印刷品及音像制品按照进口货物依法办理相关手续：

（一）个人携带、邮寄单行本发行的图书、报纸、期刊类出版物进境，每人每次超过 50 册（份）的；

（二）个人携带、邮寄单碟（盘）发行的音像制品进境，每人每次超过 100 盘的；

（三）个人携带、邮寄成套发行的图书类出版物进境，每人每次超过 10 套的；

（四）个人携带、邮寄成套发行的音像制品进境，每人每次超过10套的；

（五）其他构成货物特征的。

有前款所列情形的，进境印刷品及音像制品的进出口货物收发货人、所有人及其代理人可以依法申请退运其进境印刷品及音像制品。

第十条 个人携带、邮寄进境的宗教类印刷品及音像制品在自用、合理数量范围内的，准予进境。

超出个人自用、合理数量进境或者以其他方式进口的宗教类印刷品及音像制品，海关凭国家宗教事务局、其委托的省级政府宗教事务管理部门或者国务院其他行政主管部门出具的证明予以征税验放。无相关证明的，海关按照《中华人民共和国海关行政处罚实施条例》（以下简称《实施条例》）的有关规定予以处理。

散发性宗教类印刷品及音像制品，禁止进境。

第十一条 印刷品及音像制品的进口业务，由国务院有关行政主管部门批准或者指定经营。未经批准或者指定，任何单位或者个人不得经营印刷品及音像制品进口业务。

其他单位或者个人进口印刷品及音像制品，应当委托国务院相关行政主管部门指定的进口经营单位向海关办理进口手续。

第十二条 除国家另有规定外，进口报纸、期刊、图书类印刷品，经营单位应当持国务院新闻出版行政主管部门的进口批准文件、目录清单、有关报关单证及其他需要提供的文件向海关办理进口手续。

第十三条 进口音像制品成品或者用于出版的音像制品母带（盘）、样带（盘），经营单位应当持“中华人民共和国文化部进口音像制品批准单”（以下简称“批准单”）、有关报关单证及其他需要提供的文件向海关办理进口手续。

第十四条 非经营音像制品性质的单位进口用于本单位宣传、培训及广告等目的的音像制品，应当按照海关的要求交验“批准单”、合同、有关报关单证及其他需要提供的文件；数量总计在200盘以下的，可以免领“批准单”。

第十五条 随机器设备同时进口，以及进口后随机器设备复出口的记录操作系统、设备说明、专用软件等内容的印刷品及音像制品进口时，进口单位应当按照海关的要求交验合同、发票、有关报关单证及其他需要提供的文件，但是可以免领“批准单”等批准文件。

第十六条 境外赠送进口的印刷品及音像制品，受赠单位应当向海关提交赠送方出具的赠送函和受赠单位的接受证明及有关清单。

接受境外赠送的印刷品超过100册或者音像制品超过200盘的，受赠单位除向海关提交上述单证外，还应当提交国务院有关行政主管部门的批准文件。

第十七条 出口印刷品及音像制品，相关单位应当依照有关法律、法规的规定，向海关办理出口手续。

第十八条 用于展览、展示的印刷品及音像制品进出境，主办或者参展单位应当按照国家有关规定向海关办理暂时进出境手续。

第十九条 运输、携带、邮寄国家禁止进出境的印刷品及音像制品进出境，如实向海关申报的，予以收缴，或者责令退回，或者在海关监管下予以销毁或者进行技术处理。

运输、携带、邮寄国家限制进出境的印刷品及音像制品进出境，如实向海关申报，但是不能提交许可证件的，予以退运。

第二十条 下列进出境印刷品及音像制品，由海关按照放弃货物、物品依法予以处理：

（一）收货人、货物所有人、进出境印刷品及音像制品所有人声明放弃的；

（二）在海关规定期限内未办理海关手续或者无人认领的；

（三）无法投递又无法退回的。

第二十一条 违反本办法，构成走私行为、违反海关监管规定行为或者其他违反《海关法》行为的，由海关依照《海关法》和《实施条例》的有关规定予以处理；构成犯罪的，依法追究刑事责任。

第二十二条 进入保税区、出口加工区及其他海关特殊监管区域和保税监管场所的印刷品及音像制品的通关手续，依照有关规定办理。

第二十三条 享有外交特权和豁免的外国驻中国使馆、领馆及人员，联合国及其专门机构，以及其他与中国政府签有协议的国际组织驻中国代表机构及人员进出境印刷品及音像制品，依照有关规定办理。

第二十四条 各类境外企业或者组织在境内常设代表机构或者办事处（不包括外国人员子女学校）及各类非居民长期旅客、留学回国人员、短期多次往返旅客进出境公用或者自用印刷品及音像制品数量的核定和通关手续，依照有关规定办理。

第二十五条 本办法下列用语的含义：

印刷品，是指通过将图像或者文字原稿制为印版，在纸张或者其他常用材料上翻印的内容相同的复制品。

音像制品，是指载有内容的唱片、录音带、录像带、激光视盘、激光唱盘等。

散发性宗教类印刷品及音像制品，是指运输、携带、邮寄进境，不属于自用、合理数量范围并且具有明显传播特征，违反国家宗教事务法规及有关政策的印刷品及音像制品。

以下，包括本数在内。

第二十六条 本办法由海关总署负责解释。

第二十七条 本办法自 2007 年 6 月 1 日起施行。1991 年 6 月 11 日海关总署令第 21 号发布的《中华人民共和国海关对个人携带和邮寄印刷品及音像制品进出境管理规定》同时废止。

中华人民共和国海关进出口货物集中申报管理办法

（2008 年 1 月 24 日海关总署令第 169 号发布，自 2008 年 5 月 1 日起施行，根据 2014 年 3 月 13 日海关总署令第 218 号《海关总署关于修改部分规章的决定》修改）

第一条 为了便利进出口货物收发货人办理申报手续，提高进出口货物通关效率，规范对进出口货物的申报管理，根据《中华人民共和国海关法》（以下简称《海关法》）的有关规定，制定本办法。

第二条 本办法所称的集中申报是指经海关备案，进出口货物收发货人（以下简称收发货人）在同一口岸多批次进出口本办法第三条规定范围内货物，可以先以“中华人民共和国海关进口货物集中申报清单”（见附件 1）或者“中华人民共和国海关出口货物集中申报清单”（见附件 2）（以下统称“集中申报清单”）申报货物进出口，再以报关单集中办理海关手续的特殊通关方式。

进出口货物收发货人可以委托 B 类以上管理类别（含 B 类）的报关企业办理集中申报有关手续。

第三条 经海关备案，下列进出口货物可以适用集中申报通关方式：

（一）图书、报纸、期刊类出版物等时效性较强的货物；

（二）危险品或者鲜活、易腐、易失效等不宜长期保存的货物；

（三）公路口岸进出境的保税货物。

第四条 收发货人应当在货物所在地海关办理集中申报备案手续，加工贸易企业应当在主管地海关办理集中申报备案手续。

第五条 收发货人申请办理集中申报备案手续的，应当向海关提交“适用集中申报通关方式备案表”（以下简称“备案表”，见附件 3），同时提供符合海关要求的担保，担保有效期最短不得少于 3 个月。

海关应当对收发货人提交的“备案表”进行审核。经审核符合本办法有关规定的，核准其备案。

涉嫌走私或者违规，正在被海关立案调查的收发货人、因进出口侵犯知识产权货物被海关依法给予行政处罚的收发货人、适用 C 类或者 D 类管理类别的收发货人进出口本办法第三条所列货物的，不适用集中申报通关方式。

第六条 在备案有效期内，收发货人可以适用集中申报通关方式。备案有效期限按照收发货人提交的担保有效期核定。

申请适用集中申报通关方式的货物、担保情况等发生变更时，收发货人应当向原备案地海关书面申请变更。

备案有效期届满可以延续。收发货人需要继续适用集中申报方式办理通关手续的，应当在备案有效期届满 10 日前向原备案地海关书面申请延期。

第七条 收发货人有下列情形之一的，停止适用集中申报通关方式：

（一）担保情况发生变更，不能继续提供有效担保的；

（二）涉嫌走私或者违规，正在被海关立案调查的；

（三）进出口侵犯知识产权货物，被海关依法给予行政处罚的；

（四）海关分类管理类别被降为 C 类或者 D 类的。

收发货人可以在备案有效期内主动申请终止适用集中申报通关方式。

第八条 收发货人在备案有效期届满前未向原备案地海关申请延期的，“备案表”效力终止。收发货人需要继续按照集中申报方式办理通关手续的，应当重新申请备案。

第九条 依照本办法规定以集中申报通关方式办理海关手续的收发货人，应当在载运进口货物的运输工具申报进境之日起 14 日内，出口货物在运抵海关监管区后、装货的 24 小时前填制“集中申报清单”向海关申报。

收货人在运输工具申报进境之日起 14 日后向海关申报进口的，不适用集中申报通关方式。收货人应当以报关单向海关申报。

第十条 海关审核集中申报清单电子数据时，对保税货物核扣加工贸易手册（账册）或者电子账册数据；对一般贸易货物核对集中申报备案数据。

经审核，海关发现集中申报清单电子数据与集中申报备案数据不一致的，应当予以退单。收发货人应当以报关单方式向海关申报。

第十一条 收发货人应当自海关审结集中申报清单电子数据之日起 3 日内，持“集中申报清单”及随附单证到货物所在地海关办理交单验放手续。属于许可证件管理的，收发货人还应当提交相应的许可证件，海关应当在相关证件上批注并留存复印件。

收发货人未在本条第一款规定期限办理相关海关手续的，海关删除集中申报清单电子数据，收发货人应当重新向海关申报。重新申报日期超过运输工具申报进境之日起 14 日的，应当以报关单申报。

第十二条 收发货人在清单申报后修改或者撤销集中申报清单的，参照进出口货物报关单修改和撤销的相关规定办理。

第十三条 收发货人应当对一个月内以“集中申报清单”申报的数据进行归并，填制进出口货物报关单，一般贸易货物在次月 10 日之前、保税货物在次月底之前到海关办理集中申报手续。

一般贸易货物集中申报手续不得跨年度办理。

第十四条 “集中申报清单”归并为同一份报关单的，各清单中的进出境口岸、经营单位、境内收发货人、贸易方式（监管方式）、起运国（地区）、装货港、运抵国（地区）、运输方式栏目，以及适用的税率、汇率必须一致。

各清单中本条前款规定项目不一致的，收发货人应当分别归并为不同的报关单进行申报。对确实不能归并的，应当填写单独的报关单进行申报。

各清单归并为同一份报关单时，各清单中载明的商品项在商品编号、商品名称、规格型号、单位、原产国（地区）、单价和币制均一致的情况下可以进行数量和总价的合并。

第十五条 收发货人对“集中申报清单”申报的货物以报关单方式办理海关手续时，应当按照海关规定对涉税的货物办理税款缴纳手续。涉及许可证件管理的，应当提交海关批注过的相应许可证件。

第十六条 对适用集中申报通关方式的货物，海关按照接受清单申报之日实施的税率、汇率计征税费。

第十七条 收发货人办结集中申报海关手续后，海关按集中申报进出口货物报关单签发报关单证明联。“进出口日期”以海关接受报关单申报的日期为准。

第十八条 海关对集中申报的货物以报关单上的“进出口日期”为准列入海关统计。

第十九条 中华人民共和国境内其他地区进出海关特殊监管区域、保税监管场所的货物需要按照集中申报方式办理通关手续的，除海关另有规定以外，参照本办法办理。

第二十条 违反本办法，构成走私行为、违反海关监管规定行为或者其他违反海关法行为的，由海关依照《海关法》、《中华人民共和国海关行政处罚实施条例》等有关法律、行政法规的规定予以处理；构成犯罪的，依法追究刑事责任。

第二十一条 本办法由海关总署负责解释。

第二十二条 本办法自 2008 年 5 月 1 日起施行。

附件 1　中华人民共和国海关进口货物集中申报清单（略）

附件 2　中华人民共和国海关出口货物集中申报清单（略）

附件 3　适用集中申报通关方式备案表（略）

中华人民共和国海关监管场所管理办法

（2008年1月30日海关总署令第171号发布，自2008年3月1日起施行）

第一章 总 则

第一条 为了规范海关对监管场所的管理，根据《中华人民共和国海关法》（以下简称《海关法》）和有关法律、行政法规的规定，制定本办法。

第二条 本办法所称监管场所是指进出境运输工具或者境内承运海关监管货物的运输工具进出、停靠，以及从事进出境货物装卸、储存、交付、发运等活动，办理海关监管业务，符合海关设置标准的特定区域。

第三条 监管场所的设立以及海关对监管场所的监督管理适用本办法。

海关对免税商店的管理另按照有关规定执行。

第四条 海关对监管场所实行统一编码、计算机联网和分类管理。

第五条 监管场所经营企业（以下简称经营企业）或者管理者应当按照《中华人民共和国海关监管场所设置标准》（以下简称《设置标准》，见附件1）建设监管场所，配备相应设备，并为海关提供查验场地和办公设施。

第二章 监管场所的设立

第六条 申请设立监管场所的企业（以下简称申请企业）应当具备以下条件：

（一）经工商行政管理部门注册登记，具有独立企业法人资格；

（二）注册资本不低于人民币300万元；

（三）具有专门储存货物的营业场所，拥有营业场所的土地使用权。租赁他人土地、场所经营的，租期不得少于5年；

（四）经营液/气体化工品、易燃易爆危险品等特殊许可货物仓储的，应当持有特殊经营许可批件。

第七条 申请企业应当向直属海关提交以下书面材料：

（一）“中华人民共和国海关监管场所注册登记申请书”（见附件2）；

（二）企业法人营业执照复印件；

（三）税务登记证复印件；

（四）法定代表人身份证件复印件；

（五）场地所有权或者使用权证明复印件；

（六）存放液/气体化工品、易燃易爆危险品等特殊许可货物的，应当提供特殊经营许可批件的复印件；

（七）场所平面图和建筑设计图。

提交上述材料复印件的，应当同时提供原件供海关验核。

第八条 直属海关依据《中华人民共和国行政许可法》和《中华人民共和国海关实施〈中华人民共和国行政许可法〉办法》的有关规定，受理、审查经营监管场所的申请。

申请企业符合法定条件的，直属海关应当制发“中华人民共和国海关批准设立监管场所决定书”（以下简称“批准设立决定书”，见附件3）；申请企业不符合法定条件的，直属海关应当制发“中华人民共和国海关不予批准设立监管场所决定书”（见附件4），并说明理由。

第九条 申请企业应当自海关制发“批准设立决定书”之日起1年内向直属海关申请验收，直属海关根据《设置标准》规定的条件对监管场所进行验收。申请企业无正当理由逾期未申请验收或者经验收不合格的，“批准设立决定书”自动失效。

监管场所验收合格，经直属海关注册登记并制发“中华人民共和国海关监管场所注册登记证书”（以下简称“注册登记证书”，见附件5）后，可以投入运营，“注册登记证书”自制发之日起有效期为3年。

第十条 本办法施行前已经海关批准设立的监管场所，其经营企业应当自本办法施行之日起1年内向直属海关提交本办法第七条规定的申请材料，申领“批准设立决定书”。

经营企业应当自海关制发“批准设立决定书”之日起1年内向直属海关申请验收。直属海关根据《设置标准》规定的条件对监管场所进行验收。验收合格的，直属海关予以注册登记并制发“注册登记证书”。

经营企业无正当理由逾期没有提交申请材料或者没有申请验收以及验收不合格的，直属海关注销相关企业的监管场所经营资格。

因特殊情况需要申请延期验收的，经营企业应当向直属海关提出延期验收申请，经直属海关同意可以延期验收，但是最长延长期限不得超过1年。

第十一条 经营企业需要变更企业业务范围、监管场所面积等的，应当填写“中华人民共和国海关监管场所变更申请书”（见附件6），向直属海关提出申请，并提交有关材料。

第十二条 经营企业需要延续“注册登记证书”有效期的，应当在“注册登记证书”有效期届满30日前向直属海关提出延续申请，并提交“中华人民共和国海关监管场所延续申请书”（见附件7）。

符合延续条件的，直属海关应当在“注册登记证书”有效期届满前作出准予延续的决定，延续“注册登记证书”有效期3年。

不符合延续条件的，直属海关应当作出不予延续的决定。

第十三条 经营企业终止经营监管场所的，应当向直属海关提出书面申请，并交回“注册登记证书”。

第十四条 直属海关依据《中华人民共和国行政许可法》和《中华人民共和国海关实施〈中华人民共和国行政许可法〉办法》的有关规定，办理监管场所的变更、延续与注销手续。

第三章　海关对监管场所的监督管理

第十五条 海关采取视频监控、实地核查等方式对进出监管场所的运输工具、货物等实施监管。

第十六条 经营企业应当按照海关规定的样式制作监管场所标志牌（见附件8），悬挂在监管场所入口处显著位置。

第十七条 监管场所内只能存放海关监管货物。

监管场所内液/气体化工品、易燃易爆危险品、有毒及放射性货物应当带有明显标志，并不得与其他类货物一起存放。

第十八条 经营企业应当依据海关监管要求设置相对独立的海关查验场地。

第十九条 经营企业应当按照海关要求发送和接收电子数据。海关有权查阅监管场所的货物进出和存储等情况的纸质单证或者电子账册。

第二十条 根据海关监管需要，经营企业应当在监管场所出入通道设置卡口，派员值守，并配备相应设备，与海关计算机联网。

对集中在同一个封闭区域内分散经营的监管场所，经营企业可以在进出通道设置统一卡口，并设置独立的海关集中查验场地。

海关认为必要时，可以派员实施卡口监管，核实、放行海关监管运输工具、货物。

第二十一条 经营企业应当凭海关纸质放行凭证和电子放行信息放行海关监管的运输工具、货物。

第二十二条 海关检查运输工具或者查验货物时，经营企业应当按照海关要求，将货物移至相应的场地，并应当为海关检查运输工具或者查验货物、提取货样提供条件。

海关径行开验、复验或者提取货样时，经营企业应当派员到场协助，并应当在相关单据上签字。

第二十三条 经营企业应当及时将监管场所内存放超过3个月的货物情况向海关报告，并协助海关办理相关手续。

第二十四条 经营企业终止监管场所经营或者监管场所被海关注销经营资格的，应当按照海关要求对监管场所内存放的海关监管货物作出处置。

第二十五条 经营企业应当建立健全与海关监管有关的人员管理、单证管理、设备管理、安全保卫和值班等制度。

监管场所应当配备相应管理人员，管理人员应当接受海关业务培训，并熟悉海关规定。

除安全保卫人员和值班人员外，其他人员不得在监管场所内居住。

第四章　附　则

第二十六条 违反本办法，构成走私行为、违反海关监管规定行为或者其他违反海关法行为的，由海关依照《海关法》和《中华人民共和国海关行政处罚实施条例》的有关规定予以处理；构成犯罪的，依法追究刑事责任。

第二十七条　本办法由海关总署负责解释。

第二十八条　本办法自 2008 年 3 月 1 日起施行。

附件 1　中华人民共和国海关监管场所设置标准（略）
附件 2　中华人民共和国海关监管场所注册登记申请书（略）
附件 3　中华人民共和国海关批准设立监管场所决定书（略）
附件 4　中华人民共和国海关不予批准设立监管场所决定书（略）
附件 5　中华人民共和国海关监管场所注册登记证书（略）
附件 6　中华人民共和国海关监管场所变更申请书（略）
附件 7　中华人民共和国海关监管场所延续申请书（略）
附件 8　中华人民共和国海关监管场所标志牌样式（略）

中华人民共和国海关进出境运输工具舱单管理办法

（2008 年 3 月 28 日海关总署令第 172 号发布，自 2009 年 1 月 1 日起施行）

第一章　总　则

第一条　为了规范海关对进出境运输工具舱单的管理，促进国际贸易便利，保障国际贸易安全，根据《中华人民共和国海关法》（以下简称《海关法》）及有关法律、行政法规的规定，制定本办法。

第二条　本办法所称进出境运输工具舱单（以下简称舱单）是指反映进出境运输工具所载货物、物品及旅客信息的载体，包括原始舱单、预配舱单、装（乘）载舱单。

进出境运输工具载有货物、物品的，舱单内容应当包括总提（运）单及其项下的分提（运）单信息。

第三条　海关对进出境船舶、航空器、铁路列车及公路车辆舱单的管理适用本办法。

第四条　进出境运输工具负责人、无船承运业务经营人、货运代理企业、船舶代理企业、邮政企业及快件经营人等舱单电子数据传输义务人（以下统称“舱单传输人”）应当按照海关备案的范围在规定时限向海关传输舱单电子数据。

海关监管场所经营人、理货部门、出口货物发货人等舱单相关电子数据传输义务人应当在规定时限向海关传输舱单相关电子数据。

对未按照本办法规定传输舱单及相关电子数据的，海关可以暂不予办理运输工具进出境申报手续。

因计算机故障等特殊情况无法向海关传输舱单及相关电子数据的，经海关同意，可以采用纸质形式在规定时限向海关递交有关单证。

第五条　海关以接受原始舱单主要数据传输的时间为进口舱单电子数据传输时间；海关以接受预配舱单主要数据传输的时间为出口舱单电子数据传输的时间。

第六条　舱单传输人、监管场所经营人、理货部门、出口货物发货人应当向其经营业务所在地直属海关或者经授权的隶属海关备案。

舱单传输人办理备案手续时，应当向海关提交下列文件：

（一）“备案登记表”（附件 1）；

（二）提（运）单和装货单的样本；

（三）企业印章及相关业务印章的印模；

（四）行政主管部门核发的许可证件或者资格证件的复印件；

（五）海关需要的其他文件。

海关监管场所经营人、理货部门、出口货物发货人办理备案手续时，应当向海关提交上述（一）、（四）、（五）项文件。

提交复印件的，应当同时出示原件供海关验核。

在海关备案的有关内容如果发生改变的，舱单传输人、监管场所经营人、理货部门、出口货物发货人应当持书面申请和有关文件到海关办理备案变更手续。

第七条 舱单传输人可以书面向海关提出为其保守商业秘密的要求，并具体列明需要保密的内容。

海关应当按照国家有关规定承担保密义务，妥善保管舱单传输人及相关义务人提供的涉及商业秘密的资料。

第二章 进境舱单的管理

第八条 原始舱单电子数据传输以前，运输工具负责人应当将运输工具预计抵达境内目的港的时间通知海关。

运输工具抵港以前，运输工具负责人应当将运输工具确切的抵港时间通知海关。

运输工具抵达设立海关的地点时，运输工具负责人应当向海关进行运输工具抵港申报。

第九条 进境运输工具载有货物、物品的，舱单传输人应当在下列时限向海关传输原始舱单主要数据：

（一）集装箱船舶装船的24小时以前，非集装箱船舶抵达境内第一目的港的24小时以前；

（二）航程4小时以下的，航空器起飞前；航程超过4小时的，航空器抵达境内第一目的港的4小时以前；

（三）铁路列车抵达境内第一目的站的2小时以前；

（四）公路车辆抵达境内第一目的站的1小时以前。

舱单传输人应当在进境货物、物品运抵目的港以前向海关传输原始舱单其他数据。

海关接受原始舱单主要数据传输后，收货人、受委托报关企业方可向海关办理货物、物品的申报手续。

第十条 海关发现原始舱单中列有我国禁止进境的货物、物品，可以通知运输工具负责人不得装载进境。

第十一条 进境运输工具载有旅客的，舱单传输人应当在下列时限向海关传输原始舱单电子数据：

（一）船舶抵达境内第一目的港的2小时以前；

（二）航程在1小时以下的，航空器抵达境内第一目的港的30分钟以前；航程在1小时至2小时的，航空器抵达境内第一目的港的1小时以前；航程在2小时以上的，航空器抵达境内第一目的港的2小时以前；

（三）铁路列车抵达境内第一目的站的2小时以前；

（四）公路车辆抵达境内第一目的站的1小时以前。

第十二条 海关接受原始舱单主要数据传输后，对决定不准予卸载货物、物品或者下客的，应当以电子数据方式通知舱单传输人，并告知不准予卸载货物、物品或者下客的理由。

海关因故无法以电子数据方式通知的，应当派员实地办理本条第一款规定的相关手续。

第十三条 理货部门或者海关监管场所经营人应当在进境运输工具卸载货物、物品完毕后的6小时以内以电子数据方式向海关提交理货报告。

需要二次理货的，经海关同意，可以在进境运输工具卸载货物、物品完毕后的24小时以内以电子数据方式向海关提交理货报告。

第十四条 海关应当将原始舱单与理货报告进行核对，对二者不相符的，以电子数据方式通知运输工具负责人。运输工具负责人应当在卸载货物、物品完毕后的48小时以内向海关报告不相符的原因。

第十五条 原始舱单中未列名的进境货物、物品，海关可以责令原运输工具负责人直接退运。

第十六条 进境货物、物品需要分拨的，舱单传输人应当以电子数据方式向海关提出分拨货物、物品申请，经海关同意后方可分拨。

分拨货物、物品运抵海关监管场所时，海关监管场所经营人应当以电子数据方式向海关提交分拨货物、物品运抵报告。

在分拨货物、物品拆分完毕后的2小时以内，理货部门或者海关监管场所经营人应当以电子数据方式向海关提交分拨货物、物品理货报告。

第十七条 货物、物品需要疏港分流的，海关监管场所经营人应当以电子数据方式向海关提出疏港分流申请，经海关同意后方可疏港分流。

疏港分流完毕后，海关监管场所经营人应当以电子数据方式向海关提交疏港分流货物、物品运抵报告。

第十八条 进口货物、物品和分拨货物、物品提交理货报告后，疏港分流货物、物品提交运抵报告后，海关即可办理货物、物品的查验、放行手续。

第十九条 进境运输工具载有旅客的，运输工具负责人或者海关监管场所经营人应当在进境运输工具下客完毕后3小时以内向海关提交进境旅客及其行李物品结关申请，并提供实际下客人数、托运行李物品提取数量及未运抵行李物品数量。经海关核对无误的，可以办理结关手续；原始舱单与结关申请不相符的，运输工具负责人或者海关监管场所经营人应当在进境运输工具下客完毕后24小时以内向海关报告不相符的原因。

运输工具负责人或者海关监管场所经营人应当将无人认领的托运行李物品转交海关处理。

第三章 出境舱单的管理

第二十条 以集装箱运输的货物、物品，出口货物发货人应当在货物、物品装箱以前向海关传输装箱清单电子数据。

第二十一条 出境运输工具预计载有货物、物品的，舱单传输人应当在办理货物、物品申报手续以前向海关传输预配舱单主要数据。

海关接受预配舱单主要数据传输后，舱单传输人应当在下列时限向海关传输预配舱单其他数据：

（一）集装箱船舶装船的24小时以前，非集装箱船舶在开始装载货物、物品的2小时以前；

（二）航空器在开始装载货物、物品的4小时以前；

（三）铁路列车在开始装载货物、物品的2小时以前；

（四）公路车辆在开始装载货物、物品的1小时以前。

出境运输工具预计载有旅客的，舱单传输人应当在出境旅客开始办理登机（船、车）手续的1小时以前向海关传输预配舱单电子数据。

第二十二条 出境货物、物品运抵海关监管场所时，海关监管场所经营人应当以电子数据方式向海关提交运抵报告。

运抵报告提交后，海关即可办理货物、物品的查验、放行手续。

第二十三条 舱单传输人应当在运输工具开始装载货物、物品的30分钟以前向海关传输装载舱单电子数据。

装载舱单中所列货物、物品应当已经海关放行。

第二十四条 舱单传输人应当在旅客办理登机（船、车）手续后、运输工具上客以前向海关传输乘载舱单电子数据。

第二十五条 海关接受装（乘）载舱单电子数据传输后，对决定不准予装载货物、物品或者上客的，应当以电子数据方式通知舱单传输人，并告知不准予装载货物、物品或者上客的理由。

海关因故无法以电子数据方式通知的，应当派员实地办理本条第一款规定的相关手续。

第二十六条 运输工具负责人应当在运输工具驶离设立海关的地点的2小时以前将驶离时间通知海关。

对临时追加的运输工具，运输工具负责人应当在运输工具驶离设立海关的地点以前将驶离时间通知海关。

第二十七条 运输工具负责人应当在货物、物品装载完毕或者旅客全部登机（船、车）后向海关提交结关申请，经海关办结手续后，出境运输工具方可离境。

第二十八条 出境运输工具驶离装货港的6小时以内，海关监管场所经营人或者理货部门应当以电子数据方式向海关提交理货报告。

第二十九条 海关应当将装载舱单与理货报告进行核对，对二者不相符的，以电子数据方式通知运输工具负责人。运输工具负责人应当在装载货物、物品完毕后的48小时以内向海关报告不相符的原因。

海关应当将乘载舱单与结关申请进行核对，对二者不相符的，以电子数据方式通知运输工具负责人。运输工具负责人应当在出境运输工具结关完毕后的24小时以内向海关报告不相符的原因。

第四章 舱单变更的管理

第三十条 已经传输的舱单电子数据需要变更的，舱单传输人可以在原始舱单和预配舱单规定的传输时限以前直接予以变更，但是货物、物品所有人已经向海关办理货物、物品申报手续的除外。

舱单电子数据传输时间以海关接受舱单电子数据变更的时间为准。

第三十一条 在原始舱单和预配舱单规定的传输时限后，有下列情形之一的，舱单传输人向海关递交舱单变更书面申请，经海关审核同意后，可以进行变更：

（一）货物、物品因不可抗力灭失、短损，造成舱单电子数据不准确的；

（二）装载舱单中所列的出境货物、物品，因装运、配载等原因造成部分或者全部货物、物品退关或者变更运输工具的；

（三）大宗散装货物、集装箱独立箱体内载运的散装货物的溢短装数量在规定范围以内的；

（四）其他客观原因造成传输错误的。

第三十二条 按照本办法第三十七条的规定处理后，需要变更舱单电子数据的，舱单传输人应当按照海关的要求予以变更。

第三十三条 舱单传输人向海关申请变更货物、物品舱单时，应当提交下列文件：

（一）“舱单变更申请表”（见附件2）；

（二）提（运）单的复印件；

（三）加盖有舱单传输人公章的正确的纸质舱单；

（四）其他能够证明舱单变更合理性的文件。

舱单传输人向海关申请变更旅客舱单时，应当提交上述（一）、（三）、（四）项文件。

提交复印件的，应当同时出示原件供海关验核。

第五章 附 则

第三十四条 本办法下列用语的含义是：

“原始舱单”，是指舱单传输人向海关传输的反映进境运输工具装载货物、物品或者乘载旅客信息的舱单。

“预配舱单”，是指反映出境运输工具预计装载货物、物品或者乘载旅客信息的舱单。

“装（乘）载舱单”，是指反映出境运输工具实际配载货物、物品或者载有旅客信息的舱单。

“提（运）单”，是指用以证明货物、物品运输合同和货物、物品已经由承运人接收或者装载，以及承运人保证据以交付货物、物品的单证。

“总提（运）单”，是指由运输工具负责人、船舶代理企业所签发的提（运）单。

“分提（运）单”，是指在总提（运）单项下，由无船承运业务经营人、货运代理人或者快件经营人等企业所签发的提（运）单。

“运抵报告”，是指进出境货物、物品运抵海关监管场所时，海关监管场所经营人向海关提交的反映货物、物品实际到货情况的记录。

“理货报告”，是指海关监管场所经营人或者理货部门对进出境运输工具所载货物、物品的实际装卸情况予以核对、确认的记录。

“疏港分流”，是指为防止货物、物品积压、阻塞港口，根据港口行政管理部门的决定，将相关货物、物品疏散到其他海关监管场所的行为。

“分拨”，是指海关监管场所经营人将进境货物、物品从一海关监管场所运至另一海关监管场所的行为。

“装箱清单”，是指反映以集装箱运输的出境货物、物品在装箱以前的实际装载信息的单据。

“以上”、“以下”、“以内”，均包括本数在内。

第三十五条 舱单中的提（运）单编号2年内不得重复。

自海关接受舱单等电子数据之日起3年内，舱单传输人、海关监管场所经营人、理货部门应当妥善保管纸质舱单、理货报告、运抵报告及相关账册等资料。

第三十六条 本办法中下列舱单等电子数据的格式，由海关总署另行制定：

（一）原始舱单（包括主要数据和其他数据）；

（二）理货报告；

（三）分拨货物、物品申请；

（四）分拨货物、物品理货报告；

（五）疏港分流申请；

（六）疏港分流货物、物品运抵报告；

（七）装箱清单；

（八）预配舱单（包括主要数据和其他数据）；

（九）运抵报告；

（十）装（乘）载舱单。

第三十七条 违反本办法，构成走私行为、违反海关监管规定行为或者其他违反海关法行为的，由海关依照《海关法》和《中华人民共和国海关行政处罚实施条例》的有关规定予以处理；构成犯罪的，依法追究刑事责任。

第三十八条 本办法由海关总署负责解释。

第三十九条 本办法自2009年1月1日起施行。1999年2月1日海关总署令第70号公布的《中华人民共和国海关舱单电子数据传输管理办法》同时废止。

附件 1　备案登记表（略）

附件 2　舱单变更申请表（略）

中华人民共和国海关对外国驻中国使馆和使馆人员进出境物品监管办法

（2008 年 6 月 5 日海关总署令第 174 号发布，自 2008 年 10 月 1 日起施行）

第一章　总　则

第一条　为了规范海关对外国驻中国使馆（以下简称使馆）和使馆人员进出境公务用品和自用物品（以下简称公用、自用物品）的监管，根据《中华人民共和国海关法》（以下简称《海关法》）、《中华人民共和国外交特权与豁免条例》和《中华人民共和国海关总署关于外国驻中国使馆和使馆人员进出境物品的规定》制定本办法。

第二条　使馆和使馆人员进出境公用、自用物品适用本办法。

第三条　使馆和使馆人员进出境公用、自用物品应当以海关核准的直接需用数量为限。

第四条　使馆和使馆人员因特殊需要携运中国政府禁止或者限制进出境物品进出境的，应当事先得到中国政府有关主管部门的批准，并按照有关规定办理。

第五条　使馆和使馆人员首次进出境公用、自用物品前，应当持下列资料到主管海关办理备案手续：

（一）中国政府主管部门出具的证明使馆设立的文件原件及其复印件；

（二）用于报关文件的使馆馆印印模、馆长或者馆长授权的外交代表的签字样本一式五份；

（三）外交邮袋的加封封志实物和外交信使证明书样本一式五份；

使馆如从主管海关关区以外发送或者接收外交邮袋，还应当向主管海关提出申请，并提供外交邮袋的加封封志实物和外交信使证明书样本，由主管海关制作关封，交由使馆人员向进出境地海关备案；

（四）使馆人员和与其共同生活的配偶及未成年子女的进出境有效证件、中国政府主管部门核发的身份证件原件及其复印件，以及使馆出具的证明上述人员职衔、到任时间、住址等情况的文件原件及其复印件。

以上备案内容如有变更，使馆或者使馆人员应当自变更之日起 10 个工作日内向海关办理备案变更手续。

第六条　使馆和使馆人员进出境公用、自用物品，应当按照海关规定以书面或者口头方式申报。其中，以书面方式申报的，还应当向海关报送电子数据。

第七条　外交代表携运进出境自用物品，海关予以免验放行。海关有重大理由推定其中装有本办法规定免税范围以外的物品、中国政府禁止进出境或者检疫法规规定管制的物品的，有权查验。海关查验时，外交代表或者其授权人员应当在场。

第八条　有下列情形之一的，使馆和使馆人员的有关物品不准进出境：

（一）携运进境的物品超出海关核准的直接需用数量范围的；

（二）未依照本办法第五条、第六条的规定向海关办理有关备案、申报手续的；

（三）未经海关批准，擅自将已免税进境的物品进行转让、出售等处置后，再次申请进境同类物品的；

（四）携运中国政府禁止或者限制进出境物品进出境，应当提交有关许可证件而不能提供的；

（五）违反海关关于使馆和使馆人员进出境物品管理规定的其他情形。

使馆和使馆人员应当在海关禁止进出境之日起 3 个月内向海关办理相关物品的退运手续。逾期未退运的，由海关依照《海关法》第三十条规定处理。

第九条　使馆和使馆人员免税运进的公用、自用物品，未经主管海关批准，不得进行转让、出售等处置。经批准进行转让、出售等处置的物品，应当按照规定向海关办理纳税或者免税手续。

使馆和使馆人员转让、出售按照本办法第十条、第十一条规定免税进境的机动车辆以及接受转让的机动车辆的，按照本办法第五章有关规定办理。

第二章　进境物品监管

第十条　使馆运进（含在境内外交人员免税店购买以及依法接受转让）烟草制品、酒精饮料和机动车辆等公用物品，海关在规定数量范围内（见附件1）予以免税。

第十一条　外交代表运进（含在境内外交人员免税店购买以及依法接受转让）烟草制品、酒精饮料和机动车辆等自用物品，海关在规定数量范围内（见附件2）予以免税。

第十二条　使馆行政技术人员和服务人员，如果不是中国公民并且不在中国永久居留的，其到任后6个月内运进的安家物品，经主管海关审核在直接需用数量范围内的（其中自用小汽车每户限1辆），海关予以免税验放。超出规定时限运进的物品，经海关核准仍属自用的，按照《中华人民共和国海关对非居民长期旅客进出境自用物品监管办法》的规定办理。

第十三条　使馆和使馆人员运进公用、自用物品，应当填写“中华人民共和国海关外交公/自用物品进出境申报单”（以下简称“申报单”，见附件3），向主管海关提出申请，并附提（运）单、发票、装箱单、身份证件复印件等有关单证材料。其中，运进机动车辆的，还应当递交使馆照会。

使馆运进由使馆主办或者参与的非商业性活动所需物品，应当递交使馆照会，并就物品的所有权、活动地点、日期、活动范围、活动的组织者和参加人、物品的最后处理向海关作出书面说明。活动在使馆以外场所举办的，还应当提供与主办地签订的合同副本。

海关应当自接受申报之日起10个工作日内作出是否准予进境的决定。

第十四条　经海关批准进境的物品，使馆和使馆人员可以委托报关企业到主管海关办理海关手续。

进境地不在主管海关关区的，使馆和使馆人员应当委托报关企业办理海关手续。受委托的报关企业应当按照海关对转关运输货物的规定，将有关物品转至主管海关办理海关手续。

第十五条　外交代表随身携带（含附载于同一运输工具上的）自用物品进境时，应当向海关口头申报，但外交代表每次随身携带进境的香烟超过400支、雪茄超过100支、烟丝超过500克、酒精含量12度及以上的酒精饮料超过2瓶（每瓶限750毫升）的，应当按照本办法第十三条的规定向海关提出书面申请，有关物品数量计入本办法第十一条规定的限额内。

第十六条　使馆和使馆人员进境机动车辆，应当自海关放行之日起10个工作日内，向海关申领“中华人民共和国海关监管车辆进/出境领/销牌照通知书”（以下简称“领/销牌照通知书”，见附件4），办理机动车辆牌照申领手续。

第三章　出境物品监管

第十七条　使馆和使馆人员运出公用、自用物品，应当填写“申报单”，并附提（运）单、发票、装箱单、身份证件复印件等有关单证材料，向主管海关提出申请。其中，运出机动车辆的，还应当递交使馆照会。

主管海关应当自接受申请之日起10个工作日内作出是否准予出境的决定。

第十八条　经海关批准出境的物品，使馆和使馆人员应当委托报关企业在出境地海关办理海关手续，如出境地不在主管海关关区，受委托企业应当按照海关对转关运输货物的规定，将有关物品转至出境地海关办理海关手续。

第十九条　外交代表随身携带（含附载于同一运输工具的）自用物品出境时，应当向海关口头申报。

第二十条　使馆和使馆人员申请将原进境机动车辆复运出境的，应当经主管海关审核批准。使馆和使馆人员凭海关开具的“领/销牌照通知书”向公安交通管理部门办理注销牌照手续。主管海关凭使馆和使馆人员交来的“领/销牌照通知书”回执联，办理结案手续。

拥有免税进境机动车辆的使馆人员因离任回国办理自用物品出境手续的，应当首先向主管海关办结自用车辆结案手续。

第四章　外交邮袋监管

第二十一条　使馆发送或者接收的外交邮袋，应当以装载外交文件或者公务用品为限，并符合中国政府关于外交邮袋重量、体积等的相关规定，同时施加使馆已在海关备案的封志。

第二十二条　外交信使携带（含附载于同一运输工具的）外交邮袋进出境时，必须持有派遣国主管机关出具的载明其身份和所携外交邮袋件数的信使证明书。海关验核信使证明书无误后予以免验放行。

第二十三条　外交邮袋由商业飞机机长转递时，机长必须持有委托国的官方证明文件，注明所携带的外交邮袋的件数。使馆应当派使馆人员向机长交接外交邮袋。海关验核外交邮袋和使馆人员身份证件无误后予以免验放行。

第二十四条　使馆以本办法第二十二条、第二十三条规定以外的其他方式进出境外交邮袋的，应当将外交邮袋存入海关监管仓库，并由使馆人员提取或者发运。海关验核使馆人员身份证件无误后予以免验放行。

第五章　机动车辆后续监管

第二十五条　使馆和使馆人员按照本办法第十条、第十一条规定免税进境的机动车辆以及接受转让的机动车辆属于海关监管车辆，主管海关对其实施后续监管。公用机动车辆的监管年限为自海关放行之日起6年，自用进境机动车辆的监管年限为自海关放行之日起3年。

未经海关批准，上述机动车辆在海关监管年限内不得进行转让、出售。

第二十六条　除使馆人员提前离任外，使馆和使馆人员免税进境的机动车辆，自海关放行之日起2年内不准转让或者出售。

根据前款规定可以转让或者出售的免税进境机动车辆，在转让或者出售时，应当向主管海关提出申请，经批准后方可以按规定转让给其他国家驻中国使馆和使馆人员、常驻机构和常驻人员或者海关批准的特许经营单位。其中，需要征税的，应当由受让方向海关办理补税手续。受让方为其他国家驻中国使馆和使馆人员的，其机动车辆进境指标相应扣减。

机动车辆受让方同样享有免税运进机动车辆权利的，受让机动车辆予以免税。受让方主管海关在该机动车辆的剩余监管年限内实施后续监管。

第二十七条　使馆和使馆人员免税进境的机动车辆海关监管期限届满后，可以向海关申请解除监管。

申请解除监管时，应当出具照会，并持“中华人民共和国海关公/自用车辆解除监管申请表”（见附件5）、“机动车辆行驶证”向主管海关申请办理解除监管手续。

主管海关核准后，使馆和使馆人员凭海关开具的“中华人民共和国海关监管车辆解除监管证明书”（以下简称“解除监管证明书”，见附件6）向公安交通管理部门办理有关手续。

第二十八条　免税进境的机动车辆在监管期限内因事故、不可抗力遭受严重损毁；或者因损耗、超过使用年限等原因丧失使用价值的，使馆和使馆人员可以向主管海关申请报废车辆。海关审核同意后，开具“领/销牌照通知书”和“解除监管证明书”，使馆和使馆人员凭此向公安交通管理部门办理机动车辆注销手续，并持“领/销牌照通知书”回执到主管海关办理机动车辆结案手续。

第二十九条　免税进境的机动车辆有下列情形的，使馆和使馆人员可以按照相同数量重新申请进境机动车辆：

（一）按照本办法第二十六条规定被依法转让、出售，并且已办理相关手续的；

（二）因事故、不可抗力原因遭受严重损毁；或者因损耗、超过使用年限等原因丧失使用价值，已办理结案手续的。

第六章　附　则

第三十条　本办法下列用语的含义：

公务用品，是指使馆执行职务直接需用的进出境物品，包括：

（一）使馆使用的办公用品、办公设备、车辆；

（二）使馆主办或者参与的非商业性活动所需物品；

（三）使馆使用的维修工具、设备；

（四）使馆的固定资产，包括建筑装修材料、家具、家用电器、装饰品等；

（五）使馆用于免费散发的印刷品（广告宣传品除外）；

（六）使馆使用的招待用品、礼品等。

自用物品，是指使馆人员和与其共同生活的配偶及未成年子女在中国居留期间生活必需用品，包括自用机动车辆（限摩托车、小轿车、越野车、9座以下的小客车）。

直接需用数量，是指经海关审核，使馆为执行职务需要使用的数量，以及使馆人员和与其共同生活的配偶及未成年子女在中国居留期间仅供使馆人员和与其共同生活的配偶及未成年子女自身使用的数量。

主管海关，是指使馆所在地的直属海关。

第三十一条　外国驻中国领事馆、联合国及其专门机构和其他国际组织驻中国代表机构及其人员进出境公用、自用物品，由海关按照《中华人民共和国领事特权与豁免条例》、中国已加入的国际公约以及中国与有关国家或者国际组织签订的协议办理。有关法规、公约、协议不明确的，海关参照本办法有关条款办理。

第三十二条　外国政府给予中国驻该国的使馆和使馆人员进出境物品的优惠和便利，低于中国政府给予该国驻中国的使馆和使馆人员进出境物品的优惠和便利的，中国海关可以根据对等原则，给予该国驻中国使馆和使馆人员进出境物品相应的待遇。

第三十三条 本办法由海关总署负责解释。

第三十四条 本办法自2008年10月1日起施行。1986年12月1日海关总署发布的《外国驻中国使馆和使馆人员进出境物品报关办法》同时废止。

附件1 使馆公用烟酒及机动车辆限量表
附件2 外交代表自用烟酒及机动车辆限量表
附件3 中华人民共和国海关外交公/自用物品进出境申报单（略）
附件4 中华人民共和国海关监管车辆进/出境领/销牌照通知书（略）
附件5 中华人民共和国海关公/自用车辆解除监管申请表（略）
附件6 中华人民共和国海关监管车辆解除监管证明书（略）

附件1

使馆公用烟酒及机动车辆限量表

<table>
<tr><th>使馆外交代表总数</th><th>香烟
（每年）</th><th>酒精饮料
（每年）</th><th>公用机动车辆</th></tr>
<tr><td>不超过10人</td><td>50条</td><td>1000瓶</td><td rowspan="3">公用机动车辆总数应当以不超过使馆外交代表总人数为限</td></tr>
<tr><td>10人以上至20人（含20人）</td><td>100条</td><td>2000瓶</td></tr>
<tr><td>20人以上</td><td>200条</td><td>4000瓶</td></tr>
</table>

附件2

外交代表自用烟酒及机动车辆限量表

<table>
<tr><th>类别</th><th>品种</th><th>限量</th><th>备注</th></tr>
<tr><td rowspan="3">烟草制品</td><td>香烟</td><td>15000支</td><td rowspan="5">每人每年</td></tr>
<tr><td>雪茄</td><td>1000支</td></tr>
<tr><td>烟丝</td><td>5000克</td></tr>
<tr><td rowspan="2">酒精饮料</td><td>酒精含量12度至22度的酒精饮料</td><td>300瓶</td></tr>
<tr><td>酒精含量22度以上的烈性酒</td><td>100瓶</td></tr>
<tr><td>自用机动车辆</td><td>摩托车、小轿车、越野车、9座以下的小客车（限从以上车型中选择一种）</td><td>每人1辆</td><td>外交代表自用车辆总数不能超出使馆外交代表总人数</td></tr>
</table>

中华人民共和国海关化验管理办法

（2008年10月13日海关总署令第176号发布，自2008年12月1日起施行）

第一条 为了规范海关化验工作，保障行政相对人合法权益，根据《中华人民共和国海关法》和《中华人民共和国进出口关税条例》的有关规定，制定本办法。

第二条 本办法所称海关化验是指海关对进出口货物的属性、成分、含量、结构、品质、规格等进行检测分析，并根据《中华人民共和国进出口税则》、《进出口税则商品及品目注释》和《中华人民共和国进出口税则本国子目注释》等有关规定作出鉴定结论的活动。

第三条 海关对进出口货物进行化验，适用本办法。

第四条 海关化验工作应当遵循科学、公正、准确、及时的原则。

第五条 海关化验中心在海关总署指定区域内承担海关化验及相关工作。

海关委托的化验机构（以下简称委托化验机构）应当在授权范围内承担对进出口货物的化验工作。

第六条 海关化验人员是指在海关化验中心从事化验的海关工作人员。

海关化验人员应当取得海关化验从业资格。

第七条 海关化验中心应当按照《检测和校准实验室能力的通用要求》（GB/T 15481）进行质量体系管理。

第八条 海关对进出口货物的属性、成分、含量、结构、品质、规格等无法确认的，可以组织化验。

海关组织化验时，应当提取货物样品。

第九条 海关取样时，进出口货物收发货人或者其代理人应当到场协助，负责搬移货物，开拆和重封货物的包装，并在“中华人民共和国海关进出口货物化验取样记录单”（以下简称“取样记录单”，格式文本见附件1）上签字确认。

第十条 进出口货物收发货人或者其代理人拒不到场或者海关认为必要时，可以径行取样，存放货物的海关监管场所经营人、运输工具负责人应当到场协助，并在“取样记录单”上签字确认。

第十一条 海关应当按照有关操作规范取样，当场封存样品，同时填制“取样记录单”。样品一式两份，一份送抵海关化验中心或者委托化验机构，另一份留存海关备查。

第十二条 海关对进出口货物取样化验的，进出口货物收发货人或者其代理人应当按照海关要求及时提供样品的相关单证和技术资料，并对其真实性和有效性负责。

第十三条 海关应当指派专人或者通过邮递等方式将所取样品送抵海关化验中心或者委托化验机构。

第十四条 除特殊情况外，海关化验中心和委托化验机构应当自收到送验样品之日起15日内作出鉴定结论，出具“中华人民共和国海关进出口货物化验鉴定书”（以下简称“鉴定书”，格式文本见附件2），并送达送验海关。

第十五条 除特殊情况外，海关化验中心应当在“鉴定书”签发次日，将“鉴定书”相关信息通过海关门户网站等途径对外公布。进出口货物收发货人或者其代理人要求提供“鉴定书”纸本的，海关应当提供。

第十六条 海关化验中心和委托化验机构的鉴定结论是海关执法的依据。

其他化验机构作出的化验结果和鉴定结论与海关化验中心或者委托化验机构不一致的，以海关化验中心或者委托化验机构的化验结果和鉴定结论为准。

第十七条 进出口货物收发货人或者其代理人对鉴定结论有异议的，可以自鉴定结论公布之日起15日内向送验海关提出复验申请，并说明理由。送验海关应当自收到复验申请之日起3日内通过“海关化验信息管理系统”将复验申请转送海关化验中心。送验海关对鉴定结论有异议的，可以自收到“鉴定书”之日起15日内向海关化验中心提出复验申请。

海关化验中心应当自收到复验申请之日起15日内对送验样品重新化验，出具“中华人民共和国海关进出口货物鉴定书（复验）”（格式文本见附件3），并按照本办法第十五条的规定公布鉴定结论。

进出口货物收发货人或者其代理人、送验海关对同一样品只能提出一次复验申请。

第十八条 除危险品或者鲜活、易腐、易失效等不宜长期保存的样品外，海关化验样品自海关化验中心或者委托化验机构出具“鉴定书”之日起保存六个月。

行政复议、行政诉讼以及尚未结案的走私、违反海关监管规定等违法案件涉及的海关化验样品，应当相应延长保存期限。

第十九条 海关对过境、转运、通运货物和进出境物品的化验比照本办法执行。

第二十条 本办法由海关总署负责解释。

第二十一条 本办法自2008年12月1日起施行。1993年9月20日海关总署令第46号发布的《中华人民共和国海关对进出口货物实施化验鉴定的规定》同时废止。

附件1 中华人民共和国海关进出口货物化验取样记录单（略）

附件2 中华人民共和国海关进出口货物化验鉴定书（略）

附件3 中华人民共和国海关进出口货物化验鉴定书（复验）（略）

中华人民共和国海关进出境运输工具监管办法

（2010年11月1日海关总署令第196号发布，自2011年1月1日起施行）

第一章 总 则

第一条 为了规范海关对进出境运输工具的监管，保障进出境运输工具负责人和进出境运输工具服务企业的合法权益，根据《中华人民共和国海关法》，制定本办法。

第二条 本办法所称进出境运输工具是指用于载运人员、货物、物品进出境的各种船舶、航空器、铁路列车、公路车辆和驮畜。

第三条 海关对经营性进出境运输工具的监管适用本办法，对非经营性进出境运输工具的监管比照本办法管理。

第四条 除经国务院或者国务院授权的机关批准外，进出境运输工具应当通过设立海关的地点进境或者出境，在海关监管场所停靠、装卸货物、物品和上下人员。

由于不可抗力原因，进出境运输工具被迫在未设立海关的地点或者在非海关监管场所停靠、降落或者抛掷、起卸货物、物品以及上下人员的，进出境运输工具负责人应当立即报告附近海关。附近海关应当对运输工具及其所载的货物、物品实施监管。

第五条 进境运输工具在进境以后向海关申报以前，出境运输工具在办结海关手续以后出境以前，应当按照交通运输主管机关规定的路线行进；交通运输主管机关没有规定的，由海关指定。

进境运输工具在进境申报以后出境以前，应当按照海关认可的路线行进。

第六条 进出境运输工具到达或者驶离设立海关的地点时，进出境运输工具负责人应当采用电子数据和纸质申报单形式向海关申报。

第七条 进境的境外运输工具和出境的境内运输工具，未向海关办理手续并缴纳关税，不得转让或者移作他用。

运输工具作为货物以租赁或其他贸易方式进出口的，除按照本办法办理进出境运输工具进境或者出境手续外，还应当按照有关规定办理进出境运输工具进出口报关手续。

第二章 备案管理

第八条 进出境运输工具、进出境运输工具负责人和进出境运输工具服务企业应当在经营业务所在地的直属海关或者经直属海关授权的隶属海关备案。

海关对进出境运输工具、进出境运输工具负责人以及进出境运输工具服务企业的备案实行全国海关联网管理。

第九条 进出境运输工具、进出境运输工具负责人和进出境运输工具服务企业在海关办理备案的，应当按不同运输方式分别提交进出境国际航行船舶备案表、进出境航空器备案表、进出境铁路列车备案表、进出境公路车辆备案表、运输工具负责人备案表、运输工具服务企业备案表，并同时提交上述备案表随附单证栏中列明的材料。

运输工具服务企业相关管理办法，由海关总署另行制定。

第十条 运输工具备案表、运输工具负责人备案表和运输工具服务企业备案表的内容发生变更的，进出境运输工具负责人、进出境运输工具服务企业应当在海关规定的时限内持备案变更表和有关文件到备案海关办理备案变更手续。

进出境运输工具负责人、进出境运输工具服务企业可以主动申请撤销备案，海关也可以依法撤销备案。

第十一条 海关对在海关备案的进出境运输工具服务企业和进出境运输工具所有企业、经营企业实施分类管理，具体办法由海关总署另行制定。

第三章 运输工具管理

第一节 进境监管

第十二条 进境运输工具负责人应当在规定时限将运输工具预计抵达境内目的港和预计抵达时间以电子数据形式通知海关。

因客观条件限制，经海关批准，公路车辆负责人可以采用电话、传真等方式通知海关。

进境运输工具抵达设立海关的地点以前，运输工具负责人应当将进境时间、抵达目的港的时间和停靠位置通知海关。

第十三条 进境运输工具抵达设立海关的地点时，运输工具负责人应当按不同运输方式向海关申报，分别提交中华人民共和国海关船舶进境（港）申报单、中华人民共和国海关航空器进境（港）申报单、中华人民共和国海关铁路列车进境申报单、中华人民共和国海关公路车辆进境（港）申报单，以及上述申报单中列明应当交验的其他单证。

进境运输工具负责人也可以在运输工具进境前提前向海关办理申报手续。

第十四条 进境运输工具抵达监管场所时，监管场所经营人应当通知海关。

第十五条 海关接受进境运输工具申报时，应当审核电子数据和纸质申报单证。

进境运输工具在向海关申报以前，未经海关同意，不得装卸货物、物品，除引航员、口岸检查机关工作人员外不得上下人员。

第二节 停留监管

第十六条 进出境运输工具到达设立海关的地点时，应当接受海关监管和检查。

海关检查进出境运输工具时，运输工具负责人应当到场，并根据海关的要求开启舱室、房间、车门；有走私嫌疑的，并应当开拆可能藏匿走私货物、物品的部位，搬移货物、物料。

海关认为必要时，可以要求进出境运输工具工作人员进行集中，配合海关实施检查。

海关检查完毕后，应当按规定制作检查记录。

第十七条 海关认为必要的，可以派员对进出境运输工具值守，进出境运输工具负责人应当为海关人员提供方便。

海关派员对进出境运输工具值守的，进出境运输工具装卸货物、物品以及上下人员应当征得值守海关人员同意。

第十八条 进出境运输工具负责人应当在进出境运输工具装卸货物的 1 小时以前通知海关；航程或者路程不足 1 小时的，可以在装卸货物以前通知海关。

海关可以对进出境运输工具装卸货物实施监装监卸。

进出境运输工具装卸货物、物品完毕后，进出境运输工具负责人应当向海关递交反映实际装卸情况的交接单据和记录。

第十九条 进出境运输工具在海关监管场所停靠期间更换停靠地点的，进出境运输工具负责人应当事先通知海关。

第三节 境内续驶监管

第二十条 进出境运输工具在境内从一个设立海关的地点驶往另一个设立海关的地点的，进出境运输工具负责人应当按照本章第四节的有关规定办理驶离手续。

第二十一条 进出境运输工具在境内从一个设立海关的地点驶往另一个设立海关的地点的，应当符合海关监管要求，驶离地海关应当制发关封。进出境运输工具负责人应当妥善保管关封，抵达另一设立海关的地点时提交目的地海关。

未经驶离地海关同意，进出境运输工具不得改驶其他目的地；未办结海关手续的，不得改驶境外。

第二十二条 进出境运输工具在境内从一个设立海关的地点驶往另一个设立海关的地点时，海关可以派员随运输工具实施监管，进出境运输工具负责人应当为海关人员提供方便。

第二十三条 进出境运输工具在境内从一个设立海关的地点驶往另一个设立海关的地点抵达目的地以后，应当按照本章第一节的有关规定办理抵达手续。

第四节 出境监管

第二十四条 出境运输工具离开设立海关的地点驶往境外的 2 小时以前，运输工具负责人应当将驶离时间以电子数据形式通知海关。对临时出境的运输工具，运输工具负责人可以在其驶离设立海关的地点以前将驶离时间通知海关。

因客观条件限制，经海关批准，公路车辆负责人可以在车辆出境前采用电话、传真等方式通知海关。

第二十五条 运输工具出境时，运输工具负责人应当按不同运输方式向海关申报，分别提交中华人民共和国海关船舶出境（港）申报单、中华人民共和国海关航空器出境（港）申报单、中华人民共和国海关铁路列车出境申报单、中华人民共和国海关公路车辆出境（港）申报单，以及上述申报单中列明应当交验的其他单证。

第二十六条 出境运输工具负责人在货物、物品装载完毕或者旅客全部登机（船、车）以后，应当向海关提交结关申请。海关审核无误的，制发结关通知书。

海关制发结关通知书以后，非经海关同意，出境运输工具不得装卸货物、上下旅客。

第二十七条 出境运输工具驶离海关监管场所时，监管场所经营人应当通知海关。

第二十八条 进出境运输工具在办结海关出境或者续驶手续后的 24 小时未能驶离的，运输工具负责人应当重新办理有关手续。

第四章 物料管理

第二十九条 经运输工具负责人申请，海关核准后，进出境运输工具可以添加、起卸、调拨下列物料：

（一）保障进出境运输工具行驶、航行的轻油、重油等燃料；

（二）供应进出境运输工具工作人员和旅客的日常生活用品、食品；

（三）保障进出境运输工具及所载货物运输安全的备件、垫舱物料和加固、苫盖用的绳索、篷布、苫网等；

（四）海关核准的其他物品。

第三十条 进出境运输工具需要添加、起卸物料的，物料添加单位或者接受物料起卸单位应当向海关申报，并提交以下单证：

（一）中华人民共和国海关运输工具起卸/添加物料申报单；

（二）添加、起卸物料明细单；

（三）海关认为必要的其他单证。

境外运输工具在我国境内添加、起卸物料的，应当列入海关统计。

第三十一条 进出境运输工具之间调拨物料的，接受物料的进出境运输工具负责人应当在物料调拨完毕后向海关提交运输工具物料调拨清单。

第三十二条 进出境运输工具添加、起卸、调拨物料的，应当接受海关监管。

第三十三条 进出境运输工具添加、起卸、调拨的物料，运输工具负责人免予提交许可证件，海关予以免税放行；添加、起卸国家限制进出境或者涉及国计民生的物料超出自用合理数量范围的，应当按照进出口货物的有关规定办理海关手续。

第三十四条 除下列情况外，进出境运输工具使用过的废弃物料应当复运出境：

（一）运输工具负责人声明废弃的物料属于《自动进口类可用做原料的废物目录》和《限制进口类可用做原料的废物目录》列明，且接收单位已经办理进口手续的。

（二）不属于《自动进口类可用做原料的废物目录》和《限制进口类可用做原料的废物目录》目录范围内的供应物料，以及进出境运输工具产生的清舱污油水、垃圾等，且运输工具负责人或者接受单位能够自卸下进出境运输工具之日起 30 天内依法作无害化处理的。

前款第（一）、（二）项所列物项未办理合法手续或者未在规定时限内依法作无害化处理的，海关可以责令退运。

第三十五条　进出境运输工具负责人应当将进口货物全部交付收货人。经海关核准，同时符合下列条件的扫舱地脚，可以免税放行：

（一）进口货物为散装货物；

（二）进口货物的收货人确认运输工具已经卸空；

（三）数量不足1吨，且不足进口货物重量的0.1%。

前款规定的扫舱地脚涉及许可证件管理的，进出境运输工具负责人免予提交许可证件。

第五章　运输工具工作人员携带物品管理

第三十六条　进出境运输工具工作人员携带物品进出境的，应当向海关申报并接受海关监管。

第三十七条　进出境运输工具工作人员携带的物品，应当以服务期间必需和自用合理数量为限。

运输工具工作人员不得为其他人员托带物品进境或者出境。

第三十八条　进出境运输工具工作人员需携带物品进入境内使用的，应当向海关办理手续，海关按照有关规定验放。

第六章　附　则

第三十九条　违反本办法，构成走私行为、违反海关监管规定行为或者其他违反海关法行为的，由海关依照《中华人民共和国海关法》和《中华人民共和国海关行政处罚实施条例》的有关规定予以处理；构成犯罪的，依法追究刑事责任。

第四十条　本办法下列用语的含义是：

运输工具负责人，是指进出境运输工具的所有企业、经营企业，船长、机长、汽车驾驶员、列车长，以及上述企业或者人员授权的代理人。

运输工具服务企业，是指为进出境运输工具提供本办法第二十九条规定的物料或者接受运输工具（包括工作人员及所载旅客）消耗产生的废、旧物品的企业。

扫舱地脚，是指经进口货物收货人确认进出境运输工具已经卸空，但因装卸技术等原因装卸完毕后，清扫进出境运输工具剩余的进口货物。

运输工具工作人员，是指在进出境运输工具上从事驾驶、服务，且具有相关资格证书的人员及实习生。

第四十一条　经海关总署批准只使用运输工具电子数据通关的，申报单位应当将纸质单证至少保存3年。

第四十二条　海关对驮畜的监管办法另行制定。

海关对来往香港、澳门小型船舶和公路车辆的监管，另按照有关规定执行。

第四十三条　本办法所列文书格式由海关总署另行制定公告。

第四十四条　本办法由海关总署负责解释。

第四十五条　本办法自2011年1月1日起施行。1974年9月10日外贸部“〔1974〕贸关货233号”发布的《中华人民共和国海关对国际民航机监管办法》、1990年3月15日海关总署令第11号发布的《中华人民共和国海关对国际铁路联运进出境列车和所载货物、物品监管办法》、1991年8月23日海关总署令第24号发布的《中华人民共和国海关对进出境国际航行船舶及其所载货物、物品监管办法》同时废止。

海关总署关于修改部分规章的决定

（2014年2月13日经海关总署令第218号发布，自2014年3月13日起施行）

为了有效推动简政放权、转变职能，深化行政审批制度改革，根据《全国人民代表大会常务委员会关于修改〈中华人民共和国海洋环境保护法〉等七部法律的决定》（主席令第8号）及《国务院关于修改部分行政法规的决定》（国务院令第645号）、《国务院关于取消和下放一批行政审批项目的决定》（国发〔2013〕44号），海关总署决定对《中华人民共和国海关对进料加工保税集团管理办法》等15部规章进行修改，具体内容如下：

一、《中华人民共和国海关对进料加工保税集团管理办法》（海关总署令第41号公布）作如下修改：

（一）将第八条“保税集团在为加工出口产品所需进口料、件前，其牵头企业应持凭经贸主管部门颁发的‘进料加工批准书’连同合同副本或订货卡片向海关办理合同登记备案手续。海关审核无误后，向其签发‘进料加工登记手册’（以下简称‘登记手册’），并在右上角加盖‘保税集团货物’戳记。”修改为“保税集团在为加工出口产品所需进口料、件前，其牵头企业应当凭经贸主管部门颁发的‘进料加工批准书’连同合同副本或者订货卡片向海关办理手册设立手续，海关发放‘进料加工登记手册’（以下简称‘登记手册’），并在右上角加盖‘保税集团货物’戳记。”

（二）将第十条“海关对保税集团进口的料、件予以全额保税，集团的牵头企业应按规定向海关交纳监管手续费。进口的料、件应存入指定的保税仓库，料、件出库加工时，海关按对保税仓库及所存货物的管理办法进行监管。保税进口料、件进入加工环节时，海关按对保税工厂的管理办法进行监管。加工的成品出口，免征出口关税，如属出口许可证管理商品，还应向海关交验出口货物许可证。”修改为“海关对保税集团进口的料、件予以全额保税，集团的牵头企业应当按照规定向海关办理手续。进口的料、件应存入指定的保税仓库，料、件出库加工时，海关按照对保税仓库及所存货物的管理办法进行监管。保税进口料、件进入加工环节时，海关按照对保税工厂的管理办法进行监管。加工的成品出口，免征出口关税，如果属于出口许可证管理商品，还应当向海关交验出口货物许可证。”

（三）将第十四条“保税进口的料、件，应自进口之日起一年内加工成品返销出口。如有特殊情况需要延长期限的，保税集团的牵头企业应向海关提出书面申请，但延期最长不得超过一年。如期满仍未加工成品复出口或转为进口的，由海关按《海关法》有关规定处理。”修改为“保税进口的料、件，应当自进口之日起一年内加工成品返销出口。如果有特殊情况需要延长期限的，保税集团的牵头企业应当向海关办理延期变更手续，但是延期最长不得超过一年。如果期满仍未加工成品复出口或者转为进口的，由海关按照有关规定依法处理。”

二、对《中华人民共和国海关关于异地加工贸易的管理办法》（海关总署令第74号发布）作如下修改：

（一）将第五条“经营单位开展异地加工贸易，须凭其所在地外经贸主管部门核发的‘加工贸易业务批准证’和加工企业所在地外经贸主管部门出具的‘加工贸易加工企业生产能力证明’，填制‘中华人民共和国海关异地加工贸易申请表’（格式见附件1，以下简称‘申请表’），向经营单位主管海关提出异地加工申请。”修改为“经营单位开展异地加工贸易，应当凭其所在地外经贸主管部门核发的‘加工贸易业务批准证’和加工企业所在地外经贸主管部门出具的‘加工贸易加工企业生产能力证明’，填制‘中华人民共和国海关异地加工贸易申报表’（格式见附件1，以下简称‘申报表’），向经营单位主管海关办理异地加工手续。”

（二）将第六条“经营单位主管海关在核准其异地加工申请时，对于办理过异地加工贸易业务的经营单位，须查阅由加工企业主管海关反馈的‘中华人民共和国海关异地加工贸易回执’（格式见附件2，以下简称‘回执’）。经核实合同执行情况正常的，在‘申请表’（一式二联）内批注签章，与‘加工贸易业务批准证’、‘加工贸易加工企业生产能力证明’一并制作关封，交经营单位凭以向加工企业主管海关办理合同登记备案。”修改为“经营单位主管海关在办理异地加工手续时，对于办理过异地加工贸易业务的经营单位，应当查阅由加工企业主管海关反馈的‘中华人民共和国海关异地加工贸易回执’（格式见附件2，以下简称‘回执’）。经核实合同执行情况正常的，在‘申报表’（一式二联）内批注签章，与‘加工贸易业务批准证’、‘加工贸易加工企业生产能力证明’一并制作关封，交经营单位凭以向加工企业主管海关办理手册设立手续。”

（三）将第七条“加工企业主管海关凭经营单位提供的‘加工贸易业务批准证’、‘委托加工合同’、‘加工贸易加工企业生产能力证明’、‘申请表’及其他有关单证办理合同登记备案。如由加工企业向海关办理合同备案手续的，必须持有经营单位出具的委托书。”修改为“加工企业主管海关凭经营单位提供的‘加工贸易业务批准证’、委托加工合同、‘加工贸易加工企业生产能力证明’、‘申报表’及其他有关单证办理手册设立手续。如果由加工企业向海关办理手册设立手续的，应当持有经营单位出具的委托书。”

（四）将附件中“申请表”修改为“申报表”，“办理了合同登记备案”修改为“设立手册”。

三、对《中华人民共和国海关关于转关货物监管办法》（海关总署令第89号公布）作如下修改：

将第八条第一款的“转关货物申报的电子数据与书面单证具有同等的法律效力。对确因填报或传输错误的数据，有正当理由并经海关同意，可作修改或者撤销。对海关已决定查验的转关货物，不再允许修改或撤销申报内容。”修改为“转关货物申报的电子数据与书面单证具有同等的法律效力。对确因填报或者传输错误的数据，符合进出口货物报关单修改和撤销管理相关规定的，可以进行修改或者撤销。对海关已经决定查验的转关货物，不再允许修改或者撤销申报内容。”

四、对《中华人民共和国海关关于超期未报关进口货物、误卸或者溢卸的进境货物和放弃进口货物的处理办法》（海关总署令第91号发布）作如下修改：

将第三条第一款的“由进境运输工具载运进境并因故卸至海关监管区或者其他经海关批准的场所，未列入进口载货清单、运单向海关申报进境的误卸或者溢卸的进境货物，经海关审定确实的，由载运该货物的原运输工具负责人，自该运输工具卸货之日起三个月内，向海关申请办理退运出境手续；或者由该货物的收发货人，自该运输工具卸货之日起三个月内，向海关申请办理退运或者申报进口手续。”修改为“由进境运输工具载运进境并因故卸至海关监管区或者其他经海关批准的场所，未列入进口载货清单、运单向海关申报进境的误卸或者溢卸的进境货物，经海关审定确实的，由载运该货物的原运输工具负责人，自该运输工具卸货之日起三个月内，向海关办理直接退运出境手续；或者由该货物的收发货人，自该运输工具卸货之日起三个月内，向海关办理退运或者申报进口手续。”

五、对《中华人民共和国海关进出口货物申报管理规定》（海关总署令第103号公布）作如下修改：

（一）将第六条“为进出口货物的收发货人、受委托的报关企业办理申报手续的人员，应当是取得报关员资格并在海关注册的报关员。未取得报关员资格且未在海关注册的人员不得办理进出口货物申报手续。报关员应当按照国家和海关的法律法规规定和要求开展报关活动。除法律、行政法规和规章另有规定外，报关员及其所属企业应对报关员的申报行为承担相应的法律责任。”修改为“为进出口货物的收发货人、受委托的报关企业办理申报手续的人员，应当是在海关备案的报关人员。”

（二）将第十条第二款的“海关已接受申报的报关单电子数据，经人工审核后，需要对部分内容修改的，进出口货物收发货人、受委托的报关企业应当按照海关规定进行修改并重新发送，申报日期仍为海关原接受申报的日期。”修改为“海关已接受申报的报关单电子数据，人工审核确认需要退回修改的，进出口货物收发货人、受委托的报关企业应当在10日内完成修改并重新发送报关单电子数据，申报日期仍为海关接受原报关单电子数据的日期；超过10日的，原报关单无效，进出口货物收发货人、受委托的报关企业应当另行向海关申报，申报日期为海关再次接受申报的日期。”

（三）将第十四条“海关接受进出口货物的申报后，申报内容不得修改，报关单证不得撤销；确有如下正当理由的，收发货人、受委托的报关企业向海关递交书面申请，经海关审核批准后，可以进行修改或撤销：

1. 由于计算机、网络系统等方面的原因导致电子数据申报错误的；

2. 海关在办理出口货物的放行手续后，由于装运、配载等原因造成原申报货物部分或全部退关需要修改或撤销报关单证及其内容的；

3. 报关人员由于操作或书写失误造成申报差错，但未对国家贸易管制政策的实施、税费征收及海关统计指标等造成危害的；

4. 海关审价、归类审核或专业认定后需对原申报数据进行修改的；

5. 根据贸易惯例先行采用暂时价格成交、实际结算时按商检品质认定或国际市场实际价格付款方式需要修改原申报数据的；海关已经决定布控、查验进出口货物的，进出口货物的收发货人、受委托的报关企业不得修改报关单内容或撤销报关单证。”修改为“海关接受进出口货物的申报后，报关单证及其内容不得修改或者撤销；符合规定情形的，应当按照进出口货物报关单修改和撤销的相关规定办理。”

六、对《中华人民共和国海关关于加工贸易边角料、剩余料件、残次品、副产品和受灾保税货物的管理办法》（海关总署令第111号发布）作如下修改：

（一）将第五条修改为“加工贸易企业申报将剩余料件结转到另一个加工贸易合同使用，限同一经营企业、同一加工企业、同样进口料件和同一加工贸易方式。凡具备条件的，海关按规定核定单耗后，企业可以办理该合同核销及其剩余料件结转手续。剩余料件转入合同已经商务主管部门审批的，由原审批部门按变更方式办理相关手续，如剩余料件的转入量不增加已批合同的进口总量，则免予办理变更手续；转入合同为新建合同的，由商务主管部门按现行加工贸易审批管理规定办理。

加工贸易企业申报剩余料件结转有下列情形之一的，企业缴纳不超过结转保税料件应缴纳税款金额的风险担保金后，海关予以办理：

（一）同一经营企业申报将剩余料件结转到另一加工企业的；

（二）剩余料件转出金额达到该加工贸易合同项下实际进口料件总额50%及以上的；

（三）剩余料件所属加工贸易合同办理两次以及两次以上延期手续的；

剩余料件结转涉及不同主管海关的，在双方海关办理相关手续，并由转入地海关收取风险担保金。

前款所列须缴纳风险担保金的加工贸易企业有下列情形之一的，免予缴纳风险担保金：

（一）适用加工贸易A类管理的；

（二）已实行台账实转的合同，台账实转金额不低于结转保税料件应缴税款金额的；

（三）原企业发生搬迁、合并、分立、重组、改制、股权变更等法律规定的情形，且现企业继承原企业主要权利义务或者债权债务关系的，剩余料件结转不受同一经营企业、同一加工企业、同一贸易方式限制。”

（二）将第八条第一款的“加工贸易企业在加工生产过程中产生或者经回收能够提取的副产品，未复出口的，加工贸易企业在向海关备案或者核销时应当如实申报。”修改为“加工贸易企业在加工生产过程中产生或者经回收能够提取的副产品，未复出口的，加工贸易企业在向海关办理手册设立或者核销手续时应当如实申报。”

（三）将第九条第（一）项中的“报请核销”修改报为“报核”。

（四）将第十一条修改为“加工贸易企业因故无法内销或者退运的边角料、剩余料件、残次品、副产品或者受灾保税货物，由加工贸易企业委托具有法定资质的单位进行销毁处置，海关凭相关单证、处置单位出具的接收单据和处置证明等资料办理核销手续。

海关可以派员监督处置，加工贸易企业以及有关处置单位应当给予配合。加工贸易企业因处置获得的收入，应当向海关如实申报，海关比照边角料内销征税的管理规定办理征税手续。”

七、对《中华人民共和国海关实施〈中华人民共和国行政许可法〉办法》（海关总署令第117号公布）作如下修改：

删去第四十八条第（一）项、第四十九条。

八、对《中华人民共和国海关进出口货物征税管理办法》（海关总署令第124号公布）作如下修改：

（一）将第二十四条第一款的“纳税义务人因不可抗力或者国家税收政策调整不能按期缴纳税款的，应当在货物进出口前向办理进出口申报纳税手续的海关所在的直属海关提出延期缴纳税款的书面申请并随附相关材料，同时还应当提供缴税计划。”修改为“纳税义务人因不可抗力或者国家税收政策调整不能按期缴纳税款的，应当在货物进出口前向申报地的直属海关或者其授权的隶属海关提出延期缴纳税款的书面申请并随附相关材料，同时还应当提供缴税计划。”

（二）将第二十五条第一款的“直属海关应当自接到纳税义务人延期缴纳税款的申请之日起10日内审核情况是否属实，情况属实的，应当立即将有关申请材料报送海关总署。海关总署接到申请材料后，应当在20日内作出是否同意延期缴纳税款的决定以及延期缴纳税款的期限，并通知报送申请材料的直属海关。因特殊情况在20日内不能作出决定的，可以延长10日。”修改为“直属海关或者其授权的隶属海关应当自接到纳税义务人延期缴纳税款的申请之日起30日内审核情况是否属实，并作出是否同意延期缴纳税款的决定以及延期缴纳税款的期限。由于特殊情况在30日内不能作出决定的，可以延长10日。”

（三）将第二十六条第一款的“经海关总署审核未批准延期缴纳税款的，直属海关应当自接到海关总署未批准延期缴纳税款的决定之日起3个工作日内通知纳税义务人，并填发税款缴款书。”修改为“直属海关或者其授权的隶属海关经审核未批准延期缴纳税款的，应当自作出决定之日起3个工作日内通知纳税义务人，并填发税款缴款书。”

九、对《中华人民共和国海关征收进口货物滞报金办法》（海关总署令第128号公布）作如下修改：

（一）将第六条“进口货物收货人在向海关传送报关单电子数据申报后，未在规定期限或核准的期限内递交纸质报关单，海关予以撤销电子数据报关单处理、进口货物收货人重新向海关申报，产生滞报的，按照本办法第四条规定计算滞报金起征日。进口货物收货人申报并经海关依法审核，必须撤销原电子数据报关单重新申报的，经进口货物收货人申请并经海关审核同意，以撤销原报关单之日起第十五日为起征日。”修改为“进口货物收货人向海关传送报关单电子数据申报后，未在规定期限或者核准的期限内递交纸质报关单以及随附单证，海关予以撤销报关单电子数据处理。进口货物收货人重新向海关申报，产生滞报的，按照本办法第四条规定计算滞报金起征日。

进口货物收货人申报后依法撤销原报关单电子数据重新申报的，以撤销原报关单之日起第十五日为起征日。”

（二）将第十二条中的“进口货物收货人可以向海关申请减免滞报金”修改为“进口货物收货人可以向申报地海关申请减免滞报金”。

第十二条第（四）项中的“因海关及相关执法部门工作原因致使收货人无法在规定期限内申报，从而产生滞报的”修改为“因海关及相关司法、行政执法部门工作原因致使收货人无法在规定期限内申报，从而产生滞报的”。

（三）删去第十四条，其他条款次序作相应调整。

（四）对第十五条作以下修改：

1. 将第十五条第（三）项的“进口货物收货人申报并经海关依法审核，必须撤销原电子数据报关单重新申报，因删单重报产生滞报的”修改为“进口货物收货人申报后依法撤销原报关单电子数据重新申报，因删单重报产生滞报的”。

2. 将第十五条第（四）项的“进口货物经海关批准直接退运的”修改为“进口货物办理直接退运的”。

相应将本条的条款顺序调整为第十四条。

（五）将第十七条“本办法规定的滞报金起征日如遇法定节假日，则顺延至其后第一个工作日。”修改为“本办法规定的滞报金起征日遇有休息日或者法定节假日的，顺延至休息日或者法定节假日之后的第一个工作日。国务院临时调整休息日与工作日的，海关应当按照调整后的情况确定滞报金的起征日。”

相应将本条的条款顺序调整为第十六条。

十、对《中华人民共和国海关行政处罚听证办法》（海关总署令第145号公布）作如下修改：

删去第三条中“暂停报关执业”和“取消报关从业资格”的表述。

十一、对《中华人民共和国海关加工贸易单耗管理办法》（海关总署令第155号公布）作如下修改：

将第四条“加工贸易企业应当在加工贸易备案环节向海关进行单耗备案。”修改为“加工贸易企业应当在加工贸易手册设立环节向海关进行单耗备案。”

十二、对《中华人民共和国海关进出口货物商品归类管理规定》（海关总署令第158号公布）作如下修改：

将第十三条“收发货人或者其代理人申报的商品编码需要修改的，应当按照《中华人民共和国海关进出口货物报关单修改和撤销管理办法》等规定向海关提出申请。”修改为“收发货人或者其代理人申报的商品编码需要修改的，应当按照进出口货物报关单修改和撤销的相关规定办理。”

十三、对《中华人民共和国海关办理行政处罚案件程序规定》（海关总署令第159号公布）作如下修改：

（一）删去第六十条第二款中“暂停报关执业”和“取消报关从业资格”的表述。

（二）删去第七十五条第二款中“或者执业”和“取消报关从业资格”的表述。

十四、对《中华人民共和国海关行政复议办法》（海关总署令第166号公布）作如下修改：

删去第九条第（一）项中“或者执业”和“取消报关从业资格”的表述。

十五、对《中华人民共和国海关进出口货物集中申报管理办法》（海关总署令第169号公布）作如下修改：

将第十二条“收发货人在清单申报后申请修改或者撤销‘集中申报清单’的，比照《中华人民共和国海关报关单修改和撤销管理办法》的相关规定办理。”修改为“收发货人在清单申报后修改或者撤销集中申报清单的，参照进出口货物报关单修改和撤销的相关规定办理。”

本决定自公布之日起施行。

《中华人民共和国海关对进料加工保税集团管理办法》、《中华人民共和国海关关于异地加工贸易的管理办法》、《中华人民共和国海关关于转关货物监管办法》、《中华人民共和国海关关于超期未报关进口货物、误卸或者溢卸的进境货物和放弃进口货物的处理办法》、《中华人民共和国海关进出口货物申报管理规定》、《中华人民共和国海关关于加工贸易边角料、剩余料件、残次品、副产品和受灾保税货物的管理办法》、《中华人民共和国海关实施〈中华人民共和国行政许可法〉办法》、《中华人民共和国海关进出口货物征税管理办法》、《中华人民共和国海关征收进口货物滞报金办法》、《中华人民共和国海关行政处罚听证办法》、《中华人民共和国海关加工贸易单耗管理办法》、《中华人民共和国海关进出口货物商品归类管理规定》、《中华人民共和国海关办理行政处罚案件程序规定》、《中华人民共和国海关行政复议办法》、《中华人民共和国海关进出口货物集中申报管理办法》根据本决定作相应修改，重新公布。

附件1　中华人民共和国海关对进料加工保税集团管理办法（略）

附件2　中华人民共和国海关关于异地加工贸易的管理办法（略）

附件3　中华人民共和国海关关于转关货物监管办法（略）

附件4　中华人民共和国海关关于超期未报关进口货物、误卸或者溢卸的进境货物和放弃进口货物的处理办法（略）

附件5　中华人民共和国海关进出口货物申报管理规定（略）

附件6　中华人民共和国海关关于加工贸易边角料、剩余料件、残次品、副产品和受灾保税货物的管理办法（略）

附件7　中华人民共和国海关实施《中华人民共和国行政许可法》办法（略）

附件8　中华人民共和国海关进出口货物征税管理办法（略）

附件9　中华人民共和国海关征收进口货物滞报金办法（略）

附件10　中华人民共和国海关行政处罚听证办法（略）

附件11　中华人民共和国海关加工贸易单耗管理办法（略）

附件12　中华人民共和国海关进出口货物商品归类管理规定（略）

附件13　中华人民共和国海关办理行政处罚案件程序规定（略）

附件14　中华人民共和国海关行政复议办法（略）

附件15　中华人民共和国海关进出口货物集中申报管理办法（略）

中华人民共和国海关进出口货物报关单修改和撤销管理办法

（2014年3月13日经海关总署令第220号发布，自2014年3月13日起施行）

第一条　为了加强对进出口货物报关单修改和撤销的管理，规范进出口货物收发货人或者其代理人的申报行为，保护其合法权益，根据《中华人民共和国海关法》（以下简称《海关法》）制定本办法。

第二条　进出口货物收发货人或者其代理人（以下统称当事人）修改或者撤销进出口货物报关单，以及海关要求对进出口货物报关单进行修改或者撤销的，适用本办法。

第三条　海关接受进出口货物申报后，报关单证及其内容不得修改或者撤销；符合规定情形的，可以修改或者撤销。

进出口货物报关单修改或者撤销后，纸质报关单和电子数据报关单应当一致。

第四条　进出口货物报关单的修改或者撤销，应当遵循修改优先原则；确实不能修改的，予以撤销。

第五条　有以下情形之一的，当事人可以向原接受申报的海关办理进出口货物报关单修改或者撤销手续，海关另有规定的除外：

（一）出口货物放行后，由于装运、配载等原因造成原申报货物部分或者全部退关、变更运输工具的；

（二）进出口货物在装载、运输、存储过程中发生溢短装，或者由于不可抗力造成灭失、短损等，导致原申报数据与实际货物不符的；

（三）由于办理退补税、海关事务担保等其他海关手续而需要修改或者撤销报关单数据的；

（四）根据贸易惯例先行采用暂时价格成交、实际结算时按商检品质认定或者国际市场实际价格付款方式需要修改申报内容的；

（五）已申报进口货物办理直接退运手续，需要修改或者撤销原进口货物报关单的；

（六）由于计算机、网络系统等技术原因导致电子数据申报错误的。

第六条　符合本办法第五条规定的，当事人应当向海关提交“进出口货物报关单修改/撤销表”和下列材料：

（一）符合第五条第（一）项情形的，应当提交退关、变更运输工具证明材料；

（二）符合第五条第（二）项情形的，应当提交商检机构或者相关部门出具的证明材料；

（三）符合第五条第（三）项情形的，应当提交签注海关意见的相关材料；

（四）符合第五条第（四）项情形的，应当提交全面反映贸易实际状况的发票、合同、提单、装箱单等单证，并如实提供与货物买卖有关的支付凭证，以及证明申报价格真实、准确的其他商业单证、书面资料和电子数据；

（五）符合第五条第（五）项情形的，应当提交“进口货物直接退运表”或者“责令进口货物直接退运通知书”；

（六）符合第五条第（六）项情形的，应当提交计算机、网络系统运行管理方出具的说明材料；

（七）其他证明材料。

当事人向海关提交材料符合本条第一款规定，并且齐全、有效的，海关应当及时进行修改或者撤销。

第七条　由于报关人员操作或者书写失误造成申报内容需要修改或者撤销的，当事人应当向海关提交“进出口货物报关单修改/撤销表”和下列材料：

（一）可以证明进出口货物实际情况的合同、发票、装箱单、提运单或者载货清单等相关单证、证明文书；

（二）详细情况说明；

（三）其他证明材料。

海关未发现报关人员存在逃避海关监管行为的，可以修改或者撤销报关单。不予修改或者撤销的，海关应当及时通知当事人，并且说明理由。

第八条　海关发现进出口货物报关单需要修改或者撤销，可以采取以下方式主动要求当事人修改或者撤销：

（一）将电子数据报关单退回，并详细说明修改的原因和要求，当事人应当按照海关要求进行修改后重新提交，不得对报关单其他内容进行变更；

（二）向当事人制发“进出口货物报关单修改/撤销确认书”，通知当事人要求修改或者撤销的内容，当事人应当在5日内对进出口货物报关单修改或者撤销的内容进行确认，确认后海关完成对报关单的修改或者撤销。

第九条　除不可抗力外，当事人有以下情形之一的，海关可以直接撤销相应的电子数据报关单：

（一）海关将电子数据报关单退回修改，当事人未在规定期限内重新发送的；

（二）海关审结电子数据报关单后，当事人未在规定期限内递交纸质报关单的；

（三）出口货物申报后未在规定期限内运抵海关监管场所的；

（四）海关总署规定的其他情形。

第十条　海关已经决定布控、查验及涉嫌走私或者违反海关监管规定的进出口货物，在办结相关手续前不得修改或者撤销报关单及其电子数据。

第十一条　已签发报关单证明联的进出口货物，当事人办理报关单修改或者撤销手续时应当向海关交回报关单证明联。

第十二条　由于修改或者撤销进出口货物报关单导致需要变更、补办进出口许可证件的，当事人应当向海关提交相应的进出口许可证件。

第十三条　进出境备案清单的修改、撤销，参照本办法执行。

第十四条　违反本办法，构成走私行为、违反海关监管规定行为或者其他违反《海关法》行为的，由海关依照《海关法》和《中华人民共和国海关行政处罚实施条例》的有关规定予以处理；构成犯罪的，依法追究刑事责任。

第十五条　本办法由海关总署负责解释。

第十六条　本办法自公布之日起施行。2005年12月30日以海关总署令第143号公布的《中华人民共和国海关进出口货物报关单修改和撤销管理办法》同时废止。

中华人民共和国海关报关单位注册登记管理规定

（2014年2月13日经海关总署令第221号发布，自2014年3月13日起施行）

第一章　总　则

第一条　为了规范海关对报关单位的注册登记管理，根据《中华人民共和国海关法》（以下简称《海关法》）及其他有关法律和行政法规，制定本规定。

第二条　中华人民共和国海关是报关单位注册登记管理的主管机关。

第三条　报关单位办理报关业务应当遵守国家有关法律、行政法规和海关规章的规定，承担相应的法律责任。

报关单位对其所属报关人员的报关行为应当承担相应的法律责任。

第四条　除法律、行政法规或者海关规章另有规定外，办理报关业务的报关单位，应当按照本规定到海关办理注册登记。

第五条　报关单位注册登记分为报关企业注册登记和进出口货物收发货人注册登记。

报关企业应当经所在地直属海关或者其授权的隶属海关办理注册登记许可后，方能办理报关业务。

进出口货物收发货人可以直接到所在地海关办理注册登记。

报关单位应当在每年6月30日前向注册地海关提交《报关单位注册信息年度报告》。

报关单位所属人员从事报关业务的，报关单位应当到海关办理备案手续，海关予以核发证明。

报关单位可以在办理注册登记手续的同时办理所属报关人员备案。

第六条　进出口货物收发货人应当通过本单位所属的报关人员办理报关业务，或者委托海关准予注册登记的报关企业，由报关企业所属的报关人员代为办理报关业务。

海关可以将报关单位的报关业务情况及所属报关人员的执业情况予以公布。

第七条　已经在海关办理注册登记的报关单位，再次向海关提出注册登记申请的，海关不予受理。

第二章 报关企业注册登记

第八条 报关企业应当具备下列条件：

（一）具备境内企业法人资格条件；

（二）法定代表人无走私记录；

（三）无因走私违法行为被海关撤销注册登记许可记录；

（四）有符合从事报关服务所必需的固定经营场所和设施；

（五）海关监管所需要的其他条件。

第九条 申请报关企业注册登记许可，应当提交下列文件材料：

（一）“报关单位情况登记表”；

（二）企业法人营业执照副本复印件及组织机构代码证书副本复印件；

（三）报关服务营业场所所有权证明或者使用权证明；

（四）其他与申请注册登记许可相关的材料。

申请人按照本条第一款规定提交复印件的，应当同时向海关交验原件。

第十条 申请人应当到所在地海关提出申请并递交申请注册登记许可材料。

直属海关应当对外公布受理申请的场所。

第十一条 申请人可以委托代理人提出注册登记许可申请。

申请人委托代理人代为提出申请的，应当出具授权委托书。

第十二条 对申请人提出的申请，海关应当根据下列情况分别作出处理：

（一）申请人不具备报关企业注册登记许可申请资格的，应当作出不予受理的决定；

（二）申请材料不齐全或者不符合法定形式的，应当当场或者在签收申请材料后五日内一次告知申请人需要补正的全部内容，逾期不告知的，自收到申请材料之日起即为受理；

（三）申请材料仅存在文字性或者技术性等可以当场更正的错误的，应当允许申请人当场更正，并且由申请人对更正内容予以签章确认；

（四）申请材料齐全、符合法定形式，或者申请人按照海关的要求提交全部补正申请材料的，应当受理报关企业注册登记许可申请，并作出受理决定。

第十三条 所在地海关受理申请后，应当根据法定条件和程序进行全面审查，并且于受理注册登记许可申请之日起20日内审查完毕。

直属海关未授权隶属海关办理注册登记许可的，应当自收到所在地海关报送的审查意见之日起20日内作出决定。

直属海关授权隶属海关办理注册登记许可的，隶属海关应当自受理或者收到所在地海关报送的审查意见之日起20日内作出决定。

第十四条 申请人的申请符合法定条件的，海关应当依法作出准予注册登记许可的书面决定，并送达申请人，同时核发“中华人民共和国海关报关单位注册登记证书”。

申请人的申请不符合法定条件的，海关应当依法作出不准予注册登记许可的书面决定，并且告知申请人享有依法申请行政复议或者提起行政诉讼的权利。

第十五条 报关企业在取得注册登记许可的直属海关关区外从事报关服务的，应当依法设立分支机构，并且向分支机构所在地海关备案。

报关企业在取得注册登记许可的直属海关关区内从事报关服务的，可以设立分支机构，并且向分支机构所在地海关备案。

报关企业分支机构可以在备案海关关区内从事报关服务。备案海关为隶属海关的，报关企业分支机构可以在备案海关所属直属海关关区内从事报关服务。

报关企业对其分支机构的行为承担法律责任。

第十六条 报关企业设立分支机构应当向其分支机构所在地海关提交下列备案材料：

（一）“报关单位情况登记表”；

（二）报关企业“中华人民共和国海关报关单位注册登记证书”复印件；

（三）分支机构营业执照副本复印件及组织机构代码证书副本复印件；

（四）报关服务营业场所所有权证明复印件或者使用权证明复印件；

（五）海关要求提交的其他备案材料。

申请人按照本条第一款规定提交复印件的，应当同时向海关交验原件。

经审查符合备案条件的，海关应当核发“中华人民共和国海关报关单位注册登记证书”。

第十七条　报关企业注册登记许可期限为2年。被许可人需要延续注册登记许可有效期的，应当办理注册登记许可延续手续。

报关企业分支机构备案有效期为2年，报关企业分支机构应当在有效期届满前30日持本规定第十六条规定的材料到分支机构所在地海关办理换证手续。

第十八条　报关企业的企业名称、法定代表人发生变更的，应当持“报关单位情况登记表”、“中华人民共和国海关报关单位注册登记证书”、变更后的工商营业执照或者其他批准文件及复印件，以书面形式到注册地海关申请变更注册登记许可。

报关企业分支机构企业名称、企业性质、企业住所、负责人等海关备案内容发生变更的，应当自变更生效之日起30日内，持变更后的营业执照副本或者其他批准文件及复印件，到所在地海关办理变更手续。

所属报关人员备案内容发生变更的，报关企业及其分支机构应当在变更事实发生之日起30日内，持变更证明文件等相关材料到注册地海关办理变更手续。

第十九条　对被许可人提出的变更注册登记许可申请，注册地海关应当参照注册登记许可程序进行审查。经审查符合注册登记许可条件的，应当作出准予变更的决定，同时办理注册信息变更手续。

经审查不符合注册登记许可条件的，海关不予变更其注册登记许可。

第二十条　报关企业办理注册登记许可延续手续，应当在有效期届满40日前向海关提出申请，同时提交本规定第九条第一款第（一）项至第（四）项规定的文件材料。依照海关规定提交复印件的，还应当同时交验原件。

报关企业应当在办理注册登记许可延续的同时办理换领“中华人民共和国海关报关单位注册登记证书”手续。

报关企业未按照本条第一款规定的时限提出延续申请的，海关不再受理其注册登记许可延续申请。

第二十一条　海关应当参照注册登记许可程序在有效期届满前对报关企业的延续申请予以审查。经审查认定符合注册登记许可条件，以及法律、行政法规、海关规章规定的延续注册登记许可应当具备的其他条件的，应当依法作出准予延续2年有效期的决定。

海关应当在注册登记许可有效期届满前作出是否准予延续的决定。有效期届满时仍未作出决定的，视为准予延续，海关应当依法为其办理注册登记许可延续手续。

海关对不再具备注册登记许可条件，或者不符合法律、行政法规、海关规章规定的延续注册登记许可应当具备的其他条件的报关企业，不准予延续其注册登记许可。

第二十二条　有下列情形之一的，海关应当依法注销注册登记许可：

（一）有效期届满未申请延续的；

（二）报关企业依法终止的；

（三）注册登记许可依法被撤销、撤回，或者注册登记许可证件依法被吊销的；

（四）由于不可抗力导致注册登记许可事项无法实施的；

（五）法律、行政法规规定的应当注销注册登记许可的其他情形。

海关依据本条第一款规定注销报关企业注册登记许可的，应当同时注销该报关企业设立的所有分支机构。

第三章　进出口货物收发货人注册登记

第二十三条　进出口货物收发货人应当按照规定到所在地海关办理报关单位注册登记手续。

进出口货物收发货人在海关办理注册登记后可以在中华人民共和国关境内口岸或者海关监管业务集中的地点办理本企业的报关业务。

第二十四条　进出口货物收发货人申请办理注册登记，应当提交下列文件材料，另有规定的除外：

（一）“报关单位情况登记表”；

（二）营业执照副本复印件及组织机构代码证书副本复印件；

（三）对外贸易经营者备案登记表复印件或者外商投资企业（台港澳侨投资企业）批准证书复印件；

（四）其他与注册登记有关的文件材料。

申请人按照本条第一款规定提交复印件的，应当同时向海关交验原件。

第二十五条　注册地海关依法对申请注册登记材料进行核对。经核对申请材料齐全、符合法定形式的，应当核发“中华人民共和国海关报关单位注册登记证书”。

第二十六条 除海关另有规定外，进出口货物收发货人“中华人民共和国海关报关单位注册登记证书”长期有效。

第二十七条 下列单位未取得对外贸易经营者备案登记表，按照国家有关规定需要从事非贸易性进出口活动的，应当办理临时注册登记手续：

（一）境外企业、新闻、经贸机构、文化团体等依法在中国境内设立的常驻代表机构；

（二）少量货样进出境的单位；

（三）国家机关、学校、科研院所等组织机构；

（四）临时接受捐赠、礼品、国际援助的单位；

（五）其他可以从事非贸易性进出口活动的单位。

第二十八条 临时注册登记单位在向海关申报前，应当向所在地海关办理备案手续。特殊情况下可以向拟进出境口岸或者海关监管业务集中地海关办理备案手续。

第二十九条 办理临时注册登记，应当持本单位出具的委派证明或者授权证明及非贸易性活动证明材料。

第三十条 临时注册登记的，海关可以出具临时注册登记证明，但是不予核发注册登记证书。

临时注册登记有效期最长为 1 年，有效期届满后应当重新办理临时注册登记手续。

已经办理报关注册登记的进出口货物收发货人，海关不予办理临时注册登记手续。

第三十一条 进出口货物收发货人企业名称、企业性质、企业住所、法定代表人（负责人）等海关注册登记内容发生变更的，应当自变更生效之日起 30 日内，持变更后的营业执照副本或者其他批准文件及复印件，到注册地海关办理变更手续。

所属报关人员发生变更的，进出口货物收发货人应当在变更事实发生之日起 30 日内，持变更证明文件等相关材料到注册地海关办理变更手续。

第三十二条 进出口货物收发货人有下列情形之一的，应当以书面形式向注册地海关办理注销手续。海关在办结有关手续后，应当依法办理注销注册登记手续。

（一）破产、解散、自行放弃报关权或者分立成两个以上新企业的；

（二）被工商行政管理机关注销登记或者吊销营业执照的；

（三）丧失独立承担责任能力的；

（四）对外贸易经营者备案登记表或者外商投资企业批准证书失效的；

（五）其他依法应当注销注册登记的情形。

进出口货物收发货人未依照本条第一款主动办理注销手续的，海关可以在办结有关手续后，依法注销其注册登记。

第四章 报关单位的管理

第三十三条 报关单位有权向海关查询其办理的报关业务情况。

第三十四条 报关单位应当妥善保管海关核发的注册登记证书等相关证明文件。发生遗失的，报关单位应当及时书面向海关报告并说明情况。

海关应当自收到情况说明之日起 20 日内予以补发相关证明文件。遗失的注册登记证书等相关证明文件在补办期间仍然处于有效期间的，报关单位可以办理报关业务。

第三十五条 报关单位向海关提交的纸质进出口货物报关单应当加盖本单位的报关专用章。

报关专用章应当按照海关总署统一规定的要求刻制。

报关企业及其分支机构的报关专用章仅限在其取得注册登记许可或者备案的直属海关关区内使用。

进出口货物收发货人的报关专用章可以在全关境内使用。

第三十六条 报关单位在办理注册登记业务时，应当对所提交的申请材料及所填报信息内容的真实性负责并且承担法律责任。

第三十七条 海关依法对报关单位从事报关活动及其经营场所进行监督和实地检查，依法查阅或者要求报关单位报送有关材料。报关单位应当积极配合，如实提供有关情况和材料。

第三十八条 海关对报关单位办理海关业务中出现的报关差错予以记录，并且公布记录情况的查询方式。

报关单位对报关差错记录有异议的，可以自报关差错记录之日起 15 日内向记录海关以书面方式申请复核。

海关应当自收到书面申请之日起 15 日内进行复核，对记录错误的予以更正。

第五章 附 则

第三十九条 报关单位、报关人员违反本规定，构成走私行为、违反海关监管规定行为或者其他违反《海关法》行为的，由海关依照《海关法》和《中华人民共和国海关行政处罚实施条例》的有关规定予以处理；构成犯罪的，依法追究刑事责任。

第四十条 报关单位有下列情形之一的，海关予以警告，责令其改正，可以处1万元以下罚款：

（一）报关单位企业名称、企业性质、企业住所、法定代表人（负责人）等海关注册登记内容发生变更，未按照规定向海关办理变更手续的；

（二）向海关提交的注册信息中隐瞒真实情况、弄虚作假的。

第四十一条 “中华人民共和国海关报关单位注册登记证书”、“报关单位情况登记表”、“报关单位注册信息年度报告”等法律文书及格式文本，由海关总署另行制定公布。

第四十二条 本规定规定的期限以工作日计算，不含法定节假日、休息日。

第四十三条 本规定中下列用语的含义：

报关单位，是指按照本规定在海关注册登记的报关企业和进出口货物收发货人。

报关企业，是指按照本规定经海关准予注册登记，接受进出口货物收发货人的委托，以委托人的名义或者以自己的名义，向海关办理代理报关业务，从事报关服务的中华人民共和国关境内的企业法人。

进出口货物收发货人，是指依法直接进口或者出口货物的中华人民共和国关境内的法人、其他组织或者个人。

报关人员，是指经报关单位向海关备案，专门负责办理所在单位报关业务的人员。

报关差错率，是指报关单位被记录报关差错的总次数，除以同期申报总次数的百分比。

第四十四条 海关特殊监管区域内企业可以申请注册登记成为特殊监管区域双重身份企业，海关按照报关企业有关规定办理注册登记手续。

特殊监管区域双重身份企业在海关特殊监管区域内拥有进出口货物收发货人和报关企业双重身份，在海关特殊监管区外仅具报关企业身份。

除海关特殊监管区域双重身份企业外，报关单位不得同时在海关注册登记为进出口货物收发货人和报关企业。

第四十五条 本规定由海关总署负责解释。

第四十六条 本规定自公布之日起施行。2005年3月31日以海关总署令第127号发布的《中华人民共和国海关对报关单位注册登记管理规定》同时废止。

中华人民共和国海关进口货物直接退运管理办法

（2014年3月12日海关总署令第217号发布，自发布之日起施行）

第一条 为了加强对进口货物直接退运的管理，保护公民、法人或者其他组织的合法权益，根据《中华人民共和国海关法》（以下简称《海关法》）制定本办法。

第二条 货物进境后、办结海关放行手续前，进口货物收发货人、原运输工具负责人或者其代理人（以下统称当事人）将全部或者部分货物直接退运境外，以及海关根据国家有关规定责令直接退运的，适用本办法。

进口转关货物在进境地海关放行后，当事人办理退运手续的，不适用本办法，当事人应当按照一般退运手续办理。

第三条 货物进境后、办结海关放行手续前，有下列情形之一的，当事人可以向货物所在地海关办理直接退运手续：

（一）因为国家贸易管理政策调整，收货人无法提供相关证件的；

（二）属于错发、误卸或者溢卸货物，能够提供发货人或者承运人书面证明文书的；

（三）收发货人双方协商一致同意退运，能够提供双方同意退运的书面证明文书的；

（四）有关贸易发生纠纷，能够提供已生效的法院判决书、仲裁机构仲裁决定书或者无争议的有效货物所有权凭证的；

（五）货物残损或者国家检验检疫不合格，能够提供国家检验检疫部门出具的相关检验证明文书的。

第四条 办理直接退运手续的进口货物未向海关申报的，当事人应当向海关提交《进口货物直接退运表》以及证明进口实际情况的合同、发票、装箱清单、提运单或者载货清单等相关单证、证明文书，按照本办法第十条的规定填制报关单，办理直接退运的申报手续。

第五条 办理直接退运手续的进口货物已向海关申报的，当事人应当向海关提交《进口货物直接退运表》、原报关单或者转关单以及证明进口实际情况的合同、发票、装箱清单、提运单或者载货清单等相关单证、证明文书，先行办理报关单或者转关单删除手续。

本条第一款规定情形下，海关依法删除原报关单或者转关单数据的，当事人应当按照本办法第十条的规定填制报关单，办理直接退运的申报手续。

对海关已经确定布控、查验或者认为有走私违规嫌疑的货物，不予办理直接退运。布控、查验或者案件处理完毕后，按照海关有关规定处理。

第六条 货物进境后、办结海关放行手续前，有下列情形之一的，海关应当责令当事人将进口货物直接退运境外：

（一）货物属于国家禁止进口的货物，已经海关依法处理的；

（二）违反国家检验检疫政策法规，已经国家检验检疫部门处理并且出具《检验检疫处理通知书》或者其他证明文书的；

（三）未经许可擅自进口属于限制进口的固体废物，已经海关依法处理的；

（四）违反国家有关法律、行政法规，应当责令直接退运的其他情形。

第七条 责令进口货物直接退运的，由海关根据相关政府行政主管部门出具的证明文书，向当事人制发《海关责令进口货物直接退运通知书》（以下简称《责令直接退运通知书》）。

第八条 当事人收到《责令直接退运通知书》之日起 30 日内，应当按照海关要求向货物所在地海关办理进口货物直接退运的申报手续。

第九条 当事人办理进口货物直接退运申报手续的，除另有规定外，应当先行填写出口报关单向海关申报，然后填写进口报关单办理直接退运申报手续，进口报关单应当在“关联报关单”栏填报出口报关单号。

第十条 进口货物直接退运的，除《中华人民共和国海关进出口货物报关单填制规范》外，还应当按照下列要求填制进出口货物报关单：

（一）“监管方式”栏均填写“直接退运”（代码“4500”）；

（二）“备注”栏填写《进口货物直接退运表》或者《责令直接退运通知书》编号。

第十一条 直接退运的货物，海关不验核进出口许可证或者其他监管证件，免予征收进出口环节税费及滞报金，不列入海关统计。

第十二条 由于承运人的责任造成货物错发、误卸或者溢卸的，当事人办理直接退运手续时可以免予填制报关单。

第十三条 进口货物直接退运应当从原进境地口岸退运出境。由于运输原因需要改变运输方式或者由另一口岸退运出境的，应当经由原进境地海关批准后，以转关运输方式出境。

第十四条 保税区、出口加工区以及其他海关特殊监管区域和保税监管场所进口货物的直接退运参照本办法有关规定办理。

第十五条 违反本办法，构成走私行为、违反海关监管规定行为或者其他违反《海关法》行为的，由海关依照《海关法》和《中华人民共和国海关行政处罚实施条例》的有关规定予以处理；构成犯罪的，依法追究刑事责任。

第十六条 《进口货物直接退运表》、《海关责令进口货物直接退运通知书》等法律文书，由海关总署另行制发公告。

第十七条 本办法由海关总署负责解释。

第十八条 本办法自公布之日起施行。2007 年 2 月 2 日以海关总署令第 156 号公布的《中华人民共和国海关进口货物直接退运管理办法》同时废止。

中华人民共和国海关企业信用管理暂行办法

（2014年10月8日经海关总署令第225号发布，自2014年12月1日起施行）

第一章 总 则

第一条 为了推进社会信用体系建设，建立企业进出口信用管理制度，保障贸易安全与便利，根据《中华人民共和国海关法》及其他有关法律、行政法规的规定，制定本办法。

第二条 海关注册登记企业信用信息的采集、公示，企业信用状况的认定、管理等适用本办法。

第三条 海关根据企业信用状况将企业认定为认证企业、一般信用企业和失信企业，按照诚信守法便利、失信违法惩戒原则，分别适用相应的管理措施。

第四条 认证企业是中国海关经认证的经营者（AEO），中国海关依法开展与其他国家或者地区海关的AEO互认，并给予互认AEO企业相应通关便利措施。

第五条 海关根据社会信用体系建设和国际合作需要，与国家有关部门及其他国家或者地区海关建立合作机制，推进信息互换、监管互认、执法互助。

第二章 企业信用信息采集和公示

第六条 海关应当采集能够反映企业进出口信用状况的下列信息，建立企业信用信息管理系统：

（一）企业在海关注册登记信息；

（二）企业进出口经营信息；

（三）AEO互认信息；

（四）企业在其他行政管理部门的信息；

（五）其他与企业进出口相关的信息。

第七条 海关应当在保护国家秘密、商业秘密和个人隐私的前提下，公示企业下列信用信息：

（一）企业在海关注册登记信息；

（二）海关对企业信用状况的认定结果；

（三）企业行政处罚信息；

（四）其他应当公示的企业信息。

海关对企业行政处罚信息的公示期限为5年。

海关应当公布企业信用信息的查询方式。

第八条 公民、法人或者其他组织认为海关公示的企业信用信息不准确的，可以向海关提出异议，并提供相关资料或者证明材料。海关应当自收到异议申请之日起20日内复核。公民、法人或者其他组织提出异议的理由成立的，海关应当采纳。

第三章 企业信用状况的认定标准和程序

第九条 认证企业应当符合《海关认证企业标准》。

《海关认证企业标准》分为一般认证企业标准和高级认证企业标准，由海关总署制定并对外公布。

第十条 企业有下列情形之一的，海关认定为失信企业：

（一）有走私犯罪或者走私行为的；

（二）非报关企业1年内违反海关监管规定行为次数超过上年度报关单、进出境备案清单等相关单证总票数千分之一且被海关行政处罚金额超过10万元的违规行为2次以上的，或者被海关行政处罚金额累计超过100万元的；

报关企业1年内违反海关监管规定行为次数超过上年度报关单、进出境备案清单总票数万分之五的，或者被海关行政处罚金额累计超过10万元的；

（三）拖欠应缴税款、应缴罚没款项的；

（四）上一季度报关差错率高于同期全国平均报关差错率1倍以上的；

（五）经过实地查看，确认企业登记的信息失实且无法与企业取得联系的；

（六）被海关依法暂停从事报关业务的；

（七）涉嫌走私、违反海关监管规定拒不配合海关进行调查的；

（八）假借海关或者其他企业名义获取不当利益的；

（九）弄虚作假、伪造企业信用信息的；

（十）其他海关认定为失信企业的情形。

第十一条 企业有下列情形之一的，海关认定为一般信用企业：

（一）首次注册登记的企业；

（二）认证企业不再符合本办法第九条规定条件，且未发生本办法第十条所列情形的；

（三）适用失信企业管理满1年，且未再发生本办法第十条规定情形的。

第十二条 企业向海关申请成为认证企业的，海关按照《海关认证企业标准》对企业实施认证。

海关或者申请企业可以委托具有法定资质的社会中介机构对企业进行认证；中介机构认证结果经海关认可的，可以作为认定企业信用状况的参考依据。

第十三条 海关应当自收到企业书面认证申请之日起90日内作出认证结论。特殊情形下，海关认证时限可以延长30日。

第十四条 企业有下列情形之一的，海关应当终止认证：

（一）发生涉嫌走私或者违反海关监管规定的行为被海关立案侦查或者调查的；

（二）主动撤回认证申请的；

（三）其他应当终止认证的情形。

第十五条 海关对企业信用状况的认定结果实施动态调整。

海关对高级认证企业应当每3年重新认证一次，对一般认证企业不定期重新认证。认证企业未通过重新认证适用一般信用企业管理的，1年内不得再次申请成为认证企业；高级认证企业未通过重新认证但符合一般认证企业标准的，适用一般认证企业管理。

适用失信企业管理满1年，且未再发生本办法第十条规定情形的，海关应当将其调整为一般信用企业管理。

失信企业被调整为一般信用企业满1年的，可以向海关申请成为认证企业。

第四章　管理原则和措施

第十六条 一般认证企业适用下列管理原则和措施：

（一）较低进出口货物查验率；

（二）简化进出口货物单证审核；

（三）优先办理进出口货物通关手续；

（四）海关总署规定的其他管理原则和措施。

第十七条 高级认证企业除适用一般认证企业管理原则和措施外，还适用下列管理措施：

（一）在确定进出口货物的商品归类、海关估价、原产地或者办结其他海关手续前先行办理验放手续；

（二）海关为企业设立协调员；

（三）对从事加工贸易的企业，不实行银行保证金台账制度；

（四）AEO互认国家或者地区海关提供的通关便利措施。

第十八条 失信企业适用海关下列管理原则和措施：

（一）较高进出口货物查验率；

（二）进出口货物单证重点审核；

（三）加工贸易等环节实施重点监管；

（四）海关总署规定的其他管理原则和措施。

第十九条 高级认证企业适用的管理措施优于一般认证企业。

因企业信用状况认定结果不一致导致适用的管理措施相抵触的，海关按照就低原则实施管理。

认证企业涉嫌走私被立案侦查或者调查的，海关暂停适用相应管理措施，按照一般信用企业进行管理。

第二十条 企业名称或者海关注册编码发生变更的，海关对企业信用状况的认定结果和管理措施继续适用。

企业有下列情形之一的，按照以下原则作出调整：

（一）企业发生存续分立，分立后的存续企业承继分立前企业的主要权利义务的，适用海关对分立前企业的信用状况认定结果和管理措施，其余的分立企业视为首次注册企业；

（二）企业发生解散分立，分立企业视为首次注册企业；

（三）企业发生吸收合并，合并企业适用海关对合并后存续企业的信用状况认定结果和管理措施；

（四）企业发生新设合并，合并企业视为首次注册企业。

第五章 附 则

第二十一条 作为企业信用状况认定依据的走私犯罪，以刑事判决书生效时间为准进行认定。

作为企业信用状况认定依据的走私行为、违反海关监管规定行为，以海关行政处罚决定书作出时间为准进行认定。

第二十二条 本办法下列用语的含义是：

“处罚金额”，指因发生违反海关监管规定的行为，被海关处以罚款、没收违法所得或者没收货物、物品价值的金额之和。

“拖欠应纳税款”，指自缴纳税款期限届满之日起超过3个月仍未缴纳进出口货物、物品应当缴纳的进出口关税、进出口环节海关代征税之和，包括经海关认定违反海关监管规定，除给予处罚外，尚需缴纳的税款。

“拖欠应缴罚没款项”，指自海关行政处罚决定规定的期限届满之日起超过3个月仍未缴纳海关罚款、没收的违法所得和追缴走私货物、物品等值价款。

“1年”，指连续的12个月。

“年度”，指1个公历年度。

“以上”“以下”，均包含本数。

“经认证的经营者（AEO）”，是指以任何一种方式参与货物国际流通，符合本办法规定的条件及《海关认证企业标准》并通过海关认证的企业。

第二十三条 本办法由海关总署负责解释。

第二十四条 本办法自2014年12月1日起施行。2010年11月15日海关总署令第197号公布的《中华人民共和国海关企业分类管理办法》同时废止。

联合令

外商投资企业自动进口许可管理实施细则

（外经贸部、海关总署令2002年第4号）

第一条 为规范外商投资企业自动进口许可管理，依据《货物自动进口许可管理办法》，制定本细则。

第二条 本细则适用于外商投资企业将自动进口许可管理货物进口到中华人民共和国关境内的行为。

第三条 中华人民共和国对外贸易经济合作部（简称为外经贸部）负责对外商投资企业进口属于自动进口许可管理货物进行指导和管理，并会同海关总署公布外商投资企业自动进口许可发证机构名录（见附件1）。各省、自治区、直辖市和计划单列市外经贸外资管理部门（简称为地方外经贸外资管理部门），负责本地区外商投资企业自动进口许可的管理。

第四条 外商投资企业办理自动进口许可应当提供以下材料：

（一）自动进口许可证申请表（见附件2）；

（二）外商投资企业批准证书复印件（包括联合年检合格记录）；

（三）外商投资企业营业执照复印件；

（四）外商投资企业合资、合营合同或章程复印件；

（五）验资报告复印件；

（六）外商投资企业实际生产能力说明；

（七）需提交的其他材料。

第五条 外商投资企业进口属于自动进口许可管理货物，应当符合法律、行政法规的有关规定，并符合以下条件：

（一）申请进口的外商投资企业应当近三年内没有逃汇、套汇、骗取出口退税、走私等违法、违规行为；

（二）进口货物应当符合我国参加的双边和多边贸易协定的有关规定；

（三）其他法律、行政法规或者产业政策的有关规定。

第六条 外商投资企业自动进口许可按以下程序办理：

（一）外商投资企业投资项下进口投资和自用的原材料、零部件属于自动进口许可管理货物，免领“自动进口许可证”。外商投资企业投资和自用进口货物是指外国投资者作为投资进口的或外商投资企业用投资总额内的资金或其他自有资金（具体是指企业储备基金、发展基金、折旧和税后利润）进口本企业生产经营所需的机器设备、零配件和其他物料。

（二）外商投资企业加工贸易进口货物属于自动进口许可管理的，免领“自动进口许可证”，并按规定加工复出口。

（三）外商投资企业为生产内销产品进口属于自动进口许可管理货物（《货物自动进口许可管理办法》附件1中目录1和目录3项下货物），应当在办理海关报关手续前到相关的地方外经贸外资管理部门办理自动进口许可手续。在申请办理“自动进口许可证”手续前一个月，外商投资企业应当向地方外经贸外资管理部门通知有关进口合同情况和预计到港时间，地方外经贸外资管理部门应当如实记录并按月汇总报外经贸部。

（四）地方外经贸外资管理部门收到符合本细则规定的“自动进口许可申请表”及相关材料后，应当立即签发“自动进口许可证”（见附件3），特殊情况下，最多不超过10个工作日签发。

第七条 外商投资企业作为投资和自用进口属于自动进口许可管理货物，海关凭加盖外经贸外资管理部门“外商投资企业进口审核专用章”（附件4）的设备、物料清单验放。

第八条 外商投资企业加工贸易进口货物属于自动进口许可管理的，海关凭外经贸主管部门批准的加工贸易合同等单证办理有关进口货物的验放手续。

第九条 外商投资企业加工贸易进口货物属于自动进口许可管理的，如因特殊情况需转内销，海关凭省级外经贸主管部门签发的“加工贸易进口保税料件内销批准证”和“自动进口许可证”按规定补征税款及税款缓税利息后，办理合同核销手续。

外商投资企业在规定的合同核销期限内无法向海关提交“加工贸易进口保税料件内销批准证”和“自动进口许可证”的，海关除按规定补征税款及税款缓税利息外，并按有关规定予以罚款后办理合同核销手续。

第十条 外商投资企业为生产内销产品进口属于自动进口许可管理的货物，外商投资企业凭“自动进口许可证”向银行办理售付汇，海关凭“自动进口许可证”办理验放手续。

第十一条 外商投资企业“自动进口许可证”证面第一栏和第二栏内容应包括进出口企业代码；证面第三栏“自动进口许可证证号”编码规则为：地区代码-年度-WZ-五位顺序号，如北京市2002年外商投资企业自动进口许可证号应为1100-2002-WZ-×××××，其他省市以此类推；证面第四栏“自动进口许可证有效截止日期”应不超过发证年度的12月31日；外商投资企业为生产内销产品进口属于自动进口许可管理的货物，证面第五栏“贸易方式”应为“合资企业进口”、“合作企业进口”或“外资企业进口”。

第十二条 “自动进口许可证”有效期为半年，当年有效，实行非一批一证管理，但累计使用不超过六次。海关在“自动进口许可证”原件“海关验放签注栏”内以正楷字体批注后，海关留存复印件，最后一次使用后，海关留存正本。

“自动进口许可证”证面内容一律不得更改。在有效期内因特殊原因需要变更“自动进口许可证”中有关项目内容或延期的，外商投资企业应当持原“自动进口许可证”到原发证机关申请办理换证手续，在“自动进口许可证”有效期内，“自动进口许可证”只能延期一次；原发证机关应当收回旧证，并在换发的新证的备注栏打印“换证”字样。

第十三条 “自动进口许可证”如有遗失，外商投资企业应当立即向原发证机关挂失，经发证机关核实后，如无不良后果，予以重新补发。

第十四条 外商投资企业已申领的“自动进口许可证”确定不能使用时，应当及时交回原发证机关。

第十五条 外商投资企业在自动进口许可过程中，如与地方外经贸外资管理部门发生争议，可依法申请行政复议或者提起行政诉讼。

第十六条　“自动进口许可证”由外经贸部统一监制。

第十七条　外商投资企业“自动进口许可证”的有效签章为“外商投资企业自动进口许可证专用章”（附件 5），由外经贸部统一监制。

第十八条　本细则由外经贸部、海关总署负责解释。此前有关规定凡与本细则不一致的，以本细则为准。

第十九条　本细则自公布之日起实施。

附件 1　外商投资企业自动进口许可发证机构名录
附件 2　中华人民共和国自动进口许可证申请表
附件 3　中华人民共和国自动进口许可证
附件 4　外商投资企业进口审核专用章（略）
附件 5　外商投资企业自动进口许可证专用章（略）

附件 1

外商投资企业自动进口许可发证机构名录

对外贸易经济合作部
北京市对外经济贸易委员会
天津市对外经济贸易委员会
河北省对外贸易经济合作厅
山西省对外贸易经济合作厅
内蒙古自治区对外贸易经济合作厅
辽宁省对外贸易经济合作厅
大连市对外贸易经济合作局
吉林省对外贸易经济合作厅
黑龙江省外国投资管理局
上海市外国投资工作委员会
江苏省对外贸易经济合作厅
浙江省对外贸易经济合作厅
宁波市对外贸易经济合作局
安徽省对外贸易经济合作厅
福建省对外贸易经济合作厅
厦门市外商投资工作委员会
江西省对外贸易经济合作厅
山东省对外贸易经济合作厅
青岛市对外贸易经济合作局
河南省对外贸易经济合作厅
湖北省对外贸易经济合作厅
湖南省对外贸易经济合作厅
广东省对外贸易经济合作厅
深圳市对外贸易经济合作局
广西壮族自治区外商投资管理办公室
海南省对外贸易经济合作厅
重庆市对外贸易经济委员会
四川省对外贸易经济合作厅
贵州省贸易合作厅
云南省对外贸易经济合作厅
西藏自治区对外贸易经济合作厅

陕西省对外贸易经济合作厅
甘肃省贸易经济合作厅
青海省对外贸易经济合作厅
宁夏回族自治区对外贸易经济合作厅
新疆维吾尔自治区对外贸易经济合作厅
新疆生产建设兵团对外贸易经济合作局

附件 2

中华人民共和国自动进口许可证申请表

1. 进口商：　　　　代码	3. 自动进口许可证号：
2. 进口用户： 年　月　日	4. 自动进口许可证有效截止日期：
5. 贸易方式：	8. 出口国（地区）：
6. 外汇来源：	9. 原产地国（地区）：
7. 报关口岸：	10. 商品用途：
11. 商品名称：	商品编码：

12. 规格、型号	13. 单位	14. 数量	15. 单价（币别）	16. 总值（币别）	17. 总值折美元
18. 总计：					

19. 领证人姓名： 申请日期： 联系电话：	20. 签证机关审批 经办初审： 负责人终审：

对外贸易经济合作部监制（2002）
第一联（正本）签证机构存档

附件 3

中华人民共和国自动进口许可证

AUTOMATIC IMPORT LICENCE OF THE PEOPLE'S REPUBLIC OF CHINA

No. 00000000

1. 进口商： Importer	3. 自动进口许可证号： Automatic import licence No.
2. 进口用户： Consingnee	4. 自动进口许可证有效截止日期： Automatic import licence expiry date
5. 贸易方式： Terms of trade	8. 出口国（地区）： Country/Region of trading
6. 外汇来源： Terms of foreign exchange	9. 原产地国（地区）： Country/Region of origin
7. 报关口岸： Place of clearance	10. 商品用途： Use of goods

11. 商品名称： Description of goods	商品编码： Code of goods	设备状态： Status of equipment

12. 规格、型号 Specification	13. 单位 Unit	14. 数量 Quantity	15. 单价（币别） Unit price	16. 总值（币别） Amount	17. 总值折美元 Amountin USD
18. 总计： Total					

19. 备注： Supplementary details	20. 发证机关签章： Issuing authority´s stamp 21. 经办人签字： Signature 22. 发证日期： Licence date

对外贸易经济合作部监制（2002）

第一联（正本）海关验放凭证

第二联（副本）银行付汇凭证

第三联（副本）公司留存

第四联（副本）发证机关留存

有关化学品及相关设备和技术出口管制办法

（外经贸部、国家经贸委、海关总署令2002年第33号）

第一条 为加强对有关化学品及相关设备和技术的出口管制，维护国家安全和社会公共利益，制定本办法。

第二条 本办法所称有关化学品及相关设备和技术的出口，是指本办法附件“有关化学品及相关设备和技术出口管制清单”（以下简称“管制清单”）所列的物项和技术的贸易性出口及对外赠送、展览、科技合作、援助、服务和以其他方式进行的技术转移。

第三条 有关化学品及相关设备和技术的出口应当遵守国家的有关法律、行政法规和本办法的规定，不得损害国家安全和社会公共利益。

第四条 国家对有关化学品及相关设备和技术出口实行严格管理，防止“管制清单”所列物项和技术被用于化学武器目的。

第五条 国家对“管制清单”所列物项和技术的出口实行许可制度。未经许可，任何单位和个人不得出口“管制清单”所列物项和技术。

第六条 有关化学品及相关设备和技术出口的接受方应当保证，不将中国提供的有关化学品及相关设备和技术用于储存、加工、生产、处理化学武器或用于生产化学武器前体化学品；未经中国政府允许，不得将中国提供的有关化学品及相关设备和技术用于申明的最终用途以外的用途或者向申明的最终用户以外的第三方转让。

第七条 从事有关化学品及相关设备和技术出口的经营者，须经对外贸易经济合作部（以下简称外经贸部）登记。未经登记，任何单位或个人不得经营有关化学品及相关设备和技术出口。具体登记办法由外经贸部规定。

第八条 出口《管制清单》所列物项和技术，应当向外经贸部提出申请，填写有关化学品及相关设备和技术出口申请表（以下简称出口申请表），并提交下列文件：

（一）出口经营者从事有关化学品及相关设备和技术出口的经营资格证明；

（二）出口经营者的法定代表人、主要经营管理人及经办人的身份证明；

（三）合同或协议的副本；

（四）有关化学品及相关设备和技术的技术说明；

（五）最终用户和最终用途证明；

（六）接受方依照本办法第六条规定提供的保证文书；

（七）外经贸部要求提交的其他文件。

第九条 出口经营者应如实填写出口申请表，出口申请表由外经贸部统一印制。

第十条 外经贸部应当自收到出口申请表和本办法第八条规定的文件之日起进行审查，或会同国务院有关部门进行审查，并在45个工作日内作出许可或不许可的决定。

第十一条 对国家安全、社会公共利益或外交政策有重大影响的有关化学品及相关设备和技术出口，外经贸部应当会同有关部门报国务院批准。

报国务院批准的，不受本办法第十条规定时限的限制。

第十二条 有关化学品及相关设备和技术出口申请经审查许可的，由外经贸部颁发有关化学品及相关设备和技术出口许可证件（以下简称出口许可证件），并书面通知海关。

第十三条 出口许可证件持有人改变原申请出口的有关化学品及相关设备和技术的，应当交回原出口许可证件，并依照本办法的有关规定，重新申请出口许可证件。

第十四条 有关化学品及相关设备和技术出口时，出口经营者应当向海关出具出口许可证件，依照海关规定办理海关手续。

第十五条 接受方违反其依照本办法第六条规定作出的保证，或出现“管制清单”所规定的可被用于化学武器目的的有关化学品及相关设备和技术扩散危险时，外经贸部应当对已经颁发的出口许可证件予以中止或撤销，并书面通知海关。

第十六条 出口经营者知道或应当知道所出口的有关化学品及相关设备和技术将被接受方直接用于化学武器目

的或化学武器前体化学品生产目的，无论该物项或技术是否列入“管制清单”，都不应当出口。

第十七条 经国务院批准，外经贸部会同国务院有关部门，可临时决定对“管制清单”以外的特定物项和技术的出口依照本办法实施管制。

前款规定的特定物项和技术的出口，应当依照本办法的规定经过许可。

第十八条 未经许可擅自出口有关化学品及相关设备和技术，或擅自超出许可范围出口有关化学品及相关设备和技术的，依照刑法关于走私罪、非法经营罪、泄露国家秘密罪或其他罪的规定，依法追究刑事责任；尚不够刑事处罚的，区别不同情况，依照海关法的有关规定处罚，或由外经贸部给予警告，处非法所得1倍以上5倍以下的罚款；外经贸部并可以撤销其对外贸易经营许可。

第十九条 伪造、变造、买卖或通过欺骗等其他不正当手段获取有关化学品及相关设备和技术出口许可证件，依照刑法关于非法经营罪或伪造、变造、买卖国家机关公文、证件、印章罪的规定，依法追究刑事责任；尚不够刑事处罚的，依照海关法的有关规定处罚；外经贸部并可以撤销其对外贸易经营许可。

第二十条 对有关化学品及相关设备和技术出口实施管制的国家工作人员，滥用职权、玩忽职守或利用职务上的便利收受、索取他人财物的，依照刑法关于滥用职权罪、玩忽职守罪、受贿罪或其他罪的规定，依法追究刑事责任；尚不够刑事处罚的，依法给予行政处分。

第二十一条 外经贸部可以会同国务院有关部门，根据实际情况对“管制清单”进行调整。

第二十二条 本办法自2002年11月19日起施行。

附件 有关化学品及相关设备和技术出口管制清单

附件

有关化学品及相关设备和技术出口管制清单

第一部分 化学品

化学品名称 CAS登记号

1. 氟化氢（7664-39-3）
（别名：无水氢氟酸）
2. 氰化钾（7789-23-3）
3. 氟化钠（7681-49-4）
4. 硫化钠（1313-82-2）
5. 氟化氢钾（7789-29-9）
6. 氟化氢钠（1333-83-1）
7. 氟化氢氨（1341-49-7）
8. 二异丙胺（108-18-9）
9. 2-二乙氨基乙醇（100-37-8）
（或称N，N-二乙基乙醇胺）
10. 2-氯乙醇（107-07-3）

第二部分 有关化学品生产设备和技术

一、生产设备

说明

（一）专为民用用途（如水净化、食品加工、纸浆以及造纸加工等）而设计的设备，如其设计特点不适合储存、加工、生产或处理国家实施出口管制的化学品以及控制它们的流动，则无需出口许可。

（二）如出口物项包含一个或多个受控部件，且受控部件为该出口物项的主要部件，可以被拆卸或用于其他目的，则该物项的出口应得到出口许可。

（三）出口可用于国家实施出口管制的化学品的成套生产设备和工艺技术，必须得到许可。

1. 阀

带有检漏孔的多重密封阀、波纹管密封阀、单向阀，其直接与化学品接触的所有表面由下列材料制成：

1）玻璃或玻璃衬里（包括陶化或釉化涂层）；
2）含氟聚合物；
3）钛或钛合金；
4）锆或锆合金；
5）钽或钽合金；
6）镍含量大于25%（重量百分比）和铬含量大于20%（重量百分比）的合金；
7）镍或镍含量大于40%（重量百分比）的合金。

2. 泵

多重密封泵、屏蔽泵、磁力泵、波纹或隔膜泵，其制造商设定最大流量大于0.6m^3/h，或真空泵，其制造商设定最大流量大于5m^3/h［标准温度（0℃）和大气压（101.30KPa）状态下］，其直接与化学品接触的所有表面由下列材料制成：

1）玻璃或玻璃衬里（包括陶化或釉化涂层）；
2）含氟聚合物；
3）钛或钛合金；
4）锆或锆合金；
5）钽或钽合金；
6）镍含量大于25%（重量百分比）和铬含量大于20%的合金；
7）镍或镍含量大于40%（重量百分比）的合金；
8）硅铁；
9）陶瓷；
10）石墨。

3. 储罐、容器或贮槽

总容积大于0.1立方米（100升）的储罐、容器或贮槽，其直接与所处理或盛放的化学品接触的所有表面由下列材料制成：

1）玻璃或玻璃衬里（包括陶化或釉化涂层）；
2）含氟聚合物；
3）钛或钛合金；
4）锆或锆合金；
5）钽或钽合金；
6）镍含量大于25%（重量百分比）和铬含量大于20%（重量百分比）的合金；
7）镍或镍含量大于40%（重量百分比）的合金。

4. 多壁式管道

带有检漏孔的多壁式管道，其直接与化学品接触的所有表面由下列材料制成：

1）玻璃或玻璃衬里（包括陶化或釉化涂层）；
2）含氟聚合物；
3）钛或钛合金；
4）锆或锆合金；
5）钽或钽合金；
6）镍含量大于25%（重量百分比）和铬含量大于20%（重量百分比）的合金；
7）镍或镍含量大于40%（重量百分比）的合金；
8）石墨。

5. 蒸馏塔或吸收塔

内径大于0.1米的蒸馏塔或吸收塔，其直接与所处理的化学品接触的所有表面由下列材料制成：

1）玻璃或玻璃衬里（包括陶化或釉化涂层）；
2）含氟聚合物；
3）钛或钛合金；
4）锆或锆合金；
5）钽或钽合金；

6）镍含量大于25%（重量百分比）和铬含量大于20%（重量百分比）的合金；

7）镍或镍含量大于40%（重量百分比）的合金；

8）石墨。

6. 热交换器或冷凝器

换热面积大于0.15平方米和小于20平方米的热交换器或冷凝器，其直接与所处理或盛放的化学品接触的所有表面由下列材料制成：

1）玻璃或玻璃衬里（包括陶化或釉化涂层）；

2）含氟聚合物；

3）钛或钛合金；

4）锆或锆合金；

5）钽或钽合金；

6）镍含量大于25%（重量百分比）和铬含量大于20%（重量百分比）的合金；

7）镍或镍含量大于40%（重量百分比）的合金；

8）石墨；

9）钛碳化物；

10）碳化硅。

7. 反应罐、反应器

无论其是否带有搅拌器，其总容积大于0.1立方米（100升）和小于20立方米（20000升），且其直接与所处理或盛放的化学品接触的所有表面由下列材料制成：

1）玻璃或玻璃衬里（包括陶化或釉化涂层）；

2）含氟聚合物；

3）钛或钛合金；

4）锆或锆合金；

5）钽或钽合金；

6）镍含量大于25%（重量百分比）和铬含量大于20%（重量百分比）的合金；

7）镍或镍含量大于40%（重量百分比）的合金。

用于上述反应罐或反应器中的搅拌器，其直接与所处理或盛放的化学品接触的所有表面由下列材料制成：

1）玻璃或玻璃衬里（包括陶化或釉化涂层）；

2）含氟聚合物；

3）钛或钛合金；

4）锆或锆合金；

5）钽或钽合金；

6）镍含量大于25%（重量百分比）和铬含量大于20%（重量百分比）的合金；

7）镍或镍含量大于40%（重量百分比）的合金。

8. 焚烧炉

为销毁国家实施出口管制的化学品或化学弹药设计的焚烧炉，其具有特别设计的废料传输系统、特别装卸设施和燃烧室平均温度超过1000℃，其废料传输系统与废料产品直接接触的所有表面由以下材料制成：

1）镍含量大于25%（重量百分比）和铬含量大于20%（重量百分比）的合金；

2）镍或镍含量大于40%（重量百分比）的合金；

3）陶瓷。

9. 充装设备

远程操作充装设备，其直接与所处理的化学品接触的所有表面由下列材料制成：

1）镍含量大于25%（重量百分比）和铬含量大于20%（重量百分比）的合金；

2）镍或镍含量大于40%（重量百分比）的合金。

二、专用检测器和毒气监视系统

1. 为连续操作而设计，并可用于国家实施出口管制的化学品或有机化合物（含有磷、硫、氟或氯，其浓度低于0.3mg/m³）的检测。

2. 为检测受抑制的胆碱酯酶的活性而设计。

三、技术

说明

1. 技术转让是指在国家法律允许范围之内，直接涉及化学武器或国家实施出口管制的化学品或相关设备的“技术”转让，包括许可证。

2. 技术转让的控制不适用于“公共领域内”或“基础科学研究”的信息。

3. 生产设备出口一经批准，即可对同一最终用户出口最低限度的用于设备安装、操作、维护及修理的相关技术。

术语定义

“技术”是指为“开发”、“生产”或“使用”国家实施出口管制所列物项所需要的专门信息，其形式可为“技术资料”或“技术援助”。

“基础科学研究”是指为获得现象或可观察到的事实中的基本原理性知识，不以特定实用目的或目标为主要目的而进行的实验或理论工作。

“公共领域内”是指没有对技术的进一步推广加以限制而可以自由获得（包括仅受版权限制的技术）。

“开发”是指“生产”前的所有阶段，如：

1）设计；

2）设计研究；

3）设计数据；

4）方案研究；

5）结构设计；

6）总体设计；

7）设计分析；

8）将设计资料转化为产品的工艺资料；

9）样机试制与试验；

10）试生产方案；

11）绘制设计图纸。

“生产”是指所有的生产阶段，如：

1）建造；

2）工艺设计；

3）加工制造；

4）装配（安装）；

5）总成；

6）检验；

7）试验；

8）质量保证。

“使用”是指：

1）安装（包括现场安装）；

2）操作；

3）维护（检查）；

4）一般修理；

5）大修；

6）翻修。

“技术资料”是指下列形式：

1）规划；

2）计划；

3）图表；

4）数学模型；

5）计算公式；

6）工程设计和技术规范；

7）手册和书面介绍；

8）其他媒体（如磁盘、磁带，只读或读写存储器）等存储介质记录的介绍。

“技术援助”是指：

1）技术指导；

2）派遣熟练工人；

3）培训；

4）传授指示；

5）咨询服务。

药品进口管理办法

（国家药监局、海关总署令2004年第4号）

第一章　总　则

第一条　为规范药品进口备案、报关和口岸检验工作，保证进口药品的质量，根据《中华人民共和国药品管理法》、《中华人民共和国海关法》、《中华人民共和国药品管理法实施条例》（以下简称《药品管理法》、《海关法》、《药品管理法实施条例》）及相关法律法规的规定，制定本办法。

第二条　药品的进口备案、报关、口岸检验及进口，适用本办法。

第三条　药品必须经由国务院批准的允许药品进口的口岸进口。

第四条　本办法所称进口备案，是指进口单位向允许药品进口的口岸所在地药品监督管理部门（以下称口岸药品监督管理局）申请办理“进口药品通关单”的过程。麻醉药品、精神药品进口备案，是指进口单位向口岸药品监督管理局申请办理“进口药品口岸检验通知书”的过程。

本办法所称口岸检验，是指国家食品药品监督管理局确定的药品检验机构（以下称口岸药品检验所）对抵达口岸的进口药品依法实施的检验工作。

第五条　进口药品必须取得国家食品药品监督管理局核发的“进口药品注册证”（或者“医药产品注册证”），或者“进口药品批件”后，方可办理进口备案和口岸检验手续。

进口麻醉药品、精神药品，还必须取得国家食品药品监督管理局核发的麻醉药品、精神药品“进口准许证”。

第六条　进口单位持“进口药品通关单”向海关申报，海关凭口岸药品监督管理局出具的“进口药品通关单”，办理进口药品的报关验放手续。

进口麻醉药品、精神药品，海关凭国家食品药品监督管理局核发的麻醉药品、精神药品“进口准许证”办理报关验放手续。

第七条　国家食品药品监督管理局会同海关总署制定、修订、公布进口药品目录。

第二章　进口备案

第八条　口岸药品监督管理局负责药品的进口备案工作。口岸药品监督管理局承担的进口备案工作受国家食品药品监督管理局的领导，其具体职责包括：

（一）受理进口备案申请，审查进口备案资料；

（二）办理进口备案或者不予进口备案的有关事项；

（三）联系海关办理与进口备案有关的事项；

（四）通知口岸药品检验所对进口药品实施口岸检验；

（五）对进口备案和口岸检验中发现的问题进行监督处理；

（六）国家食品药品监督管理局规定的其他事项。

第九条　报验单位应当是持有“药品经营许可证”的独立法人。药品生产企业进口本企业所需原料药和制剂中间体（包括境内分包装用制剂），应当持有“药品生产许可证”。

第十条 下列情形的进口药品，必须经口岸药品检验所检验符合标准规定后，方可办理进口备案手续。检验不符合标准规定的，口岸药品监督管理局不予进口备案：

（一）国家食品药品监督管理局规定的生物制品；

（二）首次在中国境内销售的药品；

（三）国务院规定的其他药品。

第十一条 进口单位签订购货合同时，货物到岸地应当从允许药品进口的口岸选择。其中，本办法第十条规定情形的药品，必须经由国家特别批准的允许药品进口的口岸进口。

第十二条 进口备案，应当向货物到岸地口岸药品监督管理局提出申请，并由负责本口岸药品检验的口岸药品检验所进行检验。

第十三条 办理进口备案，报验单位应当填写“进口药品报验单”，持“进口药品注册证”（或者“医药产品注册证”）（正本或者副本）原件，进口麻醉药品、精神药品还应当持麻醉药品、精神药品“进口准许证”原件，向所在地口岸药品监督管理局报送所进口品种的有关资料一式两份：

（一）“进口药品注册证”（或者“医药产品注册证”）（正本或者副本）复印件，麻醉药品、精神药品的“进口准许证”复印件；

（二）报验单位的“药品经营许可证”和“企业法人营业执照”复印件；

（三）原产地证明复印件；

（四）购货合同复印件；

（五）装箱单、提运单和货运发票复印件；

（六）出厂检验报告书复印件；

（七）药品说明书及包装、标签的式样（原料药和制剂中间体除外）；

（八）国家食品药品监督管理局规定批签发的生物制品，需要提供生产检定记录摘要及生产国或者地区药品管理机构出具的批签发证明原件；

（九）本办法第十条规定情形以外的药品，应当提交最近一次“进口药品检验报告书”和“进口药品通关单”复印件。

药品生产企业自行进口本企业生产所需原料药和制剂中间体的进口备案，第（二）项资料应当提交其“药品生产许可证”和“企业法人营业执照”复印件。

经其他国家或者地区转口的进口药品，需要同时提交从原产地到各转口地的全部购货合同、装箱单、提运单和货运发票等。

上述各类复印件应当加盖进口单位公章。

第十四条 口岸药品监督管理局接到“进口药品报验单”及相关资料后，按照下列程序的要求予以审查：

（一）逐项核查所报资料是否完整、真实；

（二）查验“进口药品注册证”（或者“医药产品注册证”）（正本或者副本）原件，或者麻醉药品、精神药品的“进口准许证”原件真实性；

（三）审查无误后，将“进口药品注册证”（或者“医药产品注册证”）（正本或者副本）原件，或者麻醉药品、精神药品的“进口准许证”原件，交还报验单位，并于当日办结进口备案的相关手续。

第十五条 本办法第十条规定情形的药品，口岸药品监督管理局审查全部资料无误后，应当向负责检验的口岸药品检验所发出“进口药品口岸检验通知书”，附本办法第十三条规定的资料一份，同时向海关发出“进口药品抽样通知书”。有关口岸药品检验进入海关监管场所抽样的管理规定，由国家食品药品监督管理局与海关总署另行制定。

口岸药品检验所按照“进口药品口岸检验通知书”规定的抽样地点，抽取检验样品，进行质量检验，并将检验结果送交所在地口岸药品监督管理局。检验符合标准规定的，准予进口备案，由口岸药品监督管理局发出“进口药品通关单”；不符合标准规定的，不予进口备案，由口岸药品监督管理局发出“药品不予进口备案通知书”。

第十六条 本办法第十条规定情形以外的药品，口岸药品监督管理局审查全部资料无误后，准予进口备案，发出“进口药品通关单”。同时向负责检验的口岸药品检验所发出“进口药品口岸检验通知书”，附本办法第十三条规定的资料一份。

对麻醉药品、精神药品，口岸药品监督管理局审查全部资料无误后，应当只向负责检验的口岸药品检验所发出“进口药品口岸检验通知书”，附本办法第十三条规定的资料一份，无须办理“进口药品通关单”。

口岸药品检验所应当到“进口药品口岸检验通知书”规定的抽样地点抽取样品，进行质量检验，并将检验结果送交所在地口岸药品监督管理局。对检验不符合标准规定的药品，由口岸药品监督管理局依照《药品管理法》及有关规定处理。

第十七条 下列情形之一的进口药品，不予进口备案，由口岸药品监督管理局发出“药品不予进口备案通知书”；对麻醉药品、精神药品，口岸药品监督管理局不予发放“进口药品口岸检验通知书”：

（一）不能提供“进口药品注册证”（或者“医药产品注册证”）（正本或者副本）、“进口药品批件”或者麻醉药品、精神药品的“进口准许证”原件的；

（二）办理进口备案时，“进口药品注册证”（或者“医药产品注册证”）或者麻醉药品、精神药品的“进口准许证”已超过有效期的；

（三）办理进口备案时，药品的有效期限已不满12个月的（对于药品本身有效期不足12个月的，进口备案时，其有效期限应当不低于6个月）；

（四）原产地证明所标示的实际生产地与“进口药品注册证”（或者“医药产品注册证”）规定的产地不符的，或者区域性国际组织出具的原产地证明未标明“进口药品注册证”（或者“医药产品注册证”）规定产地的；

（五）进口单位未取得“药品经营许可证”（生产企业应当取得“药品生产许可证”）和“企业法人营业执照”的；

（六）到岸品种的包装、标签与国家食品药品监督管理局的规定不符的；

（七）药品制剂无中文说明书或者中文说明书与批准的说明书不一致的；

（八）未在国务院批准的允许药品进口的口岸组织进口的，或者货物到岸地不属于所在地口岸药品监督管理局管辖范围的；

（九）国家食品药品监督管理局规定批签发的生物制品未提供有效的生产国或者地区药品管理机构出具的生物制品批签发证明文件的；

（十）伪造、变造有关文件和票据的；

（十一）“进口药品注册证”（或者“医药产品注册证”）已被撤销的；

（十二）本办法第十条规定情形的药品，口岸药品检验所根据本办法第二十五条的规定不予抽样的；

（十三）本办法第十条规定情形的药品，口岸检验不符合标准规定的；

（十四）其他不符合我国药品管理有关规定的。

第十八条 对不予进口备案的进口药品，进口单位应当予以退运。无法退运的，由海关移交口岸药品监督管理局监督处理。

第十九条 进口临床急需药品、捐赠药品、新药研究和药品注册所需样品或者对照药品等，必须经国家食品药品监督管理局批准，并凭国家食品药品监督管理局核发的“进口药品批件”，按照本办法第十六条的规定，办理进口备案手续。

第三章 口岸检验

第二十条 口岸药品检验所由国家食品药品监督管理局根据进口药品口岸检验工作的需要确定。口岸药品检验所的职责包括：

（一）对到岸货物实施现场核验；

（二）核查出厂检验报告书和原产地证明原件；

（三）按照规定进行抽样；

（四）对进口药品实施口岸检验；

（五）对有异议的检验结果进行复验；

（六）国家食品药品监督管理局规定的其他事项。

第二十一条 中国药品生物制品检定所负责进口药品口岸检验工作的指导和协调。口岸检验所需标准品、对照品由中国药品生物制品检定所负责审核、标定。

第二十二条 口岸药品检验所应当按照“进口药品注册证”（或者“医药产品注册证”）载明的注册标准对进口药品进行检验。

第二十三条 口岸药品检验所接到“进口药品口岸检验通知书”后，应当在2日内与进口单位联系，到规定的存货地点按照《进口药品抽样规定》进行现场抽样。

进口单位应当在抽样前，提供出厂检验报告书和原产地证明原件。

对需进入海关监管区抽样的，口岸药品检验所应当同时与海关联系抽样事宜，并征得海关同意。抽样时，进口单位和海关的人员应当同时在场。

第二十四条 口岸药品检验所现场抽样时，应当注意核查进口品种的实际到货情况，做好抽样记录并填写“进口药品抽样记录单”。

本办法第十条规定情形以外的药品，抽样完成后，口岸药品检验所应当在进口单位持有的“进口药品通关单”原件上注明“已抽样”的字样，并加盖抽样单位的公章。

对麻醉药品、精神药品，抽样完成后，应当在“进口准许证”原件上注明“已抽样”的字样，并加盖抽样单位的公章。

第二十五条 对有下列情形之一的进口药品，口岸药品检验所不予抽样：

（一）未提供出厂检验报告书和原产地证明原件，或者所提供的原件与申报进口备案时的复印件不符的；

（二）装运唛头与单证不符的；

（三）进口药品批号或者数量与单证不符的；

（四）进口药品包装及标签与单证不符的；

（五）其他不符合国家药品监督管理法律、法规和规章规定的。

对不予抽样的药品，口岸药品检验所应当在2日内，将“进口药品抽样记录单”送交所在地口岸药品监督管理局。

第二十六条 口岸药品检验所应当及时对所抽取的样品进行检验，并在抽样后20日内，完成检验工作，出具“进口药品检验报告书”。特殊品种或者特殊情况不能按时完成检验时，可以适当延长检验期限，并通知进口单位和口岸药品监督管理局。

“进口药品检验报告书”应当明确标有“符合标准规定”或者“不符合标准规定”的检验结论。

国家食品药品监督管理局规定批签发的生物制品，口岸检验符合标准规定，审核符合要求的，应当同时发放生物制品批签发证明。

第二十七条 对检验符合标准规定的进口药品，口岸药品检验所应当将“进口药品检验报告书”送交所在地口岸药品监督管理局和进口单位。

对检验不符合标准规定的进口药品，口岸药品检验所应当将“进口药品检验报告书”及时发送口岸药品监督管理局和其他口岸药品检验所，同时报送国家食品药品监督管理局和中国药品生物制品检定所。

第二十八条 进口药品的检验样品应当保存至有效期满。不易贮存的留样，可根据实际情况掌握保存时间。索赔或者退货检品的留样应当保存至该案完结时。超过保存期的留样，由口岸药品检验所予以处理并记录备案。

第二十九条 进口单位对检验结果有异议的，可以自收到检验结果之日起7日内向原口岸药品检验所申请复验，也可以直接向中国药品生物制品检定所申请复验。生物制品的复验直接向中国药品生物制品检定所申请。

口岸药品检验所在受理复验申请后，应当及时通知口岸药品监督管理局，并自受理复验之日起10日内，作出复验结论，通知口岸药品监督管理局、其他口岸药品检验所，报国家食品药品监督管理局和中国药品生物制品检定所。

第四章 监督管理

第三十条 口岸药品检验所根据本办法第二十五条的规定不予抽样但已办结海关验放手续的药品，口岸药品监督管理局应当对已进口的全部药品采取查封、扣押的行政强制措施。

第三十一条 本办法第十条规定情形以外的药品，经口岸药品检验所检验不符合标准规定的，进口单位应当在收到“进口药品检验报告书”后2日内，将全部进口药品流通、使用的详细情况，报告所在地口岸药品监督管理局。

所在地口岸药品监督管理局收到“进口药品检验报告书”后，应当及时采取对全部药品予以查封、扣押的行政强制措施，并在7日内作出行政处理决定。对申请复验的，必须自检验报告书发出之日起15日内作出行政处理决定。有关情况应当及时报告国家食品药品监督管理局，同时通告各省、自治区、直辖市药品监督管理局和其他口岸药品监督管理局。

第三十二条 未在规定时间内提出复验或者经复验仍不符合标准规定的，口岸药品监督管理局应当按照《药品管理法》及有关规定作出行政处理决定。有关情况应当及时报告国家食品药品监督管理局，同时通告各省、自治区、直辖市药品监督管理局和其他口岸药品监督管理局。

经复验符合标准规定的，口岸药品监督管理局应当解除查封、扣押的行政强制措施，并将处理情况报告国家食品药品监督管理局，同时通告各省、自治区、直辖市药品监督管理局和其他口岸药品监督管理局。

第三十三条 药品进口备案中发现的其他问题，由口岸药品监督管理局按照《药品管理法》及有关规定予以处理。

第三十四条 国内药品生产企业、经营企业及医疗机构采购进口药品时，供货单位应当同时提供以下资料：

（一）“进口药品注册证”（或者“医药产品注册证”）复印件、“进口药品批件”复印件；

（二）“进口药品检验报告书”复印件或者注明“已抽样”并加盖公章的“进口药品通关单”复印件；

国家食品药品监督管理局规定批签发的生物制品，需要同时提供口岸药品检验所核发的批签发证明复印件。

进口麻醉药品、精神药品，应当同时提供其“进口药品注册证”（或者“医药产品注册证”）复印件、“进口准许证”复印件和“进口药品检验报告书”复印件。

上述各类复印件均需加盖供货单位公章。

第三十五条 口岸药品监督管理局和口岸药品检验所应当建立严格的进口备案资料和口岸检验资料的管理制度，并对进口单位的呈报资料承担保密责任。

第三十六条 对于违反本办法进口备案和口岸检验有关规定的口岸药品监督管理局和口岸药品检验所，国家食品药品监督管理局将根据情节给予批评、通报批评，情节严重的停止其进口备案和口岸检验资格。

第三十七条 违反本办法涉及海关有关规定的，海关按照《海关法》、《中华人民共和国海关法行政处罚实施细则》的规定处理。

第五章 附 则

第三十八条 本办法所称进口单位，包括经营单位、收货单位和报验单位。

经营单位，是指对外签订并执行进出口贸易合同的中国境内企业或单位。

收货单位，是指购货合同和货运发票中载明的收货人或者货主。

报验单位，是指该批进口药品的实际货主或者境内经销商，并具体负责办理进口备案和口岸检验手续。

收货单位和报验单位可以为同一单位。

第三十九条 从境外进入保税仓库、保税区、出口加工区的药品，免予办理进口备案和口岸检验等进口手续，海关按有关规定实施监管；从保税仓库、出口监管仓库、保税区、出口加工区出库或出区进入国内的药品，按本办法有关规定办理进口备案和口岸检验等手续。

经批准以加工贸易方式进口的原料药、药材，免予办理进口备案和口岸检验等进口手续，其原料药及制成品禁止转为内销。确因特殊情况无法出口的，移交地方药品监督管理部门按规定处理，海关予以核销。

进出境人员随身携带的个人自用的少量药品，应当以自用、合理数量为限，并接受海关监管。

第四十条 进口暂未列入进口药品目录的原料药，应当遵照本办法的规定，到口岸药品监督管理局办理进口备案手续。

第四十一条 药材进口备案和口岸检验的规定，由国家食品药品监督管理局另行制定。

第四十二条 进口麻醉药品、精神药品凭“进口药品注册证”（或者“医药产品注册证”），按照国务院麻醉药品、精神药品管理的有关法规办理“进口准许证”。

第四十三条 本办法规定的麻醉药品、精神药品是指供临床使用的品种，科研、教学、兽用等麻醉药品、精神药品的进口，按照国务院麻醉药品、精神药品管理的有关法规执行。

第四十四条 本办法由国家食品药品监督管理局和海关总署负责解释。

第四十五条 本办法自2004年1月1日起实施。1999年5月1日实施的《进口药品管理办法》同时废止。

附件 进口药品抽样规定

附件

进口药品抽样规定

一、为做好进口药品的抽样管理工作，保证口岸检验抽样的代表性和科学性，保证检验结果的准确性，特制订本规定。

二、进口药品抽样由承担该品种检验的口岸药品检验所负责进行。报验单位应当负责抽样所需工具和场地的准备，以及抽样时的搬移、倒垛、开拆和恢复包装等事项。

三、同一合同，药品名称、生产国家、厂商、包装、批号、剂型、规格、唛头标记及合同编号均相同者，方可作为同批药品进行抽样；同一合同进口的药品分次到货者，分次抽样。

四、供国内分包装的进口药品制剂的抽样，进口单位应当提供大包装“进口药品注册证”及进口药品分装批件，按分装后的规格及数量，比照相应制剂的抽样规定办理。

五、抽样数量

除特殊规定与要求外，一般为检验用量的三倍。检验后剩余样品除留样备查外，应当退回报验单位。

六、抽样方法

（一）原料药

1. 药品包装为10公斤以上的

10件以内，抽样1件；11件~50件，每增加10件加抽1件，不足10件者以10件计；51件~100件，每增加20件加抽1件，不足20件者以20件计；101件以上，每增加50件加抽1件，不足50件者以50件计；1001件以上，每增加100件加抽1件，不足100件者以100件计。

2. 药品包装为5~10公斤的（含5公斤），每100公斤抽样1件，不足100公斤者以100公斤计。

3. 药品包装为1~5公斤的（含1公斤），每50公斤抽样1件，不足50公斤者以50公斤计。

4. 1公斤以下的，每20公斤抽样1件，不足20公斤者以20公斤计（原装抽样）。

（二）注射剂

1. 小容量注射剂

2万支（瓶）以下（含2万支），抽样1件；5万支（瓶）以下（含5万支），抽样2件；10万支（瓶）以下（含10万支），抽样3件；10万支（瓶）以上，每增加10万支（瓶）加抽1件，不足10万支（瓶）以10万支（瓶）计。

2. 大容量注射剂

100~1000毫升（含1000毫升）的注射液，每1万瓶抽样1件，不足1万瓶的按1万瓶计。1000毫升以上的注射液（含透析液），每5000瓶（袋）抽样1件，不足5000瓶（袋）的按5000瓶计。

（三）其他各类制剂

每2万盒（瓶），抽样一件，不足2万盒（瓶）的按2万盒（瓶）计。

七、抽样要求

（一）抽样启封前，应当与报验资料核对外包装，唛头号或合同编号，以及品名、数量等。启封后应当核对小包装品名、厂名和批号等，并注意检查包装的完整性和清洁程度及有无水迹、霉烂或其他物质污染等。如有部分包件变质，应当另行抽样检验。

（二）原料药包装开启后，于不同部位分别取样，使总量达到抽样数量，直接倾入样品瓶内、混匀。

（三）抽样后，应当将开启之包装封固，并在包装上注明抽样数量及日期。

八、抽样注意事项

（一）抽样环境应当清洁卫生，抽样工具必须清洁、干燥，符合被抽药品的要求。

（二）抽样时应当防止药品污染吸潮、风化、氧化而变质。抽取的检验样品应当迅速放入密闭容器中（塑料袋、铁罐或磨口玻璃瓶）。

（三）液体样品需先摇匀后再取样。含有结晶者，在不影响品质的情况下，应当使之溶解后抽取。

（四）有毒性、腐蚀性及爆炸性的药品，在抽样时应当有相应的防护措施，取样时小心搬运、勿振动，且在样品瓶外标以“危险品”标志。

（五）腐蚀性药品避免使用金属制抽样工具取样。

（六）遇光易变质药品，应当避光取样，样品用有色瓶装，必要时要加套黑纸。

（七）需进行无菌、热原试验、微生物限度检查或需抽真空、充氮气的原料药，应当按无菌操作或特殊要求取样。

（八）抽样应当由受过专门培训的专业人员（二人以上）进行，被抽样单位的有关人员必须在场。

（九）根据到货的质量和包装异常情况，需适当变更抽样方法和数量时，口岸药品检验所应当与报验单位共同议定变更方法，以便抽取代表性样品。变更抽样方法的情况，应当在“进口药品抽样记录单”中予以记录。

货物自动进口许可管理办法

（商务部、海关总署令 2004 年第 26 号）

第一条 为了对部分货物的进口实行有效监测，规范货物自动进口许可管理，根据《中华人民共和国对外贸易法》和《中华人民共和国货物进出口管理条例》，制定本办法。

第二条 从事货物进口的对外贸易经营者或者其他单位，将属于《自动进口许可管理货物目录》内的商品，进口到中华人民共和国境内，适用本办法。

第三条 中华人民共和国商务部（以下简称商务部）根据监测货物进口情况的需要，对部分进口货物实行自动许可管理，并至少在实施前 21 天公布其目录。现行的《自动进口许可管理货物目录》附后（见附件 1）。

第四条 实行自动进口许可管理的货物目录，包括具体货物名称、海关商品编码，由商务部会同海关总署等有关部门确定和调整。该目录由商务部以公告形式发布。

第五条 商务部授权配额许可证事务局，商务部驻各地特派员办事处，各省、自治区、直辖市、计划单列市商务（外经贸）主管部门及部门和地方机电产品进出口机构（以下简称发证机构）负责自动进口许可货物管理和“自动进口许可证”的签发工作。“自动进口许可分级发证机构名单”附后（见附件 2）。

第六条 “自动进口许可证”（样表见附件 3）和自动进口许可证专用章（样章见附件 4）由商务部负责统一监制并发放至发证机构。各发证机构必须指定专人保管，专管专用。

第七条 进口属于自动进口许可管理的货物，收货人（包括进口商和进口用户）在办理海关报关手续前，应向所在地或相应的发证机构提交自动进口许可证申请，并取得“自动进口许可证”。

凡申请进口法律法规规定应当招标采购的货物，收货人应当依法招标。

海关凭加盖自动进口许可证专用章的“自动进口许可证”办理验放手续。银行凭“自动进口许可证”办理售汇和付汇手续。

第八条 收货人申请自动进口许可证，应当提交以下材料：

1. 收货人从事货物进出口的资格证书、备案登记文件或者外商投资企业批准证书（以上证书、文件仅限公历年度内初次申领者提交）；

2. 自动进口许可证申请表（式样见附件 5）；

3. 货物进口合同；

4. 属于委托代理进口的，应当提交委托代理进口协议（正本）；

5. 对进口货物用途或者最终用户法律法规有特定规定的，应当提交进口货物用途或者最终用户符合国家规定的证明材料；

6. 针对不同商品在《目录》中列明的应当提交的材料；

7. 商务部规定的其他应当提交的材料。

收货人应当对所提交材料的真实性负责，并保证其有关经营活动符合国家法律规定。

第九条 收货人可以直接向发证机构书面申请“自动进口许可证”，也可以通过网上申请。

书面申请：收货人可以到发证机构领取或者从相关网站下载“自动进口许可证申请表”（可复印）等有关材料，按要求如实填写，并采用送递、邮寄或者其他适当方式，与本办法规定的其他材料一并递交发证机构。

网上申请：收货人应当先到发证机构申领用于企业身份认证的电子钥匙。申请时，登录相关网站，进入相关申领系统，按要求如实在线填写“自动进口许可证申请表”等资料。同时向发证机构提交本办法规定的有关材料。

第十条 许可申请内容正确且形式完备的，发证机构收到后应当予以签发“自动进口许可证”，最多不超过 10 个工作日。

第十一条 收货人符合国家关于从事自动进口许可货物有关法律法规要求的，可申请和获得“自动进口许可证”。

第十二条 以下列方式进口自动许可货物的，可以免领“自动进口许可证”。

1. 加工贸易项下进口并复出口的（原油、成品油除外）；

2. 外商投资企业作为投资进口或者投资额内生产自用的；

3. 货样广告品、实验品进口，每批次价值不超过 5000 元人民币的；

4. 暂时进口的海关监管货物；

5. 国家法律法规规定其他免领“自动进口许可证”的。

第十三条 进入中华人民共和国保税区、出口加工区等海关特殊监管区域及进入保税仓库、保税物流中心的属自动进口许可管理的货物，不适用本办法。如从保税区、出口加工区等海关特殊监管区域及保税仓库、保税物流中心进口自动进口许可管理货物，除本办法第十二条规定外，仍应当领取“自动进口许可证”。

第十四条 加工贸易进口自动许可管理货物，应当按有关规定复出口。因故不能复出口而转内销的，按现行加工贸易转内销有关审批程序申领“自动进口许可证”，各商品具体申领规定详见《自动进口许可管理货物目录》。

第十五条 国家对自动进口许可管理货物采取临时禁止进口或者进口数量限制措施的，自临时措施生效之日起，停止签发“自动进口许可证”。

第十六条 收货人已申领的“自动进口许可证”，如未使用，应当在有效期内交回原发证机构，并说明原因。发证机构对收货人交回的“自动进口许可证”予以撤销。

“自动进口许可证”如有遗失，收货人应当立即向原发证机构及自动进口许可证证面注明的进口口岸地海关书面报告挂失。原发证机构收到挂失报告后，经核实无不良后果的，予以重新补发。

“自动进口许可证”自签发之日起 1 个月后未领证的，发证机构可予以收回并撤销。

第十七条 海关对散装货物溢短装数量在货物总量正负 5%以内的予以免证验放。对原油、成品油、化肥、钢材四种大宗货物的散装货物溢短装数量在货物总量正负 3%以内予以免证验放。

第十八条 商务部对“自动进口许可证”项下货物原则上实行“一批一证”管理，对部分货物也可实行“非一批一证”管理。

“一批一证”指：同一份“自动进口许可证”不得分批次累计报关使用。同一进口合同项下，收货人可以申请并领取多份“自动进口许可证”。

“非一批一证”指：同一份“自动进口许可证”在有效期内可以分批次累计报关使用，但累计使用不得超过六次。海关在“自动进口许可证”原件“海关验放签注栏”内批注后，海关留存复印件，最后一次使用后，海关留存正本。

对“非一批一证”进口实行自动进口许可管理的大宗散装商品，每批货物进口时，按其实际进口数量核扣自动进口许可证额度数量；最后一批货物进口时，其溢装数量按该自动进口许可证实际剩余数量并在规定的允许溢装上限内计算。

第十九条 “自动进口许可证”在公历年度内有效，有效期为 6 个月。

第二十条 “自动进口许可证”需要延期或者变更，一律在原发证机构重新办理，旧证同时撤销，并在新证备注栏中注明原证号。

实行“非一批一证”的自动进口许可证需要延期或者变更，核减原证已报关数量后，按剩余数量发放新证。

第二十一条 未申领“自动进口许可证”，擅自进口自动进口许可管理货物的，由海关依照有关法律、行政法规的规定处理、处罚；构成犯罪的，依法追究刑事责任。

第二十二条 伪造、变造、买卖“自动进口许可证”或者以欺骗等不正当手段获取“自动进口许可证”的，依照有关法律、行政法规的规定处罚；构成犯罪的，依法追究刑事责任。

第二十三条 自动进口许可证发证管理实施细则由商务部依据本办法另行制定。

第二十四条 本办法由商务部、海关总署负责解释。

第二十五条 本办法自 2005 年 1 月 1 日起施行。此前有关管理规定与本办法不一致的，以本办法为准。

附件 1　自动进口许可管理货物目录（略）

附件 2　自动进口许可证发证机构名单（略）

附件 3　自动进口许可证（略）

附件 4　自动进口许可证专用章（略）

附件 5　自动进口许可证申请表（略）

缺陷汽车产品召回管理规定

（国家质检总局、国家发展改革委、商务部、海关总署令 2004 年第 60 号）

第一章　总　则

第一条　为加强对缺陷汽车产品召回事项的管理，消除缺陷汽车产品对使用者及公众人身、财产安全造成的危险，维护公共安全、公众利益和社会经济秩序，根据《中华人民共和国产品质量法》等法律制定本规定。

第二条　凡在中华人民共和国境内从事汽车产品生产、进口、销售、租赁、修理活动的，适用本规定。

第三条　汽车产品的制造商（进口商）对其生产（进口）的缺陷汽车产品依本规定履行召回义务，并承担消除缺陷的费用和必要的运输费；汽车产品的销售商、租赁商、修理商应当协助制造商履行召回义务。

第四条　售出的汽车产品存在本规定所称缺陷时，制造商应按照本规定中主动召回或指令召回程序的要求，组织实施缺陷汽车产品的召回。

国家根据经济发展需要和汽车产业管理要求，按照汽车产品种类分步骤实施缺陷汽车产品召回制度。

国家鼓励汽车产品制造商参照本办法规定，对缺陷以外的其他汽车产品质量等问题，开展召回活动。

第五条　本规定所称汽车产品，指按照国家标准规定，用于载运人员、货物，由动力驱动或者被牵引的道路车辆。

本规定所称缺陷，是指由于设计、制造等方面的原因而在某一批次、型号或类别的汽车产品中普遍存在的具有同一性的危及人身、财产安全的不合理危险，或者不符合有关汽车安全的国家标准的情形。

本规定所称制造商，指在中国境内注册，制造、组装汽车产品并以其名义颁发产品合格证的企业，以及将制造、组装的汽车产品已经销售到中国境内的外国企业。

本规定所称进口商，指从境外进口汽车产品到中国境内的企业。进口商视同为汽车产品制造商。

本规定所称销售商，指销售汽车产品，并收取货款、开具发票的企业。

本规定所称租赁商，指提供汽车产品为他人使用，收取租金的自然人、法人或其他组织。

本规定所称修理商，指为汽车产品提供维护、修理服务的企业和个人。

本规定所称制造商、进口商、销售商、租赁商、修理商，统称经营者。

本规定所称车主，是指不以转售为目的，依法享有汽车产品所有权或者使用权的自然人、法人或其他组织。

本规定所称召回，指按照本规定要求的程序，由缺陷汽车产品制造商（包括进口商，下同）选择修理、更换、收回等方式消除其产品可能引起人身伤害、财产损失的缺陷的过程。

第二章　缺陷汽车召回的管理

第六条　国家质量监督检验检疫总局（以下称主管部门）负责全国缺陷汽车召回的组织和管理工作。

国家发展改革委员会、商务部、海关总署等国务院有关部门在各自职责范围内，配合主管部门开展缺陷汽车召回的有关管理工作。

各省、自治区、直辖市质量技术监督部门和各直属检验检疫机构（以上称地方管理机构）负责组织本行政区域内缺陷汽车召回的监督工作。

第七条　缺陷汽车产品召回的期限，整车为自交付第一个车主起，至汽车制造商明示的安全使用期止；汽车制造商未明示安全使用期的，或明示的安全使用期不满 10 年的，自销售商将汽车产品交付第一个车主之日起 10 年止。

汽车产品安全性零部件中的易损件，明示的使用期限为其召回时限；汽车轮胎的召回期限为自交付第一个车主之日起 3 年止。

第八条　判断汽车产品的缺陷包括以下原则：

（一）经检验机构检验安全性能存在不符合有关汽车安全的技术法规和国家标准的；

（二）因设计、制造上的缺陷已给车主或他人造成人身、财产损害的；

（三）虽未造成车主或他人人身、财产损害，但经检测、实验和论证，在特定条件下缺陷仍可能引发人身或财产损害的。

第九条 缺陷汽车产品召回按照制造商主动召回和主管部门指令召回两种程序的规定进行。

制造商自行发现，或者通过企业内部的信息系统，或者通过销售商、修理商和车主等相关各方关于其汽车产品缺陷的报告和投诉，或者通过主管部门的有关通知等方式获知缺陷存在，可以将召回计划在主管部门备案后，按照本规定中主动召回程序的规定，实施缺陷汽车产品召回。

制造商获知缺陷存在而未采取主动召回行动的，或者制造商故意隐瞒产品缺陷的，或者以不当方式处理产品缺陷的，主管部门应当要求制造商按照指令召回程序的规定进行缺陷汽车产品召回。

第十条 主管部门会同国务院有关部门组织建立缺陷汽车产品信息系统，负责收集、分析与处理有关缺陷的信息。经营者应当向主管部门及其设立的信息系统报告与汽车产品缺陷有关的信息。

第十一条 主管部门应当聘请专家组成专家委员会，并由专家委员会实施对汽车产品缺陷的调查和认定。根据专家委员会的建议，主管部门可以委托国家认可的汽车产品质量检验机构，实施有关汽车产品缺陷的技术检测。专家委员会对主管部门负责。

第十二条 主管部门应当对制造商进行的召回过程加以监督，并根据工作需要部署地方管理机构进行有关召回的监督工作。

第十三条 制造商或者主管部门对已经确认的汽车产品存在缺陷的信息及实施召回的有关信息，应当在主管部门指定的媒体上向社会公布。

第十四条 缺陷汽车产品信息系统和指定的媒体发布缺陷汽车产品召回信息，应当客观、公正、完整。

第十五条 从事缺陷汽车召回管理的主管部门及地方机构和专家委员会、检验机构及其工作人员，在调查、认定、检验等过程中应当遵守公正、客观、公平、合法的原则，保守相关企业的技术秘密及相关缺陷调查、检验的秘密；未经主管部门同意，不得擅自泄露相关信息。

第三章　经营者及相关各方的义务

第十六条 制造商应按照国家标准《道路车辆识别代号》（GB/T16735-16738）中的规定，在每辆出厂车辆上标注永久性车辆识别代码（VIN）；应当建立、保存车辆及车主信息的有关记录档案。对上述资料应当随时在主管部门指定的机构备案（见附件 1）。

制造商应当建立收集产品质量问题、分析产品缺陷的管理制度，保存有关记录。

制造商应当建立汽车产品技术服务信息通报制度，载明有关车辆故障排除方法，车辆维护、维修方法，服务于车主、销售商、租赁商、修理商。通报内容应当向主管部门指定机构备案。

制造商应当配合主管部门对其产品可能存在的缺陷进行的调查，提供调查所需的有关资料，协助进行必要的技术检测。

制造商应当向主管部门报告其汽车产品存在的缺陷，不得以不当方式处理其汽车产品缺陷。

制造商应当向车主、销售商、租赁商提供本规定附件 3 和附件 4 规定的文件，便于其发现汽车产品存在缺陷后提出报告。

第十七条 销售商、租赁商、修理商应当向制造商和主管部门报告所发现的汽车产品可能存在的缺陷的相关信息，配合主管部门进行的相关调查，提供调查需要的有关资料，并配合制造商进行缺陷汽车产品的召回。

第十八条 车主有权向主管部门、有关经营者投诉或反映汽车产品存在的缺陷，并可向主管部门提出开展缺陷产品召回的相关调查的建议。

车主应当积极配合制造商进行缺陷汽车产品召回。

第十九条 任何单位和个人，均有权向主管部门和地方管理机构报告汽车产品可能存在的缺陷。

主管部门针对汽车产品可能存在的缺陷进行调查时，有关单位和个人应当予以配合。

第四章　汽车产品缺陷的报告、调查和确认

第二十条 制造商确认其汽车产品存在缺陷，应当在 5 个工作日内以书面形式向主管部门报告（书面报告格式见附件 2）；制造商在提交上述报告的同时，应当在 10 个工作日内以有效方式通知销售商停止销售所涉及的缺陷汽车产品，并将报告内容通告销售商。境外制造商还应在 10 个工作日内以有效方式通知进口商停止进口缺陷汽车产品，并将报告内容报送商务部并通告进口商。

销售商、租赁商、修理商发现其经营的汽车产品可能存在缺陷，或者接到车主提出的汽车产品可能存在缺陷的

投诉，应当及时向制造商和主管部门报告（书面报告格式见附件3）。

车主发现汽车产品可能存在缺陷，可通过有效方式向销售商或主管部门投诉或报告（书面报告格式见附件4）。

其他单位和个人发现汽车产品可能存在缺陷应参照上述附件中的内容和格式向主管部门报告。

第二十一条　主管部门接到制造商关于汽车产品存在缺陷并符合附件2的报告后，按照第五章缺陷汽车产品主动召回程序处理。

第二十二条　主管部门根据其指定的信息系统提供的分析、处理报告及其建议，认为必要时，可将相关缺陷的信息以书面形式通知制造商，并要求制造商在指定的时间内确认其产品是否存在缺陷及是否需要进行召回。

第二十三条　制造商在接到主管部门依第二十二条规定发出的通知，并确认汽车产品存在缺陷后，应当在5个工作日内依附件2的书面报告格式向主管部门提交报告，并按照第五章缺陷汽车产品主动召回程序实施召回。

制造商能够证明其产品不需召回的，应向主管部门提供翔实的论证报告，主管部门应当继续跟踪调查。

第二十四条　制造商在第二十三条所称论证报告中不能提供充分的证明材料或其提供的证明材料不足以证明其汽车产品不存在缺陷，又不主动实施召回的，主管部门应当组织专家委员会进行调查和鉴定，制造商可以派代表说明情况。

主管部门认为必要时，可委托国家认可的汽车质量检验机构对相关汽车产品进行检验。

主管部门根据专家委员会意见和检测结果确认其产品存在缺陷的，应当书面通知制造商实施主动召回，有关缺陷鉴定、检验等费用由制造商承担。如制造商仍拒绝主动召回，主管部门应责令制造商按照第六章的规定实施指令召回程序。

第五章　缺陷汽车产品主动召回程序

第二十五条　制造商确认其生产且已售出的汽车产品存在缺陷决定实施主动召回的，应当在按本规定第二十条或者第二十三条的要求向主管部门报告，并应当及时制定包括以下基本内容的召回计划，提交主管部门备案：

（一）有效停止缺陷汽车产品继续生产的措施；

（二）有效通知销售商停止批发和零售缺陷汽车产品的措施；

（三）有效通知相关车主有关缺陷的具体内容和处理缺陷的时间、地点和方法等；

（四）客观公正地预测召回效果。

境外制造商还应提交有效通知进口商停止缺陷汽车产品进口的措施。

第二十六条　制造商在向主管部门备案同时，应当立即将其汽车产品存在的缺陷、可能造成的损害及其预防措施、召回计划等，以有效方式通知有关进口商、销售商、租赁商、修理商和车主，并通知销售商停止销售有关汽车产品，进口商停止进口有关汽车产品。制造商须设置热线电话，解答各方询问，并在主管部门指定的网站上公布缺陷情况供公众查询。

第二十七条　制造商依第二十五条的规定提交附件2的报告之日起1个月内，制定召回通知书（见附件5），向主管部门备案，同时告知销售商、租赁商、修理商和车主，并开始实施召回计划。

第二十八条　制造商按计划完成缺陷汽车产品召回后，应在1个月内向主管部门提交召回总结报告（见附件9）。

第二十九条　主管部门应当对制造商采取的主动召回行动进行监督，对召回效果进行评估，并提出处理意见。

主管部门认为制造商所进行的召回未能取得预期效果，可通知制造商再次进行召回，或依法采取其他补救措施。

第六章　缺陷汽车产品指令召回程序

第三十条　主管部门依第二十四条规定经调查、检验、鉴定确认汽车产品存在缺陷，而制造商又拒不召回的，应当及时向制造商发出指令召回通知书（见附件6）。国家认证认可监督管理部门责令认证机构暂停或收回汽车产品强制性认证证书。对境外生产的汽车产品，主管部门会同商务部和海关总署发布对缺陷汽车产品暂停进口的公告，海关停止办理缺陷汽车产品的进口报关手续。在缺陷汽车产品暂停进口公告发布前，已经运往我国尚在途中的，或业已到达我国尚未办结海关手续的缺陷汽车产品，应由进口商按海关有关规定办理退运手续。

主管部门根据缺陷的严重程度和消除缺陷的紧急程度，决定是否需要立即通报公众有关汽车产品存在的缺陷和避免发生损害的紧急处理方法及其他相关信息。

第三十一条　制造商应当在接到主管部门指令召回的通知书之日起5个工作日内，通知销售商停止销售该缺陷汽车产品，在10个工作日内向销售商、车主发出关于主管部门通知该汽车存在缺陷的信息。境外制造商还应在5

个工作日内通知进口商停止进口该缺陷汽车产品。

制造商对主管部门的决定等具体行政行为有异议的，可依法申请行政复议或提起行政诉讼。在行政复议和行政诉讼期间，主管部门通知中关于制造商进行召回的内容暂不实施，但制造商仍须履行前款规定的义务。

第三十二条 制造商接到主管部门关于缺陷汽车产品指令召回通知书之日起10个工作日内，应当向主管部门提交符合本规定第二十五条要求的有关文件。

第三十三条 主管部门应当在收到该缺陷汽车产品召回计划后5个工作日内将审查结果通知制造商。

主管部门批准召回计划的，制造商应当在接到批准通知之日起1个月内，依据批准的召回计划制定缺陷汽车产品召回通知书（见附件5），向销售商、租赁商、修理商和车主发出该召回通知书，并报主管部门备案。召回通知书应当在主管部门指定的报刊上连续刊登3期，召回期间在主管部门指定网站上持续发布。

主管部门未批准召回计划的，制造商应按主管部门提出的意见进行修改，并在接到通知之日起10个工作日内再次向主管部门递交修改后的召回计划，直至主管部门批准为止。

第三十四条 制造商应在发出召回通知书之日起，开始实施召回，并在召回计划时限内完成。

制造商有合理原因未能在此期限内完成召回的，应向主管部门提出延长期限的申请，主管部门可根据制造商申请适当延长召回期限。

第三十五条 制造商应自发出召回通知书之日起，每3个月向主管部门提交符合本规定要求（见附件7）的召回阶段性进展情况的报告；主管部门可根据召回的实际效果，决定制造商是否应采取更为有效的召回措施。

第三十六条 对每一辆完成召回的缺陷汽车，制造商应保存符合本规定要求（见附件8）的召回记录单。召回记录单一式两份，一份交车主保存，一份由制造商保存。

第三十七条 制造商按计划完成召回后，应在1个月内向主管部门提交召回总结报告（见附件9）。

第三十八条 主管部门应对制造商提交的召回总结报告进行审查，并在15个工作日内书面通知制造商审查结论。审查结论应向社会公布。

主管部门认为制造商所进行的召回未能取得预期的效果，可责令制造商采取补救措施，再次进行召回。

如制造商对审查结论有异议，可依法申请行政复议或提起行政诉讼。在行政复议或行政诉讼期间，主管部门的决定暂不执行。

第三十九条 主管部门应及时公布制造商在中国境内进行的缺陷汽车召回、召回效果审查结论等有关信息，通过指定网站公布，为查询者提供有关资料。

主管部门应向商务部和海关总署通报进口缺陷汽车的召回情况。

第七章 罚 则

第四十条 制造商违反本规定第十六条第一、二、三、四款规定，不承担相应义务的，质量监督检验检疫部门应当责令其改正，并予以警告。

第四十一条 销售商、租赁商、修理商违反本规定第十七条有关规定，不承担相应义务的，质量监督检验检疫部门可以酌情处以警告、责令改正等处罚；情节严重的，处以1000元以上5000元以下罚款。

第四十二条 有下列情形之一的，主管部门可责令制造商重新召回，通报批评，并由质量监督检验检疫部门处以10000元以上30000元以下罚款：

（一）制造商故意隐瞒缺陷的严重性的；

（二）试图利用本规定的缺陷汽车产品主动召回程序，规避主管部门监督的；

（三）由于制造商的过错致使召回缺陷产品未达到预期目的，造成损害再度发生的。

第四十三条 从事缺陷汽车管理职能的管理机构及其工作人员，受其委托进行缺陷调查、检验和认定的工作人员，徇私舞弊，违反保密规定的，给予行政处分；直接责任人徇私舞弊，贪赃枉法，构成犯罪的，依法追究刑事责任。

有关专家作伪证，检验人员出具虚假检验报告，或捏造散布虚假信息的，取消其相应资格，造成损害的，承担赔偿责任；构成犯罪的，依法追究刑事责任。

第八章 附 则

第四十四条 制造商实施缺陷汽车产品召回，不免除车主及其他受害人因缺陷汽车产品所受损害，要求其承担的其他法律责任。

第四十五条 本规定由国家质量监督检验检疫总局、国家发展和改革委员会、商务部、海关总署在各自职责范围内负责解释。

第四十六条 本规定自2004年10月1日起实施。

附件1 汽车制造商提交备案材料清单（略）
附件2 制造商关于汽车产品缺陷的报告（略）
附件3 销售商、租赁商和修理商关于汽车产品缺陷的报告（略）
附件4 车主关于汽车产品缺陷的报告（略）
附件5 缺陷汽车产品召回通知书的内容（略）
附件6 缺陷汽车产品政府指令召回通知书（略）
附件7 缺陷汽车产品召回阶段性报告（略）
附件8 缺陷汽车产品召回记录单（略）
附件9 缺陷汽车产品召回总结报告（略）

两用物项和技术进出口许可证管理办法

（商务部、海关总署令2005年第29号）

第一章 总 则

第一条 为维护国家安全和社会公共利益，履行我国在缔结或者参加的国际条约、协定中所承担的义务，加强两用物项和技术进出口许可证管理，依据《中华人民共和国对外贸易法》、《中华人民共和国海关法》和有关行政法规的规定，制定本办法。

第二条 本办法所称有关行政法规系指《中华人民共和国核出口管制条例》、《中华人民共和国核两用品及相关技术出口管制条例》、《中华人民共和国导弹及相关物项和技术出口管制条例》、《中华人民共和国生物两用品及相关设备和技术出口管制条例》、《中华人民共和国监控化学品管理条例》、《中华人民共和国易制毒化学品管理条例》及《有关化学品及相关设备和技术出口管制办法》。

本办法所称两用物项和技术是指前款有关行政法规管制的物项和技术。

第三条 商务部是全国两用物项和技术进出口许可证的归口管理部门，负责制定两用物项和技术进出口许可证管理办法及规章制度，监督、检查两用物项和技术进出口许可证管理办法的执行情况，处罚违规行为。

第四条 商务部会同海关总署制定和发布《两用物项和技术进出口许可证管理目录》（见附件1，以下简称《管理目录》）。商务部和海关总署可以根据情况对《管理目录》进行调整，并以公告形式发布。

第五条 商务部委托商务部配额许可证事务局（以下简称许可证局）统一管理、指导全国各发证机构的两用物项和技术进出口许可证发证工作，许可证局对商务部负责。

许可证局和商务部委托的省级商务主管部门为两用物项和技术进出口许可证发证机构（以下简称发证机构），省级商务主管部门在许可证局的统一管理下，负责委托范围内两用物项和技术进出口许可证的发证工作。“两用物项和技术进出口许可证发证机构名单”附后（见附件2）。

第六条 以任何方式进口或出口，以及过境、转运、通运《管理目录》中的两用物项和技术，均应申领两用物项和技术进口或出口许可证（许可证格式见附件3）。

两用物项和技术在境外与保税区、出口加工区等海关特殊监管区域、保税场所之间进出的，适用前款规定。

两用物项和技术在境内与保税区、出口加工区等海关特殊监管区域、保税场所之间进出的，或者在上述海关监管区域、保税场所之间进出的，无须办理两用物项和技术进出口许可证。

第七条 两用物项和技术进出口时，进出口经营者应当向海关出具两用物项和技术进出口许可证，依照海关法的有关规定，海关凭两用物项和技术进出口许可证接受申报并办理验放手续。

第八条 根据有关行政法规的规定，出口经营者知道或者应当知道，或者得到国务院相关行政主管部门通知，其拟出口的物项和技术存在被用于大规模杀伤性武器及其运载工具风险的，无论该物项和技术是否列入《管理目录》，都应当申请出口许可，并按照本办法办理两用物项和技术出口许可证。

出口经营者在出口过程中，如发现拟出口的物项和技术存在被用于大规模杀伤性武器及其运载工具风险的，应及时向国务院相关行政主管部门报告，并积极配合采取措施中止合同的执行。

第九条 两用物项和技术的进出口经营者应当主动向海关出具两用物项和技术进出口许可证，进出口经营者未向海关出具两用物项和技术进出口许可证而产生的相关法律责任由进出口经营者自行承担。

海关有权对进出口经营者进口或者出口的商品是否属于两用物项和技术提出质疑，进出口经营者应按规定向相关行政主管部门申请进口或者出口许可，或者向商务主管部门申请办理不属于管制范围的相关证明。省级商务主管部门受理其申请，提出处理意见后报商务部审定。对进出口经营者未能出具两用物项和技术进口或者出口许可证或者商务部相关证明（格式见附件4）的，海关不予办理有关手续。

第十条 实施临时进出口管制的两用物项和技术的进出口许可证管理，适用本办法。

第二章　两用物项和技术进出口许可证的申领和签发

第十一条 进出口经营者获相关行政主管部门批准文件后，凭批准文件到所在地发证机构申领两用物项和技术进口或者出口许可证（在京的中央企业向许可证局申领），其中：

（一）核、核两用品、生物两用品、有关化学品、导弹相关物项、易制毒化学品和计算机进出口的批准文件为商务主管部门签发的两用物项和技术进口或者出口批复单。其中，核材料的出口凭国防科工委的批准文件办理相关手续。

外商投资企业进出口易制毒化学品凭“商务部外商投资企业易制毒化学品进口批复单”或“商务部外商投资企业易制毒化学品出口批复单”申领进出口许可证。

（二）监控化学品进出口的批准文件为国家履行禁止化学武器公约工作领导小组办公室签发的监控化学品进口或者出口核准单。监控化学品进出口经营者向许可证局申领两用物项和技术进出口许可证。

第十二条 通过对外交流、交换、合作、赠送、援助、服务等形式出口两用物项和技术的，视为正常出口，出口经营者应按规定申请出口许可，并按本办法办理两用物项和技术出口许可证。

第十三条 两用物项和技术进出口许可证实行网上申领。申领两用物项和技术进出口许可证时应提交下列文件：

（一）本办法第十一条规定的有关批准文件。

（二）进出口经营者公函（介绍信）原件、进出口经营者领证人员的有效身份证明及网上报送的两用物项和技术进出口许可证申领表。

如因异地申领等特殊情况，需要委托他人申领两用物项和技术进出口许可证的，被委托人应提供进出口经营者出具的委托公函（其中应注明委托理由和被委托人身份）原件和被委托人的有效身份证明。

第十四条 发证机构收到相关行政主管部门批准文件（含电子文本、数据）和相关材料并经核对无误后，应在3个工作日内签发两用物项和技术进口或者出口许可证。

第十五条 两用物项和技术进口许可证实行“非一批一证”制和“一证一关”制，同时在两用物项和技术进口许可证备注栏内打印“非一批一证”字样。

两用物项和技术出口许可证实行“一批一证”制和“一证一关”制。同一合同项下的同一商品如需分批办理出口许可证，出口经营者应在申领时提供相关行政主管部门签发的相应份数的两用物项和技术出口批准文件。同一次申领分批量最多不超过十二批。

“非一批一证”制是指每证在有效期内可多次报关使用，但最多不超过十二次，由海关在许可证背面“海关验放签注栏”内逐批核减数量；“一批一证”制是指每证只能报关使用一次；“一证一关”制是指每证只能在一个海关报关使用。

第十六条 两用物项和技术进出口许可证一式四联。第一联为办理海关手续联，第二联为海关留存核对联，第三联为银行办理结汇联，第四联为发证机构留存联。

第十七条 进出口经营者在申领两用物项和技术进出口许可证时，应如实申报，不得弄虚作假，严禁以假合同、假文件等欺骗或其他不正当手段获取两用物项和技术进出口许可证。

第三章　特殊情况的处理

第十八条 “一批一证”制的大宗、散装的两用物项在报关时溢装数量不得超过两用物项和技术出口许可证所列出口数量的5%。“非一批一证”制的大宗、散装两用物项，每批进口时，按其实际进口数量进行核扣，最后一批进口物项报关时，其溢装数量按该两用物项和技术进口许可证实际剩余数量并在规定的溢装上限5%内计算。

第十九条　赴境外参加或举办展览会运出境外的展品，参展单位（出口经营者）应凭出境经济贸易展览会审批部门批准办展的文件，按规定申请两用物项和技术出口许可，并按本办法办理两用物项和技术出口许可证。

对于非卖展品，应在两用物项和技术出口许可证备注栏内注明“非卖展品”字样。参展单位应在展览会结束后六个月内，将非卖展品如数运回境内，由海关凭有关出境时的单证予以核销。在特殊情况下，可向海关申请延期，但延期最长不得超过六个月。

第二十条　运出境外的两用物项和技术的货样或实验用样品，视为正常出口，出口经营者应按规定申请两用物项和技术出口许可，并按本办法办理两用物项和技术出口许可证。

第二十一条　进出境人员随身携带药品类易制毒化学品药品制剂和高锰酸钾的，按照《易制毒化学品管理条例》中的规定执行，并接受海关监管。

第二十二条　对于民用航空零部件等两用物项和技术以特定海关监管方式出口的管理另有规定的，依照其规定。

第二十三条　凡两用物项和技术出口涉及国营贸易管理和出口配额管理商品的，出口经营者须具备相应的资格条件。

第四章　监督检查

第二十四条　两用物项和技术进出口许可证仅限于申领许可证的进出口经营者使用。

两用物项和技术进出口许可证不得买卖、转让、涂改、伪造和变造。

第二十五条　两用物项和技术进出口许可证应在批准的有效期内使用，逾期自动失效，海关不予验放。

第二十六条　两用物项和技术进出口许可证有效期一般不超过一年。

两用物项和技术进出口许可证跨年度使用时，在有效期内只能使用到次年3月31日，逾期发证机构将根据原许可证有效期换发许可证。

第二十七条　两用物项和技术进出口许可证一经签发，任何单位和个人不得更改证面内容。

如需对证面内容进行更改，进出口经营者应当在许可证有效期内向相关行政主管部门重新申请进出口许可，并凭原许可证和新的批准文件向发证机构申领两用物项和技术进出口许可证。

第二十八条　两用物项和技术进口许可证证面的进口商、收货人应分别与海关进口货物报关单的经营单位、收货单位相一致，两用物项和技术出口许可证证面的出口商、发货人应分别与海关出口货物报关单的经营单位、发货单位相一致。

第二十九条　已领取的两用物项和技术进出口许可证发生遗失的，进出口经营者应当立即向相关行政主管部门和原发证机构及许可证证面注明的口岸地海关书面报告，并在全国性经济类报刊登载“遗失声明”。发证机构凭遗失声明，并核实该证确未通关后，可注销该许可证，并依据原许可证内容签发新证。

第三十条　进出口经营者应妥善保存两用物项和技术进出口的文件和有关资料五年，以备相关行政主管部门检查。

第三十一条　任何单位和个人均可向商务部或海关举报进出口经营者违反国家有关法律、行政法规和本办法规定的行为。商务部和海关应为举报者保密，并依法对违规行为予以查处。对查证属实的，主管机关按有关规定可给予举报者奖励。

第三十二条　发证机构应及时传送发证数据，保证进出口经营者顺利报关和海关核查；对海关反馈的核查数据应认真核对，定时检查两用物项和技术进出口许可证的使用情况并找出存在的问题。许可证局应当每季度将核对后的海关反馈核查数据报商务部。

第三十三条　各发证机构不得越权或者超范围发放两用物项和技术进出口许可证。越权或者超范围发放的两用物项和技术进出口许可证无效。

对于前款所涉进出口许可证，一经查实，商务部予以吊销。对海关在实际监管或者案件处理过程中发现的涉及上述许可证的问题，发证机构应当给予明确回复。

第三十四条　商务部授权许可证局对各发证机构进行检查。检查的内容为发证机构执行本办法的情况，重点是检查是否有越权或者超发证范围违章发证及其他违反本办法的问题。检查的方式，实行各发证机构定期或者不定期自查与许可证局抽查相结合的办法。

许可证局应当将检查的情况向商务部报告。

第五章　法律责任

第三十五条　未经许可，或者超出许可范围进出口两用物项和技术的，依照有关法律、行政法规处罚；构成犯罪的，依法追究刑事责任。

第三十六条　违反本办法规定，走私两用物项和技术的，由海关依照《中华人民共和国海关法》、《中华人民共和国海关行政处罚实施条例》的有关规定给予行政处罚；构成犯罪的，依法追究刑事责任。

第三十七条　伪造、变造或者买卖两用物项和技术进出口许可证的，依照刑法关于非法经营罪或者伪造、变造、买卖国家机关公文、证件、印章罪的规定，依法追究刑事责任；尚不够刑事处罚的，依照《中华人民共和国海关法》及有关法律、行政法规的规定给予行政处罚。

以欺骗或者其他不正当手段获取两用物项和技术进出口许可证的，商务部依法吊销其许可证，并可给予警告，或处三万元以下罚款。

第三十八条　对违反第十九条规定，未将属于两用物项和技术出口许可证管理的非卖展品按期如数运回由海关核销的，由海关按有关规定处理，并将有关情况通知商务部和出境经济贸易展览会审批机构。商务部可给予该组展单位和参展单位警告，或对组展单位处一万元以下罚款。

第三十九条　依据《中华人民共和国对外贸易法》，商务部可自第三十五条至三十八条规定的行政处罚决定生效之日起或者刑事处罚判决生效之日起一年以上三年以下的期限内，禁止违法行为人从事有关的对外贸易经营活动。

第四十条　对违反本办法第三十三条，越权或者超范围发证的发证机构，商务部可暂停或者取消对其发证委托。

第四十一条　发证机构工作人员玩忽职守、徇私舞弊或者滥用职权，构成犯罪的，依法追究刑事责任；尚不构成犯罪的，应当调离工作岗位，并依法给予行政处分。

第六章　附　则

第四十二条　商务部对委托的发证机构进行调整时，自调整之日起，原发证机构不得再签发两用物项和技术进出口许可证。进出口经营者在发证机构调整前申领的两用物项和技术进出口许可证在有效期内继续有效。

第四十三条　本办法由商务部和海关总署按照各自职责负责解释。

第四十四条　本办法自2006年1月1日起施行。

《敏感物项和技术出口许可证暂行管理办法》（商务部、海关总署2003年第9号令），商务部、海关总署2003年第74号公告，《海关总署关于保税区内企业经营航空发动机修理等业务出境监管问题的通知》（署法发［2004］235号），《海关总署办公厅　外经贸部办公厅关于敏感物项和技术出口证件海关验放问题的通知》（署办发［2002］89号），《政法司、监管司关于明确敏感物项和技术出口许可证海关监管问题的通知》（政法函［2004］2号）同时废止。

《货物出口许可证管理办法》（商务部2004年27号令）和《货物进口许可证管理办法》（商务部2004年28号令）与本办法不一致的，以本办法为准。

附件1　两用物项和技术进出口许可证管理目录（略）
附件2　两用物项和技术进出口许可证发证机构名单（略）
附件3　两用物项和技术进口或出口许可证（格式）（略）
附件4　商务部相关证明（格式）（略）

民用航空零部件出口分类管理办法

（商务部、海关总署令2006年第6号）

第一条　为完善两用物项和技术出口管制，便利民用航空零部件出口，依据《中华人民共和国对外贸易法》和《中华人民共和国导弹及相关物项和技术出口管制条例》，制定本办法。

第二条 本办法所称民用航空零部件，是指受《中华人民共和国导弹及相关物项和技术出口管制条例》管制、用于民用航空用途的物项（名称及海关编码见《两用物项和技术进出口许可证管理办法》附件 1《两用物项和技术进出口许可证管理目录》中“导弹及相关物项和技术出口管制清单所列物项和技术”部分）。

第三条 民用航空零部件的出口实行许可证件分类管理制度。

以“修理物品”（代码：1300）、“暂时进出货物”（代码：2600）、“保税仓库货物”（代码：1233）、“租赁不满一年”（代码：1500）和“租赁贸易”（代码：1523）出口的民用航空零部件，实行出口许可批件管理。

以前款规定的海关监管方式以外的其他方式出口的民用航空零部件，仍按照《两用物项和技术进出口许可证管理办法》（商务部、海关总署 2005 年第 29 号令）的规定实行两用物项和技术出口许可证管理。

第四条 民用航空零部件出口经营者（以下简称出口经营者）申请“出口许可批件”，应向商务部提出，并提交以下材料：

（一）出口许可申请书；

（二）拟出口的民用航空零部件名称（包括所含型号）、生产国和生产商的说明；

（三）出口用途、报关口岸、进口国（地区）的情况说明；

（四）出口经营者遵守国家出口管制法律法规及相关规定的保证文书；

（五）《中华人民共和国导弹及相关物项和技术出口管制条例》要求提交的其他文件。

第五条 商务部收到齐备有效的申请材料后予以受理，对符合条件的申请，在《中华人民共和国导弹及相关物项和技术出口管制条例》规定的审查时限内，颁发“出口许可批件”。

“出口许可批件”应包括载明出口经营者、海关监管方式、进口国（地区）、民用航空零部件名称及海关编码（包括所含型号）、批件有效期和报关口岸（样式见附件）。

第六条 出口经营者凭“出口许可批件”，在批件有效期内可多次办理海关通关手续，报关次数及出口数量不限。

第七条 海关凭商务部颁发的“出口许可批件”原件办理本办法第三条第二款所列民用航空器零部件出口验放手续，并留存“出口许可批件”复印件与报关单一并归档。“出口许可批件”原件退出口经营者或其代理人。

第八条 出口经营者在“出口许可批件”有效期截止后 30 日内，将其在该“出口许可批件”项下出口的民用航空零部件的出口时间、型号、数量、贸易方式、进口国（地区）、进口商、最终用户、最终用途和报关口岸等有关情况报商务部。

第九条 民用航空零部件出口的有关合同、发票、账册、单据、记录、文件、业务函电、录音录像制品和其他资料，出口经营者应至少保存 5 年，以备商务部抽查。

第十条 出口经营者违反本办法规定的，商务部给予警告，处 3 万元以下罚款。必要时，可依据《中华人民共和国对外贸易法》和相关法律法规，责令其限期改正，撤销其“出口许可批件”，并可在 3 年内不受理其“出口许可批件”申请，或者禁止其在 1 年以上 3 年以下的期限内从事有关货物的出口经营活动。

出口经营者违反相关出口管制法律法规的，依照有关规定进行处罚。

第十一条 本办法由商务部和海关总署按照各自职责负责解释。

第十二条 本办法自公布之日起 30 日后施行。

附件 “出口许可批件”样式（略）

蛋白同化制剂、肽类激素进出口管理办法（暂行）

（国家食品药品监督管理局、海关总署、国家体育总局令 2006 年第 25 号）

第一条 为规范蛋白同化制剂、肽类激素的进出口管理，根据《中华人民共和国药品管理法》、《中华人民共和国海关法》、《反兴奋剂条例》等法律、行政法规，制定本办法。

第二条 国家对蛋白同化制剂、肽类激素实行进出口准许证管理。

第三条 进口蛋白同化制剂、肽类激素，进口单位应当向国家食品药品监督管理局提出申请。

第四条 进口供医疗使用的蛋白同化制剂、肽类激素，进口单位应当报送以下资料：

（一）药品进口申请表；

（二）购货合同或者订单复印件；

（三）"进口药品注册证"（或者"医药产品注册证"）（正本或者副本）复印件；

（四）进口单位的"药品经营许可证"、"企业法人营业执照"、"进出口企业资格证书"（或"对外贸易经营者备案登记表"）、"组织代码证书"复印件；药品生产企业进口本企业所需原料药和制剂中间体（包括境内分包装用制剂），应当报送"药品生产许可证"、"企业法人营业执照"、"组织代码证书"复印件；

（五）"进口药品注册证"（或者"医药产品注册证"）持有者如委托其他公司代理出口其药品的，需提供委托出口函。

上述各类复印件应当加盖进口单位公章。

第五条 因教学、科研需要而进口蛋白同化制剂、肽类激素的，进口单位应当报送以下资料：

（一）药品进口申请表；

（二）购货合同或者订单复印件；

（三）国内使用单位合法资质的证明文件、药品使用数量的测算依据及使用单位出具的合法使用和管理该药品保证函；

（四）相应科研项目的批准文件或相应主管部门的批准文件；

（五）接受使用单位委托代理进口的，还需提供委托代理协议复印件和进口单位的"企业法人营业执照"、"进出口企业资格证书"（或"对外贸易经营者备案登记表"）、"组织代码证书"复印件。

上述各类复印件应当加盖进口单位公章。

第六条 境内企业因接受境外企业委托生产而需要进口蛋白同化制剂、肽类激素的，除需报送本办法第五条第一款第（一）项、第（三）项、第（五）项规定的资料外，还应当提供已向所在地省、自治区、直辖市（食品）药品监督管理部门备案的证明文件。

上述各类复印件应当加盖进口单位公章。

第七条 国家食品药品监督管理局收到进口申请及有关资料后，应当于15个工作日内作出是否同意进口的决定；对同意进口的，发给药品"进口准许证"；对不同意进口的，应当书面说明理由。

第八条 进口单位凭国家食品药品监督管理局核发的药品"进口准许证"向允许药品进口的口岸海关申报，海关凭药品"进口准许证"验放。进口蛋白同化制剂、肽类激素无须办理"进口药品通关单"。

第九条 进口供医疗使用的蛋白同化制剂、肽类激素（包括首次在中国销售的），进口单位应于进口手续完成后，及时填写"进口药品报验单"，持"进口药品注册证"（或者"医药产品注册证"）原件（正本或者副本）、药品"进口准许证"原件，向进口口岸（食品）药品监督管理部门报送下列资料一式两份，申请办理"进口药品口岸检验通知书"：

（一）"进口药品注册证"（或者"医药产品注册证"）（正本或者副本）和药品"进口准许证"复印件；

（二）进口单位的"药品生产许可证"或者"药品经营许可证"复印件，"企业法人营业执照"复印件；

（三）原产地证明复印件；

（四）购货合同复印件；

（五）装箱单、提运单和货运发票复印件；

（六）出厂检验报告书复印件；

（七）药品说明书及包装、标签的式样（原料药和制剂中间体除外）。

上述各类复印件应当加盖进口单位公章。

第十条 口岸（食品）药品监督管理部门接到"进口药品报验单"及相关资料，审查无误后，将"进口药品注册证"（或者"医药产品注册证"）（正本或者副本）原件、药品"进口准许证"原件交还进口单位，并应当于当日向负责检验的口岸药品检验所发出"进口药品口岸检验通知书"，附本办法第九条规定的资料一份。

口岸药品检验所接到"进口药品口岸检验通知书"后，应当在2个工作日内与进口单位联系，到存货地点进行抽样，抽样完成后，应当在药品"进口准许证"原件第一联背面注明"已抽样"字样，并加盖抽样单位的公章。

第十一条 因教学、科研需要而进口的蛋白同化制剂、肽类激素及境内企业接受境外企业委托生产而需要进口的蛋白同化制剂、肽类激素，予以免检。

第十二条 有下列情形之一的，口岸（食品）药品监督管理部门应当及时将有关情况报告国家食品药品监督管理局：

（一）口岸（食品）药品监督管理部门根据《药品进口管理办法》（国家食品药品监督管理局、海关总署令第4号）第十七条规定，不予发放“进口药品口岸检验通知书”的；

（二）口岸药品检验所根据《药品进口管理办法》第二十五条规定，不予抽样的。

口岸（食品）药品监督管理部门对符合前款规定并已进口的全部药品，应当采取查封、扣押的行政强制措施，并于查封、扣押之日起7日内作出准予退运决定，通知进口单位按照本办法规定的蛋白同化制剂、肽类激素出口程序办理药品“出口准许证”，将进口药品全部退回原出口国。

进口单位收到准予退运决定之日起10日内不答复或者未明确表示退运的，已查封、扣押的药品由口岸（食品）药品监督管理部门监督销毁。

第十三条 进口的蛋白同化制剂、肽类激素经口岸药品检验所检验不符合标准规定的，进口单位应当在收到“进口药品检验报告书”后2日内，将全部进口药品流通、使用的详细情况，报告所在地口岸（食品）药品监督管理部门。

口岸（食品）药品监督管理部门收到“进口药品检验报告书”后，应当及时采取对全部药品予以查封、扣押的行政强制措施，并在7日内做出是否立案的决定。

进口单位未在规定时间内提出复验或者经复验仍不符合标准规定的，口岸（食品）药品监督管理部门应当作出准予退运决定，通知进口单位按照本办法规定的蛋白同化制剂、肽类激素出口程序办理药口“出口准许证”，将进口药品全部退回原出口国。进口单位收到准予退运决定之日起10日内不答复或者未明确表示退运的，由口岸（食品）药品监督管理部门监督销毁。

经复验符合标准规定的，口岸（食品）药品监督管理部门应当解除查封、扣押的行政强制措施。

口岸（食品）药品监督管理部门应当将按照本条第二款、第三款、第四款规定处理的情况及时报告国家食品药品监督管理局，同时通告各省、自治区、直辖市（食品）药品监督管理部门和其他口岸（食品）药品监督管理部门。

第十四条 国内药品生产企业、经营企业及医疗机构采购进口蛋白同化制剂、肽类激素时，供货单位应当提供“进口药品注册证”（或者“医药产品注册证”）复印件、药品“进口准许证”复印件和“进口药品检验报告书”复印件，并在上述各类复印件上加盖供货单位公章。

第十五条 出口蛋白同化制剂、肽类激素，出口单位应当向所在地省、自治区、直辖市（食品）药品监督管理部门提出申请，报送下列资料：

（一）药品出口申请表。

（二）进口国家或地区的药品管理机构提供的进口准许证正本（或者复印件及公证文本）。

如进口国家或地区对蛋白同化制剂、肽类激素进口尚未实行许可证管理制度，需提供进口国家的药品管理机构提供的该类药品进口无需核发进口准许证的证明文件（正本）及以下文件之一：

1. 进口国家或地区的药品管理机构提供的同意进口该药品的证明文件正本（或者复印件及公证文本）；

2. 进口单位合法资质的证明文件和该药品用途合法的证明文件正本（或者复印件及公证文本）。

（三）购货合同或者订单复印件（自营产品出口的生产企业除外）。

（四）外销合同或者订单复印件。

（五）出口药品如为国内药品生产企业经批准生产的品种，须提供该药品生产企业的“药品生产许可证”、“企业法人营业执照”及药品的批准证明文件复印件。

出口药物如为境内企业接受境外企业委托生产的品种，须提供已向所在地省、自治区、直辖市（食品）药品监督管理部门备案的证明文件复印件。

（六）出口企业的“企业法人营业执照”、“进出口企业资格证书”（或“对外贸易经营者备案登记表”）、“组织代码证书”复印件。

上述各类复印件应当加盖出口单位公章。

第十六条 按照本办法第十二条、第十三条规定退运的，申请药“药品生产许可证”时，应当提供下列资料：

（一）出口国原出口单位申请退货的证明材料；

（二）药品“进口准许证”。

第十七条 省、自治区、直辖市（食品）药品监督管理部门收到出口申请及有关资料后，应当于15个工作日内作出是否同意出口的决定；对同意出口的，发给药品“出口准许证”；对不同意出口的，应当书面说明理由。

对根据本办法第十六条规定申请办理药品“出口准许证”的，发证机关应当在药品“出口准许证”上注明“原货退回”字样。

第十八条 出口单位凭省、自治区、直辖市（食品）药品监督管理部门核发的药品“出口准许证”向海关办理报关手续。海关凭药品“出口准许证”验放。

第十九条 进出口单位在办理报关手续时，应多提交一联报关单，并向海关申请签退该联报关单。海关凭药品“进口准许证”、“出口准许证”在该联报关单上加盖“验讫章”后退进出口单位。海关按照出证的相关规定收取工本费。

进出口完成后1个月内，进出口单位应当将药品“进口准许证”、“出口准许证”的第一联、海关签章的报关单退回发证机关。

取得药品进出口准许证后未进行相关进出口贸易的，进出口单位应当于准许证有效期满后1个月内将原准许证退回发证机关。

第二十条 药品“进口准许证”有效期1年。药品“出口准许证”有效期不超过3个月（有效期时限不跨年度）。

药品“进口准许证”、“出口准许证”实行“一证一关”，只能在有效期内一次性使用，证面内容不得更改。因故延期进出口的，可以持原进出口准许证办理一次延期换证手续。

第二十一条 药品“进口准许证”、“出口准许证”如有遗失，进出口单位应立即向原发证机关书面报告挂失。原发证机关收到挂失报告后，通知口岸海关。原发证机关经核实无不良后果的，予以重新补发。

第二十二条 药品“进口准许证”、“出口准许证”由国家食品药品监督管理局统一印制。

第二十三条 以加工贸易方式进出口蛋白同化制剂、肽类激素的，海关凭药品“进口准许证”、“出口准许证”办理验放手续并实施监管。确因特殊情况无法出口的，移交货物所在地（食品）药品监督管理部门按规定处理，海关凭有关证明材料办理核销手续。

第二十四条 保税区、出口加工区及其他海关特殊监管区域和保税监管场所与境外进出及海关特殊监管区域、保税监管场所之间进出的蛋白同化制剂、肽类激素，免予办理药品“进口准许证”、“出口准许证”，由海关实施监管。

从保税区、出口加工区及其他海关特殊监管区域和保税监管场所进入境内区外的蛋白同化制剂、肽类激素，应当办理药品“进口准许证”。

从境内区外进入保税区、出口加工区及其他海关特殊监管区域和保税监管场所的蛋白同化制剂、肽类激素，应当办理药品“出口准许证”。

第二十五条 个人因医疗需要携带或邮寄进出境自用合理数量范围内的蛋白同化制剂、肽类激素的，海关按照卫生主管部门有关处方的管理规定凭医疗机构处方予以验放。

第二十六条 除本办法另有规定外，供医疗使用的蛋白同化制剂、肽类激素的进口、口岸检验、监督管理等方面，参照《药品进口管理办法》有关药品进口的规定执行。

第二十七条 本办法所称进口供医疗使用的蛋白同化制剂、肽类激素，是指进口的蛋白同化制剂、肽类激素拟用于生产制剂或者拟在中国境内上市销售。

进口单位：是指依照本办法取得的药品“进口准许证”上载明的进口单位。

出口单位：是指依照本办法取得的药品“出口准许证”上载明的出口单位。

第二十八条 本办法自2006年9月1日起施行。国家食品药品监督管理局2004年9月30日发布的《关于蛋白同化制剂和肽类激素进出口管理的通知》（国食药监安［2004］474号）同时废止。

尸体出入境和尸体处理的管理规定

（卫生部、科技部、公安部、民政部、司法部、商务部、海关总署、
国家工商总局、国家质检总局令2006年第47号）

第一条 为保护社会公共利益，维护社会公共道德，防止传染病由境外传入或者由境内传出，根据《中华人民共和国国境卫生检疫法》、《中华人民共和国海关法》和《殡葬管理条例》等有关法律法规的规定，制定本规定。

第二条　本规定所称尸体，是指人去世后的遗体及其标本（含人体器官组织、人体骨骼及其标本）。

第三条　需要入境或者出境对遗体进行殡葬的，应当按照民政部、公安部、外交部、铁道部、交通部、卫生部、海关总署、民用航空局《关于尸体运输管理的若干规定》（民事发〔1993〕2 号）和民政部、海关总署、国家出入境检验检疫局《关于遗体运输入出境事宜有关问题的通知》（民事发〔1998〕11 号）及国家其他有关规定，向民政部门、海关、出入境检验检疫机构办理有关殡葬和出入境手续。

第四条　因医学科研需要，由境内运出或者由境外运进尸体，应当按照国务院办公厅转发的《人类遗传资源管理暂行办法》和卫生部、质检总局《关于加强医用特殊物品出入境卫生检疫管理的通知》（卫科教发〔2003〕230 号）的规定，办理相关审批手续。

第五条　除第三条、第四条规定情形外，尸体不得由境内运出或者由境外运进。

第六条　对属于殡葬遗体出入境的，出入境检验检疫机构应当对申报资料进行认真核查，并对承运物进行卫生监管，合格者签发“尸体/棺柩/骸骨/骨灰入/出境许可证”。对因医学科研原因出入境的尸体，出入境检验检疫机构凭中国人类遗传资源管理办公室核发的“人类遗传资源材料出口、出境证明”或者卫生部和省、自治区、直辖市卫生行政部门出具的“医用特殊物品准出入境证明”，按照规定实施卫生检疫审批，并依法实施卫生检疫查验和卫生处理；对符合条件的，签发“出入境货物通关单”。

第七条　申请办理尸体出入境的单位和个人应主动、如实地向海关申报进出口尸体的相关情况，包括尸体来源等，并提交有关进出口证件。对属于殡葬遗体出入境的，海关凭出入境检验检疫机构签发的“尸体/棺柩/骸骨/骨灰入/出境许可证”办理验放手续。对属医学科研原因出入境的，海关凭出入境检验检疫机构签发的“出入境货物通关单”办理验放手续；对涉及我国人类遗传资源的出境尸体，海关加验中国人类遗传资源管理办公室核发的“人类遗传资源材料出口、出境证明”。对经海关查验可能为尸体的，无论是否列入《出入境检验检疫机构实施检验检疫的进出境商品目录》，海关一律验凭出入境检验检疫机构签发的“出入境货物通关单”或者“尸体/棺柩/骸骨/骨灰入/出境许可证”放行。

第八条　严禁进行尸体买卖，严禁利用尸体进行商业性活动。

第九条　除医疗机构、医学院校、医学科研机构及法医鉴定科研机构因临床、医学教学和科研需要外，任何单位和个人不得接受尸体捐赠。前款规定情况下使用完毕的尸体，由接受尸体的单位负责对尸体进行殡葬意义上的最终处理。

第十条　违反上述规定的，由有关主管部门按照相关规定查处；构成犯罪的，依法追究刑事责任。

第十一条　本规定由各部门按照各自职责进行解释。

兽药进口管理办法

（农业部、海关总署令 2007 年第 2 号）

第一章　总　则

第一条　为了加强进口兽药的监督管理，规范兽药进口行为，保证进口兽药质量，根据《中华人民共和国海关法》和《兽药管理条例》，制定本办法。

第二条　在中华人民共和国境内从事兽药进口、进口兽药的经营和监督管理，应当遵守本办法。

进口兽药实行目录管理。《进口兽药管理目录》由农业部会同海关总署制定、调整并公布。

第三条　农业部负责全国进口兽药的监督管理工作。

县级以上地方人民政府兽医行政管理部门负责本行政区域内进口兽药的监督管理工作。

第四条　兽药应当从具备检验能力的兽药检验机构所在地口岸进口（以下简称兽药进口口岸）。兽药检验机构名单由农业部确定并公布。

第二章　兽药进口申请

第五条　兽药进口应当办理“进口兽药通关单”。“进口兽药通关单”由中国境内代理商向兽药进口口岸所在地省级人民政府兽医行政管理部门申请。申请时，应当提交下列材料：

（一）兽药进口申请表；

（二）代理合同（授权书）和购货合同复印件；

（三）“兽药经营许可证”、工商营业执照复印件，兽药生产企业申请进口本企业生产所需原料药的，提交“兽药生产许可证”、工商营业执照及其所生产产品的批准文号证明文件复印件；

（四）“进口兽药注册证书”复印件，生产企业为港、澳、台企业的，提交“兽药注册证书”复印件；

（五）产品出厂检验报告；

（六）装箱单、提运单和货运发票复印件；

（七）产品中文标签、说明书式样。

申请兽用生物制品“进口兽药通关单”的，还应当向兽药进口口岸所在地省级人民政府兽医行政管理部门提交下列材料：

（一）农业部依据本办法第七条核发的兽用生物制品进口许可证复印件；

（二）生产企业所在国家（地区）兽药管理部门出具的批签发证明。

第六条 兽药进口口岸所在地省级人民政府兽医行政管理部门应当自收到申请之日起 2 个工作日内完成审查。审查合格的，发给“进口兽药通关单”；不合格的，书面通知申请人，并说明理由。

“进口兽药通关单”主要载明代理商名称、有效期限、兽药进口口岸、海关商品编码、商品名称、生产企业名称、进口数量、包装规格等内容。

兽药进口口岸所在地省级人民政府兽医行政管理部门应当在每月上旬将上月核发的“进口兽药通关单”报农业部备案。

第七条 代理商申请兽用生物制品进口许可证，应当向农业部提交下列材料：

（一）兽用生物制品进口申请表；

（二）代理合同（授权书）复印件；

（三）“兽药经营许可证”、工商营业执照复印件；

（四）“进口兽药注册证书”或者“兽药注册证书”复印件。

农业部自收到申请之日起 20 个工作日内完成审查。审查合格的，发给兽用生物制品进口许可证；不合格的，书面通知申请人，并说明理由。

兽用生物制品进口许可证主要载明代理商名称、兽药进口口岸、海关商品编码、商品名称、生产企业名称、进口数量、包装规格等事项，有效期为一年。

第八条 进口少量科研用兽药，应当向农业部申请，并提交兽药进口申请表和科研项目的立项报告、试验方案等材料。

进口注册用兽药样品、对照品、标准品、菌（毒、虫）种、细胞的，应当向农业部申请，并提交兽药进口申请表。

农业部受理申请后组织风险评估，并自收到评估结论之日起 5 个工作日内完成审查。审查合格的，发给“进口兽药通关单”；不合格的，书面通知申请人，并说明理由。

第九条 国内急需的兽药，由农业部指定单位进口，并发给“进口兽药通关单”。

第十条 “进口兽药通关单”实行一单一关，在 30 日有效期内只能一次性使用，内容不得更改，过期应当重新办理。

第三章 进口兽药经营

第十一条 境外企业不得在中国境内直接销售兽药。

进口的兽用生物制品，由中国境内的兽药经营企业作为代理商销售，但外商独资、中外合资和合作经营企业不得销售进口的兽用生物制品。

兽用生物制品以外的其他进口兽药，由境外企业依法在中国境内设立的销售机构或者符合条件的中国境内兽药经营企业作为代理商销售。

第十二条 境外企业在中国境内设立的销售机构、委托的代理商及代理商确定的经销商，应当取得“兽药经营许可证”，并遵守农业部制定的兽药经营质量管理规范。

销售进口兽用生物制品的“兽药经营许可证”，应当载明委托的境外企业名称及委托销售的产品类别等内容。

第十三条 进口兽药销售代理商由境外企业确定、调整，并报农业部备案。

境外企业应当与代理商签订进口兽药销售代理合同，明确代理范围等事项。

第十四条　境外企业在中国境内确定两家以上代理商销售进口兽用生物制品的，代理商只能将进口兽用生物制品直接销售给养殖户、养殖场、动物诊疗机构等使用者，不得再确定经销商进行销售。

境外企业在中国境内确定一家代理商销售进口兽用生物制品的，代理商可以将代理产品直接销售给使用者，也可以确定经销商销售代理的产品。但经销商只能将进口兽用生物制品直接销售给使用者，不得销售给其他兽药经营者。

代理商应当将经销商名单报农业部备案。

第十五条　进口兽用生物制品，除境外企业确定的代理商及代理商确定的经销商外，其他兽药经营企业不得经营。

第十六条　进口的兽药标签和说明书应当用中文标注。

第十七条　养殖户、养殖场、动物诊疗机构等使用者采购的进口兽药只限自用，不得转手销售。

第四章　监督管理

第十八条　进口列入《进口兽药管理目录》的兽药，进口单位进口时，需持“进口兽药通关单”向海关申报，海关按货物进口管理的相关规定办理通关手续。

进口单位办理报关手续时，因企业申报不实或者伪报用途所产生的后果，由进口单位承担相应的法律责任。

第十九条　经批准以加工贸易方式进口兽药的，海关按照有关规定实施监管。进口料件或加工制成品属于兽药且无法出口的，应当按照本办法规定办理“进口兽药通关单”，海关凭“进口兽药通关单”办理内销手续。未取得“进口兽药通关单”的，由加工贸易企业所在地省级人民政府兽医行政管理部门监督销毁，海关凭有关证明材料办理核销手续。销毁所需费用由加工贸易企业承担。

第二十条　以暂时进口方式进口的不在中国境内销售的兽药，不需要办理“进口兽药通关单”。暂时进口期满后应当全部复运出境，因特殊原因确需进口的，依照本办法和相关规定办理进口手续后方可在境内销售。无法复运出境又无法办理进口手续的，经进口单位所在地省级人民政府兽医行政管理部门批准，并商进境地直属海关同意，由所在地省级人民政府兽医行政管理部门监督销毁，海关凭有关证明材料办理核销手续。销毁所需费用由进口单位承担。

第二十一条　从境外进入保税区、出口加工区及其他海关特殊监管区域和保税监管场所的兽药及海关特殊监管区域、保税监管场所之间进出的兽药，免予办理“进口兽药通关单”，由海关按照有关规定实施监管。

从保税区、出口加工区及其他海关特殊监管区域和保税监管场所进入境内区外的兽药，应当办理“进口兽药通关单”。

第二十二条　兽用生物制品进口后，代理商应当向农业部指定的检验机构申请办理审查核对和抽查检验手续。未经审查核对或者抽查检验不合格的，不得销售。

其他兽药进口后，由兽药进口口岸所在地省级人民政府兽医行政管理部门通知兽药检验机构进行抽查检验。

第二十三条　县级以上地方人民政府兽医行政管理部门应当将进口兽药纳入兽药监督抽检计划，加强对进口兽药的监督检查，发现违反《兽药管理条例》和本办法规定情形的，应当依法作出处理决定。

第二十四条　禁止进口下列兽药：

（一）经风险评估可能对养殖业、人体健康造成危害或者存在潜在风险的；

（二）疗效不确定、不良反应大的；

（三）来自疫区可能造成疫病在中国境内传播的兽用生物制品；

（四）生产条件不符合规定的；

（五）标签和说明书不符合规定的；

（六）被撤销、吊销“进口兽药注册证书”的；

（七）“进口兽药注册证书”有效期届满的；

（八）未取得“进口兽药通关单”的；

（九）农业部禁止生产、经营和使用的。

第二十五条　提供虚假资料或者采取其他欺骗手段取得进口兽药证明文件的，按照《兽药管理条例》第五十七条的规定处罚。

伪造、涂改进口兽药证明文件进口兽药的，按照《兽药管理条例》第四十七条、第五十六条的规定处理。

第二十六条　买卖、出租、出借“进口兽药通关单”的，按照《兽药管理条例》第五十八条的规定处罚。

第二十七条 养殖户、养殖场、动物诊疗机构等使用者将采购的进口兽药转手销售的，或者代理商、经销商超出“兽药经营许可证”范围经营进口兽用生物制品的，属于无证经营，按照《兽药管理条例》第五十六条的规定处罚。

第二十八条 兽药进口构成走私或者违反海关监管规定的，由海关根据《中华人民共和国海关法》及其相关法律、法规的规定处理。

第五章 附 则

第二十九条 兽用麻醉药品、精神药品、毒性药品和放射性药品等特殊药品的进口管理，除遵守本办法的规定外，还应当遵守国家关于麻醉药品、精神药品、毒性药品和放射性药品的管理规定。

第三十条 本办法所称进口兽药证明文件，是指“进口兽药注册证书”、“进口兽药通关单”、兽用生物制品进口许可证等。

第三十一条 兽药进口申请表、兽用生物制品进口申请表可以从中国兽药信息网（网址：http：//www.ivdc.gov.cn）下载。

第三十二条 本办法自2008年1月1日起施行。海关总署发布的《海关总署关于验放进口兽药的通知》（〔88〕署货字第725号）、《海关总署关于明确进口人畜共用兽药有关验放问题的通知》（署法发〔2001〕276号）、中华人民共和国海关总署公告2001年第7号同时废止。

重点旧机电产品进口管理办法

（商务部、海关总署、国家质检总局令2008年第5号）

第一条 为维护国家安全、社会公共利益，保护人的健康或者安全，保护动物、植物的生命或者健康，保护环境，依据《中华人民共和国对外贸易法》、《中华人民共和国进出口商品检验法》、《中华人民共和国行政许可法》、《中华人民共和国海关法》及《中华人民共和国货物进出口管理条例》、《中华人民共和国进出口商品检验法实施条例》等相关法律和行政法规，制定本办法。

第二条 本办法适用于将重点旧机电产品进口到中华人民共和国关境内的行为。

境外进入海关特殊监管区域或海关保税监管场所的重点旧机电产品，以及（境内）区外进入海关特殊监管区域后再出区的重点旧机电产品，不适用本办法。

境外进入海关特殊监管区域或海关保税监管场所的重点旧机电产品，再从海关特殊监管区域或海关保税监管场所进入（境内）区外的重点旧机电产品，适用本办法。

第三条 重点旧机电产品是指涉及国家安全、社会公共利益、人的健康或者安全、动植物的生命或者健康、污染环境的旧机电产品。对重点旧机电产品实行限制进口管理。

第四条 《重点旧机电产品进口目录》纳入《进口许可证管理货物目录》，由商务部会同海关总署、质检总局制定、调整并公布。

第五条 商务部负责全国重点旧机电产品进口管理工作。

第六条 重点旧机电产品进口实行进口许可证管理。商务部负责重点旧机电产品进口申请的审批工作，商务部配额许可证事务局负责“进口许可证”（见附件1）的发证工作。

第七条 重点旧机电产品进口应由最终用户提出申请。进口重点旧机电产品用于翻新（含再制造）的，应由具备从事翻新业务资质的单位提出申请。

第八条 申请进口重点旧机电产品，申请进口单位应当向商务部提供以下材料：

（一）申请进口的重点旧机电产品用途说明。

（二）“机电产品进口申请表”（见附件2）。

（三）营业执照（复印件）。

（四）申请进口的重点旧机电产品的制造年限证明材料。

（五）申请进口单位提供设备状况说明。

（六）其他相关法律、行政法规规定需要提供的文件。

第九条 从事翻新业务进口重点旧机电产品的单位，国家规定有资质要求的，除提供第八条所列材料外，还须提供资质证明文件。

第十条 进口旧船舶的申请进口单位，须提供第八条第一至第三款所列材料及中华人民共和国海事局出具的“旧船舶进口技术评定书”或中华人民共和国渔业船舶检验局出具的“旧渔业船舶进口技术评定书”。

第十一条 进口单位可以通过网上申请或书面申请向商务部提出重点旧机电产品的进口申请。

书面申请程序：（1）申请进口单位可到发证机构领取或从商务部授权网站（www. chinabidding. com）下载“机电产品进口申请表”（可复印），（2）按要求如实填写“机电产品进口申请表”（须在规格型号栏中填写设备制造日期，旧船舶类则填写技术评定书号），（3）同时提供本办法第八条至第十条规定的相关书面材料，（4）地方、部门机电办核实相关材料后报商务部。

网上申请程序：（1）申请进口单位登录商务部授权网站（www. chinabidding. com），进入机电产品进口许可证申领系统，（2）按要求如实在线填写“机电产品进口申请表”（须在规格型号栏中填写设备制造日期，旧船舶类则填写技术评定书号），（3）地方、部门机电办核实相关信息后报商务部。

网上申请时不能随“机电产品进口申请表”一并提交的本办法第八条至第十条规定的相关书面材料，应经相应的地方、部门机电办核实后报商务部。

申请进口单位所提供的申请材料应当真实、有效。

第十二条 申请进口单位申请材料齐全后，商务部应正式受理，并向申请进口单位出具受理通知单。

商务部如认为申请材料不符合要求的，应在收到申请材料后的5个工作日内一次性告知申请进口单位，要求申请进口单位说明有关情况、补充相关文件或对相关填报内容进行调整。

第十三条 正式受理申请后，商务部如认为有必要，可征求相关部门或行业协会的意见。

第十四条 商务部应当遵循下列要求审核申请：

（一）申请进口重点旧机电产品应当符合国家安全和公共利益的要求，符合保护人的健康或者安全、动植物的生命或者健康的要求。

（二）申请进口重点旧机电产品须符合我国有关安全、卫生、环境保护等国家技术规范的强制性要求。

（三）申请进口单位所申请进口的重点旧机电产品应当与其经营范围相符合。

（四）申请进口单位连续3年内无走私罪、走私行为，偷、逃汇，倒卖进口证件等不法行为。

（五）遵守其他法律、行政法规的有关规定。

第十五条 商务部应在正式受理后20日内决定是否批准进口申请。

如需征求相关部门或行业协会意见的，商务部应在正式受理后35日内决定是否批准进口申请。

第十六条 商务部配额许可证事务局凭商务部的批准文件发放“进口许可证”。

第十七条 申请进口单位凭进口旧机电产品备案相关证明及其他相关单证向检验检疫机构办理检验手续，检验检疫机构对符合条件的产品出具“入境货物通关单”（备注栏内标注“旧机电产品进口备案”字样）。

第十八条 进口重点旧机电产品经过检验检疫合格后，方可进口。

中华人民共和国海事局及其委托机构负责对进口旧船舶进行检验，中国渔业船舶检验局负责对进口旧渔船进行检验，中国民航总局负责对进口旧飞机进行检验。质检总局及其授权机构负责对其他所有进口重点旧机电产品进行检疫，并负责对进口除旧船舶和航空器之外的重点旧机电产品进行检验。

第十九条 “进口许可证”一式四联。

进口单位凭“进口许可证”对外签约，向银行购汇，并持“进口许可证”[“商品名称”栏后标注“（旧）”字样]和“入境货物通关单”（备注栏内标注“旧机电产品进口备案”字样）向海关办理通关手续。

第二十条 “进口许可证”实行“一批一证”或“非一批一证”管理。

“一批一证”是指同一份“进口许可证”不得分批次累计报关使用。

“非一批一证”是指同一份“进口许可证”在有效期内可以分批次累计报关使用，但累计使用不得超过12次。海关在“进口许可证”原件（第一联）“海关验放签注栏”内以正楷字体批注后，海关留存复印件，最后一次使用后，海关留存正本。

第二十一条 “进口许可证”有效期为1年，且当年有效，特殊情况下需要跨年度使用时，有效期最长不得超过次年3月31日。在有效期内因特殊原因需要变更“进口许可证”中有关项目内容的，进口单位应当持原“进口许可证”到原发证机构申请办理变更换证手续；原发证机构应当收回旧证。实际用汇额不超过原定用汇额10%的，不需变更“进口许可证”。

因特殊原因需要对“进口许可证”延期的，进口单位应当在有效期内到原发证机构申请办理延期换证手续，“进口许可证”只能延期1次，最长可延长3个月。实行“非一批一证”的“进口许可证”需要延期或变更，核减原证已报关数量后，按剩余数量发放新证。

第二十二条 “进口许可证”如有遗失，进口单位应当立即向原发证机关挂失。经原发证机关核实后，如无不良后果，予以重新补发。

第二十三条 本办法由商务部、海关总署、质检总局负责解释。

第二十四条 本办法自2008年5月1日起施行。

附件1 进口许可证（样本）（略）

附件2 机电产品进口申请表（略）

机电产品进口自动许可实施办法

（商务部、海关总署令2008年第6号）

第一条 为了对部分自由进口的机电产品的进口情况进行监测和统计，根据《中华人民共和国对外贸易法》、《中华人民共和国货物进出口管理条例》、《货物自动进口许可管理办法》及《机电产品进口管理办法》，制定本办法。

第二条 本办法适用于将列入进口自动许可的机电产品（含相应的旧机电产品，下同）进口到中华人民共和国关境内的行为。

第三条 商务部负责全国机电产品进口自动许可的管理工作，并会同海关总署制定、调整并公布《进口自动许可机电产品目录》。

各省、自治区、直辖市和计划单列市、沿海开放城市、经济特区机电产品进出口办公室和国务院有关部门机电产品进出口办公室（简称为地方、部门机电办），负责对本地区、本部门机电产品进口自动许可的管理工作。

列入《进口自动许可机电产品目录》的机电产品分为商务部办理的机电产品和地方、部门机电办办理的机电产品。

第四条 一般贸易（包括外商投资企业进口内销料件）、易货贸易、租赁、援助与赠送、捐赠等方式进口，以及我国驻外机构或者境外企业在境外购置需调回自用的属于进口自动许可机电产品目录的产品均需申请“中华人民共和国进口自动许可证”（以下简称“进口自动许可证”）。

第五条 进口属于进口自动许可的机电产品，进口单位在办理海关手续前，应当向商务部或其授权的机构申请“进口自动许可证”。

凡申请进口法律、行政法规规定应当招标的机电产品，进口单位应当在签订合同之前进行招标。

第六条 进口单位申请“进口自动许可证”，应当提供以下材料：

（一）机电产品进口申请表（见附件1）。

（二）营业执照复印件。

（三）进口订货合同。

（四）如属于下列情况的，还应提供以下材料：

1. 进口国家实行强制性认证的机电产品的，应提供“中国国家强制性产品认证证书”或“免予办理强制性产品认证证明”；

2. 投资项目下进口机电产品的，应提供项目投资主管机构出具的项目核准或者备案文件（复印件）；

3. 进口实行授权经营的进口机电产品，应提供授权经营的证明材料；

4. 实行生产许可管理的机电产品，企业申请进口相关的零件、部件用于生产的，应提供生产许可证明材料（复印件）；

5. 进口旧机电产品的，应提供国家质检总局授权或许可的检验检疫机构出具的进口产品的预检验报告；

6. 进口旧机电产品用于翻新（含再制造，下同）的，应提供可从事翻新业务的相关证明材料；

7. 进口采用国际招标方式采购的机电产品，应提供国际招标主管机构签发的“国际招标评标结果通知”。

（五）商务部规定的其他需要提交的材料。

进口单位应当对所提交的申请材料的真实性负责，经营活动应遵守国家法律、行政法规的规定。

第七条 进口《进口自动许可机电产品目录》的机电产品，还应当符合下列法律、行政法规的规定：

（一）符合《中华人民共和国标准化法》有关保障人体健康和人身财产安全的标准、强制执行标准的规定；

（二）符合《中华人民共和国环境保护法》等环境保护法律、行政法规的规定；

（三）符合《中华人民共和国大气污染防治法》等大气环境保护法律、行政法规的规定；

（四）符合《中华人民共和国认证认可条例》的有关规定；

（五）进口烟草加工机械应符合《中华人民共和国烟草专卖法》及《中华人民共和国烟草专卖法实施细则》的有关规定；

（六）进口计量器具应符合《中华人民共和国计量法》和《中华人民共和国进口计量器具监督管理办法》的有关规定；

（七）进口无线电发射设备应符合《中华人民共和国无线电管理条例》的有关规定；

（八）进口卫星电视接收设备应符合《卫星电视地面接收设施管理规定》的有关规定；

（九）进口电子游戏机产品应符合《娱乐场所管理条例》的有关规定；

（十）进口音频视频复制生产设备应符合《音像制品管理条例》的有关规定；

（十一）符合我国参加的双边和多边贸易协定的有关规定；

（十二）其他法律、行政法规有规定的。

第八条 机电产品“进口自动许可证”的申请程序如下：

（一）进口列入《进口自动许可机电产品目录》的产品，进口单位应当向商务部或地方、部门机电办申请办理进口自动许可手续。

（二）申请可通过书面形式或网上申请方式提交。

1. 书面申请程序：申请进口单位可到发证机构领取或从商务部授权网站（http：//www. chinabidding. com）下载（可复印）“机电产品进口申请表”，与其他相关书面材料一并提交到相应的主管机构。

2. 网上申请程序：申请进口单位登录商务部授权网站（http：//www. chinabidding. com），进入机电产品进口许可证联网申领系统，按要求如实在线填写“机电产品进口申请表”并提交相应的主管机构。

第九条 机电产品“进口自动许可证”的签发程序如下：

（一）进口属于地方、部门机电办办理的机电产品，地方或者部门机电办自收到内容正确、形式完备的“机电产品进口申请表”和相关材料后，应当立即签发“进口自动许可证”；在特殊情况下，最长不超过10个工作日。

（二）进口属于商务部办理的机电产品，地方、部门机电办收到齐备的申请材料后3个工作日内将核实后的电子数据转报商务部。商务部在收到相应数据后，应当立即签发“进口自动许可证”；在特殊情况下，最长不超过10个工作日。

第十条 申请进口单位所提交的材料不实的，商务部及地方、部门机电办可不予签发机电产品“进口自动许可证”。

第十一条 进口单位凭加盖进口自动许可证专用章的“进口自动许可证”向银行办理售付汇手续，向海关办理通关手续。

进口列入《进口自动许可机电产品目录》的旧机电产品的，进口单位须持“进口自动许可证”和“入境货物通关单”（在备注栏标注“旧机电产品进口备案”字样）按海关规定办理通关手续。

第十二条 机电产品“进口自动许可证”实行“一批一证”或“非一批一证”管理。

“一批一证”是指同一份“进口自动许可证”不得分批次累计报关使用。

“非一批一证”是指同一份“进口自动许可证”在有效期内可以分批次累计报关使用，但累计使用不得超过6次。海关在“进口自动许可证”原件“海关验放签注栏”内以正楷字体批注后，海关留存复印件，最后一次使用后，海关留存正本。

第十三条 商务部根据海关留存的“进口自动许可证”使用记录，对“进口自动许可证”项下机电产品的进口情况进行统计。

第十四条 “进口自动许可证”在公历年内有效，有效期为6个月。实际用汇额低于或不超过原定用汇额10%的，不需变更“进口自动许可证”。

在有效期内，需要变更“进口自动许可证”中有关项目内容的，进口单位应当持原“进口自动许可证”到原签发机构申请办理变更换证手续。对交货期较长的产品，在有效期内需要延期的，进口单位应当持原“进口自动许可证”到原签发机构申请办理延期手续。

第十五条 “进口自动许可证”如有遗失，进口单位应当立即向原发证机构书面报告挂失。原发证机构收到挂失报告后，经核实后决定是否补发。

第十六条 进口单位已申领的“进口自动许可证”，如未使用或确定不需要使用时，应当及时交回原发证机构。

第十七条 有下列进口属于进口自动许可的机电产品情形之一的，适用本办法：

（一）外商投资企业进口用于国内销售或加工后国内销售的。

外商投资企业在外商投资数额之外以自有资金进口新机电产品及进口旧机电产品的。

外商投资企业在投资额内进口新机电产品，经过使用，未到海关监管年限，企业要求提前解除监管并在境内自用或转内销的，参照进口时的状态办理相关手续。

（二）加工贸易项下进口的作价设备及加工贸易项下进口机电产品用于内销、内销产品或者留作自用的。

加工贸易项下进口的不作价设备在海关监管期内，原设备使用单位申请提前解除监管或监管期已满但设备不再由原单位使用的。

（三）从海关特殊监管区域和海关保税监管场所进入（境内）区外的。

（四）租赁贸易、补偿贸易等贸易方式进口机电产品的。

（五）无偿援助、捐赠或经济往来赠送等方式进口机电产品的。

（六）其他法律、行政法规有规定的。

第十八条 有下列进口属于进口自动许可机电产品情形之一的，不适用本办法：

（一）外商投资企业在投资总额内作为投资和自用进口的新机电产品的。

（二）加工贸易项下进口的不作价设备监管期满后留在原企业使用的，加工贸易项下为复出口而进口的。

（三）从境外进入海关特殊监管区域或海关保税监管场所及海关特殊监管区域或海关保税监管场所之间进出的。

从（境内）区外进入海关特殊监管区域或海关保税监管场所，供区内（场所内）企业使用和供区内（场所内）基础设施建设项目所需的机器设备转出区外（场所外）的。

（四）由海关监管，暂时进口后复出口或暂时出口后复进口的。

（五）进口货样和广告品、实验品，每批次价值不超过5000元人民币的。

（六）其他法律、行政法规另有规定的。

第十九条 本办法由商务部、海关总署负责解释。

第二十条 本细则自2008年5月1日起施行。原《机电产品自动进口管理实施细则》（外经贸部、海关总署2001年第25号令）同时废止。

附件　机电产品进口申请表（略）

机电产品进口管理办法

（商务部、海关总署、国家质检总局令2008年第7号）

第一章　总　则

第一条 为促进对外贸易健康发展，贯彻国家产业政策，维护市场秩序，依据《中华人民共和国对外贸易法》、《中华人民共和国海关法》及《中华人民共和国货物进出口管理条例》等相关法律、行政法规，制定本办法。

第二条 本办法所称机电产品（含旧机电产品），是指机械设备、电气设备、交通运输工具、电子产品、电器产品、仪器仪表、金属制品等及其零部件、元器件。机电产品的具体范围见附件。

本办法所称旧机电产品是指具有下列情形之一的机电产品：（一）已经使用（不含使用前测试、调试的设备），仍具备基本功能和一定使用价值的；（二）未经使用，但超过质量保证期（非保修期）的；（三）未经使用，但存放时间过长，部件产生明显有形损耗的；（四）新旧部件混装的；（五）经过翻新的。

第三条 本办法适用于将机电产品进口到中华人民共和国关境内的行为。

第四条　进口机电产品应当符合我国有关安全、卫生和环境保护等法律、行政法规和技术标准等的规定。

第五条　商务部负责全国机电产品进口管理工作。国家机电产品进出口办公室设在商务部。

各省、自治区、直辖市和计划单列市、沿海开放城市、经济特区机电产品进出口办公室和国务院有关部门机电产品进出口办公室（简称为地方、部门机电办）受商务部委托，负责本地区、本部门机电产品进口管理工作。

第六条　国家对机电产品进口实行分类管理，即分为禁止进口、限制进口和自由进口三类。基于进口监测需要，对部分自由进口的机电产品实行进口自动许可。

第二章　禁止进口

第七条　有下列情形之一的机电产品，禁止进口：

（一）为维护国家安全、社会公共利益或者公共道德，需要禁止进口的；

（二）为保护人的健康或者安全，保护动物、植物的生命或者健康，保护环境，需要禁止进口的；

（三）依照其他法律、行政法规的规定，需要禁止进口的；

（四）根据中华人民共和国所缔结或者参加的国际条约、协定的规定，需要禁止进口的。

第八条　商务部会同海关总署、质检总局等相关部门制定、调整并公布《禁止进口机电产品目录》。国家根据旧机电产品对国家安全、社会公共利益及安全、卫生、健康、环境保护可能产生危害的程度，将超过规定制造年限的旧机电产品，合并列入上述目录。

第三章　限制进口

第九条　有下列情形之一的机电产品，限制进口：

（一）为维护国家安全、社会公共利益或者公共道德，需要限制进口的；

（二）为保护人的健康或者安全，保护动物、植物的生命或者健康，保护环境，需要限制进口的；

（三）为建立或者加快建立国内特定产业，需要限制进口的；

（四）为保障国家国际金融地位和国际收支平衡，需要限制进口的；

（五）依照其他法律、行政法规的规定，需要限制进口的；

（六）根据中华人民共和国所缔结或者参加的国际条约、协定的规定，需要限制进口的。

第十条　商务部会同海关总署、质检总局制定、调整并公布《限制进口机电产品目录》。限制进口的机电产品，实行配额、许可证管理。

第十一条　国家限制进口的旧机电产品称为重点旧机电产品。

商务部会同海关总署、质检总局制定、调整并公布《重点旧机电产品进口目录》。

重点旧机电产品进口实行进口许可证管理。

第十二条　《限制进口机电产品目录》及《重点旧机电产品进口目录》至迟应当在实施前 21 天公布。在紧急情况下，应当不迟于实施之日公布。

第十三条　实行配额管理的限制进口机电产品，依据国务院颁布的有关进口货物配额管理办法的规定实施管理。

第十四条　实行进口许可证管理的机电产品，地方、部门机电办核实进口单位的申请材料后，向商务部提交。商务部审核申请材料，并在 20 日内决定是否签发“中华人民共和国进口许可证”（以下简称“进口许可证”）。进口单位持“进口许可证”按海关规定办理通关手续。

进口重点旧机电产品，进口单位持“进口许可证”和国家检验检疫机构签发的“入境货物通关单”（在备注栏标注“旧机电产品进口备案”字样）按海关规定办理通关手续。

第十五条　商务部会同海关总署制定并公布《机电产品进口许可管理实施办法》，商务部会同海关总署、质检总局制定并公布《重点旧机电产品进口管理办法》。

第四章　进口自动许可

第十六条　为了监测机电产品进口情况，国家对部分自由进口的机电产品实行进口自动许可。

第十七条　商务部会同海关总署制定、调整并公布《进口自动许可机电产品目录》。

《进口自动许可机电产品目录》至迟应当在实施前 21 天公布。

第十八条　进口实行进口自动许可的机电产品，进口单位应当在办理海关报关手续前，向商务部或地方、部门机电办申领“中华人民共和国进口自动许可证”（以下简称“进口自动许可证”），并持“进口自动许可证”按海关规定办理通关手续。

进口列入进口自动许可机电产品目录的旧机电产品（不含重点旧机电产品），进口单位持“进口自动许可证”和国家检验检疫机构签发的“入境货物通关单”（在备注栏标注“旧机电产品进口备案”字样）按海关规定办理通关手续。

第十九条 商务部会同海关总署制定并公布《机电产品进口自动许可实施办法》。

第五章 进口监控与监督

第二十条 商务部负责对全国机电产品进口情况进行统计、分析与监测。

地方、部门机电办应当依照国家统计制度的规定，及时向商务部报送本地区、本部门机电产品进口统计数据和资料。

第二十一条 经监测，如机电产品进口出现异常情况，商务部应当及时通知有关部门，并依法进行调查。

第二十二条 商务部及地方、部门机电办可以对限制进口的机电产品的进口情况依法进行检查。进口单位应当配合与协助检查，检查部门应当为进口单位保守商业秘密。

第二十三条 进口单位不得从事下列行为：

（一）进口属于禁止进口管理的机电产品，或者未经批准、许可进口属于限制进口管理的机电产品；

（二）超出批准、许可的范围进口属于限制进口管理的机电产品；

（三）伪造、变造或者买卖机电产品进口证件（包括“进口许可证”、“进口自动许可证”，下同）；

（四）以欺骗或者其他不正当手段获取机电产品进口证件；

（五）非法转让机电产品进口证件；

（六）未按法定程序申请进口；

（七）其他违反法律、行政法规有关进口机电产品规定的行为。

第六章 法律责任

第二十四条 进口单位有第二十三条规定的行为之一并构成犯罪的，依法追究刑事责任，尚不构成犯罪的，由公安、海关等具有行政处罚权的行政机关依法对相关当事人作出处理。

第二十五条 进口单位对国家行政机关作出的有关行政决定或行政处罚决定不服的，可依法申请行政复议或者提起行政诉讼。

第二十六条 进口管理工作人员玩忽职守、拘私舞弊、滥用职权的，根据情节轻重，由相应的行政主管部门按有关规定给予处罚；构成犯罪的，依法追究刑事责任。

第七章 附 则

第二十七条 下列情形，从以下规定：

（一）加工贸易项下进口的作价设备，适用本办法。

（二）加工贸易项下进口外商提供的不作价设备，除旧加工设备需要办理入境检验检疫手续外，免予办理机电产品进口证件。海关监管不作价设备，监管期限为5年。监管期满后，设备留在原企业继续使用的，经企业申请海关可解除监管，企业免予办理机电产品进口证件和入境检验检疫手续；监管期内，原设备使用单位申请提前解除监管，或监管期满后设备不再由原企业使用的，适用本办法。

加工贸易项下进口机电产品用于内销、内销产品或者留作自用的，适用本办法。

（三）外商投资企业进口机电产品用于国内销售或用于加工后国内销售的和外商投资额外以自有资金进口新机电产品，以及进口旧机电产品的，适用本办法。

外商投资企业在投资额内进口新机电产品，经过使用，未到海关监管年限，企业要求提前解除监管并在境内自用或转内销的，适用本办法，并参照进口时的状态办理相关手续，海关凭相应的机电产品进口证件和检验检疫证明办理解除监管手续。

（四）从境外进入海关特殊监管区域或海关保税监管场所及海关特殊监管区域或海关保税监管场所之间进出的机电产品，免予办理进口证件，但属于旧机电产品的，必须办理检验检疫手续，由海关监管；从海关特殊监管区域和海关保税监管场所进入（境内）区外的机电产品，适用本办法。

从境内海关特殊监管区外进入海关特殊监管区域，供区内企业使用和供区内基础设施建设项目所需的机器设备转出区外的，如属于旧机电产品，不适用本办法。

（五）租赁贸易、补偿贸易等贸易方式进口机电产品的，适用本办法。

（六）无偿援助、捐赠或者经济往来赠送等方式进口机电产品的，适用本办法。

第二十八条 有下列情形之一的，不适用本办法：

（一）外商投资企业在投资总额内作为投资和自用进口新机电产品的；

（二）加工贸易项下为复出口而进口机电产品的；

（三）由海关监管，暂时进口后复出口或暂时出口后复进口的；

（四）进口机电产品货样、广告物品、实验品的，每批次价值不超过5000元人民币的；

（五）其他法律、行政法规另有规定的。

第二十九条 依据我国法律、法规或者我国与有关国际金融组织、外国政府贷款国达成的协议的规定，经国际招标后中标的机电产品的进口依照本办法执行。

第三十条 国家禁止以任何方式进口列入《禁止进口旧机电产品目录》中的旧机电产品。禁止进口机电产品不得进入海关特殊监管区域和海关保税监管场所。

列入《禁止进口机电产品目录》，属中国生产并出口的机电产品，如需进入出口加工区进行售后维修的，需报商务部审核，具体办法另行制定。

我国驻外机构或者境外企业（中方控股，下同）在境外购置的机电产品需调回自用的，适用本办法。对列入《禁止进口机电产品目录》的旧机电产品，我国驻外机构或者境外企业在境外购置时为新品的，可调回自用。

第三十一条 本办法由商务部、海关总署、质检总局负责解释。以往有关规定凡与本办法不一致的，以本办法为准。

第三十二条 本办法自2008年5月1日起施行。原《机电产品进口管理办法》（外经贸部、海关总署、质检总局2001年第10号令）、《机电产品自动进口许可管理实施细则》（外经贸部2001年第25号令）、《关于加强旧机电产品进口的通知》（国经贸机〔1997〕877号）、《关于加强旧机电产品进口管理的补充通知》（国经贸机〔1998〕555号）、《关于进一步明确加工贸易项下外商提供的不作价进口设备解除海关监管有关问题的通知》（署法发2001年420号）、《关于进一步明确加工贸易项下外商提供的不作价进口设备解除海关监管有关问题的通知》（署法发2002年348号）、《关于“不作价设备”解除监管问题的紧急通知》（署法发〔2002〕1号）、《海关总署办公厅关于明确加工贸易项下进口旧机电产品管理有关问题的通知》（署办法〔2002〕211号）、《关于重申进口旧机电产品有关管理的通知》（国质检联2001年42号）、《关于进口机电产品备案与办理进口许可工作的衔接问题的通知》（质检办检联〔2003〕279号）同时废止。

附件 机电产品范围

附件

机电产品范围

商品类别	海关商品编号
一、金属制品	7307～7326、7412～7419、75072、7508、7609～7616、7806、7907、8007、810192～810199、810292～810299、81039、81043、81049、81059、8106009、81079、81089、81099、8110009、8111009、811219、811299、82～83章
二、机械及设备	84章
三、电器及电子产品	85章
四、运输工具	86~89章（8710除外）
五、仪器仪表	90章
六、其他（含磨削工具用磨具、玻壳、钟表及其零件、电子乐器、运动枪支、飞机及车辆用坐具、医用家具、办公室用金属家具、各种灯具及照明装置、儿童带轮玩具、带动力装置的玩具及模型、健身器械及游艺设备、打火机等）	680421、6804221、6804301、6805、7011、91章、9207、93031~93033、9304、93052、93059、93061~93063、94011～94013、9402、94031、94032、9405、9501、95031、95038、95041、95043、95049、95069、9508、9613

固体废物进口管理办法

（环境保护部、商务部、国家发展改革委、海关总署、国家质检总局令2011年第12号）

第一章　总　则

第一条　为了规范固体废物进口环境管理，防止进口固体废物污染环境，根据《中华人民共和国固体废物污染环境防治法》和有关法律、行政法规，制定本办法。

第二条　本办法所称固体废物，是指在生产、生活和其他活动中产生的丧失原有利用价值或者虽未丧失利用价值但被抛弃或者放弃的固态、半固态、液态和置于容器中的气态的物品、物质及法律、行政法规规定纳入固体废物管理的物品、物质。

本办法所称固体废物进口，是指将中华人民共和国境外的固体废物运入中华人民共和国境内的活动。

第三条　本办法适用于以任何方式进口固体废物的活动。

通过赠送、出口退运进境、提供样品等方式将固体废物运入中华人民共和国境内的，进境修理产生的未复运出境固体废物及出境修理或者出料加工中产生的复运进境固体废物的，除另有规定外，也适用本办法。

第四条　禁止转让固体废物进口相关许可证。

本办法所称转让固体废物进口相关许可证，是指：

（一）出售或者出租、出借固体废物进口相关许可证；

（二）使用购买或者租用、借用的固体废物进口相关许可证进口固体废物；

（三）将进口的固体废物全部或者部分转让给固体废物进口相关许可证载明的利用企业以外的单位或者个人。

第五条　禁止中华人民共和国境外的固体废物进境倾倒、堆放、处置。

禁止固体废物转口贸易。

未取得固体废物进口相关许可证的进口固体废物不得存入海关监管场所，包括保税区、出口加工区、保税物流园区、保税港区等海关特殊监管区域和保税物流中心（A/B型）、保税仓库等海关保税监管场所（以下简称“海关特殊监管区域和场所”）。

除另有规定外，进口固体废物不得办理转关手续（废纸除外）。

第六条　国务院环境保护行政主管部门对全国固体废物进口环境管理工作实施统一监督管理。国务院商务主管部门、国务院经济综合宏观调控部门、海关总署和国务院质量监督检验检疫部门在各自的职责范围内负责固体废物进口相关管理工作。

县级以上地方环境保护行政主管部门对本行政区域内固体废物进口环境管理工作实施监督管理。各级商务主管部门、经济综合宏观调控部门、海关、出入境检验检疫部门在各自职责范围内对固体废物进口实施相关监督管理。

国务院环境保护行政主管部门会同国务院商务主管部门、国务院经济综合宏观调控部门、海关总署、国务院质量监督检验检疫部门建立固体废物进口管理工作协调机制，实行固体废物进口管理信息共享，协调处理固体废物进口及经营活动监督管理工作的重要事务。

第七条　任何单位和个人有权向各级环境保护行政主管部门、商务主管部门、经济综合宏观调控部门、海关和出入境检验检疫部门，检举违反固体废物进口监管程序和进口固体废物造成污染的行为。

第二章　一般规定

第八条　禁止进口危险废物。禁止经中华人民共和国过境转移危险废物。

禁止以热能回收为目的进口固体废物。

禁止进口不能用做原料或者不能以无害化方式利用的固体废物。

禁止进口境内产生量或者堆存量大且尚未得到充分利用的固体废物。

禁止进口尚无适用国家环境保护控制标准或者相关技术规范等强制性要求的固体废物。

禁止以凭指示交货（TO ORDER）方式承运固体废物入境。

第九条 对可以弥补境内资源短缺，且根据国家经济、技术条件能够以无害化方式利用的可用做原料的固体废物，按照其加工利用过程的污染排放强度，实行限制进口和自动许可进口分类管理。

第十条 国务院环境保护行政主管部门会同国务院商务主管部门、国务院经济综合宏观调控部门、海关总署、国务院质量监督检验检疫部门制定、调整并公布禁止进口、限制进口和自动许可进口的固体废物目录。

第十一条 禁止进口列入禁止进口目录的固体废物。

进口列入限制进口或者自动许可进口目录的固体废物，必须取得固体废物进口相关许可证。

第十二条 进口固体废物应当采取防扬散、防流失、防渗漏或者其他防止污染环境的措施。

第十三条 进口固体废物的装运、申报应当符合海关规定，有关规定由海关总署另行制定。

第十四条 进口固体废物必须符合进口可用做原料的固体废物环境保护控制标准或者相关技术规范等强制性要求。经检验检疫，不符合进口可用做原料的固体废物环境保护控制标准或者相关技术规范等强制性要求的固体废物，不得进口。

第十五条 申请和审批进口固体废物，按照风险最小化原则，实行“就近口岸”报关。

第十六条 国家对进口可用做原料的固体废物的国外供货商实行注册登记制度。向中国出口可用做原料的固体废物的国外供货商，应当取得国务院质量监督检验检疫部门颁发的注册登记证书。

国家对进口可用做原料的固体废物的国内收货人实行注册登记制度。进口可用做原料的固体废物的国内收货人在签订对外贸易合同前，应当取得国务院质量监督检验检疫部门颁发的注册登记证书。

第十七条 国务院环境保护行政主管部门对加工利用进口废五金电器、废电线电缆、废电机等环境风险较大的固体废物的企业，实行定点企业资质认定管理。管理办法由国务院环境保护行政主管部门制定。

第十八条 国家鼓励限制进口的固体废物在设定的进口废物“圈区管理”园区内加工利用。

进口废物“圈区管理”应当符合法律、法规和国家标准要求。进口废物“圈区管理”园区的建设规范和要求由国务院环境保护行政主管部门会同国务院商务主管部门、国务院经济综合宏观调控部门、海关总署、国务院质量监督检验检疫部门制定。

第十九条 出口加工区内的进口固体废物利用企业以加工贸易方式进口固体废物的，必须持有固体废物进口相关许可证。

出口加工区以外的进口固体废物利用企业以加工贸易方式进口固体废物的，必须持有商务主管部门签发的有效的“加工贸易业务批准证”、海关核发的有效的加工贸易手册（账册）和固体废物进口相关许可证。

以加工贸易方式进口的固体废物或者加工成品因故无法出口需内销的，加工贸易企业无须再次申领固体废物进口相关许可证；未经加工的原进口固体废物仅限留作本企业自用。

第三章 固体废物进口许可管理

第二十条 进口列入限制进口目录的固体废物，应当经国务院环境保护行政主管部门会同国务院对外贸易主管部门审查许可。进口列入自动许可进口目录的固体废物，应当依法办理自动许可手续。

第二十一条 固体废物进口相关许可证当年有效。

固体废物进口相关许可证应当在有效期内使用，无论是否使用完毕逾期均自行失效。

固体废物进口相关许可证因故在有效期内未使用完的，利用企业应当在有效期届满30日前向发证机关提出延期申请。发证机关扣除已使用的数量后，重新签发固体废物进口相关许可证，并在备注栏中注明“延期使用”和原证证号。

固体废物进口相关许可证只能延期一次，延期最长不超过60日。

第二十二条 固体废物进口相关许可证实行“一证一关”管理。一般情况下固体废物进口相关许可证为“非一批一证”制，如要实行“一批一证”，应当同时在固体废物进口相关许可证备注栏内打印“一批一证”字样。

“一证一关”指固体废物进口相关许可证只能在一个海关报关；“一批一证”指固体废物进口相关许可证在有效期内一次报关使用；“非一批一证”指固体废物进口相关许可证在有效期内可以多次报关使用，由海关逐批签注核减进口数量，最后一批进口时，允许溢装上限为固体废物进口相关许可证实际余额的3%，且不论是否仍有余额，海关将在签注后留存正本存档。

第二十三条 固体废物进口相关许可证上载明的事项发生变化的，利用企业应当按照申请程序重新申请领取固体废物进口相关许可证。

发证机关受理申请后，注销原证，并公告注销的证书编号。

第二十四条 进口固体废物审批管理所需费用，按照国家有关规定执行。

第四章　检验检疫与海关手续

第二十五条　进口固体废物的承运人在受理承运业务时，应当要求货运委托人提供下列证明材料：

（一）固体废物进口相关许可证；

（二）进口可用做原料的固体废物国内收货人注册登记证书；

（三）进口可用做原料的固体废物国外供货商注册登记证书；

（四）进口可用做原料的固体废物装运前检验证书。

第二十六条　对进口固体废物，由国务院质量监督检验检疫部门指定的装运前检验机构实施装运前检验；检验合格的，出具装运前检验证书。

进口的固体废物运抵固体废物进口相关许可证列明的口岸后，国内收货人应当持固体废物进口相关许可证报检验检疫联、装运前检验证书及其他必要单证，向口岸出入境检验检疫机构报检。

出入境检验检疫机构经检验检疫，对符合国家环境保护控制标准或者相关技术规范等强制性要求的，出具“入境货物通关单”，并备注“经初步检验检疫，未发现不符合国家环境保护控制标准要求的物质”；对不符合国家环境保护控制标准或者相关技术规范等强制性要求的，出具检验检疫处理通知书，并及时通知口岸海关和口岸所在地省、自治区、直辖市环境保护行政主管部门。

口岸所在地省、自治区、直辖市环境保护行政主管部门收到进口固体废物检验检疫不合格的通知后，应当及时通知利用企业所在地省、自治区、直辖市环境保护行政主管部门和国务院环境保护行政主管部门。

对于检验结果不服的，申请人应当根据进出口商品复验工作的有关规定申请复验。国务院质量监督检验检疫部门或者出入境检验检疫机构可以根据检验工作的实际情况，会同同级环境保护行政主管部门共同实施复验工作。

第二十七条　除另有规定外，对限制进口类或者自动许可进口类可用做原料的固体废物，应当持固体废物进口相关许可证和出入境检验检疫机构出具的“入境货物通关单”等有关单证向海关办理进口验放手续。

第二十八条　进口者对海关将其所进口的货物纳入固体废物管理范围不服的，可以依法申请行政复议，也可以向人民法院提起行政诉讼。

海关怀疑进口货物的收货人申报的进口货物为固体废物的，可以要求收货人送口岸检验检疫部门进行固体废物属性检验，必要时，海关可以直接送口岸检验检疫部门进行固体废物属性检验，并按照检验结果处理。

口岸检验检疫部门应当出具检验结果，并注明是否属于固体废物。

海关或者收货人对口岸所在地检验检疫部门的检验结论有异议的，国务院环境保护行政主管部门会同海关总署、国务院质量监督检验检疫部门指定专门鉴别机构对进口的货物、物品是否属于固体废物和固体废物类别进行鉴别。

《固体废物鉴别导则》及有关鉴别程序和办法由国务院环境保护行政主管部门会同海关总署、国务院质量监督检验检疫部门制定。

检验或者鉴别期间，海关不接受企业担保放行的申请。对货物在检验或者鉴别期间产生的相关费用及损失，由进口货物的收货人自行承担。

本条所涉进口固体废物的鉴别，应当以《固体废物鉴别导则》为依据。

第二十九条　将境外的固体废物进境倾倒、堆放、处置的，进口属于禁止进口的固体废物或者未经许可擅自进口固体废物的，以及检验不合格的进口固体废物，由口岸海关依法责令进口者或者承运人在规定的期限内将有关固体废物原状退运至原出口国，进口者或者承运人承担相应责任和费用，并不免除其办理海关手续的义务，进口者或者承运人不得放弃有关固体废物。

收货人无法确认的进境固体废物，由承运人向海关提出退运申请或者可以由海关依法责令承运人退运。承运人承担相应责任和费用，并不免除其办理海关手续的义务。

第三十条　对当事人拒不退运或者超过3个月不退运出境的固体废物，口岸海关会同口岸出入境检验检疫机构和口岸所在地环境保护行政主管部门对进口者或者承运人采取强制措施予以退运。

第三十一条　对确属无法退运出境或者海关决定不予退运的固体废物，经进口者向口岸海关申请（进口者不明时由承运人或者负有连带责任的第三人申请），参考就近原则，由海关以拍卖或者委托方式移交省、自治区、直辖市环境保护行政主管部门认定的具有无害化利用或者处置能力的单位进行综合利用或者无害化处置，相关滞港费用和处置费用由进口者承担，进口者不明的由承运人承担。

对委托综合利用或者无害化处置扣除处理费用后产生的收益，应当由具有无害化利用或者处置能力的单位交由海关上缴国库。各级海关未经批准，不得拍卖国家禁止进口的固体废物。具体管理办法由海关总署会同国务院环境保护行政主管部门另行制定。

第三十二条 海关应当将退运等后续处理情况通报出入境检验检疫机构和口岸所在地省、自治区、直辖市环境保护行政主管部门。

口岸所在地省、自治区、直辖市环境保护行政主管部门应当通知进口固体废物利用企业所在地省、自治区、直辖市环境保护行政主管部门和国务院环境保护行政主管部门。

出入境检验检疫机构和环境保护行政主管部门应当根据具体情况对有关单位做出处理。

第五章 监督管理

第三十三条 进口的固体废物必须全部由固体废物进口相关许可证载明的利用企业作为原料利用。

第三十四条 进口固体废物利用企业应当以环境无害化方式对进口的固体废物进行加工利用。

由海关以拍卖或者委托方式移交处理的进口固体废物的利用或者处置单位，必须对所承担的进口固体废物全部进行综合利用或者无害化处置。

第三十五条 进口固体废物利用企业应当建立经营情况记录簿，如实记载每批进口固体废物的来源、种类、重量或者数量、去向，接收、拆解、利用、贮存的时间，运输者的名称和联系方式，进口固体废物加工利用后的残余物种类、重量或者数量、去向等情况。经营记录簿及相关单据、影像资料等原始凭证应当至少保存5年。

进口固体废物利用企业应当对污染物排放进行日常定期监测。监测报告应当至少保存5年。

进口固体废物利用企业应当按照国务院环境保护行政主管部门的规定，定期向所在地省、自治区、直辖市环境保护行政主管部门报告进口固体废物经营情况和环境监测情况。省、自治区、直辖市环境保护行政主管部门汇总后报国务院环境保护行政主管部门。

固体废物的进口者、代理商、承运人等其他经营单位，应当记录所代理的进口固体废物的来源、种类、重量或者数量、去向等情况，并接受有关部门的监督检查。记录资料及相关单据、影像资料等原始凭证应当至少保存3年。

第三十六条 省、自治区、直辖市环境保护行政主管部门应当组织对进口固体废物利用企业进行实地检查和监督性监测，发现有下列情形之一的，应当在5个工作日内报知国务院环境保护行政主管部门：

（一）隐瞒有关情况或者提供虚假材料申请固体废物进口相关许可证或者转让固体废物进口相关许可证；

（二）超过国家或者地方规定的污染物排放标准，或者超过总量控制指标排放污染物；

（三）对进口固体废物加工利用后的残余物未进行无害化利用或者处置；

（四）未按规定报告进口固体废物经营情况和环境监测情况，或者在报告时弄虚作假。

国务院环境保护行政主管部门和省、自治区、直辖市环境保护行政主管部门应当将有关情况记录存档，作为审批固体废物进口相关许可证的依据。

各级环境保护行政主管部门、商务主管部门、经济综合宏观调控部门、海关、出入境检验检疫部门，有权依据各自的职责对与进口固体废物有关的单位进行监督检查。

被检查的单位应当如实反映情况，提供必要的材料。检查机关应当为被检查的单位保守技术秘密和业务秘密。

检查机关进行现场检查时，可以采取现场监测、采集样品、查阅或者复制相关资料等措施。

检查人员进行现场检查，应当出示证件。

第六章 海关特殊监管区域和场所的特别规定

第三十七条 固体废物从境外进入海关特殊监管区域和场所时，有关单位应当申领固体废物进口相关许可证，并申请检验检疫。固体废物从海关特殊监管区域和场所进口到境内区外或者在海关特殊监管区域和场所之间进出的，无需办理固体废物进口相关许可证。

第三十八条 海关特殊监管区域和场所内单位不得以转口货物为名存放进口固体废物。

第三十九条 海关特殊监管区域和场所内单位产生的未复运出境的残次品、废品、边角料、受灾货物等，如属于限制进口或者自动许可进口的固体废物，其在境内与海关特殊监管区域和场所之间进出，或者在海关特殊监管区域和场所之间进出，免予提交固体废物进口相关许可证。出入境检验检疫机构不实施检验。

第四十条 海关特殊监管区域和场所内单位产生的未复运出境的残次品、废品、边角料、受灾货物等，如属于禁止进口的固体废物，需出区进行利用或者处置的，应当由产生单位或者收集单位向海关特殊监管区域和场所行政管理部门和所在地设区的市级环境保护行政主管部门提出申请，并提交如下申请材料：

（一）转移固体废物出区申请书；

（二）申请单位和接收单位签订的合同；

（三）接收单位的经年检合格的营业执照；

（四）拟转移的区内固体废物的产生过程及工艺、成分分析报告、物理化学性质登记表；

（五）接收单位利用或者处置废物方式的说明，包括废物利用或者处置设施的地点、类型、处理能力及利用或者处置过程中产生的废气、废水、废渣的处理方法等的介绍资料；

（六）证明接收单位能对区内固体废物以环境无害化方式进行利用或者处置的材料；出区废物是危险废物的，须提供接收单位所持的“危险废物经营许可证”复印件，并加盖接收单位章。

第四十一条 海关特殊监管区域和场所行政管理部门和所在地设区的市级环境保护行政主管部门受理出区申请后，作出准予或者不准予出区的决定，批准文件有效期1年。

出入境检验检疫机构凭海关特殊监管区域和场所行政管理部门和所在地设区的市级环境保护行政主管部门批准文件办理通关单，并对固体废物免予实施检验。海关凭海关特殊监管区域和场所行政管理部门和所在地设区的市级环境保护行政主管部门批准文件按规定办理有关手续。

第四十二条 海关特殊监管区域和场所内单位产生的固体废物，出区跨省转移、贮存、处置的，须按照《中华人民共和国固体废物污染环境防治法》第二十三条的规定向有关省、自治区、直辖市环境保护行政主管部门提出申请。

海关特殊监管区域和场所内单位产生的固体废物属于危险废物或者废弃电器电子产品的，出区时须依法执行危险废物管理或者废弃电器电子产品管理的有关制度。

第七章 罚 则

第四十三条 违反本办法规定，将中华人民共和国境外的固体废物进境倾倒、堆放、处置，进口属于禁止进口的固体废物或者未经许可擅自进口限制进口的固体废物，或者以原料利用为名进口不能用做原料的固体废物的，由海关依据《中华人民共和国固体废物污染环境防治法》第七十八条的规定追究法律责任，并可以由发证机关撤销其固体废物进口相关许可证。

违反本办法规定，以进口固体废物名义经中华人民共和国过境转移危险废物的，由海关依据《中华人民共和国固体废物污染环境防治法》第七十九条的规定追究法律责任，并可以由发证机关撤销其固体废物进口相关许可证。

违反本办法规定，走私进口固体废物的，由海关按照有关法律、行政法规的规定进行处罚；构成犯罪的，依法追究刑事责任。

第四十四条 对已经非法入境的固体废物，按照《中华人民共和国固体废物污染环境防治法》第八十条的规定进行处理。

第四十五条 违反本办法规定，转让固体废物进口相关许可证的，由发证机关撤销其固体废物进口相关许可证；构成犯罪的，依法追究刑事责任。

第四十六条 以欺骗、贿赂等不正当手段取得固体废物进口相关许可证的，依据《中华人民共和国行政许可法》的规定，由发证机关撤销其固体废物进口相关许可证；构成犯罪的，依法追究刑事责任。

第四十七条 违反本办法规定，对进口固体废物加工利用后的残余物未进行无害化利用或者处置的，由所在地县级以上环境保护行政主管部门根据《中华人民共和国固体废物污染环境防治法》第六十八条第（二）项的规定责令停止违法行为，限期改正，并处1万元以上10万元以下的罚款；逾期拒不改正的，可以由发证机关撤销其固体废物进口相关许可证。造成污染环境事故的，按照《固体废物污染环境防治法》第八十二条的规定办理。

第四十八条 违反本办法规定，未执行经营情况记录簿制度、未履行日常环境监测或者未按规定报告进口固体废物经营情况和环境环境监测情况的，由所在地县级以上环境保护行政主管部门责令限期改正，可以并处3万元以下罚款；逾期拒不改正的，可以由发证机关撤销其固体废物进口相关许可证。

第四十九条 违反检验检疫有关规定进口固体废物的，按照《中华人民共和国进出口商品检验法》、《中华人民共和国进出口商品检验法实施条例》等规定进行处罚。

违反海关有关规定进口固体废物的，按照《中华人民共和国海关法》和《中华人民共和国海关行政处罚实施条例》等规定进行处罚。

擅自进口禁止进口、不符合国家环境保护控制标准或者相关技术规范强制性要求的固体废物，经海关责令退运，超过3个月怠于履行退运义务的，由海关依照《中华人民共和国海关行政处罚实施条例》的规定进行处罚。

第五十条 进口固体废物监督管理人员贪污受贿、玩忽职守、徇私舞弊或者滥用职权，依法给予行政处分；构成犯罪的，依法追究刑事责任。

第八章 附 则

第五十一条 本办法中由设区的市级环境保护行政主管部门行使的监管职责，在直辖市行政区域以及省、自治区直辖的县级行政区域内，由省、自治区、直辖市环境保护行政主管部门行使。

第五十二条 固体废物运抵关境即视为进口行为发生。

第五十三条 进口固体废物利用企业是指实际从事进口固体废物拆解、加工利用活动的企业。

第五十四条 来自中国香港、澳门特别行政区和中国台湾地区固体废物的进口管理依照本办法执行。

第五十五条 本办法自 2011 年 8 月 1 日起施行。

国务院环境保护行政主管部门、国务院商务主管部门、国务院经济综合宏观调控部门、海关总署、国务院质量监督检验检疫部门在本办法实施前根据各自职责发布的进口固体废物管理有关规定、通知与本办法不一致的，以本办法为准。

音像制品进口管理办法

（新闻出版总署、海关总署令第 53 号）

第一章 总 则

第一条 为了加强对音像制品进口的管理，促进国际文化交流与合作，丰富人民群众的文化生活，根据《音像制品管理条例》及国家有关规定，制定本办法。

第二条 本办法所称音像制品，是指录有内容的录音带、录像带、唱片、激光唱盘、激光视盘等。

第三条 凡从外国进口音像制品成品和进口用于出版及其他用途的音像制品，适用本办法。

前款所称出版，包括利用信息网络出版。

音像制品用于广播电视播放的，适用广播电视法律、行政法规。

第四条 新闻出版总署负责全国音像制品进口的监督管理和内容审查等工作。

县级以上地方人民政府新闻出版行政部门依照本办法负责本行政区域内的进口音像制品的监督管理工作。

各级海关在其职责范围内负责音像制品进口的监督管理工作。

第五条 音像制品进口经营活动应当遵守宪法和有关法律、法规，坚持为人民服务和为社会主义服务的方向，传播有益于经济发展和社会进步的思想、道德、科学技术和文化知识。

第六条 国家禁止进口有下列内容的音像制品：

（一）反对宪法确定的基本原则的；

（二）危害国家统一、主权和领土完整的；

（三）泄漏国家秘密、危害国家安全或者损害国家荣誉和利益的；

（四）煽动民族仇恨、民族歧视，破坏民族团结，或者侵害民族风俗、习惯的；

（五）宣扬邪教、迷信的；

（六）扰乱社会秩序，破坏社会稳定的；

（七）宣扬淫秽、赌博、暴力或者教唆犯罪的；

（八）侮辱或者诽谤他人，侵害他人合法权益的；

（九）危害社会公德或者民族优秀文化传统的；

（十）有法律、行政法规和国家规定禁止的其他内容的。

第七条 国家对设立音像制品成品进口单位实行许可制度。

第二章 进口单位

第八条 音像制品成品进口业务由新闻出版总署批准的音像制品成品进口单位经营；未经批准，任何单位或者个人不得从事音像制品成品进口业务。

第九条 设立音像制品成品进口经营单位，应当具备以下条件：

（一）有音像制品进口经营单位的名称、章程；

（二）有符合新闻出版总署认定条件的主办单位及其主管机关；

（三）有确定的业务范围；

（四）具有进口音像制品内容初审能力；

（五）有与音像制品进口业务相适应的资金；

（六）有固定的经营场所；

（七）法律、行政法规和国家规定的其他条件。

第十条 设立音像制品成品进口经营单位，应当向新闻出版总署提出申请，经审查批准，取得新闻出版总署核发的音像制品进口经营许可证件后，持证到工商行政管理部门依法领取营业执照。

设立音像制品进口经营单位，还应当依照对外贸易法律、行政法规的规定办理相应手续。

第十一条 图书馆、音像资料馆、科研机构、学校等单位进口供研究、教学参考的音像制品成品，应当委托新闻出版总署批准的音像制品成品进口经营单位办理进口审批手续。

第十二条 音像出版单位可以在批准的出版业务范围内从事进口音像制品的出版业务。

第三章 进口审查

第十三条 国家对进口音像制品实行许可管理制度，应在进口前报新闻出版总署进行内容审查，审查批准取得许可文件后方可进口。

第十四条 新闻出版总署设立音像制品内容审查委员会，负责审查进口音像制品的内容。委员会下设办公室，负责进口音像制品内容审查的日常工作。

第十五条 进口音像制品成品，由音像制品成品进口经营单位向新闻出版总署提出申请并报送以下文件和材料：

（一）进口录音或录像制品报审表；

（二）进口协议草案或订单；

（三）节目样片、中外文歌词；

（四）内容审查所需的其他材料。

第十六条 进口用于出版的音像制品，应当向新闻出版总署提出申请并报送以下文件和材料：

（一）进口录音或录像制品报审表；

（二）版权贸易协议中外文文本草案，原始版权证明书，版权授权书和国家版权局的登记文件；

（三）节目样片；

（四）中外文曲目、歌词或对白；

（五）内容审查所需的其他材料。

第十七条 进口用于展览、展示的音像制品，由展览、展示活动主办单位提出申请，并将音像制品目录和样片报新闻出版总署进行内容审查。海关按暂时进口货物管理。

第十八条 进口单位不得擅自更改报送新闻出版总署进行内容审查样片原有的名称和内容。

第十九条 新闻出版总署自受理进口音像制品申请之日起30日内作出批准或者不批准的决定。批准的，发给进口音像制品批准单；不批准的，应当说明理由。

进口音像制品批准单内容不得更改，如需修改，应重新办理。进口音像制品批准单一次报关使用有效，不得累计使用。其中，属于音像制品成品的，批准单当年有效；属于用于出版的音像制品的，批准单有效期限为1年。

第四章 进口管理

第二十条 未经审查批准进口的音像制品，任何单位和个人不得出版、复制、批发、零售、出租和营业性放映。

第二十一条 任何单位和个人不得将供研究、教学参考或者用于展览、展示的进口音像制品进行经营性复制、批发、零售、出租和营业性放映。

用于展览、展示的进口音像制品确需在境内销售、赠送的，在销售、赠送前，必须依照本办法按成品进口重新办理批准手续。

第二十二条 进口单位与外方签订的音像制品进口协议或者合同应当符合中国法律、法规的规定。

第二十三条　出版进口音像制品，应当符合新闻出版总署批准文件要求，不得擅自变更节目名称和增删节目内容，要使用经批准的中文节目名称；外语节目应当在音像制品及封面包装上标明中外文名称；出版进口音像制品必须在音像制品及其包装的明显位置标明国家版权局的登记文号和新闻出版总署进口批准文号；利用信息网络出版进口音像制品必须在相关节目页面标明以上信息。

第二十四条　在经批准进口出版的音像制品版权授权期限内，音像制品进口经营单位不得进口该音像制品成品。

第二十五条　出版进口音像制品使用的语言文字应当符合国家公布的语言文字规范。

第二十六条　进口单位持新闻出版总署进口音像制品批准单向海关办理音像制品的进口报关手续。

第二十七条　个人携带和邮寄音像制品进出境，应以自用、合理数量为限，并按照海关有关规定办理。

第二十八条　随机器设备同时进口及进口后随机器设备复出口的记录操作系统、设备说明、专用软件等内容的音像制品，不适用本办法，海关验核进口单位提供的合同、发票等有效单证验放。

第五章　罚　则

第二十九条　未经批准，擅自从事音像制品成品进口经营活动的，依照《音像制品管理条例》第三十九条的有关规定给予处罚。

第三十条　有下列行为之一的，由县级以上新闻出版行政部门责令停止违法行为，给予警告，没收违法音像制品和违法所得；违法经营额 1 万元以上的，并处违法经营额 5 倍以上 10 倍以下的罚款；违法经营额不足 1 万元的，并处 5 万元以下罚款；情节严重的，并责令停业整顿或者由原发证机关吊销许可证：

（一）出版未经新闻出版总署批准擅自进口的音像制品；

（二）批发、零售、出租或者放映未经新闻出版总署批准进口的音像制品的；

（三）批发、零售、出租、放映供研究、教学参考或者用于展览、展示的进口音像制品的。

第三十一条　违反本办法，出版进口音像制品未标明本办法规定内容的，由省级以上新闻出版行政部门责令改正，给予警告，情节严重的，并责令停业整顿或者由原发证机关吊销许可证。

第三十二条　违反本办法，有下列行为之一的，由省级以上新闻出版行政部门责令改正，给予警告，可并处 3 万元以下的罚款：

（一）出版进口音像制品使用语言文字不符合国家公布的语言文字规范的；

（二）出版进口音像制品，违反本办法擅自变更节目名称、增删节目内容的。

擅自增删经审查批准进口的音像制品内容导致其含有本办法第六条规定的禁止内容的，按照《音像制品管理条例》有关条款进行处罚。

第三十三条　违反海关法及有关管理规定的，由海关依法处理。

第六章　附　则

第三十四条　从中国香港特别行政区、澳门特别行政区和台湾地区进口音像制品，参照本办法执行。

第三十五条　电子出版物的进口参照本办法执行。

第三十六条　本办法由新闻出版总署负责解释。涉及海关业务的，由海关总署负责解释。

第三十七条　本办法自公布之日起施行，2002 年 6 月 1 日文化部、海关总署发布的《音像制品进口管理办法》同时废止。

民用爆炸物品进出口管理办法

（工业和信息化部、公安部、海关总署令 2012 年第 21 号）

第一条　为了加强对民用爆炸物品进出口的管理，维护国家经济秩序，保障社会公共安全，根据《民用爆炸物品安全管理条例》，制定本办法。

第二条　进出口民用爆炸物品，适用本办法。

本办法所称民用爆炸物品，是指用于非军事目的、列入民用爆炸物品品名表的各类火药、炸药及其制品和雷管、导火索等点火、起爆器材。

第三条 工业和信息化部负责民用爆炸物品进出口的审批。

公安机关负责民用爆炸物品境内运输的安全监督管理。

海关负责民用爆炸物品进出口环节的管理。

第四条 进出口民用爆炸物品，应当依照本办法的规定逐单申请办理审批手续。

严禁进出口未经工业和信息化部核发“民用爆炸物品进/出口审批单”的民用爆炸物品。

第五条 取得“民用爆炸物品生产许可证”的企业可以申请进口用于本企业生产的民用爆炸物品原材料（含半成品），出口本企业生产的民用爆炸物品（含半成品）。

取得“民用爆炸物品销售许可证”的企业可以申请进出口其“民用爆炸物品销售许可证”核定品种范围内的民用爆炸物品。

第六条 申请进出口民用爆炸物品，应当向工业和信息化部提交下列材料：

（一）民用爆炸物品进出口申请报告及已填写相关内容的“民用爆炸物品进/出口审批单”（一式五份）；

（二）工商营业执照原件及复印件；

（三）“民用爆炸物品生产许可证”或者“民用爆炸物品销售许可证”原件及复印件；

（四）企业法定代表人及经办人的身份证明原件及复印件；

（五）进出口合同原件、复印件及中文译本（译本应当加盖申请人的公章，下同）；

（六）进口民用爆炸物品，应当提交具备与进口量相适应的仓储条件和满足行业安全要求的证明材料、不低于我国现行产品标准的证明材料、符合国家有关安全运输和储存标准的证明材料、符合《民用爆炸物品警示标识、登记标识通则》的证明材料、符合国家有关环保标准的证明材料和产品使用说明（相关材料应当提供中文译本）；

（七）出口民用爆炸物品，应当提交民用爆炸物品进口国的许可文件原件、复印件及中文译本、最终用户证明和最终用途证明；

（八）法律、行政法规规定的其他材料。

工业和信息化部验证有关材料的真实性后，将有关材料原件退还申请人。

第七条 工业和信息化部对申请材料进行审查。申请材料不齐全或者不符合法定形式的，应当当场或者在五个工作日内一次告知申请人需要补正的全部内容；逾期不告知的，自收到申请材料之日起即为受理。

申请材料齐全、符合法定形式，或者已按要求提交全部补正申请材料的，应当予以受理，并出具受理通知书。

第八条 工业和信息化部自受理申请之日起二十个工作日内作出是否批准的决定。批准进出口民用爆炸物品的，应当向申请人核发“民用爆炸物品进/出口审批单”；不予批准的，应当书面告知申请人。

国家禁止进口或者明令淘汰的民用爆炸物品，工业和信息化部不予批准进口。

“民用爆炸物品进/出口审批单”实行“一批一单”和“一单一关”管理。

第九条 进出口企业应当将获准进出口的民用爆炸物品的品种和数量等信息向收货地或者出境口岸所在地县级人民政府公安机关备案，并同时向所在地省级民用爆炸物品行业主管部门备案。

运输民用爆炸物品，应当依法取得公安机关核发的“民用爆炸物品运输许可证”。

第十条 企业进出口民用爆炸物品的，凭“民用爆炸物品进/出口审批单”向口岸海关办理进出口手续。

第十一条 违反海关有关规定进出口民用爆炸物品的，依照海关法律、行政法规及规章的规定处理。

第十二条 海关无法确定进出口物品是否属于民用爆炸物品的，由进出口企业将物品样品送交具有民用爆炸物品检测资质的机构鉴定，海关依据有关鉴定结论实施进出口管理。

第十三条 民用爆炸物品在海关特殊监管区域或者场所与境外之间进出的，应当依据本办法的规定办理审批手续，接受监督和管理。

第十四条 以不正当手段取得民用爆炸物品进出口批准文件的，由工业和信息化部撤销其民用爆炸物品进出口批准文件，申请人在三年内不得再次申请进出口民用爆炸物品。

第十五条 未经批准或者超出批准范围进出口民用爆炸物品的，依照有关法律、行政法规的规定处罚。

第十六条 进出口民用爆炸物品未按照规定向公安机关备案的，由公安机关依照《民用爆炸物品安全管理条例》第四十六条的规定处罚。

第十七条 民用爆炸物品进出口企业涂改、倒卖或者以其他形式非法转让“民用爆炸物品进/出口审批单”的，由工业和信息化部责令限期改正，予以警告，并处三万元以下的罚款。

第十八条 民用爆炸物品进出口管理人员在民用爆炸物品进出口管理活动中滥用职权、玩忽职守、徇私舞弊或者违反《中华人民共和国行政许可法》等有关规定的，依法给予处理；构成犯罪的，依法追究刑事责任。

第十九条　国家禁止进出口的民用爆炸物品目录，由工业和信息化部、海关总署按照《中华人民共和国对外贸易法》的有关规定商请对外贸易主管部门制定、调整并公布。

第二十条　硝酸铵的进口，按照国家有关规定管理。硝酸铵的出口，由工业和信息化部委托省级民用爆炸物品行业主管部门参照本办法的规定管理。

第二十一条　"民用爆炸物品进/出口审批单"的式样由工业和信息化部会同海关总署制定。

第二十二条　本办法自2012年9月1日起施行。

消耗臭氧层物质进出口管理办法

（环境保护部、商务部、海关总署令2014年第26号）

第一条　为履行《关于消耗臭氧层物质的蒙特利尔议定书》及其修正案，加强对我国消耗臭氧层物质进出口管理，根据《消耗臭氧层物质管理条例》，制定本办法。

第二条　本办法适用于以任何形式进出口列入《中国进出口受控消耗臭氧层物质名录》的消耗臭氧层物质的活动；通过捐赠、货样、广告物品、退运等方式将列入《中国进出口受控消耗臭氧层物质名录》的消耗臭氧层物质运入、运出中华人民共和国关境，其他法律法规另有规定的，从其规定。

《中国进出口受控消耗臭氧层物质名录》由国务院环境保护主管部门会同国务院商务主管部门、海关总署制定、调整和公布。

第三条　国家对列入《中国进出口受控消耗臭氧层物质名录》的消耗臭氧层物质实行进出口配额许可证管理。

第四条　国务院环境保护主管部门、国务院商务主管部门和海关总署联合设立国家消耗臭氧层物质进出口管理机构，对消耗臭氧层物质的进出口实行统一监督管理。

第五条　国务院环境保护主管部门根据消耗臭氧层物质淘汰进展情况，商国务院商务主管部门确定国家消耗臭氧层物质年度进出口配额总量，并在每年12月20日前公布下一年度进出口配额总量。

第六条　从事消耗臭氧层物质进出口的单位（以下简称"进出口单位"）应当具有法人资格，并依法办理对外贸易经营者备案登记手续。

第七条　进出口单位应当在每年10月31日前向国家消耗臭氧层物质进出口管理机构申请下一年度进出口配额，并提交下列材料：

（一）法人营业执照和对外贸易经营者备案登记表；

（二）消耗臭氧层物质进出口单位年度环保备案表；

（三）下一年度消耗臭氧层物质进出口配额申请书和年度进出口计划表。

初次申请进出口配额的进出口单位，还应当提交前三年消耗臭氧层物质进出口业绩。

申请进出口属于危险化学品的消耗臭氧层物质的单位，还应当提交该危险化学品的国内生产使用企业持有的危险化学品环境管理登记证，以及安全生产监督管理部门核发的危险化学品生产、使用或者经营许可证。

未按时提交上述材料或者提交材料不齐全的，国家消耗臭氧层物质进出口管理机构不予受理配额申请。

第八条　国家消耗臭氧层物质进出口管理机构在核定进出口单位的年度进出口配额申请时，应当综合考虑下列因素：

（一）遵守法律法规情况；

（二）前三年消耗臭氧层物质进出口业绩；

（三）上一年度消耗臭氧层物质进出口计划及配额完成情况；

（四）管理水平和环境保护措施落实情况；

（五）其他影响消耗臭氧层物质进出口的因素。

第九条　国家消耗臭氧层物质进出口管理机构应当在每年12月20日前对进出口单位的进出口配额做出发放与否的决定，并予以公告。

第十条　在年度进出口配额指标内，进出口单位需要进出口消耗臭氧层物质的，应当向国家消耗臭氧层物质进出口管理机构申请领取进出口受控消耗臭氧层物质审批单，并提交下列材料：

（一）消耗臭氧层物质进出口申请书；

（二）对外贸易合同或者订单等相关材料，非生产企业还应当提交合法生产企业的供货证明；

（三）国家消耗臭氧层物质进出口管理机构认为需要提供的其他材料。

出口回收的消耗臭氧层物质的单位应当持有回收单位所在省级环境保护主管部门签发的回收证明，依法申请领取进出口受控消耗臭氧层物质审批单后，方可办理其他手续。

特殊用途的消耗臭氧层物质的出口，进出口单位应当提交进口国政府部门出具的进口许可证或者其他官方批准文件等材料。

第十一条 国家消耗臭氧层物质进出口管理机构应当自受理进出口申请之日起二十个工作日内完成审查，作出是否签发消耗臭氧层物质进出口审批单的决定，并对获准签发消耗臭氧层物质进出口审批单的进出口单位名单进行公示；未予批准的，应当书面通知申请单位并说明理由。

第十二条 消耗臭氧层物质进出口审批单实行一单一批制。审批单有效期为九十日，不得超期或者跨年度使用。

第十三条 进出口单位应当持进出口审批单，向所在地省级商务主管部门所属的发证机构申请领取消耗臭氧层物质进出口许可证。在京中央企业向国务院商务主管部门授权的发证机构申请领取消耗臭氧层物质进出口许可证。

消耗臭氧层物质进出口许可证实行一批一证制。每份进出口许可证只能报关使用一次，当年有效，不得跨年度使用。

进出口许可证的申领和管理按照国务院商务主管部门有关规定执行。

第十四条 进出口单位凭商务主管部门签发的消耗臭氧层物质进出口许可证向海关办理通关手续。

第十五条 进出口单位在领取消耗臭氧层物质进出口许可证后，实际进出口的数量少于批准的数量的，应当在完成通关手续之日起二十个工作日内向国家消耗臭氧层物质进出口管理机构报告实际进出口数量等信息。

进出口单位在领取消耗臭氧层物质进出口许可证后，实际未发生进出口的，应当在进出口许可证有效期届满之日起二十个工作日内向国家消耗臭氧层物质进出口管理机构报告。

第十六条 消耗臭氧层物质在中华人民共和国境内的海关特殊监管区域、保税监管场所与境外之间进出的，进出口单位应当依照本办法的规定申请领取进出口审批单、进出口许可证；消耗臭氧层物质在中华人民共和国境内的海关特殊监管区域、保税监管场所与境内其他区域之间进出的，或者在上述海关特殊监管区域、保税监管场所之间进出的，不需要申请领取进出口审批单、进出口许可证。

第十七条 进出口单位应当按照进出口审批单或者进出口许可证载明的内容从事消耗臭氧层物质的进出口活动。发生与进出口审批单或者进出口许可证载明的内容不符的情形的，进出口单位应当重新申请领取进出口审批单或者进出口许可证。

第十八条 国家消耗臭氧层物质进出口管理机构建立消耗臭氧层物质进出口数据信息管理系统，收集、汇总消耗臭氧层物质的进出口数据信息。

国务院环境保护主管部门、商务主管部门、海关总署及省级环境保护主管部门应当建立信息共享机制，及时通报消耗臭氧层物质进出口、进出口单位信息和违法情况等信息。

第十九条 县级以上环境保护主管部门、商务主管部门、海关等有关部门有权依法对进出口单位的消耗臭氧层物质进出口活动进行监督检查。被检查单位必须如实反映情况，提供必要资料，不得拒绝和阻碍。检查部门对监督检查中知悉的商业秘密负有保密义务。

第二十条 进出口单位当年不能足额使用的进出口配额，应当于当年10月31日前报告并交还国家消耗臭氧层物质进出口管理机构。国家消耗臭氧层物质进出口管理机构可以根据实际情况对年度配额进行调整分配。

进出口单位未按期交还进出口配额并且在当年年底前未足额使用的，国家消耗臭氧层物质进出口管理机构可以核减或者取消其下一年度的进出口配额。

第二十一条 进出口单位以欺骗、贿赂等不正当手段取得消耗臭氧层物质进出口年度配额、消耗臭氧层物质进出口审批单或者进出口许可证的，依照《中华人民共和国行政许可法》的规定，由国家消耗臭氧层物质进出口管理机构撤销其消耗臭氧层物质进出口审批单，或者由商务主管部门撤销其消耗臭氧层物质进出口许可证，并由国家消耗臭氧层物质进出口管理机构酌情核减或者取消进出口单位本年度或者下一年度的进出口配额；构成犯罪的，依法移送司法机关追究刑事责任。

进出口单位对本办法第七条、第十条要求申请人提交的数据、材料有谎报、瞒报情形的，国家消耗臭氧层物质进出口管理机构除给予前款规定处罚外，还应当将违法事实通报给进出口单位所在地县级以上地方环境保护主管部门，并由进出口单位所在地县级以上地方环境保护主管部门依照《消耗臭氧层物质管理条例》第三十八条的规定予以处罚。

第二十二条 进出口单位倒卖、出租、出借进出口审批单或者进出口许可证的，由国家消耗臭氧层物质进出口管理机构撤销其消耗臭氧层物质进出口审批单，或者由商务主管部门撤销其消耗臭氧层物质进出口许可证，并由国家消耗臭氧层物质进出口管理机构取消其当年配额，禁止其三年内再次申请消耗臭氧层物质进出口配额；构成犯罪的，依法移送司法机关追究刑事责任。

第二十三条 进出口单位使用虚假进出口审批单或者进出口许可证的，由国家消耗臭氧层物质进出口管理机构取消其当年进出口配额，禁止其再次申请消耗臭氧层物质进出口配额；构成犯罪的，依法移送司法机关追究刑事责任。

第二十四条 进出口单位无进出口许可证或者超出进出口许可证的规定进出口消耗臭氧层物质的，或者违反海关有关规定进出口消耗臭氧层物质的，或者走私消耗臭氧层物质的，由海关依法处罚；构成犯罪的，依法移送司法机关追究刑事责任。国家消耗臭氧层物质进出口管理机构可以根据进出口单位违法行为情节轻重，禁止其再次申请消耗臭氧层物质进出口配额。

第二十五条 负有消耗臭氧层物质进出口监督管理职责的部门及其工作人员有下列行为之一的，对直接负责的主管人员和其他直接责任人员，依法给予处分；构成犯罪的，依法移送司法机关追究刑事责任：

（一）违反本办法规定发放消耗臭氧层物质进出口配额的；

（二）违反本办法规定签发消耗臭氧层物质进出口审批单或者进出口许可证的；

（三）对发现的违反本办法的行为不依法查处的；

（四）在办理消耗臭氧层物质进出口及实施监督检查的过程中，索取、收受他人财物或者谋取其他利益的；

（五）其他徇私舞弊、滥用职权、玩忽职守行为。

第二十六条 本办法规定的消耗臭氧层物质进出口配额申请书、年度进出口计划表、消耗臭氧层物质进出口申请书、进出口受控消耗臭氧层物质审批单、消耗臭氧层物质进出口单位年度环保备案表、回收证明等文件格式由国家消耗臭氧层物质进出口管理机构统一制定并公布。

第二十七条 本办法由国务院环境保护主管部门商国务院商务主管部门、海关总署解释。

第二十八条 本办法自2014年3月1日起施行。原国家环境保护总局发布的《消耗臭氧层物质进出口管理办法》（环发〔1999〕278号）和原国家环境保护总局、原对外经济贸易合作部、海关总署发布的《关于加强对消耗臭氧层物质进出口管理的规定》（环发〔2000〕85号）同时废止。

野生动植物进出口证书管理办法

（国家林业局、海关总署令2014年第34号）

第一章 总 则

第一条 为了规范野生动植物进出口证书管理，根据《中华人民共和国濒危野生动植物进出口管理条例》、《国务院对确需保留的行政审批项目设定行政许可的决定》及《濒危野生动植物种国际贸易公约》（以下简称公约）等规定，制定本办法。

第二条 通过货运、邮递、快件和旅客携带等方式进出口野生动植物及其产品的，适用本办法的规定。

第三条 依法进出口野生动植物及其产品的，实行野生动植物进出口证书管理。

野生动植物进出口证书包括允许进出口证明书和物种证明。

进出口列入《进出口野生动植物种商品目录》（以下简称商品目录）中公约限制进出口的濒危野生动植物及其产品、出口列入商品目录中国家重点保护的野生动植物及其产品的，实行允许进出口证明书管理。

进出口列入前款商品目录中的其他野生动植物及其产品的，实行物种证明管理。

商品目录由中华人民共和国濒危物种进出口管理办公室（以下简称国家濒管办）和海关总署共同制定、调整并公布。

第四条 允许进出口证明书和物种证明由国家濒管办核发，国家濒管办办事处代表国家濒管办核发允许进出口证明书和物种证明。

国家濒管办办事处核发允许进出口证明书和物种证明的管辖区域由国家濒管办确定并予以公布。

允许进出口证明书和物种证明由国家濒管办组织统一印制。

第五条 国家濒管办及其办事处依法对被许可人使用允许进出口证明书和物种证明进出口野生动植物及其产品的情况进行监督检查。

第六条 禁止进出口列入国家《禁止进出口货物目录》的野生动植物及其产品。

第二章 允许进出口证明书核发

第一节 申 请

第七条 申请核发允许进出口证明书的，申请人应当根据申请的内容和国家濒管办公布的管辖区域向国家濒管办或者其办事处提出申请。

第八条 申请核发允许进出口证明书的，申请人应当提交下列材料：

（一）允许进出口证明书申请表。申请人为单位的，应当加盖本单位印章；申请人为个人的，应当有本人签字或者印章。

（二）国务院野生动植物主管部门的进出口批准文件。

（三）进出口合同。但是以非商业贸易为目的个人所有的野生动植物及其产品进出口的除外。

（四）身份证明材料。申请人为单位的，应当提交营业执照复印件或者其他身份证明；申请人为个人的，应当提交身份证件复印件。

（五）进出口含野生动植物成分的药品、食品等产品的，应当提交物种成分含量表和产品说明书。

（六）出口野生动植物及其产品的，应当提交证明野外或者人工繁育等来源类型的材料。

（七）国家濒管办公示的其他应当提交的材料。

第九条 申请进出口公约附录所列的野生动植物及其产品的，申请人还应当提交下列材料：

（一）进口公约附录所列野生动植物及其产品的，应当提交境外公约管理机构核发的允许出口证明材料。公约规定由进口国先出具允许进口证明材料的除外。

（二）进出口活体野生动物的，应当提交证明符合公约规定的装运条件的材料。其中，进口公约附录 I 所列活体野生动物的，还应当提交接受者在笼舍安置、照管等方面的文字和图片材料。

（三）出口公约附录 I 所列野生动植物及其产品，或者进口后再出口公约附录 I 所列活体野生动植物的，应当提交境外公约管理机构核发的允许进口证明材料。公约规定由出口国先出具允许出口证明材料的除外。

与非公约缔约国之间进行野生动植物及其产品进出口的，申请人提交的证明材料应当是在公约秘书处注册的机构核发的允许进出口证明材料。

第十条 进口后再出口野生动植物及其产品的，应当提交经海关签注的允许进出口证明书复印件和海关进口货物报关单复印件。进口野生动植物原料加工后再出口的，还应当提交相关生产加工的转换计划及说明；以加工贸易方式进口后再出口野生动植物及其产品的，提交海关核发的加工贸易手册复印件或者电子化手册、电子账册相关内容（表头及相关表体部分）打印件。

以加工贸易方式进口野生动植物及其产品的，应当提交海关核发的加工贸易手册复印件或者电子化手册、电子账册相关内容（表头及相关表体部分）打印件。

第十一条 申请人委托代理人代为申请的，应当提交代理人身份证明和委托代理合同；申请商业性进出口的，还应当提交申请人或者代理人允许从事对外贸易经营活动的资质证明。

第二节 审查与决定

第十二条 国家濒管办及其办事处在收到核发允许进出口证明书的申请后，对申请材料齐全、符合法定形式的，应当出具受理通知书；对申请材料不齐或者不符合法定形式的，应当出具补正材料通知书，并一次性告知申请人需要补正的全部内容。对依法应当不予受理的，应当告知申请人并说明理由，出具不予受理通知书。

第十三条 国家濒管办及其办事处核发允许进出口证明书，需要咨询国家濒危物种进出口科学机构意见的、需要向境外相关机构核实允许进出口证明材料的，或者需要对出口的野生动植物及其产品进行实地核查的，应当在出具受理通知书时，告知申请人。

咨询意见、核实允许进出口证明材料和实地核查所需时间不计入核发允许进出口证明书工作日之内。

第十四条 有下列情形之一的，国家濒管办及其办事处不予核发允许进出口证明书：

（一）申请内容不符合《中华人民共和国濒危野生动植物进出口管理条例》或者公约规定的。

（二）申请内容与国务院野生动植物主管部门的进出口批准文件不符的。

（三）经国家濒危物种进出口科学机构认定可能对本物种或者其他相关物种野外种群的生存造成危害的。

（四）因申请人的原因，致使核发机关无法进行实地核查的。

（五）提供虚假申请材料的。

第十五条 国家濒管办及其办事处自收到申请之日起 20 个工作日内，对准予行政许可的，应当核发允许进出口证明书；对不予行政许可的，应当作出不予行政许可的书面决定，并说明理由，同时告知申请人享有的权利。

国家濒管办及其办事处作出的不予行政许可的书面决定应当抄送国务院野生动植物主管部门。

在法定期限内不能作出决定的，经国家濒管办负责人批准，可以延长 10 个工作日，并将延长期限的理由告知申请人。

第十六条 对准予核发允许进出口证明书的，申请人在领取允许进出口证明书时，应当按照国家规定缴纳野生动植物进出口管理费。

第十七条 允许进出口证明书的有效期不得超过 180 天。

第十八条 被许可人需要对允许进出口证明书上记载的进出口口岸、境外收发货人进行变更的，应当在允许进出口证明书有效期届满前向原发证机关提出书面变更申请。

被许可人需要延续允许进出口证明书有效期的，应当在允许进出口证明书有效期届满 15 日前向原发证机关提出书面延期申请。

原发证机关应当根据申请，在允许进出口证明书有效期届满前作出是否准予变更或者延期的决定。

第十九条 允许进出口证明书损坏的，被许可人可以在允许进出口证明书有效期届满前向原发证机关提出补发的书面申请并说明理由，同时将已损坏的允许进出口证明书交回原发证机关。

原发证机关应当根据申请，在允许进出口证明书有效期届满前作出是否准予补发的决定。

第二十条 进出口野生动植物及其产品的，被许可人应当在自海关放行之日起 30 日内，将海关验讫的允许进出口证明书副本和海关进出口货物报关单复印件交回原发证机关。进口野生动植物及其产品的，还应当同时交回境外公约管理机构核发的允许出口证明材料正本。

未实施进出口野生动植物及其产品活动的，被许可人应当在允许进出口证明书有效期届满后 30 日内将允许进出口证明书退回原发证机关。

第二十一条 有下列情形之一的，国家濒管办及其办事处应当注销允许进出口证明书：

（一）允许进出口证明书依法被撤回、撤销的。

（二）允许进出口证明书有效期届满未延续的。

（三）被许可人死亡或者依法终止的。

（四）因公约或者法律法规调整致使允许进出口证明书许可事项不能实施的。

（五）因不可抗力致使允许进出口证明书许可事项无法实施的。

第二十二条 允许进出口证明书被注销的，申请人不得继续使用该允许进出口证明书从事进出口活动，并应当及时将允许进出口证明书交回原发证机关。

第三章 物种证明核发

第一节 申 请

第二十三条 申请核发物种证明的，申请人应当根据申请的内容和国家濒管办公布的管辖区域向国家濒管办或者其办事处提出申请。

第二十四条 申请核发物种证明的，申请人应当提交下列材料：

（一）物种证明申请表。申请人为单位的，应当加盖本单位印章；申请人为个人的，应当有本人签字或者加盖印章。

（二）进出口合同。但是以非商业贸易为目的个人所有的野生动植物及其产品进出口的除外。

（三）身份证明材料。申请人为单位的，应当提交营业执照复印件或者其他身份证明；申请人为个人的，应当提交身份证件复印件。

（四）进出口含野生动植物成分的药品、食品等产品的，应当提交物种成分含量表和产品说明书。

（五）出口野生动植物及其产品的，应当提交合法来源证明材料。

（六）进口野生动植物及其产品的，应当提交境外相关机构核发的原产地证明、植物检疫证明或者提货单等能够证明进口野生动植物及其产品真实性的材料。

（七）进口的活体野生动物属于外来陆生野生动物的，应当提交国务院陆生野生动物主管部门同意引进的批准文件。

（八）进口后再出口野生动植物及其产品的，应当提交加盖申请人印章并经海关签注的物种证明复印件或者海关进口货物报关单复印件。

（九）国家濒管办公示的其他应当提交的材料。

第二十五条 申请人委托代理人代为申请的，应当提交代理人身份证明和委托代理合同；申请商业性进出口的，还应当提交申请人或者代理人允许从事对外贸易经营活动的资质证明。

第二节 审查与决定

第二十六条 国家濒管办及其办事处在收到核发物种证明的申请后，对申请材料齐全、符合法定形式的，应当出具受理通知书；对申请材料不齐或者不符合法定形式的，应当出具补正材料通知书，并一次性告知申请人需要补正的全部内容。对依法应当不予受理的，应当告知申请人并说明理由，出具不予受理通知书。

第二十七条 有下列情形之一的，国家濒管办及其办事处不予核发物种证明：

（一）不能证明其来源合法的。

（二）提供虚假申请材料的。

第二十八条 国家濒管办及其办事处自收到申请之日起20个工作日内，对准予行政许可的，应当核发物种证明；对不予行政许可的，应当作出不予行政许可的书面决定，并说明理由，同时告知申请人享有的权利。

在法定期限内不能作出决定的，经国家濒管办负责人批准，可以延长10个工作日，并将延长期限的理由告知申请人。

第二十九条 物种证明分为一次使用和多次使用两种。

第三十条 对于同一物种、同一货物类型并在同一报关口岸多次进出口野生动植物及其产品的，申请人可以向国家濒管办指定的办事处申请核发多次使用物种证明；但属于下列情形的，不得申请核发多次使用物种证明：

（一）出口国家保护的有益的或者有重要经济、科学研究价值的陆生野生动物及其产品的。

（二）进口或者进口后再出口与国家保护的有益的或者有重要经济、科学研究价值的陆生野生动物同名的陆生野生动物及其产品的。

（三）出口与国家重点保护野生植物同名的人工培植来源的野生植物及其产品的。

（四）进口或者进口后再出口与国家重点保护野生动植物同名的野生动植物及其产品的。

（五）进口或者进口后再出口非原产我国的活体陆生野生动物的。

（六）国家濒管办公示的其他情形。

第三十一条 一次使用的物种证明有效期不得超过180天。多次使用的物种证明有效期不得超过360天。

第三十二条 被许可人需要对物种证明上记载的进出口口岸、境外收发货人进行变更的，应当在物种证明有效期届满前向原发证机关提出书面变更申请。

被许可人需要延续物种证明有效期的，应当在物种证明有效期届满15日前向原发证机关提出书面延期申请。

原发证机关应当根据申请，在物种证明有效期届满前作出是否准予变更或者延期的决定。

第三十三条 物种证明损坏的，被许可人可以在物种证明有效期届满前向原发证机构提出补发的书面申请并说明理由，同时将已损坏的物种证明交回原发证机关。

原发证机关应当根据申请，在物种证明有效期届满前作出是否准予补发的决定。

第四章 进出境监管

第三十四条 进出口商品目录中的野生动植物及其产品的，应当向海关主动申报并同时提交允许进出口证明书或者物种证明，并按照允许进出口证明书或者物种证明规定的种类、数量、口岸、期限完成进出口活动。

第三十五条 进出口商品目录中的野生动植物及其产品的，其申报内容与允许进出口证明书或者物种证明中记载的事项不符的，由海关依法予以处理。但申报进出口的数量未超过允许进出口证明书或者物种证明规定，且其他申报事项一致的除外。

第三十六条 公约附录所列野生动植物及其产品需要过境、转运、通运的，不需申请核发野生动植物进出口证书。

第三十七条 对下列事项有疑义的，货物进、出境所在地直属海关可以征求国家濒管办或者其办事处的意见：

（一）允许进出口证明书或者物种证明的真实性、有效性。

（二）境外公约管理机构核发的允许进出口证明材料的真实性、有效性。

（三）野生动植物物种的种类、数量。

（四）进出境货物或者物品是否为濒危野生动植物及其产品或者是否含有濒危野生动植物种成分。

（五）海关质疑的其他情况。

国家濒管办或者其办事处应当及时回复意见。

第三十八条 海关在允许进出口证明书和物种证明中记载进出口野生动植物及其产品的数量，并在办结海关手续后，将允许进出口证明书副本返还持证者。

第三十九条 在境外与保税区、出口加工区等海关特殊监管区域、保税监管场所之间进出野生动植物及其产品的，申请人应当向海关交验允许进出口证明书或者物种证明。

在境内与保税区、出口加工区等海关特殊监管区域、保税监管场所之间进出野生动植物及其产品的，或者在上述海关特殊监管区域、保税监管场所之间进出野生动植物及其产品的，无须办理允许进出口证明书或者物种证明。

第五章 附 则

第四十条 本办法所称允许进出口证明书包括濒危野生动植物种国际贸易公约允许进出口证明书和中华人民共和国野生动植物允许进出口证明书。

本办法所称物种证明是指非进出口野生动植物种商品目录物种证明。

第四十一条 从不属于任何国家管辖的海域获得的野生动植物及其产品，进入中国领域的，参照本办法对进口野生动植物及其产品的有关规定管理。

第四十二条 本办法关于期限没有特别规定的，适用行政许可法有关期限的规定。

第四十三条 本办法由国家林业局、海关总署共同解释。

第四十四条 本办法自2014年5月1日起实施。

其他部委令

中华人民共和国水生野生动物保护实施条例

（农业部令1993年第1号）

第一章 总 则

第一条 根据《中华人民共和国野生动物保护法》（以下简称《野生动物保护法》）的规定，制定本条例。

第二条 本条例所称水生野生动物，是指珍贵、濒危的水生野生动物；所称水生野生动物产品，是指珍贵、濒危的水生野生动物的任何部分及其衍生物。

第三条 国务院渔业行政主管部门主管全国全国水野生动物管理工作。

县级以上地方人民政府渔业行政主管部门主管本行政区域内水生野生动物管理工作。

《野生动物保护法》和本条例规定的渔业行政主管部门的行政处罚权，可以由其所属的渔政监督管理机构行使。

第四条 县级以上各级人民政府及其有关主管部门应当鼓励、支持有关科研单位、教学单位开展水生野生动物科学研究工作。

第五条 渔业行政主管部门及其所属的渔政监督管理机构，有权对《野生动物保护法》和本条例的实施情况进行监督检查，被检查的单位和个人应当给予配合。

第二章　水生野生动物保护

第六条　国务院渔业行政主管部门和省、自治区、直辖市人民政府渔业行政主管部门，应当定期组织水生野生动物资源调查，建立资源档案，为制定水生野生动物资源保护发展规划、制定和调整国家和地方重点保护水生野生动物名录提供依据。

第七条　渔业行政主管部门应当组织社会各方面力量，采取有效措施，维护和改善水生野生动物的生存环境，保护和增殖水生野生动物资源。

禁止任何单位和个人破坏国家重点保护的和地方重点保护的水生野生动物生息繁衍的水域、场所和生存条件。

第八条　任何单位和个人对侵占或者破坏水生野生动物资源的行为，有权向当地渔业行政主管部门或者其所属的渔政监督管理机构检举和控告。

第九条　任何单位和个人发现受伤、搁浅和因误入港湾、河汊而被困的水生野生动物时，应当及时报告当地渔业行政主管部门或者其所属的渔政监督管理机构，由其采取紧急救护措施；也可以要求附近具备救护条件的单位采取紧急救护措施，并报告渔业行政主管部门。已经死亡的水生野生动物，由渔业行政主管部门妥善处理。

捕捞作业时误捕水生野生动物的，应当立即无条件放生。

第十条　因保护国家重点保护的和地方重点保护的水生野生动物受到损失的，可以向当地人民政府渔业行政主管部门提出补偿要求。经调查属实并确实需要补偿的，由当地人民政府按照省、自治区、直辖市人民政府有关规定给予补偿。

第十一条　国务院渔业行政主管部门和省、自治区、直辖市人民政府，应当在国家重点保护的和地方重点保护的水生野生动物的主要生息繁衍的地区和水域，划定水生野生动物自然保护区，加强对国家和地方重点保护水生野生动物及其生存环境的保护管理，具体办法由国务院另行规定。

第三章　水生野生动物管理

第十二条　禁止捕捉、杀害国家重点保护的水生野生动物。

有下列情形之一，确需捕捉国家重点保护的水生野生动物的，必须申请特许捕捉证：

（一）为进行水生野生动物科学考察、资源调查，必须捕捉的；

（二）为驯养繁殖国家重点保护的水生野生动物，必须从自然水域或者场所获取种源的；

（三）为承担省级以上科学研究项目或者国家医药生产任务，必须从自然水域或者场所获取国家重点保护的水生野生动物的；

（四）为宣传、普及水生野生动物知识或者教学、展览的需要，必须从自然水域或者场所获取国家重点保护的水生野生动物的；

（五）因其他特殊情况，必须捕捉的。

第十三条　申请特许捕捉证的程序：

（一）需要捕捉国家一级保护水生野生动物的，必须附具申请人所在地和捕捉地的省、自治区、直辖市人民政府渔业行政主管部门签署的意见，向国务院渔业行政主管部门申请特许捕捉证；

（二）需要在本省、自治区、直辖市捕捉国家二级保护水生野生动物的，必须附具申请人所在地的县级人民政府渔业行政主管部门签署的意见，向省、自治区、直辖市人民政府渔业行政主管部门申请特许捕捉证；

（三）需要跨省、自治区、直辖市捕捉国家二级保护水生野生动物的，必须附具申请人所在地的省、自治区、直辖市人民政府渔业行政主管部门签署的意见，向捕捉地的省、自治区、直辖市人民政府渔业行政主管部门申请特许捕捉证。

动物园申请捕捉国家一级保护水生野生动物的，在向国务院渔业行政主管部门申请特许捕捉证前，须经国务院建设行政主管部门审核同意；申请捕捉国家二级保护水生野生动物的，在向申请人所在地的省、自治区、直辖市人民政府渔业行政主管部门申请特许捕捉证前，须经同级人民政府建设行政主管部门审核同意。

负责核发特许捕捉证的部门接到申请后，应当自接到申请之日起3个月内作出批准或者不批准的决定。

第十四条　有下列情形之一的，不予发放特许捕捉证：

（一）申请人有条件以合法的非捕捉方式获得国家重点保护的水生野生动物的种源、产品或者达到其目的的；

（二）捕捉申请不符合国家有关规定，或者申请使用的捕捉工具、方法以及捕捉时间、地点不当的；

（三）根据水生野生动物资源现状不宜捕捉的。

第十五条 取得特许捕捉证的单位和个人，必须按照特许捕捉证规定的种类、数量、地点、期限、工具和方法进行捕捉，防止误伤水生野生动物或者破坏其生存环境。捕捉作业完成后，应当及时向捕捉地的县级人民政府渔业行政主管部门或者其所属的渔政监督管理机构申请查验。

县级人民政府渔业行政主管部门或者其所属的渔政监督管理机构对在本行政区域内捕捉国家重点保护的水生野生动物的活动，应当进行监督检查，并及时向批准捕捉的部门报告监督检查结果。

第十六条 外国人在中国境内进行有关水生野生动物科学考察、标本采集、拍摄电影、录像等活动的，必须向国家重点保护的水生野生动物所在地的省、自治区、直辖市人民政府渔业行政主管部门提出申请，经其审核后，报国务院渔业行政主管部门或者其授权的单位批准。

第十七条 驯养繁殖国家一级保护水生野生动物的，应当持有国务院渔业行政主管部门核发的驯养繁殖许可证；驯养繁殖国家二级保护水生野生动物的，应当持有省、自治区、直辖市人民政府渔业行政主管部门核发的驯养繁殖许可证。

动物园驯养繁殖国家重点保护的水生野生动物的，渔业行政主管部门可以委托同级建设行政主管部门核发驯养繁殖许可证。

第十八条 禁止出售、收购国家重点保护的水生野生动物或者其产品。因科学研究、驯养繁殖、展览等特殊情况，需要出售、收购、利用国家一级保护水生野生动物或者其产品的，必须向省、自治区、直辖市人民政府渔业行政主管部门提出申请，经其签署意见后，报国务院渔业行政主管部门批准；需要出售、收购、利用国家二级保护水生野生动物或者其产品的，必须向省、自治区、直辖市人民政府渔业行政主管部门提出申请，并经其批准。

第十九条 县级以上各级人民政府渔业行政主管部门和工商行政管理部门，应当对水生野生动物或者其产品的经营利用建立监督检查制度，加强对经营利用水生野生动物或者其产品的监督管理。

对进入集贸市场的水生野生动物或者其产品，由工商行政管理部门进行监督管理，渔业行政主管部门给予协助；在集贸市场以外经营水生野生动物或者其产品，由渔业行政主管部门、工商行政主管部门或者其授权的单位进行监督管理。

第二十条 运输、携带国家重点保护的水生野生动物或者其产品出县境的，应当凭特许捕捉证或者驯养繁殖许可证，向县级人民政府渔业行政主管部门提出申请，报省、自治区、直辖市人民政府渔业行政主管部门或者其授权的单位批准。动物园之间因繁殖动物，需要运输国家重点保护的水生野生动物的，可以由省、自治区、直辖市人民政府渔业行政主管部门授权同级建设行政主管部门审批。

第二十一条 交通、铁路、民航和邮政企业对没有合法运输证明的水生野生动物或者其产品，应当及时通知有关主管部门处理，不得承运、收寄。

第二十二条 从国外引进水生野生动物的，应当向省、自治区、直辖市人民政府渔业行政主管部门提出申请，经省级以上人民政府渔业行政主管部门指定的科研机构进行科学论证后，报国务院渔业行政主管部门批准。

第二十三条 出口国家重点保护的水生野生动物或者其产品的，进出口中国参加的国际公约所限制进出口的水生野生动物或者其产品的，必须经进出口单位或者个人所在地的省、自治区、直辖市人民政府渔业行政主管部门审核，报国务院渔业行政主管部门批准；属于贸易性进出口活动的，必须由具有有关商品进出口权的单位承担。

动物园因交换动物需要进出口前款所称水生野生动物的，在国务院渔业行政主管部门批准前，应当经国务院建设行政主管部门审核同意。

第二十四条 利用水生野生动物或者其产品举办展览等活动的经济收益，主要用于水生野生动物保护事业。

第四章 奖励和惩罚

第二十五条 有下列事迹之一的单位和个人，由县级以上人民政府或者其渔业行政主管部门给予奖励：

（一）在水生野生动物资源调查、保护管理、宣传教育、开发利用方面有突出贡献的；

（二）严格执行野生动物保护法规，成绩显著的；

（三）拯救、保护和驯养繁殖水生野生动物取得显著成效的；

（四）发现违反水生野生动物保护法律、法规的行为，及时制止或者检举有功的；

（五）在查处破坏水生野生动物资源案件中作出重要贡献的；

（六）在水生野生动物科学研究中取得重大成果或者在应用推广有关的科研成果中取得显著效益的；

（七）在基层从事水生野生动物保护管理工作5年以上并取得显著成绩的；

（八）在水生野生动物保护管理工作中有其他特殊贡献的。

第二十六条 非法捕杀国家重点保护的水生野生动物的，依照全国人民代表大会常务委员会关于惩治捕杀国家重点保护的珍贵、濒危野生动物犯罪的补充规定追究刑事责任；情节显著轻微危害不大的，或者犯罪情节轻微不需要判处刑罚的，由渔业行政主管部门没收捕获物、捕捉工具和违法所得，吊销特许捕捉证，并处以相当于捕获物价值10倍以下的罚款，没有捕获物的处以10000元以下的罚款。

第二十七条 违反野生动物保护法律、法规，在水生野生动物自然保护区破坏国家重点保护的或者地方重点保护的水生野生动物主要生息繁衍场所，依照《野生动物保护法》第三十四条的规定处以罚款的，罚款幅度为恢复原状所需费用的3倍以下。

第二十八条 违反野生动物保护法律、法规，出售、收购、运输、携带国家重点保护的或者地方重点保护的水生野生动物或者其产品的，由工商行政管理部门或者其授权的渔业行政主管部门没收实物和违法所得，可以并处相当于实物价值10倍以下的罚款。

第二十九条 伪造、倒卖、转让驯养繁殖许可证，依照《野生动物保护法》第三十七条的规定处以罚款的，罚款幅度为50000元以下。

第三十条 违反野生动物保护法规，未取得驯养繁殖许可证或者超越驯养繁殖许可证规定范围，驯养繁殖国家重点保护的水生野生动物的，由渔业行政主管部门没收违法所得，处3000元下的罚款，可以并处没收水生野生动物、吊销驯养繁殖许可证。

第三十一条 外国人未经批准在中国境内对国家重点保护的水生野生动物进行科学考察、标准采集、拍摄电影、录像的，由渔业行政主管部门没收考察、拍摄的资料以及所获标本，可以并处50000元以下的罚款。

第三十二条 有下列行为之一，尚不构成犯罪的，由公安机关依照《中华人民共和国治安管理处罚条例》的规定处罚：

（一）拒绝、阻碍渔政检查人员依法执行职务的；

（二）偷窃、哄抢或者故意损坏野生动物保护仪器设备或者设施的。

第三十三条 依照野生动物保护法规的规定没收的实物，按照国务院渔业行政主管部门的有关规定处理。

第五章 附 则

第三十四条 本条例由国务院渔业行政主管部门负责解释。

第三十五条 本条例自发布之日起施行。

农产品进口关税配额管理暂行办法

（商务部、国家发展改革委令2003年第4号）

第一章 总 则

第一条 为有效实施农产品进口关税配额管理，建立统一、公平、公正、透明、可预见和非歧视的农产品进口关税配额管理体制，根据《中华人民共和国对外贸易法》、《中华人民共和国海关法》、《中华人民共和国货物进出口管理条例》和《中华人民共和国进出口关税条例》制定本办法。

第二条 在公历年度内，根据中国加入世界贸易组织货物贸易减让表所承诺的配额量，确定实施进口关税配额管理农产品的年度市场准入数量。

关税配额量内进口的农产品适用关税配额税率，配额量外进口的农产品按照《中华人民共和国进出口关税条例》的有关规定执行。

散装货物溢装部分按照本《办法》第十九条第二款的规定执行。

第三条 实施进口关税配额管理的农产品品种为：小麦（包括其粉、粒，以下简称小麦）、玉米（包括其粉、粒，以下简称玉米）、大米（包括其粉、粒，以下简称大米）、豆油、菜子油、棕榈油、食糖、棉花、羊毛及毛条。

实施关税配额管理农产品相应的进口税目、税则号列及适用税率另行公布。

第四条 小麦、玉米、大米、豆油、菜子油、棕榈油、食糖、棉花进口关税配额分为国营贸易配额和非国营贸易配额。国营贸易配额须通过国营贸易企业进口；非国营贸易配额通过有贸易权的企业进口，有贸易权的最终用户也可以自行进口。

羊毛、毛条实施进口指定公司经营。进口经营按原外经贸部《货物进口指定经营管理办法》（外经贸部令 2001 年第 21 号）的有关规定执行。

第五条 农产品进口关税配额为全球配额。

第六条 符合第三条规定的农产品所有贸易方式的进口均纳入关税配额管理范围。

第七条 豆油、菜子油、棕榈油、食糖、羊毛、毛条进口关税配额由商务部分配。

小麦、玉米、大米、棉花进口关税配额由国家发展和改革委员会（以下简称“发展改革委”）会同商务部分配。

第八条 商务部、发展改革委分别委托各自的授权机构负责下列事项：

（一）受理申请者的申请并将申请转送商务部、发展改革委；

（二）受理咨询并将其转达商务部、发展改革委；

（三）通知申请者其申请中不符合要求之处，并提醒其修正；

（四）向经过批准的申请者发放“农产品进口关税配额证”。

第九条 “农产品进口关税配额证”适用于一般贸易、加工贸易、易货贸易、边境小额贸易、援助、捐赠等贸易方式进口。

由境外进入保税仓库、保税区、出口加工区的产品，免予领取“农产品进口关税配额证”。

第二章 申 请

第十条 农产品进口关税配额的申请期为每年 10 月 15 日至 30 日（凭合同先来先领分配方式除外）。商务部、发展改革委分别于申请期前 1 个月在《国际商报》、《中国经济导报》及商务部网站（www. mofcom. gov. cn/）、发展改革委网站（www. sdpc. gov. cn/）上公布每种农产品下一年度进口关税配额总量、关税配额申请条件及国务院关税税则委员会确定的关税配额农产品税则号列和适用税率。

豆油、菜子油、棕榈油、食糖、羊毛、毛条由商务部公布。小麦、玉米、大米、棉花由发展改革委公布。

第十一条 商务部授权机构负责受理本地区内豆油、菜子油、棕榈油、食糖、羊毛、毛条进口关税配额的申请。

发展改革委授权机构负责受理本地区内小麦、玉米、大米、棉花进口关税配额的申请。

第十二条 商务部授权机构根据公布的条件，受理申请者提交的豆油、菜子油、棕榈油、食糖、羊毛、毛条申请及有关资料，并于 11 月 30 日前将申请转报商务部（凭合同先来先领分配方式除外），同时抄报发展改革委。

发展改革委授权机构根据公布的条件，受理申请者提交的小麦、玉米、大米、棉花申请及有关资料，并于 11 月 30 日前将申请转报发展改革委，同时抄报商务部。

第三章 分 配

第十三条 农产品进口关税配额将根据申请者的申请数量和以往进口实绩、生产能力、其他相关商业标准或根据先来先领的方式进行分配。分配的最小数量将以每种农产品商业上可行的装运量确定。

第十四条 每年 1 月 1 日前，商务部、发展改革委通过各自授权机构向最终用户发放“农产品进口关税配额证”，并加盖“商务部农产品进口关税配额证专用章”或“国家发展和改革委员会农产品进口关税配额证专用章”。

国营贸易配额在“农产品进口关税配额证”上注明。

第四章 期 限

第十五条 年度农产品进口关税配额于每年 1 月 1 日开始实施，并在公历年度内有效。“农产品进口关税配额证”自每年 1 月 1 日起至当年 12 月 31 日有效。

实行凭合同先来先领分配方式的“农产品进口关税配额证”有效期，按公布的实施细则执行。

第十六条 当年 12 月 31 日前从始发港出运，需在下一年到货的进口关税配额农产品，最终用户需持“农产品进口关税配额证”及有关证明单证到原发证机构申请延期。原发证机构审核情况属实后可予以办理延期，但延期最迟不得超过下一年 2 月底。

第五章 执 行

第十七条 最终用户按国家相关商品进口经营的有关规定，自行或委托签订进口合同。

第十八条 加工贸易进口实行关税配额管理的农产品，海关凭企业提交的“加工贸易业务批准证”办理加工贸易合同备案手续，凭提交的在“贸易方式”栏目中注明“加工贸易”的“农产品进口关税配额证”办理通关验放手续。

加工贸易企业未能按规定期限加工复出口的，应在到期后30天内办理加工贸易合同核销手续。海关按加工贸易的有关规定执行。

第十九条 “农产品进口关税配额证”实行一证多批制，即最终用户需分多批进口的，凭“农产品进口关税配额证”可多次办理通关手续。最终用户须如实填写“农产品进口关税配额证”“最终用户进口填写栏”，填满后，需持该证到原发证机构换领未办理通关部分的配额证。

散装货物每批次进口溢装量不得超过该批次的5%。

第二十条 自境外进入保税仓库、保税区、出口加工区的关税配额农产品由海关按现行规定验放并实施监管。

从保税仓库、保税区、出口加工区出库或出区进口的关税配额农产品，海关凭“农产品进口关税配额证”按进口货物管理的有关规定办理进口手续。

第二十一条 最终用户完成“农产品进口关税配额证”标明配额量的最后一批次进口报关后，于20个工作日内将海关签章的“农产品进口关税配额证”第一联（收货人办理海关手续联）原件交原发证机构。

最终用户将本年度未使用完的“农产品进口关税配额证”第一联（收货人办理海关手续联）原件于下一年1月底前交原发证机构。

第六章 调 整

第二十二条 分配给最终用户的国营贸易农产品进口关税配额量，在当年8月15日前未签订合同的，按本办法第七条规定的管理权限报商务部或发展改革委批准后，允许最终用户委托有贸易权的任何企业进口；有贸易权的最终用户可以自行进口。

第二十三条 持有农产品进口关税配额的最终用户当年无法将已申领到的全部配额量签订进口合同或已签订合同无法完成，须在9月15日前将无法完成的配额量交还原发证机构。

第二十四条 农产品进口关税配额再分配量的申请期为每年9月1日至15日（凭合同先来先领分配方式除外）。商务部、发展改革委分别于申请期前1个月在《国际商报》、《中国经济导报》以及商务部网站（www.mofcom.gov.cn/）、发展改革委网站（www.sdpc.gov.cn/）上公布关税配额再分配量的申请条件。申请者的申请需由授权机构分别转报商务部或发展改革委。

豆油、菜子油、棕榈油、食糖、羊毛、毛条由商务部公布。小麦、玉米、大米、棉花由发展改革委公布。

第二十五条 当年8月底前已完成所分配的全部农产品进口关税配额量，且将海关签章的“农产品进口关税配额证”第一联（收货人办理海关手续联）原件交原发证机构的最终用户，可申请关税配额再分配量。

第二十六条 每年9月30日前，商务部将豆油、菜子油、棕榈油、食糖、羊毛、毛条进口关税配额再分配量分配到最终用户（凭合同先来先领分配方式除外）；发展改革委会同商务部将小麦、玉米、大米、棉花关税配额再分配量分配到最终用户。

关税配额再分配量根据公布的申请条件，按照先来先领方式进行分配。分配的最小数量将以每种农产品商业上可行的装运量确定。

获得再分配配额量的最终用户可以通过有贸易权的企业进口，有贸易权的企业也可以自行进口。

第七章 罚 则

第二十七条 加工贸易企业未经许可，擅自将关税配额农产品保税进口料件或其制成品在国内销售的，按《中华人民共和国海关法》和《中华人民共和国海关法行政处罚实施细则》的有关规定处理。

第二十八条 对伪造、变造或者买卖“农产品进口关税配额证”的，依照有关法律对非法经营罪或者伪造、变造、买卖国家机关公文、证件、印章罪的规定，依法追究刑事责任。持有关税配额的最终用户有上述行为的，商务部、发展改革委及授权机构两年内不再受理其进口农产品关税配额的申请。

第二十九条 对伪造有关资料骗取“农产品进口关税配额证”的，除依法收缴其“农产品进口关税配额证”，两年内不再受理其进口关税配额的申请。

第三十条 最终用户违反本办法第二十三条规定，于当年未能完成分配其全部农产品进口关税配额量进口，截止到9月15日又未将当年不能实现进口的配额量交还原发证机构的，其下年度分配的关税配额量将按未完成的比例相应扣减。

第三十一条 最终用户连续两年未能完成分配其全部农产品进口关税配额量进口，并在该两年内每年 9 月 15 日前将当年不能使用的关税配额量交还原发证授权机构的，其下年度分配的关税配额量将按其最近一年未完成的比例相应扣减。

第三十二条 最终用户违反本办法第二十一条规定，未在规定时间将海关签章的“农产品进口关税配额证”第一联（收货人办理海关手续联）原件交原发证机构的，视同未完成进口，相应扣减其下年度关税配额量。

第三十三条 走私进口关税配额农产品，按关税配额量外进口适用的税率计算偷逃税金额，并按有关法律、行政法规的规定进行处罚。

第八章 附 则

第三十四条 有关农产品进口关税配额分配和再分配的咨询需以书面形式向商务部、发展改革委或其授权机构提出，商务部、发展改革委或其授权机构将在 10 个工作日内作出答复。

第三十五条 “农产品进口关税配额证”及“农产品进口关税配额证专用章”分别由商务部、发展改革委监制。

第三十六条 “农产品进口关税配额证”证面以下栏目：最终用户注册地区、关税配额证编号、最终用户名称、关税配额证有效期、贸易方式、商品名称、安排数量、国营贸易量、发证日期、报关口岸须用计算机打印。需要更改证面报关口岸的最终用户，到原发证机构修改换证。

第三十七条 关税配额农产品的进口购汇按国家有关规定执行。

第三十八条 本办法中的国营贸易企业指政府授予某些产品进口专营特权的企业。

国营贸易企业名单由商务部核定并公布。

第三十九条 本办法中的最终用户为直接申领到农产品进口关税配额的生产企业、贸易商、批发商和分销商等。

第四十条 本办法自公布之日起施行，2003 年度农产品进口关税配额依照原《农产品进口关税配额管理暂行办法》（国家发展计划委员会令第 19 号）执行。

货物进口许可证管理办法

（商务部令 2004 年第 27 号）

第一章 总 则

第一条 为了规范进口许可证管理，维护货物进口秩序，促进对外贸易健康发展，根据《中华人民共和国对外贸易法》和《中华人民共和国货物进出口管理条例》的规定，制定本办法。

第二条 国家实行统一的货物进口许可证制度。国家对限制进口的货物实行进口许可证管理。

第三条 商务部是全国进口许可证的归口管理部门，负责制定进口许可证管理办法及规章制度，监督、检查进口许可证管理办法的执行情况，处罚违规行为。

商务部会同海关总署制定、调整和发布年度《进口许可证管理货物目录》。商务部负责制定、调整和发布年度《进口许可证管理货物分级发证目录》。

《进口许可证管理货物目录》和《进口许可证管理分级发证目录》由商务部以公告形式发布。

第四条 商务部授权配额许可证事务局（以下简称许可证局）统一管理、指导全国各发证机构的进口许可证签发工作，许可证局对商务部负责。

第五条 许可证局及商务部驻各地特派员办事处（以下简称各特办）和各省、自治区、直辖市、计划单列市以及商务部授权的其他省会城市商务厅（局）、外经贸委（厅、局）（以下简称各地方发证机构）为进口许可证发证机构，在许可证局统一管理下，负责授权范围内的发证工作。

第六条 进口许可证是国家管理货物进口的法律凭证。凡属于进口许可证管理的货物，除国家另有规定外，对外贸易经营者（以下简称经营者）应当在进口前按规定向指定的发证机构申领进口许可证，海关凭进口许可证接受申报和验放。

第七条 进口许可证适用于《进口许可证管理货物目录》内货物的进口。

第八条 进口许可证不得买卖、转让、涂改、伪造和变造。

第二章 申请进口许可证应当提交的文件

第九条 经营者申领进口许可证时，应当认真如实填写进口许可证申请表，并加盖印章。

第十条 经营者应当根据进口货物情况，向发证机构提交本办法第三章进口许可证发证依据所规定的进口批准文件及相关材料。

第十一条 经营者应当提交经年检合格的“企业法人登记营业执照”及加盖对外贸易经营者备案登记专用章的“对外贸易经营者备案登记表”或者进出口企业资格证书。经营者为外商投资企业的，还应当提交外商投资企业批准证书。进口货物属国家实行国营贸易或者有其他资质管理要求的，应当提供商务部或者相关部门的有关文件。

第三章 进口许可证发证依据

第十二条 各发证机构按照商务部制定的《进口许可证管理货物目录》和《进口许可证管理货物分级发证目录》范围，依下列规定签发进口许可证：

（一）对监控化学品，发证机构凭国家履行禁止化学武器公约工作领导小组办公室批准的“监控化学品进口核准单”和进口合同（正本复印件）签发进口许可证。

（二）对易制毒化学品，发证机构凭商务部“易制毒化学品进口批复单”签发进口许可证。

（三）对消耗臭氧层物质，发证机构凭国家消耗臭氧层物质进出口管理办公室批准的“受控消耗臭氧层物质进口审批单”签发进口许可证。

（四）对依照法律、行政法规的规定，其他需要限制进口的商品，发证机构按照国务院商务主管部门或者由其会同国务院其他有关部门签发的许可文件签发进口许可证。

第十三条 加工贸易方式进口监控化学品、易制毒化学品和消耗臭氧层物质需领取进口许可证，发证机构分别按第十二条第（一）、（二）、（三）款规定办理。

第十四条 外商投资企业进口监控化学品、易制毒化学品和消耗臭氧层物质需领取进口许可证，发证机构分别按第十二条第（一）、（二）、（三）款规定办理。

第十五条 经营者申领进口许可证时，应当按本办法规定如实申报，不得弄虚作假，严禁以假文件、假合同等手段骗领进口许可证。

第四章 进口许可证的签发

第十六条 发证机构应当严格按照商务部发布的年度《进口许可证管理货物目录》和《进口许可证管理货物分级发证目录》的规定，签发相关商品的进口许可证。经营者进口《进口许可证管理货物目录》中的商品，必须到《进口许可证管理货物分级发证目录》指定的发证机构申领进口许可证。

第十七条 各发证机构应当凭本办法第三章规定的发证依据发放进口许可证，不得越权或者超发证范围签发进口许可证。

第十八条 进口许可证管理实行“一证一关”管理。一般情况下进口许可证为“一批一证”，如要实行“非一批一证”，应当同时在进口许可证备注栏内打印“非一批一证”字样。

“一证一关”指进口许可证只能在一个海关报关；“一批一证”指进口许可证在有效期内一次报关使用；“非一批一证”指进口许可证在有效期内可多次报关使用，但最多不超过十二次，由海关在许可证背面“海关验放签注栏”内逐批签注核减进口数量。

对进口实行许可证管理的大宗、散装货物，溢装数量按照国际贸易惯例办理，即报关进口的大宗、散装货物的溢装数量不得超过进口许可证所列进口数量的5%。不实行“一批一证”制的大宗、散装货物，每批货物进口时，按其实际进口数量进行核扣，最后一批进口货物进口时，其溢装数量按该许可证实际剩余数量并在规定的溢装上限5%内计算。

发证机构在签发此类进口货物许可证时，应当严格按照进口配额数量及批准文件核定的数量签发，并按许可证实际签发数量核扣配额数量，不在进口配额数量或者批准文件核定的数量基础上加上按国际贸易惯例允许的溢装数量签发许可证。

第十九条 申请符合要求的，发证机构应当自收到申请之日起3个工作日内发放进口许可证。特殊情况下，最多不超过 10 个工作日。

第五章 进口许可证的有效期

第二十条 进口许可证的有效期为一年。

（一）进口许可证应当在进口管理部门批准文件规定的有效期内签发。

（二）进口许可证当年有效。特殊情况需要跨年度使用时，有效期最长不得超过次年 3 月 31 日。

（三）进口许可证应当在有效期内使用，逾期自行失效，海关不予放行。

第二十一条 进口许可证因故在有效期内未使用的，经营者应当在进口许可证有效期内向原发证机构提出延期申请。发证机构应当将原证收回，在进出口许可证计算机管理系统中注销原证后，重新签发进口许可证，并在备注栏中注明延期使用和原证证号。

进口许可证因故在有效期内未使用完的，经营者应当在进口许可证有效期内向原发证机构提出未使用部分的延期申请，发证机构收回原证，在发证系统中对原证进行核销，扣除已使用的数量后，重新签发进口许可证，并在备注栏内注明延期使用和原证证号。

进口许可证只能延期一次，延期最长不超过三个月。

未在进口许可证有效期内提出延期申请的，进口许可证自行失效，发证机构不再受理延证手续，该进口许可证则视为持有者自动放弃。

第二十二条 进口许可证一经签发，不得擅自更改证面内容。如需更改，经营者应当在许可证有效期内提出更改申请，并将许可证交回原发证机构，由原发证机构重新换发许可证。

许可证更改内容如涉及经营者，进口商品税号、数量、金额、价格、原产地、进口用途、外汇来源，贸易方式，报关口岸等栏目，如原批准机构有相应限制，经营者应当提供原批准机构同意更改的文件。

第二十三条 已领取的进口许可证如果丢失，经营者应当立即向许可证证面注明的进口口岸地海关及相关发证机构书面报告挂失，声明作废，并及时向公安机关报案。发证机构收到经营者遗失报告，经核实该证确未通关使用后，可撤销原进口许可证并核发新证。

第二十四条 海关、工商、公安、纪检、法院等单位需要向发证机构查询或者调查进口许可证，应当依法出示有关证件，发证机关应当接受查询。

第二十五条 进口许可证管理商品在调整发证机构时，自调整之日起，原发证机构不得再签发该商品的进口许可证，并将经营者在调整前的申领情况报调整后的发证机构。经营者在调整前申领的许可证在有效期内继续有效。有效期内未使用或者未全部使用的进口许可证，按规定到调整后的发证机构办理延期手续。

第六章 检查和处罚

第二十六条 商务部授权许可证局对各发证机构进行定期检查。检查的内容为发证机构执行本办法的情况，重点检查是否有越权越级或者无批件发证等违规行为。检查的方式，实行各发证机构定期或者不定期自查与许可证局抽查相结合的办法。许可证局应当将检查情况向商务部报告。

第二十七条 各发证机构应当按照商务部许可证联网核查的规定及时传送发证数据，以保证经营者顺利报关和海关核查；对海关反馈的核查数据应当认真核对，及时检查许可证的使用情况并找出存在的问题。许可证局应当定期将核对后的海关反馈核查数据报商务部。

第二十八条 越权越级或者无有效批件发放的进口许可证无效。对违反规定的发证机构，商务部将视情节轻重给予其警告、暂停或者取消发证权等处分。

第二十九条 对违反本办法，以欺骗或者其他不正当手段骗领进口许可证的，依法收缴其进口许可证，商务部可以在三年内不受理违法行为人提出的进口许可证申请，或者禁止违法行为人在一年以上三年以下的期限内从事有关货物进口经营活动。

第三十条 对伪造、变造或者买卖进口许可证的，依照刑法关于非法经营罪或者伪造、变造、买卖国家机关公文、证件、印章罪的规定，依法追究刑事责任；尚不够刑事处罚的，依照海关法的有关规定处罚；商务部可以禁止违法行为人在一年以上三年以下的期限内从事有关货物进口经营活动。

第三十一条 对第二十八条、二十九条、三十条所涉及进口许可证，一经查实，商务部予以收缴、吊销。对海关在实际监管或者案件处理过程中发现的涉及上述许可证的问题，发证机构应当给予明确答复和积极配合。

第三十二条 对发证机构工作人员出现违规行为但尚未构成犯罪的，应当调离工作岗位，并视情节轻重分别给予行政处分；构成犯罪的，依法移交司法机关追究其刑事责任。

第七章　附　则

第三十三条　法律、行政法规对保税仓库、保税区和出口加工区的货物进口管理另有规定的，依照其规定办理。

第三十四条　本办法由商务部负责解释。

第三十五条　本办法自2005年1月1日起施行。原对外贸易经济合作部印发的《货物进口许可证管理办法》（对外贸易经济合作部令2001年第22号）同时废止。

货物出口许可证管理办法

（商务部令2004年第28号）

第一章　总　则

第一条　为了合理配置资源，规范出口经营秩序，营造公平透明的贸易环境，履行我国加入的国际公约和条约，维护国家经济利益和安全，根据《中华人民共和国对外贸易法》和《中华人民共和国货物进出口管理条例》，制定本办法。

第二条　国家实行统一的货物出口许可证制度。国家对限制出口的货物实行出口许可证管理。

第三条　商务部是全国出口许可证的归口管理部门，负责制定出口许可证管理办法及规章制度，监督、检查出口许可证管理办法的执行情况，处罚违规行为。

商务部会同海关总署制定、调整和发布年度《出口许可证管理货物目录》。商务部负责制定、调整和发布年度《出口许可证管理货物分级发证目录》。

《出口许可证管理货物目录》和《出口许可证管理分级发证目录》由商务部以公告形式发布。

第四条　商务部授权配额许可证事务局（以下简称许可证局）统一管理、指导全国各发证机构的出口许可证签发工作，许可证局对商务部负责。

第五条　许可证局及商务部驻各地特派员办事处（以下简称各特办）和各省、自治区、直辖市、计划单列市以及商务部授权的其他省会城市商务厅（局）、外经贸委（厅、局）（以下简称各地方发证机构）为出口许可证发证机构，在许可证局统一管理下，负责授权范围内的发证工作。

第六条　本办法所称出口许可证包括出口配额许可证和出口许可证。凡实行出口配额许可证管理和出口许可证管理的货物，对外贸易经营者（以下简称经营者）应当在出口前按规定向指定的发证机构申领出口许可证，海关凭出口许可证接受申报和验放。

第七条　出口许可证不得买卖、转让、涂改、伪造和变造。

第二章　申领出口许可证应当提交的文件

第八条　经营者申领出口许可证时，应当认真如实填写出口许可证申请表（正本）1份，并加盖印章。实行网上申领的，应当认真如实地在线填写电子申请表并传送给相应的发证机构。

第九条　经营者申领出口许可证时，应当向发证机构提交有关出口货物配额或者其他有关批准文件。

第十条　经营者申领出口许可证时，应当向发证机构提交加盖对外贸易经营者备案登记专用章的《对外贸易经营者备案登记表》或者《中华人民共和国进出口企业资格证书》或者外商投资企业批准证书（复印件）。

第三章　出口许可证发证依据

第十一条　各发证机构按照商务部制定的《出口许可证管理货物目录》和《出口许可证管理分级发证目录》范围，依照下列规定签发出口许可证：

（一）实行配额许可证管理的出口货物，凭商务部或者各省、自治区、直辖市、计划单列市以及商务部授权的其他省会城市商务厅（局）、外经贸委（厅、局）（以下简称各地商务主管部门）下达配额的文件和经营者的出口合同（正本复印件）签发出口许可证。

（二）实行配额招标的出口货物，凭商务部发布的中标经营者名单、中标数量、“申领配额招标货物出口许可证证明书”或者“配额招标货物转受让证明书”及中标经营者的出口合同（正本复印件）签发出口许可证。

（三）易制毒化学品的出口，凭“商务部易制毒化学品出口批复单”和经营者的出口合同（正本复印件）签发出口许可证。

（四）计算机的出口，凭商务部批准的“出口计算机技术审查表”和经营者的出口合同（正本复印件）签发出口许可证。

（五）监控化学品的出口，凭国家履行禁止化学武器公约工作领导小组办公室批准文件和经营者的出口合同（正本复印件）签发出口许可证。

（六）消耗臭氧层物质的出口，凭国家消耗臭氧层物质进出口管理办公室下发的批准文件和经营者的出口合同（正本复印件）签发出口许可证。

（七）其他实行出口许可证管理的出口货物，凭商务部批准文件及经营者的出口合同（正本复印件）签发出口许可证。

第十二条 加工贸易项下属于出口许可证管理的货物，发证机构按照商务部制定的《出口许可证管理货物目录》和《出口许可证管理分级发证目录》，凭商务部授权的加工贸易审批机关签发的“加工贸易业务批准证”及本办法第十一条规定的出口批准文件（属于出口配额管理但不使用配额数量的商品凭商务部批件）、海关加工贸易进口报关单和经营者的出口合同（正本复印件）签发出口许可证。

以加工贸易方式出口监控化学品、易制毒化学品、消耗臭氧层物质及其他国际公约管辖的货物，按照本办法第十一条签发出口许可证。

第十三条 外商投资企业出口自产的属于出口许可证管理货物（含进料加工复出口），应当按以下规定办理：

（一）对经批准的外商投资企业出口，发证机构凭商务部下达的外商投资企业出口配额数量签发出口许可证，出口配额招标的货物，应当附带第十一条规定的有关批准文件。

（二）在出口许可证管理货物目录调整前已被批准的外商投资企业，其出口产品因调整后成为新的出口许可证管理货物，商务部可根据批准的经营范围、生产出口规模核定外商投资企业出口配额，发证机构凭商务部下达的外商投资企业出口配额数量签发出口许可证。

（三）外商投资企业投资项目涉及出口许可证管理货物出口，应当在项目立项阶段报商务部批准同意后，方可按审批程序进行审批。对未经上述批准的项目，商务部不予下达出口配额，发证机构不予签发出口许可证。

第十四条 我国企业在国外及香港、澳门投资设立的独资、合资和合作企业，需国内供应属于出口许可证管理的货物，发证机构凭商务部批准文件和商务部境外企业批准证书或者商务部境外带料加工装配企业批准证书，按照本办法第十一条签发出口许可证。

第十五条 经商务部批准具有对外经济技术合作经营资格的企业为履行国（境）外承包工程、劳务合作、设计咨询等项目合同出口的设备（含成套设备）、材料、施工器械及人员自用的生活物资属于出口许可证管理的货物，按照本办法第十一条签发出口许可证。

第十六条 出口成套设备需运出境外项目自用属于出口许可证管理的货物，按照本办法第十一条签发出口许可证。

第十七条 偿还国外贷款或者补偿贸易项下属于出口许可证管理的货物，发证机构按商务部制定的《出口许可证管理货物目录》和《出口许可证管理分级发证目录》，凭商务部下达的偿还国外贷款或者补偿贸易的出口配额签发出口许可证。未办理备案登记的法人、其他组织或者个人从事偿还国外贷款或者补偿贸易业务时，应当委托经营者代理出口，并由该经营者办理出口许可证。

第十八条 经营者申领出口许可证时，应当按本办法如实申报，不得弄虚作假，严禁以假合同、假文件等手段骗领出口许可证。

第四章 出口许可证的签发

第十九条 各发证机构应当严格按照年度《出口许可证管理货物目录》和《出口许可证管理分级发证目录》的要求，自收到符合规定的申请之日起3个工作日内签发相关出口货物的出口许可证，不得违反规定发证。经营者出口《出口许可证管理货物目录》中的货物，应当到《出口许可证管理分级发证目录》指定的发证机构申领出口许可证。

第二十条 许可证局、各特办和各地方发证机构应当严格按照商务部发布的《出口许可证管理分级发证目录》

签发出口许可证。实行网上申领出口许可证的，按照有关程序和规定办理。

（一）许可证局发证范围：

1. 按照商务部规定的《出口许可证管理分级发证目录》，签发《出口许可证管理分级发证目录》授权范围内的出口许可证；

2. 在京的中央管理企业的出口许可证。

（二）各特办发证范围：

1. 按照商务部规定的《出口许可证管理分级发证目录》，签发联系地区内经营者、联系地区内中央管理企业及配额由地方管理的在京中央管理企业子公司的出口许可证；

2. 按商务部规定的《出口许可证管理分级发证目录》，签发联系地区内经营者配额招标货物出口许可证；

3. 签发商务部规定的其他货物的出口许可证。

（三）各地方发证机构发证范围：

1. 按商务部规定的《出口许可证管理分级发证目录》签发本地经营者出口许可证；

2. 签发商务部规定的其他货物的出口许可证。

（四）指定发证机构发证的货物：

凡属于《出口许可证管理分级发证目录》中指定发证机构发证的货物，经营者一律到指定的发证机构办理出口许可证。

第二十一条 各发证机构不得无配额、超配额、越权或者超发证范围签发出口许可证。发证机构的工作人员在履行职责过程中，不得玩忽职守、徇私舞弊或者滥用职权，不得利用职务上的便利索取他人财物，或者非法收受他人财物为他人谋取利益。

第二十二条 出口许可证管理实行“一证一关”制、“一批一证”制和“非一批一证”制。“一证一关”指出口许可证只能在一个海关报关，“一批一证”指出口许可证在有效期内一次报关使用。

下列情况实行“非一批一证”制，签发出口许可证时应在备注栏内注明“非一批一证”：

（一）外商投资企业出口许可证管理的货物；

（二）补偿贸易项下出口许可证管理的货物；

（三）其他在《出口许可证管理货物目录》中规定实行“非一批一证”的出口许可证管理货物。

“非一批一证”指出口许可证在有效期内可以多次报关使用，但最多不超过12次，由海关在“海关验放签注栏”内逐批签注出运数。

第五章　例外情况的处理

第二十三条 溢装货物应当为大宗、散装货物。溢装数量按照国际贸易惯例办理，即报关出口的大宗、散装货物的溢装数量不得超过出口许可证所列出口数量的5%。不实行“一批一证”制的大宗、散装货物，每批货物出口时，按其实际出口数量进行核扣，最后一批出口货物出口时，其溢装数量按该许可证实际剩余数量并在规定的溢装上限5%内计算。

发证机构在签发此类出口货物许可证时，应当严格按照出口配额数量及批准文件核定的数量签发，并按许可证实际签发数量核扣配额数量，不在出口配额数量或者批准文件核定的数量基础上加上按国际贸易惯例允许的溢装数量签发许可证。

第二十四条 对外经援项目出口实行出口许可证管理的货物免领出口许可证。有关验放凭证的规定，由商务部、海关总署和国家质检总局另行制定和发布。

第二十五条 赴国（境）外参加或者举办展览会运出境外展品、展卖品、小卖品的规定：

（一）赴国（境）外参加或者举办展览会所带属于出口许可证管理的非卖展品，免领出口许可证，海关凭出国（境）经济贸易展览会审批部门批准办展的文件和出口货物报关单监管验放。参展单位应当在展览会结束后6个月内，将非卖展品如数运回，由海关核销。在特殊情况下，经海关同意，可以延期。

（二）赴国（境）外参加或者举办展览会带出的展卖品、小卖品，属于出口许可证管理的，参展单位凭出国（境）经济贸易展览会审批部门的批准文件及出国（境）经济贸易展览会组展单位提供的参展证明，向《分级发证目录》规定的发证机构申领出口许可证，不占用出口配额。

（三）监控化学品、易制毒化学品、消耗臭氧层物质以及其他国际公约管辖的货物，按正常出口办理，不适用本条第（一）、（二）项规定。

第二十六条 出口货物样品和文化交流或者技术交流需对外提供属于出口许可证管理货物的货样的规定：

（一）经营者运出国（境）外属于出口许可证管理货物的货样或者实验用样品，每批货物价值在人民币3万元（含3万元）以下者，免领出口许可证，海关凭经营者填写的出口货样报关单查验放行；超过3万元者，视为正常出口，经营者按规定申领出口许可证。出口许可证备注栏内应当注明“货样”字样。

（二）监控化学品、易制毒化学品、消耗臭氧层物质以及其他国际公约管辖的货物对外提供货样，按正常出口办理，不适用本条第（一）项规定。

第二十七条　中国政府根据两国政府间的协议或者临时决定，对外提供捐赠品或者中国政府、组织基于友好关系向对方国家政府、组织赠送的物资，涉及出口许可证管理的货物，凭有关协议或者决定签发出口许可证，不占用出口配额。

其他捐赠，涉及出口许可证管理的，按本办法第十一条签发出口许可证。

第六章　出口许可证的有效期

第二十八条　出口配额的有效期为当年12月31日前（含12月31日），另有规定者除外，经营者应当在配额有效期内向发证机构申领出口许可证。

第二十九条　各发证机构可自当年12月16日起，根据商务部或者各地方商务主管部门下发的下一年度出口配额签发下一年度的出口许可证。

第三十条　出口许可证的有效期不得超过6个月。出口许可证需要跨年度使用时，出口许可证有效期的截止日期不得超过次年2月底。

以加工贸易方式出口属于配额许可证管理的货物，其出口许可证有效期按“加工贸易业务批准证”核定的出口期限核发，但不得超过次年2月底。“加工贸易业务批准证”核定的出口期限超过次年2月底的，经营者应当于2月底前向原发证机构提出延期申请，发证机构收回原证，在发证系统中对原证进行核销，扣除已使用的数量后，按“加工贸易业务批准证”核定的出口期限重新签发出口许可证，并在备注栏中注明延期使用和原证证号。

商务部可视具体情况，调整某些货物出口许可证的有效期和申领时间。

出口许可证应当在有效期内使用，逾期自行失效，海关不予放行。

第三十一条　出口许可证因故在有效期内未使用，经营者应当在出口许可证有效期内向原发证机构提出延期申请，发证机构收回原证，在发证计算机管理系统中注销原证后，重新签发出口许可证，并在备注栏中注明延期使用和原证证号。

出口许可证因故在有效期内未使用完，经营者应当在出口许可证有效期内向原发证机构提出未使用部分的延期申请，发证机构收回原证，在发证系统中对原证进行核销，扣除已使用的数量后，重新签发出口许可证，并在备注栏中注明延期使用和原证证号。

使用当年出口配额领取的出口许可证办理延期，其延期最长不得超过当年出口配额有效期次年2月底，有效期已为当年出口配额有效期次年2月底的不得延期。

未在出口许可证有效期内提出延期申请，出口许可证逾期自行失效，发证机构不再办理延证手续，该出口许可证货物数量视为配额持有者自动放弃。

第三十二条　出口许可证签发后，任何单位和个人不得擅自更改证面内容；如需要对证面内容进行更改，经营者应当在出口许可证有效期内将出口许可证退回原发证机构，重新申领出口许可证。

第三十三条　已领取的出口许可证如遗失，经营者应当立即向许可证证面注明的出口口岸地海关及相关发证机构书面报告，并在全国性经济类报刊中登载“遗失声明”，发证机构凭遗失声明，并经核实该证确未通关后，可注销该证，并核发新证。

第三十四条　海关、工商、公安、纪检、法院等单位需要向发证机构查询或者调查出口许可证，应当依法出示有关证件，发证机关方可接受查询。

第三十五条　出口许可证管理货物在发证机构调整时，自调整之日起，原发证机构不得再签发该货物的出口许可证，并将经营者在调整前的申领情况报调整后的发证机构。经营者在调整前申领的许可证在有效期内继续有效。有效期内未使用或者未完全使用的许可证按规定到调整后的发证机构办理延期手续。

第七章　检查和处罚

第三十六条　商务部授权许可证局对各发证机构进行定期检查。检查的内容为发证机构执行本办法的情况，重点是检查是否有超配额、无配额或者越权越级违章发证以及其他违反本办法的问题。检查的方式，实行各发证机构定期或者不定期自查与许可证局抽查相结合的办法。

许可证局应当将检查的情况向商务部报告。

第三十七条 各发证机构应当按照商务部许可证联网核查的规定及时传送发证数据，以保证经营者顺利报关和海关核查；对海关反馈的核查数据应当认真核对，及时检查许可证的使用情况并找出存在的问题。许可证局应当定期将核对后的海关反馈核查数据报商务部。

第三十八条 对违反本办法第二十一条，超配额、无配额和越权越级发证的发证机构，商务部将视情节轻重给予其警告、暂停或者取消发证权等处分。

第三十九条 对伪造、变造或者买卖出口许可证的经营者，依照刑法关于非法经营罪或者伪造、变造、买卖国家机关公文、证件、印章罪的规定，依法追究刑事责任；尚不够刑事处罚的，依照海关法等相关法律法规的有关规定处罚。

对以欺骗或者其他不正当手段获取出口许可证的，商务部依法收缴其出口许可证。

商务部可以禁止违法行为人自前两款规定的行政处罚决定生效之日或者刑事处罚判决生效之日起一年以上三年以下的期限内从事有关的对外贸易经营活动。在禁止期限内，海关根据商务部依法作出的禁止决定，对该经营者的有关出口货物不予办理报关验放手续，外汇管理部门或者外汇指定银行不予办理有关结汇、售汇手续。

第四十条 超配额、无配额和越权越级发放的许可证无效。对第三十七条、第三十八条所涉出口许可证，一经查实，商务部予以吊销处理。对海关在实际监管或者案件处理过程中发现的涉及上述许可证的问题，发证部门应当给予明确回复。

第四十一条 对违反第二十五条第（一）款有关规定，未将属于出口许可证管理的非卖展品如数运回由海关核销的，由海关通知商务部，商务部和出国（境）经济贸易展览会审批部门视情节轻重给予该组展单位和参展单位警告、暂停审批其出国（境）展览项目一至两年等处分。

第四十二条 对发证机构工作人员违反本办法第二十一条构成犯罪的，依照《中华人民共和国刑法》的有关规定追究其刑事责任。对发证机构工作人员违反本办法尚不构成犯罪的，应当调离工作岗位，并根据《国家公务员暂行条例》第三十二、第三十三条给予行政处分。

第八章 附 则

第四十三条 中国关境内其他地区货物进入到保税仓库、保税区和出口加工区的，按照现行有关规定执行。出口监管仓库、保税区、出口加工区的货物出口到境外，按现行规定执行。

第四十四条 边境贸易项下出口许可证管理仍按照现行有关规定执行。

第四十五条 “敏感物项和技术出口许可证”管辖货物不适用本办法。

第四十六条 本办法由商务部负责解释。

第四十七条 本办法自2005年1月1日起施行。原对外贸易经济合作部印发的《出口许可证管理规定》（对外贸易经济合作部令2001年第9号）同时废止。

美术品经营管理办法

（文化部令2004年第29号）

第一条 为了加强对美术品经营活动的管理，保护创作者、经营者、消费者的合法权益，促进美术品市场的健康发展，制定本办法。

第二条 本办法所称美术品，是指绘画作品、书法篆刻作品、雕塑雕刻作品、艺术摄影作品、装置艺术作品、工艺美术作品等及上述作品的有限复制品。

本办法所称美术品经营活动，是指美术品的收购、销售、租赁、装裱、经纪、评估、咨询及商业性美术品展览、比赛等活动。

第三条 文化部负责全国美术品经营活动的监督管理工作，制定美术品市场的发展规划，审批美术品进出口经营活动。

县级以上地方人民政府文化行政部门负责本行政区域内美术品经营活动的日常监督管理工作。

第四条　设立从事美术品经营活动的经营单位，应当符合下列条件：

（一）有经营单位的名称；

（二）有固定的经营场所；

（三）有与其经营规模相适应的资金；

（四）有相应的美术品经营的专业人员；

（五）法律、法规规定的其他条件。

符合上述条件的申请人，应当到其住所地县级以上工商行政管理部门申领营业执照，并在领取营业执照之日起15日内，到其住所地县级以上文化行政部门备案。

第五条　设立从事美术品进出口经营活动的单位，应当符合下列条件：

（一）有经营单位的名称；

（二）有相应的组织机构；

（三）有固定的经营场所；

（四）有不少于300万元人民币的注册资金；

（五）有相应的美术品经营的专业人员；

（六）有健全的外汇财务制度；

（七）有独立承担民事责任的能力；

（八）法律、法规规定的其他条件。

符合上述条件的申请人，应当按照国家关于进出口经营资格的有关规定办理手续，并在领取营业执照之日起15日内，到其住所地县级以上文化行政部门备案。

第六条　企业或者其他经营单位增设美术品经营业务，应当符合本办法有关规定，并在变更登记之日起15日内到住所地县级以上文化行政部门备案。

第七条　从事美术品进出口经营活动，应当向文化部提出申请并报送以下材料：

（一）进出口单位的资质证明；

（二）进出口美术品的来源地和目的地；

（三）进出口美术品的名录、图片和介绍；

（四）审批部门要求的其他材料。

第八条　文化部在受理申请之日起15个工作日内做出批准或者不批准的决定。批准的发给批准文件，不批准的应当说明理由。申报单位持文化部的批准文件办理进出境手续。

第九条　涉外商业性美术品展览活动，应当由具备进出口资格的经营单位主办。主办单位应当在展览前30日，向举办地省级文化行政部门提出申请并报送以下材料：

（一）主办单位的资质证明；

（二）展览的活动方案；

（三）举办单位与其他相关单位签订的合同或者协议；

（四）经费预算及资金来源证明；

（五）场地使用协议；

（六）国外来华参展的美术品的名录、图片和介绍；

（七）审批部门要求的其他材料。

第十条　省级文化行政部门应当在受理申请之日起15个工作日内提出初审意见，同意的报文化部审批，不同意的说明理由。文化部应当在收到省级文化行政部门初审意见之日起15个工作日内做出批准或者不批准的决定，不批准的向申请人说明理由。申请单位持文化部的批准文件办理展品进出境手续。

第十一条　文化部对当代艺术品精品实行保护，保护制度另行规定。

第十二条　禁止经营含有以下内容的美术品：

（一）反对宪法确定的基本原则的；

（二）危害国家统一、主权和领土完整的；

（三）危害国家安全或者损害国家荣誉和利益的；

（四）煽动民族仇恨、民族歧视，破坏民族团结，或者侵害民族风俗、习惯的；

（五）宣扬或者传播邪教、迷信的；

（六）扰乱社会秩序，破坏社会稳定的；

（七）宣扬淫秽、赌博、暴力、恐怖或者教唆犯罪的；

（八）侮辱或者诽谤他人，侵害他人合法权益的；

（九）危害社会公德或者民族优秀文化传统的；

（十）有法律、行政法规和国家规定禁止的其他内容的。

第十三条 美术品经营单位应当遵守以下规定：

（一）遵守国家有关法律和法规，接受文化行政部门的指导、监督和检查；

（二）有健全的经营管理制度；

（三）有美术品合法来源证明；

（四）经营的美术品明码标价；

（五）依法缴纳税费。

第十四条 美术品经营单位不得经营盗用他人名义的美术品。

从事美术品经纪活动的专业人员不得在2个或者2个以上的美术品中介服务单位执业。

第十五条 县级以上文化行政部门应当建立美术品经营单位的信用档案，将企业的服务承诺、经营情况、消费者投诉情况记录在案，定期向社会公示。

第十六条 违反本办法第七条、第九条规定，擅自开展美术品进出口经营活动或者涉外商业性美术品展览活动的，由县级以上文化行政部门责令改正，并处5000元以上30000元以下罚款。

第十七条 违反本办法第十二条规定的，由县级以上文化行政部门没收作品及违法所得，并处5000元以上30000元以下罚款，情节严重的提请工商部门吊销营业执照。

第十八条 违反本办法规定，有下列行为之一的，由县级以上文化行政部门责令改正，并视其情节轻重予以警告，或者并处2000元以上10000元以下罚款：

（一）未按本办法规定向文化行政部门备案的；

（二）未建立健全经营管理制度的；

（三）不能证明经营的美术品的合法来源的；

（四）经营的美术品没有明码标价的；

（五）从事美术品经纪活动的专业人员在2个或者2个以上的美术品中介服务单位执业的。

第十九条 美术品经营单位的经营活动有侵犯他人著作权行为的，由著作权行政管理部门依照《中华人民共和国著作权法》的有关规定给予处罚；构成犯罪的，依法追究刑事责任。

第二十条 文化行政部门根据本办法的有关规定做出处罚决定时，应当出具行政处罚决定书。当事人对文化行政部门的行政处罚决定不服的，可以依法申请复议或者依法向人民法院提起诉讼。当事人逾期不申请复议，不向人民法院提起诉讼又不履行处罚决定的，由做出处罚的机关申请人民法院强制执行。

第二十一条 本办法由文化部负责解释。

第二十二条 本办法自2004年7月1日起施行。1994年11月25日公布的《美术品经营管理办法》同时废止。

易制毒化学品进出口管理规定

（商务部令2006年第7号）

第一章 总 则

第一条 为加强易制毒化学品进出口管理，防止其流入非法制毒渠道，根据《中华人民共和国对外贸易法》和《易制毒化学品管理条例》等法律、行政法规，制定本规定。

第二条 本规定所称的易制毒化学品系指《易制毒化学品管理条例》附表所列可用于制毒的主要原料及化学配剂，目录见本规定附件。

第三条 国家对易制毒化学品进出口实行许可证管理制度。以任何方式进出口易制毒化学品均需申领许可证。

第四条 商务部负责全国易制毒化学品的进出口管理工作。国务院其他部门在各自职责范围内负责有关管理工作。

各省、自治区、直辖市及计划单列市商务主管部门（以下统称省级商务主管部门）负责本地区易制毒化学品进出口管理工作。同时接受商务部委托负责本地区易制毒化学品进出口许可初审及部分易制毒化学品进出口许可工作。

县级以上商务主管部门负责本地区易制毒化学品进出口监督检查工作。

第五条　通过对外交流、交换、合作、赠送、援助、服务等形式进出口易制毒化学品的，应按照本规定申请进（出）口许可证。

第六条　易制毒化学品进出口经营者（以下简称经营者）以加工贸易方式进出口易制毒化学品或加工制成品、副产品为易制毒化学品需内销的，应首先按照本办法规定取得相应的进（出）口许可，并凭进（出）口许可证办理相关手续。

第七条　混合物中含有易制毒化学品的，经营者应折算易制毒化学品数量后按照本规定申请进（出）口许可，含易制毒化学品的复方药品制剂除外。

第八条　易制毒化学品样品的进出口应按照本规定申请进（出）口许可。

第九条　易制毒化学品的过境、转运、通运应当按照本规定申请进（出）口许可。

第十条　易制毒化学品在境外与保税区、出口加工区等海关特殊监管区域、保税场所之间进出的，应当按照本规定申请进（出）口许可证。

易制毒化学品在境内与保税区、出口加工区等海关特殊监管区域、保税场所之间进出的，或者在上述海关特殊监管区域、保税场所之间进出的，无须申请进（出）口许可证。

第十一条　经营者在进出口易制毒化学品时，应当如实向海关申报，提交进（出）口许可证，海关凭许可证办理通关验放手续。进口第一类中的药品类易制毒化学品，还应提交食品药品监督管理部门出具的进口药品通关单。

第十二条　进出境人员随身携带《易制毒化学品管理条例》第一类中的药品类易制毒化学品药品制剂和高锰酸钾的，应当以自用且数量合理为限，并接受海关监管。

进出境人员不得随身携带前款规定以外的易制毒化学品。

第十三条　国家对部分易制毒化学品的进出口实行国际核查制度。管理规定另行制定。

第十四条　麻黄素等属于重点监控范围的易制毒化学品，由商务部会同国务院有关部门核定的企业进口、出口。管理办法另行制定。

第二章　进出口许可申请和审查

第十五条　经营者申请进出口易制毒化学品，应通过商务部两用物项和技术进出口管理电子政务平台如实、准确、完整填写“易制毒化学品进（出）口申请表”，并提交电子数据。

第十六条　省级商务主管部门应自收到进出口申请电子数据之日起3日内进行审查，符合填报要求的，网上通知经营者报送书面材料；不符合填报要求的，网上说明理由并退回重新填报。

第十七条　经营者收到报送书面材料的通知后，应向省级商务主管部门提交下列书面材料：

（一）经签字并加盖公章的“易制毒化学品进（出）口申请表”原件；

（二）对外贸易经营者备案登记表复印件；

（三）营业执照副本复印件；

（四）易制毒化学品生产、经营、购买许可证或者备案证明；

（五）进口或者出口合同（协议）复印件；

（六）经办人的身份证明复印件。

申请易制毒化学品出口许可的，还应当提交进口方政府主管部门出具的合法使用易制毒化学品的证明复印件或进口方合法使用的保证文件原件。

对本条规定的材料复印件有疑问时，商务主管部门可要求经营者交验上述有关材料原件。

书面材料不齐全或不符合法定形式的，省级商务主管部门应在收到书面材料之日起5日内告知经营者需要补正的全部内容，逾期不告知的，自收到书面材料之日起即为受理。

第十八条　申请进出口目录第三类中无需国际核查的易制毒化学品的，省级商务主管部门应自收到齐备、合格的书面材料之日起5日内对经营者提交的书面材料和电子数据进行审查，并作出是否许可的决定。

许可的，省级商务主管部门应在上述期限内发放“两用物项和技术进（出）口批复单”，并将电子数据报商务部备案；不予许可的，省级商务主管部门书面通知经营者并说明理由。

第十九条　对于申请进出口目录第一、二类易制毒化学品和目录第三类中需国际核查的易制毒化学品的，省级商务主管部门应自收到齐备、合格的书面材料之日起3日内对申请进行初审。

初审合格后，对于申请进出口无需国际核查的目录第一、二类易制毒化学品的，省级商务主管部门将电子数据转报商务部审查；对于申请进出口需国际核查的易制毒化学品的，省级商务主管部门将书面材料和电子数据转报商务部审查。

第二十条　对于申请进出口目录第一、二类中无需国际核查的易制毒化学品的，商务部应自收到省级商务主管部门上报电子数据之日起8日内进行审查，作出是否许可的决定并通知省级商务主管部门。

商务部依据前款对进出口申请予以许可的，省级商务主管部门应在收到许可决定后2日内发放“两用物项和技术进（出）口批复单”；不予许可的，省级商务主管部门书面通知经营者并说明理由。

第二十一条　对于申请进口需国际核查的易制毒化学品的，商务部应自收到省级商务主管部门上报电子数据和书面材料之日起8日内进行审查，作出是否许可的决定并通知省级商务主管部门。

商务部依据前款对进口申请予以许可的，省级商务主管部门应在收到许可决定后2日内发放“两用物项和技术进口批复单”；不予许可的，省级商务主管部门书面通知经营者并说明理由。

应易制毒化学品出口国家或者地区政府主管部门提出的国际核查要求，商务部可会同公安部对经营者进口易制毒化学品的有关情况进行核查。

第二十二条　对于申请出口需国际核查的易制毒化学品的，商务部应自收到省级商务主管部门上报书面材料和电子数据之日起5日内进行审查，符合规定的，进行国际核查。

商务部应自收到国际核查结果之日起3日内作出是否许可的决定并通知省级商务主管部门。商务部予以许可的，省级商务主管部门应在收到许可决定后2日内发放“两用物项和技术出口批复单”；不予许可的，省级商务主管部门书面通知经营者并说明理由。

国际核查所用时间不计算在许可期限之内。

第二十三条　申请进口第一类中的药品类易制毒化学品的，商务部在作出许可决定之前，应当征得国务院食品药品监督管理部门的同意。

申请出口第一类中的药品类易制毒化学品，需要在取得出口许可证后办理购买许可证的，应当向省级食品药品监督管理部门申请购买许可证。

第二十四条　在易制毒化学品进出口许可审查过程中，商务主管部门可以对申请材料的实质内容进行实地核查。

第二十五条　经营者可通过商务部两用物项和技术进出口管理电子政务平台查询有关申请办理进程及结果。

第二十六条　经营者凭“两用物项和技术进（出）口批复单”依据《两用物项和技术进出口许可证管理办法》有关规定申领两用物项和技术进（出）口许可证。

第三章　外商投资企业进出口许可申请和审查

第二十七条　外商投资企业申请进出口易制毒化学品的，通过外商投资企业进出口管理网络系统申报，如实、准确、完整填写“外商投资企业易制毒化学品进（出）口申请表”，并提交电子数据；手工不经过网络系统申报的，省级商务主管部门须按规范录入上述系统。

第二十八条　省级商务主管部门应自收到进出口申请电子数据之日起3日内进行审查，符合填报要求的，网上通知外商投资企业报送书面材料；不符合填报要求的，网上说明理由并退回重新填报。

第二十九条　外商投资企业收到报送书面材料的通知后，应向省级商务主管部门提交下列书面材料：

（一）经签字并加盖公章的“外商投资企业易制毒化学品进（出）口申请表”原件；

（二）盖有联合年检合格标志的批准证书复印件；

（三）营业执照副本复印件；

（四）商务主管部门关于设立该企业的批文及企业合营合同或章程、验资报告；

（五）易制毒化学品生产、经营、购买许可证或者备案证明；

（六）进口或者出口合同（协议）复印件；

（七）经办人的身份证明复印件。

申请易制毒化学品出口许可的，还应当提交进口方政府主管部门出具的合法使用易制毒化学品的证明或进口方合法使用的保证文件原件。

申请易制毒化学品进口许可的，还需提交申请进口易制毒化学品的报告，包括外商投资企业对监管手段的说明及不得用于制毒的保证函。

对本条规定的材料复印件有疑问时，商务主管部门可要求外商投资企业交验上述有关材料原件。

书面材料不齐全或不符合法定形式的，省级商务主管部门应在收到书面材料之日起5日内告知外商投资企业需要补正的全部内容，逾期不告知的，自收到书面材料之日起即为受理。

第三十条 申请进出口目录第三类中无需国际核查的易制毒化学品的，省级商务主管部门应自收到齐备、合格的书面材料之日起5日内对外商投资企业提交的书面材料和电子数据进行审查，并作出是否许可的决定。

许可的，省级商务主管部门应在上述期限内发放"外商投资企业易制毒化学品进（出）口批复单"，并将电子数据报商务部备案；不予许可的，省级商务主管部门书面通知外商投资企业并说明理由。

第三十一条 对于申请进出口目录第一、二类易制毒化学品和目录第三类中需国际核查的易制毒化学品的，省级商务主管部门应自收到齐备、合格的书面材料之日起3日内对申请进行初审。

初审合格后，对于申请进出口无需国际核查的目录第一、二类易制毒化学品的，省级商务主管部门将电子数据转报商务部审查；对于申请进出口需国际核查的易制毒化学品的，省级商务主管部门将书面材料和电子数据转报商务部审查。

第三十二条 对于申请进口目录第一、二类中无需国际核查的易制毒化学品的，商务部应自收到省级商务主管部门上报电子数据之日起8日内进行审查，作出是否许可的决定并通知省级商务主管部门。

商务部依据前款对进口申请予以许可的，省级商务主管部门应在收到许可决定后2日内发放"外商投资企业易制毒化学品进口批复单"；不予许可的，省级商务主管部门书面通知外商投资企业并说明理由。

第三十三条 对于申请出口第一、二类中无需国际核查的易制毒化学品的，商务部应自收到省级商务主管部门上报电子数据和书面材料之日起10日内进行审查，作出是否许可的决定并通知省级商务主管部门。许可的，商务部应在上述期限内发放"外商投资企业易制毒化学品出口批复单"，省级商务主管部门通知外商投资企业；不予许可的，省级商务主管部门书面通知外商投资企业并说明理由。

第三十四条 对于申请进口需国际核查的易制毒化学品的，商务部应自收到省级商务主管部门上报电子数据和书面材料之日起8日内进行审查，作出是否许可的决定并通知省级商务主管部门。

商务部依据前款对进口申请予以许可的，省级商务主管部门应在收到许可决定后2日内发放"外商投资企业易制毒化学品进口批复单"；不予许可的，省级商务主管部门书面通知外商投资企业并说明理由。

应易制毒化学品出口国家或者地区政府主管部门提出的国际核查要求，商务部可会同公安部对外商投资企业进口易制毒化学品的有关情况进行核查。

第三十五条 对于申请出口需国际核查的易制毒化学品的，商务部应自收到省级商务主管部门上报书面材料和电子数据之日起5日内进行审查，符合规定的，进行国际核查。

商务部应自收到国际核查结果之日起5日内作出是否许可的决定并通知省级商务主管部门。许可的，商务部应在上述期限内发放"外商投资企业易制毒化学品出口批复单"，省级商务主管部门通知外商投资企业；不予许可的，省级商务主管部门书面通知外商投资企业并说明理由。

国际核查所用时间不计算在许可期限之内。

第三十六条 外商投资企业申请进口第一类中的药品类易制毒化学品的，商务部在作出许可决定之前，应当征得国务院食品药品监督管理部门的同意。

外商投资企业申请出口第一类中的药品类易制毒化学品，需要在取得出口许可证后办理购买许可证的，应当向省级食品药品监督管理部门申请购买许可证。

第三十七条 在外商投资企业易制毒化学品进出口许可审查过程中，商务主管部门可以对申请材料的实质内容进行实地核查。

第三十八条 "外商投资企业易制毒化学品进（出）口批复单"须加盖商务主管部门公章。

第三十九条 外商投资企业可通过外商投资企业进出口管理网络系统查询有关申请办理进程及结果。

第四十条 外商投资企业凭"外商投资企业易制毒化学品进（出）口批复单"依据《两用物项和技术进出口许可证管理办法》有关规定申领两用物项和技术进（出）口许可证。

第四章 监督检查

第四十一条 县级以上商务主管部门应当按照本规定和其他有关法律、法规规定，严格履行对本地区易制毒化学品进出口的监督检查职责，依法查处违法行为。

第四十二条 县级以上商务主管部门对经营者进行监督检查时，可以依法查看现场、查阅和复制有关资料、记录有关情况、扣押相关的证据材料和物品；必要时，可以临时查封有关场所。

有关单位和个人应当及时如实提供有关情况和材料、物品，不得拒绝或隐匿。

第四十三条 易制毒化学品在进出口环节发生丢失、被盗、被抢案件，发案单位应当立即报告当地公安机关和当地商务主管部门。接到报案的商务主管部门应当逐级上报，并配合公安机关查处。

第四十四条 经营者应当建立健全易制毒化学品进出口内部管理制度，建立健全易制毒化学品进出口管理档案，至少留存两年备查，并指定专人负责易制毒化学品进出口相关工作。

第四十五条 经营者知道或者应当知道，或者得到商务主管部门通知，拟进出口的易制毒化学品可能流入非法渠道时，应及时终止合同执行，并将情况报告有关商务主管部门。

经营者违反本规定或当拟进出口易制毒化学品存在被用于制毒危险时，商务部或省级商务主管部门可对已经颁发的进（出）口许可证予以撤销。经营者应采取措施停止相关交易。

第四十六条 经营者应当于每年3月31日前向省级商务主管部门和当地公安机关报告本单位上年度易制毒化学品进出口情况，药品类易制毒化学品进出口经营者还须向当地食品药品监督管理部门报告本单位上年度药品类易制毒化学品进出口情况。省级商务主管部门将本行政区域内的易制毒化学品进出口情况汇总后报商务部。

有条件的经营者，可以与商务主管部门建立计算机联网，及时通报有关进出口情况。

第五章 法律责任

第四十七条 未经许可或超出许可范围进出口易制毒化学品的，或者违反本规定第十二条的，由海关依照有关法律、行政法规的规定处理、处罚；构成犯罪的，依法追究刑事责任。

第四十八条 违反本规定，有下列行为之一的，商务部可给予警告、责令限期改正，并处1万元以上5万元以下罚款：

（一）经营者未按本规定建立健全内部管理制度；

（二）将进出口许可证转借他人使用的；

（三）易制毒化学品在进出口环节发生丢失、被盗、被抢后未及时报告，造成严重后果的。

第四十九条 违反本规定第四十五、四十六条规定的，商务部可给予警告、责令限期改正，并处3万元以下罚款。

第五十条 经营者或者个人拒不接受商务主管部门监督检查的，商务部可责令改正，对直接负责的主管人员及其他直接责任人员给予警告；情节严重的，对单位处1万元以上5万元以下罚款，对直接负责的主管人员及其他直接责任人员处1000元以上5000元以下罚款。

第五十一条 自相关行政处罚决定生效之日或者刑事处罚判决生效之日起，商务部可在3年内不受理违法行为人提出的易制毒化学品进出口许可申请，或者禁止违法行为人在1年以上3年以下的期限内从事有关的易制毒化学品进出口经营活动。

第五十二条 商务主管部门的工作人员在易制毒化学品进出口管理工作中有应当许可而不许可、不应许可而滥许可，以及其他滥用职权、玩忽职守、徇私舞弊行为的，依法给予行政处分；构成犯罪的，依法追究刑事责任。

第六章 附 则

第五十三条 “两用物项和技术进（出）口批复单”、“外商投资企业易制毒化学品进（出）口批复单”由商务部规定式样并监督印制。

第五十四条 《向特定国家（地区）出口易制毒化学品暂行管理规定》中与本办法规定不一致的，从其规定。

第五十五条 本规定自公布之日起30日后起施行。原《易制毒化学品进出口管理规定》（原外经贸部1999年第4号令）、《对外贸易经济合作部关于印发〈外商投资企业易制毒化学品进出口审批原则和审批程序〉的通知》（〔1997〕外经贸资三函字第197号）同时废止。

附件 易制毒化学品进出口管理目录（略）

禁止出口限制出口技术管理办法

（商务部、科学技术部令2009年第2号）

第一条 为规范我国技术出口的管理，根据《中华人民共和国对外贸易法》、《中华人民共和国技术进出口管理条例》，制定本办法。

第二条 列入“中国禁止出口限制出口技术目录”（另行发布）中禁止出口的技术，不得出口。

第三条 国家对列入“中国禁止出口限制出口技术目录”的限制出口技术实行许可证管理，凡出口国家限制出口技术的，应按本办法履行出口许可手续。

第四条 属于本办法第三条规定的限制出口技术的出口许可由技术出口经营者所在地的省、自治区、直辖市商务主管部门（以下简称“地方商务主管部门”）会同省、自治区、直辖市科技行政主管部门（以下简称“地方科技行政主管部门）管理。

第五条 技术出口经营者出口本办法第三条所规定的限制出口技术前，应填写“中国限制出口技术申请书”（以下简称“申请书”，见附件1），报送地方商务主管部门履行出口许可手续。

属于国家秘密技术的限制出口技术，在按本办法履行许可手续前，应先按《国家秘密技术出口审查规定》办理保密审查手续，并持保密审查主管部门批准的《国家秘密技术出口保密审查批准书》按本条第一款规定程序办理出口申请。

第六条 地方商务主管部门自收到“申请书”之日起30个工作日内，会同地方科技行政主管部门分别对技术出口项目进行贸易审查和技术审查，并决定是否准予出口。

申请人提供的申请材料不完备、申请内容不清或有其他申请不符合规定的情形，地方商务主管部门可要求申请人对申请材料进行修改或补充。

第七条 地方商务主管部门应在收到“申请书”之日起5个工作日之内，将相关材料转地方科技行政主管部门。地方科技行政主管部门在收到“申请书”之日起15个工作日内，组织专家对申请出口的技术进行技术审查并将审查结果反馈地方商务主管部门，同时报科技部备案。

第八条 限制出口技术的贸易审查应包括以下内容：

（一）是否符合我国对外贸易政策，并有利于促进外贸出口；

（二）是否符合我国的产业出口政策，并有利于促进国民经济发展；

（三）是否符合我国对外承诺的义务。

第九条 限制出口技术的技术审查应包括以下内容：

（一）是否危及国家安全；

（二）是否符合我国科技发展政策，并有利于科技进步；

（三）是否符合我国的产业技术政策，并能带动大型和成套设备、高新技术产品的生产和经济技术合作。

第十条 出口申请获得批准后，由地方商务主管部门颁发由商务部统一印制和编号的“中华人民共和国技术出口许可意向书”（以下简称“技术出口许可意向书”，见附件2）。“技术出口许可意向书”的有效期为3年。

在申请出口信贷、保险意向承诺时，必须出具“技术出口许可意向书”，金融、保险机构凭“技术出口许可意向书”办理有关业务。

第十一条 对没有取得“技术出口许可意向书”的限制出口技术项目，任何单位和个人都不得对外进行实质性谈判，不得做出有关技术出口的具有法律效力的承诺。

第十二条 技术出口经营者在“技术出口许可意向书”有效期内，未签订技术出口合同的，应按本办法第五条规定的程序向地方商务主管部门重新提出出口申请。

第十三条 技术出口经营者签订技术出口合同后，持“技术出口许可意向书”、合同副本、技术资料出口清单（文件、资料、图纸、其他）、签约双方法律地位证明文件到地方商务主管部门申请技术出口许可证。

第十四条 地方商务主管部门对技术出口合同的真实性进行审查，并自收到本办法第十三条规定的文件之日起15个工作日内，对技术出口做出是否许可的决定，对许可出口的技术颁发由商务部统一印制和编号的“中华人民共和国技术出口许可证”（以下简称“技术出口许可证”，见附件3）。

第十五条 限制出口技术的技术出口合同自“技术出口许可证”颁发之日起生效。

第十六条 技术出口经营者到地方商务主管部门领取“技术出口许可证”前，应登录商务部网站上的“技术进出口合同信息管理系统”（网址为：jsjckqy. fwmys. mofcom. gov. cn），按程序录入合同内容。

第十七条 技术出口经营者获得“技术出口许可证”后，如需更改技术出口内容，应按本办法规定的程序重新履行技术出口许可手续。

第十八条 凡经批准允许出口的国家限制出口技术出口项目，技术出口经营者在办理海关事宜时，应主动出示“技术出口许可证”，海关验核后办理有关放行手续。

第十九条 商务部会同科技部负责对地方商务主管部门和地方科技主管部门的技术出口许可进行监督检查，同时加强对限制出口技术管理的培训和指导。

地方商务主管部门应在每年1月31日前将上年度批准的技术出口许可事项向商务部备案。

第二十条 凡违反本办法规定的，将依据《中华人民共和国技术进出口管理条例》及其他有关法律规定，追究有关当事人和单位的责任。

第二十一条 核技术、核两用品相关技术、化学两用品相关技术、生物两用品相关技术、导弹相关技术和国防军工专有技术的出口不适用本办法。

第二十二条 本办法自公布之日起30日后施行。2002年1月1日起施行的《禁止出口限制出口技术管理办法》（原对外贸易经济合作部、科学技术部2001年第14号令）同时废止。

附件1 中国限制出口技术出口申请书（略）

附件2 中华人民共和国技术出口许可意向书（略）

附件3 中华人民共和国技术出口许可证（略）

对外援助物资项目管理办法

（商务部令2011年第1号）

第一章 总 则

第一条 为加强对外援助物资项目管理，保证项目质量，提高援助效益，适应建立符合对外援助工作实际的政府采购制度的要求，依据有关法律、行政法规，制定本办法。

第二条 本办法所称的对外援助物资项目（以下简称援外物资项目），是指在中国政府提供的无偿援助、无息或低息贷款和其他专项援助资金项下，由中国政府选定的企业向受援国提供生产、生活物资的项目。

第三条 商务部负责援外物资项目监督管理和相关资金管理，处理有关政府间事务，并委托有关机构（以下简称受托管理机构）对援外物资项目的具体实施进行管理。

驻外使馆（领馆）经济商务机构协助商务部办理有关政府间事务，负责援外物资项目实施的境外监督管理。

省、自治区、直辖市、计划单列市及新疆生产建设兵团商务主管部门（以下简称省级商务主管部门）按照属地管理原则，承担商务部交办的援外物资项目实施中有关具体事务。

第四条 承担援外物资项目实施任务以及可行性研究任务、配单任务、供货任务、货代服务任务的企业或单位，根据本办法规定和合同约定，负责项目组货并运至受援国指定地点或提供可行性研究、配单、供货、货代服务，不得将所承担的援外物资项目任务转由其他企业或单位实施。

承担援外物资项目相关任务的企业或单位和有关人员应当遵守中国和受援国的法律，尊重受援国的风俗习惯。

第五条 承担援外物资项目相关任务的企业或单位应当根据有关规定建立货物、服务质量管理制度，明确质量责任，加强质量监督管理，提高质量水平。

第六条 援外物资项目资金应当按照相关财务制度要求，专款专用，单独核算，任何单位和个人不得以任何理由挪作他用。

第二章 供货指导目录

第七条 商务部制定并发布《对外援助物资供货指导目录》（以下简称《指导目录》），用于指导援外物资项目立项、供货清单编制、供货企业遴选等项目实施管理工作。

第八条 援外物资项目所供货物应当满足技术成熟、质量优良、合理适用要求，并符合《政府采购法》的有关规定。

中国有关法律法规禁止出口的货物和中国缔结或参加的国际条约或协定规定禁止出口的货物，不得纳入援外物资项目的供货范围。

第九条 商务部根据本办法第八条规定的原则，确定进入《指导目录》的货物品种。

第十条 商务部根据产品质量、出口量、市场占有率和品牌知名度等因素，确定《指导目录》所列货物的供货企业名录。

第三章 立 项

第十一条 援外物资项目应当有助于受援国提高自主发展能力，促进受援国经济发展和社会进步，应对自然灾害和人道主义危机，增进受援国和中国两国人民之间的友谊与合作。

第十二条 根据受援国要求或实际需求，商务部启动援外物资项目立项可行性研究。

第十三条 商务部应当在具备以下条件的单位范围内通过招标方式确定可行性研究单位名录：

（一）依照中华人民共和国法律在中国境内设立的法人；

（二）具有与项目规模和复杂程度相适应的经济、技术等方面的专业人员；

（三）近 2 年从事过项目涉及相关货物的咨询或实施活动；

（四）近 2 年内未因承担援外物资项目可行性研究、配单、评审、实施或供货任务受过行政处罚。

商务部从可行性研究单位名录中选定进行援外物资项目可行性研究的单位。可行性研究单位，应当针对受援国需求，依据《指导目录》，根据本办法第十一条规定以及科学客观的原则编制可行性研究成果文件（含拟供货物清单），向商务部提出项目是否可行的意见。

第十四条 对于受援国提出《指导目录》以外特殊需求货物的，商务部应当在项目可行性研究中增加对该货物的专题政策评估和技术评价，并根据评估和评价结果决定是否对外提供。

第十五条 对于技术复杂或专业性强的项目，商务部可在可行性研究工作中增加实地考察环节，以全面、准确了解受援国需求和搜集编制可行性研究成果文件需要的经济技术资料。

商务部可委托承担可行性研究的单位或驻外使馆（领馆）经济商务机构进行实地考察。商务部或受托管理机构可视情派员参加考察。

第十六条 商务部依据项目可行性研究情况决定是否立项或向国务院提出立项的建议。

项目批准后，中国政府代表与受援国政府代表签订立项协议。

第四章 配 单

第十七条 援外物资项目的配单，是指编制援外物资项目供货清单、货物参考价格和项目概算，并提供配单工作报告的经济技术咨询活动。

商务部应当在具备以下条件的单位范围内通过招标方式确定配单单位名录：

（一）具有 3 人以上与项目规模和复杂程度相适应、熟悉援外物资项目管理制度的经济、技术等方面的专业人员；

（二）本办法第十三条第（一）、（三）和（四）项规定的条件。

受托管理机构从配单单位名录中选定承担援外物资项目配单任务的单位。

第十八条 配单单位应当根据援外物资项目政府间协议，在项目可行性研究成果文件的基础上，根据《指导目录》和本办法第八条规定原则编制供货清单。

第十九条 《指导目录》没有涵盖但根据本办法第十四条规定和可行性研究结果列入援外物资项目政府间协议的货物，配单单位应当按照本办法第十条规定原则推荐 3 至 6 家供货企业，并报受托管理机构确定。

第二十条 配单单位应当对供货清单内容的准确性和适用性负责，不得事先向参与援外物资项目采购的企业泄露供货清单内容，或与供货企业串通以谋取不正当利益，也不得擅自指定或变相指定单一来源产品。

第二十一条 受托管理机构对供货清单审核后，提交受援国相应机构正式确认。

未经商务部批准，任何单位和个人不得擅自变更供货清单品种、数量和主要技术参数。

第五章　项目分类和采购方式

第二十二条　援外物资项目分为以下两类：

（一）货物品种相对较多、不能由同一企业生产的项目；

（二）货物品种相对单一、可由同一企业生产的项目。

第二十三条　援外物资项目采购方式包括招标、竞争性谈判和单一来源采购。

援外物资项目招标，包括公开招标和邀请招标两种形式。

援外物资项目公开招标，是指受托管理机构通过援外物资项目招标专用网站（以下简称招标专用网）发布项目招标信息，允许所有符合条件的企业参加投标的招标方式。

援外物资项目邀请招标，是指受托管理机构通过招标专用网发布项目招标信息，根据资格预审条件和程序，邀请不少于 3 家企业参加投标的招标方式。

援外物资项目竞争性谈判，是指受托管理机构从具备相应条件的企业中确定不少于 2 家企业，经评审、谈判程序确定中标企业的采购方式。

援外物资项目单一来源采购，是指受托管理机构根据本办法规定确定唯一的候选企业，通过谈判确定中标企业和合同实质内容的采购方式。

第二十四条　对于本办法第二十二条第（一）项规定的项目，受托管理机构应当在具备相应援外物资项目实施企业资格的企业范围内，通过招标择优选定项目实施企业。符合以下情形之一的，可通过竞争性谈判在上述企业范围内择优选定项目实施企业：

（一）招标文件规定的送达投标文件截止时间前，有效投标企业仅有 2 家；

（二）采用招标所需时间不能满足项目实施需要。

第二十五条　对于本办法第二十二条第（二）项规定的项目，由受托管理机构组织实施。

受托管理机构应当在《指导目录》确定的供货企业名录或本办法第十九条确定的供货企业范围内，通过竞争性谈判择优选定项目供货企业。采购货物为工程机械、车辆等技术复杂或专业性强的货物，可在上述企业范围内，通过招标方式择优选定项目供货企业。

选定的项目供货企业具备相应援外物资项目实施企业资格的，受托管理机构可以将该项目交由供货企业实施。

第二十六条　符合以下情形之一的项目，可采用单一来源采购方式：

（一）本办法第二十二条第（二）项规定的项目，且符合条件的企业仅有 1 家；

（二）采用招标和竞争性谈判采购的，在招标文件规定的送达投标文件截止时间前，有效投标或参与竞争性谈判的企业仅有 1 家；

（三）需要由项目原实施企业或供货企业继续提供相关产品或服务，否则影响功能配套要求的，或增供货物金额较小、不超过原合同金额 10%（最高不得超过 100 万元人民币）；

（四）涉及抢险救灾、突发事件等紧急项目，无法按正常程序组织招标和竞争性谈判；

（五）对外工作特殊需要。

第二十七条　商务部通过招标或询价方式确定援外物资项目长期协议货代服务企业名录。

第二十八条　涉及国营贸易管理货物的项目，由经授权的国营贸易企业负责项目实施。

本办法实施前向特定国家延续性提供特定规格货物的项目，经批准，可由原实施企业继续实施该项目。

与对外援助成套项目和技术合作项目有关联的援外物资项目，不由对外援助成套项目和技术合作项目实施企业执行可能影响项目实施效果的，经批准，可由该实施企业实施项目。

第六章　采　购

第二十九条　受托管理机构负责组织援外物资项目采购。

商务部负责对援外物资项目采购组织工作进行监督。

第三十条　商务部组建和管理援外物资项目评审专家库（以下简称评审专家库）。

第三十一条　受托管理机构在组织援外物资项目招标和竞争性谈判时，应当从评审专家库中随机抽取专家组成评审专家委员会承担评审工作。评审专家库专业类别不能涵盖的项目，评审方式由商务部决定。

受托管理机构在组织援外物资项目单一来源采购时，应当委托具备以下条件的单位承担评审工作：

（一）具有 5 人以上与项目规模和复杂程度相适应、熟悉援外物资项目管理制度的经济、技术等方面的专业人员；

（二）本办法第十三条第（一）、（三）和（四）项规定的条件。

参与项目采购活动的单位或其员工，不得承担该项目评审工作。

第三十二条 受托管理机构不得邀请3年内因参与援外物资项目采购或实施活动受到行政处罚的企业参与援外物资项目采购。

第三十三条 对于药品、医疗器械等国家实行生产或销售许可的货物，参与采购的实施企业或供货企业应当取得相应的销售或生产许可。

第三十四条 受托管理机构根据评审专家委员会或评审单位提出的书面评审报告和推荐的中标候选企业，确定援外物资项目实施企业或供货企业。

援外物资项目实施企业或供货企业实质性变更其采购承诺的，受托管理机构应当取消其中选资格。采用招标或竞争性谈判的，应当按中标候选次序在其他中标候选企业中选定援外物资项目实施企业或供货企业；存在以下情形之一的，应当重新组织采购：

（一）所有中标候选企业均实质性变更采购承诺；

（二）所有中标候选企业的报价明显偏离市场合理价格。

采用单一来源采购的，应当重新组织采购。

第三十五条 商务部建立援外物资项目评审结果公示和质疑处理制度。

第三十六条 商务部可将以下项目委托给受托管理机构配合实施或直接实施：

（一）受援国派员来华采购的项目；

（二）组织招标、竞争性谈判或单一来源采购时，没有企业投标或参与竞争性谈判、单一来源采购；

（三）采购失败后，因实施期限紧迫，无法按本办法规定程序重新组织招标、竞争性谈判或单一来源采购；

（四）商务部交办的其他项目。

受托管理机构配合实施本条第一款第（一）项规定项目的，应当尊重受援国采购意愿，根据受援国要求全面介绍有关货物生产销售情况并督促有关企业诚信履约。

受托管理机构直接采购实施本条第一款第（二）至（四）项规定项目的，应根据本办法第四十一条规定办理货物运输。

第七章 实 施

第三十七条 商务部委托受托管理机构与选定的援外物资项目实施企业或供货企业、货代服务企业签订实施合同或供货合同、货代服务合同，下达任务通知函。

任务通知函是企业办理援外物资采购、仓储、检验、通关、运输和相关人员出入境手续的依据。

第三十八条 援外物资项目实施企业负责组货，并根据实施合同规定将货物运至受援国指定地点及提供其他必要服务。

第三十九条 承担本办法第二十二条第（一）项规定项目的援外物资项目实施企业，应当从《指导目录》确定的供货企业名录内或本办法第十九条确定的供货企业范围内选择相应货物的供货企业。

援外物资项目实施企业（根据本办法第二十八条第二、三款确定的实施企业除外），应当从长期协议货代服务企业名录中选择货代服务企业。因航线不能覆盖或货物不在其许可的承运范围等特殊原因，名录中企业均无法承担货代服务任务的，经受托管理机构同意，可从名录外选择货代服务企业。

第四十条 承担本办法第二十二条第（二）项规定项目的供货企业，负责货物的生产或供应以及提供其他必要的服务，并根据受托管理机构的要求将货物交付给选定的货代服务企业。

货代服务企业负责提供将货物运至受援国指定地点的货代服务。

第四十一条 对于本办法第二十二条第（二）项规定项目，受托管理机构根据本办法第三十九条第二款的规定通过询价方式择优选定项目货代服务企业。

第四十二条 援外物资项目实施企业或供货企业实际提供的货物（包括品牌、规格型号、技术参数、供货数量、生产厂商、包装方式）、技术服务方案和援外物资项目实施企业或货代服务企业实际采用的运输方案（包括运输方式、发运和运抵时间、目的地）等，应与合同约定和采购承诺严格一致。

确需变更上述实质性内容的，援外物资项目实施企业或供货企业、货代服务企业必须事先经受托管理机构审核后报

第四十三条 援外物资项目实施企业或供货企业、货代服务企业应当承担合同规定的货物质量保证责任，对于

在合同约定的质量保证期内出现的非受援国原因导致的产品质量问题，应当负责更换或修复并承担所需费用。

第四十四条 对于技术复杂或专业性强的货物，受托管理机构可委托具备相应能力的单位实施监造。

受托管理机构应通过邀请招标、竞争性谈判方式选定监造单位。

第四十五条 在项目实施过程中，援外物资项目实施企业或供货企业、货代服务企业应当及时整理、妥善保存相关项目资料。在货物对外移交后1个月内，向受托管理机构提交项目完成报告和相关项目资料。

受托管理机构应当定期向商务部报告项目执行情况。

第四十六条 援外物资项目实施企业或供货企业、货代服务企业应根据商务部的要求办理货物运输保险及其他必要的保险。属于保险责任范围内的损失，企业应当自行向保险公司索赔；未按规定办理保险的，自行承担损失。

发生保险责任范围内的损失，不影响企业履行援外物资项目实施任务或供货任务、货代服务任务。

第四十七条 援外物资项目实施过程中出现以下情况之一，并且造成项目实施成本变化时，商务部可以根据实际情况调整援外物资项目合同价款，但根据本办法第四十六条规定应当办理保险的除外：

（一）与援外物资项目实施有关的中国法律或政策调整；

（二）发生未在承保范围内的人力不可抗拒的自然灾害；

（三）发生动乱、政变、罢工、战争；

（四）出现受援国和中国外交关系变化等双边政治因素；

（五）因对外工作需要暂缓执行；

（六）受援国未能履行配套义务；

（七）经受援国政府和中国政府商定的供货内容、运输方式、目的地和运抵时限调整。

商务部批准调整合同价款的，如必要，应与受援国签署补充协议。

第四十八条 商务部负责与受援国指定机构办理援外物资项目的政府间交接手续。

第八章 监督管理

第四十九条 商务部会同国务院质量监督检验检疫主管部门和海关主管部门建立援外物资检验检疫和验放制度。

省级商务主管部门配合商务部督促所在地在其辖区内的援外物资项目实施企业或供货企业、货代服务企业严格执行援外物资检验检疫和验放制度，协调解决援外物资检验检疫和验放中的具体问题。

在中国关税境内采购发运的援外物资实行强制性检验检疫制度；在中国关税境外采购发运的援外物资实行出口地检验检疫制度。

第五十条 商务部会同国务院质量监督检验检疫主管部门和海关主管部门，组织援外物资检验检疫和验放工作联合执法检查，建立援外物资项目质量责任追究制度。

第五十一条 商务部建立承担援外物资项目任务企业警示制度，引导企业诚实守信经营。

第五十二条 商务部建立援外物资项目评估制度，对援外物资项目的实施效果进行评估。

第九章 法律责任

第五十三条 可行性研究单位或配单单位有下列行为之一的，商务部应给予警告，并处以3万元以下的罚款：

（一）提供的可行性研究意见、拟供货物清单或编制的供货清单存在重大错误，造成严重损失；

（二）违反本办法第二十条的规定，与参与采购的企业串通、事先泄露供货清单内容或擅自指定或变相指定单一来源产品；

（三）其他严重影响项目实施的行为。

第五十四条 参与援外物资项目采购活动的企业有下列行为之一的，商务部应给予警告，并处以3万元以下的罚款；已被选定为援外物资项目实施企业、供货企业或货代服务企业的，选定结果无效。违反相关法律、行政法规规定的，依照相关法律、行政法规的规定给予行政处罚；构成犯罪的，依法追究刑事责任：

（一）弄虚作假，获取不正当竞争优势；

（二）相互串通，谋取非法利益；

（三）中选企业或候选企业在采购承诺有效期内实质性变更承诺；

（四）以其他不正当行为扰乱采购活动秩序。

第五十五条 援外物资项目实施企业、供货企业或货代服务企业在援外物资项目实施过程中有下列行为之一的，除按合同规定承担赔偿责任外，商务部应给予警告，并处以3万元以下的罚款。违反相关法律、行政法规规定的，依照相关法律、行政法规的规定给予行政处罚；构成犯罪的，依法追究刑事责任：

（一）不履行合同义务或采购承诺，严重影响援外物资项目的正常实施；

（二）违反本办法第四条规定，将所承担的援外物资项目转由他人实施；

（三）挪用援外物资项目资金从事与项目无关的活动；

（四）因货物或服务质量问题对外造成不良影响；

（五）违反本办法相关规定，造成重大损失或严重不良影响。

第五十六条　援外物资项目实施企业、供货企业或货代服务企业主要负责人、项目负责人及直接责任人未履行法律法规和对外援助管理有关规定，造成严重后果的，商务部应给予其警告，并处以3万元以下罚款，建议所在单位或上级主管部门给予行政处分；违反相关法律、行政法规规定的，依照相关法律、行政法规的规定给予行政处罚；构成犯罪的，依法追究刑事责任。

第五十七条　商务部和受托管理机构工作人员在援外物资项目采购活动或管理过程中有下列行为之一，尚不构成犯罪的，视情节轻重给予相应的行政处分；构成犯罪的，依法追究刑事责任。

（一）利用职务便利索取他人财物或非法收受他人财物为他人谋取利益；

（二）滥用职权、玩忽职守或徇私舞弊，致使国家利益遭受损失；

（三）故意或过失泄露国家秘密。

第十章　附　则

第五十八条　对外人道主义紧急救灾物资援助项目和军事援助物资项目，不适用本办法。

第五十九条　本办法所称“以上”、“以下”、“不少于”“不超过”包含本数。

第六十条　本办法由商务部负责解释。

第六十一条　本办法自2011年7月15日起施行，《对外援助物资项目管理暂行办法》（商务部2006年第5号令）同时废止。

海关总署公告

中华人民共和国海关对进口遗物的管理规定

（海关总署〔84〕署行字第285号）

一、从国外或香港、澳门地区进口的遗物，应由物主在国内的继承人向海关申请交交验物主的死亡证明书原件和国内公证机关出具的继承权公证书，经海关核准后，方可一次进口。这项申请，以物主死亡后一年为期，逾期不予受理。

二、遗物系指物主生前使用过的物品。日常生活用品在合理数量范围内，准予免税进口；耐用消费品（不包括汽车、录像机），由国外进口的，准予免税放行四件；由香港澳门地区进口的，准予免税放行两件。

三、不属于物主生前使用过的物品及超出上述范围的遗物，予以退运。

四、本规定自1984年6月1日起实施。

海关总署

1984年6月1日

海关对长江驳运船舶转运进出口货物的管理规定

（1985年1月10日海关总署〔84〕署货字1089号文发布，自1985年2月1日起实施）

第一条 为适应开发和利用长江，发展外贸运输的需要，加强海关对长江驳运船舶（以下简称“驳运船舶”）转运进出口货物的管理，根据《中华人民共和国海关对国际航行船舶及其所载货物监管办法》，结合长江沿岸有关口岸实际情况，特制定本规定。

第二条 本规定所称的长江驳运船舶是指航行长江驳运进出口转运货物的机动和非机动船舶。

第三条 长江驳运船舶必须具备加封条件的货舱，符合海关监管条件，并由船方或其代理人向船籍港海关申请登记，经批准后方准在海关同意的港口码头从事转运进出口货物运输。

船方必须保证将转运货物及时运至指定港口，并向海关申报。

第四条 长江驳运船舶装、卸进出口转运货物，必须由船方或其代理人向海关预报并经海关核准后进行。驳运船舶在装、卸货物及承载海关监管货物期间应接受海关监督和检查。船方或其代理人不得擅自开启经海关加封的货舱，不得自行装卸、拆包、改装或顶替；非经海关核准，不得自行将转运货物交付受（发）货人或其代理人。

第五条 长江驳运船舶装载的出口货物，应由货物所有人或其代理人填写出口货物报关单一式三份，向起运地海关办理申报纳税手续，由海关在出口货物报关单上和船方装货单据上签盖验证章后，按监管货物监管至出境地海关核查放行。必要时出境地海关对有关出口货物可以进行复验。有关出口货物经出境地海关在装货单上盖印放行后，港务部门、货物所有人（或其代理人）和船方才可换装运输工具。

第六条 长江驳运船舶所载出口货物的货主或其代理人如果需要在出境地办理补货、调货时，应及时向出境地海关报告并按规定办理有关手续。如有应税出口货物退关，货主或其代理人可凭出境地海关签核的退关证明和原货的关税缴款书，在起运地海关办理退税。

第七条 长江驳运船舶装载的进口货物，应由货物所有人或其代理人填写外国货物转运准单一式三份，向入境地海关申请办理货物转运手续。经海关审查符合转运监管条件的，准予按转运货物监管至到达地海关完成海关手续。进口货物运抵到达地后，应即向海关办理报关纳税手续。有关进口货物经海关在提货单上盖印放行后，港务部门、货物所有人或其代理人才可分别交付和提取货物。

第八条 长江驳运船舶于出口货物装毕后，进口货物换装后，由船长分别向海关递交载货清单一式二份，海关在核对清单无讹后，一份留存，一份连同上述第五、七条的有关单证一并封入关封，并对货舱施加海关封志。船长应负责保护海关封志的完整并将海关关封带交出境地或到达地海关。

第九条 长江驳运船舶装载的进口货物，如在运输途中灭失，船方应向到达地海关提出书面报告，由海关查明情况按有关规定进行处理。

第十条 海关派员驻停港驳运船舶监管或随船监管时，运输部门和有关驳运船舶应提供必要的办公条件和工作食宿方便。

第十一条 如有违反本规定的情事，由海关按照《中华人民共和国暂行海关法》和有关规定进行处理。

第十二条 本规定自一九八五年二月一日起实施。

中华人民共和国海关对旅客携运和个人邮寄文物出口的管理规定

［1985年2月15日海关总署〔85〕署行字第93号文发布，自1985年2月15日起实行
根据监二（一）字〔1989〕167号文修改］

第一条 根据《中华人民共和国文物保护法》第二条、第二十七条和第二十八条的规定，制订本规定。

第二条 旅客携带、托运和个人邮寄文物（含已故现代著名书画家的作品）出口，必须向海关申报，海关凭文化行政管理部门钤盖的鉴定标志及文物外销发货票，或文化部指定的文化行政管理部门开具的许可出口证明查验放行。

第三条 携运，邮寄文物出口，不向海关申报的，不论是否藏匿，均属走私行为。海关根据有关法规处理。

第四条 已向海关申报，但不能交验文化行政管理部门开具的文物许可出口证明和钤盖的鉴定标志或文物外销发货票的，不准出口，应予退运。限3个月内（来往港澳地区的旅客限1个月内）由当事人或其代理人领回；过期不领，海关按有关规定处理。

第五条 本规定自一九八五年二月十五日起实行。

《海关对长江驳运船舶转运进出口货物管理规定》实施细则

（海关总署〔1985〕署货字1097号文）

第一条 为加强对长江驳运船舶（以下简称“驳船”）进出口货物的监管，方便对外贸易运输，特根据《海关对长江驳运船舶转运进出口货物的管理规定》和其他有关海关规定制定本实施细则。

第二条 经营进出口货物转运业务的驳船，必须具备海关加封条件的货舱，符合海关监管条件，并由船方或其代理人向船籍港海关申请登记。不符合海关监管条件的，海关不予批准。

第三条 驳船负责人要经海关培训并考试。未经培训或虽经培训但考试不合格的，海关不予批准。

第四条 经海关审核批准并签发注册登记证书后，驳船方可在海关同意的港口码头从事转运进出口货物运输业务。船方要保证将转运货物（即“海关监管货物”）及时、完整运到指定港口，并向海关申报。

第五条 船籍港海关应将经批准准予注册登记的驳船名单抄告有关海关。

第六条 驳船在航行、停泊期间，必须随带注册登记证书，以备海关核查。

第七条 驳船在口岸过驳前，应将其注册登记证书、关封和有关单证交口岸海关审验，经海关核准后方可装卸货物。除散装大宗等货物并经海关特准的外，如驳船无加封设施口岸海关不准予转运。其货物应由货物所有人或其代理人（以下简称“货主”）在入出境地办理报关纳税手续。

第八条 驳船装载的出口货物，应由货物所有人或其代理人向起运地海关交验“出口货物报关单”。经海关在装货单据上加盖“验讫章”后，驳船方可装船。货物运抵出境地经海关开拆封志并在装货单上盖印放行后，驳船、货主方可换装运输工具。

“出口货物报关单”一式三份，一份交起运地海关留存；二份由驳船随货带交出境地海关。转运出口货物由出境地海关统计上报。

第九条 转运出口货物在换装过程中发生溢短卸时，货主应在二十四小时内向出境地海关交验一式三份“更正通知单”办理补报或退关手续。“更正通知单”二份出境地海关留存，一份寄交起运地海关，如属退出口税的，应在该份“更正通知单”上签证后退交货主凭以向起运地海关办理退税。

第十条 出口转运货物，出境地海关认为必要时可对有关出口货物进行复验，货主应根据海关要求，负责搬移货物、开拆和重封货物的包装。

第十一条 进口货物应由货主填写“外国货物转运准单”一式三份向入境地海关申请转运，经海关审核同意可转运到达地海关完成进口手续。转运准单一份由入境地海关留存，一份邮寄到达地海关，一份封入关封内交驳船负责人带交到达地海关。进口货物在换装运输工具时，如发生溢、短、残损等情况，入境地海关应在封入关封内的有关单证上批注说明。

进口货物运达目的地后，驳船负责人应即将关封递交到达地海关，经海关审核同意并开拆封志后方可卸货。有关进口货物经货主办理进口手续，海关在提货单上加盖“放行章”放行后，港务部门、货主才可分别交付和提取。

第十二条 转运货物，如属国家限制进口商品，货主还应向入境地海关交验进口许可证或经所在地海关签证的许可证正本复印件。如不能交验的，不得转运，由入境地海关依法进行处理。

第十三条 进口货物，如需转运到未设关地区的，货主应事前报经有关分管海关同意，入境地海关验凭分管海关同意转运的函电办理转运手续。

第十四条 驳船于出口货物装毕后，进口货物换装后，驳船负责人应分别向海关递交载货清单一式二份，海关在核对无讹后，一份留存，一份连同报关单或外国货物转运准单等单证封入关封交驳船负责人签收，并对货舱施加海关封志。在办清上述结关手续后，驳船方可驶离港口。关封每艘驳船一封。驳船负责人应负责保护海关封志的完整，并将海关关封完整无损地带交出境地或到达地海关。

第十五条 驳船在同一航次中，未经海关同意，不得将“海关监管货物”与非监管货物同舱混装。

驳船在承载海关监管货物期间，未经海关同意，不得在未设海关港口加载、装卸货物。

第十六条 进出口货物转运后，到达地海关应每半年向入出境地海关核对关封编号。

第十七条 驳船装载的进出口货物，在运输途中如遇水损或发生意外事故，船方应向到达地海关书面报告。海关在查明情况后，按有关规定处理。

第十八条 驳船及其工作人员不得为国际航行船舶船员携运未经海关放行的个人物品。

第十九条 海关派员驻驳船或随船监管时，运输部门和有关驳船负责人应提供必要的办公条件和食宿方便。

第二十条 如有违反《海关对长江驳运船舶转运进出口货物的管理规定》和本实施细则的，由海关依法进行处理。

第二十一条 本实施细则自一九八六年二月一日起实施。

中华人民共和国海关对我国兼营国际国内运输船舶的监管规定

（1986年7月3日海关总署〔86〕署货字第671号文发布）

第一条 为了加强对我国船舶进出境的管理，便利兼营船舶的运输，特制定本规定。

第二条 本规定所称“兼营船舶”系指：我国经营国际运输兼营国内运输的船舶和我国经营国内运输兼营国际运输的船舶。

第三条 我国兼营船舶的船方或其代理人应向船公司所在地海关书面申请并办理兼营船舶登记手续，经海关核准并签发“海关监管签证簿”（以下简称“签证簿”）后，才能兼营国际或国内运输。

第四条 兼营船舶的航行、停泊期间，必须随带“签证簿”以备海关核查。

第五条 兼营船舶在经营国际运输期间，海关按《中华人民共和国海关对国际航行船舶和所载货物监管办法》进行监管。

第六条 兼营船舶在经营国内运输期间，不得擅自驶往国外。

兼营船舶来往国内外，船方或其代理人应提前二十四小时通过港务机关向抵达港海关或驶离港海关预报和确报抵离港时间，未办清结关手续，不得擅自离港。

第七条 兼营船舶在卸完进口货物和办完船员携带进口自用物品验放手续后，才能申请改为经营国内运输，由海关在“签证簿”上批注签章。

兼营船舶在卸完国内运输货物后，才能申请改为经营国际运输，由海关在“签证簿”上批注签章。

第八条 兼营船舶在经营国内运输期间使用的进口船舶用物料、燃料、烟、酒，不得享受国际航行船舶的免税优惠。

船方或其代理人应在船舶申报改为经营国内运输的同时，在“签证簿”内向海关报明留存船上的进口船用物料、燃料、烟、酒的名称、如情况正常、数量合理，经海关核准可免税留船继续使用，对超出自用合理数量部分，海关予以征税，如需调拨或作价出售给其他非国际航行船舶，均应事前书面报经海关核准，并照章补征进口税。

第九条 经海关结关改为经营国内运输的船舶，如需再改航国外、经营国际运输时，船方或其代理人应在装出口货物或无货出口结关开航前二十四小时前向海关提出书面申请，并交验“签证簿”。

第十条 兼营船舶船员从国外携带进口的自用物品，按《海关对我国国际运输工具服务人员进出境行李物品的管理规定》办理。

第十一条 兼营船舶连续经营国内运输满1年，即视作不再经营国际运输业务，船方或其代理人应在期满后1个月内将“签证簿”交原登记海关注销。

第十二条 海关对兼营船舶进行监管时，船方应予支持和配合。兼营船舶进出设关港口，海关认为必要时，得对其进行检查。

第十三条 兼营船及其船员有违反本办法及其他海关法规的行为，由海关依法进行处理。

第十四条 本办法自1986年9月1日起实施。

关于转关运输货物申报单电子数据填制的规范，以及因货物转关引起变更的进、出口报关单相关栏目的电子数据填制要求

（海关总署公告2001年第14号）

为统一各海关转关数据的填制标准，保证跨关区快速通关作业系统在全国的顺利实施，现就转关运输货物申报单电子数据填制的规范，以及因货物转关引起变更的进、出口报关单相关栏目的电子数据填制要求公告如下：

一、进口转关申报单

（一）表头录入

“1境内运输方式”：输入转关货物的境内运输方式代码：1-监管；2-海运；3-铁路；4-公路；5-空运；6-邮运；9-其他（如：自带）。

“2境内运输工具编号”：境内运输方式为海运、公路的，必须输入运输工具海关10位编号（旧系统切换的到新系统的运输工具沿用8位编号），其他运输方式为空。

“3境内运输工具名称”：境内运输方式为海运、公路的，根据“2境内运输工具编号”栏输入的运输工具海关10位编号，自动提取备案的运输工具名称；境内运输方式为铁路的输入车厢编号；如果没有运输工具海关10位编号的，输入境内运输工具实际名称。

“4境内运输工具航次”：境内运输方式为海运的，必须输入船舶的实际航次。其他境内运输方式为空。

“5承运单位编号”：境内运输方式为海运、公路的，必须输入承运企业9位组织机构代码（国家标准代码），其他运输方式为空。

“6承运单位名称”：境内运输方式为海运、公路的，根据“5承运单位编号”栏输入的承运企业9位组织机构代码，自动提取备案的承运企业名称。其他运输方式可输入实际承运企业的名称。

“7申报单位编号”：必须输入申请人在海关注册的10位数编码。

“8申报单位名称”：根据“7申报单位编号”输入的10位数编码，自动提取企业备案数据库中的申报单位名称。

“9转关方式”：1-提前报关；2-直转；3-中转；8-过境；9-沿海内支线。

“10集装箱总数”（指自然箱）、“11标箱数”、“12空箱数”（指自然箱）：有集装箱的输入实际数量，无集装箱的为“0”。

“13总件数”：由表体自动累加回填。

“14总重量”：有小数的，小数部分进1计算，由表体自动累加回填。

“15预计运抵指运地日期”：可输入预计运抵指运地海关监管场所的日期。

注：进口提前报关的转关货物在指运地海关预录入表头时，无法确定的数据（件数、重量除外），可以为空，但在进境地海关转关审核前，须按以上填制要求补录入电子数据。

（二）表体录入

1. 进境运输工具及提单

“1进出境运输”：0-非保税区；1-监管仓库；2-海运；3-铁路；4-公路；5-空运；6-邮运；7-保税区；8-保税仓库；9-其他。

“2运输工具编号”：海运，录入船舶编号；铁路，录入车厢编号；汽车，录入载货清单号；邮运，录入包裹单

号；其他进出境运输方式为空。

“3 船舶名称”：海运，录进境船舶名称（英文船名，最长 19 位字符，包括字母之间的空格，对超过 19 位的取最前 19 位）；其他运输方式为空。

“4 航次”：海运，录入进境船舶航次号码（最长 6 位字符，超过 6 位的取最后 6 位）；铁路，进境日期（8 位日期：年年年年月月日日）；空运，录总运单号（11 位，中间不得以“—”连接。例：不应为 781—45678912，应录入 78145678912）；公路、邮运为空。

“5 提单号”：海运，录正本海运提单号（最长 17 位字符，超过 17 位的取最后 17 位）；铁路，录运单号；空运，录分运单号（8 位字符，无分运单为空；超出 8 位字符时，从后向前截取，即取后 8 位）；进出境运输方式为 0、1、6、7、8、9 的进口提前报关转关货物，为空（非实际进出境的转关货物填海关单证号）。

“6 进出境日期”：输入货物实际进口日期，进口提前报关可以免填；对于前 1~5 项填报正确的进口中转、直转货物，从进口舱单库中自动提取。

“7 件数”、“8 重量”：指提运单的件数、重量。进口提前报关从报关单中自动提取；对于前 1~5 项填报正确的进口中转、直转货物，从进口舱单库中自动提取。

“9 商品项数”：为空。

“10 集装箱数”：输入该提单项下集装箱自然箱数。

“11 收货人”：可按提单上的收货人录入。

2. 集装箱及境内运输工具

“1 集装箱号”：输入集装箱号。如果没有集装箱，境内运输方式为海运、公路的输入“#”+“运输工具海关编号”；境内运输方式为铁路的输入“#”+“车厢编号”。

“2 规格”：输入集装箱规格：S-20 英尺及以下；L-40 英尺及以上；N-非集装箱。

“3 封志（关锁）号”：预录入为空。

“4 封志（关锁）个数”：预录入为空。

“5 境内运输工具名称”：境内运输方式为海运、公路的输入运输工具海关 10 位编号；境内运输方式为铁路的输车厢编号；如果没有运输工具海关 10 位编号的，输境内运输工具实际名称。

“6 运输工具实际重量（车重）”：境内运输方式为公路的由运输工具库自动回填，其他境内运输方式为空。

注：（1）对特殊情况下，经海关批准的非集装箱、监管运输工具运输，且不需施加关锁的，此栏可以为空。

（2）对进口提前报关的转关货物，如在指运地海关预录入时无法确定境内运输工具的，预录入时此栏可以为空，但在进境地海关须按以上规定补录入电子数据。

（3）进出境运输方式为海运的直转、中转货物，录入表体的船名、航次、提单号后，集装箱号和规格从舱单数据库中自动提取。

3. 商品

“商品编码”：输入商品 10 位数海关编码。

“品名及规格”：输入商品实际名称及相应的规格型号。

“包装”：输入商品实际外包装：1-木箱；2-纸箱；3-桶装；4-散装；5-托盘；6-包；7-其他。

“件数”：输入商品实际外包装件数。

“数量”：输入商品实际数量。

“单位”：输入商品实际数量的单位名称。

“重量”：输入商品实际净重（单位：KG）。

“成交价格”：输入商品实际成交价格。

“币制”：输入成交价格币制代码。

二、出口转关申报单

（一）表头录入

“1 境内运输方式”：必须输入转关货物的境内运输方式代码：1-监管；2-海运；3-铁路；4-公路；5-空运；6-邮运；9-其他。

“2 境内运输工具编号”：境内运输方式为海运、公路的，必须输入运输工具海关 10 位编号（旧系统切换的到新系统的运输工具沿用 8 位编号），其他运输方式为空。

“3 境内运输工具名称”：境内运输方式为海运、公路的，根据“2 境内运输工具编号”栏输入的运输工具海关

10 位编号，自动提取备案的运输工具名称；境内运输方式为铁路的输入车厢编号；如果没有运输工具海关 10 位编号的，输入境内运输工具实际名称。

“4 境内运输工具航次”：境内运输方式为海运的，必须输入船舶的实际航次。其他境内运输方式为空。

“5 承运单位编号”：境内运输方式为海运、公路的，必须输入承运企业海关 9 位编号，其他运输方式为空。

“6 承运单位名称”：境内运输方式为海运、公路的，根据“5 承运单位编号”栏输入的承运企业海关 9 位编号，自动提取备案的承运企业名称。其他运输方式可输入实际承运企业的名称。

“7 申报单位编号”：必须输入申请人在海关注册的 10 位数编码。

“8 申报单位名称”：根据“7 申报单位编号”输入的 10 位数编码，自动提取企业备案数据库中的申报单位名称。

“9 转关方式”：1-提前报关；2-直转；3-中转；8-过境；9-沿海内支线。中转指出境运输方式为海运。

“10 集装箱总数”（指自然箱）、“11 标箱数”、“12 空箱数”（指自然箱）：有集装箱的输入实际数量，无集装箱的为“0”。

“13 总件数”、“14 总重量”（有小数的，小数部分进 1 计算）：出口中转货物由表体自动累加回填；出口提前报关转关货物从报关单中自动提取。

“15 预计运抵指运地日期”：输入预计运抵出境运地海关监管场所的日期。

注：（1）起运地预录入出口转关货物，报关时未确定运输工具的，可以为空（件数、重量除外），但在起运地海关转关审核前须按以上规定补录入电子数据。

（2）出口中转货物船名、航次必须与“RTX”运输工具参数库中备案的船名、航次相符。

（3）对出境运输方式为海运的中转货物：境内运输方式为铁路的，船名输入 4 位关别代码+“TRAIN”，航次输入 6 位起运日期（年年月月日日）；境内运输方式为公路的，船名输入 4 位关别代码+“TRUCK”，航次输入 6 位起运日期（年年月月日日）。境内运输工具须在“RTX”运输工具参数库中备案。

（二）表体录入

1. 出境运输工具及提运单

“1 进出境运输”：1-监管；2-海运；3-铁路；4-公路；5-空运；6-邮运；7-保税；8-保税；9-其他。

“2 运输工具编号”：公路录入载货清单号（13 位）；其他进出境运输方式为空。

“3 船舶名称”：海运录入出境船舶名称（英文船名，最长 19 位字符，包括字母之间的空格，对超过 19 位的取最前 19 位），其他运输方式为空。

“4 航次”：海运录入出境船舶航次号码（最长 6 位字符，超过 6 位的取最后 6 位）；空运录入总运单号（11 位，中间不得以“—”连接）；其他运输方式为空。

“5 提单号”：海运录入正本海运提单号（最长 17 位字符，超过 17 位的取最后 17 位）；空运录入分运单号（8 位字符，超出 8 位时，从后向前截取，即取后 8 位）或由出境地海关自编顺序号；进出境运输方式为 1、3、5、6、7、8、9 的出口转关货物，为空（非实际进出境的转关货物填海关单证号）。

“6 进出境日期”：为空。

“7 件数”、“8 重量”：出口提前报关从报关单中自动提取；出口中转录入该提单货物的包装件数、毛重。

“9 商品项数”：为空。

“10 集装箱数”：输入该提单的实际自然箱数，拼箱货物或无集装箱的输“0”。

“11 发货人”：可输入实际境内发货单位名称。

注：（1）出口中转货物“2 运输工具编号”项必须为空。

（2）出口提前报关转关货物，须货物运抵出境口岸方办理出口定舱的，起运地报关单预录入时，“3 船舶名称”、“4 航次”、“5 提单号”可以不录，但在出境地海关办理转关结关前，须在出境地按以上规定补录。

2. 集装箱及境内运输工具

“1 集装箱号”：输入集装箱号。如果没有集装箱，境内运输方式为海运、公路的输入“#”+“运输工具海关编号”；境内运输方式为铁路的输入“#”+“车厢编号”。

“2 规格”：输入集装箱规格：S-20 英尺及以下；L-40 英尺及以上；N-非集装箱。

“3 封志（关锁）号”：为空。

“4 封志（关锁）个数”：为空。

“5 境内运输工具名称”：境内运输方式为海运、公路的输入运输工具海关 10 位编号；境内运输方式为铁路的输入车厢编号；如果没有运输工具海关 10 位编号的，输入境内运输工具实际名称。

“6 运输工具实际重量（车重）”：境内运输方式为公路的，由运输工具库自动回填，其他境内运输方式为空。注：对特殊情况下，经海关批准的非集装箱、监管运输工具运输，且不需施加关锁的，此栏可以为空。

3. 商品

“商品编码”：输入商品 10 位数海关编码。

“品名及规格”：输入商品实际名称及相应的规格型号。

“包装”：输入商品实际外包装：1-木箱；2-纸箱；3-桶装；4-散装；5-托盘；6-包；7-其他。

“件数”：输入商品实际外包装件数。

“数量”：输入商品实际数量。

“单位”：输入商品实际数量的单位名称。

“重量”：输入商品实际净重（单位：KG）。

“成交价格”：输入商品实际成交价格。

“币制”：输入成交价格币制代码。

4. 集装箱及商品

“集装箱”：该商品对应的集装箱号。

“件数”：该商品在该集装箱中的包装件数。

“重量”：该商品在集装箱中的毛重。

三、进口货物报关单

（一）“运输工具名称”

1. “江海”进境运输方式：直转货物填“@”+“16 位转关申报单预录入号（或 13 位载货清单号）”；中转货物填“进境英文船名”（必须与提单、转关单填写完全一致）+“/”+“@”+“进境船舶航次”。

2. “航空”进境运输方式：直转货物填“@”+“16 位转关申报单预录入号”；国际空运联程货物填“8 位分运单号”，无分运单的为空。

3. “铁路”进境运输方式：直转货物填“@”+“16 位转关申报单预录入号”；中转货物填“车厢编号”+“/”+“@”+“8 位进境日期”（年年年年月月日日）。

4. “公路”及其他进境运输方式：填“@”+“16 位转关申报单预录入号（或 13 位载货清单号）”。

5. 以上各种进境运输方式，在广东省内用公路运输转关的提前报关货物填“@”+“13 位载货清单号”；其他提前报关货物填“@”+“16 位转关申报单预录入号”。

（二）“提运单号”

1. “江海”进境运输方式：填“海运正本提单号”；进口提前报关为空。

2. “航空”进境运输方式：直转货物填“11 位总运单号”+“/”+“8 位分运单号”，无分运单号的填“11 位总运单号”；进口提前报关为空；国际空运联程货物填“@”+“总运单号”。

3. “铁路”进境运输方式：铁路运单号；进口提前报关为空。

4. 其他进境运输方式：为空。

5. 以上各种进境运输方式，在广东省内用公路运输转关的，填“车牌号”。

四、出口货物报关单

（一）“运输工具名称”

1. “江海”出境运输方式：出口非中转货物填“@”+“16 位转关申报单预录入号（或 13 位载货清单号）”；中转货物：境内江海运输填“驳船船名”+“/”+“驳船航次”；境内铁路运输填“车名”（4 位关别代码+TRAIN）+“/”+“日期”（6 位起运日期）；境内公路运输填“车名”（4 位关别代码+TRUCK）+“/”+“日期”（6 位起运日期）。

上述“驳船船名”、“驳船航次”、“车名”、“日期”均须事先在海关备案。

2. “铁路”出境运输方式：“@”+“16 位转关申报单预录入号”；多张报关单需要通过一张转关单转关的，填“@”。

3. 其他出境运输方式：“@”+“16 位转关申报单预录入号（或 13 位载货清单号）”。

（二）“提运单号”

1. “江海”出境运输方式：出口中转货物填“海运正本提单号”；出口非中转货物为空；广东省内提前报关的

转关货物填车牌号。

2. 其他出境运输方式：广东省内提前报关的转关货物填车牌号；其他地区为空。

以上没有涉及的报关单栏目，按现行《中华人民共和国海关报关单填制规范》的要求填制。

海关总署

2001 年 11 月 7 日

关于放宽内支线船舶中转、铁路承运的转关和过境集装箱货物的施封要求

（海关总署公告 2002 年第 7 号）

按照《中华人民共和国海关关于转关货物监管办法》（以下简称《监管办法》）的规定，海关对进出口转关货物施加海关封志。跨关区快速通关作业系统推广全国后，各种方式的转关货物和过境货物均施加海关封志办理转关。考虑到内支线船舶中转和铁路承运的转关、过境方式中，运输工具换驳驶离时限性强、运输途中风险性小的特点，各海关采取了不同程度的便利、简化措施。为保证统一执法，在有效监管的前提下，简化可以简化的环节以提高通关效率，经研究决定，放宽内支线船舶中转、铁路承运的转关和过境集装箱货物的施封要求。现对《监管办法》的第二条补充规定如下：

一、对内支线船舶中转和铁路承运的转关、过境集装箱货物，在其商业封志完好条件下，海关可不必施加封志。

二、为确保有效监管，海关对上述不施封转关作业按以下操作：

（一）转关申报单“关锁号”栏目录入商业封志号；

（二）进境地或起运地海关须确定一定的比例，凭船舶舱单或铁路运单，抽查核对货物商业封志是否完好无误；指运地或出境地海关凭电脑转关申报单记录和船舶舱单或铁路运单，验核商业封志，办理海关手续；

（三）其余操作仍按《监管办法》的相关规定办理。

三、对已经海关开箱查验或做换箱运输的转关货物，仍按现行规定，施加海关封志，办理有关转关手续。

本公告自 2002 年 4 月 25 日起执行。

特此公告。

海关总署

2002 年 4 月 17 日

关于我驻外使领馆工作人员离任回国进境自用车辆有关问题

（海关总署公告 2005 年第 41 号）

经国务院批准，我驻外使领馆车辆管理制度自 2005 年 2 月 1 日起试行改革，新管理制度允许驻外使领馆人员离任回国时将所购自用车辆携带回国，并给予适当税收优惠。现将《驻外使领馆工作人员离任回国所携自用车辆进口税收的暂行规定》（见附件 1，以下简称《暂行规定》）予以公告，并就我驻外使领馆人员离任回国进境自用车辆有关具体事宜公告如下：

一、《暂行规定》仅适用于参加车辆管理制度改革试点驻外使领馆（见附件 2）中享受常驻人员待遇的工作人员（以下简称馆员），不包括驻港澳地区内派机构的工作人员和其他我常驻境外机构的工作人员。

二、根据《暂行规定》的有关规定，馆员在第一至第二个任期内，且累计任职时间 2 年以上（含 2 年，以下同），

可进境1辆小轿车（含越野车，下同）；自第三个任期开始，每个标准任期（4年）任满离任可进境1辆小轿车。

考虑到实际情况，对2005年2月1日前外派任职的馆员，如在2006年2月1日前离任回国，并且在本任期内任职时间2年以上，准其进境1辆小轿车，同时不受车辆在外使用1年年限的限制；如在2006年2月1日后离任回国，有关进境车辆则受使用年限的限制（1年）。上述馆员如在外任职时间未满2年，离任回国时不准进境车辆，但其在外任职时间与本人下一任期（第二任期）任职时间累计计算2年以上的，准其于第二个任期期满回国时进境1辆小轿车，有关车辆受在外使用1年年限的限制。

对2005年2月1日后外派任职的馆员，一律按照《暂行规定》第四条规定办理。

三、馆员离任回国进境自用车辆免征进口关税，但进口环节增值税、消费税照章征收。海关以购车发票价格（驻在国外交人员免税价格）为基础，依据《暂行规定》第六条规定对车辆折旧后计算出计征税款的完税价格。但对2005年1月1日前到任，2006年12月31日前离任回国的馆员运回的二手车，如馆员无法提供二手车的新车成交价格原始发票，也可以二手车实际成交价格作为计征税款的完税价格，但不再予以折旧。

四、馆员离任回国进境自用车辆，应当按照以下规定办理有关手续：

（一）馆员应当自本人入境后6个月内向其国内居住地的直属海关或者经直属海关授权的隶属海关（以下简称主管海关）提交书面申请，并提交下列单证：

1. 护照、居民身份证；

2. 我驻外使领馆出具的“驻外使领馆人员身份证明”（样式见附件3，外交部统一印制）；

3. 国内外派主管部门出具的“我国驻外使领馆人员离任回国证明书”（样式见附件4，各单位自行印制）；

4. 提（运）单、购车发票、装箱单等相关单证；

5. “中华人民共和国海关进出境自用物品申请表”（见附件5，以下简称“申请表”）。

主管海关自接受申请之日起5个工作日内审核批准。

（二）主管海关审核批准后，进境地海关凭主管海关的审批单证和其他相关单证办理验放手续，并将车辆放行结果批注于“申请表”回执联后，退主管海关备核。

（三）馆员应当自进境地海关放行车辆之日起20个工作日内，向主管海关申领“中华人民共和国海关监管车辆进/出境领/销牌照通知书”（见附件6，以下简称“领/销牌照通知书”），依法在公安机关交通管理部门办理机动车注册登记手续，公安机关交通管理部门核发小型汽车号牌。

五、馆员离任回国进境的免税自用车辆属于海关监管车辆，监管期限为自海关放行之日起6年。在监管期限内，馆员进境的海关监管车辆不得擅自转让、出售或者进行其他处置。如馆员需转让、出售或者处置其进境的海关监管车辆，应报经主管海关批准，并持本人身份证和“机动车行驶证”向主管海关提交书面申请。主管海关审核并对有关车辆依法补征税款后，开具“中华人民共和国海关监管车辆解除监管证明书”（见附件7，以下简称“解除监管证明书”），馆员凭此依法在公安机关交通管理部门办理有关手续。

六、馆员进境自用车辆的海关监管期限届满的，应持“中华人民共和国海关公/自用车辆解除监管申请表”（见附件8）、本人身份证件和“机动车行驶证”向主管海关提出解除监管的申请。主管海关核准后，开具“解除监管证明书”，馆员凭此依法在公安机关交通管理部门办理有关手续。

七、馆员擅自转让、出售进境监管车辆，或者有其他走私、违反海关监管规定行为的，海关依照《中华人民共和国海关法》、《中华人民共和国海关行政处罚实施条例》予以处罚。

特此公告。

附件1 《驻外使领馆工作人员离任回国所携自用车辆进口 税收的暂行规定》
附件2 参加车改试点的驻外使领馆名单
附件3 驻外使领馆人员身份证明（略）
附件4 我国驻外使领馆人员离任回国证明书（略）
附件5 中华人民共和国海关进出境自用物品申请表（略）
附件6 中华人民共和国海关监管车辆进/出境领/销牌照通知书（略）
附件7 中华人民共和国海关监管车辆解除监管证明书（略）
附件8 中华人民共和国海关公/自用车辆解除监管申请表（略）

中华人民共和国海关总署
2005年6月2日

附件 1

驻外使领馆工作人员离任回国所携自用车辆进口税收的暂行规定

第一条　经国务院批准，为配合《驻外使领馆车辆管理体制改革方案》的顺利实施，鼓励我驻外馆员在任期内自主购车，保障我驻外使领馆正常公务活动，特制定本规定。

第二条　本规定所指馆员是我驻外使领馆享受常驻人员待遇的工作人员。

第三条　本规定中“标准任期”按馆员在国外累计任职时间满四年计。

第四条　本规定中“进境车辆”是指，在使用右舵车的国家或地区工作的馆员，其任内所用右舵车处置后所购，的左舵小轿车；在使用左舵车的国家或地区工作的馆员，其任内使压一年及以上的左舵小轿车，但自本规定生效起一年内离任回国的馆员所携上述车辆，不受在任内使用年限的限制。

第五条　对满足以下条件之一的离任回国馆员，携带的一辆进境车辆，免征进口关税，但进口环节增值税、消费税照章征收二

（一）在国外累计任职时间满两年，但不超过两个标准任期的；

（二）从第三个标准任期开始，每一标准任期任满离任约。

第六条　上述进境车辆的价格从车辆购买之日起至进境之日止，按年折旧。不足一年但超过 6 个月的，按 1 年折算；不超过 6 个月的不予折算。但折旧后的价格最低不能低于新车价值的 40%。具体折旧率如下：

（一）非洲地区按每年 15%计算；

（二）其他国家或地区按每年 12. 5%计算。

第七条　馆员离任回国后，国内主管部门应为满足条件的馆员出具相关证明，馆员凭此证明以及购车单据和本人有效护照等有效文件提出车辆进境申请。

第八条　海关在接到馆员申请后，按本规定办理车辆的征免税手续。具体征免税和监管办法由海关总署会同有关部门另行制订。

第九条　本规定自二〇〇五年二月一日起执行。

附件 2

参加车改试点的驻外使领馆名单

朝鲜、清津、釜山、蒙古、越南、胡志明市、印度、孟买、缅甸、曼德勒、巴基斯坦、卡拉奇、尼泊尔、斯里兰卡、老挝、菲律宾、宿务、塞浦路斯、土耳其、伊斯坦布尔、札幌、大阪、长崎、古晋、泰国、清迈、宋卡、新加坡、印尼、柬埔寨、文莱、阿富汗、东帝汶、德国、汉堡、波恩、慕尼黑、瑞典、哥德堡、丹麦、苏黎世、日内瓦代表团、驻世贸组织代表团、芬兰、挪威、曼彻斯特、爱丁堡、爱尔兰、马赛、斯特拉斯堡、意大利、米兰、佛罗伦萨、比利时、欧盟使团、卢森堡、马耳他、希腊、荷兰、禁止化学武器代表团、西班牙、巴塞罗那、葡萄牙、叙利亚、约旦、也门、亚丁、伊朗、科威特、黎巴嫩、阿曼、阿联酋、迪拜、沙特、吉达、巴林、卡塔尔、阿尔及利亚、摩洛哥、突尼斯、利比亚、毛里塔尼亚、亚历山大、苏丹、埃塞俄比亚、吉布提、肯尼亚、乌干达、布隆迪、卢旺达、厄立特里亚、几内亚、塞拉利昂、几内亚比绍、加纳、利比里亚、多哥、拉各斯、科特迪瓦、加蓬、圣普、喀麦隆、杜阿拉、赤道几内亚、坦桑尼亚、桑给巴尔、刚果（金）、刚果（布）、赞比亚、津巴布韦、毛里求斯、纳米比亚、马达加斯加、南非、开普敦、德班、莱索托、佛得角、中非、多伦多、卡尔加里、美国、旧金山、休斯敦、纽约、洛杉矶、联合国代表团、古巴、智利、秘鲁、圭亚那、墨西哥、蒂华纳、阿根廷、乌拉圭、特多、牙买加、巴西、圣保罗、里约热内卢、苏里南、厄瓜多尔、瓜亚基尔、哥伦比亚、玻利维亚、圣克鲁斯、委内瑞拉、巴拿马、巴哈马、俄罗斯、圣彼得堡、哈巴罗夫斯克、海参崴、白俄罗斯、拉脱维亚、立陶宛、哈萨克斯坦、吉尔吉斯斯坦、乌兹别克斯坦、乌克兰、土库曼斯坦、亚美尼亚、阿塞拜疆、格鲁吉亚、爱沙尼亚、保加利亚、罗马尼亚、康斯坦察、摩尔多瓦、匈牙利、捷克、斯洛伐克、波兰、革但斯克、阿尔巴尼亚、波德戈里察、克罗地亚、斯洛文尼亚、波黑、澳大利亚、墨尔本、珀斯、悉尼、巴布亚新几内亚、新西兰、奥克兰、斐济、马其顿、萨摩亚、密克罗尼西亚、安提瓜和巴布达、基里巴斯、瓦努阿图、科摩罗、布基纳法索、塞内加尔、汤加、瑙鲁、韩国、多米尼克、埃及、福冈、圣卢西亚、芝加哥、奥地、马来西亚、加拿大、贝宁、莫桑比克、孟加拉、巴巴多斯、维也纳代表团、约翰内斯堡、塞黑、塔吉克斯坦、温哥华、塞舌尔、巴勒斯坦、英国、马里、尼日尔、尼日利亚、冰岛、法国、博茨瓦纳、日本、以色列、瑞士、多米尼加、安哥拉、巴兰基亚、塔马塔夫、马绍尔。

关于施行《中华人民共和国海关进出口商品规范申报目录》的公告

（海关总署公告2006年第16号）

为了规范进出口企业申报行为，提高申报数据质量，促进贸易便利化，海关总署制定了《中华人民共和国海关进出口商品规范申报目录》（以下简称《目录》，中国海关出版社出版）。

本《目录》自2006年5月1日起施行。进出口货物收发货人及其代理人在报关时应当严格按照《目录》中关于规范申报商品品名、规格的要求，认真填制报关单并依法办理通关手续。

特此公告。

海关总署

2006年4月7日

关于常驻人员转让征税进境机动车辆有关事宜

（海关总署公告2006年第30号）

为规范海关对常驻人员进境机动车辆的监管，照顾其合理需要，现就常驻人员转让征税进境机动车辆有关事宜公告如下：

一、常驻人员征税进境的机动车辆自向公安交通管理部门办结车辆登记手续之日起1年后，方可准予转让过户。

二、常驻人员机动车辆转让过户时，应当向其主管海关提出书面申请，并交验下列单证：

（一）身份证件；

（二）长期居留证件；

（三）进境机动车辆“机动车辆行驶证”；

（四）所在常驻机构的“中华人民共和国海关常驻机构备案证”或者所在外商投资企业的“自理报关单位注册登记证明书”。

三、主管海关核准后，开具“中华人民共和国海关监管车辆解除监管证明书”，常驻人员凭此向公安交通管理部门办理有关车辆转让过户手续。

对于常驻人员进境自用车辆的其他要求，按照《中华人民共和国海关对非居民长期旅客进出境自用物品监管办法》（海关总署第116号令）有关规定执行。

本公告自发布之日起执行。

特此公告。

海关总署

2006年5月29日

海关总署关于实施“属地申报，口岸验放”通关模式的公告

（海关总署公告 2006 年第 43 号）

为进一步适应区域经济发展的要求，充分体现守法便利的原则，简化海关手续，提高通关效率，海关总署决定实施跨关区“属地申报，口岸验放”通关模式。现将有关事项公告如下：

一、“属地申报，口岸验放”是指符合海关规定条件的企业进出口货物时，可自主选择向属地海关任一海关单位申报，在货物实际进出境地的口岸海关（以下简称口岸海关）办理货物验放手续的一种通关方式。

二、凡进出口企业拟采用“属地申报，口岸验放”通关模式的，需向所在地直属海关提出书面申请（详见附件 1）。直属海关参照海关对企业分类管理标准等对申请企业进行审核，并提出是否同意的书面答复意见（详见附件 2）。

三、口岸海关接受并确认进境运输工具负责人或其代理人申报的舱单电子数据后，进口货物的收货人或其代理人即可选择“属地申报，口岸验放”方式，录入“进口货物报关单”电子数据，向属地海关进行申报。

四、除海关另有规定的以外，出口货物的发货人或其代理人在出口口岸订舱后，即可选择“属地申报，口岸验放”方式，录入“出口货物报关单”电子数据，向属地海关进行申报。

五、出口货物运抵口岸海关监管场所后发生退关的，由发货人或其代理人向属地海关申请。属地海关审核无误后，出具出口退关证明，交发货人提交口岸海关办理退关手续。

六、对因海关规定或国家许可证件管理，须在属地或口岸进行申报并办理验放手续的进出口货物，不适用于“属地申报，口岸验放”通关模式。

“许可证件”不包括“入（出）境货物通关单”。

本公告自 2006 年 9 月 1 日起实施。

特此公告。

附件 1　采用“属地申报，口岸验放”通关模式企业申请书（略）

附件 2　中华人民共和国海关告知书（略）

海关总署

2006 年 8 月 8 日

关于在全国各对外开放口岸实行新的进出境旅客申报制度

（海关总署公告 2007 年第 72 号）

为进一步简化和规范进出境旅客申报手续，方便旅客进出境，迎接 2008 年北京奥运会及 2010 年上海世界博览会，海关总署经研究决定，自 2008 年 2 月 1 日起，在全国各对外开放口岸实行新的进出境旅客申报制度。现就有关事项公告如下：

一、进出境旅客没有携带应向海关申报物品的，无需填写《中华人民共和国海关进出境旅客行李物品申报单》（以下称《申报单》，式样见附件），选择“无申报通道”（又称“绿色通道”）通关。

二、除海关免于监管的人员以及随同成人旅行的 16 周岁以下旅客以外，进出境旅客携带有应向海关申报物品的，须填写《申报单》，向海关书面申报，并选择“申报通道”（又称“红色通道”）通关。

三、进境旅客携带有下列物品的，应在《申报单》相应栏目内如实填报，并将有关物品交海关验核，办理有关

手续：

（一）动、植物及其产品，微生物、生物制品、人体组织、血液制品；

（二）居民旅客在境外获取的总值超过人民币5000元（含5000元，下同）的自用物品；

（三）非居民旅客拟留在中国境内的总值超过2000元的物品；

（四）酒精饮料超过1500毫升（酒精含量12度以上），或香烟超过400支，或雪茄超过100支，或烟丝超过500克；

（五）人民币现钞超过20000元，或外币现钞折合超过5000美元；

（六）分离运输行李，货物、货样、广告品；

（七）其他需要向海关申报的物品。

四、出境旅客携带有下列物品的，应在《申报单》相应栏目内如实填报，并将有关物品交海关验核，办理有关手续：

（一）文物、濒危动植物及其制品、生物物种资源、金银等贵重金属；

（二）居民旅客需复带进境的单价超过5000元的照相机、摄像机、手提电脑等旅行自用物品；

（三）人民币现钞超过20000元，或外币现钞折合超过5000美元；

（四）货物、货样、广告品；

（五）其他需要向海关申报的物品。

五、非居民旅客返程出境时，如需要选择“申报通道”通关，可在其原进境时填写并经海关批注和签章的《申报单》上出境栏目内填写相关内容，或者另填写一份《申报单》，向海关办理出境申报手续。

居民旅客回程进境时，如需要选择“申报通道”通关，可在其原出境时填写并经海关批注和签章的《申报单》上进境栏目内填写相关内容，或者另填写一份《申报单》，向海关办理进境申报手续。

六、持有中华人民共和国政府主管部门给予外交、礼遇签证的进出境旅客，通关时应主动向海关出示本人有效证件，海关予以免验礼遇。

七、违反海关规定，逃避海关监管，携带国家禁止、限制进出境或者依法应当缴纳税款的货物、物品进出境的，海关将依据《中华人民共和国海关法》和《中华人民共和国海关行政处罚实施条例》予以处罚。

八、本公告自2008年2月1日起实施，原海关总署2005年第23号公告同时废止。

特此公告。

附件　中华人民共和国海关进出境旅客行李物品申报单（式样）（略）

海关总署

2007年12月11日

海关总署关于来往于香港与深圳大铲湾的小型船舶直接在口岸办理进出境手续的公告

（海关总署公告2008年第46号）

为方便来往于香港与深圳大铲湾的小型船舶办理进出境手续，海关总署决定，自2008年7月1日零时起，来往于香港与深圳大铲湾的小型船舶比照《中华人民共和国海关关于来往香港、澳门小型船舶及所载货物、物品管理办法》（海关总署令第112号）第四条第二款的规定，直接在口岸海关办理进出境申报手续。

特此公告。

海关总署

2008年6月20日

海关总署关于《中华人民共和国海关进出口货物报关单填制规范》的公告

（海关总署公告2008年第52号）

为规范进出口进出口货物收发货人的申报行为，统一进出口货物报关单填制要求，总署对原《中华人民共和国海关进出口货物报关单填制规范》（海关总署2004年第34号公告）再次进行了修订。现将本次修订后的规范文本及有关内容公告如下：

一、本次修订补充了2004年以来散落在相关文件中的关于报关单填制的内容。主要根据环保总局、海关总署、质检总局2005年第47号公告，环保总局、海关总署2005年第46号公告，海关总署2005年第69号公告，海关总署2006年第16、37、43、64号公告，海关总署2007年第24号公告，海关总署2008年第4号公告，海关总署令第156号等相关文件，对《中华人民共和国海关进（出）口货物报关单》中的“备案号”、“运输方式”、“随附单据”和“标记唛码及备注”等相关栏目的填制要求作了相应调整。

二、鉴于海关H883系统逐步退出运行，本次修订撤销了涉及H883系统报关单的填制要求，对《中华人民共和国海关进（出）口货物报关单》中的“海关编号”、“进口日期/出口日期”、“申报日期”、“运输工具名称”、“提运单号”、“集装箱号”、“运费”、“保费”、“杂费”、“随附单据”、“标记唛码及备注”和“填制日期”的填制分别作出了规范。

修订后的《中华人民共和国海关进出口货物报关单填制规范》自2008年10月1日起执行，海关总署2004年第34号公告、2005年第69号公告、2008年第4号公告同时废止。原已印制的纸质《中华人民共和国海关进（出）口货物报关单》仍可继续使用。

特此公告。

附件　中华人民共和国海关进出口货物报关单填制规范（略）

海关总署

2008年8月4日

海关总署关于进出境船舶所载货物、物品舱单传输有关问题的公告

（海关总署公告2008年第97号）

根据《中华人民共和国海关进出境运输工具舱单管理办法》（海关总署令第172号，以下简称《办法》），现就进出境船舶所载货物、物品舱单传输的有关事项公告如下：

一、关于总（分）提单

《办法》第二条第二款的总提（运）单和分提（运）单，相对于船舶运输即总提单和分提单。总提单是指由运输工具负责人、船舶代理企业签发的提单（即MASTER B/L），分提单是指在总提单项下，由无船承运业务经营人签发的提单（即HOUSE B/L）。

二、关于备案

（一）境内无法人资格企业备案。

境内无法人资格的船舶运输企业，应委托已在海关备案的境内船舶代理企业向海关传输舱单。

（二）分支机构登记。

舱单传输人在境内设有分支机构的，分支机构应当将分支机构地址、联系人和联系方式在经营业务所在地的直属海关或其授权的隶属海关登记。

（三）出口货物发货人备案。

海关在接受出口货物发货人首次传输装箱清单时，对出口货物发货人实施自动备案管理。

（四）舱单及相关电子数据传输人向海关备案时，除按照《办法》规定提交的单证外，还应当提交以下单证：

1. 船舶运输企业、无船承运业务经营人和船舶代理企业作为舱单传输人向海关备案时，应当提供“中华人民共和国组织机构代码证”复印件和“营业执照”（正副本）复印件；

2. 海关监管场所经营人、理货部门作为舱单相关电子数据传输人向海关备案时，应当提供“中华人民共和国组织机构代码证”复印件和“营业执照”（正副本）复印件。

三、关于过境、转运、通运货物

过境货物，舱单及相关电子数据传输人应当按照《办法》规定传输进出境舱单及相关电子数据。

临时计划转运货物进境，舱单传输人可以向直属海关申请，经海关审核同意后，在运输工具抵港前传输原始舱单；临时计划转运货物出境，舱单传输人在装船前 2 小时传输预配舱单主要数据和其他数据。

通运货物，舱单及相关电子数据传输人暂不需传输舱单及相关电子数据。

四、关于空载船舶

未载有货物、物品的船舶，不需向海关传输舱单及相关电子数据。

五、关于小型船舶

进境来往香港、澳门小型船舶，舱单传输人在开始装载货物、物品的 2 小时以前向海关传输原始舱单电子数据。

出境来往香港、澳门小型船舶，舱单传输人在开始装载货物、物品的 4 小时以前向海关传输预配舱单电子数据。

出境接受海关中途监管站监管的来往香港、澳门小型船舶，海关监管场所经营人、理货部门应当在船舶起航以前向海关传输理货报告电子数据。

六、关于短途船舶

进境航程 24 小时以下近洋运输的非集装箱船舶，舱单传输人在抵达境内第一目的港以前向海关传输原始舱单电子数据。

七、关于装箱清单数据传输

集装箱运输的货物、物品，在货物装箱前，出口货物的发货人应当按照《办法》规定的内容、格式向海关传输装箱清单电子数据。

一个集装箱装载多票出口货物、物品的，应当一次性向海关传输装箱清单电子数据。

出口货物在出境地海关办理申报手续的，出口货物发货人应当向出境地海关传输装箱清单电子数据。

出口转关货物，出口货物发货人应当向起运地海关传输装箱清单电子数据。

八、关于海关反馈信息

海关接收到原始舱单、预配舱单主要数据和其他数据传输后，以总提单为单元向舱单传输人反馈接受传输、不接受传输及原因等审核结果。

舱单传输人应当按照海关反馈的不接受传输的原因进行核查、更正，并重新传输舱单数据。

海关以总提单为单元通知舱单传输人不准予卸载的，该总提单所列货物或该总提单项下所有的分提单所列的货物均不得卸载。

九、关于大宗散装货物运抵报告

出口货物采取边运抵边装船的，经海关船边实际验核后，即视为货物运抵，并向海关传输运抵报告。运抵报告传输后，货物、物品应当在3日内装载完毕。

十、关于多票集（拼）装

多票货物集（拼）在同一集装箱中的进口货物，舱单传输人应当同时传输该集装箱内的所有分提单舱单电子数据。

十一、关于调拨空箱

调拨进境空箱，舱单传输人应当在船舶抵达目的港前向海关传输原始舱单的主要数据。

调拨出境空箱，舱单传输人应当在空箱装船的2小时前传输预配舱单的主要数据。

十二、关于集装箱货物、非集装箱货物同船混装

同一船舶载有集装箱货物和非集装箱货物进境的，舱单传输人应当按照《办法》第九条第（一）项规定的集装箱船舶和非集装箱船舶传输时限分别传输原始舱单数据。

十三、关于转关运输货物

进出口转关货物，除装箱清单外，舱单及相关电子数据传输人应当向进境地或出境地海关传输舱单及相关电子数据。

本公告内容自2009年1月1日起施行。

特此公告。

海关总署

2008年12月30日

海关总署关于进出境航空器载运货物、物品舱单传输的有关事项的公告

（海关总署公告2008年第101号）

根据《中华人民共和国海关进出境运输工具舱单管理办法》（海关总署令第172号，以下简称《办法》），现就进出境航空器载运货物、物品舱单传输的有关事项公告如下：

一、关于备案的其他单证

舱单及相关电子数据传输人办理备案手续时，除按照《办法》规定提交的单证外，还应当提交以下单证：

（一）境内航空运输企业。

1. “中华人民共和国组织机构代码证”复印件；

2. “营业执照”（正副本）复印件；

3. “公共航空运输企业经营许可证”（复印件）。

（二）境外航空运输企业。

1.“中华人民共和国组织机构代码证”复印件；

2.“经营许可”复印件；

3.“外国企业常驻代表机构登记证”复印件；

4. 境外航空运输企业总部法定代表人或者经其书面授权人员签发的申请书。

（三）运输工具负责人代理企业（地面代理）作为舱单传输人备案。

1.“中华人民共和国组织机构代码证”复印件；

2.“营业执照”（正副本）复印件；

3. 航空公司授权的委托书、地面代理协议复印件。

（四）货运代理企业作为舱单传输人备案。

1.“中华人民共和国组织机构代码证”复印件；

2.“营业执照”（正副本）复印件；

3.“国际货物运输代理企业批准证书”复印件。

二、关于分支机构登记

舱单传输人在境内有分支机构的，分支机构应当将分支机构地址、联系人和电话在经营业务所在地直属海关或其授权的隶属海关登记。

三、关于过境、转运、通运货物

过境货物，舱单及相关电子数据传输人应当按照《办法》规定传输进出境舱单及相关电子数据。

转运货物，舱单传输人应当向海关传输原始舱单、预配舱单、装载舱单及理货报告等电子数据。

通运货物，舱单及相关电子数据传输人暂不传输舱单及相关电子数据。

四、关于空载航空器

未载有货物、物品的航空器，不需向海关传输舱单及相关电子数据。

五、关于舱单传输主体、范围

原始舱单、预配舱单的总（分）运单数据及装载舱单应当由航空运输企业或其地面代理企业向海关传输。

航空运输企业直接接受出口货物发货人委托承运的，由航空运输企业或其地面代理向海关传输总运单的预配电子数据舱单。

航空运输企业接受货运代理企业委托承运的，由货运代理企业向海关传输其所代理的货物总运单和分运单的预配电子数据舱单。

经营不定期飞行，且未在海关备案的境外航空运输企业，应委托经海关备案的境内代理企业向海关传输舱单电子数据。

六、关于货物运抵报告

出口货物全部运抵海关监管场所后，监管场所经营人应当以总运单或分运单为单元传输运抵报告电子数据。

以分运单为单元传输的，应当注明总运单号。

七、关于海关反馈信息处理

海关接收到原始舱单、预配舱单主要数据和其他数据传输后，以总运单为单元向舱单传输人反馈接受传输、不接受传输及原因等审核结果。

舱单传输人应当按照海关反馈的不接受传输的原因进行核查、更正，并重新传输舱单数据。

海关决定不准予卸载的，以总运单为单元通知舱单传输人。该总运单所列货物或该总运单项下所有的分运单所列的货物均不得卸载。

八、关于转关运输货物

进出口转关货物，舱单及相关电子数据传输人应当向进境地或出境地海关传输舱单及相关电子数据。

本公告内容自 2009 年 1 月 1 日起施行。

特此公告。

海关总署

2008 年 12 月 31 日

关于调整进出境运输工具旅客舱单电子数据项目的公告

（海关总署公告 2008 年第 102 号）

《中华人民共和国海关进出境运输工具舱单管理办法》（海关总署令第 172 号）将于 2009 年 1 月 1 日起实施，海关总署 2008 年第 13、31 号公告同时废止。现就有关事宜公告如下：

一、调整进出境空运运输工具旅客舱单电子数据项目，取消“证件签发日期”，增加“旅客始发地、旅客目的地”，详见附件 1。

二、继续临时使用 SITA 网地址 BJSHGCA 接收进出境空运运输工具旅客舱单电子数据，报文格式为世界海关组织与国际航空运输协会制定的 PAXLST 报文标准，详见附件 2。

三、进出境承运旅客的空运运输工具传输数据项参照海关总署 2008 年第 80、88 号公告有关要求实施。

全国海关信息中心技术热线电话：010-65193355。

特此公告。

附件 1　进出境空运运输工具旅客舱单电子数据项目

附件 2　中国海关进出境空运运输工具旅客舱单电子数据报文格式（略）

海关总署

2008 年 12 月 31 日

附件 1

进出境空运运输工具旅客舱单电子数据项目

原始舱单

序号	中文名称	说明
表头项目（运输工具信息）		
1	运输工具名称	旅客乘坐何种运输工具，按照（船舶/航空器/铁路列车/公路车辆）申报
2	航（班）次号	运输工具执行两地间运输的任务代码，按照各类运输工具标准申报
3	进境日期	运输工具抵达海关监管场所的日期，按照 YY/MM/DD 格式申报
4	运输工具始发地	运输工具执行本次航（班）次任务的境外第一个出发地，按照（国别、城市）申报
5	运输工具进境地	运输工具抵达中国境内的第一站点，按照（国别、城市）申报
6	运输工具中转地	运输工具执行本次航（班）次任务的中转停留地，按照（国别、城市）申报
7	航（班）次旅客总人数	运输工具此次任务所搭载的旅客总人数

序号	中文名称	说明
表体项目（旅客信息）		
1	旅客姓名	运输工具此次任务所搭载的旅客姓名，按照国际惯例申报
2	性别	男、女（按照国际惯例 M、F 格式申报）
3	出生日期	运输工具此次任务所搭载的旅客的出生日期，按照 YY/MM/DD 格式申报
4	国籍（地区）	运输工具此次任务所搭载的旅客的国籍，按照国别代码表申报
5	进境证件号码	旅客所持合法有效的证明身份的进境证件号码
6	证件类型	旅客所持合法有效的证明身份的进境证件，包括护照、通行证、旅行证、其他证件等
7	进境证件有效期	旅客所持合法有效的证明身份的进境证件的有效期，按照 YY/MM/DD 格式申报
8	旅客始发地	旅客乘坐本次航（班）次行程中的第一个出发地，按照（国别、城市）申报
9	旅客目的地	旅客乘坐本次航（班）次行程中的最后一个到达地，按照（国别、城市）申报

预配舱单

（出境运输工具预计乘载已付款购票的旅客信息数据项目）

序号	中文名称	说明
表头项目（运输工具信息）		
1	运输工具名称	旅客乘坐何种运输工具，按照（船舶/航空器/铁路列车/公路车辆）申报
2	航（班）次号	运输工具执行两地间运输的任务代码，按照各类运输工具标准申报
3	出境日期	运输工具驶离海关监管场所的日期，按照 YY/MM/DD 格式申报
4	运输工具出境地	运输工具驶离中国境内前的最后一个站点，按照（国别、城市）申报
5	运输工具目的地	运输工具执行本次航（班）次任务的境外最后一个到达地，按照（国别、城市）申报
6	运输工具中转地	运输工具执行本次航（班）次任务的中转停留地，按照（国别、城市）申报
7	航（班）次旅客总人数	运输工具此次任务所搭载的旅客总人数
表体项目（旅客信息）		
1	旅客姓名	运输工具此次任务所搭载的旅客姓名，按照国际惯例申报
2	性别	男、女（按照国际惯例 M、F 格式申报）
3	出生日期	运输工具此次任务所搭载的旅客的出生日期，按照 YY/MM/DD 格式申报
4	国籍（地区）	运输工具此次任务所搭载的旅客的国籍，按照国别代码表申报
5	出境证件号码	旅客所持合法有效的证明身份的出境证件号码
6	证件类型	旅客所持合法有效的证明身份的出境证件，包括护照、通行证、旅行证、其他证件等
7	出境证件有效期	旅客所持合法有效的证明身份的出境证件的有效期，按照 YY/MM/DD 格式申报
8	旅客始发地	旅客乘坐本次航（班）次行程中的第一个出发地，按照（国别、城市）申报
9	旅客目的地	旅客乘坐本次航（班）次行程中的最后一个到达地，按照（国别、城市）申报

乘载舱单

序号	中文名称	说明
表头项目（运输工具信息）		
1	运输工具名称	旅客乘坐何种运输工具，按照（船舶/航空器/铁路列车/公路车辆）申报
2	航（班）次号	运输工具执行两地间运输的任务代码，按照各类运输工具标准申报
3	出境日期	运输工具驶离海关监管场所的日期，按照 YY/MM/DD 格式申报
4	运输工具出境地	运输工具驶离中国境内前的最后一个站点，按照（国别、城市）申报
5	运输工具目的地	运输工具执行本次航（班）次任务的境外最后一个到达地，按照（国别、城市）申报
6	运输工具中转地	运输工具执行本次航（班）次任务的中转停留地，按照（国别、城市）申报
7	航（班）次旅客总人数	运输工具此次任务所搭载的旅客总人数
表体项目（旅客信息）		
1	旅客姓名	运输工具此次任务所搭载的旅客姓名，按照国际惯例申报
2	性别	男、女（按照国际惯例 M、F 格式申报）
3	出生日期	运输工具此次任务所搭载的旅客的出生日期，按照 YY/MM/DD 格式申报
4	国籍（地区）	运输工具此次任务所搭载的旅客的国籍，按照国别代码表申报
5	出境证件号码	旅客所持合法有效的证明身份的出境证件号码
6	证件类型	旅客所持合法有效的证明身份的出境证件，包括护照、通行证、旅行证、其他证件等
7	出境证件有效期	旅客所持合法有效的证明身份的出境证件的有效期，按照 YY/MM/DD 格式申报
8	旅客始发地	旅客乘坐本次航（班）次行程中的第一个出发地，按照（国别、城市）申报
9	旅客目的地	旅客乘坐本次航（班）次行程中的最后一个到达地，按照（国别、城市）申报

关于海关办理外国常驻新闻机构、外国记者采访器材进出境手续的公告

（海关总署公告 2008 年第 104 号）

根据《中华人民共和国海关法》、《中华人民共和国进出口关税条例》、《中华人民共和国外国常驻新闻机构和外国记者采访条例》等有关规定，现就海关办理外国常驻新闻机构、外国记者采访器材进出境手续公告如下：

一、外国常驻新闻机构、外国常驻记者所用采访器材进出境，海关按照《中华人民共和国海关对常驻机构进出境公用物品监管办法》（海关总署令第 115 号）办理相关手续。

二、对外国国家元首、政府首脑和外交部长等国宾团随行记者所用采访器材，进境地海关凭中国外交部新闻司出具的“国宾随行记者器材证明信”和器材清单办理手续。国宾代表团访问结束后，随行记者应及时将采访器材复运出境。

三、外国短期来华采访记者携采访器材暂时进境，如邀请单位经海关认可具备出具担保函资质，应向进境地海关提交邀请单位担保函、器材清单，并出示记者 J-2 签证；如邀请单位不具备出具担保函资质，或外国记者无邀请单位自行来华采访，应向进境地海关提交经海关认可的银行或非银行金融机构的担保函或相当于税款的保证金、器材清单，并出示记者 J-2 签证，海关据以办理相关手续。采访活动结束后，记者应及时将采访器材复运出境，并在原进境地海关办理担保函或保证金结案手续。

四、外国常驻新闻机构、外国记者因采访报道需要暂时进口无线电通信设备的，还应向进境地海关提交有关主管部门的批准文件。

本公告内容自公布之日起实施。

特此公告。

海关总署

2008 年 12 月 25 日

关于香港和澳门新闻机构在内地常驻记者站、香港和澳门记者办理采访器材进出境手续的公告

（海关总署公告 2009 年第 19 号）

根据《中华人民共和国海关法》、《中华人民共和国进出口关税条例》等有关规定，现就香港和澳门新闻机构在内地常驻记者站、香港和澳门记者办理采访器材进出境手续公告如下：

一、香港、澳门新闻机构在内地常驻记者站及常驻记者（所持证件式样见附件 1）所用采访器材进出境时，海关按照《中华人民共和国海关对常驻机构进出境公用物品监管办法》（海关总署令第 115 号）办理相关手续。

二、临时来内地采访大型会议、活动等或者内地单位邀请的香港、澳门记者携带采访器材进境时，进境地海关凭中华全国新闻工作者协会（或省部级邀请单位主管部门）及各省（自治区、直辖市）、副省级城市港澳事务办公室（外事办公室、新闻办公室）出具的担保函、采访器材清单以及中华全国新闻工作者协会制发的“港澳记者采访证”（式样见附件 2）办理暂时进境手续。采访活动结束后，记者应及时将采访器材复运出境，并在原进境地海关办理担保函结案手续。

三、其他临时来内地采访的香港、澳门记者携带采访器材进境时，进境地海关凭“港澳记者采访证”、采访器材清单，收取相当于税款的保证金后办理暂时进境手续。采访活动结束后，记者应及时将采访器材复运出境，并在原进境地海关办理保证金结案手续。

四、香港、澳门新闻机构在内地常驻记者站及香港、澳门记者因采访报道需要暂时进口无线电通信设备的，在办理采访器材进境手续时，还应向进境地海关提交有关主管部门的批准文件。

本公告内容自公布之日起实施。

特此公告。

附件 1　港澳新闻机构常驻内地记者证（略）

附件 2　港澳记者采访证（略）

海关总署

2009 年 4 月 28 日

海关总署关于进出境运输工具载运货物、物品舱单及相关电子数据传输有关事项的公告

（海关总署公告 2009 年第 22 号）

根据《中华人民共和国海关进出境运输工具舱单管理办法》（海关总署令第 172 号，以下简称《办法》），现就进出境运输工具载运货物、物品舱单及相关电子数据传输的有关事项公告如下：

一、舱单传输人和舱单相关电子数据传输义务人可以自主选择通过以下途径向海关传输电子数据：

（一）中国电子口岸数据中心（热线服务电话：010-65195656）；

（二）全国海关信息中心（热线服务电话：010-85193355）；

（三）各直属海关对外接入局域网（包括地方电子口岸）。

二、各类舱单传输人在传输进口原始舱单电子数据时，对于在境外一个装货港装载运输工具承运至境内两个以上卸货港的，可以按照《办法》的有关规定，一次传输境内所有卸货港的电子数据。

特此公告。

海关总署

2009年5月4日

关于台湾记者采访器材进出境海关手续的公告

（海关总署公告2009年第31号）

根据《中华人民共和国海关法》、《中华人民共和国进出口关税条例》等有关规定，现就台湾记者办理采访器材进出境手续公告如下：

一、来大陆采访的台湾记者携带采访器材进境时，进境地海关凭中华全国新闻工作者协会或各省（自治区、直辖市）及深圳市、新疆生产建设兵团台办开具的“器材通关批准书”和担保函、采访器材清单办理暂时进境手续。采访活动结束后，记者应及时将采访器材复运出境，并在原进境地海关办理担保函结案手续。

二、台湾记者因采访报道需要暂时进口无线电通信设备的，还应向进境地海关提交有关主管部门的批准文件。

本公告内容自公布之日起实施。

特此公告。

海关总署

2009年6月1日

海关总署关于进境KJ3类快件的申报规范、快件渠道进出境个人物品监管有关问题的公告

（海关总署公告2009年第39号）

根据《中华人民共和国海关对进出境快件监管办法》，为切实加强进出境快件实际监管，现就进境KJ3类快件的申报规范、快件渠道进出境个人物品监管有关问题公告如下：

一、进境KJ3类快件，快件企业向海关申报时，在报关单“货物名称”栏应当申报规格、型号、数量和计量单位等内容。

二、快件渠道进出境个人物品的限值、免税额、完税价格、税则归类等事宜按照《中华人民共和国海关法》、《中华人民共和国进出口关税条例》及海关总署关于进出境个人邮递物品相关规定办理。

本公告内容自发布之日起实施。

特此公告。

海关总署

2009年7月13日

海关总署关于进出境航空器载旅客舱单传输的有关事项的公告

（海关总署公告2009年第41号）

根据《中华人民共和国海关进出境运输工具舱单管理办法》（海关总署令第172号，以下简称《办法》），现就进出境航空器所载旅客舱单传输的有关事项公告如下：

一、除国家元首或政府首脑乘坐的专机（未装载普通客货的）以外，旅客舱单及相关数据传输义务人应按照《办法》有关规定，向海关传输所有进出境航空器所载旅客（包括过境旅客）舱单及相关电子数据。航空器未载有旅客的，旅客舱单传输义务人不需传输旅客舱单电子数据。

二、旅客原始舱单、预配舱单、乘载舱单数据应由航空运输企业或其代理企业向海关传输；旅客及托运行李物品结关申请数据应由航空运输企业或者海关监管场所经营人向海关传输。

三、旅客舱单及相关电子数据传输义务人向海关办理备案手续时，除按照《办法》规定提交的单证外，还应当提交以下单证：

（一）境内航空运输企业。

1. “中华人民共和国组织机构代码证”复印件；

2. “营业执照”（正副本）复印件；

3. “公共航空运输企业经营许可证”（复印件）；

4. 本企业国际航班计划。

（二）境外航空运输企业。

1. “中华人民共和国组织机构代码证”复印件；

2. “经营许可”复印件；

3. “外国企业常驻代表机构登记证”复印件；

4. 境外航空运输企业总部法定代表人或者经其书面授权人员签发的申请书；

5. 本企业往返中国各航空港国际航班计划。

（三）运输工具负责人代理企业（地面代理）作为舱单传输人。

1. “中华人民共和国组织机构代码证”复印件；

2. “营业执照”（正副本）复印件；

3. 航空公司授权的委托书、地面代理协议复印件。

旅客舱单传输义务人在境内有分支机构的，分支机构应当将分支机构地址、联系人和电话向经营业务所在地直属海关或其授权的隶属海关办理登记手续。

四、海关接收旅客舱单及相关数据后将反馈接受、不接受、待海关人工审核及不接受原因等审核结果。舱单及相关数据传输人应当及时根据海关的反馈结果进行核实、变更。

五、旅客及托运行李物品结关申请分为纸质结关申请和电子数据结关申请两种，以海关接收到两种申请中最后到达申请的时间为准。

本公告内容自发布之日起施行。

特此公告。

海关总署

2009年7月18日

海关总署关于进出口货物补充申报有关问题的公告

（海关总署公告2009年第49号）

为规范进出口申报行为，确保申报行为的准确性和有效性，根据《中华人民共和国海关法》、《中华人民共和国进出口关税条例》、《中华人民共和国进出口货物原产地条例》、《中华人民共和国海关进出口货物申报管理规定》及其他有关法律、行政法规及规章的规定，现就进出口货物价格、归类、原产地补充申报有关问题公告如下：

一、本公告所称的补充申报是指进出口货物的进出口货物收发货人、受委托的报关企业（以下分别简称进出口货物收发货人、报关企业）依照海关有关行政法规和规章的要求，在"中华人民共和国海关进（出）口货物报关单"（以下简称报关单）之外采用补充申报单的形式，向海关进一步申报为确定货物完税价格、商品归类、原产地等所需信息的行为。《中华人民共和国海关进出口货物优惠原产地管理规定》（海关总署令第181号）规定的补充申报，按照该署令办理。

二、有下列情形的，进出口货物收发货人、报关企业应当向海关进行补充申报：

（一）海关对申报时货物的价格、商品编码等内容进行审核时，为确定申报内容的完整性和准确性，要求进行补充申报的。

海关对申报货物的原产地进行审核时，为确定货物原产地准确性，要求进出口货物收发货人提交原产地证书，并进行补充申报的。

（二）海关对已放行货物的价格、商品编码和原产地等内容进行进一步核实时，要求进行补充申报的。

三、进出口货物收发货人、报关企业可以主动向海关进行补充申报，并在递交报关单时一并提交补充申报单。

四、补充申报的申报单包括"中华人民共和国海关进出口货物价格补充申报单"（见附件1）、"中华人民共和国海关进出口货物商品归类补充申报单"（见附件2）、"中华人民共和国海关进出口货物原产地补充申报单"（见附件3）及海关行政法规和规章规定的其他补充申报单证。

进出口货物收发货人、报关企业应按要求如实、完整地填写补充申报单，并对补充申报内容的真实性、准确性承担相应的法律责任。补充申报的内容是对报关单申报内容的有效补充，不得与报关单填报的内容相抵触。

五、根据本公告第二条的规定需要进行补充申报的，海关应当书面通知进出口货物收发货人、报关企业，进出口货物收发货人、报关企业应当在收到海关书面通知之日起5个工作日内向海关办理补充申报手续，海关行政法规和规章另有规定的除外。

进出口货物收发货人、报关企业在规定时限内未能按要求进行补充申报的，海关可根据已掌握的信息，按照有关规定确定进口货物的完税价格、商品编码和原产地。

六、本公告内容自2009年10月1日起实行。海关总署公告2007年第51号同时废止。

特此公告。

附件1 "中华人民共和国海关进出口货物价格补充申报单"样式及填报说明
附件2 "中华人民共和国海关进出口货物商品归类补充申报单"样式及填报说明
附件3 "中华人民共和国海关进出口货物原产地补充申报单"样式及填报说明

海关总署
2009年8月10日

附件 1

中华人民共和国海关进出口货物价格补充申报单

补充申报单编号：

<table>
<tr><td>报关单号</td><td colspan="2"></td><td colspan="3">报关单　第　　项商品</td></tr>
<tr><td>商品名称</td><td colspan="2"></td><td>商品编码</td><td colspan="2"></td></tr>
<tr><td>规格型号</td><td colspan="5"></td></tr>
<tr><td>品　牌</td><td colspan="2">中文：</td><td colspan="3">英文：</td></tr>
<tr><td rowspan="2">买　方</td><td colspan="2">名称：</td><td colspan="3">联系人：</td></tr>
<tr><td colspan="2">地址：</td><td colspan="3">电话：</td></tr>
<tr><td rowspan="2">卖　方</td><td colspan="2">名称：</td><td colspan="3">联系人：</td></tr>
<tr><td colspan="2">地址：</td><td colspan="3">电话：</td></tr>
<tr><td rowspan="2">生产厂商</td><td colspan="2">名称：</td><td colspan="3">联系人：</td></tr>
<tr><td colspan="2">地址：</td><td colspan="3">电话：</td></tr>
<tr><td>合同协议号</td><td colspan="3"></td><td>签约日期</td><td></td></tr>
<tr><td>发票编号</td><td colspan="3"></td><td>发票日期</td><td></td></tr>
<tr><td colspan="6">进口货物部分</td></tr>
<tr><td rowspan="2">一、买卖双方之间的关系</td><td colspan="5">（一）买卖双方之间存在以下关系：
[　　] 买卖双方为同一家族成员；
[　　] 买卖双方互为商业上的高级职员或董事；
[　　] 一方直接或间接地受另一方控制；
[　　] 买卖双方都直接或间接地受第三方控制；
[　　] 买卖双方共同直接或间接地控制第三方；
[　　] 一方直接或间接地拥有控制或持有对方 5%或以上的公开发行的有表决权的股票或股份；
[　　] 一方是另一方雇员、高级职员或董事；
[　　] 买卖双方是同一合伙的成员。
以上关系是否影响进口货物的成交价格　　□是　　□ 否
如有影响，那么进口货物的成交价格
[　　] 与同时或大约同时向境内无特殊关系的买方出售的相同或类似货物的成交价格相近；
[　　] 与同时或大约同时相同或类似货物的倒扣价格相近；
[　　] 与同时或大约同时相同或类似货物的计算价格相近；
[　　] 没有以上相近的价格。
如有以上相近的价格，请提供相关证明资料。</td></tr>
<tr><td colspan="5">（二）买卖双方无以上任何一种关系。　　□是　　□否</td></tr>
</table>

续表

<table>
<tr><td>二、交易的条件</td><td colspan="5">(一) 买方处置或使用货物时是否受到除行政法规规定的限制以及对货物销售地域限制以外的限制?
□是 □ 否
(二) 货物的价格是否受到使货物的成交价格无法确定的条件或因素的影响?
□是 □ 否
如果上述任一问题的回答为“是”,请说明限制、条件或因素的内容:
[ ]
如果影响货物成交价格的条件或因素可以以客观量化数据表示,请将其填写在三(二)栏中。
(三) 买方是否应直接或间接支付与进口货物有关并作为货物销售条件的特许权使用费?
□是 □ 否
(四) 卖方是否直接或间接从买方对该货物进口后销售、处置或者使用所得中获得收益?
□是 □ 否
如存在以上特许权使用费和收益的支付,且其金额在进口时不能确定的,请说明:
[ ]</td></tr>
<tr><td colspan="3" rowspan="2">三、费用状况</td><td>币制</td><td colspan="2"></td></tr>
<tr><td>单位金额</td><td>总金额</td><td>备注</td></tr>
<tr><td colspan="3">(一) 发票价格</td><td></td><td></td><td></td></tr>
<tr><td colspan="3">(二) 间接支付的货款</td><td></td><td></td><td></td></tr>
<tr><td rowspan="12">(三) 未包括在发票价格中的费用和价值</td><td rowspan="3">1. 买方负担的费用:</td><td>(1) 除购货佣金以外的佣金和经纪费</td><td></td><td></td><td></td></tr>
<tr><td>(2) 与该货物视为一体的容器费用</td><td></td><td></td><td></td></tr>
<tr><td>(3) 包装材料和包装劳务费用</td><td></td><td></td><td></td></tr>
<tr><td rowspan="4">2. 与进口货物的生产和销售有关的,由买方以免费或者以低于成本的方式提供的货物或服务:</td><td>(1) 进口货物包含的材料、部件、零件和类似货物</td><td></td><td></td><td></td></tr>
<tr><td>(2) 在生产进口货物过程中使用的工具、模具和类似货物</td><td></td><td></td><td></td></tr>
<tr><td>(3) 在生产进口货物过程中消耗的材料</td><td></td><td></td><td></td></tr>
<tr><td>(4) 在境外进行的为生产进口货物所需的工程设计、技术研发、工艺及制图等相关服务</td><td></td><td></td><td></td></tr>
<tr><td colspan="2">3. 特许权使用费 - 参见第二(三)栏</td><td></td><td></td><td></td></tr>
<tr><td colspan="2">4. 卖方直接或间接从买方对货物进口后转售、处置或使用所得中获得的收益 — 参见第二(四)栏</td><td></td><td></td><td></td></tr>
<tr><td rowspan="3">5. 货物运抵境内输入地点起卸前的费用:</td><td>(1) 运输费用</td><td></td><td></td><td></td></tr>
<tr><td>(2) 运输相关费用</td><td></td><td></td><td></td></tr>
<tr><td>(3) 保险费</td><td></td><td></td><td></td></tr>
<tr><td colspan="6">出口货物部分</td></tr>
<tr><td colspan="3" rowspan="2"></td><td>币制</td><td colspan="2"></td></tr>
<tr><td>单位金额</td><td>总金额</td><td>备注</td></tr>
<tr><td colspan="3">一、发票价格</td><td></td><td></td><td></td></tr>
<tr><td colspan="3">二、间接收取的货款</td><td></td><td></td><td></td></tr>
</table>

续表

<table>
<tr><td colspan="2">三、出口关税是否已经从申报价格中扣除？　　　　□是　□否</td></tr>
<tr><td colspan="2">其他需要说明的情况（可另附页）</td></tr>
<tr><td colspan="2"></td></tr>
<tr><td>申报申明：对本申报单各项填报内容及所附单证的真实性和完整性承担法律责任，并愿意提供与海关估价有关的其他任何资料或单证，如有不实，由海关按有关规定处理。
对以上申报内容是否需要海关予以保密？　□是　□否
申报人签名：　填制日期：
单位地址：　申报单位：
邮编：　□进出口货物收发货人
电话：　□委托申报的报关企业
（盖章）</td><td>海关批注：</td></tr>
</table>

填报说明

一、总体说明

（一）“中华人民共和国海关进出口货物价格补充申报单”（简称“价格补充申报单”）应由货物进出口货物收发货人或其委托的报关企业填写。

（二）每一张“价格补充申报单”应填写一项商品，对应一份报关单，海关另做要求的除外。一份报关单中涉及多项商品需进行补充申报，一张报关单可对应多份“价格补充申报单”。

（三）补充申报单编号栏由海关填写。

（四）凡“价格补充申报单”中有“c”符号的选择项目，根据选择情况在“是”或“否”后面的“c”中打“√”号。

（五）在《中华人民共和国海关审定进出口货物完税价格办法》中已有解释的有关概念在以下说明中不再重复解释。

（六）阅读本说明以后，仍无法准确填报的，请及时向海关人员询问。

二、表头栏目填报说明

（一）“补充申报单编号”由海关编号，申报单位无需填写。

（二）“报关单号”应填写补充申报单所对应的报关单编号。

（三）“报关单 第 项”是指作补充申报的商品在报关单中的排列序号，该项目与报关单中该商品的“项号”一致。

（四）“商品名称”为补充申报的货物规范的中英文商品名称，内容应与报关单相应项目相符。

（五）“商品编码”按海关规定的商品归类规则确定的货物的商品编码，该项目应与报关单填报内容一致。

（六）“规格型号”应尽可能详细，内容应与报关单相应项目相符。

（七）“品牌”应填写补充申报商品的中英文品牌。

（八）“买方”应填写中英文全名，主要办公地点地址、联系人姓名及联系电话。

（九）“卖方”应填写中英文全名，主要办公地点地址、联系人姓名及联系电话。

（十）“生产厂商”指货物的生产企业，该栏须填写其中英文全名，主要办公地点地址、联系人姓名及联系电话。

（十一）“合同协议号”应与报关单填报内容一致

（十二）“签约日期”指贸易合同签订的日期。

（十三）“发票编号”指卖方销售有关货物开出的商业发票编号。

（十四）“发票日期”指卖方开具发票的日期。

三、进口货物部分填报说明

（一）第一栏“买卖双方之间的关系”

1. 第（一）栏 买卖双方之间如果存在该栏目所列举的8种关系之一的，请在相应的关系类型前c中用“√”标记，并进一步回答“以上关系是否影响进口货物的成交价格”。

2. 如果买卖双方之间存在的关系影响了进口货物的成交价格，应进一步回答其成交价格与所列举的3种价格中的哪一个相近，如有相近价格的，请提供相关证明材料；如果没有相近价格的，应在相应选项前用“√”标志。

3. 如果买卖双方之间没有以上任何一种关系的，应填写第（二）栏，并用“√”标记。

（二）第二栏“交易的条件”

1. 第（一）栏 如果买方在处置或者使用进口货物时，受到非列举限制项目之外的限制，应选择“是”；否则，应选择“否”。

2. 第（二）栏如果货物的价格受到使货物的成交价格无法确定的条件或因素的影响的，包括货物的价格是以约定的定价公式来确定而在进口时结算价格尚未确定的，应选择“是”；如果没有，应选择“否”。

3. 第（一）栏和第（二）栏两个问题中任何一个回答为“是”的，都需要加以说明。如可以客观量化数据表示的，应将有关数据填写在第三（二）栏。

4. 第（三）栏如果在申报价格外买方还需要向卖方支付与进口货物相关，并且作为该货物销售条件的特许权使用费的，应选择“是”，并将有关数据填写第三（三）栏第3项中；如果没有，应选择“否”。

5. 第（四）栏如果卖方获得因买方销售、处置或者使用进口货物而产生的任何收益，不管是直接的还是间接的，应选择“是”，并填写第三（三）栏第4项。

6. 如果存在第（三）栏和第（四）栏所指的特许权费和收益支付，且其金额在进口时尚不能确定的，应进行详细说明。

（三）第三栏“费用状况”

该栏目为进口货物成交价格的各种费用调整项目申报栏，每一个费用项目都应当填报“单位金额”、“总金额”和“备注”三个栏目。

1. “币制”是指买方支付费用时采用的货币。以下各费用栏目申报的“单位金额”、“总金额”在填报时应采用统一的币制，如实际支付采用多种不同币制的，在申报时应换算为统一的币制。

2. “单位金额”是指按照公认会计原则分摊到每件补充申报货物上的费用。“总金额”是指补充申报货物在该费用项目下的费用总额。

3. 如果在费用项目下没有费用产生，或者虽然有费用产生但无法提供客观可量化数据的，应在“单位金额”和“总金额”中填写“/”表明无数据填报，并在“备注”栏中注明无申报的原因。

4. 第（一）栏“发票价格”指进行补充申报的该项商品在向海关申报随附商业发票上的总金额。

5. 第（二）栏“间接支付的货款”指未包含在发票金额内的，买方根据卖方的要求支付给第三方，或者冲抵买卖双方之间的其他资金往来的款项。

6. 第（三）栏第2项（1）、(2)、(3)、(4) 四项费用应采用合理方式，按公认的会计原则分摊到补充申报的货物上，并在“备注”栏中注明分摊方法，提供分摊计算说明。

7. 第（三）栏第3项“特许权使用费”在补充申报时未能确定的，应在“备注”栏注明，并提供有关资料和说明。

8. 如果能确定“特许权使用费”金额但需要进行分摊的，应采用合理方式，按公认的会计原则分摊到补充申报的货物上，并在“备注”栏中注明分摊方法，提供分摊计算说明。

9. 第（三）栏第4项有关收益在补充申报时未能确定的，应在“备注”栏注明，并提供有关资料和说明。

10. 第（三）栏第5项（2）应包括货物运抵境内输入地点起卸前发生的与货物运输有关的搬运费、仓储费及滞期费等。

四、出口货物部分填报说明

（一）第（一）栏“发票价格”指进行补充申报的该项商品在向海关申报随附商业发票上的总金额。

（二）第（二）栏“间接收取的货款”指未包含在发票金额内的，买方根据卖方的要求支付给第三方，或者冲抵买卖双方之间的其他资金往来的款项。

（三）第（三）栏，如果在向海关申报时，出口关税已经从申报价格中扣除的，应选择“是”；否则，应选择“否”。

五、其他

（一）如以上栏目还未能充分说明补充申报货物成交价格情况的，可以在“其他需要说明的情况”栏进行说明，空间不足的还可另附页说明。

（二）“申报人签字”由货物进出口货物收发货人或其委托申报的报关企业授权填报本“补充申报单”的人签字；申报单位盖章应加盖申报人单位公章，受委托申报的报关企业填报该表时必须提交书面委托书。

（三）“对以上申报内容是否需要海关予以保密？”是填报人对于补充申报内容保密要求的选项。如填报人认为本表填报内容涉及商业秘密，可以要求海关对其填报内容予以保密。

（四）海关批注栏指供海关内部作业时签注的总栏目，由海关关员填写。

附件 2

中华人民共和国海关进出口货物商品归类补充申报单

补充申报单编号：

<table>
<tr><td>报关单号</td><td colspan="3"></td><td colspan="2">报关单　第　　项商品</td></tr>
<tr><td>商品名称</td><td colspan="3"></td><td>商品编码</td><td></td></tr>
<tr><td>规格型号</td><td colspan="5"></td></tr>
<tr><td>品 牌</td><td colspan="5">中文：　　　　　　英文：</td></tr>
<tr><td rowspan="2">买 方</td><td colspan="3">名称：</td><td colspan="2">联系人：</td></tr>
<tr><td colspan="3">地址：</td><td colspan="2">电话：</td></tr>
<tr><td rowspan="2">卖 方</td><td colspan="3">名称：</td><td colspan="2">联系人：</td></tr>
<tr><td colspan="3">地址：</td><td colspan="2">电话：</td></tr>
<tr><td rowspan="2">生产厂商</td><td colspan="3">名称：</td><td colspan="2">联系人：</td></tr>
<tr><td colspan="3">地址：</td><td colspan="2">电话：</td></tr>
<tr><td>合同协议号</td><td colspan="3"></td><td>签约日期</td><td></td></tr>
<tr><td>发票编号</td><td colspan="3"></td><td>发票日期</td><td></td></tr>
<tr><td>商品其他名称</td><td colspan="3"></td><td>进/出口国（地区）海关商品编码</td><td></td></tr>
<tr><td colspan="6">该商品是否取得过海关预归类决定书？　☐ 是　☐ 否
如选择“是”，请填写以下 3 项。</td></tr>
<tr><td>预归类决定书编 号</td><td></td><td>预归类决定书商 品 编 码</td><td></td><td>作出预归类决定的直属海关</td><td></td></tr>
<tr><td colspan="6">该商品是否曾被海关取样化验？　☐ 是　☐否
请按以下选中项填写相关说明：
☐ a 成分及比例 ☐ b 原料及组成 ☐ c 生产/加工工艺 ☐ d 构成 ☐ e 技术参数 ☐ f 具体规格
☐ g 工作原理 ☐ h 车型、排量 ☐ i 功能 ☐ j 用途 ☐ k 加工程度 ☐ l 性能指标 ☐ m 其他信息：</td></tr>
<tr><td colspan="6">请在此填写（请注明上述相应选项项号，也可在本申报单后随附）：</td></tr>
<tr><td colspan="4">申报申明：对本申报单各项填报内容及所附单证的真实性和完整性承担法律责任，并愿意提供与海关归类有关的其他任何资料和单证，如有不实，由海关按有关规定处理。
对上申报内容是否需要海关予以保密？　☐ 是　☐否
申报人签名：　　填报日期：
单位地址：　　申报单位：
邮编：　　☐ 进出口货物收发货人；
电话：　　☐ 委托申报的报关企业
（盖 章）</td><td colspan="2">海关批注：</td></tr>
</table>

填报说明

一、总体说明

（一）“中华人民共和国海关进出口货物商品归类补充申报单”（以下简称“归类补充申报单”）应当由进出口货物收货人或者其委托的报关企业填写。

（二）每一份“归类补充申报单”只能填写一项商品，对应一份报关单。如一份报关单中涉及多项商品需要进行补充申报原产地情况的，一份报关单可以对应多份“归类补充申报单”。

（三）除特殊说明的栏目外，“归类补充申报单”每一栏目均应填写。

（四）凡“归类补充申报单”中有“□”符号的选择项目，根据实际情况在选择项目前面的“□”中打“√”号。

（五）在已有法规中已有对商品归类相关的解释、概念在以下说明中不再重复解释。

（六）阅读本说明后，仍然无法准确填报的，请及时向海关有关工作人员询问。

二、具体栏目填报说明

（一）“补充申报单编号”由海关填写。

（二）“报关单号”应填写补充申报单所对应的报关单编号。

（三）“报关单 第 项”是指作补充申报的商品在报关单中的排列序号，该项目与报关单中该商品的“项号”一致。

（四）“商品名称”为补充申报的进口货物规范的中英文商品名称，内容应当与报关单相应项目相符。

（五）“商品编码”应填报由《中华人民共和国进出口税则》确定的进出口货物的税则号列和《中华人民共和国海关统计商品目录》确定的商品编码，以及符合海关监管要求的附加编号组成的10位商品编码，该项目应与报关单填报内容一致。

（六）“规格型号”内容应当与报关单相应栏目相符，但应当比报关单所填报的规格型号内容更详细全面。

（七）“品牌”栏根据实际情况，有中英文的则填写中英文，仅有一种的则填一种。

以上“规格型号”、“品牌”栏要求填写的项目较多，如果填写空间不够，应当选择能够反映进出口货物特征的主要项目填写。对部分重点商品海关将以清单形式明确商品规格型号及品牌的填制规范。

（八）“买方”是指直接与境外的卖方谈判达成交易，自行或者委托具有对外贸易经营权的企业与卖方签订并实际执行合同的我国境内法人或其他组织。买方也就是成交单位，同时也可以是经营单位。该栏目必须填写中英文全名，主要办公地点地址、联系人姓名及联系电话。

（九）“卖方”指与买方谈判达成交易，并直接与成交单位或与成交单位委托的经营单位签订进口货物销售合同的境外法人或其他组织。卖方就是成交外商，也可以是生产厂商。该栏目必须填写中英文全名，主要办公地点地址、联系人姓名及联系电话。

（十）“生产厂商”指进口货物的生产企业，该栏目必须填写其中英文全名、主要办公地点地址、联系人姓名及联系电话。

（十一）“合同协议号”应与报关单填报内容一致。

（十二）“发票编号”填写生产厂商销售货物开出的商业发票编号。如果涉及反倾销商品，本栏目必须填写原产商发票。

（十三）“商品其他名称”填写除“报关单”中商品名称以外的其他名称：如俗名、习惯称谓、商业名称、外文名称等。

（十四）“进/出口国（地区）海关商品编码”填写进出口该商品的国家或地区海关确定的商品编码，如果不清楚可以不填。

（十五）“该商品是否取得过海关预归类决定书”栏，应根据实际选择，如果该商品曾取得过海关的预归类决定书，还应填写“预归类决定书编号”“商品编码”“作出预归类决定的海关”相关内容。

（十六）“该商品是否曾被海关取样化验”栏，请根据实际选择。

（十七）“请按选中项填写相关说明”栏，请根据海关要求或企业希望主动提供资料的实际情况进行选择，并在空白栏处按选中项目的字母顺序逐项如实填写，也可在申报单后随附提供。

（十八）“申报申明”栏中，申报人签字由进出口货物收货人或者其委托的报关企业填报人签字；申报单位盖章应当加盖申报人单位公章，报关企业填报该表时必须提交由进出口货物收发货人出具的书面委托书。

（十九）“海关批注”栏指供海关内部作业时签注的总栏目，由海关关员手工填写在纸质“补充申报单”上。

附件 3

中华人民共和国海关进出口货物原产地补充申报单

补充申报单编号：

<table>
<tr><td>报关单号</td><td colspan="3"></td><td colspan="3">报关单　第　　项商品</td></tr>
<tr><td>商品名称</td><td colspan="3"></td><td>商品编码</td><td colspan="2"></td></tr>
<tr><td>规格型号</td><td colspan="3"></td><td>标记唛头</td><td colspan="2"></td></tr>
<tr><td>品牌</td><td colspan="6">中文：　　　　　　　　英文：</td></tr>
<tr><td rowspan="2">买方</td><td colspan="3">名称：</td><td colspan="3">联系人：</td></tr>
<tr><td colspan="3">地址：</td><td colspan="3">电话：</td></tr>
<tr><td rowspan="2">卖 方</td><td colspan="3">名称：</td><td colspan="3">联系人：</td></tr>
<tr><td colspan="3">地址：</td><td colspan="3">电话：</td></tr>
<tr><td rowspan="2">生产厂商</td><td colspan="3">名称：</td><td colspan="3">联系人：</td></tr>
<tr><td colspan="3">地址：</td><td colspan="3">电话：</td></tr>
<tr><td>合同协议号</td><td colspan="3"></td><td>签约日期</td><td colspan="2"></td></tr>
<tr><td>发票编号</td><td colspan="3"></td><td>发票日期</td><td colspan="2"></td></tr>
<tr><td>运输方式</td><td colspan="6">☐ 联运 ☐ 空运 ☐ 海运☐ 陆运</td></tr>
<tr><td>直接运输</td><td colspan="3">☐ 是　☐否</td><td>中转国（地区）</td><td colspan="2"></td></tr>
<tr><td>到货口岸</td><td colspan="3"></td><td>申报口岸</td><td colspan="2"></td></tr>
<tr><td>提单编号</td><td colspan="6"></td></tr>
<tr><td>原产国（地区）</td><td colspan="3"></td><td>原产国（地区）标记的位置</td><td colspan="2">☐ 外包装 ☐ 内包装 ☐ 产品本体 ☐ 无</td></tr>
<tr><td colspan="2">原产地证书签发机构及所在国家（地区）</td><td colspan="2"></td><td>原产地证书编号</td><td colspan="2"></td></tr>
<tr><td colspan="2">适用的原产地标准</td><td colspan="5">☐完全获得 ☐税号改变 ☐制造或加工工序 ☐从价百分比 ☐混合标准 ☐其他标准</td></tr>
<tr><td colspan="7">其他需要说明的情况（针对上述项目需要进一步说明的）：</td></tr>
<tr><td colspan="5">申报申明：对本申报单各项填报内容及所附单证的真实性和完整性承担法律责任，并愿意提供与海关归类有关的其他任何资料和单证，如有不实，由海关按有关规定处理。
对上申报内容是否需要海关予以保密？　☐ 是　☐否
申报人签名：　填报日期：
单位地址：　申报单位：
邮编：　☐ 进出口货物收发货人；
电话：　☐ 委托申报的报关企业
（盖 章）</td><td colspan="2">海关批注：</td></tr>
</table>

填报说明

一、总体说明

（一）“中华人民共和国海关进出口货物原产地补充申报单”（以下简称“原产地补充申报单”）应当由进出口货物收货人或者其委托的报关企业填写。

（二）每一份“原产地补充申报单”只能填写一项商品，对应一份报关单。如一份报关单中涉及多项商品需要进行补充申报原产地情况的，一份报关单可以对应多份“原产地补充申报单”。

（三）除特殊说明的栏目外，“原产地补充申报单”每一栏目均应填写。

（四）凡“原产地补充申报单”中有“□”符号的选择项目，根据实际情况在选择项目前面的“□”中打“√”号。

（五）在原产地相关管理规定中已有解释的有关概念在以下说明中不再重复解释。

（六）阅读本说明后，仍然无法准确填报的，请及时向海关有关工作人员询问。

二、具体栏目填报说明

（一）“补充申报单编号”由海关填写。

（二）“报关单号”应填写补充申报单所对应的报关单编号。

（三）“报关单 第 项”是指作补充申报的商品在报关单中的排列序号，该项目与报关单中该商品的“项号”一致。

（四）“商品名称”为补充申报的进口货物规范的中英文商品名称，内容应当与报关单相应项目相符。

（五）“商品编码”应填报由《中华人民共和国进出口税则》确定的进出口货物的税则号列和《中华人民共和国海关统计商品目录》确定的商品编码，以及符合海关监管要求的附加编号组成的10位商品编码，该项目应与报关单填报内容一致。

（六）“规格型号”内容应当与报关单相应栏目相符，但应当比报关单所填报的规格型号内容更详细全面。

（七“标记唛头”指标记唛码中除图形以外的文字、数字。

（八）“品牌”栏根据实际情况，有中英文的则填写中英文，仅有一种的则填一种。

以上“规格型号”、“品牌”栏要求填写的项目较多，如果填写空间不够，应当选择能够反映进出口货物特征的主要项目填写。对部分重点商品海关将以清单形式明确商品规格型号及品牌的填制规范。

（九）“买方”是指直接与境外的卖方谈判达成交易，自行或者委托具有对外贸易经营权的企业与卖方签订并实际执行合同的我国境内法人或其他组织。买方也就是成交单位，同时也可以是经营单位。该栏目必须填写中英文全名，主要办公地点地址、联系人姓名及联系电话。

（十）“卖方”指与买方谈判达成交易，并直接与成交单位或与成交单位委托的经营单位签订进口货物销售合同的境外法人或其他组织。卖方就是成交外商，也可以是生产厂商。该栏目必须填写中英文全名，主要办公地点地址、联系人姓名及联系电话。

（十一）“生产厂商”指进口货物的生产企业，该栏目必须填写其中英文全名、主要办公地点地址、联系人姓名及联系电话。

（十二）“合同协议号”应与报关单填报内容一致。

（十三）“发票编号”填写生产厂商销售货物开出的商业发票编号。如果涉及反倾销商品，本栏目必须填写原产商发票。

（十四）“运输方式”栏，按照实际情况在“□”内打“√”，如果是采用“联运”方式的，除了在“联运”前的“□”内打“√”外，还要确定具体的运输方式，如海陆联运的，则选“联运”、“海运”、“陆运”三个选项。

（十五）“直接运输”栏，按照实际情况在“□”内打“√”，如非直接运输，还应在“中转国（地区）”栏中，填写实际中转国（地区）名称。

（十六）“中转国（地区）”指货物在运输过程中因需要而中间停留、变换运输工具或方式的国家或地区，有多个则填写多个。

（十七）“到货口岸”指进口货物到达我国关境的第一个口岸。

（十八）“申报口岸”指进口货物办理报关手续的口岸。

（十九）“提单编号”填写进口货物运输全过程中所有的提单编号。

（二十）“原产国（地区）”指依据《中华人民共和国进出口货物原产地条例》、《中华人民共和国海关关于执行〈非优惠原产地规则中实质性改变标准〉的规定》及海关总署关于各项优惠贸易协定原产地管理规章规定的原产地确定标准填报。

（二十一）“原产地证书签发机构及所在国家（地区）”按实际情况如实填写，有中英文的则按中英文填写。如果涉及反倾销商品，本栏目必须填写。

（二十二）“适用原产地标准”栏应当依据《中华人民共和国进出口货物原产地条例》（国务院令第416号）和《中华人民共和国海关关于〈关于非优惠原产地规则中实质性改变标准的规定〉》（海关总署令第122号）的有关规定进行选择。

（二十三）“其他需要说明的情况”栏填写在其他栏目中不能说明清楚的问题，空间不足的还可另附页说明。

（二十四）“申报申明”栏中，申报人签字由进出口货物收货人或者其委托的报关企业填报人签字；申报单位盖章应当加盖申报人单位公章，报关企业填报该表时必须提交由进出口货物收发货人出具的书面委托书。

（二十五）“海关批注”栏指供海关内部作业时签注的总栏目，由海关关员手工填写在纸质“补充申报单”上。

海关总署关于调整部分进口固体废物分类规范申报有关规定的公告

（海关总署公告2010年第16号）

为规范废金属、废塑料、废纸的进口秩序和企业的进口申报方式，打击价格瞒骗，促进我国再生回收行业的健康发展，自2010年4月1日起，对部分进口废金属、废塑料和废纸分类目录和报关方法进行调整，收货人及其代理人应当按照本公告附件的规定要求向海关申报并填写报关单。对本公告规定以外的有关商品，仍应按照《中华人民共和国海关进出口商品规范申报目录》的有关规定进行申报。海关总署公告2003年第61号同时废止。

特此公告。

附件1　部分废金属分类目录及报关方法（略）
附件2　废塑料分类目录及报关方法（略）
附件3　废纸分类目录及报关方法（略）

海关总署
2010年3月9日

海关总署关于对重点固体废物进口实施分类装运管理的公告

（海关总署公告2010年第21号）

为加强对进口固体废物的管理，打击利用进口固体废物渠道进行的走私违法活动，维护固体废物进口的正常贸易秩序，根据《中华人民共和国海关法》、《中华人民共和国固体废物污染环境防治法》等法律法规，经商商务部、环境保护部、质检总局，决定对废金属、废塑料、废纸（以下简称“重点固体废物”）进口实施分类装运管理。现将有关事项公告如下：

一、重点固体废物不得与其他非重点固体废物及不属于固体废物的货物混合装运于同一集装箱内。

二、以集装箱装载的进口重点固体废物应按本公告附件“重点固体废物类别表”的分类要求，对A-K类重点固体废物分开装载，必须进行压扎、打捆、包装等简单装运前处理，并按规范申报的要求逐项申报。集装箱内夹杂其他类别重点固体废物的重量占该集装箱货物装载量2%及以下的，不视为混装。

三、进口普通货物的次品、等外品必须按普通货物申报，不允许申报为固体废物。对于经国家有关部门通过验收并具备海关监管条件的进口固体废物加工管理园区（以下简称园区），经园区所在地直属海关报总署批准后，可以允许区内企业在园区内对上述货物作破坏性处理后以固体废物形式，按规范申报的要求逐项申报。

四、因特殊原因，无法满足本公告附件“重点固体废物类别表”分类装运要求，且未在境外换装运输工具直接运抵境内的重点固体废物，进口企业应在境外起运地装运前向口岸直属海关提出申请，由直属海关报经海关总署批准后，上述进口重点固体废物须在具备监管条件的口岸现场或园区按类别进行分拣，并按分拣后的状态，按规范申报的要求逐项申报。

五、除集装箱装载以外散装进境的两种以上（含两种）不同类别的重点固体废物，进境后须在符合海关监管场所建设条件的口岸现场，在海关监管下按类别分拣，并按分拣后的状态，按规范申报的要求逐项申报。

六、经园区所在地直属海关报经海关总署批准，允许区内企业对进口不同类别的混装重点固体废物在园区内按类别进行分拣，并按分拣后的状态，按规范申报的要求逐项申报。

七、对未按上述规定进口的重点固体废物，如无走私或违反海关监管规定嫌疑，进口企业可申请办理直接退运手续。

八、本公告自2010年6月1日起实施。

特此公告。

附件　重点固体废物类别表

海关总署

2010年3月29日

附件

重点固体废物类别表

类　别	废物名称	海关商品编号
A类	其他铜废碎料	7404000090
B类	其他铝废碎料	7602000090
C类	以回收铜为主的废电机	7404000010
D类	以回收铜为主的废电线、电缆	7404000010
	以回收铝为主的废电线、电缆	7602000010
E类	以回收铜为主的废五金电器（除C、D类外）	7404000010
	以回收铝为主的废五金电器（除C、D类外）	7602000010
	以回收钢铁为主的废五金电器	7204490020
F类	废汽车压件	7204490010
G类	铸铁废碎料	7204100000
	其他合金钢废碎料	7204290000
	镀锡钢铁废碎料	7204300000
	机械加工中产生的钢铁废料（机械加工指车、刨、铣、磨、锯、锉、剪、冲加工）	7204410000
	未列名钢铁废碎料	7204490090
	供再熔的碎料钢铁锭	7204500000
H类	不锈钢废碎料	7204210000

续表

类　别	废物名称	海关商品编号
I类	钨废碎料	8101970000
	镁废碎料	8104200000
	其他未锻轧铋废碎料	8106001092
	钛废碎料	8108300000
	锆废碎料	8109300000
	未锻轧锗废碎料	8112921010
	未锻轧钒废碎料	8112922010
	未锻轧铌废碎料	8112924010
	未锻轧铪废碎料	8112929011
	未锻轧的镓、铼废碎料	8112929091
	颗粒或粉末状碳化钨废碎料	8113001010
	其他碳化钨废碎料，颗粒或粉末除外	8113009010
J类	乙烯聚合物的废碎料及下脚料	3915100000
	苯乙烯聚合物的废碎料及下脚料	3915200000
	氯乙烯聚合物的废碎料及下脚料	3915300000
	聚对苯二甲酸乙二酯废碎料及下脚料	3915901000
	其他塑料的废碎料及下脚料	3915909000
K类	回收（废碎）的未漂白牛皮、瓦楞纸或纸板	4707100000
	回收（废碎）的漂白化学木浆制的纸和纸板（未经本体染色）	4707200000
	回收（废碎）的机械木浆制的纸或纸板（例如，废报纸、杂志及类似印刷品）	4707300000
	其他回收纸或纸板（包括未分选的废碎品）	4707900090

备注：

1. 本公告中的废物名称与环境保护部、商务部、国家发展改革委、海关总署、质检总局2009年第36号公告中的固体废物名称（海关商品名称）相一致。

2. 进口本表D类中“以回收铜为主的废电线、电缆”和“以回收铝为主的废电线、电缆”混合装入同一集装箱的，货物装运前必须按类别进行独立包装或采取物理隔离措施。

3. 进口本表E类中“以回收铜为主的废五金电器（除C、D类外）”、“以回收铝为主的废五金电器（除C、D类外）”或“以回收钢铁为主的废五金电器”两种或两种以上，混合装入同一集装箱的，货物装运前必须按类别进行独立包装或采取物理隔离措施。

关于常驻机构和常驻人员进境机动车辆有关事宜的公告

（海关总署公告2010年第32号）

根据国家《汽车产业发展政策》的有关管理原则，为维护国内汽车市场正常秩序，照顾常驻机构和常驻人员合理需用，现就常驻机构和常驻人员进境机动车辆有关事宜公告如下：

一、自2010年7月1日起，除按照有关政府间协定可以免税进境机动车辆的常驻机构和常驻人员、国家专门引进的高层次人才和专家以外，其他常驻机构和常驻人员不得进境旧机动车辆，对其旧机动车辆进境申请，海关不予受理。

2010年7月1日以前已按照有关规定向海关申请进境机动车辆的，可不受上款规定限制。

二、对常驻机构和常驻人员申请进境的新机动车辆，海关按照现行有关规定办理审批、征税、验放等手续。

三、本公告中所述“常驻机构”和“常驻人员”分别指海关总署令第115号和116号中的“常驻机构”和“常驻人员”。其中，“常驻机构”是指境外企业、新闻机构、经贸机构、文化团体及其他境外法人经中华人民共和国政府主管部门批准，在境内设立的常设机构；“常驻人员”是指经公安部门批准进境并在境内连续居留一年以上（含一年），期满后仍回到境外定居地的外国公民、港澳台地区人员、华侨，并且其属于上述常驻机构内的工作人员，或在海关注册登记的外商投资企业内的人员，或入境长期工作的专家。

四、本公告中所述“旧机动车辆”是指已使用过的机动车辆，“新机动车辆”是指没有使用过的机动车辆。

特此公告。

海关总署

2010年5月25日

海关总署关于进口货样和广告品监管有关事项的公告

（海关总署公告2010年第33号）

为规范进出口贸易秩序，加强对进出口货样和广告品的管理，现就有关事项公告如下：

一、进出口货样系指进出口专供订货参考的货物样品；进出口广告品系指进出口用以宣传有关商品内容的广告宣传品。

二、进出口货样和广告品，不论是否免费提供，均应由在海关注册登记的进出口进出口货物收发货人或其代理人向海关申报，由海关按规定审核验放。

三、进出口货样和广告品属于国家禁止进出口或者进出口实行许可证件管理的商品，应按照国家有关管理规定办理。

四、进出口无商业价值的货样和广告品准予免征关税和进口环节海关代征税，其他进出口货样和广告品一律照章征税。

五、本公告自2010年7月1日起实行。原《中华人民共和国海关对进出口货样、广告品监管办法》（〔86〕署货字第496号）、《关于修改〈海关对进出口货样、广告品监管办法〉第七条的通知》（署监一〔1990〕698号）同时废止。

特此公告。

海关总署

2010年5月25日

海关总署关于调整进出境快件KJ2、KJ3报关单申报内容的公告

（海关总署公告2010年第41号）

为加强对快件渠道货样和广告品的管理，现就中华人民共和国海关进出境快件KJ2、KJ3报关单的申报内容进行调整：

按照快件 KJ2 报关单申报的进、出境快件，进出境快件运营人向海关提交快件 KJ2 报关单时，应当申报经营单位名称、经营单位编码和商品编码（见附件 1）；按照快件 KJ3 报关单申报的进境快件，进境快件运营人向海关提交快件 KJ3 报关单时，应当申报经营单位名称、经营单位编码（见附件 2）。

本公告内容自 2010 年 7 月 1 日起实施。

特此公告。

附件 1　中华人民共和国海关进出境快件 KJ2 报关单（略）

附件 2　中华人民共和国海关进出境快件 KJ3 报关单（略）

海关总署

2010 年 6 月 29 日

关于调整进出境个人邮递物品管理措施有关事宜

（海关总署公告 2010 年第 43 号）

为进一步规范对进出境个人邮递物品的监管，照顾收件人、寄件人合理需要，现就有关事项公告如下：

一、个人邮寄进境物品，海关依法征收进口税，但应征进口税税额在人民币 50 元（含 50 元）以下的，海关予以免征。

二、个人寄自或寄往港、澳、台地区的物品，每次限值为 800 元人民币；寄自或寄往其他国家和地区的物品，每次限值为 1000 元人民币。

三、个人邮寄进出境物品超出规定限值的，应办理退运手续或者按照货物规定办理通关手续。但邮包内仅有一件物品且不可分割的，虽超出规定限值，经海关审核确属个人自用的，可以按照个人物品规定办理通关手续。

四、邮运进出口的商业性邮件，应按照货物规定办理通关手续。

五、本公告内容自 2010 年 9 月 1 日起实行。原《海关总署关于调整进出境邮件中个人物品的限值和免税额的通知》（署监〔1994〕774 号）同时废止。

特此公告。

海关总署

2010 年 7 月 2 日

关于进境旅客所携行李物品验放标准有关事宜

（海关总署公告 2010 年第 54 号）

为进一步增强海关执法透明度，方便旅客进出境，明确进境旅客行李物品征免税规定，规范和统一海关验放标准，现就有关事项公告如下：

一、进境居民旅客携带在境外获取的个人自用进境物品，总值在 5000 元人民币以内（含 5000 元）的；非居民旅客携带拟留在中国境内的个人自用进境物品，总值在 2000 元人民币以内（含 2000 元）的，海关予以免税放行，单一品种限自用、合理数量，但烟草制品、酒精制品以及国家规定应当征税的 20 种商品等另按有关规定办理。

二、进境居民旅客携带超出 5000 元人民币的个人自用进境物品，经海关审核确属自用的；进境非居民旅客携带拟留在中国境内的个人自用进境物品，超出人民币 2000 元的，海关仅对超出部分的个人自用进境物品征税，对不可分割的单件物品，全额征税。

三、有关短期内多次来往旅客行李物品征免税规定、验放标准等事项另行规定。

特此公告。

海关总署
2010 年 8 月 19 日

海关总署关于进一步深化分类通关改革试点的公告

（海关总署公告 2010 年第 56 号）

分类通关改革试点开展以来，海关通关作业系统运行稳定，改革成效明显，社会反响良好，达到了改革的预期目标。为进一步优化海关监管和服务，提高通关效率，海关总署决定在出口货物分类通关改革试点的基础上，在全国海关进一步深化分类通关改革工作。现将有关事项公告如下：

一、出口货物分类通关改革扩大到全国海关开展；进口货物分类通关改革在北京、天津、大连、上海、南京、杭州、宁波、福州、厦门、青岛、广州、深圳、拱北、黄埔、江门海关开展试点。

二、适用范围：所有通过海关通关作业系统（H2000）报关的进出口货物均适用分类通关。

三、分类通关是海关以企业资信状况为基础，综合商品、物流等各类要素，按照风险高低对进出口货物实施分类通关作业。

四、对诚信守法企业的进出口货物，海关快速放行。纸质报关单证有“事后交单”和“现场交单”两种方式供企业自主选择。

（一）“事后交单”，即经海关审核准予适用“事后交单”通关方式的企业采取“无纸报关”方式录入报关单向海关申报，经海关核准放行后，报关人在规定期限内向海关递交纸质报关单证。

（二）“现场交单”，即企业按照《中华人民共和国海关进出口货物申报管理规定》（海关总署令第 103 号）要求，在货物放行前向海关递交纸质报关单证。

五、涉及许可证件的进出口货物不适用“事后交单”通关方式。

六、试点海关范围内 A 类及以上的进出口企业和代理报关企业，可以向注册地海关申请适用“事后交单”通关方式。

经海关审核准予适用“事后交单”通关方式的进出口企业需要委托报关企业代理报关的，应当委托经海关审核准予适用“事后交单”通关方式的报关企业。

七、A 类及以上企业经注册地海关同意，并与海关、电子口岸签订协议书后，可在全国试点海关范围内适用“事后交单”通关方式。

八、适用“事后交单”通关方式的企业应当自货物放行之日起 10 日内到海关办理交单验核等相关手续。

九、对分类通关的进出口货物报关单及随附单证实行企业单证暂存试点。具体事项另行公告。

十、本公告内容自发布之日起施行，海关总署公告 2009 第 33 号同时废止。

特此公告。

海关总署
2010 年 8 月 27 日

海关总署关于在全国海关出口货物领域和部分海关进口货物领域开展报关单证企业暂存试点的公告

（海关总署公告2010年第59号）

为进一步深化分类通关改革，提高通关效率，降低企业通关成本，海关总署决定在全国海关出口货物领域和部分海关进口货物领域开展报关单证企业暂存试点。现就有关事项公告如下：

一、企业暂存报关单证是指进出口货物收发货人或其代理人按照分类通关作业模式，经海关批准免予现场递交并由企业暂行保管的，不涉及许可证件，不涉及征税、减免税且无需查验的报关单及其随附单证（以下简称报关单证）。

二、企业暂存报关单证分为进出口货物收发货人“自行暂存”和报关企业“集中代存”两种类型。

三、出口报关单证企业自行暂存和集中代存试点在全国海关全面开展；进口报关单证企业自行暂存和集中代存试点在上海、南京、青岛、黄埔海关开展。

四、试点海关范围内A类及以上类别进出口货物收发货人申请并经注册地海关认证和验收后，可自行暂存在注册地海关申报的报关单证；试点海关范围内A类及以上类别报关企业申请并经注册地海关认证和验收后，可暂存其代理的注册地在本关区（指企业注册地所在直属海关）范围内的A类及以上类别进出口货物收发货人（须代理报关企业与被代理进出口货物收发货人签订代理协议）在报关企业主管地海关申报的报关单证。

五、海关对自愿申请开展报关单证自行暂存的进出口货物收发货人和集中代存的报关企业进行审核评估，并对企业单证保管的硬件设施和单证管理制度进行实地验收。企业必须有满足纸质单证档案保管要求的专用场所和设施，配备计算机和软件用于单证理单和档案管理，并制订报关单证管理制度，安排专人负责报关单证的归档、保管、接待查阅和安全防范工作。

六、海关对单证暂存企业的报关单证管理状况进行检查，检查内容包括企业暂存单证保管库房的安全性、理单归档的及时性、纸质单证档案的完整性、所存单证内容与海关电子数据的一致性及相关管理制度的落实情况等。

本公告内容自发布之日起施行。

特此公告。

附件1　报关单证企业自行暂存和集中代存管理办法（试行）

附件2　报关单证企业自行暂存和集中代存准入条件和验收标准（试行）

海关总署

2010年8月30日

附件1

报关单证企业自行暂存和集中代存管理办法（试行）

第一章　总　则

第一条　为规范进出口货物报关单证的企业自行暂存和集中代存管理，保障报关单证安全，根据《中华人民共和国海关法》、《中华人民共和国海关稽查条例》、《进出口货物报关单证档案管理制度》及其他有关规定制定本办法。

第二条　企业暂存的报关单及随附单证（以下简称“报关单证”）是指进出口货物收发货人或其代理人按照分类通关作业模式，经海关批准免予现场递交并由企业暂行保管的法定单证，是海关依法对进出口货物进行有效监管的重要依据。

第三条　企业暂存报关单证分为进出口货物收发货人“自行暂存”和报关企业“集中代存”两种类型。

A类及以上类别进出口货物收发货人和报关企业在向海关申请并经认证后可在以下范围内开展报关单证企业暂存：

（一）A类及以上类别进出口货物收发货人可自行暂存在企业注册地主管海关（以下简称“主管地海关”）申报的报关单证；

（二）A类及以上类别报关企业可暂存其代理的注册地在本关区（指企业注册地所在直属海关）范围内的A类及以上类别进出口货物收发货人（须代理报关企业与被代理进出口货物收发货人签订代理协议）在报关企业主管地海关申报的报关单证。

第四条　报关单证企业暂存管理应遵循“规范管理、方便使用、保证安全”的原则。

第二章　企业暂存报关单证适用及归档范围

第五条　企业暂存的报关单证包括：不涉及许可证件、不涉及征税、减免税且无需查验的报关单及其随附单证。海关认为不适宜企业暂存的报关单证除外。

第六条　以下报关单及其随附单证应列入企业暂存报关单证的归档范围：

（一）海关已接受申报并放行（货物放行）结关的，盖有申报单位印章的进出口货物报关单及各类海关特殊监管区域的进出境货物备案清单；

（二）报关单或备案清单的手写联；

（三）随附的合同、发票、装箱清单、载货清单（舱单）、提（运）单及其他运输单证的正本或复印件；

（四）代理报关委托书；

（五）海关根据有关规定需要企业暂存的其他有关单证。

第三章　企业暂存报关单证存放要求及保管期限

第七条　暂存企业须有专门设施集中存放报关单证，应装有防盗门和铁栅栏窗，配备灭火器具，符合防火、防盗、防鼠（虫）及防潮等要求。

第八条　暂存企业应指定专人负责报关单证的理单、归档、保管、接待查阅和安全防范工作，确保单证的完整性和安全性。单证一经入库，不得更换。企业单证管理人员须经主管地海关单证管理部门培训后上岗。

第九条　企业暂存的报关单证应自办结完海关手续之日起保存5年。

第四章　企业暂存报关单证理单及归档

第十条　暂存企业应在办结海关手续后7个工作日内完成理单，建立报关单证海关编号与档案号对应关系。理单时应使用海关指定的计算机管理系统。理单后的报关单证应以每册50份单证整理造册，册面上应注明年份、册号、理单号、保管期限（附件1，略），并打印“理单清单”（附件2，略）一式3份，一份作为册内首页，一份单独整理装订保管，一份定期装订成册，报送主管地海关单证管理部门存档。

第十一条　主管地海关定期向单证暂存企业发送相关放行结关的报关单清单，企业对照实际存档单证检查归档单证的及时性和完整性，并在规定期限内向海关反馈。

第十二条　海关应对企业暂存单证的及时性、完整性情况实施实地检查。对于年入库报关单量达1万份及以上的暂存企业，主管地海关必须每年对其单证管理状况进行检查；对于年入库报关单量未达1万份的暂存企业，主管地海关应不定期实施抽查。检查和抽查以实地为主，核查所存单证的完整性、与海关电子数据的一致性及相关管理制度的落实情况。

第五章　企业暂存报关单证调阅

第十三条　未经主管地海关批准，暂存企业不得对外提供暂存的报关单证及其信息。需查阅、复印和借阅企业暂存报关单证的，应按下列手续办理：

（一）海关系统需查阅的，应向单证暂存主管地海关的单证管理部门提交“企业暂存报关单证调阅申请单”（附件3，略），经审核同意后，凭单证管理部门出具的“企业暂存报关单证调阅通知单”（附件4，略）及本人有效证件到企业查阅相关单证，企业应积极配合。

进出口货物收发货人需查询由代理报关企业集中代存的本单位报关单证的，须持本单位介绍信及查阅人有效证件，填写“企业暂存报关单证调阅申请单”，经主管地海关单证管理部门批准后，到代存企业查阅本单位相关单证，代存企业应积极配合。进出口货物收发货人代理人要求调阅被代理企业相关报关单证的，还应出具委托人的授权委托书；但不得调阅非委托单位的报关单证。

司法机关、有关行政执法机关等如需查阅的，须持本单位介绍信、法律文书、本人有效证件，经主管地海关法制部门批准后，由该关单证管理部门协同前往企业查阅相关单证。

（二）需复印的，须符合以上对查阅单位的有关要求，并填写“企业暂存报关单证调阅申请单”，经主管地海关单证管理部门批准后，由该部门通知企业交单。企业收到该部门“企业暂存报关单证交单通知单”（附件5，略）后于规定时间内，按照无纸通关事后交单有关要求到相关海关办理交单手续，并留存相关报关单证复印件。收到已理单相关单证后，经该关单证管理部门和法制部门审核、批准后，提供加盖印章的单证复印件。

（三）借阅，仅限于主管地海关内部有关部门。需借阅部门应填写“企业暂存报关单证调阅申请单”，经本关单证管理部门批准后，由该单证管理部门通知企业交单，企业收到该部门“企业暂存报关单证交单通知单”，按要求到相关海关办理交单手续，并留存报关单证复印件。

借阅期间，借阅部门不得对报关单证进行涂改、撤换或损坏，应保持原单的完整与清洁，并按期归还报关单证。企业单证管理人员应办理有关单证借阅的退还手续，经检查完整无损后方能进行归档。

第六章　企业暂存报关单证移交及销毁

第十四条　对于企业递交已放行结关的报关单电子数据更改或删除申请的，不论海关审批结果如何，原报关单证由企业暂存改为移交主管地海关，由海关重新理单存档。对于已移交主管地海关的暂存单证，企业在撤出原报关单证时，应在册内理单清单上做出备注说明。企业留存报关单证复印件和经海关审批的删改单申请复印件。

第十五条　如遇企业被停止开展单证暂存业务或者企业经营状况恶化等不适宜继续进行单证暂存的情况，需要批量移交企业暂存报关单证的，经主管地海关批准，企业暂存报关单证改为海关保存，由主管地海关负责按照报关单证的管理年限进行专门保管。

第十六条　对已超过保存期限的报关单证，企业应填写“企业暂存报关单证销毁登记单”（附件6，略），向主管地海关单证管理部门提出申请，经海关批准，由企业送到当地保密局指定地点予以销毁。单独造册的“理单清单”和“企业暂存报关单证销毁登记单”应永久保存。销毁时，主管地海关单证管理部门和企业应派人共同监销，并在“企业暂存报关单证销毁登记单”上签字备案。

第七章　责任追究

第十七条　单证暂存企业如有遗失、伪造、变造单证或未经批准擅自对外调阅、复印、贩卖单证信息等行为，影响海关监管和进出口货物报关单证档案安全管理的，海关将依照《中华人民共和国海关稽查条例》、《中华人民共和国海关行政处罚实施条例》、《中华人民共和国海关企业分类管理办法》调整其管理类别或予以行政处罚，并责令企业限期整改；情节严重的停止企业进行单证暂存；构成犯罪的，依法追究刑事责任。

第八章　附　则

第十八条　本办法由海关总署负责解释。

第十九条　本办法自下发之日起施行。

附件2

报关单证企业自行暂存和集中代存准入条件和验收标准（试行）

一、企业准入条件

（一）试点海关范围内A类及以上类别进出口货物收发货人申请并经注册地海关认证和验收后，可自行暂存在注册地海关申报的报关单证；

（二）试点海关范围内A类及以上类别报关企业申请并经注册地海关认证和验收后，可暂存其代理的注册地在本关区（指企业注册地所在直属海关）范围内的A类及以上类别进出口货物收发货人（须代理报关企业与被代理进出口货物收发货人签订代理协议）在报关企业主管地海关申报的报关单证。

二、企业验收标准

（一）专用保管场所及设施

报关单证须有专门库房或封闭区域集中存放，应装有防盗门和铁栅栏窗，配备灭火器具，符合防火、防盗、防鼠（虫）及防潮等要求。

（二）专用计算机管理

配备专用计算机，使用海关指定理单管理系统完成理单操作，建立报关单单证海关编号与档案号对应关系。在报关单证档案日常管理中应采用计算机技术，并妥善保管有关电子数据。

（三）专人管理

企业应指定专人负责报关单证的理单、归档、保管、接待查阅和安全防范工作。企业单证管理人员备案及其变更须经主管地海关单证管理部门批准并经培训后上岗。

（四）专项制度

企业应遵循“规范管理、方便使用、保证安全”原则，制订企业内部适用的海关报关单证暂存管理规定，在企业暂存单证的理单、归档、调阅、移交、销毁等环节实施有效管理。相关管理规定须报主管地海关单证管理部门备案。

海关总署关于调整进出境水运和空运运输工具货运舱单等电子数据格式的公告

（海关总署公告 2010 年第 70 号）

为加强海关实际监管效能，保证国家税款应收尽收，根据《中华人民共和国海关进出境运输工具舱单管理办法》（海关总署令第 172 号）的规定，决定调整进出境水运和空运运输工具货运舱单等电子数据格式，包括“原始舱单数据项”（见附件 1）、“理货报告数据项”和“分拨货物、物品理货报告数据项”（见附件 2）、“分拨货物、物品申请数据项”和“疏港分流申请数据项”（见附件 3）、“运抵报告数据项”和“疏港分流货物、物品运抵报告数据项”（见附件 4）、“装箱清单数据项”（见附件 5）、“预配舱单数据项”（见附件 6）、“装载舱单数据项”（见附件 7），并新增部分数据格式，包括“出口落装申请数据项”（见附件 8）、“出口落装改配申请数据项”（见附件 9）、“出口直接改配申请数据项”（见附件 10）、“进口改靠港申请数据项”（见附件 11）、“国际转运准单数据项”（见附件 12）和“空集装箱调运申请数据项”（见附件 13），现予以公布。

本公告内容自 2011 年 1 月 1 日起执行。海关总署公告 2008 年第 54 号同时废止。

特此公告。

附件 1　原始舱单数据项（略）
附件 2　理货报告数据项和分拨货物、物品理货报告数据项（略）
附件 3　分拨货物、物品申请数据项和疏港分流申请数据项（略）
附件 4　运抵报告数据项和疏港分流货物、物品运抵报告数据项（略）
附件 5　装箱清单数据项（略）
附件 6　预配舱单数据项（略）
附件 7　装载舱单数据项（略）
附件 8　出口落装申请数据项（略）
附件 9　出口落装改配申请数据项（略）
附件 10　出口直接改配申请数据项（略）
附件 11　进口改靠港申请数据项（略）
附件 12　国际转运准单数据项（略）
附件 13　空集装箱调运申请数据项（略）

海关总署

2010 年 11 月 23 日

海关总署关于发布进出境水运和空运货物舱单电子传输报文的公告

（海关总署公告2010年第77号）

为进一步完善进出境水运和空运货物舱单电子报文格式标准，海关总署制定了进出境舱单水运、空运货物舱单电子报文格式V1.1版，主要新增了水运、空运国际转运等部分内容。具体包括："中国海关进出境水运和空运货物舱单电子传输报文XML Schema"（见附件1）及"中国海关进出境舱单水运、空运货物舱单报文格式V1.1制定说明"（见附件2）。现予以公告，自2011年1月1日起执行。海关总署公告2008年第81号同时废止。

以上资料可在海关总署门户网站公告栏下载。

附件1　中国海关进出境水运和空运货物舱单电子传输报文XML Schema（略）

附件2　中国海关进出境舱单水运、空运货物舱单报文格式V1.1制定说明（略）

海关总署

2010年12月10日

关于对海南国际旅游岛境外旅客购物离境退税监管事宜

（海关总署公告2010年第82号）

为规范海关对境外旅客在海南省购物后办理离境退税业务的监管，现就有关事项公告如下：

一、境外旅客同时具备下列条件的，可以办理有关购物离境退税手续：

（一）在我国境内连续居住不超过183天的外国人和港澳台同胞；

（二）同一日在同一退税定点商店购买退税物品金额达到人民币800元，并且按规定取得"境外旅客购物离境退税申请单"；

（三）离境日距退税物品购买日不超过90天。

二、符合退税条件的境外旅客出境时，应当主动向海关申报，并提交"境外旅客购物离境退税申请单"、本人有效身份证件和退税物品。

三、海关验核无误后，在"境外旅客购物离境退税申请单"上签章，交由境外旅客凭以办理退税手续。境外旅客办理退税手续后，应当立即将退税物品全部携运出境。

四、有下列情形之一的，海关不予办理境外旅客购物离境退税签章手续：

（一）"境外旅客购物离境退税申请单"所列物品与交验物品不相符的；

（二）单证不相符的；

（三）超出自用、合理数量范围的；

（四）不符合本公告第一条规定条件的；

（五）其他不符合离境退税规定的。

五、退税物品经海关验核后至实际离境前，应当接受海关监管。

六、境外旅客所购退税物品属于中华人民共和国禁止出境物品范围内的，不得携运出境；境外旅客所购退税物品依照国家有关规定应当提交出境许可证件（证明）的，应当向海关提交相关证件（证明）。

七、经批准开展离境退税业务的机场内办理离境退税海关监管业务的特定区域属于海关监管场所，有关设置标准应当符合海关监管要求。

八、本公告内容自2011年1月1日起执行。

特此公告。

海关总署

2010年12月24日

海关总署关于启用旅客舱单数据地址的公告

（海关总署公告2011年第18号）

根据《中华人民共和国海关进出境运输工具舱单管理办法》（海关总署令第172号）规定，为保证航空旅客舱单电子数据传输运行工作长期、稳定开展，经过前期准备和测试验证，海关总署定于2011年4月1日起启用ARINC网地址BJSCCXH作为中国海关航空旅客舱单电子数据正式接收地址，原报文传输格式不变。原临时使用SITA网地址BJSHGCA将于2011年5月31日起停止使用。请各航空公司做好相应系统调整工作，并与中国电子口岸数据中心联系进行传输测试，测试成功后切换至正式接收地址，并停止向原临时地址传输数据。切换相关技术资料可登录中国电子口岸网站 www. chinaport. gov. cn“口岸公告栏”下载。

中国电子口岸数据中心联系方式：

1. 24小时热线电话：010-95198，13911827855

2. 热线邮箱：rexian@ chinaport. gov. cn

特此公告。

海关总署

2011年3月17日

海关总署关于调整2005年41号公告有关内容的公告

（海关总署公告2011年第73号）

为进一步简化海关手续，方便我驻外使领馆离任馆员进境自用车辆在国内的使用，现决定将海关总署公告2005年第41号第五条修改为：

馆员离任回国进境的免税自用车辆属于海关监管车辆，监管期限为自海关放行之日起3年。在监管期限内，馆员进境的海关监管车辆不得擅自转让、出售或者进行其他处置。如馆员需转让、出售或者处置其进境的海关监管车辆，应报经主管海关批准，并持本人身份证和“机动车行驶证”向主管海关提交书面申请。主管海关审核并对有关车辆依法补征税款后，开具“中华人民共和国海关监管车辆解除监管证明书”（见附件7，以下简称“解除监管证明书”），馆员凭此依法在公安机关交通管理部门办理有关手续。

海关总署公告2005年第41号的其他内容不变。

本公告自公布之日起实施。我驻外使领馆离任馆员在实施本公告之前进境自用车辆的海关监管年限，按照本公告有关规定执行。

特此公告。

海关总署

2011年12月13日

海关总署关于《中华人民共和国船舶吨税暂行条例》实施有关问题的公告

（海关总署公告2011年第81号）

《中华人民共和国船舶吨税暂行条例》（以下简称《条例》）将于2012年1月1日起实施，现将有关问题公告如下：

一、自2012年1月1日起，自我国境外港口进入境内港口的船舶（以下称应税船舶），应当依照《条例》缴纳船舶吨税。

二、船舶吨税分1年期缴纳、90天期缴纳与30天期缴纳三种。缴纳期限由应税船舶负责人或其代理人自行选择。

三、应税船舶负责人或其代理人应在应税船舶抵港申报纳税时，如实填写“船舶吨税执照申请书”（详见附件），同时应当交验如下证明文件：

（一）船舶国际证书或者海事部门签发的船舶国籍证书收存证明；

（二）船舶吨位证明。

应税船舶为拖船的，应税船舶负责人或其代理人还应提供发动机功率（千瓦）等相关材料。

四、船舶吨税的缴款期限为自海关填发海关船舶吨税专用缴款书（以下简称缴款书）之日起15日。

缴款期限届满日遇星期六、星期日等休息日或者法定节假日的，顺延至休息日或者法定节假日之后的第一个工作日。国务院临时调整休息日与工作日的，按照调整后的情况计算缴款期限。

五、应税船舶负责人或其代理人缴纳船舶吨税后，应将加盖有证明银行已收讫税款业务印章的缴款书第一联交海关。

六、符合《条例》第九条第二项至第四项规定的船舶，船舶负责人或其代理人应当向海关提供书面申请和相关证明材料。

符合《条例》第九条第五至第八项、第十条规定的船舶，船舶负责人或其代理人应当向海关提供海事部门、渔业船舶管理部门或者卫生检疫部门等部门、机构出具的具有法律效力的证明文件或者使用关系证明文件，申明免税的依据和理由。

七、应税船舶负责人或其代理人应在延期事项发生地海关办理船舶吨税执照延期的海关手续，同时应提交延期申请及其他有关证明材料。

八、应税船舶负责人或其代理人在缴纳船舶吨税前申请先行签发执照的，应当向海关提供与应缴税款相适应的担保。

九、应税船舶到达港口前，应税船舶负责人或其代理人在海关核准下，可凭与应缴税款相适应的担保申请办理先行申报手续。

十、船舶吨税担保期限一般不超过6个月，特殊情况下应税船舶负责人或其代理人可以向海关申请延长船舶吨税担保期限。应税船舶负责人或其代理人应当在海关批准的船舶吨税担保期限内履行纳税义务。

十一、应税船舶负责人或其代理人向海关申请退还税款及利息时，应当提交下列材料：

（一）退税申请书；

（二）原船舶吨税缴款书和可以证明应予退税的材料。

海关自受理退税申请之日起30日内查实并通知应税船舶办理退税手续或者不予退税的决定。应税船舶负责人或其代理人应当自收到海关准予退税的通知之日起3个月内办理退税手续。

本公告自2012年1月1日起施行。

附件　船舶吨税执照申请书（略）

海关总署

2011年12月26日

适用船舶吨税优惠税率的国家（地区）清单

（海关总署公告 2012 年第 8 号）

为配合《中华人民共和国船舶吨税暂行条例》的实施，现将适用船舶吨税优惠税率的国家（地区）清单予以发布。特此公告。

附件 适用船舶吨税优惠税率的国家（地区）清单

海关总署
2012 年 2 月 14 日

附件

适用船舶吨税优惠税率的国家（地区）清单

序号	船籍国（地区）	序号	船籍国（地区）	序号	船籍国（地区）
1	阿尔巴尼亚	27	俄罗斯	53	意大利
2	朝鲜	28	乌克兰	54	拉脱维亚
3	加纳	29	黎巴嫩	55	立陶宛
4	斯里兰卡	30	智利	56	卢森堡
5	刚果（布）	31	印度	57	匈牙利
6	巴基斯坦	32	以色列	58	荷兰
7	刚果（金）（原扎伊尔）	33	加拿大	59	奥地利
8	挪威	34	秘鲁	60	波兰
9	日本	35	埃及	61	葡萄牙
10	阿尔及利亚	36	摩洛哥	62	斯洛文尼亚
11	新西兰	37	南非	63	斯洛伐克
12	阿根廷	38	古巴	64	芬兰
13	孟加拉国	39	印度尼西亚	65	瑞典
14	泰国	40	突尼斯	66	英国
15	巴西	41	伊朗	67	保加利亚
16	墨西哥	42	巴哈马	68	罗马尼亚
17	马来西亚	43	美国	69	也门
18	新加坡	44	比利时	70	苏丹
19	塞浦路斯	45	捷克	71	菲律宾
20	蒙古	46	丹麦	72	埃塞俄比亚
21	马耳他	47	德国	73	肯尼亚
22	越南	48	爱沙尼亚	74	阿曼
23	土耳其	49	希腊	75	中国香港
24	韩国	50	西班牙	76	中国澳门
25	格鲁吉亚	51	法国		
26	克罗地亚	52	爱尔兰		

关于《中华人民共和国禁止进出境物品表》和《中华人民共和国限制进出境物品表》有关问题解释的公告

（海关总署公告 2013 年第 46 号）

为有效实施《中华人民共和国禁止进出境物品表》和《中华人民共和国限制进出境物品表》，现就有关问题解释如下：

一、赌博用筹码属于《中华人民共和国禁止进出境物品表》所列“对中国政治、经济、文化、道德有害的印刷品、胶卷、照片、唱片、影片、录音带、录像带、激光视盘、计算机存储介质及其他物品”中的“其他物品”。

二、微生物、生物制品、血液及其制品、人类遗传资源、管制刀具、卫星电视接收设备属于《中华人民共和国限制进出境物品表》所列“海关限制进境的其他物品”。

三、微生物、生物制品、血液及其制品、人类遗传资源、管制刀具属于《中华人民共和国限制进出境物品表》所列“海关限制出境的其他物品”。

本公告自发布之日起施行。

海关总署

2013 年 8 月 16 日

关于决定全面深化区域通关业务改革的公告

（海关总署公告 2013 年第 58 号）

为贯彻落实国家区域发展战略和国务院促进贸易便利化推动进出口稳定发展的决策部署，进一步加大区域通关改革力度，优化海关作业流程，切实提高通关效率，促进区域通关一体化，海关总署决定全面深化区域通关业务改革。现将有关事项公告如下：

一、拓展“属地申报、口岸验放”通关模式

（一）自 2013 年 11 月 1 日起，实行“属地申报、属地放行”。

“属地申报、属地放行”是“属地申报、口岸验放”通关模式的一种方式，是指收发货人为 AA 类且报关企业为 B 类（含 B 类）以上企业（以下简称“AA 类企业”）进出口货物时，可自主选择向属地海关申报，并在属地海关办理货物放行手续。

（二）对需查验的进出口货物、因海关规定或国家许可证件管理，须在货物实际进出境地海关（以下简称“口岸海关”）申报并办理验放手续的进出口货物、口岸海关未实现出口运抵报告和进口理货报告电子数据传输的进出口货物，不适用“属地申报、属地放行”方式。

“许可证件”不包括“入（出）境货物通关单”。

（三）对于 AA 类企业涉嫌走私、侵犯知识产权和违反海关监管规定（以下统称“违法”）并被海关立案调查的，自立案之日起，暂停其适用“属地申报、属地放行”方式的资格。

（四）已与海关联网的口岸海关监管场所，监管场所经营人凭口岸海关电子放行信息为企业办理提货手续；未与海关联网的口岸海关监管场所，监管场所经营人凭口岸海关签章的纸质单证为企业办理提货手续。

二、扩大“属地申报、口岸验放”通关模式适用范围

（一）自 2013 年 11 月 1 日起，B 类生产型出口企业（以海关企业分类管理评定记录为准）且一年内无违法记

录，适用“属地申报、口岸验放”进口通关模式。自2014年3月1日起，B类生产型企业（以海关企业分类管理评定记录为准）且一年内无违法记录，适用“属地申报、口岸验放”进出口通关模式。

（二）对因海关规定或国家许可证件管理，须在口岸海关申报并办理验放手续的进出口货物，不适用于“属地申报、口岸验放”通关模式。

“许可证件”不包括“入（出）境货物通关单”。

（三）本公告所称B类生产型企业，系指根据《中华人民共和国海关企业分类管理办法》（海关总署令第197号）有关规定，适用B类管理且经海关审核企业类型为生产型的企业。

三、明确适用“属地申报、口岸验放”通关模式企业职责义务

（一）凡企业拟采用“属地申报、口岸验放”通关模式的，需向所在地直属海关提出书面申请（详见附件1、附件2），直属海关根据海关对企业分类管理评定标准等对申请企业进行审核，并提出是否同意的书面答复意见（详见附件3）。

（二）凡适用“属地申报、口岸验放”（包括“属地申报、属地放行”方式）通关模式的企业，须与所在地直属海关签署关企合作备忘录（详见附件4）。

四、推行公路转关作业无纸化

公路转关作业无纸化是指海关运用信息化技术，改变海关验核企业递交纸质转关申报单/载货清单及随附单证办理公路转关手续的做法，对企业向海关申报的转关单电子数据/载货清单进行无纸审核、放行、核销的转关作业方式。

自2013年12月1日起，在应用安全智能锁、卡口前端设备、卫星定位装置等物联网设备及卡口控制与联网信息系统的基础上，进出境运输方式为海运、空运、铁路、公路且境内运输方式为“公路运输”的进出口转关货物可实行公路转关作业无纸化。

五、扩大跨境快速通关模式适用范围

自2014年5月1日起，在启用公路舱单的基础上，将跨境快速通关改革范围扩大至广东省内各直属海关。

六、本公告内容自发布之日起实施。

特此公告。

附件1 采用“属地申报、口岸验放”通关模式企业申请书（略）
附件2 采用“属地申报、属地放行”方式企业申请书（略）
附件3 中华人民共和国海关告知书（略）
附件4 关于开展“属地申报、口岸验放”业务的合作备忘录（略）

海关总署
2013年10月29日

关于公布《进出境公路运输工具货运舱单电子数据格式》的公告

（海关总署公告2013年第67号）

为加强海关实际监管，根据《中华人民共和国海关进出境运输工具舱单管理办法》（海关总署令第172号）的规定，海关总署制定了进出境公路运输工具货运舱单电子数据格式，包括“装箱清单数据元填制条件”（见附件1）、“进境承运确报数据元填制条件”（见附件2）、“出境承运确报（装载舱单）数据元填制条件”（见附件3）、

“原始舱单数据元填制条件”（见附件4）、“预配舱单数据元填制条件”（见附件5）、“理货报告数据元填制条件”（见附件6）、“运抵报告数据元填制条件”（见附件7）、“落装申请数据元填制条件”（见附件8）、“落装改配申请数据元填制条件”（见附件9），现予以公布。

本公告内容自2013年12月16日起执行。

特此公告。

附件1　装箱清单数据元填制条件（略）
附件2　进境承运确报数据元填制条件（略）
附件3　出境承运确报（装载舱单）数据元填制条件（略）
附件4　原始舱单数据元填制条件（略）
附件5　预配舱单数据元填制条件（略）
附件6　理货报告数据元填制条件（略）
附件7　运抵报告数据元填制条件（略）
附件8　落装申请数据元填制条件（略）
附件9　落装改配申请数据元填制条件（略）

海关总署
2013年12月12日

关于发布进出境公路运输工具货运舱单电子传输报文格式V1.0的公告

（海关总署公告2014年第3号）

根据海关总署“〔2013〕67号”公告，海关总署制定了进出境公路运输工具货运舱单电子传输报文格式V1.0。包括“中国海关进出境公路运输工具货运舱单报文V1.0 XML Schema”（见附件1）和“中国海关进出境公路运输工具货运舱单报文格式V1.0制定说明”（见附件2）。以上资料也可在海关总署门户网站公告栏下载。

特此公告。

附件1　中国海关进出境公路运输工具货运舱单报文V1.0 XML Schema（略）
附件2　中国海关进出境公路运输工具货运舱单报文格式V1.0制定说明（略）

海关总署
2014年1月3日

关于在汽车整车进口口岸之间开展进口汽车整车转关业务的公告

（海关总署公告2014年第5号）

为更好地促进地方外向型经济发展，充分发挥已设立的汽车整车进口口岸的作用，海关总署决定在汽车整车进口口岸之间开展进口汽车整车转关业务。现就有关事项公告如下：

一、在汽车整车进口口岸之间办理进口汽车整车转关手续，应当符合下列条件：

（一）办理转关运输的进口整车应当具备全程提单；

（二）承运转关进口整车的运输企业及其运输工具应当在海关办理备案登记手续，并安装定位监控装置；

（三）进口整车转关应当采用符合海关监管要求和装卸标准的集装箱装载运输。

二、进口整车的经营单位应当按照《中华人民共和国海关关于转关货物监管办法》（署令〔2001〕第 89 号）有关转关申报的规定，向海关办理进口整车转关手续。

三、本公告自发布之日起执行。

特此公告。

海关总署
2014 年 1 月 9 日

关于进出境公路运输工具及其所载货物、物品舱单电子数据有关事项的公告

（海关总署公告 2014 年第 7 号）

为便利承运海关监管货物、物品的公路运输工具进出境，根据《中华人民共和国海关进出境运输工具舱单管理办法》（海关总署令第 172 号，以下简称《办法》）的规定，现就进出境公路运输工具及其所载货物、物品舱单（以下简称“公路舱单”）电子数据传输的有关事项公告如下：

一、关于货物运输批次号

货物运输批次号是公路运输工具载运货物、物品进出境的标志号。同一公路运输工具一次进出境时可对应多份总运单，并使用同一货物运输批次号；同一总运单项下的货物、物品，需多辆公路运输工具载运时，应当使用同一货物运输批次号，并同时进出境。

货物运输批次号由承运企业自行编制，两年内不得重复，编制规则为“企业组织机构代码、1 位进出口校验位及 3 位流水号码”（第 1~9 位为“企业组织机构代码”；第 10 位为校验号码：进口“1”，出口“0”；第 11~13 位为流水号码，由自然数字和大写英文字母组成，由 0~9、A~Z 顺序编制）。

来往香港的运输工具货物运输批次号应当填写 13 位“内地海关及香港海关陆路进/出境载货清单”编号，来往澳门的运输工具货物运输批次号应当填写 13 位“中华人民共和国海关进/出境载货清单”编号。

二、关于原始/预配舱单

舱单及相关电子数据传输人应当以总运单为单元，一次性传输原始舱单/预配舱单的主要电子数据和其他电子数据。

三、关于进境预、确报

运输工具负责人应当一次性传输运输工具预、确报电子数据。

进境运输工具预、确报电子数据需要删除时，应当以货物运输批次号为单元进行删除。

四、关于装载舱单（出境确报）

运输工具负责人应当一次性传输装载舱单电子数据、运输工具出境确报电子数据。

装载舱单电子数据需要删除时，应当以货物运输批次号为单元进行删除。

五、关于过境货物

舱单及相关电子数据传输人应当按照《办法》规定传输过境货物舱单及相关电子数据。

六、关于集中申报货物

集中申报货物凭清单进出境时，舱单及相关电子数据传输人应当按照《办法》规定传输进出境舱单及相关电子数据。

七、关于跨境快速通关货物

舱单及相关电子数据传输人应当按照《办法》规定传输跨境快速通关货物舱单及相关电子数据。

八、关于空载运输工具

未载有货物、物品进出境的运输工具，或仅载有暂时进出境空集装箱的运输工具，海关不要求传输舱单及相关电子数据，只需要一次性申报运输 工具备案信息及运输工具动态信息。

九、关于海关通关代码

RD01 是指公路口岸进出境直通模式，适用于承运需要在口岸海关监管场所办结海关手续，不在口岸海关监管场所装卸货物（集装箱）的进出境运输工具（载运非贸货物的进出境运输工具不适用 RD01）。

RD02 是指公路口岸进出境直通转关模式，适用于承运需要在口岸海关监管场所办理转关手续，但不在口岸海关监管场所装卸货物（集装箱）的进出境运输工具。

RD03 是指公路口岸进境卸货模式，适用于承运需要在口岸海关监管场所卸货并办结海关手续的进境货物的运输工具。

RD04 是指公路口岸进境卸货转关模式，适用于承运需要在口岸海关监管场所卸货并办理转关手续的进出境货物的运输工具。

RD05 是指公路口岸进境掏箱模式，适用于承运需要在口岸海关监管场所掏箱办结海关手续，并以散装货物方式提离海关监管场所的进境集装箱货物的运输工具。

RD06 是指公路口岸进境掏箱转关模式，适用于承运需要在口岸海关监管场所掏箱办理转关手续，并以散装货物方式提离海关监管场所的进境集装箱货物的运输工具。

RD07 是指公路口岸进境卸箱模式，适用于承运需要在口岸海关监管场所卸箱办结海关手续，并继续以集装箱货物方式提离海关监管场所的进境集装箱货物的运输工具。

RD08 是指公路口岸进境卸箱转关模式，适用于承运需要在口岸海关监管场所卸箱办理转关手续，并继续以集装箱货物方式提离海关监管场所的进境集装箱货物的运输工具。

RD09 是指跨境快速通关模式，适用于承运跨境快速通关货物（非过境货物）的运输工具。

RD10 是指进出境空车模式，适用于未承运货物、物品及集装箱的运输工具。

RD11 是指暂时进出境空集装箱公路直通模式，适用于承运不在口岸海关监管场所卸箱的暂时进出境空集装箱的运输工具。

RD12 是指暂时进境空集装箱公路口岸卸箱模式，适用于承运需要在口岸海关监管场所卸箱的暂时进境空集装箱的运输工具。

RD13 是指非贸进出境货物公路口岸直通模式，适用于承运需要在口岸办结海关手续，不在口岸海关监管场所装卸非贸货物（集装箱）的进出境运输工具。

RD14 是指出境散货公路口岸装车模式，适用于承运需要在口岸装车，办结海关手续后载运出境的散装货物的运输工具。

RD15 是指出境集装箱货公路口岸装车模式，适用于承运需要在公路口岸装车，办结海关手续后载运出境的集装箱货物的运输工具。

RD16 是指过境货物快速通关模式，适用于承运采取跨境快速通关的过境货物的运输工具。

十、关于海关反馈信息

海关接收到原始舱单、预配舱单、装载舱单电子数据后，以总运单为单元向舱单传输人反馈接受传输、不接受传输及原因等审核结果。

舱单及相关电子数据传输人应当按照海关反馈的不接受传输的原因进行核查、更正，并重新传输舱单数据。

海关以总运单为单元通知舱单传输人不准予卸载的，该总运单所列货物均不得卸载。

十一、关于启用公路舱单后报关单填制规范的调整

（一）启用公路舱单后，直接在进出境地办理报关手续的报关单，或采用“属地申报，口岸验放”通关模式办理报关手续的报关单，有关栏目的填制规范要求变更如下：

1. 运输工具名称：免予填报；

2. 航次号：填报货物运输批次号；

3. 提运单号：填报进出口总运单号。

其他栏目填制规范要求不变。

（二）转关运输货物、采用“集中申报”通关方式，以及无实际进出境的报关单仍按照现行填制规范要求填报。

本公告内容自发布之日起施行。

特此公告。

海关总署

2014 年 1 月 14 日

关于增列海关监管方式代码的公告

（海关总署公告 2014 年第 12 号）

为促进跨境贸易电子商务零售进出口业务发展，方便企业通关，规范海关管理，实现贸易统计，决定增列海关监管方式代码，现将有关事项公告如下：

一、增列海关监管方式代码“9610”，全称“跨境贸易电子商务”，简称“电子商务”，适用于境内个人或电子商务企业通过电子商务交易平台实现交易，并采用“清单核放、汇总申报”模式办理通关手续的电子商务零售进出口商品（通过海关特殊监管区域或保税监管场所一线的电子商务零售进出口商品除外）。

二、以“9610”海关监管方式开展电子商务零售进出口业务的电子商务企业、监管场所经营企业、支付企业和物流企业应当按照规定向海关备案，并通过电子商务通关服务平台实时向电子商务通关管理平台传送交易、支付、仓储和物流等数据。

上述规定自 2014 年 2 月 10 日起实施。

特此公告。

海关总署

2014 年 1 月 24 日

关于深入推进通关作业无纸化改革工作有关事项的公告

（海关总署公告 2014 年第 25 号）

为进一步做好 2014 年通关作业无纸化改革工作，海关总署决定，在 2013 年改革试点取得明显成效的基础上，

在全国海关深入推进通关作业无纸化改革工作。现就有关事项公告如下：

一、扩大试点范围：

（一）试点范围扩大至全国海关的全部通关业务现场。

（二）全面推进转关货物和"属地申报、属地放行"货物通关作业无纸化改革，加快区域通关改革无纸化作业的深化应用。

（三）启动快件、邮运货物通关作业无纸化改革试点。

二、试点简化报关单随附单证：

（一）进口货物

1. 加工贸易及保税类报关单：

合同、装箱清单、载货清单（舱单）等随附单证企业在申报时可不向海关提交，海关审核时如需要再提交。

2. 非加工贸易及保税类报关单：

装箱清单、载货清单（舱单）等随附单证企业在申报时可不向海关提交，海关审核时如需要再提交。

3. 京津冀海关实施区域通关一体化改革的报关单：

合同、装箱清单、载货清单（舱单）等随附单证企业在申报时可不向海关提交，海关审核时如需要再提交。

（二）出口货物

出口货物各类报关单，企业向海关申报时，合同、发票、装箱清单、载货清单（舱单）等随附单证可不提交，海关审核时如需要再提交。

三、试点企业经报关所在地直属海关同意，在与报关所在地直属海关、第三方认证机构（中国电子口岸数据中心）签订电子数据应用协议后，可在该海关范围内适用"通关作业无纸化"通关方式。

经海关同意准予适用"通关作业无纸化"通关方式的进出口企业需要委托报关企业代理报关的，应当委托经海关准予适用"通关作业无纸化"通关方式的报关企业。

四、经海关批准的试点企业可以自行选择有纸或无纸作业方式。选择无纸作业方式的企业在货物申报时，应在电子口岸录入端选择"通关无纸化"方式。

五、对于经海关批准且选择"通关作业无纸化"方式申报的经营单位管理类别为AA类企业或A类生产型企业的，申报时可不向海关发送随附单证电子数据，通关过程中根据海关要求及时提供，海关放行之日起10日内由企业向海关提交，经海关批准符合企业存单（单证暂存）条件的可由企业保管。

对于经海关批准且选择"通关作业无纸化"方式申报的其他管理类别的经营单位，应在货物申报时向海关同时发送报关单和随附单证电子数据。

六、各有关单位需要查阅、复制海关存档的报关单及随附单证电子数据档案时，应按照规定办理手续，海关根据电子档案出具纸质件并加盖单证管理部门印章。

七、涉及许可证件但未实现许可证件电子数据联网核查的进出口货物暂不适用"通关作业无纸化"作业方式。

本公告内容自2014年4月1日起施行，海关总署公告2013年第19号同时废止。

特此公告。

海关总署

2014年4月1日

关于扩大"属地申报、属地放行"适用范围的公告

（海关总署公告2014年第28号）

为适应区域经济一体化的发展要求，进一步深化区域通关改革，提升海关通关监管工作的整体效能，简化海关手续，提高通关效率，海关总署决定扩大"属地申报、属地放行"适用范围，现将有关事项公告如下：

自2014年5月1日起，经营单位的海关管理类别为A类，且申报单位的海关管理类别为B类（含B类）以上企业的进出口货物，可按照《海关总署关于全面深化区域通关业务改革的公告》（海关总署公告〔2013〕58号）规

定，适用“属地申报、属地放行”。

特此公告。

海关总署
2014年4月10日

关于调整“参加车改试点的驻外使领馆名单”的公告

（海关总署公告2014年第30号）

经有关部门批准，中国驻琅勃拉邦总领馆（老挝）、驻扎门乌德总领馆（蒙古）、驻孔敬总领馆（泰国）、驻内比都办事处（隶属于我驻缅使馆）、驻济州总领馆（韩国）、驻巴塔总领馆（赤道几内亚）、驻奥什总领馆（吉尔吉斯斯坦）、驻威廉斯塔德总领馆（荷兰）及驻东盟使团（印尼）将实施车辆管理制度改革试点。现将调整后的“参加车改试点的驻外使领馆名单”予以公告。原海关总署2012年第26号公告附件“参加车改试点的驻外使领馆名单”同时废止。

特此公告。

附件 参加车改试点的驻外使领馆名单（略）

海关总署
2014年4月25日

关于调整内外贸集装箱同船运输以及中国籍国际航行船舶承运转关运输货物试点工作的公告

（海关总署公告2014年第44号）

为推动上海国际航运中心和中国（上海）自由贸易试验区建设，提高口岸综合竞争能力，根据交通运输部《关于在上海试行中资非五星旗国际航行船舶沿海捎带的公告》（2013年第55号）的规定，海关总署决定对《海关总署关于开展内外贸集装箱同船运输以及中国籍国际航行船舶承运转关运输货物试点工作的公告》（海关总署公告2005年第3号）相关政策进行调整。现就有关事项公告如下：

一、港口企业、船运公司拟开展同船运输试点业务的，应当参照海关对承运海关监管货物运输工具监管及监管场所的相关要求，向主管地直属海关办理备案手续。

二、中国籍国际航行船舶，拟开展承运海关转关运输集装箱货物试点业务的，应当参照《中华人民共和国海关关于境内公路承运海关监管货物的运输企业及其车辆、驾驶员的管理办法》（海关总署令第121号）的要求，向主管地直属海关办理备案手续，并在《国际航行船舶进出境（港）海关监管簿》的“船舶情况登记表”备注栏内批注登记编号。

三、中资航运公司全资或控股拥有的非中国籍国际航行船舶，拟开展承运海关转关运输集装箱货物试点业务的，应当持交通运输部核发的《中资非五星旗国际航行船舶试点沿海捎带业务备案证明书》，参照《中华人民共和国海关关于境内公路承运海关监管货物的运输企业及其车辆、驾驶员的管理办法》（海关总署令第121号）的要求，向主管地直属海关办理备案手续。

四、港口企业在存储内贸和外贸集装箱货物时，应当划分区域、分别堆存、不得混放，并设立明显标识；对于装卸同船运输集装箱货物的港区码头，应当按照海关对监管场所的管理要求，实施封闭式卡口管理，并与海关计算机联网传输相关数据。

五、中资航运公司全资或控股拥有的非中国籍国际航行船舶，承运海关转关运输集装箱货物试点业务，仅限以上海港为国际中转港、在国内对外开放港口与上海港之间开展。中资航运公司不得将经海关备案，开展承运海关转关运输集装箱货物试点业务的船舶转租他人。

六、同船运输集装箱箱体应当符合《中华人民共和国海关对用于装载海关监管货物的集装箱和集装箱式货车车厢的监管办法》（海关总署令第110号）的标准。

七、本公告自发布之日起执行，海关总署公告2005年第3号同时废止。

特此公告。

海关总署

2014年6月17日

关于开展京津冀海关区域通关一体化改革的公告

（海关总署公告2014年第45号）

为落实京津冀区域协同发展重要国家战略，加快经济紧密联系地区区域通关一体化改革步伐，为企业创造更加公平、公正的进出口环境，切实提高通关效率，促进贸易便利，海关总署决定在北京、天津、石家庄海关启动京津冀海关区域通关一体化改革。现将有关事项公告如下：

一、自2014年7月1日起，首先在北京、天津海关启用区域通关一体化通关方式；自2014年10月1日起，石家庄海关启用此通关方式。

二、京津冀海关区域通关一体化通关方式适用于企业在京津冀口岸海关进出口的货物。京津冀地区企业可自主选择向经营单位注册地或货物实际进出境地海关办理申报、纳税和查验放行手续。

企业可根据实际需要，自主选择口岸清关、转关、“属地申报，口岸验放”、“属地申报、属地放行”、区域通关一体化等任何一种通关方式。

三、取消京津冀地区报关企业跨区分支机构注册登记行政许可限制，允许报关企业在京津冀地区“一地注册、三地报关”。

四、北京、天津、石家庄海关互认商品预归类、价格预审核、原产地预确定和许可证件、归类、价格等专业认定结果及暂时进出境等行政许可决定；待系统完善后，在银行总担保及汇总征税项目的基础上，实现“一份保函区域通用”。

五、京津冀海关区域通关一体化报关单审核、税单打印、核注核销、无纸转有纸、汇总征税试点等操作按现行规定办理。

六、京津冀海关区域通关一体化报关单原则上应在口岸海关实施查验。特殊情况不适合口岸海关查验的，企业提出申请后，由企业所在地海关派员到企业所在地海关监管场所（或企业）实施查验。

七、北京、天津、石家庄海关凭电子放行信息办理货物出场（库、区）手续，实现卡口自动核放。

八、北京、天津、石家庄海关通过“中国海关网上服务大厅”和“海关12360服务热线”，为企业提供“通关状态查询”、“通关疑难咨询”等公共服务。

特此公告。

海关总署

2014年6月23日

海关总署关于市场采购贸易监管办法及其监管方式有关事宜的公告

（海关总署公告2014年第54号）

为促进浙江省义乌市市场采购贸易的健康稳定发展，规范对市场采购贸易的管理，根据《中华人民共和国海关法》和其他有关法律、行政法规，现就市场采购贸易方式海关监管有关事宜公告如下：

一、市场采购贸易方式是指由符合条件的经营者在经国家商务主管等部门认定的市场集聚区内采购的、单票报关单商品货值15万（含15万）美元以下、并在采购地办理出口商品通关手续的贸易方式。

以下出口商品不适用市场采购贸易方式：

（一）国家禁止、限制出口的商品；

（二）未在经认定的市场聚集区内采购的商品；

（三）未经市场采购商品认定体系确认的商品；

（四）使用现金结算的商品；

（五）贸易管制主管部门确定的不适用市场采购贸易方式的商品。

二、地方政府应当将经国家商务主管等部门认定的市场集聚区范围及其商品城、专业市场和专业街名称和地址对外公告，同时向海关备案，并对备案信息的真实性负责。

三、从事市场采购贸易的对外贸易经营者，应当在向市场所在地商务主管部门办理市场采购贸易经营者备案登记后，按照《中华人民共和国海关对报关单位注册登记管理规定》（海关总署令第221号）在海关注册登记。

四、对外贸易经营者对其代理出口商品的真实性、合法性承担责任，负责对代理出口商品信息在市场采购商品认定体系中的录入，并通过认定体系提交商户予以确认。

经市场采购商品认定体系确认的商品信息应当通过市场采购贸易综合管理系统与海关实现数据联网共享，海关依托市场采购贸易综合管理系统，对市场采购贸易出口商品实施监管。

五、以市场采购贸易方式出口的商品，申报时在报关单“发货单位”栏除应填写对外贸易经营者单位名称外，需一并在“备注栏”填写采购人的身份信息（姓名、国籍和身份证或护照号码）。

申报时除按规定提交相关纸质报关单证或电子数据信息外，一并提交完整的装箱清单、商户与采购人进行商品交易的原始单据、采购人身份证件复印件等纸质单证或电子数据信息。

六、以市场采购贸易方式出口的商品，每票报关单随附的商品清单所列品种在10种以上的可按以下方式实行简化申报：

（一）对符合规定的商品，以中华人民共和国进出口税则中“章”为单位进行归并；

（二）每“章”按价值最大商品的税号作为归并后的税号，价值、数量等也相应归并。

有下列情形之一的商品不适用简化申报：

（一）属于出口货物通关单管理的；

（二）需征收出口关税的；

（三）海关另有规定不适用简化申报的。

适用简化申报措施的商品，对外贸易经营者及其代理人在向海关申报时应当提交市场采购贸易出口商品清单。

七、市场采购贸易出口商品应当在符合《中华人民共和国海关监管场所管理办法》规定要求的海关监管场所内办理商品出口手续。监管场所经营单位发现涉嫌走私违规行为的，应当主动报告海关。

八、对于跨关区转关出口的市场采购贸易出口商品，对外贸易经营者或其代理人应当在采购地海关办理转关出口手续，并在出境地海关办理转关核销手续。

九、对于跨关区转关出口的市场采购贸易出口商品，应当由在海关注册登记的承运人承运。出境地海关负责市场采购贸易商品出口转关运输的途中监管。

十、本公告中的采购地海关是指经认定的商品城、专业市场和专业街所在地的主管地海关。

本公告中的市场集聚区是指各类从事专业经营的商品城、专业市场和专业街。

十一、增列海关监管方式代码“1039”，全（简）称“市场采购”，仅限于在义乌市市场集聚区（范围为义乌国际小商品城、义乌市区各专业市场和专业街）内采购的出口商品。

以上公告内容在市场采购商品认定体系、涵盖市场采购贸易各方经营主体和贸易全流程的市场综合管理系统验收合格及不适用市场采购贸易方式出口商品目录公布后正式实施，具体实施日期由杭州海关另行发布。

市场采购贸易海关监管办法实施细则由杭州海关负责制定实施。

自市场采购（1039）监管方式正式实施之日起6个月后，实施地区不再使用“旅游购物”（0139）监管方式。

市场采购出口货物实施海关统计。

特此公告。

海关总署

2014年7月1日

关于开展长江经济带海关区域通关一体化改革的公告

（海关总署公告2014年第65号）

为落实区域协同发展重要国家战略，加快经济紧密联系地区区域通关一体化改革步伐，为进出口企业创造更加公平、公正的进出口环境，切实提高通关效率，有力促进贸易便利，海关总署决定在上海、南京、杭州、宁波、合肥、南昌、武汉、长沙、重庆、成都、贵阳、昆明海关启动长江经济带海关区域通关一体化改革，建立区域通关中心，构建统一的申报平台、风险防控平台、专业审单平台和现场接单平台，形成涵盖长江经济带海关通关全流程的一体化管理机制和运行模式，实现长江经济带通关作业一体化。现将有关事项公告如下：

一、自2014年9月22日起，首先在上海、南京、杭州、宁波、合肥海关（以下简称长三角地区海关）启用区域通关一体化通关方式；在总结评估的基础上，适时在南昌、武汉、长沙、重庆、成都、贵阳、昆明海关启用该通关方式。

二、长三角地区海关区域通关一体化通关方式适用于上海市、江苏省、浙江省、安徽省（以下简称长三角地区）企业在长三角地区各口岸海关进出口的货物。长三角地区企业可自主选择向经营单位注册地、货物实际进出境地海关或其直属海关集中报关点办理申报、纳税和查验放行手续。

企业可根据实际需要，自主选择口岸清关、转关、“属地申报、口岸验放”、“属地申报、属地放行”、区域通关一体化等任何一种通关方式。

三、取消长三角地区报关企业跨关区从事报关服务的限制，允许报关企业在长三角地区“一地注册、五地报关”。报关企业在长三角地区内任一海关备案的分支机构，均可以在长三角地区各海关从事报关服务。

四、长三角地区海关间互认商品预归类、价格预审核、原产地预确定和许可证件、归类、价格等专业认定结果以及暂时进出境等行政许可决定；待系统完善后，在银行总担保及汇总征税项目的基础上，实现企业的一份税款保函在长三角地区海关互认通用。

五、长三角地区海关区域通关一体化报关单审核、税单打印、税费核注核销、无纸转有纸、汇总征税试点等操作按现行规定办理。

六、长三角地区海关区域通关一体化报关单可由企业根据物流实际需求，自主选择在口岸或属地海关监管场所实施查验。对需转运分流到属地监管场所实施查验的，进出境货物及其运输工具应符合海关途中监管的要求。

七、为规范进出口货物收发货人的申报行为，自2014年9月22日起，对“进出境运输方式”和“境内运输方式”均为水运的出口中转货物，报关单电子数据申报时，“报关单类型”应申报为“水运中转”。

八、长三角地区海关可凭电子放行信息办理货物出场（库、区）手续，实现卡口自动核放。

九、长三角地区海关通过“中国海关网上服务大厅”和海关“12360”服务热线，为企业提供通关、舱单状态查询、疑难咨询等公共服务。

特此公告。

海关总署

2014年9月9日

关于开展广东地区海关区域通关一体化改革的公告

（海关总署公告 2014 年第 66 号）

为落实区域协同发展重要国家战略，加快经济紧密联系地区区域通关一体化改革步伐，为进出口企业创造更加公平、公正的进出口环境，切实提高通关效率，有力促进贸易便利，海关总署决定在广州、深圳、拱北、汕头、黄埔、江门、湛江海关（以下简称广东地区海关）启动区域通关一体化改革，建立区域通关中心，构建统一的申报平台、风险防控平台、专业审单平台和现场接单平台，形成涵盖广东地区海关通关全流程的一体化管理机制和运行模式，实现广东地区通关作业一体化。现将有关事项公告如下：

一、自 2014 年 9 月 22 日起，首先在广东地区空运、海运口岸启用区域通关一体化通关方式；自 2014 年 12 月 1 日起，在陆路口岸启用此通关方式。

二、广东地区海关区域通关一体化通关方式适用于广东地区企业在广东地区各口岸海关进出口的货物。广东地区企业可自主选择向经营单位注册地、货物实际进出境地海关或其直属海关集中报关点办理申报、纳税和查验放行手续。

企业可根据实际需要，自主选择口岸清关、转关、“属地申报、口岸验放”、“属地申报、属地放行”、区域通关一体化等任何一种通关方式。

三、取消广东地区报关企业跨关区从事报关服务的限制，允许报关企业在广东地区“一地注册、省内报关”。报关企业在广东地区内任一海关备案的分支机构，均可以在广东地区各海关从事报关服务。

四、广东地区海关间互认商品预归类、价格预审核、原产地预确定和许可证件、归类、价格等专业认定结果以及暂时进出境等行政许可决定；待系统完善后，在银行总担保及汇总征税项目的基础上，实现企业的一份税款保函在广东地区海关互认通用。

五、广东地区海关区域通关一体化报关单审核、税单打印、税费核注核销、无纸转有纸、汇总征税试点等操作按现行规定办理。

六、广东地区海关区域通关一体化报关单可由企业根据物流实际需求，自主选择在口岸或属地海关监管场所实施查验。对需转运分流到属地监管场所实施查验的，进出境货物及其运输工具应符合海关途中监管的要求。

七、广东地区海关可凭电子放行信息办理货物出场（库、区）手续，实现卡口自动核放。

八、广东地区海关通过“中国海关网上服务大厅”和海关“12360”服务热线，为企业提供通关、舱单状态查询、疑难咨询等公共服务。

特此公告。

海关总署

2014 年 9 月 9 日

关于石家庄海关开展京津冀海关区域通关一体化改革的公告

（海关总署公告 2014 年第 68 号）

为进一步落实京津冀区域协同发展重要国家战略，加快经济紧密联系地区区域通关一体化改革步伐，为企业创造更加公平、公正的进出口环境，切实提高通关效率，促进贸易便利，海关总署决定将区域通关一体化改革拓展到河北省。现将有关事项公告如下：

自 2014 年 9 月 22 日起，石家庄海关正式启用区域通关一体化通关方式，海关总署 2014 年第 45 号公告正式适用于石家庄海关关区。

特此公告。

海关总署

2014年9月15日

关于发布《通关作业无纸化报关单证电子扫描或转换文件格式标准》的公告

（海关总署公告2014年第69号）

为进一步便利和规范企业通关作业无纸化申报，提升通关作业无纸化改革综合成效，海关总署对报关单随附单证电子化方式进行了优化，并制定了《通关作业无纸化报关单证电子扫描或转换文件格式标准》（见附件），现予以公告。

本公告自2014年10月1日起执行。海关总署公告2013年29号中《通关作业无纸化报关单证电子扫描文件格式标准》同时废止。

特此公告。

附件　通关作业无纸化报关单证电子扫描或转换文件格式标准

海关总署

2014年9月25日

附件

通关作业无纸化报关单证电子扫描或转换文件格式标准

一、适用范围

本标准适用于通关作业无纸化模式下，企业以电子文件方式保存或向海关上传的报关单随附单证，包括：（一）合同；（二）发票；（三）装箱清单；（四）载货清单（舱单）；（五）提（运）单；（六）代理报关授权委托协议；（七）进出口许可证件；（八）海关要求的加工贸易手册及其他进出口有关单证。

二、基本格式标准

（一）文件类型。

文件类型应为PDF（Portable Document Format），版本1.4及以上。

（二）文件大小。

一份报关单的一种随附单证形成一个电子文件，每个电子文件的大小不超过4M，电子文件中每页大小不超过200K。

（三）文件命名。

电子文件名称长度应在64个字符（32个汉字）以内。

（四）文件签名。

电子文件应有数字签名，内嵌符合adobe公司发布的PDF标准的签名数据和签名认证证书。数字签名使用的证书须由海关认可的CA（证书签发机构）颁发，其密码算法和操作过程应符合国家密码主管部门的要求。

电子文件应包含与签名数据相关联的可供用户视觉识别的标示图层（视觉图层），即电子文件签名图章，以表明签名数据的存在和电子文件的类别。

（五）文件签名图章格式。

图章属性	格式要求
位置	图章的右、下边界与第一页页面右、下边界重合
尺寸	宽3厘米，高3厘米
内容	第一行："报关专用" 第二行："电子签章" 第三行：文件类别［不超过6个汉字，如"合同"、"发票"、"装箱清单"、"载货清单"、"提（运）单"、"委托报关协议"、"进出口许可证"、"其他"等］
字体	宋体
字体大小	第一行和第二行：宽2.92毫米，高8.25毫米 第三行：宽度1.78毫米，高度8.25毫米
颜色	红色（R、G、B值分别为255、0、0）

三、通过扫描方式形成文件的标准

（一）分辨率。

扫描分辨率为200dpi或以上，推荐使用200dpi分辨率。

（二）色深。

扫描图像的色深为1bit（黑白）或24bit（彩色）。

（三）文件中不应有空白页。

（四）扫描图像应端正，平铺到整个页面范围，不应有噪点、黑边等。

四、通过电子文本转换方式形成文件的标准

（一）电子文件使用的字体应该为：

1. 以下14种标准字体中的一种或多种：

Times-Roman，Times-Bold，Times-Itali，Times-BoldItalic，Helvetica，Helvetica-Bold，Helvetica-Oblique，Helvetica-BoldOblique，Courier，Courier-Bold，Courier-Oblique，Courier-BoldOblique，Symbol，ZapfDingbats

2. 其他TrueType格式的字体。

（二）电子文件中引用的TrueType字体描述数据应做子集化（Subset）处理后嵌入到电子文件中。

（三）文件中不应有空白页。

关于进出境运输工具监管以及舱单管理相关事项的公告

（海关总署公告2014年第70号）

为切实加强海关对进出境运输工具及其载运货物、物品的实际监管，规范进出境运输工具管理系统、舱单管理系统使用，保证传输数据完整、有效，现就进出境运输工具及货物、物品舱单的管理事项公告如下：

一、企业应在规定时限内按照进出境运输工具和舱单数据项填制规范（详见附件1~5），完整、准确地向海关申报传输运输工具及其载运货物、物品的舱单电子数据。

二、如舱单传输人自行发现舱单电子数据传输错误，可以根据海关总署令第172号相关要求，在原始舱单和预配舱单规定的传输时限以前，重新申报传输电子数据；货物、物品所有人已向海关办理货物、物品申报手续的除外。

三、企业应在进口货物、物品于境外港口起运前或出口货物、物品于境内港口发运前，将其总分提、运单的纸本或电子数据准备齐全，并在规定时间内向中国海关完整传输电子数据，其中有分提、运单数据的，须完整传输分提、运单电子数据。无分提、运单电子数据的，舱单传输人应在舱单管理系统的"商品简要描述"数据项中详细填写该总提、运单项下每项货物、物品名称并向海关传输。

四、企业向海关申报电子数据时，应确保每一份报关单都有相对应的单一提、运单。对于根据报关单填制规范及申报要求不能在同一张报关单中完成申报和通关的货物、物品，企业或货主可向海关现场业务部门申请办理该票货物、物品总提、运单的拆分业务。无特殊原因，海关不对任一总提、运单进行拆分操作。

五、企业应严格按照海关总署令第172号、第196号规定时限向海关传输运输工具及舱单电子数据。负责申报传输电子数据的企业应按照附件6要求的具体时限进行传输，如本公告中的电子数据申报传输时限与之前总署公告相矛盾的，应以本公告要求时限为准。

六、对于需凭“重量证书”确认实际发货数量的出口非集装箱货物，监管场所经营人或理货部门应当根据国家法律规定的检验机构或其授权部门出具的“重量证书”向海关传输理货报告电子数据。

七、舱单传输人应向海关传输调拨进出境空箱电子数据；空箱未按报送数据实际装卸的，舱单传输人应按照相关规定办理空箱的电子数据变更手续。

八、进出境航空器地面代理企业应按照相关法律法规要求向海关进行备案（备案表详见附件7）。

九、进出境运输工具负责人、服务企业、地面代理企业的相关信息在海关进行备案后，如发生变动的，应当在其备案信息发生变更后10个工作日内，凭“备案变更表”（详见海关总署公告2010年79号 附件7）及相关资料，向海关办理相关备案信息变更。

十、对于未按照海关要求传输运输工具、舱单电子数据的企业，海关将严格按照《中华人民共和国海关行政处罚实施条例》及相关规定对其进行处罚。

十一、海关将按照相关法律法规对进出境运输工具实施登临检查，并可对其所载货物、物品实施径行检查。企业应严格遵守《中华人民共和国海关法》、海关总署令第172号、第196号及其相关规定配合海关检查。

十二、企业通过中国电子口岸平台进行数据传输。海关接收企业申报传输数据、接受企业或个人在海关舱单管理部门及现场业务窗口修改舱单数据时，不收取任何费用。

十三、本公告自2014年10月15日起施行。

特此公告。

附件1~7　（略）

海关总署

2014年9月25日

关于明确进出口货物提前申报管理要求的公告

（海关总署公告2014年第74号）

进出口货物的收发货人、受委托的报关企业向海关提前申报的，应当符合以下规定：

一、进出口货物的收发货人、受委托的报关企业提前申报的，应当先取得提（运）单或载货清单（舱单）数据。其中，提前申报进口货物应于装载货物的进境运输工具起运后、运抵海关监管场所前向海关申报；提前申报出口货物应于货物运抵海关监管场所前3日内向海关申报。

二、进出口货物的收发货人、受委托的报关企业应当如实申报，并对申报内容的真实性、准确性、完整性和规范性承担相应法律责任。

三、进出口货物的收发货人、受委托的报关企业应当按照海关要求交验有关随附单证、进出口货物批准文件及其他需提供的证明文件。

四、进口提前申报货物因故未到或者所到货物与提前申报内容不一致的，进口货物的收货人或其代理人需向海关提交说明材料，有关报关单修改或撤销按照《中华人民共和国海关进出口货物报关单修改和撤销管理办法》（海关总署令第220号）及相关规定办理。

出口提前申报货物因故未在海关规定的期限内运抵海关监管场所的，海关撤销原提前申报的报关单。因故运抵海关监管场所的货物与提前申报内容不一致的，出口货物的发货人或其代理人需向海关提交说明材料，有关报关单修改或撤销按照《中华人民共和国海关进出口货物报关单修改和撤销管理办法》（海关总署令第220号）及相关规定办理。

五、进出口货物许可证件在海关接受申报之日应当有效。货物提前申报之后、实际进出之前国家贸易管制政策发生调整的，适用货物实际进出之日的贸易管制政策。

六、提前申报的进口货物，应当适用装载该货物的运输工具申报进境之日实施的税率和汇率；提前申报的进口转关货物，应当适用装载该货物的运输工具抵达指运地之日实施的税率。

提前申报的出口货物，适用海关接受申报之日实施的汇率和税率；提前申报的出口转关货物，应当适用起运地海关接受该货物申报出口之日实施的税率。

七、进出海关特殊监管区域货物和转关货物的提前申报比照上述要求办理，提前申报转关货物的转关手续按照《中华人民共和国海关关于转关货物监管办法》（海关总署令第89号）有关规定办理。

特此公告。

海关总署
2014年10月23日

关于《中华人民共和国海关企业信用管理暂行办法》实施相关事项的公告

（海关总署公告2014年第81号）

《中华人民共和国海关企业信用管理暂行办法》（海关总署令第225号，以下简称《信用办法》）已于2014年10月8日对外公布，自2014年12月1日起施行，现将有关事项公告如下：

一、自2014年12月1日起，按照《中华人民共和国海关企业分类管理办法》（海关总署令第197号）适用AA类管理的企业过渡为高级认证企业；适用A类管理的企业过渡为一般认证企业；适用B类管理的企业过渡为一般信用企业；适用C类、D类管理的企业，海关按照《信用办法》重新认定企业信用等级。

C类、D类企业经重新认定后信用等级为失信企业的，企业信用等级适用时间仍按原适用C类、D类时间计算。

认证企业可以凭适用AA类、A类管理的法律文书向海关申请换领“认证企业证书”。

二、海关按照“企业信用信息公示表”（详见附件，略）内容，通过“中国海关企业进出口信用信息公示平台”（网址：http：//credit. customs. gov. cn），向社会公示在海关注册登记企业的信用信息。

三、公民、法人或者其他组织对海关公示的企业信用信息提出异议的，应当提供书面说明或者证明材料。

异议人为公民的，应当在提交材料上签名，海关验核异议人身份证件原件；异议人为法人或者其他组织的，应当在提交材料上加盖本单位印章。

四、认证企业发生信用等级调整的，应当将原“认证企业证书”交回海关。无法交回的，海关公示作废。

企业遗失“认证企业证书”的，可以向原发证海关申请补发，遗失证书海关公示作废。

五、企业信用等级认定过程中，按照规定可以进行规范改进的，海关允许企业进行规范改进。规范改进期限由海关确定，最长不超过90日，企业规范改进时间不计入认证时间。

六、《信用办法》和《海关认证企业标准》中的“1年内”根据企业信用等级调整情形，按照以下方式进行计算：

企业信用等级向上调整为认证企业的，自海关接受企业申请之日起倒推12个月计算；企业信用等级向下调整的，以最近一次海关行政处罚决定作出之日倒推12个月计算。

本公告自2014年12月1日起施行。

特此公告。

海关总署
2014年11月19日

关于公布《海关认证企业标准》的公告

（海关总署公告 2014 年第 82 号）

现将《中华人民共和国海关企业信用管理暂行办法》（海关总署令第 225 号）配套执行的《海关认证企业标准》予以公布，自 2014 年 12 月 1 日起施行。

特此公告。

附件 1　海关认证企业标准（高级认证）（略）

附件 2　海关认证企业标准（一般认证）（略）

海关总署

2014 年 11 月 18 日

关于电子保函区域通用的公告

（海关总署公告 2014 年第 89 号）

为配套京津冀、长江经济带和广东地区区域通关一体化改革，海关总署决定在区域内海关推动电子保函“一关备案、区域通用”改革试点，打破关区界限，降低通关成本，促进贸易便利化。现将《区域通关一体化电子担保试点操作规范》及有关事项公告如下：

一、自 2014 年 12 月 20 日起，在京津冀和长江经济带两个区域内海关启用电子保函一体化模式改革试点；在总结评估的基础上，适时在广东地区等其他区域内海关推广。

二、一体化模式适用于区域内的企业，企业可自主选择向经营单位注册地或货物实际进出境所在地直属海关办理电子保函备案手续。

三、海关总署端系统已经正式上线运行，有意愿参与该项改革的商业银行要及时进行系统开发，可通过有关海关与总署关税司联系。

四、区域内海关通过“中国海关网上服务大厅”和海关“12360”服务热线，为企业提供电子保函区域通用改革涉及的通关征管业务咨询服务。

特此公告。

附件 1　电子担保保函（略）

附件 2　电子担保保函修改书（略）

附件 3　电子担保保函终止申请书（1）（略）

附件 4　电子担保保函终止通知书（1）（略）

海关总署

2014 年 12 月 9 日

关于进一步明确进出口货物征税计征汇率适用日期问题的公告

（海关总署公告2015年第5号）

《国务院关于修改〈全国年节及纪念日放假办法〉的决定》（国务院第644号令）规定，春节作为“法定节假日”的具体时间，修改为农历正月初一、初二、初三。为规范进出口货物征税计征汇率的适用，现对《中华人民共和国海关进出口货物征税管理办法》（海关总署第124号令）第十六条第二款“法定节假日”重新明确如下：

“法定节假日”是指《全国年节及纪念日放假办法》第二条规定的“全体公民放假的节日”，具体包括（不含调休日）：

一、新年（1月1日）。

二、春节（农历正月初一、初二、初三）。

三、清明节（农历清明当日）。

四、劳动节（5月1日）。

五、端午节（农历端午当日）。

六、中秋节（农历中秋当日）。

七、国庆节（10月1日、2日、3日）。

自本公告发布之日起，海关总署公告2010年第18号废止。

特此公告。

海关总署

2015年2月27日

关于修订海南离岛旅客免税购物监管暂行办法的公告

（海关总署公告2015年第7号）

为规范海关对海南离岛旅客免税购物业务的监管，促进海南省旅游业发展，海关总署对现行海南离岛旅客免税购物监管相关规定进行了修改，并公告如下：

一、海关对离岛旅客在海南省离岛免税商店（以下简称离岛免税商店）选购免税品，并乘机一次性全部携运离岛的监管，适用本公告。

二、设立在市内的离岛免税商店（以下简称市内离岛免税商店）应当在海南省机场国内隔离区（以下简称机场隔离区）内设立提货点，并报经海关批准。设立在机场隔离区内的离岛免税商店（以下简称机场离岛免税商店）无需设立提货点。

机场隔离区和提货点均属于海关监管场所，有关设置标准应当符合海关监管要求。

三、离岛旅客应当按照规定的次数、品种、数量、重量和金额购买免税品。超出规定的，离岛免税商店一律不得销售。

四、离岛旅客中的岛内居民每个公历年度最多可以享受1次离岛免税购物政策，非岛内居民最多可以享受2次离岛免税购物政策。

海关对境内人员以居民身份证签发机关为依据认定岛内居民、非岛内居民身份，对境外人员则以其所持进出境有效证件认定身份。

五、离岛旅客购买免税品时，应当主动出示本人有效身份证件，并翔实提供本人离岛航班信息以及此前已购免税品信息等。

旅客购买免税品后，乘机携运离岛记为1次免税购物。

六、离岛旅客每人每次免税购物金额累计限人民币8000元（含8000元），购买单一品种限量详见附表。此外，离岛旅客在按规定缴纳进境物品进口税的条件下，每人每次还可以购买1件单价8000元以上的商品。

七、离岛旅客免税购物限额中如有剩余（或未使用），可在征税购买单价8000元以上商品时，予以一次性调剂使用，海关以“离岛免税商店商品零售价格减去剩余免税限额”作为完税价格计征税款。未使用剩余免税限额的，海关以离岛免税商店商品零售价格作为完税价格计征税款。

离岛旅客仅购买1件8000元以上的商品，海关以“离岛免税商店商品零售价格减去8000元”作为完税价格计征税款。

应征税额在人民币50元以下（不含50元）的予以免征。

八、海关计征税款时，适用单价8000元以上商品扣减剩余免税限额之前所对应的税率。

九、离岛旅客可以通过离岛免税商店向海关办理税款缴纳手续。离岛免税商店应当每10天向海关集中办理一次税款缴纳手续，并于海关填发税款缴纳证之日起5个工作日内向指定银行（国库）缴纳税款。逾期缴纳税款的，海关自缴款期限届满之日起至缴清税款之日止，按日加收滞纳税款万分之五的滞纳金，最高不得超出税款数额。

滞纳金的起征点为人民币50元。

十、市内离岛免税商店应当按照海关监管要求将离岛旅客所购免税品施加封志，并运送至机场隔离区内提货点。

在离岛旅客提取前，市内离岛免税商店应当确保已售免税品外部封志完好。

十一、离岛旅客进入机场隔离区后，应当在市内离岛免税商店设立的提货点办理所购免税品提取手续。市内离岛免税商店应当验凭离岛旅客有效身份证件、提货单据和登机牌等单证无误后交付免税品。

机场离岛免税商店可在销售的同时交付免税品。

十二、离岛免税商店应当在免税品入库前，按照海关要求登记免税品电子数据信息。

在离岛旅客提货后，离岛免税商店应当及时向海关传输符合海关规定格式的旅客信息、离岛航班信息和免税品销售信息等电子数据。

十三、离岛旅客因航班延误、取消等原因需要离开机场隔离区的，应当将免税品交由离岛免税商店（包括提货点）代为保管，待实际乘机离岛再次进入机场隔离区后提取。

因航班延误、取消造成实际离岛航班日期与原离岛航班日期不在同一日的，以原离岛航班日期记为离岛日期。

离岛免税商店应当将免税品异常处理情况及时报告海关。

十四、离岛旅客提货后，因品质不良或者残损等原因确需退换货的，离岛免税商店按照海关规定办理有关手续。其中属于退货的，离岛免税商店应重新办理退货免税品的入库手续。需要退税的，按照有关规定办理。

十五、离岛旅客有下列情形之一的，在3年内不得享受离岛免税购物政策：

（一）未按照规定将免税品携运离岛的；

（二）提供虚假身份证件或者使用不符合规定身份证件的；

（三）违反其他规定的。

十六、本公告中下列用语的含义：

离岛旅客，是指年满16周岁、乘坐飞机离开海南本岛但不离境的境内外旅客，包括海南岛内居民。

身份证件，是指境内旅客居民身份证、港澳居民来往内地通行证、台湾居民来往大陆通行证和外国旅客护照。

十七、本公告自2015年3月20日起施行，海关总署2012年第50号公告同时予以废止。

特此公告。

附件　离岛旅客每人每次购买单一品种限量表

海关总署

2015年3月17日

附件

离岛旅客每人每次购买单一品种限量表

免税品品品种名称	数量范围
首饰	6件
工艺品	4件
手表	6件
香水	8件
化妆品	12件
笔	6件
眼镜（含太阳镜）	4件
丝巾	4件
领带	4件
毛织品	4件
棉织品	4件
服装服饰	6件
鞋帽	4件
皮带	4件
箱包	4件
小皮件	6件
糖果	12件
体育用品	6件
美容和保健器材	4件
餐具及厨房用品	4件
玩具（含童车）	6件
婴儿配方奶粉及辅食（零售包装的婴幼儿配方奶粉及辅食）	限购4件且合计重量不超过5千克
咖啡（咖啡豆、浓缩咖啡）	限购6件且合计重量不超过3千克
参制品（西洋参胶囊（冲剂）、红参胶囊（冲剂）、高丽参胶囊（冲剂））	限购6件且合计重量不超过3千克
谷物食品（谷物片）	限购6件且合计重量不超过6千克
保健食品（鱼油、维生素、钙片、胶原蛋白）	限购8件且合计重量不超过3千克
蜂王浆制剂	限购8件且合计重量不超过1千克
橄榄油	限购6件且合计重量不超过5千克
尿不湿	8件

续表

免税品品品种名称	数量范围
陶瓷制品（骨瓷器皿等）	4件
玻璃制品（玻璃器皿等）	4件
家用空气净化器及配件	2台，配件6件
家用小五金（锁具、水龙头、淋浴装置）	8件
钟（挂钟、座钟、闹钟等）	4件
转换插头	4件
表带、表链	4件
眼镜片、眼镜框	4件
一、二类家用医疗器械（血糖计、血糖试纸、电子血压计、红外线人体测温仪）	4件

注：1件商品是指具有单一、完整包装及独立标价的商品，但套装商品按包装内所含商品的实际件数计算。上述商品中，国家规定不符合民航安全要求、禁止进口以及20种不予减免税、濒危动物的制品除外。

关于开展丝绸之路经济带海关区域通关一体化改革的公告

（海关总署公告2015年第9号）

为落实“一带一路”国家发展战略，顺应中国经济新常态和贸易发展新业态，尊重企业的自主选择与物流运作规律，加快经济紧密联系地区区域通关一体化改革步伐，海关总署决定在山东、河南、山西、陕西、甘肃、宁夏、青海、新疆、西藏（以下称丝绸之路经济带）等九省（区）内的青岛、济南、郑州、太原、西安、兰州、银川、西宁、乌鲁木齐、拉萨等十个海关（以下称丝绸之路经济带海关）启动丝绸之路经济带海关区域通关一体化改革。现将有关事项公告如下：

一、自2015年5月1日起，启用丝绸之路经济带海关区域通关一体化通关方式。

二、丝绸之路经济带海关区域通关一体化通关方式适用于丝绸之路经济带企业在丝绸之路经济带各口岸海关进出口的货物。丝绸之路经济带企业可自主选择向经营单位注册地、货物实际进出境地海关或其直属海关集中报关点办理申报、纳税和查验放行手续。

企业可根据实际需要，自主选择口岸清关、转关、区域通关一体化等任何一种通关方式。

三、取消丝绸之路经济带报关企业跨关区从事报关服务的限制，允许报关企业“一地注册、多地报关”；允许区域外报关企业在区域内设立的分支机构，在区域海关直接报关；允许许可证件证面签注口岸为丝绸之路经济带任一口岸的货物（除国家明确实施口岸限制管理措施的货物外），在区域内任一海关办理申报验放手续。

四、丝绸之路经济带海关间互认商品预归类、价格预审核、原产地预确定和归类、价格、原产地等专业认定结果以及暂时进出境等行政许可决定；待系统完善后，在银行总担保及汇总征税项目的基础上，实现企业的一份税款保函在丝绸之路经济带海关互认通用。

五、丝绸之路经济带海关区域通关一体化报关单审核、税单打印、税费核注核销、无纸转有纸、汇总征税试点等操作按现行规定办理。

六、丝绸之路经济带海关区域通关一体化报关单所涉货物可由企业根据物流实际需求，自主选择在口岸或属地海关监管场所实施查验。对需转运分流到属地监管场所实施查验的，进出境货物及其运输工具应符合海关途中监管的要求。

七、丝绸之路经济带海关可凭电子放行信息办理货物出场（库、区）手续，实现卡口自动核放。

八、丝绸之路经济带海关通过“中国海关网上服务大厅”和海关“12360”服务热线，为企业提供通关、舱单状态查询、疑难咨询等公共服务。

特此公告。

海关总署
2015年3月30日

关于开展东北地区海关区域通关一体化改革的公告

（海关总署公告2015年第10号）

为服务振兴东北规划，顺应中国经济新常态和贸易发展新业态，尊重企业的自主选择与物流运作规律，加快经济紧密联系地区区域通关一体化改革步伐，海关总署决定在辽宁、吉林、黑龙江、内蒙古（以下称东北地区）等四省（区）内的大连、沈阳、长春、哈尔滨、呼和浩特、满洲里等六个海关（以下称东北地区海关）启动东北地区海关区域通关一体化改革。现将有关事项公告如下：

一、自2015年5月1日起，启用东北地区海关区域通关一体化通关方式。

二、东北地区海关区域通关一体化通关方式适用于东北地区企业在东北地区各口岸海关进出口的货物。东北地区企业可自主选择向经营单位注册地、货物实际进出境地海关或其直属海关集中报关点办理申报、纳税和查验放行手续。

企业可根据实际需要，自主选择口岸清关、转关、区域通关一体化等任何一种通关方式。

三、取消东北地区报关企业跨关区从事报关服务的限制，允许报关企业“一地注册、多地报关”；允许区域外报关企业在区域内设立的分支机构，在区域海关直接报关；允许许可证件证面签注口岸为东北地区任一口岸的货物（除国家明确实施口岸限制管理措施的货物外），在区域内任一海关办理申报验放手续。

四、东北地区海关间互认商品预归类、价格预审核、原产地预确定和归类、价格、原产地等专业认定结果以及暂时进出境等行政许可决定；待系统完善后，在银行总担保及汇总征税项目的基础上，实现企业的一份税款保函在东北地区海关互认通用。

五、东北地区海关区域通关一体化报关单审核、税单打印、税费核注核销、无纸转有纸、汇总征税试点等操作按现行规定办理。

六、东北地区海关区域通关一体化报关单所涉货物可由企业根据物流实际需求，自主选择在口岸或属地海关监管场所实施查验。对需转运分流到属地监管场所实施查验的，进出境货物及其运输工具应符合海关途中监管的要求。

七、东北地区海关可凭电子放行信息办理货物出场（库、区）手续，实现卡口自动核放。

八、东北地区海关通过“中国海关网上服务大厅”和海关“12360”服务热线，为企业提供通关、舱单状态查询、疑难咨询等公共服务。

特此公告。

海关总署
2015年3月30日

关于扩大广东地区海关区域通关一体化改革的公告

（海关总署公告 2015 年第 11 号）

为加快经济紧密联系地区区域通关一体化改革步伐，尊重企业的自主选择与物流运作规律，营造更加公平公正高效的进出口环境，海关总署决定扩大广东地区海关区域通关一体化改革范围。现将有关事项公告如下：

自 2015 年 5 月 1 日起，福建、广西、海南等三省（区）内的福州、厦门、南宁、海口等四个海关启用区域通关一体化通关方式，海关总署 2014 年第 66 号公告适用于福州、厦门、南宁、海口海关关区。

特此公告。

海关总署

2015 年 4 月 7 日

关于取消打印出口货物报关单证明联〔出口退税专用〕的公告

（海关总署公告 2015 年第 14 号）

为进一步深化海关通关作业无纸化改革，减少纸质单证流转，减轻企业负担，经商国家税务总局同意，海关总署决定，对 2015 年 5 月 1 日（含）以后出口的货物，海关不再签发纸质出口货物报关单证明联（出口退税专用），并同时停止向国家税务总局传输出口货物报关单证明联（出口退税专用）相关电子数据，改由海关总署向国家税务总局传输出口报关单结关信息电子数据。对 2015 年 4 月 30 日（含）之前的出口货物，请相关企业在 5 月 1 日至 5 月 31 日到海关打印纸质出口货物报关单证明联（出口退税专用），原签发纸质出口货物报关单证明联（出口退税专用）系统将于 6 月 1 日起停止运行。

实施启运港退税政策的出口货物暂时仍按照现行规定打印纸质出口货物报关单证明联（出口退税专用）。

特此公告。

海关总署

2015 年 4 月 22 日

关于修订公式定价进口货物审定完税价格有关规定的公告

（海关总署公告 2015 年第 15 号）

为规范公式定价进口货物完税价格的审核，便利企业通关，根据《中华人民共和国进出口关税条例》和《中华人民共和国海关审定进出口货物完税价格办法》（以下简称《审价办法》）的规定，现将海关审定公式定价进口货物完税价格的有关规定公告如下：

一、本公告所称的公式定价，是指在向中华人民共和国境内销售货物所签订的合同中，买卖双方未以具体明确的数值约定货物价格，而是以约定的定价公式来确定货物结算价格的定价方式。对仅受成分含量、进口数量影响，进口时不能确定结算价格等的，不属于本公告管理范畴。

按照定价公式确定的结算价格是指买方为购买该货物实付、应付的价款总额。

二、对同时符合下列条件的进口货物，海关以买卖双方约定的定价公式所确定的结算价格为基础审定完税价格：

（一）在货物运抵中华人民共和国境内前，买卖双方已书面约定定价公式；

（二）结算价格取决于买卖双方均无法控制的客观条件和因素；

（三）自货物申报进口之日起6个月内，能够根据定价公式确定结算价格；

（四）结算价格符合《审价办法》中成交价格的有关规定。

三、纳税义务人应在公式定价合同项下首批货物进口前，向首批货物进口地海关或企业所在地海关提出备案申请，海关自收齐申请材料后5个工作日内完成备案，对符合本公告第一条规定的，出具《公式定价合同海关备案表》（详见附件1，以下简称《备案表》）。备案结果在全国海关互认，无需重复备案。

对于货物进口时能够确定结算价格的公式定价合同，纳税义务人无需向海关申请备案。

四、纳税义务人申请备案需提供的材料包括：

（一）进口货物合同（如有长期合同应一并提供）；

（二）进口货物定价公式的作价标准、选价期、结算期、折扣等影响价格的要素，以及进口口岸、批次和数量等情况说明；

（三）其他相关材料。

五、海关经过审核，对符合本公告第二条规定的公式定价货物，在《备案表》中注明以结算价格为基础审查确定完税价格；对不符合本公告第二条规定的公式定价货物，在《备案表》中注明不符合公告第二条规定，按《审价办法》的相关规定审查确定完税价格。

六、纳税义务人进口公式定价货物，因故未能事先向海关备案的，应在申报进口的同时向海关办理备案手续。

七、经海关备案的合同发生变更的，纳税义务人应当在变更合同项下货物首次申报进口前，向原备案地海关重新备案。海关自收齐材料后5个工作日内出具备案结果。

八、纳税义务人申报进口已备案的公式定价货物时，应当在报关单备注栏中准确填报备案号（填制要求详见附件2），并向海关提供确定货物完税价格所需的相关材料。

九、自货物申报进口之日起6个月内不能确定结算价格，海关根据《审价办法》的相关规定审定完税价格。特殊情况经备案地海关同意，可延长结算期限至9个月。

十、纳税义务人应在公式定价货物结算价格确定后10个工作日内向海关提供确定结算价格所需材料并办理相关手续。

十一、公式定价合同执行完毕后，海关实行总量核销。经核销发现实际进口数量与备案合同总量差异较大，超过备案商品溢短装合理范围的，海关应当按《审价办法》的有关规定重新审核合同条款，并可视情作出重新估价的决定。

十二、在本公告施行前已按海关总署2006年11号公告规定向海关备案，公告实施后拟继续履行经备案的公式定价合同的，应当在公告实施前重新办理相关手续。

本公告自2015年5月1日起施行，海关总署2006年第11号公告同时废止。

特此公告。

附件1 公式定价合同海关备案表（样本）（略）
附件2 报关单填制要求（略）

海关总署
2015年4月28日

关于规范通关无纸化电子支付税款问题的公告

（海关总署公告2015年第24号）

为规范通关无纸化改革中电子支付缴税业务，保障国家税款及时入库，现将有关事项公告如下：

除另有规定外，在通关无纸化模式下，参与税费电子支付业务的进出口企业应在海关审结报关单生成电子税款信息之日起10日内，通过第三方支付平台向商业银行发送税款预扣指令。未在规定期限内发送预扣指令的，将直接转为柜台支付，海关填发税款缴款书。企业应当按照《中华人民共和国海关法》第六十条规定，自海关填发税款缴款书之日起15日内缴纳税款；逾期缴纳的，海关征收滞纳金。

本公告自发布之日起执行。

特此公告。

海关总署

2015年6月3日

关于境外旅客购物离境退税业务海关监管规定的公告

（海关总署公告2015年第25号）

根据《财政部关于实施境外旅客购物离境退税政策的公告》（财政部公告2015年第3号）有关规定，为规范海关对境外旅客购物离境退税业务的监管工作，现就有关事项公告如下：

一、境外旅客在出境时需要对所购物品退税的，应当主动向海关申报，并提交退税物品、境外旅客购物离境退税申请单（以下简称申请单）、退税物品销售发票和本人有效身份证件。

二、经海关验核，对旅客交验的退税物品与申请单所列相符的，海关在申请单上确认签章，并交由旅客凭以办理退税手续；对旅客交验物品的数量与申请单所列数量不符的，海关以交验物品的数量进行确认签章，并交由旅客凭以办理退税手续。

三、有下列情形之一的，海关不予办理境外旅客购物离境退税签章手续：

（一）出境旅客交验物品的名称与申请单所列物品不符的；

（二）申请单所列购物人员信息与出境旅客信息不符的；

（三）其他不符合离境退税规定的。

四、办理离境退税业务的专门场所属于海关监管场所，有关场所设置标准应当符合海关监管要求。

五、退税物品经海关验核后至实际离境前，应当接受海关监管。

六、实施离境退税业务的口岸名单和实施日期，以财政部、海关总署和国家税务总局发布为准。

七、本公告中下列用语的含义：

境外旅客是指在我国境内连续居住不超过183天的外国人和港澳台同胞。

退税物品是指由境外旅客本人在退税商店购买且符合退税条件的个人物品，但不包括下列物品：《中华人民共和国禁止、限制进出境物品表》所列的禁止、限制出境物品；退税商店销售的适用增值税免税政策的物品；财政部、海关总署、国家税务总局规定的其他物品。

八、本公告自2015年6月5日起执行。海关总署公告2010年82号同期予以废止。

特此公告。

海关总署
2015年5月8日

关于明确税款滞纳金减免相关事宜的公告

（海关总署公告2015年第27号）

为规范海关税款滞纳金减免的操作管理，依据《中华人民共和国海关法》、《中华人民共和国行政强制法》、《中华人民共和国进出口关税条例》以及有关法律、行政法规规定，现将税款滞纳金减免有关事宜公告如下：

一、海关对未履行税款给付义务的纳税义务人征收税款滞纳金，符合下列情形之一的，海关可以依法减免税款滞纳金：

（一）纳税义务人确因经营困难，自海关填发税款缴款书之日起在规定期限内难以缴纳税款，但在规定期限届满后3个月内补缴税款的；

（二）因不可抗力或者国家政策调整原因导致纳税义务人自海关填发税款缴款书之日起在规定期限内无法缴纳税款，但在相关情形解除后3个月内补缴税款的；

（三）货物放行后，纳税义务人通过自查发现少缴或漏缴税款并主动补缴的；

（四）经海关总署认可的其他特殊情形。

二、在办理税款滞纳金减免手续时，纳税义务人应按照海关要求提交以下材料：

（一）报关单及随附资料复印件；

（二）滞纳金缴款书复印件；

（三）已补缴税款的税单复印件；

（四）属于本公告第一条第（三）项所述情形的，需提供自查情况报告；

（五）海关认为需要提供的其他材料。

纳税义务人应声明对上述材料的真实性、合法性、有效性承担法律责任。

三、减免税款滞纳金手续由征税地直属海关关税职能部门办理，对于符合规定可减免税款滞纳金的，征税地直属海关与纳税义务人签订《XX海关税款滞纳金减免执行协议》（详见附件），并负责监督协议的执行。

四、本公告自发布之日起实施。

特此公告。

附件　××海关税款滞纳金减免执行协议（略）

海关总署
2015年6月5日

关于在全国范围推广汇总征税的公告

（海关总署公告2015年第33号）

为提高贸易便利化，降低通关成本，海关总署决定在试点基础上，全面推广汇总征税改革。海关对符合条件的进出口纳税义务人在一定时期内多次进出口货物应纳税款实施汇总计征。现将有关事项公告如下：

一、适用汇总征税模式的企业应是进出口报关单上的经营单位，并且符合以下条件：

（一）海关税费电子支付系统用户；

（二）企业类别为一般认证及以上；

（三）上一自然年的月均纳税次数不低于4次；

（四）企业申报符合规范要求，提供海关单证审核必要的资料和信息，遵守海关税收征管法律法规，纳税及时；

（五）无其他不适合汇总征税的情形。

二、为汇总征税企业提供总担保的银行应符合以下条件：

（一）具有良好的资信和较大的资产规模；

（二）无滞压或延迟海关税款入库情事；

（三）承诺对企业担保期限内申报进出口货物应纳税款、滞纳金承担足额、及时汇总缴纳的保付责任；

（四）与海关建立保函真伪验核机制。

保函格式见附件1。

三、企业应向注册地直属海关关税职能部门（以下简称“属地关税职能部门”）申请开展汇总征税，提交《汇总征税企业专项评估表》（附件2，以下简称“《评估表》”），并列明拟开展汇总征税的一个或多个直属海关。

属地关税职能部门受理申请后，应在15个工作日内对企业资信进行专项评估，确认担保适用范围，完成企业信息备案。特殊情况，评估时间可延长15个工作日。

四、通过资信评估的企业应向属地关税职能部门提交总担保。

总担保形式包括保证金和保函。保函受益人包括企业注册地直属海关以及其他拟汇总征税的直属海关。

五、企业申报时选择“汇总征税”模式，录入总担保备案编号。一份报关单只能填制一个总担保备案编号。

报关单打印时显示“汇总征税”字样。

六、海关确认担保额度扣减成功，且无布控查验等其他海关要求事项，即可实施现场卡口放行。有布控查验等其他海关要求事项的，按有关规定办理。

七、汇总征税报关单采用有纸模式的，企业应在办结实货放行手续之日起10日内递交纸质报关单证。至当月底不足10日的，应在当月底前递交。超期交单的，按照规定办理。

八、企业应于每月第5个工作日结束前完成上月应纳税款的汇总支付，且不得再选择电子支付担保方式。

税款原则上不得跨年缴纳。

九、企业未按第八条规定缴纳税款的，海关径行打印海关税款缴款书，交付或通知企业履行纳税义务；企业未在税款缴款书规定的期限内缴税的，海关办理保证金转税手续或通知担保银行履行担保纳税义务。

十、汇总征税额度的扣减和恢复只对应应纳税款，如有滞报金等其他费用，企业应在货物放行前缴清。

十一、企业出现欠税风险，征税地直属海关关税职能部门（以下简称“征税地关税职能部门”）可冻结企业总担保备案，暂停其汇总征税。

十二、企业可根据进出口业务需要，向属地关税职能部门申请企业信息备案和总担保备案资料的变更。

十三、企业有下列情形之一的，属地关税职能部门取消其汇总征税资格，并制发《取消适用汇总征税作业模式告知书》（附件3）：

（一）违反本规程第一条列明的海关管理规定的；

（二）一个自然年度内未按第八条规定及时缴纳税款两次以上的；

（三）存在少缴或漏缴税款等税收征管风险的。

十四、属地和征税地关税职能部门每年底对本关区内登记总担保备案和开展汇总征税的企业实施纳税信用评估，发现企业有第十三条所列情形的，征税地海关联系属地关税职能部门取消其汇总征税资格。

十五、担保银行有下列情形之一的，属地关税职能部门不予接受其出具的保函：

（一）不具备资金偿付能力的；

（二）滞压海关税款的；

（三）拒不履行担保赔付责任的；

（四）不配合海关税收征管工作的。

本公告自2015年7月27日起施行。

特此公告。

附件1　总担保保函格式（略）

附件2　汇总征税企业专项评估表（略）

附件 3　取消适用汇总征税作业模式告知书（略）

海关总署
2015 年 7 月 24 日

关于实施法人和其他组织统一社会信用代码有关事项的公告

（海关总署公告 2015 年第 46 号）

为落实国务院关于实施统一社会信用代码制度改革有关工作，根据《国务院关于转批发展改革委等部门法人和其他组织统一社会信用代码制度建设总体方案的通知》（国发〔2015〕33 号），现就海关实施统一社会信用代码有关事宜公告如下：

一、自 2015 年 10 月 1 日起，已经取得统一社会信用代码的法人和其他组织向海关办理注册登记有关业务的，应当凭登记管理部门发放、以统一社会信用代码为编码的新登记证（照）办理，海关不再验核未转换的旧工商营业执照、组织机构代码证和税务登记证等证（照）。相关格式文本中涉及填写上述证（照）号码的，应当填写统一社会信用代码。

二、2015 年 10 月 1 日前已在登记管理部门办理注册登记的法人和其他组织，可以继续使用未转换的旧工商营业执照、组织机构代码证和税务登记证等证（照）向海关办理注册登记手续。

特此公告。

海关总署
2015 年 9 月 29 日

关于海关特殊监管区域及保税监管场所实施区域通关一体化改革的公告

（海关总署公告 2015 年第 47 号）

为进一步推进海关区域通关一体化改革，建立与保税加工、保税物流和保税服务发展要求相适应的区域通关监管机制，更好地服务国家发展战略，海关总署决定将区域通关一体化改革拓展至海关特殊监管区域（以下简称“特殊区域”）和保税监管场所。现将有关事项公告如下：

一、自公告之日起，海关区域通关一体化方式适用于特殊区域和保税监管场所内企业在各口岸进出境的货物。

二、企业可根据实际需要，自主选择口岸清关、转关、区域通关一体化等任何一种通关方式。

三、特殊区域和保税物流中心（B 型）企业对采用区域通关一体化方式的进境货物应向主管海关办理申报，企业可根据物流实际需求，自主选择在特殊区域或进境口岸实施查验，但海关查验有特殊要求的除外。

四、特殊区域和保税物流中心（B 型）企业可以采用自行运输方式将进境货物运至特殊区域或保税物流中心（B 型）。对需转运分流至特殊区域实施查验的，进境货物及其运输工具应符合海关途中监管的要求。

五、特殊区域通关一体化的备案清单审核、查验、转运分流、备案清单修改撤销、应急保障等操作均参照现行区域通关一体化规定办理。

六、保税物流中心（A 型）、保税仓库和出口监管仓库的进出境货物参照现行区域通关一体化方式操作。

七、海关通过“中国海关网上服务大厅”和海关“12360”服务热线，为企业提供通关、舱单状态查询、疑难咨询等公共服务。

特此公告。

海关总署

2015 年 9 月 29 日

关于在部分海关开展进出口货物报关单修改和撤销无纸化试点相关事宜的公告

（海关总署公告 2015 年第 48 号）

为深化海关区域通关一体化、通关作业无纸化改革，推进通关配套作业无纸化进程，海关总署已在京津冀、长江经济带及丝绸之路经济带 25 个海关开展进出口货物报关单修改和撤销业务无纸化试点，现就试点相关事宜公告如下：

一、进出口货物收发货人或者其代理人（以下统称当事人）符合《中华人民共和国海关进出口货物报关单修改和撤销管理办法》（海关总署令第 220 号，以下简称《管理办法》）规定情形的，可通过中国电子口岸预录入系统“修撤单办理/确认”功能（以下简称预录入系统）向海关办理进出口货物报关单（以下简称报关单）修改或者撤销手续。

二、对于当事人申请办理报关单修改或者撤销手续的，当事人应在预录入系统录入报关单修改或者撤销相关事项并提交相关材料的电子数据。海关办理后通过预录入系统将办理情况反馈当事人，当事人可通过预录入系统查询已提交的修改或者撤销手续的办理进度。

三、对于海关发现报关单需要修改或者撤销的，海关通过预录入系统向当事人发起报关单修改或者撤销确认。当事人应通过预录入系统及时查询并在 5 个工作日内向海关确认“同意办理”或者“不同意办理”的意见。

四、按照《管理办法》规定，当事人应当向海关提交相关材料的，原则上通过预录入系统以电子方式上传，文件格式标准参照《通关作业无纸化报关单证电子扫描或转换文件格式标准》（海关总署公告 2014 年第 69 号）。

五、当事人通过预录入系统办理报关单修改或者撤销手续的，视同当事人已向海关提交《进出口货物报关单修改/撤销表》或《进出口货物报关单修改/撤销确认书》。

六、海关需要验核纸质材料的，当事人应当提交相关纸质材料。

七、当事人如果遇到预录入系统具体操作问题，可以联系中国电子口岸解决，服务热线：010-95198。

本公告自公布之日起施行。

特此公告。

海关总署

2015 年 10 月 12 日

关于进出口货物报关单修改和撤销业务无纸化相关事宜的公告

（海关总署公告 2015 年第 55 号）

为深化海关区域通关一体化改革和通关作业无纸化改革，自即日起，海关总署决定在全国开展进出口货物报关单修改和撤销业务无纸化，现就相关事宜公告如下：

一、进出口货物收发货人或者其代理人（以下统称当事人）符合《中华人民共和国海关进出口货物报关单修改和撤销管理办法》（海关总署令第220号，以下简称《管理办法》）规定情形的，可通过中国电子口岸预录入系统"修撤单办理/确认"功能（以下简称预录入系统）向海关办理进出口货物报关单（以下简称报关单）修改或者撤销手续。

二、对于当事人申请办理报关单修改或者撤销手续的，当事人应在预录入系统录入报关单修改或者撤销相关事项并提交相关材料的电子数据。海关办理后通过预录入系统将办理情况反馈当事人，当事人可通过预录入系统查询已提交的修改或者撤销手续的办理进度。

三、对于海关发现报关单需要修改或者撤销的，海关通过预录入系统向当事人发起报关单修改或者撤销确认。当事人应通过预录入系统及时查询并在5日内向海关确认"同意办理"或者"不同意办理"的意见。

四、按照《管理办法》规定，当事人应当向海关提交相关材料的，原则上通过预录入系统以电子方式上传，文件格式标准参照《通关作业无纸化报关单证电子扫描或转换文件格式标准》（海关总署公告2014年第69号）。

五、当事人通过预录入系统办理报关单修改或者撤销手续的，视同当事人已向海关提交《进出口货物报关单修改/撤销表》或《进出口货物报关单修改/撤销确认书》。

六、海关需要验核纸质材料的，当事人应当提交相关纸质材料。

七、当事人如果遇到预录入系统具体操作问题，可以联系中国电子口岸解决，服务热线：010-95198。

八、自2016年3月1日起，除因计算机、网络系统等技术原因无法通过预录入系统办理报关单修改或者撤销的，海关不再以纸质方式办理报关单修改和撤销业务。

九、自本公告施行之日起，《海关总署关于在部分海关开展进出口货物报关单修改和撤销无纸化试点相关事宜的公告》（海关总署公告〔2015〕48号同时废止。）

特此公告。

海关总署
2015年12月2日

关于优惠贸易协定项下符合"直接运输"单证事宜的公告

（海关总署公告2015年第57号）

为便利各优惠贸易安排中"直接运输"条款的实施，对于经香港或澳门之外的第三方中转的进口货物，其收货人或者代理人（以下简称"进口人"）申报适用协定税率或特惠税率时向海关提交下列运输单证之一的，海关不再要求提交中转地海关出具的证明文件：

一、对空运或海运进口货物，经营国际快递业务的企业、民用航空运输企业、国际班轮运输经营者及其委托代理人出具的单份运输单证。该运输单证应在同一页上载明始发地为进口货物的原产国（地区）境内，且目的地为中国境内；原产于内陆国家（地区）的海运进口货物，始发地可为其海运始发地。

二、对已实现原产地电子数据交换的《海峡两岸经济合作框架协议》（ECFA）等协定项下集装箱运输货物，也可提交能够证明货物在运输过程中集装箱箱号、封志号未发生变动的全程运输单证。

海关对上述运输单证有疑问的，进口人应当补充提交相关资料。

经香港、澳门中转货物的相关规定另行公告。

本公告自2015年12月20日起执行。海关总署公告2015年第8号同时废止。

海关总署
2015年12月7日

海关总署关于市场采购贸易方式扩大试点的公告

（海关总署公告2015年第67号）

根据《国务院办公厅关于促进进出口稳定增长的若干意见》（国办发〔2015〕55号），市场采购贸易试点范围已扩大到江苏省海门叠石桥国际家纺城和浙江省海宁皮革城。为进一步促进市场采购贸易的健康稳定发展，规范对市场采购贸易的管理，根据《海关总署关于市场采购贸易监管办法及其监管方式有关事宜的公告》（海关总署公告〔2014〕54号，以下简称"54号公告"），现将海关监管方式"市场采购"（代码：1039）适用范围扩大到江苏省海门叠石桥国际家纺城和浙江省海宁皮革城内采购的出口商品，海关监管相关事宜按照54号公告第一项到第十项规定办理。

上述公告内容在江苏省海门叠石桥国际家纺城、浙江省海宁皮革城市场采购商品认定体系、涵盖市场采购贸易各方经营主体和贸易全流程的市场综合管理系统验收合格后正式实施，具体实施日期由南京海关、杭州海关另行发布。

市场采购贸易海关监管办法具体实施细则由南京海关、杭州海关负责制定实施。

自"市场采购"（1039）监管方式正式实施之日起6个月后，实施地区不再使用"旅游购物"（0139）监管方式。

特此公告。

海关总署

2015年12月21日

关于简化已联网优惠贸易安排项下原产地证书提交要求的公告

（海关总署公告2015年第71号）

为进一步便利优惠贸易安排实施，简化已实现原产地电子数据交换的优惠贸易安排项下原产地证书提交要求，现就有关事项公告如下：

对已实现原产地电子数据交换的《内地与香港关于建立更紧密经贸关系的安排》、《内地与澳门关于建立更紧密经贸关系的安排》和《海峡两岸经济合作框架协议》等优惠贸易安排项下进口货物，海关不再要求进口货物收货人或其代理人（以下简称"进口人"）在申报进口时提交原产地证书正本。海关认为有必要时，进口人应当补充提交相关原产地证书正本。

本公告自2016年1月1日起施行。

特此公告。

海关总署

2015年12月31日

关于修订海关总署2015年第7号公告有关内容的公告

（海关总署公告2016年第7号）

根据《财政部关于进一步调整海南离岛旅客免税购物政策的公告》（财政部公告2016年第15号），为进一步促进海南省旅游业发展，海关总署对《海南离岛旅客免税购物监管暂行办法》（海关总署2015年第7号公告）有关内容进行相应调整。现将调整内容公告如下：

一、对非岛内居民旅客取消年度免税购物次数限制，每人每年累计免税购物金额不超过人民币16000元（含16000元）。

二、离岛旅客通过网上离岛免税销售窗口进行免税购物的，须凭本人身份证件和登机牌在机场隔离区提货点提货并携运离岛。通过网上销售窗口进行免税购物要严格执行离岛免税政策的相关规定。

三、除以上调整外，离岛免税购物监管继续执行《海关总署对海南离岛旅客免税购物监管暂行办法》（海关总署2015年第7号公告）的有关规定。

本公告自2016年2月1日起执行。

特此公告。

海关总署

2016年1月29日

关于暂不予放行旅客行李物品暂存有关事项的公告

（海关总署公告2016年第14号）

根据《中华人民共和国海关法》、《中华人民共和国海关对进出境旅客行李物品监管办法》（海关总署令第9号）等规定，现就海关暂不予放行旅客行李物品暂存有关事项公告如下：

一、旅客携运进出境的行李物品有下列情形之一的，海关暂不予放行：

（一）旅客不能当场缴纳进境物品税款的；

（二）进出境的物品属于许可证件管理的范围，但旅客不能当场提交的；

（三）进出境的物品超出自用合理数量，按规定应当办理货物报关手续或其他海关手续，其尚未办理的；

（四）对进出境物品的属性、内容存疑，需要由有关主管部门进行认定、鉴定、验核的；

（五）按规定暂不予以放行的其他行李物品。

海关暂不予以放行的行李物品，可以暂存。

上述暂不予放行物品不包括依法应当由海关实施扣留的物品。

二、暂不予放行的行李物品有下列情形之一的，海关可以要求旅客当场办理退运手续，或者移交相关专业机构处理，因此产生的费用由旅客承担。

（一）易燃易爆的；

（二）有毒的；

（三）鲜活、易腐、易失效等不宜长期存放的；

（四）其他无法存放或不宜存放的情形。

三、对暂不予放行的行李物品办理暂存的，海关应当向旅客出具《中华人民共和国海关暂不予放行旅客行李物品暂存凭单》（以下简称《凭单》，样式详见附件），旅客核实无误后签字确认。

四、交由海关暂存的物品有瑕疵、损毁等情况的，海关现场关员应当在《凭单》上予以注明，并应当由旅客签字确认。对于贵重物品或疑似文物等物品，海关可以采用拍照、施封等办法进行确认。

五、旅客办理物品的提取手续时，应当向海关提交《凭单》原件并出示旅客本人有效的进出境证件。旅客委托他人代为办理物品提取手续的，接受委托的代理人应当向海关提交《凭单》原件、旅客本人出具的书面委托书、旅客有效的进出境证件复印件，并出示代理人本人有效的身份证件。

六、海关暂不予放行的物品自暂存之日起三个月内，旅客应当办结海关手续。逾期不办的，由海关依法对物品进行处理。需要有关主管部门进行认定、鉴定、验核的时间不计入暂存时间。

七、本公告自2016年6月1日起施行。

特此公告。

附件 海关暂不予放行旅客行李物品暂存凭单（略）

海关总署

2016年3月14日

关于启用新快件通关系统相关事宜的公告

（海关总署公告2016年第19号）

为规范海关对进出境快件监管，加大信息化技术运用，提高通关效率，方便进出境快件通关，海关总署决定，自2016年6月1日起，正式启用新版快件通关管理系统（以下简称新快件系统），原快件通关管理系统中的报关功能同时停止使用。现就相关事宜公告如下：

一、新快件系统适用于文件类进出境快件（以下简称A类快件）、个人物品类进出境快件（以下简称B类快件）和低值货物类进出境快件（以下简称C类快件）报关。其中：

A类快件是指无商业价值的文件、单证、票据和资料（依照法律、行政法规以及国家有关规定应当予以征税的除外）。

B类快件是指境内收寄件人（自然人）收取或者交寄的个人自用物品（旅客分离运输行李物品除外）。

C类快件是指价值在5000元人民币（不包括运、保、杂费等）及以下的货物（涉及许可证件管制的，需要办理出口退税、出口收汇或者进口付汇的除外）。

二、A类快件报关时，快件运营人应当向海关提交A类快件报关单（格式详见附件）、总运单（复印件）和海关需要的其他单证。

B类快件报关时，快件运营人应当向海关提交B类快件报关单（格式详见附件）、每一进出境快件的分运单、进境快件收件人或出境快件发件人身份证影印件和海关需要的其他单证。B类快件的限量、限值、税收征管等事项应当符合海关总署关于邮递进出境个人物品相关规定。

C类快件报关时，快件运营人应当向海关提交C类快件报关单（格式详见附件）、代理报关委托书或者委托报关协议、每一进出境快件的分运单、发票和海关需要的其他单证，并按照进出境货物规定缴纳税款。进出境C类快件的监管方式为“一般贸易”或者“货样广告品A”，征免性质为“一般征税”，征减免税方式为“照章征税”。

快件运营人按照上述规定提交复印件（影印件）的，海关可要求快件运营人提供原件验核。

三、通过快件渠道进出境的其他货物、物品，应当按照海关对进出境货物、物品的现行规定办理海关手续。

四、自本公告施行之日起，《中华人民共和国海关对进出境快件监管办法》（海关总署令第104号公布，第147号、第198号修改）第十条、第十一条、第十二条、第十三条暂停执行；《海关总署关于进境KJ3类快件的申报规范和快件渠道进出境个人物品监管有关问题的公告》（海关总署2009年第39号公告）、《海关总署关于对中华人民共和国海关进出境快件报关单申报内容进行调整的公告》（海关总署2010年第41号公告）同时废止。

特此公告。

附件 快件报关单打印格式（略）

海关总署
2016年3月9日

关于修订《中华人民共和国海关进出口货物报关单填制规范》的公告

（海关总署公告2016年第20号）

为规范进出口货物收发货人的申报行为，统一进出口货物报关单填制要求，海关总署对原《中华人民共和国海关进出口货物报关单填制规范》（海关总署2008年第52号公告）再次进行了修订。现将本次修订后的规范文本及有关内容公告如下：

一、本次修订补充了2008年以来散落在相关文件中的关于报关单填制的内容。主要根据海关总署2010年第22号公告，海关总署2014年第15号公告，海关总署2014年第33号公告，海关总署、国家发展改革委、财政部、商务部联合令第125号，海关总署、国家发展改革委、财政部、商务部联合令第185号，海关总署令第213号，海关总署令第218号，海关总署令第219号等对《中华人民共和国海关进（出）口货物报关单》中的“合同协议号”、“申报单位”、“运输方式”、“提运单号”、“监管方式”、“备案号”、“许可证号”、“运费”、“保费”、“随附单证”、“标记唛码及备注”、“项号”、“商品编号”、“数量及单位”、“版本号”、“货号”和“海关批注及签章”等相关栏目的填制要求作了相应调整。

二、新增“贸易国（地区）”、出口“原产国（地区）”、进口“最终目的国（地区）”的填制要求；为报关人员准确填写“其他说明事项”栏目，增加“特殊关系确认”、“价格影响确认”、“支付特许权使用费确认”等项目的填制规范。

三、删除“结汇证号/批准文号”、出口“结汇方式”、“用途/生产厂家”、“税费征收情况”、“海关审单批注及放行日期”、“报关单打印日期/时间”、“报关员联系方式”等已失去法律依据或不具备监管意义的申报指标。

四、为与相关法律表述一致，调整相关项栏目名称：将原“经营单位”改为“收发货人”，将原“收货单位”改为“消费使用单位”，将原“发货单位”修改为“生产销售单位”，将“贸易方式（监管方式）”改为“监管方式”，并对调整项目的填制要求进行规范。

五、为解决部分因商品项数限制导致的物流凭证拆分问题，报关单商品项指标组上限由20调整为50。

六、海关特殊监管区域（以下简称特殊区域）企业向海关申报货物进出境、进出区，以及在同一特殊区域内或者不同特殊区域之间流转货物的双方企业，应填制《中华人民共和国海关进（出）境货物备案清单》，特殊区域与境内（区外）之间进出的货物，区外企业应同时填制《中华人民共和国海关进（出）口货物报关单》，向特殊区域主管海关办理进出口报关手续。货物流转应按照“先报进，后报出”的原则，在同一特殊区域企业之间、不同特殊区域企业之间流转的，先办理进境备案手续，后办理出境备案手续，在特殊区域与区外之间流转的，由区内企业、区外企业分别办理备案和报关手续。《中华人民共和国海关进（出）境货物备案清单》原则上按《中华人民共和国海关进出口货物报关单填制规范》的要求填制。

修订后的《中华人民共和国海关进出口货物报关单填制规范》（见附件）自2016年3月30日起执行，海关总署2008年第52号公告、2013年第30号公告同时废止。纸质《中华人民共和国海关进（出）口货物报关单》也将调整，另行公告。

特此公告。

附件 中华人民共和国海关进出口货物报关单填制规范（略）

海关总署
2016年3月24日

关于跨境电子商务零售进出口商品有关监管事宜的公告

（海关总署公告2016年第26号）

为做好跨境电子商务零售进出口商品监管工作，促进电子商务健康有序发展，根据《海关法》和国家有关政策规定，以及《财政部 海关总署 国家税务总局关于跨境电子商务零售进口税收政策的通知》（财关税〔2016〕18号）、《财政部等11个部门关于公布跨境电子商务零售进口商品清单的公告》（2016年第40号）的有关规定，现就相关海关监管问题公告如下：

一、适用范围

（一）电子商务企业、个人通过电子商务交易平台实现零售进出口商品交易，并根据海关要求传输相关交易电子数据的，按照本公告接受海关监管。

二、企业管理

（二）参与跨境电子商务业务的企业应当事先向所在地海关提交以下材料：

1. 企业法人营业执照副本复印件；

2. 组织机构代码证书副本复印件（以统一社会信用代码注册的企业不需要提供）；

3. 企业情况登记表，具体包括企业组织机构代码或统一社会信用代码、中文名称、工商注册地址、营业执照注册号，法定代表人（负责人）、身份证件类型、身份证件号码，海关联系人、移动电话、固定电话，跨境电子商务网站网址等。

企业按照前款规定提交复印件的，应当同时向海关交验原件。

如需向海关办理报关业务，应当按照海关对报关单位注册登记管理的相关规定办理注册登记。

三、通关管理

（三）跨境电子商务零售进口商品申报前，电子商务企业或电子商务交易平台企业、支付企业、物流企业应当分别通过跨境电子商务通关服务平台（以下简称服务平台）如实向海关传输交易、支付、物流等电子信息。

进出境快件运营人、邮政企业可以受电子商务企业、支付企业委托，在书面承诺对传输数据真实性承担相应法律责任的前提下，向海关传输交易、支付等电子信息。

（四）跨境电子商务零售出口商品申报前，电子商务企业或其代理人、物流企业应当分别通过服务平台如实向海关传输交易、收款、物流等电子信息。

（五）电子商务企业或其代理人应提交《中华人民共和国海关跨境电子商务零售进出口商品申报清单》（以下简称《申报清单》），出口采取“清单核放、汇总申报”方式办理报关手续，进口采取“清单核放”方式办理报关手续。

《申报清单》与《中华人民共和国海关进（出）口货物报关单》具有同等法律效力，相关数据填制要求详见附件1、附件2。

（六）电子商务企业应当对购买跨境电子商务零售进口商品的个人（订购人）身份信息进行核实，并向海关提供由国家主管部门认证的身份有效信息。无法提供或者无法核实订购人身份信息的，订购人与支付人应当为同一人。

（七）跨境电子商务零售商品出口后，电子商务企业或其代理人应当于每月10日前（当月10日是法定节假日或者法定休息日的，顺延至其后的第一个工作日，第12月的清单汇总应当于当月最后一个工作日前完成），将上月（12月为当月）结关的《申报清单》依据清单表头同一收发货人、同一运输方式、同一运抵国、同一出境口岸，以及清单表体同一10位海关商品编码、同一申报计量单位、同一币制规则进行归并，汇总形成《中华人民共和国海关出口货物报关单》向海关申报。

（八）除特殊情况外，《申报清单》、《中华人民共和国海关进（出）口货物报关单》应当采取通关无纸化作业方式进行申报。

《申报清单》的修改或者撤销，参照海关《中华人民共和国海关进（出）口货物报关单》修改或者撤销有关规定办理。

四、税收征管

（九）根据《财政部 海关总署 国家税务总局关于跨境电子商务零售进口税收政策的通知》（财关税〔2016〕18号）的有关规定，跨境电子商务零售进口商品按照货物征收关税和进口环节增值税、消费税，完税价格为实际交易价格，包括商品零售价格、运费和保险费。

（十）订购人为纳税义务人。在海关注册登记的电子商务企业、电子商务交易平台企业或物流企业作为税款的代收代缴义务人，代为履行纳税义务。

（十一）代收代缴义务人应当如实、准确向海关申报跨境电子商务零售进口商品的商品名称、规格型号、税则号列、实际交易价格及相关费用等税收征管要素。

跨境电子商务零售进口商品的申报币制为人民币。

（十二）为审核确定跨境电子商务零售进口商品的归类、完税价格等，海关可以要求代收代缴义务人按照有关规定进行补充申报。

（十三）海关对满足监管规定的跨境电子商务零售进口商品按时段汇总计征税款，代收代缴义务人应当依法向海关提交足额有效的税款担保。

海关放行后 30 日内未发生退货或修撤单的，代收代缴义务人在放行后第 31 日至第 45 日内向海关办理纳税手续。

五、物流监控

（十四）跨境电子商务零售进出口商品监管场所必须符合海关相关规定。

监管场所经营人、仓储企业应当建立符合海关监管要求的计算机管理系统，并按照海关要求交换电子数据。

（十五）跨境电子商务零售进出口商品的查验、放行均应当在监管场所内实施。

（十六）海关实施查验时，电子商务企业或其代理人、监管场所经营人、仓储企业应当按照有关规定提供便利，配合海关查验。

（十七）电子商务企业或其代理人、物流企业、监管场所经营人、仓储企业发现涉嫌违规或走私行为的，应当及时主动报告海关。

六、退货管理

（十八）在跨境电子商务零售进口模式下，允许电子商务企业或其代理人申请退货，退回的商品应当在海关放行之日起 30 日内原状运抵原监管场所，相应税款不予征收，并调整个人年度交易累计金额。

在跨境电子商务零售出口模式下，退回的商品按照现行规定办理有关手续。

七、其他事项

（十九）在海关注册登记的电子商务企业、电子商务交易平台企业、支付企业、物流企业等应当接受海关后续管理。

（二十）本公告有关用语的含义：

“参与跨境电子商务业务的企业”是指参与跨境电子商务业务的电子商务企业、电子商务交易平台企业、支付企业、物流企业等。

“电子商务企业”是指通过自建或者利用第三方电子商务交易平台开展跨境电子商务业务的企业。

“电子商务交易平台企业”是指提供电子商务进出口商品交易、支付、配送服务的平台提供企业。

“电子商务通关服务平台”是指由电子口岸搭建，实现企业、海关以及相关管理部门之间数据交换与信息共享的平台。

（二十一）以保税模式从事跨境电子商务零售进口业务的，应当在海关特殊监管区域和保税物流中心（B 型）内开展，除另有规定外，参照本公告规定监管。

本公告自 2016 年 4 月 8 日起施行，施行时间以海关接受《申报清单》申报时间为准，未尽事宜按海关现行规定办理。

自本公告施行之日起，海关总署公告 2014 年第 56 号同时废止。

特此公告。

附件 1　中华人民共和国跨境电子商务零售进口商品申报清单数据（略）

附件 2　中华人民共和国跨境电子商务零售出口商品申报清单数据（略）

海关总署

2016 年 4 月 6 日

关于深化海关特殊监管区域及保税物流中心（B 型）区域通关一体化改革的公告

（海关总署公告 2016 年第 29 号）

为进一步提升保税监管领域贸易便利化水平，海关总署决定进一步深化海关特殊监管区域（以下简称特殊区域）和保税物流中心（B 型）进出境货物区域通关一体化改革，现将有关事项公告如下：

一、特殊区域和保税物流中心（B 型）企业采用区域通关一体化方式申报进境的货物，可自主选择向主管海关或进境地海关办理申报手续。

企业选择向主管海关申报的，按照海关总署 2015 年第 47 号公告第三条要求办理相关手续。

企业选择向进境地海关申报的，按照现有规定办理申报手续。需要查验的，应当在进境口岸实施查验。企业在进境口岸完成申报手续后，其货物可自行运输至特殊区域或保税物流中心（B 型），主管海关凭相应的进境备案清单或进口报关单信息办理卡口验放手续。

二、特殊区域和保税物流中心（B 型）企业采用区域通关一体化方式申报出境的货物，应向主管海关办理申报手续。货物需要查验的，应在出境口岸实施查验。企业可以采用自行运输方式将出境货物运至出境口岸。

三、其他相关操作仍按照海关总署 2015 年第 47 号公告规定办理。

本公告自公布之日起施行。

特此公告。

海关总署

2016 年 4 月 27 日

关于实施法人和其他组织统一社会信用代码制度有关事宜的公告

（海关总署公告 2016 年第 32 号）

为落实国务院关于实施法人和其他组织统一社会信用代码制度改革的工作要求，现就海关实施统一社会信用代码有关事宜公告如下：

自公告发布之日起，已经取得统一社会信用代码的企业，在海关办理报关单位注册登记后，可以使用统一社会信用代码替代海关注册编码，向海关办理进出口货物报关单申报手续。尚未取得统一社会信用代码的企业，继续使用海关注册编码办理进出口申报手续。

特此公告。

海关总署

2016 年 5 月 11 日

关于明确特别关税起征点的公告

（海关总署公告2016年第40号）

按照《中华人民共和国海关法》、《中华人民共和国进出口关税条例》和《中华人民共和国海关进出口货物征税管理办法》有关规定，明确反倾销税、反补贴税、保障措施关税、报复性关税的起征点均为每票货物50元。

本公告自发布之日起施行。

海关总署

2016年7月13日

关于优惠贸易协定项下进出口货物报关单填制规范的公告

（海关总署公告2016年第51号）

为进一步规范和统一优惠贸易协定项下《中华人民共和国海关进（出）口货物报关单》和《中华人民共和国海关进（出）境货物备案清单》（以下统称“报关单”）的填制要求，现将有关事项公告如下：

一、一般填制要求

（一）办理海关申报手续时，只能使用原产地证书申请享受协定税率或者特惠税率（以下统称“优惠税率”）的优惠贸易协定项下货物（“无原产地声明模式”），应在报关单“随附单证栏”的“随附单证代码栏”填写“Y”，在“随附单证编号栏”填写“<优惠贸易协定代码>”和“原产地证书编号”。填写示例见附件1。

（二）可以使用原产地证书或者原产地声明申请享受优惠税率的优惠贸易协定项下货物（“有原产地声明模式”），应在报关单“随附单证栏”的“随附单证代码栏”填写“Y”，在“随附单证编号栏”填写“<优惠贸易协定代码>”、“C”（凭原产地证书申报）或“D”（凭原产地声明申报），以及“原产地证书编号（或者原产地声明序列号）”。填写示例见附件2。

（三）在“单证对应关系表”中应当填写报关单上的申报商品项与原产地证书（原产地声明）上的商品项之间的对应关系。报关单上的商品序号与原产地证书（原产地声明）上的项目编号应当一一对应，不要求顺序对应。享受和不享受协定税率或者特惠税率（以下统称“优惠税率”）的同一批次进口货物可以在同一张报关单中申报。不享受优惠税率的货物序号不填写在“单证对应关系表”中。填写示例见附件3。

“同一批次”进口货物指由同一运输工具同时运抵同一口岸，并且属于同一收货人，使用同一提单的进口货物。对于客观原因（集装箱货物因海河联运需大船换小船、因海陆联运需分车运输，陆路运输集装箱货物需大车换小车以及其他多式联运情况下同一批次货物在中转地需要分拆由多个小型运输工具进行中转运输的情况等）导致有关进口货物在运抵中国关境（运抵口岸）前必须分批运输的情况，不影响同一批次的认定。同一批次出口货物比照上述规定进行审核认定。

二、特殊填制要求

（一）海关特殊监管区域和保税监管场所（以下统称“区域（场所）”）内销货物拟申请适用优惠税率的，有关货物进出区域（场所）以及内销时的报关单填制要求如下：

1. 已通过原产地电子信息交换系统实现电子联网的优惠贸易协定项下货物报关单，按照本公告第一条（一）款的要求填制；

2. 未实现电子联网的优惠贸易协定项下货物报关单，应在“随附单证栏”的“随附单证代码栏”填写“Y”，在“随附单证编号栏”填写“<优惠贸易协定代码>”和“原产地证据文件备案号”。

“原产地证据文件备案号”为进出口货物的收发货物人或者其代理人录入原产地证据文件电子信息后，系统自动生成的号码。填写示例见附件4。

3. 本条（一）款第1和第2项所述的情况，均应当按照本公告第一条（三）款的要求填写“单证对应关系表”。

（二）向香港或者澳门特别行政区出口用于生产《内地与香港关于建立更紧密经贸关系的安排》（香港CEPA）或者《内地与澳门关于建立更紧密经贸关系的安排》（澳门CEPA）协定税率货物的原材料时，应当按照本公告第一条的要求填制报关单，香港或澳门生产厂商在香港工贸署或者澳门经济局登记备案的有关备案号填写在报关单的关联备案号栏。

已签署并实施的优惠贸易协定的代码、有无原产地声明模式及是否实现通过原产地电子信息交换系统传输原产地证据文件电子数据等情况见附件5。后续变动情况海关总署将另行公告。

本公告中原产地证据文件是指相关优惠贸易协定原产地管理办法所规定的原产地证书和原产地声明。

本公告自2016年10月1日起实施。自本公告实施之日起，海关总署公告2009年第6号废止，海关总署公告2016年第20号附件《中华人民共和国海关进出口货物报关单填制规范》中“十五、备案号”项下的第（三）项内容停止执行，海关总署公告2012年第18号第三条第二、三款停止执行，海关总署公告2008年第91号第三条停止执行，海关总署公告2008年第94号第三条关于“Y”、优惠贸易协定代码及原产地证商品序号的填制规范按本公告执行，海关总署公告2010年第90号第四条停止执行。

特此公告。

附件1　“无原产地声明模式”优惠贸易协定项下报关单随附单证栏填写示例（略）
附件2　“有原产地声明模式”优惠贸易协定项下报关单随附单证栏填写示例（略）
附件3　“单证对应关系表”填写示例（略）
附件4　未实现电子联网的优惠贸易协定项下进出区域（场所）报关单随附单证栏填写示例（略）
附件5　优惠贸易协定相关情况对照表（略）

海关总署
2016年9月20日

关于各优惠贸易安排项下经港澳中转进口货物单证提交事宜的公告

（海关总署公告2016年第52号）

为便利我国已签署各优惠贸易安排中“直接运输”条款的实施，现就经香港或澳门中转自贸协定项下货物的单证提交事宜公告如下：

一、2016年10月1日起，中国检验（香港）有限公司（以下简称“中检公司”）将启用“自由贸易协定项下经香港中转货物原产地管理系统中转确认书签发子系统”签发《中转确认书》，同时终止在原产地证书上加盖未再加工印章的作业模式。此前香港海关已使用该系统签发《中转确认书》。《中转确认书》用于证明相关货物在香港期间未再加工。

二、2016年10月1日起，澳门海关将启用“自由贸易协定项下经澳门中转货物原产地管理系统中转确认书签发子系统”签发《中转确认书》。《中转确认书》用于证明相关货物在澳门期间未再加工。

三、海关总署与香港海关、中检公司、澳门海关实现上述系统联网，相关数据信息即时共享。

四、进口货物收货人或者其代理人（以下统称“进口人”）申报适用协定税率或特惠税率时向海关提交下列运输单证之一的，海关不再要求提交《中转确认书》：

（一）空运或海运进口货物，国际班轮运输经营者及其委托代理人、民用航空运输企业、经营国际快递业务的企业等出具的单份运输单证。该运输单证应在同一页上载明始发地为进口货物的原产国（地区）境内，且目的地为中国内地；原产于内陆国家（地区）的海运进口货物，始发地可为其海运始发地。

（二）已实现原产地电子数据交换的自由贸易协定（如《海峡两岸经济合作框架协议》、《中华人民共和国政府和大韩民国政府自由贸易协定》等）项下集装箱运输货物，也可提交能够证明货物在运输过程中集装箱箱号、封志号未发生变动的全程运输单证。

五、本公告第四条之外的情形，进口人应当按照以下规定提交《中转确认书》：

（一）经香港中转的需进行预检验的货物（包括集装箱运输及散装货物），应当提交中检公司签发的《中转确认书》。

（二）在香港中转期间非因预检验开箱的集装箱运输货物，以及无需预检验的散装货物，应当提交香港海关签发的《中转确认书》。

（三）在香港中转期间未开箱的集装箱运输货物，应当提交香港海关或中检公司签发的《中转确认书》。

（四）经澳门中转的货物，应当提交澳门海关签发的《中转确认书》。

六、进口人依照本公告第五条向海关提交《中转确认书》时，应当在进口申报时在相关进口报关单备注栏填写“中转确认书”字样及《中转确认书》的号码（例如，“中转确认书 CC/16/1001”）。

海关对上述单证有疑问的，进口人应当补充提交相关资料。

本公告自2016年10月1日起施行。海关总署公告2015年第60号同时废止。

特此公告。

海关总署
2016年9月20日

关于区域通关一体化报关单通关状态查询、审核业务咨询有关事宜的公告

（海关总署公告2016年第54号）

为做好通关状态查询、审单疑难业务咨询等公共服务，现就区域通关一体化报关单通关状态查询、审核业务咨询有关事宜公告如下：

一、收发货人或其代理人（以下统称“企业”）可通过海关总署门户网站（http：//www. customs. gov. cn）“在线服务-在线查询”模块，自行查询报关单通关状态。

二、企业应及时通过中国电子口岸预录入客户端，查询报关单“挂起”或“退单”的原因。需进一步咨询报关单“挂起”或“退单”有关事宜的，可拨打预录入客户端显示的经办关员联系电话进行咨询，或拨打12360海关热线，由其协助联系经办关员。

三、企业可拨打12360海关热线，咨询区域通关一体化审单业务。已对外公布咨询电话的区域审单中心在工作时间内，继续提供区域通关一体化审单业务咨询服务。

特此公告。

海关总署
2016年9月28日

海关总署关于市场采购贸易方式扩大试点的公告

（海关总署公告2016年第63号）

根据《国务院关于促进外贸回稳向好的若干意见》（国发〔2016〕27号），为加快推进外贸新业态试点工作，促进外贸创新发展，市场采购贸易试点范围已扩大至江苏常熟服装城、广州花都皮革皮具市场、山东临沂商城工程物资市场、武汉汉口北国际商品交易中心、河北白沟箱包市场。为促进市场采购贸易的健康稳定发展，规范对市场采购贸易的管理，根据《海关总署关于市场采购贸易监管办法及其监管方式有关事宜的公告》（海关总署公告2014年54号，以下简称“54号公告”），现将海关监管方式“市场采购”（代码：1039）适用范围扩大到上述市场内采购的出口商品，海关监管相关事宜按照54号公告第一项到第十项规定办理。

上述公告内容在试点地区市场采购商品认定体系、涵盖市场采购贸易各方经营主体和贸易全流程的市场综合管理系统验收合格后正式实施，具体实施日期由南京、广州、青岛、武汉、石家庄海关另行发布。

市场采购贸易海关监管办法具体实施细则由试点地区直属海关负责制定实施。

自“市场采购”（1039）监管方式正式实施之日起6个月后，实施地区不再使用“旅游购物”（0139）监管方式。

特此公告。

海关总署

2016年11月16日

海关总署关于进一步规范进口货物直接退运业务相关事宜的公告

（海关总署公告2016年第82号）

为深化海关通关作业无纸化改革，规范进口货物直接退运操作，海关总署决定在全国开展进口货物直接退运业务无纸化作业，现就相关事宜公告如下：

一、进口货物收发货人、原运输工具负责人或者其代理人（以下统称“当事人”）申请办理直接退运手续符合《中华人民共和国海关进口货物直接退运管理办法》（海关总署令第217号，以下简称《管理办法》）规定情形的，可通过互联网向海关申请办理进口货物直接退运手续。

二、对于当事人申请办理进口货物直接退运手续的，应录入《进口货物直接退运表》（附件1）相关事项，并提交相关材料的电子数据。对于责令当事人办理进口货物直接退运的，海关向当事人制发纸质海关责令进口货物直接退运通知书（附件2），当事人自接收到海关责令进口货物直接退运通知书之日起30日内，应当按照海关要求办理进口货物直接退运手续。

三、海关将进口货物直接退运办理情况反馈当事人，当事人可通过互联网查询相关办理进度。

四、按照《管理办法》规定，当事人应向海关提交相关材料的，原则上通过互联网以电子方式上传，文件格式标准参照《通关作业无纸化报关单证电子扫描或转换文件格式标准》（海关总署公告2014年第69号）。

五、海关需要验核纸质材料的，当事人应当提交相关纸质材料。

六、当事人如果遇到预录入系统具体操作问题，可以联系中国电子口岸解决。服务热线：010-95198。

七、本公告施行后，因计算机、网络系统等原因无法通过互联网办理进口货物直接退运的，可以纸质方式办理进口货物直接退运业务，待相关问题解决后当事人应通过互联网补录相关事项。

八、本公告自 2017 年 1 月 1 日起施行，海关总署公告 2014 年第 24 号同时废止。

特此公告。

海关总署
2016 年 12 月 15 日

关于进一步修订海关总署 2015 年第 7 号公告有关内容的公告

（海关总署公告 2017 年第 6 号）

根据《财政部关于将铁路离岛旅客纳入海南离岛旅客免税购物政策适用对象范围的公告》（财政部公告 2017 年第 7 号），为进一步促进海南省旅游业发展，海关总署对海南离岛旅客免税购物监管规定（海关总署 2015 年第 7 号公告）有关内容进行相应调整，现将调整内容公告如下：

一、年满 16 周岁的铁路离岛旅客凭个人离岛车票及有效身份证件，可在海南离岛免税店（开设在机场隔离区的除外）及其网上销售窗口购买免税商品。离岛时凭本人火车票、购物凭证、身份证件等在海口火车站提货点提取所购免税商品并携带离岛。

二、同一旅客在同一年度内乘飞机和乘火车免税购物合并计算，且不得超过离岛免税政策的额度限制规定。

三、除以上调整内容外，离岛免税购物监管继续执行海关总署 2015 年第 7 号公告和海关总署 2016 年第 7 号公告的有关规定。

本公告自 2017 年 1 月 15 日起执行。

特此公告。

海关总署
2017 年 1 月 11 日

海关总署关于扩大通关作业无纸化适用范围的公告

（海关总署公告 2017 年第 8 号）

为加快落实外贸稳增长政策措施，进一步深化通关作业无纸化改革工作，提高贸易便利化水平，海关总署决定将适用通关作业无纸化企业范围扩大到所有信用等级企业。

企业经与直属海关、第三方认证机构（中国电子口岸数据中心）签订电子数据应用协议后，可在全国海关适用“通关作业无纸化”通关方式，不再需要重复签约。

本公告自公布之日起执行。

特此公告。

海关总署
2017 年 2 月 3 日

关于修订《中华人民共和国海关进出口货物报关单填制规范》的公告

（海关总署公告2017年第13号）

为规范进出口货物收发货人的申报行为，统一进出口货物报关单填制要求，海关总署对《中华人民共和国海关进出口货物报关单填制规范》（海关总署2016年第20号公告）进行了修订。现将本次修订后的规范文本及有关内容公告如下：

一、根据现行相关规定对“消费使用单位/生产销售单位”、“运输方式”、“征免性质”、“贸易国（地区）”、“境内目的地/境内货源地”、“许可证号”、“随附单证”、“标志唛码及备注”、“特殊关系确认”、“价格影响确认”、“与货物有关的特许权使用费支付确认”等栏目的填制要求做了相应调整。

二、第五项“进口日期/出口日期”中将“本栏目供海关签发打印报关单证明联用，在申报时免予填报”修改为“本栏目在申报时免予填报”。

三、第三十一项“随附单证”中将“本规范第十八条”修改为“本规范第二十条”。

四、海关特殊监管区域（以下简称特殊区域）企业向海关申报货物进出境、进出区，以及在同一特殊区域内或者不同特殊区域之间流转货物的双方企业，应填制《中华人民共和国海关进（出）境货物备案清单》，特殊区域与境内（区外）之间进出的货物，区外企业应同时填制《中华人民共和国海关进（出）口货物报关单》，向特殊区域主管海关办理进出口报关手续。货物流转应按照“先报进，后报出”的原则，在同一特殊区域企业之间、不同特殊区域企业之间流转的，先办理进境备案手续，后办理出境备案手续，在特殊区域与区外之间流转的，由区内企业、区外企业分别办理备案和报关手续。《中华人民共和国海关进（出）境货物备案清单》原则上按《中华人民共和国海关进出口货物报关单填制规范》的要求填制。

修订后的《中华人民共和国海关进出口货物报关单填制规范》（见附件）自2017年3月29日起执行，海关总署2016年第20号公告同时废止。

特此公告。

附件 《中华人民共和国海关进出口货物报关单填制规范》

海关总署

2017年3月16日

附件

中华人民共和国海关进出口货物报关单填制规范

为规范进出口货物收发货人的申报行为，统一进出口货物报关单填制要求，保证报关单数据质量，根据《中华人民共和国海关法》及有关法规，制定本规范。

《中华人民共和国海关进（出）口货物报关单》在本规范中采用“报关单”、“进口报关单”、“出口报关单”的提法。

报关单各栏目的填制规范如下：

一、预录入编号

本栏目填报预录入报关单的编号，预录入编号规则由接受申报的海关决定。

二、海关编号

本栏目填报海关接受申报时给予报关单的编号，一份报关单对应一个海关编号。

报关单海关编号为18位，其中第1-4位为接受申报海关的编号（海关规定的《关区代码表》中相应海关代码），第5-8位为海关接受申报的公历年份，第9位为进出口标志（“1”为进口，“0”为出口；集中申报清单“I”为进口，“E”为出口），后9位为顺序编号。

三、收发货人

本栏目填报在海关注册的对外签订并执行进出口贸易合同的中国境内法人、其他组织或个人的名称及编码。编码可选填18位法人和其他组织统一社会信用代码或10位海关注册编码任一项。

特殊情况下填制要求如下：

（一）进出口货物合同的签订者和执行者非同一企业的，填报执行合同的企业。

（二）外商投资企业委托进出口企业进口投资设备、物品的，填报外商投资企业，并在标记唛码及备注栏注明“委托某进出口企业进口”，同时注明被委托企业的18位法人和其他组织统一社会信用代码。

（三）有代理报关资格的报关企业代理其他进出口企业办理进出口报关手续时，填报委托的进出口企业。

（四）使用海关核发的《中华人民共和国海关加工贸易手册》、电子账册及其分册（以下统称《加工贸易手册》）管理的货物，收发货人应与《加工贸易手册》的“经营企业”一致。

四、进口口岸/出口口岸

本栏目应根据货物实际进出境的口岸海关，填报海关规定的《关区代码表》中相应口岸海关的名称及代码。特殊情况填报要求如下：

进口转关运输货物应填报货物进境地海关名称及代码，出口转关运输货物应填报货物出境地海关名称及代码。按转关运输方式监管的跨关区深加工结转货物，出口报关单填报转出地海关名称及代码，进口报关单填报转入地海关名称及代码。

在不同海关特殊监管区域或保税监管场所之间调拨、转让的货物，填报对方特殊监管区域或保税监管场所所在的海关名称及代码。

其他无实际进出境的货物，填报接受申报的海关名称及代码。

五、进口日期/出口日期

进口日期填报运载进口货物的运输工具申报进境的日期。

出口日期指运载出口货物的运输工具办结出境手续的日期，本栏目在申报时免予填报。

无实际进出境的报关单填报海关接受申报的日期。

本栏目为8位数字，顺序为年（4位）、月（2位）、日（2位）。

六、申报日期

申报日期指海关接受进出口货物收发货人、受委托的报关企业申报数据的日期。以电子数据报关单方式申报的，申报日期为海关计算机系统接受申报数据时记录的日期。以纸质报关单方式申报的，申报日期为海关接受纸质报关单并对报关单进行登记处理的日期。

申报日期为8位数字，顺序为年（4位）、月（2位）、日（2位）。本栏目在申报时免予填报。

七、消费使用单位/生产销售单位

（一）消费使用单位填报已知的进口货物在境内的最终消费、使用单位的名称，包括：

1. 自行进口货物的单位。

2. 委托进出口企业进口货物的单位。

（二）生产销售单位填报出口货物在境内的生产或销售单位的名称，包括：

1. 自行出口货物的单位。

2. 委托进出口企业出口货物的单位。

（三）使用《加工贸易手册》管理的货物，消费使用单位/生产销售单位应与《加工贸易手册》的“加工企业”一致；减免税货物报关单的消费使用单位/生产销售单位应与《中华人民共和国海关进出口货物征免税证明》（以下简称《征免税证明》）的“减免税申请人”一致；保税监管场所与境外之间的进出境货物，消费使用单位/生产销售单位应当填报保税监管场所的名称（保税物流中心（B型）填报中心内企业名称）。

（四）消费使用单位/生产销售单位按下列要求填报：

已在海关注册登记的，应填报中文名称和18位法人和其他组织统一社会信用代码（或10位海关注册编码、加工生产企业登记编码）。

未在海关注册登记的，应填报中文名称、18位法人和其他组织统一社会信用代码或9位组织机构代码。没有18位法人和其他组织统一社会信用代码的可不填，没有9位组织机构代码的应填报“NO”。

八、运输方式

运输方式包括实际运输方式和海关规定的特殊运输方式，前者指货物实际进出境的运输方式，按进出境所使用的运输工具分类；后者指货物无实际进出境的运输方式，按货物在境内的流向分类。

本栏目应根据货物实际进出境的运输方式或货物在境内流向的类别，按照海关规定的《运输方式代码表》选择填报相应的运输方式。

（一）特殊情况填报要求如下：

1. 非邮件方式进出境的快递货物，按实际运输方式填报。

2. 进出境旅客随身携带的货物，按旅客实际进出境方式所对应的运输方式填报。

3. 进口转关运输货物，按载运货物抵达进境地的运输工具填报；出口转关运输货物，按载运货物驶离出境地的运输工具填报。

4. 不复运出（入）境而留在境内（外）销售的进出境展览品、留赠转卖物品等，填报“其他运输”（代码9）。

（二）无实际进出境货物在境内流转时填报要求如下：

1. 境内非保税区运入保税区货物和保税区退区货物，填报“非保税区”（代码0）。

2. 保税区运往境内非保税区货物，填报“保税区”（代码7）。

3. 境内存入出口监管仓库和出口监管仓库退仓货物，填报“监管仓库”（代码1）。

4. 保税仓库转内销货物，填报“保税仓库”（代码8）。

5. 从境内保税物流中心外运入中心或从中心运往境内中心外的货物，填报“物流中心”（代码W）。

6. 从境内保税物流园区外运入园区或从园区内运往境内园区外的货物，填报“物流园区”（代码X）。

7. 保税港区、综合保税区与境内（区外）（非特殊区域、保税监管场所）之间进出的货物，填报“保税港区/综合保税区”（代码Y）。

8. 出口加工区、珠澳跨境工业区（珠海园区）、中哈霍尔果斯边境合作区（中方配套区）与境内（区外）（非特殊区域、保税监管场所）之间进出的货物，填报“出口加工区”（代码Z）。

9. 境内运入深港西部通道港方口岸区的货物，填报“边境特殊海关作业区”（代码H）。

10. 经横琴新区和平潭综合实验区（以下简称综合试验区）二线指定申报通道运往境内区外或从境内经二线制定申报通道进入综合试验区的货物，以及综合试验区内按选择性征收关税申报的货物，填报“综合试验区”（代码T）。

11. 其他境内流转货物，填报“其他运输”（代码9），包括特殊监管区域内货物之间的流转、调拨货物，特殊监管区域、保税监管场所之间相互流转货物，特殊监管区域内企业申报的与境内进出的货物，特殊监管区域外的加工贸易余料结转、深加工结转、内销等货物。

九、运输工具名称

本栏目填报载运货物进出境的运输工具名称或编号。填报内容应与运输部门向海关申报的舱单（载货清单）所列相应内容一致。具体填报要求如下：

（一）直接在进出境地或采用区域通关一体化通关模式办理报关手续的报关单填报要求如下：

1. 水路运输：填报船舶编号（来往港澳小型船舶为监管簿编号）或者船舶英文名称。

2. 公路运输：启用公路舱单前，填报该跨境运输车辆的国内行驶车牌号，深圳提前报关模式的报关单填报国内行驶车牌号+“/”+“提前报关”。启用公路舱单后，免予填报。

3. 铁路运输：填报车厢编号或交接单号。

4. 航空运输：填报航班号。

5. 邮件运输：填报邮政包裹单号。

6. 其他运输：填报具体运输方式名称，例如：管道、驮畜等。

（二）转关运输货物的报关单填报要求如下：

1. 进口

（1）水路运输：直转、提前报关填报“@”+16位转关申报单预录入号（或13位载货清单号）；中转填报进境英文船名。

（2）铁路运输：直转、提前报关填报“@”+16位转关申报单预录入号；中转填报车厢编号。

（3）航空运输：直转、提前报关填报“@”+16位转关申报单预录入号（或13位载货清单号）；中转填报“@”。

（4）公路及其他运输：填报“@”+16位转关申报单预录入号（或13位载货清单号）。

（5）以上各种运输方式使用广东地区载货清单转关的提前报关货物填报“@”+13位载货清单号。

2. 出口

（1）水路运输：非中转填报“@”+16位转关申报单预录入号（或13位载货清单号）。如多张报关单需要通过一张转关单转关的，运输工具名称字段填报“@”。

中转货物，境内水路运输填报驳船船名；境内铁路运输填报车名（主管海关4位关区代码+“TRAIN”）；境内公路运输填报车名（主管海关4位关区代码+“TRUCK”）。

（2）铁路运输：填报“@”+16位转关申报单预录入号（或13位载货清单号），如多张报关单需要通过一张转关单转关的，填报“@”。

（3）航空运输：填报“@”+16位转关申报单预录入号（或13位载货清单号），如多张报关单需要通过一张转关单转关的，填报“@”。

（4）其他运输方式：填报“@”+16位转关申报单预录入号（或13位载货清单号）。

（三）采用“集中申报”通关方式办理报关手续的，报关单本栏目填报“集中申报”。

（四）无实际进出境的报关单，本栏目免予填报。

十、航次号

本栏目填报载运货物进出境的运输工具的航次编号。

具体填报要求如下：

（一）直接在进出境地或采用区域通关一体化通关模式办理报关手续的报关单

1. 水路运输：填报船舶的航次号。

2. 公路运输：启用公路舱单前，填报运输车辆的8位进出境日期〔顺序为年（4位）、月（2位）、日（2位），下同〕。启用公路舱单后，填报货物运输批次号。

3. 铁路运输：填报列车的进出境日期。

4. 航空运输：免予填报。

5. 邮件运输：填报运输工具的进出境日期。

6. 其他运输方式：免予填报。

（二）转关运输货物的报关单

1. 进口

（1）水路运输：中转转关方式填报“@”+进境干线船舶航次。直转、提前报关免予填报。

（2）公路运输：免予填报。

（3）铁路运输：“@”+8位进境日期。

（4）航空运输：免予填报。

（5）其他运输方式：免予填报。

2. 出口

（1）水路运输：非中转货物免予填报。中转货物：境内水路运输填报驳船航次号；境内铁路、公路运输填报6位启运日期〔顺序为年（2位）、月（2位）、日（2位）〕。

（2）铁路拼车拼箱捆绑出口：免予填报。

（3）航空运输：免予填报。

（4）其他运输方式：免予填报。

（三）无实际进出境的报关单，本栏目免予填报。

十一、提运单号

本栏目填报进出口货物提单或运单的编号。

一份报关单只允许填报一个提单或运单号，一票货物对应多个提单或运单时，应分单填报。

具体填报要求如下：

（一）直接在进出境地或采用区域通关一体化通关模式办理报关手续的

1. 水路运输：填报进出口提单号。如有分提单的，填报进出口提单号+“*”+分提单号。

2. 公路运输：启用公路舱单前，免予填报；启用公路舱单后，填报进出口总运单号。

3. 铁路运输：填报运单号。

4. 航空运输：填报总运单号+“_”+分运单号，无分运单的填报总运单号。

5. 邮件运输：填报邮运包裹单号。

（二）转关运输货物的报关单

1. 进口

（1）水路运输：直转、中转填报提单号。提前报关免予填报。

（2）铁路运输：直转、中转填报铁路运单号。提前报关免予填报。

（3）航空运输：直转、中转货物填报总运单号+“_”+分运单号。提前报关免予填报。

（4）其他运输方式：免予填报。

（5）以上运输方式进境货物，在广东省内用公路运输转关的，填报车牌号。

2. 出口

（1）水路运输：中转货物填报提单号；非中转货物免予填报；广东省内汽车运输提前报关的转关货物，填报承运车辆的车牌号。

（2）其他运输方式：免予填报。广东省内汽车运输提前报关的转关货物，填报承运车辆的车牌号。

（三）采用“集中申报”通关方式办理报关手续的，报关单填报归并的集中申报清单的进出口起止日期〔按年（4位）月（2位）日（2位）年（4位）月（2位）日（2位）〕。

（四）无实际进出境的，本栏目免予填报。

十二、申报单位

自理报关的，本栏目填报进出口企业的名称及编码；委托代理报关的，本栏目填报报关企业名称及编码。

本栏目可选填18位法人和其他组织统一社会信用代码或10位海关注册编码任一项。

本栏目还包括报关单左下方用于填报申报单位有关情况的相关栏目，包括报关人员、申报单位签章。

十三、监管方式

监管方式是以国际贸易中进出口货物的交易方式为基础，结合海关对进出口货物的征税、统计及监管条件综合设定的海关对进出口货物的管理方式。其代码由4位数字构成，前两位是按照海关监管要求和计算机管理需要划分的分类代码，后两位是参照国际标准编制的贸易方式代码。

本栏目应根据实际对外贸易情况按海关规定的《监管方式代码表》选择填报相应的监管方式简称及代码。一份报关单只允许填报一种监管方式。

特殊情况下加工贸易货物监管方式填报要求如下：

（一）进口少量低值辅料（即5000美元以下，78种以内的低值辅料）按规定不使用《加工贸易手册》的，填报“低值辅料”。使用《加工贸易手册》的，按《加工贸易手册》上的监管方式填报。

（二）外商投资企业为加工内销产品而进口的料件，属非保税加工的，填报“一般贸易”。

外商投资企业全部使用国内料件加工的出口成品，填报“一般贸易”。

（三）加工贸易料件结转或深加工结转货物，按批准的监管方式填报。

（四）加工贸易料件转内销货物以及按料件办理进口手续的转内销制成品、残次品、未完成品，应填制进口报关单，填报“来料料件内销”或“进料料件内销”；加工贸易成品凭《征免税证明》转为减免税进口货物的，应分别填制进、出口报关单，出口报关单本栏目填报“来料成品减免”或“进料成品减免”，进口报关单本栏目按照实际监管方式填报。

（五）加工贸易出口成品因故退运进口及复运出口的，填报“来料成品退换”或“进料成品退换”；加工贸易进口料件因换料退运出口及复运进口的，填报“来料料件退换”或“进料料件退换”；加工贸易过程中产生的剩余料件、边角料退运出口，以及进口料件因品质、规格等原因退运出口且不再更换同类货物进口的，分别填报“来料料件复出”、“来料边角料复出”、“进料料件复出”、“进料边角料复出”。

（六）备料《加工贸易手册》中的料件结转转入加工出口《加工贸易手册》的，填报“来料加工”或“进料加工”。

（七）保税工厂的加工贸易进出口货物，根据《加工贸易手册》填报“来料加工”或“进料加工”

（八）加工贸易边角料内销和副产品内销，应填制进口报关单，填报“来料边角料内销”或“进料边角料内销”。

（九）企业销毁处置加工贸易货物未获得收入，销毁处置货物为料件、残次品的，填报“料件销毁”；销毁处置货物为边角料、副产品的，填报“边角料销毁”。

企业销毁处置加工贸易货物获得收入的，填报为“进料边角料内销”或“来料边角料内销”。

十四、征免性质

本栏目应根据实际情况按海关规定的《征免性质代码表》选择填报相应的征免性质简称及代码，持有海关核发的《征免税证明》的，应按照《征免税证明》中批注的征免性质填报。一份报关单只允许填报一种征免性质。

加工贸易货物报关单应按照海关核发的《加工贸易手册》中批注的征免性质简称及代码填报。特殊情况填报要求如下：

（一）保税工厂经营的加工贸易，根据《加工贸易手册》填报“进料加工”或“来料加工”。

（二）外商投资企业为加工内销产品而进口的料件，属非保税加工的，填报“一般征税”或其他相应征免性质。

（三）加工贸易转内销货物，按实际情况填报（如一般征税、科教用品、其他法定等）。

（四）料件退运出口、成品退运进口货物填报“其他法定”（代码0299）。

（五）加工贸易结转货物，本栏目免予填报。

（六）我国驻外使领馆工作人员、外国驻华机构及人员、非居民常驻人员、政府间协议规定等应税（消费税）进口自用小汽车，并且单台完税价格130万元及以上的，本栏填报“特案”。

十五、备案号

本栏目填报进出口货物收发货人、消费使用单位、生产销售单位在海关办理加工贸易合同备案或征、减、免税备案审批等手续时，海关核发的《加工贸易手册》、《征免税证明》或其他备案审批文件的编号。

一份报关单只允许填报一个备案号。具体填报要求如下：

（一）加工贸易项下货物，除少量低值辅料按规定不使用《加工贸易手册》及以后续补税监管方式办理内销征税的外，填报《加工贸易手册》编号。

使用异地直接报关分册和异地深加工结转出口分册在异地口岸报关的，本栏目应填报分册号；本地直接报关分册和本地深加工结转分册限制在本地报关，本栏目应填报总册号。

加工贸易成品凭《征免税证明》转为减免税进口货物的，进口报关单填报《征免税证明》编号，出口报关单填报《加工贸易手册》编号。

对加工贸易设备之间的结转，转入和转出企业分别填制进、出口报关单，在报关单“备案号”栏目填报《加工贸易手册》编号。

（二）涉及征、减、免税备案审批的报关单，填报《征免税证明》编号。

（三）减免税货物退运出口，填报《中华人民共和国海关进口减免税货物准予退运证明》的编号；减免税货物补税进口，填报《减免税货物补税通知书》的编号；减免税货物进口或结转进口（转入），填报《征免税证明》的编号；相应的结转出口（转出），填报《中华人民共和国海关进口减免税货物结转联系函》的编号。

十六、贸易国（地区）

发生商业性交易的进口填报购自国（地区），出口填报售予国（地区）。未发生商业性交易的填报货物所有权拥有者所属的国家（地区）。

本栏目应按海关规定的《国别（地区）代码表》选择填报相应的贸易国（地区）中文名称及代码。

十七、启运国（地区）/运抵国（地区）

启运国（地区）填报进口货物启始发出直接运抵我国或者在运输中转国（地）未发生任何商业性交易的情况下运抵我国的国家（地区）。

运抵国（地区）填报出口货物离开我国关境直接运抵或者在运输中转国（地区）未发生任何商业性交易的情况下最后运抵的国家（地区）。

不经过第三国（地区）转运的直接运输进出口货物，以进口货物的装货港所在国（地区）为启运国（地区），以出口货物的指运港所在国（地区）为运抵国（地区）。

经过第三国（地区）转运的进出口货物，如在中转国（地区）发生商业性交易，则以中转国（地区）作为启运/运抵国（地区）。

本栏目应按海关规定的《国别（地区）代码表》选择填报相应的启运国（地区）或运抵国（地区）中文名称及代码。

无实际进出境的，填报“中国”（代码 142）。

十八、装货港/指运港

装货港填报进口货物在运抵我国关境前的最后一个境外装运港。

指运港填报出口货物运往境外的最终目的港；最终目的港不可预知的，按尽可能预知的目的港填报。

本栏目应根据实际情况按海关规定的《港口代码表》选择填报相应的港口中文名称及代码。装货港/指运港在《港口代码表》中无港口中文名称及代码的，可选择填报相应的国家中文名称或代码。

无实际进出境的，本栏目填报“中国境内”（代码 142）。

十九、境内目的地/境内货源地

境内目的地填报已知的进口货物在国内的消费、使用地或最终运抵地，其中最终运抵地为最终使用单位所在的地区。最终使用单位难以确定的，填报货物进口时预知的最终收货单位所在地。

境内货源地填报出口货物在国内的产地或原始发货地。出口货物产地难以确定的，填报最早发运该出口货物的单位所在地。

海关特殊监管区域、保税物流中心（B 型）与境外之间的进出境货物，境内目的地/境内货源地填报本海关特殊监管区域、保税物流中心（B 型）所对应的国内地区名称及代码。

本栏目按海关规定的《国内地区代码表》选择填报相应的国内地区名称及代码。

二十、许可证号

本栏目填报以下许可证的编号：进（出）口许可证、两用物项和技术进（出）口许可证、两用物项和技术出口许可证（定向）、纺织品临时出口许可证、出口许可证（加工贸易）、出口许可证（边境小额贸易）。

一份报关单只允许填报一个许可证号。

二十一、成交方式

本栏目应根据进出口货物实际成交价格条款，按海关规定的《成交方式代码表》选择填报相应的成交方式代码。

无实际进出境的报关单，进口填报 CIF，出口填报 FOB。

二十二、运费

本栏目填报进口货物运抵我国境内输入地点起卸前的运输费用，出口货物运至我国境内输出地点装载后的运输费用。

运费可按运费单价、总价或运费率三种方式之一填报，注明运费标记（运费标记“1”表示运费率，“2”表示每吨货物的运费单价，“3”表示运费总价），并按海关规定的《货币代码表》选择填报相应的币种代码。

二十三、保费

本栏目填报进口货物运抵我国境内输入地点起卸前的保险费用，出口货物运至我国境内输出地点装载后的保险费用。

保费可按保险费总价或保险费率两种方式之一填报，注明保险费标记（保险费标记“1”表示保险费率，“3”表示保险费总价），并按海关规定的《货币代码表》选择填报相应的币种代码。

二十四、杂费

本栏目填报成交价格以外的、按照《中华人民共和国进出口关税条例》相关规定应计入完税价格或应从完税价格中扣除的费用。可按杂费总价或杂费率两种方式之一填报，注明杂费标记（杂费标记“1”表示杂费率，“3”表示杂费总价），并按海关规定的《货币代码表》选择填报相应的币种代码。

应计入完税价格的杂费填报为正值或正率，应从完税价格中扣除的杂费填报为负值或负率。

二十五、合同协议号

本栏目填报进出口货物合同（包括协议或订单）编号。未发生商业性交易的免予填报。

二十六、件数

本栏目填报有外包装的进出口货物的实际件数。特殊情况填报要求如下：

（一）舱单件数为集装箱的，填报集装箱个数。

（二）舱单件数为托盘的，填报托盘数。

本栏目不得填报为零，裸装货物填报为“1”。

二十七、包装种类

本栏目应根据进出口货物的实际外包装种类，按海关规定的《包装种类代码表》选择填报相应的包装种类代码。

二十八、毛重（千克）

本栏目填报进出口货物及其包装材料的重量之和，计量单位为千克，不足一千克的填报为“1”。

二十九、净重（千克）

本栏目填报进出口货物的毛重减去外包装材料后的重量，即货物本身的实际重量，计量单位为千克，不足一千克的填报为“1”。

三十、集装箱号

本栏目填报装载进出口货物（包括拼箱货物）集装箱的箱体信息。一个集装箱填一条记录，分别填报集装箱号（在集装箱箱体上标示的全球唯一编号）、集装箱的规格和集装箱的自重。非集装箱货物填报为“0”。

三十一、随附单证

本栏目根据海关规定的《监管证件代码表》选择填报除本规范第二十条规定的许可证件以外的其他进出口许可证件或监管证件代码及编号。

本栏目分为随附单证代码和随附单证编号两栏，其中代码栏应按海关规定的《监管证件代码表》选择填报相应证件代码；编号栏应填报证件编号。

（一）加工贸易内销征税报关单，随附单证代码栏填写“c”，随附单证编号栏填写海关审核通过的内销征税联系单号。

（二）优惠贸易协定项下进出口货物

一份报关单仅对应一份原产地证书或原产地声明。有关优惠贸易协定项下报关单填制要求按照海关总署 2016 年第 51 号公告执行。

三十二、标记唛码及备注

本栏目填报要求如下：

（一）标记唛码中除图形以外的文字、数字。

（二）受外商投资企业委托代理其进口投资设备、物品的进出口企业名称。

（三）与本报关单有关联关系的，同时在业务管理规范方面又要求填报的备案号，填报在电子数据报关单中“关联备案”栏。

加工贸易结转货物及凭《征免税证明》转内销货物，其对应的备案号应填报在“关联备案”栏。

减免税货物结转进口（转入），报关单“关联备案”栏应填写本次减免税货物结转所申请的《中华人民共和国海关进口减免税货物结转联系函》的编号。

减免税货物结转出口（转出），报关单“关联备案”栏应填写与其相对应的进口（转入）报关单“备案号”栏中《征免税证明》的编号。

（四）与本报关单有关联关系的，同时在业务管理规范方面又要求填报的报关单号，填报在电子数据报关单中“关联报关单”栏。

加工贸易结转类的报关单，应先办理进口报关，并将进口报关单号填入出口报关单的“关联报关单”栏。

办理进口货物直接退运手续的，除另有规定外，应当先填写出口报关单，再填写进口报关单，并将出口报关单号填入进口报关单的“关联报关单”栏。

减免税货物结转出口（转出），应先办理进口报关，并将进口（转入）报关单号填入出口（转出）报关单的“关联报关单”栏。

（五）办理进口货物直接退运手续的，本栏目填报“<ZT”+“海关审核联系单号或者《海关责令进口货物直接退运通知书》编号”+“>”。

（六）保税监管场所进出货物，在“保税/监管场所”栏填写本保税监管场所编码（保税物流中心（B 型）填报本中心的国内地区代码），其中涉及货物在保税监管场所间流转的，在本栏填写对方保税监管场所代码。

（七）涉及加工贸易货物销毁处置的，填写海关加工贸易货物销毁处置申报表编号。

（八）当监管方式为“暂时进出货物”（2600）和“展览品”（2700）时，如果为复运进出境货物，在进出口货物报关单的本栏内分别填报“复运进境”、“复运出境”。

（九）跨境电子商务进出口货物，在本栏目内填报“跨境电子商务”。

（十）加工贸易副产品内销，在本栏内填报“加工贸易副产品内销”。

（十一）服务外包货物进口，填报“国际服务外包进口货物”。

（十二）公式定价进口货物应在报关单备注栏内填写公式定价备案号，格式为：“公式定价”+备案编号+“@”。对于同一报关单下有多项商品的，如需要指明某项或某几项商品为公式定价备案的，则备注栏内填写应为：“公式定价”+备案编号+“#”+商品序号+“@”。

（十三）获得《预审价决定书》的进出口货物，应在报关单备注栏内填报《预审价决定书》编号，格式为预审价（P+2 位商品项号+决定书编号），若报关单中有多项商品为预审价，需依次写入括号中。

（十四）含预归类商品报关单，应在报关单备注栏内填写预归类 R-3-关区代码-年份-顺序编号，其中关区代码、年份、顺序编号均为 4 位数字，例如 R-3-0100-2016-0001。

（十五）含归类裁定报关单，应在报关单备注栏内填写归类裁定编号，格式为“c”+四位数字编号，例如 c0001。

（十六）申报时其他必须说明的事项填报在本栏目。

三十三、项号

本栏目分两行填报及打印。第一行填报报关单中的商品顺序编号；第二行专用于加工贸易、减免税等已备案、审批的货物，填报和打印该项货物在《加工贸易手册》或《征免税证明》等备案、审批单证中的顺序编号。

有关优惠贸易协定项下报关单填制要求按照海关总署 2016 年第 51 号公告执行。

加工贸易项下进出口货物的报关单，第一行填报报关单中的商品顺序编号，第二行填报该项商品在《加工贸易手册》中的商品项号，用于核销对应项号下的料件或成品数量。其中第二行特殊情况填报要求如下：

（一）深加工结转货物，分别按照《加工贸易手册》中的进口料件项号和出口成品项号填报。

（二）料件结转货物（包括料件、制成品和未完成品折料），出口报关单按照转出《加工贸易手册》中进口料件的项号填报；进口报关单按照转进《加工贸易手册》中进口料件的项号填报。

（三）料件复出货物（包括料件、边角料），出口报关单按照《加工贸易手册》中进口料件的项号填报；如边角料对应一个以上料件项号时，填报主要料件项号。料件退换货物（包括料件、不包括未完成品），进出口报关单按照《加工贸易手册》中进口料件的项号填报。

（四）成品退换货物，退运进境报关单和复运出境报关单按照《加工贸易手册》原出口成品的项号填报。

（五）加工贸易料件转内销货物（以及按料件办理进口手续的转内销制成品、残次品、未完成品）应填制进口报关单，填报《加工贸易手册》进口料件的项号；加工贸易边角料、副产品内销，填报《加工贸易手册》中对应的进口料件项号。如边角料或副产品对应一个以上料件项号时，填报主要料件项号。

（六）加工贸易成品凭《征免税证明》转为减免税货物进口的，应先办理进口报关手续。进口报关单填报《征免税证明》中的项号，出口报关单填报《加工贸易手册》原出口成品项号，进、出口报关单货物数量应一致。

（七）加工贸易货物销毁，本栏目应填报《加工贸易手册》中相应的进口料件项号。

（八）加工贸易副产品退运出口、结转出口，本栏目应填报《加工贸易手册》中新增的变更副产品的出口项号。

（九）经海关批准实行加工贸易联网监管的企业，按海关联网监管要求，企业需申报报关清单的，应在向海关申报进出口（包括形式进出口）报关单前，向海关申报"清单"。一份报关清单对应一份报关单，报关单上的商品由报关清单归并而得。加工贸易电子账册报关单中项号、品名、规格等栏目的填制规范比照《加工贸易手册》。

三十四、商品编号

本栏目填报的商品编号由10位数字组成。前8位为《中华人民共和国进出口税则》确定的进出口货物的税则号列，同时也是《中华人民共和国海关统计商品目录》确定的商品编码，后2位为符合海关监管要求的附加编号。

三十五、商品名称、规格型号

本栏目分两行填报及打印。第一行填报进出口货物规范的中文商品名称，第二行填报规格型号。

具体填报要求如下：

（一）商品名称及规格型号应据实填报，并与进出口货物收发货人或受委托的报关企业所提交的合同、发票等相关单证相符。

（二）商品名称应当规范，规格型号应当足够详细，以能满足海关归类、审价及许可证件管理要求为准，可参照《中华人民共和国海关进出口商品规范申报目录》中对商品名称、规格型号的要求进行填报。

（三）加工贸易等已备案的货物，填报的内容必须与备案登记中同项号下货物的商品名称一致。

（四）对需要海关签发《货物进口证明书》的车辆，商品名称栏应填报"车辆品牌+排气量（注明cc）+车型（如越野车、小轿车等）"。进口汽车底盘不填报排气量。车辆品牌应按照《进口机动车辆制造厂名称和车辆品牌中英文对照表》中"签注名称"一栏的要求填报。规格型号栏可填报"汽油型"等。

（五）由同一运输工具同时运抵同一口岸并且属于同一收货人、使用同一提单的多种进口货物，按照商品归类规则应当归入同一商品编号的，应当将有关商品一并归入该商品编号。商品名称填报一并归类后的商品名称；规格型号填报一并归类后商品的规格型号。

（六）加工贸易边角料和副产品内销，边角料复出口，本栏目填报其报验状态的名称和规格型号。

（七）进口货物收货人以一般贸易方式申报进口属于《需要详细列名申报的汽车零部件清单》（海关总署2006年第64号公告）范围内的汽车生产件的，应按以下要求填报：

1. 商品名称填报进口汽车零部件的详细中文商品名称和品牌，中文商品名称与品牌之间用"/"相隔，必要时加注英文商业名称；进口的成套散件或者毛坯件应在品牌后加注"成套散件"、"毛坯"等字样，并与品牌之间用"/"相隔。

2. 规格型号填报汽车零部件的完整编号。在零部件编号前应当加注"S"字样，并与零部件编号之间用"/"相隔，零部件编号之后应当依次加注该零部件适用的汽车品牌和车型。

汽车零部件属于可以适用于多种汽车车型的通用零部件的，零部件编号后应当加注“TY”字样，并用“/”与零部件编号相隔。

与进口汽车零部件规格型号相关的其他需要申报的要素，或者海关规定的其他需要申报的要素，如“功率”、“排气量”等，应当在车型或“TY”之后填报，并用“/”与之相隔。

汽车零部件报验状态是成套散件的，应当在“标记唛码及备注”栏内填报该成套散件装配后的最终完整品的零部件编号。

（八）进口货物收货人以一般贸易方式申报进口属于《需要详细列名申报的汽车零部件清单》（海关总署2006年第64号公告）范围内的汽车维修件的，填报规格型号时，应当在零部件编号前加注“W”，并与零部件编号之间用“/”相隔；进口维修件的品牌与该零部件适用的整车厂牌不一致的，应当在零部件编号前加注“WF”，并与零部件编号之间用“/”相隔。其余申报要求同上条执行。

三十六、数量及单位

本栏目分三行填报及打印。

（一）第一行应按进出口货物的法定第一计量单位填报数量及单位，法定计量单位以《中华人民共和国海关统计商品目录》中的计量单位为准。

（二）凡列明有法定第二计量单位的，应在第二行按照法定第二计量单位填报数量及单位。无法定第二计量单位的，本栏目第二行为空。

（三）成交计量单位及数量应填报并打印在第三行。

（四）法定计量单位为“千克”的数量填报，特殊情况下填报要求如下：

1. 装入可重复使用的包装容器的货物，应按货物扣除包装容器后的重量填报，如罐装同位素、罐装氧气及类似品等。

2. 使用不可分割包装材料和包装容器的货物，按货物的净重填报（即包括内层直接包装的净重重量），如采用供零售包装的罐头、药品及类似品等。

3. 按照商业惯例以公量重计价的商品，应按公量重填报，如未脱脂羊毛、羊毛条等。

4. 采用以毛重作为净重计价的货物，可按毛重填报，如粮食、饲料等大宗散装货物。

5. 采用零售包装的酒类、饮料、化妆品，按照液体部分的重量填报。

（五）成套设备、减免税货物如需分批进口，货物实际进口时，应按照实际报验状态确定数量。

（六）具有完整品或制成品基本特征的不完整品、未制成品，根据《商品名称及编码协调制度》归类规则应按完整品归类的，按照构成完整品的实际数量填报。

（七）加工贸易等已备案的货物，成交计量单位必须与《加工贸易手册》中同项号下货物的计量单位一致，加工贸易边角料和副产品内销、边角料复出口，本栏目填报其报验状态的计量单位。

（八）优惠贸易协定项下进出口商品的成交计量单位必须与原产地证书上对应商品的计量单位一致。

（九）法定计量单位为立方米的气体货物，应折算成标准状况（即摄氏零度及1个标准大气压）下的体积进行填报。

三十七、原产国（地区）

原产国（地区）应依据《中华人民共和国进出口货物原产地条例》、《中华人民共和国海关关于执行〈非优惠原产地规则中实质性改变标准〉的规定》以及海关总署关于各项优惠贸易协定原产地管理规章规定的原产地确定标准填报。同一批进出口货物的原产地不同的，应分别填报原产国（地区）。进出口货物原产国（地区）无法确定的，填报“国别不详”（代码701）。

本栏目应按海关规定的《国别（地区）代码表》选择填报相应的国家（地区）名称及代码。

三十八、最终目的国（地区）

最终目的国（地区）填报已知的进出口货物的最终实际消费、使用或进一步加工制造国家（地区）。不经过第三国（地区）转运的直接运输货物，以运抵国（地区）为最终目的国（地区）；经过第三国（地区）转运的货物，以最后运往国（地区）为最终目的国（地区）。同一批进出口货物的最终目的国（地区）不同的，应分别填报最终目的国（地区）。进出口货物不能确定最终目的国（地区）时，以尽可能预知的最后运往国（地区）为最终目的国

（地区）。

本栏目应按海关规定的《国别（地区）代码表》选择填报相应的国家（地区）名称及代码。

三十九、单价

本栏目填报同一项号下进出口货物实际成交的商品单位价格。无实际成交价格的，本栏目填报单位货值。

四十、总价

本栏目填报同一项号下进出口货物实际成交的商品总价格。无实际成交价格的，本栏目填报货值。

四十一、币制

本栏目应按海关规定的《货币代码表》选择相应的货币名称及代码填报，如《货币代码表》中无实际成交币种，需将实际成交货币按申报日外汇折算率折算成《货币代码表》列明的货币填报。

四十二、征免

本栏目应按照海关核发的《征免税证明》或有关政策规定，对报关单所列每项商品选择海关规定的《征减免税方式代码表》中相应的征减免税方式填报。

加工贸易货物报关单应根据《加工贸易手册》中备案的征免规定填报；《加工贸易手册》中备案的征免规定为“保金”或“保函”的，应填报“全免”。

四十三、特殊关系确认

本栏目根据《中华人民共和国海关审定进出口货物完税价格办法》（以下简称《审价办法》）第十六条，填报确认进出口行为中买卖双方是否存在特殊关系，有下列情形之一的，应当认为买卖双方存在特殊关系，在本栏目应填报“是”，反之则填报“否”：

（一）买卖双方为同一家族成员的。

（二）买卖双方互为商业上的高级职员或者董事的。

（三）一方直接或者间接地受另一方控制的。

（四）买卖双方都直接或者间接地受第三方控制的。

（五）买卖双方共同直接或者间接地控制第三方的。

（六）一方直接或者间接地拥有、控制或者持有对方5%以上（含5%）公开发行的有表决权的股票或者股份的。

（七）一方是另一方的雇员、高级职员或者董事的。

（八）买卖双方是同一合伙的成员的。

买卖双方在经营上相互有联系，一方是另一方的独家代理、独家经销或者独家受让人，如果符合前款的规定，也应当视为存在特殊关系。

本栏目出口货物免予填报，加工贸易及保税监管货物（内销保税货物除外）免予填报。

四十四、价格影响确认

本栏目根据《审价办法》第十七条，填报确认纳税义务人是否可以证明特殊关系未对进口货物的成交价格产生影响，纳税义务人能证明其成交价格与同时或者大约同时发生的下列任何一款价格相近的，应视为特殊关系未对成交价格产生影响，在本栏目应填报“否”，反之则填报“是”：

（一）向境内无特殊关系的买方出售的相同或者类似进口货物的成交价格。

（二）按照《审价办法》第二十三条的规定所确定的相同或者类似进口货物的完税价格。

（三）按照《审价办法》第二十五条的规定所确定的相同或者类似进口货物的完税价格。

本栏目出口货物免予填报，加工贸易及保税监管货物（内销保税货物除外）免予填报。

四十五、与货物有关的特许权使用费支付确认

本栏目根据《审价办法》第十一条和第十三条，填报确认买方是否存在向卖方或者有关方直接或者间接支付与

进口货物有关的特许权使用费，且未包括在进口货物的实付、应付价格中。

买方存在需向卖方或者有关方直接或者间接支付特许权使用费，且未包含在进口货物实付、应付价格中，并且符合《审价办法》第十三条的，在“支付特许权使用费确认”栏目应填报“是”。

买方存在需向卖方或者有关方直接或者间接支付特许权使用费，且未包含在进口货物实付、应付价格中，但纳税义务人无法确认是否符合《审价办法》第十三条的，在本栏目应填报“是”。

买方存在需向卖方或者有关方直接或者间接支付特许权使用费且未包含在实付、应付价格中，纳税义务人根据《审价办法》第十三条，可以确认需支付的特许权使用费与进口货物无关的，填报“否”。

买方不存在向卖方或者有关方直接或者间接支付特许权使用费的，或者特许权使用费已经包含在进口货物实付、应付价格中的，填报“否”。

本栏目出口货物免予填报，加工贸易及保税监管货物（内销保税货物除外）免予填报。

四十六、版本号

本栏目适用加工贸易货物出口报关单。本栏目应与《加工贸易手册》中备案的成品单耗版本一致，通过《加工贸易手册》备案数据或企业出口报关清单提取。

四十七、货号

本栏目适用加工贸易货物进出口报关单。本栏目应与《加工贸易手册》中备案的料件、成品货号一致，通过《加工贸易手册》备案数据或企业出口报关清单提取。

四十八、录入员

本栏目用于记录预录入操作人员的姓名。

四十九、录入单位

本栏目用于记录预录入单位名称。

五十、海关批注及签章

本栏目供海关作业时签注。

本规范所述尖括号（<>）、逗号（,）、连接符（-）、冒号（:）等标点符号及数字，填报时都必须使用非中文状态下的半角字符。

相关用语的含义：

报关单录入凭单：指申报单位按报关单的格式填写的凭单，用作报关单预录入的依据。该凭单的编号规则由申报单位自行决定。

预录入报关单：指预录入单位按照申报单位填写的报关单凭单录入、打印由申报单位向海关申报，海关尚未接受申报的报关单。

报关单证明联：指海关在核实货物实际进出境后按报关单格式提供的，用作进出口货物收发货人向国税、外汇管理部门办理退税和外汇核销手续的证明文件。

联合公告

国家食品药品监督管理局、海关总署关于办理药品进口备案手续及公布《进口药品目录》等有关事宜的公告

（国家食品药品监督管理局、海关总署公告2003年第9号）

国家食品药品监督管理局、海关总署第4号令《药品进口管理办法》（下称《办法》）及《关于实施〈药品进口管理办法〉有关事宜的通知》（国食药监注［2003］320号）的规定，为便于有关单位办理药品进口备案手续，现将有关事宜公告如下：

一、经国务院批准，自2004年1月1日起，所有进口药品（包括麻醉药品、精神药品）必须经由北京市、天津市、上海市、大连市、青岛市、成都市、武汉市、重庆市、厦门市、南京市、杭州市、宁波市、福州市、广州市、深圳市、珠海市、海口市、西安市等18个城市的指定通关口岸进口，具体通关口岸名单见附件1。从其他口岸进口的药品将不予办理进口备案和口岸检验手续。

对《办法》第十条规定的药品，其到岸地必须为北京市、上海市和广州市3个口岸城市的指定通关口岸。

二、自2004年1月1日起，口岸所在地药品监督管理局开始履行《办法》规定的职责，正式受理药品进口备案申请，承担办理"进口药品通关单"有关事宜，口岸药品检验所原进口报验职能同时停止。2004年1月1日起，进口单位必须向口岸所在地药品监督管理局提出药品进口备案申请。

北京市、天津市、上海市、大连市、青岛市、成都市、武汉市、重庆市、厦门市、南京市、杭州市、宁波市、福州市、广州市、深圳市、珠海市、海口市、西安市药品监督管理局为口岸药品监督管理局，其通信地址和电话见附件2。

三、国家食品药品监督管理局授权中国药品生物制品检定所及北京市、天津市、上海市、大连市、青岛市、成都市、武汉市、重庆市、厦门市、广州市药品检验所和江苏省、浙江省、福建省、海南省、广东省、陕西省药品检验所为口岸药品检验所。其通信地址和电话见附件3。

四、国家食品药品监督管理局会同海关总署制订了《进口药品目录》，现予公布（附件4），并自2004年1月1日起执行。

五、进口列入《进口药品目录》商品编码范围的商品，海关凭国家食品药品监督管理局授权部门签发的加盖"×药品监督管理局药品进口备案专用章"的"进口药品通关单"，及其他有关单证办理报关验放手续。"进口药品通关单"仅限在该单上注明的口岸海关使用，并实行一批一证制度，证面内容不得更改，如需更改，须换发新证。

海关对麻醉药品、精神药品的监管仍按国家食品药品监督管理局和海关总署对麻醉药品、精神药品的有关管理规定执行。

六、对《办法》实施后报关进口但口岸药品监督管理局不予备案，不能提供"进口药品通关单"的上述商品，海关可凭进口收货人或其代理人的申请按照有关规定予以办理直接退运手续。

七、《办法》第十条规定的生物制品为疫苗类、血液制品类及血源筛查用诊断试剂等（目录见附件5），国家食品药品监督管理局将根据情况，适时对该目录进行调整。

八、考虑到附件5所列品种对仓储条件有专门的要求，在专用海关监管仓库尚未确定前，该类生物制品暂按如下规定办理进口备案手续：口岸药品监督管理局在接到"进口药品报验单"及相关资料后，按照《办法》第十六条的规定办理"进口药品通关单"和"进口药品口岸检验通知书"。口岸药品检验所在抽样后，口岸药品监督管理局应将全部药品予以加封，待药品检验合格后，予以启封、放行，允许销售使用。

九、附件5所列品种中，人血白蛋白根据到岸地的不同，分别由北京市、上海市或广东省药品检验所负责抽样

和口岸检验。其他品种到岸地为北京市的，由中国药品生物制品检定所负责抽样和口岸检验。到岸地为上海市、广州市的，由上海市药品检验所、广东省药品检验所负责抽样，中国药品生物制品检定所负责口岸检验。上海市药品检验所、广东省药品检验所应在抽样后2日内，将样品送中国药品生物制品检定所。

十、2003年12月31日前由口岸药品检验所发出的有效期内的“进口药品通关单”，可以继续使用；超过有效期尚未办理报关手续的，2004年1月1日后，应到口岸药品监督管理局换领新的“进口药品通关单”。

十一、进口药品质量标准复核和临床研究所需标准品、样品和对照药品，可由注册申请人持“进口药品质量标准复核通知单”原件或者注有“凭此件办理所需样品进口手续”的“药物临床研究批件”原件，向口岸药品监督管理局申请办理进口备案手续，并仅需报送登记证或营业执照复印件、装箱单、提运单、“进口药品质量标准复核通知单”复印件或者“药物临床研究批件”复印件等相关资料。

口岸药品监督管理局在审查资料合格后，发给“进口药品通关单”，退还“进口药品质量标准复核通知单”原件或者“药物临床研究批件”原件，并在原件上注明进口批号、数量。

注册申请人所进样品不需进行口岸检验，申请人如要对样品进行检验，可在药品进口后，径向口岸药品检验所申请。

十二、自2004年1月1日起，报验单位须使用专门的软件填报、打印“进口药品报验单”，该软件可在www.sfda.gov.cn或www.nicpbp.org.cn的网站下载。报验单位报送进口备案资料时，应同时提交“进口药品报验单”的电子数据。

十三、自2004年1月1日起，原《进口药品管理办法》规定的预防性生物制品、血液制品进口批件审查审批制度予以取消。

十四、原国家药品监督管理局《关于加强进口药品管理有关问题的通知》（国药管注〔2000〕622号）和海关总署《关于转发国家食品药品监督管理局“关于加强进口药品管理有关问题的通知”的通知》（署法〔2001〕71号），自2004年1月1日起停止执行。

特此公告。

附件1　药品进口口岸名单（略）
附件2　口岸药品监督管理局通讯录（略）
附件3　口岸药品检验所通讯录（略）
附件4　进口药品目录（略）
附件5　国家食品药品监督管理局规定的生物制品目录（略）

国家食品药品监督管理局
海关总署
2003年12月30日

中国人民银行、海关总署关于变更黄金及其制品的加工贸易进出口监管条件的公告

（中国人民银行、海关总署公告2003年第19号）

自2004年1月1日起，黄金及其制品的加工贸易进出口，中国人民银行不再审批，海关不再凭中国人民银行的批件验放。但其中不能复出口的黄金及其制品经批准内销的，按一般贸易进口管理，仍由中国人民银行审批，海关凭人民银行的批件并按内销有关规定办理核销手续。

中国人民银行
海关总署
2003年12月22日

新闻出版总署、商务部、海关总署关于公布就复制管理行政审批项目调整后加强光盘复制管理有关问题的公告

（新闻出版总署、商务部、海关总署公告 2004 年第 2 号）

根据《国务院关于第三批取消和调整行政审批项目的决定》（国发〔2004〕16 号）和《国务院对确需保留的行政审批项目设定行政许可的决定》（国务院令第 412 号）有关规定，并根据《出版管理条例》（国务院令第 343 令）和《音像制品管理条例》（国务院令第 341 号）的有关规定，现就复制管理行政审批项目调整后加强光盘复制管理的有关问题公告如下：

一、关于光盘复制

本公告所称的光盘复制，系指只读类光盘复制和可录类光盘生产。只读类光盘包括存储有内容的激光视盘（LD）、数字音频光盘（CD-DA）、只读存储光盘（CD-ROM）、交互式光盘（CD-I）、照片光盘（PHOTO-CD）、数字视频光盘（VCD）、多用途数字光盘（DVD）和超级音频光盘（SACD）等。可录类光盘包括一次写入光盘（CD-R、DVD±R）和可重写光盘［CD-RW、DVD±RW/RAM、磁光光盘（MO、MD）］等。

本公告所称的光盘生产设备，是指从事光盘母盘刻录生产、子盘复制生产的设备。包括下列主要部分：用于光盘生产的金属母盘生产设备、精密注塑机、真空金属溅镀机、黏合机、保护胶涂覆机、染料层旋涂机、专用模具、盘面印刷机和光盘质量在线检测仪、离线检测仪等。光盘生产设备的名称和商品编码见附件 1。

二、关于光盘复制单位的设立

设立光盘复制单位需由新闻出版行政部门审批，核发复制经营许可证，并经工商行政部门登记注册后方可进行生产。其中设立只读类光盘复制单位，由新闻出版总署审批；设立可录类光盘生产单位，由所在地省、自治区、直辖市新闻出版行政部门审批，报新闻出版总署备案。设立外商投资光盘复制单位，除由新闻出版行政部门批准外，还须报商务部审批并颁发外商投资企业批准证书后，方可到工商行政部门办理登记注册。

光盘复制单位变更业务范围，或者兼并其他光盘复制单位，或者因合并、分立而设立新的光盘复制单位的，应当依照上述的规定办理审批登记手续。光盘复制单位变更名称、地址、法定代理人或者主要负责人，或者终止光盘复制生产经营活动的，应当到原登记的工商行政部门办理变更登记或者注销登记，并向新闻出版行政部门备案。涉及外商投资光盘复制单位合同、章程变更，遵照有关法律法规。

允许设立外商独资可录类光盘生产单位。允许外资进入只读类光盘复制，允许设立中外合资、中外合作只读类光盘复制单位，但中方必须控股或占主导地位。禁止设立外商独资只读类光盘复制单位。

为确保我国意识形态安全和信息产业、新闻出版业的发展需要，将继续坚持总量控制、适度发展只读类光盘复制业、加快发展可录类光盘产业的原则。

三、关于光盘复制生产设备的审批

以一般贸易、加工贸易方式增加、进口、变更光盘生产设备（含不作价设备），需由新闻出版行政部门审批。其中增加、进口、变更只读类光盘复制生产设备，由新闻出版总署审批；增加、进口、变更可录光盘生产设备，由所在地省、自治区、直辖市新闻出版行政部门审批，报新闻出版总署备案。增加、进出口、变更光盘生产设备批准文件格式见附件 2。

光盘复制生产设备安装调试完毕，由审批的新闻出版行政部门验收合格、核发复制经营许可证后，方可正式投产。光盘复制生产设备验收基本规程（附验收情况表）见附件 3。

内资单位进口光盘生产设备，应先向新闻出版行政部门申请，经批准后，凭新闻出版行政部门的批准文件及核准的进口设备清单到商务部机电产品进出口司领取自动进口许可证，然后持新闻出版行政部门的批准文件和商务部机电产品进出口司的自动进口许可证到商务部配额许可证事务局申领进口许可证。海关凭进口许可证办理验放手续。

外商投资单位进口光盘生产设备，应先向新闻出版行政部门申请，经批准后，凭新闻出版行政部门的批准文件

及核准的进口设备清单到商务部外国投资管理司审核进口设备清单，然后持新闻出版行政部门的批准文件和审核过的进口设备清单到商务部配额许可证事务局申领进口许可证。海关凭进口许可证办理验放手续。

光盘生产设备进入出口加工区、保税区等海关监管特殊区域的，进口单位应事先向新闻出版行政部门申请，经批准后，凭新闻出版行政部门的批准文件及核准的进入设备清单向海关申请，海关根据有关规定办理验放手续。

光盘复制生产设备的审批原则上不再办理延期批复。

设备清单格式见附件4。

为保证我国光盘产业的发展水平，禁止进口旧（二手）光盘生产设备，禁止旧（二手）光盘生产设备进入出口加工区、保税区等海关监管特殊区域。全新光盘生产设备认定办法见附件5。

四、关于被关闭光盘厂生产线和被查缴的非法光盘生产线的处理

被关闭光盘厂生产线和被查缴的非法光盘生产线的处理，由所在地省、自治区、直辖市新闻出版行政部门本辖区内定向审批。接收或收购被关闭光盘厂生产线和被查缴的非法光盘生产线的单位，必须是现有的合法光盘复制生产企业。需要跨省处理的，所在地省、自治区、直辖市新闻出版行政部门可报新闻出版总署在省际调剂，由同意接收或收购的光盘复制生产企业所在地省、自治区、直辖市新闻出版行政部门审批。

被关闭光盘厂生产线的价格，由买卖双方协商解决；被查缴的非法光盘生产线的价格，由有关部门评估定价。

省、自治区、直辖市新闻出版行政部门应在审批后一个月内向新闻出版总署备案。省、自治区、直辖市新闻出版行政部门要加强对光盘生产线处理流向的监管，严防这类生产线流入“地下”。

申请单位向所在地省、自治区、直辖市新闻出版行政部门提出申请，经批准后，凭新闻出版行政部门的批准文件按上述程序办理有关设备的交接手续。

五、关于加工贸易项下进出口只读类光盘的审核

加工贸易项下进出口的只读类光盘，须由省、自治区、直辖市新闻出版行政部门审核。申请单位须向所在地省、自治区、直辖市新闻出版行政部门提出申请并提供样品备案，经省、自治区、直辖市新闻出版行政部门批准后，抄送省级商务部门和进出口地直属海关。商务部门凭新闻出版行政部门的审核批准文件办理加工贸易审批业务，海关凭新闻出版行政部门的审核批准文件办理只读类光盘的进出口验放手续。加工贸易项下光盘进出口批准证（由新闻出版总署监制）见附件6。

加工贸易项下进出口的只读类光盘（包括纯光盘产品和随机配套光盘产品），如无法出口，不得申请内销。由海关移交新闻出版行政部门，新闻出版行政部门予以监督销毁，并向海关出具相关证明，海关凭以办理核销结案手续。

省、自治区、直辖市新闻出版行政部门的批准文件签发后15日内报新闻出版总署备案。

省、自治区、直辖市新闻出版行政部门要健全相应的内容审查机构和工作规程，并在人员、技术、设备等方面给予必要的投入和保障。对在加工贸易项下进出口光盘的内容要严格审查把关，载有国家法律、法规禁载内容的光盘，不得放行。

为有利于知识产权的保护，不得委托境外单位复制生产光盘。境内出版、发行及有关单位不得委托境外单位加工光盘。

本公告自发布之日起施行。原新闻出版署、对外贸易经济合作部《关于中外合资合作光盘复制与生产企业设立及设备引进有关问题的通知》（新出联〔2000〕36号），对外贸易经济合作部、新闻出版署、海关总署《关于光盘生产设备进口管理的通知》（〔1996〕外经贸法发第400号），新闻出版总署、对外贸易经济合作部《关于不得进口二手光盘生产、复制设备的通知》（新出联〔2001〕21号），新闻出版总署《关于加强对委托境外企业加工光盘管理的通知》（新出音〔1998〕560号），新闻出版总署、海关总署《关于不得委托境外企业加工光盘的通知》（新出联〔2001〕24号），《海关总署关于加强委托境外加工光盘进口管理的通知》（署法〔2000〕336号），《海关总署关于变更委托境外加工光盘进出口管理手续有关问题的通知》（署法函〔2002〕465号）同时废止。新闻出版总署关于可录类光盘生产单位设立和可录类光盘生产设备进口的有关批准文件，在其有效期内继续使用。

涉及上述行政许可项目申请与受理的有关具体事项，由行政许可的机关按《中华人民共和国行政许可法》的有关规定另行公示。

附件1　光盘生产设备的名称和商品编码

附件2　增加、进口、变更光盘生产设备批准文件格式（略）

附件3　光盘复制生产设备验收基本规程（附验收情况表）（略）

附件4　设备清单格式（略）
附件5　全新光盘生产设备认定办法（略）
附件6　加工贸易项下光盘进出口批准证格式（略）

新闻出版总署
商务部
海关总署
2004年8月24日

附件1

光盘生产设备的名称和商品编码

序号	商品名称	商品编码
1	用于光盘生产的金属母盘生产设备	84798990. 10
2	用于光盘生产的精密注塑机	84771010. 10
3	用于光盘生产的真空金属溅镀机	84798990. 30
4	用于光盘生产的黏合机	84798990. 20
5	用于光盘生产的保护胶涂覆机	84798990. 40
6	用于光盘生产的染料层旋涂机	84798990. 40
7	用于光盘生产的专用模具	84807100. 10
8	用于光盘生产的盘面印刷机	84435912. 20
9	光盘质量在线检测仪	90314900. 10
10	光盘质量离线检测仪	90314900. 10

备注：

1. 序号1的产品用于光盘生产的金属母盘生产设备的单位为“套”，主要包括光刻胶涂覆机、母盘刻录机、母盘显影单元、金属化蒸镀（溅镀）机、母盘信息处理和控制工作台、金属压模电铸设备、压模冲孔机（含模具）、压模背面抛光机、母盘玻璃清洗设备等。

2. 序号2~10的产品的单位为“台”。

中国人民银行、海关总署关于印发《香港清算银行调运人民币现钞进出境通关业务管理办法》的通知

（银发〔2004〕10号）

中国人民银行深圳市中心支行，深圳海关：

为了规范香港银行个人人民币业务清算行调运人民币现钞进出境通关业务，中国人民银行与海关总署联合制定了《香港清算银行调运人民币现钞进出境通关业务管理办法》。现印发给你们，请遵照执行。执行中若有问题，请及时上报中国人民银行和海关总署。

人民银行
海关总署
2004年1月18日

香港清算银行调运人民币现钞进出境通关业务管理办法

第一条 为规范香港银行个人人民币业务清算行（以下简称香港清算银行）调运人民币现钞进出境通关业务，对该业务实施有效监管，根据《中华人民共和国中国人民银行法》、《中华人民共和国海关法》、《中华人民共和国人民币管理条例》及中国人民银行、海关总署有关规定，制定本办法。

第二条 中国人民银行、海关总署为香港清算银行调运人民币现钞进出境通关业务的管理机关。

第三条 香港清算银行调运人民币现钞进出境通关业务在深圳皇岗口岸陆路旅检车通道办理。特殊情况下由深圳海关批准可改经其他通道。

第四条 中国人民银行深圳市中心支行根据香港清算银行关于调运人民币现钞进出境的申请，按照有关规定向其签发“银行调运人民币现钞进出境许可证”（式样见附表［略］）。许可证的签发和使用实行“一批一证”，即香港清算银行每办理一次调运人民币现钞入境或出境业务，就须由中国人民银行深圳市中心支行签发一张许可证；每张许可证只对当次调运人民币现钞入境或出境业务有效。许可证的内容不得更改。

第五条 “银行调运人民币现钞进出境许可证”有权签发人签字样本和签发银行印章样式须先行报海关总署政法司及深圳海关备案。

第六条 深圳海关凭香港清算银行提交的“银行调运人民币现钞进出境许可证”办理香港清算银行调运人民币现钞进出境通关验放手续。

第七条 香港清算银行调运人民币现钞进出境，由其设立在深圳的分支机构办理海关手续。

第八条 香港清算银行深圳分支机构办理调运人民币现钞进出境通关业务海关手续，须先行在深圳海关注册登记，在每次办理调运人民币现钞进出境通关手续时，使用海关注册编码。

第九条 香港清算银行调运人民币现钞进出境通关业务所需海关进出口货物报关单有关内容：商品名称应为“流通中的货币现钞”；商品编码应为“98013000 ”；进出口税率、增值税和消费税率为“0 ”；计量单位为“千克 ”，代码“035 ”；贸易方式为“其他 ”，代码“9900 ”；征免性质为“一般征税 ”，代码“101 ”；人民币现钞的总金额应如实填报。其他栏目按现行规定填报。调运人民币现钞进出境业务量不列入海关统计。

第十条 香港清算银行调运人民币现钞进出境报关和通关，应符合海关有关规定。

第十一条 香港清算银行调运人民币现钞通关，应将承担人民币现钞进出境调运业务的单位、车辆、人员先行报深圳海关备案。

第十二条 调运人民币现钞进出境的车辆和人员应按照海关有关规定接受海关查验。

第十三条 严禁调运人民币现钞进出境的车辆和人员兼运或夹带规定数量人民币现钞以外的其他货物。

第十四条 中国人民银行深圳市中心支行与深圳海关对签发和收验的“银行调运人民币现钞进出境许可证”定期进行核对。

第十五条 香港清算银行调运人民币现钞进出境通关业务具体操作规程及其他具体问题由深圳海关与中国人民银行深圳市中心支行协商解决，重大问题报海关总署和中国人民银行。

第十六条 本办法由中国人民银行和海关总署负责解释。

第十七条 本办法自发布之日起施行。

国家食品药品监督管理局、海关总署关于进口药品通关口岸管理事宜的公告

（国食药监注〔2004〕115 号）

根据国家食品药品监督管理局、海关总署《关于实施〈药品进口管理办法〉有关事宜的通知》（国食药监注〔2003〕320 号）（以下简称《通知》），药品进口的口岸城市为：北京市、天津市、上海市、大连市、青岛市、成都市、武汉市、重庆市、厦门市、南京市、杭州市、宁波市、福州市、广州市、深圳市、珠海市、海口市、西安市。为加强管理，国家食品药品监督管理局与海关总署进一步确定了上述 18 个允许药品进口的具体通关口岸名单，

并作为《通知》附件1下发。实施一段时间以来，取得了一定效果。随着我国对外贸易的迅速发展，药品在各口岸的进口状况经常发生变化，为适应贸易发展的新形势，经研究决定，自2004年5月1日起，不再限定药品进口口岸城市内直属海关所辖的具体进口口岸，即在上述18个城市直属海关所辖的所有口岸均可进口药品。药品进口口岸所在地海关凭已注明进口口岸的“进口药品通关单”办理有关验放手续。

国家食品药品监督管理局
海关总署
2004年4月30日

国家食品药品监督管理局、海关总署关于药品进口备案和退运有关事宜的公告

（国食药监注〔2004〕338号）

国家食品药品监督管理局和海关总署联合颁发的《药品进口管理办法》（下称《办法》）已于2004年1月1日起施行。根据《办法》的规定，对于国家食品药品监督管理局规定的生物制品、首次在中国境内销售的药品等情况，口岸药品监督管理局应按照《办法》第十五条的规定，在药品检验符合规定后，方能出具“进口药品通关单”。为进一步方便药品的通关，在确保药品质量的前提下提高药品通关效率，规范口岸管理，经国家食品药品监督管理局和海关总署共同研究，决定自2004年10月1日起，对此类药品的通关备案和口岸检验采取如下临时措施，并对药品的退运管理制定了明确要求，现公告如下：

一、凡《办法》第十条规定情形的药品，口岸药品监督管理局在接到“进口药品报验单”及相关资料后，可按照《办法》第十六条的规定出具“进口药品通关单”和“进口药品口岸检验通知书”，不再出具“进口药品抽样通知书”。但需在“进口药品通关单”的备注中注明“该批药品待抽样检验，检验符合规定后，方可销售使用”。

二、进口单位凭口岸药品监势管理局出具的上述“进口药品通关单”，向海关办理进口药品的报关手续。

三、进口单位应当在办结海关手续2日内，按《办法》的有关规定，到口岸药品检验所办理抽样事宜，口岸药品监督管理局将抽样后的药品予以加封。加封后的药品经抽样检验符合标准规定的，予以启封，允许销售使用。

四、对于口岸药品检验所不予抽样或抽样检验不符合标准规定的药品，按照《办法》的有关规定办理。海关凭进口单位的申请，办理退运手续或移交口岸药品监督管理局监普处理。

五、按照国家药品生产经营的有关管理规定，由中国境内报关出口的，因残损、短少、品质不良或者规格不符等原因，原状退货复运进境的药品，不在此《办法》管理范围之内。

六、国家食品药品监督管理局和海关总署此前公布的有关生物制品进口备案程序与本公告不符的，按本公告执行。

特此公告。

国家食品药品监督管理局
海关总署
2004年6月25日

新闻出版总署、商务部、海关总署关于光盘复制生产设备进口、审批有关问题的公告

（新闻出版总署、商务部、海关总署公告2005年第1号）

根据商务部、海关总署公告（2004年第72号）规定，自2005年1月1日起，取消光盘生产设备的进口许可证管理。光盘复制生产设备由进口许可证管理调整为自动进口许可证管理，但仍必须凭新闻出版行政部门的批准文件办理进口手续。为此，对新闻出版总署、商务部、海关总署公告（2004年第2号）中“关于光盘复制生产设备的审批”有关进口光盘复制生产设备工作流程的规定作出适当调整，现就有关问题公告如下：

内资单位进口光盘复制生产设备，应先向新闻出版行政部门申请，经批准后，凭新闻出版行政部门的批准文件及核准的进口设备清单到商务部机电产品进出口司领取自动进口许可证。海关凭商务部签发的自动进口许可证办理验放手续。

外商投资企业作为投资或者投资额内生产自用进口光盘复制生产设备，应先向新闻出版行政部门申请，经批准后，凭新闻出版行政部门的批准文件及核准的进口设备清单到商务部外国投资管理司审核进口设备清单。海关凭新闻出版行政部门、商务部外国投资管理司审核的进口设备清单办理验放手续。

光盘生产设备进入出口加工区、保税区等海关监管特殊区域的，进口单位应事先向新闻出版行政部门申请，经批准后，凭新闻出版行政部门的批准文件及核准的进入设备清单向海关申请，海关凭新闻出版行政部门的批准文件和新闻出版行政部门审核的进入设备清单办理验放手续。

光盘复制生产设备清单为无碳复写多联单，由新闻出版总署统一监制。光盘复制生产设备清单格式见附件。

本公告自发布之日起施行。新闻出版总署、商务部、海关总署公告（2004年第2号）中“三、关于光盘复制生产设备的审批”中相关规定及附件四同时废止。

附件　光盘复制生产设备清单

新闻出版总署
商务部
海关总署
2005年4月4日

光盘复制生产设备清单

编号：

申请单位［公章］		联系人	
单位地址		联系电话	
申请单位类型	□内资单位 □外商投资单位 □设在出口加工区保税区等海关监管特殊区域的单位		
生产设备类型	□只读类光盘复制生产设备□可录类光盘生产设备		
产品用途		设备状况	

序号	商品编码	设备名称	规格型号	贸易国	原产地	单位	数量	单价	总价
1									
2									
3									
4									
5									
6									
7									
8									
9									
10									
11									
12									
备注									

新闻出版总署印刷复制管理司 审核意见	所在地省、自治区、直辖市 新闻出版行政部门审核意见	商务部外国投资管理司 审核意见

注：

1. 本清单仅在进口光盘复制生产设备之用，须一次性报关，不得涂改，复印件、传真件无效。
2. 申请单位类型和生产设备类型只能各选一项。
3. 只读类光盘复制生产设备由新闻出版总署印刷复制管理司审核，可录类光盘生产设备由所在地省、自治区、直辖市新闻出版行政部门审核。其中，外商投资单位进口设备，设备清单还须商务部外国投资管理司审核。
4. 本清单一式六联：一联交新闻出版总署印刷复制管理司核准备案，二联交所在地省、自治区、直辖市新闻出版行政部门核准备案，三联交商务部机电产品进出口司办理自动进口许可证（仅限内资单位），四联交商务部外国投资管理司核准备案（仅限外商投资单位），五联交进出口地直属海关办理验放手续，六联交申请单位收执。
5. 本清单由新闻出版总署统一监制。

国家质检总局、海关总署、商务部、国家林业局关于公布进境货物使用的木质包装检疫要求的公告

（国家质检总局、海关总署、商务部、国家林业局公告2005年第11号）

为防止林木有害生物随进境货物木质包装传入我国，保护我国森林、生态环境及旅游资源，根据《中华人民共和国进出境动植物检疫法》及其实施条例，参照国际植物保护公约组织（IPPC）公布的国际植物检疫措施标准第15号《国际贸易中木质包装材料管理准则》，现将进境货物使用的木质包装检疫要求公告如下：

一、本公告所称木质包装是指用于承载、包装、铺垫、支撑、加固货物的木质材料，如木板箱、木条箱、木托盘、木框、木桶、木轴、木楔、垫木、枕木、衬木等。

以下除外：

经人工合成或经加热、加压等深度加工的包装用木质材料，如胶合板、刨花板、纤维板等。

薄板旋切芯、锯屑、木丝、刨花等木质材料及厚度等于或小于6mm的木质材料。

二、进境货物使用的木质包装应当由输出国家或地区政府植物检疫机构认可的企业按中国确认的检疫除害处理方法处理，并加施政府植物检疫机构批准的IPPC专用标志。检疫除害处理方法由国家质检总局另行公布。

三、进境货物使用木质包装的，货主或其代理人应当向出入境检验检疫机构报检，并配合出入境检验检疫机构实施检疫。对未报检的，出入境检验检疫机构依照有关法律规定进行处罚。

四、出入境检验检疫机构对进境货物使用的木质包装检疫实施分类管理，加强与港务、船代、海关等部门的信息沟通，通过审核货物载货清单等信息对经常使用木质包装的货物实施重点检疫。

五、列入《出入境检验检疫机构实施检验检疫的进出境商品目录》（以下简称目录）的进境货物使用木质包装的，检验检疫机构签发“入境货物通关单”并对木质包装实施检疫。未列入目录的进境货物使用木质包装的，出入境检验检疫机构可在海关放行后实施检疫。

六、经检疫发现木质包装标志不符合要求或截获活的有害生物的，出入境检验检疫机构监督货主或其代理人对木质包装实施除害处理、销毁处理或联系海关连同货物作退运处理，所需费用由货主承担。需实施木质包装检疫的货物，未经检疫合格的，不得擅自使用。

七、来自中国香港、澳门特别行政区和中国台湾地区的货物使用的木质包装适用本公告的规定。

八、本公告自2006年1月1日起正式实施，原进境货物木质包装检疫规定的有关公告同时废止。正式实施前，已经符合本公告第二条规定的进境货物木质包装，出入境检验检疫机构应当接受报检。

特此公告。

国家质检总局
海关总署
商务部
国家林业局
2005年1月31日

国家食品药品监督管理局、海关总署关于展览药品进口有关事宜的公告

（国食药监注〔2005〕367号）

根据《药品进口管理办法》和《中华人民共和国海关对进口展览品监管办法》的规定，为方便展览药品的进口，规范口岸管理，现就展览药品进口有关事宜公告如下：

一、本公告所称展览药品，是指在展览会、技术交流会或类似活动中展示或演示用的药品。

二、展览药品属海关同意的暂时进口货物，进口时不需办理药品进口备案手续和口岸检验。

三、对于货物所有人予以放弃的展览药品，经海关认可后，由海关移交当地药品监督管理部门监督销毁，相关费用由货物所有人承担。

四、其他事项和要求，按照《中华人民共和国海关对进口展览品监管办法》和有关法律、法规规定办理。

国家食品药品监督管理局
海关总署
2005年7月5日

国家食品药品监督管理局、海关总署关于进口药材登记备案等有关事宜的公告

（国食药监注〔2005〕655号）

根据《药品管理法》、《药品管理法实施条例》及《进口药材管理办法（试行）》（国家食品药品监督管理局令第22号）的有关规定，为加强药材进口的监督管理，现将有关事宜公告如下：

一、自2006年2月1日起，组织药材进口，申请人应当在取得“进口药材批件”后，向国家食品药品监督管理局确定的口岸或者边境口岸（食品）药品监督管理局提出登记备案申请［各口岸或者边境口岸（食品）药品监督管理局的联系方式见附件1，各口岸或者边境口岸（食品）药品监督管理局与口岸或者边境口岸对应关系表见附件2］。

二、药材登记备案采用统一印章，印章名称为“×药品监督管理局药品登记备案专用章”。“专用章”由国家食品药品监督管理局统一刻制颁发，自2006年2月1日起启用（印章式样见附件3）。

三、自2006年1月1日起，对2003年12月30日国家食品药品监督管理局会同海关总署发布的第9号公告中的《进口药品目录》进行调整，增加部分商品编码（增加内容见附件4）。

四、自2006年2月1日起，进口列入《进口药品目录》商品编码范围的药材，海关凭国家食品药品监督管理局授权部门签发的加盖“×药品监督管理局药品登记备案专用章”的“进口药品通关单”，及其他有关单证办理报关验放手续。“进口药品通关单”仅限在该单上注明的口岸海关使用，并实行一批一证制度，证面内容不得更改，如需更改，须换发新证。

2006年2月1日前，进口列入《进口药品目录》商品编码范围的药材，国家食品药品监督管理局授权部门已签发的加盖“×药品监督管理局药品进口备案专用章”的“进口药品通关单”，在其有效期内可以继续使用；超过有效期尚未办理报关手续的，2006年2月1日后，应到口岸或者边境口岸（食品）药品监督管理局换领加盖“×药品监督管理局药品登记备案专用章”的“进口药品通关单”。

五、进口列入《进口药品目录》商品编码范围的除药材以外的其他药品，海关仍凭国家食品药品监督管理局授权部门签发的加盖“×药品监督管理局药品进口备案专用章”的“进口药品通关单”，及其他有关单证办理报关验放手续。“×药品监督管理局药品进口备案专用章”的印章式样见2003年国家食品药品监督管理局、海关总署《关于实施〈药品进口管理办法〉有关事宜的通知》（国食药监注〔2003〕320号）。

特此公告。

附件1　口岸或者边境口岸（食品）药品监督管理局的联系方式（略）

附件2　口岸或者边境口岸（食品）药品监督管理局与口岸或者边境口岸的对应关系表（略）

附件3　登记备案专用章印章样式（略）

附件4　《进口药品目录》新增内容（略）

国家食品药品监督管理局
海关总署
2005年12月29日

国家质检总局、海关总署、商务部、民政部关于对进口捐赠医疗器械加强监督管理的公告

（国家质检总局、海关总署、商务部、民政部公告2006年第17号）

2004年以来，有国外慈善机构以捐赠名义向我国转移不符合国家规定的医疗器械，甚至医疗垃圾，存在重大的安全和健康隐患。为了确保进口医疗器械的安全、有效，保障我国公民人身健康和生命安全，根据国家有关法律法规，现就进口捐赠的医疗器械有关规定公告如下：

一、禁止境外捐赠人在向国内捐赠的医疗器械中夹带我国列入《禁止进口货物目录》的物品。

捐赠的医疗器械应为新品，并且已在中国办理过医疗器械注册，其中不得夹带有害环境、公共卫生和社会道德及政治渗透等违禁物品。

二、凡进口属于《自动进口许可机电产品目录》内的捐赠医疗器械，进口单位应当在办理海关报关手续前，向商务主管部门申请办理“中华人民共和国自动进口许可证”，并持该证件向海关办理通关手续。

三、国家质检总局在检验前对进口捐赠的医疗器械实施备案登记管理。凡向中国境内捐赠医疗器械的境外捐赠机构，须由其或其在中国的代理机构向国家质检总局申请登记；对国外捐赠机构所捐赠的医疗器械须在检验前向国家质检总局进行备案，并由国家质检总局对备案材料是否符合本公告第一条要求进行预审。必要时，国家质检总局将组织实施装运前预检验。国家特殊需要的，由民政部商国家质检总局作特殊处理。

四、海关对进口捐赠的医疗器械（不论是否属于《实施检验检疫的进出境商品目录》内），凭检验检疫机构出具的注明“上述物品为捐赠物品”的“入境货物通关单”验放，对其中涉及进口许可证管理的，海关还应验核进口许可证件。

五、接受进口捐赠医疗器械的单位或其代理必须向使用地检验检疫机构申请办理进口检验。检验检疫机构凭经核准有效的备案材料接受报检，实施口岸查验，使用地检验。

对经检验检疫合格的进口捐赠的医疗器械，检验检疫机构出具“入境货物检验检疫证明”后，受赠单位（或个人）方可使用。对判定不合格的进口捐赠的医疗器械，按照商检法及其实施条例的有关规定处理，或移交相关海关按有关规定处理。有关处理结果须尽快上报质检总局和海关总署。

六、民间组织业务主管单位和登记管理机关对接受进口捐赠的民间组织加强监督管理。对接受进口违反国家有关法律、法规捐赠的相关民间组织，尤其是涉及恶意向中国转移医疗垃圾的，应予以严肃处理，直至撤销其登记。

七、本公告自发布之日起执行。

国家质检总局
海关总署
商务部
民政部
2006 年 2 月 15 日

商务部、公安部、海关总署关于出口经营者向缅甸、老挝出口易制毒化学品有关管理事项的公告

（商务部、公安部、海关总署公告 2006 年第 57 号）

为更好地支持中国企业到缅甸、老挝投资，开展罂粟替代种植，发展替代产业，现就出口经营者向缅甸、老挝出口易制毒化学品有关管理事项公告如下：

一、出口经营者向经我国政府主管部门批准在缅甸、老挝投资设立的境外中资企业（以下简称境外中资企业）出口《易制毒化学品管理条例》中所列易制毒化学品的，须根据《易制毒化学品管理条例》和《向特定国家（地区）出口易制毒化学品暂行管理规定》（以下简称《规定》）的规定逐单申领“两用物项和技术出口许可证”。

二、出口经营者向境外中资企业出口《规定》附件 1“向特定国家（地区）出口易制毒化学品管理目录”所列第 43~58 项易制毒化学品且为境外中资企业生产自用的，可采取年度计划审核制度。出口经营者应于每年第四季度向所在地省级商务主管部门上报次年向境外中资企业出口上述易制毒化学品的出口计划（包括品种、数量、用户、用途、报关口岸、运输途径等）。该计划由省级商务主管部门会同省级公安部门初审合格后报商务部，商务部会同公安部进行国际核查后核准。

三、出口经营者实际出口前，仍应按规定逐单申请出口许可。商务部在年度出口计划范围内核准并通知省级商务主管部门为企业办理“两用物项和技术出口许可证”，企业凭证在指定口岸办理海关手续。

四、出口经营者须建立有关易制毒化学品出口台账，详细记录对缅甸、老挝的出口情况，并保留相关单据至少两年备查；同时，每年第一季度应将上一年度对缅甸、老挝出口易制毒化学品的情况汇总上报商务部。

五、各级商务主管部门会同公安、海关等有关部门负责对上述出口经营者易制毒化学品出口情况进行监督检查，有关结果应及时上报商务部，并抄报公安部和海关总署。

六、对于出口经营者违反国家有关易制毒化学品管理的规定或本通知有关规定的，商务部将要求其限期整改，视情取消已批准的年度计划并暂停新年度计划申请的受理。

商务部
公安部
海关总署
2006 年 8 月 30 日

商务部、海关总署关于启用2007版进口、出口许可证证书的公告

（商务部、海关总署公告2006年第108号）

根据商务部进出口许可证书管理的有关规定，2007年将启用新版进口、出口许可证证书。现将有关事项公告如下：

一、新版证书与旧版证书的区别

（一）进口许可证证书

新版进口许可证证书除第一联（正本）颜色变更为宝石红外，证书格式、内容、联数和另三联颜色均保持不变。

（二）出口许可证证书

新版出口许可证证书除第一联（正本）颜色变更为暖红外，证书格式、内容、联数和另三联颜色均保持不变。

二、新版许可证证书启用时间

从2007年1月1日起，各发证机构签发进、出口许可证启用2007年版许可证书。2006年度签发的2003版出口许可证在2007年2月28日前有效；2006年度签发的2003版进口许可证在年3月31日前有效。

附件1　中华人民共和国进口许可证（证样）第一联（略）
附件2　中华人民共和国出口许可证（证样）第一联（略）

商务部
海关总署
2006年12月22日

海关总署、国家质检总局关于实施通关单联网核查的公告

（海关总署、国家质检总局公告2007年第68号）

为提高口岸通关效率，推进无纸通关改革，有效防范和打击逃漏检行为，方便合法进出，根据相关法律法规和《国务院关于加强产品质量和食品安全工作的通知》的要求，海关总署与质检总局决定实施“通关单联网核查”。现将有关事项公告如下：

一、海关和出入境检验检疫局及其分支机构（以下简称出入境检验检疫机构）对法定检验进出口商品（以下简称法检商品），实行出入境货物通关单（以下简称通关单）电子数据与进出口货物报关单（以下简称报关单）电子数据的联网核查，进一步提高通关效率，实现严密监管。

二、“通关单联网核查”的基本流程是：出入境检验检疫机构根据相关法律法规的规定对法检商品签发通关单，实时将通关单电子数据传输至海关，海关凭以验放法检商品，办结海关手续后将通关单使用情况反馈质检总局。

三、出入境检验检疫机构签发的通关单纸质单证信息与通关单电子数据必须一致。

四、企业在报检、报关时，必须如实申报，并保证通关单与报关单相关申报内容一致，具体要求如下：

（一）报关单的经营单位与通关单的收/发货人一致；

（二）报关单的起运国与通关单的输出国家或地区一致；报关单的运抵国与通关单的输往国家或地区一致；

（三）报关单上法检商品的项数和次序与通关单上货物的项数和次序一致；

（四）报关单上法检商品与通关单上对应商品的 HS 编码一致；

（五）报关单上每项法检商品的法定第一数量不允许超过通关单上对应商品的数量/重量；

（六）报关单上法检商品的第一计量单位与通关单上的货物数量/重量计量单位相一致；

（七）出口货物报关单上的“申报日期”必须在出境货物通关单的有效期内。

五、企业申领通关单的有关要求：

（一）通关单只能有效报关使用一次，企业应确保已申领通关单项下的进出口货物可一次性报关进出口。

如通关单签发后需要分成多票报关单报关的，企业应向出入境检验检疫机构申请拆分通关单。

（二）每份通关单所列的货物项数不能超过 20 项（含 20 项）。

（三）企业报检时提供的“报关地海关”应为报关地海关隶属的直属海关。特殊情况下，可为指定的报关地海关。

（四）临时注册企业应向出入境检验检疫机构提供海关制发的临时注册编码。

六、通关单数据查询：

企业取得通关单后，进出口货物的经营单位或报检企业可通过中国电子检验检疫业务网（WWW. ECIQ. CN）查询通关单状态信息，状态信息分为“已发送电子口岸”、“电子口岸已收到”、“海关已入库”、“海关已核注”、“海关已核销”、“海关未能正常核销”、“通关单已过期”，状态信息注释详见附件。

七、企业报关单预录入有关要求：

（一）申报法检商品必须录入通关单编号，并且一票报关单只允许填报一个通关单编号。

（二）涉及加工贸易手册、电子账册、减免税证明的进出口货物，企业选择海关备案数据填制报关单，报关单上法检商品的项号应与通关单项号一致。

（三）报关单涉及法检商品与非法检商品的，必须先录入法检商品，后录入非法检商品。

八、实施通关单联网核查后，报关单和通关单电子数据不一致的，海关将做退单处理，企业根据海关退单信息办理相关手续。

九、商品归类以海关认定为准，报关单上法检商品的 HS 编码经海关确认归类有误的，企业需向出入境检验检疫机构申请修改通关单。

企业申领通关单后商品 HS 编码依据国家规定调整的，企业报关时通关单商品 HS 编码应以调整后的为准，如需修改，需向出入境检验检疫机构申请修改通关单。

十、因特殊情况无法正常实施通关单联网核查的，海关、出入境检验检疫机构应通过公告栏等方式及时告知企业，企业按照告知要求办理通关手续。

十一、本公告自 2008 年 1 月 1 日起正式执行。由海关总署和质检总局负责解释。

附件　通关单状态信息注释

海关总署

国家质检总局

2007 年 11 月 26 日

附件

通关单状态信息注释

状态信息为“已发送电子口岸”，是指质检总局已将通关单电子数据发送给电子口岸；

状态信息为“电子口岸已收到”，是指电子口岸已收到质检总局发送的通关单电子数据；

状态信息为“海关已入库”，是指海关已成功接收通关单电子数据，企业可根据通关单电子数据办理报关手续；

状态信息为“海关已核注”，是指该份通关单对应的报关单已申报成功；

状态信息为“海关已核销”，是指该份通关单对应的报关单已结关；

状态信息为“海关未能正常核销”，是指海关核销通关单电子数据不成功；

状态信息为“通关单已过期”，是指该份通关单超过有效期，通关单无法使用。

新闻出版总署、商务部、海关总署关于音像制品进口和市场管理有关问题的公告

（新闻出版总署、商务部、海关总署公告2008年第1号）

根据《国务院办公厅关于印发国家新闻出版总署（国家版权局）主要职责内设机构和人员编制规定的通知》（国办发〔2008〕90号）的有关规定，文化部音像制品进口及市场管理职责划入新闻出版总署。为实现音像制品进口及市场管理职责的平稳过渡和顺利衔接，现将有关事项公告如下：

一、在新闻出版总署会同有关部门制定颁布新的管理规定之前，《音像制品进口管理办法》（2002年4月17日文化部、海关总署令第23号）、《中外合作音像制品分销企业管理办法》（2003年12月8日文化部、商务部令第28号）、《音像制品批发、零售、出租管理办法》（2006年11月3日文化部令第40号）继续有效。以上规章中涉及文化部及地方文化行政部门的职责转由新闻出版总署及地方新闻出版行政部门行使，规章中有关行政许可、监督管理、行政处罚等规定作为新闻出版行政部门的执法依据。

二、根据《音像制品管理条例》等有关规定，申请设立中外合作音像制品批发企业、设立全国性音像制品连锁经营企业，报新闻出版总署审批；申请设立中外合作音像制品零售企业，音像制品批发企业，地方性音像制品连锁经营企业，报所在地省、自治区、直辖市新闻出版行政部门审批；申请设立音像制品零售、出租业务，报所在地县级新闻出版行政部门审批。其中，申请设立中外合作音像制品分销企业的，还须凭新闻出版行政部门的批准文件按照《中外合作音像制品分销企业管理办法》的有关规定到商务主管部门办理外商投资的批准手续。

三、申请进口音像制品成品及进口用于出版的音像制品，进口单位初审后，填写“进口录音制品报审表”或“进口录像制品报审表”，按有关规定提交申请材料，报新闻出版总署审查。自2009年1月1日起，进口单位应持新闻出版总署签发的“新闻出版总署音像制品（成品）进口批准单”、“新闻出版总署音像制品（版权引进）批准单”，到海关办理音像制品成品或者母带（母盘）的进口手续。

此前新闻出版总署签发的证件仍可继续使用。

四、文化部已审查通过的音像制品应在2008年12月31日前到海关办理音像制品进口手续；用于出版的音像制品，应在文化部原批准之日起一年内出版发行。

超过以上时限的，应当报新闻出版总署重新办理审批手续。

五、启用“新闻出版总署音像制品（成品）进出口审查专用章”和“新闻出版总署进口音像制品审查专用章”，分别用于加盖音像制品成品和用于出版的音像制品进口批准文件。

六、为促进国产音像制品出口，继续实行方便快捷的出口审核验放机制，即在“有效监管、快速通关”的前提下，国产音像制品出口单位可自愿选择将音像制品送新闻出版总署进行预先审核。经新闻出版总署审核，在“新闻出版总署音像制品（成品）出口审核单”上加盖“新闻出版总署音像制品（成品）进出口审查专用章”后，海关按规定直接办理通关手续。

七、海关总署《政法司关于转发〈关于音像制品成品进口临时批准办法的函〉的通知》（政法函〔2008〕113号）自本公告发布之日起废止。

特此公告。

附件1　音像制品进出口审批的有关表格样式（略）

附件2　“新闻出版总署音像制品（成品）进出口审查专用章”、“新闻出版总署进口音像制品审查专用章”样式（略）

新闻出版总署
商务部
海关总署
2008年12月9日

中国人民银行、海关总署关于黄金及其制品进出口准许事宜的公告

（中国人民银行、海关总署公告2008年第3号）

根据《中华人民共和国金银管理条例》（国发〔1983〕95号文印发）有关规定，现就黄金及其制品进出口准许事宜公告如下：

列入《黄金及其制品进出口管理商品目录》（见附件1）的货物进出口通关时，海关凭中国人民银行总行或其授权的中国人民银行分支机构签发的“中国人民银行黄金及其制品进出口准许证”（见附件2），办理验放手续。

保税区、出口加工区及其他海关特殊监管区域、保税监管场所与境外间进出的黄金及其制品，海关特殊监管区域、保税监管场所之间进出的黄金及其制品，免予办理“中国人民银行黄金及其制品进出口准许证”，由海关实施监管。

从保税区、出口加工区及其他海关特殊监管区域、保税监管场所进入境内区外的黄金及其制品，应当办理“中国人民银行黄金及其制品进出口准许证”。

从境内区外进入保税区、出口加工区及其他海关特殊监管区域、保税监管场所的黄金及其制品，应当办理“中国人民银行黄金及其制品进出口准许证”。

特此公告。

中国人民银行
海关总署
2008年1月21日

附件1 黄金及其制品进出口管理商品目录
附件2 中国人民银行黄金及其制品进出口准许证

附件1

黄金及其制品进出口管理商品目录

海关商品编码	商品名称及备注
2843300010	氰化金，氰化金钾（含金40%）等［包括氰化亚金（Ⅰ）钾（含金68.3%）、氰化亚金（Ⅲ）钾（含金57%）］
2843300090	其他金化合物（不论是否已有化学定义）
7108110000	非货币用金粉
7108120000	非货币用未锻造金（包括镀铂的金）
7108130000	非货币用半制成金（包括镀铂的金）
7108200000	货币用未锻造金（包括镀铂的金）
7112911010	金的废碎料
7113191100	镶嵌钻石的黄金制首饰及其零件（不论是否包、镀其他贵金属）
7113191910	镶嵌濒危物种制品的金首饰及零件（不论是否包、镀其他贵金属）
7113191990	其他黄金制首饰及零件（不论是否包、镀其他贵金属）
7115901020	金制工业、实验室用制品

附件 2

中国人民银行黄金及其制品进出口准许证

编号：

企业名称					
进出口事由					
进出口合同号		□进境	口岸		
增值税票号		□出境			
品名	海关商品编码	件数	成色（%）	毛重（克）	纯重（克）
合计					
经办人		签发单位（盖章）			
签发人		本证有效期限自签发日起至　　年　　月　　日止。			

第一联　海关留存　　　第二联　签发单位留存

中国人民银行、海关总署关于将黄金表壳、黄金表带纳入黄金及其制品进出口管理范围的公告

（中国人民银行、海关总署公告 2008 年第 13 号）

为加强黄金及其制品的管理，根据《中华人民共和国金银管理条例》（国发〔1983〕95 号文印发）有关规定，现将黄金表壳、黄金表带纳入黄金及其制品进出口管理范围。

一、自 2008 年 8 月 1 日起，将黄金表壳（按重量计含金量在 80%及以上）、黄金表带（按重量计含金量在 80%及以上）纳入“黄金及其制品进出口管理商品目录”。

二、黄金表壳海关商品编号为 9111100010；黄金表带海关商品编号为 9113100010。

三、列入《黄金及其制品进出口管理商品目录》的货物进出口通关时，海关凭中国人民银行总行或其授权的中国人民银行分支机构签发的“中国人民银行黄金及其制品进出口准许证”办理验放手续。

特此公告。

中国人民银行

海关总署

2008 年 7 月 14 日

商务部、海关总署、国家质检总局关于发布《重点旧机电产品进口目录》的公告

（商务部、海关总署、国家质检总局公告 2008 年第 37 号）

根据《机电产品进口管理办法》和《重点旧机电产品进口管理办法》，现发布《重点旧机电产品进口目录》。

《重点旧机电产品进口目录》（以下简称《目录》）纳入《进口许可证管理货物目录》，《目录》包含 12 类旧机电产品，总计 99 个 10 位海关商品编码，自 2008 年 6 月 1 日起执行。现将有关问题公告如下：

对 6 月 1 日前报关进口的列入《目录》的旧机电产品，按照商务部、海关总署 2007 年 115 号公告，已申领旧机电产品"自动进口许可证"的，在原有效期内可继续使用，海关凭以办理进口手续；如按原规定不属实行自动进口许可管理的旧机电产品，按照原规定办理进口手续。

对 6 月 1 日后报关进口的列入《目录》的机电产品，企业应按照进口机电产品的实际状态，填报进口货物报关和报检单，如属《目录》内旧机电产品，应按照《重点旧机电产品进口管理办法》的规定办理有关进口手续。

各地海关和检验检疫机构对申报进口的列入《目录》的机电产品将严格审核并实施查验和检验。如发现违报、瞒报情事，将严格按照有关规定予以处理。

特此公告。

附件 重点旧机电产品进口目录（略）

商务部
海关总署
国家质检总局
2008 年 4 月 9 日

公安部、商务部、卫生部、海关总署、国家安全生产监督管理总局、国家食品药品监督管理局关于加强羟亚胺管理的公告

（公安部、商务部、卫生部、海关总署、国家安全生产监督管理总局、国家食品药品监督管理局公告 2008 年第 585 号）

各省、自治区、直辖市公安厅（局）、安全生产监督管理局：

近年来，使用羟亚胺制造毒品氯胺酮（俗称"K 粉"）的现象日益严重。为加强对羟亚胺的管制，防止其流入非法渠道制造毒品，2008 年 4 月 23 日，国务院批准将羟亚胺列为第一类易制毒化学品进行管制；7 月 8 日，公安部、商务部、卫生部、海关总署、国家安全生产监督管理总局、国家食品药品监督管理局联合发出《公告》，就羟亚胺管理相关事项进一步作出了明确规定。为加强对羟亚胺的管理，现就有关工作要求通知如下：

一、全面清理整顿现有羟亚胺生产、经营和使用企业

各省、自治区、直辖市公安机关和安全监管部门要各司其职相互协作，对本地羟亚胺生产、经营、使用现状联合进行一次全面实地清查。在清查中，要切实摸清现有羟亚胺生产、经营、使用企业的数量；切实摸清这些企业羟

亚胺的产量、销售量、使用量和库存量；切实摸清这些企业在生产、经营、使用羟亚胺产品过程中，是否存在非法流失情况等。

在摸清现状的基础上，各地公安机关和安全监管部门要联合对现有的羟亚胺生产、经营和使用企业进行清理整顿。一是对现有羟亚胺生产企业，在申请取得安全监管部门颁发的生产许可证前，要监督其暂停生产活动；二是对经过安全监管部门审查不予许可生产羟亚胺的企业，要监督其停产或转产；三是对经营羟亚胺的企业，在取得安全监管部门颁发的经营许可证前，一律不得批准其再购进羟亚胺；四是对已确定为不发给相应生产、经营许可证企业现有库存的羟亚胺产品，要监督其出售给具有公安机关颁发的购买许可证的使用单位。

如发现存在非法生产、经营和使用羟亚胺情况的企业，要依法责令其立即停产、停业，并追究其法律责任。

二、严格审批羟亚胺生产、经营许可证

对申办生产、经营羟亚胺许可证的企业，各省级安全监管部门要抓紧工作，确保在规定时限内审批完毕。要坚持严格审批和总量控制的原则，一是对无明确销售对象（仅有泛称，如使用羟亚胺的药厂）或销售网络不健全（如不具备固定经销点）等不符合条件的企业，一律不予批准；二是对《公告》施行后仍然发生非法流失羟亚胺情况的企业，一律不予批准；三是对已长期不生产、不经营羟亚胺的企业，近期不予批准；四是要根据市场合理需求，从严许可其生产、经营羟亚胺的数量。

三、切实加强对羟亚胺的购销、运输管理

公安机关要根据《易制毒化学品管理条例》的规定，切实加强对羟亚胺的购销、运输管理。

一是要严格审批羟亚胺购买许可证。羟亚胺经营企业到省级公安机关申办羟亚胺购买许可证，必须提供具有羟亚胺经营资格的营业执照（即安全监管部门颁发经营许可证后，企业据此到工商部门进行变更登记后的营业执照），省级公安机关对不具备该执照的，一律不得批准；制药企业到省级公安机关申办羟亚胺购买许可证，必须依法提供企业营业执照和合法使用需要证明，省级公安机关在审查其营业执照和合法使用需要证明的基础上，还要审查其购买数量与药品监管部门核准的氯胺酮的产量是否相符（按1公斤羟亚胺生产0.8公斤氯胺酮计算），不得超量审批；科研单位到省级公安机关申办羟亚胺购买许可证，必须依法提供登记证书（或成立批准文件）和合法使用需要证明，省级公安机关在审查其登记证书和合法使用需要证明的基础上，还要严格按照其科研工作需要量进行审批；省级公安机关对上述范围以外的其他单位和个人，一律不得批准购买羟亚胺。

二是要严格监督羟亚胺销售活动。羟亚胺生产、经营企业在销售羟亚胺前，应对购买单位的购买许可证等证明材料进行查验，并在核实后严格按照购买许可证上许可购买的数量进行销售，不得超量销售，更不得销售给无证单位或个人；对于查验有困难的企业，当地公安机关应当协助审查；公安机关对辖区内羟亚胺生产、经营企业的销售羟亚胺的售后备案要一周一查，如发现非法销售和流失情况，要一查到底并依法查处非法买卖、走私羟亚胺等违法犯罪活动。

三是要严格审批羟亚胺运输许可证。运输羟亚胺的企业和单位，在运输羟亚胺前，应依法向市（地）级公安机关申请办理第一类易制毒化学品运输许可证，并依照《易制毒化学品管理条例》提供相应申请材料；市（地）级公安机关在审批羟亚胺运输许可证时，要对申请材料逐一审查，全部核实后方可批准。

各省、自治区、直辖市公安厅（局）、安全生产监督管理局要于12月31日前将对本省、自治区、直辖市羟亚胺生产、经营、使用企业的清查情况，许可有关企业、单位生产、经营、购买、运输羟亚胺情况，以及依法查处非法买卖、走私羟亚胺等违法犯罪活动等情况，分别报公安部禁毒局和国家安全生产监督管理总局监管三司。

农业部、环境保护部、海关总署关于将1,2-二氯乙烷进出口主管部门由农业部调整为环境保护部的公告

（农业部、环境保护部、海关总署公告2008年第1123号）

为进一步做好《关于在国际贸易中对某些危险化学品和农药采用事先知情同意程序的鹿特丹公约》履约工作，加强1,2-二氯乙烷进出口监管，现公告如下：

一、鉴于 1,2-二氯乙烷在我国只用做化工原料，从 2009 年 1 月 1 日起，将 1,2-二氯乙烷进出口主管部门由农业部调整为环境保护部。

二、2009 年 1 月 1 日起，进口或出口 1,2-二氯乙烷，应按照有毒化学品进出口环境管理规定，向环境保护部申请办理“有毒化学品环境管理放行通知单”，并应持“有毒化学品环境管理放行通知单”向海关办理进出口手续。

三、已在农业部办理的“非农药登记管理证明”，其有效期截止到 2008 年 12 月 31 日。

农业部
环境保护部
海关总署
2008 年 12 月 15 日

国家濒管办、海关总署关于欧洲鳗鲡调整商品编码的公告

（国家濒管办、海关总署公告 2009 年第 2 号）

现将 2009 年“进出口野生动植物种商品目录”（中华人民共和国濒危物种进出口管理办公室、海关总署 2008 年第 4 号公告）附件中包含的 CITES 附录Ⅱ物种欧洲鳗鲡（制作或保藏的）调整为 1604191020，相应商品编号的商品名称为“制作或保藏的欧洲鳗鲡”，监管条件为“EF”。自 2009 年 7 月 1 日起施行。

特此通告。

国家濒管办
海关总署
2009 年 6 月 18 日

中国人民银行、财政部、商务部、海关总署、国家税务总局、中国银监会关于《跨境贸易人民币结算试点管理办法》的公告

（中国人民银行、财政部、商务部、海关总署、国家税务总局、
中国银监会公告 2009 年第 10 号）

第一条 为促进贸易便利化，保障跨境贸易人民币结算试点工作的顺利进行，规范试点企业和商业银行的行为，防范相关业务风险，根据《中华人民共和国中国人民银行法》等法律、行政法规，制定本办法。

第二条 国家允许指定的、有条件的企业在自愿的基础上以人民币进行跨境贸易的结算，支持商业银行为企业提供跨境贸易人民币结算服务。

第三条 国务院批准试点地区的跨境贸易人民币结算，适用本办法。

第四条 试点地区的省级人民政府负责协调当地有关部门推荐跨境贸易人民币结算的试点企业，由中国人民银行会同财政部、商务部、海关总署、税务总局、银监会等有关部门进行审核，最终确定试点企业名单。在推荐试点企业时，要核实试点企业及其法定代表人的真实身份，确保试点企业登记注册实名制，并遵守跨境贸易人民币结算的各项规定。试点企业违反国家有关规定的，依法处罚，取消其试点资格。

第五条 中国人民银行可根据宏观调控、防范系统性风险的需要，对跨境贸易人民币结算试点进行总量调控。

第六条 试点企业与境外企业以人民币结算的进出口贸易，可以通过香港、澳门地区人民币业务清算行进行人民币资金的跨境结算和清算，也可以通过境内商业银行代理境外商业银行进行人民币资金的跨境结算和清算。

第七条 经中国人民银行和香港金融管理局、澳门金融管理局认可，已加入中国人民银行大额支付系统并进行港澳人民币清算业务的商业银行，可以作为港澳人民币清算行，提供跨境贸易人民币结算和清算服务。

第八条 试点地区内具备国际结算业务能力的商业银行（以下简称境内结算银行），遵守跨境贸易人民币结算的有关规定，可以为试点企业提供跨境贸易人民币结算服务。

第九条 试点地区内具备国际结算业务能力的商业银行（以下简称境内代理银行），可以与跨境贸易人民币结算境外参加银行（以下简称境外参加银行）签订人民币代理结算协议，为其开立人民币同业往来账户，代理境外参加银行进行跨境贸易人民币支付。境内代理银行应当按照规定将人民币代理结算协议和人民币同业往来账户报中国人民银行当地分支机构备案。

第十条 境内代理银行可以对境外参加银行开立的账户设定铺底资金要求，并可以为境外参加银行提供铺底资金兑换服务。

第十一条 境内代理银行可以依境外参加银行的要求在限额内购售人民币，购售限额由中国人民银行确定。

第十二条 境内代理银行可以为在其开有人民币同业往来账户的境外参加银行提供人民币账户融资，用于满足账户头寸临时性需求，融资额度与期限由中国人民银行确定。

第十三条 港澳人民币清算行可以按照中国人民银行的有关规定从境内银行间外汇市场、银行间同业拆借市场兑换人民币和拆借资金，兑换人民币和拆借限额、期限等由中国人民银行确定。

第十四条 境内结算银行可以按照有关规定逐步提供人民币贸易融资服务。

第十五条 人民币跨境收支应当具有真实、合法的交易基础。境内结算银行应当按照中国人民银行的规定，对交易单证的真实性及其与人民币收支的一致性进行合理审查。

第十六条 境内结算银行和境内代理银行应当按照反洗钱和反恐融资的有关规定，采取有效措施，了解客户及其交易目的和交易性质，了解实际控制客户的自然人和交易的实际受益人，妥善保存客户身份资料和交易记录，确保能足以重现每项交易的具体情况。

第十七条 使用人民币结算的出口贸易，按照有关规定享受出口货物退（免）税政策。具体出口货物退（免）税管理办法由国务院税务主管部门制定。

第十八条 试点企业的跨境贸易人民币结算不纳入外汇核销管理，办理报关和出口货物退（免）税时不需要提供外汇核销单。境内结算银行和境内代理银行应当按照税务部门的要求，依法向税务部门提供试点企业有关跨境贸易人民币结算的数据、资料。

第十九条 试点企业应当确保跨境贸易人民币结算的贸易真实性，应当建立跨境贸易人民币结算台账，准确记录进出口报关信息和人民币资金收付信息。

第二十条 对于跨境贸易人民币结算项下涉及的国际收支交易，试点企业和境内结算银行应当按照有关规定办理国际收支统计申报。境内代理银行办理购售人民币业务，应当按照规定进行购售人民币统计。

第二十一条 跨境贸易项下涉及的居民对非居民的人民币负债，暂按外债统计监测的有关规定办理登记。

第二十二条 中国人民银行建立人民币跨境收付信息管理系统，逐笔收集并长期保存试点企业与人民币跨境贸易结算有关的各类信息，按日总量匹配核对，对人民币跨境收付情况进行统计、分析、监测。境内结算银行和境内代理银行应当按中国人民银行的相关要求接入人民币跨境收付信息管理系统并报送人民币跨境收付信息。

第二十三条 至货物出口后210天时，试点企业仍未将人民币货款收回境内的，应当在5个工作日内通过其境内结算银行向人民币跨境收付信息管理系统报送该笔货物的未收回货款的金额及对应的出口报关单号，并向其境内结算银行提供相关资料。

试点企业拟将出口人民币收入存放境外的，应通过其境内结算银行向中国人民银行当地分支机构备案，并向人民币跨境收付信息管理系统报送存放境外的人民币资金金额、开户银行、账号、用途及对应的出口报关单号等信息。

试点企业应当选择一家境内结算银行作为其跨境贸易人民币结算的主报告银行。试点企业的主报告银行负责提示该试点企业履行上述信息报送和备案义务。

第二十四条 中国人民银行对境内结算银行、境内代理银行、试点企业开展跨境贸易人民币结算业务的情况进行检查监督。发现境内结算银行、境内代理银行、试点企业违反有关规定的，依法进行处罚。

试点企业有关跨境贸易人民币结算的违法违规信息，应当准确、完整、及时地录入中国人民银行企业信用信息基础数据库，并与海关、税务等部门共享。

第二十五条 中国人民银行与港澳人民币清算行协商修改“关于人民币业务的清算协议”，明确港澳人民币清算行提供跨境贸易人民币结算和清算服务的有关内容。

中国人民银行可以与香港金融管理局、澳门金融管理局签订合作备忘录，在各自职责范围内对港澳人民币清算行办理跨境贸易人民币结算和清算业务进行监管。

第二十六条 中国人民银行与财政部、商务部、海关总署、税务总局、银监会、外汇局等相关部门建立必要的信息共享和管理机制，加大事后检查力度，以形成对跨境贸易人民币结算试点工作的有效监管。

第二十七条 本办法自公布之日起施行。

中国人民银行
财政部
商务部
海关总署
国家税务总局
银监会
2009 年 7 月 1 日

文化部、海关总署关于印发《美术品进出口管理暂行规定》的通知

（文市发〔2009〕21 号）

各省、自治区、直辖市文化厅（局）、新疆建设兵团文化局，各直属海关：

根据《国务院对确需保留的行政审批项目设定行政许可的决定》（中华人民共和国国务院令第 412 号）和《美术品经营管理办法》（文化部第 29 号令）的有关规定，文化部负责对美术品进出口经营活动的审批管理，海关负责对美术品进出境环节进行监管。为切实贯彻落实上述规定，加强对美术品进出口经营活动、商业性美术品展览活动的管理，促进中外文化交流，丰富人民群众文化生活，文化部、海关总署制定了《美术品进出口管理暂行规定》。现印发给你们，请遵照执行。

特此通知。

美术品进出口管理暂行规定

为加强对美术品进出口经营活动、商业性美术品展览活动的管理，促进中外文化交流，丰富人民群众文化生活，现将美术品进出口管理有关事项规定如下：

一、本规定所称美术品，是指艺术创作者以线条、色彩或者其他方式创作的具有审美意义的造型艺术作品，包括绘画、书法、雕塑、影、装置等作品，以及艺术创作者许可并签名的，数量在 200 件以内的复制品。

本规定所称美术品不包括工业化批量生产的工艺美术产品，不包括文物。

二、本规定所称美术品进出口经营活动，是指从境外进口或向境外出口美术品的经营活动。

本规定所称涉外商业性美术品展览活动，是指以销售、商业宣传为目的在境内公共展览场所举办的，有境外艺术创作者或者境外艺术作品参加的各类展示活动。

同一批已经批准进口或出口的美术品复出口或复进口，进口单位可持原批准文件正本到原进口或出口口岸海关办理相关手续，文化行政部门不再重复审批。上述复出口或复进口的美术品如与原批准文件内容不符，进出口单位应当到文化行政部门重新办理审批手续。

三、本规定所称美术品进出口单位，是指在商务部门备案登记，取得进出口资质的企业。

四、国家鼓励进口和出口有利于传播世界优秀文化艺术、有利于提升人民群众思想、道德、文化、欣赏水平的美术品。美术品进出口活动应当遵守国家有关法律、法规。美术品进出口单位应当接受文化行政部门的指导、监督和检查，确保进出口的美术品具有合法的来源。

任何单位和个人不得销售、展览、展示或者利用其他商业形式传播未经文化行政部门批准进口的美术品。

五、禁止含有下列内容的美术品进出境：

（一）违反宪法确定的基本原则的；

（二）危害国家统一、主权和领土完整的；

（三）泄漏国家秘密、危害国家安全或者损害国家荣誉和利益的；

（四）煽动民族仇恨、民族歧视，破坏民族团结，或者侵害民族风俗习惯的；

（五）宣扬或者传播邪教、迷信的；

（六）扰乱社会秩序，破坏社会稳定的；

（七）宣扬或者传播淫秽、色情、赌博、暴力、恐怖或者教唆犯罪的；

（八）侮辱或者诽谤他人、侵害他人合法权益的；

（九）蓄意篡改历史、严重歪曲历史的；

（十）危害社会公德或者有损民族优秀文化传统的；

（十一）法律、行政法规和国家规定禁止的其他内容。

六、文化部委托美术品进出口口岸所在地省、自治区、直辖市文化行政部门负责本辖区美术品的进出口审批。文化部对各省、自治区、直辖市文化行政部门的审批行为进行监督、指导，并依法承担审批行为的法律责任。

美术品进出口口岸所在地省、自治区、直辖市文化行政部门的审批行为应对文化部负责，并按每季度一次报送文化部审查备案。

七、美术品进出口单位应当在美术品进出口前，向美术品进出口口岸所在地省、自治区、直辖市文化行政部门提出申请，并报送以下材料：

（一）美术品进出口单位的企业法人营业执照、对外贸易经营者备案登记表；

（二）进出口美术品的来源、目的地、用途；

（三）艺术创作者名单、美术品图录和介绍；

（四）审批部门要求提供的其他材料。

文化行政部门应当自受理申请之日起15日内作出决定。批准的，发给批准文件，批准文件中应附美术品详细清单。申请单位持批准文件到海关办理手续。不批准的，文化行政部门书面通知申请人并说明理由。

八、在境内举办涉外商业性美术品展览活动，应当由举办涉外商业性美术品展览活动的单位，于展览日45日前，向展览举办地省、自治区、直辖市文化行政部门提出申请（展品超过120件的，向文化部提出申请），并报送以下材料：

（一）主办或承办单位的企业法人营业执照、对外贸易经营者备案登记表；

（二）展览活动方案；

（三）举办单位与其他相关单位签订的合同或者协议；

（四）经费预算及资金来源证明；

（五）场地使用协议；

（六）境外来华参展艺术创作者或参展单位的情况介绍；

（七）境外来华参展美术品的名录、图片和介绍；

（八）审批部门要求的其他材料。

展览举办地省、自治区、直辖市文化行政部门应当在受理申请之日起20日内作出批准或者不批准的决定。申请人持批准文件到海关办理有关手续；不批准的，文化行政部门书面通知申请人并说明理由。

九、美术品进出口口岸所在地省、自治区、直辖市文化行政部门在美术品进出口和涉外商业性美术品展览活动审批过程中，对申报美术品内容有疑义的，可提交文化部进行复核，文化部接到申请之日起15日内提出复核意见。复核时间不计入省、自治区、直辖市文化行政部门的审批时限。

十、以研究、教学参考、馆藏、公益性展览等非经营性用途的美术品进出境，应当委托美术品进出口单位参照本规定第七条办理进出口手续。

个人携带、邮寄美术品进出境，应主动向海关申报。超过自用、合理数量的，参照本规定的七条办理。对个人携带、邮寄美术品进出境，进出境海关认为内容性质难以确定时，可要求携带人、收件人将拟进出境美术品的相关材料送美术品进出口口岸所在地省、自治区、直辖市文化行政部门审查，文化行政部门在接受上述材料15日之内出具审查意见。海关根据审查意见决定是否验放。

十一、美术品进出口单位，不得擅自更改、增减批准进出口的美术品数量、作品名称和其他资料。如有更改，应当及时将变更事项向审批部门申报，经审批部门批准确认后，方可变更。文化行政部门的批准文件，不得伪造、涂改，不得出租、出借、出售或者以其他任何形式转让。

十二、进出口经营活动中含有国家禁止内容的美术品，或者擅自销售、展览、展示，以及利用其他商业形式传播未经文化行政部门批准进口的美术品的，由所在地县级以上文化行政部门责令改正，并视情节轻重予以警告，没收违法物品，或者并处 5000 元以上 30000 元以下罚款。

十三、擅自更改、增减批准进出口的美术品数量、作品名称和其他资料，伪造、涂改，出租、出借、出售或者以其他任何形式转让文化行政部门批准文件，由所在地县级以上文化行政部门视情节轻重予以警告、撤销原批准文件，并处 2 000 元以上 1 0000 元以下罚款。

十四、违反本规定，构成走私行为，违反海关监管规定行为或者其他违反海关法行为的，由海关依照《中华人民共和国海关法》和《中华人民共和国海关行政处罚实施条例》的有关规定处理；构成犯罪的，依法追究刑事责任。

十五、文化和海关行政部门根据本规定作出行政处罚决定时，应当出具行政处罚决定书。当事人对文化和海关行政部门的行政处罚决定不服时，可以依法申请复议或者依法向人民法院提起诉讼。对文化行政部门作出的行政处罚决定，当事人逾期不申请复议，不向人民法院提起诉讼又不履行的，由作出行政处罚决定的行政部门申请人民法院强制执行。对海关作出的行政处罚决定，当事人逾期不履行的，由海关按照《中华人民共和国海关行政处罚实施条例》第六十条规定进行处理。

十六、从中国香港特别行政区、澳门特别行政区和台湾地区进口或者向上述地区出口美术品，参照本规定执行。

十七、本规定涉及美术品进出口管理业务部分由文化部解释，涉及海关业务部分，由海关总署解释。

十八、本规定自 2009 年 8 月 1 日起执行。

特此规定。

附件　美术品进出口批准文件样式

文化部
海关总署
2009 年 6 月 17 日

附件

××（地方主管部门简称）文美进（年）×号

××文化厅（局）关于同意×××公司进/出口美术品的批复

×××公司：

你公司关于进/出口×件美术品的申请收悉。根据《美术品进出口暂行规定》，经审核，同意你公司从××（国家或地区）进口×件×画（类型）/出口到××（国家或地区）×件×画（类型）。

此复。

附件：进/出口作品名录（含图样）

××××年××月××日（加盖：文化部文化产品内容审查专用章）

商务部、海关总署关于发布对台港澳地区天然砂出口许可证补充申领程序及相关事项的公告

（商务部、海关总署公告 2009 年第 34 号）

为保护生态环境，加强资源性商品出口管理，规范出口经营秩序，现公布《对台港澳地区天然砂出口许可证补充申领程序及相关事项》。

本公告自 2009 年 5 月 13 日起执行。

商务部负责对本公告的解释。

附件 对台港澳地区天然砂出口许可证补充申领程序及相关事项

商务部
海关总署
2009 年 5 月 13 日

附件

对台港澳地区天然砂出口许可证补充申领程序及相关事项

一、适用范围

（一）本公告适用于在入海口河道及港口严重淤积的岛屿地区对台港澳地区的天然砂出口。

（二）根据商务部 2009 年第 30 号公告，符合天然砂出口许可证申领补充标准的企业是海南金砂实业有限公司、海南银贸进出口有限公司。

（三）本公告所称天然砂是指海关商品编号 2505100000 和 2505900090 所列商品。

二、申领程序及相关要求

（一）符合天然砂出口许可证申领标准的企业（以下简称出口商）向所在地省级行政区内商务部指定的发证机构申领天然砂出口许可证，在本省口岸报关出口。

（二）出口商申领天然砂出口许可证须出具下列材料：

1. 与台港澳地区进口商签订的合同文本原件，并提交复印件；

2. 合同购方（台港澳地区进口商）签署的不得转口承诺书原件；

3. 天然砂开采主管部门开具的合法开采证明原件，或经省政府委托的县级以上政府依法认定的开采区（疏浚区内）有合法开采权企业开具的采购发票原件，并提交复印件；

4. 对于同一出口商，自第二航次起，须出示第一航次的提单、天然砂运抵台港澳地区相关港口的有效卸货证明、进口报关证明原件，并提交复印件；确有（天气或船舶机械电气故障等）原因不能出示证明原件的，可暂时使用传真件，下一航次（即第三航次）须出示第一航次的有效卸货证明和进口报关证明原件，并提交复印件。

（三）出口商按《货物出口许可证管理办法》要求提交的其他材料。

三、发证程序

（一）商务部驻海南特派员办事处为天然砂出口许可证发证机构（以下称发证机构），负责受理省内企业对台港澳地区天然砂出口许可证的领证申请。

（二）发证机构向本省符合申领程序及相关要求的企业签发天然砂出口许可证，报关口岸限定于企业所在省的海关。

（三）出口许可证的发放按照每船签发一张许可证的办法执行，并按出口商拟报关船的实际载重量核定每单许可证数量。

（四）对于同一出口商，在完成上一航次的贸易行为、按要求提交证明材料后，发证机构方可为其签发下一航次的出口许可证。

四、相关事项

（一）出口商应遵守《货物出口许可证管理办法》（商务部令 2008 年第 11 号）的有关规定。

（二）发证机构要在出口许可证备注栏注明报关船名及载重量。

（三）出口商提交的上一航次提单、卸货证明、进口报关证明与出口许可证注明的船名及载重量不符（超过 5%）的，发证机构可暂停发放出口许可证。

（四）省市商务主管部门、行业组织要发挥监督作用，加强对出口商的管理，对出口商在天然砂贸易中出现的问题要及时向商务部反映并提出建议。

（五）经核实，出口商在天然砂贸易中确有违法违规行为的，商务部将依据《货物出口许可证管理办法》，对其采取停发出口许可证、取消天然砂出口许可证申领资格等相应处罚措施。

（六）商务部对天然砂出口许可证实行一批一证管理，许可证有效期 30 天。

（七）由于特殊原因导致内地发证程序需要发生变化时，商务部将通过发证机构通知出口企业，不再另行公告。

环境保护部、商务部、国家发展改革委、海关总署、国家质监局关于修订和增补《进口废物管理目录》的公告

（环境保护部、商务部、国家发展改革委、海关总署、国家质监局公告 2009 年第 36 号）

根据《中华人民共和国固体废物污染环境防治法》、《控制危险废物越境转移及其处置巴塞尔公约》和有关法律法规，环境保护部、商务部、发展改革委、海关总署、国家质检总局对 2008 年公布的《禁止进口固体废物目录》、《限制进口类可用做原料的固体废物目录》和《自动许可进口类可用做原料的固体废物目录》（以下简称《进口废物管理目录》）进行了修订和增补，现予发布，有关事项公告如下：

一、不符合《限制进口类可用做原料的固体废物目录》或《自动许可进口类可用做原料的固体废物目录》相应“其他要求或注释”中规定的进口固体废物，按照禁止进口固体废物管理，口岸检验检疫机构不予签发入境货物通关单，海关不予放行并依法责令进口者或承运人实施退运。

二、对新增列入进口废物管理目录的固体废物，在本公告发布前已经商务主管部门批准的加工贸易业务，允许按照原规定向海关办理保税加工备案、料件进口等海关手续，并在经审批的合同有效期内执行完毕；以企业为单元管理的联网监管企业，允许在 2010 年 6 月 30 日前执行完毕。

上述业务中，对列入《禁止进口固体废物目录》固体废物的加工贸易业务，到期仍未执行完毕的不予延期；对列入《限制进口类可用做原料的固体废物目录》或《自动许可进口类可用做原料的固体废物目录》固体废物的加工贸易业务，到期仍未执行完毕需要延期的，应按照有关规定申请固体废物进口许可证后办理。

自本公告发布日起，商务主管部门不再批准新增列入《禁止进口固体废物目录》固体废物的加工贸易业务。

三、本公告自 2009 年 8 月 1 日起执行。原国家环境保护总局、商务部、发展改革委、海关总署、国家质检总局 2008 年第 11 号公告所附目录同时停止执行。

附件 1　禁止进口固体废物目录（略）

附件 2　限制进口类可用做原料的固体废物目录（略）

附件 3　自动许可进口类可用做原料的固体废物目录（略）

环境保护部
商务部
国家发展和改革委员会
海关总署
国家质量监督检验总局
2009 年 7 月 3 日

环境保护部、海关总署、国家质检总局关于对《进口废物管理目录》中部分商品编码和商品名称进行更改的公告

（环境保护部、海关总署、国家质检总局公告 2009 年第 78 号）

根据 2010 年海关商品编号调整情况，现对《进口废物管理目录》中部分海关商品编号和海关商品名称进行变

更，自2010年1月1日起实施。

环境保护部、商务部、发展改革委、海关总署、质检总局2009年第36号公告所附目录与本公告不一致的，以本公告为准。

特此公告。

附件 《进口废物管理目录》海关商品编号和海关商品名称变更表

环境保护部
海关总署
国家质量监督检验检疫总局
2009年12月31日

附件

《进口废物管理目录》海关商品编号和海关商品名称变更表

<table>
<tr><th rowspan="2">序号</th><th colspan="2">调整前</th><th colspan="2">调整后</th><th rowspan="2">其他要求或注释</th></tr>
<tr><th>海关商品编号</th><th>废物名称（海关商品名称）</th><th>海关商品编号</th><th>废物名称（海关商品名称）</th></tr>
<tr><td>1</td><td>2804619001</td><td>含硅量不少于99.99%的多晶硅</td><td>2804619011</td><td>含硅量不少于99.99%的多晶硅废碎料</td><td></td></tr>
<tr><td>2</td><td>2804619090</td><td>其他含硅量不少于99.99%的硅</td><td>2804619091</td><td>其他含硅量不少于99.99%的硅废碎料</td><td></td></tr>
<tr><td>3</td><td rowspan="2">8113000010</td><td rowspan="2">碳化钨废碎料（包括粉末状的）</td><td>8113001010</td><td>颗粒或粉末状碳化钨废碎料</td><td rowspan="2"></td></tr>
<tr><td>4</td><td>8113009010</td><td>其他碳化钨废碎料，颗粒或粉末除外</td></tr>
</table>

商务部、海关总署关于禁止进出口莱克多巴胺和盐酸莱克多巴胺的公告

（商务部、海关总署公告2009年第110号）

根据《中华人民共和国对外贸易法》及《中华人民共和国货物进出口管理条例》等法律法规规定，自2009年12月9日起，禁止进出口莱克多巴胺和盐酸莱克多巴胺。

特此公告。

商务部
海关总署
2009年12月4日

农业部、海关总署关于发布《进口兽药管理目录》的公告

（农业部、海关总署公告 2009 年第 1312 号）

根据《兽药管理条例》和《兽药进口管理办法》规定，农业部会同海关总署制定了《进口兽药管理目录》，现予发布，自 2010 年 1 月 1 日起施行。原发布的第 1129 号公告同时废止。

兽药进口单位进口兽药时，应向农业部或省级人民政府兽医行政管理部门申请“进口兽药通关单”。进口单位持“进口兽药通关单”向海关办理进口手续。

兽药进口单位进口暂未列入本公告附件《进口兽药管理目录》的兽药时，应如实申报，主动向海关出具“进口兽药通关单”。对进口同时列入《进口药品目录》的兽药，海关免予验核“进口药品通关单”。

2010 年 1 月 1 日前办理的“进口兽药通关单”在有效期内可继续使用。

特此公告

附件　进口兽药管理目录

农业部
海关总署
2009 年 12 月 31 日

附件

进口兽药管理目录

海关商品编号	商品名称	备注
3004101110	兽用普鲁卡因青霉素、奈夫西林钠制剂	包括制成零售包装
3004201911	兽用已配剂量的头孢氨苄、头孢噻呋钠制剂	包括零售包装的制成品
3004201912	兽用已配剂量的头孢噻呋晶体，硫酸头孢喹肟制剂	包括零售包装的制成品
3004209011	兽用已配剂量的土霉素，延胡索酸泰妙菌素，泰拉霉素制剂	包括制成零售包装
3004209012	兽用已配剂量的氟苯尼考，多拉霉素，硫酸庆大霉素制剂	包括制成零售包装
3004209013	兽用已配剂量的硫酸双羟链霉素制剂	包括制成零售包装
3004320060	兽用已配剂量倍他米松戊酸酯制剂	包括其衍生物及结构类似物，包括零售包装
3004390030	兽用血促性素、绒促性素制剂	包括零售包装
3004909081	兽用已配剂量含右旋糖苷铁、替泊沙林、布他磷制剂	包括零售包装
3004909082	兽用已配剂量含硝碘酚腈、氟尼辛葡甲胺、美洛昔康制剂	包括零售包装
3808940020	兽用已配剂量含戊二醛、癸甲溴铵消毒剂等	包括复方煤焦油酸溶液消毒防腐药
3002300000	兽用疫苗	

国家体育总局、商务部、卫生部、海关总署、国家食品药品监督管理局关于《2010年兴奋剂目录》的公告

（国家体育总局、商务部、卫生部、海关总署、国家食品药品监督管理局公告2010年第10号）

按照联合国教科文组织《反对在体育运动中使用兴奋剂国际公约》和国务院《反兴奋剂条例》的要求，现将2010年兴奋剂目录公布如下。与往年目录不同之处，以2010年版为准。

各相关部门应按照国务院《反兴奋剂条例》的规定，做好2010年兴奋剂目录中所列物质的生产、销售、进出口、使用监督管理工作。蛋白同化制剂和肽类激素的进出口管理按照《蛋白同化制剂和肽类激素的进出口管理办法》（暂行）的有关规定执行。

本公告自1月1日起执行。

附件　2010年兴奋剂目录（略）

国家体育总局
商务部
卫生部
海关总署
国家食品药品监督管理局
2010年1月1日

中国人民银行、财政部、商务部、海关总署、国家税务总局、银监会关于扩大跨境贸易人民币结算试点有关问题的通知

（银发〔2010〕186号）

人民银行上海总部，天津、沈阳、南京、济南、武汉、广州、成都分行，总行营业管理部、重庆营业管理部，呼和浩特、长春、哈尔滨、杭州、福州、南宁、海口、昆明、拉萨、乌鲁木齐中心支行，各副省级城市中心支行；北京市、天津市、内蒙古自治区、辽宁省、吉林省、黑龙江省、上海市、江苏省、浙江省、福建省、山东省、湖北省、广东省、广西壮族自治区、海南省、重庆市、四川省、云南省、西藏自治区、新疆维吾尔自治区财政厅、商务厅、国家税务局、银监局；海关总署广东分署、天津、上海特派办、各直属海关：

自2009年7月开展跨境贸易人民币结算试点工作以来，人民币资金结算、清算渠道便捷、顺畅，人民币出口退（免）税及进出口报关政策清晰明确、操作流程便利，受到了试点企业的普遍欢迎。为满足企业对跨境贸易人民币结算的实际需求，进一步发挥人民币结算对贸易和投资便利化的促进作用，经国务院批准，现就扩大跨境贸易人民币结算试点工作的有关问题通知如下：

一、跨境贸易人民币结算的境外地域由港澳、东盟地区扩展到所有国家和地区。

二、增加北京、天津、内蒙古、辽宁、吉林、黑龙江、江苏、浙江、福建、山东、湖北、广西、海南、重庆、四川、云南、西藏、新疆等18个省（自治区、直辖市）为试点地区。

三、广东省的试点范围由4个城市扩大到全省，增加上海市和广东省的出口货物贸易人民币结算试点企业数

量。

四、试点省（自治区、直辖市）的企业，可以按照《跨境贸易人民币结算试点管理办法》（中国人民银行 财政部 商务部 海关总署 国家税务总局中国银行业监督管理委员会公告〔2009〕第10号，以下简称《试点管理办法》）以人民币进行进口货物贸易、跨境服务贸易和其他经常项目结算。

五、北京、天津、内蒙古、辽宁、上海、江苏、浙江、福建、山东、湖北、广东、广西、海南、重庆、四川、云南等16个省（自治区、直辖市）出口货物贸易人民币结算实行试点企业管理制度。请各省（自治区、直辖市）、计划单列市人民政府协调当地有关部门按照《试点管理办法》第四条有关规定推荐出口货物贸易人民币结算试点企业，人民银行、财政部、商务部、海关总署、税务总局、银监会将在总量控制的前提下，审定试点企业名单。经审定后的试点企业使用人民币结算的出口货物贸易按照有关规定办理出口报关手续，享受出口货物退（免）税政策。

六、内蒙古、辽宁、吉林、黑龙江、广西、云南、西藏、新疆等8个边境省（自治区）具有进出口经营资格的企业，可以在指定口岸与毗邻国家的一般贸易和边境小额贸易出口货物按照《试点管理办法》开展人民币结算试点。其中，内蒙古、辽宁、广西、云南等四省（自治区）按照《试点管理办法》选择的试点企业按本通知第五条规定办理出口报关及退（免）税手续；8个边境省（自治区）的其他企业在指定口岸与毗邻国家的一般贸易和边境小额贸易使用人民币结算的，出口报关及退（免）税手续按照《财政部国家税务总局关于边境地区一般贸易和边境小额贸易出口货物以人民币结算准予退（免）税试点的通知》（财税〔2010〕26号）办理。

七、请开展跨境贸易人民币结算试点所在省（自治区、直辖市）的相关部门按照《试点管理办法》等有关文件积极做好试点工作，保证跨境贸易人民币结算试点工作顺利进行。

中国人民银行
财政部
商务部
海关总署
税务总局
银监会
2010年6月17日

农业部、海关总署关于对进口部分水产品启用“合法捕捞产品通关证明”的公告

（农业部、海关总署公告2010年第1389号）

经国务院批准，我国已加入养护大西洋金枪鱼国际委员会、印度洋金枪鱼委员会和南极海洋生物资源养护委员会。为遏止非法捕鱼活动和有效养护有关渔业资源，上述政府间渔业管理组织已对部分水产品实施合法捕捞证明制度。根据合法捕捞证明制度的规定，国际组织成员进口部分水产品时有义务验核船旗国政府主管机构签署的合法捕捞证明，没有合法捕捞证明的水产品被视为非法捕捞产品，各成员国不得进口。实施合法捕捞证明的水产品清单详见附件1。

为有效履行我国政府相关义务，现决定对进口部分水产品启用“合法捕捞产品通关证明”，公告如下：

一、自2010年7月1日起，对进入我国关境的附件1所列水产品（包括进境样品、暂时进口、加工贸易进口以及进入海关特殊监管区域和海关保税监管场所等），有关单位应向农业部申请“合法捕捞产品通关证明”（详见附件2）。进境时，有关单位应主动、如实向海关申报，并持“合法捕捞产品通关证明”向海关办理相关手续。有关水产品原产地按照有关规定申报、确定。

二、有关单位向农业部申请“合法捕捞产品通关证明”时应提交由船旗国政府主管机构签发的合法捕捞产品证明原件。在船旗国以外的国家或地区加工附件1所列产品进入我国时，申请单位应提交由船旗国政府主管机构签发的合法捕捞产品证明副本和加工国或者地区授权机构签发的再出口证明原件。

特此公告

附件 1　实施合法捕捞证明的水产品清单
附件 2　合法捕捞产品通关证明

农业部
海关总署
2010 年 6 月 1 日

附件 1

实施合法捕捞证明的水产品清单

中文名	海关商品编号	英文名	拉丁名	中文商品名	英文商品名	英文缩写
冻大眼金枪鱼	0303440000	Bigeye tuna	Thunnus obesus	大眼金枪鱼	Bigeye tuna	BET
剑鱼	0302670000　0303610000　0304110000　0304210000　0304910000	Sword fish	Xiphias gladius	剑鱼	Swordfish	SWO
蓝鳍金枪鱼	0302350000　0303450000	Bluefin tuna	Thunnus maccoyii	蓝鳍金枪鱼	Bluefin tuna	BFT
南极犬牙鱼	0302680000　0303620000　0304120000　0304220000　0304920000	Toothfish	Dissostichus sp	银鲈	Sea Bass 或 Toothfish	

附件 2

合法捕捞产品通关证明

1. 进口单位	2. 编号
3. 商品名称	4. 海关商品编号
5. 进口数量（单位：千克）	6. 有效截止日期
7. 收货单位	8. 报关口岸：
兹证明　　　　（国家或地区）的　　　　　号渔船本次进口的上述产品为合法捕捞产品。 签发机关印章： 农业部渔业局合法捕捞 产品证明专用章 签发日期：	
备注：1. 每份证明只填写一个鱼种； 2. 本证明为“一批一证”，仅供一次报关使用； 3. 本证明涂改无效。	

农业部、海关总署关于农药进出口管理电子联网核销系统运行有关事项的通知

（农业部、海关总署公告2010年第1452号）

农业部、海关总署农药进出口管理电子联网核销系统将于2010年10月18日正式联网运行，为保证此项工作的顺利实施，现就有关事项公告如下：

一、自2010年10月18日起，农业部将启用“农药进出口登记管理放行通知单”（以下简称“农药进出口通知单”，见附件）。同时，停止签发进出口农药登记证明及非农药登记管理证明（以下简称“登记证明”）。此前签发并仍在有效期内的登记证明，可在2010年12月31日前继续使用。

二、农药进出口通知单有效期三个月。有关进出口单位登陆中国农业信息网（http：//www.moa.gov.cn）“在线办事”栏目提交电子申请，并向农业部提交相应的纸质材料。经审核批准后，农业部签发纸质农药进出口通知单，并将相应电子数据发送海关。

三、农药进出口单位持农业部签发的纸质农药进出口通知单和其他有关单证，向海关办理报关手续。海关根据农业部签发的农药进出口通知单电子数据，验核相应的纸质农药进出口通知单和其他有关单证，接受报关。农药进出口通知单可在证面签发的直属海关关区内使用。

四、农药进出口通知单实行“一批一证”管理，即进出口一批农药产品，办理一份农药进出口通知单，对应一份海关进出口货物报关单。

五、农药进出口通知单一式两联，第一联由进出口单位交海关办理通关手续，由海关留存，与报关单一并归档；第二联由农业部留存。

六、登记证明未实行电子数据联网，有关进出口单位仍持纸质登记证明向海关办理报关手续。海关对证面内容如有疑问，可联系农业部农药检定所验核真伪（电话：010-59194076，传真：010-65937006）。

特此公告

附件1 农药进口登记管理放行通知单
附件2 农药出口登记管理放行通知单

农业部
海关总署
2010年9月19日

附件1

农药进口登记管理放行通知单

1. 经营单位：	2. 通知单号：
3. 经营单位代码：	4. 有效截止日期：
5. 贸易方式：	6. 报关口岸：
7. 商品名称：	8. 商品编号：
9. 有效成分CAS号：	10. 商品用途：
11. 进口数量：	12. 计量单位：
13. 收货单位：	14. 生产单位：

续表

15. 原产国（地区）：	16. 起运国（地区）：
17. 包装方式：	18. 农药毒性：
19. 备注：	20. 签发机关印章： 签发日期：

中华人民共和国农业部制

注：本通知单一式两份，第一联由海关留存，第二联由农业部留存。

附件 2

农药出口登记管理放行通知单

1. 经营单位：	2. 通知单号：
3. 经营单位代码：	4. 有效截止日期：
5. 贸易方式：	6. 报关口岸：
7. 商品名称：	8. 商品编号：
9. 有效成分 CAS 号：	10. 商品用途：
11. 出口数量：	12. 计量单位：
13. 发货单位：	14. 生产单位：
15. 最终目的国（地区）：	16. 运抵国（地区）：
17. 包装方式：	18. 农药毒性：
19. 备注：	20. 签发机关印章： 签发日期：

中华人民共和国农业部制

注：本通知单一式两份，第一联由海关留存，第二联由农业部留存。

农业部、海关总署关于调整《中华人民共和国进出口农药管理名录》的公告

（农业部、海关总署公告 2012 年第 1880 号）

为加强进出口农药的监督管理，现对《中华人民共和国进出口农药管理名录》进行调整，自 2013 年 1 月 1 日起施行。2011 年 12 月 31 日发布的《中华人民共和国进出口农药管理名录》同时废止。

自 2013 年 1 月 1 日起，农药进出口单位应按照新名录中的海关商品编码及其对应的农药商品名称向农业部申请“农药进出口登记管理放行通知单”。2013 年 1 月 1 日前办理的“农药进出口登记管理放行通知单”在有效期内可继续使用。

特此公告。

附件 中华人民共和国进出口农药管理名录（略）

农业部
海关总署
2007年12月29日

商务部、海关总署关于自动进口许可证联网核查系统的联合公告

（商务部、海关总署公告2013年第2号）

为进一步加强对自动进口许可管理货物的监测和预警，促进对外贸易持续健康发展，商务部、海关总署决定自2013年1月15日起，在全国商务主管部门发证机构和各海关运行自动进口许可证联网核查系统。现将有关本项公告如下：

一、2013年1~6月为自动进口许可证联网核查系统试运行期。1月15日起，非机电类产品（海关监管证件代码7，V）上线试运行，2月1日起，机电类产品（海关监管证件代码0）上线试运行。

二、企业申领自动进口许可证和报关时仍按现行相关规定执行。

三、各海关验核商务主管部门签发的自动进口许可纸面证书和自动进口许可电子数据，接受企业报关。

四、商务部配额许可证事务局、中国电子口岸数据中心为自动进口许可证联网核查系统的技术支持部门。

商务部配额许可证事务局联系方式：网址：http；//www. licence. org. cn，电话010-84095464。

中国电子口岸数据中心联系方式：网址：http：//wwwl. chinaport. gov. cn，电话：010-95198。

商务部
海关总署
2013年1月7日

国家濒管办、海关总署关于公布《进出口野生动植物种商品目录》的公告

（国家濒管办、海关总署公告2013年第6号）

根据《濒危野生动植物种国际贸易公约》、《中华人民共和国野生动物保护法》、《中华人民共和国海关法》、《中华人民共和国森林法》、《中华人民共和国野生植物保护条例》、《中华人民共和国濒危野生动植物进出口管理条例》等法律法规及《国务院对确需保留的行政审批项目设定行政许可的决定》（国务院令第412号）的有关规定，现发布《进出口野生动植物种商品目录》，自2014年1月1日起施行。

中华人民共和国濒危物种进出口管理办公室、海关总署2012年第3号公告发布的《进出口野生动植物种商品目录》同时废止。

附件 进出口野生动植物种商品目录（略）

中华人民共和国濒危物种进出口管理办公室
海关总署
2013年12月29日

环境保护部、海关总署关于《进口废物管理目录》变更部分海关商品编号和海关商品名称的公告

（环境保护部、海关总署公告 2013 年第 7 号）

根据 2013 年《中华人民共和国进出口税则》，现对《进口废物管理目录》中部分海关商品编号、海关商品名称和证书名称进行调整，自发布之日起实施。

环境保护部、商务部、发展改革委、海关总署、质检总局 2009 年第 36 号公告及环境保护部、海关总署、质检总局 2009 年第 78 号公告及环境保护部、海关总署 2011 年第 93 号公告所附目录与本公告不一致的，以本公告为准。

特此公告。

附件 《进口废物管理目录》海关商品编号和海关商品名称变更表（略）

环境保护部
海关总署
2013 年 1 月 13 日

国家体育总局、商务部、卫生部、海关总署、国家食品药品监督管理局关于《2014 年兴奋剂目录》的公告

（国家体育总局、商务部、卫生部、海关总署、国家食品药品监督管理局公告 2013 年第 18 号）

按照联合国教科文组织《反对在体育运动中使用兴奋剂国际公约》和国务院《反兴奋剂条例》的有关规定，现将 2014 年兴奋剂目录公布如下。

有关部门应按照国务院《反兴奋剂条例》的有关规定，做好 2014 年兴奋剂目录中所列物质的生产、销售、进出口及反对使用兴奋剂的监督管理工作。蛋白同化制剂和肽类激素的进出口管理按照《蛋白同化制剂和肽类激素的进出口管理办法》（暂行）的有关规定执行。

本目录与往年目录不同之处，以本目录为准。

本公告自 2014 年 1 月 1 日起执行。

附件 2010 年兴奋剂目录（略）

国家体育总局
中华人民共和国商务部
中华人民共和国卫生部
中华人民共和国海关总署
国家食品药品监督管理局
2013 年 12 月 30 日

国家密码管理局、海关总署关于公布密码产品和含有密码技术的设备进口管理目录的公告

（国家密码管理局公告2013年第27号）

根据《商用密码管理条例》，现将调整后的《密码产品和含有密码技术的设备进口管理目录》予以发布，自2014年1月1日起执行。国密局第18号公告发布的《密码产品和含有密码技术的设备进口管理目录（第一批）》同时废止。

特此公告。

附件 密码产品和含有密码技术的设备进口管理目录（略）

国家密码管理局
海关总署
2013年12月10日

国家食品药品监督管理局、海关总署关于麻醉药品和精神药品海关商品编号的联合公告

（国食药监安〔2013〕54号）

根据《中华人民共和国药品管理法》、《中华人民共和国海关法》等有关法律法规规定，现公布麻醉药品和精神药品的海关商品编号，自2014年1月1日起施行。麻醉药品和精神药品目录仍按照食品药品监管总局、公安部、卫生计生委2013年11月11日公布的《麻醉药品品种目录（2013年版）》和《精神药品品种目录（2013年版）》执行。

特此公告。

附件1 麻醉药品海关商品编号（略）
附件2 精神药品海关商品编号（略）

国家食品药品监督管理总局
中华人民共和国海关总署
2013年12月30日

环境保护部、海关总署关于发布2014年《中国严格限制进出口的有毒化学品目录》的公告

（环境保护部、海关总署公告2013年第85号）

根据《化学品首次进口及有毒化学品进出口环境管理规定》（环管〔1994〕140号）、我国已批准加入的《关于在国际贸易中对某些危险化学品和农药采用事先知情同意程序的鹿特丹公约》附件三名单的调整，以及国家税则税目海关商品编号调整情况，现修订发布《中国严格限制进出口的有毒化学品目录》（2014年）。凡进口或出口上述目录中有毒化学品的，应向环境保护部申请办理“有毒化学品进口环境管理登记证”和“有毒化学品进（出）口环境管理放行通知单”。

原环境保护部、海关总署2011年第91号公告与本公告不一致的，以本公告为准。

本公告自2014年1月1日起实施。

特此公告。

附件　中国严格限制进出口的有毒化学品目录（2014年）（略）

环境保护部
海关总署
2013年12月30日

商务部、海关总署关于公布2014年《两用物项和技术进出口许可证管理目录》的联合公告

（商务部、海关总署公告2013年第95号）

根据《两用物项和技术进出口许可证管理办法》（商务部、海关总署令2005年第29号）和2014年《中华人民共和国进出口税则》，商务部和海关总署对《两用物项和技术进出口许可证管理目录》进行了调整，现将调整后的《两用物项和技术进出口许可证管理目录》（见附件）予以公布。

进口放射性同位素需按《放射性同位素与射线装置安全和防护条例》和《两用物项和技术进出口许可证管理办法》有关规定，报环境保护部审批后，在商务部配额许可证事务局申领两用物项和技术进口许可证。进口经营者持两用物项和技术进口许可证向海关办理进口手续。

本公告自2014年1月1日起正式实施，商务部、海关总署2012年第96号公告公布的《两用物项和技术进出口许可证管理目录》同时废止。

附件　两用物项和技术进出口许可证管理目录（略）

商务部
海关总署
2013年12月30日

商务部、海关总署关于公布《2014 年出口许可证管理货物目录》的联合公告

（商务部、海关总署公告 2013 年第 96 号）

根据《中华人民共和国对外贸易法》和《中华人民共和国货物进出口管理条例》，现公布《2014 年出口许可证管理货物目录》，并就有关问题公告如下：

一、2014 年实行出口许可证管理的 48 种货物，分别实行出口配额许可证、出口配额招标和出口许可证管理。

（一）实行出口配额许可证管理的货物是：小麦、玉米、大米、小麦粉、玉米粉、大米粉、棉花、锯材、活牛（对港澳）、活猪（对港澳）、活鸡（对港澳）、煤炭、原油、成品油、稀土、锑及锑制品、钨及钨制品、锡及锡制品、白银、铟及铟制品、钼、磷矿石。

（二）实行出口配额招标的货物是：蔺草及蔺草制品、滑石块（粉）、镁砂、甘草及甘草制品。

（三）实行出口许可证管理的货物是：活牛（对港澳以外市场）、活猪（对港澳以外市场）、活鸡（对港澳以外市场）、冰鲜牛肉、冻牛肉、冰鲜猪肉、冻猪肉、冰鲜鸡肉、冻鸡肉、消耗臭氧层物质、石蜡、部分金属及制品、铂金（以加工贸易方式出口）、汽车（包括成套散件）及其底盘、摩托车（含全地形车）及其发动机和车架、天然砂（含标准砂）、钼制品、柠檬酸、维生素 C、青霉素工业盐、硫酸二钠、焦炭、碳化硅、矾土、氟石。

二、对港澳出口的活牛、活猪、活鸡实行全球许可证下的国别（地区）配额许可证管理；对港、澳、台出口天然砂实行出口许可证管理，对标准砂实行全球出口许可证管理。

三、对玉米、大米、煤炭、原油、成品油、棉花、锑及锑制品、钨及钨制品、白银实行国营贸易管理。

四、实行出口配额招标的货物，无论何种贸易方式，各授权发证机构均凭商务部下发的中标企业名单及其中标数量和招标办公室出具的“申领配额招标货物出口许可证证明书”签发出口许可证。

五、以加工贸易方式出口下列货物，按以下规定办理：

（一）除本条第（二）、（三）、（四）、（五）款规定的以外，以加工贸易方式出口属出口配额许可证管理的货物，发证机构凭出口配额、“加工贸易业务批准证”及出口合同（正本复印件）核发出口许可证。

（二）进口用于生产铂金的原料加工复出口铂金（铂或白金），发证机构凭经营企业注册地商务主管部门的“加工贸易业务批准证”、海关加工贸易进口报关单、出口合同（正本复印件）核发出口许可证。

（三）进口原油加工复出口石蜡，进口含白银货物（银粉、未锻造银等及银的半制成品除外）加工复出口白银，发证机构凭经营企业注册地省级商务主管部门的“加工贸易业务批准证”、海关加工贸易进口报关单、出口合同（正本复印件）核发出口许可证。其中，白银“加工贸易业务批准证”凭商务部批件核发，发证机构加验商务部批件。

（四）以加工贸易方式出口甘草及甘草制品，发证机构凭经营企业注册地省级商务主管部门的“加工贸易业务批准证”、中国医药保健品进出口商会的“申领加工贸易货物出口许可证证明书”、海关加工贸易进口报关单和出口合同（正本复印件）核发出口许可证。

（五）进口原油加工复出口成品油，免领成品油出口许可证。关于加工贸易项下润滑油（脂）、润滑油基础油出口，按 2008 年商务部、发展改革委、海关总署第 30 号公告的有关规定执行。

（六）本条第（一）、（二）、（三）、（四）款所述出口许可证的有效期，按“加工贸易业务批准证”核定的出口期限核发，但不得超过当年 12 月 31 日。如“加工贸易业务批准证”核定的出口期限超过当年 12 月 31 日，经营者应在原出口许可证有效期内向发证机构换发新一年出口许可证，发证机构收回原证，在发证系统中对原证进行注销，扣除已使用的数量后，按“加工贸易业务批准证”核定的出口期限重新签发新一年度出口许可证，并在备注栏中注明原证证号。

六、根据国务院《关于边境贸易有关问题的通知》（国发〔1996〕2 号）精神，边境小额贸易企业凡出口配额招标的货物、消耗臭氧层物质、汽车（包括成套散件）及其底盘、摩托车（含全地形车）及其发动机和车架，仍按现行有关规定，在商务部授权的发证机构办理出口许可证。边境小额贸易企业出口许可证管理货物中属出口配额许可证管理的，由商务部授权的省（自治区）商务主管部门根据商务部下达的边境小额贸易出口配额签发出口许可

证。边境小额贸易企业出口除本条所述以外的其余列入《2014 年出口许可证管理货物目录》的货物，一律免领出口许可证。

七、为保证进出口许可证联网核销的实施，对不实行“一批一证”管理的货物，发证机构在签发出口许可证时必须在许可证“备注”栏内填注“非一批一证”。

实行“非一批一证”管理的货物为：

（一）外商投资企业出口货物；

（二）加工贸易方式出口货物；

（三）补偿贸易项下出口货物；

（四）小麦、玉米、大米、小麦粉、玉米粉、大米粉、活牛、活猪、活鸡、牛肉、猪肉、鸡肉、原油、成品油、煤炭、汽车（包括成套散件）及其底盘、摩托车（含全地形车）及其发动机和车架。

“非一批一证”的出口许可证，可在同一口岸多次报关，但不得超过 12 次。12 次报关后，出口许可证即使尚存余额，海关也停止接受报关。

八、消耗臭氧层物质的货样广告品须凭出口许可证出口。

九、企业以一般贸易、加工贸易、边境贸易和捐赠贸易方式出口汽车产品须申领出口许可证；企业以工程承包方式出口汽车产品应申领出口许可证，但不受出口资质管理限制。

十、企业出口在附件中带有▲标注的货物（焦炭、矾土、碳化硅、氟石、锰），凭出口合同申领出口许可证，无需提供批准文件。

十一、我国政府在对外援助项下提供的本目录产品不纳入配额和许可证管理。

本目录自 2014 年 1 月 1 日起执行。《2013 年出口许可证管理货物目录》同时废止。

附件 1　2014 年出口许可证管理货物目录（略）

附件 2　2014 年边境小额贸易出口许可证管理货物目录（略）

商务部
海关总署
2013 年 12 月 31 日

商务部、海关总署、国家质检总局关于公布《2014 年进口许可证管理货物目录》的联合公告

（商务部、海关总署、国家质检总局公告 2013 年第 97 号）

根据《中华人民共和国对外贸易法》、《中华人民共和国货物进出口管理条例》和《重点旧机电产品进口管理办法》，现发布《2014 年进口许可证管理货物目录》，自 2014 年 1 月 1 日起执行。《2013 年进口许可证管理货物目录》同时废止。

附件　2014 年进口许可证管理货物目录（略）

商务部
海关总署
国家质检总局
2013 年 12 月 31 日

商务部、海关总署关于发布《2014年自动进口许可管理货物目录》的公告

（商务部、海关总署公告2013年第98号）

根据《中华人民共和国对外贸易法》、《中华人民共和国货物进出口管理条例》和《货物自动进口许可管理办法》，现发布《2014年自动进口许可管理货物目录》，自2014年1月1日起执行。《2013年自动进口许可管理货物目录》同时废止。

附件　2014年自动进口许可管理货物目录（略）

商务部
海关总署
2013年12月30日

国家质检总局、海关总署关于调整《出入境检验检疫机构实施检验检疫的进出境商品目录》的公告

（国家质检总局、海关总署公告2013年第109号）

为贯彻落实国务院关于促进进出口稳增长、调结构的有关要求，根据《中华人民共和国进出口商品检验法》及其实施条例有关规定，质检总局决定对《出入境检验检疫机构实施检验检疫的进出境商品目录》进行调整，现公告如下：

一、对1507个海关商品编码项下的一般工业制成品不再实行出口商品检验。其中，1420个海关商品编码项下的商品调出《出入境检验检疫机构实施检验检疫的出境商品目录》（详见附件1）；87个海关商品编码项下的商品需要实施出境动植物检疫（详见附件3），仍保留在《出入境检验检疫机构实施检验检疫的出境商品目录》中。对危险化学品、烟花爆竹、打火机、玩具及童车产品、食品接触产品、汽车和稀土等工业品继续实行出口商品检验；对出口危险化学品包装及其他危险货物包装继续实行性能和使用检验。

二、根据有关部门要求，将2个海关商品编码项下的褐煤产品新增进口检验检疫监管（详见附件2），进出口商品收/发货人或代理人须持出入境检验检疫机构签发的“入境货物通关单”向海关办理进口手续。

本公告自2013年8月15日起施行。

附件1　调出《出入境检验检疫机构实施检验检疫的出境商品目录》的出口工业制成品海关商品编码表（略）
附件2　调入《出入境检验检疫机构实施检验检疫的进境商品目录》的进口褐煤海关商品编码表（略）
附件3　仅实施动植物检疫的出口工业品海关商品编码表（略）

质检总局
海关总署
2013年8月1日

商务部、海关总署关于调整《2014 年自动进口许可证管理货物目录》的联合公告

（商务部、海关总署公告 2014 年第 47 号）

根据《中华人民共和国对外贸易法》、《中华人民共和国货物进出口条例》、《货物自动进口许可管理办法》和《机电产品进口自动许可实施办法》，现决定调整《2014 年自动进口许可管理货物目录》，取消部分货物自动进口许可管理（详见附件），自 2014 年 7 月 1 日起执行。

附件　取消自动进口许可管理的货物目录（略）

商务部
海关总署
2014 年 6 月 10 日

海关总署、商务部关于从中国（上海）自由贸易试验区进口的涉及自动进口许可证管理货物开展通关作业无纸化试点的公告

（海关总署、商务部公告 2014 年第 58 号）

为进一步深化通关作业无纸化改革，积极推进中国（上海）自由贸易试验区（以下简称自贸试验区）建设和发展，海关总署、商务部决定自 2014 年 8 月 11 日起，对在自贸试验区进口属于自动进口许可管理的有关货物开展通关无纸化应用试点。现将有关事项公告如下：

一、自 2014 年 8 月 11 日起，在自贸试验区以“一批一证”方式进口属于自动进口许可管理的货物，可采用无纸方式向海关申报，但是原油、燃料油除外。海关将通过自动进口许可证联网核查方式验凭自动进口许可证电子数据，企业免于交验纸质自动进口许可证，海关不再进行纸面签注。

二、企业按现行规定申领自动进口许可证。试点期间，限于在自贸试验区以“一批一证”方式进口属于自动进口许可管理的货物，每份进口货物报关单仅能对应一份自动进口许可证。对于以“非一批一证”方式进口的货物暂不进行无纸化通关试点，待条件具备时再行试点。

三、因海关和商务部门审核需要、计算机管理系统故障、其他管理部门需要验凭纸质自动进口许可证等原因，可以转为有纸报关作业或补充提交纸质自动进口许可证。

四、自动进口许可货物通关无纸化应用试点以外事项，按照《货物自动进口许可管理办法》（商务部、海关总署令 2004 年第 26 号）、自动进口许可证联网核查系统公告（商务部、海关总署公告 2013 年第 2 号）和海关深入推进通关作业无纸化改革工作有关事项公告（海关总署公告 2014 年第 25 号）执行。

海关联系方式：全国海关热线电话：12360。

特此公告。

海关总署
2014 年 8 月 5 日

国家质检总局、海关总署关于调整《出入境检验检疫机构实施检验检疫的进出境商品目录》的公告

（国家质检总局、海关总署公告2014年第62号）

根据《中华人民共和国进出口商品检验法》及其实施条例有关规定，质检总局决定对《出入境检验检疫机构实施检验检疫的进出境商品目录》进行调整，现公告如下：

一、取消机电产品和食品接触产品的出口检验检疫，共涉及222个海关商品编码（详见附件），自2014年6月15日起执行。出入境检验检疫机构对法定检验以外的进出口商品，根据国家规定实施抽查检验。

二、对海关商品编码7202210010（硅铁，含硅量大于55%，小于90%）、7202290010（硅铁，含硅量大于等于30%且不超过55%）项下的商品，新增实施出口商品检验，进出口商品收/发货人或代理人须持出入境检验检疫机构签发的“出境货物通关单”向海关办理出口手续，自2014年7月15日起执行。

附件　取消出口检验检疫的海关商品编码表（略）

国家质检总局
海关总署
2014年6月9日

海关总署、农业部关于决定对从俄罗斯进口的部分水产品启用“合法捕捞产品通关证明”的联合公告

（海关总署、农业部公告2014年第2146号）

根据《中华人民共和国政府和俄罗斯联邦政府关于预防、阻止和消除非法、不报告和不管制捕捞海洋生物资源的合作协定》，为有效履行我国政府相关义务，决定对从俄罗斯进口的部分水产品启用“合法捕捞产品通关证明”，现公告如下：

一、自2014年11月1日起，对进入我国关境的本公告附件所列水产品（包括进境样品、暂时进口、加工贸易进口以及进入海关特殊监管区域和海关保税监管场所等），有关单位应向农业部申请“合法捕捞产品通关证明”。进境时，有关单位应主动、如实向海关申报，并在农业部授权单位中国远洋渔业协会通知办结“合法捕捞产品通关证明”后，向海关办理相关手续。

二、有关单位向农业部申请“合法捕捞产品通关证明”时应提交由俄罗斯联邦渔业管理部门派出机构签发的合法捕捞产品认证书原件。在俄罗斯以外的国家或地区加工附件所列产品进入我国时，申请单位应提交由俄罗斯联邦渔业管理部门派出机构签发的合法捕捞产品认证书副本。

特此公告。

附件　实施合法捕捞证明的水产品清单

农业部
海关总署
2014年9月22日

附件

实施合法捕捞证明的水产品清单

中文	拉丁文	海关编码（鲜/冷冻）
红大麻哈鱼、细磷大麻哈鱼、大麻哈鱼（种）、大鳞大麻哈鱼、银大麻哈鱼、马苏大麻哈鱼、玫瑰大麻哈鱼（太平洋鲑属）	Oncorhynchus nerka，Oncorhynchus gorbuscha，Oncorhynchus keta，Oncorhynchus tschawytscha，Oncorhynchus kisutch，Oncorhynchus masou，Oncorhynchus rhodurus	03021300. 00
细磷大麻哈鱼、大麻哈鱼（种）、大鳞大麻哈鱼、银大麻哈鱼、马苏大麻哈鱼、玫瑰大麻哈鱼（太平洋鲑属）	Oncorhynchus nerka，Oncorhynchus gorbuscha，Oncorhynchus keta，Oncorhynchus tschawytscha，Oncorhynchus kisutch，Oncorhynchus masou，Oncorhynchus rhodurus	03031200. 00
狭鳕（明太鱼）	Theragra chalcogramma	03025500. 00/03036700. 00
平鲉属	genus Sebastes	03028990. 20/03038990. 20
亚洲箭齿鲽	Atherestes evermanni	03022900. 10/03033900. 10
大西洋庸鲽（庸鲽）	Hippoglossus hippoglossus	03022100. 10/03033190. 10
马舌鲽	Reinhardtius hippoglossoids	03022100. 20/03033190. 20
太平洋鲱鱼	Clupea pallasii	03024100. 10/03035100. 10
鲪鲉属（叶鳍鲉属）	genus Sebastolobus	03028990. 30/03038900. 30
毛蟹、金霸王蟹（帝王蟹）、仿石蟹（仿岩蟹）、堪察加拟石蟹、短足拟石蟹、扁足拟石蟹、雪蟹、日本雪蟹	Erimacrus spp.，Lithodes aequispinus，Paralomis verrilli Paralithodes camtschaticus，Paralithodes brevipes，Parailithodes platypus，Chionoecetes spp.，Chionoecetes japonicus	03062499. 10/03061490. 10
粗饰蚶	Anadara broughtoni	03077199. 20/03077990. 20
蚬属	genus Corbicula	03079190. 20/03079900. 20
刺参，暗色刺参除外	Apostichopus japonicus	03081190. 20/03081900. 20
食用海胆纲	class Echinoidea	03082190. 10/03082900. 10

关于进一步扩大自动进口许可证通关作业无纸化试点的公告

（海关总署、商务部联合公告 2015 年第 35 号）

为进一步推进通关作业无纸化改革工作，促进贸易便利化，海关总署和商务部决定在前期中国（上海）自由贸易试验区（以下简称“上海自贸区”）改革试点的基础上，扩大自动进口许可证通关作业无纸化试点。现就有关事宜公告如下：

一、自 2015 年 8 月 1 日起，试点海关由上海自贸区相关海关扩展至包括天津、福建、广东 3 个新设自由贸易试验区和宁波、苏州 2 个国家级进口贸易促进创新示范区在内的十个海关，分别为天津、上海、南京、宁波、福州、厦门、广州、深圳、拱北、黄埔海关。试点范围为实施自动进口许可“一批一证”管理的货物（原油、燃料油除外），且每份进口货物报关单仅使用一份自动进口许可证。

二、对满足试点条件的，企业可依据《货物进出口许可证电子证书申请签发使用规范（试行）》（商办配函〔2015〕494 号）申请电子许可证，根据海关相关规定采用无纸方式向海关申报，免于交验纸质自动进口许可证。海关将通过自动进口许可证联网核查方式验核电子许可证，不再进行纸面签注。

三、因海关和商务部门审核需要、计算机管理系统故障、其他管理部门需要验凭纸质自动进口许可证等原因，可以转为有纸报关作业或补充提交纸质自动进口许可证。

四、自动进口许可货物通关无纸化应用试点以外事项，按照《货物自动进口许可管理办法》（商务部 海关总署令 2004 年第 26 号）、自动进口许可证联网核查系统公告（商务部 海关总署公告 2013 年第 2 号）和海关深入推进通关作业无纸化改革工作有关事项公告（海关总署公告 2014 年第 25 号）执行。

海关联系方式：全国海关热线电话 12360。

特此公告。

海关总署
商务部
2015 年 7 月 29 日

关于实行自动进口许可证通关作业无纸化的公告

（海关总署、商务部公告 2016 年第 5 号）

为加快落实外贸稳增长政策措施，进一步推进通关作业无纸化改革工作，提高贸易便利化水平，海关总署和商务部决定在现阶段已有十个海关开展自动进口许可证通关作业无纸化试点的基础上，将自动进口许可证通关作业无纸化工作在全国范围内推广实施。现将有关事宜公告如下：

一、自 2016 年 2 月 1 日起，在全国范围内实施自动进口许可证通关作业无纸化。有效范围为实施自动进口许可“一批一证”管理的货物（原油、燃料油除外），且每份进口货物报关单仅适用一份自动进口许可证。下一步将扩大到全部自动许可管理商品和全部证书状态。

二、对满足条件的，企业可依据《货物进出口许可证电子证书申请签发使用规范（试行）》（商办配函〔2015〕494 号）申请电子许可证，根据海关相关规定采用无纸方式向海关申报，免于交验纸质自动进口许可证。海关将通过自动进口许可证联网核查方式验核电子许可证，不再进行纸面签注。

三、因海关和商务部门审核需要、计算机管理系统故障、其他管理部门需要验凭纸质自动许可证等原因，可以转为有纸报关作业或补充提交纸质自动进口许可证。

四、自动进口许可货物通关作业无纸化应用以外事项，按照《货物自动进口许可管理办法》（商务部 海关总署令2004年第26号）、自动进口许可证联网核查系统公告（商务部 海关总署公告2013年第2号）和《海关深入推进通关无纸化改革工作有关事项公告》（海关总署公告2014年第25号）执行。

海关联系方式：全国海关热线电话12360。

特此公告。

海关总署
商务部
2016年1月25日

关于开展《进口兽药通关单》通关作业联网无纸化试运行的公告

（海关总署、农业部公告2016年第60号）

为加快落实外贸稳增长政策措施，进一步推进通关作业无纸化改革工作，提高贸易便利化水平，同时加强进口兽药监管，防范和打击兽药非法进口活动，海关总署、农业部决定开展《进口兽药通关单》通关作业联网无纸化试运行。现将有关事项公告如下：

一、自2016年11月1日起，按照《兽药进口管理办法》（农业部、海关总署令第2号）有关规定，进口单位向农业部、地方兽医行政管理部门申领《进口兽药通关单》，经审核批准后，农业部、地方兽医行政管理部门将签发的《进口兽药通关单》电子数据通过“兽药监管证件联网核查系统”传输至海关。试运行期间，农业部、地方兽医行政管理部门同时核发纸质《进口兽药通关单》。

二、报关企业按照海关通关作业无纸化改革的规定，可采用无纸方式向海关申报。海关通过联网核查方式验凭《进口兽药通关单》电子数据并办理报关手续。以无纸方式申报的企业可以免于交验纸质《进口兽药通关单》。

三、为提高无纸化应用效率，适应计算机管理系统自动化处理需求，进口单位、报关单位在向农业部、地方兽医行政管理部门申领《进口兽药通关单》以及向海关办理报关手续时，《进口兽药通关单》与进口货物报关单的货物计量单位应当一致，《进口兽药通关单》与进口货物报关单的报关/进口口岸代码前两位应当一致。

四、因海关和农业部门审核需要、计算机管理系统故障、其他管理部门需要验凭纸质《进口兽药通关单》等原因，可以转为有纸报关作业或补充提交纸质《进口兽药通关单》。

五、《进口兽药通关单》通关作业联网无纸化工作的技术支持部门为中国电子口岸数据中心和太极计算机股份有限公司。

中国电子口岸数据中心联系电话：010-95198

太极计算机股份有限公司联系电话：18518314902

特此公告。

海关总署
农业部
2016年10月21日

财政部、商务部、海关总署、国家税务总局、国家旅游局关于口岸进境免税店政策的公告

（财政部公告〔2016〕19号）

为满足国内消费需求，丰富国内消费者购物选择，方便国内消费者在境内购买国外产品，决定增设和恢复口岸进境免税店，合理扩大免税品种，增加一定数量的免税购物额。经国务院批准，现将口岸进境免税店政策公告如下：

一、口岸进境免税店

口岸进境免税店是设立在对外开放的机场、陆路和水运口岸隔离区域，按规定对进境旅客免进口税购物的经营场所。国家对口岸进境免税店实行特许经营。

二、销售对象及条件 口岸进境免税店的适用对象是尚未办理海关进境手续的旅客。在口岸进境免税店购物必须同时符合以下条件：

1. 进境旅客持进出境有效证件和搭乘公共运输交通工具的凭证购买；未搭乘公共运输交通工具的，进境旅客持进出境有效证件购买。

2. 进出境有效证件指护照、往来港澳通行证或往来台湾通行证。

3. 购物应按规定取得购物凭证。

三、免税税种 关税、进口环节增值税和消费税。

四、免税商品品类 免税商品以便于携带的个人消费品为主，具体商品品类和限购数量见附表。

五、免税购物金额 在维持居民旅客进境物品5000元人民币免税限额不变基础上，允许其在口岸进境免税店增加一定数量的免税购物额，连同境外免税购物额总计不超过8000元人民币。

六、购物流程 进境旅客在口岸进境免税店购物后，由本人随身携带入境。在同一口岸既有出境免税店又有进境免税店，进境旅客在出境免税店预订寄存后，在进境时付款提取的，视为在口岸进境免税店购物。

本公告自2016年2月18日起执行。

特此公告。

附表 口岸进境免税店经营品类（略）

财政部
商务部
海关总署国家税务总局
国家旅游局
2016年2月18日

财政部、商务部、海关总署、国家税务总局、国家旅游局关于印发《口岸进境免税店管理暂行办法》的通知

（财关税〔2016〕8号）

各省、自治区、直辖市、计划单列市财政厅（局）、商务主管部门、国家税务局、旅游局，新疆生产建设兵团财务局，海关总署广东分署、各直属海关，财政部驻各省、自治区、直辖市、计划单列市财政监察专员办事处：

2015 年 4 月 28 日国务院第 90 次常务会议决定，增设和恢复口岸进境免税店。财政部会同商务部、海关总署、国家税务总局、国家旅游局研究提出了口岸进境免税店政策和增设方案。

国务院同意在广州白云、杭州萧山、成都双流、青岛流亭、南京禄口、深圳宝安、昆明长水、重庆江北、天津滨海、大连周水子、沈阳桃仙、西安咸阳和乌鲁木齐地窝堡等机场口岸，深圳福田、皇岗、沙头角、文锦渡口岸，珠海闸口口岸，黑河口岸等水陆口岸各设 1 家口岸进境免税店［《国务院关于口岸进境免税店政策和增设方案的批复》（国函〔2015〕221 号）］。

为落实国务院决定，规范管理口岸进境免税店，确保口岸进境免税店政策的顺利实施，现印发《口岸进境免税店管理暂行办法》，请遵照执行。

附件　口岸进境免税店管理暂行办法

财政部
商务部
海关总署
国家税务总局
国家旅游局
2016 年 2 月 18 日

附件

口岸进境免税店管理暂行办法

第一条　为规范口岸进境免税店管理工作，依照有关法律法规和我国口岸进境免税店政策，制定本办法。

第二条　口岸进境免税店，指设立在对外开放的机场、水运和陆路口岸隔离区域，按规定对进境旅客免进口税购物的经营场所。口岸进境免税店具体经营适用对象、商品品种、免税税种、金额数量等应严格按照口岸进境免税店政策的有关规定执行。

第三条　国家对口岸进境免税店实行特许经营。国家统筹安排口岸进境免税店的布局和建设。口岸进境免税店的布局选址应根据出入境旅客流量，结合区域布局因素，满足节约资源、保护环境、有序竞争、避免浪费、便于监管的要求。

第四条　除国务院另有规定外，对原经国务院批准具有免税品经营资质，且近 3 年有连续经营口岸和市内进出境免税店业绩的企业，放开经营免税店的地域和类别限制，准予这些企业平等竞标口岸进境免税店经营权。口岸进境免税店必须由具有免税品经营资质的企业绝对控股（持股比例大于 50%）。

第五条　设立口岸进境免税店的数量、口岸和营业场所的规模控制，由财政部会同商务部、海关总署、国家税务总局和国家旅游局提出意见报国务院审批。

第六条　经营口岸进境免税店应当符合海关监管要求，经海关批准，并办理注册手续。

第七条　口岸进境免税店一般由机场或其他招标人通过招标方式确定经营主体。如果不具备招标条件，比如在进出境客流量较小、开店面积有限等特殊情况下，可提出申请并报财政部核准，按照《中华人民共和国政府采购法》规定的竞争性谈判等其他方式确定经营主体。

第八条　新设立或经营合同到期的口岸进境免税店经营主体经招标或核准后，招标人或口岸业主与免税品经营企业每次签约的经营期限不超过 10 年。协议到期后不得自动续约，应根据本办法第七条的规定重新确定经营主体。

第九条　招标人或口岸业主经招标或采用其他经核准的方式与免税品经营企业达成协议后，应向财政部、商务部、海关总署、国家税务总局和国家旅游局备案。备案时需提交以下材料：

（一）经营主体合作协议（包括各股东持股比例、经营主体业务关联互补情况等。独资设立免税店除外）；

（二）经营主体的基本情况（包括企业性质、营业范围、生产经营，资产负债等方面）；

（三）口岸与经营主体设立口岸进境免税店的协议。

第十条　经营主体的股权结构、经营状况等基本情况发生重大变化时，应向财政部、商务部、海关总署、国家税务总局和国家旅游局报告。

第十一条　自国务院批准设立口岸进境免税店的规模控制之日起，机场或其他招标人应在 6 个月内完成招标。

经营口岸进境免税店自海关批准之日起，经营主体应在1年内完成免税店建设并开始营业。经批准设立的口岸进境免税店无正当理由未按照上述时限要求对外营业的，或者暂停经营1年以上的，机场或其他招标人按照本办法第五条、第六条和第七条的规定重新办理审批手续、确定经营主体。

第十二条 口岸进境免税店原则上不得扩大营业场所面积，不得设立分店和分柜台。确需扩大营业场所面积、设立分店和分柜台的，按照本办法第五条、第六条规定的开设新店程序审批。

第十三条 口岸进境免税店缴纳免税商品特许经营费办法，暂按《财政部关于印发〈免税商品特许经营费缴纳办法〉的通知》（财企〔2004〕241号）和《财政部关于印发〈免税商品特许经营费缴纳办法〉的补充通知》（财企〔2006〕70号）规定执行。

第十四条 财政部、商务部、海关总署、国家税务总局和国家旅游局应加强相互联系和信息交换，并根据职责分工，加强协作配合，对口岸进境免税店工作实施有效管理。

第十五条 财政部、商务部、海关总署、国家税务总局和国家旅游局可以定期对口岸进境免税店经营情况进行核查，发现违反相关法律法规和规章制度的，依法予以处罚。

第十六条 本办法由财政部、商务部、海关总署、国家税务总局和国家旅游局负责解释。

第十七条 本办法自2016年2月18日起施行。

财政部、海关总署、国家税务总局关于跨境电子商务零售进口税收政策的通知

（财关税〔2016〕18号）

各省、自治区、直辖市、计划单列市财政厅（局）、国家税务局，新疆生产建设兵团财务局，海关总署广东分署、各直属海关：

为营造公平竞争的市场环境，促进跨境电子商务零售进口健康发展，经国务院批准，现将跨境电子商务零售（企业对消费者，即B2C）进口税收政策有关事项通知如下：

一、跨境电子商务零售进口商品按照货物征收关税和进口环节增值税、消费税，购买跨境电子商务零售进口商品的个人作为纳税义务人，实际交易价格（包括货物零售价格、运费和保险费）作为完税价格，电子商务企业、电子商务交易平台企业或物流企业可作为代收代缴义务人。

二、跨境电子商务零售进口税收政策适用于从其他国家或地区进口的、《跨境电子商务零售进口商品清单》范围内的以下商品：

（一）所有通过与海关联网的电子商务交易平台交易，能够实现交易、支付、物流电子信息“三单”比对的跨境电子商务零售进口商品；

（二）未通过与海关联网的电子商务交易平台交易，但快递、邮政企业能够统一提供交易、支付、物流等电子信息，并承诺承担相应法律责任进境的跨境电子商务零售进口商品。

不属于跨境电子商务零售进口的个人物品以及无法提供交易、支付、物流等电子信息的跨境电子商务零售进口商品，按现行规定执行。

三、跨境电子商务零售进口商品的单次交易限值为人民币2000元，个人年度交易限值为人民币20000元。在限值以内进口的跨境电子商务零售进口商品，关税税率暂设为0%；进口环节增值税、消费税取消免征税额，暂按法定应纳税额的70%征收。超过单次限值、累加后超过个人年度限值的单次交易，以及完税价格超过2000元限值的单个不可分割商品，均按照一般贸易方式全额征税。

四、跨境电子商务零售进口商品自海关放行之日起30日内退货的，可申请退税，并相应调整个人年度交易总额。

五、跨境电子商务零售进口商品购买人（订购人）的身份信息应进行认证；未进行认证的，购买人（订购人）身份信息应与付款人一致。

六、《跨境电子商务零售进口商品清单》将由财政部商有关部门另行公布。

七、本通知自2016年4月8日起执行。

特此通知。

财政部
海关总署
国家税务总局
2016 年 3 月 24 日

关于公布跨境电子商务零售进口商品清单的公告

（财政部、发展改革委、工业和信息化部、农业部、商务部、海关总署、国家税务总局、质检总局、食品药品监管总局、濒管办、密码局联合公告 2016 年第 40 号）

为营造公平竞争的市场环境，促进跨境电子商务零售进口健康发展，经国务院批准，财政部、海关总署、国家税务总局已印发《关于跨境电子商务零售进口税收政策的通知》（财关税〔2016〕18 号）。为落实跨境电子商务零售进口税收政策，现将《跨境电子商务零售进口商品清单》予以公布。

附件　跨境电子商务零售进口商品清单

财政部
发展改革委
工业和信息化部
农业部
商务部
海关总署
国家税务总局
质检总局
食品药品监管总局
濒管办
密码局
2016 年 4 月 6 日

其他部委公告

商用密码产品使用管理规定

（国家密码管理局公告 2007 年第 8 号）

第一条　为了规范商用密码产品使用行为，根据《商用密码管理条例》，制定本规定。

第二条　中国公民、法人和其他组织使用商用密码产品的行为适用本规定。

第三条　本规定所称商用密码产品，是指采用密码技术对不涉及国家秘密内容的信息进行加密保护或安全认证的产品。

第四条　国家密码管理局主管全国的商用密码产品使用管理工作。

省、自治区、直辖市密码管理机构依据本规定承担有关管理工作。

第五条　中国公民、法人和其他组织需要对不涉及国家秘密内容的信息进行加密保护或安全认证的，均可以使用商用密码产品。

使用商用密码产品，应当遵守国家法律，不得损害国家利益、社会公共利益和其他公民的合法权益，不得利用商用密码产品进行违法犯罪活动。

第六条　中国公民、法人和其他组织都应当使用国家密码管理局准予销售的商用密码产品，不得使用自行研制的或境外生产的密码产品。

国家密码管理局定期公布准予销售的商用密码产品目录。

第七条　需要使用商用密码产品的，应当到商用密码产品销售许可单位购买。

购买商用密码产品应当向商用密码产品销售许可单位出示本人身份证，说明直接使用商用密码产品的用户名称（姓名）、地址（住址）及产品用途，提供用户组织机构代码证（居民身份证）复印件。

第八条　需要维修商用密码产品的，应当交该产品的生产单位或销售单位维修。

第九条　外商投资企业（包括中外合资经营企业、中外合作经营企业、外资企业、外商投资股份有限公司等）确因业务需要，必须使用境外生产的密码产品与境外进行互联互通的，经国家密码管理局批准，可以使用境外生产的密码产品。

外商投资企业申请使用境外生产的密码产品，应当事先填写“使用境外生产的密码产品登记表”，交所在地的省、自治区、直辖市密码管理机构。

省、自治区、直辖市密码管理机构自受理申请之日起5个工作日内，对“使用境外生产的密码产品登记表”进行审查并报国家密码管理局。

国家密码管理局应当自省、自治区、直辖市密码管理机构受理申请之日起20个工作日内，对“使用境外生产的密码产品登记表”进行审核。准予使用的，发给“使用境外生产的密码产品准用证”。

“使用境外生产的密码产品准用证”有效期3年。

第十条　使用境外生产的密码产品的外商投资企业的名称、地址、密码产品用途发生变更的，应当自变更之日起10日内，到所在地的省、自治区、直辖市密码管理机构办理“使用境外生产的密码产品准用证”更换手续。

第十一条　外商投资企业终止使用境外生产的密码产品的，应当自终止使用之日起30日内，书面告知所在地的省、自治区、直辖市密码管理机构，并交回“使用境外生产的密码产品准用证”。

第十二条　外商投资企业申请使用的密码产品需要从境外进口的，应当申请办理“密码产品进口许可证”。

密码产品入境时，外商投资企业应当向海关如实申报并提交“密码产品进口许可证”，海关凭此办理验放手续。

第十三条　用户不得转让其使用的密码产品。

第十四条　违反本规定的行为，依照《商用密码管理条例》予以处罚。

第十五条　“使用境外生产的密码产品登记表”、“使用境外生产的密码产品准用证”、“密码产品进口许可证”由国家密码管理局统一印制。

第十六条　本规定自2007年5月1日起施行。

境外组织和个人在华使用密码产品管理办法

（国家密码管理局公告2007年第9号）

第一条　为了规范境外组织和个人在中国境内使用密码产品及含有密码技术的设备（以下统称密码产品）的行为，根据《商用密码管理条例》，制定本办法。

第二条　境外组织和个人在中国境内使用密码产品的行为适用本办法。外国驻华使馆、领事机构，国际组织驻华代表机构等享有相应特权和豁免权的机构除外。

第三条　本办法所称境外组织，是指依照外国法律在中国境外成立的组织，包括这些组织在中国境内设立的分支机构、办事机构、代表机构等。

本办法所称境外个人，是指依照《中华人民共和国国籍法》不具有中国国籍的人。

本办法所称密码产品，是指采用密码技术对信息进行加密保护或安全认证的产品，包括境外生产的密码产品和中国生产的密码产品。

第四条　国家密码管理局主管境外组织和个人在中国境内使用密码产品的管理工作。

省、自治区、直辖市密码管理机构依据本办法承担有关管理工作。

第五条　境外组织或个人在中国境内使用密码产品，应当事先填写"境外组织或个人使用密码产品申报登记表"，交所在地的省、自治区、直辖市密码管理机构。

省、自治区、直辖市密码管理机构应当自受理申请之日起5个工作日内，对"境外组织或个人使用密码产品申报登记表"进行审查并报国家密码管理局。

国家密码管理局应当自省、自治区、直辖市密码管理机构受理申请之日起20个工作日内，对"境外组织或个人使用密码产品申报登记表"进行审核。准予使用的，发给"境外组织或个人使用密码产品准用证"。

"境外组织或个人使用密码产品准用证"有效期3年。

第六条　境外组织或个人使用的密码产品需要从境外进口的，应当申请办理"密码产品进口许可证"。

密码产品入境时，境外组织或个人应当向海关如实申报并提交"密码产品进口许可证"，海关凭此办理验放手续。

第七条　境外组织或个人使用中国生产的密码产品，应当到中国商用密码产品销售许可单位购买，并出示"境外组织或个人使用密码产品准用证"。

第八条　使用密码产品的境外组织或个人的名称（姓名）、地址（住址）、密码产品用途发生变更的，应当自变更之日起10日内，到所在地的省、自治区、直辖市密码管理机构办理"境外组织或个人使用密码产品准用证"更换手续。

第九条　境外组织或个人终止使用密码产品的，应当自终止使用之日起30日内，书面告知所在地的省、自治区、直辖市密码管理机构，并交回"境外组织或个人使用密码产品准用证"。

第十条　境外组织和个人不得转让其使用的密码产品。

第十一条　境外组织和个人在中国境内使用密码产品，应当遵守中国法律，不得危害中国国家安全、损害社会公共利益、破坏社会公共秩序。

第十二条　违反本办法的行为，依照《商用密码管理条例》予以处罚。

第十三条　"境外组织或个人使用密码产品申报登记表"、"境外组织或个人使用密码产品准用证"、"密码产品进口许可证"由国家密码管理局统一印制。

第十四条　香港特别行政区、澳门特别行政区、台湾地区的组织和个人在内地使用密码产品的行为，参照本办法进行管理。

第十五条　本办法自2007年5月1日起施行。

财政部关于在海南开展境外旅客购物离境退税政策试点的公告

（财政部公告2010年第88号）

为推进海南国际旅游岛建设，国务院决定在海南省开展境外旅客购物离境退税政策（以下简称离境退税政策）试点。离境退税政策是指对境外旅客在退税定点商店购买的随身携运出境的退税物品，按规定退税的政策。财政部经商商务部、海关总署和国家税务总局，现就试点工作的有关事项公告如下：

一、离境退税政策的基本流程和适用条件

（一）离境退税政策的基本流程。离境退税政策的基本流程包括购物申请退税、海关验核确认、代理机构退税和集中退税结算四个环节。

（二）离境退税政策的适用条件。境外旅客要取得退税，应当同时符合以下条件：

1. 在退税定点商店购买退税物品，购物金额达到起退点，并且按规定取得境外旅客购物离境退税申请单等退税凭证；

2. 在离境口岸办理离境手续，离境前退税物品尚未启用或消费；

3. 离境日距退税物品购买日不超过 90 天；

4. 所购退税物品由境外旅客本人随身携运出境；

5. 所购退税物品经海关验核并在境外旅客购物离境退税申请单上签章；

6. 在指定的退税代理机构办理退税。

二、境外旅客、离境口岸、退税定点商店和退税物品

（一）境外旅客。境外旅客是指在我国境内连续居住不超过 183 天的外国人和港澳台同胞。

（二）离境口岸。离境口岸暂为试点地区正式对外开放的空港口岸。

（三）退税定点商店。退税定点商店是指经相关部门认定的，按规定向境外旅客销售退税物品的商店。

（四）退税物品。退税物品是指国家允许携带出境并享受退税政策的个人生活物品，但食品、饮料、水果、烟、酒、汽车、摩托车等不包括在内。退税物品目录详见附件。

三、退税税种、退税率、应退税额计算和起退点

（一）退税税种、退税率和应退税额计算。离境退税税种为增值税，退税率统一为 11%。应退税额计算公式：

应退税额 = 普通销售发票金额（含增值税）×退税率

（二）起退点。起退点是指同一境外旅客同一日在同一退税定点商店购买退税物品可以享受退税的最低购物金额。起退点暂定为 800 元人民币。

四、退税代理机构、退税方式和币种选择

（一）退税代理机构。退税代理机构是指经相关部门认定的，按规定为境外旅客办理退税的机构。

（二）退税方式和币种选择。境外旅客在办理退税时可按本公告规定自行选择退税方式和币种。退税方式包括现金退税和银行转账退税两种方式。退税币种包括人民币或自由流通的主要外币。

离境退税政策试点管理办法由国家税务总局会同财政部、商务部、海关总署商海南省人民政府另行公布。

本公告自 2011 年 1 月 1 日起执行。

特此公告。

附件　退税物品目录（略）

财政部

2010 年 12 月 21 日

财政部关于开展海南离岛免税购物政策试点的公告

（财政部公告 2011 年第 14 号）

为加快推进海南国际旅游岛的建设发展，国务院决定在海南省开展离岛旅客免税购物政策（以下简称离岛免税政策）试点。离岛免税政策是指对乘飞机离岛（不包括离境）旅客实行限次、限值、限量和限品种免进口税购物，在实施离岛免税政策的免税商店（以下简称离岛免税店）内付款，在机场隔离区提货离岛的税收优惠政策。财政部经商商务部、海关总署和国家税务总局，现就试点工作的有关事项公告如下：

一、离岛免税政策的适用对象及条件

（一）政策适用对象。离岛免税政策适用对象是年满 18 周岁、乘飞机离开海南本岛但不离境的国内外旅客，包括海南省居民（以下简称岛内居民）。

（二）享受政策的条件。离岛旅客免税购物必须同时符合以下条件：

1. 已经购买离岛机票和持有效的身份证件，国内旅客持居民身份证（港澳台旅客持有效旅行证件），国外旅客持护照；

2. 在指定的离岛免税店内付款购买免税商品，商品品种和免税购物次数、金额、数量在国家规定的范围内，并按规定取得购物凭证；

3. 在机场隔离区凭身份证件及购物凭证，在指定的提货点提取所购免税商品，并由旅客本人乘机随身携运离岛。

二、离岛免税店、免税商品品种、免税税种

1. 离岛免税店。离岛免税店是具有实施离岛免税政策资格并实行特许经营的免税商店。海口、三亚两地各开设一家离岛免税店进行试点。其中，三亚免税店在原批准设立的离境市内免税店基础上，增加其实施离岛免税政策功能，自本公告执行之日起启动试点。海口免税店待离岛免税店经营主体、选址及相关配套设施确定并经有关部门批准后启动试点。

2. 免税商品品种。免税商品限定为进口品，试点期间，具体商品品种限定为：首饰、工艺品、手表、香水、化妆品、笔、眼镜（含太阳镜）、丝巾、领带、毛织品、棉织品、服装服饰、鞋帽、皮带、箱包、小皮件、糖果、体育用品共 18 种，国家规定禁止进口，以及 20 种不予减免税的商品除外。

3. 免税税种。离岛免税政策免税税种为关税、进口环节增值税和消费税。

三、免税购物离岛次数、金额、数量

1. 免税购物离岛次数。非岛内居民旅客每人每年最多可以享受 2 次离岛免税购物政策，岛内居民旅客每人每年最多可以享受 1 次。旅客购物后乘机离岛记为 1 次免税购物。岛内居民旅客身份以居民身份证签发机关为主要依据进行认定。

2. 免税购物金额、数量。离岛旅客（包括岛内居民旅客）每人每次免税购物金额暂定为人民币 5000 元以内（含 5000 元），即单价 5000 元以内（含 5000 元）的免税商品，每人每次累计购买金额不得超过 5000 元，购买免税商品数量范围详见附件。此外，旅客在按完税价格全额缴纳进境物品进口税的条件下，每人每次还可以购买 1 件单价 5000 元以上的商品。

四、离岛免税政策实施流程

离岛免税政策主要实施流程包括：离岛免税店进口免税商品，离岛旅客在店内选购付款，免税店根据旅客离岛时间运送货物，旅客在机场隔离区提货并乘机携运离岛等环节。

离岛免税政策试点监管办法由海关总署另行公布。

本公告自 2011 年 4 月 20 日起执行。

附件　离岛旅客每人每次购买免税商品数量范围（略）

财政部

2011 年 3 月 16 日

财政部关于调整海南离岛旅客免税购物政策的公告

（财政部公告2012年第73号）

为进一步发挥海南离岛旅客免税购物政策（以下简称离岛免税政策）效果，支持海南加快国际旅游岛建设，国务院决定调整完善离岛免税政策部分内容，财政部经商商务部、海关总署、国家税务总局、质检总局、食品药品监管局，现就离岛免税政策调整的有关事项公告如下：

一、对离岛免税政策部分内容作如下调整：

（一）将政策适用对象的年龄条件调整为年满16周岁。

（二）增加美容及保健器材、餐具及厨房用品、玩具（含童车）等3类免税商品品种。调整后，免税商品品种扩大至21种，具体商品品种详见附件，其中国家规定不符合民航安全要求、禁止进口及20种不予减免税的商品除外。

（三）将离岛旅客每人每次免税购物限额调整为人民币8000元，即单价8000元以内（含8000元）的免税商品，每人每次累计购买金额不得超过8000元，同时适当提高购买免税商品数量范围（详见附件）。

此外，免税限额中如有剩余（或未使用），旅客可在购买1件单价8000元以上商品时调剂使用，相应扣减应缴进境物品进口税的税基，即旅客在以“商品零售价格-剩余免税限额”计价缴纳进境物品进口税的条件下，每人每次还可以购买1件单价8000元以上的商品。

二、除以上调整外，离岛免税政策其他内容继续执行《财政部关于开展海南离岛旅客免税购物政策试点的公告》（财政部公告2011年第14号）的有关规定。同时，离岛免税商品须符合检验检疫、中文标签、产品认证、卫生许可、质量安全等相关规定。

本公告自2012年11月1日起执行。

特此公告。

附件 离岛免税商品品种及每人每次购买数量范围

财政部办公厅
2012年10月23日

附件

离岛免税商品品种及每人每次购买数量范围

商品品种名称	免税购买数量（件）
首饰	5
工艺品	4
手表	4
香水	5
化妆品	8
笔	5
眼镜（含太阳镜）	4
丝巾	4
领带	4

续表

商品品种名称	免税购买数量（件）
毛织品	4
棉织品	4
服装服饰	5
鞋帽	4
皮带	4
箱包	4
小皮件	4
糖果	8
体育用品	5
美容及保健器材	4
餐具及厨房用品	4
玩具（含童车）	5

注： 1件商品是指具有单一、完整包装及独立标价的商品，但套装商品按包装内所含商品的实际件数计算。上述商品中，国家规定不符合民航安全要求、禁止进口及20种不予减免税的商品除外。

财政部关于实施境外旅客购物离境退税政策的公告

（财政部公告2015年第3号）

为落实《国务院关于促进旅游业改革发展的若干意见》（国发〔2014〕31号）中"研究完善境外旅客购物离境退税政策，将实施范围扩大至全国符合条件的地区"的要求，完善增值税制度，促进旅游业发展，决定在全国符合条件的地区实施境外旅客购物离境退税政策（以下称离境退税政策）。经商海关总署和国家税务总局，现将有关事项公告如下：

一、离境退税政策，是指境外旅客在离境口岸离境时，对其在退税商店购买的退税物品退还增值税的政策。

境外旅客，是指在我国境内连续居住不超过183天的外国人和港澳台同胞。

离境口岸，是指实施离境退税政策的地区正式对外开放并设有退税代理机构的口岸，包括航空口岸、水运口岸和陆地口岸。

退税物品，是指由境外旅客本人在退税商店购买且符合退税条件的个人物品，但不包括下列物品：

（一）《中华人民共和国禁止、限制进出境物品表》所列的禁止、限制出境物品；

（二）退税商店销售的适用增值税免税政策的物品；

（三）财政部、海关总署、国家税务总局规定的其他物品。

二、境外旅客申请退税，应当同时符合以下条件：

（一）同一境外旅客同一日在同一退税商店购买的退税物品金额达到500元人民币；

（二）退税物品尚未启用或消费；

（三）离境日距退税物品购买日不超过90天；

（四）所购退税物品由境外旅客本人随身携带或随行托运出境。

三、退税物品的退税率为11%。应退增值税额的计算公式：

应退增值税额=退税物品销售发票金额（含增值税）×退税率

四、离境退税的具体流程。

（一）退税物品购买。境外旅客在退税商店购买退税物品后，需要申请退税的，应当向退税商店索取境外旅客购物离境退税申请单和销售发票。

（二）海关验核确认。境外旅客在离境口岸离境时，应当主动持退税物品、境外旅客购物离境退税申请单、退税物品销售发票向海关申报并接受海关监管。海关验核无误后，在境外旅客购物离境退税申请单上签章。

（三）代理机构退税。无论是本地购物本地离境还是本地购物异地离境，离境退税均由设在办理境外旅客离境手续的离境口岸隔离区内的退税代理机构统一办理。境外旅客凭护照等本人有效身份证件、海关验核签章的境外旅客购物离境退税申请单、退税物品销售发票向退税代理机构申请办理增值税退税。

退税代理机构对相关信息审核无误后，为境外旅客办理增值税退税，并先行垫付退税资金。退税代理机构可在增值税退税款中扣减必要的退税手续费。

（四）税务部门结算。退税代理机构应定期向省级（即省、自治区、直辖市、计划单列市，下同）税务部门申请办理增值税退税结算。省级税务部门对退税代理机构提交的材料审核无误后，按规定向退税代理机构退付其垫付的增值税退税款，并将退付情况通报省级财政部门。

五、退税币种为人民币。退税方式包括现金退税和银行转账退税两种方式。

退税额未超过10000元的，可自行选择退税方式。退税额超过10000元的，以银行转账方式退税。

六、省级税务部门会同财政、海关等相关部门按照公平、公开、公正的原则选择退税代理机构，充分发挥市场作用，引入竞争机制，提高退税代理机构提供服务的水平。退税代理机构的具体条件，由国家税务总局商财政部和海关总署制定。未选择退税代理机构的，由税务部门直接办理增值税退税。

七、符合条件的商店报经省级税务部门备案即可成为退税商店。退税商店的具体条件由国家税务总局商财政部制定。

八、离境退税政策退税管理办法由国家税务总局会同财政部和海关总署制定，并由国家税务总局公布实施。离境退税业务海关监管办法由海关总署会同财政部和国家税务总局制定，并由海关总署公布实施。

九、同时符合以下条件的地区，省级人民政府将离境退税政策实施方案（包括拟实施日期、离境口岸、退税代理机构、办理退税场所、退税手续费负担机制、退税商店选择情况和离境退税信息管理系统试运行情况等）报财政部、海关总署和国家税务总局备案：

（一）省级人民政府同意实施离境退税政策，提交实施方案，自行负担必要的费用支出，并为海关、税务监管提供相关条件；

（二）建立有效的部门联合工作机制，在省级人民政府统一领导下，由财政部门会同海关、税务等有关部门共同协调推进，确保本地区工作平稳有序开展；

（三）使用国家税务总局商海关总署确定的跨部门、跨地区的互联互通的离境退税信息管理系统；

（四）财政部、海关总署和国家税务总局要求的其他条件。

十、离境旅客购物所退增值税款，由中央与实际办理退税地按现行出口退税负担机制共同负担。

十一、本公告公布之日起，财政部、海关总署和国家税务总局开始受理符合条件的地区的备案，并及时发布纳入离境退税政策范围的地区名单和实施日期。纳入离境退税政策范围的地区应按照本公告的规定组织落实，并可结合本地区实际情况对相关内容予以进一步明确。

财政部

2015年1月6日

财政部关于进一步调整海南离岛旅客免税购物政策的公告

（财政部公告2015年第8号）

为适应商品贸易经营业态的快速发展变化，进一步发挥海南离岛旅客免税购物政策（以下简称离岛免税政策）的效应，支持海南加快国际旅游岛建设，财政部经商发展改革委、商务部、海关总署、税务总局、质检总局、食品药品监管总局，并报国务院批准，决定调整完善离岛免税政策部分内容。现就离岛免税政策调整的有关事项公告如下：

一、对离岛免税政策部分内容作如下调整：

（一）增加免税品种类，将零售包装的婴儿配方奶粉、咖啡、保健食品、家用空气净化器、家用医疗器械等17种消费品纳入离岛免税商品范围（详见附件1）。

（二）放宽香水、化妆品、手表、服装服饰、小皮件等10种热销商品的单次购物数量限制（详见附件2）。

二、除以上调整外，离岛免税政策其他内容继续执行《财政部关于调整海南离岛旅客免税购物政策的公告》（中华人民共和国财政部公告2012年第73号）和《财政部关于开展海南离岛旅客免税购物政策试点的公告》（中华人民共和国财政部公告2011年第14号）的有关规定。同时，离岛免税商品须符合检验检疫、中文标签、产品认证、卫生许可、质量安全等相关规定。

本公告自2015年3月20日起执行。

特此公告。

附件1　新增加的离岛免税商品清单

附件2　离岛免税商品每人每次购买数量调整清单

财政部

2015年2月16日

附件1

新增加的离岛免税商品清单

序号	品类	商品范围	每人每次限购件数
1	婴儿配方奶粉及辅食（婴儿配方奶粉应符合《进出口乳品检验检疫监督管理办法》〔国家质检总局2013年第152号令〕的要求）	零售包装的婴幼儿配方奶粉及辅食	限购4件且合计重量不超过5千克
2	咖啡	咖啡豆、浓缩咖啡	限购6件且合计重量不超过3千克
3	参制品（非首次进口，即已取得进口保健食品批准证书）	西洋参胶囊（冲剂）、红参胶囊（冲剂）、高丽参胶囊（冲剂）	限购6件且合计重量不超过3千克
4	谷物食品	谷物片	限购6件且合计重量不超过6千克
5	保健食品（非首次进口，即已取得进口保健食品批准证书）	鱼油、维生素、钙片、胶原蛋白	限购8件且合计重量不超过3千克
6	蜂王浆制剂（非首次进口，即已取得进口保健食品批准证书）	蜂王浆制剂	限购8件且合计重量不超过1千克
7	橄榄油	橄榄油	限购6件且合计重量不超过5千克
8	尿不湿	尿不湿	8件
9	陶瓷制品	骨瓷器皿等	4件
10	玻璃制品	玻璃器皿等	4件
11	家用空气净化器	空气净化器及配件	2台，配件6件
12	家用小五金	锁具、水龙头、淋浴装置	8件
13	钟	挂钟、座钟、闹钟等	4件
14	转换插头	转换插头	4件

续表

序号	品类	商品范围	每人每次限购件数
15	表带、表链	表带、表链	4件
16	眼镜片、眼镜框	眼镜片、眼镜框	4件
17	一、二类家用医疗器械（已取得进口医疗器械注册证或备案凭证）	血糖计、血糖试纸、电子血压计、红外线人体测温仪	4件

注：1件商品是指具有单一、完整包装及独立标价的商品，但套装商品按包装内所含商品的实际件数计算。上述商品中，国家规定不符合民航安全要求、禁止进口及20种不予减免税的商品、濒危动物的制品除外。

附件2

离岛免税商品每人每次购买数量调整清单

商品品种名称	调整前免税购买数量（件）	调整后免税购买数量（件）
首饰	5	6
工艺品	4	4
手表	4	6
香水	5	8
化妆品	8	12
笔	5	6
眼镜（含太阳镜）	4	4
丝巾	4	4
领带	4	4
毛织品	4	4
棉织品	4	4
服装服饰	5	6
鞋帽	4	4
皮带	4	4
箱包	4	4
小皮件	4	6
糖果	8	12
体育用品	5	6
美容及保健器材	4	4
餐具及厨房用品	4	4
玩具（含童车）	5	6

注：1件商品是指具有单一、完整包装及独立标价的商品，但套装商品按包装内所含商品的实际件数计算。上述商品中，国家规定不符合民航安全要求、禁止进口及20种不予减免税的商品除外。

国家税务总局关于发布《境外旅客购物离境退税管理办法（试行）》的公告

（国家税务总局公告2015年第41号）

为落实国务院关于实施境外旅客购物离境退税政策的决定，经商财政部、海关总署同意，国家税务总局制定了《境外旅客购物离境退税管理办法（试行）》，现予发布。请各省级人民政府依财政部、海关总署、国家税务总局有关规定，开展相关准备工作，制定实施方案，报财政部、海关总署和国家税务总局备案。

国家税务总局商海关总署确定的跨部门、跨地区的互连互通的离境退税信息管理系统发布之前，各省级人民政府如果自行组织力量开发软件或利用其他省开发的软件，能满足离境退税管理需要的，可先行试点使用，待离境退税信息管理系统发布后，再进行切换。

海南省实施本办法之日起，《国家税务总局关于发布〈境外旅客购物离境退税海南试点管理办法〉的公告》（国家税务总局公告2010年第28号）废止。

特此公告。

附件1　境外旅客购物离境退税商店备案表（略）
附件2　退税商店标识规范（略）
附件3　境外旅客购物离境退税申请单（略）
附件4　离境退税机构标识规范（略）
附件5　境外旅客购物离境退税收款回执单（略）
附件6　境外旅客购物离境退税结算申报表（略）

国家税务总局
2015年6月2日

境外旅客购物离境退税管理办法（试行）

第一章　总　则

第一条　为贯彻落实国务院关于实施境外旅客购物离境退税政策的决定，根据《财政部关于实施境外旅客购物离境退税政策的公告》（财政部公告2015年第3号），制定本办法。

第二条　本办法所称：

境外旅客，是指在我国境内连续居住不超过183天的外国人和港澳台同胞。

有效身份证件，是指标注或能够采集境外旅客最后入境日期的护照、港澳居民来往内地通行证、台湾居民来往大陆通行证等。

退税物品，是指由境外旅客本人在退税商店购买且符合退税条件的个人物品，但不包括下列物品：

（一）《中华人民共和国禁止、限制进出境物品表》所列的禁止、限制出境物品；

（二）退税商店销售的适用增值税免税政策的物品；

（三）财政部、海关总署、国家税务总局规定的其他物品。

退税商店，是指报省、自治区、直辖市和计划单列市国家税务局（以下简称省国税局）备案、境外旅客从其购买退税物品离境可申请退税的企业。

离境退税管理系统，是指符合《财政部关于实施境外旅客离境退税政策的公告》（财政部公告2015年第3号）有关条件的用于离境退税管理的计算机管理系统。

退税代理机构，是指省国税局会同财政、海关等相关部门按照公平、公开、公正的原则选择的离境退税代理机构。

第二章 退税商店的备案、变更与终止

第三条 符合以下条件的企业，经省国税局备案后即可成为退税商店。

（一）具有增值税一般纳税人资格；

（二）纳税信用等级在B级以上；

（三）同意安装、使用离境退税管理系统，并保证系统应当具备的运行条件，能够及时、准确地向主管国税机关报送相关信息；

（四）已经安装并使用增值税发票系统升级版；

（五）同意单独设置退税物品销售明细账，并准确核算。

第四条 符合条件且有意向备案的企业，填写《境外旅客购物离境退税商店备案表》（附件1）并附以下资料直接或委托退税代理机构向主管国税机关报送：

（一）主管国税机关出具的符合第三条第（一）、（二）和（四）款的书面证明；

（二）同意做到第三条第（三）、（五）款的书面同意书。

主管国税机关受理后应当在5个工作日内逐级报送至省国税局备案。省国税局应在收到备案资料15个工作日内审核备案条件，并对不符合备案条件的企业通知主管国税机关告知申请备案的企业。

第五条 省国税局向退税商店颁发统一的退税商店标识（退税商店标识规范见附件2）。退税商店应当在其经营场所显著位置悬挂退税商店标识，便于境外旅客识别。

第六条 退税商店备案资料所载内容发生变化的，应自有关变更之日起10日内，持相关证件及资料向主管国税机关办理变更手续。主管国税机关办理变更手续后，应在5个工作日内将变更情况逐级报省国税局。

退税商店发生解散、破产、撤销以及其他情形，应持相关证件及资料向主管国税机关申请办理税务登记注销手续，由省国税局终止其退税商店备案，并收回退税商店标识，注销其境外旅客购物离境退税管理系统用户。

第七条 退税商店存在以下情形之一的，由主管国税机关提出意见逐级报省国税局终止其退税商店备案，并收回退税商店标识，注销其境外旅客购物离境退税管理系统用户。

（一）不符合本办法第三条规定条件的情形；

（二）未按规定开具《境外旅客购物离境退税申请单》（附件3，以下简称《离境退税申请单》）；

（三）开具《离境退税申请单》后，未按规定将对应发票抄报税；

（四）备案后发生因偷税、骗取出口退税等税收违法行为受到行政、刑事处理的。

第三章 离境退税申请单管理

第八条 境外旅客在退税商店购买退税物品，需要离境退税的，应当在离境前凭本人的有效身份证件及购买退税物品的增值税普通发票（由增值税发票系统升级版开具），向退税商店索取《离境退税申请单》。

第九条 《离境退税申请单》由退税商店通过离境退税管理系统开具，加盖发票专用章，交境外旅客。

退税商店开具《离境退税申请单》时，要核对境外旅客有效身份证件，同时将以下信息采集到离境退税管理系统：

（一）境外旅客有效身份证件信息以及其上标注或能够采集的最后入境日期；

（二）境外旅客购买的退税物品信息以及对应的增值税普通发票号码。

第十条 具有以下情形之一的，退税商店不得开具《离境退税申请单》：

（一）境外旅客不能出示本人有效身份证件；

（二）凭有效身份证件不能确定境外旅客最后入境日期的；

（三）购买日距境外旅客最后入境日超过183天；

（四）退税物品销售发票开具日期早于境外旅客最后入境日；

（五）销售给境外旅客的货物不属于退税物品范围；

（六）境外旅客不能出示购买退税物品的增值税普通发票（由增值税发票系统升级版开具）；

（七）同一境外旅客同一日在同一退税商店内购买退税物品的金额未达到500元人民币。

第十一条 退税商店在向境外旅客开具《离境退税申请单》后，如发生境外旅客退货等需作废销售发票或红字冲销等情形的，在作废销售发票的同时，需将作废或冲销发票对应的《离境退税申请单》同时作废。

第十二条 已办理离境退税的销售发票，退税商店不得作废或对该发票开具红字发票冲销。

第四章　退税代理机构的选择、变更与终止

第十三条　具备以下条件的银行，可以申请成为退税代理机构：

（一）能够在离境口岸隔离区内具备办理退税业务的场所和相关设施；

（二）具备离境退税管理系统运行的条件，能够及时、准确地向主管国税机关报送相关信息；

（三）遵守税收法律法规规定，三年内未因发生税收违法行为受到行政、刑事处理的；

（四）愿意先行垫付退税资金。

第十四条　退税代理机构由省国税局会同财政、海关等部门，按照公平、公开、公正的原则选择，并由省国税局公告。

第十五条　完成选定手续后，省国税局应与选定的退税代理机构签订服务协议，服务期限为两年。

第十六条　主管国税机关应加强对退税代理机构的管理，发现退税代理机构存在以下情形之一的，应逐级上报省国税局，省国税局会商同级财政、海关等部门后终止其退税代理服务，注销其离境退税管理系统用户：

（一）不符合本办法第十三条规定条件的情形；

（二）未按规定申报境外旅客离境退税结算；

（三）境外旅客离境退税结算申报资料未按规定留存备查；

（四）将境外旅客不符合规定的离境退税申请办理了退税，并申报境外旅客离境退税结算；

（五）在服务期间发生税收违法行为受到行政、刑事处理的；

（六）未履行与省国税局签订的服务协议。

第十七条　退税代理机构应当在离境口岸隔离区内设置专用场所，并在显著位置用中英文做出明显标识（退税代理机构标识规范见附件4）。退税代理机构设置标识应符合海关监管要求。

第五章　离境退税的办理流程

第十八条　境外旅客离境时，应向海关办理退税物品验核确认手续。

第十九条　境外旅客向退税代理机构申请办理离境退税时，须提交以下资料：

（一）本人有效身份证件；

（二）经海关验核签章的《离境退税申请单》。

第二十条　退税代理机构接到境外旅客离境退税申请的，应首先采集申请离境退税的境外旅客本人有效身份证件信息，并在核对以下内容无误后，按海关确认意见办理退税：

（一）提供的离境退税资料齐全；

（二）《离境退税申请单》上所载境外旅客信息与采集申请离境退税的境外旅客本人有效身份证件信息一致；

（三）《离境退税申请单》经海关验核签章；

（四）境外旅客离境日距最后入境日未超过183天；

（五）退税物品购买日距离境日未超过90天；

（六）《离境退税申请单》与离境退税管理系统比对一致。

第二十一条　退税款的计算。以离境的退税物品的增值税普通发票金额（含增值税）为依据，退税率为11%，计算应退增值税额。计算公式为：

应退增值税额=离境的退税物品销售发票金额（含增值税）×退税率

实退增值税额=应退增值税额-退税代理机构办理退税手续费

第二十二条　退税币种为人民币。退税金额超过10000元人民币的，退税代理机构应以银行转账方式退税。退税金额未超过10000元人民币的，根据境外旅客选择，退税代理机构采用现金退税或银行转账方式退税。

境外旅客领取或者办理领取退税款时，应当签字确认《境外旅客购物离境退税收款回执单》（附件5）。

第二十三条　若离境退税管理系统因故不能及时提供相关信息比对时，退税代理机构可先按照本办法第二十一条规定计算应退增值税额，在系统可提供相关信息并比对无误后在系统中确认，并采取银行转账方式办理退税。

第二十四条　退税代理机构办理退税应于每月15日前，通过离境退税管理系统将上月为境外旅客办理离境退税金额生成《境外旅客购物离境退税结算申报表》（附件6），报送主管国税机关，作为申报境外旅客离境退税结算的依据。同时将以下资料装订成册，留存备查：

（一）《境外旅客购物离境退税结算申报表》；

（二）经海关验核签章的《离境退税申请单》；

（三）经境外旅客签字确认的《境外旅客购物离境退税收款回执单》。

第二十五条　退税代理机构首次向主管国税机关申报境外旅客离境退税结算时，应首先提交与省国税局签订的服务协议、《出口退（免）税备案表》进行备案。

第二十六条　主管国税机关对退税代理机构提交的境外旅客购物离境退税结算申报数据审核、比对无误后，按照规定开具《税收收入退还书》，向退税代理机构办理退付。省国税局应按月将离境退税情况通报同级财政机关。

第六章　信息传递与交换

第二十七条　主管国税机关、海关、退税代理机构和退税商店应传递与交换相关信息。

第二十八条　退税商店通过离境退税管理系统开具境外旅客购物离境退税申请单，并实时向主管国税机关传送相关信息。

第二十九条　退税代理机构通过离境退税管理系统为境外旅客办理离境退税，并实时向主管国税机关传送相关信息。

第七章　附　则

第三十条　本办法自发布之日起执行。

关于进一步调整海南离岛旅客免税购物政策的公告

（财政部公告 2016 年第 15 号）

为进一步方便旅客购物和满足不同消费者的购物需求，发挥海南离岛旅客免税购物政策（以下简称离岛免税政策）的效应，支持海南加快推进国际旅游岛建设，财政部经商发展改革委、商务部、海关总署、税务总局、质检总局、食品药品监管总局，并报国务院批准，对离岛免税政策部分内容进行调整。现就离岛免税政策调整的有关事项公告如下：

一、对离岛免税政策部分内容作如下调整：

（一）调整免税购物限额管理方式，对非岛内居民旅客取消购物次数限制，每人每年累计免税购物限额不超过 16000 元人民币。

（二）同意三亚海棠湾免税店和海口美兰机场免税店开设网上销售窗口。离岛旅客可通过网上销售窗口免税购物，凭身份证件和登机牌在机场隔离区提货点提货并携带离岛。通过网上销售窗口免税购物要严格执行离岛免税政策的相关规定。

二、除以上调整外，离岛免税政策其他内容继续执行《财政部关于进一步调整海南离岛旅客免税购物政策的公告》（中华人民共和国财政部公告 2015 年第 8 号）、《财政部关于调整海南离岛旅客免税购物政策的公告》（中华人民共和国财政部公告 2012 年第 73 号）和《财政部关于开展海南离岛旅客免税购物政策试点的公告》（中华人民共和国财政部公告 2011 年第 14 号）的有关规定。

本公告自 2016 年 2 月 1 日起执行。

特此公告。

财政部

2016 年 1 月 28 日

关于将铁路离岛旅客纳入海南离岛旅客免税购物政策适用对象范围的公告

（财政部公告 2017 年第 7 号）

为满足海南铁路离岛旅客的购物需求，进一步发挥海南离岛旅客免税购物政策（以下简称离岛免税政策）的效应，支持海南加快国际旅游岛建设，财政部经商发展改革委、商务部、海关总署、税务总局、质检总局、食品药品监管总局，并报国务院批准，将海南铁路离岛旅客纳入离岛免税政策适用对象范围。现将有关事项公告如下：

一、年满 16 周岁的铁路离岛旅客凭个人离岛车票及有效身份证件，可在三亚海棠湾免税店或者通过三亚海棠湾免税店和海口美兰机场免税店的网上销售窗口购买免税商品。离岛时凭本人火车票、购物凭证、身份证件等在海口火车站提货点提取所购免税商品并携带离岛。

二、同一旅客在同一年度内乘飞机和乘火车免税购物合并计算，且不得超过离岛免税政策的额度限制规定。

三、除以上规定外，铁路离岛旅客免税购物按照《财政部关于进一步调整海南离岛旅客免税购物政策的公告》（中华人民共和国财政部公告 2015 年第 8 号）、《财政部关于调整海南离岛旅客免税购物政策的公告》（中华人民共和国财政部公告 2012 年第 73 号）、《财政部关于开展海南离岛旅客免税购物政策试点的公告》（中华人民共和国财政部公告 2011 年第 14 号）和《财政部关于进一步调整海南离岛旅客免税购物政策的公告》（中华人民共和国财政部公告 2016 年第 15 号）的有关规定执行。

海南铁路离岛旅客免税购物监管办法由海关总署另行公布。

本公告自 2017 年 1 月 15 日起执行。

特此公告。

财政部

2017 年 1 月 10 日